房地产卷

司法解释理解与适用全集

人民法院出版社　编

人民法院出版社

图书在版编目（CIP）数据

司法解释理解与适用全集．房地产卷／人民法院出版社编．—北京：人民法院出版社，2019.8

ISBN 978-7-5109-2596-2

Ⅰ．①司…　Ⅱ．①人…　Ⅲ．①房地产法—法律解释—中国　Ⅳ．①D920.5

中国版本图书馆 CIP 数据核字（2019）第 159808 号

司法解释理解与适用全集·房地产卷

人民法院出版社　编

总 策 划　陈建德

责任编辑　王　婷

出版发行　人民法院出版社

地　　址　北京市东城区东交民巷 27 号（100745）

电　　话　（010）67550617（责任编辑）　67550558（发行部查询）
　　　　　65223677（读者服务部）

客服 QQ　2092078039

网　　址　http://www.courtbook.com.cn

E-mail　courtpress@sohu.com

印　　刷　北京华联印刷有限公司

经　　销　新华书店

开　　本　787×1092 毫米　1/16

字　　数　918 千字

印　　张　49.75

版　　次　2019 年 8 月第 1 版　2019 年 8 月第 1 次印刷

书　　号　ISBN 978-7-5109-2596-2

定　　价　128.00 元

出版前言

在以习近平同志为核心的党中央坚强领导下，最高人民法院坚持以习近平新时代中国特色社会主义思想为指导，忠实履行宪法法律赋予的职责，紧紧围绕“努力让人民群众在每一个司法案件中感受到公平正义”工作目标，不断提高审判质量效率、队伍素质能力和司法公信力。

司法解释是中国特色社会主义司法制度的重要组成部分，制定司法解释是法律赋予最高人民法院的一项重要职责。司法解释不仅促进了法律的统一适用，而且为法官裁判案件提供了更为具体、明确的规则依据。司法解释在我国整个法律体系的建立和完善过程中发挥了举足轻重的作用。

2014年，最高人民法院按照全国人大常委会的部署和要求，启动了新中国成立以来第一次全面集中清理司法解释工作。对最高人民法院自1949年建院至2011年底前单独制定，以及与最高人民检察院等中央有关部门联合制定的司法解释和司法指导性文件进行了全面清理，决定废止司法解释、司法解释性质文件715件，研究决定了继续有效的司法解释、司法指导性文件，清理了不属于司法解释和指导性文件的其他规范性文件。此次清理工作集中解决了司法解释与法律不一致、司法解释之间不协调，以及司法解释内容不准确等突出问题，明确区分了司法解释和参考性的司法指导性文件。2019年7月，最高人民法院再次对司法解释进行全面清理，废止了103件不符合社会主义核心价值观、不符合改革开放新形势和新发展理念的司法解释。这两次司法解释的全面清理，为人民法院审判工作提供了准确的裁判依据，有力促进了司法解释工作的科学化、规范化、制度化。充分发挥了统一法律适用、指导审判工作、完善司法政策、促进社会治理的重要作用，对人民法院维护社会大局稳定、促进社会公平正义、保障人民安居乐业作出了重要贡献。

随着中国特色社会主义法律体系的形成，人民群众对司法的要求和期待也越来越高，对人民法院的关注也空前强烈，加强法律实施成为法治建设的重大任务，这必然要求人民法院更加注重依法办案，正确履行宪法和法律赋予的审判职责，真正做到有法必依、执法必严，并积极完善司法工作机制，全面发挥司法功能，确保中国特色社会主义法律体系得到贯彻落实。司法解释在保证法律统一正确实施中的作用更加凸显，影响更加广泛，社会各界更加关注。

最高人民法院四十余年司法解释的实践充分证明，司法解释不仅是贯彻执行法律的基本保障，在填补和完善中国特色社会主义法律体系方面作用突出，成为国家立法必要的先行验证和实践支撑，同时，司法解释也是全国法院几代法官集体智慧的结晶，是法治中国建设的共同财富。多年来，为深入贯彻落实司法解释相关工作，最高人民法院相关业务部门扎实推进司法解释工作，积极参与司法解释理解与适用丛书的研究撰写。各职能部门对相关领域司法解释的内容进行逐条释义，对其内容的要点、修改理由进行重点解读，并从司法实务的角度，详尽阐述条文内容，深入解析审判实践中应注意的问题，对适用过程中可能出现的容易引起混淆和误解的问题进行了尽可能全面和客观的适用指引，帮助各级人民法院的法官系统、准确理解与适用，统一法律适用，便于各界了解掌握司法解释的精神，对于推动我国法律的系统化科学化、提高审判工作质量具有重大意义。

为充分发挥司法解释在统一司法标准、确保国家法律贯彻实施、保障司法公正与效率、维护人民群众利益等方面的重要作用，便于全国各级法院和广大法官以及法律工作者、社会各界和人民群众查阅和适用，最高人民法院及周强院长决定，由人民法院出版社将历年来司法解释及相配套的司法解释理解与适用的法律文件、书籍、文章进行合理整合、精心编排，对部分内容进行调整，整理编辑了《司法解释理解与适用全集》精装版，已于2018年8月出版。

《司法解释理解与适用全集》平装版增收了截至2019年7月最高人民法院新发布的司法解释及其理解与适用。全书共17卷，所收图书及文章均为起草相关司法解释的业务庭室的职务作品，共分为：（1）刑事卷；（2）刑事诉讼卷；(3) 民事总类卷；(4) 家事卷；(5) 物权卷；(6) 合同卷；(7) 侵权责任卷；(8) 知识产权卷；(9) 劳动争议卷；(10) 房地产卷；(11) 公司卷；(12) 金融卷；(13) 企业破产卷；(14) 涉外商事海事卷；(15) 执行卷；(16) 民事诉讼卷；(17) 行政诉讼、国家赔偿卷。

本书是指导全国法院法官适用法律，特别是适用司法解释作出裁判的重要工具书，受到了各级法院、当事人、人民群众和社会各界的高度评价，取得了良好的政治效果、法律效果和社会效果，一定意义上代表了相关领域司法审判的最高水平。它契合人民法院审判实际，具有很强的权威性、操作性、理论性、实用性、资料性，对审判实践和理论研究具有重要指导作用和参考价值。希望本书能为广大法官的工作和学习提供便利，不断创新工作模式，进一步发挥司法解释在司法审判工作中的引领、推动和保障作用，不断推进中国的司法制度向更完备、更全面、更科学方向发展，不断促进新时代人民法院审判工作有新气象新发展。

人民法院出版社

二〇一九年八月

凡　例

一、收录和分类

1.《司法解释理解与适用全集·房地产卷》（以下简称“本卷”）收录了最高人民法院公布的有关房地产审判领域现行有效的司法解释共5件，收录了各业务庭室发布的理解与适用类职务作品（含图书3部、文章2篇）。

2. 本卷共1册，分为三部分：第一部分建设工程合同、第二部分房屋买卖合同、第三部分房屋租赁合同。

二、编排和注解

1. 本卷各部分编排顺序为：最高人民法院发布的司法解释和最高人民法院各业务庭室理解与适用的职务作品。

2. 最高人民法院各业务庭室理解与适用的职务作品，在目录中以黑体字标明。

3. 本卷以脚注的形式，对所收录的最高人民法院各业务庭室的理解与适用的职务作品的原出处和原作者的单位、姓名，作出说明。

4. 本卷中，凡新发布的司法解释对同一问题作了新的规定或修正了以前司法解释部分内容的，囿于本书体例，不一一标明；在这些职务作品中，个别所阐释的条文被废止或所引用的法律文件已经废止，但因其仍有一定指导价值，本卷仍保持原貌。在适用过程中应当注意以法律和司法解释的最新规定为准。

三、文本和编辑

1. 本卷收录的司法解释均根据《中华人民共和国最高人民法院公报》刊登的标准文本排印。

2. 本卷收录的最高人民法院各业务庭室理解与适用的职务作品均根据脚注中原出处的文本排印。

3. 本卷所收录的内容基本保留原貌，但对法律文件的全简称问题作了适当的编辑处理；有个别文字、标点符号有明显错讹的，亦径予纠正。

目 录

第一部分 建设工程合同

第二部分 房屋买卖合同

第三部分　房屋租赁合同

第一部分　建设工程合同

最高人民法院
关于审理建设工程施工合同纠纷案件适用法律问题的解释

法释〔2004〕14号

（2004年9月29日最高人民法院审判委员会第1327次会议通过
2004年10月25日最高人民法院公告公布　自2005年1月1日起施行）

根据《中华人民共和国民法通则》《中华人民共和国合同法》《中华人民共和国招标投标法》《中华人民共和国民事诉讼法》等法律规定，结合民事审判实际，就审理建设工程施工合同纠纷案件适用法律的问题，制定本解释。

第一条　建设工程施工合同具有下列情形之一的，应当根据合同法第五十二条第（五）项的规定，认定无效：

（一）承包人未取得建筑施工企业资质或者超越资质等级的；

（二）没有资质的实际施工人借用有资质的建筑施工企业名义的；

（三）建设工程必须进行招标而未招标或者中标无效的。

第二条　建设工程施工合同无效，但建设工程经竣工验收合格，承包人请求参照合同约定支付工程价款的，应予支持。

第三条　建设工程施工合同无效，且建设工程经竣工验收不合格的，按照以下情形分别处理：

（一）修复后的建设工程经竣工验收合格，发包人请求承包人承担修复费用的，应予支持；

（二）修复后的建设工程经竣工验收不合格，承包人请求支付工程价款的，不予支持。

因建设工程不合格造成的损失，发包人有过错的，也应承担相应的民事责任。

第四条　承包人非法转包、违法分包建设工程或者没有资质的实际施工人借用有资质的建筑施工企业名义与他人签订建设工程施工合同的行为无效。人民法院可以根据民法通则第一百三十四条规定，收缴当事人已经取得的非法所得。

第五条 承包人超越资质等级许可的业务范围签订建设工程施工合同，在建设工程竣工前取得相应资质等级，当事人请求按照无效合同处理的，不予支持。

第六条 当事人对垫资和垫资利息有约定，承包人请求按照约定返还垫资及其利息的，应予支持，但是约定的利息计算标准高于中国人民银行发布的同期同类贷款利率的部分除外。

当事人对垫资没有约定的，按照工程欠款处理。

当事人对垫资利息没有约定，承包人请求支付利息的，不予支持。

第七条 具有劳务作业法定资质的承包人与总承包人、分包人签订的劳务分包合同，当事人以转包建设工程违反法律规定为由请求确认无效的，不予支持。

第八条 承包人具有下列情形之一，发包人请求解除建设工程施工合同的，应予支持：

（一）明确表示或者以行为表明不履行合同主要义务的；

（二）合同约定的期限内没有完工，且在发包人催告的合理期限内仍未完工的；

（三）已经完成的建设工程质量不合格，并拒绝修复的；

（四）将承包的建设工程非法转包、违法分包的。

第九条 发包人具有下列情形之一，致使承包人无法施工，且在催告的合理期限内仍未履行相应义务，承包人请求解除建设工程施工合同的，应予支持：

（一）未按约定支付工程价款的；

（二）提供的主要建筑材料、建筑构配件和设备不符合强制性标准的；

（三）不履行合同约定的协助义务的。

第十条 建设工程施工合同解除后，已经完成的建设工程质量合格的，发包人应当按照约定支付相应的工程价款；已经完成的建设工程质量不合格的，参照本解释第三条规定处理。

因一方违约导致合同解除的，违约方应当赔偿因此而给对方造成的损失。

第十一条 因承包人的过错造成建设工程质量不符合约定，承包人拒绝修理、返工或者改建，发包人请求减少支付工程价款的，应予支持。

第十二条 发包人具有下列情形之一，造成建设工程质量缺陷，应当承担过错责任：

（一）提供的设计有缺陷；

（二）提供或者指定购买的建筑材料、建筑构配件、设备不符合强制性标准；

（三）直接指定分包人分包专业工程。

承包人有过错的，也应当承担相应的过错责任。

第十三条 建设工程未经竣工验收，发包人擅自使用后，又以使用部分质量不符合约定为由主张权利的，不予支持；但是承包人应当在建设工程的合理使用寿命内对地基基础工程和主体结构质量承担民事责任。

第十四条 当事人对建设工程实际竣工日期有争议的，按照以下情形分别处理：

（一）建设工程经竣工验收合格的，以竣工验收合格之日为竣工日期；

（二）承包人已经提交竣工验收报告，发包人拖延验收的，以承包人提交验收报告之日为竣工日期；

（三）建设工程未经竣工验收，发包人擅自使用的，以转移占有建设工程之日为竣工日期。

第十五条 建设工程竣工前，当事人对工程质量发生争议，工程质量经鉴定合格的，鉴定期间为顺延工期期间。

第十六条 当事人对建设工程的计价标准或者计价方法有约定的，按照约定结算工程价款。

因设计变更导致建设工程的工程量或者质量标准发生变化，当事人对该部分工程价款不能协商一致的，可以参照签订建设工程施工合同时当地建设行政主管部门发布的计价方法或者计价标准结算工程价款。

建设工程施工合同有效，但建设工程经竣工验收不合格的，工程价款结算参照本解释第三条规定处理。

第十七条 当事人对欠付工程价款利息计付标准有约定的，按照约定处理；没有约定的，按照中国人民银行发布的同期同类贷款利率计息。

第十八条 利息从应付工程价款之日计付。当事人对付款时间没有约定或者约定不明的，下列时间视为应付款时间：

（一）建设工程已实际交付的，为交付之日；

（二）建设工程没有交付的，为提交竣工结算文件之日；

（三）建设工程未交付，工程价款也未结算的，为当事人起诉之日。

第十九条 当事人对工程量有争议的，按照施工过程中形成的签证等书面文件确认。承包人能够证明发包人同意其施工，但未能提供签证文件证明工程量发生的，可以按照当事人提供的其他证据确认实际发生的工程量。

第二十条 当事人约定，发包人收到竣工结算文件后，在约定期限内不予答复，视为认可竣工结算文件的，按照约定处理。承包人请求按照竣工结算文件结算工程价款的，应予支持。

第二十一条　当事人就同一建设工程另行订立的建设工程施工合同与经过备案的中标合同实质性内容不一致的，应当以备案的中标合同作为结算工程价款的根据。

第二十二条　当事人约定按照固定价结算工程价款，一方当事人请求对建设工程造价进行鉴定的，不予支持。

第二十三条　当事人对部分案件事实有争议的，仅对有争议的事实进行鉴定，但争议事实范围不能确定，或者双方当事人请求对全部事实鉴定的除外。

第二十四条　建设工程施工合同纠纷以施工行为地为合同履行地。

第二十五条　因建设工程质量发生争议的，发包人可以以总承包人、分包人和实际施工人为共同被告提起诉讼。

第二十六条　实际施工人以转包人、违法分包人为被告起诉的，人民法院应当依法受理。

实际施工人以发包人为被告主张权利的，人民法院可以追加转包人或者违法分包人为本案当事人。发包人只在欠付工程价款范围内对实际施工人承担责任。

第二十七条　因保修人未及时履行保修义务，导致建筑物毁损或者造成人身、财产损害的，保修人应当承担赔偿责任。

保修人与建筑物所有人或者发包人对建筑物毁损均有过错的，各自承担相应的责任。

第二十八条　本解释自二〇〇五年一月一日起施行。

施行后受理的第一审案件适用本解释。

施行前最高人民法院发布的司法解释与本解释相抵触的，以本解释为准。

《〈最高人民法院建设工程施工合同司法解释〉的理解与适用》*

第一条 ［建设工程施工合同无效的情形］

建设工程施工合同具有下列情形之一的，应当根据《合同法》第五十二条第（五）项的规定，认定无效：

（一）承包人未取得建筑施工企业资质或者超越资质等级的；

（二）没有资质的实际施工人借用有资质的建筑施工企业名义的；

（三）建设工程必须进行招标而未招标或者中标无效的。

条文主旨

本条规定从《建筑法》的立法目的出发，依据《合同法》第五十二条第（五）项“违反法律、行政法规的强制性规定的合同无效”的规定，以三项列举了五种合同无效的情形：一是承包人未取得建筑施工企业资质或者超越资质等级的承揽工程的；二是没有资质的实际施工人借用有资质的建筑施工企业名义承揽建设工程的；三是建设工程必须进行招标而未招标或者中标无效的。前三种合同属于违反《建筑法》强制性规定的情形。由于建筑产品是涉及公共安全的特殊产品，为保证建筑产品质量，法律、法规对建筑市场主体规定了较为严格的准入条件，对承包人的主体资格作出了严格限制。《建筑法》第二十六条规定，承包建筑工程的单位应当持有依法取得的资质证书，并在其资质等级许可的业务范围内承揽工程。禁止建筑施工企业超越本企业资质等级许可的业务范围或者以任何形式用其他建筑施工企业的名义承揽工程。本条司法解释就上述问题，严格按照法律规定作出合同无效的认定。《招标投标法》第三条规定了建设工程必须进行招标的三种情形，第五十条、第五十二条、第五十三条、第五十四条、第五十五条、第五十七条规定了建设工程中标无效的六种情形。第四十五条第二款还规定，中标通知对招标人和投标人具有法律

* 最高人民法院民事审判第一庭编著，人民法院出版社 2015 年第 2 版。

约束力，故中标无效必然导致建设工程施工合同无效。具备上述情形认定合同无效有利于规范建设项目的招投标行为，进而达到规范建筑市场的目的。本条司法解释严格按照《招标投标法》的立法目的，规定必须进行招标未招标或者中标无效的，所签订的建设工程施工合同无效。

理解与适用

一、起草背景

由于长期实行计划经济的影响，我国行政法规范调整、干预民法领域的现象在一定范围内存在。就建设工程施工合同而言，行政法规范的强制性规定多达六十多种。是否所有违反行政法强制性规范的建设工程施工合同都应当依据《民法通则》及《合同法》的规定，认定为无效，一直是困扰审判实务界的难点问题。从人民法院审结的案例中发现，各地人民法院对于此类问题在适用法律上有不同的理解，并产生过裁判结果截然不同的判例。这种现象的发生，一方面使人民法院的审判工作产生困扰，另一方面不利于贯彻《合同法》尽量保护当事人利益，促使合同有效的立法原旨，使建设工程施工合同案件的审判不能达到合理解决纠纷，平息社会矛盾的效果。因此，本司法解释在起草中，就建设工程施工合同效力的认定问题广泛征求意见，并在研究各种意见的基础上，明确规定上述条款中三种情形的五类合同无效。这有利于指导人民法院对于建设工程施工合同效力的认定，保证人民法院公正、高效解决纠纷，进一步规范建筑业市场，推动经济的有序发展。

二、本条规定的理论依据及实践基础

本条主要对无效合同作出规定。无效合同，是指合同虽然已经成立，但因其在内容和形式上违反了法律、行政法规的强制性规定和社会公共利益，因此应被确认为无效。① 无效合同一般有两种情况：一种情况是，合同违反法律、行政法规的强制性规定和公序良俗，法律直接规定此类合同无效。另一种情况是，合同违反了法律、法规的强制性规定，但法律、法规并没有直接规定此类合同无效，合同是否有效需要经过人民法院裁判的认定，如一般行政法规范制定的强制性规定。当合同违反了行政法规范的强制性规定时，行政法只规定了针对违反强制性规范的行为应当承担的行政责任，不直接规定合同的效力。违反行政法规范的强制性规定对于合同

---

① 王利明、崔建远：《合同法新论·总则》，中国政法大学出版社2003年版，第261页。

效力的影响，主要是通过民法规范“违反法律、行政法规的强制性规定的行为无效”而实现的。这样，法官在审理案件时，对合同效力的认定具有很大的空间。我国由于行政管理权介入经济领域的历史传统及法制化进程的限制，行政法强制性规范很多，且很多行政法中的强制性规范过多侵占民法领域。是否违反行政法规范中的强制性规定都会导致民事合同无效，理论界及实务界一直存在争议。台湾地区学者主张把强行法规范进行区分。台湾学者认为，强行法规范可分为强制规定与禁止规定两种。强制规定者，指命令当事人应为一定行为之法律规定。禁止规定者，指命令当事人不得为一定行为之法律规定。而禁止规定可再分为取缔规定及效力规定，史尚宽先生认为：强行法得为效力规定与取缔规定，前者着重违反行为之法律行为价值，以否认其法律效力为目的；后者着重违反行为之事实行为价值，以禁止其行为为目的。取缔规范的作用在于对违反者加以制裁，以禁遏其行为，并不否认其行为私法上的效力。台湾地区的判例认为，违反禁止规定的效果，应先判断该禁止规定为取缔规定或效力规定，取缔性规定不适用“民法”第七十一条无效的规定。[①] 日本民法中没有强制性规定这一概念，而是以“违反公共秩序和善良风俗”取代违反法律，但学说、判例有“取缔法规”和“强行法规”的概念。在民法典颁布之初，日本判例所表达的思想是，违反强制性规定的行为原则上无效。后来，无论是学说还是判例都发生很大变化，认为违反强制性法规的行为虽然要受到行政制裁，但在原则上并不影响其在私法上的效力。而且，判例至今仍然坚持这种立场。从我国台湾地区和日本学者及审判实务界的做法来看，他们一般将法律上的强制性规范进一步区分为效力性规范与取缔性规范。只有违反效力性规范的合同才会被认定为无效，而违反取缔性规范不会导致合同无效。我国学者对于法律规范的区分，分任意性规范与强制性（或禁止性）规范。学者们认为，凡是关系国家一般利益、社会秩序、市场秩序、市场交易安全及直接关系第三人利益事项，法律设强制性规定，以排斥当事人意思自由。凡是关系当事人自己利益的事项，法律设任意性规定，允许当事人以意思自由原则协商决定。同时，一般认为，强制性规范在法律条文中是用禁止、不得、不许或者应当等词语来表述。我国学者只是对合同规范进行了两种形式的划分，但没有对强制性规范做进一步的区分。近年来，理论界开始重视强制性规范对合同效力的影响问题，研究对强制性规范的进一步区分，但没有就区分标准形成主流观点。王利明教授认为，对强制性规定进一步区分为效力规定与取缔规定是有必要的。我国法律、法规确定了大量的强制性规范，但违反这些规

---

① 史尚宽：《民法总论》，中国政法大学出版社2000年版，第330页。

定是否都导致合同无效？从法律的强制性规定来看，有的只是规定违反法律强制性规定应当受到处罚，有的则明确规定违反法律的前者性规定不仅受到处罚，还将导致合同无效。这就有必要区分效力规范与取缔规范。划分标准：第一，法律、法规明确规定违反强制性规定将导致合同无效或者不成立的，该规定属于效力规定；第二，法律、法规虽然没有明确规定违反强制性规定将导致合同无效或者不成立的，但违反该规定以后若使合同继续有效将损害国家利益和社会公共利益，也应当认定为该规范属于效力性规范；第三，法律法规虽然没有明确规定违反强制性规定将导致合同无效或者不成立的，违反该规定以后若使合同继续有效并不损害国家利益和社会公共利益，而只是损害当事人的利益，在此情况下，该规范就不属于效力规范，而是取缔规范。① 第二种观点认为，违反法律、行政法规的强制性规定之法律行为或合同，原则上应为无效。但仍有例外，即法律、法规依其意旨，并不以为无效的，并不影响该行为的效力。第三种观点认为，对于强制性规范对合同效力影响，是否违反强制性法规只是一种形式上的观察，并不能直接作为决定合同无效与否的标准，具体的合同是否应当无效，应该就强制性规范所保护的利益种类和性质来决定。对于违反强制性法律规定的合同来说，无效并非唯一可取的手段。如果刑法、行政法的制裁方法或者其他民事责任已经足以达到法律规范的制裁目的时，应当尽量将合同解释为有效。②

我国法律将合同内容的合法性原则作为一项效力性规定。《民法通则》第五十八条第（五）项规定，违反法律或者社会公共利益的民事行为无效。在这一规定当中，将所有违反法律或者社会公共利益的民事行为均确认为无效，这就导致大量无效合同的存在。而随着我国社会主义市场经济体制的建立，无效合同的大量存在在一定程度上影响着交易安全，不利于经济的发展。故而，《合同法》第五十二条第（五）项规定，违反法律、行政法规的强制性规定的合同无效。将违反法律规定的合同无效限制为违反法律、行政法规的强制性规定的合同无效。《最高人民法院关于〈中华人民共和国合同法〉若干问题的解释（一）》第四条规定，《合同法》实施以后，人民法院确认合同无效，应当以全国人大及其常委会制定的法律和国务院制定的行政法规为依据，不得以地方性法规、行政规章为依据。这样，司法解释进一步限制了认定合同无效的依据为全国人大及其常委会制定的法律、国务院制定并颁布的行政法规，从而严格限制了无效合同的范围。但是，由于我国法律发展的局

① 王利明：《合同法新问题研究》，中国社会科学出版社 2002 年版，第 322 页。
② 应秀良：《违反行政法强制性规定的合同效力探讨》，载《法律适用》2004 年第 3 期。

限性及行政干预合同自治原则一定范围内的存在，法律、行政法规中的强制性规范较多而且庞杂。而合同是否因违反法律、行政法规的强制性规范无效，是法官根据案件事实适用法律的问题，这就给法官在判断合同效力时留有很大的空间。因此，也使法官对于法律行为效力的取舍一直存在争议。从人民法院作出的相关判决来看，审判实务界长期以来确定的基本原则是，违反法律、行政法规强制性规定的合同一般认定为无效，但是在某种情况下，允许当事人对合同效力予以补正。同时，从人民法院作出的判决及最高人民法院颁布的司法解释的态度来看，审判实务界基本上把强制性规范分为效力性规范与管理性规范。这种区分方法主要以行政法的立法目的和强制性规范的设立目的作为最高指导原则。如果法律规范的目的纯粹是为了行政管理的需要，并无涉及民事主体之间利益关系的意图，则应当根据行政管理权与司法审判权职能区分要求，把这类强制性规范作为管理性规范对待，排除在认定合同效力依据的范围之外。如最高人民法院颁布的《关于审理商品房买卖合同纠纷案件若干问题的解释》第六条规定，当事人以商品房预售合同未按照法律、行政法规规定办理登记备案手续为由，请求确认合同无效的，不予支持。这一司法解释规定中，就严格区分了行政管理权与司法审判权。在我国，商品房预售登记备案是商品房预售管理的一部分，房地产行政管理部门通过房地产开发商的预售商品房的登记备案，对房地产开发商的商品房销售行为的合法性进行审查，以保护预购人的利益。房地产开发商没有进行预售登记，并不会损害国家利益，房地产行政管理部门可以通过行政制裁来规范其行为。故在上述司法解释当中，最高人民法院将登记备案作为一种行政管理手段，排除在认定合同效力的依据范围之外。本条司法解释从行政法规范的立法目的出发，紧扣《建筑法》保证工程质量这一立法宗旨，将五种合同确认为无效。这五种合同直接关系建筑工程质量及建筑业市场的规范经营。

三、司法解释起草中的几种观点

（一）在起草本司法解释中，有意见认为应当在本条列举的三种情形之外，加上“其他违反法律、行政法规强制性规定的合同”

司法解释解决的是审判实践中的突出问题，即明确这五种违反《建筑法》及《招标投标法》强制性规定的合同无效。对于其他违反法律、行政法规强制性规定的合同无效，《合同法》中已有明确规定，可以按照《合同法》的规定认定合同效力，故而本司法解释当中没有加上“其他违反法律、行政法规强制性规定的合同无效”这一条款。

（二）还有意见认为，《建筑法》明确规定，签订建设工程施工合同时，应当取得开工许可证

故而，签订合同时没有取得建设工程开工许可证，签订的建设工程施工合同无效。建设工程开工许可证是建设行政主管部门对房地产开发商或者是发包人可以进行工程建设的一种审查，主要目的是审查建设单位是否符合法律规定的建设条件，包括建设用地的合法性等方面。这是行政主管部门对建设单位进行工程建设资格的一种审查，目的是经过审查保证所建工程的合法性。就其性质来讲，属于一种行政管理，如果违背此项管理，行政机关可以对其作出相关的行政处理。按照我们上述关于管理性规范的分析，开工许可证的办理，应当属于管理性规范，违反管理性规范，对民事合同效力不产生影响，故本条没有对签订合同时未取得开工许可证的情形作出无效的认定。

（三）在司法解释起草初期，我们曾将发包人肢解发包工程的合同认定为无效合同，作为本条的第三项列入无效合同情形当中

所谓肢解发包，就是将应当由一个承包单位完成的建筑工程肢解成若干部分发包给几个承包单位的行为。工程的肢解应包括两方面：（1）对于勘察设计最小发包工程的单位为一个单项工程。单项工程是建设项目的组成部分，能够独立发挥生产能力或效益的工程。工业建设项目的单项工程，一般是指独立生产的车间，设计规定的主要产品或生产线；非工业建设项目的单项工程，是指建设项目中能够发挥设计规定的主要效益的各个独立的工程；（2）对于建设施工最小发包的工程为一个单位工程，通常按照单项工程所包含的不同性质的工程内容，根据能否独立施工的要求，将一个单项工程划分为若干个单位工程。主张将发包人肢解发包的建设工程施工合同认定为无效合同的主要理由是《合同法》第二百七十二条规定，发包人不得将应当由一个承包人完成的建设工程肢解成若干部分发包给几个承包人。《建筑法》第二十四条规定，提倡对建筑工程实行总承包，禁止将建筑工程肢解发包。建筑工程的发包单位可以将建筑工程的勘察、设计、施工、设备采购一并发包给一个总承包单位，也可以将建筑工程勘察、设计、施工、设备采购的一项或者多项发包给一个工程总承包单位；但是，不得将应当由一个承包单位完成的建筑工程肢解成若干部分发包给几个承包单位。《建设工程质量管理条例》第七条规定，建设单位不得将建设工程肢解发包。上述法律和行政法规明确规定禁止对建筑工程肢解发包。我国目前正处于计划经济向市场经济过渡的过程中，建筑业的行为还不规范。经常发生发包人利用肢解发包工程为手段进行不正当行为。这种行为不仅导致了某些个人

的贪污犯罪，同时也危害了公共安全。实践中，单位为了自身利益，任意肢解发包工程，致使一个工程由多个施工单位进行施工，又无现场总负责人，安全与质量问题频频发生。按照法规规定及从保证建设工程质量的角度考虑，应当将发包人肢解发包建设工程的合同认定为无效合同。在就此条款征求建设部意见时，建设部提出，建设部正在对《建筑法》的修改进行积极调研工作，在《建筑法》修改送审稿中，对现今《建筑法》的适用范围进行了扩大，修改稿第二条对《建筑法》调整范围概括为："在中华人民共和国境内从事建设工程的建筑活动，实施对建筑活动的监督管理，应当遵守本法。本法所称建设工程，是指房屋工程、土木工程及其附属设施。本法所称建筑活动，是指建设工程的勘察、设计、施工、安装、装饰装修、维护维修、拆除；建筑构配件的生产与供应；服务于建设工程的项目管理、工程监理、招标代理、工程造价咨询、工程技术咨询、检验检测等活动。"《建筑法》修改稿对《建筑法》调整范围的扩大，主要是为了适应建筑业市场的发展。在建筑业市场中，随着经济的不断发展，科技水平的不断提高，建筑业各项专业分工越来越细致，而现今施行的《建筑法》由于调整范围的限制，对于新发展起来的建筑专业没有纳入调整对象，导致对建筑业市场进行管理的政府部门过于繁多、行业封锁、市场分割的局面，难以形成统一的建筑业大市场。但由于《建筑法》修改稿中对于调整范围的扩大，导致一些专业性较强的建设工程也纳入《建筑法》调整范围，而对于这些专业性较强的建设工程严格禁止肢解分包与行业惯例不符，会限制这些建筑行业的发展。如铁道建设中的铁轨建设，作为建筑工程它铺设铁轨属于单项工程，但是在铁道建设当中，这一单项工程是可以分标段进行招标施工，如某一施工企业承建这一标段范围内的铁道建设，而另一标段的铁道建设由另外的施工单位进行施工。这一惯例符合铁道建设的实际情况，并且在世界范围内被予以认可。我们如果认定所有肢解分包的建设工程施工合同均无效，在铁道建设的建设施工合同当中，就会出现与行业惯例不相符合的情况。随着建筑行业专业分工的逐渐细化及建筑业市场的不断发展，对于单项工程由不同的专业施工部门联合来完成，应该成为一种普遍现象。故而，《建筑法》修改稿中对于哪些工程可以肢解分包，哪些工程不能肢解分包进行区分，以适应建筑行业的发展。因现在《建筑法》修正案没有出台，我们在本司法解释当中无法对哪些肢解发包建设工程施工合同无效作出规定。为了与修正后的《建筑法》相一致，本条中没有加入发包人肢解发包的建设工程施工合同无效的规定。但对于违反《建筑法》强制性规定，对建筑工程肢解发包的，仍然可以按照《合同法》第五十二条的规定确认无效。

四、五种无效合同

（一）承包人未取得建筑施工企业资质或者超越资质等级承揽建设工程的合同无效

这里的承包人主要指建筑施工企业。建筑施工企业是指从事建筑施工生产活动的独立生产、独立经营、独立核算的经济组织。建筑施工企业包括建筑工程施工总承包企业、建筑工程承包企业和建筑专项分包企业三类。工程施工总承包企业是指从事建筑工程施工阶段总承包活动的企业。对工程从立项到交付使用全过程承包的企业应当具备施工图设计、工程施工、设备采购、材料订货、工程技术开发应用、配合生产使用部门进行生产准备直到竣工投产等能力。建筑施工承包企业，是指从事建筑工程施工承包活动的企业。建筑专项分包企业，是指从事建筑工程施工专项分包活动和承包限额以下小型工程活动的企业。关于限额小型建筑工程的范围，根据目前的有关规定，由省、自治区、直辖市人民政府建设行政主管部门确定。由于建设工程质量是建设工程的生命，而建筑施工企业的建筑施工能力是保证建设工程质量的前提条件，故而《建筑法》对建筑施工企业实行资质强制管理制度。《建筑法》规定建设行政主管部门根据建筑施工企业的现时条件对建筑施工企业做不同的资质等级的划分，并将法定资质等级作为建筑施工企业承揽建筑工程的前提条件，建筑施工企业取得的资质等级决定其承揽工程的范围。《建筑法》第十三条规定，从事建筑活动的建筑施工企业、勘察单位、设计单位和工程监理单位，按照其拥有的注册资本、专业技术人员、技术装备和已完成的建筑工程业绩等资质条件，划分为不同的资质等级，经资质审查合格，取得相应的资质等级证书后，方可在其资质等级许可的范围内从事建筑活动。第二十六条规定，承包建筑工程的单位应当持有依法取得的资质证书，并在其资质等级许可的业务范围内承揽工程。禁止建筑施工企业超越本企业资质等级许可的业务范围或者以任何形式用其他建筑施工企业的名义承揽工程。

从事建筑活动单位的资质审查制度是指勘察、设计单位、建筑施工企业、工程监理单位经建设行政主管部门进行资质审查、取得相应等级资质证书，并在资质等级许可的范围内从事建筑活动的制度。资质是指人员素质、管理水平、资金数量、技术装备和建筑工程业绩等。所谓资质等级是指按照人员素质、管理水平、资金数量、技术装备和建筑工程业绩等情形划分从事建筑活动的级别。如建设部颁布的《建筑施工企业资质等级标准》规定，一级企业具有 20 年以上的施工经历，近 15

年承担过两个以上的大型工业建设项目的主体工程的施工，工程质量合格；有较强的技术开发能力，近三年内曾获得过两个部或省级以上单位颁发的技术或工程质量奖；企业经理具有十年以上从事施工企业管理工作的资历，企业有职称的工程、经济、会计、统计等专业技术人员，占企业年平均职工人数的8%以上。建筑施工企业和单位应在资质等级范围内从事建筑活动，不能超越有关部门核对的等级范围从事建筑活动，如建筑企业中，一级企业可承包各种通用工业与民用建筑项目的建筑施工；二级企业可承包30层以下、30米跨度以下的房屋建筑，高度100米以下的建筑物的建设施工。建设部发布的《工程总承包企业资质管理暂行规定（试行）》第十一条规定，各级工程总承包企业必须在其资质等级的范围内总承包。一级工程总承包企业可以承担本专业及与其资质相适应的其他专业的大型建设项目的总承包；二级工程总承包企业可以承包本专业及与其资质相适应的其他专业的中型建设项目的总承包。三级工程总承包企业可以承担普通中小型工业与民用建设项目的总承包。第十四条规定，工程总承包企业必须按照《资质等级证书》规定的承包范围从事总承包活动，不得无证或者越级总承包工程。建设部颁布的《建筑企业资质管理规定》第八条规定，工程施工总承包企业和施工承包企业的资质实行分级审批，一级企业由国务院建设行政主管部门审批，二级以下企业，属于地方的，由省、自治区、直辖市人民政府建设行政主管部门审批；直属于国务院有关部门的，由有关部门审批。第二十四条规定，企业一般在资质定级三年后，按合理工期完成两项以上本等级承包范围内规定的上限工程，其他资质条件均达到上一级资质等级标准，并且连续两年资质年度检查合格的，可申请晋升一个资质等级。第二十五条规定，企业资质等级两年后满足第二十四条规定的条件，全部工程质量合格，优良品达到30%以上，并获得两项以上省、部级工程质量奖或一项国家级工程质量奖，也可申请晋升一个资质等级。从事建筑活动的勘察、设计单位、建筑施工企业和工程监理单位应当具备下列条件：（1）有符合国家规定的注册资本；注册资本是指设立建筑施工企业的出资人实际缴纳并在企业等级机关登记的出资数额。（2）有与其从事的建筑活动相适应的具有法定执业资格的专业技术人员。这是对专业技术人员的要求。要求专业技术人员一是要具有法定的执业资格，必须经过考核合格持有有关部门颁发的资格证书。二是该单位的专业技术人员持有的执业资格证书必须同所在单位从事的建筑活动相适应。一级建筑施工企业不能招收只能从事三级建筑施工企业的专业技术人员。《建筑法》第十四条规定，从事建筑活动的专业技术人员，应当依法取得相应的执业资格证书，并在执业资格证书许可的范围内从事建筑活动。如国务院对《注册建筑师条例》中规定，注册建筑师，是指依法取得注册建筑师证书并从事房屋建筑设计及相关义务的人员。注册建筑师分为一级建筑师和二级建筑师。注册建筑师考试合格，取得相应的建筑师资格的，可以申请注册。（3）有从事相关建筑活动所相应的技术装备。这是对技术装备的要求。不同的建筑活动，所要求的技术装备是不一样的。按照本条规定，技术装备要与所从事的建筑活动相适应。从事建筑活动的勘察、设计、监理、建筑施工企业，按照其拥有的注册资本、专业技术人员和已完成的建筑工程业绩等资质条件，划分为不同的资质等级。禁止建筑施工企业以任何形式允许其他单位或者个人使用本企业的资质证书、营业执照，以本企业的名义承揽工程。

《建筑法》及相关部门规章对建筑施工企业取得相应资质的标准及一定资质范围内可以从事的建筑施工活动作出明确的规定。在我们司法解释起草中，有观点认为，在建筑市场中，没有取得资质而承揽工程，使建设工程质量丧失保障，这类合同认定无效，意见一致。但是，超越资质等级承揽工程是否应当认定无效应予考虑。在建筑施工市场中，建筑施工企业为了争取提高资质等级，提升自己的建筑施工能力，经常要承揽超越其资质等级的工程，以充实其业绩，提升其提高资质等级申请获得审批的可能性。资质等级审批单位对建筑施工企业的这一行为表示认可，并在资质等级审批上鼓励这一行为。如果我们认定超越资质等级的建设施工合同无效，与建筑市场的实际情况不符。对于这一问题，建设部持坚决的否定态度，理由是《建筑法》及建设部部颁规章规定，在建筑施工企业的资质等级审批中，建筑施工企业是否承揽并完成超越资质等级的工程并不是提升其资质等级的条件，且《建筑法》明确规定禁止建筑施工企业超越资质等级承揽工程。实践中超越资质等级承揽工程的行为，不论其目的如何，都属于违反法律禁止性规定的行为，应当坚决制止。我们采纳了建设部的意见，理由是任何依据现实条件进行放宽标准的行为，都不应当与法律规定的目的相抵触。《建筑法》对建筑施工企业资质等级的强制性规定，在于严格建筑施工企业进入建筑施工市场的条件，以保证建筑工程质量。任何对"建筑施工企业承揽工程必须与其资质等级相一致"的放宽，都会给建筑工程质量带来隐患，与《建筑法》的立法目的相抵触。故而，对此问题，应严格按照法律规定来予以理解和掌握。

（二）没有资质的实际施工人使用有资质的建筑施工企业名义承揽工程的合同无效

我国房地产业的快速发展，导致建筑业市场空前繁荣。建筑业市场需求的扩大及高额的利润回报，吸引大量的企业投入建筑行业。但《建筑法》对建筑施工企业的从业资格作了严格的限定，明确规定从事建筑活动的建筑施工企业取得相应等级的资质证书后，方可在其资质等级许可的范围内从事建筑活动。并同时规定，禁止建筑施工企业以任何形式用其他建筑施工企业的名义承揽工程。禁止建筑施工企业以任何形式允许其他单位或者个人使用本企业的资质证书、营业执照，以本企业的名义承揽工程。禁止总承包单位将工程分包给不具备相应资质条件的单位。这种情势下，有相当一部分企业由于不具备取得法定资质的条件，又被建筑行业的利润所吸引，故而通过各种方法借用具有法定资质企业的名义对外承揽工程。在民营企业当中，由于民营企业起步时规模较小、资金不足，建设能力较弱，故而无法取得法定的建设工程资质等级，故借用具有法定资质条件的建筑施工企业名义对外承揽工程是一种普遍现象。在建筑行业中，这种现象的普遍存在，规避了行政管理机关对建筑施工企业资质条件的管理，扰乱了建筑市场正常秩序，严重影响了建设工程的质量。在审判实践中，无法定资质借用具有法定资质企业名义对外承揽工程的合同纠纷时有发生，但由于缺少对这类合同处理的明确的法律依据，导致各地人民法院对此类合同如何处理掌握的原则不一致，不能及时解决纠纷，遏制违法行为，规范建筑市场，维护经济秩序。故而，本条司法解释明确规定借用具有法定资质企业名义承揽工程的合同无效。在司法解释征求意见当中，有意见认为，鉴于不具有法定资质的民营企业使用具有法定资质施工企业名义对外承揽工程情况的普遍存在，不应认定这类合同全部无效，否则，容易遏制民营企业的发展，不利于推动我国经济的快速发展。我们没有采纳此种意见，理由是，虽然民营企业借用具有法定资质建筑施工企业名义对外承揽工程的情况普遍存在，但这种普遍存在的情况是违反法律禁止性规定的违法行为，如果我们放宽对无资质企业借用具有法定资质企业名义对外承揽工程，牺牲的是法律规定的价值，最终导致的是建筑业市场的混乱，影响建筑业市场的健康有序发展，影响建筑工程质量，给国家和人民的生命财产安全带来威胁。我们严格对建筑施工企业的资质条件，最终会导致民营企业在法治轨道上的逐步健康发展，牺牲的是眼前的利益，保证的是长治久安。

施工人没有资质而使用法定资质建筑施工企业名义承揽工程的形式很多。在审判实践当中，出现的形式有无资质的施工人挂靠具有资质的施工企业，无资质的施工人变相作为具有资质施工企业的内部承包单位，无资质施工人与具有资质施工企业的名义上的联营等多种形式。在起草本解释初期，我们曾试图将借用具有资质施工企业名义对外承揽工程的形式予以概括，由于无资质的施工人借用其他建筑施工企业资质的形式的多样性及形式的不断发展变化性，对这种形式的涵盖没有实践基础。本司法解释没有对使用具有法定资质条件企业名义对外承揽工程的形式进行概括，而将这一认定交给了法官，由法官根据案件的具体事实，来认定是否无资质施工人借用具有法定资质施工企业名义对外承揽工程。

（三）建设工程必须进行招标而未招标或者中标无效的

这一条规定的法律依据是《招标投标法》。该法第三条规定，在中华人民共和国境内进行下列工程建设项目包括项目的勘察、设计、施工、监理以及与工程建设有关的重要设备、材料等的采购，必须进行招标：（1）大型基础设施、公用事业等关系社会公共利益、公共安全的项目；（2）全部或者部分使用国有资金投资或者国家融资的项目；（3）使用国家组织护着外国政府贷款、援助资金的项目。《招标投标法》是规范建筑市场招投标活动的具有公法性质的一部法律，目的是通过规范建筑项目的招投标活动，进而保护国家利益和社会公共利益及公共安全。本司法解释规定必须招标的项目没有招标的合同无效，符合《招标投标法》立法目的及宗旨。《招标投标法》第五十条、第五十二条、第五十三条、第五十四条、第五十五条、第五十七条规定了中标无效的六种情形。该法第四十五条第二款规定，中标通知对招标人和投标人具有法律约束力。按照《招标投标法》的规定，中标是发包单位与承建单位签订建设施工合同的前提条件，只有符合法律规定的中标，才会形成合法的建设工程施工合同。中标无效，必然导致建设工程施工合同无效。让上述合同无效，有利于规范建筑项目的招标投标行为，进而达到规范建筑市场的目的。

五、实践中应注意的问题

本条司法解释是针对实践中出现较多的问题，而法律并没有规定明确的处理方法，人民法院对这类问题适用法律掌握的标准不一致的情况，规定本条中五类合同无效，但并非这五类合同之外的合同都是有效合同，如本司法解释第四条规定，承包人非法转包、违法分包建设工程所签订的合同无效。就人民法院对案件的审判来讲，首先要适用法律、行政法规来审判案件。在法律、行政法规没有规定，或者规定比较原则，不易掌握，才会适用司法解释的规定。从这一点讲，除了本司法解释第一条规定的五类合同之外，如果建设工程施工合同违反了法律、行政法规的强制性规范，仍然可以根据《民法通则》和《合同法》的规定，认定合同无效。在认定一份违反法律、行政法强制性规范合同的效力时，应当从以下方面予以考虑：（1）分析强制性规范禁止的对象只是行为手段或者行为方式，或者禁止的是行为的外部条件如经营时间、地点等，而允许依其他手段、方式或者时间、地点作出行为的，[①] 这时，法律本意不是禁止行为效果的发生，而在于规范人们的行为举止，这

① 应秀良：《违反行政法强制性规定的合同效力探讨》，载《法律适用》2004 年第 3 期。

类规范则为管理性规范。违反该管理性规范，并不必然导致民事行为无效。(2) 分析强制性规范的禁止目的是为了保护国家利益还是为了保护民事主体的利益。如果法律彻底阻止这类行为实施，并且认定合同有效会直接导致直接损害国家利益的严重后果的，属于效力性规范。如果违反禁止规定时，只会损害一方民事主体利益时，则属于管理性规范。因为，如果禁止规定只在于对某方当事人的保护，则规定法律行为完全无效就有可能事与愿违。[①] 分析禁止的是针对一方当事人还是针对双方当事人的行为。如果合同违反的禁止规定只是针对当事人一方的，而且这禁止规定完全是一方作为纪律条款来规定的，不属于效力性规范。

第二条 [合同无效，工程验收合格的处理原则]

建设工程施工合同无效，但建设工程经竣工验收合格，承包人请求参照合同约定支付工程价款的，应予支持。

条文主旨

《合同法》第五十八条规定，合同无效或者被撤销后，因该合同取得的财产应当予以返还；不能返还或者没有必要返还的，应当折价补偿。建设工程施工合同的特殊之处在于，建设工程的施工过程，就是承包人将劳务及建筑材料物化到建设工程的过程。基于这一特殊性，合同无效，发包人取得的财产形式上是承包人建设的工程，实际上是承包人对工程建设投入的劳务及建筑材料（一般是工程款），故而无法适用无效恢复原状的返还原则，只能折价补偿。由于当前建筑市场中，关于工程价款的计算标准较多，计算方法复杂多样，合同无效后，以何种标准折价补偿承包人工程价款，一直是审判实践中的难点问题。就建设工程施工合同而言，工程质量是建筑工程的生命，《建筑法》及相关行政法规范，均将保证工程质量作为立法的主要出发点和主要目的。《建筑法》及《建筑工程质量管理条例》规定，未经验收或者验收不合格的建设工程，不得交付使用。在建设工程经竣工验收合格后，无效合同与有效合同在《建筑法》制定的根本目的上已无很大的区别。如果抛开合同约定的工程价款，发包人按照何种标准折价补偿承包方，均有不当之处，不能很好地平衡双方之间的利益关系。工程经竣工验收，已经达到《建筑法》保护的目的。本条司法解释为平衡当事人双方之间的利益关系，便捷、合理解决纠纷，确定建设

---

① 武钦殿：《合同效力的研究与确认》，吉林人民出版社 2001 年版，第 591 页。

工程施工合同无效，建设工程经竣工验收合格的，参照合同约定支付承包人工程价款。

理解与适用

一、起草背景

发包人与承包人签订的建设施工合同无效后，如何处理，一直是人民法院审理建设工程施工合同纠纷案件中的难点问题。主要原因是，我国建筑业市场处于变革时代，市场中旧的经济秩序被打破，新的经济秩序尚未建立，房地产市场的快速发展，又吸引大量的企业投入到建筑业市场当中，不规范的经营行为时有发生，如参与建筑活动的主体行为不规范，发包方肢解工程发包、承包方没有资质或者超越资质等级承揽工程，承包方非法“挂靠”借用具有法定资质等级的建筑施工企业名义承揽工程。这些不规范的经营行为，一方面扰乱了建筑市场正常经营秩序，使建筑工程质量事故不断发生。另一方面在一定程度导致大量无效合同的产生。《合同法》《建筑法》及《建筑工程质量管理条例》均规定，工程未经竣工验收不得交付使用。在合同无效的情况下，如何判定经验收合格的工程和未经竣工验收及验收不合格工程的价值，对于这样的工程如何处理，是否适用折价补偿的处理原则，成为人民法院审判实践的难点问题。在我国的建筑业市场，存在不同标准的工程款的计算方法，现实中工程量的增减也是普遍现象，用何种标准及方法对承包人建设的工程进行折价补偿，亦是难点问题。从审判实践来看，人民法院在具体案件中就无效合同的处理如何适用法律有不同的理解，对于折价补偿的标准及范围也有不同的认定，导致相类似的案件裁判结果相差甚远，不能取得良好的社会效果。同时，由于无效合同的处理没有明确的法律规定标准，致使案件不能尽快审结，导致经竣工验收不合格的工程长期搁置，不能及时予以利用，不能实现人民法院追求的效力目标，并且不能及时妥善保护当事人利益。故而，本司法解释在广泛征求社会各界意见，综合人民法院的审判实践的成功经验，依据《合同法》规定的无效合同的处理原则，以工程经验收合格作为折价补偿的前提条件，对合同无效，工程经验收合格的合同如何处理作出明确的规定。

二、社会各界意见

（一）对于工程经验收合格后，合同是否应当认定有效的意见

由于工程质量是建设工程的生命线，保证工程质量是《建筑法》等行政法的立

法目的之一，从这一角度考虑，建筑物的质量标准应当高于建设工程施工合同的效力标准，故有观点认为，当建设工程经验收合格的，建设工程施工合同不宜认定无效，建议本条修改为“建设工程施工合同符合本司法解释第一条规定的无效条件，但是建设工程经验收合格的，当事人请求认定合同无效的，人民法院不予支持。”反对的观点认为，虽然在建设工程施工合同当中，工程质量是处于核心地位，并被《合同法》及《建筑法》等相关行政法规范所保护，但是，法律并没有明确规定，在建设工程施工合同当中，以工程质量是否经验收合格作为合同是否有效的必备要件。现仅从《建筑法》的立法目的考虑，将工程质量是否经验收合格作为建设工程施工合同是否有效的唯一必备条件，与《合同法》的规定不符，且容易造成在结果上鼓励建筑业市场中不规范经营行为的发生，不利于实现通过本司法解释来制裁违法行为，规范建筑市场的目的。因此，建筑工程质量是否经验收合格只能涉及承发包方如何结算工程款的问题，而不能因此导致合同效力的变化。

（二）对于折价补偿问题的不同观点

对于合同无效，工程经竣工验收合格，发包人按照何种标准对承包人予以折价补偿问题。起草征求意见中出现几种意见：第一种意见认为，建设工程施工合同无效，建设工程验收合格的，发包人应当返还承包人在建设工程的造价成本；造价成本与合同价款的差价为损失，按照过错原则承担责任。理由是，无效合同的不得履行性导致的直接结果是承包人不应依据无效合同取得利益。故而，发包人只能按照建设工程的造价成本对承包人予以折价补偿。造价成本与合同约定价款的差价作为损失，由双方按照过错责任分担，这样才符合无效合同的特征及无效合同与有效合同的本质区别。“造价成本”如何计算，也存在几种观点：一种观点认为，造价成本按照当年适用的工程定额标准由鉴定机构计算。理由是，国家没有对建筑工程的造价成本规定计算标准的情况下，建设部及各地建筑行政主管部门颁发的建筑工程定额标准，属于行业标准，应当参照执行。另一种观点认为，造价成本按照建设行政主管部门发布的市场价格信息计算。理由是，建设行政主管部门就计算工程造价成本制定的定额标准往往跟不上市场价格的变化，而建设行政主管部门发布的市场价格信息，更贴近市场价格，更接近建筑工程的实际造价成本，有利于保护当事人的利益。第三种观点认为，造价成本为合同约定的工程款中的直接费与间接费，不包含利润和税金，利润和税金为损失。理由是，因合同中对于工程款项的支付标准约定明确，便于人民法院对于案件的审理，同时，由于是当事人自行约定，利于当事人接受。但是，合同无效，承包方不应依据无效合同取得利益，故而其不应取得合同约定工程款中的利润。税金是履行合同应当缴纳的，无效合同的不得履行性，导致承包人不应取得发包人支付的税金。第二种意见认为，建设工程施工合同确认无效后，建设工程验收合格的，承包人请求参照合同约定支付工程价款的，人民法院应当支持。此种意见主要是以工程质量是否合格，作为按照合同约定结算工程款的标准。这种观点的主要理由是，当建筑工程经验收合格后，区分合同效力的意义已不存在，参照合同约定支付工程款，有利于平衡双方当事人之间的利益关系，且不影响建筑工程质量，社会效果较好。

三、司法解释对各种意见的采纳情况

本司法解释最终采纳了建设工程施工合同无效，建设工程验收合格的，承包人请求参照合同约定支付工程价款，人民法院应予支持的观点。理由是：本司法解释第一条规定了合同无效的几种情况，如果我们以建设工程验收合格作为合同有效的唯一必备要件，司法解释中第一条关于合同无效的规定就没有意义，因为第一条规定的无效的合同，在工程经验收合格后，都会成为有效合同，这与司法解释打击建筑业市场的违法活动，规范建筑业市场的经营活动的制定初衷相违背，间接鼓励了无效合同的签订及履行。故而，本司法解释没有规定建设工程验收合格的，可以认定有效，而是确定建设工程施工合同无效，建设工程验收合格的，可以按照有效处理，发包人参照合同约定支付工程款。在合同无效的情况下，参照合同约定支付工程款，与法理和现行法律有关无效合同的处理原则明显相悖，但这种处理方式有利于保障工程质量。且这种方式利于案件的审理，平衡当事人之间的利益关系，得到良好的社会效果。其他关于工程款支付标准的意见，都存在一定的审判实践中不好掌握的问题。合同无效，按照工程造价成本由发包人折价补偿承包人。如果按照工程定额或者建设行政主管部门发布的市场价格信息作为计价标准计算工程的造价成本，都需要委托鉴定。这势必增加当事人的诉讼成本，扩大当事人的损失，案件审理期限延长，不能及时审结案件，不利于对当事人合法权益的保护，案件审判的法律效果与社会效果不能得到有机的统一。同时，目前我国建筑市场属于发包人市场，发包人在签订合同时往往把工程款压得很低，常常低于当年适用的工程定额标准和政府公布的市场价格信息标准，如果合同无效按照上述两种标准折价补偿，就可能诱使承包人恶意主张合同无效，以达到获取高于合同约定工程款的目的，这与无效合同处理原则及制定司法解释以期达到规范建筑市场、为促进建筑业的发展提供法律保障的初衷相悖。故而在合同无效时，不宜采用上述两种标准作为折价补偿的计算标准。认为合同无效，承包人只能要求合同约定中的直接费和间接费，不能主张利润及税金的观点同样有不当之处。就建设工程而言，其价值就是建设工程的整体价值，也即建设工程的完整造价。如果合同无效，承包人只能主张合同约定价款中的直接费和间接费，则承包人融入进建筑工程产品当中的利润及税金就被发包人获得。发包人依据无效合同取得了承包人应当得到的利润，这与无效合同的处理原则不符，其利益向一方当事人倾斜，不能很好地平衡当事人之间的利益关系，导致矛盾激化，案件审判的社会效果不好。故而，此种观点亦不可取。参照合同约定确定工程款数额符合签约时当事人的真实意思，且有利于保证工程质量，平衡双方之间的利益关系，便于人民法院掌握施行。对一部分案件而言，可适当简化程序，减少当事人讼累。

四、实践中注意的几个问题

建设工程施工合同与其他合同比较而言，有一定的特殊性。处理时应当把握以下原则：（1）履行建设工程施工合同的过程就是将劳动和建筑物材料物化在建筑产品的过程。《合同法》第五十八条规定，合同无效或者被撤销后，因该合同取得的财产，应当予以返还；不能返还或者没有必要返还的，应当折价补偿。由建设工程施工合同性质决定，合同无效后不能适用恢复原状的返还原则，而应适用折价补偿的返还原则。（2）应当区分工程质量是否合格。按照《合同法》规定，建设工程施工合同无效的法律后果是折价补偿和按照过错赔偿损失。“折价补偿”首先应确定履行无效合同建造的建筑产品是否有价值，然后才存在补偿问题；没有价值就不补偿，只能按过错赔偿损失。是否有价值的衡量标准，应根据《合同法》第二百七十九条的规定，建设工程经验收合格后，方可交付使用；未经验收或者验收不合格的，不得交付使用。《建筑法》第六十一条第二款也作出相同规定。建设工程竣工验收不合格就无法交付使用，建设工程的价值就体现不出来，无法折价补偿，故人民法院在案件审理中，应把握工程是否经竣工验收合格这一标准。验收合格一般有建设行政主管部门的质量评定机构作出的认定，从目前对于建设工程质量的评定来看，建设行政主管部门作出的评定标准是具有行政评定色彩，具有权威性，应在案件审理中予以确定。对于建设行政主管部门作出的质量评定，当事人可以提出异议，如果提出的异议充分，应当允许当事人重新评定的申请，并依据重新评定的结果作为认定建设工程质量是否合格的参考。（3）经验收合格的工程包括工程竣工后验收合格和正在建设中的工程经阶段性验收合格的工程及经过修复后验收合格的工程。《建筑法》第六十条第一款规定，建筑物在合理使用寿命内，必须确保地基基础工程和主体结构的质量。地基基础工程和主体结构工程具有相对独立性，完成这部分工程时应当验收，验收合格后才能进行下一步施工；建筑物也因地基基础和主体结构的合格而产生一定价值，未完的工程，应当对经阶段性验收合格的地基基础工程和主体结构部分折价补偿。（4）参照合同约定支付价款是处理合同无效，工程经竣工验收合格时，双方支付工程款的一项基本原则。在通常情况下，应当依照合同约定来支付工程款。但是，根据案件的具体情况，按照合同约定无法计算工程款，往往发生在未完的工程，或者工程大规模改变设计的情况下，也不排除根据案件的具体情况委托评估的办法来认定工程款的数额。

第三条 ［合同无效，工程验收不合格的处理原则］

建设工程施工合同无效，且建设工程经竣工验收不合格的，按照以下情形分别处理：

（一）修复后的建设工程经竣工验收合格，发包人请求承包人承担修复费用的，应予支持；

（二）修复后的建设工程经竣工验收不合格，承包人请求支付工程价款的，不予支持。

因建设工程不合格造成的损失，发包人有过错的，也应承担相应的民事责任。

条文主旨

本条主要规定了建设工程施工合同无效，建设工程经竣工验收不合格的处理原则。这一条包含两层意思：一是合同无效，工程竣工验收不合格，工程款项的支付方法；二是合同无效，工程验收不合格，承包人与发包人责任的承担。《合同法》第五十八条规定，合同无效或者被撤销后，因该合同取得的财产应当予以返还；不能返还或者没有必要返还的，应当折价补偿。建设工程经竣工验收不合格，主要是建设工程质量不符合国家规定或者行业规定的标准，一般包括两种情况：一种是建设工程质量虽然不合格，但经过修复，可以使缺陷得到弥补，符合国家或者行业强制性质量标准。这种情况下，发包人仍然可以接受建设工程，并在修复后继续利用建设工程。按照《合同法》关于无效合同的处理原则，应当对建设工程予以折价补偿，但由于建设工程没有经过竣工验收，需要进行修复，具备验收条件后方能使用，故而发包人可以要求承包人承担修复费用。另一种情况是，建设工程的质量缺陷无法通过修复予以弥补，建设工程丧失利用价值。对于没有利用价值的建设工程，只能炸掉重新进行建设，承包人没有请求支付工程价款的权利。《建筑法》第五十八条第一款规定，建筑施工企业对工程的施工质量负责。按照上述法律规定，对于经竣工验收不合格的建设工程，承包人应当承担民事责任。但实践中经常出现工程质量缺陷是由于发包人原因导致的情况，所以按照过错程度，具有过错方承担责任，符合公平原则及《合同法》规定的按照过错承担无效合同赔偿责任的原则。

理解与适用

一、起草背景

对于合同无效，建设工程经验收不合格，哪一方应当承担责任，发包人是否应当支付工程价款，及工程价款按照何种标准予以支付，一直是审判实践中争议较大的问题。《合同法》第二百七十九条规定，建设工程竣工后，发包人应当根据施工图纸及说明书、国家颁发的施工验收规范和质量检验标准及时进行验收。验收合格的，发包人应当按照约定支付价款，并接受该建设工程。建设工程竣工经验收合格后，方可交付使用；未经验收或者验收不合格的，不得交付使用。《建筑法》第六十一条规定，建筑工程竣工经验收合格后，方可交付使用；未经验收或者验收不合格的，不得交付使用。《建设工程质量管理条例》第十六条第三款规定，建设工程经验收合格的，方可交付使用。按照上述法律规定，建设工程必须经竣工验收合格方能交付使用，否则不能予以交付使用。在审判实践当中，对于合同无效，工程经验收不合格，或者合同无效，建设工程未经竣工验收的，承包人主张工程款的，人民法院根据上述法律关于经竣工验收方能交付使用的规定，驳回承包人的诉讼请求。这样的裁判结果使大量经验收不合格或者未经竣工验收的建设工程施工合同纠纷得不到彻底解决。实践中另一种做法是，按照《合同法》规定的无效合同的处理原则，合同无效，不论工程是否竣工，是否经验收，都要归发包人所有，因此发包人应当对承包人予以折价补偿。但各地人民法院对于补偿的标准掌握的原则并不一致，有的以工程造价成本折价补偿承包人，有的按照合同约定价款，有的委托专业部门对建筑工程进行评估，按照评估价格对承包人予以折价补偿。由于人民法院对适用法律理解的不同，导致就具体案件作出的裁决结果差异很大。工程经验收不合格的建设工程施工合同纠纷案件审结的社会效果不好，是造成建筑施工企业长期拖欠工人工资的原因之一。因此，妥善处理此类纠纷，对于合理利用社会资源，平等保护承包、发包人利益，保护建筑工人的合法权益，维护社会稳定，具有积极的意义。在本司法解释征求意见当中，社会各界及各级人民法院均要求将合同无效，工程经验收不合格的案件如何处理，按照统一的标准，作出明确的规定。我们在充分调研的基础上，对此问题作出了两方面的规定。

二、征求意见及采纳的情况

在本司法解释起草中，对于合同无效，工程经验收不合格的建设工程施工合同纠纷如何处理，有不同的观点：一种观点认为，按照《建筑法》和《合同法》的规定，建筑工程经验收合格后，方可交付使用。对于未经验收合格的工程，不得交付使用。因竣工验收不合格的工程，无法交付，发包人无法使用，导致合同目的无法实现，发包人可以不支付工程价款。按照这种意见来处理案件，可能造成的后果是，发包人不用支付对价即可以接受建设工程，如果建设工程具有利用价值，发包人依据无效合同取得利益，而承包人不能依据其投入得到相应的报酬，双方的利益不平衡，损害承包人利益，不符合民法的公平原则，且亦激化矛盾，案件审判社会效果不好。且由于发包人不用支出即可取得建设工程，导致发包人对已取得建设工程产品价值不珍惜，轻易决定对接受的建设工程铲掉重来重新进行建设。如果工程经过修复可以符合验收条件，从而具有使用价值，这种做法会造成社会资源的浪费。另一种观点认为，不论工程是否验收合格，按照无效合同的处理原则，工程都要交付发包人，故而发包人应当就接受的工程支付承包人工程款。这种观点又会导致如果工程确实无法修复，不再具有使用价值，这种损失完全由发包人承担，不符合公平原则。在充分研究各种意见的前提下，本司法解释当中确定以建设工程修复后是否经竣工验收合格作为承包人请求支付工程款的前提条件，建设工程修复后经竣工验收合格的，发包人请求承包人承担修复费用的，应予支持。建设工程无法修复或者修复后经竣工验收不合格的，承包人请求支付工程款的，不予支持。此款规定具有充分的法律依据，《合同法》第二百六十二条规定，承揽人交付的工作成果不符合质量要求的，定作人可以要求承揽人承担修理、重做、减少报酬、赔偿损失等违约责任。《建设工程质量管理条例》第三十二条规定，施工单位对施工中出现质量问题的建设工程或者经竣工验收不合格的建设工程，应当负责返修。上述法律规定表明的观点是，建设工程经验收不合格的，承包人应当承担返修义务，返修费用由承包人自行承担。如果承包人拒绝承担返修义务或者双方基于丧失合作基础的情况，发包人与承包人均同意由第三人能进行建设工程的修复工作时，发包人可以要求承包人承担修复费用。这种做法可以避免社会资源的浪费，平衡当事人之间的利益，使案件的审判结果达到较好的社会效果。修复后的建设工程经竣工验收仍然不合格的，建设工程已经失去价值，只能铲掉重新进行建设，承包人要求支付工程款的，不应予以支持。这样的规定，可以严格制裁违法行为，保证工程质量，促进建筑业市场的健康有序发展。

《合同法》第五十八条规定，合同无效或者被撤销后，因该合同取得的财产应当予以返还；不能返还或者没有必要返还的应当折价补偿。有过错的一方应当赔偿对方因此所受到的损失，双方都有过错的，应当各自承担相应的责任。《建筑法》第五十八条明确规定，建筑施工企业对工程的施工质量负责。建筑施工企业必须按照工程设计图纸和施工技术标准施工，不得偷工减料。工程设计的修改由原设计单位负责，建筑施工企业不得擅自修改工程设计。第五十九条规定，建筑施工企业必须按照工程设计的要求、施工技术标准和合同的约定，对建筑材料、建筑构配件和建筑设计进行检验，不合格的不得使用。第六十条规定，建筑物在合理使用寿命内，必须确保地基基础工程和主体结构的质量。《建设工程质量管理条例》第三十二条规定，施工单位对施工中出现质量问题的建设工程或者竣工验收不合格的建设工程，应当负责返修。上述法律规定表明，承包人应当对建筑工程的质量承担责任。故而，本司法解释明确规定，建设工程经验收不合格，承包人应当承担民事责任。但建筑业的实际情况是，工程质量不合格可能有发包人的原因，如发包人提供的设计有缺陷，造成按照发包人提供的设计图纸进行施工建造的房屋存在质量问题，无法经过验收。发包人为追求不正当的经济利益，往往提供或者指定购买的建筑材料、建筑配件、设备不符合国家强制性标准。而我国的建筑业市场基本是发包人市场，承包人往往考虑到发包人的优势地位，接受发包人购买的材料或者购买发包人指定的建筑材料、建筑配件、设备等，导致建筑工程质量经验收不合格。也有发包人在工程发包过程中操作不规范，将工程肢解分包，或者直接指定分包人，而被指定的分包人不具有相应的资质，或者不能按照规范施工，导致工程质量存在缺陷，经验收不合格。本司法解释在征求意见的基础上，从我国建筑业市场的实际现状出发，规定工程经验收不合格的，发包人有过错的，也应当承担相应的过错责任。这也符合《民法通则》的公平原则。

三、实践中应注意的问题

掌握本条规定的工程款项支付的原则，就要从根本上把握修复后的建设工程经再次竣工验收是否合格这一分界点。修复后的建设工程经竣工验收合格的，发包人要支付承包人工程价款，同时可以要求承包人承担建设工程的修复费用。修复后的建设工程经再次竣工验收不合格的，发包人可以不支付承包人工程价款。在审判实践中，双方因为纠纷的产生，矛盾加大，对于建设工程经竣工验收不合格的，一方面承包人不愿继续承担建设工程的修复义务，进行修复工作；另一方面发包人也不愿承包人再继续进行建设工程的修复工作。如果双方均同意不再由承包人进行修复工作，如何确定工程款的给付问题。我们认为，在承、发包双方均同意不再由承包人继续建设工程的修复工作的，首先要看建设工程存在的质量缺陷是否可以修复，并可以经竣工验收合格。对于建设工程存在的质量缺陷是否能够修复，一方面看当事人对这一问题的态度，如果双方当事人从建筑业的国家质量要求及行业质量要求的基础上，均认可建筑工程存在的质量缺陷可以修复，那么，人民法院可以根据法律规定，对此予以认可。发包人应当支付承包人工程价款，承包人负担工程的修复费用。如果双方对建筑工程存在的质量缺陷是否能够修复有不同的意见，且难以达成共识，由于建筑工程质量问题涉及专业技术问题，这种情况下，建筑工程质量存在的缺陷是否能够修复，就需要委托专业部门进行评定，以评定的结果作为人民法院认定建筑工程经验收不合格，其存在的质量问题是否可以修复的参考。发包人在提出请求承包人承担修复费用的主张后，并不妨碍和影响发包人向承包人主张合同无效其受到损失的赔偿责任及缔约过失责任。对于审判实践当中出现的工程没有竣工，经阶段性验收不合格，但可以予以修复的，修复后的工程经验收合格的，可以参照这一标准来处理。建设工程经竣工验收不合格的，在经过专业机构评定，工程存在的质量问题无法修复的，不再支持承包人请求支付工程款的主张。但如果发包人对工程质量缺陷具有过错的情况下，承包人可以就合同无效，请求发包人承担损失。对于合同无效，建筑工程经验收不合格的，确定的责任承担原则是承包人承担责任。但是，如果发包人对建设工程验收不合格存在过错的，也应当承担责任。这一责任的承担应当在认定发包人过错程度的基础上作出判断。在法律有明确规定某方面的责任是承包人主要责任的情况下，发包人只能负次要责任，对于其承担责任的多少，由法官依据案件的实际情况及法律规定予以判决。

第四条 ［违法转包、分包合同的处理原则］

承包人非法转包、违法分包建设工程或者没有资质的实际施工人借用有资质的建筑施工企业名义与他人签订建设工程施工合同的行为无效。人民法院可以根据《民法通则》第一百三十四条规定，收缴当事人已经取得的非法所得。

条文主旨

本条规定具有两方面内容：一是承包人非法转包、违法分包建设工程或者不具有资质的实际施工人借用有资质的建筑施工企业名义与他人签订的建设工程施工合同违反《建筑法》的强制性规定无效；二是将当事人依据上述无效合同取得的利益确定为非法所得，依据《民法通则》第一百三十四条第三款“人民法院审理民事案件时，可以收缴当事人进行非法活动的财物和非法所得”的规定，由人民法院采取民事制裁措施，对承包人非法转包、违法分包建设工程取得的利益、出借法定资质的建设施工企业因出借行为取得的利益、没有资质的建设施工企业因借用资质签订建设工程施工合同取得的利益予以收缴。

理解与适用

一、起草背景

《建筑法》从规范建筑业市场，保证建设工程质量的目的出发，明确规定禁止承包人非法转包、违法分包建设工程。禁止未取得资质等级证书的企业承揽工程。但在建筑业市场中，承包人为追求不正当利益，将承包的建设工程非法转包、违法分包。无资质的施工企业为承揽工程，常常通过各种形式使用法定资质建筑施工企业名义与他人签订建设工程施工合同。上述违法行为，一方面导致建筑业市场承发包行为不规范，竞争无序，扰乱建筑业市场的正常运转，另一方面直接导致建筑工程质量缺陷，建设工程发生安全事故，危及人民生命及财产安全，扰乱社会安定。但法律对承包人转包、违法分包建设工程的合同是否无效，没有明确的法律规定，人民法院对如何适用法律认定此类合同效力理解不同，导致对此类合同效力认定上的不同。人民法院对合同性质认定的不一致，使案件审判达不到良好的社会效果，同时不利于制裁民事违法行为，进而达到规范建筑业市场的目的。故而，本条中明确规定，承包人非法转包、违法分包的建设工程施工合同无效。本司法解释第一条规定五种无效合同，这五种合同基本涉及发包人与承包人之间的法律关系，但本条中规定的无效合同涉及发包人与承包人之间的建筑工程承包合同关系，承包人因非法转包、违法分包与实际承包人之间的建设工程承包合同关系，发包人与工程实际承包人之间的关系三方当事人之间的法律关系，故承包人非法分包、违法转包合同无效没有在解释第一条中规定，而是在本条中予以规定。本司法解释第一条对没有资质的实际施工人借用有资质施工企业名义签订的合同无效已作出规定，本条再次重申，主要考虑到本条中规定了对非法所得予以收缴，而没有资质建筑施工企业借用有资质施工企业名义签订合同取得利益，也在本条予以收缴的范围之中，且在认定没有资质建筑施工企业的非法所得时，同样涉及发包人、承包人与被使用资质企业三方之间的法律关系。故本条在体例上将承包人分包、违法转包合同无效独立于第一条之外，并与无资质实际施工人借用有资质建筑施工企业名义承揽工程的无效合同并在一起，作为本条下面收缴规定的对象。对于承包人非法转包、违法分包建设工程取得的利润，没有资质的施工人通过借用有资质建筑施工企业名义与他人签订建设工程施工合同获取的利益，是否应认定为非法所得并予以收缴，各地人民法院掌握的原则不一致。有的人民法院积极采取收缴措施，对于当事人基于违反法律强制性规定签订的建设工程施工合同在认定合同无效的前提下，都适用收缴的民事制裁措施。有的法院则不主张采用收缴这种民事制裁措施，在案件审理中，基本不予采用收缴这一民事制裁措施。综合人民法院的审判实践，在1995年以前，各地人民法院在审理案件中，对于当事人进行非法活动的非法所得，一般采取收缴的民事制裁措施。在1995年至2000年，对于非法所得，有的人民法院采取收缴措施，有的法院不予收缴。2000年以后，人民法院在审判中逐渐淡化对当事人非法所得采用收缴措施的。在司法解释征求建议中，各级人民法院建议将当事人依据上述合同取得的利益认定为非法所得，由人民法院依据《民法通则》的规定，予以收缴。理由是，有人民法院采取收缴这种民事制裁措施，一方面可以起到打击违法行为，规范经营活动的目的，另一方面可以平衡当事人之间的利益关系，有利于案件审判达到较好的社会效果。社会各界也积极呼吁本司法解释当中对于收缴非法所得作出规定，以规范建筑业市场的经营活动。建设行政部门对于该观点予以支持。本司法解释采纳各界意见，明确承包人转包、违法分包建设工程取得的利益、出借法定资质的建设施工企业因出借行为取得的利益、没有资质的建设施工企业因借用资质签订建设工程施工合同取得的利益确定为非法所得，由人民法院依据《民法通则》第一百三十四条的规定，采取民事制裁措施，对当事人已经取得的非法所得予以收缴。

二、讨论中的意见

对于承包人非法转包、违法分包建设工程的合同无效，在司法解释征求意见当中，基本取得一致的意见。对于在建设工程施工合同纠纷中，是否可以依据《民法通则》第一百三十四条规定对非法所得予以收缴，在起草初期，我们一直主张减少和避免适用收缴民事制裁措施，对违法行为由行政机关依照行政法规范作出行政处罚。基于此种考虑，在本解释草拟稿中没有作出收缴规定。以后，解释稿在人民法院网上、人民法院报上征求社会各界意见以及召开座谈会听取各级法院、建设部等单位意见时，一致意见认为人民法院对非法所得应予收缴，并建议增加相应条款。我们采纳了各方面对于在本司法解释中增加对非法所得予以收缴的意见，主要理由是：（1）将当事人依据本条规定的无效合同取得的利益，确定为非法所得并采用民事制裁措施予以收缴，有充分的法律依据。按照《民法通则》规定的精神，非法所得应是指当事人从事违反法律、行政法规强制性规定的民事行为所取得的财产。《建筑法》第二十六条规定，禁止建筑施工企业超越本企业资质等级许可的业务范围或者以任何形式用其他建筑施工企业的名义承揽工程。禁止建筑施工企业以任何形式允许其他单位或者个人使用本企业的资质证书、营业执照，以本企业的名义承揽工程。第二十八条明确规定，禁止承包单位违法转包、肢解分包。第二十九条第三款规定，禁止总承包单位将工程分包给不具备相应资质条件的单位。《建筑法》的上述三个条款属于强制性条款，当事人在建设施工合同中出现上述违反《建筑法》强制性规定的情形，就可以依照《民法通则》和《合同法》的规定，确定合同无效。《建筑法》第六十六条规定，建筑施工企业转让、出借资质证书或者以其他方式允许他人以本企业的名义承揽工程的，责令改正，没收违法所得，并处罚款。第六十七条规定，承包单位将承包的工程转包的，或者违反《建筑法》规定进行分包的，责令改正，没收违法所得，并处罚款。《建筑法》通过上述两个条款，对建筑施工企业出借资质证书、转让资质证书取得的利益，承包单位违法分包、转包取得的利益确定为非法所得，由建设行政主管部门或者有关部门依据行政职权采取没收非法所得的行政制裁措施。在《建筑法》中，已经明确将本条司法解释中涉及的三种行为确定为违反行政法规禁止性规定的行为，并将所得认定为非法所得，行政机关依照职权可以予以收缴。《建筑法》作为规范建筑行业的法律，具有公法的性质，按照公法优于私法的原则，我们首先可以根据《建筑法》的规定，将承包人分包、违法转包建设工程取得的利益、不具有资质的施工人通过借用具有资质施工企业名义签订建设工程施工合同取得的利益、具有资质施工企业出借资质取得的利益确定为非法所得。然后按照《民法通则》第一百三十四条“人民法院审理民事案件，收缴当事人进行非法活动的财物和非法所得”的规定，对当事人的上述非法所得予以收缴。(2) 对这几种合同非法所得进行收缴，有利于平衡当事人之间的利益关系，及时制裁违法行为，进一步规范建筑市场，保证建筑工程质量，进而保证人民生命、财产安全。我们开始考虑只在第三人借用具有法定资质的建设施工企业名义与发包人订立的合同无效，人民法院可以根据《民法通则》第一百三十四条规定收缴建设施工企业出借法定资质的非法所得。后在讨论中，又增加为现在的三种合同，之所以增加收缴非法所得适用范围，主要考虑在违法分包、转包建设工程中，合同当事人以管理费等名目收取的非法所得，如不收缴，对这部分利益不论作何种处理都很难平衡当事人利益。具体讲，订立转包合同后，转包人收取了转承包人交纳的管理费，如将此款全部判归转承包人，那么转承包人因签订无效合同而获得全部合同利益，与有效合同处理结果一样；如作出这样的判决，显然与现行法规定不符；如将这部分费用全部或者部分判归转包人，由于转包人未实际施工，只因签订违法转包合同而获取利益，也不符合法律规定。人民法院对非法所得予以收缴，可以在合同被认定无效后平衡当事人利益。同时在审理案件中及时作出收缴措施，有利于打击建筑业市场的违法行为，进而规范建筑业市场的经营行为。我们在审判实践中出现过这样的做法，即人民法院不采取收缴措施，而是向建设行政主管部门发出司法建议，建议建设行政主管部门对当事人的非法所得予以收缴。这种做法的弊端是，建设行政主管部门在收到人民法院司法建议书后，可能由于某些方面的原因，不对违法活动者取得的非法利益采取收缴措施，这样不利于打击建筑业市场中的违法活动。且人民法院采取收缴的制裁措施是事中制裁，制裁起到的社会效果较好，能够通过制裁违法行为，起到预防违法行为产生的作用。而建设行政主管部门按照人民法院司法建议中确定的事实对当事人采取的制裁措施是一种事后制裁，其取得的社会效果不如事中制裁得到的社会效果好。且因是事后制裁，可能收缴措施得不到执行，这样制裁措施的采用就达不到一定的社会效果。这也是建设行政部门主张人民法院在案件审理时，对当事人依据本条规定的无效合同取得的非法利益予以收缴的原因。

三、审判实践中对于收缴非法所得的具体做法

我国《民法通则》第一百三十四条规定，人民法院在审理案件时，可以对当事人进行非法活动的非法所得予以收缴。对于在审判实践中如何贯彻和执行上述法律规定，审判实务界一直存在争议，并存在不同的观点。第一种观点认为，人民法院在审理案件时，应当对当事人进行违法活动时约定取得的财产和已经取得的财产均予以收缴。理由是，当事人履行违反法律禁止性规定的合同所取得财产，应认定为非法所得，予以收缴。《民法通则》规定的非法所得，应当包括已经取得和约定取得两种形式，按照法律规定的本意，应对约定取得和实际取得的财产一并适用收缴。这一观点曾被最高人民法院的相关司法解释采纳。《最高人民法院关于审理联营合同纠纷案件若干问题的解答》第四条规定，关于联营合同中的保底条款问题：企业法人、事业法人作为联营一方向联营体投资，但不参加共同经营，也不承担联营的风险责任，不论盈亏均按期收回本息，或者按期收取固定利润的，是名为联营，实为借贷，违反了有关金融法规，应当确认合同无效。除本金可返还外，对出资方已经取得或者约定取得的利息应予收缴，对另一方则应处以相当于银行利息的罚款；第二种观点认为，行政法律规范中将收缴非法所得确定为一种行政职能，由行政部门依法予以行使。人民法院在审理民事案件时，不宜替代行政部门的职能，

行使收缴权。这种观点在审判实践中也曾被采纳，有些判例中，对于下级法院作出的收缴制裁决定，当事人向上一级人民法院提出复议申请，上级法院有根据上述观点，撤销下级法院收缴决定的复议决定；第三种观点认为，《民法通则》规定的非法所得，应是指已经实际取得的财产，对于当事人约定取得但没有取得的财产，不宜认定为非法所得予以收缴。最高人民法院在具体的案例中体现了该种观点。四川省高级人民法院在审理眉山分公司与李明建设工程施工合同纠纷一案时查明，李明个人不具有建筑施工资质条件，却于1998年8月23日与眉山分公司签订了“分包协议”，以个人名义承揽建设工程，违反了《建筑法》的禁止性规定，李明和眉山分公司所签“分包协议”无效，其工程付款结算应按李明实际施工部分造价进行，双方不得以上述违法民事行为而牟取利益。故依照《民法通则》第一百三十四条第三款、《建筑法》第六十五条第三款的规定，于2003年4月7日作出〔2001〕川经终字第203-1号和〔2001〕川经终字第203-2号民事制裁决定书，决定对眉山分公司因履行本案协议在扣除实际施工部分造价及李明多收款额后尚差约定应付款额287 653.08元，作为约定取得予以收缴。李明已收取款额扣除其实际施工部分造价后，多收款额406 782.92元予以收缴。眉山分公司与李明对四川省高级人民法院的上述制裁决定书均不服，向最高人民法院申请复议。眉山分公司认为，李明实际施工部分造价为5 613 217.08元，而眉山分公司已多付406 782.92元，因此，眉山分公司在本案中并未牟取利益。民事制裁决定书认定“对眉山分公司因履行本案协议在扣除实际施工部分造价及李明多收款额后尚差约定应付款额287 653.08元予以收缴”显属不当。因协议确认为无效，也就不存在按协议约定付款的问题。四川省高级人民法院〔2001〕川经终字第203-1号民事制裁决定书在认定事实和适用法律上均有错误，请求撤销该民事制裁决定书。最高人民法院经审查认为，根据《民法通则》第一百三十四条第三款规定，人民法院审理民事案件，可以予以收缴进行非法活动的财物和非法所得。但案件事实表明，“分包协议”无效后，经司法鉴定，李明实际施工部分造价为5 613 217.08元，而眉山分公司支付给李明的工程款是602万元，已超出实际施工部分造价406 782.92元。因此，眉山分公司没有非法所得。四川省高级人民法院“对眉山分公司因履行本案协议在扣除实际施工部分造价及李明多收款额后尚差约定应付款额287 653.08元”，作为约定取得予以收缴没有法律依据。眉山分公司尽管违反了《建筑法》第六十七条第一款的规定，但其应承担的是行政处罚性的法律责任。根据《建筑法》第七十六条第一款规定：“本法规定的责令停业整顿、降低资质等级和吊销资质证书的行政处罚，由颁发资质证书的机关决定；其他行政处罚，由建设行政主管部门或者有关部门依照法律和国务院规定的职权范围决定"。因此，人民法院审理民事案件，不得以此为依据对当事人予以民事制裁。故而撤销了四川省高级人民法院对眉山分公司的处罚决定。对于李明的复议申请，最高人民法院经审查认为，根据四川省高级人民法院〔2001〕川经终字第203号民事判决和《建筑法》第二十九条第三款、第六十五条第三款、《合同法》第五十八条之规定，《分包协议》无效后，李明只能按照其实际施工部分的造价5 613 217.08元收取工程款，对其多收的超出其实际施工部分造价的406 782.92元工程款，应认定为非法所得。依据《民法通则》第一百三十四条第三款之规定，对李明的非法所得应予以收缴。故维持了四川省高级人民法院对李明的处罚决定。最高人民法院上述判例表明，当事人实施违法行为，依据无效合同的履行取得的财产，可以确定为非法所得，依据《民法通则》的规定，予以收缴。受上述观点的影响，审判实践中，1995年前，人民法院对非法所得多予以收缴，收缴范围包括已经取得和约定取得的财产。

四、实践中应注意的问题

（一）严格把握承包人转包、分包行为

国务院于2000年1月30日发布的《建设工程质量管理条例》第七十八条第二款规定，本条例所称违法分包，是指下列行为：（1）总承包单位将建设工程分包给不不具备相应资质条件的单位的；（2）建设工程总承包合同中未有约定，又未经建设单位认可，承包单位将其承包的部分建设工程交由其他单位完成的；（3）施工总承包单位将建设工程主体结构的施工分包给其他单位的；（4）分包单位将其承包的工程再分包的。转包，是指承包单位承包建设工程后，不履行合同约定，直接将工程再转包。人民法院在审判案件中，应在上述范围内确定承包人分包与违法转包的行为。

（二）限制收缴的范围

《民法通则》只是规定了对非法所得予以收缴，但没有明确规定何种利益属于非法所得，可以适用收缴的民事制裁措施。我们在建设工程施工合同纠纷案件审理中，应严格把握非法所得的适用范围，在本条司法解释确定的三种合同当中适用，不应超出本条司法解释确定的合同范围之外。采取收缴非法所得的对象是进行分包、转包的建设工程承包人、出借法定资质的建设工程施工企业及不具有资质的施工人。收缴的非法所得为承包人因违法分包、转包取得的利益、出借建筑施工法定资质的建筑施工企业因出借行为取得的利益、不具有法定资质的施工人通过借用资

质签订建设工程承包合同取得的利益。

（三）避免民事制裁措施和行政处罚措施重复使用

《建筑法》对本条司法解释中可以适用收缴的情况也均作出了行政制裁予以收缴的规定，在建设行政机关依照行政职权已经对当事人予以处罚的情况下，人民法院不宜再作出收缴的处罚决定，否则会加重当事人负担，处罚过重，处罚混乱，不会取得较好的社会效果。

（四）非法所得应限定在已经实际取得的财产范围内，对于约定取得不宜采取收缴措施

本条司法解释明确规定对已经取得的非法所得予以收缴，对于约定取得但没有实际取得的财产不使用收缴这种制裁措施。主要理由是合同无效，如果对约定取得的财产也采用收缴的制裁措施，等于强迫当事人履行合同，导致的是合同履行的后果，这与合同无效的法律后果不相一致，且扩大收缴范围，加重当事人负担，与收缴目的不相适应，且没有充分的法律依据。《民法通则》规定的非法所得，从字面上理解应为从事非法活动所取得的利益，对于约定取得，因没有实际取得，因而对于取得方来讲，其并没有依据非法活动取得利益，对于约定支付方来讲，其只是因合同无效，没有导致现有财产的减少，其并没有依据无效合同取得利益。故而，对于约定取得，不宜采用收缴这一民事制裁措施。

（五）注意避免重复采取涉及财产的民事制裁措施

《民法通则》第一百三十四条规定的涉及财产的民事制裁措施，除收缴非法所得外，还可以予以罚款。在人民法院已经采取收缴非法所得的制裁措施后，为避免加重当事人负担，不应再采取罚款的制裁措施。

第五条 ［施工中取得资质的，按有效处理］

承包人超越资质等级许可的业务范围签订建设工程施工合同，在建设工程竣工前取得相应资质等级，当事人请求按照无效合同处理的，不予支持。

条文主旨

承包人在签订建设工程施工合同时超越资质等级许可的范围，违反了《建筑法》的强制性规定，依照《合同法》和《民法通则》的规定，应当认定合同无效。但如果承包人在建设工程竣工前取得相应资质等级的，合同违反《建筑法》禁止性

规定的情形已经消失，满足合同生效条件，可以认定有效。本条吸收了理论界中合同效力补正的理论。按照我国学者的观点，合同效力补正是指当事人所签订的合同因违反了法律禁止性规定，导致合同不能满足有效条件，当事人可以通过事后补正或者实际履行来使合同满足有效的条件，促使合同有效。我国对建筑施工企业实行资质等级管理制度，即建筑施工企业要依据其取得的资质等级承揽与其资质等级相适应的建设工程。我国建筑业市场起步较晚，超越资质等级签订的建设工程施工合同有一定的数量，甚至在一定的地区普遍存在。而且，建设行政主管部门对建筑企业的资质等级实行动态管理，按照行政法规范及部门规章的规定，建筑施工企业资质等级的取得需要一定的审批时间，对于承包人在签订建设工程施工合同时已经具备了与建设工程相适应的建设能力，并且已经申报与建设工程相适应的资质等级，但由于审批时间和程序的限制，不能立即取得，认定此种合同效力可以补正，不会影响建设工程质量，不会与《建筑法》的立法宗旨相违背，对于保证和促进建筑市场合同的稳定性都有重要意义。对于无效合同效力补正问题，最高人民法院相关的司法解释中已有规定，在审判实践中取得了良好的社会效果。故本条吸收了最高人民法院司法解释中关于合同效力补正的成功经验，规定对于此种合同就其效力可以予以补正。

理解与适用

一、起草背景

应该说，超越资质等级承揽建设工程的现象，在我国的建筑业市场是较为普遍存在的一种状况。这一现状的产生，一方面是由于我国建筑业市场没有形成规范的经营秩序，法律对建筑业市场的调整力度及相关建设行政管理机关对建筑业市场的管理和引导不到位。进入建筑业市场主体经营模式的多样化，发包人或者承包人为追求不正当的利益，对于承包人建筑资质等级的审查不严格，导致超越资质等级承揽工程情况的大量出现。另一方面是由于我国建设行政主管部门对建筑施工企业资质等级的管理实行动态管理，即建设行政主管部门根据建筑施工企业的建设施工能力达到的程度，按照建筑施工企业的申请，可能会提高建筑施工企业的资质等级，同时，可能因为建筑施工企业建设施工能力的下降或者建筑施工企业的违法经营行为，降低建筑施工企业的资质等级。这样，建筑施工企业的资质等级在承揽工程的过程中可能处于变化的状态。建设部关于资质等级管理的部门规章中曾规定，建筑施工企业承揽超越资质等级两个以上的工程的，作为建筑施工企业申请提升资质等级的一个条件。在资质等级的实际评定当中，有将建筑施工企业超越等级承揽工程的数量作为考虑提高建筑施工企业等级的因素的情况。建设主管部门的这种做法，也鼓励了建筑施工企业超越资质等级承揽工程。这种状况下，如果我们对于超越资质等级承揽工程签订的建设工程施工合同，不论建筑施工企业是否在工程的建设当中取得相应的资质等级，一律认定合同无效，会导致大量无效合同的产生，这一方面与《合同法》尽量保护合同有效的立法原意不符，另一方面脱离建筑业市场的现状，不利于从公平合理的角度解决纠纷。故而，本司法解释对承包人在签订建设工程施工合同时超越本企业资质等级许可的业务范围，但是在建设工程竣工前取得相应资质等级的，采取可以认定合同有效的规定。

二、征求意见中的几种观点

对于承包人在签订建设工程承包合同时超越资质等级许可的业务范围，但是后来取得了相应资质等级，合同效力如何认定，在建设施工企业资质等级取得时间上是否应放宽，放宽到什么程度，在本司法解释起草中一直存在争议。第一种观点认为，国家公权对合同的干预主要体现在对合同效力认定的国家干预上，对合同效力的认定，是法律、行政法规规定的“杠杆”，不能再有突破，否则就是突破法律规定。无效合同的主要特征是自始无效性，不允许当事人通过事后补正或者实际履行来使合同有效，否则会鼓励当事人签订无效合同，与《合同法》规定无效合同的目的相违背。因此，不应当对建筑施工企业取得与其承建工程相适应的资质等级的时间予以放宽，并据此对本应无效的合同认定为有效；第二种观点认为，中国的建筑业市场刚刚起步，很不规范，应当允许司法审判中对当事人的民事行为给予适当的宽容，允许当事人采取补救措施，这有利于市场经济的发展，有利于维护合同，维护当事人的合法权益，具有良好的社会效果，这样做不违背法律规定，恰恰是为了实现法律的根本目的——为经济建设服务；第三种意见认为，应当允许当事人通过事后补办手续，来补正合同效力，但要严格掌握，必须严格限定补正时间，否则会引起当事人权利义务的失衡。在起草该部司法解释时，社会各界的普遍意见认为，承包人在签订建设工程施工合同时其他条件均符合法律规定，只是超越资质等级许可的业务范围，但在合同签订后取得了相应资质等级，以认定合同有效为益。建设部对此观点持支持态度。对于承包人事后取得与承揽工程相适应的资质等级的时间宽展到何时，有不同的意见：一种意见认为，应当宽展到一审诉讼期间。理由是这样才能与本条规定的目的相一致，且最高人民法院在《关于审理房地产法管理法施行前房地产开发经营案件若干问题的解答》中对于房地产开发商补办手续规定宽展到一审诉讼期间，取得很好的社会效果；第二种观点认为应当严格限制取得时间，将时间限定在建设工程竣工前，否则会鼓励超越资质等级承揽工程现象的出现，影响建筑工程质量，与《建筑法》的立法目的相违背；第三种观点认为，应当将补办时间限定在起诉前。理由是：《最高人民法院关于民事诉讼证据的若干规定》确定的原则是当事人就双方争议的法律关系诉讼到法院以后，形成的诉讼法律关系必须处于稳定的状态，倘若还允许其处于不确定的状态，并且在诉讼中法院对法律关系的定性还要受到当事人意志的影响，显然对司法的权威提出了挑战，构成威胁，这是很不严肃的事。而且《民事诉讼法》有关诉讼关系的基本理论也要求人民法院受理民事诉讼以后，该诉讼就应当出于管辖恒定、当事人恒定、诉讼关系恒定、诉讼请求恒定的状态，禁止重复起诉，禁止随意变更诉讼请求等。因此，应当将当事人补办手续的时间限定在诉讼前。

三、对各种观点的采纳情况

我们在本司法解释当中采纳了合同效力可以补正的观点，主要理由是：（1）合同效力的补正有充分的理论基础。我国学者认为，无效合同包括两种情况：一种情况是合同因明显违反法律、法规的强制性规定和公序良俗，不需要经过裁判的认定，合同就是当然无效。另一种情况是合同虽然违反了有关法律和行政法规的强制性规定，但法律、法规并没有明确指明违反该规定对当事人进行的民事行为效力的影响，也就是说违反了法律、法规强制性规定是否导致合同无效需要经过法院的裁判予以认定。许多法律、法规常常只是规定违反强制性规定应当承担的行政责任，但未规定合同无效。由于行政责任与合同效力不是同一概念，即使承担行政责任并非必然导致合同无效。这样，此类合同在签订后，人民法院作出认定之前虽然成立但不生效的，就并非不能通过事后补正或者实际履行来促使合同有效。[①]（2）合同的效力补正已经被最高人民法院制定出台的司法解释所吸收，并取得良好的社会效果。最高人民法院在《关于适用〈中华人民共和国合同法〉若干问题的解释（一）》中，已经肯定法律、行政法规规定的某些合同的批准、登记手续是可以补办的，或者在一定的期限内是可以补办的，该解释第九条规定，法律、行政法规规定合同应当办理批准手续，或者办理批准登记手续才生效，在一审法庭辩论终结前当事人仍未办理批准手续的，人民法院应当认定合同未生效。最高人民法院在《关于审理房地产管理法施行前房地产开发经营案件若干问题的解答》中规定，商品房

---

① 王利明：《合同法新问题研究》，中国社会科学出版社2002年版，第289～291页。

的预售方，持有土地使用证，也投入一定的开发建设资金，进行了施工建设，预售商品房的，在一审诉讼期间办理了预售许可证明的，可以认定预售合同有效。《最高人民法院关于审理商品房买卖合同纠纷案件适用法律若干问题的解释》第二条规定，出卖人未取得商品房预售许可证明的，与买受人订立的商品房预售合同，应当认定无效，但在起诉前取得商品房预售许可证明的，可以认定有效。上述司法解释当中关于合同效力补正的规定，在实践中起到了促进当事人积极履行合同、保证交易安全及促进经济发展的作用，被许多法官和当事人借鉴，本司法解释根据建设工程施工合同的审判实践并考虑到法律规定的原则，借鉴《最高人民法院关于适用〈中华人民共和国合同法〉若干问题的解释（一）》和《最高人民法院关于审理商品房买卖合同纠纷案件适用法律若干问题的解释》的规定，在本司法解释当中规定承包人在签订建设工程施工合同时超越资质等级许可的业务范围，但是在建设工程竣工前取得相应资质等级的，发包人以承包人超越资质等级为由主张建设工程施工合同无效的，不予支持。对于效力补正的时间，本司法解释在分析各种意见的基础上，规定相应的资质等级的取得应在建设工程竣工前。这一规定的主要理由在于，从建设行政主管部门对建设施工企业资质施行动态管理的现状来看，建筑施工企业超越资质等级承揽工程，但是在工程竣工前取得与承揽工程相适应的资质等级，表明其已经具备对承揽工程进行建设的施工能力。此种情况下认定合同有效，与《建筑法》通过对建筑施工企业资质的管理，来达到保证建设工程质量的目的并不矛盾。如果把补正时间确定在当事人提起诉讼之前，或者在一审诉讼期间，由于建设工程合同履行期限较长，可能在工程竣工后的很长一段时间内，实践中有的距工程竣工几年之后，双方当事人因各种原因，诉至法院。由于建设工程施工合同本身的复杂性，人民法院审理的时间相对较长，这样，当事人起诉或一审诉讼期间距离竣工时间已经很长，此时取得的资质，已经与竣工工程的建设没有技术上的关系，对已竣工工程的质量没有任何保证，以此时取得的资质来认定合同效力，与《建筑法》的立法目的相违背。

四、在实践中应注意的问题

应当严格掌握合同效力补正的范围及补正时间。本司法解释当中只规定超越资质等级的建设工程施工合同可以进行效力补正，其他违反法律、行政法规禁止性规定的合同，没有允许进行效力补正，故而，对于可以进行效力补正的合同应当限定在这一规定的情形之下，不应再扩大合同效力补正的范围。本条规定中已经明确补正时间放宽到建设工程竣工前，在审判实践当中，应当严格把握这一时间限制。建设工程竣工，一般指承包人将工程竣工的相关资料提交给发包人，监理公司对承包人工程竣工的事实予以认可，并将建设工程实际交付发包人。如果承包人出于某方面的考虑，如出于发包人没有全额支付工程款，为了将工程作为发包人支付款项的抵押或者主张工程款的优先受偿权的考虑，没有将已经实际竣工的工程实际交付发包人，但承包人有证据证明工程已经实际竣工，可以认定工程竣工的事实，并依据竣工的事实作出竣工时间的认定。对于未完的工程，一般应以承包人停止建设，将工程实际交付发包人前确定是否取得与承揽工程相适应的资质等级，作为认定合同效力的事实基础。

第六条 [垫资原则按有效处理]

当事人对垫资和垫资利息有约定，承包人请求按照约定返还垫资及其利息的，应予支持，但是约定的利息计算标准高于中国人民银行发布的同期同类贷款利率的部分除外。

当事人对垫资没有约定的，按照工程欠款处理。

当事人对垫资利息没有约定，承包人请求支付利息的，不予支持。

条文主旨

本条是关于合同中垫资条款的效力及发生纠纷后如何处理的原则规定。对垫资问题的处理包括本金及利息两方面问题。此前在处理垫资问题无论从学术界还是实务界都有不同的观点和做法，有的观点认为垫资是不正当竞争的手段或者属于企业之间非法拆借资金的方式，应认定为无效；有的认为垫资是建设工程施工合同常的现象，也是建筑领域的交易惯例，不应认定为无效。本条原则地认可了垫资合同的效力，对以往处理该类问题可以说是一个突破，从而确立了垫资既不同于拆借资金，又不同于一般工程欠款的处理原则。在垫资合同或者合同中的垫资条款中对垫资本金及利息有明确约定的，如双方发生纠纷，应按照合同的约定处理本金及利息的问题；如果仅对垫资本金有约定，对利息没有约定，则承包人请求返还利息的请求不应支持；如果虽有垫资的行为，但合同中没有关于垫资的约定，则发生纠纷后，已经发生的垫资按照一般的工程欠款处理。

理解与适用

一、起草背景及对垫资问题上认识的转变

在建设工程施工合同中，时常会遇到当事人双方有关于垫资的约定。所谓垫资是指，承包方在合同签订后，不要求发包方先支付工程款或者支付部分工程款，而是利用自有资金先进场进行施工，待工程施工到一定阶段或者工程全部完成后，由发包方再支付垫付的工程款。以前，人民法院在审理建设工程施工合同纠纷案件中主流观点认为，建设工程施工合同中的垫资条款或者另行签订的垫资合同性质为企业法人间违规拆借资金行为，因违反国家金融法规规定而无效，一般另行制作民事制裁决定书对垫资及利息予以收缴。这种观点的法律依据为1996年原国家计划委员会、建设部和财政部联合发布的《关于严格禁止在工程建设中带资承包的通知》，通知规定禁止建筑施工企业垫资或者带资施工。但是，在实践中却出现了为垫资"松绑"的现象，以至于关于垫资的上述规定与建设工程实际情况呈现尴尬的南辕北辙畸形特征。上述通知其中明确规定，不论是开发商还是施工单位，均不能以垫资为条件参与招投标。一般认为，这就是国家对建筑市场中垫资问题的"禁行令"。但此后的几年间里，该规定却一直面临着无法实践的尴尬局面。二十世纪90年代初，某大型建筑施工企业曾经就工程建设中的垫资施工问题做过一个统计：该公司的垫资工程按照项目个数计算为50%以上；按照施工造价算，垫资总额占合同造价的20%左右。近年来业内就此问题也有一个流行甚广的判断：10个工程9个垫；垫到正负零是客气的，垫到结构完工也不稀奇。换言之，垫资问题没有因为上述通知的出台被阻止，反而愈演愈烈了。

正所谓"上有政策，下有对策"，不论被管理者和执法者是否认可垫资行为，该类行为在近年来的市场上确实十分盛行。而为了规避有关规定，承包方和发包方也想出了不少变通的办法。最为常见的对策就是"阴阳合同"，又称"黑白合同"，即双方表面上按照招投标文件订立一份表面上无懈可击、用来掩人耳目的"阳"合同；私底下还有一份双方实际执行的、见不得光的、包含垫资条款的"阴"合同。应当承认，上述通知出台的初衷是为了维护施工企业的利益，缓解工程款拖欠问题。按当年的政策解释：垫资是市场混乱的根源，如果没有垫资，就不会存在工程拖欠款问题，没有拖欠款也就不会产生各种社会问题。因此，禁止垫资不仅可以解决拖欠款问题，更可以规范建筑市场。但现在看来，实际情况和当初的设想大相径庭。虽然，在司法实践中上述通知往往会成为法官判决垫资条款无效的依据，但其

法律效力太低却是一个客观存在。按照最高人民法院1999年12月出台的《关于适用〈中华人民共和国合同法〉若干问题的解释（一）》的规定，“《合同法》实施以后，人民法院确认合同无效，应当以全国人大及其常委会制定的法律和国务院制定的行政法规为依据，不得以地方性法规、行政规章为依据”。上述通知是位列部门规章之下的规范性文件，不能成为否定合同效力的依据，这无疑会影响它的施行。但这还不是最根本的原因。一些专家认为，制度设计的一个基本原则是必须符合市场经济的规律。上述通知虽然出于良好的愿望，但却与建筑市场的规律不一致。实际上，工程垫资是我国建设项目在结束了长达几十年的由国家全额投资的计划体制以后，最先由市场主体自觉与国际工程承包惯例接轨的一种市场行为。是承发包双方根据市场经济“双向选择”的原则确定合作对象的一种方式。在目前市场条件下，虽然这种方式对承包方而言有点无奈，但仍然是在承认现实的基础上，双方自愿达成的约定，从垫资行为的有效性看，它并不违反现行任何法律。比照我国其他经济领域，它也并非建筑市场独创。因此有人甚至断言，即使用行政法规乃至于法律来规定垫资行为无效，也难以在实践中得以避免垫资行为。

应该看到，在目前的市场条件下，工程款拖欠现象依然十分严峻，并且很多情况下都与垫资问题连在一起，但是二者之间是否具有广泛的必然联系呢？在国外，垫资施工早已成为惯例，但是并没有出现严重的拖欠款问题。国内许多民营企业近年来垫资施工的比例也越来越高了，有的企业甚至达到了100%，除了一些正常的债务纠纷，拖欠款问题也没有给企业正常经营造成难堪。可见垫资本身并不是问题，问题在于市场机制和企业体制。从这些民营企业的情况看，他们都有一整套防范垫资演变为拖欠款的办法，所以他们可以大胆地垫资。但在部分国有企业中，情况就不一样了。由于国有企业体制上的局限性，对垫出的大笔资金如何收回没有有效的机制。在这种情况下，垫资必然产生拖欠款。因此，有人认为，政府从一开始就瞄错了靶子。要真正解决拖欠款和由此带来的一系列问题，重要的不是禁止垫资而是建立完善的企业管理制度和建设资金监督管理机制。只要能够保证建设方的资金百分之百用于工程建设，垫资又有什么不可以呢？一把菜刀，虽然可以用来杀人，但更重要的是用来切菜。因噎废食显然是不可取的。就垫资而言同样如此，真正要做的是创造一个菜刀只能切菜、垫资只能用于工程建设的环境。实际上，国家有关管理部门早已意识到这个问题对市场的影响。建设部有关部门负责人也曾经明确表示，管理层并不认为垫资违反现行法律。之所以迟迟没有明确《关于严格禁止在工程建设中带资承包的通知》的地位，主要是考虑市场的承受力。专家们分析认为，管理层倾向于等待国有企业体制改革完善后再开禁是可以理解的。但是也有专家指出，解除垫资的禁令实际上宜早不宜迟，因为现在我国已经将国门打开，外资企业已经可以进入中国建筑市场，而进来的企业无一不是垫资施工的能手，他们有一整套运作垫资承包的规范，有保证工程款顺利收回的机制，更有承受工程款收不回的实力。如果我国不尽早将垫资松绑，让我们的企业适应“阳光下”的垫资施工，让市场形成规范的垫资环境，等到这些跨国企业在中国站稳脚跟，我们的民族建筑业很难与其竞争。

随着时间推移，人民法院审理建设工程施工合同纠纷案件时，对垫资效力在观念上有所转变，有的法院开始认定垫资条款有效，主要是由于我国加入 WTO 后，审理案件应当顾及国际惯例，而垫资则是国际建筑市场惯例，并且也符合我国建筑市场实际情况。在起草本解释中，就垫资问题反复听取管理部门、法律专家、社会各界的意见，最后形成共识认为：《关于严格禁止在工程建设中带资承包的通知》从法律上讲不属于《合同法》第五十二条规定的法律、行政法规的强制性规定，不具有应当适用的效力，人民法院以此作为认定垫资无效的法律依据，理由似不充分。垫资符合行业和国际惯例。目前建筑市场正在推行发包人支付工程款和承包人承接工程保证金制度及支付工程款的商业保险制度，随着这些制度的逐步完善，将从根本上解决拖欠工程款问题，垫资合法化不会导致发生大量拖欠工程款。此外，是否垫资和垫资多少，也是建筑施工企业综合实力的体现，通过竞争可以实现建筑施工企业的优化组合。在审判实务中常常出现承包人在承揽工程时，主动要求垫资，以达到承接工程的目的，而在诉讼时又坚决主张垫资条款无效，请求返还垫资款本息。如其主张得到支持，不符合诚信原则。据此，解释稿将垫资行为合法化符合《合同法》精神，也符合建筑市场的实际情况。

二、正确处理垫资问题

建筑安装施工合同纠纷是当前房地产纠纷案件中的占比重较大的一部分，其中垫资建房而导致纠纷是突出的一种。该种纠纷的形成与目前我国建筑市场的不规范，及相关法律的不健全有直接的关系。从目前法院受案的情况看，此类纠纷为数不少，多数表现为提供垫资一方因在施工中垫资过高，无力继续承担的情况下，而要求建设方给付工程款。而建设一方则要求继续按合同履行。法院在审理该类纠纷中，如对有关建筑施工的程序了解不透，政策尺度掌握不一，特别是对产生“垫资”的原因、性质及后果未做深入了解的话，其处理结果将不能得到好的社会效果。

正确处理这种纠纷的前提，应首先明确产生纠纷的原因、性质及后果，只有这样才能总结出适合当前建筑市场现状的审判思路。

（一）垫资建房的原因

在建筑安装施工合同的履行中，由于涉及施工的问题多种多样，故作为建设单位（发包方）和施工单位（承包方）在合作中可能会发生多种类型的争议，例如有关工程质量、工期、工程结算等问题。近年来，由垫资建房所引发的纠纷呈明显增加趋势，逐渐成为建筑工程施工合同纠纷中的主要表现。

垫资建房是我国房地产业逐步发展中的一种产物。一般来讲，作为承包方，其承接工程的目的，就是为通过工程款获取施工利润。但由于我国房地产市场尚处于发育阶段，特别是在房地产开发中，相关法律法规不健全、不配套，尤其是有关建筑工程公开招投标的竞标程序未法律化，即使是颁布了有关政策、法规，也缺乏有效强制力保证实施。造成在建筑市场中，一些未经过公开招标程序而产生的“人情合同”非常之多。施工单位，特别是一些实力雄厚的建筑公司为了在竞争中击败对方，拿到工程合同，不惜压低报价，或以其他不正当的竞争方式来争取合同。承诺垫资施工即是其中一种方式。同时，其他中小建筑企业为生存，也不惜以向银行贷款为代价以垫资方式参与竞争。在上述方式中，最大的受益者即为建设单位。因为一些资金不足的开发商，仅凭有关部门批准的立项、规划手续，就可以通过施工单位垫资方式进行施工，而一分钱不花地等着建筑物的落成。更有甚者，有些开发商是以房屋的预售、销售款来支付工程款，而将市场风险全部转嫁给施工一方。这就是垫资施工建房易出现矛盾的主要原因。

如上所述，施工单位承担了本应由开发商（建设单位）负担的还贷风险及市场风险。有些观点认为，垫资建房属于建设单位与施工单位的纠纷，且垫资行为是施工单位自愿的意思表示，如施工单位无法继续履行约定，无能力提供充分的施工资金，违约责任应由其自行承担。但从客观上讲，垫资建房也存在相应的社会危害性。由于在市场竞争中，承包方较发包方是相对弱者，为了拿到合同，不惜以垫资为代价。而资金来源中的一部分为自筹资金，另一部分通常是由贷款而来，并以其先行启动工程。在施工过程中一些材料费、设备费用往往通过赊欠其他单位的费用实现。与此同时，施工单位为减少资金投入及加快工期进度，在施工中偷工减料、拖欠工人工资、材料费的做法屡屡发生，以此来缓解资金的紧张。由于施工单位工程款的回收情况取决于开发商的经营效果，一旦开发商销售业绩低于预计水平，就会导致建设单位无力支付工程款的问题，从而一系列问题均会相伴而来。所以，一般在垫资纠纷案件审理过程中，除有工程款纠纷外，还常伴有双方的劳务费纠纷、与材料商的材料款纠纷、与银行的借款纠纷及工程质量瑕疵等诸多问题。另外，因在施工中，随着市场的变化，原材料、人工费等难免存在有调整变化，且垫资者还将承担银行利息及逾期罚息等，这些政策变化而产生的经营风险无疑也会添加到施工单位的身上。而作为建设单位，由于是由施工单位垫资，在资金上并无压力，其给付工程款一般是从预售、销售房款中支取，故双方合同约定能否完全顺利履行，主要凭借房屋预售、销售情况而定。如房屋未能销售业绩不佳，建设单位一般总是以各种借口拒付、拖欠或克扣工程款，即使是顺利销售房屋，建设单位也总是先考虑再次开发的用款，而对拖欠的工程款采取尽可能地回避、拖延态度。同时，如果在房屋建成之后施工单位仍无法回收工程款，势必面对银行、材料商、施工工人及其他债权人的强大压力。为了尽快解决债务困扰，施工单位不得不勉强满足建设单位的各种不合理的要求。由此可以看出，垫资建房在很大程度上损害了施工单位的权益，且对建筑市场正常的经济秩序存在潜在危害性。

（二）垫资建房的性质

垫资建房从表面上看是双方自愿的一种合同方式，它可以使建设单位在自有资金短缺的情况下，通过施工单位提供资金的做法及时启动工程。施工单位亦可在承揽到工程的同时，防止停产损失并获取施工报酬和利益。从总体来讲，垫资施工对施工单位而言只能在市场竞争中体现一些优势，往往施工单位无法对施工期间垫资款项的利息等提出要求。故从表象上看，仅为一种合作的方式而已。但是，垫资建房掩盖了建设单位（开发商）资金不足的事实；其次，开发商建房的目的是为了出售，本身应属其经营行为的生产环节，为其生产环节筹措资金建房是经营者承担经营风险的义务；第三，开发商利用他人资金生产，又不承担风险及法律责任，使用不正当的手段抢占市场，挤垮同行，破坏正常的房地产市场。另一方面将其市场风险转移给他人，又不承担法律责任。因此有人认为，垫资的实质是两个非金融企业之间的资金拆借；也有人认为，垫资是同行业之间不正当竞争的手段。

我们认为，首先，垫资合同不是单纯的借贷合同，虽然承包人为发包人预垫工程款类似于借贷行为，但就合同的目的而言，双方根本的合意还是完成某一特定的工程，本质还是建设工程合同，将其简单理解为借贷合同未免有些牵强；其次，这类合同也不属于买卖合同的范畴，因为建设方拥有土地使用权，所以其对建设项目自始拥有所有权，而不是在施工单位完成一部分建筑工程后，建设方按约支付相应款项后才拥有这一部分的所有权。建设单位也正是基于所有权人的身份，才能将房屋予以预售或者将在建工程予以抵押。尽管是施工单位垫资施工，但是一旦其购买的建筑材料用于工程建设，施工单位就不再简单地拥有该建筑材料的所有权，否则势必造成建筑市场的混乱局面；再次，垫资也不能狭义地简单地认为就是行业不正当竞争的手段。能否垫资施工也是承包人承揽工程实力的体现。承包方资金及技术等施工实力的加强，更有利于工程的施工建设，有利于房地产市场的发展，而不会成为建设施工的不利因素。基于以上的分析，我们认为，垫资合同实际上是契约当事人根据意思自治这一民法的基本原则，在建筑工程合同中，发包人与承包人就承包人进行工程建设，发包人支付价款的一种约定。只要它充分反映了当事人的真实意思，是双方当事人共同自愿实施的行为，就应当予以充分的尊重，赋予其应有的法律效力。

（三）垫资合同中需要注意的几个问题

垫资施工的方式一般包括：带资施工、形象节点付款、低比例形象进度付款和工程竣工后付款等。在目前的建筑市场上，无论是政府投资的项目、房地产项目、民营投资项目还是基础设施项目几乎都涉及这种法律、行政规定和市场交易习惯并不明确的行为。因此，施工企业承接这类工程要承担风险是非常大的。也因为此，对在目前市场条件下还不可能简单拒绝“垫资”的施工企业来说，如何防范它的风险就显得格外重要了。实践中，为了尽量减少垫资带来的风险，应主要注意以下几点：

1. 要充分研究招标文件。招标文件是一种“要约邀请”，其中很多条款将来就是合约条款，涉及承包人与发包人的权利义务。因此对工程范围、有关付款条件等直接与承包人经济利益密切相关的条款要仔细推敲，投标单位必须会同相关部门在报价、工程质量、项目成本、资金回收等相关方面作可行性分析。如果对招标文件分析不透，盲目投标，很可能就会给垫资施工带来巨大风险。

2. 要对建设单位资信特别是首度合作的建设单位进行严格的资信调查，包括开发项目的真实性和建设单位的注册资金情况、项目资金的来源以及到位情况、既往经营业绩、履约能力以及社会信誉等各方面情况的调查。

3. 要从程序和实体两个方面把好签约质量关。程序上要求就是对签约权的行使要有规范化的操作流程，实体上要求就是要对合约条款作综合评审。签约权的行使必须集中到法人层次，对施工企业授权代理人要有严格的资格要求，在程序上保证签约的规范。实体上要做好合约条款的评审工作。根据合同标的和项目风险大小，由施工企业内部相关部门对合同条款进行逐条评审，重大项目应由施工企业组成合同评审委员会，针对合同中存在的问题提出修改意见，提出解决问题的办法。

4. 争取在合同条款中约定建设单位工程款支付保证。这个条款虽然在目前条件下还比较难以争取，但是并非不可能，而一旦争取到该条款对施工企业垫资款的回收是极其有利的。目前河北、北京、深圳等地已经在地方法规或规章中明确该项制度，企业更应积极努力，争取在合同条款中将这一内容固定下来。建筑工程合同持续时间长、标的额巨大，而且合同履行过程中干扰事件多，变更签证频繁。因此，施工企业必须要加强合同控制和签证管理工作。充分认识到履约管理是一种涉及工程进度控制、质量管理、技术管理、材料管理、资金管理、劳务管理等方方面面的综合治理工程。

5. 实行项目合约经理委派制，将项目合约经理定位在项目副经理的地位，赋予他特定的职责权限，由公司直接领导，不受项目经理的行政干预，让他们能够在职责范围内开展风险防范和预警工作。同时还应实行项目部资金经理委派制，由其及时收取工程款，严格分包（劳务）商和材料商应付款项的审查与支付，监控现金流向。

6. 按照国际惯例深化中间结算，不放松竣工结算。建筑产品的结算周期很长，造价的争议常导致拖欠款债权不落实，使施工企业诉讼无据。因此，按照国际惯例，加强工程进度款的中间结算就显得尤为重要。强调工程进度款的中间结算，并不意味着可以放松竣工结算。竣工工程的拖欠款其风险性是很大的，必须在竣工后按照合同约定及时办理竣工结算。作为施工企业，首先要收集并整理好原始凭据，抓紧建设方实物供料的结算和已付工程款的核对，为竣工结算创造条件。竣工拖欠一旦发生，清理催讨要落实责任制，并辅以对责任人考核的奖罚激励措施。

7. 对已经发生的拖欠应允许将拖欠款置换业主的生产要素，如业主的产品、机电设备、库存材料、房地产、股票、第三方债务的追索权等，通过以股抵款、以债抵款、以物抵债等方式进行债务清理。

8. 工程款优先受偿权是施工企业的法定权利，但适用《合同法》的该项权利，施工企业必须在履约过程中应该为其真正适用创造充分的条件。即：工程竣工后28天内向业主递交工程竣工报告及竣工验收资料；发包人确认后的28天内，承包人向发包人递交结算报告；发包人逾期不结算的承包人应当向其发出催款函；与发包人协商就其承建的工程折价或申请法院拍卖，其价款优先受偿。

9. 施工企业必须牢记，在一般情况下，有效维护自身权益的两个非常重要的前提是：质量和工期。因此，千方百计地保证工程质量和工期是企业必须做到的基本条件。

三、审判实践中对垫资案件的处理应注意的问题

（一）应做到处理案件及时

由于诉讼期间建筑施工合同停止履行会涉及多方面的利益，对建设单位而言按

时交付工程可以如期将房产投入市场以获取利益；施工单位在审理过程中不免要承担停工损失等；银行贷款如不能及时返还会导致罚息的增加；材料商、劳务费等费用的利息也日益加大。如果诉讼期间过长，难免使这些相关损失不断扩大。故法院在审理中应本着及时审理的原则。

（二）审执结合处理原则

对于社会影响较大、涉及面较广的案件，法院除应保证一个案件顺利的审理完结，亦应尽可能地保证在执行过程中社会多方面利益的真正实现，这也是法院审理案件、解决纠纷的最终目的。为了达到这一目的，重点应采取合理合法的方式对建设单位的房产（就是施工单位垫资施工的房产）进行诉讼保全措施，具体做法应以既能保证施工单位垫资投入的金额，又不影响工程的进一步施工为原则。单纯的冻结财产只会造成停工损失的无端扩大，原被告双方均会由此而产生新的纷争。审理期间的保全措施应以保障执行工作顺利进行为根本，不能代替执行。但如果审理期间这方面的措施不能完备，建设单位一旦将项目转让或将竣工的房产售出后不支付工程款，就会使当事人及其他债权申请人的利益付诸东流，案件审理也就失去了其真正意义。

（三）区别不同案件的情况作出具体处理

对于未实际履行的合同，双方在签订了有关垫资合同之后，施工单位尚未进场开工或仅仅是办理了开工手续双方即产生矛盾。在该种情况下，人民法院首先应对合同效力进行认定。如合同中的无效原因可以消除，合同效力可以补正，双方对继续履行合同达成共识，法院可以要求双方变更或重新修订原合同，使合同符合国家法律的规定。如果已无继续履行合同的可能性，法院可以对该合同在实际履行之前双方的投入进行审核，一般建设单位会提出办理开工手续、合同鉴证等费用，施工单位会发生进场或进场前的准备费用等。对双方的上述费用，可以根据无效合同的过错原则由双方按比例承担。对于已履行完毕的合同，这里所谓的“履行完毕”主要指施工单位承建的工程确已竣工，而建设单位拒不履行验收或验收后拒不结算义务的阶段。对于工程本身而言，往往具备了投入正常使用的条件。同时，建设单位如果要获取竣工工程，也理应以支付施工单位工程款为前提。故对于双方已履行完毕的合同解决重点应放在工程款的结算上。工程的结算可以主要根据原合同约定的结算方式，并结合法定标准进行。对于垫资问题，应主要依据合同的约定处理。如果合同没有明确的约定，应将垫资款作为工程的欠款处理。对于部分履行的合同，如果合同有效继续履行或者合同解除，则垫资问题从合同约定；如果合同被确认为无效，则垫资问题亦应按照无效处理，垫资本金作为返还财产的内容，利息可作为无效合同的损失，根据过错原则处理。

在目前阶段，垫资施工已非常普遍。随着房地产市场的发展，此类纠纷产生的危害性已经被社会有关方面所逐渐认识。在法院审理房地产案件中，这类纠纷的比重正在不断加大，故认真总结该类纠纷的特征及有效的处理方式，总结出一些有益可行的方法，对于规范建筑市场、协调建设单位与施工单位的法律关系是非常有益的。

第七条 ［劳务分包与工程转包］

具有劳务作业法定资质的承包人与总承包人、分包人签订的劳务分包合同，当事人以转包建设工程违反法律规定为由请求确认无效的，不予支持。

条文主旨

根据《合同法》及《建筑法》的有关规定，转包或者违法分包建设工程的应当认定为无效；将建设工程肢解后进行分包的亦应认定合同无效；分包单位将其承包的工程再行分包的也应认定为无效。而在实践中常常会出现总承包人或者分包人将承包工程的劳务作业部分分包给具有相应资质的企业或者其他单位。在这种情况下，不能认为是总承包人或者分包人将建设工程转包或者二次分包，当事人以此为由主张劳务作业分包合同无效的，不应支持。劳务作业分包是将简单劳动从复杂劳动剥离出来单独进行承包施工的劳动，因此，总承包人与劳务作业发包人及分包人与劳务作业承包人之间既不是劳务关系也不是劳动合同关系，而是建设工程施工合同关系。劳务作业承包人对其承担的劳务作业向劳务作业发包人负责；承包人向发包人就建设工程进行负责，但其中劳务作业部分由劳务作业承包人与承包人共同向发包人负责。

理解与适用

一、关于劳务分包的基本问题

（一）劳务分包的概念

劳务分包，又称劳务作业分包，是指施工总承包企业或者专业承包企业即劳务作业发包人将其承包工程的劳务作业发包给劳务承包企业即劳务作业承包人完成的活动。依据建设部《房屋建筑和市政基础设施工程分包管理办法》第五条规定，房屋建筑和市政基础设施工程施工分包分为专业工程分包和劳务作业分包。其中专业工程分包是指，施工总承包企业将其所承包工程的专业工程发包给具有相应资质的其他建筑企业即专业分包工程承包人完成的活动。依照建设部《专业承包企业资质等级标准》的规定，专业分包包括：地基与基础工程、土石方工程、建筑装修装饰工程、消防设施工程、建筑防水工程、送变电工程等60种方式的专业承包。每种专业承包对承包人都有相应资质标准的要求。

劳务作业分包人既可以是总承包人，也可以是专业分包的承包人。工程的劳务作业分包无需经过发包人或者总承包人的同意，但根据《房屋建筑和市政基础设施工程分包管理办法》第九条规定，专业分包工程除在施工总承包合同中有约定外，必须经建设单位即工程发包人的认可。劳务作业分包与专业分包的共同点是：两者承包人都必须自行完成承包的工程或者任务。同时，建设单位不得直接指定分包工程承包人及劳务作业承包人。

建设部《建筑业企业资质管理规定》第五条规定，建筑企业资质分为施工总承包、专业承包和劳务分包三个序列。获得施工总承包资质的企业，可以对工程实行施工总承包或者对主体工程实行施工承包。承担施工总承包的企业可以对所承接的工程全部自行施工，也可以将非主体工程或者劳务作业分包给具有相应专业承包资质或者劳务分包资质的其他建筑企业。获得专业承包资质的企业，可以承接施工总承包企业分包的专业工程或者建设单位按照规定发包的专业工程。专业承包企业可以对所承接的工程全部自行施工，也可以将劳务作业分包给具有相应劳务作业分包资质的劳务分包企业。获得劳务分包资质的企业，可以承接施工总承包企业或者专业承包企业分包的劳务作业。

（二）劳务分包企业的资质要求

虽然劳务分包作业是相对简单的劳动，但仍然要求劳务分包企业需要相应的资质。建设部在《建筑业劳务分包企业资质标准》（2001年3月8日）的规定中，对劳务作业分包的种类及各种类企业的资质标准作出了明确的规定。其中劳务作业分包包括如下十三种，即（1）木工作业、（2）砌筑作业、（3）抹灰作业、（4）石制作、（5）油漆作业、（6）钢筋作业、（7）混凝土作业、（8）脚手架作业、（9）模板作业、（10）焊接作业、（11）水暖电安装作业、（12）钣金作业、（13）架线作业。每种作业的承包人都分别应当具备相应的资质等级标准及作业的具体范围。以木工作业为例，分包企业资质分为一级、二级。一级资质标准为：（1）企业注册资本金30万元以上。(2)企业具有相关专业技术员或本专业高级工以上的技术负责人。(3)企业具有初级以上木工不少于20人,其中,中、高级工不少于50%;企业作业人员持证上岗率100%。(4)企业近3年最高年完成劳务分包合同额100万元以上。(5)企业具有与作业分包范围相适应的机具。二级资质标准为:(1)企业注册资本金10万元以上。(2)企业具有本专业高级工以上的技术负责人。(3)企业具有初级以上木工不少于10人,其中,中、高级工不少于50%;企业作业人员持证上岗率100%。(4)企业近3年承担过2项以上木工作业分包,工程质量合格。(5)企业具有与作业分包范围相适应的机具。一级企业作业分包范围为:可承担各类工程的木工作业分包业务,但单项业务合同额不超过企业注册资本金的5倍。二级企业作业分包范围为:可承担各类工程的木工作业分包业务,但单项业务合同额不超过企业注册资本金的5倍。在上述规定中,部分分包作业由于过于简单不分等级,如抹灰作业分包企业资质不分等级。

(三)建设工程施工劳务分包合同的主要内容

劳务分包合同虽然较建设工程施工合同而言要简单,但有一些特殊性的规定也需要注意。根据建设部和国家工商行政管理总局于2003年8月发布的《建设工程施工劳务分包合同示范文本》的表述,劳务分包合同的主要内容有:

(1)劳务分包人资质情况。(2)劳务分包工作对象及提供劳务内容,主要是指工程名称、工程地点、分包范围、提供分包劳务内容。(3)分包工作期限。(4)质量标准。其中,有些特殊的约定项目,如工程承包人应提供总(分)包合同(有关承包工程的价格细节除外),供劳务分包人查阅。当劳务分包人要求时,工程承包人应向劳务分包人提供一份总包合同或专业分包合同(有关承包工程的价格细节除外)的副本或复印件。劳务分包人应全面了解总(分)包合同的各项规定(有关承包工程的价格细节除外)。(5)关于工程承包人义务主要是对工程的工期和质量向发包人负责;劳务分包人义务主要为:对本合同劳务分包范围内的工程质量向工程承包人负责;未经工程承包人授权或允许,不得擅自与发包人及有关部门建立工作联系;劳务分包人须服从工程承包人转发的发包人及工程师的指令。(6)劳务报酬计算主要有三种方式,即固定劳务报酬、约定不同工种劳务的计时单价,按确认的工时计算及约定不同工作成果的计件单价,按确认的工程量计算。(7)禁止转包或再分包,即劳务分包人不得将本合同项下的劳务作业转包或再分包给他人。除上述合同约定外,劳务作业分包合同一般还包括如下合同附件:工程承包人供应材料、设备、构配件计划、工程承包人提供施工机具、设备一览表以及工程承包人提供周转、低值易耗材料一览表。

二、劳务分包合同与转包、分包的区别和联系

分包是指已经与发包人签订建设工程施工合同的总承包人将其承包的工程建设任务的一部分交给第三人（即分包人）完成。总承包人与发包人签订的建设工程施工合同称为总包合同，总承包人与分包人签订的合同为分包合同。虽然总包合同与分包合同是两个不同的合同，合同当事人也不一致，但合同的标的是有联系的，即分包合同的标的是总包合同的一部分。发包人、总承包人与分包人之间基于他们之间的合同关系，形成一个比较复杂的法律关系：首先，对于全部工程建设任务，总承包人都应当对发包人负责，无论其中某一部分的工程是否由分包人完成；其次，在工程分包的情况下，总承包人仍然是与发包人签订的建设工程施工合同的当事人，对交由分包人完成的部分工程，总承包人应当与分包人共同对发包人承担连带责任；再次，分包人虽然不是总承包合同的当事人，但其与总承包人签订分包合同后，分包人就与总承包人共同成为总承包合同的当事人，是发包人的共同债务人，分包人与总承包人共同对发包人承担连带责任。

转包是指承包人在承包建设工程后，又将其承包的工程建设任务部分或者全部转让给第三人（即转承包人）。转包后，转让人即承包人退出承包关系，受让人即转承包人成为承包合同的另一方当事人，转让人对受让人的履行行为不承担责任。转包在理论上称为合同的转让，是合同权利义务的概括转移。合同一经转让，转让人即退出原合同关系，受让人取得原合同当事人的法律地位。转包是建设工程承包合同中经常发生的违法现象，也是建设工程质量存在问题的重要原因。

分包和转包既有区别，又有相似的地方。其中相同之处在于：二者都是由第三人完成建设工程的部分工作。区别则主要在于：在分包中，承包人与分包人承担连带责任，在转包中，转包人与转承包人不承担连带责任；分包是在分包人同意的情况下为法律所允许，转包则为法律所禁止。

《合同法》第二百七十二条规定，发包人可以与总承包人订立建设工程合同，也可以分别与勘察人、设计人、施工人订立勘察、设计、施工承包合同。发包人不得将应当由一个承包人完成的建设工程肢解成若干部分发包给几个承包人。《建筑法》第二十八条规定，禁止承包单位将其承包的全部建筑工程转包给他人，禁止承包单位将其承包的全部建筑工程肢解以后以分包的名义分别转包给他人。通常认为上述规定是法律关于禁止工程转包或者肢解分包的规定。在国务院的行政法规中，也有类似的规定。其中，《建设工程质量管理条例》第七十八条规定，本条例所称肢解分包，是指建设单位将应当由一个承包单位完成的建设工程分解成若干部分发

包给不同的承包单位的行为；本条例所称转包，是指承包单位承包建设工程后，不履行合同约定的责任和义务，将其承包的全部建设工程转给他人或者将其承包的区别建设工程肢解以后以分包的名义分别转给其他单位承包的行为。

《建筑法》第二十四条规定，提倡对建筑工程实行总承包，禁止将建筑工程肢解发包。建筑工程的发包单位可以将建筑工程的勘察、设计、施工、设备采购一并发包给一个总承包单位，也可以将建筑工程勘察、设计、施工、设备采购的一项或者多项发包给一个工程总承包单位；但是，不得将应当由一个承包单位完成的建筑工程肢解称若干部分发包给几个承包单位。所谓肢解发包，就是将应当由一个承包单位完成的建筑工程肢解成若干部分发包给几个承包单位的行为。这种行为可导致工程管理上的混乱，不能保证建筑工程的质量与安全，容易造成建筑工程工期的延长，增加建设成本。为此，规定禁止肢解分包，但不等于禁止分包，建设部、国家工商行政管理局发布的《关于禁止在工程建设中垄断市场和肢解发包工程的通知》中规定，在工程施工中，总包（包括施工总包）单位有能力并有相应资质承担上下水、暖气、电气、电讯、消防工程和清运渣土的，应当由其自行组织施工和清运；若总包单位须将上述某种工程分包的，在征得建设单位同意后，亦可分包给具有相应资质的企业，但必须由总包单位进行统一管理，切实承担总包责任。建设单位要加强监督检查，明确责任，保证工程质量和施工安全。除总包单位外，任何单位和个人均不得以任何方式指定分包单位。但是，若总承包单位出于某方面的考虑，需将上述某种工程分包的，根据合同约定在征得建设单位同意后，亦可分包给具有相应资质的企业，但必须由总包单位统一进行管理，切实承担总包责任。

根据本条解释的规定，劳务分包既不是转包，也不是分包。转包是将全部建设工程转由第三人施工建设，分包是将建设工程的某一部分施工项目有限制地交由第三人施工建设。劳务分包则是将建设工程中的劳务部分转由第三人完成。转包和将工程肢解分包为法律所禁止，分包工程在不违反法律法规禁止性规定的情况下是允许的，劳务分包则不为法律禁止。分包人不能将建设工程二次分包，但可以将劳务部分交由第三人完成，劳务分包亦不能将其作业内容再次交由其他人完成。分包工程承包人应当按照分包合同的约定对其承包的工程向分包工程发包人负责。分包工程发包人和分包工程承包人就分包工程队建设单位承担连带责任。劳务分包承包人按照劳务分包合同的约定对劳务分包作业向劳务分包的发包人负责，劳务分包的发包人和承包人对工程的劳务作业部分向总承包人及建设单位承担连带责任。

三、劳务分包合同与劳务合同、劳务关系及劳动合同之间的区别和联系

劳务合同是项目经理部与企业内部劳务分公司之间的合同，合同的主体是项目经理部和劳务分公司。项目经理部是现场施工的管理机构，劳务作业承包队通过内部劳务市场实行劳务供需双方直接见面，相互选择，由劳务市场向施工现场输出劳务力量，按劳务合同的职责和分工组织施工。

劳动合同是劳动者与用人单位确立劳动关系、明确双方权利义务的协议，劳动合同的签订表示用人单位与劳动者之间劳动关系的建立。劳动合同关系主要由劳动法调整，劳动法从基本上说是调整企业和个体经济组织的劳动关系。这里的企业包括各种所有制（全民、集体、私营）、各种形式（股份有限公司、有限责任公司、合伙、独资、外资、个体经济组织）和与之形成劳动关系的劳动者，都由劳动法加以调整。

劳务关系是劳动法规定的用人单位以外的各种主体与劳动者之间形成的劳动关系。从历史的角度考察，劳动合同是从一般劳动关系的基础上发展而来的。在合同内容上，劳务关系与劳动合同指向的劳动关系没有本质的差别，其主要差别在于受国家的干预程度不同。劳动关系的具体内容是通过双方的约定确立的，劳动合同的自由协商度是受到一定限制的，合同必须以国家的法定的劳动条件、劳动保护等为合同的基本条款。劳务关系与劳动合同关系的主要区别体现在：

（一）主体不同

根据劳动法的规定，在我国境内的企业、个体经济组织和与之形成劳动关系的劳动者，适用劳动法的规定。国家机关、事业组织、社会团体和与之建立劳动关系的劳动者，依照劳动法执行。根据上述规定，劳动合同涉及的主体有：（1）国内的各类企业、个体工商户和与之建立劳动关系的劳动者；（2）国家机关、事业单位、社会团体和与之形成劳动关系的劳动者。而劳务关系中，有人主张是劳动法规定的上述主体以外的其他主体，劳动者一般为自然人，还有不属于劳动法调整范围的农村承包经营户及其所招用的劳工。

（二）适用法律上的区别

从现行的立法状况看，我国民法与劳动法分属于不同的部门法，劳务关系一般属民法调整，劳动合同由劳动法调整。但在司法实践中，我国的民法和劳动法则视为普通法与特殊法的关系。法院在审理劳务关系时一般适用民事法律的相关规定，在审理劳动争议案件时，则首先适用劳动法及相关法规的规定。

劳务分包合同从性质上说属于建设工程施工合同，其既不是劳动合同，也不是在发包人与承包人之间劳务关系的合同，更不是企业或者单位内部的劳务合同。劳务分包合同是基于建设工程施工合同派生出来的合同关系，在一个工程建设项目中，必然要有建设工程施工合同，但不一定同时还有建设工程分包合同、专业分包合同和劳务分包合同。然而只有产生了建设工程施工合同后，才会有建设工程分包合同、专业分包合同和劳务分包合同。因此，应当将劳务分包合同理解为建设工程施工合同的一部分，没有建设工程施工合同也就没有劳务分包合同的存在。

四、如何将劳务作业分包纳入法制轨道

积极发展劳务分包企业，建立劳务队伍管理新秩序，是维护广大建筑劳务人员的合法权益的现实要求，是全面构筑现代建筑市场体系的重要环节，是扩大再就业和推进城市化进程的重要举措，是全面提高建筑劳务从业人员的素质，确保工程质量和安全生产的重要基础，是维护社会秩序、保持社会稳定、加强精神文明建设的需要。因此，要加强劳务分包企业管理机构建设，明确机构职责，有针对性地加强对建筑劳务企业发展的指导、管理和服务。建筑市场、质量、安全、劳保、培训、造价等机构要按照各自的职责分工，积极配合，形成合力。同时应完善各项制度，健全建筑劳务管理的法规体系各地要结合实际。重点要在劳务企业的发展规划、管理体系、市场运行机制、用工制度、精神文明建设等方面研究出台有关政策措施，使建筑劳务管理逐步走上规范化、制度化、法制化，使建筑劳务管理工作有章可循，有法可依。此外，要强化劳务企业资质管理，建立严格的市场准入制度。不具备劳务分包资质的，一律不准从事劳务作业。总承包企业中的管理层与劳务层要加快分离，采取灵活方式将原来的劳务队伍改造成具有资质的劳务分包企业，杜绝零星的、“散兵游勇”式的用工作法；要加强对建筑劳务人员从业资格的管理，实行持证上岗制度；要研究建立劳务分包企业和人员的登记备案制度，健全劳务人员的个人档案，规范对劳务人员的聘用和解聘行为，不得随意解聘取得从业资格的劳务人员；要把劳务分包企业的资质、劳务人员的从业资格和市场行为作为建筑市场行政执法的重要内容，严厉查处无资质或超越资质等级承揽工程、违法分包或转包劳务作业工程的劳务企业，以及不具备从业资格的劳务人员。对不具备相应资质和资格，不能保证工程质量和安全生产的，要坚决清出建筑市场；要防止工程总承包、专业承包企业以劳务分包名义把工程再行分包。应当全面加强职业技能社会化培训，不断提高建筑劳务分包企业的素质要全面重视和加强建筑劳务人员的职业技能培训，强化劳务人员持证上岗制度，使广大建筑劳务人员和一线作业人员全部得到

必要的培训教育。对建筑劳务的培训，要充分体现普及教育的原则，尽量压低培训费用。各级建设部门要把好关，防止培训单位借机获取暴利，增加企业职工负担。

第八条 ［发包人的合同解除权］

承包人具有下列情形之一，发包人请求解除建设工程施工合同的，应予支持：

（一）明确表示或者以行为表明不履行合同主要义务的；

（二）合同约定的期限内没有完工，且在发包人催告的合理期限内仍未完工的；

（三）已经完成的建设工程质量不合格，并拒绝修复的；

（四）将承包的建设工程非法转包、违法分包的。

条文主旨

本条是关于发包人合同解除权的规定。从法律上讲，合同解除分为约定解除和法定解除两种。本条主要是解释《合同法》第九十四条规定的法定解除权在建设工程施工合同中具体适用情形。从审判实践上看，发包方在发包工程时处于优势地位，承包人为承揽工程竞争激烈，但随着合同履行，承包人进场施工后，发包人的优势地位也随之减弱。解除合同对双方来讲，损失都很大，在一般情况下当事人都不希望解除合同。解除不是合同履行的常态，应按照《合同法》规定，限制合同解除权的行使。而《合同法》关于法定解除的规定比较原则，结合建设工程施工合同的解除问题，应进一步明确解除权行使的具体情形，从而达到限制合同解除的目的。本条规定了发包方解除合同的几种情形，虽然条文是对发包方解除权的界定，是从正面规定解除权行使的条件，但实际上是对发包方合同解除权的一种限制，故在审判实践中应严格掌握。

理解与适用

一、关于合同解除的基本问题

（一）合同解除概念

合同解除概念，在各法系学者间，向有分歧。争议的焦点在于合同解除是否包括协议解除、约定解除。大陆法系学说一般认为协议解除非以解除权存在为必要，协议解除是双方同意的行为，因而不属于合同解除范畴。英美法系的合同解除有广义和狭义两种。其狭义的合同解除相当于大陆法系的合同解除，是指当事人一方违反条件（在英国法上）或重大违约（在美国法上）时，对方当事人行使解除权，使合同关系向将来消灭的现象。英美法系把广义的合同解除称为消灭，它与合同消灭是同义语。这样，合同不仅可以由于违约解除，还可以由于双方协议、履行、合同落空而解除。

协议解除，大陆法系称之为“合意解除”“解除契约”或“反对契约”，是指合同有效成立之后未履行完毕以前，当事人通过协商使合同效力消灭的双方法律行为。约定解除则是当事人按合同约定的解除权解除合同。法定解除则是当事人依照法律规定的解除权而解除合同。从性质上看，协议解除和约定解除均是合同自由原则的体现，而法定解除则体现了法律干预。协议解除和约定解除是意思自治原则的应有之义，当事人有权订立合同，亦有权解除合同。而法定解除的解除权属于形成权，形成权只能由法律明确规定，没有法律明确规定，当事人一方是无权解除合同的。而协议解除、约定解除无需法律明确规定。台湾地区学者史尚宽先生指出：“合同解除，以第二契约解除第一契约，而非依一方意思表示之解除。……所谓合同解除，非真正解除，不适用关于解除之规定。”因此，大陆法系学者将合同解除仅定义为法定解除，是颇有道理的。然而，从效果上看，三种解除皆使合同权利义务消灭，当事人都从合同的束缚中解脱出来。因此，将协议解除和约定解除纳入合同解除概念中并无不可。法定解除是合同解除制度中最核心、最根本的问题，是各国合同制度所必须明确关注的问题。法定解除条件是：（1）存在有效的合同并且尚未完全履行。此点使合同解除同无效合同、效力未定合同区别开来。（2）具备法定解除条件。只有在条件具备时，一方当事人才可行使。（3）有解除行为。解除权是否行使由当事人自行决定，但解除权行使方式必须符合法律规定。这不同于附解除条件合同，解除条件一旦成就，合同自动终止，合同效力向将来消灭。（4）法定解除产生合同消灭的后果。如果合同并不消灭，则可能是合同变更或中止。

（二）合同解除与合同终止

在大陆法传统理论中，合同终止与合同解除是并列概念。合同的终止仅指在继续性合同中，一方行使终止权而让合同的效力向将来消灭，结束合同关系。学者认为，大陆法上合同解除与合同终止的主要区别有以下几点：（1）合同解除使合同关系溯及既往的消灭，合同如同自始未成立。而合同终止使合同关系仅仅向将来消灭。（2）法定解除权，主要为对债务不履行。反之终止权则是有各种理由。（3）因解除权之行使，使债权关系溯及的消灭，发生不当得利返还之义务。因终止权之行使，不发生此问题。（4）解除权不因债权让与或债务承担，移转于受让人或承担人。《合同法》则将合同解除同抵销、提存、免除等一起作为合同终止的原因（见《合同法》第九十一条）。可见，《合同法》中的终止是指合同的消灭，并不是传统意义上的终止。

（三）合同法定解除的性质及分类

两大法系及大陆法系内部诸学者对合同解除的性质认识不太一致。在法国，有学者认为“合同的解除实质上是一种合同责任形式”。我国许多学者亦坚持，合同解除“是对违约方的一种惩罚，所以也成为承担违约责任的一种方式”。而英美法及大陆法部分学者认为，合同解除是非违约方在不得已的情况下采取的违约救济措施之一。

法定解除事由可以归为三类：客观原因引起的解除；违约引起的解除；法律规定的其他事由。

1. 因客观原因导致合同目的不能实现的解除

我国《合同法》第九十四条第（一）项规定，因不可抗力致使不能实现合同目的，当事人可以解除合同。不可抗力造成合同目的无法实现时，坚持合同履行已无可能或无实际意义。因而，不可抗力应作为法定解除事由。不仅不可抗力这一客观原因可引起合同目的无法实现，其他客观原因亦可引起合同目的无法实现，如意外事件、情势变更。

2. 违约解除

违约解除权是法定解除制度中最复杂的解除权。各国立法、判例及学说差别较大，呈现出不同的风貌。

（1）罗马法和法国民法典

在罗马法时代，局限于奴隶制简单商品经济的性质与要求，法律十分重视合同的信守，合同解除不被罗马法承认。唯买卖得附加“于一定期间内，不支付价金者，则契约解除”的条款。集罗马法精髓之大成的法国民法典，虽然其赖以产生的经济基础与罗马法时代已大不相同，但在合同解除的规定上突破不大，仅法典第1184条反映出：双务合同中，在当事人一方不履行合同时，应视为有解除合同的约定（第1款）。但在此情形，合同并不当然解除，债权人解除合同应向法院提出，法院得根据情况给予被告一定期限（第3款）。现代法国的判例表明，只有当一方当事人不履行义务的行为具有严重性时，或仅责令债务人赔偿损失尚不足以制裁其行为时，法官才可判决解除合同。

（2）德国民法典

与法国不同，德国民法典以明确、具体的规定，确立了合同解除制度。其合同法定解除的事由主要有：第一，履行迟延。包括：①合同当事人一方履行迟延时，相对方得定相当期间，催告其履行；于该期间内仍不履行时，相对人可以解除合同（《德国民法典》第326条第1款）。②依合同性质或当事人的意思表示，如不于一定时日或一定期间履行，则不能达到合同目的，当事人一方不履行而又经过该时期时，相对方可以不经过催告，而径行解除合同（第326条第2款）；第二，履行不能。因可归责于债务人的事由，债务人履行不能的，债权人可以不经催告而直接解除合同（第325条）。二十世纪以来，大陆法已形成相当复杂的关于履行不能的理论。以履行不能和履行迟延作为合同法定解除理由是履行违反二元理论的必然产物。但实际上，除履行不能及履行迟延外还有诸多新的违约形式，为解决此问题，法院不得不采用"积极违约"（包括拒绝履行、违反随附义务等）理论，以弥补民法典的漏洞。

（3）英美法

在英国，违约在合同法发展的早期被严格区分为违反条件和违反担保，只有在一方违反条件时另一方才可以采取解除合同的救济措施。但区分条款到底是条件还是担保并非易事。法院在处理大量的合同纠纷时发现，一些违约形式不符合所谓"中间条款"。在学术上，对如何划分合同的条件条款与担保条款也是观点不一：一种观点认为应以条款本身的重要性进行区分。条件条款是合同的重要的、基本的、实质性的条款，相反则为担保条款。另一种观点坚持应根据违反义务后果是否给受害人造成履行艰难划分两种条款。这实质上等于以履行艰难的后果作为合同解除的条件。如若如此，无疑严格且不合理地限制了受害人的解除权，因此未被采纳。英国法最终以违约后果为根据来区分不同的条款，即当一方违约后果严重时，另一方可解除合同。

在美国，以后果是否严重为标准，违约被划分为重大违约和轻微违约。当一方违约致使另一方订立合同的主要目的难以实现时，为重大违约。必须指出的是，即使一方行为已构成重大违约，美国法院在许多情况下并不允许受害方直接解除合同，而是要求其给违约方一个自行补救的机会。法院在决定应当给违约方多长时间进行自行补救时，要考虑各种相关因素。重要因素之一是，违约方的拖延将在多大程度上剥夺受害方有权期望从该交易中获得的利益。另一个与之相对的因素是，允许受害方即时解除合同会给违约方造成多大的损失。法院的最终决定应当是权衡这两种因素的结果。无数判例表明，当一方迟延履行时，除非这种履行已与合同的性质及当事人的特别约定相违背，另一方应在给予一方一个合理的宽限期后再行使解除权。当然，并非在所有的违约情况下都应首先给违约方一个自行补救的机会，如违约方没有能力进行补救，不能履行或者不愿意自行补救（明确表示将不履行）时，受害方可即时解除合同。美国是判例法国家，以上只是典型解除合同的情况，对于其他大量的违约行为，是否应当解除合同由法院按照重大违约理论作出判定。美国学者与判例之所以有如此认识，理由在于，当一方违约时，另一方解除合同会使违约方完全丧失对其违约进行自行补救的机会，因而常常导致对违约方严厉惩罚的后果。而避免对违约方施加惩罚是美国法在确定救济手段时的基本政策。同时，学者们还认为，解除合同等于使业已达成的合同中途流产，对社会的发展不利。

在英美，预期违约理论也较成熟。按此理论，在合同履行期到来之前，如一方无正当理由而明确肯定地向另一方表示其将不履行合同，另一方可即时解除合同；或者一方在履行期到来之前有确切的证据证明另一方将不履行合同而又不愿意为此提供保证时，也可以解除合同。该理论在英美得到大多数学者的欢迎，如美国著名合同法学者柯宾认为，针对预期违约提起诉讼是合理的；英国学者猜图指出，其有助于使损失降到最低限度。当然反对者也有，如美国学者威尔顿认为预期的概念是“不合逻辑的”，而且其加重了被告的负担。总之，作为一项制度，预期违约因能起到防止本来可以避免的损害扩大的效果，应当予以肯定。但是，对于默示的预期违约情况，如判断不当，会造成加重或损害一方当事人负担的后果，对之应当严加限制。

（4）《联合国国际货物销售合同公约》（以下简称《公约》）与《国际商事合同通则》（以下简称《通则》）的规定

《公约》与《通则》关于法定解除的事由的规定基本相同：①因根本违约解除合同；②预期违约时解除合同；③非定期债务履行迟延时解除合同。所不同的只是在违约的判断标准上。《通则》对何为根本违约以及如何判断根本违约未作规定，相反，《公约》却对此明文规定，尤其对如何判断根本违约，规定了较为严格的主客观标准，即“除非另一方并不预知而且一个同等资格、通情达理的人处于相同情况也没有理由预知会发生这种结果（使另一方当事人蒙受损害）”。一些学者认为，“有时会限制非违约方的权利”。对《公约》的其他规定，批评意见较少。相反，正如前文所述，在受大陆法的较大影响的德国，民法学者对《公约》第72条预期根本违约的规定亦较为推崇。

《公约》及《通则》的规定，应当说与它们适用范围的特殊性有关。为了促进各国、特别是世界贸易的顺畅的发展，使不同法系的营业主体在同一规则之下进行平等的交易，《公约》与《通则》在立法内容与立法技术上不得不折中、调和两大法系关于同一问题的不同处理办法。在合同解除的事由的规定上，《公约》与《通则》采纳了英美法的重大违约与预期违约制度，同时，对大陆法中的非定期的迟延履行，也明确规定为一种合同解除的事由。其次，顾名思义，《公约》与《通则》的合同缔结者皆为商人，而且大多为从事跨国（地区）交易的大商人，相对于一般民事主体而言，商人的缔约能力、偿债能力及预见市场风险的能力均强。因此《公约》对根本违约严格的主客观标准是合理的。

（5）《欧洲合同法原则》（PECL）

该原则规定，在债务人有重大的不履行的场合下，债权人可以使合同终了（9：301 条 1 款）。在履行期前"重大的不履行"的发生已经明白的场合下，债权人也可以使合同终止（9：304 条）。另外，关于履行迟延的场合，即使不相当于"重大的不履行"，债权人也可以指定一个合理长度的履行期间通知对方履行，如果在这个期间内没有履行，可以使合同终了（8：106 条 3 款，9：301 条 2 款）。《欧洲合同法原则》是由欧洲一些学者以个人资格参加的"私人团体"——"欧洲合同法委员会"编制的文件，力求能够总结欧洲立法经验，力求面向 21 世纪。合同解除条文表现了强烈的效率价值取向，解除事由摆脱了个人归责事由这一传统价值取向，但解除事由的高度概括性亦要求理论的深入研究。

（6）我国《合同法》上的违约解除

我国《合同法》就违约解除事由作了以下规定：在履行期限届满之前，当事人一方明确表示或者以自己的行为表明不履行主要债务；当事人一方迟延履行主要债务，经催告后在合理期限内仍未履行；当事人一方迟延履行债务或者有其他违约行为致使不能实现合同目的。上述规定将各种违约形态都包含在内，即预期违约与实际违约；较好地运用了列举与概括方式。除迟延履行外，其他实际违约行为并没详细列举，简洁明了地将违约的着眼点定于不能实现合同目的。以下就《合同法》规定的几条违约解除条款具体加以探讨：

①在履行期限届满之前，当事人一方明确表示或者以自己的行为表明不履行主要债务。这种情形在日常生活中称为撕毁合同，大体相当于大陆法上的拒绝履行，英美法所称的提前违约或预期违约。但是，拒绝履行一般是指以明示的方式表示不履行合同，而且一般是在履行期到来以后，所以，这一条文内容更接近于英美法。但与英美法上的提前违约仍有所不同，英美法上的提前违约并不包括履行期到来以后的违约表示。而在履行期届满之前，可以是履行期尚未到来，也可以是履行期到来尚未届满。与英美法相比，《合同法》的规定更为周到。当事人的提前违约须是重大违约，另一方才有权解除合同。具体本条规定来看，表示不履行主要债务为重大违约。主要债务是合同中的主给付义务，即由合同的性质或当事人的特别的约定

而确定的义务，如货物买卖合同中交货的基本义务。一般而言，交货时间、数量、地点、品质也可以构成主要债务。这是现代货物买卖合同的基本要求。但一般个人间少量的物品交易，可不必如此严格。这是一个事实问题，而不是法律问题。主要债务并不仅仅是主给付义务，在特定情况下，任一要素或从给付义务均可构成主要债务。如某一履行时间对于债权人有特别意义，则债务人提前表示不按期履行时，债权人可以解除合同。总之，应结合合同目的判断。债务人提前违约后，债权人可以保持合同，亦可以不解除合同。在此期间，若发生不可抗力，提前违约一方可以不承担任何责任。

②当事人一方迟延履行主要债务，经催告后在合理期限内仍未履行。这是迟延履行而发生的解除权。条文并没明确规定催告的方式，而法国法要求必须以书面作成，德国法则规定书面方式或口头方式均可。《合同法》没作特别要求，因此书面或口头方式也可被当事人采纳。催告所确定的期限多长为合理，是一个事实问题，应视不同合同而定。在实践中出现的一个问题是催告后经过了一段合理的时间，合同是否就自动解除?《合同法》规定合同解除必须通知对方。债务人仍不履行合同时，债权人可享有解除权，是否解除仍应由债权人自行决定。因此，经过合理期限债务人仍不履行的，债权人只有发出解除通知，合同才被解除。债权人若在催告通知时附有约定：债务人经过合同期限仍不履行的，合同自动解除，则这种约定也应视为有效。另外，在合理期限内，债务人以自己行动或明确表示不履行主要债务的，债权人可以提前直接解除合同。

债务人在履行期限到来时，能够履行而没有按期履行债务，则构成迟延履行。债务人在履行期限到来时，未作出履行，债权人是否应经过催告才能构成迟延，大陆法系国家对此作出了不同的规定。《法国民法典》第1129条规定："债务人的迟延责任，经接到催告或其他类似证书而成立，如契约载明无需上述证书而仅有到期不履行事实，债务人即成立迟延责任时，则依契约定。"因此无论合同是否规定期限，都必须经过催告才构成迟延，催告的目的是为了表明债权人要求债务人作出履行。而《德国民法典》则区分了债务订立履行期限和没有订立履行期限两种情况。对规定了履行期限的债务，则在履行期限届满债务人仍未履行时，不经债权人催告，即构成履行迟延，此即所谓"期限代人催告"。如果债务没有规定履行期限，必须经过催告之后，才构成迟延。根据我国《合同法》第一百一十条第三款，不必经过催告，只要债务人违背了履行期限的规定便构成迟延。

然而，并非债务人在履行期限到来后不履行债务，都会使债权人享有自动解除合同的权利。因为合同的解除将导致会同关系的终止，一旦解除将会消灭一项交易，因此解除是一项重要的行为，如果允许债权人在债务人任何迟延履行的情况下都解除合同，必然会导致不应当被解除的合同被解除，造成一些财产的不必要的损失和浪费，而且也会使债权人滥用解除的权利。因此《合同法》第九十四条要求，除了因迟延履行已构成根本违约的情况以外，只有一方在迟延履行主要债务，经催告后在合理期限内仍未履行，另一方才能解除合同。就此可见，第一，必须是债务人在履行期限到来后未履行主要债务，而不是未履行次要债务。主要债务和次要债务应根据合同的内容来确定。第二，必须经过债权人的催告履行，如未催告则不能随意解除。第三，经催告在合理期限内仍未履行。在催告后，债权人实际上要给予债务人一段合理的宽展期，使债务人继续准备履行。在合理的宽展期到来后，如果债务人仍不履行，则债权人有权解除合同。

③当事人一方迟延履行债务或者有其他违约行为致使不能实现合同目的。时间一般不具有特定意义。但在有些合同中，债权人享有期限利益，如贺婚花篮一定要在结婚日送到。其他违约行为还包括拒绝履行、不完全履行等。其他违约行为导致合同目的不能实现时，债权人可依据法定解除而解除合同。

3. 法律规定的其他情形

法律所规定的其他情形。主要是指合同分则中的有关解除规定，如分期付款合同的解除，委任合同的解除。另外，总则中的不安抗辩制度中的解除亦属于其他解除情形。

不安抗辩制度系大陆法所有。不安抗辩权行使的前提之一为合同须是双务合同，且只能由先履行人行使。不安抗辩制度为合同履行期届满前出现了令人不安状况提供了法律救济。我国《合同法》在不安情况规定上较传统大陆法有了突破。由于此点不是本文讨论主题，不在此作详尽说明。不安抗辩权只赋予双务合同中的先履行人。实际上，在同时履行合同中，发生令人不安情况，需要救济，在异时履行中，后履行人在先履行人出现不安情况时亦需要救济。我国《合同法》第六十六条规定，当事人互负债务，没有先后履行顺序的，应当同时履行。一方在对方履行之前有权拒绝其履行要求。一方在对方履行债务不符合约定时，有权拒绝其相应的履行要求。第六十七条规定，当事人互负债务有先后履行顺序，先履行一方未履行的，后履行一方有权拒绝其履行要求。先履行一方履行债务不符合约定的，后履行一方有权拒绝其相应的履行要求。也许有人认为，《合同法》该两条规定的同时履行抗辩权、先履行抗辩权为这两种合同当事人提供了救济，但这两种抗辩权只是暂时抗辩权，债权人只能中止相应履行，债权人仍然受到合同约束。令人不安状况可存在任何双务合同中，不能因履行顺序不同而厚此轻彼。我们认为，应规定不安抗辩制度的适用范围，包括同时履行及任何一种异时履行合同，在一定条件下，当事人可以解除合同。

（四）合同解除程序

在现代各国立法上，合同解除的方法不尽相同：其一是通过法院裁判解除，即必须经过法院裁判才能解除合同。《法国民法典》第 1184 条规定，双务合同当事人，一方不履行其债务时，视为有解除条件的规定，但是并不当然解除合同，而是须向法院提出，经过法院裁判确认才能解除合同；其二是解除权人一方以意思表示将合同解除，不需要经过法院裁判，无论约定解除或法定解除，都是由解除权人一方以意思表示就可以解除。《德国民法典》第 349 条规定，解除合同应向他方当事人以意思表示为主；其三是在一定条件下合同当然而自动地解除，即不以当事人的意思表示为必要，依法律规定合同当然而自动地消灭。英美法对因合同落空而解除等，也采取当然解除方法。根据《欧洲合同法原则》9：304 条 3 款规定，免责性而且是终局性地障碍发生时，债权人不对不履行的债务人发出合同终止的通知。

合同的解除具体应遵循如下程序：

1. 解除权的行使应当符合法律规定的程序，即遵守合同解除的条件。只有在出现了合同规定的条件和法律规定的情况下一方才有权通知对方解除合同，而不必征得对方同意。

2. 解除合同原则上须采用书面的形式通知对方当事人。通知到达对方当事人时生效。当事人在作出解除合同的通知以后，不得随意撤销。对方有异议的，可以请求人民法院或仲裁机构确认解除合同的效力。

3. 解除权的行使必须及时。因为在一方享有解除权时，该当事人长期不行使解除权，会影响当事人双方权利义务关系的确定。在一方违约导致另一方享有解除权时，权利人可在行使解除权和要求实际履行间作出选择。不管作出何种选择，都应及时确定，不能久拖不决。如果超过一定期限不行使解除权，应视为已损失解除权。所以在出现了法定的解除情况和约定的解除条件成就以后，一方享有解除权，但该解除权必须在规定的期限内行使。根据《合同法》第九十五条的规定，如果当事人约定了解除权行使得期限，则必须在约定的期限内行使。如果没有约定期限，必须在法律规定的期限内行使。如果法律没有规定或者当事人没有约定解除权行使期限，不享有解除权的一方有权催告享有解除权的一方在合理期限内行使解除权。享有解除权的一方收到催告以后应尽早通知是否解除合同，如果超过合理期限不行使解除权，则解除权消灭，会同关系继续有效。如果当事人对催告的合理期限有异议的，应由人民法院或者仲裁机构确认。

我国《合同法》第九十六条规定，当事人主张解除合同的，应当通知对方，合同自通知到达对方时解除。对方有异议的，可以请求人民法院或者仲裁机构确认解除合同的效力。法律、行政法规规定解除合同应当办理批准、登记等手续的，依照其规定。根据该规定，一方行使解除权时，应通知对方，对方有异议权。这里的解除权包括法定解除权和约定解除权。根据《国际商事合同通则》第1.9条的规定，“通知”包括声明、要求、请求或其他任何意图的表达。通知均采用到达主义，意即通知只有在送达被通知人时才生效。不过，被通知人对合同的解除或解除权的行使有权提出异议。异议提出的方式，应与解除合同的通知相同或相类似。异议并不必然产生其预期效果，解除权人是否撤回解约通知，完全取决于解除权人的行为。为使问题得以彻底地、权威性地解决，解除权人可以请求法院或仲裁机构确认解除合同的效力，即提起确认之诉。对方为到达让解除权人撤回解约通知的目的，也可请求法院或仲裁机构宣告解除合同的行为无效。法律、行政法规规定解除合同应办理特别程序的，须遵守特别程序的规定。这里所指的特别程序，是批准、登记等手续，否则不产生解除合同的效力。常见的标的物比较特殊的合同，如房屋买卖、土地使用权转让等合同，即需到有关部门办理手续。

二、本条规定的发包方行使合同解除权的条件

本条第（一）（二）（三）项之规定源自《合同法》第九十四条关于合同解除条件的规定，第（四）项的规定源自《合同法》第二百五十三条的规定，下面分别表述：

本条第（一）项规定，承包人明确表示或者以行为明确表示不履行合同主要义务的，发包人可以行使合同解除权。该规定基本上重复了《合同法》第九十四条第（三）项的相关规定。对于发包人而言，承包人在合同的主要债务即是承包人完成建设工程，如果承包人明示或者以自己的行为表示不履行合同的主要债务，也即不履行合同约定的主要义务，发包人有权解除合同。这一条毋庸置疑是《合同法》本身赋予守约方解除权的情形。在本解释起初的几个修改稿中，没有将该项写入在内，因为法律已经对这种情况有了明确的规定，在这里再次规定，似有重复之嫌，但为了表述的完整性，最终还是将这种情况列入其中。在司法实践中，明确表示不履行合同的情况并不多见，因为承包人一般情况下不愿意解除合同，但以行为表示不再履行合同的情况是存在的，主要表现为擅自停工。这里要视停工的原因及其他履行合同的状况来区分是否解除合同。如果是因为发包人没有依约支付工程进度款，合同对不支付工程款可以行使停工权利的内容有明确约定的，如承包人不愿意

解除合同，应认定是发包人违约而不宜判令合同解除，从而尽量维护合同的稳定性、交易的安全性，而且本条是针对守约方的合同解除权的规定，在违约一方，原则上没有合同的解除权。如果停工是承包人擅自单方的原因造成的，在发包人没有违约的情况下主张解除合同，应当得到保护。

本条第（二）项规定，合同约定的期限内没有完工，并在发包方催告的合理期限内仍未完工的，发包人有权请求解除合同。该项规定源于《合同法》第九十四条第（三）项的规定。在理论上和条文的规定上没有突破《合同法》的相关规定。没有完工即为没有履行合同约定的主要义务。在司法实践中主要掌握催告的有效方式及催告的合理期限两个问题。前文已就该问题作了相应的论述，这里不再赘述。

本条第（三）项规定，已经完成的建设工程质量不合格，承包人又拒绝修复的，发包人可以行使合同解除权。该项规定源于《合同法》第九十四条第（四）项的规定，即当事人一方迟延履行债务或者有其他违约行为致使不能实现合同目的的，另一方当事人有权主张解除合同。《合同法》对根本违约导致合同目的不能实现的规定很笼统，本条是针对建设工程施工合同，指出了合同目的不能实现的情形，即已完成的建设工程质量不合格且承包人拒绝进行修复。建设工程的质量是建设工程的灵魂，质量不合格的工程不能竣工验收并投入使用，发包人不能得到签订及履行合同的根本目的，因此如果承包人对质量不合格的工程拒绝修复，承包人的行为构成根本违约，发包人应依法享有合同的解除权。此外，本条所指的工程质量是针对已完工程，没有再区分部分完工和全部完工的工程。但通常所指的是工程部分完工的情形，因为如果工程全部完工，即使工程质量不合格且承包人拒绝修复，发包人也不会通过行使合同的解除权来保护自己，解除合同的请求已无实际意义，其会通过追究承包人的违约责任的途径，请求减少支付工程款并要求承包人支付违约金的方式，使自己的权利得到救济。再有，如果工程质量不合格，承包人同意并实施修复，但仍不能使工程达到合格的标准，发包人是否可以以合同目的不能实现为由主张解除合同，本条中对此没有明确规定，笔者倾向于如果构成根本违约的情形，发包人是可以主张解除合同的。

本条第（四）项规定，承包人将工程转包、违法分包的，承包人可以解除合同。该项规定源于《合同法》第二百五十三条的规定。《合同法》第二百五十三条第二款规定，承揽人将其承揽的主要工作交由第三人完成的，应当就该第三人完成的工作成果向定作人负责。未经定作人同意的，定作人也可以解除合同。由于《合同法》第二百八十七条规定，建设工程合同一章没有规定的，使用承揽合同的有关规定，而建设工程合同一章没有关于工程转包或者违法分包后，发包人是否可以解除合同进行规定，故在本解释中作了上述的补偿性规定。由于转包和违法分包为法律所禁止，故而转包合同和违法分包合同应认定为无效，但转包合同和违法分包合同认定为无效后，发包人是否可以通过行使合同解除权的方式，保护自己的权利，以往没有明确的规定。由于承包人的转包或者违法分包的行为，发包人可能不愿意继续将工程交由承包人施工完成。鉴于《合同法》在承揽合同有相关的规定，本条将其立法精神移植过来，从而完善了发包人合同解除权的内容。承包人应当以自己的技术和劳动能力完成建设工程施工合同约定的工作，如果承包人将工程转包或者违法分包，可能使发包人对承包人的劳动质量的期望落空，致使合同的目的不能实现，因而应赋予发包人合同的解除权。但这里并不是说发包人必须解除合同，发包人可以根据具体情况进行选择。

第九条　[承包人的合同解除权]

发包人具有下列情形之一，致使承包人无法施工，且在催告的合理期限内仍未履行相应义务，承包人请求解除建设工程施工合同的，应予支持：

（一）未按约定支付工程价款的；

（二）提供的主要建筑材料、建筑构配件和设备不符合强制性标准的；

（三）不履行合同约定的协助义务的。

条文主旨

本条是关于发包人合同解除权的规定。本条是解释《合同法》第九十四条规定的法定解除权在建设工程施工合同中具体适用情形，主要是从发包人迟延履行合同约定的主要债务，经催告后在合理期限内仍未履行，发包人享有合同解除权的角度进行了规定。没有就《合同法》规定的合同法定解除的其他情形进行规定。从审判实践上看，发包方在发包工程时处于优势地位，承包人为承揽工程竞争激烈。但随着合同履行，承包人进场施工后，发包人的优势地位也随之减弱。解除合同对双方来讲，损失都很大，在一般情况下当事人都不希望解除合同。解除不是合同履行的常态，应按照《合同法》规定，限制合同解除权的行使。而《合同法》关于法定解除的规定比较原则，结合建设工程施工合同的解除问题，应进一步明确解除权行使的具体情形，从而达到限制合同解除的目的。

理解与适用

本条规定同样涉及合同解除的相关理论及法律问题。针对该问题的论述和说明，已在第八条的理解与适用中用相当的篇幅进行了解释，这里不再赘述。

本条第（一）项及第（二）项的规定，是对《合同法》第九十四条第（三）项进一步解释。《合同法》规定，当事人可以解除合同的情形之一为，当事人一方迟延履行主要债务，经催告在合理期限内仍未履行的。本条解释的三项规定即是建立在发包人迟延履行合同约定的债务，经承包人催告后，发包人仍不履行的基础上，承包人享有合同的解除权。《合同法》的规定是一方当事人不履行合同约定的主要债务，本条解释对此加以更严格的限制，即不履行本条规定的债务的同时，还要达到承包人无法继续进行施工建设的严重程度时，承包人才有合同的解除权。

本条第（一）项规定，发包人未按约支付工程价款，致使承包人无法施工，经催告无效的，承包人可以行使合同解除权。对建设工程施工合同而言，发包人的主要义务即为支付工程款。如果发包人不支付工程款或者未按约支付工程款，承包人依照《合同法》的相关规定，可以认为是发包人违反了合同约定的主要义务，经催告无效后解除合同，但这里作了实质的限制条件，即未按约支付工程款已致使承包人无法施工时，经催告无效，承包人才可以行使解除权。在此前的讨论稿中，曾把“未按约支付的工程款数额达到全部工程价款的五分之一以上”作为条件加以限制，其理论来源是参照《合同法》第一百六十七条关于分期付款的买卖合同的规定。《合同法》的上述规定为，分期付款的买受人未支付到期价款的金额达到全部价款的五分之一的，出卖人可以要求买受人支付全部价款或者解除合同。但该种意见此后未被认可，因为建设工程施工合同不是分期付款的买卖合同，两者的法律性质是不同的，移植《合同法》关于分期付款买卖合同的规定，没有法理上的依据，两种合同在性质上也没有联结点。而且建设工程施工合同由于标的额比较大，通常采用分期支付工程款的方式，约定的分期付款方式的每笔数额往往超过合同总价款的五分之一，如果迟延付款一次就可能导致解除合同，则交易的稳定性就会大大降低；而从另一角度讲，有可能未付的款项不足合同总价款的五分之一，也会导致承包人无力继续施工。因此，单纯地将导致合同解除的因素中未付工程款的数额进行量化，虽然处理起来比较简单，但不一定符合案件的具体情况。故而本条确定的最终标准是承包人因发包人的迟延付款行为而无法继续施工，依此作为判断违约方是否迟延履行合同的主要债务的标准。由于该项规定既提出了客观的判断标准，又体现了法官对案件的主观评价，在司法实践中，对于具体案件的处理，由于情况比较复杂，还需要法官根据具体案情对是否支持解除合同的主张进行判断。

本条第（二）项规定，发包人提供的主要建筑材料、建筑构配件和设备不符合强制性标准的，致使承包人无法继续施工，在催告后的合理期限内仍未履行义务，承包人享有合同的解除权。按照国家有关规定及合同约定，由发包方提供建筑材料、建筑构配件和设备的，应当保证建筑材料、建筑构配件和设备符合设计文件和合同要求。发包人不得明示或者暗示施工单位使用不合格的建筑材料、建筑构配件和设备。为了保证建筑材料和设备的质量符合设计文件及合同的要求，《建设工程施工合同（示范文本）》（GF－1999－0201）对发包方采购建筑材料、建筑构配件和设备提出的具体操作要求是：（1）发包人提供材料设备的发包人与承包人应当约定发包人供应材料设备的一览表，一览表包括发包人供应材料设备的品种、规格、型号、数量单价、质量等级提供时间等。（2）发包人按一览表约定的内容提供材料设备，并向承包人提供产品合格证明，对其质量负责。发包人在所供材料设备到货前24小时，以书面形式通知承包人，由承包人派人与发包人共同清点。（3）发包人供应的材料设备，承包人派人参加清点后由承包人妥善保管，发包人支付相应保管费用。因承包人原因发生丢失损坏，由承包人负责赔偿发包人未通知承包人清点，承包人不负责材料设备的保管，丢失损坏由发包人负责。（4）发包人供应的材料设备与一览表不符合时，发包人承担有关责任。发包人应承担责任的具体内容有：①材料设备单价与一览表不符时，由发包人承担所有差价；②材料设备的品种、规格、型号、质量与一览表不符，承包人可以拒绝接收保管，由发包人运出施工场地并重新采购；③发包人供应的材料规格、型号与一览表不符，经发包人同意，承包人可代为调剂串换，由发包人承担相应费用；④到货地点与一览表不符，由发包人负责运至一览表指定地点；⑤供应数量少于一览表约定的数量时，由发包人补齐，多于一览表约定数量时，发包人负责将多出部分运出施工场地；⑥到货时间早于一览表约定时间，由发包人承担因此发生的保管费用；到货时间迟于一览表约定的供货时间，发包人赔偿由此造成的承包人的损失，造成工期延误的，应顺延工期。（5）发包人供应的材料设备使用前，由承包人负责检验或试验，不合格的不得使用，并通知发包人予以退换。检验或试验费用由发包人承担。建筑材料、建筑构配件和设备不合格是造成建筑工程质量问题的直接原因之一。因此，控制建筑工程质量就是控制建筑材料、建筑构配件和设备的质量。对发包人提供建筑材料、建筑构配件和设备的，承包人对建筑材料、建筑构配件、设备进行检验是保证其施工质量的重要手段。承包人要依据建筑工程设计要求、施工技术标准和合同的约定对建筑材料、建筑构配件和设备进行检验。《建设工程质量管理条例》将检验的标的扩及了商品混凝土、材料、构配件、设备及商品混凝土检验制度是承包人质量保证体系的重要组成部分，承包人应当依据以下几个方面的要求对建筑材料、建筑构配件、设备及商品混凝土进行验收：(1) 按照工程设计要求进行检验。按照设计文件规定的建筑材料、建筑构配件、设备和商品混凝土的规格、型号、性能等技术要求，对建筑材料等进行检验，对不符合技术要求的承包人不得使用。(2) 按照有关的施工技术标准进行检验。在各项施工作业的技术标准中，对施工所用的建筑材料、构配件等的质量要求作出规定的，承包人必须按照有关施工技术标准的规定进行检验，不符合施工技术标准的不得使用。(3) 按照建筑工程承包合同约定的技术要求进行检验。在建筑工程承包合同中对工程所用的建筑材料、建筑构配件、设备及商品混凝土的质量要求有明确约定的，承包人必须按照合同约定的技术要求进行检验，不符合合同约定要求的，不得使用。因此可以看出，发包人提供的主要建筑材料、建筑构配件和设备必须符合国家强制性的标准，因为建筑材料的质量直接关系到建成的建筑物的质量。当然双方当事人可以约定建筑材料的质量标准，但其不得低于国家的强制性标准。国家的强制性标准是关于质量要求的最低标准，如果发包人提供的建筑材料等不符合国家强制性标准，即应当认为是没有履行合同约定的主要义务，在经催告后仍未履行义务的，承包人可以请求解除合同。

本条第（三）项规定，发包人不履行合同约定的协助义务的，致使承包人违法继续施工，经催告后无效的，承包人可以请求解除合同。这主要源于《合同法》第二百五十九条关于承揽合同的相关规定。《合同法》该条的规定为，承揽工作需要定作人协助的，定作人有协助的义务。定作人不履行协助义务致使承揽工作不能完成的，承揽人可以催告定作人在合理期限内履行义务，并可以顺延履行期限；定作人逾期不履行的，承揽人可以解除合同。《合同法》对建设工程施工合同没有再作相关的规定，但可以适用承揽合同的规定。在建设工程施工合同中，承包人的工作有时是需要发包人协助的，发包人对承包人的工作有相应的协助义务。发包人协助义务的发生，取决于合同的约定及施工工程本身的需要。发包人的协助义务视施工工程的内容不同而无法穷尽表述，如补足施工所需的建筑材料、提供施工场地、办理施工所需的相关手续、提供施工图纸等等，如果发包人不履行有关协助义务，导致承包人无法施工或者继续施工，则是发包人违约。该违约行为经催告后没有有效改正的，承包人有权解除合同。此外，虽然该项是对发包人协助义务的规定，但并不是相对于主要义务和次要义务而言的，如果不履行协助义务致使承包人无法进行施工的，就可以认为发包人没有履行合同的主要义务，经承包人催告仍不履行的，承包人具有合同解除权。

需要进一步说明的是，本条规定与前条规定的不同在于，前条发包人解除合同有多种情形，包括了《合同法》第九十四条规定的三种情况，即在履行期限届满之前，当事人一方明确表示或者以自己的行为表明不履行主要债务；当事人一方迟延履行主要债务，经催告后在合理期限内仍未履行；当事人一方迟延履行债务或者有其他违约行为致使不能实现合同目的；还包括了《合同法》关于承揽合同解除的特殊情况。而本条关于承包人解除合同的规定，只包括当事人一方迟延履行主要债务，经催告后在合理期限内仍未履行一种情况，就其他解除合同的法定条件，没有再作进一步的规定。本条所列举的几种情况，均认为是发包人没有履行合同约定的主要债务，实际上是对发包人不履行主要债务情形的细化。虽然本条第（三）项是参照《合同法》中关于承揽合同中不履行合同约定的协助义务可以解除的特殊规定，但仍视为是发包人不履行合同主要债务的情形之一，这样处理不违背《合同法》关于合同解除的规定并能与之保持统一。

第十条 ［解除合同后的处理原则］

建设工程施工合同解除后，已经完成的建设工程质量合格的，发包人应当按照约定支付相应的工程价款；已经完成的建设工程质量不合格的，参照本解释第三条规定处理。

因一方违约导致合同解除的，违约方应当赔偿因此而给对方造成的损失。

条文主旨

本解释规定合同解除后，已完工程质量合格，发包人应当按照约定支付相应的工程价款。已完工程质量不合格按照本解释第三条规定，即比照合同无效、工程质量不合格的规定处理，也就是说建设工程有利用价值的，发包人可以请求减少工程价款或者由承包人承担修复费用；建设工程没有利用价值，承包人请求支付工程价款的，不予支持。一般情况下，无论建设工程合同是否有效，对于不合格的建设工程原则上由承包人承担民事责任，但发包人有过错的，亦应承担相应的民事责任。同时，由于本条是对合同有效后解除的处理，守约方有权请求违约方赔偿因违约造成的经济损失。之所以这样规定主要是结合建设工程施工合同实际，适用《合同法》第九十七条合同解除后的法律规定和《合同法》第二百六十二条规定比照承揽合同，由违约方承担减少报酬的法定违约责任。此外，结合本解释第二条关于合同认定为无效，建设工程经竣工验收合格的，承包人可以请求参照合同约定支付工程价款的规定还可以看出，处理建设工程施工合同纠纷的工程质量优先于合同效力的精神，即无论合同是否有效或者是否被解除，只要工程质量合格就应支付工程价款，而工程质量不合格的，无论合同解除还是合同无效，适用的原则是相同的。

理解与适用

一、合同法定解除法律后果

（一）合同法定解除效力

合同解除的直接法律后果是使合同关系消灭，合同不再履行。合同解除后，对于解除以前的债权债务关系应当如何处理，这就涉及了合同是否具有溯及力的问题。如果合同解除具有溯及力，则合同解除前所为的履行部分，就要发生恢复原状的法律后果；如果合同解除不具有溯及力，则合同解除前所为的履行仍然有效存在，当事人无须恢复原状。可见，合同解除是否具有溯及力，是合同解除制度中十分重要的问题。

大陆法国家基本规定合同解除具有溯及力。在大陆法中，合同解除是作为违约制裁的一种制度，为了保护债权人利益，法律肯定合同解除具有溯及力。例如《德国民法典》第346条规定，在解除契约时，当事人双方互负返还其已受领的给付义务。《日本民法典》第545条第1项规定：当事人的一方行使解除权时，各当事人负有使相对人恢复原状的义务，但不得侵害第三人的权利。《意大利民法典》第1958条规定，契约因不履行而解除在当事人之间不具有溯及力。美国法认为解除合同产生恢复原状的效果，这一点接近于大陆法。英国普通法认为，因违约而造成的解除合同，并不使合同自始无效而只是指向将来，即只是解除合同时尚未履行的债务不再履行，已经履行的债务原则上不产生返还问题。但是，英国法在解除合同时，允许当事人提起“按所交价值偿还之诉”，以便收回他所提供的财物或服务的代价。这个问题上，《欧洲合同法原则（PECL）》《国际商事合同通则（CISG）》规定不尽一致。PECL肯定不溯及性，其第9：305条第1款指出：“合同的终了，使双方当事人从将来的实施履行的义务和领受履行的义务下解放出来。”CISG则肯定溯及性，其7.3.6条第1款规定：“合同解除时，各当事人在返还自己受领的同时，可以请求返还自己给付的财物。在原物返还不可能或不适当时，返还是合理的，应以金钱执行。”

（二）合同法定解除是否具有溯及力所涉及的问题

合同法定解除是否具有溯及力涉及两个问题：一是立法价值取向；二是事实问

题，即依合同性质能否恢复原状。

规定法定解除是否具有溯及力的出发点之一，应是看其是否有利于保护非违约方利益。从一定角度看，肯定合同法定解除有溯及力是颇有道理的。理由如下：一是非违约方已作出了履行时，违约方的违约常表现为不履行或不相应履行。规定违约解除有溯及力，将使非违约方取回其已作出的履行，对其显然是有利的。非违约方的履行乃是基于为了获得对方的履行，这亦是双务合同的订立基础。如果知道不能获得违约方的履行，非违约方则不会履行的。因此，当履行意图落空时，应允许非违约方取回履行。二是当合同双方已履行完毕时，如不允许解除具有溯及力，则法定解除制度在此处没有获得现实价值。此时选择违约责任救济或解除救济没有什么差别。三是当违约方已作出了不适当履行，如果允许解除具有溯及力，则不适当履行将重返违约方，有利于保护非违约方利益。因为，不适当履行可能对于非违约方毫无意义，如非违约方接受对其毫无意义的瑕疵的货物。进一步看，合同解除应具有溯及力的理由在于：合同的履行应符合合同目的。发生重大违约时，从合同目的来看，由受领履行方保留履行可能已不符合其订立合同目的。因此，合同解除具有溯及力应是可取的。但是，在一定情况下，合同解除不具有溯及力可能更不利于保护非违约方利益。例如在一方交付货物以后，另一方不按时付款。如果合同解除效力指向未来，则交货方可以在解除合同时追索货款。如果合同解除有溯及力，则交货方解除合同后只能索要货物。针对此种情况持合同解除具有溯及力的学者认为：如果恢复原状对解除权人不利，则解除权人可以不解除合同。其自愿解除行为表明恢复原状对其是有利的。这种观点值得商榷。若合同解除具有溯及力，则合同解除如同合同未成立。除恢复原状，当事人亦从合同解放出来。若合同解除不具有溯及力，当事人则从合同面向将来的拘束力中解放出来。在合同解除具有溯及力时，保留履行利益和获得从合同拘束力中解脱出来的利益，是不能并存的。交货方解除合同表明其愿意从合同拘束力中解脱出来。这并不表明其没有获得已履行的利益的意愿。这实际上是一个鱼和熊掌不可兼得的两难选择，尤其是在交货方亦只有部分交货时。综上所述，合同解除是否应具有溯及力不可一概而论。

合同解除是否具有溯及力不仅涉及当事人利益，亦关系到社会利益。若合同解除有溯及力，则恢复原状需支付费用。这虽由当事人支付，但相对于整个社会则仍是财富浪费，而且亦不利于社会交易秩序稳定。合同解除不具有溯及力，不仅没有以上弊端，而且能保留合同部分履行的利益，这亦符合合同交易目的。有些合同依其性质是不可能恢复原状的，如委任合同、劳务合同等。这些合同一般是继续性合同。

（三）我国《合同法》的规定

我国《合同法》第九十七条规定，合同解除后，尚未履行的，终止履行；已经履行的，根据履行情况和合同性质，当事人可以要求恢复原状、采取其他补救措施，并有权要求赔偿损失。可见，该条规定将合同解除的效力分成两块：前者无溯及力，后者有溯及力，并相应的产生不同的财产处理后果。具体来说，有以下三种情形：

1. 合同尚未履行的，终止履行。尚未履行合同的状态与合同订立前的情形并无不同，因而解除合同只需单纯地终止合同的权利义务。但是，当事人是否有权要求赔偿损失，条文并未明确规定。事实上合同尚未履行和合同尚未成立是很不相同的，虽然合同没有实际履行，但很可能已经给对方造成了极大的损失，如履行迟延或提前违约造成的损失。我们认为，出现这一问题，主要是立法者在表达上的疏漏。从我国合同法原理上讲，尚未履行并不影响当事人要求赔偿的权利。

2. 合同已履行的，要求恢复原状。恢复原状是指恢复到订立合同前的状态，是合同解除具有溯及力的标志和后果。这表明和多数国家的合同法一样，承认解除合同可产生溯及既往的效力。不论合同是全部履行还是部分履行，解除权人解除同时，都有可以要求恢复原状。从性质上讲，适用恢复原状的合同应该是非继续性的合同，即履行为一次性行为的合同，如货物买卖合同、赠与合同等。但是，有的合同尽管是一次性的合同，履行后有可能恢复原状，也可能无法恢复原状。此时只能根据情况来确定是否可以恢复原状，如技术秘密转让合同，如果已经将技术秘密披露给对方，则不可能真正地恢复原状，需采用其他的补救措施。

恢复原状一般包括如下内容：返还原物；受领的标的物为金钱的，应同时返还自受领时起的利息；受领的标的物生有孳息的，应一并返还；就应返还之物支出了必要的或有益的费用，如保管费及维修费，可以在对方得到返还时所得利益限度内，请求返还；应返还之物因毁损、灭失或其他原因不能返还的，应按该物的价值以金钱返还。如果该物是种类物，也可以同种类之物返还。

恢复原状对解除权人而言，是一种有力的保护方式。由于我国不承认物权行为，所以一旦其主张恢复原状，对方受领的标的物的所有权就重归于解除权人，他可以基于所有权请求返还，而这一请求权优先于普通债权。当对方的财产不足以清偿多个并存的债权时，解除权人仍可取回自己所给付的物，保全自己的利益。如果不允许恢复原状，合同效力只是向将来消灭，则对方的受领将产生转移所有权的效力，解除权人只能根据不当得利要求返还相应的价款，而这只是一个普通的债权，当对方的财产不足以清偿多个并存的债权时，解除权人将得不到全部的返还。相反，如果是恢复原状，则不论对方获得的给付现在的情形如何，均应按履行时的价值或状态返还。比如，如果解除权人甲以 2 万元的价格向乙出卖价值 3 万元的油画，而解除合同后乙因某种原因不能返还该画，甲可以主张按该画真正所值的 3 万元要求偿还。而如果只是返还不当得利，则只以对方受领的现存利益为限，当对方取得的给付因意外事件减少或不复存在，就不负返还义务。对一次性合同而言，恢复原状既是解除合同的必然结果，也是对解除权人最有利的结果。由于这种情况多属于对方违约，所以其履行对解除权人毫无意义。

3. 合同已履行的，采取其他补救措施。这种情形的发生，可由三个原因引起：一是合同的性质决定了不可能恢复原状，发生将来消灭的效力，解除权人只能采取其他的补救措施；二是合同的履行情况不适合恢复原状；三是当事人对清理问题协商而达成协议，既包括解除合同后达成协议，也包括《合同法》第九十八条的规定，即合同中的结算和清理条款继续有效。

解除继续性的合同是不适合恢复原状的，这类合同的特点是履行不是一次即为完结，而是在一定时间内持续地履行，如租赁合同、雇用合同、保管合同、长期供应合同、技术服务合同等。受领一方所享用的标的物效益，可能是无法返还的，如设备租赁合同，承租人已经对设备加以使用，不可能返还出租时的设备。因此，对继续性合同，合同只是自解除时向将来消灭，即提前终止合同，履行方仍可以请求对方对已受领的利益支付价款，但履行对相对方没有意义的发生恢复原状的后果。

根据履行的情况不适合恢复原状，可能是从经济上讲恢复原状是不可行的，如建筑工程承包合同，如果承包人已经完成主体工程，但发包人仍以迟延为由解除了合同，此时，如果要求恢复原状，会造成资源的极大浪费，对双方都没有益处，在实践中亦是不可行的。

另外，为了保护交易第三方的利益，某些合同的解除不能有溯及力，如委托合同。如果委托合同的解除溯及到合同成立时，则受托人所进行的代理行为将失去法律依据，第三人将处于极不安全的状态，正常的交易秩序将被破坏。因此，对于涉及善意第三人的合同，一般不应具有溯及力。本条的“采取其他补救措施”，主要是指要求对方付款、减少价款的支付或请求不当得利的返还。如果对方是不完全履行合同，而合同期限尚未到来，解除权人可以解除合同并要求减少价款。如房屋租赁合同约定了一年的租赁期，但因该房屋年久失修，存在较大的危险，而出租人又迟迟不履行维修该房屋的义务，在租赁期届满之前，承租人可以解除合同并要求减价，与房屋的实际租赁价值相当。如果承租人已经预先交纳了一年的租金，则承租人可以在解除合同的同时，请求出租人返还解除日至届满日之间的租金，从性质上讲，这部分租金已属于出租人的不当得利。如果房屋并没有瑕疵，而是承租人迟迟不交纳租金，则在租赁期届满之前，出租人有权解除合同并要求承租人支付租赁期间价款。在上述情况下，如果主张恢复原状，即意味着以金钱偿还受领的利益，其依据只能是不当得利，会增加清理的难度。对这类合同的解除权人而言，如果对方只是拖欠价款，则主张恢复原状往往是不利的，因为他只能要求不当得利的返还，而不能根据合同得到价款，这可能使其得到的返还少于原合同价款，因为市场价可能低于合同价。只有当市场价高于合同价时，主张不当得利才更为有利。

另外，履行如果是可分的，解除权人可以就部分履行行使解除权，如分批交货的合同中对某批货物行使解除权，解除权的效力只及于该批货物，而其他的履行不受影响，解除权人仍可保留其他的受领。但对该批货物而言，解除将产生恢复原状的效力，而不是此处所提到的其他效果。

二、合同解除后损害赔偿

在解除合同时能否同时请求损害赔偿问题，各国法律的规定有所不同。大多数国家认为这两种措施是可以同时采取的，如《法国民法典》第1184条规定，双务合同一方当事人不履行债务时，债权人可以解除合同并请求损害赔偿。《日本民法典》第545条亦规定，解除权的行使，不妨碍损害赔偿的请求。英美法亦认为解约方可以解除合同并请求损害赔偿。德国法却规定，解除合同和损害赔偿是不能就同一债务关系并存的，如果要求解除合同，就不能要求损害赔偿；反之，如果要求损害赔偿，就不能解除合同。德国法的基本逻辑是，既然解除合同将产生恢复原状的后果，等同于合同自始就不存在，那么因合同而产生的损害赔偿就失去了存在基础，所以这两种措施是矛盾的。这种规定离现实太远，反而使合同解除制度大大限制了合同解除功能的应用。实际上，立法者也认识到了这一点，在德国债务法修正草案里，已作了修正：第327条第1款规定：解除之后，债权人可以请求因看不到合同约定的实现使自己产生的损害赔偿。债权人也可以代替该损害的赔偿，请求由于相信合同约定能够实现而使自己产生的损害赔偿。

债权人不必对不可抗力所造成的损害赔偿。但在违约解除情况下，损害赔偿范围如何确定？有人认为，"损害赔偿除应包括不履行合同义务所致的损害以外，还应包括合同解除以后，因恢复原状而发生的损害赔偿"，"不应该考虑可得利益的赔偿问题"。换言之，这种赔偿只限于信赖利益。亦有人认为，赔偿的范围只包括债权不履行的损失而不包括因合同解除而产生的损害赔偿。亦有人认为，赔偿损失范围原则上包括直接损失和间接损失，此外，违约方还应赔偿对方因返还给付物所支出的必要费用，以及违约方不履行返还给付物给对方造成的损失。我国《民法通则》第一百一十一条规定，当事人一方不履行合同义务或者履行合同义务不符合约定条件的，另一方有权要求履行或者采取补救措施，并有权要求赔偿损失。第一百一十五条规定，合同的变更或者解除，不影响当事人要求赔偿损失的权利。可见，我国《民法通则》采取完全赔偿原则。因此，我们认为，第二种意见较为可取。除法律另有规定外，赔偿范围应包括：（1）债务不履行的损害赔偿。包括可得利益（履行利益）和信赖利益。（2）因合同解除而产生的损害赔偿，包括：①债权人订立合同所支出的必要费用。②债权人因相信合同能够履行而做准备所支出的必要费用。③债权人因失去他人订立合同的机会所造成的损失。④债权人已经履行合同义务时，债务人因拒不履行返还给付物的义务给债务人造成的损失。⑤债权人已经受领债务的给付物时，因返还该物而支出的必要费用。

三、本条规定的内涵及适用问题

本条规定实际上包括三层意思：

（一）合同解除原则上向前没有溯及力

即合同解除后，已经履行的按有效合同的处理原则及方式进行处理，不发生恢复原状的法律后果；未履行的部分不再履行。具体规定为，合同解除后，已经完成的建设工程质量合格，发包人应当按照约定支付相应的工程价款。建设工程施工合同在合同解除后，如工程质量合格，不存在恢复原状的问题，当事人一方主张恢复原状是不能得到支持的。但当发包人没有支付已履行部分工程价款时，不能认为支付工程价款是已经履行的部分，因此需要判令发包人支付工程价款。这样处理表面上看是在解除合同的同时又要求当事人在履行合同，但实质上是对合同解除后采取的一种补救措施，且仍然是向后解除的情况，即未履行的部分还是不再履行。

（二）已经完成的建设工程质量不合格的，参照本解释关于合同无效，工程质量验收不合格的规定处理

即修复后的建设工程经竣工验收合格，发包人请求承包人承担修复费用的，应予支持；修复后的建设工程经竣工验收不合格，承包人请求支付工程款的，不予支持。《合同法》第五十八条规定，合同无效或者被撤销后，因该合同取得的财产应当予以返还；不能返还或者没有必要返还的，应当折价补偿。建设工程经竣工验收不合格，主要是建设工程质量不符合国家规定或者行业规定的标准，这里一般包括两种情况：一种是建设工程质量虽然不合格，但经过修复，可以使缺陷得到弥补，

并通过工程竣工验收。这种情况下，发包方仍然可以接受建设工程，并在修复后继续利用建设工程。按照《合同法》关于无效合同的处理原则，应当对建设工程予以折价补偿，故而发包方可以要求减少工程价款或者由承建方承担修复费用。另一种情况是，建设工程的质量缺陷无法通过修复予以弥补，不能通过竣工验收，建设工程丧失利用价值。对于没有利用价值的建设工程，只能重新进行建设，故而承包人没有请求支付工程款的权利。作出本条规定时，实际是参照了《合同法》关于承揽合同的相关规定。《合同法》第二百六十二条规定，承揽人交付的工作成果不符合质量要求的，定作人可以要求承揽人承担修理、重作、减少报酬、赔偿损失等违约责任。鉴于承揽合同的处理有上述规定，在建设工程施工合同中，如果合同解除或者无效后，建设工程质量不合格但仍有利用价值的，只要发包人请求减少工程价款或者承包人承担修复费用的，人民法院应当允许。

（三）因一方违约导致合同解除的，违约方应当赔偿因此而给对方造成的经济损失

由于合同解除是建立在合同有效的基础上作出的处理，因此因违约导致合同解除的，违约方应当承担合同约定的违约责任。如果合同应当的违约金不足以补偿守约方的经济损失，违约方还应赔偿损失与违约金之间的差额部分。这里所指的违约方或者守约方即可能是发包人有可能是承包人。

第十一条 ［承包人拒绝修复的处理原则］

因承包人的过错造成建设工程质量不符合约定，承包人拒绝修理、返工或者改建，发包人请求减少支付工程价款的，应予支持。

条文主旨

本条是关于因承包人的过错造成建设工程质量不符合约定的，应如何处理的规定。本条规定包括以下几层涵义：（1）因承包人过错造成建设工程质量不符合约定的，承包人应承担责任。（2）对承包人过错造成建设工程质量问题，发包人提出无偿修理、返工、改建，承包人拒绝的，发包人可以请求减少支付工程价款或者请求承包方支付合理的修复费用，而且对发包人的该项请求，人民法院应给予支持。建设工程施工合同的双方当事人在签订《建设工程施工合同》中，一般对建设工程质量问题均有明确约定，作为建设工程的承包方即施工人，在建设施工中应当按照合同约定进行施工建设。如果因施工人的原因造成建设施工的工程质量不符合合同约

定，出现了质量瑕疵，其应依照合同约定的质量标准予以修复、返工、改建等；如果施工人拒绝修复、返工、改建，那么依照该条规定，发包人就可以请求减少工程价款或者请求承包人承担建设工程修复的合理费用。

理解与适用

本条规定是依据《合同法》第二百八十一条"因施工人的原因致使建筑工程质量不符合约定的，发包人有权要求施工人在合理期限内无偿修理或者返工、改建后，造成逾期交付的，施工人应当承担违约责任"及第二百六十二条"承揽人交付的工作成果不符合质量要求的，定作人可以要求承揽人承担修理、重作、减少报酬、赔偿损失等违约责任"的规定做出的。建设工程施工合同原为承揽合同的一种，亦属于承揽完成不动产工程项目的合同，其合同都属于完成工作成果的合同。完成工作成果的合同是指民事主体之间的一方当事人为另一方当事人完成某项工作，另一方当事人接受工作成果并支付工作报酬的合同。有义务完成工作成果的当事人，称为承揽人或者承包人；有义务接受工作成果并支付工作报酬的人，称为定作人或者发包人。完成工作成果的合同属于诺成合同、双务合同、有偿合同。承揽人或者承包人必须按照合同约定完成工作，而定作人或发包人必须接受工作成果并支付报酬。虽然承揽合同与工程建设合同均属于完成不动产工程项目的合同，但是，由于建设工程不同于其他工作的完成，工程建设合同除具有一般承揽合同的特征外，更具有与一般承揽合同不同的特点：如建设工程合同的主体以法人为主，其投资大、周期长；建设工程合同的标的物是建设工程而不能是其他物；建设工程合同系要式合同，国家对其具有严格的监督和管理；而且对国家的基本建设工程还要体现其计划性等特点。因此，我国原《经济合同法》就将工程建设合同作为不同于承揽合同的一类新的合同作出规定，且《合同法》仍采用这种分类方法。由于建设工程是从承揽合同发展而来，其仍与承揽合同有着密切的关系，所以《合同法》第二百八十七条规定，建设工程合同中没有规定的，适用承揽合同的有关规定。

工程质量出现问题就建设单位与承包人即建筑施工方来说，一般其责任应由承包方承担。我国《建筑法》第五十八条就规定，建筑施工企业对工程质量负责。建筑工程企业必须按照工程设计图纸和施工技术标准施工，不得偷工减料。工程设计的修改由原设计单位负责，建筑施工企业不得擅自修改工程设计。第五十九条还规定，建筑施工企业必须按照工程设计要求、施工技术标准和合同的约定，对建筑材料、建筑构配件和设备进行检验，不合格的不得使用。其第六十条规定，建筑物在合理使用寿命内，必须确保地基基础工程和主体结构的质量。建筑工程竣工时，屋顶、墙面不得留有渗漏、开裂等质量缺陷；对已发现的质量缺陷，建筑施工企业应当修复。建筑工程质量出现问题，其原因是多方面的，其中即可能是勘察、设计、监理方面的原因，也可能是建筑施工企业施工造成的。因此，建筑工程质量问题涉及的有关责任分担问题是一个非常复杂的问题。如果建筑工程出现质量问题，其原因是勘察、设计造成的，但其表现也常为施工质量不合格的情形，如建筑工程倾斜、断裂等。建筑施工企业的责任应如何确定需要有一个标准，作为建筑工程企业按照建筑勘察、设计要求进行了施工，而完全是由于勘察、设计等方面的因造成工程质量不合格，建设施工企业是不应该承担责任的，建筑施工企业对工程施工质量负责。

对本条中规定的“建设工程质量不符合约定的”应如何理解问题，作者认为，本条中“建设工程质量不符合约定”应作广义理解，它不仅包括工程质量不符合双方当事人合同约定标准，还应包括不符合国家对建筑工程质量强制性的规范标准等情形。因建筑工程施工方原因造成的工程质量问题主要应包括下列情形：(1) 建筑工程施工方不按照工程设计图纸和施工技术规范施工造成的工程质量问题。工程设计图纸是施工的依据，施工技术标准亦称为施工技术规范，按照设计图纸和施工技术标准施工是建筑工程质量得以保证的重要前提，也是划分责任的重要依据。在建筑施工中有些施工方为了谋取非法利益偷工减料，不按照建筑工程施工标准要求的工序施工，在施工过程中用次料或少用料，这些都严重影响了建筑工程的质量和安全，造成事故隐患。再者，建筑工程施工方还存在擅自修改工程设计的行为。建筑工程设计是施工方据以施工的依据，施工方应当严格依照工程设计进行施工，建筑工程施工方擅自修改工程设计是建筑工程出现质量问题的原因之一。(2) 建筑工程施工方未按照工程设计要求、施工技术标准和合同的约定，对建筑材料、建筑构配件和设备进行检验，使用不合格的建筑材料、建筑构配件和设备等，造成的质量问题。建筑材料、建筑构配件和设备不合格是造成建筑施工质量问题的直接原因之一。因此，严格建筑材料、建筑构配件和设备质量的检验，就是保证施工质量的重要手段之一。建筑工程施工方对建筑材料、建筑构配件和设备进行检验是要依据一定标准进行的，即应依据建筑工程设计要求、施工技术标准和合同的约定对建筑材料、建筑构配件和设备进行检验。建筑工程施工方对建筑材料、建筑构配件和设备进行检验是防止不合格的建筑材料、建筑构配件和设备用于建筑工程所采取的措施，不合格的建筑材料、建筑构配件和设备不得使用。如果施工方使用不合格的建筑材料、建筑构配件和设备而产生质量问题，建筑工程施工方要负责任。建筑工程施工方对不合格的建筑材料、建筑构配件和设备拒绝使用的，由此产生的后果是谁的责任就追究谁的责任。(3) 建筑物在合理使用寿命内，地基基础工程和主体结构的质量出现问题。建筑工程竣工时，屋顶、墙面留有渗漏、开裂等问题。建筑物的地基基础工程和主体结构的工程的质量在合理使用寿命内必须得到确保。所谓建筑建筑物的地基，是指支承由基础传递的上部结构荷载的土体或岩体。为了保障建筑工程的安全和正常使用，首先要求地基在荷载作用下不致产生破坏；其次组成地基的地层因某些原因产生的变形不能过大，否则将会使建筑物遭受到破坏，而无法满足使用要求。所谓建筑物的基础，是指结构所承受的各种作用传递到地基上结构组成部分。它是建筑物的重要组成部分。建筑物的地基基础工程和主体结构工程是建筑工程的重要基础和主体。如果一项建筑工程在一定期限内若地基基础工程和主体结构出现质量问题，即使其他部分施工质量再好也难以保证整个建筑工程质量。因此，建筑物的地基基础工程和主体结构工程质量同建筑物整体结构质量密切相关。在建筑工程的质量问题中，房屋屋顶渗漏、墙面开裂等质量问题较为严重。屋顶渗漏的主要原因是施工工序未按照技术规定进行，或建筑材料不合格造成的。墙面开裂也主要是施工方面的原因。屋顶是建筑物的顶部结构，其应坚固、耐久、防渗漏，并具有保温、隔热等性能。墙面是指墙体表面，其应当可观、防开裂，这是合格建筑工程应达到的基本要求。另外工程质量缺陷还应包括：地面、楼面、门窗工程等出现的问题；室内地坪空鼓、开裂、起沙，厕所、厨房、盥洗室地面泛水、积水，阳台积水漏水等质量问题；电气管线、上下水管线的安装工程的质量问题；电气的线路、开关、电表的安装，电气照明器具的安装，给水管道、排水管道的安装等出现的问题；供热、供冷系统工程的质量问题等。

因建筑工程施工方原因造成工程质量不合格或质量瑕疵的，根据《合同法》第二百八十一条、《建筑法》第六十条及《建设工程质量管理条例》第三十二条“施工单位对施工中出现质量问题的建设工程或者竣工验收不合格的建设工程，应当负责返修”的规定，建筑工程施工方对已发现的工程质量缺陷应当无偿修理、返工及改建等，以达到约定的质量要求和标准。建筑物的地基基础工程和主体结构质量问题，直接关系到建筑物的安危，当发现地基基础工程和主体结构出现质量问题时，如果能够通过加固等确保建筑物安全的，建筑工程施工方应当负责修复；不能修复造成建筑物无法使用的，有关责任人应当依法承担赔偿责任。对房屋屋顶渗漏、墙面开裂等质量问题，建筑工程施工方应当及时采取修理、返工及改建等方式消除工程质量瑕疵，这是建筑工程施工方必须履行的义务。上述所谈到的问题，既然是建筑工程施工方应当履行的义务，那么当其不履行其义务时，应如何处理？根据本条规定，当承包人拒绝无偿修理或者返工、改建时，发包人可以请求减少工程价款或者让承包人支付合理修复费用。虽然原有关法律等对此问题没有进行规定，但审判实践中经常会遇到承包方对工程质量拒绝无偿修理或者返工、改建，而发包方请求减少支付工程价款或请求承包方支付修理费用的案件。在办理这类案件中，对减多少工程价款及合理修复费用应如何确定是经常会遇到的问题。一般来说减少的工程价款数额及合理修复费用就是工程质量修复所实际发生的费用。其包括对原不合格工程进行拆除、重新返工、修复的建筑材料、机械设备及人工费用等。对减少的工程价款数额及修复费用在双方达不成一致意见时，可采用对质量修复费用进行鉴定的方法予以确定。当然发包方在请求承包方承担质量修复费用后，不影响其依照合同约定及有关法律规定请求承包人承担违约责任及赔偿责任。

需要说明的是，此规定的是针对建筑工程还未交付使用（包括在建工程），出现的质量问题应如何处理作出的规定。如果建筑工程已竣工验收交付使用后，出现了质量问题，则应当依照建筑工程保修的有关规定进行处理。另因地震、台风、洪水等不可抗力造成的质量缺陷，承包方不承担民事责任。

此类案件在审判实务中存有争议的一个问题是：一方当事人主张给付工程欠款，而另一方当事人称工程有质量问题要求减少给付工程欠款的数额。那么，主张减少工程款的一方应作为是对主张给付工程款一方的抗辩事由提出，还是应另行提起反诉。该问题在审判实际中做法不一：一种意见认为，主张减少工程款的一方是抗辩，无需再提起反诉。其理由是，双方当事人在订立合同时，对工程质量均有约定，在其质量未达到合同约定标准时，就可在一方主张支付工程款的同时，向其请求减少给付工程款，无需再提起反诉；而另一种意见与前一种意见完全相反，认为减少工程款数额不是抗辩事由，系一个新的诉讼请求必须提起反诉，人民法院才能一并审理；还有第三种意见是，对双方合同有明确约定的，如合同约定，工程质量有瑕疵，减少给付工程款的数额或者约定工程质量有瑕疵，其修复费用应从给付工程款中予以扣除等，就可以认定被告提出的请求为答辩事由，而不认定为一个新的请求，对此就可以直接减少给付工程款数额或者将质量瑕疵修复费用予以扣除。但是必须是双方合同有明确约定的。否则，被告的请求应认定为是一个新的请求，其提出的反诉人民法院可一并审理。

以上三种做法在审判实务中均存在，而且在原告追索工程欠款，被告即提出工程质量问题，请求减少给付工程款数额的案件越来越普遍，对被告的这一请求到底应当确定为答辩事由，还是反诉，目前尚无明确规定，因此造成审判中执法的不统一。本司法解释实施后，还会有更多的类似案件出现，这就更需要对该问题进行探究，求得执法的统一。在此笔者就此问题谈一下个人观点：同意以上三种意见的第一种意见，即被告主张减少工程款是抗辩，无需再提起反诉。其理由是：（1）被告的请求没有形成一个独立的诉。我们知道，所谓答辩是指被告或者被上诉人享有的对原告或者上诉人提出的诉讼请求和理由进行回答和辩驳。其行使的目的是切实有效地维护当事人自己的合法权益，也便于法院审理案件时能够兼听双方当事人提出的理由和意见，全面查清案情，分清是非，从而正确处理案件。而反诉是指在已经开始的诉讼程序中，被告向本诉的原告提出的一种独立的反请求，目的是抵销或者吞并本诉原告的诉讼请求。答辩与反诉都是被告或者被上诉人享有的诉讼权利，但答辩不会增加新的诉讼法律关系并导致诉的增加，而反诉的基本属性是诉，反诉的成立意味着成立了一个新的诉讼法律关系；答辩的目的是直接否定对方当事人的诉讼理由和请求，答辩是义务人依据法律规定对权利人拒绝履行义务的行为。例如，诉讼时效是义务人经常援引的一项抗辩事由。在建设工程合同中，承包人（原告）的义务是依照法律或合同约定交付合格工程，即没有瑕疵的工程，而发包人（被告）的义务是依照合同约定支付工程款。在原告请求给付工程欠款时，被告提出工程有质量瑕疵，请求减少给付工程价款的数额，是因原告未履行其义务交付合格工程，而导致被告提出拒绝履行支付约定工程款义务的抗辩的请求。这一请求仅导致被告不支付合同约定的工程款的数额，而未产生新的诉讼法律关系，也没有导致诉的增加。因此，未形成一个独立的诉。(2) 被告的请求没有抵销或者吞并原告的诉讼请求，其不构成反诉。一般认为反诉的目的是为了抵销或者吞并原告的诉讼请求。在建设工程欠款纠纷中，被告提出拒绝履行支付全部工程款义务的抗辩请求，是在被告认可尚欠原告的工程款的前提下，提出原告交付的建设工程质量有瑕疵，请求在所欠工程款中扣除修复费用后，再支付工程款。因此被告的这一请求，没有抵销或者吞并原告请求工程欠款的诉讼请求，其不构成反诉。

在审判中，对此类案件绝大多数是按照上述意见处理的。另在建设工程欠款纠纷中，如果被告因建设工程质量瑕疵造成财产或人身损害而向原告提出赔偿请求的，则应提出反诉，人民法院尚可并案审理。

第十二条 ［质量缺陷的处理原则］

发包人具有下列情形之一，造成建设工程质量缺陷，应当承担过错责任：

（一）提供的设计有缺陷；

（二）提供或者指定购买的建筑材料、建筑构配件、设备不符合强制性标准；

（三）直接指定分包人分包专业工程。

承包人有过错的，也应当承担相应的过错责任。

条文主旨

本条是关于因发包人原因，造成建设工程质量缺陷，其应承担相应责任的规定。本条规定包含以下几个内容：（1）因发包人原因造成的建设工程质量，其应承担过错责任。（2）列举了因发包人原因，可能造成建设工程质量瑕疵的几种情形。即提供的设计有缺陷；提供或者指定购买的建筑材料、建筑构配件、设备不符合强制性标准；直接指定分包人分包专业工程等情形。（3）规定了承包人对造成建设工程质量瑕疵有过错的，亦应承担相应的过错责任。

理解与适用

按照《建筑法》及《合同法》的有关规定，对建筑工程出现质量瑕疵的，一般处理原则是由承包方也就是建筑工程的施工方承担责任。但是根据《合同法》第二百五十六条第一款“定作人提供材料的，定作人应当按照约定提供材料。承揽人对定作人提供的材料，应当及时检验，发现不符合约定时，应当及时通知定作人更换，补齐或者采取其他补救措施”、第二百七十二条第一款“发包人可以与总承包人订立建设工程合同，也可以分别与勘察人、设计人、施工人订立勘察、设计、施工承包合同。发包人不得将应当由一个承包人完成的建设工程肢解成若干部分发包给几个承包人”及第二百八十三条“发包人未按照约定的时间和要求提供原材料、设备、场地、资金、技术资料的，承包人可以顺延工程日期，并有权要求赔偿停工、窝工等损失”等规定，本司法解释的该条规定就对因发包人原因造成的工程质量瑕疵亦应承担责任进行了规定。根据本条规定由于发包人原因造成工程质量瑕疵的主要有以下几个情形：

一、提供的设计有缺陷

我们知道要保证建筑工程的质量其必须在建筑工程的勘察、设计、施工这三个环节上使建设工程质量符合国家规定的安全标准、技术规范及合同约定的要求，三者缺一不可。其中勘察、设计又是决定整个建设工程质量的基础，如果勘察设计的质量出现问题，即使施工质量再好，建筑工程质量也难以保证不出问题。因此工程的勘察、设计必须符合质量要求。此规定中为何仅谈到提供设计有缺陷而未提勘察有缺陷这种情形呢，起草中主要考虑到，建设工程施工合同中出现质量瑕疵很多情况均是由于变更设计引起，因勘察有缺陷造成质量瑕疵的情况比较少见，因此未将勘察单独列出。但是为了全面准确地理解该项规定，依照国家有关规定发包方不仅应提供符合约定要求的设计文件，同时还必须提供符合约定要求的勘察数据、施工图纸以及说明书等资料。而且勘察资料是设计的基础资料，是设计的依据，勘察质量出现问题，必然导致设计上的缺陷，在建设施工中两者是不可分的。建设工程勘察设计合同，它是指发包人与承包人为完成一定的勘察设计任务，明确相互权利义务关系的协议，该种合同又分为以下两类：一是勘察合同，指发包人与承包人就完成建设地理、地质状况的调查研究工作而达成的协议。二是设计合同，指发包人与承包人之间就建设项目决策或具体施工的设计工作达成的协议。在事实上它可以分为两种：一种是初步设计合同，即在建设项目立项阶段承包人为项目决策提供可行性资料的设计而与筹建单位签订的合同；另一种设计合同是在国家有关部门批准立项之后，承包人与筹建单位之间就具体施工设计达成的施工设计合同。初步设计合同与施工设计合同虽然内容各异，但法律关系基本相同。根据相关法规规定，承包建设工程的发包方所提供的勘察、设计资料必须符合以下要求：（1）符合有关法律、行政法规的规定。其包括符合《合同法》《建筑法》《城市规划法》《土地管理法》以及其他相关的法律、行政法规的规定。（2）符合建设工程质量、安全的标准。建设工程质量、安全标准是指按照标准化法及有关行政法规的规定制定的保证建设工程质量和安全的国家标准和行业标准。国家标准和行业标准分为强制性标准和推荐性标准。强制性标准必须执行。国家有关建设工程安全的标准，是涉及保障人身、财产安全的标准，属于强制性标准。其勘察、设计必须符合国家有关建设工程安全标准的要求，保证其勘察、设计质量。（3）符合建设工程勘察、设计的技术规范。建设工程勘察、设计技术规范通常是以标准形式制定、发布的。对有关建设工程勘察、设计规范的强制性标准，必须遵照执行。（4）符合合同约定。勘察、设计文件在符合法律、行政法规的规定和有关质量、安全标准的前提下，还应当符合勘察、设计合同约定的特殊质量要求。根据《建筑法》及《合同法》的有关规定，勘察、设计不符合上述要求的其责任应由勘察人、设计人承担责任，或者由勘察人设计人继续完善勘察、设计等。而该条为何规定发包方承担责任：第一，依照《合同法》第二百八十三条规定，发包方应向承包方提供符合要求的建筑工程技术资料。这是发包方必须履行的义务。即发包方应当依照合同约定的时间和份数向承包人提供符合约定要求的技术资料。其技术资料应包括勘察数据、设计文件、施工图纸以及说明书等。根据法律、行政法规的规定，承包人必须按照国家规定的质量标准、技术规程和设计图纸、施工图等技术资料进行施工。就发包方与承包方而言，如果建设工程质量出现瑕疵，其原因是由勘察、设计造成的，首先发包方应承担责任，其承担责任后，如果勘察人、设计人对勘察、设计亦有责任，发包人可再追究勘察人、设计人的责任；第二，在建设施工过程中经常会遇到，发包人擅自变更建设工程设计的情形。如因发包人变更设计导致工程质量瑕疵的，发包人亦应承担相应的责任。

二、提供或者指定购买的建筑材料、建筑配件、设备不符合国家强制性标准

按照国家有关规定及合同约定，由发包方提供建筑材料、建筑构配件和设备的，应当保证建筑材料、建筑构配件和设备符合设计文件和合同要求。发包人不得明示或者暗示施工单位使用不合格的建筑材料、建筑构配件和设备。为了保证建筑材料和设备的质量符合设计文件及合同的要求，《建设工程施工合同（示范文本）》（GF－1999－0201）对发包方采购建筑材料、建筑构配件和设备提出的具体操作要求是：（1）发包人提供材料设备的发包人与承包人应当约定发包人供应材料设备的一览表，一览表包括发包人供应材料设备的品种、规格、型号、数量单价、质量等级提供时间等。（2）发包人按一览表约定的内容提供材料设备，并向承包人提供产品合格证明、使用说明书等并对其质量负责。发包人在所供材料设备到货前24小时，以书面形式通知承包人，由承包人派人与发包人共同清点。（3）发包人供应的材料设备，承包人派人参加清点后由承包人妥善保管，发包人支付相应保管费用。因承包人原因发生丢失损坏，由承包人负责赔偿发包人未通知承包人清点，承包人不负责材料设备的保管，丢失损坏由发包人负责。（4）发包人供应的材料设备与一览表不符合时，发包人承担有关责任。发包人应承担责任的具体内容有：①材料设备单价与一览表不符时，由发包人承担所有差价；②材料设备的品种、规格、型号、质量与一览表不符，承包人可以拒绝接收保管，由发包人运出施工场地并重新采购；③发包人供应的材料规格、型号与一览表不符，经发包人同意，承包人可代为调剂串换，由发包人承担相应费用；④到货地点与一览表不符，由发包人负责运至一览表指定地点；⑤供应数量少于一览表约定的数量时，由发包人补齐，多于一览表约定数量时，发包人负责将多出部分运出施工场地；⑥到货时间早于一览表约定时间，由发包人承担因此发生的保管费用；到货时间迟于一览表约定的供货时间，发包人赔偿由此造成的承包人的损失，造成工期延误的，应顺延工期。（5）发包人供应的材料设备使用前，由承包人负责检验或试验，不合格的不得使用，并通知发包人予以退换。检验或试验费用由发包人承担。建筑材料、建筑构配件和设备不合格是造成建筑工程质量问题的直接原因之一。因此，控制建筑工程质量就是控

制建筑材料、建筑构配件和设备的质量。对发包人提供建筑材料、建筑构配件和设备的，承包人对建筑材料、建筑构配件、设备进行检验是保证其施工质量的重要手段。承包人要依据建筑工程设计要求、施工技术标准和合同的约定对建筑材料、建筑构配件和设备进行检验。《建设工程质量管理条例》将检验的标的扩及到了商品混凝土、材料、构配件、设备及商品混凝土检验制度是承包人质量保证体系的重要组成部分，承包人应当依据以下几个方面的要求对建筑材料、建筑构配件、设备及商品混凝土进行验收：（1）按照工程设计要求进行检验。按照设计文件规定的建筑材料、建筑构配件、设备和商品混凝土的规格、型号、性能等技术要求，对建筑材料等进行检验，对不符合技术要求的承包人不得使用。（2）按照有关的施工技术标准进行检验。在各项施工作业的技术标准中，对施工所用的建筑材料、构配件等的质量要求作出规定的，承包人必须按照有关施工技术标准的规定进行检验，不符合施工技术标准的不得使用。（3）按照建筑工程承包合同约定的技术要求进行检验。在建筑工程承包合同中对工程所用的建筑材料、建筑构配件、设备及商品混凝土的质量要求有明确约定的，承包人必须按照合同约定的技术要求进行检验，不符合合同约定要求的，不得使用。

三、肢解发包建设工程

本条虽然没有规定肢解发包建设工程的情形下发包人应当承担责任，但在《建筑法》第二十四条作出“禁止将建设工程肢解分包”规定，此外，行政法规《建设工程质量管理条例》第七条第二款也作出“建设单位不得将建设工程肢解分包”的规定，据此，发包人肢解分包的，应当承担责任。本解释原来也对此作出规定，但考虑到《建筑法》修改草案已经将此内容删去，故未作规定，但在法律修订前现行法律规定应当认真执行。具体讲，建设工程的发包人是采取总承包方式还是单项工程承包方式，可以由发包人根据实际情况自行确定。但是不论发包人采取何种方式与承包人签订合同，都应当遵守《合同法》第二百七十二条的规定，不得将建设工程肢解发包，即不得将应当由一个承包人完成的建设工程肢解成若干部分发包给几个承包人。这是针对目前建筑市场中多有发生且危害较大的将工程肢解发包的实际情况所作出的规定。在工程的建设中，一些发包单位将应当由一个承包单位整体承包的工程，肢解成若干部分，分别承包给几个承包单位，使得整个工程建设在管理和技术上缺乏应有的统筹和协调，往往造成施工现场秩序的混乱，责任不清，严重影响工程建设的质量，出了问题也很难找到责任者。而且从实际情况看，肢解发包往往与发包单位的工作人员徇私舞弊、利用肢解发包拿回扣有关，助长了违法行为等。因此相关法律规定发包人不得将应当由一个承包人完成的建设工程肢解成若干部分发包给几个承包人，如果发包人违反了《合同法》第二百七十二条的规定将建设工程肢解承包，因此而造成建设工程出现质量瑕疵，发包人根据本司法解释规定即应承担建设工程质量瑕疵责任。

四、直接指定分包人分包专业工程

一般来说分包工程是指总承包人拿到建设工程后，其再将部分工程分包给其他承包人。因此，我国《建筑法》《合同法》对建筑工程分包问题的规定是为了约束总承包人，限制总承包人利用分包损害建设单位的利益而作出的规定。而本条司法解释规范的是建设单位即发包人的行为，即建设单位如果在工程分包时直接指定分包人分包工程的，如果工程出现质量瑕疵，建设单位亦应承担相应责任。《建筑法》《合同法》对建筑工程分包的规定，是约束总承包人而作出的，而该司法解释的本条规定是针对建设单位直接指定分包人分包专业工程出现质量问题应承担责任的规定。我们知道，无论是建设单位还是总承包人，在建设工程分包时均不得违反国家的有关规定。《建筑法》第二十九条规定，建筑工程总承包单位可以将承包工程中的部分工程发包给具有相应资质条件的分包单位；但是，除总承包合同中约定的分包外，必须经建设单位认可。施工总承包的，建筑工程主体结构的施工必须由总承包单位自行完成。建筑工程总承包单位按照总承包合同的约定对建设单位负责；分包单位按照分包合同的约定对总承包单位负责，总承包单位和分包单位就分包工程对建设单位承担连带责任。禁止总承包单位将工程分包给不具备相应资质条件的单位，禁止分包单位将其承包的工程再分包。《合同法》第二百七十二条亦作了类似的规定。所谓建筑工程的分包，是指对建设工程实行总承包的单位，将其总承包的工程项目的某一部分或某几部分，自发包给其他的承包人，与其签订的总承包合同项下的分包合同，此时，总承包合同的承包人即成为分包合同的发包人。转包与分包的根本区别在于：在转包行为中，原承包人将其承包的工程全部倒手转给他人，自己并不实际履行合同约定的义务，转包是国家有关规定所明令禁止的；而在分包行为中，总承包人只是将其总承包中的某一部分或几部分再分包给其他承包人，总承包人仍然要就总承包合同约定的全部义务（包括分包工程部分）的履行，向发包人负责。分包合同一般有两种情况：第一种为分别承包，即各承包人均独立地与发包人建立合同关系，各承包人之间并不发生法律关系。第二种为联合承包，即承包人相互联合为一体，与发包人签订总包合同，然后各个承包人再签订数个分包合同，将项目建设中的各个单项工作落实到每个承包人。实践中，这两种分包合同被广泛使用，但它们的法律效果不相同。在分别承包中，各个承包人相互单独地对筹建单位负责，相互之间不发生任何法律关系；在联合承包中，承包人共同地对筹建单位负责，承包人之间发生连带之债的法律关系。一般来说，建设施工合同是发包人与承包人签订合同后，其合同约定的承包人的义务，都应当有承包人自行完成。但是，对一些大中型建设工程和结构复杂的建设工程，实行总承包与分包相结合的方式，允许承包人在遵守一定条件的前提下，将自己总承包工程项目中的部分劳务工程或者自己不擅长的专业工程项目分包给其他承包人，发挥各自的优势，这对提高工作效率，降低工程造价，保证工程质量及缩短工期都大有好处。但是根据《建筑法》的规定，分包是有限制性规定的。其限制条件是：（1）总承包人只能将部分工程分包给具有相应资质条件的单位；（2）为防止总承包人擅自将应当由自己完成的工程分包出去或者自己将工程分包给建设单位所不信任的承包人，而且分包的工程应是总承包合同约定可以分包的工程，合同没有约定的，须经建设单位认可；（3）为防止某些承包人在拿到工程项目以后以分包的名义倒手转包，损害建设单位的利益，破坏建设市场秩序，《建筑法》规定实行总承包的，建设工程的主体结构必须由总承包人自行完成，不得分包。对此，国家计委在《国家基本建设大中型项目实行招标投保暂行规定》中规定："主体工程不得分包。合同分包量不得超过中标合同价的30%。"从以上规定看，虽然有关法律对分包限制性的规定，但主要是针对承包人的，而根据本条规定，如果建设单位违反了上述规定进行分包的，亦应承担相应的责任。通过该条规定，使建设工程分包方面的相关规定更加全面与完善。

该条第二款规定，承包人有过错的，也应当承担相应的过错责任。第一款规定发包方如果提供的设计有缺陷；指定购买的建筑材料、建筑配件、设备不符合国家强制性标准；肢解发包建设工程；直接指定分包人分包专业工程的，其工程出现质量瑕疵，发包人应承担过错责任。那么在发包人承担责任后，承包人是否还要承担责任呢？根据本条第二款的规定，承包人有过错的，亦应当承担相应的过错责任。因为依照《建设工程质量管理条例》第二十五、二十六条的规定，承包人是具有相应资质等级的单位，施工单位对建设工程的施工质量负有法定责任和义务。而且《建筑法》第五十四条规定，建设单位不得以任何理由，要求建筑设计单位或者施工作业中，违反法律、行政法规和建筑工程质量、安全标准，降低工程质量。建筑设计单位和建筑施工企业对建设单位违反前款规定提出的降低工程质量的要求，应当予以拒绝。《建筑法》第五十九条还规定，建筑施工企业必须按照工程设计要求、施工技术标准和合同的约定，对建筑材料、建筑构配件和设备进行检验，不合格的不得使用。根据上述规定，承包人对建设单位即发包人违反法律、行政法规和建筑工程质量、安全标准，降低工程质量要求的，应当予以拒绝，其不予以拒绝，并按发包人要求进行建设施工，从而造成建设工程质量瑕疵的，依照本条规定承包人应当承担相应责任。对发包人提供建筑材料、建筑构配件和设备的承包人应当依照有关规定要求，对发包人提供的上述材料等进行检验。承包人在建筑材料使用前对建筑材料、建筑构配件和设备进行验收把好质量关是法律赋予的义务，其在使用的过程中都应对使用材料质量负责，忽视了这一点，导致的工程质量不合格的责任，承包人应负一定责任。承包人对检验不合格的建筑材料、建筑构配件和设备不得使用，如果承包人使用了不合格材料等，亦应承担相应责任。另外依照有关规定，承包人对建筑材料等应进行检验而未检验的，也应承担一定责任。如，在建设施工合同中，发包人提供水泥，其先提供 20 吨电力牌水泥为样品，承包人经检验合格，用于工程施工。后发包人又提供电力牌水泥，但不是同批水泥，而发包人告知承包人与前一批水泥是同一个批号，承包人对后一批水泥未进行查验，导致将不合格的水泥使用在建设工程中，造成严重工程质量问题。虽然发包人对其提供的不合格水泥应承担主要责任，但承包人对发包人提供的水泥未进行检验，亦违反《建筑法》有关规定，其具有过错，这就形成了在材料使用过程中，发包人与承包人混合过错。对此双方应共同承担工程质量责任。在审判实际中我们可从以下几个方面来确定承包人是否具有过错：（1）承包人明知建设单位提供的工程设计有问题或者在建设施工中发现设计文件和图纸有差错，而没有及时提出意见和建议，并继续进行施工的；（2）对建设单位提供的建筑材料、建筑构配件、设备和商品混凝土等未进行检验，或进行检验不合格仍予以使用的；（3）对建设单位提出的违反法律、行政法规和建筑工程质量、安全标准，降低工程质量要求，承包人不予拒绝，而进行施工的。依据本条司法解释，承包人只要具有上述过错之一的，就可认定其有过错，在发包人承担责任的同时，承包人也应当承担相应的过错责任。

第十三条 ［未经验收擅自使用］

建设工程未经竣工验收，发包人擅自使用后，又以使用部分质量不符合约定为由主张权利的，不予支持；但是承包人应当在建设工程的合理使用寿命内对地基基础工程和主体结构质量承担民事责任。

条文主旨

本条是关于发包人擅自使用未经验收的建设工程，对建设工程出现质量瑕疵，其责任应如何认定问题。本条规定包含以下内容：（1）发包人擅自使用未经验收建设工程的，对其使用部分出现的质量问题，应自行承担责任。（2）对建设工程的地基基础工程和主体结构的质量问题，只要在合理使用寿命内，由承包人承担民事责任。

理解与适用

一、发包人擅自使用未经验收建设工程的，出现质量问题，应自行承担责任

《建筑法》第六十一条规定："建筑工程竣工经验收后，方可交付使用；未经验收或者验收不合格的，不得交付使用。"《合同法》第二百七十九条、《建设工程质量管理条例》第十六条亦作了基本相同的规定。由于房屋建筑是较永久性的建设项目，且建筑质量问题错综复杂，其既可能是勘察、设计方面的原因，亦可能是施工方面的问题。因此国家对建筑质量的有关法律、法规及技术标准、设计文件等对此均作了明确规定。该规定中所称的竣工验收，是指建筑工程全部建成后为检查工程质量而进行的一项工作程序，也是建设过程中最后一个工序，是全面考核基本建设工作，检查是否合乎设计要求和工程质量的重要环节，是房屋从建设生产转入使用的一个重要的标志，交付使用的房屋必须经过这一环节。在正常情况下房屋建成后，有关部门应根据《建设项目（工程）竣工验收办法》的规定及工程规模大小，复杂程度等组织验收。不管是新建、扩建、改建项目及技术改造项目一律要经过工程验收后，方可交付使用。为了保证建设工程质量，我国有关法律法规对工程竣工验收程序等有严格的规定，要求交付竣工验收的建筑工程，必须符合国家规定的建筑工程质量标准，并具备规定的其他竣工条件等。根据《建筑法》有关规定，竣工交付使用的建设项目必须符合以下要求：①完成工程设计和合同中规定的各项工作内容，达到国家规定的竣工条件；②工程质量符合国家安全规定的标准。如符合房屋土建工程验收标准、安装工程验收标准等；③符合工程建筑设计和工程建设合同约定的内容；④有完整的并经有关部门审核的工程建设技术数据及档案图纸材料；⑤有建筑材料、设备、购配件的质量合格证件资料和试验检验报告；⑥有勘察、设

计、施工、工程监理等单位分别签署的质量合格或优良等档案；⑦有工程施工单位签署的工程质量保修书；⑧已办理工程竣工交付使用的有关手续。工程竣工验收一般分为初步验收和正式验收两个阶段进行：对大、中型和比较复杂的工程先进行初验，然后进行全部项目的验收；对较小、简单的建设项目，可以一次进行全部建设工程验收。在验收步骤上，一般分为验收准备、初步验收及正式验收。验收单位要根据工程规模的大小情况，组成验收委员会或验收组。大中型建设工程由国家批准的限额以上利用外资的工程由国家组织委托有关部门组织验收；地方大中小型建设工程由省级主管部门组织验收。其他小型工程由地市级主管部门或建设单位组织验收。建筑工程经验收合格后，方可交付使用，未经验收的不得交付使用。建筑工程验收合格表明工程是按照工程合同的规定履行了合同义务。可以说没有经过竣工验收的建设工程，是未完成的工作成果，也可以说是未完成的工程，因为建筑工程未验收就没有已经完工的证明。因此交付使用的建筑工程都必须经过竣工验收这一环节，并且还须验收合格，对不合格的工程不予验收，也不得交付使用。该条中所说的建设工程未经验收，还应包括建设工程经验收不合格的情况。前面所述《建筑法》第六十一条的规定，不仅规定了未经验收的不得交付使用，同时规定经验收不合格的亦不得交付使用。交付经验收合格的建设工程是施工单位的责任。《建设工程质量管理条例》第二十六条、《建筑法》第五十八条、《合同法》第二百八十一条均规定，施工单位对建设工程的施工质量负责。建设单位在具备竣工验收条件时应当及时组织参加验收，没有经过竣工验收或者验收未通过的，发包人不得提前使用，对发包人擅自或强行使用的，根据本条司法解释由此发生的质量问题及其他问题，由发包人自行承担责任。该规定表明：交付工程责任风险的转移。根据《建筑法》的有关规定，施工单位对建筑工程质量承担责任。但是，根据本条规定，在建设工程未经过竣工验收或者验收未通过的情况下，发包人违反法律规定，擅自或强行使用，即可视为发包人对建筑工程质量是认可的，或者虽然工程质量不合格其自愿承担质量责任。因为发包人使用未经验收的工程，其应当预见工程质量可能会存在质量问题，而且使用验收不合格的建筑工程就更直接说明发包人对不合格工程予以认可。随着发包人的提前使用，其工程质量责任风险也由施工单位随之转移给发包人，而且工程交付的时间，亦可认定为发包人提前使用的时间。如某学校为解决职工住房与安居建筑公司签订了一份建筑工程承包合同，合同约定居安建筑公司负责施工建设，由学校提供建筑设计图纸等，合同对工期、质量、价款、结算等作了约定。合同签订后，施工单位进场施工。学校也制定了分房方案，在施工蓝图上对房屋进行了分配。多年住房紧张的职工，因见内装修逐渐完毕，不顾学校和施工队的阻拦，强行搬进，到工程完工时，此楼已经全部投入使用。这时学校对工程进行验收，发现楼梯间、门厅和部分房间的墙皮脱落、木地板起鼓等质量问题，学校要求施工单位进行返工，居安建筑公司拒绝对学校提出的质量问题进行返修，而学校迫于职工的压力，花费数万元进行了修复。随后向法院起诉，请求居安建筑公司赔偿因不履行返工和质量修缮义务而造成的经济损失。经法院审理认为，按照法律规定，施工单位对工程质量负有全面的责任，不得规避，对于学校的职工宿舍出现的墙皮脱落、地板起鼓等应当依照《建筑法》和《合同法》及合同约定进行返工，但是这种义务是建立在建设单位不提前使用该工程的前提下，一旦建设单位提前使用了该建设工程，质量瑕疵的返工义务即行消失。因此对于施工单位的返工责任亦予以免除。学校在宿舍楼工程还没有进行竣工验收的情况下，对本单位职工擅自进入施工场地没有采取可行、有效的措施加以避免，因此对于质量缺陷的修复责任应当自行承担。

二、该条司法解释明确规定，发包人仅对其擅自使用部分承担工程质量风险责任

就是说对未使用部分，其质量责任仍然有施工单位承担。关于工程未经验收，发包人擅自使用，其质量问题自行承担的问题，在本司法解释作出规定以前，原《经济合同法》第三十四条第二款第（四）项、《建筑安装工程承包合同条例》第十三条第二款第（三）项均有相同的规定。但规定发包人仅对使用部分承担质量责任，系规范性文件中第一次作出的明确规定。在本司法解释起草过程中，对发包人擅自使用未经验收工程的，其应对使用部分还是全部工程承担质量责任问题，在讨论中存有不同意见：一种意见认为，发包人只要擅自使用未经过竣工验收或者验收未通过的工程的，无论使用多少，均应承担全部工程的质量责任。其理由是，建筑工程是一个整体，发包人一旦使用其中一部分，施工单位对其他部分将无法进行施工或管理。另一种意见认为，发包人仅应对使用部分承担工程质量责任。理由是，（1）依照有关法律规定，建筑工程质量责任应由施工单位负责，对发包人应承担的质量责任应该做严格限制，不亦作扩大性的解释。（2）规定发包人对使用部分承担质量责任较为合理。当事人签订的建设工程合同，有的是一幢高层大楼，有的是几幢楼，也有建设一个或几个小区的，如果不限制在使用部分，那么一幢楼仅使用了一层，或者一个小区几幢楼仅使用了其中一幢，其发包人就承担整幢大楼和整个小区的工程质量责任，而施工单位就此免除了责任，其明显不合理。该司法解释采纳了后一种意见，发包人仅对使用部分承担质量责任。

三、承包人在建设工程的合理使用寿命内对地基基础工程和主体结构质量承担民事责任

这项规定是依据《建筑法》第六十条第一款“建筑物在合理使用寿命内，必须确保地基基础工程和主体结构质量”的规定作出的。无论建筑工程是否经过验收、发包人是否擅自使用，如果建筑工程在合理使用寿命内地基基础工程和主体结构质量出现问题，承包人仍然要承担责任。该规定是法律强制性规定，其要求承包人必须确保地基基础工程和主体结构质量在建筑物合理使用寿命内不能出现问题，这是承包人依照法律规定必须履行的工程质量保证义务，如果出现问题承包人就必须承担民事责任。所谓建筑物的地基，是指支承由基础传递的上部结构荷载的土体或岩体。为保证建筑工程的安全和正常使用，首先要求地基在荷载作用下不致产生破坏，其次组成地基的地层因某些原因产生的变形不能过大，否则将会使建筑物遭到破坏，无法满足使用要求。以上可以看出，建筑物的地基基础在建筑物整体构造中起到的重要作用。建筑物的主体结构是指在建筑中，由若干构件连接而成的能承受作用的平面或空间体系。主体结构要具备足够的强度、刚度、稳定性，用以承重建筑物上的各种荷载，建筑物主体结构可以由一种或者多种材料构成，建筑物的主体工程更是建筑物工程的重要组成部分。因此，保证建筑物的地基基础工程和主体结构工程的质量是非常重要的，建筑工程的地基基础和主体结构的质量是政府质量监督的重要内容，也是建设单位或监理单位检查的重点。为确保建筑工程质量，我国制定了一系列技术标准和管理标准，如《建筑工程质量检验评定统一标准》《建筑安装工程施工及验收规范》等等。建筑物的地基基础工程和主体结构工程是建筑工程的重要基础和主体，如果一项建筑工程在地基基础工程和主体结构出现质量问题，即使其他部分施工质量再好也难以保证整个建筑工程质量。因此《建筑法》规定，建筑物在合理使用寿命内，必须确保地基基础工程和主体结构的质量，并要求建设工程在合理使用期限内不能有危及使用安全的质量问题，否则将会对人身和财产安全构成威胁，在合理使用期限内，如果对人身和财产造成损害的，承包人承担损害赔偿责任。建筑物的合理使用寿命即设计年限，一般是指建筑物的设计单位按设计的建筑物的地基基础和主体结构形式、施工方式和工艺等技术条件所确定的保证该建筑物正常使用的最低年限。关于“合理使用寿命”问题，目前国家还没有统一的规定，具体各类建设工程的合理使用年限，要根据建筑物的使用功能、所处的自然环境等因素，由有关技术部门作出判断，根据《民用建筑设计通则（试行）》一般认为按民用建筑的主体结构确定的建筑耐久年限分为四级：一级耐久年限为

100年以上，适用于重要的建筑和高层建筑（指10层以上住宅建筑、总高度超过24米的公共建筑及综合性建筑）；二级耐久年限为50～100年，适用于一般建筑；三级耐久年限为25～50年，适用于次要建筑；四级耐久年限为15年以下，适用于临时性建筑，耐久年限即为工程合理使用年限，建设单位如有低于或高于工程合理使用年限要求的，应在合同中予以明确。对地基和主体结构发生质量缺陷，是否在合理使用寿命内引起争议，应首先确定该建筑物的合理使用寿命。已有确定年限的，以该年限为准；无确定年限的由原设计单位或有权确认的部门确定，并按此确定的年限为准。

第十四条 ［实际竣工时间的确定］

当事人对建设工程实际竣工日期有争议的，按照以下情形分别处理：

（一）建设工程经竣工验收合格的，以竣工验收合格之日为竣工日期；

（二）承包人已经提交竣工验收报告，发包人拖延验收的，以承包人提交验收报告之日为竣工日期；

（三）建设工程未经竣工验收，发包人擅自使用的，以转移占有建设工程之日为竣工日期。

条文主旨

本条是关于如何确定建设工程实际竣工时间的规定。

本条规定包括以下几层含义：当事人对建设工程实际竣工日期有争议的，如果建设工程经过竣工验收属于优良或合格的，以竣工验收合格之日作为竣工日期；若经验收属于不合格工程，则需要承包方按合同约定标准或有关工程质量技术规范进行整改，并达到合同约定标准或符合有关工程质量技术规范，重新验收合格之日作为实际竣工日期；如果承包人早已提交了竣工验收报告，而发包人出于种种目的而拖延验收，竣工验收合格的时间就可能拖后，这时应以承包人提交验收报告之日作为工程竣工的日期；如果建设工程未经竣工验收就被发包人擅自使用的，则以转移占有建设工程之日作为确定竣工日期的标准。

理解与适用

竣工日期采用一个时间段或截止日为表现方式，一般都在建设工程施工合同中予以写明，而实际竣工日期则往往会引起争议。有时承包方可能会比合同预计的日期提前完工，有时也可能因为种种原因不能如期完工，而工程完工之日和竣工验收合格之日也可能有一个时间差，究竟以哪个时间点作为实际竣工日期至关重要。确定建设工程实际竣工日期，其法律意义涉及给付工程款的本金及利息起算时间、计算违约金的数额以及风险转移等诸多问题。审判实践中经常会遇到此类争议，各地法院在具体处理上掌握也不完全一致，难免出现执法不统一的情形。本条司法解释的制定正是为了有效地解决有关实际竣工日期争议的问题，以便各地法院在实际操作中有章可循。

工程实际竣工日期的确认，如经双方签字确认竣工日期的，应以双方确认的日期为竣工日期，这应该没有什么问题。当双方对实际竣工日期有争议时，应分别情况进行处理：

第一，建设工程经竣工验收合格的，以竣工验收合格之日作为竣工日期，而不是以承包方提交竣工验收报告之日作为竣工日期。这里指的是一般正常情况，不包括发包方拖延验收的情形。

根据《合同法》第二百七十九条的规定："建设工程竣工后，发包人应当根据施工图纸及说明书、国家颁发的施工验收规范和质量检验标准及时进行验收。验收合格的，发包人应当按照约定支付价款，并接收该建设工程。建设工程竣工经验收合格后，方可交付使用，未经验收或者验收不合格的，不得交付使用。"从该条规定可以看出，发包方按照约定支付工程价款的基本前提应当是工程验收合格，那么以竣工验收合格之日作为竣工日期就是有一定依据的。建设工程竣工验收，是整个建设工程的最后阶段，也是全面检验工程建设是否符合设计要求和施工质量的重要环节。交付竣工验收的建设工程，必须符合规定的建筑工程质量标准，并具备国家规定的其他竣工条件。建设工程竣工验收应当具备下列条件：

1. 完成建设工程设计和合同约定的各项内容；
2. 有完整的技术档案和施工管理资料；
3. 有工程使用的主要建筑材料、建筑购配件和设备的进场试验报告；
4. 有勘察、设计、施工、工程监理等单位分别签署的质量合格文件；
5. 有施工单位签署的工程保修书。

如果建设工程经验收为不合格的，发包人有权要求承包人在合理期限内无偿修理或者返工、改建。所谓"合理期限"，是指根据工程质量不符合约定的具体情形，以及根据国家相关规定确定的工期和相关合同文件约定的内容，承包方进行无偿修理或者返工、改建所需要的时间。承包方对建设工程进行修复后，经再次验收合格之日为工程竣工日期。对质量不合格的建设工程进行修理或者返工、改建，势必会占用一定的时间，这样可能会导致不能按照合同约定的竣工日期交付工程，而逾期交付的原因是由于承包人的工程质量不合格而进行修复占用了时间，承包人应当承担违约责任。

关于以竣工验收合格之日作为认定实际竣工日期的规定，在此举两个例子予以说明：如某建筑公司起诉要求发包人支付拖欠的工程款及提前竣工奖励金一案。2000 年 6 月 13 日，某建筑公司与某中心签订承建学生公寓的合同书。该合同书中约定，开工时间为 2000 年 10 月 25 日，竣工时间为 2001 年 8 月 31 日。同时还约定：如果工程总工期拖延一天，罚款 1 万元。每提前一天竣工奖励 1 万元，提前 10 天奖励 30 万元。2000 年 10 月 25 日，工程如期开工。为了不耽误工期，几百名民工日夜施工，2001 年 8 月 16 日，某建筑公司提前半个月完工。当天，某中心组织有关部门对该工程进行了整体验收，各验收部门在竣工报告上签字后，某中心却在竣工验收认定栏内填写了竣工日期为 2001 年 8 月 31 日，某建筑公司发现日期填写错误，遂要求进行纠正。某中心在竣工验收报告上重新填写了实际竣工日期，并将错误的填写划掉了。虽然某中心重新填写了实际的竣工日期，但某建筑公司却一直没有拿到 30 万元的奖励金。由于被长期拖欠工程款，某建筑公司向法院提起诉讼，要求支付拖欠的工程款及 30 万元提前竣工奖励金。在法庭上，某中心矢口否认某建筑公司提前 15 天完工，并称：工程竣工报告被划掉的日期才是实际竣工日期，而重新填写的日期是某建筑公司自己填写的。法院经审核各种证据后，最终认定工程的实际竣工日期为 2001 年 8 月 16 日，判决某中心支付拖欠的工程款及 30 万元提前竣工奖励金。又如，某建筑公司与某置业公司建筑安装工程纠纷一案中，就涉及对工程实际竣工日期问题的争议。双方在合同中约定的竣工日期是 1999 年 2 月 15 日，某置业公司认为工程的实际竣工日期为 2000 年 1 月 8 日，延误工期 327 天，要求按照合同约定追究某建筑公司逾期竣工的违约责任。某建筑公司认为工程的实际竣工日期为 1999 年 6 月 20 日，因为对“竣工”一词的理解各有不同，法律上没有明确的规定，只能依照行业惯例，以提交竣工验收报告的时间为实际竣工时间。而某置业公司认为，建筑行业工程竣工时间是指，施工单位在工程完工经自检合格后，向建设单位提交竣工验收报告，并提交相关竣工验收资料，在建设单位的主持下，由工程的设计方、监理方、勘察方、施工方等有关部门共同对工程进行验收，工程经验收如达到设计要求，符合国家的相关规范标准，参加验收各方出具竣工验收合格意见，该工程即竣工；如达不到上述标准，该工程不认为是竣工。某置业公司提交的《房屋建筑工程竣工验收备案表》上载明的竣工日期为 2000 年 1 月 8 日，该备案表上不仅有双方当事人的签字盖章，而且有监理、设计、质量部门的签章认可，应作为认定工程实际竣工时间的依据。其他可以佐证的证据还有：某建筑公司1999年9月的施工月报表中记载，当月的累计完成施工产值同1999年6月相比增加160万元，说明在1999年6月工程并未完工；工程的监理单位在1999年5月26日的备忘录中，反映工程有10项未完成和需要整改的施工内容；某置业公司在1999年6月23日致某建筑公司的工程联系函（某建筑公司于1999年6月24日签收）中，指出有大量项目需进行整改和部分项目尚未完成，望某建筑公司抓紧施工和整改，这也可以说明工程在1999年6月20日并未竣工。法院最后审查认定工程的实际竣工时间为2000年1月8日。

第二，承包人已经提交了申请竣工验收的报告，而发包人迟迟不予验收的，以承包人提交验收报告之日为竣工日期，而不是以后来验收合格之日为竣工日期。

过去，是由政府专门设立建设工程质量监督机构，对建设工程的全过程进行监督。施工单位完工后，向建设方（发包人）提交竣工报告，质监机构组织建设单位、施工单位等对工程进行竣工验收，并出具建设工程质量核验证明书。近年来随着建筑市场的蓬勃发展，质监机构代表政府对建筑市场进行监控已经越来越不符合市场经济发展的需要。国务院颁布的《建设工程质量管理条例》彻底改变了由质监机构代表政府对工程进行竣工验收的传统做法，而改由建设单位负责组织设计、施工、工程监理等有关单位进行竣工验收，质监机构不再承担代表政府直接参与工程质量检验的职责。建设单位在验收中处于主导地位，质监机构的职能已经在淡化。建设工程的竣工质量验收由建设单位负责组织进行，行政主管部门不再负责工程质量验收评定和工程质量评定等级，对工程进行竣工检查和验收，是建设单位的权利和义务。建设工程完工后，承包单位应当按照国家竣工验收的有关规定，向建设单位提供完整的竣工资料和竣工验收报告，请建设单位组织竣工验收。建设单位收到竣工验收报告后，应及时组织有设计、施工、工程监理单位参加的竣工验收，检查整个建设项目是否已按设计要求和合同约定全部建设完成。工程竣工后的验收，是对承包人履行义务是否符合合同约定进行的检验，也是承包人请求支付工程款的前提条件。如果建设单位为了自己的利益恶意阻止条件成就的，应当视为条件已成就。也就是说，承包人已经提交竣工验收报告，而发包人为了达到拖欠工程款等其他目的，故意拖延验收，那么本来应以验收合格之日为实际竣工日期，而为了保护承包人的合法权益，制裁发包人恶意阻止条件成就的行为，本条司法解释规定，以承包人提交验收报告之日为竣工日期。这样规定也是为了强化发包人的及时验收意识。至于在具体审理案件中如何认定“发包方拖延验收”，可以参考《建筑装饰施工合同》（甲种本）中的规定，该合同文本第三十二条载明：“甲方代表在收到乙方送交的竣工验收报告7天内无正当理由不组织验收，或验收后7天内不予批准且不能提出修改意见，视为竣工验收报告已被批准，即可办理结算手续。竣工日期为乙方送交竣工验收报告的日期，需修改后才能达到竣工要求的，应为乙方修改后提请甲方验收的日期。”2001年11月5日建设部发布的《建筑工程施工发包与承包计价管理办法》中也规定：“发包方应当在收到竣工结算文件后的约定期限内予以答复。逾期未答复的，竣工结算文件视为已被认可。发承包双方在合同中对上述事项的期限没有明确约定的，可认为其约定期限均为28日。”

第三，在建设工程未经竣工验收的情况下，发包人擅自使用的，以建设工程转移占有之日为竣工日期。

在实践中，经常出现发包人出于自己的需要，为提前获得投资效益，没有经过验收就急于使用已经竣工的工程，发包人实际接收后，意味着承包人已完成其合同义务，从而开始享有请求支付工程价款的权利，同时也意味着，工程的一切意外风险由发包人承担。一般而言，标的物的风险转移以交付为要件。所谓的交付，一般来说转移占有就视为交付。在讨论本条司法解释时，有人提出用承包人“实际交付”建设工程之日为竣工日期，也有人建议用发包人“实际控制”或“实际接收”建设工程之日为竣工日期，但最后经过大家反复讨论、斟酌，倾向性意见认为还是用“转移占用”一词更为合适。因为在《最高人民法院关于审理商品房买卖合同纠纷案件适用法律若干问题的解释》中已经使用了“转移占有”一词，该解释第十一条第一款规定：“对房屋的转移占有，视为房屋的交付使用，但当事人另有约定的除外。”《北京市城市房地产转让管理办法》第二十四条中也使用了“转移占有”一词：“房地产灭失、毁损的风险责任自房地产转移占有之日由受让人承担，但转让当事人另有约定的除外。”而《上海市房地产转让办法》第二十一条则规定：“房地产的风险责任，自房地产权利转移之日起由转让人转移给受让人，但转让当事人约定自房地产转移占有之日起转移风险责任的，从其约定。”

发包人未经验收擅自使用建设工程的责任问题，1983年的《建筑安装工程施工合同条例》中曾规定：“工程未经验收，发包方提前使用或擅自动用，由此而发生的质量或其他问题，由发包方承担责任。”现在该条例已被废止，也许因为这样规定有些绝对且不尽合理，发包方一旦提前使用未经验收的工程就完全免除承包方的质量责任，尤其是有些质量缺陷明显就是承包方施工不当造成的，不分青红皂白完全都由发包方承担责任也是不公平的。以后的《合同法》《建筑法》都只是泛泛地规定：“建筑工程竣工经验收合格的，方可交付使用；未经验收或者验收不合格的，不得交付使用。”并没有具体规定发包人擅自使用未经验收的工程的后果或者应当承担什么样的责任。换句话说，现行有效的法律、法规都没有规定未经验收发生的工程质量问题一律都由发包人承担。但是，发包人擅自使用未经验收的工程，应当承担一定的法律责任是毋庸置疑的。国务院《建设工程质量管理条例》第五十八条规定：“违反本条例规定，建设单位有下列行为之一的，责令改正，处工程合同价款2%以上4%以下的罚款；造成损失的，依法承担赔偿责任：（一）未组织竣工验收，擅自交付使用的；（二）验收不合格，擅自交付使用的；（三）对不合格的建设工程按照合格工程验收的。”从该条规定可以看出，对发包方擅自使用未经验收的建设工程等行为要处以较为严厉的行政处罚，发包方对这一行为的违法性应该是明知的，主观上存在过错。当发包人存在未经验收提前使用建设工程的过错时，应当为其过错承担相应的法律责任。在工程未经验收的情况下，发包人擅自使用，发生纠纷时却以工程未经竣工验收为由拒付工程款，显然是不合适的，故以建设工程转移占有之日作为竣工之日是比较合理合法的。

例如某建筑工程集团总公司与某国际产业集团公司工程款纠纷案，双方2000年1月6日签订了一份建筑安装工程承包合同，约定工程总造价暂定为500万元，竣工日期为2000年9月30日。合同签订后5日内，某国际产业集团公司支付不少于合同总价50%的工程款，工程达到70%时，再支付15%工程款，余款待工程实际竣工验收合格后支付。某建筑工程集团总公司于2000年10月初完成整个工程，某国际产业集团公司急于开业营利，未经竣工验收即于2000年10月5日使用该工程至今。但却迟迟不予支付工程余款，理由是双方合同约定的是工程竣工验收后支付余款，而工程一直没有进行竣工验收。法院经审查认为，某国际产业集团公司未经竣工验收即经营使用了该工程，应以其实际使用工程之日作为竣工日期，其应从2000年10月5日开始支付工程余款。

审判实践中应当注意的问题

1. 审判实践中，经常会遇到有关延期竣工纠纷的诉讼时效问题。比如，双方在建设工程施工合同中约定了竣工日期，但承包方没有如期竣工，实际竣工日期比合同约定的竣工日期晚了一年半。发包方起诉要求按合同约定追究承包方逾期竣工的违约责任。承包方却认为，按照合同约定工程应当在某年某月竣工，如果这时工程没有竣工，发包方就知道或应当知道自己的权利已被侵害，诉讼时效应当从此时开始计算，而发包方起诉时已经超过了两年的诉讼时效期间，故应当驳回发包方的诉讼请求。

我们认为，由于承包方违约的状态一直在持续，究竟承包方违约多少天，发包方要等工程实际竣工时才能计算出来，故诉讼时效的起算点应从工程实际竣工之日开始，而不是从双方合同约定的竣工日期开始起算。

2. 发包方因承包方逾期竣工而同意先行接受已完工程的，承包方只承担未完部分工程逾期的违约责任。

3. 建设工程的交付，除建筑物本身外，承包方应同时交付完整的工程技术资料，包括竣工图、材料设备的使用说明和零部件或备件，并符合国家有关工程竣工交付的其他条件。如果工程交付时承包人未交付法定相关图纸、资料而发包人未使用工程的，视为未交付；发包人已使用的，承包人承担延期交付工程技术资料的违约责任。

第十五条　[质量争议期间的处理]

建设工程竣工前，当事人对工程质量发生争议，工程质量经鉴定合格的，鉴定期间为顺延工期期间。

条文主旨

本条是关于建设工程竣工前对质量争议期间如何处理的规定。建设工程竣工前，当事人对工程质量发生争议，这时可能会暂时停工进行工程质量鉴定，而一般鉴定都需要经过一段时间，如果工程质量经鉴定合格的，鉴定期间应作为顺延工期期间。

理解与适用

工程质量特别是基础设施工程质量是百年大计，必须坚持质量第一，确保万无一失。从我国《建筑法》对有关建筑工程质量的规定来看，其对从事建筑活动的各个主体应当履行的保证工程质量的义务作出了明确、具体、全面的规定，如勘察、设计、施工的质量必须符合国家安全标准；建设单位不得违法要求降低工程质量；总承包单位与分包单位对分包工程的质量承担连带责任；勘察、设计单位必须对其勘察、设计的质量负责；建筑施工企业对工程的施工质量负责，必须按照工程设计图纸和施工技术标准施工，不得偷工减料。工程设计的修改由原设计单位负责，建筑施工企业不得擅自修改工程设计；建筑施工企业必须使用合格建材；建筑工程的竣工实行验收制度；建筑工程的质量实行保修制度等。关于对建设工程质量的内涵的理解，可以参考《建设工程质量管理办法》的规定：“本办法所称建设工程质量是指在国家现行的有关法律、法规、技术标准、设计文件和合同中，对工程的安全、适用、经济、美观等特性的综合要求。”

建设工程质量问题比较复杂，质量责任又可能涉及施工单位、建设单位、设计单位、监理单位等。一旦出现质量问题，当事人可能各执一词，不愿承担责任。而认定工程质量缺陷本身及其责任人的问题，又具有很强的技术性和专业性，需要委托有资质的鉴定部门进行鉴定，即有关工程质量的纠纷常常取决于技术鉴定的结论。建设部曾颁布《建设工程质量检测工作规定》，规定各地县级以上的建筑工程质量检测中心是质量争议或等级评定的鉴定检测机构。有一些当事人在签订建设工程施工合同时已对一旦出现质量争议时的专业鉴定单位作出明确约定，以便发生质量争议时能够及时妥善解决。

从工程质量问题发生的时间和阶段来看，有的争议发生在施工过程中。对工程质量缺陷有争议的，当事人一般会委托建设行政主管部门认定的具有相应资质的建设工程质量鉴定机构进行鉴定，而对有关质量问题的鉴定往往需要一定的时间。本条司法解释所要解决的问题就是，对工程质量的鉴定期间能否作为顺延工期期间。在审判实践中，发包人起诉要求承包人承担逾期交工违约责任的案件比较多见，而承包人一般要举证证明施工过程中存在可以顺延工期的情况，比如发包人对设计进行变更、自然灾害的影响等。对工程质量的鉴定可否作为顺延工期的理由，主要以工程质量是否合格作为判断标准。如果工程质量是合格的，对于承包人来说，把工程质量的鉴定期间作为顺延工期期间是比较合理和公平的。反之，如果工程质量经鉴定为不合格的，工期不应顺延，承包人应承担逾期交工的违约责任。涉及隐蔽工程的验收问题，当发包方对隐蔽工程提出质量异议要求重新检验时，承包方应按要求进行剥露，并在检验后重新进行覆盖或修复。如果检验合格，发包方应承担由此发生的经济支出，赔偿承包方损失并相应顺延工期；如果检验不合格，则承包方承担所发生的费用，而且工期不能顺延。

某总公司建造营业大厦，某建筑公司中标承建营业大厦。但是，原定 2002 年 11 月交付的工程，因出现有关质量争议没有如期竣工。某总公司不能及时营业，经营严重受损，遂起诉要求某建筑公司承担逾期交工的违约责任，而某建筑公司认为因为质量争议前后经过两次鉴定，应当扣除鉴定的时间。在诉讼前，因营业大厦的质量问题双方发生争议。市建筑工程质量检测中心对大厦现浇楼面混凝土厚度进行检测，29 项中有 17 项不合格。对现浇楼面钢筋间距的检测，发现 2 至 8 楼均存在超过允许偏差的问题。对大梁开凿检测，发现少了 3 根 22 厘米的钢筋。参与工程建设的一名木工向有关部门反映，大厦开始施工后，由于施工人员素质较差，放线方位不准，桩基灌注后，发现有60%以上桩基偏位，且向外倾斜。对此，施工人员在夜间或将钢筋弯折至正确位置，或切割后重新放置钢筋再浇注，这在工程施工中是绝对不允许的。后来，双方又委托省建设工程质检站对工程质量进行鉴定，其出具的《工程质量鉴定报告》认为，大厦工程施工时，钢筋位置偏位和桩的有效截面积减少，有的柱有效截面积减少超过10%，不能保证结构安全使用。混凝土现浇板的厚度不符合施工验收规范允许偏差的规定，混凝土工程中存在露筋等质量问题。根据工程质量鉴定结果，法院判决某建筑公司承担逾期交工的违约责任。

第十六条　[工程价款的计算标准]

当事人对建设工程的计价标准或者计价方法有约定的，按照约定结算工程价款。

因设计变更导致建设工程的工程量或者质量标准发生变化，当事人对该部分工程价款不能协商一致的，可以参照签订建设工程施工合同时当地建设行政主管部门发布的计价方法或者计价标准结算工程价款。

建设工程施工合同有效，但建设工程经竣工验收不合格的，工程价款结算参照本解释第三条规定处理。

条文主旨

本条是关于工程价款的计算标准问题的规定。

本条包括以下几层含义：首先，如果当事人对建设工程的计价标准或计价方法事先有约定的，当然应当按照约定结算工程价款；其次，如果因设计变更导致建设工程的工程量或者质量标准发生变化，当事人对工程价款无法协商一致的，可以考虑参照签订原建设工程施工合同时当地建设行政主管部门发布的计价标准或者计价方法进行工程价款的结算；再次，建设工程施工合同本身是有效的，但建设工程经竣工验收后的结果是不合格工程，则应当按无效合同的处理原则来结算工程价款。

理解与适用

建设工程造价包括建筑、安装、设备及税费等建设所需的全部费用。建筑造价计算的准确性是由建筑设计的进度和深度决定的。按造价计算的准确程度，依设计进度可分为投资估算、设计概算和施工图预算三种。投资估算是在项目开发前期对建设投资最粗略的估计，仅可以作为编制可行性研究的依据；设计概算是项目在初步设计阶段，根据概算定额编制的、初步确定工程造价的依据；施工图预算则是在施工图设计阶段根据施工图反映的工程量按预算定额编制的确定工程预算造价的依据。[①]《建筑法》第十八条规定："建筑工程造价应当按照国家有关规定，由发包单位与承包单位在合同中约定。公开招标发包的，其造价的约定，须遵守招标投标法律的规定。发包单位应当按照合同的约定，及时拨付工程款项。"2001 年建设部发布的《建筑工程施工发包与承包计价管理办法》第三条规定："建筑工程施工发包与承包价在政府宏观调控下，由市场竞争形成。"第十二条同时还规定："合同价可以采用以下方式：（一）固定价。合同总价或者单价在合同约定的风险范围内不可调整。（二）可调价。合同总价或者单价在合同实施期内，根据合同约定的办法调整。（三）成本加酬金。"因此，发包单位与承包单位如果在承包合同中约定了工程的计价标准或计价方法，则应首先从其约定，充分尊重当事人的意愿。在建设工程施工合同纠纷中，经常遇到当事人在合同中的特别约定，有的约定是明显高于或低于定额计价标准或市场价格的，在发生争议后，一方当事人会提出撤销或改变原有约定。根据《合同法》的自愿和诚实信用原则，只要当事人的约定不违反法律和行政法规的强制性规定，不管双方签订的合同或具体条款是否合理，均应遵从当事人自己的约定。定额标准为任意性规范，准许合同约定与定额标准不相一致。建设工程施工合同约定的工程款结算标准与建筑行业主管部门颁布的工程定额标准和造价计价办法不一致的，应以合同约定为准。当事人以合同约定与定额标准不一致为由，请求按照工程定额标准结算的，人民法院不予支持。因为建设工程定额标准是各地建设主管部门根据本地建筑市场建安成本的平均值确定的，可以理解为完成单位工程量所消耗的劳动、材料，以及机械台班等的标准额度，属于政府指导价范畴，也是任意性规范而非强制性规范，应当允许合同当事人随行就市订立与定额标准不一致的工程结算价格。同样道理，当事人签订低于承包人企业类别、资质等级定额标准的建设工程合同也属市场经营行为，应当认定双方签订的建设工程施工合同有效。比如，某工贸公司与某装饰公司债务纠纷案，1996 年 8 月 28 日，某工贸公司与某装饰公司签订《装饰工程施工承包合同》，约定由某装饰公司为某工贸公司的美食娱乐广场工程进行装修。工程总造价为 530 万元，采取包工包料的方式，据实结算。工程完工后，美食娱乐广场于 1997 年 1 月开业。在工程施工过程中，某工贸公司共支付工程款 150 万元。1997 年 7 月，某工贸公司又与某装饰公司签订《会议纪要》载明：双方最终确认工程总造价为 530 万元，某工贸公司尚欠 380 万

① 朱树英：《建设工程法律实务》，法律出版社 2001 年版，第 37 页。

元。后某装饰公司以某工贸公司不履行合同约定的付款义务为由提起诉讼，要求某工贸公司支付尚欠的工程款及利息。某工贸公司辩称：530万元仅是工程造价的预算，根据中国轻工总会〔1996〕第4号文件的规定，室内装饰工程的设计施工取费必须以国家和地方颁发的室内装饰工程预算定额为依据，请求按定额重新决算工程款。法院经审理没有支持某工贸公司的请求，判决其支付拖欠的款项及其利息。

如果当事人在履行合同中对原约定已通过补充协议、会议纪要、工程对账签证、技术联系单等形式予以变更的，以变更后的约定作为结算标准。建设工程施工合同约定工程款实行包干的，包干范围内的工程款一次包定，当事人要求变更的，人民法院不予支持。

长期以来，我国建筑行业所签订的建设工程施工合同，在签约或履约过程中许多没有事先约定确定工程造价的程序和方法，当工程竣工进行造价结算时，要么发包方同意实报实销，要么合同双方互相扯皮，从而极容易酿成纠纷。在工程项目的施工过程中，由于多方面的情况变更，经常出现工程量变化、施工进度变化，以及发包方与承包方在履行合同中的争执等许多问题。这些问题的产生，一方面，是由于勘察设计工作的粗糙，以致在施工过程中发现许多招标文件中没有考虑或估算不准确的工程量，因而不得不改变施工项目或增减工程量；另一方面，是由于发生不可预见的事故，如自然或社会原因引起的停工和工期拖延等。由于工程变更所引起的工程量的变化、承包方的索赔等，都有可能使工程项目投资超出原来的预算投资。工程变更包括设计变更、进度计划变更、施工条件变更，也包括发包方提出的“新增工程”，即原招标文件和工程量清单中没有包括的工程项目。[①] 因工程变更导致建设工程的工程量或者质量标准发生变化的情况在实践中非常普遍，对工程量的变化一般比较容易理解，而质量标准变化指的是因设计变更致使建设工程的质量标准与原合同的约定不一样，比如原来计划建经济适用住房后来变成高档商品房，质量标准自然发生了变化；有的工程在实际施工中提高了内部装修等级等。在建设工程的工程量或者质量标准发生变化时，如果当事人之间对工程价款能够协商一致，当然是皆大欢喜。如果不能协商一致的话，本条司法解释确定的原则就是：“可以参照签订建设工程施工合同时当地建设行政主管部门发布的计价方法或者计价标准结算工程价款。”请注意这里的用词含义，是“可以”而不是“应当”，是“参照”而不是“按照”。由于原合同体现了当事人最初签订合同的真实意思表示，所以参照的时间标准是签订原合同时，而不是发生争议时。

---

① 邱元拔：《工程造价概论》，经济科学出版社2002年版，第355页。

新中国成立以来，我国一直沿用苏联的做法，以定额为基础确定工程造价。定额指在正常施工生产条件下，完成一定计量单位产品的人工、材料、机械和资金消费的规定额度。其特点可以归纳为一个字——“套”，即套定额。工程造价从业人员根据工程图纸计算出工程量，然后套定额单价，求得直接费，再根据直接费套用有关定额取费费率，求得工程造价。这种计价模式在计划经济时代的确发挥了一定的作用，但已远不能满足进一步开放市场的需要。尽管消耗量标准是依据施工规范、典型工程设计、社会平均水平等方面因素制定的，但最大的弊端是政府有关部门确定各种价格和管理费、基本利润率，完全没有考虑企业的技术专长、劳动生产力水平、材料采购渠道和管理能力，这种计价模式既不能及时反映市场价格的变化，更不能反映企业的施工、技术、管理水平。为了适应市场经济发展的需要，国家已经颁布了《建设工程工程量清单计价规范》，于2003年7月1日开始实施。实行工程量清单计价是工程造价管理领域的一项重大变革，从本质上讲，工程量清单计价模式是一种与市场经济相适应的、允许施工单位自主报价的、通过市场竞争确定价格的，与国际惯例接轨的计价模式。工程量清单计价是目前国际上通行的做法，外国建筑商进入我国建筑市场，他们必然要求按国际惯例、常规做法来计算工程造价，而国内建筑公司到国外市场竞争，也需要按国际惯例进行运作，为了适应对外开放的建筑市场形势，也必须与国际通行的计价方法相适应。工程量清单指表现拟建工程的分部分项工程项目、措施项目、其他项目名称和相应数量的明细清单。推行工程量清单计价，是深化工程造价管理改革的重要内容，也是规范建筑市场经济秩序的重要措施。工程量清单计价是一种新的计价方法，有利于在公开、公正、公平的竞争环境中合理确定工程造价，提高投资效益。当然，有的地方还没有实施工程量清单计价方法，仍在按以前的定额标准执行，定额计价与工程量清单计价这两种计价模式都是工程造价的计价方法，从定额计价到工程量清单计价在目前改革转轨时期还需要一个平稳过渡。因设计变更工程量发生变化而当事人对工程价款无法达成协议时，签订原合同时当地建设行政主管部门采用什么样的计价方法或计价标准（定额计价或者工程量清单计价方法），就是当事人在结算工程价款时的参考依据。

承包方因项目调整要求增加工程造价的，如果要求调整的项目在原工程总报价说明范围以外而履约过程中确已发生的，对承包方的请求可以支持。对工程量的增减，由双方进行确认。一般情况下，工程量依据双方在履行合同中达成的签证等书面文件确认。当事人对工程量有争议的，应当就其主张承担举证责任。因设计变更引起工程量增减，增减幅度在合同约定范围内，按约定结算工程款。在约定幅度以外，承包方提出增加部分的工程量或者减少后剩余部分的工程量报价经发包方确认的，应作为结算工程款的依据。未达成一致的，参照原合同约定的计价方法和标准结算。因增减工程的性质、标准不宜适用原合同约定的计价方法和计价标准结算工程款或者原合同约定不明无法适用的，参照签订原合同时建设行政主管部门发布的工程定额标准或工程量清单计价方法结算工程款。

符合上述情形的，也可参照上述规定通过工程造价鉴定来确定工程款。工程造价鉴定机构通过对增减部分工程量的造价核定即可计算出工程款的，不宜对全部工程造价进行鉴定，以免造成不必要的浪费。工程造价鉴定机构对增减部分的工程量的造价进行核定后，在合同约定的价款中加上增加的工程款或减去减少的工程款，由此得出的价款数额就是发包人应给付承包人的工程款。

如增加工程涉及新材料、新工艺，对该新材料、新工艺在建设行政主管部门发布的市场价格信息及工程定额标准中没有规定的，可以考虑根据市场行情据实结算。

工程质量是工程建设的核心，本条司法解释第三款正是体现了一切以工程质量为出发点的原则。建设工程施工合同是有效的，但工程质量却不合格，工程价款结算参照本解释第三条规定处理，而本解释第三条规定的是合同无效、验收不合格的处理原则。也就是说，以工程质量是否合格作为严格的标准，即便合同有效，只要工程质量不合格，也按合同无效的规定结算工程价款。根据我国《合同法》的规定，建设工程合同没有规定的，适用承揽合同的有关规定。这是由于建设工程合同在性质上属于完成工作的合同，而完成工作的合同是在传统民法的承揽合同的基础上发展起来的一大类合同。承揽合同是承揽人按照定作人的要求完成工作，交付工作成果，定作人给付报酬的合同。建设工程合同原为承揽合同中的一种，属于承揽完成不动产工程项目的合同。由于承揽合同和建设工程合同都以完成一定工作为目的，标的都具有特定性，故《合同法》中建设工程一章中没有规定而承揽合同一章有规定，可以根据建设工程合同的性质适用承揽合同中的一些规定。《合同法》第十五章“承揽合同”第二百六十二条规定，承揽人交付的工作成果不符合质量要求的，定作人可以要求承揽人承担修理、重作、减少报酬、赔偿损失等违约责任。对工程质量不合格的有效合同按无效合同的处理原则结算工程款其实就是让承包方承担减少报酬的违约责任，从这个角度来讲也是合理的。

从国外的有关规定来看，目前国际上通用的工程造价管理模式主要有英国、美国、日本模式。英国没有计价定额和标准，只有统一的工程量计算规则，即：《建筑工程量标准计算方法 SMM》，它较详细地规定了工程项目划分、计量单位和工程量计算规则。工程造价的确定由业主和承包商依据《建筑工程量标准计算方法SMM》，并参照政府和各类咨询机构发布的造价指数、价格信息指标等来进行。美国也没有统一标准的消耗定额，而是由行会组织根据本地区的实际和特点，按照工程结构、材料种类、装饰方式，制定出平方英尺建筑面积的人工、材料、机械消耗量和单价，依此作为工程计价基础。美国的工程造价管理通常也搞四算，即：毛估、估算、核定估算、详细设计估算，各阶段有一定的精度要求，即：分别为±25%、±15%、±10%、±5%。美国工程造价的组成内容包括设计费、环境评估费、地质土壤测试费、上下水、暖气电接管费、场地平整绿化费、税金、保险费、人工费、材料费和机械费等。在上述费用的基础上营造商收取15%～20%的利润，10%的管理费。而且在工程建设过程中，营造商可根据市场价格变化情况随时调整工程造价。日本的工程计价模式是，第一，日本建设省发布了一整套工程计价标准，如《建筑工程积算基准》《土木工程积算基准》。第二，量、价分开的定额制度，量是公开的，价是保密的。劳务单价通过银行调查取得。材料、设备价格由"建设物价调查会"和"经济调查会"负责定期采集、整理和编辑出版。建筑企业利用这些价格制定内部的工程复合单价，即我们所称的单位估价表。第三，政府投资的项目与私人投资的项目实施不同的管理。对政府投资的项目，分部门直接对工程造价从调查开始，直至交工实行全过程管理。为把造价严格控制在批准的投资额度内，各级政府都掌握有自己的劳务、材料、机械单价或利用出版的物价、指数编制内部掌握的工程复合单价，而对私人投资项目，政府通过市场管理，利用招标办法加以确认。综上所述，英、美、日三国的工程造价管理模式的主要特点是，它建立在高度发达的市场经济基础之上，工程造价是依据产品价值规律和市场供求关系决定的。"消耗定额"只作为估算投资和编制标价的依据，在建筑施工过程中实际发生的人工、材料、机械费用，可按市场价格变化随时进行调整，从而合理地确定了建筑工程造价。①

审判实践中应当注意的问题

按照本条司法解释的规定，因设计变更导致建设工程的工程量或质量标准发生变化时，如果当事人之间不能协商一致，则可以按照签订建设工程施工合同时当地建设行政主管部门发布的计价标准或计价方法结算工程价款。这里包含了两层含义，也就是说，当事人自己可以按照这个原则结算工程价款，也可以委托有审价资

---

① 温道云：《工程造价国内外情况介绍》，载武汉市建设工程造价信息网，访问日期2004年5月17日。

质的机构按照此原则审定最终工程造价。审价主要是根据建设工程施工合同、国家定额以及有关文件对施工过程中形成的工程量变化资料、技术变更、核定资料和施工图纸等资料进行全面、综合地核对、评估和计算，并最终审定工程造价的过程。审价结论应在庭审中出示并经过质证。当事人对审价结论有异议并有证据证明的，审价机构应对审价结论据实调整并重新出具补充审价结论，并再次进行庭审质证。经质证的审价结论，是确定工程造价的最主要的依据。

第十七条 ［工程款利息的计算标准］

当事人对欠付工程价款利息计付标准有约定的，按照约定处理；没有约定的，按照中国人民银行发布的同期同类贷款利率计息。

条文主旨

本条是关于计付欠付工程款利息支付标准的规定。利息属于法定孳息，发包人欠付承包人工程价款时就应当向债权人支付利息，这是民法债的一般原则。建设工程是一种特殊的商品，建设工程的交付也是一种交易行为，一方交付商品，对方就应当付款，该款就产生利息，欠付的价金利息与价金之间存在随附关系。利息的计付标准应当是国家法律规定的基准利率，因为利率法定是中央银行法和商业银行法规定的基本原则。

理解与适用

一、关于欠付工程款利息的性质

（一）支付工程价款及欠付工程价款利息是发包人的法定或合同义务

法律规定支付工程价款是发包人的义务，发包人不按照合同约定的时间和数额支付工程价款的行为属违约行为，发包人应承担违约责任。《合同法》第二百六十九条规定，建设工程合同是承包人进行工程建设，发包人支付工程价款的合同。建设工程合同包括工程勘查、设计、施工合同。第二百七十五条规定，施工合同的内容包括工程范围、建设工期、中间交工工程的开工和竣工时间、工程质量、工程造价、技术资料交付时间、材料和设备供应责任、拨款和结算、竣工验收、质量保修范围和质量保证期、双方协作等条款。第二百八十三条规定，发包人未按照约定的时间和要求提供原材料、设备、场地、资金、技术资料的，承包人可以顺延工程日期，并有权要求赔偿停工、窝工等损失。《建筑法》第十八条规定，发包单位应当按照合同约定，及时拨付工程款项。依照上述法律规定，支付工程款是发包人的法定义务，不履行义务时，应承担法律规定的相应民事责任。

建设部下发的建设工程施工制式合同分别对预付工程款、工程进度款、工程竣工结算款作出约定。[①] 实行工程预付款的，双方应当在专用条款内约定发包人向承包人预付工程款的时间和数额，开工后按合同约定的时间和比例逐次扣回。预付时间应不迟于约定的开工日期前七天。发包人不按约定预付，承包人在约定预付时间7天后向发包人发出要求预付的通知，发包人在收到预付通知后仍不能按要求预付的，承包人可以在发出通知后7天停止施工，发包人应从应付之日起向承包人支付应付款的贷款利息，并承担违约责任。有关工程款（进度款）支付部分约定：发包人超过约定的支付时间不支付工程款（进度款），承包人可向发包人发出要求付款的通知，发包人收到承包人要求付款的通知后仍不按要求付款，可与承包人协商签订延期付款协议，经承包人同意后可延期支付。协议应明确延期支付的时间和从计量结果确认后第十五天起应付款的贷款利息。有关竣工结算部分约定：发包人收到竣工结算报告及竣工结算资料后28天内无正当理由不支付工程竣工结算价款，从第二十九天起按承包人同期向银行贷款利率支付拖欠工程价款的利息，并承担违约责任。由此看出，在发包人欠付预付工程款、工程进度款、竣工结算的工程尾款时应当按照银行贷款利率向承包人支付利息。此外，支付工程欠款的利息也属于建设工程施工合同的索赔条款内容："合同中应有支付工程款的时间限制及拖欠付款计息的利率。承包人应据此规定，在每次中期付款单中将以前的拖欠款及利息单独列出，促请发包人支付。对于严重拖欠应付款可能导致承包人资金周转困难而影响工程进度的，应及时申明这属于发包人的违约行为，可能产生中止合同的严重后果，并严肃地提出索赔"。[②]

上述规定可以看出，建设部下发的制式合同文本进一步细化法律规定，不仅明确发包人足额支付工程价款是合同义务，同时还明确支付欠付工程价款利息也是发包人义务，除承担支付欠付工程价款义务之外，发包人还应承担欠付工程价款的违约责任。从实务情况看，绝大多数当事人都采用建设部颁发的制式合同文本签订建设工程施工合同，也就是说，绝大多数的合同对支付欠付工程款的利息结算标准是

---

① 何伯洲等：《建设工程合同》，知识产权出版社2003年版，第135～136页、第42～143页。
② 何伯洲等：《建设工程合同》，知识产权出版社2003年版，第248页。

有约定的。结合本条规定，制式合同对欠付工程价款的利息结算标准有约定的应当按照约定办理。

（二）发包人支付欠付工程款利息的性质是法定孳息

起草本解释过程中，有一种观点认为支付欠付工程款利息属于承担违约责任的方式。理由是：

第一，《合同法》第一百零七条规定，当事人一方不履行合同义务或者履行合同义务不符合约定的，应当继续履行、采取补救措施或者赔偿损失等违约责任。第二百八十三条对发包人欠付工程价款应承担的违约责任作出相应规定。支付欠付工程价款利息应当以发包人欠付工程款为前提，即以违约事实存在为前提，承担的欠付工程款利息应定性为违约责任，即违约方应当赔偿守约方的损失。

第二，建设部起草的《建筑法（修订征求意见稿）》第三十条规定，发包单位逾期支付工程价款的，除按照合同约定向承包单位支付违约金外，还应当按照当期的银行贷款利率支付双倍逾期工程价款利息并赔偿其他损失。发包单位未按照合同约定支付工程价款的，经承包单位催告，发包单位仍不支付的，勘察、设计、监理企业和中介服务机构可以滞留成果文件，暂停提供服务，直至终止合同，并有权要求发包单位支付已经完成工作的酬金、费用、延期利息、违约金及赔偿其他损失。上述规定中的“按照当期的银行贷款利率支付双倍逾期工程价款利息”显然不是法定孳息，也不是补偿或者填充损失性质的违约金，而是惩罚性的违约金性质。

第三，与房地产开发经营案件的比较。人民法院审理开发经营型房地产纠纷案件，像土地使用权出让合同、土地使用权转让合同、房地产项目转让合同、合作建房合同等纠纷案件，对投资方投资不到位的，一般不以欠付投资款利息作为计付违约金标准。《最高人民法院关于审理房地产管理法施行前房地产开发经营案件若干问题的解答》第九部分——违约责任部分，一般适用违约赔偿原则。在特殊情况下，以利息的倍数作为计付违约金的标准。第四十四条规定，违约方将对方的投资款挪作他用并获利的，如所获利润高于或等同于对方实际损失的，应将其所获利润作为对方的损失予以赔偿；如所获利润低于对方的实际损失，应当赔偿对方的实际损失；如违约方所获利润无法确定的，可按银行同类贷款利率的四倍赔偿对方的损失。本条是违约金结算标准的规定，“可按银行同类贷款利率的四倍赔偿对方的损失”，只是在损失无法确定时以投资款的利息的倍数作为支付违约赔偿金的标准，并不是有关孳息的规定。

房地产开发经营合同无效时，只有在特定情况下，才以返还本息作为处理原则，即资金尚未投入实际建设的，可由以土地使用权作为投资的一方将对方投入的资金予以返还，并支付同期同类银行贷款的利息。实务时，房地产开发经营合同无效，一般人民法院判决占有不动产的一方向投资方返还投资款时并不全额支付利息，而是将利息作为损失由双方按照过错责任比例分担，利息并不当然随附本金支付，而是按照导致合同无效的过错比例由双方当事人分担，以体现投资方应当承担投资的商业风险。由此可见，房地产开发经营合同纠纷案件中，在合同有效或者合同无效时，均不以支付利息作为欠付投资款或者返还投资款的孳息处理。本质上讲工程欠款利息也不是工程款孳息，应作为承担违约赔偿的一种方式更合适些，或称为因违约应赔偿的损失更确切。履行建设工程施工合同中，发包人欠付工程款的违约行为发生时应当按照合同约定向承包人支付违约金，而不是法定孳息。

讨论本解释过程中，还有另一种观点认为，发包人应当向承包人支付的欠付工程款利息的性质是法定孳息。何为法定孳息呢？孳息，称为母物所生之收益，在民法包括天然孳息与法定孳息而言。法定孳息谓因法律关系所得之收益也。关于法定孳息之定义，学说亦不一致。《德国民法典》第 99 条第 3 项规定，因法律关系（物或者权利）所生之收益为孳息，德国学者多称为拟制的孳息。日本民法则规定为物之使用对价之金钱及他物。我国台湾地区“民法”第 69 条第 2 项规定，称法定孳息者，唯利息、租金及其他因法律关系所得之收益，系仿德国民法之例。然其范围较德国民法为广。其应说明者，有以下四点：（1）母物不以物为限，即由权利所生之收益，亦为孳息。此点与泰国、日本法律所称母物必须为物者不同。（2）法定孳息为因法律关系之收益。所谓法律关系，指一切法律关系而言，其基于法律行为或基于法律之规定，在所不同。故因租赁关系所得之租金，故为孳息，即因履行迟延所得请求之迟延利息，亦不失为孳息。（3）因法律关系关系所得之收益。所谓收益，一般称以物或权利之使用之收益，委以他人所得之对价。收益多为定期，其非为定期者，以非可视为母物之代价者为限。（4）物之使用后，须有所受取之物或其同种同物之返还请求权。使用非消费物时，应当返还原物。消费使用时，应返还同种同量之物。① 台湾地区学者的观点是“即因履行迟延所得请求之迟延利息，亦不失为孳息”，发包人拖欠工程价款产生的利息亦属于“因履行迟延所得请求之迟延利息”，应属于法定孳息范畴。

认为拖欠工程价款利息为法定孳息的理由还有：

第一，建设工程施工合同与房地产开发经营合同相比较而言，前者属于加工承揽合同，后者多为引起物权变化的债权合同，在性质上存在一定的差异。定作人

① 史尚宽：《民法总论》，中国政法大学出版社 2000 年版。

（建设工程施工合同中的发包人）欠付承揽人（建设工程施工合同中的承包人）加工费用（工程价款）时，欠付工程价款的利息与本金之间关系上看，更具有随附性；与房地产开发经营合同相比较而言，显得更为紧密。开发商欠付投资款的行为是违约行为，通常应向相对人支付约定违约金而不是欠付投资款利息，而工程结算后发包人仍然不向承包人支付工程价款，此时欠付的工程价款通常认为已经转化为类似借款合同的性质，只是一个简单的债权债务关系，在这种情形下发包人应当向承包人支付欠付工程价款的利息。

第二，国外的立法例对定作人欠付承揽人报酬时应当支付报酬及利息也有相应规定。国际通行的 FIDIC 土木工程施工条件规定，雇主未能在合同约定的付款期内支付工程款的，雇主应当按照投标书附件中规定的利率，从应付之日起向承包人支付全部未付款利息。《德国民法典》[①] 第 641 条规定：（1）①（承揽契约）报酬应在工作验收时支付。②工作系分部分验收而报酬系各部分确定者，应于每部分验收时，给付该部分的报酬。（2）定作人对以金钱确定报酬者，自验收时起应支付利息，但准许延期支付报酬者，不在此限。由于建设工程施工合同属于特殊的加工承揽合同，在大多数国外立法例中，并不将承揽合同与建设工程合同划分为两种不同类型的合同，建设工程合同原则适用承揽合同的规定，不能适用的情形，作出特殊规定。我国《合同法》第十六章“建设工程合同”中的第二百八十七条也规定，本章没有规定的，适用承揽合同的有关规定。我国立法也是将建设工程合同作为一种特殊的承揽合同看待。由此看出，在发包人欠付工程款时，发包人应当向承包人支付欠付工程价款利息。国外立法例规定也表明利息与本金之间存在随附性，应当从欠付本金时支付利息。规定的本质在于利息属法定孳息，而不是违约金。

第三，工程欠款利息与垫资利息的异同。本解释第六条第一款规定，当事人对垫资和垫资利息有约定，承包人请求按照约定返还的，应予支持；但是约定的利息计算标准高于中国人民银行发布的同期同类贷款利率的除外。第三款规定，当事人对垫资利息没有约定，承包人请求支付利息的，不予支持。由此规定可以看出，是否支付垫资利息服从于当事人的约定，只要约定在中央银行规定的基准利率的法定幅度范围内，就应认定约定有效。同样，承包人与发包人在垫资合同或者施工合同中未约定垫资利息的，承包人请求返还利息的，人民法院也不予支持。垫资是承包人先代发包人垫付的工程价款，其本质也是工程价款，只不过不是发包人支付的而已，这有买卖合同的赊销的意味。垫资款与工程价款在内涵上并无区别，区别在于

---

① ［德］《德意志联邦共和国民法典》，上海社会科学院法学研究所译，法律出版社 1989 年版，第 170 页。

垫资是承包人自愿的，而欠付工程价款则是发包人的违约行为。既然垫资是自愿行为，在承揽工程时承包人主动要求垫资，以达到承接建设工程的目的；如果在诉讼中人民法院支持承包人请求返还垫资款利息的请求，则显然与诚信原则相悖，故本解释作出了“当事人对垫资没有约定，承包人请求支付垫资利息的，不予支持”的规定。国外的立法例也多将垫资与工程欠款区分开来，如《德国民法典》[①] 第645条规定：1. 工作在验收前因定作人供给的材料的瑕疵，或因定作人对工作进行所为的指示，致工作灭失或毁损，或不能完成，而无可归责于承揽人的事由参与其中时，承揽人得请求已服劳务的报酬以及偿还不包括在报酬之内的垫资。第648条规定：如工作尚未完成，承揽人得为了与给付的劳务相符的一部分报酬和在报酬中未计算在内的垫资，请求让与保全抵押权……由此看出，《德国民法典》对“已付劳务的报酬”即加工承揽合同中的加工报酬与垫资款是区别对待的，适用不同的规定。

第四，工程欠款利息与借款合同的利息比较。借款合同是当事人约定一方将一定种类和数额的货币权移交给他方，他方于一定的期间返还同种类同数额的货币的合同，其中提供货币的一方为贷款人，受领货币的一方为借款人。[②] 借款合同的标的物是金钱，借款合同是转让货币所有权的合同，借款合同可以是有偿合同也可以是无偿合同，借款合同大多为诺成合同，借款合同多为要式合同。利息为本金的资金成本，除无偿借款合同外，借款人应当向贷款人支付利息。发包人和承包人根据已获批准的初步设计、技术设计、施工图和总预算等文件，就合同的内容协商一致时，即可签订建筑工程施工和安装工程承包合同。[③] 工程欠款本质是定作人欠付承揽人的加工报酬，报酬在建设工程施工合同中体现为工程价款，包括材料费、人工费、机械的消耗量及其相应的价格、管理费，利润和税金等。《合同法》第二百零四条规定，办理贷款业务的金融机构的贷款利率，应当按照中国人民银行规定的贷款利率的上下限确定。第二百一十一条规定，自然人之间的借款合同对支付利息没有约定或者约定不明确的，视为不支付利息。《合同法》规定表明向金融机构借款没有约定利息或者约定不明的，应当支付利息；而自然人之间的借款合同则不然，没有约定或者约定不明的，不支付利息。建设工程施工合同中发包人欠付承包人工程价款，许多情况下特别是在建设工程已经完工发包人欠付工程价款数额确定的情况下，双方关系已经转化为简单债权债务关系，与借款合同的债权债务并无本质上

---

① ［德］《德意志联邦共和国民法典》，上海社会科学院法学研究所译，法律出版社1989年版，第170页。
② 《国家司法考试辅导用书》（第三卷），法律出版社2003年版，第203页。
③ 《国家司法考试辅导用书》（第三卷），法律出版社2003年版，第209页。

的区别，故本条规定在发包人欠付工程价款情况下，即使合同没有欠付工程款利息的约定发包人也应当支付利息。

综上，我们认为，本条规定的利息性质为法定孳息。

二、条文解析

本条分为三层意思：

第一层意思，欠付工程价款的本金的数额应当是明确的，其中包括工程在施工过程中双方当事人解除合同的情形，也包括合同已经履行完毕的情形。但不论哪一种情形，发包人欠付承包人工程价款的数额都应当通过法院审理或者当事人自行达成协议明确欠付工程价款本金数额。只有本金数额确定的情况下，才谈得到支付利息问题，本金不确定，利息就无法计算。

第二层意思，当事人对欠付工程价款利息计付标准有约定的，按照约定处理。当事人对欠付工程款利息的起算时间、利率等事项有约定的，从其约定，充分遵照当事人在合同中作出的真实意思表示。

第三层意思，"利息支付标准"是指利率。如前所述，既然欠付工程价款的利息性质为法定孳息，合同约定的利率应当在国家法定利率上下限内才予以保护，当约定的利率违反国家规定时，则不予保护。当事人没有约定利息结算标准的，应当按照中国人民银行发布的同期同类贷款利率计息，本质上也是按照法定利率计息。为何在有约定和没有约定的情况下都不能超过法定利率计息呢？法定利率也叫作基准利率，是由中国人民银行发布的。《中国人民银行法》第二十二条规定，中国人民银行为执行货币政策，可以运用确定中央银行基准利率的货币政策工具。《商业银行法》第三十八条规定，商业银行应当按照中国人民银行规定的贷款利率的上下限，确定贷款利率。《合同法》第二百零四条规定，办理贷款业务的金融机构贷款的利率，应当按照中国人民银行规定的贷款利率的上下限确定。按照上述法律规定，当事人对偿还欠付工程款利息没有约定时，应当按照商业银行确定的同期贷款利率计算利息。以往的审判实践中，有的法院在判决发包人偿还欠付工程款时，也附带判决发包人偿还欠付工程款的利息；有的则不判利息，作法不同，执法标准不统一。今后，各级人民法院应当严格按照本解释规定，对欠付工程款的，支持承包人请求发包人支付工程欠款利息的诉讼请求。

第十八条 ［工程款利息的起算标准］

利息从应付工程价款之日计付。当事人对付款时间没有约定或者约定不明的，下列时间视为应付款时间：

（一）建设工程已实际交付的，为交付之日；

（二）建设工程没有交付的，为提交竣工结算文件之日；

（三）建设工程未交付，工程价款也未结算的，为当事人起诉之日。

条文主旨

本条是关于发包人向承包人支付欠付工程价款利息起算时间的规定。从法理上讲，利息属于法定孳息，应当自工程欠款发生时起算，但是建设工程是按照形象进度付款的，许多案件难以确定工程欠款发生之日，因此，各级法院对拖欠工程价款的利息应当从何时计付，认识不统一，掌握的标准也不统一。有的从一审法庭辩论终结前起算，有的从一审举证期限届满前起算，还有的从终审判决确定工程价款给付之日起算。为了统一拖欠工程价款的利息计付时间，维护合同当事人的合法权益，本解释第十八条规定了三种计息的方法。建设工程因结算不下来而未交付的，为了促进发包人积极履行给付工程价款的主要义务，把承包人提交结算报告的时间作为工程价款利息的起算时间具有一定的合理性。当事人因结算纠纷起诉到法院，承包人起诉之日就是以法律手段向发包人要求履行付款义务之时，人民法院对其合法权益应予保护。

理解与适用

一、条文解析

（一）利息从应付工程价款之日计付

合同有约定的，应当遵从当事人约定，尊重当事人的真实意思表示，也是体现合同应当全面实际履行的原则，这是合同履行的常态。如前所述，发包人向承包人支付欠付工程款利息，在法律性质上讲属于法定孳息，与借款合同有相类之处。《合同法》第二百零七条规定，借款人未按照合同约定的期限返还借款的，应当按照约定或者国家有关规定支付逾期利息。逾期利息在法律性质上讲是违约金，一般称为罚息。借款与欠付工程价款的情况有所不同，欠付工程款利息起算时间为合同约定的支付工程价款届满之日，即欠款发生时；借款合同则有所不同，贷款人自支付借款本金之日，即自借款行为发生之日，借款人就应当向贷款人支付借款利息，支付利息不以借款人逾期还款的违约行为为前提条件。利息在借款合同中具有随附性，利息为本金的成本，支付借款本金时，就应当支付利息；借款人未按照合同约定的期限偿还借款，应当支付罚息。

(二) 合同对支付欠付工程价款没有约定或者约定不明的，按照本条规定处理

当事人对付款时间没有约定或者约定不明确的，下列时间视为应付款时间：(1) 建设工程实际交付的，建设工程交付之日；(2) 建设工程没有交付的，承包人提交竣工结算文件之日；(3) 建设工程价款未结算，建设工程也未交付的，当事人起诉之日。上述时间是司法解释规定的支付工程欠款利息的起算时间，而不是当事人约定时间。如前所述，利息应当从应付工程价款之日计付。建设工程施工合同不同于买卖合同，买卖合同可以约定货到付款，付款时间十分明确。由于建设工程施工合同性质决定无法确定确切的付款时间点，此类合同大多约定按照建设工程施工的形象进度支付工程款，如合同约定施工到完成地基基础工程或者主体结构的时间点作为支付工程款的时间，由于施工资料不完善、施工中存在工期顺延、设计变更等多种原因造成合同约定的付款时间点很难确定，绝大多数合同在履行中难以按照原合同约定确定实际付款时间。履行施工合同的变数很大，需要划分几种情况分别确定大体公平的时间点作为支付工程款利息的起算时间，这正是制定本条规定的背景。具体讲：第一，建设工程实际交付的，以建设工程交付之日为应付款时间。此时，发包人对讼争建设工程已经实际控制，有条件对讼争房屋行使占有、使用、收益的权利。在这种情况下，发包人已经受益了，仍然欠付承包人工程价款，双方的权利义务显然不对等，从此时开始发包人应当向承包人支付欠付的工程款利息。第二，建设工程没有交付，讼争建设工程仍由承包人掌管，但承包人已经在建设工程竣工验收合格后按照合同约定的时间提交了竣工结算文件，发包人如在合同约定的期限内不予答复的，应当认定此时为应付款时间。按照本解释第十九条规定，应当按照约定视为发包人认可了竣工结算文件，就按照承包人提交的竣工结算文件结算工程款。建设部发布的建设工程制式合同中约定，发包人应当在合同约定的时间内对支付工程款及应当支付的工程款数额予以答复，合同没有约定答复期限的，可认定审价期限为 28 天。在起草过程中，有观点认为应将合同约定发包人审核承包人提交的工程竣工结算报告期限届满时作为计付欠付工程价款利息的时间起算点，

理由为：审核期限届满时，如发包人未予答复，次日应为应付工程价款时间，应从此时支付欠付工程价款。如发包人对承包人提交的工程价款提出修改意见，承包人提交的竣工结算报告还不能作为工程价款结算的依据。实务中，许多发包人故意推延审核承包人提交的竣工结算报告以达到推延支付工程价款的目的，以承包人提交竣工结算文件的时间作为工程价款结算的时间，有利于督促发包人行使权利，尽快审核工程竣工结算报告，及时支付工程价款。平衡利弊后，最终确定了现行条款内容。第三，建设工程价款未结算，建设工程也未交付的，大多为工程未完工或者完工后未经验收的情形。这种情况下，合同约定的工程价款结算条件尚未成就，无法确定应付工程价款之日，应当规定一个拟制的应付款时间，并以此时间点作为计息时间。之所以选择以起诉时间作为应付款时间，主要考虑起诉为权利人向司法机关正式主张权利的时间点，人民法院经过审理最终认定了发包人欠付承包人工程价款的事实，如诉讼期间不计息，实际上扩大了承包人的损失，降低了发包人的成本，这对承包人来讲是不公平的。由于合同约定的工程价款结算条件未成就，找不到起诉前的应付款时间点，平衡双方利益后最终确定以一审原告起诉时间作为应付款时间。

二、社会各界意见

在起草本条解释中，除上述观点外，社会各界还提出其他观点：

第一个观点认为，当事人对付款时间没有约定或者约定不明的，工程价款通过工程造价鉴定确定的，应当以工程造价鉴定结论作出时，为应付款时间。理由为：双方当事人对工程价款有争议，可能是合同约定不明确，还可能是合同约定明确但在履行合同过程中，当事人通过签证等形式变更原合同约定的工程价款支付标准或支付方式，进而变更合同约定的工程价款数额。在诉讼中由于原合同有关工程价款的约定不具备适用条件，工程价款只能通过工程造价鉴定确定，工程造价鉴定结论作出时，即为应付款时间，利息应当从此时计付。法院应当采信的鉴定结论一般是指诉前当事人双方委托鉴定机构作出的，或者一方委托，双方认可的；诉讼期间一方或者双方申请，或者人民法院依职权委托鉴定机构作出的。据此，人民法院对上述鉴定结论应当认可。如果诉前一方当事人单方委托作出的鉴定，一般不予认可。应当说，这一观点有一定的合理性，合同有关的工程价款结算约定不明或者没有约定时，造价鉴定作为一种拟制的工程决算方式有其存在的合理性，将鉴定结论作出的时间为应付款时间也是合理的。但实务中，存在一审、二审、再审对讼争的一个工程项目作出两个或者两个以上的工程造价鉴定，且鉴定结论不一致，应以哪个工程造价鉴定结论作为应付款时间，难以确定，不好适用，故在起草本解释时，这一观点没有采纳。

第二个观点认为，当事人对付款时间没有约定或者约定不明的，工程价款未结算，建设工程也未交付的，应当以判决确定的支付工程价款之日为应付款时间。理由为：当事人对应否给付以及给付多少工程价款有争议，诉请法院裁判，工程价款利息应自法院裁判文书确定的付款日期起算，因为法院裁判文书确定的工程价款给付时间即为工程价款的结算时间。上述说法是有一定的道理的。但也存在不足，主要体现在：诉讼期间的利息不计算在发包人应付工程价款履行范围内，对承包人而言似乎不公平。

第三个观点认为，当事人对付款时间没有约定或者约定不明的，建设工程经竣工验收合格的，应当以竣工验收合格之日为应付款时间，同时也就是欠付工程款利息起算时间。理由为：《合同法》第二百七十九条规定，建设工程验收合格的，发包人应当按照约定支付价款，并接收该建设工程。建设工程经竣工验收合格后，方可交付使用；未经验收或者验收不合格的，不得交付使用。《建筑法》第六十一条也对此作出类似规定。验收合格是建设工程交付使用的前提条件，在合同对支付工程价款没有约定或者约定不明的情况下，承包人承包建设的工程经验收合格本身说明承包人已经完成合同约定的建设义务，建设产品合格；发包人应当对等履行支付工程价款义务，故建设工程经验收合格时为发包人应当支付工程价款的时间，也是支付欠付工程价款利息的时间。采用这种方案缺点是：竣工验收合格的时间不好确定。法律和其他规范性文件没有对建设工程竣工验收合格的时间点和标准作出规定，如开工应以取得施工许可证为开工标志，竣工的建设工程经验收合格的，何时为竣工时间，缺少一个标志性文件确定竣工时间点。实务中，一般以建设工程质量监督管理站在竣工验收文件签章的时间为工程竣工时间。由于实务操作存在诸多不规范的情况，许多案件竣工时间很难确定。如以此时间作为应付款时间，一些案件审理中会给法院带来难度，故此方案也未采纳。

综上，在起草本解释中结合民事审判的实际情况，综合考虑社会各界提出的各种观点，在平衡双方当事人利益的基础上，制定了本条规定。客观讲，本条规定未必在审理所有的案件时都能够做到最公平，社会效果和法律效果最好，但这一规定，对大部分案件来讲是公平的，也就足够了。而且在起草司法解释的两年半时间内也就此条充分征求了社会各界的意见，制定司法解释的过程是民主、公开、透明的，所以说，本条规定是有民意基础的。

第十九条 ［工程量计算］

当事人对工程量有争议的，按照施工过程中形成的签证等书面文件确认。承包人能够证明发包人同意其施工，但未能提供签证文件证明工程量发生的，可以按照当事人提供的其他证据确认实际发生的工程量。

条文主旨

本条是关于人民法院在当事人对工程量发生争议时以签证等书面文件或者其他能证明实际工程量发生的证据作为确认工程量的依据的规定。

长期以来，在人民法院审理建设工程施工合同纠纷案件中，工程量的计算是一个非常专业的专门性、技术性问题。以前，发包人与承包人根据《全国统一建筑工程预算工程量计算规则》中对工程量的分类，更多的是通过合同约定的范围和种类予以明确，自2003年以后，建设部通过制定工程量清单的方式，对工程量的分类及工程量计算规则进行了明确规定。为了在司法实践中体现行业规范，本条司法解释在确定基本以工程量清单作为确定工程量依据的前提下，对于当事人存在争议的工程量情况下，如何计算工程量问题作了进一步规定。主要涉及以下几个方面的内容：（1）对于工程量的种类、范围和计算方法，建设工程施工合同中有明确约定的，按照合同约定进行计算和确认。（2）在合同履行过程中，发生工程设计变更的，以双方当事人之间达成的补充协议、会议纪要、工程变更单、工程对账签证等书面文件形式作为载体的证据，都可以作为结算工程量并进而作为当事人结算工程款的依据。（3）如果当事人对工程量的多少存有争议，又没有签证等书面文件，在承包人能够证明发包人同意其施工时，其他非书面的试图证明工程量的证据，在经过举证、质证等程序后足以证明该证据所证明的实际工程量事实的真实性、合法性和关联性的情况下，在一定条件下也可以作为计算工程量的依据。

理解与适用

一、起草背景

在人民法院审理的建设工程施工合同纠纷案件中，当事人之间就工程量问题产生争议的占有相当大的比例。工程量计算是否准确，直接影响到承包人和发包人双方的切身利益，关系到案件的处理结果是否公正。发包人和承包人作为建设工程施工合同的双方当事人，属于独立的法人主体，具有各自的经济利益，为了自身的发展和业务需要，必然都要追求经济利益的最大化，这也是市场经济的必然要求，属于竞争中的合理现象。体现在工程量的计算和确认上，双方都往往容易强调有利于自己的方面，最终导致工程量计算和确认上出现争议。在多数情况下，是发包人已经根据建设施工合同的约定向承包人支付了一定的工程款，但对余下的工程款没有支付的理由是，对承包人已经完成的工程量存在或多或少的争议。有的当事人申请人民法院委托中介机构进行鉴定。实践中的做法是，有的法院准许了当事人提出的鉴定的申请，有的没有准许。如何处理这种情况，以什么证据作为认定双方争议工程量的依据，很有必要作出明确的规定。本条解释就是适应这种需要而制定出来的。

二、社会各界所提的修改意见及采纳与否的情况

在通过中国法院网和《人民法院报》向社会各界征求意见时，该条的内容被规定在司法解释稿的第十二条中，具体内容为："建设工程施工合同终止履行的，应根据承包方已完成的工程量，按有效合同约定的计价方法和计价标准结算工程款；约定不明的，按有效合同签订时适用的工程定额标准结算工程款。"该条所包含的工程量计算问题，在最后定稿时该条内容被分解，即规定在第十九条，明确了在承包人与发包人有争议的情况下工程量如何确定的问题，具体内容也作了比较大的补充和完善。

在征求意见过程中，本条的内容属于争议较大的问题之一。

（一）专家学者提的修改意见

多数专家学者认为，在建设工程施工合同履行过程中，工程量发生变更时，以实际发生的工程变更单等书面签证作为认定工程量的依据是合适的，体现了当事人的意思自治。

（二）网民提的修改意见

有的网民提出，过去实行多年的定额标准实际为计划经济产物，为了适应市场经济，国家已经颁布了《建设工程工程量清单计价规范》，这意味着今后的定额标准已被取消，应该以工程量清单计价的方法来确定工程量。

有的网民提出，为减少人民法院审理建设施工合同纠纷的难度和工作量，对发包人和承包人双方在工程量没有确认和结算，没经造价咨询单位审核，没经县以上

人民政府建设行政主管部门调解，一方先向人民法院起诉的应不予受理或驳回起诉时，发包人和承包人双方对工程款结算问题有异议的，应先通过行政程序解决，即应根据建设部《建设工程施工发包与承包计价管理办法》第十五条、第十六条和第十七条的有关规定，先由发承包双方协商，协商不成的，委托工程造价咨询单位进行竣工结算审核，发包人和承包人双方对工程造价咨询单位出具的竣工结算审核意见仍有异议的，在接到审核意见后一个月内可以向县级以上地方人民政府建设行政主管部门申请调解，调解不成的可以依法申请仲裁或向人民法院提起诉讼。该办法同时规定工程结算审核和工程造价鉴定文件应当由造价工程师签字，并加盖造价工程师执业专用章。

尽管建设部《建设工程施工发包与承包计价管理办法》系国务院主管部门制定的部门规章，但它是我国进入市场经济后国家颁发的第一个具有规范性文件性质的造价管理文件，应该成为人民法院审理建设工程施工合同工程款纠纷的依据。但是，由于此前最高人民法院对此没有明确的司法解释，一些地方法院对有关此类案件的处理结果大相径庭，由于很多当事人仅凭一份合同或单方做的工程造价表就贸然起诉，而一些地方法院草率受理，把本应由行政程序解决的发包人和承包人双方核对工程量、委托造价咨询单位进行造价审核、县级以上人民政府建设行政主管部门调解等行政程序纳入法院工作范围，不仅增加了人民法院的工作量和难度，同时也给当事人增加了不应有的费用和损失。因此，基于以上考虑，建议最高人民法院在本解释中增加有关“严格执行建设工程施工合同工程款结算应先通过法定行政程序调解，调解不成的才能向人民法院起诉”的条款。

（三）分析研究后确定的条文

最高人民法院民一庭在分析归纳社会各界对征求意见稿所提的修改意见过程中，曾经将该部分内容表述为：“当事人对工程量发生争议的，应当按履行合同双方达成的签证等书面文件确认。没有签证等书面文件的，应当就其主张承担举证责任。”后来，在征求意见研究讨论过程中，各方面意见普遍认为，强调一方当事人的举证责任，是举证证据分配的问题，属于证据规则等民事诉讼程序方面司法解释涉及的问题，不属于本司法解释有关条款所要明确的问题。在本条司法解释中，只需要规定合同履行过程中工程量发生变化，当事人对工程量发生争议时，在什么情况下可以确定工程量的情形。所以，在最后定稿时，便形成了目前的条文。

三、需要注意的几个问题

（一）确定工程量的基本依据

作为行业标准，在建设部制定的建设工程施工合同格式文本中，工程量清单作为合同组成部分的文件之一。实际施工中，工程量清单大多是以发包人和承包人双方工地代表形成的签证体现出来的。按照建设工程施工合同格式文本中通用条款关于工程量的规定，工程量的确认，是由承包人按专用条款约定的时间，向工程师提交已完工程量的报告。工程师接到报告后 7 天内按设计图纸核实已完工程量，并在计量前 24 小时通知承包人，承包人为计量提供便利条件并派人参加。承包人收到通知后不参加计量，计量结果有效，作为工程价款支付的依据。工程师收到承包人报告后 7 天内未进行计量，从第 8 天起，承包人报告中开列的工程量即视为被确认，作为工程价款支付的依据。工程师不按约定时间通知承包人，致使承包人未能参加计量，计量结果无效。对承包人超出设计图纸范围和因承包人原因造成返工的工程量，工程师不予计量。工程量的计量结果出来后，对合同约定的涉及工程进度款支付问题上有直接的联系，在确认计量结果后 14 天内，发包人应向承包人支付工程进度款。[①] 这些都是在发包人没有变更工程设计、承包人也没有超出涉及图纸范围施工的情况下，计算工程量的通常程序。在工程变更设计时，须有双方工地代表签字的书面工程变更单，才能作为计算工程量的依据。

（二）工程量清单的计取

工程量的计算，涉及 14 个大的方面，即土石方工程，桩基础工程，脚手架工程，砌筑工程，混凝土及钢筋混凝土工程，构件运输及安装工程，门窗及木结构工程，楼地面工程，屋面及防水工程，防腐、保温、隔热工程，装饰工程，金属结构制作工程，建筑工垂直运输定额，建筑物超高增加人工、机械定额。建设部在 1995 年 12 月曾发布了《全国统一建筑工程预算工程量计算规则》，目的在于统一工业与民用建筑工程量的计算。该规则既适用建筑物、构筑物施工图设计阶段编制工程预算及工程量清单，也适用于工程设计变更后的工程量计算。现在适用的是建设部制定的自 2003 年 7 月 1 日起施行的中华人民共和国国家标准《建设工程工程量清单计价规范》的规定。根据该规范的要求，工程量清单应采用统一格式，格式由下列内容组成：（1）封面；（2）填表须知；（3）总说明；（4）分部分项工程量清单；

---

① 孙林、于腾群等：《建设工程常用法律文书范本》，法律出版社 2002 年版，第 87～88 页。

（5）措施项目清单；（6）其他项目清单；（7）零星工作项目表。工程量清单格式的填写应符合下列规定：（1）工程量清单应由招标人填写；（2）填表须知除本规范内容外，招标人可根据具体情况进行补充；（3）总说明应按下列内容填写：1）工程概括：建设规模、工程特征、计划工期、施工现场实际情况、交通运输情况、自然地理条件、环境保护要求等；2）工程招标和分包范围；3）工程量清单编制依据；4）工程质量、材料、施工等的特殊要求；5）招标人自行采购材料的名称、规格型号、数量等；6）预留金、自行采购材料的金额数量等；7）其他需说明的问题。工程量涉及的方面也如以前的大体相同。

合同中综合单价因工程量变更需调整时，除合同另有约定外，按照下列办法确定：（1）工程量清单漏项或涉及变更引起新的工程量清单项目，其相应综合单价由承包人提出，经发包人确认后作为结算的依据；（2）由于工程量清单的工程数量有误或设计变更引起工程量增减，属合同约定幅度以内的，应执行原有的综合单价；属合同约定幅度以外的，其增加部分的工程量或减少后剩余部分的工程量的综合单价由承包人提出，经发包人确认后，作为结算的依据。

（三）作为计算工程量依据的书面文件的范围和种类

双方当事人在履行建设工程施工合同期间，根据合同发生的手写、打印、复写、印刷的各种通知、证明、证书、工程变更单、工程对账签证、签证、补充协议、备忘录、函件以及经过确认的会议纪要、电报、电传等书面文件形式作为载体的证据，都可以作为结算工程量并进而作为当事人结算工程款的依据。

在建设工程施工合同纠纷案件审理中，出现工程量的变化争议，绝大多数情况下是因为工程设计变更，虽然也有一部分是因为承包人超范围在设计图纸之外进行施工造成工程量发生变化，或者因为自己原因需要返工造成工程量增加，但这两部分所占的比例较小，而且只要发包人不予认可该部分，就不成为工程量争议的问题之列。按照建设工程施工合同规定，施工中发包人需对原工程设计进行变更，应提前14天以书面形式向承包人发出变更通知。变更超过原设计标准或批准的建设规模时，发包人应报规划管理部门和其他有关部门重新审查批准，并由原设计单位提供变更的相应图纸和说明。只有履行完这些手续的工程量变更，才产生法律后果。承包人按照发包人的变更通知和有关要求，可以进行下列变更：（1）更改工程有关部分的标高、基线、位置和尺寸；（2）增减合同中约定的工程量；（3）改变有关工程的施工时间和顺序；（4）其他有关工程变更需要的附加工作。因设计变更导致工程量变化，双方可以通过多种书面形式予以确认。经双方签字认可的证明工程量变化的书面文件，经过举证、质证和认证后，都可以作为认定工程量变化的证据。

能够反映工程量变化的载体还体现在很多方面，主要的还有以下几种：（1）会议纪要。双方商量工程量方面的会谈形成的纪要，都是对某些问题作出决定，可视为对合同有关内容的一种补充。只有经过双方签字认可的会议纪要才能作为直接证据使用，单方起草没有经过双方签字的会议纪要只有再经过对方认可后，才可以作为证据使用。（2）工程检验记录。如建筑定位放线验收单、基础验槽记录、钎探记录、轴线检查记录、设备开箱验收记录、水电消防实验、试压记录等，都能在一定程度上反映出工程量的变化。（3）来往电报、函件等。这些书面文件往往可以证明发生变化的时间、原因等情况。而且，这些文件还可以说明双方就一些问题的交流信息，可以评价双方当事人对事情的观点和看法。（4）工程洽商记录。工程洽商记录中记载了工程施工中地下障碍的处理、工程局部尺寸材料的改换、增加或者减少某项工程内容的情况。（5）工程通知资料。发包人提供的场地范围、水、电接通位置、水准点、施工作业时间限定、施工道路指定等，都是通过通知书的方式告诉承包人。

（四）没有书面文件的工程量的认定

在工程量发生争议时，如果承包人举不出实际发生工程量变化的证据，只是提出要求按增加工程量结算工程价款的，在诉讼中不会得到人民法院的支持。一般情况下，发包人和承包人都在合同中约定了工程量清单，列明了工程涉及的所有工程项目的名称、建筑材料的数量和规格等。发包人认为承包人实际施工的工程量少于合同或者合同附件中列明的工程量清单数量的，应当承担举证责任；反之，承包人认为其实际施工的工程量多于合同或者合同附件中列明的工程量清单数量的，也应当举出基于发包人变更设计导致工程量增加的证据。否则，就属于其自身超设计图纸范围施工或者质量未达到要求返工造成的工程量变化，不属于应当由发包人承担支付工程价款责任的基础。本条解释规定了一种情况，即在承包人能够证明其增加的施工行为得到发包人同意或者认可的，虽然没有工程量变更的签证等证明文件，但如果承包人能够提供如双方往来记录、函件等材料，证明工程量变化系出自于发包人的意思表示，对于这些证据材料也可以作为认定工程量变化的依据。

需要注意的是，在承包人提出工程量变化不以工程量清单中列明的工程量作为结算工程价款依据时，所举出的证据原则上应当是书面文件等书证，但在发包人自己认可比如在诉讼中自认的涉及工程量变化事实的情形，也可以作为认定工程量变化的依据之一。

工程量发生变化后的总量确定，是一个事实认定问题。当承包人与发包人双方发生争执时，根据承包人在施工中实际付出的人工费和原材料费用以及实际支出的其他费用，应当按照订立合同时履行地的市场价格确定。

第二十条 ［逾期不结算的后果］

当事人约定，发包人收到竣工结算文件后，在约定期限内不予答复，视为认可竣工结算文件的，按照约定处理。承包人请求按照竣工结算文件结算工程价款的，应予支持。

条文主旨

本条是关于建设工程施工合同的发包人违反合同约定逾期不结算工程价款的后果问题的规定。

本条规定实际上涉及以下几个方面的内容：（1）明确了结算文件成就的条件，即如果当事人在合同中约定了发包人一定的审核竣工结算文件期限，在该期限内没有答复视为认可该结算文件的，该约定对双方当事人具有约束力。发包人收到承包人递交的结算报告，是导致承包人提出的结算报告作为结算依据的基本条件；发包人接到承包人提出的结算报告后，在合同约定的期限内不予答复，是导致结算报告作为结算依据的必要条件。（2）结算文件递交的方式必须是书面的。递交结算报告的不适用留置递交的方式。如果承包人不能举出证据证明自己已经向发包人递交了结算报告，则不能产生将承包人作出的结算报告作为结算依据的法律后果。承包人在法院起诉时要求按照结算文件结算工程款的，可以作为认定工程款数额的依据。（3）这种责任是从承包人与发包人签订的建设工程施工合同中派生出来的，不是法律或者司法解释中新确定的责任。本条司法解释的内容与建设工程施工合同约定的内容侧重点不同，内容也有所区别，但意思是一致的，即对当事人的权利义务的确定。在这个问题上，对于人民法院来说，实际上更多地涉及对当事人一方举出的证据如何采信等相关问题。只要承包人举出的结算文件属于视为发包人认可的情形，人民法院就应当采信该证据，基于承包人的请求将该结算文件作为确定结算工程价款的依据。

理解与适用

一、起草背景

从司法实践中看，工程款的结算依据问题，是建设工程施工合同中承包人与发包人之间产生争议最多的问题，可以说有90%以上的此类案件都不同程度地存在着工程款的争议问题。而之所以产生工程款争议，是因为承包人和发包人对结算文件发生争议。长期以来，对于拖欠工程款支付的依据问题，一直困扰着人民法院及时妥善地审结此类案件。在司法实践中，往往是当事人一方拿着合同约定的结算文件，请求人民法院按照结算文件中形成的工程款数额，判令对方当事人承担支付工程款的责任。而另一方当事人却提出异议认为，竣工结算文件是承包人单方作出的，没有经过中介机构的评估和鉴定，不能作为支付工程款的依据，需要对工程价款进行评估和鉴定。在不通过中介机构进行鉴定的情况下，按照合同约定的结算工程款的途径，主要就是指建设工程施工合同约定的结算文件。在建设部制定的建设工程施工合同格式文本中，对于工程竣工结算的条款约定了相应的期限和程序等条件，当这些条件具备时，就应当产生相应的法律后果。因结算报告的递交手续不完备、不规范，使得承包人与发包人之间经常为是否提出和收到结算报告争执不下，容易引起履行结算程序的事实认定的困难。不少建设工程施工合同纠纷案件，当事人双方争议最大的便是工程价款的结算问题，而其中多集中在结算依据的争执上，有不少此类案件因为结算依据的不确定而导致案件审理期限的拖延，既增加了当事人的讼累，也给人民法院审判工作造成了被动。为了增强当事人的诚信意识，严格按照合同约定的内容履行，通过这次司法解释的形式进一步予以明确，就是为了强化这种合同中规定的责任，既便于及时、公正地解决当事人之间的工程款纠纷，同时也便于人民法院在审理此类纠纷案件时一体遵照执行。

二、社会各界所提的修改意见及采纳与否的情况

在通过中国法院网和《人民法院报》向社会各界征求意见时，该条的内容被列在第十四条，具体内容为：“发包方与承包方在起诉前已就全部或部分工程款结算达成协议，一方在诉讼中要求重新结算的，不予支持。”该条在最后定稿的文本中排在第二十条。

在征求意见过程中，本条的内容争议体现在如何确定当事人达成协议的情况。提出的修改意见虽然是多方面的，但主要体现在如何确定双方结算工程款的依据上。

（一）专家学者提的修改意见

在征求意见过程中，对于该条涉及的内容，专家学者表示赞同，普遍认为承包人与发包人在建设工程施工合同中约定的结算条件成就时，就应该按照结算文件进

行结算。同时提出应该强调尊重当事人在合同中的约定的意思。结算依据的产生具有重要意义，通过司法解释的形式进一步强化当事人的合同意识，具有积极意义，有利于促进建筑市场的健康发育，必将产生良好的社会效果。

（二）网民提的修改意见

在征求意见过程中，有的网民认为，承包人提出的结算文件是单方计算出来的，不具有公平性和客观性，在任何情况下都不应该作为结算依据。有的网民提出，承包人单方提出的结算文件如果得到发包人认可的，可以直接作为结算依据，如果提出异议的就应该通过鉴定程序解决结算依据问题。还有的网民认为，最高人民法院在网上公布的征求意见稿中设计的确定结算文件的思路，与建设工程施工合同格式文本的内容是一致的，符合建筑市场实际情况，应该予以坚持，并在司法解释中予以重申、明确。

有的网民建议，增加一条关于拖延结算与逾期完工的价格问题的规定，内容为："工程合同价款有约定的按约定，约定不明的，按政府规定的工程定额标准结算；因发包人的原因导致工程不能及时结算的，遇定额取费标准上调时，则按新的定额标准结算，遇定额取费标准下调时，则按原约定的或合同签订时的定额标准结算；因承包人原因导致逾期完工的，遇定额标准上调时，则按原合同约定的或合同签订时的定额标准结算，遇定额标准下调时，则按新的定额标准结算。"提出这条修改建议的目的在于，制约工程合同履行中普遍存在的发包人拒绝或拖延结算的问题。在实务中，许多发包人为了达到拖欠工程款之目的，首先采取的对策就是不进行工程款结算。而从立法来看，对于逾期付款的违约责任有较为明确的规定，而对发包人拖延结算的行为没有规定具体的制约手段，因而许多发包人为了规避逾期付款的违约责任干脆不进行工程款结算，使双方的债权债务长期处于一个不确定的状态，从而达到拖欠工程款之目的。工程款结算决算和支付应按有效合同的约定执行，发包方不得以自己的有利地位借故拖延和拒付。例如不得以需要领导或上级批准为借口，不得以所谓廉政协议或廉政合同为理由，更不得以需要等待审计部门审计或以审计结论为借口否定原合同的约定。

（三）最高人民法院民一庭分析研究后整理确定的条文

最高人民法院民一庭在研究形成本条款内容的过程中，对于如何确定发包人的付款责任问题，曾有过比较大的争论，一度形成了几种不同意见：第一种意见认为，承包人提出的竣工结算文件只是单方统计并计算的工程价款凭证，不能作为工程款结算的依据，如果当事人有异议的，因涉及专门性、技术性问题，还是应当通过中介机构的鉴定结论作为确定工程款的依据；第二种意见认为，按照建设工程施工合同约定，承包人提出竣工结算文件通知发包人后，发包人在一定期限内没有提出异议的，就视为同意，应该以此结算文件作为确定讼争工程款项的依据，这是合同中约定的责任；第三种意见认为，在合同履行过程中，经常发生承包人坚持已经向发包人提出了工程竣工结算文件，发包人坚持没有收到承包人提出的工程竣工结算文件，在如何认定双方就工程竣工结算事项往来行为比较困难，在承包人提出竣工结算文件后是否还要发出催告等，需要明确规定。在本司法解释修改过程中，该条内容曾有过多种表述，有一稿表述为："建设工程已经验收合格，发包方收到竣工结算文件后，在合同约定的期限内经承包方书面催告无正当理由未予答复，承包方主张按照竣工结算文件结算工程款的，人民法院应予支持。"有一稿表述为："建设工程施工合同约定，发包人收到竣工结算文件后，在合同约定期限内不予答复，视为认可竣工结算条件，承包人主张按照竣工结算文件作为结算依据的，应予支持。"但最后在定稿时，考虑到催告程序既不是合同约定的程序，也不是法律规定的程序，在本条解释中如果强调催告程序，显然缺乏依据，所以最终没有采用这种写法，而是从正面明确了发包人逾期不答复也不结算的法律后果，对发包人拖延结算的行为规定具体的制约手段，这就是导致承包人提出的竣工结算文件作为结算工程款的依据。

三、需要注意的几个问题

（一）竣工结算文件的形成和提出

作为行业规范和标准，按照建设部制定的建设工程施工合同格式文本规定的有关条款，竣工结算的过程大体如下：（1）工程竣工验收报告经发包人认可后 28 天内，承包人向发包人递交竣工结算报告及完整的结算资料，双方按照协议书约定的合同价款及专用条款约定的合同价款调整内容，进行工程竣工结算。（2）发包人收到承包人递交的竣工结算报告及结算资料后 28 天内进行核实，给予确认或者提出修改意见。发包人确认竣工结算报告后通知经办银行向承包人支付工程竣工结算价款。承包人收到竣工结算价款后 14 天内将竣工工程交付发包人。（3）发包人收到竣工结算报告及结算资料后 28 天内无正当理由不支付工程竣工结算价款，从第 29 天起按承包人同期向银行贷款利率支付拖欠工程价款的利息，并承担违约责任。（4）发包人收到竣工结算报告及结算资料后 28 天内无正当理由不支付工程竣工结算价款，承包人可以催告发包人支付结算价款。发包人在收到竣工结算报告及结算资料后56天内仍不支付的，承包人可以与发包人协议将该工程折价，也可以由承包人申请人民法院将该工程依法拍卖，承包人就该工程折价或者拍卖的价款优先受偿。(5) 工程竣工验收报告经发包人认可后28天内，承包人未能向发包人递交竣工结算报告及完整的结算资料，造成工程竣工结算不能正常进行或工程竣工结算价款不能及时支付，发包人要求交付工程的，承包人应当交付；发包人不要求交付工程的，承包人承担保管责任。(6) 发包人与承包人对工程竣工结算价款发生争议时，按通用条款中有关争议的约定处理。[①]

(二) 本条解释中予以明确的是建设工程施工合同中的合同责任，而不是新增加的责任

本条解释是涉及逾期不结算的法律后果，因出现了合同中约定的情形，导致结算报告作为工程款结算的依据。在建设部制定的建设工程施工合同格式文本中，有专门条款规定了逾期不结算的法律后果，只要出现了合同中规定的发包人逾期不答复或者不支付工程价款的情形，结算依据就随之产生。按照格式文本中通用条款的约定，发包人承担支付同期贷款的利息。实践中，双方当事人发生争议的工程款结算争执点基本上都集中在结算依据的确定上。需要注意的是，当事人在合同中选择了这种方式作为确定工程款的结算依据，是当事人意思自治的体现，不是外在的因素和力量加给双方当事人的。本条规定只是通过司法解释的形式将当事人的意思表示予以明确下来。

(三) 履行催告是否属于需要承包人履行的义务问题

在建设工程施工合同格式文本中，在规定发包人收到竣工结算报告及结算资料后28天内无正当理由不支付工程竣工结算价款，从第29天起按承包人同期向银行贷款利率支付拖欠工程价款的利息，并承担违约责任的同时，还规定了发包人收到竣工结算报告及结算资料后28天内无正当理由不支付工程竣工结算价款，承包人可以催告发包人支付结算价款的内容。从民法理论尤其是《合同法》规定来看，催告往往是一种产生一定法律后果的前提，而且有一个合理期限。但需要注意的是，在建设工程施工合同格式条款中，催告行为是与产生付款并承担相应工程款利息，在建设工程施工合同中是被同时规定的，也就是说，承包人向发包人进行催告并不是产生结算依据的前置程序，不是一个必经程序，发包人不得以承包人没有进行催告而提出抗辩。因此，没有必要将催告作为承包人应当履行的义务和确定结算依据的一个环节。当然，本条司法解释中没有规定催告作为确定结算依据的前置程序，

---

① 孙林、于腾群等：《建设工程常用法律文书范本》，法律出版社2002年版，第93页。

但并不影响承包人向发包人就工程款支付事宜进行催告。

（四）承包人递交竣工结算报告和发包人收到竣工结算报告行为的确认

按照建设工程施工合同约定，承包人递交结算报告的行为应当是书面的，发包人收到竣工结算报告也必须给承包人出具书面的凭证。承包人仅仅口头告知发包人有关结算报告的内容等，是不产生导致结算依据的后果。而且如果仅仅是口头的单方告知，也会导致在日后发生工程款结算纠纷时举证的困难。承包人向发包人递交结算报告时，接收结算报告的主体如果是法人或者其他组织的，应当是该法人的法定代表人、其他组织的主要负责人，或者法人或其他组织内部具有收发责任和义务的部门，如办公室、收发室、值班室等负责收件的人签收或者盖章。递交结算报告的不适用留置递交的方式。承包人以发包人不接收结算报告为由，主张按由其单方提出的结算报告作为结算工程价款的依据，理由不能成立，主张不应得到支持。如果承包人不能举出证据证明自己已经向发包人递交了结算报告，则不能产生将承包人提出的结算报告作为结算依据的法律后果。

第二十一条 ［“黑白合同”的认定］

当事人就同一建设工程另行订立的建设工程施工合同与经过备案的中标合同实质性内容不一致的，应当以备案的中标合同作为结算工程价款的根据。

条文主旨

本条是关于发包人与承包人之间就同一建设工程签订两份不同版本的合同，其中有一份是中标合同、另一份是内容与中标合同不一致的合同，应以哪一份合同作为结算工程价款依据的规定。

本条所涉及的内容也就是社会上人们通常所说的“黑白合同”或者“阴阳合同”的效力及其处理问题。这类合同之所以被称为“黑白合同”或者“阴阳合同”，是因为被称为“黑合同”“阴合同”见不得阳光，不能公开，不能拿到桌面上。如何处理这些建设工程施工合同纠纷，是经济生活和审判实践中长期困扰并且迫切需要解决的问题。正确理解本条司法解释的含义，需要从以下三个方面着重把握规定的内容：（1）被称为“黑白合同”或者“阴阳合同”的两个不同版本的合同，在签订时间上可以存在三种状态，即与中标合同内容不一致的合同在中标合同之前签订；与中标合同内容不一致的合同在中标合同之后签订；与中标合同内容不一致的合同与中标合同在同一天签订且难以确定先后顺序的。（2）两份合同不一致的地方必须是在工程价款、工程质量或者工程期限等三个合同实质性内容方面有所违背，而不是一般的合同内容变更或者其他条款的修改。需要注意的是，在中标合同签订后，任何一方当事人都有权依法通过协商变更合同部分条款。如何具体量化和区分“黑白合同”或者“阴阳合同”与依法变更合同的界线，在一定程度上存在着法官自由裁量的问题，需要法官正确掌握裁量的标准。(3) 依法进行招标的项目，招标人在一定的期限内向有关行政监督部门提交招标投标情况的书面报告，是法律规定的对招标投标进行的备案制度，这是体现国家对强制招标项目这些民事活动的干预和监督。设立这种备案制度，并不是说中标结果和中标合同必须经行政部门审查批准后才能生效，而是确定以经过备案的中标合同作为承包人与发包人双方结算工程款的依据。

理解与适用

一、起草背景

长期以来，在我国建筑施工市场，按照法律规定实行强制招标投标的项目领域，在承包人与发包人之间存在签订两份合同的情况时常发生。其中，一份是招标人与中标人根据中标文件签订的合同，即中标合同，另一份则是内容与中标合同内容不一致的合同，社会上形象地称之为“黑白合同”或者“阴阳合同”。同时，在实践中，有的合同与中标合同内容相差不大，只是在工程的某些方面与中标合同的内容不一致，没有对合同进行实质性的修改；有的则是通过签订新的合同对中标合同从工程价款、工程质量和工程期限等方面进行了重大的实质性修改。当事人因履行合同发生纠纷诉至人民法院时，常常遇到双方当事人各持一份对自己有利的建设工程施工合同，对人民法院正确认定合同的真实性和合法性造成不小的困难，经常在不同程度上导致对案件的拖延审理。如何根据法律相关规定，结合当事人的真实意思表示，确定一份合同作为当事人之间结算工程价款的依据，一直是民事审判实践中需要解决的现实而紧迫的问题。多年的民事审判实践中，特别是近几年来，不少法院通过多种渠道不断向最高人民法院请示和反映，希望最高人民法院根据《合同法》和《建筑法》等法律和行政法规的规定，结合民事审判实践，提出明确的司法解释意见，以指导审判实践。本条的规定，就是为了适应审判实践中的现实问题解决的需要，根据有关法律规定的精神而作出的具体解释。

二、社会各界所提的修改意见及采纳与否的情况

自2002年3月起，最高人民法院民一庭就启动本司法解释的起草工作，先后在北京、广东、安徽、贵州等地召开各类座谈会十多次，反复听取了各级法院和人大法工委、建设部、施工单位、房地产开发企业、执业律师、专家学者和鉴定中介机构等各方面意见。本条规定的内容始终是重点研究的问题之一。在《人民法院报》和中国法院网上征询社会意见过程中，本条内容属于被提及以及提出修改意见最多的条款之一。对这一问题如何解决，受到社会各界的关注，特别是受到建筑施工企业的高度关注。在本司法解释起草过程中，建筑施工企业以各种形式不断地提出修改意见和建议。

在通过中国法院网和《人民法院报》向社会各界征求意见时，该条列为第六条，具体内容为："发包人以排挤其他投标人为目的，利用其在签约中所处的优势地位，就同一建设工程除与承包人公开签订的建设工程施工合同外，又强迫承包人签订另一份工程价款、工期等方面与中标签订的合同不一致且有利于发包人的建设工程施工合同，人民法院应认定招标投标时签订的合同有效。"该条在最后定稿的文本中排在第二十一条，具体内容也作了较大的改动。

在征求意见过程中，本条的内容属于备受关注且争议较大的问题之一。

（一）专家学者提的修改意见

在讨论该条文时，大部分专家学者强调的更多的是，既要甄别"黑白合同"和"阴阳合同"，也要注意保护建设工程施工合同双方当事人修改、变更合同的权利。关键是要把握好确认正常的合同变更行为与规避中标行为的界线。多数学者认为，应当坚持把在合同实质性内容的重大改变作为区分两类不同性质合同的界线。

（二）网民提的修改意见

1. 有的网民提出，应该强调有利于承包人的情形。在某一承包人与发包人串通的情形下，存在两份合同，而承包人显然也存在主观恶意，如果认定中标时订立的合同为有效，则实体处理显然对承包人有利，在承发包之间，双方均有过错的情形下，不利后果均由发包人承担。

2. 有的网民提出，征求意见稿中对发包人利用招标时的地位就同一建筑工程公开招标签订一份合同，而后又私下签订一份施工合同问题"应认定招标时签订的合同有效"。但是，对于承包人在把该工程揽到手，开工并实际占有该工程后以停工或拖延工期等方式，强迫发包人再签订另一份在工程价款、延迟付款罚款、将工

程折价或优先受偿等方面与中标签订的合同不一致且有利于承包人的建设工程施工合同，人民法院也应认定招标投标时签订的合同有效。对既签订有建设部、国家工商行政管理局制定的建设工程施工合同（示范文本），又签订有非示范文本合同的，应认定正规的示范合同文本有效。

3. 有的网民提出，根据《招标投标法》规定，有六种情况导致中标结果无效，根据无效的结果签订的合同效力如何？又如：中标后双方没有按照招标文件、投标文件签订合同，而是签订了背离招标文件、投标文件的合同，背离的合同条款效力又如何？

4. 有的网民提出建议，将相关内容修改为："发包人与承包人就同一建设工程公开签订了建设工程施工合同外，又签订了另一份工程价款、工期等方面与中标签订的合同不一致且有利于发包人的建设工程合同，人民法院应认定招标投标时签订的合同有效。"否则，按原规定，则当事人无法举证证明。

5. 有的网民提出，本条为强调发包人利用优势地位与承包人签订另一份有利于自己的建设工程施工合同，设定了"发包人以排挤其他投标人为目的"且"强迫承包人签订"这样一个前提，这样的规定使得承包人的举证责任加大，致使承包人在主张与发包人另行签订合同无效的同时，必须搜集充分的证据以证实发包人的确出于"排挤其他投标人为目的"且有"强迫"行为。而在实践中，承包人很难有证据证实发包人的这一主观想法，司法实践中也很难认定承包人是否确为受"强迫"签订另一份合同。这样，即使制定这一条款的初衷是为保护承包人的弱势地位，也会因为缺乏实践操作的可能而流于形式，达不到保护承包人的目的。

根据《招标投标法》的规定，这种发包人与承包人签订一份与中标时公开签订的建设工程施工合同主要内容不一致的合同（俗称"阴阳合同"），无论是否有违承包人的意愿，其结果都是侵害了其他投标人的合法权益，不应得到法律的保护，更不能以承包人是否处于弱势地位来决定合同的效力。

根据《招标投标法》第四十五条、第四十六条、第五十九条的规定，招标人根据投标人的投标文件综合评比后确定中标人，并应同时将中标结果告知所有未中标的投标人。招标人和中标人应按招标文件和中标人的投标文件订立书面合同，不得再行订立背离合同实质性内容的其他协议。制定这些条款的目的是强调并监督招标人和中标人必须遵循公平、公正、公开的原则，严禁任何侵犯其他未中标投标人利益的行为，从而保证招投标各方的合法权益。

因此，从《招标投标法》制定的原则和调整的法律关系看，无论承包人是否受发包人的强迫，签订与中标时公开签订的建设工程施工合同主要内容不一致的合同，都是对其他未中标的投标人合法权益的侵犯，也是有悖于《招标投标法》主旨的。

因经济生活实践中出现“阴阳合同”的原因有可能是发包人利用优势地位强迫承包人签订的，也可能是发包人和承包人双方相互恶意串通自愿达成的，故建议将本条内容修改为：“发包人利用其在招标过程中的优势地位，就同一建设工程除与承包人公开签订的建设施工合同外，又与承包人签订另一份工程价款、工期等方面与中标时签订的合同不一致且有利于发包人的建设工程施工合同，人民法院应当认定中标时签订的合同有效。”“发包人与承包人相互串通，签订的与中标时公开签订合同的工程价款、工期等主要内容不一致的建设工程施工合同，即损害了其他未中标的投标人的合法权益，人民法院应当认定中标时签订的合同有效。”

6. 有的网民建议修改为：发包人与承包人根据招投标结果签订建设工程施工合同后，无正当理由又签订与招投标合同的工程价款、工期等内容不一致的合同，承包人要求认定无效的，人民法院应予支持。人民法院作出该合同无效的认定后，发包人与承包人权利义务适用招投标时签订的合同。作这样修改的理由是：（1）征求意见稿实际上确定了四个适用条件，实践中无法就目的、利用优势地位、强迫等事项进行举证；（2）司法实践中，虽然符合上述条件，承包人往往只是按照阴阳合同的“阴合同”起诉拖欠工程款，不一定诉请认定合同无效，双方可能对合同效力并不持异议，按照不告不理原则，人民法院不必主动认定招投标合同的有效性。

7. 有的网民建议修改为：“以排挤其他投标人为目的，承发包双方就同一建设工程除中标后公开签订的建设工程施工合同外，又签订另一份在工程价款的数额、支付期限、工期或质量等级等方面与中标签订的合同不一致，且有利于发包人的建设工程施工合同，或者承包人向发包人作出类似的书面承诺，人民法院应当认定该另一份合同或承包人的承诺无效。”主要理由：一是为排挤其他投标人而签订所谓“阴阳合同”往往是承包人和发包人双方在招投标阶段互相串通的结果，并不一定存在发包人对承包人的强迫，况且征求意见稿中限定的“强迫”在实践中很难举证证明。二是为达到排挤其他投标人的目的，有时，承包人和发包人双方并不签订“阴合同”，而是通过承包人向发包人作出类似的书面承诺的形式出现，比较隐蔽。三是直接规定承发包双方在招标投标时公开签订的合同有效似有不妥。因为公开签订的合同是否有效，不能仅因其系在招标投标时公开签订的而简单认定，还要审查其签订的程序和内容是否不违反法律和行政性法规的全部强制性规定。而“阴合同”或者承包人向发包人作出的类似书面承诺因违反《招标投标法》第三十二条第一款、第二款的强制性规定而当然无效。

发包人以排挤其他投标人为目的，利用其在签约中所处的优势地位，就同一建设工程除与承包人公开签订的建设工程施工合同外又强迫承包人签订另一份工程价款、工期等方面与中标签订的合同不一致且有利于发包人的建设工程施工合同（建议增加：“应当认定该合同为无效合同”）。人民法院应认定招标投标时签订的合同有效。

8. 有的网民建议该条内容修改为：“发包人就同一建设工程与承包人按中标条件签订建设工程施工合同后，又与承包人另行签订工程范围、工程价款、工期等方面与中标条件不一致且有利于发包人的建设工程施工合同，若承包人按中标条件提出主张，人民法院应支持承包人的主张。”建议作如此修改的理由是：“排挤”“利用优势”“强迫”等在实践中均难以认定。

9. 有的网民建议修改为：“以排挤其他投标人为目的，发包人与承包人签订和招标投标文件中标的、质量、价款、工期等实质性内容相背离的施工合同的，未中标的投标人可以在该施工合同签订后6个月内向人民法院申请撤销该施工合同，或同时申请将该工程施工合同授予最能适合评标条件的投标人。”

发包人利用自己在签订合同中的优势地位，胁迫承包人签订和招标投标文件中标的、质量、价款、工期等实质性内容相背离的施工合同的，承包人应当在合同签订后一年内申请人民法院撤销该合同，或同时申请人民法院按照招标投标文件规定重新确定合同双方的权利义务。

本条以“排挤”为前提，限制范围过窄。本条中的“强迫”不容易确定，实践中承包人为获得承包资格，往往是“自愿”变更合同。

10. 有的网民提出，第六条关于阴阳合同的规定与《招标投标法》第五十九条在逻辑上有矛盾，该条规定的法律责任是明确的。

（三）分析研究后确定的条文

最高人民法院民一庭在研究归纳社会各界提出的修改意见后，形成了目前的条文。该条文简明扼要，强调当有两个不同版本的合同时，以经过备案的中标合同作为结算工程款的依据，删去了原来向社会各界征求意见时所提的排挤为目的，利用优势地位，强迫签订有利于一方的建设工程施工合同等条件。考虑到不少网民提出，发包人与承包人根据招投标结果签订建设工程施工合同后，无正当理由又签订与招投标合同的工程价款、工期等内容不一致的合同，承包人要求认定无效的，人民法院应予支持。人民法院作出该合同无效的认定后，发包人与承包人权利义务适用招投标时签订的合同。因为司法实践中，承包人往往只是按照阴阳合同的“阴合同”或者“黑合同”起诉拖欠工程款，不一定诉请认定合同无效，双方可能对合同效力并不持异议。按照不告不理原则，人民法院不必主动认定招投标合同的效力，对涉及的合同效力问题均不涉及，可只确定哪一份合同作为双方结算工程价款的依据。应该说，这一条是吸收采纳社会各界意见比较多的条款，是集体智慧的结晶。

三、需要注意的几个问题

（一）“阴阳合同”或者“黑白合同”的表现形式

实践中的“阴阳合同”或者“黑白合同”表现形式各异，当事人为了规避法律规定和行政监管，经常在合同的变更和文本上下功夫，打擦边球。有的招投标中标前后分别签订一份合同，表面上符合招标投标规定的一份合同报给主管部门备案，而私下签订的一份合同却是双方真正履行的合同。还有的在投标前、中标时、中标后签订三份合同，目的仍是为了规避法律规定和行政监管。“阴阳合同”或者“黑白合同”往往容易造成与变更合同的界线相混淆，给司法实践造成复杂的情况，导致人民法院对案件难以及时审结。

（二）招标投标活动应当遵循的原则

按照《合同法》《建筑法》《招标投标法》等有关法律规定，招标投标活动应当遵循公开、公正、公平的原则。招标投标程序包括招标程序和投标程序。招标程序大致为：一是进行招标前的准备阶段，包括建立招标机构和制定招标规则；二是发布招标公告阶段；三是资格审查阶段；四是发售招标文件阶段；五是开标、评标、定标阶段。投标程序大致为：投标前的准备阶段，包括收集投标信息和资料，了解招标法律和法规，组成招标小组等；二是投标的询价阶段；三是投标定价阶段，包括核算投标各项成本和确定报价；四是进行投标书的制作阶段，包括投标书的编制和投送标书；五是竞标阶段。所谓公开原则，是指进行招标投标活动的有关信息要公开，招标方应当在新闻媒体上刊发广告或者其他适当方式，发布建设工程招标的信息，并在公开提供的招标文件中，载明招标工程的主要技术要求以及对招标人资格要求内容，使所有符合条件的建筑企业都有机会参与投标竞争；招标投标活动的程序要公开，包括领取招标文件的时间、地点，投标的截止日期，开标的时间、地点以及评标定标的标准、方法等，都予以公开，不允许“暗箱操作”。遵循公平原则，要求招标投标双方严格按照公开、公正的原则办事，以正当的手段开展招标投标活动；坚持公正原则，就是要求严格按照既定的评定标准评标和定标。在严格遵循上述原则确定的中标合同，无论是对招标人还是投标人，也无论是对其他参与竞标活动的主体，都是一个公平的结果。因此，必须以中标合同作为确定享有权利和履行义务的基础和依据。

（三）关于以中标合同作为结算依据的基本法律规定

实行招标投标，可以有效地提高经济效益，保证项目质量，保护国家利益、社会公共利益和招标投标活动当事人的合法权益。招标的最大特点是：让众多的投标人参与竞争，通过优择劣汰的筛选，以最低或者较低的价格获得最优的货物、工程或者服务。在西方国家，在政府及公共采购领域普遍推行招标投标制度。

在我国，对于不按招标文件和投标文件签订合同应当承担什么样的法律后果的问题，《招标投标法》的相关条款中有明确的规定。《招标投标法》第四十六条规定，招标人和中标人应当自中标通知书发出之日起三十日内，按照招标文件和中标人的投标文件订立书面合同。招标人和中标人不得再行订立背离合同实质性内容的其他协议。该法第五十九条规定，招标人与中标人不按照招标文件和招标人的投标文件订立合同的，或者招标人、中标人订立背离合同实质性内容的协议的，责令改正；可以处招标项目金额千分之五以上千分之十以下的罚款。

这些规定，涉及当事人不按照招标文件和投标文件签订合同以及订立背离合同实质性内容的协议，应承担什么样的法律责任问题。招标人与中标人通过更为隐蔽的方式，签订另外一份合同来规避招标的目的，双方在形式上按照招标文件和中标人的投标文件签订一份合同，但却在中标合同之外签订背离合同实质性内容的协议。从行业标准方面看，所谓合同的实质性内容是指投标人的报价、招标方式、技术规格等合同主要条款。按照《合同法》第十二条规定，合同的内容由当事人约定，一般包括以下条款：（1）当事人的名称或者姓名和住所；（2）标的；（3）数量；（4）质量；（5）价款或者报酬；（6）履行期限、地点和方式；（7）违约责任；（8）解决争议的方法。该条还规定，当事人可以参照各类合同的示范文本订立合同。关于合同内容的法律规定，1985 年制定的《经济合同法》第十二条规定，经济合同应具备以下主要条款：（1）标的（指货物、劳务、工程项目等）；（2）数量和质量；（3）价款或者酬金；（4）履行的期限、地点和方式；（5）违约责任。该条还规定，根据法律规定的或按经济合同性质必须具备的条款，以及当事人一方要求必须规定的条款，也是经济合同的主要条款。可见，《合同法》规定的合同内容比较详细。但前后两部有关合同的法律中都没有规定实质性条款。实质性条款的概念首次出现在《招标投标法》中。按照学界通说，所谓合同实质性内容，是指影响或者决定当事人基本权利义务的条款，一般指合同约定的工程价款、工程质量和工程期限。如果当事人签订的与招标合同不一致的合同在实质性内容方面相背离的话，《招标投标法》一方面有“不得”的强制性规定，同时设立了责令改正制度。对于招标人和中标人订立背离合同实质性内容的协议的，有关行政监督部门应当责令双方在一定期限内予以改正，要求他们严格按照招标文件和中标人的投标文件订立合同。在已经签订中标合同之外再行订立背离合同实质性内容的协议的，所签协议予以废止，当事人应当严格按照招标文件和中标人的投标文件签订的合同行使权利和履行义务。这些规定，也是司法解释本条款确定以备案的中标合同作为结算工程价款依据的基本法律依据。

（四）关于签订在实质性内容方面不一致的两份合同的三个时间点问题

从实践中看，出现两份内容不同足以构成认定为“黑白合同”或者“阴阳合同”条件的合同，在签订的时间上呈现出多种情况。有一种观点认为，被称为“黑合同”或者“阴合同”的签订时间只能是出现在被称为“白合同”或者“阳合同”之后，在此之前签订的与中标合同内容有实质性改变的合同，或者与中标合同同时签订的内容有实质性改变的合同，都不能将在同一工程上并存的两份合同称之为“黑白合同”或者“阴阳合同”。实际上，从《招标投标法》的有关规定看，对于两份合同性质的认定，没有将合同签订时间作为一个标准，只要针对同一工程的两份合同在实质性内容方面不一致，其中有一份是中标合同或者根据中标文件签订的合同，就可以认定为“黑白合同”或者“阴阳合同”的情形。至于当事人之间是在中标之前还是在中标之后签订的目的在于规避中标合同的，都不影响对合同性质的认定。

（五）关于如何确定“实质性内容不一致”的问题

根据我国有关合同的法律规定，合同条款涉及的内容很多，而且不同行业领域的合同文本格式以及内容条款也不尽一致。到底哪些内容属于实质性内容，目前在我国法律上没有明确界定，在学界解释方面虽提法上不尽一致，但形成了主流观点，几近通说。当然，合同的实质性内容条款也因具体合同种类不同而有所不同。本条解释最终采用“合同实质性内容不一致”的提法，是从《招标投标法》中的提法借鉴而来，不将合同的全部内容变化作为区分“黑白合同”或者“阴阳合同”的界线。之所以将合同性内容列为影响合同性质的范围，是因为工程价款、工程质量和工程期限等三个方面内容对当事人之间的利益影响甚大。当事人经过协商在上述三个方面以外对合同内容进行修改、变更的行为，都不会涉及利益的重大调整，不对合同的性质产生影响。也就是说，不会涉及“黑白合同”或者“阴阳合同”问题的认定与处理。工程价款、工程质量和工程期限三个方面，涉及固定招标人和中标人的基本权利义务。所谓价款，是有偿合同的主要条款，是取得标的物应当支付的代价；而工程价款，则是指发包人按照合同约定应当支付给承办人为其施工建设的代价；所谓工程质量，是指建设工程施工合同约定的工程具体条件，也是这一工程区别其他同类工程的具体特征；所谓工程期限，是指建设工程施工合同中约定的工程完工并交付验收的时间。

（六）关于如何把握认定“黑白合同”或者“阴阳合同”的签订与合同变更情况的界线问题

从《合同法》理论上讲，合同的变更，是法律赋予合同双方当事人的一项基本权利，是指对合同相关内容进行修改的行为。我国《合同法》中也对合同的变更作了明确规定。合同变更权的行使存在于所有的合同履行过程中，中标合同的履行当然也不例外。因此，如何正确区分合同的变更与规避中标合同的界线，准确区分“黑白合同”或者“阴阳合同”，在建设工程施工合同方面就显得尤为重要。合同变更，有广义和狭义两种情况。广义的合同变更，是指合同的内容和主体都发生变化，主体的变更是指新的合同主体替代原合同关系的主体，因债权和债务变更的不同而分别属于债权转移或者债务转移的情形，归入合同的转让更为贴切。狭义的合同变更属于内容的变更，是指在合同成立以后，尚未履行或者尚未完全履行以前，双方当事人就合同的内容进行修改或者补充的行为。合同变更会导致原合同关系相对消灭，在保留原合同的实质内容的基础上产生一个新的合同关系，但仅仅是在变更的范围内使原债权债务关系消灭，变更范围之外的债权债务关系仍然继续存在。正常的合同变更受到法律保护。对于一些以变更合同之名行签订“阴阳合同”或者“黑白合同”之实的行为，要准确区分。在上述实质性内容之外修改、变更中标合同的，不属于签订“阴阳合同”或者“黑白合同”，但并不是说所有就上述实质性内容进行修改、变更的与中标合同内容不一致的合同都属于签订“阴阳合同”或者“黑白合同”情形，而是要根据具体合同的实际情况予以判定。比如只是在工程价款稍有调整、工程期限略有变化、工程质量有点不同的，就不宜一概认定为属于签订“阴阳合同”或者“黑白合同”的情况，必须是会导致双方当事人利益失衡的情况。根据《招标投标法》的有关规定，招标人和中标人不得再行订立背离合同实质性内容的其他协议。可见，如何确定背离中标合同实质性内容，是一个重要标准。将这个标准予以量化，虽然是一件比较困难的事情，但原则是明确的，即以中标合同作为结算工程价款的依据。在这一大原则下，如果在合同实际履行过程中存在设计变更导致工程量增加等影响中标合同的实际履行情况时，承包人与发包人经协商对中标合同的内容进行了修改，属于正常的合同变更情形，也可以按照当事人实际履行的合同作为结算工程价款的依据。另外，在确定区分界线时，还有一个幅度问题，达到背离合同实质性内容的程度，也需要正确界定。这里存在一个法官自由裁量权的行使问题。总之，在这个问题上，既要使当事人的合同变更权不受限制和排除，又要防止当事人通过签订“阴阳合同”或者“黑白合同”，作为不正当竞争的手段，达到损害国家、社会公共利益和他人利益的目的。

（七）关于招标后合同备案的性质问题

这个问题涉及招标合同备案是不是必经法定程序，也就是说，招标后合同备案属于一种什么样的法律行为。这里所指的招标后合同备案，都是按照规定必须进行招标项目的范围，即强制招标的范围。这些招标项目，都是国家投资、融资项目，关系到社会公共利益和公共安全的项目，或者使用国家统借外债的项目，因此法律规定必须采用招标投标方式是非常必要的，体现了国家对这类民事活动的干预和监督。而为了达到有效地监督这些项目的招标投标情况，及时发现实施过程中可能存在的问题，规定由招标人向国家有关行政监督部门提交招标投标情况的书面报告，是很有必要和有效的措施。需要注意的是，由招标人向行政监督部门将招标情况和中标合同提交书面报告备案，并不意味着合法的中标合同必须经行政部门审查批准才能生效。除法律另有明确规定的中标合同外，中标合同备案都不是合同生效的条件，但在有多个合同文本时，都是确定中标情况的依据。可见，尽管将中标合同备案不是合同生效条件，但属于政府有效监管手段，有利于维护交易规则和交易秩序，本司法解释明确规定以经过备案的中标合同作为结算工程款依据，就是基于以上考虑。

（八）关于“黑白合同”的工程款结算问题

当事人为达到逃避各级建筑主管部门监管、不缴或少缴税款、在建设工程招标投标中取得竞争优势等不正当目的，就同一建筑工程项目签订两份或两份以上工程价款、工程质量和工程期限等实质性内容不一致的合同，这种行为是一种违反《招标投标法》规定，严重干扰建筑市场秩序的不正当竞争行为。由于“白合同”是经过招投标法定形式确认的，未经法定形式不得修改变更，因此，即使“黑合同”签订在“白合同”之后，亦不能视为对“白合同”的变更，不能以此作为结算工程价款的依据。应当明确的是，中标合同也准许当事人变更合同内容，只要符合《合同法》第五章规定，就应当准许当事人双方变更中标合同的内容。《招标投标法》第四十五条第二款规定，中标通知书对招标人和投标人具有法律效力。据此，中标合同不应再行进行实质性内容变更，应当以中标合同作为结算工程价款的依据。本条司法解释确定的上述原则，其积极意义在于，并不涉及哪一份合同的效力，而是明确了以哪一份合同作为结算工程款的依据，便于及时解决当事人之间的建设工程施工合同纠纷。

第二十二条 ［按固定价款结算］

当事人约定按照固定价结算工程价款，一方当事人请求对建设工程造价进行鉴定的，不予支持。

条文主旨

本条是关于建设工程施工合同约定按照固定价格结算工程款，当事人发生争议的，按照什么标准来确定工程款数额的规定。

在我国建筑实践中，因建设工程涉及的种类不同，双方当事人约定工程款结算方式也多种多样。当事人在建设工程施工合同中约定不同的结算方式，会导致不同的法律后果。合同中约定按照固定价结算工程款的，一般是指按施工图预算包干，即以经审查后的施工图总概算或者综合预算为准，有的是以固定总价格包干或者以平方米包干等方式。所有这些方式，都可以不通过中介机构的鉴定或者评估就可以确定一个总价款。承包人和发包人在履行建设工程施工合同过程中，如果没有发生合同修改或者变更等情况导致工程量发生变化时，就应该按照合同约定的包干总价格结算工程款。如果一方当事人提出对工程造价进行鉴定的申请，按照工程造价进行结算的，不管是基于什么样的理由，都不应予以支持。对于因设计变更等原因导致工程款数额发生增减变化的，在可以区分合同约定部分和设计变更部分的工程时，也不应导致对整个工程造价进行鉴定，只是根据公平原则对增减部分按合同约定的结算方法和结算标准计算工程款。

理解与适用

一、起草背景

在审判实践中，有不少建设工程施工合同纠纷案件当事人认为，合同中约定的固定的工程价款与工程量不符，需要委托中介机构对工程价款进行鉴定、评估、审计或者审价，另一方当事人认为合同中已经约定了固定的工程价款总额，不需要再进行鉴定、评估、审计或者审价等。如何处理这种情况，在我国民事审判实务中，曾经出现多种做法：有的审判人员根据当事人申请，撇开当事人在合同中的约定，委托中介机构对工程造价进行鉴定、评估、审计等；有的审判人员根据当事人在合同中的约定，按照约定的工程价款数额确定发包人应当支付的工程款；有的审判人员采取对未变动的部分按照合同约定进行处理，对变动的部分委托中介机构进行鉴定、评估、审计，区别对待。实践中的做法五花八门，极不统一。如何正确对待当事人在建设工程施工合同中约定的固定价款，需要统一认识，明确界线。本条规定就是在这种情况下起草的。

二、社会各界所提的修改意见及采纳与否的情况

在通过中国法院网和《人民法院报》向社会各界征求意见时，该条列为第十一条，具体内容为："建设工程施工合同约定工程款一次包定，一方向人民法院申请工程造价鉴定并请求依鉴定结论结算工程款的，不予支持。因设计变更等原因导致工程款数额增减的，对增减部分按合同约定的结算方法和结算标准计算工程款。"该条在最后定稿的文本中排在第二十二条，具体内容也作了比较大的调整，并在司法解释文本中首次采用了"固定价"的概念。在行业习惯中，把"固定价"俗称为"包死价""一口价"。

在征求意见过程中，本条的内容争议不是很大，提出的修改意见也不多，但对如何表述也曾经出现过不同的文本。

（一）专家学者提的修改意见

在征求意见过程中，绝大多数专家学者基本同意采用现行的写法，认为既然承包人与发包人双方通过合同约定了工程价款的确定形式为固定价格，表明双方对建设施工的风险是有预知，并考虑到合同履行中的引起价格变动的诸种因素，应当尊重当事人的意思自治。按照固定价结算工程款，体现了公平原则，有利于防止出现不正当竞争的行为。同时，有的学者提出，当承包人与发包人在履行合同过程中发生了工程设计变更的情况时，需要确定一个原则调整双方当事人的利益，不致双方当事人的利益失衡。对于如何解决这一问题，有的学者认为，因为双方当事人履行合同的条件与签订合同时的条件相比，已经发生了变化，如果仍然按照原合同约定的固定价进行工程价款结算，就显失公平，应当适用情势变更原则，对双方约定的固定价进行调整；有的学者认为，当承包人与发包人在履行合同过程中发生了工程

设计变更的情况时，确实需要确定一个原则来调整双方当事人的利益，但适用情势变更原则显然与我国现行的法律规定不相一致，该原则在《合同法》起草过程中曾被提及，后来在最后通过时被删除，可见没有在立法上得到认可。通过司法解释来确定在立法上没有得到确认的重大法律原则，有悖法律规范性文件的制定规则。从目前的实际情况出发，还是适用公平原则来调整双方当事人的利益为宜。

（二）网民提的修改意见

一些网民提出，当事人双方在合同中约定了按照“一次性包死”“一次性包定”“平方米包干”等固定价格条款的，应当严格按照合同约定结算工程款，因为在承揽工程时承包人与发包人双方应当预见到工程建设过程中的各种风险。有的网民提出，虽然双方在合同中约定了“一次性包死”“一次性包定”“平方米包干”等固定价格条款，但在履行合同过程中，情况发生了变化，而这些变化是双方当事人意志以外的因素所致，此时如果继续按照原合同约定的价格履行合同，则显失公平，应该适用情势变更原则，允许当事人对工程款结算问题进行变更。

（三）分析研究后确定的条文

针对社会各界提出的修改意见和建议，最高人民法院民一庭在概括总结时，注意强调从正面突出合同约定按固定价格结算工程款的，当事人一方主张对工程价款进行鉴定的，人民法院不予支持。在修改过程中，曾有一种观点认为，如果双方当事人同意鉴定的可以作为“除外”条款。考虑到当事人约定的固定价结算工程款，属于合同的权利义务条款，对双方都具有法律约束力，在没有证据和事实推翻合同约定的情况下，应当按照合同约定执行，即使双方当事人同意通过鉴定的方式确定工程款，也不予以同意。还有一种观点认为，在合同约定固定价的情况下，当事人一方提出按照其他计价方法结算工程款的，人民法院不予支持。考虑到当事人要求鉴定是提出不按合同约定的固定价结算工程款的最基本、最具有代表性的方式，在本解释中点出不支持当事人提出通过鉴定方式确定结算工程款的意思，当然包括不支持当事人一方采取其他方式结算工程款的要求。一方当事人提出对建设工程价款进行鉴定、评估、审计、审价的，都属于要求不按固定价结算工程款的行为，当事人为此提出相应的申请的，人民法院一律都不予支持。关于专家学者提出是适用情势变更原则还是适用公平原则来调整双方当事人的利益问题，考虑到当承包人与发包人在履行合同过程中发生了工程设计变更的情况时，确实需要确定一个原则来调整双方当事人的利益，但适用情势变更原则确实与我国现行的法律规定不相一致，在司法解释中予以明确，不是很合适。从目前的实际情况出发，还是考虑适用公平原则来调整双方当事人的利益为宜。但这层意思也没有在本条解释中明确规定，只是没有排除这一原则，实际上包含了这层意思。最后，形成了目前的条文。

三、需要注意的几个问题

（一）关于工程造价构成和确定的问题

建设工程造价，是指进行某项工程建设所花费的费用，即从筹建到竣工验收交付使用的全部建设费用。它由建筑安装工程费，设备、工器具购置费、工程建设其他费和预备费以及税金组成。从另一个角度看，工程造价又可分为单位工程造价、单项工程综合造价和建设项目总造价；从阶段划分，工程造价又可分为可行性研究的投资估价、初步设计的概算造价、施工图设计的预算造价、合同实施的结算造价、竣工验收的决策造价。建设工程施工合同对于如何确定工程价款的方式的约定，表现为以下三种形式：1. 固定价格合同。双方在合同专用条款内约定合同价款包含的风险范围和风险费用的计算方法，在约定的风险范围内合同价款不再调整。风险范围以外的合同价款调整方法，应当在专用条款内约定。2. 可调价格合同。合同价款可根据双方的约定而调整，双方在专用条款内约定合同价款调整方法。3. 成本加酬金合同。合同价款包括成本和酬金两部分，双方在专用条款内约定成本构成和酬金的计算方法。在可调价格合同中合同价款的调整因素包括：1. 法律、行政法规和国家有关政策变化影响合同价款；2. 工程造价管理部门公布的价格调整；3. 一周内非承包人原因停水、停电、停气造成停工累计超过 8 小时；4. 双方约定的其他因素。双方在合同中需要对工程价款的计算问题作出明确约定。在不同的工程种类中，工程造价的计算方式是不一样的。如为招标工程，则应以中标时确定的中标金额作为工程造价，如按初步设计总概算投资包干的，应以经审批的概算投资中与承包内容相应部分的投资（包括相应的不可预见费）作为工程造价；如按施工图预算包干，则以经审查后的施工图总概算或者综合预算价作为工程价款；如果一时不能计算出工程价款，尤其是按照施工图预算加现场签证以及据实结算的工程，即使不能事先确定工程价款，也需要在合同中明确规定工程价款的计算原则，如执行哪一年的定额，适用什么样的计算标准，以及如何签证和审定工程款等。

（二）关于建设工程固定价表现的形式问题

承包人与发包人双方在合同中约定采用固定价结算的形式一般有两种：一种是价格固定，一种是面积固定单价包干。前者如就某一工程固定为 1000 万元，后者如每平方米600元、总面积10000平方米等。在实践中，约定合同包干的内容多样。但总的意思是清楚的，在约定的风险范围和风险费用内合同价款不再调整，或者是约定的工程总价款还是通过约定的单位面积平方米包干，都是可以通过当事人双方举证、质证、认证等过程计算出来，不需要专门委托中介机构鉴定确定结算的工程款。

（三）关于按固定价结算与分配利益风险关系的问题

实践中，经常有一方当事人在诉讼中提出，基于种种原因和情况，当初签订建设工程施工合同时约定的固定价格的条件已经发生了重大变化，如果继续按照合同约定的固定价格结算工程款，明显不公平。承包人认为这样不但不能赚得利润，而且在干完一个工程后还得赔本。大多数发包人认为，按照合同约定的固定价格已经足够了，而且合同约定的条款属于双方的真实意思表示。也有的发包人认为，原来合同约定的固定价格偏高，实际履行合同过程中工程量发生了变化，承包人所做的工程比合同约定的要少，故应该通过鉴定等方式确定据实结算工程价款。有的观点认为，当事人一方提出履行合同的价格基础条件方式了变化，应该允许当事人提出按照情势变更原则免除超过合同约定的固定价的付款责任。实际上，这种风险分配与情势变更是不同的。情势变更原则是由法律规定的，当事人一方请求人民法院根据情势变更原则主张变更或者解除合同的，须由人民法院具体判定当事人所提的请求是否符合情势变更的条件。情势变更适用于变更或者解除合同的事由。我国《合同法》起草过程中曾经提及情势变更原则，但在最后审议通过的《合同法》中没有规定。在英美法中，情势变更原则适用的条件是，在合同订立后，因发生情势变更导致合同目的受挫，应确定当事人之间所约定的条件不成就，从而使当事人的债务被免除。在大陆法中，一般承认情势变更原则，认为情势变更可导致变更或者解除合同的效力。在我国，虽然法律上没有规定情势变更，但在学理上通说认为，情势变更原则旨在消除合同履行过程中出现的显失公平现象，从而使合同得以在公平的基础上得到实际履行，或者依据诚实信用原则解除合同。[①] 可见，适用情势变更原则是有严格的条件限制的，在目前我国民事法律没有明确规定的情况下，显然一般不宜适用情势变更原则来调整承包人与发包人双方当事人的利益和风险分配的。如果出现了导致承包人与发包人之间利益的重大失衡，可以适用民法中的公平原则进行调整，使当事人的利益得到平衡，但也应当慎重适用公平原则。

从双方当事人提出改变合同约定的工程固定价格意思表示来看，都是认为利益发生了偏颇、产生了严重失衡，总是觉得对自己不利。当事人在建设工程施工合同

① 王利明、崔建远：《合同法新论·总则》，中国政法大学出版社2000年修订版，第327～328页。

中约定的固定价格条款，实际上是起着分配风险的作用，由此决定着谁在实际上防御风险和承担风险。如果不承认这类合同条款的法律效力，那么实际上建设工程施工合同约定的工程价款就很可能是另外一种状况，实际上的合同当事人也会发生变化。因此，对于当事人双方来说，利益和风险分配的结果是一样的。做这样规定，可以最大限度地防止和限制不正当竞争行为的发生和蔓延，有利于建立和发展健康的建筑市场秩序。

（四）关于一方当事人提出对建设工程价款进行鉴定、评估、审计、审价的，应当如何处理的问题

承包人或者发包人认为合同约定的固定价格结算不公平，提出通过其他方式确定工程价款的，有多种途径：有的是申请鉴定机构进行鉴定，有的是要去评估部门进行评估，有的是申请审计部门进行审计，有的地方还有审价方式等。上述情况，都是不同的价格确定部门采用不同的方法，确定同一事项，即工程价款。因此，不管是什么称谓，只要是当事人不同意按照合同约定的固定价结算工程价款的，都属于本条司法解释排除的情形。当然，对于因发包人方面提出设计变更等原因导致工程款数额发生增减变化的，需要对该增加的超出原合同约定的部分工程款进行确定，也是必要的，与整个合同约定的按固定价结算工程款的原则并不矛盾。在这里需要注意的是，不对整个工程造价进行鉴定、评估、审计，而只是对增减部分按合同约定的结算方法和结算标准计算工程款。

第二十三条 ［可以不全部鉴定］

当事人对部分案件事实有争议的，仅对有争议的事实进行鉴定，但争议事实范围不能确定，或者双方当事人请求对全部事实鉴定的除外。

条文主旨

本条旨在规定人民法院审理建设工程施工合同纠纷案件时，能不通过鉴定即可结算工程价款的，则不作鉴定；必须通过鉴定时才能结算工程价款，尽可能减少鉴定次数；必须通过鉴定才能确定工程价款数额，则尽可能缩小鉴定范围。缩小鉴定范围，一般就可以缩短鉴定时间，进而缩短案件审理时间，达到节省诉讼成本，提高诉讼效率的目的。同时，缩小鉴定范围，也可以避免审判人员为图省事，把争议焦点全部通过鉴定方式解决，把法律赋予人民法院的审判权转移由鉴定机构行使，避免出现鉴定结论不公正，法官又难以纠正的情况发生。

理解与适用

一、制定本条解释的背景情况

（一）有关鉴定的法律规定

《民事诉讼法》第六十三条规定，证据有以下几种：（1）书证；（2）物证；（3）视听资料；（4）证人证言；（5）当事人的陈述；（6）鉴定结论；（7）勘查笔录。以上证据必须查证属实，才能作为认定事实的根据。第七十二条规定，人民法院对专门性问题认为需要鉴定的，应当交由法定鉴定部门鉴定；没有法定鉴定部门的，由人民法院指定的鉴定部门鉴定。鉴定部门及其指定的鉴定人有权了解进行鉴定所需要的案件材料，必要时可以询问当事人、证人。鉴定部门和鉴定人应当提出书面鉴定结论，在鉴定书上签名或者盖章。鉴定人鉴定的，应当由鉴定人所在单位加盖印章，证明鉴定人身份。上述规定表明，鉴定结论是七种法定证据中的一种，依法产生的鉴定结论具有证据效力。是否鉴定的决定权在人民法院，鉴定机构和鉴定人在接受法院委托进行鉴定时享有相应的诉讼权利。《最高人民法院关于民事诉讼证据的若干规定》第二十五条规定，当事人申请鉴定，应当在举证期限内提出。符合本规定第二十七条规定的情形，当事人申请重新鉴定的除外。对鉴定的事项负有举证责任的当事人，在人民法院指定的期限内无正当理由不提出鉴定申请或者不预交鉴定费用或者拒不提交相关材料，致使对案件争议的事实无法通过鉴定结论予以认定的，应当对该事实承担举证不能的法律后果。第二十六条规定，当事人申请鉴定经人民法院同意后，由双方当事人协商确定有鉴定资格的鉴定机构、鉴定人员，协商不成的，由人民法院指定。第二十七条规定，当事人对人民法院委托的鉴定部门作出的鉴定结论有异议申请重新鉴定，提出证据证明存在下列情形之一的，人民法院应予准许：（1）鉴定机构或者鉴定人员不具备相关的鉴定资格的；（2）鉴定程序严重非法的；（3）鉴定结论明显依据不足的；（4）经过质证认定不能作为证据使用的其他情形。对有缺陷的鉴定结论，可以通过补充鉴定、重新质证或者补偿质证等方法解决的，不予重新鉴定。第二十八条规定，一方当事人委托有关部门作出的鉴定结论，另一方当事人有证据足以反驳并申请重新鉴定的，人民法院应予准许。第二十九条规定，审判人员对鉴定人出具的鉴定书，应当审查是否具有下列内容：（1）委托人姓名或者名称、委托鉴定的内容；（2）委托鉴定的材料；（3）鉴定的依据及使用的科学技术手段；（4）对鉴定过程的说明；（5）明确的鉴定结论；（6）对鉴定人鉴定资格的说明；（7）鉴定人员及鉴定机构签名盖章。最高人民法院司法解释对《民事诉讼法》有关鉴定的规定作出相应详尽的解释。

长期以来，《民事诉讼法》未对司法鉴定作出可供遵循的具体规定，实践中司法鉴定的做法不尽统一，缺乏必要的诉讼程序保障、重复鉴定、多个鉴定结论相互矛盾、鉴定不规范、不公平的问题十分突出。证据规则针对这一情况作出相应的规定，对规范司法鉴定行为起到至关重要的作用，应当说功不可没。鉴定结论属于证据的一种，申请鉴定属于当事人举证责任的范畴，除个别情况下，人民法院一般不能依职权委托鉴定，在当事人申请的情况下才委托鉴定机构鉴定。鉴定应当适用举证责任的一般规则。启动鉴定应以当事人自行协商为主，只有在协商不成的情况下，法院才能够依职权指定鉴定。证据规则规定了重新鉴定的条件，只有在不具备鉴定资格或者鉴定程序违法或者鉴定结论明显依据不足或者经质证不能作为证据使用的情况下，才准许重新鉴定。证据规则还对鉴定书提出基本要求，审判实践中鉴定书常常存在各种各样的缺陷，造成鉴定结论没有意义或者质证困难。

上述法律和证据规则的规定，也是制定本条的依据，只有先了解上述法律和司法解释规定精神的前提下，才能充分、全面了解本条的含义。

（二）制定本条解释的考虑

在很长一段时间以来，建设工程施工合同纠纷案件的审判实践中，许多案件涉及鉴定问题，鉴定中存在许多不规范现象，最终导致判决结果不公。主要体现在：

第一，鉴定机构和鉴定人员等鉴定主体不规范。法院委托的鉴定机构或者鉴定人员不具有法定鉴定的主体资格。针对鉴定主体资格，建设部分别于 2001 年 1 月 21 日和 1 月 25 日颁布《造价工程师注册管理办法》和《工程造价咨询单位管理办法》两个部颁规章。《工程造价咨询单位管理办法》将工程造价咨询单位定义为：接受委托对建设项目工程造价的确定与控制提供专业服务，出具工程造价成果文件的中介组织和咨询服务单位。将工程造价咨询单位分为甲级、乙级两种，明确规定两级鉴定机构的条件。还明确规定，禁止超越资质等级和资质证书核定的范围承接工程造价咨询业务。《造价工程师注册管理办法》规定，造价工程师是指经全国造价工程师执业资格统一考试合格，并注册取得《造价工程师注册证》，从事建设工程造价活动的人员。未经注册的人员，不得以造价工程师的名义从事建设工程造价活动。造价工程师只能在一个单位执业。造价工程师的执业范围包括工程经济纠纷的鉴定。

司法实践中，许多工程造价或者工程质量鉴定在主体方面存在的缺陷主要体现在：鉴定机构或者鉴定人员不具备鉴定的主体资格、鉴定机构超越本鉴定机构的资质等级许可的经营范围、鉴定人员在两个以上的鉴定机构兼职、没有鉴定资格的鉴定机构或鉴定人员借用具有法定资质的鉴定机构或者鉴定人员的名义从事鉴定活动等。

第二，工程造价鉴定的程序不规范。一般来讲，工程造价鉴定中，对当事人一方或者双方送交鉴定机构鉴定的材料应当质证未质证，对一方或者双方当事人提出的疑问合议庭没有主持开庭请鉴定人出庭答疑，有足以否定全部或者部分鉴定结论的其他证据鉴定机构及法官未采信也未说明理由，鉴定结论上签章或者签字的鉴定单位或者鉴定人员没有参与鉴定活动等，都属于工程鉴定程序不规范行为。

鉴定机构主体存在的问题，本质上也是诉讼程序存在缺陷，严格按照程序法规定进行工程造价鉴定，既可以保障当事人的诉讼权利，也相应保障了当事人的实体权利。司法实务中，多数法官对建设工程施工合同中的专业技术方面知识的掌握有限，我们也不能要求每一个法官都成为建设工程方面的专业人才。工程造价鉴定本身是诉讼活动的组成部分，工程造价鉴定结论属于证据的一种。法律规定法官在诉讼活动中居于主导地位，在工程造价鉴定活动中也不应例外。法官的职责在于把握和保障鉴定程序合法，鉴定结论公正、合理，法官只有注意把握程序，充分体现诉讼的独立价值，通过程序公正才能够实体公正。具体来讲，法官在委托鉴定或者依职权指定鉴定时，应当注意以下问题：法官应当在一方或者双方当事人提出申请鉴定机构或者鉴定人员回避时，依法认真审查当事人提出的申请是否符合《民事诉讼法》第四十五条至第四十九条的规定。法官应当对当事人递交的送检材料进行质证，不应擅断。在当事人对鉴定结论提出异议时，法官应当邀请鉴定人员出庭答疑。鉴定机构在鉴定结论中应当对鉴定过程、鉴定依据、鉴定采用方法及鉴定适用的标准作出说明。法官应当对鉴定结论与人民法院委托书记载的委托事项是否一致进行程序审查。实践证明，不公正的鉴定结论往往是程序上的缺陷造成的，工程造价鉴定的程序公正是实体公正的前提和基础，所以，在工程造价鉴定中强调程序公正具有特殊的意义。

第三，鉴定机构作出鉴定结论的依据不足。主要是指：鉴定适用的方法或者标准与合同约定不符、鉴定适用的标准或者方法与法院委托鉴定书确定的标准或者方法不符、鉴定存在重大漏项、鉴定适用的标准违反国家规定的强制性标准等。司法实践中，建设工程施工合同纠纷案件鉴定主要是两种：一是工程造价鉴定，二是工程质量鉴定。实体上讲，容易出问题的方面主要是工程造价鉴定中出现重大漏项、对施工工程量计算错误、质量鉴定标准适用错误。

从实务上看，各级法院在审理建设工程纠纷案件中采用鉴定方式确定工程价款和工程质量缺陷的情况很多。一些鉴定结论不公平，当事人及社会各界对此反应十分强烈，应当引起各级法院足够重视。有些法官在司法鉴定过程中对鉴定过程缺乏控制，其实际是将国家赋予人民法院的审判权交由鉴定机构行使，将鉴定结论作为判决主文直接采信，这些做法直接违背了《民事诉讼法》和最高人民法院的有关司法解释规定，应当坚决予以纠正。此外，鉴定时间长、成本高，鉴定本身就会造成当事人损失扩大，故，鉴定应当慎用。不鉴定即可以查清事实的，不应进行鉴定；对部分事实进行鉴定即可查清事实，不应对全部事实鉴定。按照这一原则制定了本条规定。

二、条文解析

（一）鉴定和鉴定结论概念

最高人民法院于 2001 年 11 月 16 日颁布的《人民法院司法鉴定工作暂行规定》，将司法鉴定界定为：在诉讼过程中为查明案件事实，人民法院依据职权，或者应当事人及其他诉讼参与人的申请，指派或者委托具有专门知识的人，对专门性问题进行检验、鉴别和评定的活动。从民事诉讼的角度讲，“鉴定是人民法院对案件争议的某些专门性问题，指定具有专门知识和技能的人员，按照法律规定的条件和程序，运用一定的科学知识、技术手段对其进行鉴别和评定，并作出书面结论意见的活动。”[①] 著名学者王利明教授认为：“鉴定意见本身只是证据的一种形式，提出鉴定意见属于当事人举证责任的范围，而非完全是法院的职权活动的内容。既然法律规定当事人提出主张就负举证责任，当然容许当事人聘请鉴定人并提出鉴定意见。除非当事人因自身能力所限无法聘请，向法院聘请鉴定人，法院才可以依据职权聘请或指定鉴定人。剥夺当事人聘请鉴定人的权利在实践中也会造成许多危害后果，主要表现在此种做法无法使法官保持独立与中立。”

有关鉴定结论的概念。[②] 有学者认为“鉴定结论是由具有科学、技术、工艺等专门知识的人，根据司法机关的指派或者聘请，对诉讼案件中需要解决的某些专门性问题进行分析、鉴别后所提供的结论性意见。”[③] 还有学者认为：“鉴定结论是在诉讼前或诉讼中，鉴定人根据法定职能，经当事人的申请以及法院的指定，运用专业知识、经验、技能、工艺以及各种科学仪器、设备、技术和手段对专门性事项或

---

① 最高人民法院民事审判第一庭：《民事诉讼证据司法解释的理解与适用》，中国法制出版社 2002 年版，第 148 页。

② 王利明：《关于工程款的鉴定问题》，载《判解研究》2001 年第 1 辑，人民法院出版社 2001 年版，第 67 页。

③ 江伟主编：《民事诉讼法学原理》，中国人民大学出版社 1999 年版，第 481 页。

问题进行鉴定后得出的结论。”①

（二）条文释义

本条第一层意思，即是当事人对建设工程质量或者应付工程价款数额等部分案件事实有争议的，只对争议事实进行鉴定。首先，本条属于倡导性条文，倡导的重心在于“只对争议事实进行鉴定”，不倡导对全部案件事实进行鉴定；其次，鉴定的内容为工程质量或者工程价款等部分争议事实，而不是全部案件事实。工程质量争议包括：工程质量竣工验收是否合格、施工过程中已完工程是否存在质量缺陷、是否存在将不合格的建设工程作为合格工程验收、已经验收合格的建设工程是否存在工程质量缺陷等。工程价款争议包括：发包人是否欠付承包人工程价款、欠付的数额等。一般情况而言，工程质量纠纷与工程价款纠纷是在一个案件的两个方面。承包人请求发包人支付欠付工程价款，发包人以建设工程存在质量缺陷为由请求承包人支付违约金，以期达到抵销、吞并承包人请求支付工程价款的诉讼请求。根据发包人就工程质量提出的诉讼请求内容的不同，有的构成反诉，有的构成答辩。第三，“只对争议事实进行鉴定”是本条的核心。制定本条旨在减少鉴定次数，缩小鉴定的范围，如当事人只对房屋屋顶、墙面是否存在渗漏存在争议，鉴定应当只针对这一争执焦点进行，而不应对其他质量方面如墙面是否存在开裂进行鉴定。第四，只有在具备条件时才能启动鉴定程序。对不具备鉴定条件的建设工程质量纠纷和工程价款纠纷，不应鉴定，而应当通过本解释的其他规定解决。如施工中在某一阶段工程存在质量问题，现工程已经完工，争议的质量缺陷已经不具备鉴定条件。在这种情形下，人民法院应当查清事实，如认定存在质量缺陷，可通过减少工程价款或者承包人承担合理修复费用的方式解决，不宜再委托鉴定机构鉴定。

综上，本条第一层的核心意思在于：人民法院在审理建设工程施工合同纠纷案件中，对工程质量和应付工程价款有争议的，能不鉴定的尽量不鉴定，能少鉴定的尽量少鉴定。

本条的第二层意思，如不对全部事实鉴定，争议事实不能确定，或者双方当事人同意对全部事实鉴定的除外。主要内容是对前一层倡导观点的但书部分。虽然大多数案件对争议事实鉴定即可查清案件争议事实，无需对案件的全部事实鉴定；但少数案件只对争议事实鉴定，还不能查清案件争议事实，需要对全案事实鉴定。如建设工程施工合同解除后，对已完工程未经验收，承包人请求发包人支付工程欠款，发包人对已完工程存在质量瑕疵为由进行抗辩。本解释第十条规定，建设工程

① 纪敏主编：《证据全书》（上卷），中国民主法制出版社1999年版，第279页。

施工合同解除后，已经完成的建设工程质量合格，发包人应当按照约定支付相应的工程价款。已完工程质量不合格的，参照本解释第三条规定处理。第三条规定，修复后的建设工程经竣工验收合格，发包人请求减少工程价款的，应予支持。修复后的建设工程经验收验收不合格的，承包人请求支付工程价款的，不予支持。由此规定看出，合同解除后，已完工程质量是否合格是发包人应否支付工程价款的前提条件；只对部分工程质量鉴定无法确定全部工程是否合格，应否支付工程价款。如没有其他证据证实已完工程质量合格，应对全部工程鉴定；如合格，按照约定支付相应工程价款；如不合格，按照修复后建设工程能否达到合格来决定发包人是否支付相应工程价款。据此，这种情况下，应当对全部工程质量是否合格进行鉴定。另一种情况是：双方当事人同意对全部案件进行鉴定的，应当尊重当事人的意思表示。如上所述，本条倡导的是“只对争议事实进行鉴定”，其目的在于降低诉讼成本，缩短诉讼时间，充分保护当事人权益，避免给当事人造成讼累；但如果当事人愿意对全部案件事实鉴定，愿意承担诉讼成本及诉讼风险，人民法院应当充分尊重当事人的意见，按照双方当事人的真实意思对全部案件事实鉴定。

第二十四条　［建设工程不适用专属管辖规定］

建设工程施工合同纠纷以施工行为地为合同履行地。

条文主旨

本条是关于建设工程施工合同地域管辖的程序性规定。明确规定建设工程施工合同纠纷案件不适用专属管辖，而应当按照《民事诉讼法》第二十四条规定，适用合同纠纷的一般地域管辖原则管辖。按照一般地域管辖原则，建设工程施工合同纠纷案件应当以施工行为地为合同履行地的，由施工行为地或者被告所在地人民法院管辖。

理解与适用

一、建设工程施工合同的性质

（一）建设工程施工合同的概念

《合同法》第二百六十九条规定，建设工程合同是承包人进行工程建设，发包人支付工程价款的合同。建设工程合同包括工程勘查、设计、施工合同。第二百七十五条规定，施工合同的内容包括工程范围、建设工期、中间交工工程的开工和竣工时间、工程质量、工程造价、技术资料交付时间、材料和设备供应责任、拨款和结算、竣工验收、质量保修范围和质量保证期、双方相互协作等条款。第二百八十七条规定，本章没有规定的，适用承揽合同的有关规定。第二百五十一条规定，承揽合同是承揽人按照定作人的要求完成工作，交付工作成果，定作人给付报酬的合同。承揽合同的内容包括承揽的标的、数量、质量、报酬、承揽方式、材料的供应、履行期限、验收标准和方法等条款。由上述法律规定可以看出，建设工程施工合同是承包人进行工程建设，发包人支付工程价款的合同。

（二）建设工程施工合同的性质

根据上述法律规定能够看出，建设工程施工合同属于特殊的承揽合同。一般承揽合同的标的物为动产，建设工程施工合同作为特殊承揽合同，承揽标的为建设工程。在一些国家的立法例中，建设工程施工合同适用承揽合同规定，除个别条款外，不再另行作出规定，如《德国民法典》中“承揽契约”部分共20条，其中只有2条对建设工程施工合同作出特殊规定，其他均适用承揽合同规定。我国台湾地区的学者认为，“称承揽者，谓当事人约定，一方（承揽人）为他方（定作人）完成一定之工作，他方待工作完成，给付报酬的契约。承揽之标的，系以承揽人为定作人完成一定的工作，而达成一定的结果，包括建造房屋、修建漏水屋顶、粉刷油漆、冲洗照片、影印文件、雕刻图章等”。①

二、建设工程施工纠纷案件适用一般合同地域管辖，不适用专属管辖

有一种观点认为，建设工程施工合同纠纷案件属于因不动产纠纷提起的诉讼，应当适用专属管辖规定。理由是：建设工程施工合同纠纷案件属于房地产案件，是因不动产发生的纠纷。虽然具有承揽的特征，但加工承揽的标的物是建设工程，属于不动产。在《合同法》分则部分，建设工程合同与承揽合同是分别规定在独立的两章中，建设工程合同包括施工合同、勘察合同、设计合同三种，均属为建设房屋而订立的合同，因此发生的纠纷应属因不动产提起的纠纷，应当适用专属管辖规定。《民事诉讼法》第三十四条规定，下列案件由本条规定的人民法院管辖：（1）因不动产纠纷提起的诉讼，由不动产所在地人民法院管辖；（2）因港口作业中发生纠纷提起的诉讼，由港口所在地人民法院管辖；（3）因继承纠纷提起的诉讼，由被继承人死亡时住所地或者主要遗产所在地人民法院管辖。依照上述规定，建设工程

① 王泽鉴：《民法概要》，中国政法大学出版社2003年版，第385页。

施工合同应当由建设工程所在地人民法院管辖。

另一种观点认为，建设工程施工合同属于承揽合同，适用一般地域管辖原则，由被告所在地或者合同履行地人民法院管辖。《合同法》第二百八十七条规定，本章没有规定的，适用承揽合同的有关规定。法律规定表明，建设工程施工合同是特殊的承揽合同，除“建设工程合同”一章的特殊规定外，还应适用“承揽合同”一章规定，正因为二者属同一种性质的合同，才能够适用相同的法律规定，《合同法》将二者视为同一种性质的合同。建设工程合同属于承包合同，一般情况而言，履行合同时间长、内容复杂、不宜就某一内容单一计价而采用承包方式，承包合同实质是复合合同。哪种方式适合采用承包方式，一般是法律明文规定的，如农村土地承包合同、国有中小企业承包租赁经营等。承包合同作为复合合同是由多个合同组成的，如按照施工阶段可将建设工程施工合同划分为设计合同、勘察合同、施工合同；按照不同类型划分，可将建设工程施工合同划分为建设工程物资采购合同、建设工程保险合同、建设工程担保合同等；按照合同履行阶段划分为总承包合同、专业技术分包合同、劳务作业分包合同、转包合同、违法分包合同等。一般情况而言，建设工程施工合同并不涉及建筑物所有权，只对建筑物建设和安装作出约定，属承揽性质。承揽合同应当适用《民事诉讼法》第二十四条规定，即因合同纠纷提起的诉讼，由被告所在地或者合同履行地人民法院管辖。

三、建设工程施工合同纠纷案件应当以施工行为地为合同履行地

《最高人民法院关于适用〈中华人民共和国民事诉讼法〉若干问题的意见》第二十条规定，加工承揽合同，以加工行为地为合同履行地，但合同中对履行地有约定的除外。如前所述，建设工程合同属于特殊的承揽合同。承揽合同的“加工行为”，在建设工程施工合同中体现为施工行为。承揽合同中的“加工行为所在地”，在建设工程施工合同中表现为建设工程所在地。本条规定“以施工行为所在地为合同履行地”的规定与最高人民法院司法解释加工承揽合同“以加工行为地为合同履行地”的规定是一致的。这样规定便于人民法院审理案件，查清事实。如受诉法院所在地与建设工程分离，必然会增加受诉法院的工作负担、给一方当事人造成讼累，不符合“两便原则”（即便于人民法院审理和便于人民群众诉讼）；以施工行为地为合同履行地，符合《民事诉讼法》规定，也符合“两便原则”。按照《民事诉讼法》第二十四条规定，除合同履行地为管辖地外，被告所在地也可能成为管辖地。此外，按照《民事诉讼法》第二十五条规定，建设工程施工合同的当事人在不违反《民事诉讼法》有关级别管辖和专属管辖的规定的情况下，可以在书面合同中

协议选择被告所在地、合同履行地、合同订立地、原告所在地、标的物所在地人民法院管辖。

第二十五条 ［总承包人、发包人、施工人为共同被告］

因建设工程质量发生争议的，发包人可以总承包人、分包人和实际施工人为共同被告提起诉讼。

条文主旨

本条是关于建设工程质量纠纷案件的程序性规定。因建设工程质量纠纷的涉诉案件，发包人可以总承包人、分包人、实际施工人为共同被告。法律规定总承包人、分包人、实际施工人就建设工程质量对发包人承担连带责任，在程序上应当表现为共同被告。总承包人、分包人、实际施工人相对发包人而言均是承包人，对业主而言均是施工方，应当按照《建筑法》第五十八条规定对工程的施工质量负责，出现质量缺陷时承担连带责任，在程序上表现为共同被告。

理解与适用

一、总承包人、分包人、实际施工人的概念和相互关系

《合同法》第二百六十九条规定，建设工程合同是承包人进行工程建设，发包人支付价款的合同。建设工程合同包括工程勘察、设计、施工合同。本解释只调整建设工程施工合同纠纷案件，不调整建设工程总承包合同，本条所称的总承包合同是指建设工程施工合同总承包合同，而不是建设工程总承包合同。

为了便于掌握建设工程施工总承包合同的概念，先介绍一下建设工程总承包合同的概念。建设工程总承包合同是指“从事工程总承包的企业（以下简称工程总承包企业）受发包人委托，按照合同约定对工程项目的勘察、设计、采购、施工试运行等实行全过程或者若干阶段的承包。工程总承包企业按照合同约定对工程项目的质量、工期、造价等对发包人负责”。[①]《合同法》第二百七十二条规定，发包人可以总承包人订立建设工程合同，也可以分别与勘察人、设计人、施工人订立勘察、

① 何伯洲等：《建设工程合同》，知识产权出版社2003年版，第6页。

设计、施工承包合同。《建筑法》第二十四条规定，提倡对建设工程实行总承包，禁止将建设工程肢解发包。建设工程的发包单位可以将建设工程的勘察、设计、施工、设备采购一并发包给一个工程总承包单位，也可以将建设工程勘察、设计、施工、设备采购的一项或者多项发包给一个总承包单位；但是，不得将一个承包单位完成的建设工程肢解成若干部分发包给几个承包单位。建设部在《关于培育发展工程总承包和工程项目管理企业的指导意见》中指出，工程总承包和工程项目管理是国际通行的工程项目组织实施方式。积极推行工程项目总承包和工程项目管理，是深化我国工程建设项目组织实施方式改革，提高工程建设管理水平，保证工程质量和投资效益，规范建筑市场秩序的重要措施；是勘察、设计、施工、监理企业调整经营结构，增强综合实力，加快与国际工程承包和管理方式接轨，适应社会主义市场经济发展和加入世界贸易组织后新形势的必然要求……建设部起草的《建筑法（修订征求意见稿）》第三十九条规定，国家推行建设工程总承包。发包单位可以根据工程性质将勘察、设计、施工、采购、试运行的多项或者全部发包给一个工程总承包单位。工程总承包单位依法进行分包的，由工程总承包单位自行确定发包方式。

建设工程施工合同是指“根据建设工程设计文件的要求，对建设工程进行新建、扩建、改建的活动”。[①] 承包人在取得建设工程施工合同承包权后，经发包人同意，常常会把项目中的某些工作发包给其他单位，通过订立分包合同来实施。实施分包合同的承包人为分包人，而直接与发包人订立合同的承包人为施工总承包人。发包人与施工总承包人签订的合同为施工总承包合同，施工总承包人与分包人签订的合同为分包合同。本条所称的总承包人为施工总承包合同的承包人，简称为总承包人，与建设工程的总承包人不是一个概念，下文中简称为施工总承包人。施工分包是相对总承包而言的。所谓施工分包是施工总承包人将所承包的建设工程中的专业工程或者劳务作业发包给其他建筑施工企业完成的活动。分包分为专业工程分包和劳务作业分包。专业工程分包是指施工总承包企业将其承包工程中的专业工程发包给专业施工企业完成的活动。劳务作业分包是指施工总承包人或者专业承包企业将其承包或者分包工程的劳务作业发包给劳务作业分包企业完成的活动。《合同法》第二百七十二条规定，总承包人或者勘察人、设计人、施工承包人经发包人同意，可以将自己承包的部分工作交由第三人完成。《建筑法》第二十九条规定，建筑工程总承包单位可以将承包工程中的部分工程发包给

① 何伯洲等：《建设工程合同》，知识产权出版社2003年版，第5页。

具有相应资质条件的分包单位；但是，除总承包合同中约定的分包外，必须经建设单位认可。从上述法律规定可以看出，施工总承包人是可以将承包的工程分包给分包人完成。国务院行政法规《建设工程质量管理条例》第二十七条规定，总承包单位依法将建设工程分包给其他单位的，分包单位应当按照分包合同的约定对其分包工程的质量向总承包单位负责，总承包单位与分包单位对分包工程的质量承担连带责任。第二十五条第二款规定，施工单位不得转包或者违法分包工程。建设部颁布的《建筑业企业资质等级标准》规定，专业承包序列企业资质设两至三个等级，60 个资质类别；劳务分包序列企业资质设一至二个等级，13 个资质类别。建设部颁布的《建筑业企业资质管理规定》第五条规定，建筑业企业资质分为施工总承包、专业承包和劳务分包三个序列。建设部颁布的《房屋建筑和市政基础设施工程分包管理办法》对专业分包和劳务分包也进一步作出细化规定。由此看出，国务院行政法规和建设部部颁规章也对专业技术工程分包和劳务分包作出明确规定。本条规定中的分包人既包括专业工程分包的合法分包人，也包括劳务作业分包的合法分包人。

实际施工人的概念和内涵是什么呢?《合同法》在建设工程合同一章中有关主体的称谓有以下几种表述：发包人、总承包人、承包人、第三人、分包单位、施工人、监理人、勘察人、设计人。这些概念中与建设工程施工合同有关的概念为发包人、总承包人、承包人、第三人、分包单位、施工人。第二百七十二条规定，禁止分包单位将其承包的工程再分包。此时的“分包单位”应为合法的分包主体，在本条中表述为分包人。第二百七十二条规定，发包人可以与总承包人订立建设工程合同，也可以分别与勘察人、设计人、施工人订立勘察、设计、施工合同。第二百八十一条规定，因施工人的原因致使建设工程不符合约定的，发包人有权要求施工人在合理期限内无偿修理或者返工、改建。经过修理或者返工、改建后，造成逾期交付的，施工人应当承担违约责任。上述法律规定可以看出，“施工人”概括了建设工程施工合同的所有施工主体，包括总承包人、承包人、专业工程分包人、劳务作业的分包人。进一步还可以看出，《合同法》中的“施工人”是指有效建设工程合同主体，不应包括转包、违法分包合同的施工人，即“施工人”不应包括转承包人和违法分包的承包人。本条表述的“实际施工人”与总承包人、分包人并列的，在概念的内涵上不应当与总承包人、分包人概念重复，而是指转包和违法分包的承包人。为了区别《合同法》规定的合法的施工人，本条使用了“实际施工人”的表述方式。在本解释中有三条使用了“实际施工人”的概念，即第四条、第二十六条和本条，三处均是指无效合同的承包人，如转承包人、违法分包合同的承包人、没有资质借用有资质的建筑施工企业的名义与他人签订建设工程施工合同的承包人，各级法院办案时，应当注意区分本条的“实际施工人”与法条表述的“施工人”内涵是不一样的。

二、总承包人、分包人、实际施工人应当就建设工程质量对发包人承担连带责任

为何总承包人和分包人、实际施工人就建设工程质量对发包人承担连带责任呢？当事人的诉讼地位很大程度上是由当事人之间的实体法律关系决定的，如在程序上列共同被告的当事人常常是因为他们在实体法律关系上存在共同共有、连带责任保证、共同侵权等关系，总承包人与分包人在程序上列为被告也是由实体法律关系决定的。《合同法》第二百七十二条规定，总承包人或者勘察、设计、施工承包人经分包人同意，可已将自己承包的部分工作交由第三人完成。第三人就其完成的工作成果与总承包人或者勘查、设计、施工承包人向发包人承担连带责任。第二百六十七条规定，共同承揽人对定作人承担连带责任，但当事人另有约定的除外。《建筑法》第二十九条第二款规定，建筑工程总承包单位按照总承包合同约定对建设单位负责；分包单位按照分包合同的约定对总承包单位负责。总承包单位和分包单位就分包工程对建设单位承担连带责任。第五十五条规定，建筑工程实行总承包的，工程质量由工程总承包单位负责，总承包单位将建筑工程分包给其他单位的，应当对分包工程的质量与分包单位承担连带责任。分包单位应当接受总承包单位的质量管理。《招标投标法》第四十八条规定，中标人按照合同约定或者经招标人同意，可以将中标项目的部分非主体，非关键性工作分包给他人完成。接受分包的人应当具备相应的资格条件，并不得再次分包。中标人应当就分包项目向招标人负责；接受分包的人就分包项目承担连带责任。《建设工程质量管理条例》第二十七条规定，总承包单位依法将建设工程发包给其他单位的，分包单位应当按照分包合同的约定对其分包工程的质量向总承包单位负责，总承包单位与分包单位对分包工程的质量承担连带责任。建设部颁布的《房屋建筑和市政基础设施工程分包管理办法》也规定专业工程的发包人和劳务分包人就建设工程质量对发包人承担连带责任。从上述法律、行政法规、部颁规定可以看出，分包人应当就建设工程质量对发包人承担连带责任。

实际施工人就建设工程质量对发包人承担连带赔偿责任如前所述，本条所称实际施工人为违法分包和转包的承包人。根据法律规定，总承包人和分包人就建设工程质量对发包人承担连带责任，对此我们很好理解。实际施工人为何就建设

工程质量对发包人承担连带责任呢？违法分包、转包合同无效。《合同法》第五十八条规定，合同无效或者被撤销后，因该合同取得的财产，应当予以返还；不能返还的或者没有必要返还的，应当折价补偿。有过错的一方应当赔偿对方因此受到的损失，双方都有过错的，应当各自承担相应的责任。根据法律规定，合同无效应当按照过错承担赔偿责任。《建设工程质量管理条例》第七十八条规定，本条例所称违法分包，是指下列行为：（1）总承包单位将建设工程分包给不具有相应资质条件的单位的；（2）建设工程总承包合同中未有约定，又未经建设单位认可，承包单位将其承包的部分建设工程交由其他单位完成的；（3）施工总承包单位将建设工程主体结构的施工发包给其他单位的；（4）分包单位将其承包的建设工程再分包的。本条例所称转包，是指承包单位承包建设工程后，不履行合同约定的责任和义务，将其承包的全部建设工程转给他人或者将其承包的全部建设工程肢解以后以分包的名义分别转给其他单位承包的行为。按照法律规定，建筑施工企业应当对工程的施工质量负责。《建筑法》第六十七条规定，承包单位将承包的工程转包的，或者违反本法规定进行分包的，责令改正，没收违法所得，并处罚款，可以责令停业整顿，降低资质等级；情节严重的，吊销资质证书。承包单位有前款规定的违法行为的，对因转包工程或者违法分包的工程不符合规定的质量标准造成的损失，与接受转包或者分包的单位承担连带赔偿责任。违法分包和转包合同中，总承包人对签订转包和违法分包合同在主观上存在过错，转承包人（可能是一手也可能是几手的转承包人）和分包人明知违法而与总承包人订立合同，在主观上同样存在过错，故法律规定与总承包人共同对工程质量承担过错责任。故本条规定施工人应当与总承包人、发包人对工程质量承担连带责任是有法律依据的，也是符合法理的。应当注意的是，总承包人和分包人就分包工程对建设单位承担连带责任。承包人与转包人或者分包人对转包工程或者违法分包工程承担连带赔偿责任。由于前一种情况属于履行合法的合同，后一种情况属于无效合同，故在法条表述上区分为“连带责任”和“连带赔偿责任”，主要是因为履行无效合同造成的损失，应当按照过错原则承担赔偿责任。

总承包人与分包人承担连带责任的法律性质是什么呢？是侵权责任？还是违约责任？或者违约责任与侵权责任竞合？有观点认为“连带责任是指由法律规定的应当由共同侵权行为人向受害人承担的共同的和各自的责任。根据这种责任，受害人有权向共同侵权人的任何一人或者数人请求承担全部侵权的民事责任，任何一个共同侵权行为人承担全部侵权的民事责任。因此根据《建筑法》的规定，对于分包工程发生的质量问题以及违约责任，建设单位或者其他受害人既可向分包单位请求赔偿全部损失，也可向总包单位请求赔偿全部损失。总包单位进行赔偿后，有权依据分包合同的约定，对不属于自己责任的那部分赔偿向分包单位追偿。”① 依此观点，总承包人与分包人就工程质量承担的责任性质为侵权责任。按照法律规定分包人应当按照分包合同约定就其分包的工程质量对总承包人承担责任，然后才是分包人与总承包人就工程质量对业主承担连带责任。首先，业主与总承包人之间的连接点为双方签订的建设工程施工合同，总承包人与分包人之间亦是通过分包合同联系在一起。他们之间存在合同关系。其次，总承包人与分包人承担连带责任的前提条件为施工工程存在质量缺陷。在建设部部颁规章《房屋建筑工程质量保修办法》第三条第二款规定，本办法所称质量缺陷，是指房屋建筑工程的质量不符合工程建设强制性标准以及合同的约定。违反合同约定和强制性标准为质量缺陷的核心内容，合同约定的质量标准应当等于或者高于国家规定的强制性标准，故施工工程存在质量缺陷的核心也是违反合同有关建设工程质量部分的约定。作者认为，总承包人与分包人就工程质量对业主承担连带责任，主要是违约行为造成的。如果说总承包人与分包人之间对业主实施共同侵权行为似乎牵强。从法理上讲，构成共同侵权的条件之一是行为人共同实施了违法行为，总承包人与分包人履行总承包合同和分包合同的行为是履约行为，不是违法行为。故作者认为承担连带责任的法理依据定为违约责任更好一些。转包、违法分包合同为无效合同，转承包人与分包人承担的是无效合同造成损失的赔偿责任，是侵权责任。据此，本条总承包人、分包人就建设工程质量对业主承担连带责任，像担保责任一样是法律明文规定的，是法定责任，主要是由于违约行为引起的；而违法分包、转包的承包人与发包人承担连带责任的法律依据应为侵权责任。

三、在程序上讲，总承包人、发包人、施工人可以作为共同被告

由于总承包人、分包人、施工人就建设工程质量对业主承担连带责任，体现在程序上，分包人可以提起以总承包人、分包人、施工人为共同被告的诉讼。由于道理简单，不再赘述。

第二十六条 ［实际施工人利益的保护］

实际施工人以转包人、违法分包人为被告起诉的，人民法院应当依法受理。

---

① 何伯洲等：《建设工程合同》，知识产权出版社2003年版，第168页。

实际施工人以发包人为被告主张权利的，人民法院可以追加转包人或者违法分包人为本案当事人。发包人只在欠付工程价款范围内对实际施工人承担责任。

条文主旨

本条是有关保护实际施工人利益的特殊规定。

解释第二十六条规定是为保护农民工的合法权益作出的规定。因为建筑业吸收了大量的农民工就业，但由于建设工程的非法转包和违法分包，造成许多农民工辛苦一年往往还拿不到工资。为了有力地保护农民工合法权益，解释第二十六条规定，实际施工人以发包人为被告主张权利的，人民法院可以追加转包人或者违法分包人为本案当事人，发包人只在欠付工程价款的范围内对实际施工人承担责任。从该条的规定看：

一是实际施工人可以发包人为被告起诉。从建筑市场的情况看，承包人与发包人订立建设工程施工合同后，往往又将建设工程转包或者违法分包给第三人，第三人就是实际施工人。按照合同的相对性来讲，实际施工人应当向与其有合同关系的承包人主张权利，而不应当向发包人主张权利。但是从实际情况看，有的承包人将工程转包收取一定的管理费用后，没有进行工程结算或者对工程结算不主张权利，由于实际施工人与发包人没有合同关系，这样导致实际施工人没有办法取得工程款，而实际施工人不能得到工程款则直接影响到农民工工资的发放。因此，如果不允许实际施工人向发包人主张权利，不利于对农民工利益的保护。

二是承包人将建设工程非法转包、违法分包后，建设工程施工合同的义务都是由实际施工人履行的。实际施工人与发包人已经全面实际履行了发包人与承包人之间的合同并形成了事实上的权利义务关系。在这种情况下，如果不允许实际施工人向发包人主张权利，不利于对实际施工人利益的保护。基于此种考虑，解释第二十六条规定实际施工人可以向发包人主张权利，但发包人仅在欠付工程款的范围内对实际施工人承担责任，如果发包人已经将工程价款全部支付给承包人的，发包人就不应当再承担支付工程价款的责任。因此，发包人只在欠付工程价款范围内对实际施工人承担责任，并不会损害发包人的权益。

三是为了方便案件审理，解释第二十六条还规定，人民法院可以追加转包人或者违法分包人为本案当事人，考虑到案件的审理涉及两个合同法律关系，如果转包人或者违法分包人不参加到诉讼的过程中来，许多案件的事实没有办法查清，所以人民法院可以根据案件的实际情况追加转包人或者违法分包人为共同被告或者案件的第三人；实际施工人可以发包人、承包人为共同被告主张权利。这样规定，既能够方便查清案件的事实，分清当事人的责任，也便于实际施工人实现自己的权利。①

理解与适用

一、制定本条规定的背景情况

建筑业是我国国民经济的支柱产业，对促进社会进步和提高人民水平发挥着重要作用。建筑业属劳动密集型行业，技术含量低，并吸收大量农民工就业。近几年来，由于建筑行业能够带动诸多相关行业的发展，因而建筑业的快速发展已成为一些地区的经济增长点。建筑行业迅速发展的同时，由于投资的不足，以及长期以来建筑市场存在供大于求的现状，许多资质等级低、信誉较差的建筑施工企业难以应对市场的竞争现实。一些资质等级高、信誉好的企业承揽工程相对难度较小，甚至承揽工程多，难以在合同约定的工期内完工。为了生存，一些没有资质或者资质等级低的建筑施工企业依托大企业，以转包或者违法分包为主要形式承揽建设工程。建筑市场上，转包和违法分包的现象大量存在，有的工程几经转包，层层剥皮，实际施工人已经没有利润，只能依靠偷工减料、克扣农民工工资维系企业生存。不规范的市场秩序和供大于求的市场供需关系，造成拖欠工程款的问题相当突出，特别是大量拖欠农民工工资现象十分严重，不仅影响了建筑市场的正常的交易秩序，而且也影响了社会的稳定。转包、层层转包就是转包人收取转包利润后，将其承包的全部建设工程转由他人承包的行为。由于转包人未实际施工且已经收取了转承包人交纳的转包利润，发包人是否支付工程价款与自己的利益无关，对发包人是否支付或是否按期支付工程价款并不特别关注，也并不会向业主积极主张权利；而实际施工人由于与发包人没有合同关系，即使发包人欠付工程款，实际施工人也无法向发包人主张权利。在转包人资信状况恶化、破产、法人主体资格消灭、超过诉讼时效等情况下，可能永远无法主张权利，对于众多的农民工来说维系生存的血汗钱可能永远都难以要回。这种情况下，应当在一定条件下赋予实际施工人以诉权，在一定条件下可以向发包人（业主）主张权利，进一步扩展保护实际施工人权益的渠道，维护社会稳定。实际施工人常常是资质等级低的施工企业、甚至没有资质也没有企业建制，只是包工头带领一帮民工干活的临时组织的施工队伍，拖欠实际施工人的

① 转引自《依法保护当事人权益 促进建筑市场健康发展——最高人民法院负责人就〈关于审理建设工程施工合同纠纷案件适用法律问题的解释〉答记者问》。

工程款也就是拖欠农民工工资。违法分包、转包合同无效，施工人也有过错，但按照本解释第二条及第三条第一款规定，在建设工程经竣工验收合格或者修复后经竣工验收合格的，应当按照合同约定支付工程价款或者减价支付工程价款，合同无效也不应当分文不给，这样规定是符合实际情况的。本条是根据本解释实体规定，赋予实际施工人向发包人追索工程欠款的诉讼权利，其目的在于保护农民工利益。

二、条文解读

（一）转包人、违法分包人、实际施工人概念

《建设工程质量管理条例》第七十八条规定，本条例所称转包，是指承包单位承包建设工程后，不履行合同约定的责任和义务，将其承包的全部建设工程转给他人或者将其承包的全部建设工程肢解以后以分包的名义分别转给其他单位承包的行为。建设部规章《建筑安装工程总分包实施办法》对工程转包的定义为：建筑施工单位以营利为目的，将承包的工程转包给其他施工单位，不对工程承担任何技术、质量、经济法律责任的行为。“所谓工程转包，是指建筑安装工程承包合同的承包人不履行合同义务，将其承包的工程转给他人施工，不对工程承担技术、质量、经济等法律责任的行为。”① “转包的表现形式主要是两种：一是将全部工程转包；二是将全部工程肢解后以分包的名义转包。总承包人违反分包合同约定，将工程的主要部分或者群体工程中半数以上的单位工程转给其他单位施工的，或者分包单位违反分包的规定，将承包的工程再次包给其他施工单位施工的，均属转包行为。”② “从民法的角度讲，转包属于第三人代替债务人履行债务的行为，并构成违约，行为人应承担违约的民事责任。”③

《建设工程质量管理条例》第七十八条规定，本条例所称违法分包，是指下列行为：（1）总承包单位将建设工程分包给不具有相应资质条件的单位的；（2）建设工程总承包合同中未有约定，又未经建设单位认可，承包单位将其承包的部分建设工程交由其他单位完成的；（3）施工总承包单位将建设工程主体结构的施工发包给其他单位的；（4）分包单位将其承包的建设工程再分包的。

转包与分包极易混淆。如何区分呢？“转包实质上建筑工程的（总）承包人违反法律、法规规定，将其承包的工程变更合同主体或者虽不变更合同主体，但以包

---

① 黄强光：《建设工程合同》，法律出版社 1999 年版，第 210～211 页。
② 黄强光：《建设工程合同》，法律出版社 1999 年版，第 211 页。
③ 黄强光：《建设工程合同》，法律出版社 1999 年版，第 211 页。

代管，不参加现场管理的行为。查处转包行为，在施工过程中主要核查六个方面内容：（1）核实承包合同的主体是否变更或者实际上已变更。（2）检查现场管理人员的隶属关系，且与申报质量监督时是否一致；（3）检查其行为（包括组织机构、工作协调、技术措施、方案、质量、安全责任等）的落实情况；（4）核查其管理人员的到位情况；（5）核查工程项目的原材料是否由承包人供应；（6）核查用于工程施工的大型机具、设备、设施是否为总承包人所拥有。”① 实际施工人的内涵在本司法解释第二十四条的释义中已作出解析，不再重复。

（二）条文解析

本条为两款。第一款为程序性规定，第二款分别规定了程序和实体两部分内容。第一款规定，实际施工人以转包人、违法分包人为被告起诉的，人民法院应予受理。如前所述，实际施工人主要是指转承包人和违法分包的承包人。实际施工人与转包人、违法分包人是建设工程施工合同的承、发包当事人，是建设工程施工合同的两造，是合同的相对人。由于转包、违法分包合同违反法律的强制性规定而无效，作为无效合同的当事人，一方向另外一方起诉主张权利的，人民法院应当受理，对此毋庸置疑，不会产生歧义。本款在此出现主要是倡导性的，告诉各级人民法院实际施工人起诉索要工程款的，首先应当向其发包人主张权利，这是实际施工人主张权利的主渠道、主导方向，实际施工人应当首先应当向合同相对方主张权利，而不是向发包人（业主）主张权利。

第二款规定的是特殊情况，即在程序上，实际施工人以发包人为被告主张权利的，人民法院可以追加转包人或者违法分包人为当事人。在程序上讲，当事人包括共同被告和第三人，第三人有可分为有独立请求权第三人和无独立请求权的三人两种。第三人表明与本诉是两个法律关系，或有牵连，或对本诉当事人讼争法律关系有独立请求权；而共同被告则是与业主存在承担连带责任的情形。在实体上存在某些特殊关系，如债务人与担保人、共同侵权人、共同共有人、合伙人、挂靠集体组织的个体工商户、个人或者私营企业、集体组织等之间，由于存在紧密联系的特殊的实体法律关系，体现在程序上就是必要的共同诉讼。本款的含义首先是实际施工人以发包人为被告向人民法院起诉主张权利的，人民法院应当受理。其次是实际施工人为原告以发包人为被告的诉讼中，法院可以追加转包人或者违法分包人为共同被告或者第三人，追加为哪一种当事人应当视情况而定。

解析本款条文后人们不禁发问，实际施工人与发包人之间不存在合同关系，如

① 何伯洲等：《建设工程合同》，知识产权出版社 2003 年版，第 169 页。

何成为共同被告呢？发包人与转包人、违法分包人为何能够成为共同被告呢？

第一个问题，实际施工人与发包人之间不存在合同关系，发包人成为被告在实体上讲就是突破了合同相对性。什么是合同相对性呢？“合同相对性，在大陆法系中称为‘债的相对性’，该规则最早起源于罗马法。在罗马法中债被称为‘法锁’，意指‘当事人之间之羁束状态而言’，换言之，是指债能够且也只能对债权人和债务人产生拘束力。由于债本质上是当事人之间一方请求他方为一定行为或不为一定行为的法律关系，而物权是支配权，所以债权不能像物权那样具有排他性，而只能对特定人产生效力。尤其是对两种权利的侵权和司法保护之上，债权和物权是不一样的”。[①]“债权关系的主体都是特定的。因为债权关系发生在享有权利的债权人和承担义务的债务人之间，他们都是特定的人。例如，财产关系所生之债，一方是出租人，另一方是承租人，他们都是特定的人。所有权关系则不同，所有权关系是特定权利主体和不特定的义务主体之间的一种民事法律关系。……债权关系和所有权关系的权利主体虽然都是特定的，但义务主体则不同，前者是特定的，后者是不特定的。这是债权关系与所有权关系的重要区别之一。由于债权关系的义务主体是特定的，所以债权就称为相对权或者对人权；而所有权的义务主体不是特定的，所以，所有权就叫作绝对权或对世权”。[②]“债权人得向债务人请求给付，债务人之给付义务债权人之权利，乃同一法律关系上给付关系之两面。此种仅特定债权人得向特定义务人请求给付之法律关系，学说上称之为债权之相对性，与物权所具有得对抗一切不特定人之绝对性不同”。[③]

第二个问题是本条涉及的合同相对性问题。实际施工人以发包人为被告起诉的，人民法院可以追加转包人、违法分包人为当事人。实际施工人与转包人、违法分包人之间存在转包、违法分包的无效合同关系，他们之间是合同相对方，发生纠纷后互为被告向人民法院起诉不存在突破合同相对性问题。只有在实际施工人以发包人为被告提起诉讼时，才存在突破合同相对性问题。实际施工人与转包人和违法分包人之间具有合同关系，转包人与违法分包人与发包人（业主）具有合同关系，实质上讲，三方当事人之间存在承包与违法分包、转包两层法律关系，实际施工人以业主为被告提起诉讼存在突破合同相对性问题。学者认为，“转包关系中的第三人是指第二份承包合同中的承包人或称再承包人，他相当于第一份合同的当事人来讲乃是第三人，而不是第一份合同的当事人。从性质上看，转包行为实质上是承包

---

① 王利明：《合同法研究（第一卷）》，中国人民大学出版社 2002 年版，第 91 页。

② 马原主编：《中国民法教程》，人民法院出版社 1990 年版，第 285 页。

③ 王泽鉴：《民法学说与判例研究》（第四册），中国政法大学出版社 1998 年版，第 109 页。

人在订立第一个承包合同且不终止第一份合同效力的前提下，又与第三人订立转包合同，两份合同尽管在内容上有相同或者相似性，但二者的合同当事人是不一样的，他们将依照不同的合同分别承担不同的义务和责任。因此，如果第一个承包合同中的承包人不能履行合同义务，应由其承担合同责任，而不能由第二个合同中的当事人代其承担责任。如果第二个合同中当事人为第一个合同中当事人承担责任，显然违背了合同相对性的原理。”① 同样，依此推论，第一个合同中的发包人为第二个合同中的发包人承担责任同样存在违背合同相对性原则。作者亦认为，转包合同、违法分包合同关系中的承包人主张权利应当以不突破合同相对性为基本原则，只有特定情况下，以准许突破合同相对性作为补充。转承包人与发包人（业主）之间已经全面实际履行承包人与发包人（业主）签订的建设工程施工合同并形成事实上的权利义务关系时，转承包人事实上已经取代第一手的承包人与发包人形成合同关系，在这种情况下，应当准许转承包人以发包人为被告提起追索工程价款的诉讼，人民法院可以追加转包人为共同被告。其他情形下，即在违法分包合同和转包合同的承包人与发包人没有全面实际履行合同并未形成事实上的权利义务关系时，尽管上述两种合同无效，也应当受合同相对性的制约；违法分包和转包的承包人以其发包人即违法分包人、转包人为被告起诉时，人民法院可以视情况追加发包人为第三人。第三人的诉讼地位表明发包人（业主）与本案原被告为两个法律关系，或者对本案原被告讼争的标的具有全部独立或者部分独立的请求权，或者本案处理结果与其存在法律上利害关系。

第三个问题，为何可以追加发包人为本案当事人并由其在实体上对欠付工程款承担责任呢？首先，一些纠纷中，发包人对承包人转包或者违法分包的情况是清楚的，对施工人施工的事实予以默认，与实际施工人实际履行合同，违法分包合同或者转包合同无效，应当说发包人在主观上存在过错，也应承担过错责任。其次，在实务中由于转包人、违法分包人取得转包、违法分包利益后并不关心发包人是否按约定的数额和期限支付工程价款，在发包人欠付工程价款时并不积极主张权利，而实际施工人投诉无门，在程序上受合同相对性制约不能以发包人为被告提起追索工程价款的诉讼；实体上，即使发包人欠付工程价款，只要转包人或者违法分包人不向发包人主张权利，实际施工人就无法向发包人主张权利。此外，由于违法分包人或者转包人怠于主张权利，还有可能超过诉讼时效，导致实体权利丧失。应当讲，在合同无效的情况下，合同相对性应相对弱化，在程序上人民法院可以视不同情况

① 王利明：《合同法研究（第一卷）》，中国人民大学出版社 2002 年版，第 102 页。

追加发包人为第三人或者共同被告，在实体上发包人对欠付工程价款承担责任的规定有利于保护实际施工人权益。第三，本条规定有利于保护农民工利益。现阶段，清欠农民工工资是当前和今后一个阶段党中央和国务院的重点工作，也是一项紧迫的政治任务，在不违反现行法规定的原则基础上应当切实保护农民工利益。

第二十七条 ［保修责任］

因保修人未及时履行保修义务，导致建筑物毁损或者造成人身、财产损害的，保修人应当承担赔偿责任。

保修人与建筑物所有人或者发包人对建筑物毁损均有过错的，各自承担相应的责任。

条文主旨

本条是有关保修责任问题的规定。

本条重点在于强调保修人未及时履行保修义务导致建筑物毁损或者人身、财产损害时其应当承担的赔偿责任。在保修人与建筑物所有人或者发包人对建筑物毁损均有过错的情况下，应当按照各自的过错程度承担相应的责任。

理解与适用

建筑工程质量保修制度是指建筑工程直接办理交工验收手续后，在规定的保修期限内，因勘查设计、施工、材料等原因造成的质量缺陷，应当由施工单位负责维修的制度。建筑工程质量保修制度对于促进承包方加强质量管理，保护用户及消费者的合法权益起着相当重要的作用。①

我国《建筑法》第六十条规定，建筑物在合理使用寿命内，必须确保地基基础工程和主体结构的质量。建筑工程竣工时，屋顶、墙面不得留有渗漏、开裂等质量缺陷，对已发现的质量缺陷，建筑施工企业应当修复。建筑物的地基基础工程在建筑物整体构造中起着举足轻重的作用，主体结构更是建筑工程的重要组成部分，如果一项建筑工程在一定期限内，地基基础工程和主体结构出现质量问题，即使其他部分施工质量再好也恐怕难以保证整个建筑工程的质量，故建筑物的地基基础工程和主体结构工程的质量在合理使用寿命内必须得到确保。而建筑工程的质量问题在

① 孙镇平：《建设工程合同》，人民法院出版社 2000 年版，第 135 页。

屋顶渗漏和墙面开裂方面表现得较为严重。故在建筑工程竣工时，建筑施工企业对已发现的质量缺陷应当修复。该法第六十二条还规定，建筑工程实行质量保修制度。建筑工程的保修范围应当包括地基基础工程、主体结构工程、屋面防水工程和其他土建工程，以及电气管线、上下水管线的安装工程，供热、供冷系统工程等项目；保修的期限应当按照保证建筑物合理寿命年限内正常使用，维护使用者合法权益的原则确定。具体的保修范围和最低保修期限由国务院规定。该法第八十条同时规定，在建筑物的合理使用寿命内，因建筑工程质量不合格受到损害的，有权向责任者要求赔偿。

建设部2000年6月30日发布的《房屋建筑工程质量保修办法》中对“房屋建筑工程质量保修”一词作了明确界定：“是指对房屋建筑工程竣工验收后在保修期限内出现的质量缺陷，予以修复。”什么叫“质量缺陷”呢？即“房屋建筑工程的质量不符合工程建设强制性标准以及合同的约定。”该办法第四条规定，房屋建筑工程在保修范围和保修期限内出现质量缺陷，施工单位应当履行保修义务。该办法第七条规定，在正常使用条件下，房屋建筑工程的最低保修期限为：（一）地基基础工程和主体结构工程，为设计文件规定的该工程的合理使用年限；（二）屋面防水工程、有防水要求的卫生间、房间和外墙面的防渗漏，为5年；（三）供热与供冷系统，为2个采暖期、供冷期；（四）电气管线、给排水管道、设备安装为2年；（五）装修工程为2年。其他项目的保修期限由建设单位和施工单位约定。也就是说，建设工程的质量按不同部位设定了不同年限的保修义务。2002年5月1日起施行的建设部《住宅室内装饰装修管理办法》第三十二条规定，在正常使用条件下，住宅室内装饰装修工程的最低保修期限为二年。有防水要求的厨房、卫生间和外墙面的防渗漏为五年。《房屋建筑工程质量保修办法》第八条规定了保修期限的起算时间，房屋建筑工程保修期从工程竣工验收合格之日起计算。竣工验收合格之日的确定，是指建设单位收到建设工程竣工报告后，组织设计、施工、工程监理等有关单位进行竣工验收，验收合格并各方签署竣工验收之文本的日期。按照《建设工程质量管理条例》的规定，建设行政主管部门或者其他有关部门发现建设单位在竣工验收过程中有违反国家有关建设工程质量管理规定行为的，责任停止使用，重新组织竣工验收。那时的保修期为各方都认可的重新组织竣工验收的日期。但是，住宅工程售房单位对用户的保修期要从房屋交付之日起计算。①

保修期间的质量责任划分原则是：施工单位未按国家有关规范、标准和设计要

---

① 回沪明主编：《建筑法及配套规定新释新解》，人民法院出版社2003年版，第2059页。

求施工，造成的质量缺陷，由施工单位负责返修并承担经济责任；属于设计方面的原因造成的质量缺陷，由施工单位负责返修，其费用通过建设单位向设计单位索赔；因建筑材料、构配件和设备质量不合格引起的质量缺陷，属于施工单位负责采购的，施工单位承担经济责任。属于建设单位采购，但施工单位提出异议而建设单位坚持使用的，由建设单位承担经济责任；因建设单位或建筑物所有人使用不当造成的质量缺陷，由建设单位或建筑物所有人自行负责；因地震、洪水、台风等不可抗力或自然灾害造成的质量事故，施工单位、设计单位、监理单位不承担经济责任。[①] 对在保修期限和保修范围内发生质量问题的，一般是先由建设单位组织勘查、设计、施工等单位分析质量问题的原因，确定保修方案，由施工单位负责保修。赔偿损失既包括因工程质量造成的直接损失，即用于返修的费用，也包括间接损失，如给使用人或第三人造成的财产或非财产损失等。

瑕疵担保，是指有偿合同中的债务人，对其所提出的给付应担保其权利完整和物的质量合格。如果债务人违反此种担保义务，则应付瑕疵担保责任。瑕疵担保责任分为两种，即权利的瑕疵担保和物的瑕疵担保。施工单位承担的保修责任实际上是对建设工程质量的瑕疵担保责任，在工程质量保修期内，发包方或者使用人发现工程瑕疵的，有权直接请求承包人修理或者返工、改建。从当前的实际情况来看，为数不少的房屋建筑质量较差，留有较多的质量隐患。有些房屋在竣工验收时合格，而在居住一段时间后潜在的质量问题才逐渐显露出来，如果这时施工企业拖延履行义务，就可能导致建筑物毁损或人身的损害。施工单位是建设工程的直接加工、生产者，对工程质量负有直接的责任。而有些建筑施工企业在工程交付之后被关停并转，工程保修问题无法保证。建设工程涉及面广，使用期限长，直接涉及国家财产和公民人身财产安全问题，完全称得上是“百年大计”，故对其质量不合格造成损害的情况，必须规定严格的质量责任。我国《合同法》第二百八十二条明确规定，因承包人的原因致使建设工程在合理使用期限内造成人身和财产损害的，承包人应当承担损害赔偿责任。《房屋建筑工程质量保修办法》第十四条规定，在保修期内，因房屋建筑工程质量缺陷造成房屋所有人、使用人或者第三方人身、财产损害的，房屋所有人、使用人或者第三方可以向建设单位提出赔偿要求。建设单位向造成房屋建筑工程质量缺陷的责任方追偿。该办法第十五条还规定，因保修不及时造成新的人身、财产损害，由造成拖延的责任方承担赔偿责任。本条司法解释是根据上述规定的精神制定的，其包含两个方面的内容：一是规定了保修人未及时履

① 孙镇平：《建设工程承包合同》，中国政法大学出版社 1996 年版，第 96 页。

行保修义务造成损害的赔偿责任；二是规定了混合责任情形下保修人与建筑物所有人或者发包人各自应承担的相应责任。

在起草本司法解释中有人提出，本条规定的内容不属于本司法解释调整的范围，从整体内容来看，本司法解释基本上是围绕建设工程施工合同的权利与义务进行规定的，而保修人的赔偿责任问题属于侵权责任范畴，故应当删去。考虑到本司法解释标题写的是适用法律若干问题的解释，而不是规定，大部分条款都能从现行法律条文中找到依据。保修人的赔偿责任虽然是侵权责任，但有其特殊性，有时可能是侵权责任和违约责任的竞合。《建筑法》第八十条也有相关内容的规定，从整个体例上来说，还是比较一致的，因此最后保留了本条规定的内容。

还有人提出，“保修人”的概念似乎从来没有在正式文件中出现过，显得有些突兀。不如采用“承担保修义务的单位”或“保修义务人”的提法更妥。为什么用“保修人”这个词？因为在一般情况下，建设工程在保修范围和保修期限内出现质量缺陷，施工单位应当履行保修义务。如果施工单位不按工程质量保修书约定保修的，建设单位可以另行委托其他单位保修，由原施工单位承担相应责任。而对于已经售出的商品房，建设部于 2001 年 6 月 1 日起施行的《商品房销售管理办法》第三十三条规定，房地产开发企业应当对所售商品房承担质量保修责任。当事人应当在合同中就保修范围、保修期限、保修责任等内容做出约定。保修期从交付之日起计算。商品房目前是我国百姓的最大消费品之一，当房屋出现质量问题时，如果房地产开发企业、施工单位、设计单位、监理单位互相推诿扯皮，购房者的权益就会受到损害，故与购房者具有直接合同关系的开发商当然应当首先承担保修责任。有的房地产开发商将自己对购房人承担的房屋保修义务委托给了房屋修缮公司或物业管理公司进行保修。鉴于以上种种情况，本条司法解释用了“保修人”这个词，其实也就是负有保修义务的人。当建设工程出现质量问题时，负有直接保修义务的人应当在第一时间履行其保修义务，绝不能故意拖延、怠于履行其应尽的职责。至于什么情况下可以认定保修人未及时履行保修义务，要结合相关规定和实际情况进行分析。建设部《房屋建筑工程质量保修办法》是这样规定的：“房屋建筑工程在保修期限内出现质量缺陷，建设单位或者房屋建筑所有人应当向施工单位发出保修通知。施工单位接到保修通知后，应当到现场核查情况，在保修书约定的时间内予以保修。发生涉及结构安全或者严重影响使用功能的紧急抢修事故，施工单位接到保修通知后，应当立即到达现场抢修。”“发生涉及结构安全的质量缺陷，建设单位或者房屋建筑所有人应当立即向当地建设行政主管部门报告，采取安全防范措施；由原设计单位或者具有相应资质等级的设计单位提出保修方案，施工单位实施保修，原工程质量监督机构负责监督。”《北京市建筑工程质量保修实施办法》具体规定了保修的时间要求，保修期内，施工单位在接到售房单位、房管部门的保修通知单后，必须在三日内到现场核查情况，确属工程保修范围内的，应与用户共同商定保修内容，并在十五日内予以保修。工程保修中，用户应当给予配合。《深圳市建设工程质量管理条例》则规定，施工单位应当自接到保修通知之日起五日之内到达现场核查情况，并予以保修。发生涉及结构安全或严重影响使用功能的紧急事故的，应当立即抢修。

如果在竣工结算后承包方已经拿到了全部工程款，承包方有可能在保修期内逃避保修责任，合同条款对此没有更好的制约手段。而在支付工程款或工程进度款时扣留5% ~10%的保留金，在工程竣工时支付给承包方一半的保留金，缺陷责任期（及保修期）结束后再支付另一半的保留金，这样就可迫使其履行保修责任。

建设工程未经验收，发包人擅自使用的，承包方应在法定或者设计文件规定的期限内对工程地基基础、主体结构承担责任。对于该工程的其他部位的质量问题，自发包人提前使用之日未超过法定保修期限的，承包人仍应承担责任。另外，建设工程在保修期内，发包人将该工程转让给第三人的，承包人仍应向受让第三人承担工程的保修责任，不能因建设工程合同主体的变更而免除保修责任。

因保修人拖延履行保修义务，导致建筑物毁损或者造成人身、财产损害的，保修人应当承担赔偿责任。建筑物的所有人或发包人对损害的发生及扩大有过错的，也应承担相应的赔偿责任，比如建筑物的所有人或发包人使用不当或擅自改动结构、设备位置或不当装修等，而《建设工程质量管理条例》中针对这种情况有明文规定：“房屋建筑使用者在装修过程中，不得擅自变动房屋建筑主体和承重结构。”如果建筑物的所有人或发包人有类似的过错行为，其对造成建筑物毁损也应根据实际情况承担相应的过错责任。如果建筑物的所有人或发包人没有在发现质量缺陷以后及时采取必要的措施减轻损失，则其应当对扩大的损失承担相应责任。当然，要求建筑物的所有人或发包人采取的措施必须是合理的，不能要求其作出特别的努力，去做其力所不及的不合理、不可能的事情；不能要求其为防止损失扩大而用自己的金钱去冒险，或者采取会危害自身商业信誉的措施；不能要求其对第三人提起一起既复杂又困难的诉讼；也不能要求其为减少损失而牺牲自己的财产或权利。[①]

在最初的解释草稿中有过这样的条款：“建筑物毁损是建筑物所有人或者发包人通知不及时造成的，由建筑物所有人或者发包人承担赔偿责任。赔偿权利人请求

---

① 《合同法教程》，中国人民公安大学出版社1999年版，第488 ~495页。

建筑物所有人或者发包人承担损害赔偿责任的，人民法院应予支持，但是建筑物所有人或者发包人承担赔偿责任后，可以向责任人追偿。”许多人指出质疑，认为这样规定对于建筑物所有人或发包人而言过于绝对，通知不及时一般而言并非造成建筑物毁损的直接的、主要的原因，要求建筑物所有人或发包方承担全部责任有失公平，其只应在通知不及时这个过错范围内承担相应的责任。有鉴于此，后来的解释稿中没有再保留上述条款。

当保修义务人是建设工程的承包人时，由于其未及时履行保修义务，导致建筑物毁损或者人身、财产损害的，对发包人而言，承包人既违反了合同约定的保证工程质量的义务，其应承担违约责任，同时承包人还应当承担因此造成的侵权责任。发包人可以侵权责任要求赔偿发包人的人身和财产损失，对此部分的损失赔偿权，是侵权责任和违约责任的竞合，发包人可以选择其一来要求承包人承担赔偿责任。但是，对第三人造成的损失而言，因第三人与承包人并无合同关系，而在侵权行为发生之前，当事人之间存在一种合同关系，是违约责任与侵权责任竞合的主要原因，所以第三人只能以侵权责任请求予以赔偿。也就是说，承包方不仅要对发包方承担侵权责任，而且要对经转手后的未来建筑物的主人负责，即使承包方同未来建筑物的主人没有任何关系，甚至在承建过程中，承包方根本不知道未来的主人是谁，他们也必须对其所承建的建筑物的缺陷承担责任。一言以蔽之，侵权责任是不受合同关系的限制的。在发生损害赔偿责任时，第三人作为受害人可以基于两种理由提出赔偿请求：一是承包人建设工程不合格的侵权责任，不过，作为受害人对此举证比较困难，不利于维护自己的权益。二是建筑物的特殊侵权责任，这种侵权责任对受害人来说，不负有举证责任，只要证明自己有损害的事实即可。[①] 对此我国《民法通则》第一百二十六条有明确规定，建筑物或者其他设施以及建筑物上的搁置物、悬挂物发生倒塌、脱落、坠落造成他人损害的，它的所有人或者管理人应当承担民事责任，但能够证明自己没有过错的除外。建筑物在施工中的质量缺陷不能作为所有人或者管理人的免责条件，所有人或者管理人应当先承担赔偿责任，然后再向有过错的施工单位追偿。一般而言，侵权责任和违约责任的区别在于：（1）侵权责任一般是由法律直接规定的；（2）侵权责任不能自行排除；（3）在履行一个承诺过程中的不当和疏忽行为将导致行为者对受害者的有形损失和身体伤害，既可能承担侵权责任，也可能承担违约责任；（4）对无形的经济损失的赔偿一般应由合同约定；（5）如果除了约定的要履行行为之外没有其他义务，则违反该义务不能构

---

① 王红亮：《承揽合同·建设工程合同》，中国法制出版社 2000 年版，第 195 页。

成侵权；（6）作为的义务一般是由法律规定而不是由承诺确定的；（7）如果被承诺方由于信赖承诺方的承诺而作出的相应行为导致了损失，则该损失可以通过追究侵权责任得到赔偿。[①] 合同责任和侵权责任各有利弊。根据合同起诉，当事人非常明确，权利义务关系在合同中有明确的约定。但根据合同起诉也有一些弊端：建设工程施工合同中通常包括的合同条款往往限制合同当事人的潜在赔偿责任，间接损失可能更不容易获得赔偿。原告为了避免这些不利的合同条款，经常根据侵权责任来进行诉讼。

从国外的有关规定来看，在法国，称“质量保修期”为“正式完工期限”（1978 年民法典），期限为自交付工程之日起一年。比利时和瑞典则称之为“保证期”，通常为一年，结束时即为最终交付。荷兰的保修期为 3 ~ 12 个月，澳大利亚、新加坡、英国通常为六个月，瑞典为两年，加拿大的魁北克、葡萄牙则更长，为五年，但公用建筑的保修期为 2 年。英国的 JCT 合同把从工程实际交付至最后完工的期限称为“缺陷责任期”。FIDIC 文本也是如此。所谓“缺陷责任期”，实际上仅指从工程实际交付至最后完工之间的期限，由承包方对列入“实际完工证书”上的缺陷进行修复，并对在此期间显现的瑕疵进行免费维修。但是取名为“缺陷责任期”，往往引起很多人误解，以为一旦该期限届满，承包商即不对工程缺陷承担责任，其实不然。质量保修期届满后，意味着另一种责任期间的开始，即进入损害赔偿责任期间。在有些国家这种责任为零，如葡萄牙规定在政府作为业主的情况下，质量保证期后不存在损害赔偿责任。但是在大多数国家，业主都可以在一段时期内向有关责任者要求损害赔偿。

保修期后的损害赔偿责任的期限因法律或合同规定的不同而不同，很多国家的制度本身也在不断变化。以荷兰、法国和加拿大的魁北克为例：荷兰民法典规定了二十年责任期；而法国规定了十年责任期。法国的十年责任期的责任范围为以下缺陷引起的损害：（1）影响道路、主要管道、基础、承重结构的坚固，隐蔽工程、与建筑物不可分的设备（其他设计要求有不少于 2 年的合同保证期）。（2）工程不符合使用目的。另外，在加拿大的魁北克，非居住房屋和商业建筑的保修期后责任期为 5 年，而公用建筑则为 30 年。与保修期内的责任形式不同，保修期内只要发现任何瑕疵，不管有无损害承包商均有义务修复，不修复将承担一定的后果；但在保修期后的损害赔偿责任期内，出现的质量问题要有损害才可主张赔偿，而且并不是所有的损害都可以获得赔偿。在大多数国家和地区，如意大利、魁北克、西班牙、

① 王天翊：《建筑合同与索赔法律实务》，人民法院出版社 2003 年版，第 237 页。

瑞典和英国，将损害分为微小损害和重大损害，只有重大损害才可追究责任。当然，至于孰是“微小”孰是“重大”，这些国家的法律和实践都没有一个确定的标准，可以说因事而异。比如在英国，对砖房裂缝程度的分类是根据这些裂缝对结构的影响程度来确定的，从而判断哪些是严重裂缝，哪些是微小裂缝。尽管没有确切的标准，但各国建筑法律的要求，以及建筑物所在地特殊文化的需求，都是判断损害大小的一般依据。①

第二十八条 ［解释的实施］

本解释自2005年1月1日起施行。

施行后受理的第一审案件适用本解释。

施行前最高人民法院发布的司法解释与本解释相抵触的，以本解释为准。

理解与适用

本条是对《解释》的生效日期、是否具有溯及力以及与此前最高人民法院相关司法解释之间关系问题的具体规定。

一、本条的含义

本司法解释的颁布，对人民法院正确、及时审理建设工程施工合同纠纷案件将产生较大的影响。为了充分保障当事人权利的行使，并考虑到诉讼程序的衔接，本条规定将司法解释生效施行的时间确定在2005年1月1日。2005年1月1日以后人民法院新受理的建设工程施工合同纠纷一审案件都要适用本司法解释进行审理。2005年1月1日之前已经受理但尚未作出裁判，并在2005年1月1日之后继续诉讼的案件，不适用本司法解释进行审理；对1005年1月1日前已经审理终结的案件，采取不溯及既往的原则，当事人不得在本司法解释生效施行以后，以违反本规定为由申请再审。本解释施行后，此前最高人民作出的相关司法解释与本解释抵触的，以本解释为准。

---

① 朱树英、王盈盈：《工程竣工交付后的质量责任与保险》，载《建筑时报》2003年7月21日、2003年8月24日。

二、对本解释生效时间的理解

法律的公布和法律施行都是属于实施法律的程序，但是不能把法律公布与法律施行混同起来。任何法律都有生效日期，法律的生效日期即法律的时间效力，是指法律执行或者实施的时间，关系到公民、法人从何时起按法律的规定享有自己的权利并履行自己的义务，也关系到司法机关从何时开始适用法律的规定开展司法活动。因此，正确理解法律生效日期的意义对正确适用法律而言非常重要。一部法律的生效日期，没有一个固定不变的硬性标准，通常来讲是根据该法律的具体性质和实际需要来决定的。我国关于法律、司法解释生效日期的规定，主要有以下三类：第一类是从法律、司法解释公布之日起立即生效。如“本法自公布之日起施行”的规定。这种生效方式多适用于急需要尽快出台且马上施行时机比较成熟的情况，为了使法律尽早发挥应有的作用，而采取此类一经公布立即生效的做法。例如，在《婚姻法》修改后，最高人民法院制定的《关于适用中华人民共和国婚姻法若干问题的解释（一）》的第三十四条规定，本解释自公布之日起施行，其生效施行的时间问题就是采取的这种做法。原因主要基于以下两点考虑：一是《婚姻法》修改后一经公布立即适用，审判实践面临如何适用新修改的《婚姻法》审理案件的问题，迫切需要尽快出台相关的可操作性强的司法解释来指导审判实践活动。二是经过较长时间的面向社会各界的征求意见、宣传准备工作，该部司法解释具备了公布后马上实施的条件。事实证明，这种根据实际情况作出的选择是正确的，婚姻法司法解释的适时出台与适用，收到了良好的社会效果与法律效果。此外，公布后立即生效的方式亦常适用于行政法规的生效时间。第二类是特殊的规定，即规定法律、司法解释公布后到达一定期限后开始生效。第三类是法律、司法解释公布后并不立即生效，而是由该法律或者专门的决定来明文规定具体生效时间。这种方式一般基于预留一段准备期以利于顺利施行的考虑。本解释即属于第二类情形，采取了明确规定实施日期的做法。其第二十七条第一款规定，本解释自1005年1月1日起施行，此生效时间意指从2005年1月1日起，人民法院审理建设工程施工合同纠纷案件时，涉及解释有规定的问题，都应适用本解释。之所以采取公布时间与生效时间相分离的做法，是考虑到本解释的公布和施行是我国房地产管理法制建设中的一件大事，它会对人民法院审理相关类型的案件产生深远的影响。本部司法解释的重点内容不仅对建设工程施工合同的效力、处理原则及解除权的行使、工程质量问题作出了规定，而且还涉及工程期限的违约责任、工程结算标准和工程量的确定等问题。上述这些问题均是现阶段建设工程施工合同纠纷案件审理中的难点、热点问题，最高人民法院亦是在大量调查研究的基础上予以研究出台，其中的许多规定有待理解和消化，同时适用中的新情况、新问题也可能随着司法实践的展开而逐渐产生。因此，为保证本解释的全面、正确实施，尤其在此前有些地方对此类案件的认识探索尚存欠缺的情况下，充分利用该司法解释从公布到生效实施的 3 个月时间，通过广泛、深入地学习和宣传，力求使大家对本解释规定的原则精神有所理解和掌握。一方面使当事人能够充分知晓自己在建设工程施工合同纠纷案件中的哪些权益和主张可以得到更好的保护，另一方面也让广大法官明确立法本意，使各级人民法院做好审理此类案件的必要的准备工作和衔接工作。这对于规范诉讼参与人的行为，促进人民法院有关建设工程施工合同纠纷案件审判工作的规范、有序、顺利地开展，公正高效地维护当事人的合法权益，具有非常重要的意义，换言之，在司法解释的公布与实施之间留出一定的时间，既便于法院司法亦便于当事人遵行，具有必要性。需要说明的是，本解释生效时间的规定亦与最高人民法院审判委员关于对不同类型司法解释生效时间的统一规定相符合。即本解释与其他同类型司法解释的生效时间在界定及表述方式上是一致的。

三、关于本解释的溯及力问题

法的溯及力，又称法的溯及既往的效力，是指新的法律颁布后，对其生效前的事件和行为是否适用的问题。如果适用，则具有溯及力；如果不适用，则不具有溯及力。实体规范通常不具有溯及力。因为人们不可能按照尚未制定的法律、法规或者已经制定但没有生效的法律、法规来规范和调整自己的行为。否则，对于行为人而言，既不现实，亦在法律上有失公正。法律的可预期性是支撑法治价值的一个较为关键的要素。溯及既往的条款往往会破坏人民生活的安定性和可预期性，也容易破坏法律体系应有的稳定和权威，行为人在行为之初，只能用现有的法律框架体系内的现有规范来衡量约束自身的行为，使之不违反强行法律法规的规定。也就是说人们只有在法律、法规生效之后，才能自觉地利用法律、法规来约束自己的行为。不能让人们在做现在的每一件事情时都有惴惴不安之感，担心自己今天本来合理合法的行为，在将来的哪一天会变成违法的并得不到法律的保护，因而变得不知如何正常行事。

关于溯及力的问题，法学基本理论通常认为，法律一般没有溯及力，除非法律有特别规定。例如，在某些个别、特殊的情况下，法律规定也会采取不同的原则，诸如从旧兼从轻、从新兼从重等。继而有的观点认为，尽管法治的原则之一是立法不溯及既往，但事实上任何立法必定为在某种程度上改变现状而立，而且只要它不停留在纸面上，就总是具有溯及既往的效果。因此，绝对的不溯及既往是不存在的，也是不应当的。法律是内生于社会生活的普遍规则，往往是对自发秩序的承认和认可，法律只要有发展、变化，也必定具有某种溯及既往的效力，并且事实上在某种程度上改变现有格局。

法律溯及力与法律生效时间相关。由于法律是指导人们行为的标准，只有公布的法律才有可能成为约束人们行为的准则，所以法律不溯及既往原则是绝大多数国家所遵循的法律程序技术原则。其基本含意是，一部新法实施后，对新法实施之前人们的行为判断不得适用新法，而只能延用旧法。该原则的出发点在于维护法的稳定性和可预期性。我国法律于一般情况下采用“法不溯及既往”原则。按照《立法法》的规定，如果法律中没有特别规定，法律不具有溯及既往的效力，即新的法律规定不能调整法律生效前已经发生的事实和行为。司法解释也应坚持同样的原则，遇有特殊例外的情形，才可以规定承认其溯及力。

此外，关于司法解释在适用的时候是否有向前追溯的法律效力，一直存在不同的认识。一种观点认为，司法解释是对现行立法的解释，故应当从公布之日起，对于人民法院尚未审结的一、二审相关案件，均应适用。这种对司法解释施行前人民法院已经受理、司法解释施行时仍未审结的案件加以适用司法解释的主张，实际上是赋予了司法解释一定的溯及力。另一种观点认为，司法解释虽然理论上是对既有法律的解释，但我国的司法解释在一定程度上起着补充立法空白，甚至创设新规则的作用。按照法律不溯及既往的原则，司法解释只能适用于公布施行后起诉到人民法院的案件。只要案件的一审程序受理于司法解释生效施行之前的，都不能适用该司法解释。因为这一问题带有一定的普遍性且认识又不一，经最高人民法院审判委员会决定，本解释最终采纳的基本上是后一种做法，即规定了一个明确的实施日期，自施行后起诉到人民法院的建设工程施工合同纠纷案件才能适用。

关于对“施行后受理的第一审案件适用本解释”中“受理”的理解是准确把握立法本意，正确理解本解释有关实施问题的一个重要内容。“受理”的含义，是指本解释施行后开始启动的诉讼程序，即解释施行后人民法院开始受理的当事人的起诉。起诉程序是一个完整的过程，包括从启动开始至案件审理结束。当一个案件一审作出裁决时，该案的诉讼程序尚未完成，因为有可能当事人在上诉期间内提出上诉，上诉至二审法院，二审人民法院的审理活动也都是整个诉讼活动的一部分。因此，人们通常在提到“受理”一词，习惯上都是指的诉讼程序启动之初的起诉，即受理一审而言。上诉进入二审阶段，二审人民法院接受上诉并进行审理的，虽然二审人民法院有时也表述为受理，但这并不是严格意义上的“受理”。对于这一点，有时候有些人理解的不是很到位，所以为了避免可能造成的理解上的出入，本条解释用了“受理的第一审案件”字样加以强调。具体可指：（1）2005 年 1 月 1 日之前已经受理但尚未作出裁判，并在 2005 年 1 月 1 日之后继续诉讼的案件，不适用本司法解释的规定。其中包括解释施行后，案件处于二审正在审理阶段的，也包括解释施行后案件还处于一审审理阶段的。无论哪种情形，都不得适用本解释审理案件。而且对于这些案件，即使今后进入审判监督程序，如果法律没有特别规定，也不应该适用本解释对案件重新审理。（2）2005 年 1 月 1 日以后，人民法院开始受理的一审案件，适用本解释。包括这些案件进入二审、审判监督程序，都可以依法适用本解释的相关规定。

四、关于本解释与其他相关司法解释等规范相冲突时如何处理的问题

依特别法优于普通法、新法优于旧法等解决法律适用及效力问题的法理依据可知，由同一部门就相同的问题，在不同时期先后作出规定的，应该以最新规定为准。最高人民法院对审理建设工程施工合同纠纷案件有关问题作出的司法解释，前后不一致或者有变化的，应该以后出台的司法解释为准。有鉴于此，本条第三款规定，施行前最高人民法院发布的司法解释与本解释相抵触的，以本解释为准。而对此前作出的司法解释所规定的内容，如与本司法解释并不冲突，又未被明文废止的，仍然有效，人民法院在审理相关案件中可以继续适用。

最高人民法院
关于审理建设工程施工合同纠纷案件适用法律问题的解释（二）

法释〔2018〕20号

（2018年10月29日最高人民法院审判委员会第1751次会议通过
2018年12月29日最高人民法院公告公布　自2019年2月1日起施行）

为正确审理建设工程施工合同纠纷案件，依法保护当事人合法权益，维护建筑市场秩序，促进建筑市场健康发展，根据《中华人民共和国民法总则》《中华人民共和国合同法》《中华人民共和国建筑法》《中华人民共和国招标投标法》《中华人民共和国民事诉讼法》等法律规定，结合审判实践，制定本解释。

第一条　招标人和中标人另行签订的建设工程施工合同约定的工程范围、建设工期、工程质量、工程价款等实质性内容，与中标合同不一致，一方当事人请求按照中标合同确定权利义务的，人民法院应予支持。

招标人和中标人在中标合同之外就明显高于市场价格购买承建房产、无偿建设住房配套设施、让利、向建设单位捐赠财物等另行签订合同，变相降低工程价款，一方当事人以该合同背离中标合同实质性内容为由请求确认无效的，人民法院应予支持。

第二条　当事人以发包人未取得建设工程规划许可证等规划审批手续为由，请求确认建设工程施工合同无效的，人民法院应予支持，但发包人在起诉前取得建设工程规划许可证等规划审批手续的除外。

发包人能够办理审批手续而未办理，并以未办理审批手续为由请求确认建设工程施工合同无效的，人民法院不予支持。

第三条　建设工程施工合同无效，一方当事人请求对方赔偿损失的，应当就对方过错、损失大小、过错与损失之间的因果关系承担举证责任。

损失大小无法确定，一方当事人请求参照合同约定的质量标准、建设工期、工程价款支付时间等内容确定损失大小的，人民法院可以结合双方过错程度、过错与损失之间的因果关系等因素作出裁判。

第四条 缺乏资质的单位或者个人借用有资质的建筑施工企业名义签订建设工程施工合同，发包人请求出借方与借用方对建设工程质量不合格等因出借资质造成的损失承担连带赔偿责任的，人民法院应予支持。

第五条 当事人对建设工程开工日期有争议的，人民法院应当分别按照以下情形予以认定：

（一）开工日期为发包人或者监理人发出的开工通知载明的开工日期；开工通知发出后，尚不具备开工条件的，以开工条件具备的时间为开工日期；因承包人原因导致开工时间推迟的，以开工通知载明的时间为开工日期。

（二）承包人经发包人同意已经实际进场施工的，以实际进场施工时间为开工日期。

（三）发包人或者监理人未发出开工通知，亦无相关证据证明实际开工日期的，应当综合考虑开工报告、合同、施工许可证、竣工验收报告或者竣工验收备案表等载明的时间，并结合是否具备开工条件的事实，认定开工日期。

第六条 当事人约定顺延工期应当经发包人或者监理人签证等方式确认，承包人虽未取得工期顺延的确认，但能够证明在合同约定的期限内向发包人或者监理人申请过工期顺延且顺延事由符合合同约定，承包人以此为由主张工期顺延的，人民法院应予支持。

当事人约定承包人未在约定期限内提出工期顺延申请视为工期不顺延的，按照约定处理，但发包人在约定期限后同意工期顺延或者承包人提出合理抗辩的除外。

第七条 发包人在承包人提起的建设工程施工合同纠纷案件中，以建设工程质量不符合合同约定或者法律规定为由，就承包人支付违约金或者赔偿修理、返工、改建的合理费用等损失提出反诉的，人民法院可以合并审理。

第八条 有下列情形之一，承包人请求发包人返还工程质量保证金的，人民法院应予支持：

（一）当事人约定的工程质量保证金返还期限届满。

（二）当事人未约定工程质量保证金返还期限的，自建设工程通过竣工验收之日起满二年。

（三）因发包人原因建设工程未按约定期限进行竣工验收的，自承包人提交工程竣工验收报告九十日后起当事人约定的工程质量保证金返还期限届满；当事人未约定工程质量保证金返还期限的，自承包人提交工程竣工验收报告九十日后起满二年。

发包人返还工程质量保证金后，不影响承包人根据合同约定或者法律规定履行工程保修义务。

第九条 发包人将依法不属于必须招标的建设工程进行招标后，与承包人另行订立的建设工程施工合同背离中标合同的实质性内容，当事人请求以中标合同作为结算建设工程价款依据的，人民法院应予支持，但发包人与承包人因客观情况发生了在招标投标时难以预见的变化而另行订立建设工程施工合同的除外。

第十条 当事人签订的建设工程施工合同与招标文件、投标文件、中标通知书载明的工程范围、建设工期、工程质量、工程价款不一致，一方当事人请求将招标文件、投标文件、中标通知书作为结算工程价款的依据的，人民法院应予支持。

第十一条 当事人就同一建设工程订立的数份建设工程施工合同均无效，但建设工程质量合格，一方当事人请求参照实际履行的合同结算建设工程价款的，人民法院应予支持。

实际履行的合同难以确定，当事人请求参照最后签订的合同结算建设工程价款的，人民法院应予支持。

第十二条 当事人在诉讼前已经对建设工程价款结算达成协议，诉讼中一方当事人申请对工程造价进行鉴定的，人民法院不予准许。

第十三条 当事人在诉讼前共同委托有关机构、人员对建设工程造价出具咨询意见，诉讼中一方当事人不认可该咨询意见申请鉴定的，人民法院应予准许，但双方当事人明确表示受该咨询意见约束的除外。

第十四条 当事人对工程造价、质量、修复费用等专门性问题有争议，人民法院认为需要鉴定的，应当向负有举证责任的当事人释明。当事人经释明未申请鉴定，虽申请鉴定但未支付鉴定费用或者拒不提供相关材料的，应当承担举证不能的法律后果。

一审诉讼中负有举证责任的当事人未申请鉴定，虽申请鉴定但未支付鉴定费用或者拒不提供相关材料，二审诉讼中申请鉴定，人民法院认为确有必要的，应当依照民事诉讼法第一百七十条第一款第三项的规定处理。

第十五条 人民法院准许当事人的鉴定申请后，应当根据当事人申请及查明案件事实的需要，确定委托鉴定的事项、范围、鉴定期限等，并组织双方当事人对争议的鉴定材料进行质证。

第十六条 人民法院应当组织当事人对鉴定意见进行质证。鉴定人将当事人有争议且未经质证的材料作为鉴定依据的，人民法院应当组织当事人就该部分材料进行质证。经质证认为不能作为鉴定依据的，根据该材料作出的鉴定意见不得作为认定案件事实的依据。

第十七条 与发包人订立建设工程施工合同的承包人，根据合同法第二百八十六条规定请求其承建工程的价款就工程折价或者拍卖的价款优先受偿的，人民法院应予支持。

第十八条 装饰装修工程的承包人，请求装饰装修工程价款就该装饰装修工程折价或者拍卖的价款优先受偿的，人民法院应予支持，但装饰装修工程的发包人不是该建筑物的所有权人的除外。

第十九条 建设工程质量合格，承包人请求其承建工程的价款就工程折价或者拍卖的价款优先受偿的，人民法院应予支持。

第二十条 未竣工的建设工程质量合格，承包人请求其承建工程的价款就其承建工程部分折价或者拍卖的价款优先受偿的，人民法院应予支持。

第二十一条 承包人建设工程价款优先受偿的范围依照国务院有关行政主管部门关于建设工程价款范围的规定确定。

承包人就逾期支付建设工程价款的利息、违约金、损害赔偿金等主张优先受偿的，人民法院不予支持。

第二十二条 承包人行使建设工程价款优先受偿权的期限为六个月，自发包人应当给付建设工程价款之日起算。

第二十三条 发包人与承包人约定放弃或者限制建设工程价款优先受偿权，损害建筑工人利益，发包人根据该约定主张承包人不享有建设工程价款优先受偿权的，人民法院不予支持。

第二十四条 实际施工人以发包人为被告主张权利的，人民法院应当追加转包人或者违法分包人为本案第三人，在查明发包人欠付转包人或者违法分包人建设工程价款的数额后，判决发包人在欠付建设工程价款范围内对实际施工人承担责任。

第二十五条 实际施工人根据合同法第七十三条规定，以转包人或者违法分包人怠于向发包人行使到期债权，对其造成损害为由，提起代位权诉讼的，人民法院应予支持。

第二十六条 本解释自 2019 年 2 月 1 日起施行。

本解释施行后尚未审结的一审、二审案件，适用本解释。

本解释施行前已经终审、施行后当事人申请再审或者按照审判监督程序决定再审的案件，不适用本解释。

最高人民法院以前发布的司法解释与本解释不一致的，不再适用。

《〈最高人民法院关于审理建设工程施工合同纠纷案件适用法律问题的解释（二）〉的理解与适用》*

《最高人民法院关于审理建设工程施工合同纠纷案件适用法律问题的解释（二）》[法释〔2018〕20号，以下简称《建设工程司法解释（二）》] 于2018年10月29日经最高人民法院审判委员会第1751次会议讨论通过，于2018年12月29日正式公布，自2019年2月1日起施行。为方便人民法院及社会各界正确理解和适用《建设工程司法解释（二）》，现就其制定背景和相关问题介绍如下。

一、《建设工程司法解释（二）》制定的背景

建筑业是我国支柱产业，工程质量涉及千家万户的人身和财产安全。据统计，2017年全国建筑业总产值213 954亿元，比上年增长10．5%。我国推进城市化进程、实施“乡村振兴战略”和“一带一路”倡议、开展供给侧结构性改革、促进经济提质增效都离不开建筑业的健康发展。另一方面，建设工程质量始终是社会广泛关注的热点问题。人民群众对住房、交通等方面的需求提高，对建设工程质量安全更加关注。为保护建筑业健康发展，保障建设工程质量，维护农民工等各方当事人合法权益，服务和保障社会经济健康发展，最高人民法院出台了一系列司法解释和司法政策，指导各级人民法院审理了大量建设工程施工合同纠纷案件。其中，最为重要的是《最高人民法院关于审理建设工程施工合同纠纷案件适用法律问题的解释》[以下简称《建设工程司法解释（一）》]。该解释于2005年1月1日起施行，对统一法律适用、保障工程质量、加强产权保护、规范建筑市场、改善营商环境、保护各类主体尤其是农民工等弱势群体的合法权益发挥了重要作用。自《建设工程司法解释（一）》施行以来，建筑市场发生了新变化。我国正在开展工程建设项目

* 原载最高人民法院民事审判第一庭编著：《最高人民法院建设工程施工合同司法解释（二）理解与适用》，人民法院出版社2019年版。

审批制度改革试点工作，加快推进工程总承包模式，在基础设施和公共服务领域推进政府与社会资本合作。

司法实践出现了新问题。近年来，建设工程施工合同纠纷案件数量和标的额均呈快速增长趋势。2017 年至 2018 年，全国法院审理的建设工程施工合同纠纷一审案件连续两年超过 10 万件。建设工程施工时间长、影响因素多，同时又涉及违法建筑、明招暗定、“黑白合同”、非法转包、违法分包等问题，导致建设工程施工合同纠纷案件认定事实与适用法律难度很大。司法审判中的合同效力问题、鉴定问题、损失赔偿问题、优先权行使条件问题、实际施工人权利保护问题等缺乏统一裁判标准。建设工程施工合同纠纷与商品房买卖合同纠纷、民间借贷纠纷、劳动争议纠纷、执行异议之诉纠纷相互交织，处理难度增大。

管理政策有了新突破。2017 年，国务院办公厅下发《关于促进建筑业持续健康发展的意见》，优化、放宽资质资格管理。2018 年 3 月，国家发展改革委颁布《必须招标的工程项目规定》，大幅度提高了必须招标工程的金额。2018 年 5 月，国务院办公厅下发《关于开展工程建设项目审批制度改革试点的通知》，试点取消了建设工程施工合同备案制度，对民间投资的房屋建筑工程试行由建设单位自主决定发包方式。2018 年 9 月，住房与城乡建设部作出《关于修改〈房屋建筑和市政基础设施工程施工招标投标管理办法〉的决定》，决定删除该办法第 47 条第 1 款中的“订立书面合同后 7 日内，中标人应当将合同送工程所在地的县级以上地方人民政府建设行政主管部门备案”的规定。“黑白合同”的表现形式将会发生变化。为让司法审判与建筑领域新的经营方式、管理政策相适应，积极应对建设工程司法审判中面临的挑战，有必要进一步总结司法实践经验，制定和完善建设工程施工合同纠纷领域司法解释，指导全国法院加强建设工程施工合同纠纷案件审判工作。最高人民法院于 2012 年启动《建设工程司法解释（二)》的起草工作，在深入调研的基础上，起草了征求意见稿，书面征求全国人大常委会法工委、原国务院法制办、住建部、国家发展改革委等单位意见，并通过住建部、中国建筑业协会向有关专业人士征求意见，共收到反馈意见 1000 余条。在广泛吸收各界意见、反复研究讨论的基础上，制定了《建设工程司法解释（二)》。

二、《建设工程司法解释（二)》中的几个主要问题

（一）关于建设工程施工合同无效损失赔偿的认定

建设工程施工合同无效后，根据《合同法》第 58 条规定，承包人与发包人之

间可能产生三个法律关系：一是返还依据该合同取得的财产；二是在不能返还或者没有必要返还依据合同取得的财产的情况下，应当折价补偿；三是如果当事人因建设工程施工合同无效遭受损失，有过错的一方应当赔偿对方因此所受到的损失，如果双方都有过错，则应当各自承担相应的赔偿责任。建设工程是特定物，用途具有专属性，不易变现。建设工程对于发包人而言价值很高，但对于承包人而言价值有限。而且，根据《物权法》第147条规定，建筑物、构筑物及其附属设施转让、互换、出资或者赠与的，该建筑物、构筑物及其附属设施占用范围内的建设用地使用权一并处分。因此，建设工程施工合同无效后，不宜判决发包人向承包人返还财产。根据《合同法》第58条规定，发包人应当向承包人折价补偿。折价补偿既可以由双方当事人协商折价，也可以由人民法院拍卖。拍卖成本很高，有严格的程序，并不可取。如果让双方当事人协商折价，由于当事人已经为合同效力、建设工程价款支付等纠纷起诉至法院，另行达成折价协议的可能较小，而且协商成本也较高。建设工程施工合同所约定的建设工程价款与建设工程协商折价的价款本质上相同，都可视为承包人对建设工程进行施工的对价。故将建设工程合同约定的建设工程价款视为双方当事人对建设工程协商折价的价款，是一种经济、便捷且符合双方当事人利益的方法。因此，在建设工程施工合同无效，但建设工程经竣工验收合格的情况下，根据《建设工程司法解释（一）》第2条规定，承包人有权请求参照合同约定支付工程价款。有人认为该条规定是将无效合同作有效处理。这种观点不正确。该条规定并非是将无效的合同作有效处理，仅是确定了一种建设工程折价补偿的方式。

虽然《建设工程司法解释（一）》第2条规定解决了建设工程施工合同无效后，建设工程的折价补偿问题，但对当事人的损失如何确定和赔偿未作规定，在司法实践中也存在较大争议。一般认为，合同无效或者被撤销后，无过错的一方请求有过错的一方承担赔偿责任的基础是缔约过失责任，① 而非违约责任或者侵权责任。② 该责任的构成要件包括，一方或者双方当事人客观上有违反诚实信用原则的行为，主观上存在过错，有损失发生，过错与损失之间存在因果关系。司法实践中争议较大的是如何确定建设工程施工合同无效给当事人造成的损失。

针对这一问题，《建设工程司法解释（二）》第3条第2款规定，损失大小无法

① 王利明：《〈合同法〉研究（第一卷）》（第三版），中国人民大学出版社2015年版，第662页；李永军：《合同法》（第四版），中国人民大学出版社2016年版，第64页。

② 本文所称侵权责任是指我国侵权责任法上的民事责任。从缔约过失责任产生和发展的历史过程看，其本质上也属于侵权责任，是从侵权责任中演化出来一种合同法上的责任。

确定，一方当事人请求参照合同约定的质量标准、建设工期、工程价款支付时间等内容确定损失大小的，人民法院可以结合双方过错程度、过错与损失之间的因果关系等因素作出裁判。对于本条规定，有人担心，在建设工程施工合同无效的情况下，参照合同约定计算损失，是否缺乏法律依据，可能造成合同无效按有效处理的效果。这种担心并无必要。本条解释要解决的是建设工程施工合同无效后损失的计算问题。当事人承担的是缔约过失责任，而非违约责任，并非将无效合同作为有效合同处理。本条解释坚持赔偿实际损失为原则，但是建设工程施工合同纠纷具有特殊性、复杂性，司法实践中，当事人往往很难证明实际损失的具体数额，导致其权利救济落空。因此，在实际损失难以确定的情况下，当事人可以请求参照合同约定的质量标准、建设工期、工程价款的支付时间等内容确定损失大小。

（二）关于出借用资质的单位对因出借资质造成损失的责任承担

为保证建设工程质量和施工安全，法律对承包人资质作了严格规定。承包人应当具备相应的施工资质，并在其资质等级许可的业务范围内承揽工程。目前，建筑市场出借资质情形较为常见，如何确定出借资质的单位与借用资质的单位或者个人的责任承担方式，是司法实践中亟待解决的问题。对此，《建设工程司法解释(二)》第4条规定，缺乏资质的单位或者个人借用有资质的建筑施工企业名义签订建设工程施工合同，发包人请求出借方与借用方对建设工程质量不合格等因出借资质造成的损失承担连带赔偿责任的，人民法院应予支持。这条规定主要基于以下考虑：第一，在借用资质与发包人签订建设工程施工合同的情况下，名义上的承包人是出借资质的单位，实际上的承包人是借用资质的单位或者个人，出借资质方之名与借用资质方之实共同构成承包人，缺少任何一方，建设工程施工合同都不能订立。因此，在对外关系上，可将出借资质方和借用资质方作为一个整体，对发包人负责。第二，出借资质一方通常会以收取管理费等名义向借用资质一方收取费用，因此应当对他人借用其名义签订合同造成的损失承担责任。第三，借用资质一方本无权进行建设工程施工，其违反法律规定通过借用资质获利，因此也应当对其借用他人名义签订合同造成的损失承担责任。第四，目前建筑市场上借用资质的情况较多，如果不让出借资质一方承担连带责任，出借资质一方不会慎重选择借用方，出借资质的违法现象会更加泛滥，对于提高建设工程质量、规范建筑市场秩序有弊无利。第五，根据《建筑法》第66条规定，出借资质方与借用资质方应对建设工程不符合规定的质量标准造成的损失承担连带赔偿责任。第六，借用资质与挂靠的法律性质相同。对于挂靠关系，司法实践中主流的观点是由挂靠人和被挂靠人对外承担连带赔偿责任。[①]

出借资质的建筑施工企业的过错在于出借资质，其所承担的责任应与其过错相当。实践中，出借资质造成的损失主要是建设工程质量不合格。《建筑法》第66条规定，建筑施工企业转让、出借资质证书或者以其他方式允许他人以本企业的名义承揽工程的，对因该项承揽工程不符合规定的质量标准造成的损失，建筑施工企业与使用本企业名义的单位或者个人承担连带赔偿责任。《建设工程司法解释（二）》第4条规定吸收了《建筑法》第66条的规定。同时，建筑施工企业出借资质还可能造成工期延误等损失。只要损失是由出借资质造成，发包人就有权请求借用资质的单位或者个人与出借资质的建筑施工企业承担连带责任。

（三）关于非必须招标工程进行招标后的工程价款结算依据

《建设工程司法解释（一）》第21条规定，当事人就同一建设工程另行订立的建设工程施工合同与经过备案的中标合同实质性内容不一致的，应当以备案的中标合同作为结算工程价款的根据。建设工程项目分为强制招标项目与自主招标项目。对于不属于依法必须招标的工程，当事人采取招标投标程序订立建设工程施工合同后，又另行订立合同对中标合同的实质性内容进行变更的，是应当以中标合同还是当事人实际履行的合同作为工程价款结算依据，法律和司法解释未作明确规定，司法实践中也存在较大争议。有人认为应以中标合同作为结算工程价款依据，主要理由是，《招标投标法》第46条规定并未区分依法必须招标的工程和自主招标工程，而是适用于一切招标投标行为。而且，当事人选择自主招标投标程序订立建设工程施工合同，不仅涉及招标人与中标人的利益，还涉及其他投标人利益及招标投标市场秩序，故不应允许当事人另行订立与中标合同实质性内容不同的合同。有人认为应当以实际履行的合同作为结算工程价款的依据，主要理由是：第一，通过招标投标程序订立建设工程施工合同，根本目的是为促进建筑市场公开、公平竞争，确保

---

① 例如，《最高人民法院关于审理食品药品纠纷案件适用法律若干问题的规定》第10条规定："未取得食品生产资质与销售资质的个人、企业或者其他组织，挂靠具有相应资质的生产者与销售者，生产、销售食品，造成消费者损害，消费者请求挂靠者与被挂靠者承担连带责任的，人民法院应予支持。消费者仅起诉挂靠者或者被挂靠者的，必要时人民法院可以追加相关当事人参加诉讼。"《最高人民法院关于审理道路交通事故损害赔偿案件适用法律若干问题的解释》第3条规定："以挂靠形式从事道路运输经营活动的机动车发生交通事故造成损害，属于该机动车一方责任，当事人请求由挂靠人和被挂靠人承担连带责任的，人民法院应予支持。"《最高人民法院关于审理旅游纠纷案件适用法律若干问题的规定》第16条规定："旅游经营者准许他人挂靠其名下从事旅游业务，造成旅游者人身损害、财产损失，旅游者请求旅游经营者与挂靠人承担连带责任的，人民法院应予支持。"《最高人民法院关于国内水路货物运输纠纷案件法律问题的指导意见》（法发〔2012〕28号）第12条规定："挂靠船舶因侵权行为造成他人财产、人身损害，依据民法通则、侵权责任法、海商法和有关司法解释的规定，挂靠船舶的实际所有人和被挂靠企业应当承担连带赔偿责任。"

建设工程质量，保护社会公共利益。非必须招标的工程，不涉及社会公共利益，应交由当事人自主决策。第二，《合同法》以合同自由为原则。对于非必须招标的工程，当事人有权选择通过招标投标的方式或者其他方式缔结契约。第三，对招标人和中标人滥用招标投标程序损害他人合法权益的担心是多余的，因为当事人选择招标投标程序订立合同也会给自己带来高昂的缔约成本。即使招标人和中标人因过错造成了其他投标人的损失，受损失方可以要求其承担赔偿责任，不必通过限制当事人契约自由来规制。第四，对于非必须招标投标的工程，当事人本就有私下订立合同的自由，其在中标合同订立之外另行订立其他合同，对市场秩序并无损害。第五，建筑市场变化较大，如果在订立中标合同之后，当事人的情况或者市场条件发生变化，不允许当事人在中标合同之外另行订立合同或者要求当事人只能通过新的招标投标程序订立合同，会提高交易成本，与民法鼓励交易、保护交易的价值取向相悖。第六，从有关职能部门最新的规定和中央“放管服”的改革方向来看，压缩必须招标投标工程范围、弱化招标投标程序对建设工程施工合同的规制作用是未来发展的方向。人民法院的司法解释应顺应这一改革方向。

由于争议较大，本条解释提出了两种方案。第一种方案规定，发包人将依法不属于必须招标的工程项目进行招标后，与承包人另行订立的建设工程施工合同背离中标合同的实质性内容，当事人请求以中标合同作为结算工程价款依据的，人民法院应予支持。另一种方案规定，这种情况下，当事人请求以实际履行的合同作为结算工程价款依据的，人民法院应予支持。最终《建设工程司法解释（二）》对这两种方案作了平衡，规定在这种情况下应以中标合同作为结算建设工程价款依据，但是发包人与承包人因客观情况发生了在招标投标时难以预见的变化而另行订立的建设工程施工合同仍然有效。一方面维护了招标投标市场秩序，另一方面又考虑到了建设工程施工合同的特殊性和复杂性，兼顾契约公平。

必须招标的建设工程的范围，应当根据《招标投标法》《招标投标法实施条例》、国家改革委 2018 年 6 月 6 日发布的《必须招标的基础设施和公用事业项目范围规定》（发改法规〔2018〕843 号）等规定确定。此外，《建设工程司法解释（二）》第 9 条所规定的客观情况变化，应符合以下条件：第一，客观情况变化应发生在招标投标之后。如果客观情况在招标投标之前就已经存在，当事人应当预见到其招标投标行为的后果，不能以此为由另行订立实质性内容与中标合同不一致的建设工程施工合同。第二，客观情况变化应属重大。客观情况变化必须达到改变了当事人订立合同的基础的程度，即变化后的客观情况会直接导致当事人重新决定是否订立合同或者变更合同对价。如果不允许当事人另行订立合同，会导致当事人利益严重失衡。本条的但书规定主要针对建筑市场变化大、影响建设工程施工的因素多等客观情况，为平衡当事人利益、实现实体公正而制定。司法实践中，不应轻易否定中标合同的效力。

（四）关于建设工程价款优先受偿权的行使条件

《合同法》第286条规定，发包人未按照约定支付价款的，承包人可以催告发包人在合理期限内支付价款。发包人逾期不支付的，除按照建设工程的性质不宜折价、拍卖的以外，承包人可以与发包人协议将该工程折价，也可以申请人民法院将该工程依法拍卖。建设工程的价款就该工程折价或者拍卖的价款优先受偿。该条规定确定了建设工程价款优先受偿权制度。这一制度是建设工程施工合同领域争议较多，涉及主体较多，较为特殊的制度。建设工程价款优先受偿权不仅涉及发包人和承包人的利益，还涉及建设工程抵押权人、发包人的其他债权人、建筑工人等民事主体的利益。该制度的价值取向是保护农民工等建筑工人的利益，而非对建设工程施工合同当事人予以特别保护。在司法实践中，关于建设工程价款优先受偿权的争议很多，其中一个争议焦点是该权利的行使条件问题。

建设工程价款优先受偿权应以建设工程价款债权的存在为前提，而建设工程价款债权原则上以建设工程质量合格为条件。而且，如果建设工程质量不合格，也无法对建设工程进行协议折价或者申请人民法院将建设工程依法拍卖。因此，建设工程价款优先受偿权行使的首要条件是建设工程质量合格。对此，司法实践并无争议。在制定《建设工程司法解释（二）》的过程中，争议的焦点在于，行使建设工程价款优先受偿权是否应当以建设工程施工合同有效为前提条件。持肯定意见的人认为，根据《合同法》第286条规定，承包人享有建设工程价款优先受偿权必须符合以下条件：第一，发包人未按照约定支付价款，承包人已催告发包人在合理期限内支付价款。第二，发包人逾期不支付。第三，建设工程依其性质宜折价、拍卖。第四，承包人可以与发包人协议将该工程折价，也可以申请人民法院将该工程依法拍卖。第五，承包人应获得的建设工程价款就该工程折价或者拍卖的价款优先受偿。故承包人享有建设工程价款优先受偿权的首要前提条件是发包人未按照约定支付建设工程价款，而未按照约定支付建设工程价款的前提是合同有效。因此，建设工程价款优先受偿权应以建设工程施工合同有效为前提。持否定意见的人认为，建设工程价款优先受偿权不应以建设工程施工合同有效为前提，主要理由是：第一，建设工程领域特有的资质与招标投标管理要求，导致实践中建设施工合同无效的情况较为普遍。若将优先受偿权的行使条件限定为合同有效，会导致大量承包人的建设工程价款优先受偿权落空。第二，在建筑市场上，承包人整体处于弱势地位，缔约是否遵守招标投标程序、是否选择有资质的承包人，决策权主要在发包人一方。如果以合同有效作为承包人享有建设工程价款优先受偿权的前提条件，不仅无助于缓解建设工程施工合同无效较为常见的现状，甚至可能增加发包人的道德风险，形成负面激励。第三，无论是对建设资质的要求还是对招标投标管理的要求，根本目的是要保证建设工程质量，因此，建设工程价款优先受偿权的享有应当以建设工程质量是否合格为条件，而不应以合同是否有效为条件。第四，《建设工程司法解释（一）》第 2 条规定，建设工程施工合同无效，但建设工程经竣工验收合格，承包人请求参照合同约定支付工程价款的，应予支持。本条解释在司法实践中的效果较好。建设工程价款优先受偿权的功能是确保建设工程价款债权的实现。二者的成立条件应当相同，否则建设工程价款优先受偿权制度功能就会落空。第五，从《合同法》第 286 条的文义来看，并不能必然得出建设工程价款优先受偿权的享有必须以建设工程施工合同有效为条件。在适用该条规定时，应当考虑建设工程施工合同纠纷的特点以及我国建筑市场的现状，不能过于机械。第六，建设工程价款优先受偿权制度的价值是保护农民工工资权益，在建设工程施工合同无效的情形较为常见的情况下，如果以合同有效作为承包人享有权利的前提，会影响农民工工资权益保护。

《建设工程司法解释（二）》第 19 条规定，建设工程质量合格，承包人请求其承建工程的价款就工程折价或者拍卖的价款优先受偿的，人民法院应予支持。本条规定的主要考量是，对《合同法》第 286 条规定的理解与适用，应把握立法精神和主旨，不宜过于机械。该条规定的主旨是保护农民工等建筑工人的利益。建筑业是劳动密集型行业，如果建筑企业的建设工程价款债权得不到保障，农民工等建筑工人的合法权益往往也得不到有效保障。人民法院在处理建设工程施工合同纠纷时，面临多重价值取向，主要包括保障建设工程质量，在保护弱势方当事人合法权益的同时兼顾平衡各方当事人利益，维护市场秩序，坚持契约自由，保护诚实信用，促进建筑业健康发展，等等。在众多价值取向中，首要价值取向是保障建设工程质量安全。其次就是在贯彻平等保护的基础上着重保护建筑工人等弱势群体的权益，实现实质公平。因此，在建设工程质量合格的情况下，保护农民工等建筑工人的利益就属于优先考虑的价值取向。这也符合《合同法》第 286 条的立法本意。

（五）关于建设工程价款优先受偿权的范围和处分

建设工程价款优先受偿权制度的初衷是保护建筑工人的合法权益，但基于合同相对性原则，此项保护并不能直接指向建筑工人的工资权益，而是以保护承包人的建设工程价款债权为媒介，间接保护建筑工人的合法权益。《合同法》第 286 条规定，建设工程的价款可就建设工程折价或者拍卖的价款优先受偿。关于建设工程价款中哪些部分能够就建设工程折价或者拍卖的价款优先受偿的问题，实践和理论上存在争议。争议的焦点是承包人的利润和建设工程价款的利息是否可优先受偿。对此，《工程价款优先受偿批复》第3条规定，建筑工程价款包括承包人为建设工程应当支付的工作人员报酬、材料款等实际支出的费用，不包括承包人因发包人违约所造成的损失。该规定的目的是回归《合同法》第286条设立建设工程价款优先受偿权制度的本意。就价值取向和法理基础而言，该条规定是适当的，但也存在不足，即缺乏可操作性，没有考虑诉讼成本。从建设工程施工实践来看，要从建设工程价款中计算承包人为工程建设支付的工作人员报酬、材料款等实际支出的费用，缺乏可操作性。即使可能，成本也太高。因此，本条批复在司法实践中适用的效果并不理想。因此，《建设工程司法解释（二）》第21条对批复作了修改，规定："承包人建设工程价款优先受偿的范围依照国务院有关行政主管部门关于建设工程价款范围的规定确定。承包人就逾期支付工程价款的利息、违约金、损害赔偿金等主张优先受偿的，人民法院不予支持。"

目前，国务院有关行政主管部门关于建设工程价款范围的规定主要有，住建部、财政部印发的《建筑安装工程费用项目组成》（建标〔2013〕44号）第1条第1款规定，建筑安装工程费用项目按费用构成要素组成划分为人工费、材料费、施工机具使用费、企业管理费、利润、规费和税金。原建设部《建设工程施工发包与承包价格管理暂行规定》规定建设工程价款包括三部分：成本（直接成本、间接成本）、利润和税金。因此，无论以哪种方式计算，建设工程价款中的利润都可优先受偿。这样规定的主要理由是，从实践看，无论是建设工程造价鉴定还是当事人对建设工程价款的约定，都将利润作为建设工程价款的一部分。建设工程项目多、周期长，工程价款计算方式较为特殊，要从建设工程价款中区分出利润未必可行，成本太高，而且根据不同的计算方式和依据，结果也不相同；建筑行业属于薄利行业，行业整体利润水平不高，如果对建筑企业的利润不予较强的保护，会阻碍建筑行业发展。同时，如果对承包人应得的全部工程价款不予优先保护，可能导致承包人的资产负债状况恶化，造成承包人发不出工资，从而影响建筑工人的合法权益。因此，对承包人的利润予以优先保护，符合《合同法》第286条的主旨。同时，本条解释规定逾期支付工程价款的利息不能优先受偿，主要理由是，建设工程价款优先受偿权不仅对发包人的利益影响巨大，对抵押权人等第三方的利益也有较大影响。在保护弱者的同时应做好各方当事人的利益平衡。既然已经将承包人的利润纳入建设工程价款优先受偿权的保护范围，不宜再将逾期支付工程价款的利息再纳入建设工程价款优先受偿权的保护范围。

承包人是否可以事前承诺放弃建设工程价款优先受偿权或者限制建设工程价款优先受偿权行使，存在争议。依民法法理，如果不违反法律的禁止性规定和社会公序良俗，民事权利主体有权自由处分其财产权利，包括放弃或者限制财产权利。但是，建设工程价款优先受偿权属于法定权利，《合同法》第286条赋予承包人此项权利，实质是为保护建筑工人的利益。因此，虽然原则上承包人有权自由处分建设工程价款优先受偿权，但其处分行为不能违背《合同法》第286条的立法宗旨，即不能损害农民工等建筑工人的权益。这里较为特殊的是，农民工等建筑工人对建设工程价款和建设工程并不直接享有权利。既不享有物权，也不享有债权。发包人与承包人约定放弃或者限制建设工程价款优先受偿权，可能不会直接损害建筑工人的利益。建筑工人根据承包人的要求完成建设工程，将自己的劳务物化到建设工程之中，虽不对建设工程价款或者建设工程享有权利，但对承包人享有工资给付请求权。承包人放弃或者限制其建设工程价款优先受偿权，可能会导致其责任财产减少，不能向建筑工人发放工资，损害建筑工人的利益。因此，《建设工程司法解释(二)》第23条规定，发包人与承包人约定放弃或者限制建设工程价款优先受偿权，损害建筑工人利益，发包人根据该约定主张承包人不享有建设工程价款优先受偿权的，人民法院不予支持。对本条解释规定的“损害建筑工人利益”的判断，应以承包人的资产负债情况为依据。如果承包人与发包人约定放弃或者限制建设工程价款优先受偿权，导致其工程价款债权不能实现，进而造成其资产负债状况恶化，以至于不能支付建筑工人的工资，就属于“损害建筑工人利益”。

（六）关于实际施工人对发包人的建设工程价款给付请求权

债权具有相对性，债权人只能向债务人主张行使债权。但建设工程施工合同不仅涉及双方当事人的利益，还涉及其他主体利益和社会公共利益。因此，建设工程施工合同是突破债的相对性较多的领域。目前，我国建筑市场不规范和社会信用机制缺失，导致建筑工人，主要是农民工权益保护问题突出。建筑市场第一个不规范体现为，为了规避法律、行政法规关于资质管理等规定，实践中层层转包工程、违法分包分工程、借用资质承包工程的现象较为突出，法律关系十分复杂。很多情况下，实际干活的人拿不到工程价款，拿到工程价款的人并不是实际干活的人。建筑市场第二个不规范体现为，目前对实际施工人既无资质管理要求，也无主体资格管理要求。实际施工人既可能是资质较低的施工企业，也可能是个体经营户，甚至是未经工商登记、没有营业执照的施工队。实际施工人内部管理不规范，建筑工人尤其是大量农民工与实际施工人之间没有签订劳动合同，甚至没有固定的劳动关系。

社会信用机制的缺失进一步加剧了农民工权益保护问题。

在上述背景下，为贯彻党和国家政策，加强农民工权益保护，《建设工程司法解释（一）》第26条规定，实际施工人以发包人为被告主张权利的，人民法院可以追加转包人或者违法分包人为本案当事人。发包人只在欠付工程价款范围内对实际施工人承担责任。司法实践中，有的人民法院仅在判决主文中判决令发包人在欠付转包人或者违法分包人工程价款范围内对实际施工人承担责任，但对于发包人是否欠付转包人或者违法分包人工程价款、欠付工程价款的数额等事实并未查清。一方面，由于对发包人欠付承包人工程价款的数额等事实未查清，此类判决往往难以强制执行。另一方面，由于对实际施工人与转包人或者违法分包人之间的权利义务关系以及转包人或者违法分包人与发包人之间的权利义务关系没有查清，加之实际施工人并非法律上的较为严格的法律概念，在实践中不易把握，容易导致发包人陷入无休止的缠诉之中。《建设工程司法解释（二）》第24条针对这一问题，对原来的规定进行了完善。一是明确规定人民法院应当追加转包人或者违法分包人为本案第三人；二是规定要在查明发包人欠付转包人或者违法分包人建设工程价款的数额后，判决发包人在欠付建设工程价款范围内对实际施工人承担责任。如果发包人不欠转包人或者违法分包人建设工程价款，就不应向实际施工人承担责任。

为进一步加强农民工等弱势群体的保护，《建设工程司法解释（二）》第25条就实际施工人向发包人提起代位权诉讼作了规定。我国《合同法》关于债的相对性的突破主要体现为债的保全制度，包括代位权制度和撤销权制度。从实际施工人、转包人或者违法分包人以及发包人三方的关系看，《合同法》第73条规定的代位权制度最适于保护实际施工人的权利。本条解释与《建设工程司法解释（二）》第24条规定有相通之处，二者都是对合同相对性的突破，都涉及实际施工人、转包人或者违法分包人以及发包人三方当事人的两个法律关系。但二者也有不同，实际施工人可代位行使的转包人或者违法分包人对发包人的债权并不限于建设工程价款债权。

最高人民法院
关于建设工程价款优先受偿权问题的批复

法释〔2002〕16号

（2002年6月11日最高人民法院审判委员会第1225次会议通过
2002年6月20日最高人民法院公告公布　自2002年6月27日起施行）

上海市高级人民法院：

你院沪高法〔2001〕14号《关于合同法第二百八十六条理解与适用问题的请示》收悉。经研究，答复如下：

一、人民法院在审理房地产纠纷案件和办理执行案件中，应当依照《中华人民共和国合同法》第二百八十六条的规定，认定建筑工程的承包人的优先受偿权优于抵押权和其他债权。

二、消费者交付购买商品房的全部或者大部分款项后，承包人就该商品房享有的工程价款优先受偿权不得对抗买受人。

三、建筑工程价款包括承包人为建设工程应当支付的工作人员报酬、材料款等实际支出的费用，不包括承包人因发包人违约所造成的损失。

四、建设工程承包人行使优先权的期限为六个月，自建设工程竣工之日或者建设工程合同约定的竣工之日起计算。

五、本批复第一条至第三条自公布之日起施行，第四条自公布之日起六个月后施行。

此复。

《建设工程价款优先权的几个问题——〈关于建设工程价款优先受偿权问题的批复〉理解与适用》*

一、问题的提出

2002年6月20日最高人民法院公布了对上海市高级人民法院《关于建设工程价款优先受偿权问题的批复》（法释〔2002〕16号，以下简称本批复）。本批复对人民法院适用《合同法》第二百八十六条规定的有关建设工程价款优先受偿权的若干问题作出了解释。

二、理解

（一）建设工程价款优先受偿权的性质及效力

《合同法》第二百八十六条规定："发包人未按照约定支付价款的，承包人可以催告发包人在合理期限内支付价款。发包人逾期不支付的，除按照建设工程的性质不宜折价、拍卖的以外，承包人可以与发包人协议将该工程折价，也可以申请人民法院将该工程依法拍卖。建设工程的价款就该工程折价或者拍卖的价款优先受偿。"《合同法》的这一规定是在建设工程合同制度中确立了一项新的法律制度，即承包人的工程价款就建设工程折价或者拍卖的价款享有优先受偿的权利（以下简称承包人的优先受偿权）。正确理解与适用这一法律制度，首先应当正确认识承包人的优先受偿权的性质。只有正确把握权利的性质才能准确判断其效力。对于这一权利的性质，据中国社会科学院法学研究所梁慧星教授介绍，[①] 自《合同法》颁布以来，大约有以下不同的观点：

第一种观点认为，承包人的这种优先受偿权为留置权。在建设工程（包括建筑、安装、装饰工程，不包括工程勘察、设计）中，承包人在未依合同收到发包人

---

* 撰稿人：汪治平，原载《人民司法》2002年第8期。

① 梁慧星：《合同法第二百八十六条的权利性质及其适用》，载《人民法院报》2000年12月1日。

的工程款时，对其所承建的建筑物或其他建设工程具有控制权，例如，不申报工程竣工验收；不向发包人交付留存档案的竣工图纸（依规定，承包人按施工图纸施工后，必须制作交付竣工图纸，而施工图纸不存档）；不交付建设工程（主要指建筑物）钥匙，甚至派人占据、占用建筑物。承包人的这种控制行为实际上是对建筑物这一不动产行使特殊的留置权。尽管建设工程合同从传统的加工承揽合同中分离出来，但仍不失加工承揽合同的基本属性，即承包人（也是承揽人）享有留置权。虽然《合同法》未规定建设工程承包人的留置权，但承包人的优先受偿权实与留置权性质相同。因而承包人的优先受偿权应优于抵押权。

但是，依照民法原理和现行法律规定，留置权的对象仅限于动产。例如，我国《担保法》第八十二条规定："本法所称留置，是指依照本法第八十四条的规定，债权人按照合同约定占有债务人的动产，债务人不按照合同约定的期限履行债务的，债权人有权依照本法规定留置该财产，以该财产折价或者以拍卖、变卖该财产的价款优先受偿。"虽然将承包人的优先受偿权解释为留置权不无道理，但毕竟与现行法律规定及民法理论不符，故似不应认为是正确的。

第二种观点认为，承包人的优先受偿权为一种法定抵押权。法定抵押权，是指当事人根据法律的规定而直接取得的抵押权。梁慧星教授指出，从立法过程可知，"《合同法》第二百八十六条从设计、起草、讨论、修改、审议直到正式通过，始终是指法定抵押权。在历次专家讨论会上，未有人对此表示异议，未有任何人提出过规定承包人优先权的建议。"[①] 中国人民大学法学院王利明教授也指出："我国《合同法》所规定的法定抵押权实际上是指承揽人的法定抵押权，它主要是指因为在建筑工程竣工以后，发包人未按照约定支付价款，承揽人对建筑工程可享有法定抵押权，即其工程价款可以通过折价、拍卖等方式而获得的价款优先受偿。"[②] 此外，这种观点还通过与德国、日本和我国台湾地区的法律制度或者司法实践比较，认为《合同法》第二百八十六条规定的承包人的优先受偿权为法定抵押权。但是，《担保法》第三十三条第一款对抵押的规定是："本法所称抵押，是指债务人或者第三人不转移对本法第三十四条所列财产的占有，将该财产作为债权的担保。债务人不履行债务时，债权人有权依照本法规定以该财产折价或者以拍卖、变卖该财产的价款优先受偿。"抵押权属于担保物权，物权遵循法定原则。既然《合同法》没有明确承包人的优先受偿权为法定抵押权，我们难以在《担保法》规定的抵押权之

---

① 梁慧星：《合同法第二百八十六条的权利性质及其适用》，载《人民法院报》2000 年 12 月 1 日。

② 2001 年 7 月 17 日《人民法院报》与《建筑时报》、全国律协共同举办的"合同法第二百八十六条专题研讨会"的书面发言。

外确定另一类抵押权。

根据《担保法》的规定，抵押权因当事人的约定而产生，所以《担保法》上的抵押权又可称为约定抵押权。对于《合同法》第二百八十六条规定的优先受偿权是否优于抵押权（即约定抵押权），存在三种意见：一是认为抵押权优先。因为《合同法》规定的优先权没有经过登记，没有实行公示，第三人很难知道，而有关建设工程的抵押权经过了登记，根据《担保法》第五十四条关于“抵押物已登记的先于未登记的受偿”的规定，登记的抵押权应优先。二是《合同法》规定的优先受偿权优先。否则会出现法定优先受偿权成立后，因在标的物上设有抵押权，使法定的优先受偿权不能实现，《合同法》规定的目的就不复存在。三是依成立的先后顺序确定优先的顺序。因为两种权利应受平等的保护，只能根据其设立的时间先后顺序确定优先保护哪一种权利。

第三种观点认为，承包人的优先受偿权的性质就是优先权。这种优先权可称为建筑优先权，如同船舶优先权、航空器优先权一样。其权利主体为建筑、安装和装饰施工的承包人，义务主体为建设工程人，即发包人。这种优先权是法定的，无须登记公示。

将承包人的优先受偿权解释为优先权与《合同法》的表述一致，而且在一定程度上避免了概念之争。比较目前有关优先权的法律，如《海商法》规定的船舶优先权、《民用航空法》规定的航空器优先权，《合同法》的规定虽然过于简略，但确实与这两个法律规定的优先权的性质有相似之处。根据现行法律的规定，优先权包括两种：一是指根据《专利法》《商标法》的规定，申请人在特殊情形下享有申请专利、申请注册商标的优先权；二是指《海商法》等法律的规定，债权人对债务人的财产享有优先受偿的权利。后一种意义上的优先权按照通常理解又可分为一般优先权与特别优先权。一般优先权，是指对债务人的全部财产享有优先受偿的权利。例如，《企业破产法（试行）》和《民事诉讼法》规定，企业破产时企业职工的工资和劳动保险费用等优于其他债权受偿就是指一般优先权的规定。特别优先权，是指对债务人的特定财产享有优先受偿的权利。这种优先受偿也可分为两类：一是当事人通过约定，债权人对债务人的特定财产享有优先受偿的权利，如抵押权人对抵押物的价款享有优先受偿权；二是法律规定债权人对于债务人的特定财产所享有的优先于其他一切民事请求受偿的权利，如海商法规定的船舶优先权。

以上三种观点各有其道理，但其共同点是通过判断承包人的优先受偿权的性质说明这种权利的效力，即与其他权利相比较时，法律是否应对其予以特别保护。

本批复第一条没有具体指出承包人享有的这种优先受偿权是否为法定抵押权或

是其他权利（因为这应当是立法的任务），但肯定了承包人的这种优先受偿权优于抵押权和一般债权，明确了以上三种观点所追求的共同答案。这一解释与《海商法》和《民用航空法》[①] 的规定的旨趣相同。上海市政府颁发的地方政府规章也作如此规定。

本批复认为承包人的优先受偿权优于抵押权。

1. 在发包人拖欠的工程价款中，相当一部分是承包人应当支付的工作人员的工资和其他劳务费用

根据《民事诉讼法》和其他相关法律的规定，法律应当优先保护工人工资和其他劳动报酬。认定承包人的优先受偿权优于抵押权，符合法律保护劳动者利益的宗旨。如果承包人的应得工程价款不能实现，则工人的工资和其他劳动报酬将难以保障，显然违反了劳动立法的旨意。

2. 在现代社会中，建筑业属于国民经济的支柱产业之一

由于法律和其他原因，建筑市场出现了比较严重的问题，其中拖欠工程价款就是其中之一。基于这一基本认识，《合同法》才规定了承包人的优先受偿权这一新的法律制度。如果否定承包人的受偿权优于抵押权，则与促进建筑业发展、保护承包人合法权益的立法目的不相容。另外，承包人通常因为市场竞争及工程性质等原因，垫付大量工程款项，一旦工程款项得不到支付，不仅会使血本无归，而且使其无法再从事承包经营活动，甚至导致其破产，这对社会秩序的稳定十分不利。

3. 传统合同理论上，建筑工程属于承揽合同类

《合同法》第二百八十七条也规定，“建设工程合同”一章中没有规定的，适用承揽合同的有关规定。从本质上看，建设工程承包合同仍然是一种承揽关系，它与一般的承揽没有质的差别。如果在一般的承揽中，动产的承揽人可以享有留置权，且此种留置权优先于抵押权，那么在建设工程承包中，由于承包人的优先受偿权实际上类似于留置权，从这个意义上，也应当优先于抵押权。实际上，承包人通常在发包人支付工程价款以前，已经实际占有其建造的工程，如果抵押权优先受偿，承包人必然不会轻易地交出工程，这样不但容易引起纠纷，而且承包人考虑到其辛苦建造的工程的款项不能得到支付，有可能采取各种方法毁损工程，或者通过改变其建造工程的用途，使其不能发挥应有的作用，从而造成社会财富的损失和浪费。因此，只有使工程价款优先得到受偿，才能避免承包人走向极端，使已建好的工程继续留存社会，发挥其效用。

---

① 参见《海商法》第二十一、二十二条，《民用航空法》第十八、十九、二十二条等。

4. 承包人的优先受偿权不需要登记

优先权是否必须登记应依法律规定。我国《海商法》规定的船舶优先权无须登记，《民用航空法》规定的民用航空器优先权需要向国务院民用航空主管部门登记，但未规定这种登记的效力。我国《合同法》对承包人的优先受偿权没有规定必须登记，也就是说承包人的优先受偿权不以登记为条件。实际上，承包人在建设工程合同成立时，根本不可能知道发包人是否逾期支付工程款，甚至在工程竣工后，发包人逾期不支付工程款，承包人也不得立即行使优先权。依据法律规定，承包人必须首先催告发包人在合理期限内支付价款，只有在催告后，发包人仍不支付工程价款的，承包人才能行使优先权。[①] 虽然有人认为，一般抵押权人并不知道发包人拖欠工程款，从而不知道是否有优先权的存在，如果其事先知道会存在法定抵押权，则可能不会同意发包人以建设工程作为抵押标的，也可能会提高放贷条件。但是，《合同法》这一规定赋予了承包人一项法定权利，这项权利的性质属于担保物权。因此，《合同法》实施后，当事人特别是以建设工程标的物作为抵押物的贷款人应当明了此项权利对其的影响。当然，如果实行工程价款的预先登记制度，似更显合理。

5. 不应当以承包人的优先受偿权与抵押权产生的时间先后判断哪种权利优先

发包人在兴建工程的过程中，为了融资借款等目的，经常将土地使用权或者在建工程以及建成的工程抵押给他人，而且由于《合同法》规定的优先权没有规定必须经过登记才能产生，实践中也没有登记，因而很难确定这种权利产生的时间，如果以发包人在工程完工后应当付款而不付款的时间计算，则多数抵押权早于承包人的优先受偿权，这样，如果以权利发生的时间的先后判断哪种权利优先，则《合同法》规定承包人的优先受偿权实际上就没有任何意义了。

（二）承包人行使优先受偿权的限制

承包人的优先受偿权是法律赋予的，但这种权利并不是绝对的。根据本批复的规定，承包人行使其优先受偿权时除必须享有确定的工程价款这一债权[②]外，还受

---

① 对承包人行使其优先受偿权是否须以催告为前提有不同的理解。胡康生主编的《中华人民共和国合同法释义》（法律出版社 1999 年版，第 439 页）认为：“发包人不支付价款的，承包人不能立即将该工程折价、拍卖，而是应当催告发包人在合理期限内支付价款。”也就是说，催告是承包人行使其优先权的前提。但是，《合同法》第二百八十六条的表述是：“发包人逾期不支付的，除……”这里“逾期”既可以理解为前面的“合理期限”，也可以理解为建设工程合同约定的发包人应当支付价款的期限，而且作后一种理解更合理，因为发包人依合同期限支付价款是其应尽的义务。

② 承包人行使工程价款优先受偿权的前提是享有确定的债权。如果承包人与发包人就工程价款本身发生争议或者建设工程存在质量等瑕疵，则不产生优先受偿权问题。

到以下两方面的限制：

1. 承包人的优先受偿权不得对抗消费者作为商品房买受人的权利

本批复中的“消费者”的含义与《消费者权益保护法》的规定含义相同，即“为生活消费需要购买”商品房的消费者，不包括为经营目的而购买商品房的消费者。

消费者购买商品房与承包人的优先受偿权的关系可分以下两种情形：

（1）房屋的所有权尚未转换给买受人时，存在承包人的优先受偿权与买受人的商品房交付请求权之间的冲突。房屋所有权尚未转移给买受人的情形包括：尚未竣工或者虽已竣工但尚未交付房屋或者虽已交付但尚未办理过户登记。根据《城市房地产管理法》及有关《城市商品房预售管理办法》的规定，预售人应在预售合同订立后30天内向房地产管理部门和土地管理部门办理登记备案。① 预售合同的登记备案是将物权公示手段运用于债法上的请求权，使买受人对预购商品房的请求权具有对抗第三人的效力，从而具有保全买受人请求预售人交付商品房的债权实现的作用。换言之，通过登记备案，买受人对预购商品房的请求权已具有了一定的排他效力。这样，当商品房的买受人对商品房的请求权与承包人的优先受偿权相冲突时，如何确定哪种权利优先？对此有三种意见：一是认为《合同法》规定的承包人的优先受偿权是绝对的，不应当有例外的情形，因而承包人对消费者购买的商品房也享有优先受偿权。只有如此才能充分保护承包人的合法权益。二是按照时间先后顺序确定哪种权利优先。既然商品房的买受人所享有的请求权与承包人的优先受偿权都有一定物权性质，根据“时间在先，权利在先”的原则，当二者发生冲突时，以成立时间之先后确定其优先次序。三是消费者的权利优先。甚至有人认为，消费者为购买商品房交付的定金都可以对抗承包人的优先受偿权。

本批复认为消费者交付购买商品房的全部或者大部分款项后，承包人就该商品房享有的工程价款优先受偿权不得对抗买受人。这主要是基于以下理由：相对于承包人而言，消费者是弱者。批复对于承包人的利益与消费者的利益的保护偏重于消费者，但并非认为消费者权益大于劳动者权益，相反批复贯彻了法律保护劳动者利益的根本宗旨。批复同样认为，建设工程（包括商品房）是由承包人运用一定的施工技术和管理方法，通过工人的劳动将资金物化而成，而且正是由于承包人的辛勤劳动（即建设行为）创造了建设工程的价值。我们不否认消费者在购买商品房前应

① 《城市房地产管理法》第四十四条第一款第四项。《城市商品房预售管理办法》（1994年11月15日建设部令第40号发布，2001年8月15日根据《建设部关于修改〈城市商品房预售管理办法〉的决定》修正）第十条。

当了解商品房开发建设的基本情况，考察开发商应当具备的各种批准手续和开发建设的实力，并采取相应的手段使自己的权益免受侵害。但是，相对于作为个体的消费者而言，承包人作为一种经营组织，有更多的措施和手段判断、分析和控制交易风险，更有能力保护自己的权益。因此比较承包人的利益与消费者的利益，消费者的利益属于生存利益，应当优先，承包人的利益属于经营利益，应当退居其次。如果允许承包人行使其优先权，无异于用消费者的资金清偿开发商的债务，等于开发商将自己的债务转嫁给广大消费者，严重违背特殊保护消费者的法律政策，因此不允许承包人行使其优先权。另外，在很多情况下，消费者之所以未办理过户手续并非因为消费者自身的原因，而是与开发商没有及时履行其义务有关。

（2）商品房的所有权已转移给消费者时，承包人的优先受偿权不可对抗消费者的房屋所有权。虽然根据《海商法》《民用航空法》的规定，船舶优先权和民用航空器优先权随着船舶、民用航空器的所有权的转移而转移，根据《担保法》的规定，抵押权的效力不因抵押物所有权的转移而受到影响，但是我们难以套用这三部法律的规定证明承包人的优先受偿权的效力。根据《合同法》第二百八十六条的规定，承包人的优先受偿权仅限于建设工程折价或者拍卖所得价款，也就是说，承包人的优先权只能存在于属于发包人所有的建筑物或者建设工程上，如果商品房的所有权已转移，承包人的优先受偿权即告不存在。

除上述分析外，本批复还考虑了在目前的情况下，保护消费者的利益有利于稳定社会秩序的需要。

2. 承包人行使其优先受偿权受时间限制

承包人的优先受偿权虽然具有担保物权的性质，但源于债权。无论担保物权还是债权的行使都是受到一定时间限制的。尽管《合同法》没有明确这一点，但这是由担保物权和债权本身特性所决定的。《海商法》和《民用航空法》都对行使优先权规定了期限，船舶优先权为 1 年，民用航空器优先权为 3 个月。为了促使承包人积极行使权利，也为了保护劳动者的合法权益及时得到实现，稳定社会经济秩序，本批复规定承包人行使其优先受偿权的期限为 6 个月。这一期限完全应当可以满足承包人行使优先权的需要，对发包人而言也较合理。

《合同法》并未明确承包人行使优先权的期限，因而承包人在行使优先权时不会考虑到期限问题，而且《合同法》施行后，本批复施行日前，许多工程已经竣工或者按照约定已经竣工了。因此，为了公平保护承包人的合法权益，本批复第五条规定，承包人行使优先受偿权的时间限制从批复公布 6 个月后施行，即从 2002 年 12 月 27 日起施行。这样，在合同实施后已经竣工或者约定已竣工的工程，承包人在2002年12月27日前都可行使优先权。这实际上规定了一个宽限期。但这里的6个月期限为不变期间，不适用中止、中断或者延长的规定。因此，凡是2002年6月27日之前竣工的建设工程，承包人在2002年12月27日前都可依法行使其优先权。

根据本批复第四条的规定，承包人行使优先权的期限从建设工程竣工之日或者建设工程合同约定的竣工之日起计算，这一规定包含两方面的意义：

（1）承包人行使优先受偿权期限的起算点以竣工或者约定的竣工之日起算

如何计算承包人行使其优先受偿权的期限在讨论中存在争议。这些争议包括期限的长短和期限的起算点。期限的长短，有主张3个月，有主张6个月，甚至有主张1年的。本批复实际上采取一个折中的规定，即6个月。如同优先权的产生一样，优先权的行使期限应当由法律规定，如《海商法》和《民用航空法》那样。因为期限的长短涉及承包人、发包人和与建设工程有关的其他债权人的利益，一个合理的期限应当是对这三方当事人的利益能够起到平衡的保护，而不失偏颇：期限过长有利于承包人而不利于发包人和其他债权人，期限过短虽有利于发包人和其他债权人，但失去了规定此项权利的意义。本批复综合考虑这三方当事人权益的保护，并且考虑到承包人的优先受偿权的起算点，将期限定为6个月。对于承包人行使优先受偿权的起算点有两种意见：一种意见认为应当从优先权产生之日起计算，理由是优先权未产生就无从涉及权利人行使期限。另一种意见是从工程竣工之日或者约定的竣工之日起计算。本批复采取了后一种意见。之所以如此规定，主要是基于以下理由：其一，任何工程都有竣工之日，未竣工的工程存在约定的竣工之日，[①]这是一个确定的日期，以此作为行使优先权期限的起算点不会产生争议。竣工日期与工程价款的决算日期不是同一日期。《合同法》第二百七十五条规定的施工合同内容中包括竣工时间、竣工验收，即可说明工程竣工日期与验收日期不同。因此，如果发包人拖延验收工程不影响承包人对其优先权利的行使。其二，按照《合同法》第二百八十六条的规定，发包人未按照约定支付价款的，承包人只有首先催告发包人在合理期限支付价款，如发包人逾期不支付的，承包人才可以行使优先受偿权。《合同法》对承包人的催告期并未规定，因此这一期限是不确定的。如以优先权的产生作为计算行使优先权的期限，则很容易产生争议。当然，批复对期限及其长短、起算点的规定是否合理，还有待于实践的检验。

---

① 《合同法》第二百七十五条规定："施工合同的内容包括工程范围、建设工期、中间交工工程的开工和竣工时间、工程质量、工程造价、技术资料交付时间、材料和设备供应责任、拨款和结算、竣工验收、质量保修范围和质量保证期、双方相互协作等条款。"

（2）承包人对已竣工的工程和未竣工的工程都可行使优先受偿权

一方面，《合同法》第二百八十六条并未规定承包人的优先受偿权只能对已竣工的工程享有，① 没有排除对未竣工的工程享有优先权；另一方面，从司法实践和建设业界反映的情况看，拖欠工程价款的情况更多地表现在未完工的工程和在建工程，而已竣工的工程拖欠工程款的情形相对较少。对承包人行使优先权是否以竣工为限，有不同的意见。一种意见认为，承包人行使优先权必须针对竣工验收合格的工程。因为只有在竣工验收合格的情况下，发包人才应当按照约定支付工程价款。如果工程验收不合格，发包人不但有权拒绝支付工程价款，而且还有权请求承包人承担违约责任。另一种意见认为，原则上应当在竣工以后才行使优先权，因为只有在工程竣工以后，工程的质量情况才能判明，整个工程价款才能确定。如果一发生拖欠就行使优先权，不但使问题复杂化，而且违背常理。但是，如果发包人中途没有资金继续建设，把工程撂在那里，甚至发生发包人逃跑的情况，也应当允许承包人行使其优先权。还有意见认为，竣工以后才行使优先权在理论上似乎可行，但不符合建筑业的实际情况。根据建筑业的交易惯例和建设部、国家工商局的有关规定，建设工程的价款包括预付款（也称备料款）；工程进度款（又称工程款，一般在履约过程中按形象支付至90%左右）；履约过程中因支付各种费用、顺延工期、赔偿损失获得发包人确认的签证费；工程完成后的结算款以及期满应归还的履约保证金和保修金等担保性质的价款等五种。这五种不同形态的工程价款经常发生在工程完成后的结算过程中，也经常发生在中途停建的“烂尾”工程中，因此认为承包人的优先受偿权只能在工程竣工后才能行使是不符合实际情况的。如果将承包人的优先受偿权仅限于已竣工的工程，则不利于保护承包人的合法权益。当然，工程停工以后约定的竣工日期到来之前承包人不能行使优先权。

（三）承包人的优先受偿权的范围

《合同法》第二百八十六条规定：“建设工程的价款就该工程折价或者拍卖的价款优先受偿”，但如何理解这里的“建设工程的价款”，特别是承包人为建设工程所垫付的资金即垫资是否属于价款，存在重大的争议。1996年6月4日，建设部、国家计委、财政部《关于严格禁止在工程建设中带资承包的通知》（建建〔1996〕第347号文）规定：“任何建设单位都不得以要求施工单位带资承包作为招标投资条件，更不得强行要求施工单位将此类内容写入工程承包合同。违者取消

① 全国人大常委会法工委编著的《中华人民共和国合同法释义》（法律出版社1999年版，第438页）认为承包人只有对已竣工工程才能行使优先受偿权。王利明教授也持相同观点。

其工程招标资格，并给予经济处罚。对于在工程建设过程中出现的资金短缺，应由建设单位自行筹集解决，不得要求施工单位垫款施工。建设单位不能按期结算工程款，且后续建设资金到位无望的，施工单位有权按合同中止施工，由此造成的损失均由建设单位按合同承包责任。”“施工单位不得以带资承包作为竞争手段承揽工程，也不得用拖欠建材和设备生产厂家贷款的方法转嫁由此造成的资金缺口。”从1996年开始，建设部、监察部、国家计委、国家工商局联合开展了建设工程执法监察。[①] 其中，强行让企业贷款、垫资施工问题就是整治的重点之一。经过几年的努力，建筑市场的秩序有所好转，垫资问题得到一定程度的控制。但是，建筑市场“僧多粥少”的现象依然存在，在竞争激烈的建筑市场上，一些建设单位仍然以带资、垫资施工作为承包的条件，而一些建筑企业为了承包到工程，不得不答应发包人提出的一些较为苛刻的条件，如垫资施工。既然国家有关部门规定承包人不得垫资，因而垫资是否属于工程款，承包人就此款项是否享有优先受偿权存在以下几种观点：

一种观点认为，垫资应纳入优先受偿权的范围。其理由可分为两类：第一类理由认为，建设工程合同的价款是指发包人按照建设工程合同约定应支付给承包人的承包费。这一价款包括承包人施工所付出劳动的报酬、所投入的材料和因施工所垫付的其他费用以及依合同发生的损害赔偿请求权。亦即：建设工程报酬请求权、垫付款项请求权及损害赔偿请求权。这一观点的理由是：承包人垫资是建筑行业的惯例，发包人在发包工程时只给予少部分备料款，其余的款项都是先由承包人垫款建到一定程度，由工程师签字认可后发包人再拨付进度款，如果承包人这种做法是垫资，则工程建设中所有的价款都是垫资。这样，若将这种垫付款排除在优先受偿权范围外，则优先受偿权的范围缩小到劳务部分。这显然与《合同法》保护整个建筑业健康发展的目的不相符。从国外的一些立法看，也都不仅限于劳动报酬。例如，国际上通行的交钥匙工程中就是承包人垫付所有涉及建设工程的款项。第二类理由认为，现实中工程带资、垫资是发包人、承包人双方的合意，已通过合法方式实施，或者是先建后付的付款方式或约定的延期付款协议形成垫资；或者是通过履约保证金的方式实现。既然垫资已经物化为工程的一部分，当然应属于《合同法》第二百八十六条规定的工程价款。不过，如果承包人的垫资被挪作他用，因为没有被物化于建设工程中，就不能享受优先受偿的权利。

---

① 参见国务院办公厅转发建设部等部门《关于开展建设工程项目执法监察意见的通知》（国办发〔1996〕12号，1996年4月9日）。

另一种观点认为，垫资不应纳入优先受偿权的范围。但理由各有不同。一种理由认为，垫资发生后，在发包人和承包人之间产生一般的债权债务关系，其性质属于企业间的资金拆借行为。虽然不宜将此类行为视为非法行为并予以处罚，但如果将由此产生的债权赋予法定优先权，则与立法目的及法理不合。《合同法》的该条立法目的在于工程价款有相当部分是建设工人的工资，应优先保护，但垫资款则来自承包人的自有资金，并非工人的工资。如将垫资款所生债权纳入优先受偿权的范围与立法的目的不符。实际上，垫资人完全可以在垫资之时通过约定的方式，以在建工程作抵押，从而享受优先受偿权。既然垫资放弃了约定抵押这种保护其权利的方式，应由其自己承担相应的风险，国家不必通过物权的方式解决。另一种理由认为，垫资行为的法律效力应当具体分析。如果垫资行为扰乱了建筑市场，就危害了社会公共利益，那么垫资当然不能享有优先受偿权；如果垫资行为对公共利益不构成危害，有关部门的禁止性规定只能认定有害于建筑企业，对垫资只能认定为承包人自甘冒险。即使垫资的效力可认定，也只是发包人、承包人之间的借贷行为。这样，如果这种借贷而形成的债权应当优先受偿，银行的借贷也应当优先受偿。

本批复第三条对《合同法》第二百八十六条规定的工程价款作出如下界定：一是承包人为建设工程应当支出的工作人员的报酬，包括已经支出的和未支出但应当支出的部分，属于工程价款。这部分是指承包人为建设工程所付出的劳动报酬。这是没有争议的部分。二是承包人已经为建设工程支出的材料款等费用属于工程价款。因而承包人垫资部分凡已经物化的部分属于工程价款。三是承包人因发包人违约所受到的损失不属于工程价款。将承包人因发包人违约而享有的损害赔偿排除在优先受偿的范围之外，也是司法解释讨论中比较没有争议的问题。

根据《建设工程施工发包与承包价格管理暂行规定》（1999 年 1 月 5 日建设部建标〔1999〕1 号发布）第五条的规定，建设工程价款包括三部分：成本（直接成本、间接成本）、利润（酬金）和税金。这种价款的表现形式有：工程估算价、设计概算价、施工图预算价、施工预算（概算）价和竣工决算价五种。《合同法》第二百八十六条中所称工程价款，如指已竣工工程，应指竣工决算价，未竣工工程则应以施工预算价为基础进行评估确定工程价款。根据建设部的规定，工程价款可分四部分：一是直接费，即直接成本，包括定额直接费、其他直接费、现场管理费和材料价差。其中，定额直接费又包括人工费、材料费和施工机构使用费三部分。二是间接费，即间接成本或称企业管理费，包括管理人员工资、劳动保护费等十多项。三是利润，由发包人按工程造价的差别利率计付给承包人。四是税金，包括营业税、城市建筑税、教育费附加三种。这四部分构成工程价款的整体，不应当从中分解出哪部分不可优先受偿。[1] 本批复第三条中“材料款等实际支出的费用”是指承包人为建设工程而实际支出的费用，并不仅指材料款。

理解建设工程价款还应当注意的两个问题：

工程价款并不仅包括施工工人工资。一是因为施工工人工资仅是发包人应向承包人支付的工程价款的一小部分。如果仅此部分应受《合同法》的保护，由于这部分费用分期按定额计算，极为复杂，法院难以从工程价款中分解出来。二是如仅对施工工人工资进行保护，则依劳动立法即可，无须《合同法》另行规定。

“三通一平”[2] 工程费用可否优先受偿。“三通一平”工程为建设工程中必不可少的组成部分，其工程费额也是依定额标准计算出来的，同样包括四部分费用。有些工程即为“三通一平”工程，因而依合同完成任务即应认定工程已经竣工，承包人对此“三通一平”的土地使用权的拍卖价款应享有优先受偿权。如果“三通一平”工程仅为建设工程的基础部分，则“三通一平”价款为整个工程价款的组成部分。因而，确定工程价款的优先受偿范围不应将“三通一平”价款排除在外。

三、适用

（一）《合同法》实施以前的工程价款问题

《合同法》规定的承包人的优先受偿权是一项新的法律制度，因而对《合同法》施行以前拖欠工程价款的情形可否适用此项制度。《最高人民法院关于适用〈中华人民共和国合同法〉若干问题的解释（一）》（法释〔1999〕19号）第一条规定：“合同法实施以后成立的合同发生纠纷起诉到人民法院的，适用合同法的规定；合同法实施以前成立的合同发生纠纷起诉到人民法院的，除本解释另有规定的以外，适用当时的法律规定，当时没有法律规定的，可以适用合同法的有关规定。”《合同法》规定的承包人的优先受偿权制度以及本批复可否适用《合同法》施行前的建设工程取决于“当时的法律规定”。《合同法》施行以前有关建设工程价款的法律规定包括原《经济合同法》和《建筑安装工程承包合同条例》（1983年8月8日国务院发布）。该条例第十三条“发包方的责任”中第五项规定：“不按合同规定拨付工程款，按银行有关逾期付款办法或‘工程价款结算方法’的有关规定处理。”这一规定与《合同法》规定的承包人的优先受偿权制度并没有共同之处。但

---

① 在起草本批复过程中，最高人民法院执行办认为工程价款具有不可分性，工程价款不仅包括施工工人工资，未竣工工程亦可优先受偿等意见，并提出执行办“在督办建筑承包执行案件中，均据以上意见处理，效果尚好”。

② “三通”指接通能源、水及道路交通，“一平”指平整场地。

毕竟是国家在《合同法》实施以前对发包人拖欠工程价款的法律规定。据上述法释〔1999〕19号的规定，《合同法》第二百八十六条规定的承包人的优先受偿权制度不应当适用《合同法》施行以前拖欠工程价款的情形。另外，既然认定承包人的优先受偿权具有物权性质，而物权是法定的，《合同法》施行之前法律未赋予承包人这种权利，承包人就不能享有这一权利；依法律不溯及既往原则，承包人的优先受偿权制度也只能适用于《合同法》施行之后。

（二）承包人的优先受偿权是否适用于破产案件

本批复第一条规定，“人民法院在审理房地产纠纷案件和办理执行案件中”应当依法认定承包人的优先受偿权，未提及破产案件问题。本批复是对上海市高级人民法院的批复，在上海市高级人民法院的请示中，包含了承包人在发包人破产案件中能否据此行使别除权问题。[①] 从批复的行文可以看出最高人民法院对此问题的态度。

（三）本批复有关文字的理解

1. 批复中所称“房地产纠纷案件”是否对《合同法》第二百八十六条的规定作出了扩张解释。因为根据《城市房地产管理法》的规定进行理解，“房地产纠纷案件”包括房地产开发、经营、租赁、维修等。这些与房地产有关的案件可否都适用批复的规定。由于《合同法》仅规定了建设工程合同中的承包人的价款可享受优先受偿权，因而批复中“房地产纠纷案件”的含义是指人民法院在审理房地产案件中涉及承包人的工程价款问题应适用《合同法》第二百八十六条的规定。如果房地产案件根本不涉及承包人的工程价款就无从谈及《合同法》第二百八十六条的适用问题。实际上，如果仅从字面上理解，《合同法》规定的“建设工程”的含义应比“房地产”的含义广泛。

2. “办理执行案件”的理解。批复第一条提到人民法院在办理执行案件中应依法认定承包人的优先受偿权。优先受偿权产生后、行使权利的除斥期间届满前，承包人均可行使其权利。因而人民法院在审理和执行涉及建设工程的案件时，承包人就工程价款问题均可向人民法院提出，也可直接向人民法院申请拍卖。

3. “建筑”与“建设”的区别问题。批复中既使用了“建筑”一词，也使用了“建设”一词，尽管这两个词的内涵与外延有差别，但批复所指“建筑”与“建设”同义，都与《合同法》第二百八十六条规定中的“建设”一词含义相同。

---

① 上海市高级人民法院向最高人民法院报送的《关于〈合同法〉第二百八十六条理解与适用问题的请示》中的一些内容：“目前，本市法院受理的有关房地产纠纷案件、执行案件和破产案件中涉及《合同法》第二百八十六条规定的工程价款优先受偿权利的理解与适用问题，涉及面广、影响重大，已引起社会多方关注。”

第二部分　房屋买卖合同

最高人民法院
关于审理商品房买卖合同纠纷案件适用法律若干问题的解释

法释〔2003〕7号

（2003年3月24日最高人民法院审判委员会第1267次会议通过
2003年4月28日最高人民法院公告公布　自2003年6月1日起施行）

为正确、及时审理商品房买卖合同纠纷案件，根据《中华人民共和国民法通则》《中华人民共和国合同法》《中华人民共和国城市房地产管理法》《中华人民共和国担保法》等相关法律，结合民事审判实践，制定本解释。

第一条　本解释所称的商品房买卖合同，是指房地产开发企业（以下统称为出卖人）将尚未建成或者已竣工的房屋向社会销售并转移房屋所有权于买受人，买受人支付价款的合同。

第二条　出卖人未取得商品房预售许可证明，与买受人订立的商品房预售合同，应当认定无效，但是在起诉前取得商品房预售许可证明的，可以认定有效。

第三条　商品房的销售广告和宣传资料为要约邀请，但是出卖人就商品房开发规划范围内的房屋及相关设施所作的说明和允诺具体确定，并对商品房买卖合同的订立以及房屋价格的确定有重大影响的，应当视为要约。该说明和允诺即使未载入商品房买卖合同，亦应当视为合同内容，当事人违反的，应当承担违约责任。

第四条　出卖人通过认购、订购、预订等方式向买受人收受定金作为订立商品房买卖合同担保的，如果因当事人一方原因未能订立商品房买卖合同，应当按照法律关于定金的规定处理；因不可归责于当事人双方的事由，导致商品房买卖合同未能订立的，出卖人应当将定金返还买受人。

第五条　商品房的认购、订购、预订等协议具备《商品房销售管理办法》第十六条规定的商品房买卖合同的主要内容，并且出卖人已经按照约定收受购房款的，该协议应当认定为商品房买卖合同。

第六条　当事人以商品房预售合同未按照法律、行政法规规定办理登记备案手续为由，请求确认合同无效的，不予支持。

当事人约定以办理登记备案手续为商品房预售合同生效条件的，从其约定，但当事人一方已经履行主要义务，对方接受的除外。

第七条 拆迁人与被拆迁人按照所有权调换形式订立拆迁补偿安置协议，明确约定拆迁人以位置、用途特定的房屋对被拆迁人予以补偿安置，如果拆迁人将该补偿安置房屋另行出卖给第三人，被拆迁人请求优先取得补偿安置房屋的，应予支持。

被拆迁人请求解除拆迁补偿安置协议的，按照本解释第八条的规定处理。

第八条 具有下列情形之一，导致商品房买卖合同目的不能实现的，无法取得房屋的买受人可以请求解除合同、返还已付购房款及利息、赔偿损失，并可以请求出卖人承担不超过已付购房款一倍的赔偿责任：

（一）商品房买卖合同订立后，出卖人未告知买受人又将该房屋抵押给第三人；

（二）商品房买卖合同订立后，出卖人又将该房屋出卖给第三人。

第九条 出卖人订立商品房买卖合同时，具有下列情形之一，导致合同无效或者被撤销、解除的，买受人可以请求返还已付购房款及利息、赔偿损失，并可以请求出卖人承担不超过已付购房款一倍的赔偿责任：

（一）故意隐瞒没有取得商品房预售许可证明的事实或者提供虚假商品房预售许可证明；

（二）故意隐瞒所售房屋已经抵押的事实；

（三）故意隐瞒所售房屋已经出卖给第三人或者为拆迁补偿安置房屋的事实。

第十条 买受人以出卖人与第三人恶意串通，另行订立商品房买卖合同并将房屋交付使用，导致其无法取得房屋为由，请求确认出卖人与第三人订立的商品房买卖合同无效的，应予支持。

第十一条 对房屋的转移占有，视为房屋的交付使用，但当事人另有约定的除外。

房屋毁损、灭失的风险，在交付使用前由出卖人承担，交付使用后由买受人承担；买受人接到出卖人的书面交房通知，无正当理由拒绝接收的，房屋毁损、灭失的风险自书面交房通知确定的交付使用之日起由买受人承担，但法律另有规定或者当事人另有约定的除外。

第十二条 因房屋主体结构质量不合格不能交付使用，或者房屋交付使用后，房屋主体结构质量经核验确属不合格，买受人请求解除合同和赔偿损失的，应予支持。

第十三条 因房屋质量问题严重影响正常居住使用，买受人请求解除合同和赔偿损失的，应予支持。

交付使用的房屋存在质量问题，在保修期内，出卖人应当承担修复责任；出卖人拒绝修复或者在合理期限内拖延修复的，买受人可以自行或者委托他人修复。修复费用及修复期间造成的其他损失由出卖人承担。

第十四条 出卖人交付使用的房屋套内建筑面积或者建筑面积与商品房买卖合同约定面积不符，合同有约定的，按照约定处理；合同没有约定或者约定不明确的，按照以下原则处理：

（一）面积误差比绝对值在3%以内（含3%），按照合同约定的价格据实结算，买受人请求解除合同的，不予支持；

（二）面积误差比绝对值超出3%，买受人请求解除合同、返还已付购房款及利息的，应予支持。买受人同意继续履行合同，房屋实际面积大于合同约定面积的，面积误差比在3%以内（含3%）部分的房价款由买受人按照约定的价格补足，面积误差比超出3%部分的房价款由出卖人承担，所有权归买受人；房屋实际面积小于合同约定面积的，面积误差比在3%以内（含3%）部分的房价款及利息由出卖人返还买受人，面积误差比超过3%部分的房价款由出卖人双倍返还买受人。

第十五条 根据《合同法》第九十四条的规定，出卖人迟延交付房屋或者买受人迟延支付购房款，经催告后在三个月的合理期限内仍未履行，当事人一方请求解除合同的，应予支持，但当事人另有约定的除外。

法律没有规定或者当事人没有约定，经对方当事人催告后，解除权行使的合理期限为三个月。对方当事人没有催告的，解除权应当在解除权发生之日起一年内行使；逾期不行使的，解除权消灭。

第十六条 当事人以约定的违约金过高为由请求减少的，应当以违约金超过造成的损失30%为标准适当减少；当事人以约定的违约金低于造成的损失为由请求增加的，应当以违约造成的损失确定违约金数额。

第十七条 商品房买卖合同没有约定违约金数额或者损失赔偿额计算方法，违约金数额或者损失赔偿额可以参照以下标准确定：

逾期付款的，按照未付购房款总额，参照中国人民银行规定的金融机构计收逾期贷款利息的标准计算。

逾期交付使用房屋的，按照逾期交付使用房屋期间有关主管部门公布或者有资格的房地产评估机构评定的同地段同类房屋租金标准确定。

第十八条 由于出卖人的原因，买受人在下列期限届满未能取得房屋权属证书的，除当事人有特殊约定外，出卖人应当承担违约责任：

（一）商品房买卖合同约定的办理房屋所有权登记的期限；

（二）商品房买卖合同的标的物为尚未建成房屋的，自房屋交付使用之日起90日；

（三）商品房买卖合同的标的物为已竣工房屋的，自合同订立之日起90日。

合同没有约定违约金或者损失数额难以确定的，可以按照已付购房款总额，参照中国人民银行规定的金融机构计收逾期贷款利息的标准计算。

第十九条 商品房买卖合同约定或者《城市房地产开发经营管理条例》第三十三条规定的办理房屋所有权登记的期限届满后超过一年，由于出卖人的原因，导致买受人无法办理房屋所有权登记，买受人请求解除合同和赔偿损失的，应予支持。

第二十条 出卖人与包销人订立商品房包销合同，约定出卖人将其开发建设的房屋交由包销人以出卖人的名义销售的，包销期满未销售的房屋，由包销人按照合同约定的包销价格购买，但当事人另有约定的除外。

第二十一条 出卖人自行销售已经约定由包销人包销的房屋，包销人请求出卖人赔偿损失的，应予支持，但当事人另有约定的除外。

第二十二条 对于买受人因商品房买卖合同与出卖人发生的纠纷，人民法院应当通知包销人参加诉讼；出卖人、包销人和买受人对各自的权利义务有明确约定的，按照约定的内容确定各方的诉讼地位。

第二十三条 商品房买卖合同约定，买受人以担保贷款方式付款，因当事人一方原因未能订立商品房担保贷款合同并导致商品房买卖合同不能继续履行的，对方当事人可以请求解除合同和赔偿损失。因不可归责于当事人双方的事由未能订立商品房担保贷款合同并导致商品房买卖合同不能继续履行的，当事人可以请求解除合同，出卖人应当将收受的购房款本金及其利息或者定金返还买受人。

第二十四条 因商品房买卖合同被确认无效或者被撤销、解除，致使商品房担保贷款合同的目的无法实现，当事人请求解除商品房担保贷款合同的，应予支持。

第二十五条 以担保贷款为付款方式的商品房买卖合同的当事人一方请求确认商品房买卖合同无效或者撤销、解除合同的，如果担保权人作为有独立请求权第三人提出诉讼请求，应当与商品房担保贷款合同纠纷合并审理；未提出诉讼请求的，仅处理商品房买卖合同纠纷。担保权人就商品房担保贷款合同纠纷另行起诉的，可以与商品房买卖合同纠纷合并审理。

商品房买卖合同被确认无效或者被撤销、解除后，商品房担保贷款合同也被解除的，出卖人应当将收受的购房贷款和购房款的本金及利息分别返还担保权人和买受人。

第二十六条 买受人未按照商品房担保贷款合同的约定偿还贷款，亦未与担保权人办理商品房抵押登记手续，担保权人起诉买受人，请求处分商品房买卖合同项下买受人合同权利的，应当通知出卖人参加诉讼；担保权人同时起诉出卖人时，如果出卖人为商品房担保贷款合同提供保证的，应当列为共同被告。

第二十七条 买受人未按照商品房担保贷款合同的约定偿还贷款，但是已经取得房屋权属证书并与担保权人办理了商品房抵押登记手续，抵押权人请求买受人偿还贷款或者就抵押的房屋优先受偿的，不应当追加出卖人为当事人，但出卖人提供保证的除外。

第二十八条 本解释自2003年6月1日起施行。

《中华人民共和国城市房地产管理法》施行后订立的商品房买卖合同发生的纠纷案件，本解释公布施行后尚在一审、二审阶段的，适用本解释。

《中华人民共和国城市房地产管理法》施行后订立的商品房买卖合同发生的纠纷案件，在本解释公布施行前已经终审，当事人申请再审或者按照审判监督程序决定再审的，不适用本解释。

《中华人民共和国城市房地产管理法》施行前发生的商品房买卖行为，适用当时的法律、法规和《最高人民法院〈关于审理房地产管理法施行前房地产开发经营案件若干问题的解答〉》。

《〈最高人民法院关于审理商品房买卖合同纠纷案件司法解释〉的理解与适用》*

第一条 ［司法解释的适用范围］

本解释所称的商品房买卖合同，是指房地产开发企业（以下统称为出卖人）将尚未建成或者已竣工的房屋向社会销售并转移房屋所有权于买受人，买受人支付价款的合同。

本条是根据《合同法》第一百三十条关于买卖合同的定义规定，对商品房买卖合同的解释说明，同时，也是对本解释调整对象的具体规定。

本条是适用本解释的前提条件。因目前《合同法》对商品房买卖合同没有明确具体的规定，我们将以《合同法》关于买卖合同的规定为主线，对商品房买卖合同的主体、标的物及特征逐步展开说明，以便于全面理解和掌握商品房买卖合同的内涵，正确适用本解释。

一、买卖合同

（一）买卖合同的含义

根据合同法理论，买卖合同是指当事人双方约定一方交付标的物并转移所有权于他方，他方支付价款的合同。其中依约定应交付标的物并转移所有权的一方为出卖人（或称卖方、卖主），受领标的物并支付价款的一方为买受人（或称买方、买主），出卖人交付的标的物称为出卖物。买卖合同作为社会经济生活中最基本、最典型、最普遍的商品交换形式和法律关系，在各国债法或者《合同法》的立法中都是最基本的一类合同，并置于各种合同之首着重予以规定。从各国立法看，买卖合

* 最高人民法院民事审判第一庭编著，人民法院出版社 2015 年第 2 版，撰稿人：胡仕浩、冯小光、吴晓芳、关丽、孙延平、贾劲松、程新文、刘竹梅、辛正郁、姚宝华，审定人：孙华璞、俞宏武。

同有两种含义：一是买卖合同仅限于实物买卖，买卖合同的出卖人应向买受人转移财产所有权，买受人应支付相应价款。英美法采此含义。二是买卖合同为当事人买卖财产权的协议，出卖人应将财产所有权及其他的财产权转移给买受人，买受人支付相应的价款。《日本民法》采此含义。根据我国《合同法》第130条、第132条的规定，我国采纳买卖合同的第一种含义，买卖的标的物也限于实物，不包括权利。具体来说，我国《合同法》上的买卖合同有以下含义：(1) 买卖合同是当事人双方的法律行为；(2) 买卖合同是约定一方转移标的物所有权的协议；(3) 买卖合同是约定另一方支付价款的协议。根据现行法律规定，凡是具有《民法通则》规定的民事主体资格的公民、法人、其他组织均可作为买卖合同的当事人。而作为买卖合同的标的物，则应具有以下特征：(1) 标的物为出卖人所有或者有权处分的物。(2) 标的物须非为法律、行政法规禁止或者限制流通的物。(3) 标的物无须现属于出卖人。(4) 标的物无须是现已存在的物，将来生产或者制作的物也可成为买卖合同的标的物。(5) 标的物无须买卖时就已特定，非特定物也可成为买卖合同的标的物。(6) 标的物须非出卖人为特定买受人制造或者由买受人提供制造所需要的材料的物。土地使用权转让合同、知识产权转让合同、股票等有价证券的转让协议等因其不转移标的物所有权，所以不属于买卖合同调整的范围。

（二）买卖合同的法律特征和种类

根据买卖合同的含义，其法律特征概括如下：

1. 买卖合同是出卖人转移标的物所有权与买受人，买受人支付价款的合同。出卖人不仅要将标的物交付给买受人，而且还要将标的物的所有权转移给买受人，这是买卖合同的基本法律特征，也是区别租赁合同、借用合同、保管合同的关键。同时，买受人受领标的物还应支付相应价款，支付价款是取得标的物所有权的对价，是以货币换取物的所有权。这一特征又使买卖合同与其他转移财产所有权的互易合同、赠与合同相区别。

2. 买卖合同是诺成的、双务的、有偿合同。买卖合同自双方就出卖标的物的意思表示协商一致时起，即已成立生效，而不以标的物的交付为成立生效要件。合同成立生效后，出卖人负有交付标的物并转移所有权给买受人的义务，买受人负有向出卖人支付价款的义务，双方均享有权利，也负有相应的义务。出卖人取得价款和买受人取得标的物所有权是互为对价的。

根据现行立法和《合同法》理论，买卖合同包括有六种特殊类型的合同：(1) 房屋买卖合同；(2) 分期付款买卖合同；(3) 凭样品买卖合同；(4) 试用买卖合同；(5) 招标投标买卖合同；(6) 拍卖。此外还有参照买卖合同规定的互易合同和其他有偿合同。

二、房屋买卖合同

（一）房屋买卖合同的概念、特征

依上述，房屋买卖合同作为一种特殊的买卖合同，它是指出卖人将房屋交付并转移所有权与买受人，买受人支付价款的合同。房屋买卖合同的法律特征既有买卖合同的一般特征，也有其自身固有的特征。这主要表现为：（1）出卖人将所出卖的房屋所有权转移给买受人，买受人支付相应的价款；（2）房屋买卖合同是诺成、双务、有偿合同；（3）房屋买卖合同的标的物为不动产，其所有权转移必须办理登记手续；（4）房屋买卖合同属于法律规定的要式法律行为。

（二）房屋买卖合同的标的物——房屋

房屋买卖合同属于特殊的买卖合同，其原因就在于买卖的标的物房屋是一种不动产。因此，有必要对房屋予以简要说明。严格从房地产法律关系讲，房屋属于不动产，它只能附着于土地之上，与土地具有不可分性，因而，房屋买卖的标的物不仅仅是房屋，还应包括房屋占用范围内的土地。而我国的土地属于国家所有或集体所有，房屋的所有权人对其房屋占用范围内的土地只享有使用权而没有所有权，由此决定了在因买卖行为发生房屋所有权转移时，其占用范围内的土地使用权也应随着转移。但因现今房屋建设绝大多数为高层建筑，所以，房屋买卖一般不考虑土地使用权问题。关于房屋的概念，按照学理解释，房屋是指建筑于土地之上的供人居住和从事营业或者其他社会活动的建筑物。在法律上，房屋一词不仅包括住宅或办公楼，而且还包括一切有四壁的建筑物，如饭店、剧院、体育馆、仓库、地下室等，而桥梁、纪念碑、公路、城墙等地上建筑虽称为建筑物，但不属于房屋。房屋应当定位于有一定空间供人居住或用于其他用途的建筑物。[①] 而根据《城市房地产管理法》第2条第2款的规定，房屋是指土地上的房屋等建筑物及构筑物。所谓建筑物是指在土地上建设的供人们居住、生产或进行其他活动的场所。所谓构筑物是指在土地上建设的人们不直接在内进行生产和生活活动的场所，如水塔、烟囱、桥梁、蓄水池等等。《城市房地产管理法》所说的房屋，我们认为这主要是从房地产管理的角度，为便于统一规范和管理，对所有人工设施做的广泛概括说明，这也符合房地产法律关系。但从单一的房屋买卖法律关系出发，我们认为，作为买卖合同

---

① 高富平、黄武双：《房地产法新论》，中国法制出版社2000年版，第48页。

标的物的房屋应仅限于《城市房地产管理法》规定的建筑物，也就是狭义上的房屋。从审判实践和社会生活实际情况看，构筑物一般是建设单位受公民、法人或其他组织的委托而代为建造的，这种代为建造属于加工承揽合同关系，而不是房屋买卖合同。

受我国国情影响，我国房屋存在多样性，根据不同标准，可划分为以下几种类型：

1. 农村房屋、城市房屋。这是从房屋所处的地理位置进行的分类。这两类房屋除地理位置不同外，房屋占用的土地权属地不同，因此，在法律适用上有不同的规定。如农村房屋不能自由交易。

2. 住宅用房、商业用房。这是按照房屋的用途为标准进行的分类。住宅用房是专供家庭、个人日常生活居住使用的房屋；商业用房是用于商业、工业、旅游、写字楼等等经营性活动的房屋。

3. 公房、私房。这是按房屋的所有制性质对房屋的分类。公房是指国有房屋和集体所有的房屋。国有房屋又分为两种，一种是国家房地产管理部门享有所有权的或直接经营管理的房屋，也称直管公房；另一种是由国有企业事业单位、机关、团体投资兴建、自行管理的房屋，也称自管房屋。私房是指个人所有、数人共有的自用或出租的住宅和非住宅用房，包括历史遗留的拥有私人所有权的房屋，个人合法建造的房屋，个人购买的房屋。

4. 商品房、非商品房。这是按房屋的价值属性进行的分类。商品房是指房地产开发经营企业建造的用于出售的房屋。非商品房是自建或者委托施工单位建设或者参加统建并自己使用的住宅和其他房屋。

5. 现房、期房。这是按房屋的存在状态对房屋的分类。现房是指已经建成并能居住的房屋，买卖现房的行为称为现售。期房是指尚未建成的在建房屋，买卖期房的行为称为预售。

6. 内销房、外销房。这是按房屋的销售对象对房屋进行的分类。内销房是指向中国公民、法人或其他组织出售的房屋。外销房是指向其他国家和地区的企业、经济组织或者个人，以及华侨、港澳台同胞出售的房屋。

7. 新建房、旧房。这是按房屋的使用状况对房屋进行的分类。新建房是指建成后尚未投入使用的房屋。旧房是指已投入使用的房屋，也即通常所说的二手房。

此外，还有根据国家房改政策出现的廉租住房、经济适用房。廉租住房是指由政府或单位提供给最低收入家庭、个人租赁的低租金住房，属于政策性的保障住房。经济适用房是由政府组织建设的适应中低收入家庭或个人购买能力的保障性住房。当然，上述对房屋的分类不是绝对的，有时是会相互转换和重叠的。

（三）房屋买卖合同的出卖人

房屋买卖合同的当事人包括房屋出卖人和房屋买受人。如前述，买卖合同的出卖人不仅负有交付出卖物的义务，并且还负有转移出卖物所有权给买受人的义务。而房屋买卖合同是特殊的买卖合同，其标的物房屋是不动产，因此，房屋出卖人不同于一般的买卖合同出卖人。根据《合同法》第一百三十二条规定，房屋所有权人为基本的房屋出卖人。从目前审判实践情况看，房屋出卖人有以下几种：

1. 具有《房屋所有权证书》和房屋占用范围内的《土地使用权证》的出卖人。根据我国房屋所有权与房屋占用范围内的土地使用权权利主体一致的原则，同时拥有房屋所有权和土地使用权的人为房屋的完全所有权人，是最完备的房屋出卖人。

2. 具有《土地使用权证》但没有《房屋所有权证》的出卖人。这主要是指房地产开发企业在房屋尚未建成前，经依法批准预售房屋的情况。

3. 拥有《房屋所有权证》但没有《土地使用权证》的出卖人。这是指在承租的他人土地上建筑房屋，只取得房屋所有权，但没有土地使用权的情况。此种情况下，房屋所有权人出卖房屋，要受到土地租赁合同中对土地权利的限制。

以上只是对实际生活中的房屋出卖人情况的说明，并不表明是对房屋出卖人主体资格的限定。根据买卖合同标的物的特征，买卖合同标的物无须是现已存在的物或现属于出卖人的物。因此，即使是非房屋所有权人、也非土地使用权人，也可成为房屋出卖人。

三、本解释的调整范围——商品房买卖合同

顾名思义，商品房买卖合同就是以商品房为标的物的买卖合同。从上述，商品房为房屋的一种类型，以商品房为标的物的买卖合同当然属于房屋买卖合同。何谓商品房，目前我国法律法规及司法解释均未有明确规定。为此，必须首先要对商品房进行解释，这也是适用本解释的基础条件。

（一）商品房买卖的标的物——商品房

在《城市房地产管理法》《城市房地产开发经营管理条例》《最高人民法院关于审理房地产管理法施行前房地产开发经营案件若干问题的解答》《城市商品房预售管理办法》《商品房销售管理办法》等法律、法规、司法解释、规章中，均有商品房称谓，但也均未对商品房予以定义。因此，我们目前广泛使用的商品房并非严格意义上的法律用语，这就极易造成认识上的混乱。在社会实际生活当中普遍认

为，商品房就是所有作为商品上市交易的房屋，既有房地产开发商建造的房屋，也包括私有房屋、经济适用房。我们认为，这种对商品房的理解，是从单一的市场交易买卖关系对房屋的泛指，认为既然可以在市场上买卖，那就是商品，而没有从商品房的本质属性和发展过程去认识商品房。商品房从文义上看，可以简单地将商品房理解为作为商品的房屋，但这只是望文生义，并没有从商品房本质上予以揭示。商品房在我国是具有独特含义的，绝不能简单地认为只要是进入市场交易的房屋就是商品房，更不是商品与房屋的简单相加。

从我国房地产发展情况看，在房地产体制改革前，除少量的私有房屋外，绝大多数城镇居民的住房一直实行以低租金为主要特点的福利性公房实物供给制，该类房屋为国家所有并统一分配，不能自由买卖。此时虽然有一定数量的私有房屋的买卖行为，但还没有出现商品房，这些可买卖的私有房屋也不能称作是商品房。随着我国住房制度的改革，福利性住房分配制度逐步取消，代之以城镇居民住宅的货币化、市场化，商品房才开始出现，商品房这一词汇也随之被广泛使用，但并没有对商品房的范围和含义予以明确。对商品房的含义，实务界通常认为，商品房是由房地产开发企业建设并出售的房屋。从经济学对商品的论述和《辞海》对商品的解释看，商品是为交换而生产的劳动产品，是社会使用价值和社会价值的统一。[①]《现代汉语词典》对商品的解释有两个：一是为交换而生产的劳动产品，具有使用价值和价值的两重性；二是泛指市场上买卖的物品。[②]《新华字典》对商品的解释为商品是为出卖而生产的产品。[③] 也有观点认为，商品房是指房地产开发经营企业建造的用于出售的房屋（包括住宅用房和商业用房），凡是自建或者委托施工单位建设或者参加统建，又是自己使用的住宅和其他房屋，则不属于商品房范畴。[④] 根据我国现行立法和上述对商品所作的解释，结合我国房地产开发经营的实际情况，我们认为，商品房首先是为进入商品流通领域获取利润而开发建设的房屋，非此目的而建造的房屋不属于商品房；其次，根据《城市房地产管理法》第二十九条规定，从事房地产开发和经营的主体必须具备相应的法定资格，即商品房的建造和出卖主体资格是由法律专门规定的，商品房是有特定含义的，它专指由房地产开发经营企业建设并出售的房屋。由此我们可以认为，商品房应是由房地产开发企业开发建设并向社会公开出售的房屋。从现行法律、法规及司法解释、部门规章所使用的商品房

---

① 《〈资本论〉节选本解析》第 20 页，中共中央党校出版社 1987 年版。《辞海》，上海辞书出版社。

② 中国社会科学院语言研究所词典编辑室编：《现代汉语词典》，商务印书馆 1993 年版，第 1000 页。

③ 《新华字典》，商务印书馆 1998 年版。

④ 符启林主编：《商品房预售法律制度研究》，中国政法大学出版社 2002 年版，第 6 页；高富平、黄双武：《房地产法新论》，中国法制出版社 2000 年版，第 249 页。

一词的实际情况看，商品房往往与房地产开发经营行为联系在一起使用的，是专指房地产开发企业开发经营房屋时的专用词语。本解释所称的商品房也就是此种含义，是狭义上的商品房。按照房屋的存在状态，商品房可分为现房和期房。期房也称待建房屋、楼花。根据《商品房销售管理办法》规定，现房是指已竣工验收合格的房屋，期房是指正在建设中的房屋。

（二）商品房买卖合同的概念和种类及特征

1. 概念：受我国国情影响，目前我国存在着多种性质的房屋，有由房地产开发企业建造的商品房、政府组织建设的经济适用房、公房改制出售给个人的房改房、公民个人的私有房屋等。当然，随着城市住房商品化制度的逐步推进，公房、经济适用房逐渐为个人购买转为私有房屋。依上所述，只有房地产开发企业建造的房屋才是商品房，而其他如经济适用房、房改房、私有房屋虽也可在房地产市场交易，但只能是广泛意义上的商品，特别是经济适用房和房改房，其上市交易是受国家相关政策调整的，有一定的限制条件。根据建设部发布的《已购公有住房和经济适用住房上市出售管理暂行办法》《已购公有住房和经济适用住房上市出售土地出让金和收益分配管理的若干规定》，已购公有住房和经济适用住房是城镇职工根据国家有关城镇住房制度改革政策规定，按照成本价（或者标准价）购买的公有住房，或者按照地方人民政策指导价购买的经济适用住房；经济适用住房包括安居工程住房和集资合作建设的住房。已购公有住房和经济适用住房上市出售时，由购房者按规定缴纳土地出让金或相当于土地出让金的价款。此外还有其他限制性规定。[①]因此，此类房屋的买卖不单单是法律法规能够调整规范的。房地产开发企业作为房地产市场的经营主体，其开发建造房屋的目的就是向社会出售并获取利润，而且从房地产市场的交易情况来看，绝大多数的房屋买卖合同标的物都是由房地产开发企业建造并出售的房屋，绝大多数纠纷也是由此引发的。而其他的房屋买卖则不具有此类性质和目的。即便有某些个人或组织专门在商品房市场以买卖房屋投资经营并获取利润，但这仅仅是以赚取房屋使用价值差价的投机买卖行为，这与私有房屋的买卖行为一样，可根据一般的房屋买卖行为规则加以规范，不属于本质意义上的商品房买卖。同时，此类房屋买卖纠纷不是特别突出，因此，本解释未将其他的房屋买卖纳入调整的商品房买卖关系范围之内。根据《合同法》第一百三十条关于买卖合同定义的规定，我们将商品房买卖合同解释为房地产开发企业（以下统称为出卖

---

① 《国土资源部关于已购公有住房和经济适用房上市出售中有关土地问题的通知》（国土资发〔1999〕113号）。

人）将尚未建成或者已竣工的房屋向社会销售并转移房屋所有权于买受人，买受人支付价款的合同。

2. 种类：按照房地产开发企业建造出售的商品房存在现房和期房两种状态，商品房买卖合同又可分为商品房现售和商品房预售合同。根据《商品房销售管理办法》的规定，商品房现售，是指房地产开发企业将竣工验收合格的商品房出售给买受人，并由买受人支付价款的行为。商品房预售，是指房地产开发企业将正在建设中的商品房预先出售给买受人，并由买受人支付定金或者房价款的行为。商品房预售是由香港立信置业公司于 1954 年首创的商品房买卖形式，也称期房买卖，俗称"卖楼花"。根据现行法律规定，现售的商品房必须是已竣工并经验收合格的房屋，预售商品房的必须是达到法定的投资比例后方可预售。但司法实践中，房地产开发企业为尽快回收筹集建设资金、减少投资成本、降低投资风险，通常违法操作，在商品房刚刚建成竣工还尚未通过验收合格就进行销售或建设项目刚获批准尚未投资建设就已开始预售，再加上行政管理部门的不规范操作，促使房地产开发企业更多地违规销售，导致大量纠纷出现。为全方位解决处理商品房买卖纠纷，我们总结司法审判实践处理的各种案件类型，在本解释中将房地产开发企业建造出售的商品房明确限定为尚未建成的房屋和已竣工的房屋。尚未建成的房屋不仅包括达到法定投资比例准予预售的在建房屋，也涵盖了依法获准但尚未投资建造即行预售的待建房屋；已竣工的房屋中则既有经验收合格的房屋，也有尚未验收合格的房屋。这样就将所有因房地产开发企业出售商品房而与买受人发生的商品房买卖纠纷纳入本解释调整的范围之内。有利于全面及时地解决处理商品房买卖纠纷，保护买受人合法利益，稳定社会秩序。

3. 特征：根据以上对商品房及商品房买卖合同的论述，商品房买卖合同有以下特征：

（1）出卖人具有法定性、特定性。根据《城市房地产管理法》第二十九条的规定，房地产开发企业是以营利为目的的，从事房地产开发和经营的企业。设立房地产开发企业必须具备相应的法定条件。由此，可以认为商品房买卖合同的出卖人只能是具有法定资格的房地产开发企业，出卖人的法定性和特定性也是商品房买卖合同区别于其他房屋买卖合同的重要特征。

（2）标的物的非现实存在。一般的房屋买卖合同的标的物都是现实存在的房屋，商品房现售出卖的也是已竣工的房屋，而商品房预售则是典型的以非现存的、将来建造的房屋进行出卖的合同。

（3）出售行为的社会化、公开化。虽说商品房是由房地产开发企业建造出售的房屋，但房地产开发企业建造出售的房屋并不全部是商品房。如由政府组织建设的经济适用住房，尽管也是由房地产开发企业建造并出售，但由经济适用住房自身性质决定，房屋的建设、出售价格、购买人资格等都受政府调控。经济适用房的用地一般实行无偿划拨，出售价格按保本微利原则确定，实行政府指导价，利润控制在3%以下，国家对购买经济适用住房实行申请、审批制度。可见，经济适用房作为社会保障性和社会福利性住房，不是公开向社会出售的。因此，不属于商品房范畴。房地产开发企业建造的房屋必须向社会公开出售，使房屋社会化，该房屋才属于商品化的房屋。

（三）商品房预售合同与相关合同的区别

由于商品房预售合同的标的物房屋在签订合同时并未现实存在，所以，在实务界和理论界对商品房预售合同的性质问题存有不同认识，特别是在商品房预售合同与房屋委建合同[①]的性质认定上争议更为突出。此外，还有将商品房预售认定是房屋的期货交易合同、[②] 房屋交易预约合同等观点。

1. 商品房预售合同与房屋委建合同的区别

房屋委建合同属于加工承揽合同的一种，是以完成约定的任务为合同目的。它与商品房预售确有相似之处，此类合同传统民法称为作成物供给合同、承揽出卖合同、承揽供给合同。对其性质认定，多数国家民法理论认为是依当事人意思，意思不明确的，为买卖合同。也有学者认为商品房预售合同是买卖与承揽混合合同，同时适用民法中买卖与承揽的规定。[③] 我们认为，商品房预售合同不同于房屋委建合同。（1）房屋委建合同是委托方委托承建方按委托方要求承建房屋，如当事人之间没有特别约定，承建方应自行完成任务，不能由第三人代为完成，否则即为违约，委托方可解除合同。而商品房预售合同当事人对房屋的建造主体没有要求，实践中预售房屋往往多数也都是由第三人建造完成的。（2）委建合同往往由委托方提供原材料，即委托方应是房屋占用范围土地使用权人。在我国商品房预售显然不可能由买受人提供土地使用权。（3）委建合同一般由委托方提供图纸、样式，而商品房预售则完全是由出卖人自行设计。（4）委建合同委托方既然是土地使用权人，一般也是就房屋所有权人，委托方对房屋所有权的取得为原始取得，支付给承建方的价款不是房屋的对价款，仅仅是约定的定做费用或由承建方提供的材料款。商品房预售买受人则是以支付与房屋相应的对价才取得房屋所有权。（5）委建合同的委托方有

① 钱明星、姜晓春：《房屋预售制度若干理论问题研究》，载《中外法学》1996年第5期。
② 范成山：《建立期房抵押制度势在必行》，载《经济与法》1995年第5期。
③ 史尚宽：《债法各论》，中国政法大学出版社2000年版，第322～323页。

权监督承建方的工作，商品房预售合同买受人则无此权利。综上，商品房预售合同无论从当事人权利义务内容、还是标的物，均属于买卖合同，而不适用加工承揽合同的规定。

2. 商品房预售合同与期货交易合同的区别

期货交易合同在传统民法中是指在合同订立后一定期限方交付实物的合同，与远期买卖合同具有同一含义。但现在的期货交易合同已完全不同于传统上的含义，它是指合同条款由期货交易所设计，由期货监管部门审批，在期货监管部门许可的地点以期货监管部门许可的方式签订的，绝大多数市场参与者的主要目的并不在于实物或金融证券的交割，而在于转移价格风险或赚取风险利润的一种高度标准化的合同。[①] 从期货合同的概念和实践中的具体做法，可以看出期货合同条款是由期货交易所设计并由期货监管部门审批，合同必须是在期货交易所订立，合同的标的物必须是大宗的种类物，且不能是不动产，当事人交易的目的不在于实物交付，而只是避免价格风险或赚取风险利润。由此不难看出期货交易合同与商品房预售合同之间的区别。

3. 商品房预售合同与商品房交易预约合同的区别

商品房交易预约合同是预约合同，而预约合同是指当事人约定将来订立正式合同的协议，当事人双方只负有签订正式合同的义务，相当于商品房认购书。商品房预售合同是本合同，当事人之间负有的是履行合同约定的相互交付义务，不是约定将来订立本合同的义务。

第二条 [商品房预售合同的效力]

出卖人未取得商品房预售许可证明，与买受人订立的商品房预售合同，应当认定无效，但是在起诉前取得商品房预售许可证明的，可以认定有效。

本条是关于商品房预售合同效力和补办商品房预售许可证明对合同效力影响的解释。

所谓合同的效力又称合同的法律效力，是指已经成立的合同在当事人之间产生的法律拘束力，即法律以其强制力使合同当事人按其相互之间确立的合同内容履行

① 杨永清：《期货交易法律制度研究》，法律出版社 1998 年版，第 45 页。

义务、实现权利的效力。人民法院审理商品房预售合同纠纷案件的首要问题就是要正确认定合同的效力，这是正确作出判决的前提。

理解本条解释中商品房预售合同的效力问题，首先必须要区别《城市房地产管理法》第四十四条第一款规定的商品房预售条件与该条第二款规定的预售合同登记备案的不同意义。

在《合同法》颁布实施以前，法律、法规所规定的批准、登记，是对合同成立要件的要求，还是对合同生效要件的要求，一直是学术界和司法实务界争论的难题。大致有三种观点：第一种观点认为，批准、登记等都是对生效要件的规定，如果不符合这些规定，合同虽然成立，但是不能发生效力。第三种观点认为，批准、登记等是合同成立的特别形式要件，需要批准、登记的合同一概被视为要式合同，没有批准、登记的合同，根本就未成立，更谈不上合同能否生效的问题。第三种观点认为，法律对合同形式要件的规定是属于合同成立或生效要件问题，应当区分不同性质的合同而作出结论。对此，人民法院基本上是将批准、登记等作为合同的有效条件，没有办理批准、登记等手续的合同，大多被认定为无效。

《合同法》生效实施以后，根据该法第四十四条第二款的规定，最高人民法院在《关于适用〈中华人民共和国合同法〉若干问题的解释（一）》第九条规定："依照《合同法》第四十四条第二款的规定，法律、行政法规规定合同应当办理批准手续，或者办理批准、登记等手续才生效的，在一审法庭辩论终结前当事人仍未办理批准手续的，或者仍未办理批准、登记等手续的，人民法院应当认定该合同未生效；法律、行政法规规定合同应当办理登记手续，但未规定登记后生效的，当事人未办理登记手续不影响合同的效力，合同标的物所有权及其他物权不能转移"。这一司法解释是在区分合同的成立与不成立、生效与未生效、有效与无效三对概念的基础上，表明对批准、登记等手续对合同效力影响方面的态度的。具体而言，它包括三层意思：第一，批准、登记等不是合同的成立要件。因为合意是构成真正交易的精神事件，合同是当事人合意的结果，是合同自由原则的体现，因此，只要当事人根据《合同法》所规定的要约和承诺的规则就合同的主要条款达成一致，或者符合《合同法》第三十七条所规定的情形，该合同即告成立。至于非主要条款的欠缺，则可以通过适用法律补缺性规定来弥补。批准、登记等手续都是当事人合意以外的因素，不属于合同成立要件的范畴，而属于效力评价的领域。所以合同成立与否，不应受批准登记等要件的影响。第二，批准、登记并非一概是合同的有效要件。合同是否有效，取决于国家的价值判断，体现了国家对意思自治的合理干预，其判断的依据只能是法律、行政法规对合同无效的明确规定。而法律、行政法规对批准、登记等要件的规定并不都属于强制性规范，因此不能绝对化地以批准或者登记来判定合同是否有效。要区分作为合同行为生效要件的“批准、登记”和合同标的物发生物权变动时的“公示登记”所具有的不同法律性质和效力。即只有法律和行政法规明确规定“批准、登记”是合同生效的条件，批准、登记才是生效条件，如果“登记”是合同一方当事人应当履行的具有物权变动公示性质的义务，未履行该项义务仅仅不发生物权变动的效力，而不影响合同本身的效力，那么，“登记”这个条件就不是合同生效的条件。因此，《城市房地产管理法》第四十四条第二款规定的合同登记备案并不是合同是否有效的法律条件，如同买卖房屋应当办理过户登记的规定，也不是买卖合同生效的条件。第三，批准、登记仅仅是合同生效的要件。“生效”是与“不生效”相对应的概念，而不是与“无效”相对应的概念，“不生效”不等于“无效”，人民法院应当认识到合同的生效与不生效，都是以合同成立作为前提的，如果合同根本不成立，则根本谈不上生效的问题，更谈不上有效和无效的问题。关于合同的生效时间，一般而言，依法成立的合同，自成立时生效，只有两个例外或特殊的情况，一是附条件或附期限的合同，自条件成就或期限届至时生效；二是法律、行政法规规定应当经过批准、登记手续生效的，则自批准、登记时生效。在后面一种情况中，虽然因未办理批准或者登记得手续而导致合同未生效，但是，诸如违约责任、解决争议的方式等条款，按照《合同法》的相关规定，应当认为是有效的约定，是生效的。

为什么规定商品房预售许可证是商品房预售合同的条件，这是因为预售合同订立时，买卖的房屋尚在建设之中，房屋的所有权还没有经登记设立，为了维护交易的秩序，保护消费者的利益，防止国家在国有土地上的利益受到非法侵害，损害国家利益，所以，国家对商品房预售行为有特殊的要求和规定，建立了商品房预售的行政许可制度。

审查商品房预售合同的效力注意要把握以下两点：首先要适用法律对普通民事合同的规定，要依据《民法通则》和《合同法》的一般规定。

《民法通则》第五十五条规定：“民事法律行为应当具备下列条件：（一）行为人具有相应的民事行为能力；（二）意思表示真实；（三）不违反法律和社会公共利益。”《合同法》第三章专门规定了合同的效力问题，包括合同的生效时间、附条件的合同、附期限的合同、效力待定合同、表见代理合同、无效合同、可撤销合同等。对于无效合同，该法第五十二条规定：“有下列情形之一的，合同无效：（一）一方以欺诈、胁迫的手段订立合同，损害国家利益；（二）恶意串通，损害国家、集体或者第三人利益；（三）以合法形式掩盖非法目的；（四）损害社会公共利益；（五）违反法律、行政法规的强制性规定。”

根据上述两法的规定，实践中对符合下列条件的合同才能被认定为有效合同：

（一）主体合格，当事人应当具备法律规定的缔约资格

从民法的一般原理，法人具有订立合同的一般民事行为能力，这个能力在法人成立的同时即产生。但法人要作为某个特定合同的合格主体，还必须具有订立合同相适应的民事行为能力。这个能力取决于两个因素：（1）在核准的经营范围内实施民事法律行为。《民法通则》第四十二条规定：“企业法人应当在核准的经营范围内从事经营。”建设部发布的《商品房销售管理办法》第七条规定，销售商品房的企业应当是工商行政管理部门核准登记、领取企业法人营业执照的房地产开发经营企业，并在建设行政主管部门取得相应的房地产开发企业资质证书。（2）已经取得相关的民事权利。光有主体资格还不够，还必须有主体权利。

（二）意思表示真实

意思表示是指当事人把自己希望发生民事法律上的效力的意思通过订立合同表现出来。意思表示真实是《合同法》的当事人平等原则、订立合同的自愿原则派生出来的，只有当事人自觉自愿订立合同，合同目的和合同内容相一致，才是意思表示真实。

意思表示不真实的原因在实践中相当复杂，可以概括为：（1）合同一方欺诈、胁迫对方，或者乘人之危，使对方的意思表示不真实；（2）合同形式上是合法的，但掩藏了非法的真实意思，订立的是以合法形式掩盖非法目的的合同，其合法形式为不真实的意思表示；（3）合同一方对合同有重大误解，因此而作的表示是不真实的；（4）合同一方因对合同存在无经验等情形而作的对自己显失公平的表示，违背自己订立合同的目的，这个意思表示也是不真实的。当然，上述意思表示不真实的几种情形的法律后果并不都是合同无效，依照《合同法》的规定，有的是合同可撤销或可变更的情形，但是，从条件上讲，意思表示真实是合同有效的条件之一。

（三）不违反法律、行政法规或者社会公共利益

《民法通则》第五十八条第一款第（五）项规定，违反法律或者社会公共利益的民事行为为无效的民事行为，《合同法》第七条规定：“当事人订立、履行合同，应当遵守法律、行政法规，尊重社会公德，不得扰乱社会经济秩序，损害社会公共利益。”第五十二条规定违反法律、行政法规的强制性规定或者损害社会公共利益的合同无效。因此，就合同的生效条件来说，对于《民法通则》规定的不得违反的“法律”，应从宽理解为包括法律和行政法规，但不包括地方法规和行政规章。“强

制性规定”包括义务性规定和禁止性规定。

（四）合同标的确定、可行

为了使合同产生当事人预期的法律后果，合同的实质性条款也应当是可行的，至少在合同生效以后可以再订补充合同，或者按照《合同法》第六十二条的规定是可以操作的。比如，预售的商品房必须是确定了施工进度、竣工交付日期、物业管理方案、装修标准、平面图或户型图等等。

其次，商品房预售合同作为国家有特殊规定和要求的合同，对其效力的审查要适用特别法——《城市房地产管理法》的相关规定。

商品房预售不仅是特殊商品——房地产的买卖行为，而且是一种特殊形式的房地产买卖行为，即房地产开发经营企业将正在建造中的房屋预先出售给买受人，由买受人支付定金或房价款的行为。由于买卖合同的标的物在订立买卖合同时并不存在，出卖人对其并不享有完全意义的所有权，当事人享有的只是一种物权的期待权，所以它在香港被称作“楼花买卖”，20 世纪 80 年代作为一种新的房地产销售方式被广东深圳等沿海城市引进以后，很快在内地被普遍推行，并在法律上得到确认。商品房预售对于房地产开发商来说，可以及时回收、筹集、周转资金，加快商品房的开发建设速度，同时可以通过预售避免市场波动的风险。但从法律的角度看，楼花买卖并不完全等同于房屋买卖，而只是一种准房屋买卖，因为在买卖楼花时，房屋尚在建设之中，其房屋的所有权还没有经过登记设立，买卖合同的标的物的物权还没有形成，其实质仍然是房屋买卖预约，是一种期房买卖，预购人得到的是房屋建成以后取得所有权的一种期待权。对于买受人来说，存在着几种担忧：一是交付的预购房款，开发商能否真正用于商品房的建设，而不被挪作他用；二是商品房能否如期建成；三是预售商品房的价格是否合理，房屋是否会获得增值保值的愿望；四是实际交付的房屋是否符合合同的约定要求。由于商品房买卖是老百姓家庭消费中最重大的消费支出，往往要倾注毕生的积蓄或因此而背上沉重的债务，因此，为了防止房地产开发商经营不善或恶意炒作损害买受人的利益，法律对商品房预售限定了严格的条件。《城市房地产管理法》第四十四条规定商品房预售需必须具备 4 个条件：（1）已交付全部土地使用权出让金，取得土地使用权证书；（2）持有建设工程规划许可证和施工许可证；（3）按提供的预售商品房计算，投入开发建设的资金达到工程建设总投资的 25% 以上，并已确定施工进度和竣工交付日期；（4）已办理预售登记，取得商品房预售许可证明。

《城市房地产管理法》是第八届全国人大常委会第八次会议于 1994 年 7 月 5 日通过、1995 年 1 月 1 日开始实施的有关房地产开发、交易和管理的专门法律。如何理解该法第44条规定的预售条件和认定合同效力之间的关系问题，实践中有两种不同意见。一种意见认为，《城市房地产管理法》是一部具有很强行政管理色彩的法律，该法规定商品房预售实行许可证制度，是行政许可制度，只要出卖人持有预售许可证明，即满足了法律规定的前提条件，其与买受人签订的预售合同即为有效。另一种意见认为，《城市房地产管理法》是一部综合性的法律，它规定了房地产开发用地、房地产开发、房地产交易、房地产管理等诸多内容，不能简单视为行政管理法，也属于一部民事基本法，该法第四十四条规定的四个条件是商品房预售行为（民事行为）必须同时具备的法定要件，是并列的条件，缺一不可，否则，开发商未取得土地使用权证书和工程规划许可证，房屋即使能够交付，购房人也不能取得房产证，不能实现买卖合同的目的，对购房人是一个极大的损害，因此，预售合同应认定为无效。正如我们前文所说，在《合同法》颁布实施以前，法律、法规所规定的批准、登记，是对合同成立要件的要求，还是对合同生效要件的要求，一直是困扰学术界和司法实务界的难题，很多法院基本上是将批准、登记等作为合同的有效条件，没有办理批准、登记等手续的合同都被认定为无效，因此，这后一种观点在前几年的审判实践中属于比较具有代表性的认识，包括检察机关也支持这种观点，如最高人民检察院向最高人民法院抗诉的“黑龙江海外旅游总公司诉哈尔滨深业房地产发展有限公司商品房买卖合同纠纷”一案，就是这种观点的体现。但是最高人民法院终审判决的观点表明了《城市房地产管理法》第四十四条规定的四个条件不是预售合同是否有效的并存条件。[①]

随着法学理论研究的深入，越来越多的人认为《城市房地产管理法》是一部行政管理性的法律，它主要规范的是房地产开发经营企业的经营行为，从该法规定的商品房预售条件看，都是反映开发企业与行政管理部门之间的关系问题。我国商品房预售实行许可证制度，是一种行政许可行为，开发商获得预售许可证是其必须履行的行政法上的强制性规范的义务，国家建设行政主管部门颁发预售许可证应当对其行政行为的合法性负责，应当对开发商提供的申请进行实质性审查，形成实质上的权利瑕疵责任担保，一旦行政行为违法或不当，造成购房人的损失，应当由行政法律关系调整。不能要求购房人承担过多的本来应当由行政机关承担的审查义务，特别是在房地产成为市场经济的重要组成部分，成为国民经济的支柱产业之一，要

---

① 关于本案的详细情况，参见《民事审判指导与参考》总第3卷，法律出版社2000年版，第265页以下。该案判决是经最高人民法院审判委员会讨论决定的，故反映了最高人民法院对这个争议问题的态度和立场。即：商品房预售中只要出卖人取得预售许可证，当地政府主管部门同意在房屋建成以后办理土地使用权证书的，预售合同可以认定有效。虽然该案是最高人民法院针对《城市房地产管理法》实施以前订立的商品房预售合同所作的判决，但是该判决的意义并不限于此。

加快商品房的流通，不能不对当事人之间权利义务范围作一个清晰的划分。而且行政机关的行政立法和执法活动已经证明正在朝着这个方向发展。国务院 1998 年 7 月 20 日发布的《城市房地产开发经营管理条例》第二十四条也明确列举了办理预售许可证的必备条件，其中就包括了《城市房地产管理法》第四十四条规定的前三个条件。这就表明只要出卖人按照法定程序向房地产行政管理部门申请办理并取得预售许可证明的，即可认定其具备全部预售条件。该条例第二十七条规定：房地产开发企业预售商品房时，应当向预购人出示商品房预售许可证明。建设部 1994 年 11 月 15 日发布、2001 年 8 月 15 日修改的《城市商品房预售管理办法》规定：商品房预售实行许可证制度。开发企业进行商品房预售应当向城市、县房地产管理部门办理预售登记，取得《商品房预售许可证》。开发企业申请办理《商品房预售许可证》应当提交下列证件及资料：（一）本办法第五条第（一）项至第（三）项规定的证明材料；（二）开发企业的《营业执照》和资质等级证书；（三）工程施工合同；（四）商品房预售方案。房地产管理部门在接到开发企业申请后，应当详细查验各项证件和资料，并到现场进行查勘。经审查合格的，应在接到申请后 10 日内核发《商品房预售许可证》。因此，从司法权与行政权的关系出发，人民法院在认定商品房预售合同的效力时，对出卖人的法定预售资格应只从形式上进行审查，对出卖人未取得预售许可证明签订的预售合同应认定无效，出卖人取得预售许可证明的，可认定预售合同有效。至于从实质上审查出卖人是否具备全部预售条件则是行政管理部门的权限。当事人对预售许可证持有异议的，可通过行政或行政诉讼的方式解决。这既可划清司法审判机关与行政管理部门之间的权限，有利于各司其职，也可避免司法权与行政权之间的冲突，有利于促进房地产交易和推动房地产市场的发展。

还有的学者在讨论中认为，《城市房地产管理法》第四十四条第一款规定的前三个条件是权利有无瑕疵和合同的履行能力的问题，出卖人如果存在权利瑕疵和履行不能的问题，产生的是合同违约的责任，而不是合同无效的责任。违约责任是可以采取补救措施，也是法律允许采取补救措施的，所以，不能把这四个条件并列起来，混为一谈。

与法学理论界认识深化同时发生变化的，是最高人民法院对相关案件的判决和处理也发生了变化。如最高人民法院 1999 年 12 月 3 日调解结案的光华公司与金山桥管委会商品房预售合同纠纷案。该案的基本情况是：1995 年 1 月 7 日，光华公司与金山桥管委会签订《房地产买卖合同》，约定金山桥管委会购买光华公司建造的位于金山桥开发区的 1 号工业厂房，总价款 11726000 元，1995 年 3 月 31 日交房，房屋交付时，其建筑范围内的土地使用权必须同时移交，金山桥管委会在合同生效后半年内付款60%，余款在1996年6月底前付清。光华公司在签订合同时领取了1号厂房的建设用地许可证、建设工程规划许可证、商品房预售许可证，1995年2月经竣工验收取得了质量合格证书，1995年3月将房屋交付给金山桥管委会，但土地使用权证未能变更登记到金山桥管委会的名下，原因是建设用地欠国土局98万元出让金未交，双方当事人在履行买卖合同的过程中曾协商将上述欠交的土地出让金抵作购房款由金山桥管委会交纳，但因产生分歧未能实际履行。至1996年6月，金山桥管委会共支付购房款1259250元，尚欠10466750元。双方为欠款及出让金等问题发生纠纷，光华公司诉至江苏省高级人民法院，请求判令金山桥管委会继续履行合同，支付欠款并承担违约责任。一审法院经审理认为，光华公司与金山桥管委会签订的房屋买卖合同是双方当事人的真实意思表示，光华公司具有房地产开发资质，领取了建设用地许可证、建设工程规划许可证和商品房预售许可证，合同签订以后，厂房已经验收合格并交付，金山桥管委会已付部分房款，虽然因欠部分土地出让金而未办妥土地使用权变更登记手续，房屋买卖合同应认定为有效。判决金山桥管委会继续履行合同，支付剩余房款及利息，光华公司于判决生效后一个月内办妥国有土地使用权变更登记手续。该案双方当事人上诉后，最高人民法院在二审期间，经过调解，双方当事人达成调解协议同意合同有效，继续履行，协商变更了付款期限和利息数额。最高人民法院制作了民事调解书予以结案。①

通过本案的审理，我们可以看出，双方当事人在诉讼中争议的核心问题就是《房地产买卖合同》的效力。双方当事人签订《房地产买卖合同》的时间是1995年1月7日，此时《城市房地产管理法》已经生效实施，光华公司于1994年12月取得了商品房预售许可证，但是还未交齐土地出让金，只是领取了建设用地许可证和建设工程规划许可证，按照《城市房地产管理法》第四十四条的规定，商品房预售必须具备的第一个条件就是“已交付全部土地使用权出让金，取得土地使用权证书”，而光华公司恰恰没有达到这一点要求。一审法院根据本案已经履行的实际情况，本着稳定房地产市场秩序，促进房地产市场健康发展的指导思想，判决双方当事人签订的合同为有效合同，符合法律规定的精神。但是，当时社会上对这样的合同能否判决为有效合同争议比较大，所以当事人提出上诉。二审过程中，法院根据法律的精神和当事人履行合同的实际情况，经过调解，双方当事人对合同的效力和

---

① 有关本案的详细情况参见最高人民法院（1999）民终字第49号民事调解书，为叙述方便，本文只对案情做了简要介绍。

一审判决的认定基本予以认同，在此情况下，达成了调解协议。二审法院虽然没有直接作出判决，通过制作调解书对当事人的调解协议予以确认，实际上是对《城市房地产管理法》第四十四条规定的预售条件和房地产买卖合同效力之间的关系作了一个界定和区分，承认上述情况下房地产买卖合同的有效性，表明了最高人民法院对这个问题的基本看法，取得了较好的社会效果。

再如，最高人民法院二审判决的恒信公司与立丰公司等商品房预售纠纷案。该案的基本情况是：1996 年 7 月 1 日，恒信公司与立丰公司签订《房屋销售合同书》，约定恒信公司购买立丰公司位于西安市东大街 119 号国贸大厦商场一、二层沿东大街的楼房 876. 6 平方米，总价款 720 万元，1997 年 1 月 1 日交房。同日，双方还签订一份《补充协议》，约定立丰公司将该大厦全部的铝合金门窗和幕墙交付恒信公司承制，工程款抵作购房款，价格另算。后双方当事人因履行《补充协议》约定的安装工程等发生纠纷，恒信公司于 1997 年 11 月向陕西省高级人民法院起诉，请求解除房屋销售合同，由立丰公司返还购房款并支付违约金。一审法院经审理查明，立丰公司于 1993 年 4 月 2 日取得建设用地规划许可证，同年 4 月 15 日取得建设用地许可证和商品房预售许可证，并由西安市房地产管理局作出《关于国贸中心用地的批复》，同意立丰公司建设国贸中心，交纳城市国有土地使用费，建设项目竣工后办理国有土地使用证。1993 年 4 月 25 日，立丰公司交纳土地使用费 418. 18 万元。一审法院认为，双方当事人签订的《房屋销售合同书》及《补充协议》等是一个完整的商品房预售合同，意思表示真实，不违反法律规定，应认定有效。判决合同有效，继续履行，由恒信公司支付尚欠的购房款及相应利息，立丰公司赔偿恒信公司的购房损失等。该案双方当事人上诉后，最高人民法院二审认为，立丰公司预售房屋的行为符合法律和当地政府土地主管部门的规定，一审法院认定合同有效并无不当。判决维持一审判决有关合同有效、继续履行的内容，撤销立丰公司向恒信公司赔偿购房损失的内容。①

通过本案的判决，我们可以看出，尽管双方当事人在诉讼中没有对合同的效力提出激烈的争论，但是，由于合同的效力问题属于人民法院必须依据职权进行审查的事项，所以二审判决还是对这个问题作出认定。通过本案的判决，我们还明确了一个界限，即只有商品房预售许可证是商品房预售合同是否有效的一个条件，至于《城市房地产管理法》第四十四条规定的“取得土地使用权证书”并不是预售合同

---

① 有关本案的详细情况参见最高人民法院（2000）民终字第 32 号民事判决书，为叙述方便，本文只对案情做了简要介绍。

是否有效的条件，取得的形式也可以根据当地政府主管部门的规定灵活掌握，只要不损害国家利益，交纳了出让金，取得了合法的出让土地使用权的证明文件，就是符合行政管理的要求，不能因此认定房屋预售合同无效。

经过广泛征求意见，并在总结审判实践经验的基础上，本司法解释采纳了第一种观点。

本条司法解释的另一层涵义是关于合同效力的补正问题。对于开发商未取得预售许可证明即与购房人签订预售合同，签订合同后才补办取得预售许可证，其合同的效力如何认定，在时间上是否放宽，放宽到什么程度，一直是司法实践中争议较大的问题。

有人认为，合同效力的认定是法律、行政法规规定的“杠杠”，不能再有突破，否则就是突破法律规定。也有人认为，中国的房地产市场刚刚起步，很不规范，应当允许司法审判中对当事人的民事行为给予适当的宽容，允许当事人采取补救措施，这有利于市场经济的发展，有利于维护合同，维护当事人的合法利益，具有良好的社会效果，这样做不是违背法律规定，恰恰是为了实现法律的根本目的——为经济建设服务。因为法律是死的，“法与时转则治”，这是古已有之的法训。还有人认为，即使允许补办手续，必须要限定时间，否则会引起当事人权利义务的失衡，只能限定在起诉之前，不要等到起诉之后，合同的效力还处于待定状态。

从最高人民法院在起草《关于适用〈中华人民共和国合同法〉若干问题的解释（一）》的情况看，当时已经肯定法律、行政法规规定的某些合同的批准、登记手续是可以补办的，或者在一定的期限内是可以补办的。在讨论中有很多人认为，实践中经常出现的订立合同之后未办理批准或者登记手续的情况是由多方面原因造成的，既有当事人自身的原因，也有批准、登记机关的原因。在我国的现实生活中，后者可能还是主要原因。因为我国某些合同批准登记机关在某种程度上存在着办事效率低下和受利益驱动影响的情况，企业要想办理批准登记手续往往要耗费相当长的时间和相当的费用，行政机关的办事拖拉影响企业的交易行为和经济效益，企业因为等不及而先履行合同后补办批准、登记行为的，应当采取适当宽容的态度，只要他们及时地补办完成批准、登记手续，那么，人民法院就应当认定合同有效。所以上述解释第九条规定“法律行政法规规定合同应当办理批准手续，或者办理批准、登记手等续才生效，在一审法庭辩论终结前当事人仍未办理批准手续的，或者仍未办理批准、登记等手续的，人民法院应当认定合同未生效”。

除此之外，最高人民法院在1995年年底制定的《关于审理房地产管理法施行前房地产开发经营案件若干问题的解答》规定：“商品房地预售方，持有土地使用证，也投入一定的开发建设资金，进行了施工建设，预售商品房的，在一审诉讼期间办理了预售许可证明的，可以认定预售合同有效。”该条解释在实践中起到了促进当事人积极履行合同、有利于房地产开发的积极作用，在房地产管理法实施之后仍然被很多法官和当事人借鉴，他们认为只要预售合同是当事人的真实意志体现，补办手续并不损害当事人的利益，应当尊重当事人的选择，不要轻易消灭一宗交易，要促进市场的流通，也不能支持一方恶意主张合同无效。所以有人建议该条司法解释的精神现在仍然可以借用，在本解释中仍然可以规定。对此，有另外的意见认为，上述司法解释对解决《城市房地产管理法》实施以前的纠纷是完全合适的，也是正确的，但是，在《城市房地产管理法》和《合同法》生效实施以后，就不能再作这样的解释了。因为《合同法》第五十二条规定“违反法律、行政法规的强制性规定，合同无效”，《城市房地产管理法》《城市房地产开发经营管理条例》都强制性地规定了商品房预售必须办理商品房预售许可证，如果对未取得预售许可证情况下签订的预售合同效力予以追认，不利于维护预售许可证制度的严肃性和正常的房地产市场秩序，也不利于维护购房人利益。因此，原则上不同意追认，若一定要保留，则建议以购房人是否主张继续履行合同，决定合同是否有效。只有在购房人愿意继续履行合同的前提下，才能认定补办取得预售许可证具有追及力。

在听取和讨论上述不同意见后，根据房地产审判实践经验并考虑到法律的原则，借鉴《最高人民法院关于适用〈中华人民共和国合同法〉若干问题的解释(一)》第九条中有关合同效力补正的规定，本解释确定合同的效力是可以补正的，但应当限定一定的补救期限，即出卖人如在起诉前取得商品房预售许可证明的，可以认定合同有效。之所以限定在起诉之前，同时也考虑到《最高人民法院关于民事诉讼证据的若干规定》的相关规定，即：“原告向人民法院起诉或者被告提出反诉，应当附有符合起诉条件的相应的证据材料”，“被告应当在答辩期限届满前提出书面答辩，阐明其对原告诉讼请求及所依据的事实和理由的意见”，“当事人逾期提交的证据材料，人民法院审理时不组织质证”等等。因此，当事人就双方争议的法律关系诉讼到法院以后，形成的诉讼法律关系必须处于稳定的状态，倘若还允许其处于不确定的状态，并且在诉讼中法院对法律关系的定性还要受到当事人意志的影响，显然对司法的权威提出了挑战，构成了威胁，这是很不严肃的事情。民事诉讼中有关“诉讼系属”的基本理论也是要求法院受理民事诉讼以后，该诉讼就应当处于管辖恒定、当事人恒定、诉讼关系恒定、诉讼请求恒定的状态，禁止重复起诉，禁止随意变更诉讼请求等，[①] 因此，本条解释结合法理和实际，比《最高人民法院关于审理房地产管理法施行前房地产开发经营案件若干问题的解答》第二十六条规定的一审诉讼期间补办预售许可证、《最高人民法院关于适用〈中华人民共和国合同法〉若干问题的解释（一）》第九条中规定的一审法庭辩论终结前补办批准、登记手续更为严格，以体现符合诉讼规律，便于当事人在起诉前预先知晓诉讼行为的结果，增加诉讼的可预测性，更好地行使诉权。

第三条 ［销售广告视为合同要约的条件］

商品房的销售广告和宣传资料为要约邀请，但是出卖人就商品房开发规划范围内的房屋及相关设施所作的说明和允诺具体确定，并对商品房买卖合同的订立以及房屋价格的确定有重大影响的，应当视为要约。该说明和允诺即使未载入商品房买卖合同，亦应当视为合同内容，当事人违反的，应当承担违约责任。

本条是关于商品房销售广告视为合同要约的条件及承担民事责任的解释。

目前，商品房买卖90%以上是以广告形式向社会公开出售的，因商品房销售广告引发的纠纷在审判实践中大量存在。据报载，在2003年“3.15”国际消费者权益保护日，中国消费者协会公布2002年因商品房广告虚假引起的投诉比上一年增长177%，成为商品房纠纷中最主要的问题和消费者投诉的热点问题。近几年来，社会上要求整治商品房销售虚假广告的呼声日益高涨，国家有关部门也下了很大的力气予以治理整顿，但因相关的法律措施不配套，法律责任的界限不明确，虚假广告已成为商品房销售领域的痼疾，根治较难。有人在报纸上写了一则笑话：说某地举办吹牛大赛，最终杀入决赛圈的一水儿全是售楼小姐。还有人撰文指责有的商品房广告简直就是颠倒黑白，说：明明是商住混杂的塔楼，却说成是与国际接轨的SOHO产品；明明是积压多时的空置房，却说成是保留单位、典藏户型；明明是楼盘紧靠着蚊虫滋生的烂泥塘，却说成是热带雨林性气候。本条司法解释就是在征求各方面意见的基础上，对商品房销售广告的民事责任作出的一个新的界定。

① 所谓“诉讼系属”，系指因为诉的提起，在特定的当事人之间，就有争议的民事权利或法律关系，受有管辖权的法院审判的状态。在诉讼已经发生诉讼系属以后，到诉讼终结的时候止，称为在诉讼系属中。大陆法系的国家，如德国、法国、日本的《民事诉讼法》均规定诉讼案件于起诉以后即发生诉讼系属，产生诉的要素恒定的作用。参见王锡三：《民事诉讼法研究》，重庆大学出版社1996年版，第335页；常怡主编：《比较民事诉讼法》，中国政法大学出版社2002年版，第558页。

本条所说的“广告”是指商业广告，“商品房销售广告”是指广义上的广告，包括媒体广告，如报纸杂志上的印刷广告、广播电视广告和招贴广告；售楼书及各种宣传材料；施工现场的广告牌；样板房展示；等等。

本条所说的商品房销售广告中的“说明和允诺”，是指房地产开发商利用广播、电视、报纸、期刊等新闻媒体的广告栏目或自行印制售房宣传资料、设置户外广告、样板房等形式，在宣传和介绍商品房的同时，作出的对购买商品房特定事项的说明或者对商品房质量的声明、陈述。这些说明和允诺，在多数情况下房地产开发商均拒绝写进合同条款中，但对购房合同的签订又有着巨大的影响，影响着购房人的心理，特别是公开出版的报纸、杂志以及国家管理的电视、广播上发布的广告，更是容易产生广告应有的诱惑力，因此，如何界定房地产广告中说明和允诺的法律责任，统一对这一类纠纷的法律适用尺度，是审判机关必须面对的迫切课题。

目前商品房销售广告中说明和允诺的主要情形有：

（1）向购房人提供某些购房优惠或附带赠送礼品的说明。如提供银行按揭贷款并给予一定的折扣、赠送车库、花园、家具、厨具、电话，等等。

（2）对商品房美观性质量的陈述。美观性质量一般侧重于装饰标准，既可以是商品房的某些部分，也可以是整座大楼的公用部分，如声明地板是“高级实木地板”，房门是“三防实木子母门”，外墙是“镜面不锈钢”装饰，大堂“挑空”，等等。

（3）对商品房使用功能质量的陈述。如对高层住宅声明装有进口高级电梯，地下车库电梯直达，24小时热水，温泉入户，网络宽带入户、地板采暖，“告别空调暖气时代”，等等。

（4）对商品房环境性质量的陈述。如声明小区内建有“5000平方米人工湖景”，“2000平方米喷泉休闲广场”，“10000平方米中心绿地”，小区内或者小区外配套有商场、超市、医院、学校、幼儿园、游泳馆、网球场、健身房等等商业服务、文化体育、医疗卫生公共设施，或鼓吹某物业“雄踞亚奥核心，坐享CBD的周到服务，区域含金量日益增强”，“城铁、地铁近在咫尺”，“为小区业主提供‘始于零岁，伴随一生’的社区教育新模式”，等等。

（5）承诺“还本销售”，提供房屋“售后包租”“代租”等售后回报，为银行按揭贷款买房提供“回购担保”，以及为外地购房者办理本地城市的户口指标，等等。

审判实践中对商品房销售虚假广告等引起纠纷的处理，有不同意见。一种意见认为，像其他商业广告一样，商品房售楼广告除非包括了合同的主要内容从而成为要约，一般只属于要约邀请或要约引诱，意在邀请购房者提出购房要约，而作为要约邀请的售楼广告是没有拘束力的，因此，商品房销售宣传广告只是一种要约邀请，如未将广告宣传的内容订入合同，就不能认定为是合同内容，销售广告中的虚假宣传，只是违背诚实信用原则应负的义务，可考虑以缔约过失责任对买受人予以补救。另一种意见认为，由于要约引诱具有“对世性”，当事人在发出要约引诱时必须先尽前契约义务，如揭示合同内容的所有事实，不能随心所欲或作虚假的陈述，因此广告的真实性已成为当今世界各国对广告的最基本的要求。由于开发商对其在售楼广告中作出的说明和允诺的内容，往往又利用其订立合同时的优势地位，拒绝订入合同中，故其明白无误的“说明和允诺”从本质上说已经构成像悬赏广告一样的特殊要求，它以购房人完成签订购房合同的行为为对价和承诺。在这一特殊要约的有效期内，开发商不得随意撤销或变更许诺，即广告许诺具有不可撤回性，也就是开发商在前契约阶段所承担的以忠实、协力、诚信为内容的前契约义务，通常称之为“要约的形式拘束力”。《广告法》第九条规定：“广告中对商品的性能、产地、用途、质量、价格、生产者、有效期限、允诺或者对服务的内容、形式、用途、质量、价格、允诺有表示的，应当清楚、明白。广告中表明推销商品、提供服务附带赠送礼品的，应当表明赠送的品种和数量。”这一规定体现了诚实信用的先契约义务原理，即清楚明白的广告许诺，具有不可撤回的形式拘束力。因此开发商在售楼广告中作出许诺以后，一旦与购房人与之签订买卖合同，开发商应当毫无选择地履行广告许诺的义务。

从实践的情况看，已有部分地区对销售广告和宣传资料的问题突破传统认识，开始区别情况予以认定。如《广东省高级人民法院关于合同法施行后认定房地产开发经营合同效力问题的指导意见》对未订入合同中的销售广告内容，规定只要符合5种情形之一的，广告内容具有法律约束力。[①] 深圳市也明文规定，售楼广告视同购房合同的附件，与合同文本具有同样的法律效力。建设部、国家计委等7部委在2002年4月发布的《关于整顿和规范房地产市场秩序的通知》中要求“房地产开发企业、房地产中介服务机构应当严格按照规定，将房地产广告和宣传资料中明示及承诺的主要内容和事项在合同中明确”。因此，严格规范房地产广告中的许诺体现了实践的要求，已是大势所趋。

最高人民法院于2001年7月二审判决的新疆李会同等120名购房户与天海房

---

① 该规定第二十四条规定的五种情形是：（1）向购房者提供优惠条件或赠送礼品的许诺；（2）对商品房外墙或共用部分装饰标准的告示；（3）对商品房各组成部分或共用部分使用功能质量的陈述；（4）对商品房周围环境质量作出的具有明确的公建指标的说明；（5）其他载有明确指标的说明。

地产公司、某某保险公司等还本销售商品房纠纷案就是涉及商品房销售广告如何承担法律责任的判决。该案的简要情况是：1994 年 6 月，新疆天海实业开发总公司、天海房地产公司在《乌鲁木齐晚报》等媒体上刊登广告称：本公司开展天海花园（住宅小区）微利发售，五年还本活动。自 1994 年 11 月 5 日起，天海房地产公司、某某保险公司在《新疆日报》《乌鲁木齐晚报》等媒体上多次刊登广告称："天海房地产公司、某某保险公司隆重奉献还本信誉保险"，"郑重宣誓只要长城还在，五年必将还本"，"天海集团公司首家推出'期限五年，还本售房'方案，并与某某保险公司推出'还本信誉保险'服务，凡购买天海花园小区商品房的单位和个人均可享受'五年还本'，同时某某保险公司向天海公司对客户提供'五年还本'信誉保险"。从 1994 年 6 月至 1995 年 7 月，李会同等 120 人分别与天海房地产公司签订了《还本售房协议书》《债权证明》并进行了公证，约定：李会同等 120 人分别购买天海房地产公司的房屋各一套，一次性交清购房款，天海房地产公司短期内办理房产证，从交款之日起五年后，购房人收回本金。上述协议签订后，李会同等 120 人分别依约交付了购房款，天海房地产公司亦依约交付了房屋。五年后，因天海房地产公司未履行还本义务，李会同等 120 人向新疆维吾尔自治区高级人民法院起诉，请求判令天海物业公司承担 16277043.20 元的还本责任，××县农行承担注册资金不到位的责任，某某保险公司承担补充偿还的责任，董新胜等人承担投资不到位的股东连带责任，并承担本案的诉讼费用。一审法院还查明：天海实业开发总公司 1993 年 8 月成立，1995 年 6 月 9 日变更为天海集团公司，1997 年 9 月 22 日被吊销营业执照。天海房地产公司由天海实业开发总公司于 1994 年 2 月投资 500 万元成立，1997 年 9 月 4 日被吊销营业执照。天海物业公司于 1994 年 9 月设立，由天海集团投入 500 万元的注册资金，主要是锅炉房、供排水、在建基础工程。1994 年 11 月 8 日，天海房地产公司与某某保险公司签订《商品房屋销售五年期还本信誉保险协议》，约定由天海房地产公司向某某保险公司投保该保险，保险期满后，确认天海房地产公司不能返还购房户的购房款时，某某保险公司将按本协议载明的保险金额（按天海房地产公司每套商品房屋销售价格的 50% 计算）承担保险责任。保险费根据保险金额按综合费率 9% 计算，保险期限为房屋售出之日起，五年期满止，所有售出的房屋必须参加本保险，天海房地产公司必须将所有售房款的 50% 交付某某保险公司作为信誉保证，天海房地产公司的宣传涉及保险内容，必须经过某某保险公司认可，方能使用。1994 年 12 月 6 日，天海房地产公司与某某保险公司签订《关于对"商品房屋销售五年期还本信誉保险协议"终止的协议》，约定终止《商品房屋销售五年期还本信誉保险协议》，由天海房地产公司以广告形式向社会公众作出协议终止的声明。李会同等 120 人与天海房地产公司签订的《还本售房协议》《债权证明》中未涉及与某某保险公司相关的条款约定，从 120 名购房户所举证据中，证实某某保险公司于 1994 年 11 月 5 日开始与天海房地产公司在《乌鲁木齐晚报》等媒体上刊登有关五年还本售房的广告，李会同等 120 人提供的《120 户“五年还本”购房户名单》中有 56 位购房时间为 1994 年 6 月 14 日至 1994 年 11 月 4 日（见名单中序号第 1 位李晓才至第 56 位袁江）。1994 年 11 月 5 日以后，当天海房地产公司在新闻媒体上登广告时，某某保险公司没有以任何形式提出异议，同年 12 月 6 日以后，某某保险公司亦未以任何形式表明其与天海房地产公司已解除合同。诉讼中，天海房地产公司和李会同等 120 人承认未向某某保险公司交纳过保险费用。最高人民法院二审还查明，1994 年 11 月 24 日和 12 月 1 日，中国人民保险公司新疆维吾尔自治区分公司就其与天海房地产公司联合开办商品房屋五年期还本信誉保险业务的可行性，书面请示中国人民保险公司财产险部和中国人民银行新疆维吾尔自治区分行，1994 年 12 月 3 日，中国人民保险公司财产险部书面批复中国人民保险公司新疆维吾尔自治区分公司：此类业务涉及经济担保，是总公司行文明令禁止开办的业务，目前不宜开办此类业务。

新疆维吾尔自治区高级人民法院经审理认为，（1）李会同等 120 名购房户在与天海房地产公司签订《五年还本售房协议书》时，国家现行法律、法规都没有禁止性规定，双方意思表示真实，内容合法，该协议应认定为有效，五年期满，天海房地产公司应向李会同等 120 名购房户承担还本责任。天海集团公司在天海房地产公司被工商行政管理机关吊销营业执照后，作为天海房地产公司的出资人，依据《公司法》第一百九十二条的规定，应当对天海房地产公司的债权债务进行清算。在清算期间，公司的人格并未消灭，只是权利能力被限制于清算范围之内，但天海集团公司随后不久也被工商行政管理机关吊销营业执照，依法亦应进行清算，根据工商行政管理机关意见，天海集团公司所属企业债权债务由出资人负责清算。故李会同等 120 名购房户将天海集团公司、天海房地产公司作为被告要求其就天海房地产公司承担清算责任的主张成立。天海集团公司股东应负责对天海集团公司、天海房地产公司进行清算，用清算出的剩余财产向李会同等 120 名购房户承担还本责任。天海物业公司与天海房地产公司均是独立的企业法人，依据《公司法》第三条的规定，应各自独立承担民事责任。但天海物业公司在天海房地产公司、天海集团公司被工商行政管理机关吊销营业执照后一直未进行清算的情况下，在天海房地产公司有偿取得土地使用权的土地红线内建盖门面房并出售的行为，实际占有、使用、收益原属天海集团公司的锅炉设备并收取暖气费的行为，确属天海物业公司实际占有、使用、收益、处分了应属天海集团公司、天海房地产公司的财产，从上述三公司的登记情况看，三公司的财产在事实上产权主体混合，形成了共同共有关系，根据《民法通则》第七十八条第一、二款的规定，李会同等120名购房户主张天海物业公司、天海房地产公司、天海集团公司就还本承担连带责任主张成立。(2) 某某保险公司与天海房地产公司刊登“五年还本售房保险”的广告行为，根据《合同法》第二十一条的规定，不能认定为承诺，某某保险公司未与李会同等120条购房户订立保险合同，也不是五年还本售房合同的当事人，承诺应当以明示的方式作出，缄默或者不行为不能视为承诺。李会同等120名购房户要求某某保险公司承担承诺责任缺乏法律依据和事实依据，但某某保险公司刊登广告的行为是促使李会同等人与天海房地产公司签订五年还本售房协议和债权协议的重要条件，某某保险公司与天海房地产公司订立五年还本售房信誉保险协议是售房的真实意思表示，双方终止上述协议后，有义务督促天海房地产公司及时向社会公告协议终止的事实，而某某保险公司却消极地不作为，致使李会同等120名购房户中的部分购房户仍然认为有某某保险公司承保，某某保险公司的行为是导致李会同等人在购房时放弃采用其他法律手段担保债权得以实现的重要因素，某某保险公司对于时至今日李会同等人债权难以实现，受到损害具有一定过错，依据《民法通则》第一百零六条第一、二款的规定，某某保险公司应当承担民事责任，某某保险公司因没有履行依据诚实信用原则所应负的义务，即合同前义务，而导致李会同等人遭受一定的利益损失，主要是信赖利益的损失，依据《合同法》第四十二条的规定，某某保险公司应承担损害赔偿的责任。鉴于李会同等人对自己从事民事活动的商业风险认识不足，主观上也有过错，依据《民法通则》第一百三十一条的规定，某某保险公司应就自1994年11月5日起购买房屋的原告的债权损失承担天海物业公司、天海集团公司、天海房地产公司财产不足以清偿的还本债务的30%的民事责任。据此判决：李会同等120名购房户与天海房地产公司签订的还本售房合同有效；天海集团公司出资人负责对天海集团公司、天海房地产公司进行清算，用清算后的剩余财产向李会同等120名购房户承担16277043.20元的还本责任；天海物业公司与天海集团公司、天海房地产公司向李会同等120名购房户就还本承担连带责任；某某保险公司向李会同等120名购房户中的64户（从购房户名单的第57位王伟至第120位周素英，即自1994年11月5日起购买房屋的购房户）的债权损失承担天海物业公司、天海集团公司、天海房地产公司的财产不足以清偿的还本债务的30%的民事责任（除去购房户中前56位，即从第1位李晓才至第56位）。

某某保险公司对一审判决不服，向最高人民法院上诉称：还本销售的行为违背了诚实信用、等价有偿的原则，违背了国内贸易部（1994）内贸函字第802号《关于禁止还本销售商品活动的通知》，该协议中对售房的约定内容可以认定有效，对还本的约定内容应为无效；广告行为不构成有效承诺，某某保险公司非本案房屋买卖合同当事人，与120名购房户也没有形成保险法律关系，故在本案中所实施的行为只是要约邀请，不应承担30%的代赔偿责任。最高人民法院认为，李会同等120名购房户与天海房地产公司签订《五年还本售房协议书》时，国家法律、行政法规均没有禁止此类销售活动的规定，当事人之间所签协议意思表示真实明确，不违反公平原则和诚实信用原则，应当认定为有效。国内贸易部（1994）内贸函字第802号通知，不宜作为认定本案合同无效的根据，某某保险公司上诉主张双方当事人签订的《五年还本售房协议书》中有关售房的约定内容可以认定有效，对还本的约定内容应为无效，理由不充分，不予支持。某某保险公司认为其与天海房地产公司联合刊登广告的行为不构成有效承诺，与120名购房户没有形成保险法律关系，判决其承担30%的代赔偿责任于法无据，与事实不符。从中国人民保险公司1994年12月3日批复的内容来看，信誉保险业务涉及经济担保，带有信誉担保性质。某某保险公司在新闻媒体上公开宣示信誉担保，对造成本案部分还本售房合同的签订和履行具有一定的过错，其与天海房地产公司达成的《关于对“商品房屋销售五年期还本信誉保险协议”终止的协议》，实际上是推卸责任，损害他人利益的行为，一审法院判决某某保险公司违背诚信原则，承担其刊登广告后购房户30%的信赖利益的损失，符合法律规定，某某保险公司的上诉理由不能成立，应予驳回。依据《民事诉讼法》第一百五十三条第一款第（一）项的规定，判决驳回上诉，维持原判。[①]

本案是一起典型的因商品房销售广告引起的商品房买卖合同纠纷。关于还本销售商品，国内贸易部在1994年10月以（1994）内贸函字第802号通知予以禁止后，有关的行政机关才开始对这一销售形式的违法性有所认识，由于这个通知是给各个省级地方的商业、工商等行政管理部门下发的，各个地方接到通知的时间也不一样，所以实际执行的时间有早晚。据本案双方当事人反映，新疆是在1994年12月份才知道这个规定，所以某某保险公司在1994年12月初还向上级单位请示开办还本售房信誉保险业务。关于商品房的还本销售问题，直到2001年6月1日，才有建设部的《商品房预售管理办法》加以明确禁止。李会同等120名购房户与天海房地产公司签订《五年还本售房协议书》的时间，有的在国内贸易部的通知下发之

① 关于本案的详细情况参见最高人民法院（2001）民一终字第32号民事判决书。本文为叙述方便，对案情适当做了节略。

前，有的在该通知下发之后，合同的履行时间则跨越到《合同法》生效实施之后，依照《合同法》关于合同效力认定的规定，本案双方当事人签订合同时，国家法律、行政法规均没有禁止此类销售活动的规定，当事人之间所签协议意思表示真实明确，不违反公平原则和诚实信用原则，应当认定为有效。国内贸易部（1994）内贸函字第802号通知，只是行政机关的内部行政规定，不宜作为认定本案合同无效的根据。本案双方当事人对还本售房广告中的内容已经在买卖合同中作了明确约定，所以一审法院判决买卖合同的当事人应当按照合同的约定予以履行，天海物业公司等应当向120名购房户承担16277043.20元的还本责任。某某保险公司上诉主张双方当事人签订的《五年还本售房协议书》中有关售房的约定内容可以认定有效，对还本的约定内容应为无效，实际上是规避法律，对法律作损害对方当事人利益的理解，理由不充分，不能予以支持。关于某某保险公司责任的承担，一审法院认为，某某保险公司与天海房地产公司刊登"五年还本售房保险"的广告行为，根据《合同法》第二十一条的规定，不能认定为承诺，某某保险公司未与李会同等120名购房户订立保险合同，也不是五年还本售房合同的当事人，李会同等120名购房户要求某某保险公司承担承诺责任缺乏法律依据和事实依据，但某某保险公司刊登广告的行为是促使李会同等人与天海房地产公司签订五年还本售房协议和债权协议的重要条件，某某保险公司与天海房地产公司订立五年还本售房信誉保险协议是售房的真实意思表示，双方终止上述协议后，有义务督促天海房地产公司及时向社会公告协议终止的事实，而某某保险公司却消极地不作为，致使李会同等120名购房户中的部分购房户仍然认为有某某保险公司承保，某某保险公司的行为是导致李会同等人在购房时放弃采用其他法律手段担保债权得以实现的重要因素，某某保险公司对于时至今日李会同等人债权难以实现，受到损害具有一定过错，依据《民法通则》第一百零六条第一、二款的规定，某某保险公司应当承担民事责任，鉴于李会同等人对自己从事民事活动的商业风险认识不足，主观上也有过错，某某保险公司应就自1994年11月5日起购买房屋的原告的债权损失承担天海物业公司、天海集团公司、天海房地产公司财产不足以清偿的还本债务的30%的民事责任。这就是说，一审法院确定某某保险公司的责任时，明确了它不是保险责任，而是某某保险公司的"广告许诺"促使当事人放弃其他形式担保的缔约过失责任，按照过错责任的大小，承担30%的补充赔偿责任。应当说，一审法院的认识思路是正确的，但还不够准确。从中国人民保险公司1994年12月3日批复的内容来看，信誉保险业务涉及经济担保，带有信誉担保性质，也可以说它就是经济担保的一种形式，因此，某某保险公司在新闻媒体上公开宣示信誉担保，对造成本案部分还本售房合同的签订和履行具有较大的过错，其担保的责任不能免除。某某保险公司在广告发布之后与天海房地产公司达成的《关于对“商品房屋销售五年期还本信誉保险协议”终止的协议》，实际上是推卸责任，恶意损害第三人利益的行为，是无效的，无论该行为是否公示，意思是否到达第三人，某某保险公司均应对此前的广告行为承担责任。一审法院判决某某保险公司违背诚信原则，承担其刊登广告后购房户30%的信赖利益的损失，已经考虑了过失相抵的原则，适当减轻了某某保险公司的责任，李会同等人亦没有对此提出上诉，所以二审维持原判，驳回某某保险公司的上诉请求是恰当的。这件案子在当地具有较大影响，数百名购房户曾经多次围攻法院和当地的政府机关，判决以后双方当事人均服判息讼，收到了较好的社会效果。

由于商品房广告涉及千家万户购房人的利益，所以本司法解释在征求意见的过程中，各方面都要求对房地产开发商的广告行为予以规范，统一执法的尺度。

我们认为，根据《合同法》第十五条第一款规定，商业广告在原则上是一种要约邀请，一般情况下不能将未订入合同中的宣传广告内容作为合同内容看待，但应根据具体情况区别对待，不能机械地将其视为要约邀请。实际生活中，许多出卖人在销售广告和宣传资料中，对其开发出售的商品房及相关设施的说明非常具体、明确，买受人往往也正是基于出卖人在宣传资料中的说明和允诺才签订合同的。例如《北京青年报》2003年3月15日刊载的北京某楼盘的售楼广告，明确载明“呈予购房人的七种武器（七种承诺）”，即：“①面积——承诺此广告上方户型图中所标面积全为最终交房面积；②品牌——承诺业主可凭此广告下方所标配套产品品牌进行交房验收；③交房——承诺于2003年10月10日交房入住；④产权——承诺签订合同并交齐各项资料后30天内进行预售备案登记，入住60天内进行产权登记备案；⑤物业——承诺入住时物业公司提供《工程竣工备案表》《实测面积表》《房屋使用说明书》及《房屋质量保证书》；⑥规划——承诺小区一期规划与书面宣传一致，入住时一期8000平方米浅水景观全部建成；⑦入住——承诺入住时，水、电、天然气、电视、电话、网络具备开通条件。以上七大承诺，入住时如有不实之处，以上任何一条均是您的神力‘武器’。您有权选择退房，也可选择不退房（发展商进行相应的违约赔偿）。”① 可见，该则广告中的售房承诺已经不是一般的要约邀请，而是明确的要约条件，只要购买人与出卖人签订了购房合同，出卖人就应受其广告承诺的约束。由于目前商品房买卖合同均是由出卖人提供的格式合同，双方

① 该广告中开发商对各种预售房屋的户型平面图和面积，以及建筑材料的品牌、商标等均明确予以公示，引文从略。

当事人难以可就格式合同之外的宣传广告内容进行协商约定，即使可以协商，但基于买受人在房地产市场中所处的弱势地位，销售广告和宣传资料中的许多说明和允诺没有订入合同之中。而纠纷也正是因实际交付使用的房屋与说明和允诺不符发生的。

又如《北京晨报》2003 年 3 月 28 日刊登的一则案例：原告曹某某是一名大学教师，一直想在北京市海淀区地界内买一套住房。2002 年 5 月 1 日，她到新康小区看房，看到小区的宣传材料上写着“海淀区西三旗 30 万平方米高品质居住区”，所写的位置是“海淀区西三旗北路”。5 月 6 日，曹某某到售楼处签订了认购书，并支付了 1 万元预付款。几天后，曹某某得知新康园小区不是在海淀区，而是属于昌平区回龙观镇，于是要求退款。双方协商不成，曹某某向海淀区人民法院起诉，要求亚信房地产公司双倍返还预付款 2 万元。亚信房地产公司辩称：曹某某是通过其他客户的介绍来售楼处看房的，在其看完了公司出示的“五证”以后，双方才签订了认购书，公司广告所写的新康园小区所在位置是经过海淀区政府批准的，销售的房屋经北京市规划委员会等部门批准，售楼行为合法有效，曹某某构成违约，无权要求返还预付款。法院经审理查明：2001 年，亚信房地产公司与恒泰公司签订投资开发协议，享有新康小区 F2 住宅塔楼的建设和所有权，恒泰房地产公司负责提供 F2 住宅楼及相关的前期资料和有关部门的批准文件。恒泰公司 1998 年取得的建设用地规划许可证载明该房屋的用地地址为海淀区西三旗，恒泰公司申报地名为新康园，2000 年改名为新都家园。2001 年亚信房地产公司取得建设工程规划许可证和建设工程施工许可证，建设地址记载为海淀区西三旗。2001 年 10 月，亚信房地产公司取得国有土地使用证和北京市商品房预售许可证，该证记载的项目名称为新康园，房地坐落为北京市昌平区回龙观镇南店村。此后，亚信房地产公司开始销售新康园的房屋，并印刷了广告及宣传品。在其印刷的宣传材料中，所写的新康园的位置为“海淀区西三旗北路”，2002 年 4 月，该许可证项目名称变更为新康小区。海淀区法院认为，商品房实行预售许可证制度，亚信房地产公司取得的预售许可证中载明的售楼位置为昌平区回龙观镇南店村，但其却在售楼广告中将位置标明为“海淀区西三旗”，使承购人对房屋坐落区域产生歧义，误导曹某某与其签订新康园小区房屋认购书，违反了《民法通则》等相关法律的规定，构成欺诈。遂判决亚信房地产公司退还曹某某购房订金 1 万元。

本案是一起因房地产广告隐瞒真实情况的虚假宣传和误导购房人而引起的纠纷。在我国，法律规定当事人必须依据住房申报户籍，户籍地址对于当事人及其子女的就业、就医、上学、入托等具有重大的影响，因此，商品房的地址及坐落的行政区域是商品房买卖中不可忽视的重要因素。国家工商行政管理局《房地产广告发布暂行规定》明确规定，房地产广告必须真实、合法、科学、准确，不得欺骗和误导公众。《最高人民法院关于贯彻执行〈中华人民共和国民法通则〉若干问题的意见（试行）》第六十八条规定："一方当事人故意告知对方虚假情况，或者故意隐瞒真实情况，诱使对方当事人作出错误意思表示的，可以认定为欺诈行为。"本案中，尽管亚信房地产公司在房屋开发建设初期领取的建设工程规划许可证和施工许可证上记载的建设地址是海淀区西三旗，但是亚信房地产公司取得的国有土地使用证和商品房预售许可证中载明的售楼位置为昌平区回龙观镇南店村，预售合同的登记备案单位是昌平区房地产交易所，亚信房地产公司对此中的矛盾应当是明知的，亚信房地产公司在售楼广告中将预售房屋的位置标明为"海淀区西三旗"，打的已不是一般的"擦边球"，而是故意隐瞒实情，误导购房人，违背了《房地产广告发布暂行规定》的规定，这正如法院判决所说，商品房预售实行许可证制度，预售房屋的法定地址应当以国有土地使用证和商品房预售许可证记载的地址为准。尽管购房人实际查看了预售房屋的坐落，但是对房屋坐落的行政区划的归属，出卖人仍负有真实告知的义务，否则导致承购人对房屋坐落区域产生歧义，即使双方签订了房屋认购书，也属于法律规定的可撤销的民事行为。因为《合同法》第五十四条规定：因重大误解订立的合同，当事人可以请求人民法院予以撤销。《民法通则》第五十九条规定，被撤销的民事行为从开始起无效。第六十一条规定：民事行为被确认无效或者被撤销后，当事人因该行为取得的财产，应当返还给受损失的一方有过错的一方应当赔偿对方因此所受的损失，双方都有过错的，应当各自承担相应的责任。鉴于本案当事人对合同标的物的法定地址有误解，构成了法律规定可撤销的民事行为，所以海淀区人民法院判决亚信房地产公司退还曹某某购房订金 1 万元是正确的。

关于要约邀请与要约的关系，根据《合同法》第十四条关于要约的规定，如果要约邀请的意思表示内容具体确定，并表明经受要约人承诺要约人即受该意思表示约束时，该意思表示即为要约。据此，我们将出卖人对其开发项目规划设计范围内的商品房及相关设施所作的一些详尽具体的说明和允诺，如足以让买受人产生信赖而签订商品房买卖合同并对房屋价格的确定有重大影响，而且买受人就此内容向出卖人提出订立合同的行为并已使销售广告对象特定化的，应视为符合《合同法》第十四条关于要约的规定，买卖合同的订立则为买受人对要约的承诺。即使该说明和允诺没有明确订立在合同之中，也应认定为合同内容，当事人违反该内容的，应承担违约责任。

本条所说的"相关设施"，包括商品房的基础设施和相关配套设施。因为，商品房买卖合同中存在的纠纷不少是居住环境和公共配套设施引起的。过去，我们对反映购房人生活环境和发展环境的商品房环境性质量，如商业服务、文化教育、医疗卫生等公共设施，一旦开发商违反广告许诺，在司法保护上不被重视，这是不全面的。商品房的基础设施包括供暖、供电、供水、小区景观、小区内道路、停车场等等，公共配套设施包括商品房规划范围内的配套和商品房规划范围外的配套，如商业、服务业以及医疗教育、公共交通等公共设施的配套。由于购房人是消费者，不同的消费者在消费过程中对商品房预期有特定的需要和用途。从消费者需要的角度看，开发商在售楼广告中明示说明的商品房周围的商业服务、文化教育、医疗卫生等公共设施的设置情况，正是满足不同层次的消费者需要的环境质量。根据国家工商行政管理局 1996 年 12 月 30 日发布的《房地产广告发布暂行规定》的规定，发布房地产项目预售、出售广告，应当具有地方政府建设行政主管部门颁发的预售、销售许可证证明，房地产广告必须真实、合法、科学、准确，符合社会主义精神文明建设要求，不得欺骗和误导公众，广告中涉及交通、商业、文化教育设施以及其他市政条件等，如在规划或建设中，应当在广告中注明。按照《城市房地产管理法》和《商品房销售管理办法》《城市商品房预售管理办法》的规定和要求，开发商在发布房地产广告以前，应当已经领取了建设工程规划许可证、建设工程施工许可证，建设行政主管部门已经对该项目的规划方案、建筑设计方案、施工方案、施工图纸等进行了审批，因此，开发商在政府批准建设规划和施工方案以后，擅自改变规划和设计，行为具有明显的违法性，自然构成违背承诺的违约行为，即使开发商报经有关行政主管部门批准而改变规划和设计，也是开发商主观上具有过失，应当承担违约的责任。这在此前的司法实践中也有成功判决的案件。如《北京晨报》2003 年 4 月 11 日刊登的北京市海淀区人民法院判决的一起案件。该案的简要情况是：吴某某与某开发商于 2001 年 7 月签订商品房买卖合同，购买房屋一套，办理入住手续时发现房屋与开发商签订买卖合同时所作的宣传和合同约定有较大的差距，小区的绿化率达不到 60%，事先承诺的 C 座为二梯三户变成一梯三户，电源电表由 10A×220V 变成 5A×220V，不符合开发商承诺销售放心房的联合宣言，要求开发商承担违约责任，赔偿损失 34722.45 元。法院经审理查明，开发商确在销售广告上注明“拥有近 2 万平方米外围绿化带和近 1.5 万平方米的中心花园，高达 60% 的整体绿化率使小区成为一个天然鲜氧环抱区”，实际居住区的绿化面积为 15700 平方米，代征绿化用地 15700 平方米，产权归海淀区市政园林服务中心，不能做成封闭的小区内专用绿地，小区内的绿化率为 40%。在其 C 座户型图主图中注明“C 座为二梯三户带电梯小高层”，在其背面注明“C 座为一梯三户小高层板楼”。开发商参与发出的“百家房地产开发企业承诺销售放心房联合宣言”第7条写明“保证广告宣传内容与实际一致，经有关部门认定属于虚假广告的，退款退息或按已付购房款的5%赔偿”。法院认为，开发商发出的百家房地产开发企业承诺销售放心房联合宣言，应视为其向购房人发出的承诺，开发商应当按照其承诺履行义务。开发商在销售广告的宣传单中注明的绿化率，包括公共绿地的面积，而非实际拥有的绿地面积，故该项内容不真实。开发商在其C座户型图主图中注明“C座为二梯三户带电梯小高层”，在其背面注明“C座为一梯三户小高层板楼”，未告知购房人应注意该事项的变更，未尽提醒之义务，足以造成购房人的误解，以上两项宣传与实际不一致，该广告内容含有虚假成分，开发商应按照其向社会公开的承诺赔偿购房人的损失。至于购房人是否在签订购房合同前取得广告宣传资料不影响开发商承诺的效力。最后判决开发商赔偿购房人34722.45元。

需要说明的是，对于出卖人在商品房销售广告中过分的商业吹嘘以及开发商就商品房规划范围之外的环境和公益设施进行的虚假宣传，如未订入合同中，不应视为合同内容，但不等于不承担任何法律责任，如果因此而造成买受人损失的，买受人可根据《合同法》第四十二条、第五十四条以及《最高人民法院关于贯彻执行〈中华人民共和国民法通则〉若干问题的意见（试行）》第八十六条的规定，由出卖人承担缔约过失的损害赔偿责任。所谓“过分的商业吹嘘”是指有明显的、故意的夸大其词，作不真实的宣传，误导消费者，对于一般性的宣传，如在广告中声称的“理想居所”“置业首选旺地”“升值潜力不可限量”等，由于没有明确具体的质量指标，容易为消费者辨别，则属于正常的商业吹嘘，不构成广告许诺，不应承担民事责任。这不仅符合《合同法》规定和客观实际，也有利于保护买受人权益和规范出卖人的经营行为，建立维护市场诚信制度。

第四条 ［商品房认购协议中定金的处理］

出卖人通过认购、订购、预订等方式向买受人收受定金作为订立商品房买卖合同担保的，如果因当事人一方原因未能订立商品房买卖合同，应当按照法律关于定金的规定处理；因不可归责于当事人双方的事由，导致商品房买卖合同未能订立的，出卖人应当将定金返还买受人。

本条是关于商品房买卖认购书和定金担保责任的规定。

一般认为，商品房买卖认购书是商品房买卖合同双方当事人在签署商品房预售契约或商品房现房买卖契约前所签订的文书，是对双方交易房屋有关事宜的初步确认。“认购书的内容一般包括：（1）双方当事人的基本情况；（2）房屋基本情况（含房屋位置、面积等基本情况）；（3）价款计算；（4）签署契约的时限规定”。[①] 关于认购书的性质在理论和实务中有不同的观点，一种观点认为认购书是商品房买卖合同的补充协议，不是一个独立的合同。另一种观点认为，签订认购书时，真正的商品房买卖行为并未发生，仍处于商品房买卖成立前的前契约阶段，即使双方当事人完全履行了认购书，仍需双方另行签订商品房预售合同或现房销售合同。签订认购书是订立商品房预售合同或商品房现房买卖合同的先决条件，认购书的合同性质为预约合同，是独立有效的合同。第三种观点认为，认购书的性质为附条件的商品房买卖合同，认购书约定的合同内容为商品房买卖合同所附条件，如认购书中约定以开发商取得立项、规划批准手续，缴清土地出让金，取得商品房销售许可证为签订正式的商品房买卖合同的条件，条件成就时商品房买卖合同成立并生效。我们认为认购书为商品房买卖的预约合同，是独立的合同。

一、有关预约合同的概念和法律性质

1. 预约合同的概念

“对未来订立一定内容契约之约定，称之为契约。”[②]《墨西哥民法典》规定：人们可以用合同方式承担于将来订立一个合同的义务，缔结合同的允诺或者其他预备协议，可以是单方的或双方的。《秘鲁民法典》规定：通过将订立合同的协议，当事人使自己承担在将来订立一个确定性合同的义务。一般认为，预约合同包括意向书、允诺书、认购书、购买不动产的定金收据、原则协议、谅解备忘录、协议要点、谈判纪要等。“预约，或称预备性契约，是谈判当事人一方或双方为将来订立确定性本合同达成的书面允诺或协议”。[③]“契约有预约与本约之分，两者异其性质及效力，预约权利人仅得请求对方履行订立本约之义务，不得径依预订之本约内容请求履行，非不得就标的物及价金之范围先为拟定，作为将来订立本约之张本，但不能因此即认定买卖本约已成立”。[④]

一般认为，预约合同应具备下列特征：“第一，预约合同是诺成合同。诺成合

① 谭蓉：《浅析商品房销售中的认购书》，载《人民法院报》2002 年 8 月 6 日。

② 黄立：《民法总则》，中国政法大学出版社 2002 年版。

③ 吴颂明：《预约合同研究》，转引自《民商法论丛》2002 年第 2 期。

④ 转引自《月旦六法全书》，台湾地区元照出版社，第 2～37 页。

同不受要物约束，强调当事人主观意志在合同成立中的决定作用的特征，对于预约尤其地明显和重要。第二，预约是谈判期间对未来事项的预先规划。第三，预约之标的是当事人为将来订立本约而谈判。第四，预约必须具备书面形式。第五，有效的预约应当是有约束力的法锁。”① “一、预约亦是合同，达成合议属应有之义；二、当事人须有受协议约束的意思，否则意向性协议不能发生合同的效力；三、预约合同的内容应具有确定性。”② 对预约合同的内容应有哪些要求呢？一般认为，预约合同包括确定条款和不确定条款两部分组成，确定条款应当是双方已达成的具有本约效力的合同条款。不确定条款即处于未决状态的条款，即确认某些权利义务关系的条件尚未成熟，在存在事实和法律上的障碍时，当事人签订的权利义务不确定的合同条款。“预约为订立本约而存在，其详备程度总的来说不如本约，但仍应满足基本的确定性要求。换言之，预约应具备合乎法律行为的基本条件。”③《法国民法典》规定：双方当事人就标的物及其价金相互同意时，买卖的预约即转化为买卖。若此种买卖预约之标的物为已将分块出售的地产时，则对该预约的承诺及本约，以支付部分价金并占有该动产而成立。订立本约的日期，即使是事后补订的，也应是交付第一部分价金之日。④ 由此可见，一般买卖预约是对除标的物、价金以外的其他事项的合意；不动产买卖预约则要求更高的确定性，不仅标的物、价金、其他事项需要应予约定，而且要求有条件的占有该不动产并支付部分价金，旨在保护不动产交易安全，保护不特定多数买受人的合法权益。《秘鲁民法典》规定：订立合同的协议，应包含确定性合同的基本要素，选择性合同应包含确定性合同的全部要素和条件。《智利民法典》规定：订立合同的允诺预产生债务，则必须满足四项条件，即依书面造成，本约非法律上可宣告无效，允诺包含能确定本约订立的时间的条件或期限，允诺已对本约进行详细约定而仅缺乏使本约完成的物之让渡行为或法定形式。上述规定表明，许多国家法律对预约合同的确定性要求不尽相同，但规定均应包含将来订立本约的基本条件和基本内容。

2. 预约合同与附条件民事法律行为的异同

一种观点认为，预约合同与附停止条件的合同相同。有法国学者认为，附停止条件的合同是典型的预约合同。《日本民法典》第五百五十六条规定：买卖一方的预约，自他方表示完结买卖的意思时起，发生买卖合同的效力。预约合同和附停止

① 吴颂明：《预约合同研究》，转引自《民商法论丛》2002 年第 2 期。

② 刘俊臣：《合同预约若干法律问题初探》，载《法律适用》2002 年第 4 期。

③ 吴颂明：《预约合同研究》，转引自《民商法论丛》2002 年第 2 期。

④ 《法国民法典》，马育民译，北京大学出版社 1982 年版，第 1589 条。

条件合同，分别是依不同标准对合同进行分类的结果，前者对应于本约，而后者对应于附解除条件合同。多标准分类，逻辑上势必会造成不同分类结果的交叉和重合。且若当事人愿意让某个附停止条件的合同成为预约，则应从其约定；而若附停止条件合同只规定了大部分条款，且因合同实质上往往只是当事人就有限要点达成的合意，明示或默示的谈判义务在交易之中无处不有，故理性更应将附停止条件合同视为预约。于是附停止条件的合同，就成为我国民法中预约的一个典型实例（引自吴颂明文中的观点）。另一种观点认为，“预约与附停止条件的合同可以从两个方面区分：其一，在附停止条件合同，停止条件是否成就不确定，故合同是否生效不确定；在预约，由其效力决定，除非有法定事由，本约的签订是可以预见的。其二，在附停止条件的合同，当事人之间的债权债务已经明确，停止条件成就时，合同生效，当事人即直接履行合同约定的义务；在预约，本约尚未成立，当事人之间权利义务不明确，预约生效时，当事人不是直接进入合同债权债务的履行阶段，而是通过要约和承诺签订本约”。[①] “买卖预约与附停止条件之买卖契约有别。当事人两造所订预约证书内容，如就买卖标的物及其价金（以不动产债权额抵充）两造均以互相同意，依民法（指台湾地区‘民法’，作者注）第三百四十五条第二项之规定，其契约即属已经成立，只因当时有效之农地管理令限制，故不得不附有被上诉人申请当局许可让渡时或将法律修正无需申请许可时之停止条件，如条件成就即可径行移转所有权登记，无需另行正式买卖契约，因之该预约证书乃不动产质权设定及附条件土地买卖之联合契约，……亦非约定将来订立土地买卖契约之买卖预约可比。”[②] 作者认为，预约合同是独立合同，单独发生法律效力，并不需要等到签订本约的条件具备时再生效。附条件的民事法律行为所附条件应当是当事人约定的，可预见的事实（事件或行为），而不是法律规定的条件，法定条件不能成为民事法律行为生效的条件。

3. 预约合同的理论基础及现行法上的依据

诚实信用原则与公平交易原则是预约合同的理论基础。《民法通则》第四条规定：民事活动应当遵循自愿、公平、等价有偿、诚实信用的原则。《合同法》第四十二条规定：当事人在订立合同过程中有下列情形之一的，给对方造成损失的，应当承担损害赔偿责任：（1）假借订立合同，恶意进行磋商；（2）故意隐瞒与订立合同有关的重要事实或者提供虚假情况；（3）有其他违背诚实信用原则的行为。本

---

① 刘俊臣：《合同预约若干法律问题初探》，载《法律适用》2002 年第 4 期。

② 黄茂荣：《买卖法》，中国政法大学出版社 2002 年版，第 135 页。

条规定了缔约过失责任即前契约责任。《合同法》第六十条规定：当事人应当按照约定全面履行自己的义务。当事人应当遵循诚实信用原则，根据合同性质、目的和交易习惯履行通知、协助、保密等义务。本条规定的是合同义务。《合同法》第九十二条规定：合同的权利义务终止后，当事人应当遵循诚实信用原则，根据交易习惯履行通知、协助、保密等义务。本条规定的是合同履行完毕后，当事人应当遵守的权利义务。《合同法》分别规定了合同的先契约义务、契约义务和后契约义务，包括给付义务和附随义务的内容。预约合同责任存在本约订立过程中，包括信赖利益、期待利益。

在预约效力期间当事人的义务。有学者将预约分为几类，常见的有“优先权协议”，即一方同意给予另一方订立某一特定合同的优先权，一方只要决定订立该合同，在向其他人发出要约前，必须首先向另一方发出要约（本观点摘自刘俊臣文）。在预约效力期间，当事人的义务包括：（1）实现交易义务。带有未决条款的预约，应当认为是一个有约束力的合同。如未决条款的签订条件成熟，即可通过协商将未决条款转变为已决条款，结合预约合同中的已决条款，促使本约成立，最终实现交易义务的实际全面实际履行。如协商不成，那么司法机关按公平交易原则或诚信原则确立的标准（如法律规定按交易惯例、通用行业标准履行、市价标准等）填充缺失条款，解决预约合同的不确定性，实现交易。（2）双方当事人应遵循诚信原则，尽力完成协商和谈判义务。签订预约合同后，依照双方当事人在预约合同中体现出的真实意思，循着预约合同已确立的原则，完成填充缺失条款和明确不确定条款的义务，使预约合同确立的原则和计价标准、履约期间等核心条款得以全面、实际履行。双方当事人在签订本约时，一方不得强迫另一方接受超过预约合同内容的条件。“涉及保密、单独交易等附随义务的披露义务”① 的，双方当事人应当严格遵守。

违反预约合同的责任。刘俊臣文认为：从性质上讲，预约责任并不排斥损害赔偿、违约金及定金罚则的适用。对预约并不能强制实际履行。“违法预约的法律责任包括：强制实际履行。（1）法院强行补充预约中的未决条款构成本约，以尽实现交易义务。（2）可能的实际履行之禁令：赋有预约特色的实际履行形式，以尽公平交易之一般义务。法院得禁止它与第三人就交易进行相同的谈判”。②

本条司法解释对认购书的表述为“出卖人通过签订认购、订购、预购协议等方式向买受人收受定金作为订立商品房买卖合同担保的……”出卖人与买受人概念的

---

① 吴颂明：《预约合同研究》，转引自《民商法论丛》2002 年第 2 期。

② 吴颂明：《预约合同研究》，转引自《民商法论丛》2002 年第 2 期。

运用，表明认购书是商品房买卖合同双方当事人之间签订的。签订合同的表现形式为预定书、认购书、定购书等，双方当事人之所以不签订商品房买卖合同是因为客观上不具备签订商品房买卖合同本约的条件，在事实或法律上存在着当时不能克服的障碍，如开发商已办妥立项、规划、报建审批手续，尚未缴清土地出让金，尚未取得《商品房销售许可证》等，只能以认购书的形式签订商品房买卖合同。《城市房地产管理法》规定：商品房预售应当符合下列条件：（1）已交付全部土地使用权出让金，取得土地使用权证书；（2）持有建设工程规划许可证；（3）按提供预售的商品房计算，投入开发建设的资金达到工程建设总投资的25%以上，并已经确定施工进度和竣工交付日期。（4）向县级以上人民政府房产主管理部门办理预售登记，取得商品房预售许可证明。商品房销售人应当按照国家规定将预售合同报县级以上人民政府房产管理部门和土地管理部门登记备案。商品房预售所得款项，必须用于有关的工程建设。实务中，如开发商已办妥立项、规划、报建审批手续，那么开发项目的总面积、容积率、建筑密度、绿化率等建筑指标均已确定，即商品房中位置、户型、朝向、结构等对商品房销售价格有实质影响的条件已确定，但尚不具备预售条件，尚未取得《商品房销售许可证》，应当说此时开发商已具备签订认购书即预约合同的条件，在认购书中可以对商品房销售的核心条款作出约定，待条件成熟时即可签订正式的商品房销售合同（即本约）。条件不成熟到条件成熟的时间段即为签约期限。签订认购书时，由于存在事实和法律上的障碍，影响商品房销售价格的一些因素尚不确定，故在认购书中仍然存在大量的缺失条款和不确定条款，如由于建设工程未开工，有关工程设计、勘探、建筑安装、工程监理、装修等建设工程合同的成本费用无法核算，对应向政府缴纳的税费尚不能确定，存在着变更设计、增加建筑面积、延期交房的可能性，而使得商品房价格最终无法确定。此外，因拖欠工程款，依《合同法》第二百八十六条规定行使法定抵押权申请拍卖建筑物或以建筑物折价的价款优先受偿的权利而使得买受人定购的商品房不能交付等诸多风险和不确定因素。这些因素体现在认购书中表现为预约合同的缺失条款和不确定条款，只能在签订商品房销售合同条件成熟时，即具备签订本约条件时，予以填充和确定。综上，认购书中应对商品房买卖合同中的核心条款作出约定，预约合同才能成立。本条解释未规定应在哪一阶段双方可以签订预约合同，但开发项目尚未立项就允许开发商向社会公众销售房屋，认购书就不是针对特定项目签订的，认购书上的所有条款都是不确定的，认购书是建立在空中楼阁上的，缺乏商品房买卖的现实基础，这一阶段签订的认购书与非法融资无异，应当无效。从预约合同的理论上讲，签订商品房买卖预约合同的条件应当比一般商品买卖预约合同的条件严格，这也是各国立法的趋势，不仅要求商品房买卖合同的核心条款完备，而且要求项目已开工建设甚至要求缴纳一定的房款，其目的在于增强预约合同的稳定性和确定性，减少不确定因素。这一立法趋势是商品房买卖合同作为不动产交易的本质特征决定的，其目的在于保障交易安全和社会公众利益。故我们认为商品房买卖合同认购书应当在办妥立项、规划、报建审批手续后取得商品房销售许可证之前的一段时间内签订。本条只规定违反认购书约定的定金罚则运用方法，未规定违反认购书约定的违约责任和赔偿责任，我们认为这主要是基于两点考虑：一是我国现行法未对预约合同作出规定，司法解释不宜作出创设性规定；二是商品房销售实务中，绝大多数认购书只有定金条款，没有违约责任和赔偿责任的约定。但“合同虽未正式签订，但当事人因签订认购书之故，可能已发生了相当费用并放弃了众多其他机会，这种损失被称为信赖利益，为法律保护的客体之一”。“至于实际履行的责任，认购书加诸当事人的只是基于诚实信用原则作为实际履行的标的。确认违反认购书的损害赔偿责任，对于当前实际生活中众多开发商不符合相关法律规章使贸然售楼行为应有良好的遏制作用”。[①] 上述观点从法理上讲也是有依据的，可以待条件成熟时吸收到司法解释中来。

二、关于认购书的定金罚则

从学理上解释，定金分五种：一是立约定金，指为保证正式签订合同而交付的定金；二是证约定金，指为证明合同的成立而交付的定金；三是成约定金，指以定金的支付作为合同成立或生效的条件；四是解约定金，指作为保留解除权的定金；五是违约定金，指作为履行合同担保的定金。上述五种定金的功能各不相同，分别起到了立约、证约、成约、解约、违约的证明和担保作用。《担保法》中有关定金规定的性质兼有证约定金和违约定金两种性质。认购书中常常出现订金、押金等字眼，不能将其一概认定为法律意义上的定金，但如果认购书上记明：双方未签订正式的商品房买卖合同，买受人违约订金、押金不退还，出卖人违约双倍返还订金、押金，那么，此时订金和押金即具有定金的性质。认购书的定金属于立约定金，是为了保障签订本约而交付的定金。“将认购书中的定金定性为立约定金可使其混同《担保法》上的定金，否则主合同尚未成立，作为从合同的担保合同如何能够独立的运作，这在逻辑上是难以自圆其说的”。[②]《最高人民法院关于适用〈中华人民共

---

① 谭蓉：《浅析商品房销售中的认购书》，载《人民法院报》2002 年 8 月 6 日。

② 谭蓉：《浅析商品房销售中的认购书》，载《人民法院报》2002 年 8 月 6 日。

和国担保法〉若干问题的解释》第一百一十五条规定：当事人约定以交付定金作为订立主合同担保的，给付定金的一方拒绝订立主合同的，无权要求返还定金；接收定金的一方拒绝订立合同的，应当双倍返还定金。此条规定了立约定金的定金罚则效力。当事人不能就商品房买卖合同协商一致，是否可以推论是一方当事人拒绝订立主合同呢？是否均应适用立约定金的罚则规定呢？“若当事人协商的主合同条款中无约定，则当事人协商不成的，不能认为是任何一方当事人违反预约合同的约定拒绝订立主合同，因而不能适用定金罚则”。[①] 除“杨焕发等人文”所述的不适用定金罚则原则外，其他不可归责双方当事人的原因也可导致双方当事人免责。如签订认购书后，开发项目被政府行政决定取消、缓建，开发商的主体资格丧失，自然灾害导致开发项目灭失等，总之，因不能归责买卖合同双方当事人的原因致使本约不能签订时，返还定金即可。我国台湾地区“民法”第249条第4条亦规定：契约因不可归责于双方当事人之原因，致不能履行时，定金应返还之。这一规定也是符合法理的，而且与预约合同的法理基础即诚信原则也是相符的。“《奥地利民法》第九百三十六条则明定预约适用情势变更原则，即预约签订后，环境变迁，致当事人所寻求之目的已无法实现，或一方当事人对其相对人失去信赖时，订立主契约之义务，即告消灭，可资参酌”。[②]

结合具体案例说明：2001年9月4日，肖某与H公司订立一份《商品房认购书》，约定：肖某向H公司预定商品房一套，总房价为人民币112万元；签订认购书时支付定金2万元；签订预售合同时支付房价款的20%；2001年11月4日前支付房款的80%；肖某愿意以定金的方式向H公司约定上述房屋，定金须在签订认购书时立即支付，同时，肖某应于2001年9月12日以前到H公司售楼处与H公司签订《内销商品房出售合同》，否则作违约论：H公司有权取消本协议书，没收肖某已交付的定金并另行以任何方式出售上述房屋，而无需另行通知肖某。同日，肖某给付H公司定金人民币2万元。2001年9月11日，肖某带着首批购房款及有关资料依约前往H公司售楼处与H公司签订出售合同。在签订该合同时，肖某发现合同文本中增加了11条补充条款（系迟延付款及交房责任等方面为主要内容的权利义务约定）。肖某与H公司的售楼人员为增加的补充条款是否删去发生争议，双方因此未签订出售合同。次日，肖某致函H公司，表示其签订认购书时，H公司未出示补充条款，现补充条款的许多内容显失公平，故再次恳请H公司将补充条款全

---

① 杨焕发、周岐山、潘智勇：《当事人就主合同的订立不能协商一致是否适用定金罚则》，载《人民法院报》2002年11月25日。

② 黄立：《民法总则》，中国政法大学出版社2002年版。

部内容传真给其阅读修改。同年9月15日，肖某委托的律师又致函H公司，主要内容为：签订《内销商品房出售合同》应双方协商一致，H公司不能将已印刷好的补充条款单方面强制肖某全部接受，且该补充条款存在明显违反法律、法规之处；根据该市房地资源局关于商品房预售行为的通知的规定，H公司对肖某已支付的定金不予返还没有法律依据；请求H公司在7日内返还定金2万元。嗣后，双方协商未果，肖某遂诉至法院，请求判令H公司双倍返还购房定金人民币4万元。一审法院认为，肖某与H公司订立的认购书系双方当事人的真实意思表示，且未违反法律禁止性规定，应认定合法有效。肖某在订立合同后依约给付定金，且在认购书约定的期限内至H公司处订立房屋出售合同，H公司在事先未告知肖某签订的出售合同有补充条款的内容情况下，将包括补充条款的合同交与肖某签订，肖某对此提出异议，理由正当。事后，肖某致函H公司，要求H公司将补充条款的全部内容传真给肖某，便于研究和协商，系合同当事人一方遵循公平原则及诚实信用原则行使自己的权利。H公司在受到肖某及其律师函件后，迟迟不作答复，致使出售合同未能按期签订，责任在于H公司。现肖某依据定金罚则，要求H公司承担民事责任，理由正当，应予支持。据此，一审判决被告H公司双倍返还原告肖某购房款定金4万元。

被告H公司不服，提起上诉。二审法院经审理认为，上诉人H公司与被上诉人签订认购书时未出示有关《内销商品房出售合同》的补充条款，后被上诉人按约于2001年9月11日前去上诉人处与上诉人签订《内销商品房出售合同》时，不能接收上诉人此时方出示的补充条款，双方因此而未签订《内销商品房出售合同》，故双方对认购书约定买卖房屋的意思表示未达成一致，因此，双方对于最终未能签订《内销商品房出售合同》均不存在违约，上诉人应将依据认购书收取被上诉人的定金人民币2万元返还被上诉人。一审认为，上诉人应对双方未能签订《内销商品房出售合同》承担责任并向被上诉人双倍返还定金不当。据此，二审判决撤销一审判决，改判上诉人H公司原额返还被上诉人肖某人民币2万元。[①] 此案例终审法院判决与本条第二层意思"因不可归责于当事人双方的事由，导致商品房买卖合同未能签订的，出卖人应当将定金返还买受人"的规定是一致的。本条司法解释两层意思对指导审判实务中处理商品房认购合同纠纷案件有很强的现实针对性。

① 此案例转引自杨焕发、周岐山、潘智勇：《当事人就主合同的订立不能协商一致是否适用定金罚则》，载《人民法院报》2002年11月25日。

第五条 ［预约合同与本约合同的认定］

商品房的认购、订购、预订等协议具备《商品房销售管理办法》第十六条规定的商品房买卖合同的主要内容，并且出卖人已经按照约定收受购房款的，该协议应当认定为商品房买卖合同。

本条是关于如何认定名为商品房买卖认购书，实为商品房买卖合同的规定。

商品房买卖认购、订购、预订等协议是指商品房买卖合同双方当事人在签署预售契约或买卖契约前所签订的文书，是对双方交易房屋有关事宜的初步确认。认购书的内容一般包括：双方当事人的基本情况；房屋基本情况（包括位置、面积、单价等）；签署正式契约的时限约定等。如前条解析所述认购、订购、预订等协议的性质为商品房买卖预约合同。认购书应当在开发商已办妥开发项目的立项、规划、报建审批手续，开发项目已定型，但尚未取得商品房预售许可证的期间内签订。

《商品房销售管理办法》第十六条规定：商品房销售时，房地产开发企业和买受人应当订立书面商品房买卖合同。商品房买卖合同应当明确以下主要内容：（1）当事人名称或者姓名和住所；（2）商品房基本状况；（3）商品房的销售方式；（4）商品房价款的确定方式及总价款、付款方式、付款时间；（5）交付使用条件及日期；（6）装饰、设备标准承诺；（7）供水、供电、供热、燃气、通讯、道路、绿化等配套基础设施和公共设施的交付承诺和有关权益、责任；（8）公共配套建筑的产权归属；（9）面积差异的处理方式；（10）办理产权登记的有关事宜；（11）解决争议的方法；（12）违约责任；（13）双方约定的其他事项。2000 年 9 月 13 日，建设部与国家工商行政管理局印发的《商品房买卖合同示范文本》约定的合同条款包括：（1）双方当事人基本情况；（2）项目建设依据；（3）商品房销售依据；（4）买受人所购商品房的基本情况；（5）计价方式与价款；（6）面积确认及面积差异处理；（7）付款方式及期限；（8）买受人逾期付款的违约责任；（9）交付期限；（10）出卖人逾期交房的违约责任；（11）规划、设计变更的约定；（12）交接；（13）出卖人保证销售的商品房没有产权纠纷和债权债务纠纷；（14）出卖人关于装饰、设备标准承诺的违约责任；（15）出卖人关于基础设施、公共配套建筑正常运行的承诺；（16）关于产权登记的约定；（17）保修责任；（18）双方就小区、楼宇命名权、屋面、外墙面使用权的约定；（19）买受人合理使用房屋、公共部位和设施的使用权、公摊面积的承担义务；（20）争议解决方式；（21）未尽事宜；（22）附件效力；（23）附件形式要求；（24）自签订之日生效；（25）登记备案。《商品房销售管理办法》与《商品房买卖合同示范文本》相比较，从性质上讲《商品房销售管理办法》是建设部颁布的部颁规章，对商品房买卖合同当事人具有部颁规章的约束力，属强制性规范；而《商品房买卖合同示范文本》是政府主管部门为规范商品房交易行为，保护购房小业主的合法权益而制订的引导、示范的合同文本，属任意性规范；从内容上讲，《商品房销售管理办法》与《商品房买卖合同示范文本》涵盖的内容基本相同，《商品房买卖合同示范文本》是《商品房销售管理办法》的细化，是商品房买卖本约的标准文本，前者是后者一种实施方案。两者所追求的目标都是要规范商品房买卖市场。这种规范行为是对商品房买卖合同本约的规制而非对预约的规制。

我们认为，预约与本约有下列差别：一是订约时间不同，“预约是谈判期间对未来事项的预先规划”。[①] 属前契约阶段合同，所承担的民事责任属缔约的过失责任范畴。而本约是在民事合同权利义务关系全部定型后签订的，双方应承担的义务是合同义务。二是预约合同是诺成合同，不受要物约束，强调当事人主观意志在合同成立中的决定作用。而本约一般则受要物约束，交付是合同履行的重要内容。第三，签订预约合同的目的是订立本约，由于本约所约定的义务是合同义务则直接具备履行内容。由预约到本约的签订，双方当事人应当遵循诚实信用原则，将预约所确定的原则贯彻到本约的合同条款中。台湾地区学者黄立认为，“契约有预约与本约之分，两者异其性质及效力，预约权利人仅得请求对方履行订立本约之义务，不得径依预定之本约内容请求履行，又买卖契约，非不得就标的物及价金之范围先为拟定，作为将来订立本约之张本，但不能就标的物及价金之范围先为拟定，作为将来订立本约之张本，但不能因此买卖本约业已成立。预约系债法上的契约，经由预约负有于较晚时点订定主契约之义务，预约之标的既系主契约之订立，自不能根据预约诉请履行，为主契约标的之义务。契约应以缔结义务行为作标的，如以处分行为为标的时则非契约。预约之目的在于有事实或法律上障碍，暂时无法订定主契约时，事先对当事人加以拘束。又预约系约定将来订立一定契约（本约）之契约。倘将来系依所订立之契约履行而无须另订本约者，纵名为预约，仍非预约。本件两造所订契约，虽名为土地买卖预约书，但除买卖坪数、价金、缴纳价款、移转登记期限等均经明确约定，非但并无将来订立买卖本约之约定，且均为双方照所订契约履

① 吴颂明：《预约合同研究》，转引自《民商法论丛》2002 年，第 2 期。

行之约定，自属本约而非预约。”① 概括而言，“预约的目的在于有事实或法律上障碍，暂无订定主契约时”，约定将来订立一定合同；预约的目的在于签订本约，而预约合同属诺成性合同而非实践性合同，不受要物约束。

《商品房销售管理办法》第一条规定：为了规范商品房销售行为，保障商品房交易双方当事人的合法权益，根据《城市房地产管理法》《城市房地产开发经营管理条例》，制定本办法。第二条规定，商品房销售及商品房销售管理应当遵守本办法。第三条第一款规定：商品房销售包括商品房现售和商品房预售。上述规定明确了制订《商品房销售管理办法》的宗旨、目的及适用范围。规章是规制商品房交易合同本约的规范性文件，规章的条款适用于本约合同而非预约合同。《商品房销售管理办法》第十六条规定的商品房买卖合同应当具备的内容，也是指本约应当具备的合同条款，而非预约必备条款。换句话讲，具备《商品房销售管理办法》第十六条规定内容的商品房销售合同就是本约，而非预约。如果商品房销售合同具有《商品房销售管理办法》第十六条规定的内容，即不存在“事实或法律上障碍”而没有签订预约的必要，而且具备了上述内容即具备了商品房现实交易的可能性，商品房买卖合同即成为实践性合同而非诺成性合同。《商品房销售管理办法》第十六条规定的商品房销售合同，因在预约阶段存在“事实和法律上障碍”而不可能作出明确具体约定，即在预约合同中表现为缺失条款或不确定条款，需要双方在本着诚信原则，循着预约合同确立的原则，履行预约合同。履行预约合同的过程即是克服“事实或法律障碍”的过程。预约合同履行完毕“事实或法律上的障碍”即不存在，填充缺失条款和明确不确定条款的条件已成熟，诺成性合同即转化为实践性合同，预约即转化成本约。

具体分析《商品房销售管理办法》第十六条规定的内容，我们不难发现其中的一些内容在预约合同中由于存在“事实或法律上的障碍”而不可能作出约定。第一，《商品房销售管理办法》第十六条规定将“交付使用条件及日期”为商品房买卖合同的必备条款。符合哪些要求就具备了“交付使用条件”呢？《城市房地产管理法》第二十六条第二款规定：房地产开发项目竣工，经验收合格后，方可交付使用。《建筑法》第六十一条规定：交付竣工验收的建筑工程，必须符合规定的建筑工程质量标准，有完整的工程技术经济资料和经签署的工程保修书，并具备国家规定的其他竣工条件。建筑工程竣工经验收合格后方可交付使用；未经验收或验收不合格的不得交付使用。《商品房销售管理办法》第五章专章规定了商品房交付条件。

---

① 黄立：《民法总则》，中国政法大学出版社 2002 年版。

该规章对法律规定的交付条件作出进一步细化的规定。规定要点为：未能按期交付的开发商应当承担违约责任。未作说明的，实际交付的商品房应当与样板房一致。开发商交付商品房时，应向买受人提供《住宅质量保证书》和《住宅使用说明书》。开发商对交付的商品房承担质量保修责任。开发商应当在商品房交付使用前按项目委托具有房产测绘资格的单位实施测绘。商品房交付使用后，买受人认为主体结构质量不合格的，可按照有关规定委托工程质量检测机构重验。《商品房买卖合同示范文本》第八条规定交付商品房条件为：经验收合格、经综合验收合格、经分期综合验收合格、取得商品房住宅交付作用批准文件的商品房方可交付使用。从上述法律规定或其他规范性文件规定的交付使用条件看，在预约阶段，商品房买卖双方由于“存在法律或事实上的障碍”，不可能就商品房交付标准作出规章及《商品房买卖合同示范文本》所要求的那么明确、详细的约定。通常在预约合同中交付使用的条件和日期表现为不确定条款，如：双方约定买卖之商品房于 2003 年 4 月 ~6 月间交付，具体到何时交付，需等到开发项目开工时才能确定。如双方约定开发项目具体适用何种质量标准，需在预约合同履行完毕，克服“法律和事实上的障碍”，建设项目开工后才能确定，即需要在本约中予以明确。第二，《商品房销售管理办法》第十六条将“面积差异的处理方式”作为商品房买卖合同的必备条款，作为确认所交付的商品房面积及认定所交付商品房建筑面积与合同约定是否存在差异的标准，确认所交付商品房面积的依据为产权登记面积或测绘成果表，而产权登记面积或测绘成果表是交付商品房面积的标准，确定上述面积是在预约阶段是无法完成的，不可能作出明确、具体约定（详见本书对第十四条的解析内容）。同样，约定商品房价款的付款时间，约定供水、供电、供热、燃气、通讯、道路、绿化等配套基础设施的交付承诺和有关权益、责任，约定办理产权登记有关事宜等内容，均属在预约阶段难以完成的事项。通过对上述条文内容的分析，我们可以得出这样的结论：具备《商品房销售管理办法》第十六条规定的商品房买卖合同的主要内容的认购书在性质上不是预约而是本约，或名为预约实为本约。结论为“倘将来系依所订立之契约履行而无须另订本约者，纵名为预约，仍非预约”。

本条将商品房买卖认购书认定为商品房买卖合同，即认定名为预约实为本约，应具备两个条件：一是具备《商品房销售管理办法》第十六条规定的商品房买卖合同的主要内容，上文已作论述，不再赘述；二是出卖人已按约定收取购房款。“出卖人已按约定收取购房款”的内涵为：一是认购书已实际履行，出卖人已收取了购房款。这里所称“购房款”既应包括全款，也应包括部分购房款。买受人支付房款的方式有三种，一是一次性付清全款，指买受人在签订商品房买卖合同时或在合同约定的时间内一次性支付全部房价款的付款方式。二是分期付款，指根据商品房买卖的约定，先由出卖人将期房预售或将现房出售给买受人，买受人在一定期限内分次支付商品房价款的付款方式。实务中，首付一般不低于房价总款的10%。余款一般在房屋交付使用后一段时间内付清，最长期限可达30年。三是以个人住房贷款的方式付款。指贷款人向借款人发放的用于购房自用普通住房的贷款。贷款人发放个人住房贷款时，借款人必须提供担保。借款人到期不能偿还贷款本息的贷款人有权依法处分抵押物或质押物，由保证人承担贷款本息的连带责任。出卖人收取房款的方式即使与上述情况不同，也应按约定的方式履行。

由本条解释可以推论出，认购书被认定为本约，除合同条款齐备外，还应具备合同实际履行条件。一般讲，只要合同条款齐备、明确，不存在法律或事实上的障碍，无论合同名称如何，都应认定其为本约，无须附加实际履行内容。作为认定本约的条件，预约合同也不排斥合同的履行，并不意味着合同已开始实际履行就已转化为本约从而否定其预约的性质。作者认为，预约与本约的本质区别在于预约存在法律或事实上的障碍，导致合同部分条款缺失或不确定，而本约不存在这一情况。如前条解析所述，《法国民法典》规定：双方当事人就标的物及其价金相互同意时，买卖的预约即转化为买卖。若此种买卖预约之标的物为已或将分块出售的地产时，则对该项预约的承诺及本约以支付部分价金并占有该地产而成立。订立本约的日期，即使是事后补订的，也应是交付第一部分价金之日。“以支付部分价金并占有该地产”为“标的物为已或将分块出售的地产”预约合同成立的条件。之所以这样规定主要是因为不动产交易有钱款数额大、风险高的特点。为保障交易安全，保护购房业主权益，避免以预约为名非法融资危及社会稳定的不法事件发生，有必要通过立法强制性规范不动产预约合同的签约条件，降低交易风险，提高本约的签约率，促进房地产业的健康发展。结合上述分析，我们认为就一般情况而言只要具备《商品房销售管理办法》第十六条规定的商品房买卖合同的主要内容即可认定为本约，不必附加合同履行条件。从立法趋势上讲，应加重对不动产预约的规范力度，而对认定成立本约不必附加履行条件。本条规定“出卖人已按约定收取购房款”作为商品房买卖合同成立的要件之一，我们认为主要考虑到商品房买卖的实际情况制订的。商品房交易实务中，出卖人与买受人签订认购书多是订有日后再签订正式买卖合同的条款，尽管认购书具备本约的内容，但合同当事人的真实意思是签订预约合同，故本条解释附加买受人交纳全部或部分房款的合同才转化为正式的商品房买卖合同。以这样方式区分预约与本约，符合我国商品房销售市场的实际情况，法官、律师、公民都容易理解。此外，法学界对预约合同的理论研究仍处于初级阶段，尚未形成大家公认的主导思想，对完善上述理论观点乃至上升到法律仍需时日，本解释作出的规定也是符合现行法律、法理和商品房交易实务的。

第六条 ［登记备案与预售合同的效力］

当事人以商品房预售合同未按照法律、行政法规规定办理登记备案手续为由，请求确认合同无效的，不予支持。

当事人约定以办理登记备案手续为商品房预售合同生效条件的，从其约定，但当事人一方已经履行主要义务，对方接受的除外。

本条是关于商品房买卖合同附生效条件问题的规定。

对商品房预售来说，由于销售时该商品房尚未建成，此时因标的物不存在，则于其上也不可能成立所有权或其他物权，不可能产生现实的该房屋的物权变动问题，但是该商品房终究会竣工，那时其所有权或其他物权也均会实现。既然房屋所有权终有实现的可能，则在其确实的实现之前，预售人就有将其再行转让给第三人的可能，而预购人是无法通过现实物权登记办法来控制预售人的处分行为的，因此就需要设定一种制度来进行充分的救济，这在大陆法系的有些国家和地区是采取不动产预告登记制度的。商品房预售登记是不动产登记的一种，性质属于预告登记，或称预登记。所谓预告登记或预登记，是为保全一项以将来发生不动产物权变动为目的的请求权而为的登记。预告登记是德国中世纪民法创立的制度，日本民法称为假登记，我国台湾地区“土地法”第七十九条使用了预告登记的概念。预告登记是一种特殊的不动产登记，一般的不动产登记登记的权利是不动产物权，如所有权、抵押权等，而预告登记登记的权利是请求权，该请求权的内容是在将来请求发生物权变动。一经预告登记，预购人的请求权便取得了对抗第三人的效力，预售人如果将该房屋出卖给第三人，由于预购人的预告登记在先，该第三人不能通过登记取得所有权。故预告登记使合同债权具有物权性质，是一种典型的债权物权化。在预售登记作出以后，将使预购人取得对未来房屋所有权移转的期待权，只要预购人履行完毕了买卖合同中规定的义务并办理了登记过户手续，便应当取得房屋的所有权，这种期待权应当受到法律的保护。由于预购人办理了登记手续，从而对期房的买卖进行了公示，因此这种期待权应当具有对抗第三人的效力。也就是说，在办理了预售登记以后，预售人不得将期房进行一房数买，否则，预售人违反房屋预售登记的内容所作出的处分房屋权利的行为无效。商品房预售登记的效力主要在于使预购人取得如下权利：第一，优先购买权。这就是说，通过预先登记，预购人取得了优先于其他人而购买特定的商品房的权利。所谓特定，不是指整栋大楼，而是指预售合同中约定的特定的房屋。如果没有预售登记，也没有办理按揭，预售人即使已经交付了房屋，预购人享有的权利仍然只是一种合同债权。这种权利因很难产生对抗第三人的效力，所以通过登记的方法预先予以公告，从而将物权的公示手段用于对债权的保护，使该项请求权具有了对抗第三人的效力。第二，期待权。即通过预售登记，将使预购人取得对未来房屋所有权转移的期待权，只要预购人履行完毕了买卖合同规定的义务并办理了登记过户手续，便应当取得房屋的所有权，这种期待权应当受到法律的保护。由于预购人办理了登记手续，从而对期房的买卖进行了公示，因此这种期待权应当具有对抗第三人的效力。在我国，商品房预售合同登记是商品房预售管理的一部分，有较强的行政性质，与其他不动产登记一样，商品房预售合同的登记机关是行政机关，即各级政府中的房产管理部门和土地管理部门。根据《城市房地产管理法》第四十四条第二款的规定："商品房预售人应当按照国家有关规定将预售合同报县级以上人民政府房产管理部门和土地管理部门登记备案。"我国法律规定商品房预售合同需要登记，旨在通过预售合同登记对开发商预售行为的合法性进行审查，以维护预购人的利益。需要说明的是，我国的登记备案制度并不完善，比如存在不便查询、公示程度差等问题，因此不能等同于国外的不动产预告登记制度。在起草本司法解释的过程中，本来也想规定优先购买权的效力问题，但争议比较大，实践中存在不少难点，故我国的商品房预售登记主要侧重于行政管理方面。

从法理上讲，合同的成立，在一般情况下是指各方当事人意思表示一致。合同成立的要件非常简单，一是要有两个或两个以上的当事人，二是当事人的意思表示一致。合同的生效是指必须具备一定的要件后，才能产生法律上之效力。也就是说，合同成立后，能否发生法律效力，并非合同当事人意志所能决定，只有符合生效条件的合同，才能受到法律的保护，才能产生当事人所预期的法律后果。已经成立的合同的效力，可以有三种不同的情况：一是依法成立的合同，自成立时生效。二是效力待定的合同，包括无民事行为能力人或限制民事行为人所签订的合同；因欺诈、胁迫、乘人之危、重大误解或显失公平等意思表示有瑕疵的合同；无权代理、无权处分而订立的合同。三是无效合同，主要是《合同法》第五十二条所规定的五类合同。法律、行政法规规定合同应当办理登记手续，但未规定登记后生效的，当事人未办理登记手续不影响合同的效力，合同标的物所有权及其他物权不能转移。

商品房预售合同登记性质属于预告登记，而预告登记的目的在于使已经成立并生效的请求权具有对抗第三人的效力。登记并非请求权成立、生效的要件，只要当事人之间达成合意，合同便得以成立，请求权也随即在当事人之间产生。商品房预售合同作为不动产买卖合同只要符合一般买卖合同的生效要件即可生效，登记仅是物权变动的生效要件。如果因为预售人未进行预售合同登记，从而导致合同不能有效的成立，预购人就无法依据合同向预售人请求实际履行或者请求违约赔偿，这样对预购人是极为不利的。本来立法的初衷是通过预售登记对预售行为是否合法进行实质审查，审查预售人是否符合有关的资质要求，预售人是否已按照法律要求取得土地使用权并办理了预售许可证等等，从而降低房屋预售市场的风险，保障房地产市场的安全，保护预购人的利益。预售合同登记的作用是为了加强对预售商品房的管理，并使经登记的预购人的权益具有普通债权所不具备的排他性。但如果仅仅因为预售人未进行预售合同登记而使预售合同无效，损害的只能是预购人的利益，与立法的初衷相悖。我国现行法律将商品房预售合同登记规定为预售人即开发商的法定义务，如果认为此登记为合同的生效要件，那么只要开发商一天不履行该法定义务，预售合同便一天不能生效。其后果必然是开发商怠于登记，在出现对自己不利的情况时主张合同无效。尤其是在遇到房价上涨时，开发商很可能将商品房再次高价出售并对高价预售予以登记，又以合同未登记为由向前一预购人主张合同无效，而前一预购人却无法追究开发商的违约责任。因此，如果认为未办理登记手续的预售合同都是无效的，可能会使许多正当的交易被消灭。从保护预售关系中弱势主体预购人的角度而言，预售合同登记也不是预售合同的生效要件。与现房买卖不同，商品房预售在合同订立时，作为买卖标的物的房屋可能仅仅是表现在设计图上的东西，房地产开发商一方面已经收取了预购人的购房款，另一方面在约定的交付期限到来时，能否按照约定履行仍然是一个未知数。对于预购人来说，房款已经支付了，将来能否得到约定的房屋面临巨大的风险。在预售关系的当事人之间，房地产开发商作为预售人无论在专业技术还是经济实力方面均属于强者，而预购人则处于弱者地位。为了防止开发商投机取巧，借预售之名骗取资金，损害预购人的利益，扰乱市场秩序，有必要对预购人的利益加以特殊保护。预售房屋在建成之前有许多不确定因素，使得预购人所面临的风险要比一般的现房买卖大得多。实践中经常出现的情况主要有：一是预售房屋不能按期竣工给预购人带来的损失；二是预售人借口房价上涨而要求预购人追加约定以外的款项；三是房屋竣工后的质量与合同约定的质量相差甚远。考虑到预售房屋是建立在买方向卖方融资的基础之上，所以从民法的公平原则出发，应当侧重平衡预售合同当事人双方的利益关系。

其实，在未进行预售合同登记的情形下承认预售合同的效力，并不会破坏国家对预售行为的行政管理，行政管理机关仍然可以给予违法的预售人以行政制裁。根据建设部《商品房预售管理办法》的规定："如未按规定办理备案和登记手续的，应由房地产管理部门处以警告、责令停止销售、责令补办手续、吊销《商品房预售许可证》，并可处以罚款"。在交易中登记是不动产物权变动的一种公示手段，交易合同本身只能产生债权效果，不存在对抗第三人的问题。登记并不是针对合同行为，在登记之前，当事人已经达成合意，合同关系便已经成立并生效。既然合同已经产生了拘束力，任何一方违反合同都应当承担违约责任，否则合同关系将形同虚设，将会给任意撕毁合同者造成可乘之机。

在司法实践中，长期存在着将登记作为合同生效要件的做法，对未办理登记手续的房地产买卖合同一律认定为无效，其弊端是显而易见的。为了避免这一错误，《最高人民法院关于适用〈中华人民共和国合同法〉若干问题的解释（一）》第九条明确解释到：法律、行政法规规定合同应当办理登记手续，但未规定登记后生效的，当事人未办理登记手续不影响合同的效力，合同标的物所有权及其他物权不能转移。

如果双方当事人约定以办理登记备案手续作为商品房预售合同生效的条件，由于合同的这一特别约定并未违反我国法律、行政法规的强制性规定，故应当从其约定，尊重当事人的意思自治。从预购人的角度考虑，预售合同登记备案后，预购人还可以对抗商品房建设施工承包单位的对该工程折价或拍卖价款的优先受偿权。《合同法》第二百八十六条规定，发包人逾期支付工程价款的，承包人可以与发包人协议将该工程折价或申请人民法院将该工程依法拍卖。建设工程的价款就从该工程折价或者拍卖的价款中优先受偿。根据最高人民法院相关司法解释的规定，消费者交付购买商品房的全部或者大部分款项后，承包人就该商品房享有的工程价款优先受偿权不得对抗买受人。

按照当事人的约定处理是总的原则，但也有例外的情况，即一方当事人已经履行合同主要义务、对方当事人也已经接受这种情况。也就是说，虽然当事人双方事先约定办理登记备案手续是合同生效的条件，但在实际履行过程中，一方当事人已经履行了主要义务，而对方也已经接受。这里强调的是主要义务，即在合同中具有重要地位、决定合同性质的合同义务，而不是随附义务。在商品房买卖合同中一般多表现为买方支付购房款而卖方收受购房款的行为。当事人的履行和接受履行，体现了当事人双方意思表示的一致性，表明了当事人对合同的态度。那么一方在这种情况下以未按约定办理登记备案手续为由，主张预售合同未生效，是不能得到法院支持的。对此类问题，《合同法》第三十六条已明确规定："法律、行政法规规定或者当事人约定采用书面形式订立合同，当事人未采用书面形式但一方已经履行主要义务，对方接受的，该合同成立。"第三十七条也同样规定："采用合同书形式订立合同，在签字或者盖章之前，当事人一方已经履行主要义务，对方接受的，该合同成立。"该条司法解释第2款正是体现了上述法律规定的精神。

如果预售人为自己的利益不正当阻止条件成就时，应当视为条件已成就。比如本来双方当事人约定以办理登记备案手续为商品房预售合同生效的条件，但由于在建的商品房附近新修了高速公路，房价飙升。开发商见状就一直拖着不去办理预售登记备案手续，实际是想阻止条件成就，故对这种情况应当视为条件已成就。这里要认定预售人不正当阻止合同所附条件成就，预购人要有相应的证据证明。当事人对合同的效力可以约定附一定的条件，附条件的合同成立后条件成就前，当事人对于所约定的条件是否成就，应听其自然发展，而不能为了自己的利益，恶意地促使或阻碍条件成就。为此，《法国民法典》《德国民法典》《日本民法典》中都有相关条款规定，因条件成就而受不利益的当事人，如果以不正当行为阻止条件成就者，视为条件已成就。此即所谓条件成就之拟制。其立法理由，在于制裁不正当行为，保护因条件成就而受利益的当事人，充分发挥附条件民事法律行为在民事交往中的积极作用，维护民事法律行为制度的严肃性。在当事人一方基于对合同的信赖而实施了有利于他方合同利益的一定行为，付出了一定代价的情况下，法律尤其应当本着公平正义的精神，依据诚实信用原则，保护善意当事人的合法权益。因此，应当达成的共识是：登记备案属于预售人的义务，而不是商品房合同生效的条件，预售未按规定登记备案，仅预售人受行政处罚，而不影响合同的效力。举一个例子来说，1997年6月，某某房地产开发公司（以下简称房地产公司）在一次房地产交易会上发售某公寓的楼花，某某广告设计公司（以下简称广告公司）派人前去查询。经洽谈，同年7月，双方签订了商品房预售合同。该合同约定：广告公司购买房地产公司某公寓D座1202、1203两个单元的物业，共200平方米，每平方米售价为7000元；房地产公司按广告公司的要求，改变原图纸设计，将上述两个单元的物业作特殊设计、施工及装饰，为此，广告公司须另外支付房地产公司改装费14万元；上述物业于1997年12月31日前交付广告公司使用；本合同签字时，广告公司应向房地产公司支付定金7万元，本合同签订后9个月内，应支付50%的房价款及全部改装费，余款在房屋交付前支付；本合同自签字之日起生效。合同订立后，房地产公司遂按合同约定对广告公司所订房产进行特殊设计、施工和装饰。但随后广告公司未按合同约定向房地产公司支付房价款和改装费。房地产公司多次向其催要，广告公司答复，现已放弃购买所订房产的打算。房地产公司提出，某公寓 D 座 1202、1203 两个单元系按合同为广告公司特建，如果广告公司退订，此两个单元已无法售出，故广告公司不能退订。若坚持退订，须赔偿房地产公司因此所受的损失。广告公司则提出，依据有关商品房预售的法律规定，商品房预售合同须在房地产主管部门登记才能生效。而本案双方所订立的合同并未履行此法定手续，因此合同尚未发生法律效力，因而广告公司可以退订。双方争执不下，房地产公司遂起诉到法院。法院经审理认为，预售合同登记备案不是本案商品房预售合同的生效要件。后经法院调解，双方达成如下调解协议：（1）原告允许被告退订；（2）被告已支付的订金 7 万元归原告所有；（3）被告另向原告支付特订单元改装费 14 万元。

第七条 ［拆迁补偿安置协议的优先权］

拆迁人与被拆迁人按照所有权调换形式订立拆迁补偿安置协议，明确约定拆迁人以位置、用途特定的房屋对被拆迁人予以补偿安置，如果拆迁人将该补偿安置房屋另行出卖给第三人，被拆迁人请求优先取得补偿安置房屋的，应予支持。

被拆迁人请求解除拆迁补偿安置协议的，按照本解释第八条的规定处理。

本条是对拆迁补偿安置协议与其他商品房买卖合同发生冲突时，对拆迁补偿安置协议的被拆迁人予以特别保护的规定，即对被拆迁人享有的债权作为特种债权赋予其物权的优先效力。

一、拆迁补偿安置的概述

房屋拆迁，是指取得拆迁许可的单位根据城市建设规划要求和政府所批准的用地文件，依法拆除建设用地范围内的房屋和附属物，将该范围内的单位和居民重新安置，并对其所受损失予以补偿的法律行为。其中，拆迁单位称为拆迁人，被拆除房屋的单位和居民称为被拆迁人。拆迁作为一种民事活动，所涉及的民事法律关系主要表现在拆迁补偿与拆迁安置两个方面，拆迁人以给予被拆迁人补偿、安置，取得拆迁被拆迁人房屋的权利。这也是城市房屋拆迁活动的核心内容，而且二者相互联系，密不可分，因此，《城市房屋拆迁管理条例》设专章对拆迁补偿与拆迁安置加以规定。

（一）拆迁补偿

拆迁补偿是拆迁人对被拆除房屋的被拆迁人给予相应补偿的行为。根据《城市房屋拆迁管理条例》第二十二条的规定，拆迁补偿的范围包括拆除的主体房屋和附属物，违章建筑和超过批准期限的临时建筑不予补偿，拆除未超过批准期限的临时建筑，应当给予适当补偿。附属物一般是指与房屋主体建筑有关的附属建筑或构筑物，如围墙、烟囱、化粪池、门斗、水井等。因附属物对于被拆迁人来说也具有一定的经济价值，拆除附属物必定对被拆迁人带来经济损失，所以，补偿范围应当包括附属物。而违章建筑是指在城市规划区内，未取得建设工程规划许可证或者违反建设工程规划许可证的规定建设，严重影响城市规划的建筑，属于《城市规划法》规定的必须拆除的建筑或必须经过改正方可使用的建筑因此，在拆迁过程中，拆迁人对必须拆除的违章建筑不给予补偿。违章建筑主要包括：（1）未申请或申请未获得批准，未取得建设用地规划许可证和建设工程规划许可证而建成的建筑；（2）擅自改变建设工程规划许可证的规定建成的建筑；（3）擅自改变了使用性质建成的建筑；（4）擅自将临时建筑建设成为永久性的建筑。违章建筑的认定应由规划行政主管部门依职权判定，并出具证明，拆迁人或者拆迁主管部门无权认定。临时建筑是指必须限期拆除、结构简易、临时性的建筑物、构筑物和其他设施，临时建筑都应当有规定的使用期限。[①] 按照《城市规划法》第三十三条规定，拆迁人对拆除超过批准使用期限的临时建筑，不予补偿。而未超过批准使用期限的临时建筑是合法建筑，拆除未到期限的临时建筑会给被拆迁人带来一定的经济损失，因此，应当给予适当补偿。适当补偿是鉴于临时建筑的特点，按使用期限的残存价值参考剩余期限给予补偿。这是符合公平原则的。

根据《城市房屋拆迁管理条例》第四条的规定，被拆迁人是指被拆迁房屋的所有权人。因此，拆迁补偿的对象就是指被拆除房屋的所有权人。

根据《城市房屋拆迁管理条例》第二十三条的规定，拆迁补偿的方式可以实行货币补偿，也可实行房屋产权调换。货币补偿是指在拆迁补偿中，经拆迁人与被拆迁人协商，被拆迁人放弃房屋所有权，由拆迁人按市场评估价为标准，对被拆除的房屋所有权人进行货币形式的补偿。产权调换是指拆迁人用自己建造或者购买的产权房屋与被拆迁房屋进行调换产权，并按拆迁房屋的评估价和调换房屋的市场价进行结算调换差价的行为。[②] 也就是说以易地或者原地再建的房屋与被拆除房屋进行

---

① 国务院法制办、建设部：《城市房屋拆迁管理条例释义》，知识产权出版社 2001 年版，第 72 页。
② 国务院法制办、建设部：《城市房屋拆迁管理条例释义》，知识产权出版社 2001 年版，第 82 页。

产权交换，被拆迁人失去了被拆迁房屋的产权，产权调换之后拥有调换房屋的产权。被拆迁房屋的补偿金额应按照等价有偿原则，根据被拆除房屋所在的区位、用途、建筑面积等因素，以房地产市场评估的办法确定。所谓区位是指房屋的地理位置，主要包括在城市或者区域中的地位，与其他地方往来的便捷性，与重要场所（如市中心、机场、港口、车站、公园、医院、政府机关、娱乐场所等）的距离，周围环境、景观等。由于房地产的位置不可移动性，区位对房地产价值有极其重要的决定作用。所谓用途是指被拆迁房屋所有权证书上表明的用途，所有权证书未标明用途的，以产权档案中记录的用途为准，产权档案也未记录用途的，按实际用途为准。实际用途的界定以是否依法征得规划等部门同意，是否取得合法手续为依据。如原设计用途为经营性用房的，以取得营业执照作为确认其为营业用房的依据；如原设计为住宅，改为营业性用房的，不但要有营业执照，还应当有规划部门同意变更的依据。除此之外的因素还应当包括被拆迁房屋成新程度、权益状况、建筑结构形式、使用率、楼层、朝向等。[①] 只有参照上述各种因素对被拆迁人进行补偿，才能体现拆迁补偿的科学、合理、公平，切实保护被拆迁人的财产权。减少拆迁人与被拆迁人之间的矛盾。

（二）拆迁安置

拆迁安置是指拆迁人将被拆除房屋的使用人安排到由拆迁人新建、购置或拆迁人提供的其他房屋中居住或使用的行为。安置是实物安置，与补偿不同。补偿是对被拆除房屋所有权的补偿，解决的是所有权问题；安置是对被拆除房屋使用人的安置，解决的是使用权问题。

根据《城市房屋拆迁管理条例》第四条的规定，拆迁安置的对象应当是被拆迁人。同时，对房屋使用人的利益也予以保护，如在拆迁出租房屋时，拆迁补偿安置协议由拆迁人、被拆迁人、被拆迁房屋的承租人三方签署；拆迁出租房屋时，被拆迁人和承租人对解决租赁关系达不成协议的，拆迁补偿实行产权调换，并且承租人有权承租产权调换房。

针对拆迁实践中一些房地产开发商为追求高额利润，为被拆迁人提供的安置房规划设计不合理，工程质量差，甚至没有经过竣工验收就交付使用等严重侵害被拆迁人利益的情况，《城市房屋拆迁管理条例》第二十八条规定，拆迁人应当提供符合国家质量安全标准的房屋，用于拆迁安置。拆迁安置的方式，主要表现为两种：一种是原地安置，另一种是易地安置，具体应由当事人协商解决。拆迁人应当被拆

---

① 国务院法制办、建设部：《城市房屋拆迁管理条例释义》，知识产权出版社 2001 年版，第 77 页。

迁人或者房屋承租人支付搬迁补助费。过渡期内，被拆迁人或者房屋承租人自行安排住处的，拆迁人应当支付临时安置补助费；被拆迁人或者房屋承租人使用拆迁人提供的周转房的，拆迁人不支付临时安置补助费。

二、拆迁补偿安置协议概述

（一）拆迁补偿安置协议的概念

《城市房屋拆迁管理条例》第十三条规定，拆迁人与被拆迁人应当依照本条例的规定，就补偿方式和补偿金额、安置用房面积和安置地点、搬迁过渡方式和过渡期限等事项，订立拆迁补偿安置协议。拆迁租赁房屋的，拆迁人应当与被拆迁人、房屋承租人订立拆迁补偿安置协议。如前述，在拆迁过程中，拆迁人与被拆迁人之间发生的民事法律关系主要是拆迁补偿安置，对于拆迁补偿安置以及相关问题，拆迁当事人应当就双方的权利义务作出明确的界定，以便使拆迁工作的顺利进行。根据条例规定，结合拆迁工作实际情况，可以认为，拆迁补偿安置协议就是拆迁人与被拆迁人之间就被拆除的房屋的补偿方式和补偿金额、安置用房面积和安置地点、搬迁过渡方式和过渡期限等事项达成的协议。它是约定拆迁当事人之间民事权利与义务关系的合同，依法成立的拆迁补偿安置协议对当事人均有约束力，当事人应当按照约定履行各自的义务，不得擅自变更或者解除协议。拆迁补偿安置协议的内容因拆迁补偿方式的不同而有所差别。实行货币补偿的，拆迁补偿安置协议的主要内容是补偿金额、搬迁期限；实行产权调换的，拆迁补偿安置协议应载明安置用房面积和安置地点、搬迁期限、搬迁过渡方式和过渡期限等。

（二）拆迁补偿安置协议的当事人

拆迁当事人是拆迁活动的参与者，包括拆迁人、被拆迁人、被拆迁房屋承租人。具体而言，拆迁非出租房屋，拆迁当事人是指拆迁人和被拆迁人；拆迁出租房屋，拆迁当事人是指拆迁人、被拆迁人、被拆迁房屋的承租人。

1. 拆迁人。根据《城市房屋拆迁管理条例》第四条规定，拆迁人是指取得房屋拆迁许可证的单位。拆迁实际活动中，拆迁人通常为房地产开发企业等建设单位，也即本解释所称的出卖人，为便于与拆迁活动当事人的称谓统一，本解释对在拆迁活动中的房地产开发企业，没有称出卖人，而是仍称为拆迁人。但因目前也有一些非房地产开发企业的单位实施房屋拆迁行为的情况，如对国家依法收回的国有土地使用权，政府在委托有关单位进行拆迁、土地平整等前期开发工作后再以招标、拍卖方式出让，正在成为城市土地供应的主要方式。而政府委托从事拆迁的单位，就不完全是房地产开发企业。因此，《条例》所说的拆迁人不仅包括房地产开发企业，也有其他单位。对拆迁人下属的具备资质的分支机构和接受拆迁人委托的单位，在得到拆迁人的授权后，以拆迁人名义订立拆迁补偿安置协议，或以自己的名义订立拆迁补偿安置协议而发生的纠纷，授权分支机构和其他单位进行拆迁的拆迁人应为诉讼主体。为避免对拆迁人主体理解不当，我们将本解释所称的拆迁人仅限定为房地产开发企业（出卖人），不包括其他单位。

2. 被拆迁人。被拆迁人是指被拆迁房屋的所有人，包括持有房屋所有权证的人和通过继承、买卖、离婚、赠与等形式对被拆迁房屋已实际享有占用、使用的所有人。

（三）拆迁补偿安置协议的性质、特征

《城市房屋拆迁管理条例》第二十三条规定，拆迁补偿的方式可以实行货币补偿，也可以实行房屋产权调换。据此，被拆迁人有权选择不同的补偿方式与拆迁人签订拆迁补偿安置协议。而采取不同补偿方式分别订立的拆迁补偿安置协议的性质、特征是不同的。对此，我们作如下区别论述：

1. 采取货币补偿方式的拆迁补偿安置协议。如前述，货币补偿是指在拆迁补偿中，经拆迁人与被拆迁人协商，被拆迁人放弃房屋所有权，由拆迁人按市场评估价为标准，对被拆除的房屋所有权人进行货币形式的补偿。从该协议当事人双方的权利义务内容看，被拆迁人以放弃房屋所有权为代价，取得相应的一定数量的货币，而拆迁人则是以支付一定数量的货币为对价，享有被拆迁房屋的所有权，是一次性了断的补偿方式。这完全符合买卖合同的特征，属于买卖合同的一种类型。由此发生纠纷的，可适用买卖合同的法定规则予以处理。

2. 采取产权调换方式的拆迁补偿安置协议。产权调换是指拆迁人用自己建造或者购买的产权房屋与被拆迁房屋进行调换产权，并按拆迁房屋的评估价和调换房屋的市场价进行结算调换差价的行为。从该补偿方式显示的当事人双方权利义务内容看，拆迁人的义务是以自行建造的房屋或者购买的房屋交付并转移所有权给被拆迁人，以此为对价而取得被拆迁人所有的房屋；被拆迁人则以丧失其所拥有的被拆迁房屋的所有权为代价，来换取得拆迁人提供的房屋所有权，同时对被拆迁房屋的评估价与所调换房屋的市场价进行差价结算，多退少补。也就是说拆迁人以易地或者原地再建的房屋与被拆除房屋进行所有权交换，被拆迁人失去了被拆迁房屋的所有权，但调换之后拥有调换房屋的所有权。由上述双方当事人的权利义务，我们可以认为，以产权调换为补偿方式的拆迁补偿安置协议为以物易物的互易合同。

所谓互易合同是指双方当事人约定以金钱以外的财产权进行相互交换的协议，

又称以物易物合同、以货换货合同。互易合同具有以下特征：（1）互易合同为诺成合同。它自当事人双方就财产权进行交换的意思表示达成一致起即为成立，无需以物的现实交付为成立条件。（2）互易合同是双务、有偿的转移财产的合同。当事人双方要相互交换财产，一方接受对方财产必须向对方支付相应的对价，双方交换的财产价值一般相当，如价值不等时，一方应向对方支付一定货币予以补偿。（3）互易合同是非金钱以外的物的交换。这是互易合同最主要的特征，是与买卖合同的根本区别。当事人双方是直接以价值相当的货物进行交换，一般不出现金钱支付形式，除非双方交换的货物不等值时，一方需给对方一定数量的货币作为补偿。交换的财产可以是动产，也可以是不动产；既可以是种类物，也可以是特定物。非物质财产的智力成果，如商标权、专利权等不能作为互易合同的客体。对互易合同的分类，学术界较为一致采郑玉波先生的观点，即互易分为一般互易与补足价金的互易，一般互易又分为单纯互易与价值互易。一般互易就是双方当事人互相交付给对方财产并转移财产权利。单纯互易是当事人双方不考虑对方给付的标的物的价值。价值互易是指当事人双方以标的物的价值为标准相互交换财物，转移财产权。补足价金的互易是双方当事人约定一方向对方转移财产权，而对方除转移财产权外并应支付一定的金钱，以补充互换物之间的差价。从拆迁实践看，以产权调换为补偿方式的拆迁补偿安置协议是补足价金的互易合同。互易合同虽在《合同法》分则中没有具体规定，但《合同法》第一百七十五条对互易合同适用法律作出了规定，即当事人约定易货交易，转移标的物的所有权的，可参照买卖合同的有关规定。可见，在我国《合同法》是将互易合同作为一种特殊的买卖合同而加以规定处理的。

三、拆迁补偿安置协议纠纷的处理

城市房屋拆迁是城市建设过程中的重要环节，与社会经济的发展密切相关。而房屋作为不动产，它又是人类生存和发展必不可少的物质资料。因此，城市房屋拆迁也涉及广大人民群众的切身根本利益。虽然城市房屋拆迁活动中的拆迁人与被拆迁人之间只是一种民事法律关系，但因其涉及城市经济的发展和广大被拆迁人的重大利益，所以由拆迁引发的纠纷会严重影响到社会秩序的稳定。因此，对拆迁补偿安置纠纷的及时稳妥地处理，不仅是人民法院审判工作的需要，更是维护社会安定、促进实现全面建设小康社会目标的必然要求。本解释正是基于此，设专条对此类纠纷加以规定。司法审判实践中，拆迁补偿安置协议纠纷主要表现为两种：一种是由以产权调换方式进行补偿安置引发的，另一种就是因货币补偿引发的纠纷。货币补偿纠纷多数是因拆迁人支付给被拆迁人的补偿费过低、少算以及违反协议不支付补偿费而引发诉讼。但同时因货币补偿方式具有一次性了断的特点，双方当事人的权利义务关系较为明确。因此，对此类纠纷完全可以按照《合同法》《城市房屋拆迁管理条例》的有关规定和房地产评估机构的评估办法予以解决，本解释就没有对此再作特别规定的必要。而产权调换方式引发的纠纷因涉及被拆迁人的生活居住权利问题，拆迁人与被拆迁人之间的矛盾表现尖锐，且现行法律法规又没有具体有效的处理规定，因此，急需就此作出明确具体的规定，以便及时有效地处理纠纷，稳定社会秩序。

因产权调换方式发生的纠纷主要表现为拆迁人复建的房屋，或为被拆迁人提供的补偿安置房屋，擅自改变协议约定的房屋面积、地点、楼层、朝向、结构、质量、环境、用途等等，导致拆迁补偿安置协议无法全面适当履行，或拆迁人超过渡期限、逾期安置，被拆迁人无法按期回迁、入住。审判实践中，拆迁人最为严重的违约行为是将拆迁补偿安置房屋另行出卖给他人，造成拆迁补偿安置协议不能履行，使得被拆迁人居无定所。拆迁人的上述违约行为造成被拆迁人集体上访、集团诉讼、群体诉讼的情况大量出现，致使拆迁矛盾激化，成为社会不安定的因素。

（一）拆迁人履约行为违反协议的纠纷处理

根据《合同法》《城市房屋管理条例》规定，拆迁人与被拆迁人就补偿方式、安置用房的面积、楼层、朝向、结构、质量、用途、房屋坐落位置及搬迁期限、搬迁过渡方式、回迁期限、入住时间、违约责任、解决争议的办法等等内容签订协议后，该协议对双方当事人就具有约束力，当事人就应当按照约定履行各自的义务。如一方不履行协议或履行协议不符合约定的，应当按照《合同法》和本解释的相关规定由违约方承担继续履行、采取补救措施或者赔偿损失等违约责任，符合约定或法定解除条件的，当事人可以请求解除合同。从审判实践处理的拆迁纠纷看，拆迁人违约的情形多于被拆迁人，其具体表现如上所述，而被拆迁人的违约行为则主要表现为在搬迁期限内拒绝搬迁，这不仅严重影响城市建设项目的顺利进行，妨碍拆迁人的正常拆迁工作，而且会损害其他广大被拆迁人的合法权益。如因某些“钉子户”的拒绝搬迁，使回迁的安置房无法如期建成竣工，造成广大被拆迁人不能如期回迁，延长过渡期限，严重影响了被拆迁人的正常生活、学习、工作。为此，《城市房屋拆迁管理条例》第十五条明确规定，拆迁补偿安置协议订立后，被拆迁人或者房屋承租人在搬迁期限内拒绝搬迁的，拆迁人可以依法向仲裁委员会申请仲裁，也可以依法向人民法院起诉。诉讼期间，拆迁人可以依法申请人民法院先予执行。另据《最高人民法院关于受理房屋拆迁、补偿、安置等案件问题的批复》（法复〔1996〕12号）规定，拆迁人与被拆迁人达成协议后，一方反悔或者双方当事人反悔，未经仲裁机关裁决，仅就房屋补偿、安置等问题，依法向人民法院提起诉讼的，人民法院应当作为民事案件受理。

总之，对上述纠纷，人民法院应从案件具体情况出发，根据《合同法》、本解释的相关规定处理。

（二）拆迁人另行出卖补偿安置房屋的纠纷处理

司法实践中，拆迁人恶意违反拆迁补偿安置协议，侵害被拆迁人合法权益的行为，莫过于将与被拆迁房屋实行产权调换的安置房屋另行出卖给第三人的行为。拆迁人作为房地产开发经营主体，所进行的拆迁活动和开发建设都是以营利为目的的，拆迁人会不择手段地追求最大限度的利润。在拆迁补偿安置协议签订后，一些拆迁人往往将区位、楼层、朝向等较为抢手的补偿安置房屋又以高价出卖给第三人，也有的拆迁人将拆迁补偿安置协议约定的实行产权调换方式的商业用房另行出卖给第三人。这就造成了被拆迁人与第三人的权利冲突。拆迁安置补偿协议与拆迁人的这种违约行为，不仅侵害了被拆迁人和第三人的财产权，同时也侵害了被拆迁人的生存居住的基本人权，较之上述违约行为在法律后果和社会后果上所造成的损害也更为严重。这就是本解释设置本条规定并予以重点解决的原因所在。

要解决拆迁人出卖补偿安置房屋给第三人的行为与拆迁补偿安置协议之间的权利冲突问题，首先必须明确拆迁安置补偿协议的效力和拆迁人与第三人签订的买卖合同的效力问题。如前述，拆迁补偿安置协议是拆迁人和被拆迁人约定，以安置房屋与被拆迁房屋相互交换，转移房屋所有权的互易合同。按照《合同法》第 175 条规定，作为互易合同的拆迁补偿安置协议是买卖合同的一种特殊类型。只有不违反法律法规的规定，拆迁补偿安置协议自双方当事人意思表示一致即成立生效。既然是买卖合同，其买卖的目的就必然是标的物的交付和所有权的转移，这也是买卖合同的本质使然。依据我国现行民事立法采取的债权形式主义的物权变动模式，债权合同效力的发生仅能引起债权变动的法律后果，并不直接引起物权变动；物权变动法律效果的发生，必须以生效的债权合同与交付或登记行为的民事法律事实构成为前提。结合房屋买卖合同，合同的有效成立只是在当事人之间产生交付房屋占有并转移房屋所有权的权利义务关系，买受人能否取得房屋所有权，必须取决于办理房屋所有权的登记行为完成。在房屋所有权登记手续尚未办理之前，出卖人仍是房屋所有权人，有权自由处分。而且从《合同法》理论出发，买卖合同只要其标的物非自始客观不能、无从确定，或者没有《合同法》规定的无效情形，该买卖合同即为有效。因此，拆迁人就补偿安置房屋另行与第三人签订的买卖合同应为有效合同。

根据现行民事法律规定，在两个买卖合同均为有效的情况下，标的物的所有权归属于先取得标的物的占有或者先行办理所有权登记手续的买受人。拆迁补偿安置协议作为互易合同，在与其他并存的有效买卖合同因履行发生冲突时，标的物的归属依法应参照买卖合同的有关规定。即拆迁人在尚未将实行产权调换的补偿安置房屋交付并转移所有权给被拆迁人之前，又将该补偿安置房屋另行出卖给第三人的，补偿安置房屋的所有权应归属于先行办理房屋所有权登记手续的被拆迁人或者第三人。对此，我们不持异议。但因拆迁补偿安置协议毕竟不是房屋买卖合同，更不同于一般的买卖合同，即使从互易合同讲，它也有其特殊的含义。因此，我们认为，对拆迁补偿安置协议不能一概适用买卖合同的法律规则，而应区别情况予以不同的处理：

1. 当事人在拆迁补偿安置协议中只对补偿方式、安置用房面积、过渡期限等内容进行约定，而没有对协议的标的物即补偿安置用房的位置、用途进行明确具体约定的，在与其他房屋买卖合同发生冲突时，应适用一般房屋买卖合同的有关规定，按普通债权给予保护。

2. 如当事人在拆迁补偿安置协议中不仅对屋的补偿方式、安置房屋面积、过渡期限等一般内容进行约定，而且对协议的标的物即安置用房的位置、用途也作了明确、特别约定的情况下，该标的物具有了特定性，结合拆迁补偿安置协议的特殊性，按照对被拆迁人利益的侧重保护原则，本解释将此种情况下被拆迁人对该特定房屋的债权视为一种特种债权，赋予物权的优先效力，称为特种债权优先权，也就是债权物权化。特种债权优先权是为保证特种债权优先实现的权利，其特征表现为：（1）特种债权优先权是一种具有担保物权性质的特种债权，是独立的民事权利，具有对抗第三人的效力；（2）特种债权是一种法定的债权上的优先权，不是物权上的优先权，它打破了债权平等原则，赋予特种债权优先于一般债权取得的权利；（3）特殊债权是一种不需登记公示的优先权。担保物权作为物权的一种类型，应当按照物权的公示原则进行公示才能发生法律效力。所谓公示，就是必须将物权变动的事实向社会公开，动产物权的变动要交付，不动产物权的变动要登记。而特种债权优先权作为一种特殊的具有担保物权性质的优先权，其优先权是由法律直接规定的，无须公示。根据特种债权的物权优先效力，被拆迁人的债权具有对抗第三人的效力，即排他性，拆迁人出卖拆迁补偿安置协议的标的物补偿安置房屋给第三人的行为为侵权行为，即使第三人办理房屋所有权转移登记，被拆迁人也可基于特种债权的物权优先效力，请求撤销登记，优先取得拆迁补偿安置房屋，第三人的物权变动不得对抗被拆迁人的物上请求权。唯有此，才可确保被拆迁人债权的安全，保障实现居者有其屋的社会目标。同时，由于被拆迁人已按协议约定支付了大部甚至全部房款，且具有物权的对世效力，因此，没有行使期限的限制。至于拆迁人与第三人之间的买卖合同效力则不因物权变动被撤销而无效，它对拆迁人和第三人均有约束力，在第三人无法取得房屋时，可依据本解释第八条规定，向拆迁人主张违约赔偿责任。

本解释之所以将被拆迁人享有的债权规定为特种债权并赋予物权优先效力，理由如下：

1. 从拆迁法律关系看，拆迁人与被拆迁人在拆迁活动中的法律地位虽然是平等的，但在经济地位、参与拆迁的主动性上，拆迁人的经济实力强大，属于强势群体，被拆迁人是经济实力较弱的分散个体，属于弱势群体；拆迁人是有计划、有准备地参与拆迁活动，是拆迁程序的启动者，而被拆迁人是被动地加入到拆迁活动中，对拆迁程序的运行没有控制权；在订立拆迁补偿安置协议时，拆迁人处于主动地位，被拆迁人处于被动地位。因此，在城市房屋拆迁过程中，相关的法律、法规都是侧重于对被拆迁人利益的保护。如果被拆迁人的合法利益得不到有效保护，就会对拆迁产生抵触情绪，不但会影响拆迁活动有序进行和城市建设的发展，还会造成严重的社会问题。这已是不争的客观事实。

2. 虽然从民法、合同法理论上讲，债权不具有排他性，实行债权平等原则，债权没有优先效力，不因债权成立的先后而效力不同。但各国为了推行人道主义社会政策、促进社会福利、维护社会公共利益，通过法律赋予某些债权优先效力。《法国民法典》《日本民法典》等国都对特种债权的优先权有明确规定。《法国民法典》第2095条规定，“优先权，为按债务的性质，而给予某一债权人先于其他债权人、甚至抵押权人而受清偿的权利”。这虽是对优先权的定义，但可以看出是赋予某些债权优先效力的规定。这些具有优先效力的特种债权，《日本民法典》第303条称之为先取特权。我国《合同法》《海商法》《破产法（试行）》规定的建设工程价款、船员工资、海难救助款、工人工资、劳动报酬、保险费用等也都是特种债权，此外我国《民用航空法》第十九条、《商业银行法》第七十一条、《保险法》第八十八条、《公司法》第一百九十五条、《合伙企业法》第六十一条、《个人独资企业法》第二十九条、《最高人民法院关于适用〈中华人民共和国合同法〉若干问题的解释（一）》第十九条等法律、司法解释等也都赋予了某些特种债权具有优先效力，以保障某些特种债权得以优先实现，体现对弱势群体的保护。由于特种债权优先权具有特殊性，各国法律在赋予某些特种债权优先效力时均采取列举的方式，予以严格限定。鉴于此，本解释在对被拆迁人所享有的特种债权赋予物权优先效力时，也不是针对所有的拆迁补偿安置协议，而是明确限定为只有约定采取房屋所有权调换形式，并且对补偿安置房屋的位置、用途作出具体明确约定的拆迁安置补偿协议，被拆迁人享有的债权才为特种债权并享有物权优先的效力。对于就拆迁补偿安置用房约定不明确具体的被拆迁人的债权，则不能作为特种债权，只能认定为普通债权。因只有对协议的标的物即补偿安置用房进行明确具体的约定，使其特定化，才符合物权客体特定性的特征，权利才有明确的支配目标，诉讼请求也才能够具体确定。否则，没有具体的诉讼请求既无法确定权利客体，也不符合《民事诉讼法》规定的起诉条件，当然就更谈不到优先的问题。

从物权法定原则出发，物权应由法律予以规定，但在具体适用中不能过于僵化。因法定只是相对于约定而言的，物权作为社会经济生活关系的反映，其本身是极为复杂的，仅仅依靠法律规定来确认所有的物权是不可能的，而且我国正处于社会转型时期，社会经济生活发展变化十分迅速，各种新型物权也将随之应运而生，法律因其具有稳定性的特点，难以及时地通过修改、补充来反映实践中已广泛存在的物权现象。所以，作为我国最高审判机关的最高人民法院完全可以根据审判实践情况通过司法解释方式创设物权。物权法定原则在大陆法和英美法国家也不都是绝对适用，都有最高审判机关以判例形式确认物权的先例，如日本最高裁判所就有通过判例来确认物权的实例。《中国物权法草案建议稿》（王利明主编）第三条规定：“依法规、司法解释而形成的物权，如具有相应的公示方法可以认定其效力。”由此可见，学术界也已逐步对物权法定原则有了新的突破性认识，这也是符合社会客观实际情况和发展趋势的。

3. 拆迁补偿安置协议作为一种特殊的买卖合同，是双方当事人约定，拆迁人以其建造或购买的产权房屋与被拆迁人享有所有权的被拆迁房屋进行调换产权的协议。在此协议中，被拆迁人丧失的是现存的房屋所有权，而拆迁人提供的补偿安置房屋则是尚未建成或易地购买的房屋，这本身对被拆迁人就是不公平的，对被拆迁人也是极为不利的。对于绝大多数的被拆迁人来说，房屋是其安身立命之根本，是其最基本的生活资料。被拆迁人失去的是其赖以生存的房屋所有权，而享有的却是一种吉凶未卜的期待权，这直接影响到其生存居住的基本人权。市场经济的发展和公平、公正的原则要求对弱者给予特别保护。拆迁活动过程中，被拆迁人利益屡受侵害，纠纷不断。但由于现行法律缺乏相应的规定，被拆迁人的合法权益得不到切实有效的保障。为此，本解释借鉴国内外立法，将被拆迁人享有的债权作为一种特种债权，并赋予其物权优先效力，也是落实保护弱势群体原则的具体体现，更是我国全面建设小康社会，提供全社会福利水准的必然要求。

根据物权法理论，被拆迁人对拆迁补偿安置房屋所享有的物权优先效力可自由处分，即被拆迁人有权按照其意愿和实际情况，既可请求行使优先权，也可放弃该权利。因此，本条第二款规定，被拆迁人请求解除拆迁补偿安置协议的，按照本解释第八条规定处理。这就可对被拆迁人予以全方位的保护。

第八条 ［恶意违约与惩罚性赔偿］

具有下列情形之一，导致商品房买卖合同目的不能实现的，无法取得房屋的买受人可以请求解除合同、返还已付购房款及利息、赔偿损失，并可以请求出卖人承担不超过已付购房款一倍的赔偿责任：

（一）商品房买卖合同订立后，出卖人未告知买受人又将该房屋抵押给第三人；

（二）商品房买卖合同订立后，出卖人又将该房屋出卖给第三人。

本条是对因出卖人恶意违约导致合同解除的处理规定。

本解释在对因违约导致合同解除的后果处理上，除适用《合同法》规定的违约责任形式外，还特别增加了对出卖人的恶意违约行为的惩罚性赔偿责任。本条规定了应当适用惩罚性赔偿责任的两种恶意违约行为，即出卖人先卖后抵和一房数卖两种恶意违约情形。司法实践中，出卖人先卖后抵、一房数卖的情况较为普遍，严重损害了广大买受人的利益，而现行民事立法对此没有有效的处理规定，造成大量纠纷出现，影响了社会经济发展和社会秩序的安定，现就此两种情况分述如下。

一、先卖后抵

先卖后抵是指出卖人与买受人订阅商品房买卖合同后，为获取建设资金，在尚未转移房屋所有权与买受人之前，又将该房屋抵押给第三人的行为。房地产开发是一项耗资大、收益高、风险大的商业经营行为，房地产开发企业在开发经营过程中，为了尽快收回资金，降低风险，往往多采取房屋预售的方式进行融资，同时也有进行房屋现售的。根据《城市房地产管理法》第四十四条规定，房地产开发企业只要具备以下四个条件即可预售：（1）已交付全部土地使用权出让金，取得土地使用权证书；（2）持有建设工程规划许可证；（3）按提供预售的商品房计算，投入开发建设的资金达到工程建设总投资的25%以上，并已经确定施工进度和竣工交付日期；（4）向县级以上人民政府房产管理部门办理预售登记，取得商品房预售许可证明。第三十八条规定，现房销售的，应当持有房屋所有权证书。本解释第二条也规定，房地产开发企业只要取得商品房预售许可证明，即可认定商品房预售合同有效。买卖合同作为诺成性合同，当事人双方就买卖房屋的意思表示达成一致即可有效成立。有效成立的合同对当事人具有约束力，合同确定的当事人权利义务受法律保护，任何一方当事人未按合同约定履行义务，应承担违约责任。

实践中有一些房地产开发企业为取得进行下一步房地产开发项目的启动资金，填充投资缺口，往往在商品房买卖合同签订后，房屋所有权尚未转移给买受人之前，又将该房屋作为抵押物抵押给银行而获取贷款。《最高人民法院关于适用〈担保法〉若干问题的解释》第四十七条规定："以依法获准尚未建造的或者正在建造中的房屋或者其他建筑物抵押的，当事人办理了抵押物登记，人民法院可以认定抵押有效"。也就是说，房地产开发企业以期房或者现房进行抵押的，只要房屋所有权没有转移给买受人前，依法办理抵押登记手续的即可认定抵押合同有效成立。这样，在同一房屋之上，就同时设立存在着买受人的债权和银行的抵押权。根据《民法通则》第八十九条、《担保法》第三十三条规定，抵押是指债务人或者第三人不转移对特定财产的占有，将该财产作为债权担保的行为。在债务人不履行债务时，债权人依照法律规定，可以对债务人或者第三人提供的作为债权担保的特定财产以折价或者拍卖、变卖所得价款优先受偿，这就是抵押权。抵押权作为一种担保物权，依据物权优先于债权的原则，在房地产开发企业不履行偿还贷款义务时，可对该抵押房屋的折价、变卖的价款优先受偿，而买受人因其通过商品房买卖合同对该房屋享有的只是债权请求权，没有对抗第三人的效力，也不能请求免除设定于房屋之上的抵押负担。这种情况下，买受人的债权处于一种极为不稳定的地位，只要房地产开发企业不履行到期贷款债务，银行就可对该抵押物的房屋行使抵押权，请求优先受偿，而买受人的债权无法实现，只能依据《合同法》请求违约赔偿或者解除合同。《合同法》第一百零七条规定："当事人一方不履行合同义务或者履行合同义务不符合约定的，应当承担继续履行、采取补救措施或者赔偿损失等违约责任"，第九十四条第四项规定："当事人一方迟延履行债务或者有其他违约行为致使不能实现合同目的的"，相对方即可有权解除合同，这也是一种法定的解除权。如买受人不愿解除合同，房地产开发企业也有相应能力的，买受人也可向房地产开发企业请求其继续履行、采取补救措施或者赔偿损失。从司法审判实践情况看，出卖人将出卖给买受人的房屋另行抵押给第三人，往往会导致买受人无法取得房屋、合同目的不能实现，严重损害了买受人的合法权益。这种行为与因客观原因而不能履行合同的违约行为有本质区别，属于恶意违约，应予制裁。

二、一房数卖

一房数卖为一物数卖的一种形式，也称二重买卖，是指出卖人就同一房屋订立数个买卖合同，分别出售给数个买受人的行为。包括两种情况，一种是出卖人尚未将房屋所有权转移给前买受人之前，又将该房屋出卖；另一种是出卖人已将房屋交付并转移所有权给前买受人后，又签订买卖合同出卖该房屋。对此，正如王泽鉴先生所言，一物数卖，自古有之，在物价波动之际，最为常见，而此实多出于出卖人罔顾信用，图谋私利。[①] 同理，我国商品房市场存在着的一房数卖现象也就不过是一物数卖的自然延续。对一房数卖行为，最为重要的就是数个买卖合同的效力、标的物所有权的最终归属以及先行订立买卖合同的买受人，作为特定物债权的债权人能否行使撤销权，以保全自己的债权等问题。

（一）数个买卖合同的效力问题

对此问题的解决，因不同的国家和地区的立法不同而有所差异。以大陆法系国家的立法为例，作如下说明。《法国民法典》因采取债权意思主义的物权变动模式，着重将特定物的交易作为物权交易规制的背景，认为生效的债权合同既可以作为债权变动的法律事实，又可以作为引起物权变动的法律事实。根据《法国民法典》第1583条规定“当事人就标的物及其价金相互同意时，即使标的物尚未交付、价金尚未支付，买卖合同即告成立，而标的物的所有权亦于此时在法律上由出卖人转移于买受人”，出卖人与前买受人订立买卖合同后，如标的物为现实特定物，无论是否转移标的物的占有或者办理相应的登记手续，标的物所有权即移转归买受人所有。出卖人就同一标的物再行与他人订立买卖合同时，即为出卖他人之物的买卖。《法国民法典》第1599条规定，出卖他人之物的买卖合同为无效合同。第1138条规定，如标的物为特定的未来物，出卖人与前买受人订立的买卖合同成立时尚不发生标的物所有权的移转，此时出卖人就同一未来物与他人再行订立合同的，非为出卖他人之物，该买卖合同得成为生效的买卖合同。

采取物权形式主义的物权变动模式的《德国民法典》则是以种类物和未来物的交易作为物权交易规制的重点，且区分债权变动与物权变动不同的法律事实。认为债权合同仅产生债权的享有和债务的承担，是一种负担行为，只可作为债权变动的法律事实基础。若欲发生物权变动的法律效果，还需要在债权合同之外，有专以引起物权变动的物权合同，该物权合同为物权合意与交付或者当事人申请登记行为的

---

① 王泽鉴：《民法学说与判例研究》（第4册），中国政法大学出版社1998年版，第162页。

结合，称为处分行为。在此物权变动模式下，当出卖人与前买受人订立买卖合同后，如未进一步借助物权合同转移标的物所有权于买受人，出卖人仍是标的物的所有权人，无论出卖人就同一标的物订立多少买卖合同，也均为有效合同。如出卖人借助物权合同将标的物所有权转移给前买受人后，又就同一标的物与他人签订买卖合同的，就是出卖他人之物的买卖合同。由于物权形式主义的物权变动模式下的债权合同与物权合同相互独立，债权合同仅能引起债权变动效果，并不引起物权变动的效果，因此，出卖人出卖他人之物，并不对债权合同效力产生影响，数个买卖合同均为有效，只是使得物权合同的效力成为效力待定。

根据我国《民法通则》第七十二条、《合同法》第一百三十三条规定，标的物的所有权自标的物交付时起转移，但法律另有规定或者当事人另有约定的除外。另据《城市房地产管理法》第六十条及《城市房地产开发经营管理条例》《城市私有房屋管理条例》等法律法规规定，房屋所有权转移、变更应当办理登记。依此规定，动产买卖标的物所有权的转移以交付为准，不动产买卖标的物房屋的所有权移转以登记为准。这从法学理论讲，我国民事立法采用的是债权形式主义的物权变动模式。此模式的特点是：一方面区分债权变动与物权变动的法律事实基础，认为当事人之间生效的债权合同仅能引起债权变动的法律效果，即生效的债权合同结合交付或者登记手续的办理，方能发生物权变动的法律效果。另一方面，它并认可在债权合同之外独立存在有引起物权变动的物权合同，认为交付或者登记手续的办理只是事实行为。因此，在此模式下，当出卖人与买受人订立买卖合同后，如未向买受人交付标的物或者办理登记手续，标的物所有权就不发生转移。此时，作为标的物所有权人的出卖人就同一标的物与其他人另行订立的买卖合同均为有效合同。在出卖人将标的物交付于前买受人或者办理登记手续后，买受人取得标的物所有权，成为所有权人，如出卖人又就该标的物与他人签订买卖合同的就是出卖他人之物的无权处分行为。对出卖他人之物的买卖合同效力，学术界和实务界都有分歧。主要有三种观点：一是无效说。认为我国《合同法》第一百三十二条第一款“出卖的标的物，应当属于出卖人所有或者出卖人有权处分”的规定为强制性规定，依据《合同法》第五十一条第五项的规定，违反强制性规范的合同为无效合同。二是效力待定说。认为出卖他人之物的买卖合同属于《合同法》第五十一条所规定的无权处分合同，依据该条规定：“无处分权的人处分他人财产，经权利人追认或者无处分权的人订立合同后取得财产权利的，该合同有效”。三为有效说。此说又有两种主张，一是主张我国应采取物权行为理论，认可负担行为与处分行为的区分，从而使出卖他人之物的买卖合同成为生效合同。① 二是认为在我国立法采取的债权形式主义的物权变动模式下，债权合同效力的发生并不直接引起物权变动的法律效果，物权变动法律效果的发生，须以生效的债权合同与交付行为或者登记行为的法律事实构成为前提。因此，买卖合同中，标的物所有权能否发生转移，是出卖人能否依约履行合同的问题。申言之，出卖人是否享有标的物的处分权，在逻辑上直接影响的是出卖人能否依约履行自己移转标的物所有权于买受人的合同义务，故不能因为出卖人无法履行合同义务，就否认买卖合同的效力。至于《合同法》第一百三十二条第一款的规定，只是倡导性规范的范畴。《合同法》第五十一条的规定，并非我国《合同法》上有关无权处分合同的一般规定，而是当当事人就动产标的物所有权的移转特别约定采用债权意思主义的物权变动模式时，有关出卖他人之物买卖合同效力的规定。② 我们认为，根据现行法律规定和司法审判实务的一般做法，对无权处分的效力倾向于效力待定。因无权处分的效力问题是深层次的理论问题，学术界也是仁智各见，且不是本解释需解决的问题，这里不作深入说明。

（二）买卖合同标的物所有权的归属

与上述各国立法所采认的不同物权变动模式，买卖合同标的物所有权的归属也有所不同。在《法国民法典》债权意思主义的物权变动模式下，如标的物为未来物，因数个买卖合同均为有效合同，出卖人对数个买受人都负有交付同一未来物的义务。一旦该未来物成为现实物，先行取得标的物占有的买受人即取得标的物的所有权。即使前买受人的买卖合同订立在先，但是只要出卖人将标的物的占有转移给后买受人时，并且后买受人为善意，后买受人即为标的物所有权人，并可对抗其他买受人。未能取得标的物所有权的其他买受人得向出卖人主张违约责任的承担。出卖他人之物的买卖合同虽未能发生相应的效力，只要出卖人尚未移转标的物的占有于前买受人，后买受人亦可基于《法国民法典》第2279条第1款规定“对于动产，自主占有具有与权利证书相等的效力”，取得标的物的所有权。未能最终取得标的物的先买受人得向出卖人主张违约责任的承担。在《德国民法典》物权主义的物权变动模式下，一物数卖的数个买卖合同都得成为生效的买卖合同，数个买受人的债权一律平等，借助物权合同取得标的物所有权的买受人为标的物所有权人，未能取得标的物所有权的买受人得向出卖人主张违约责任的承担。

在我国的债权形式主义的物权变动模式下，因无论出卖人是有权处分还是无权

---

① 梁慧星：《如何理解〈合同法〉第51条》，载《人民法院报》2000年1月8日；张谷：《略论合同行为的效力》，载《中外法学》2000年第2期。

② 王轶：《论无权处分行为的效力》，载《中外法学》2001年第5期。

处分，数个买卖合同均为有效，所以，先取得标的物占有或者先办理登记手续的买受人得取得标的物的所有权，但出卖人与取得标的物所有权的买受人恶意串通的除外，未能取得标的物所有权的买受人得向出卖人主张违约责任的承担。在出卖人尚未对所有买受人交付标的物或者办理登记手续之前，数个买受人同时行使请求权向人民法院诉讼的，人民法院应将房屋判决先行交付给先行订立买卖合同的买受人。

（三）特定物债权债权人的撤销权问题

先行与出卖人订立买卖合同的买受人，在后买受人取得标的物所有权的情况下，能否行使债权人的撤销权，撤销出卖人与后买受人之间的买卖合同，以保全自己的债权。对此，各国也有不同规定。在法国，多数学者采否定见解。认为《法国民法典》第1382条“任何行为致他人受到损害时，因其过错致行为发生之人，应对该他人负赔偿责任”的规定，可使先买受人的损害得到补救。日本对此问题经历了一个反复的过程，司法实务界最初依据《日本民法典》第424、425条规定，认为在一物数卖情形，当出卖人将标的物交付给后买受人时，先买受人仅可对于无给付能力的出卖人为损害赔偿请求。该见解受到学者批评，学者认为，此时仅承认先买受人有债务不履行的损害赔偿请求权，对其并无实益。除允许其行使撤销权外，无其他保全方法。司法实务界一度接受了学者的意见，并出现对不动产一物数卖认可对出卖人与后买受人的买卖合同得以诈害行为为由予以撤销的判例，认为特定物债权人为保全自己的特定物债权的实现，可以行使撤销权。[①] 但嗣后又出现了否定特定物债权人可以行使撤销权的判例。根据1919年联合判决，仅承认为保全共同担保的撤销权，不允许为保全特定债权而行使撤销权。但随后，该见解又受到批评。最后日本最高裁判所在一判决中认为，债权人的撤销权系以保全总债权人的共同担保为目的的制度，从而即使为特定物权交付之请求权，如其标的物为债务人所处分并因而成为无给付能力时，该特定物债权人可以处分行为系诈害行为将其撤销。此项债权最终将变为损害赔偿债权，与金钱相同，应由债务人的一般财产予以担保。我国台湾地区“民法典”第244条明确仅有有害于以给付特定物为标的物的债权，不得适用撤销权的规定，其理由为：关于撤销权的规定是以保障全体债权人的利益为目的，非为确保特定债权而设。我国《合同法》第七十四条明文规定债权人撤销权制度，该条虽未明确规定特定物债权的债权人不得单纯为保全自己的债权行使撤销权，但通说一致认为，债权人行使撤销权恢复责任财产，是保全全体债权

① ［日］1903年12月3日大民判，载民录8辑11卷，第9页，参见王轶：《论一物数卖》，载《民商法学》2002年第12期。

人的利益。且撤销权的效力在于直接变更债务人意思表示的效果，对第三人利益影响甚巨。倘在债务人尚有足够资力履行债务，并未对债权秩序造成根本性威胁的情况下，仅因个别债权问题，而无限制地允许特定物给付行为的撤销，显然逾越撤销权制度的原有机能，不利于交易安全的维系。故唯有当特定物债权转换为损害赔偿债权后，债务人的总资力不足以清偿时，始有撤销权的发生。①

三、出卖人的责任

如前所述，买受人对出卖人先卖后抵、一房数卖的违约行为，得以依据《合同法》第一百零七条、第九十四条的规定，请求出卖人承担违约责任或者请求解除合同。

（一）出卖人的违约责任

《合同法》第一百零七条规定："当事人一方不履行合同义务或者履行合同义务不符合约定的，应当承担继续履行、采取补救措施或者赔偿损失等违约责任。"所谓继续履行，也称为实际履行、强制履行、依约履行，作为一种违约后的补救方式，是指非违约方请求违约方按照合同约定的标的履行合同义务，而不能以其他标的加以代替。在一物数卖的情况下，因数个买卖合同的标的物均为特定物，就同一特定标的物出卖人是无法多次履行的，特别是房屋买卖合同，因房屋的不可移动性，使得一房数卖的出卖人在承担继续履行责任时，成为法律上和事实上的履行不能。根据《合同法》第一百一十条规定，当事人非金钱债务或者履行非金钱债务不符合约定，对方要求履行时，法律上或者事实上不能履行的可免除违约方继续履行的责任。因此，一房数卖的情况下，出卖人一般是无法承担继续履行的违约责任的。而在出卖人先抵后卖的情况下，是可以承担继续履行的违约责任的，如出卖人可另行提供其他财产作为抵押物而除去设定在所售房屋上的负担，或者出卖人按期返还等额贷款涤除抵押。采取补救措施是指在当事人一方不适当履行合同的情况下，相对方可以合同选择要求其承担修理、更换、重作的责任。在民法上，修理又称为消除缺陷，更换、重作又称为另行给付。一房数卖的情况下，无法取得房屋的买受人是无法请求出卖人承担修理责任的，但可请求出卖人承担另行给付的责任。如经买受人同意，出卖人可以其他房屋实现买受人的债权。在先抵后卖的情形下，买受人同样可以请求出卖人采取提供其他担保物或者返还等额贷款等补救措施，使

① 崔建远主编：《合同法》，法律出版社2000年修订版，第132页；胡康生主编：《中华人民共和国合同法释义》，法律出版社1999年版，第125页。

其实现合同目的。这里的赔偿损失也称为违约损害赔偿，是指违约方对因其不履行或不完全履行合同义务而给对方造成的损失，按照约定或者法律规定应承担的赔偿责任。根据《合同法》第一百一十三条规定："当事人一方不履行合同或者履行合同不符合约定，给对方造成损失的，损失赔偿额应当相当于因违约所造成的损失，包括合同履行后可以获得的利益，但不得超过违反合同一方订立合同时预见到或者应当预见到的因违反合同可能造成的损失。"可见，违约损害赔偿是以赔偿非违约方实际遭受的全部损害为原则，其中包括可得利益的损失，只有赔偿全部损失，才能使其在经济上得到相当于合同得到正常履行时的同等收益。实际遭受的损失无法确定的，可参照违约方因违约所获得的利润确定。

（二）合同解除后出卖人应承担的责任

1. 合同解除

合同解除是大陆法系和英美法系《合同法》的一项基本制度，有广义和狭义之分。广义的合同解除是指合同成立后、履行或者完全履行前，基于双方当事人合意或者因当事人一方的意思表示，使合同关系提前归于消灭的行为。它包括双方协议解除和一方行使法定或者约定的解除权解除合同。狭义的合同解除，仅指当事人一方通过行使法定或者约定的解除权，使合同归于消灭的行为。大陆法系国家多采用狭义的合同解除，认为协议解除是合同自由原则的本来之义，无需再加以规定。英美法系的合同解除有两种含义，在广义上使用则与合同消灭同义，狭义上使用，则与大陆法系的合同解除相同。[①] 根据我国《合同法》第九十三条、第九十四条、第九十七条规定和学术界的通说，所谓的合同解除，是指合同有效成立后，当具备合同解除条件时，因当事人双方或者一方的意思表示而使合同关系自始消灭或者向将来消灭的一种行为，包括协议解除、约定解除、法定解除三种方式。协议解除是当事人双方在合同履行过程中，协商一致实合同归于消灭的行为，只要协议内容不违反法律规定，不损害国家、集体、他人和社会公共利益，即为有效。约定解除是当事人双方事先在合同中约定一方解除合同的条件，在约定的条件成就时，享有解除权的人即可解除合同的行为。法定解除是指在合同有效成立后，没有履行或者尚未全部履行以前，当法律规定的合同解除事由出现时，当事人一方依据法律规定解除合同的行为。其特点在于由法律直接规定合同解除的条件，当该条件出现时，当事人可依据法律直接行使解除权将合同解除，而无需征得对方同意。[②] 根据《合同

① 周林彬：《比较合同法》，兰州大学出版社 1989 年版，第 323 页。

② 王利明、崔建远：《合同法新论·总则》，中国政法大学出版社 1996 年版，第 457 页。

法》第九十四条的规定，合同解除的法定事由有5种情况：(1) 因不可抗力致使不能实现合同目的；(2) 预期违约的；(3) 迟延履行主要债务，经催告后在合理限期内仍未履行；(4) 当事人一方迟延履行债务或者有其他违约行为致使不能实现合同目的；(5) 法律规定的其他情形。从法定的5种情形看，主要是“违约方不履行主要债务”或者“使合同目的不能实现”的根本违约的行为。可见，我国《合同法》对解除合同的法定条件是严格限制的，除此之外的当事人一般违约行为则不能解除合同。

根本违约是从英美法系国家的合同判例中形成的一种特殊违约形态。英国《合同法》认为违约必须是带有根本性的，也就是它必须“影响合同的非常实质部分”或“妨碍商业的投机目的”，解除合同才具有合法性。根据《联合国国际货物销售合同公约》第25条规定，所谓根本违约，是指一方当事人违反合同的结果，使另一方当事人蒙受损失，以至于实际上剥夺了他依据合同有权期待得到的利益。《国际商事合同通则》第7.3.1条第（2）款具体列举了5种根本不履行的情况，如不履行实质性地剥夺了另一方期待的利益；不履行的是合同的实质内容；不履行是违约方的故意；不履行使受害方因此不能信任另一当事人的未来履行；如合同终止，不履行方当事人会因已准备或已履行而遭受不相称的损失等。我国《合同法》借鉴上述规定，将根本违约的判断标准限定为：违约方的违约行为是否违反了合同的主要义务；违约行为是否使另一方订立合同的目的不能实现。法定解除事由的确定，不仅要体现《合同法》保护合同当事人权益的保护功能，也要体现鼓励当事人从事自愿交易行为的鼓励交易功能。买受人在通过请求出卖人承担违约责任仍无法取得房屋，房屋买卖合同目的无法实现的情况下，出卖人的先卖后抵、一房数卖行为即构成根本违约，导致买受人的合同目的落空。根据《合同法》第九十四条第四项“当事人一方迟延履行债务或者有其他违约行为致使不能实现合同目的”的规定，买受人可以请求解除买卖合同。

2. 合同解除的法律后果

如上述，合同解除使当事人权利义务关系消灭，但消灭的效力是溯及既往，还是仅指向未来，这关系到当事人在合同解除后的责任承担问题。合同解除如有溯及力，当事人就要对已经履行的部分承担恢复原状的责任；如仅指向将来，则不发生恢复原状的责任承担。对合同解除是否具有溯及力，各国主要有两种立法，一种是合同解除具有溯及力；另一种是没有溯及力。大陆法系国家的立法规定基本一致，均采取合同自始无效的原则，认为合同的解除有溯及力，双方当事人的法律关系恢复到订立合同之前的状态。合同未履行的不再履行；已经履行的，则双方应相互返还财产、恢复原状。《法国民法典》第1183条规定，“解除条件是指，在条件成就之时，即可撤销债之关系并使标的物恢复至如同此前并不存在债之关系的状态。解除条件并不停止债的履行；此种条件仅使债权人在条件规定的事件发生时，有返还其已所收之物的义务”，《德国民法典》第346条也有类似规定。美国法也认为，合同的解除使原来订立的合同不复存在，因而在经济上应恢复到合同订立之前的状态。当一个合同被解除时，恢复原状应成为违约救济的原则。[①] 而英国法则采取没有溯及力的态度，认为由于违约造成的解除合同，并不使合同自始无效，而只是指向将来，即只是在解除合同时尚未履行的债务不再履行。至于已经履行的债务原则上不产生返还的问题。因此，任何一方当事人原则上都无权要求取回已交给对方的财产或已付给对方的金钱。解除合同是一方当事人由于对方的违约行为所产生的一项权利，基于此项权利他可以不再受合同的拘束。但是，英国法在解除合同时，对于已经履行义务的一方当事人，允许其提起按付出价值偿还之诉。[②]《联合国国际货物销售合同公约》第81条规定宣告合同无效的法律后果：“（1）宣告合同无效解除了双方在合同中的义务，但应负责的任何损害赔偿仍应负责。宣告合同无效不影响合同中关于解决争端的任何规定，也不影响合同中关于双方在宣告合同无效后权利和义务的任何规定。（2）已全部获局部履行合同的一方，可以要求另一方归还他按照合同供应的货物或支付的价款。如果双方都须归还，他们必须同时这样做。”由此可知，该《公约》规定的解除合同效力既指向未来，又溯及既往，具有双重效力。

从我国《合同法》第九十七条“合同解除后，尚未履行的，终止履行；已经履行的，根据履行情况和合同性质，当事人可以要求返还恢复原状、采取其他补救措施，并有权要求赔偿损失”的规定看，对合同解除的法律后果并没有采取一概而论的做法。首先，尚未履行，终止履行，明确合同解除指向将来。其次，根据履行情况和合同性质再行恢复原状，这又是规定合同解除具有溯及既往的效力。据此，对连续性的合同解除一般没有溯及力，如租赁、借用、消费信贷等连续性合同以及劳务、委托合同均不宜具有溯及力；非连续性合同则应具有溯及力。这就便于根据合同履行情况和合同性质对纠纷作出具体灵活的处理。

3. 合同解除的责任形式

根据《合同法》第九十七条“合同解除后，尚未履行的，终止履行；已经履

① 王军：《美国合同法》，中国政法大学出版社1996年版，第323页。

② 张菊辉等：《国际商事法律理论与实务》，中山大学出版社1995年版，第216页。

行的，根据履行情况和合同性质，当事人可以要求返还恢复原状、采取其他补救措施，并有权要求赔偿损失”的规定，合同解除后的责任形式为恢复原状、采取其他补救措施、赔偿损失。当事人承担的责任形式又取决于对合同解除的溯及力问题。买卖合同解除后，具有溯及效力的，应当承担恢复原状的责任。无溯及力的，当事人对已经履行的部分就不负恢复原状的义务，也就不存在恢复原状的责任问题。房屋买卖合同作为非继续性合同，合同解除应当具有溯及力。这就决定了恢复原状称为房屋买卖合同解除后的首要责任形式。恢复原状与合同解除的溯及力是一个问题的两个方面，具有因果关系。合同溯及地解除是导致恢复原状的原因，而恢复原状则是合同溯及解除产生的必然结果。只有在合同已经部分履行且被解除的情况下才会发生恢复原状的结果，如果合同尚未履行即被解除则不会出现恢复原状。恢复原状作为解除合同一方当事人的一项权利，在房屋买卖合同被解除后，买受人当然可以请求出卖人承担恢复原状的责任。但对恢复原状包含的内容上，学术界和实务界均有分歧。一种意见认为，恢复原状应包括买受人已经支付给出卖人的购房款本金和利息以及为购买房屋所支出的相关费用。另一种意见认为，恢复原状只包括买受人已付的购房款，而利息及其他费用则属于实际损失范围。我们认为，上述观点均欠妥，恢复原状是因合同的解除使当事人基于合同产生的权利义务关系恢复到合同订立前的状态。购房款是买受人基于买卖合同约定而支付给出卖人的，自然应当予以返还，但利息是否随本金返还，以下述之。从物权法理论对物的分类看，购房款本金应为原物，利息为孳息，原物为孳息所从出之物，孳息为由原物所生之物或收益，分为天然孳息和法定孳息。利息为依据法律直接规定所得的法定孳息。依据近现代各国民法，法定孳息按权利存续期间的日数而取得，权利存续一日，即取得一日之孳息，权利消灭，收取孳息之权利也随之消灭。以此得知，法定孳息随原物转移，在买卖合同解除后，出卖人返还购房款时，其已无权占有法定孳息，孳息自应随原物返还给所有权人。至于买受人为订立、履行合同所支出的其他费用，因非合同约定的事项，不属于恢复原状的内容，应作为实际损失看待。因此，本解释规定的恢复原状，明确返还购房款本金及利息。

采取其他补救措施的责任形式主要在履行不符合约定的情况下适用，在合同解除后的情况下，它是指为尽量减小和避免扩大因合同解除所造成的损失，违约方应采取的妥善补救措施，否则违约方对因此增加的损失承担赔偿责任。在房屋买卖合同解除的情形，采取补救措施不是主要责任形式，因此，本解释没有明确规定，但并不排斥适用。

损害赔偿，又称为赔偿损失，是指违约方以支付金钱的方式弥补受损害方因违约行为所减少的财产或者所丧失的利益，包括所受损失和可得利益。但对合同解除与赔偿损失责任能否并列适用问题，曾有分歧，各国立法也有不同规定。如《德国民法典》第325条、326条规定，受损方只能在解除合同与损害赔偿之间选择一种救济方法，而不能同时行使两种权利。而法国、日本、瑞士等其他大陆法系国家则规定，一方当事人行使解除合同的权利，并不妨碍其请求损害赔偿。英美法认为，当一方当事人违反条件或构成重大违约时，对方可以解除合同并可请求损害赔偿。《联合国国际货物销售合同公约》采纳了大多数国家的做法，规定解除合同不影响损害赔偿的请求权行使。我国学术界对此也存有异议。反对意见认为，合同被解除后，双方当事人的权利义务关系恢复到订约前的状态，从而使不履行合同而产生的损害赔偿失去依据，因此，合同解除与损害赔偿不能同时并存。赞成意见认为，因当事人一方债务不履行给对方造成的损害独立于合同而存在，因此合同解除与损害赔偿可以同时并存。[①] 我国《民法通则》第一百一十五条明确规定："合同的变更或者解除，不影响当事人要求赔偿损失的权利"。《合同法》第九十七条也规定合同解除后，当事人可以请求赔偿损失。可见，我国是与大多数国家立法一致的，承认合同解除与损害赔偿同时并存。但对合同解除的损害赔偿的范围分歧较大。有的认为，合同解除的损害赔偿是对全部损失的赔偿，包括所受损失和可得利益；也有认为，损害赔偿仅仅是对恢复原状而发生的。我们认为，根据《民法通则》和《合同法》有关规定和损害赔偿理论，合同解除后的损害赔偿首先应包括因恢复原状而发生的损害，因合同解除的法律效果就是要将当事人之间的权利义务关系恢复到合同订立前的状态，恢复原状作为合同解除的首要责任，其目的就在于通过当事人之间相互返还已履行的财产，恢复到当事人的财产原始状况。如通过返还财产的办法仍不足以使当事人的财产关系恢复到原来状态，还有因订立、履行合同或返还财产等实际支出的费用，就需借助损害赔偿予以补救。这些费用主要为因返还财产支出的必要费用、为订立合同或履行合同而造成的财产实际损失等，也即所受损失。但解除合同的损害赔偿不包括对可得利益损失的赔偿。根据《合同法》第一百一十三条规定，可得利益是在合同完全履行的情况下才能产生，只是在当事人一方不履行合同义务或者履行不符合约定，相对方请求人民法院强制违约方履行时应承担的赔偿责任，可得利益的取得是以合同双方继续履行为前提的。在合同解除的情况下，表明守约当事人不愿继续履行合同，放弃了可得利益，因此，赔偿损失范围内不应包括可得利益的损失。

---

① 王利明、崔建远：《合同法新论·总则》，中国政法大学出版社1996年版，第475～476页。

（三）惩罚性赔偿责任

1. 概述

惩罚性赔偿也称为示范性赔偿、惩戒性赔偿、证实性赔偿、报复性赔偿，是指由法庭所作出的赔偿数额超出实际的损害数额的赔偿，[①] 是对于真实赔偿的一种“附加”赔偿。其目的是补偿原告所遭受的、法院所认定的、由被告的违法行为所造成的损害。在实践上，这种赔偿是对被告的一个惩罚。[②] 惩罚性赔偿是与补偿性赔偿密切联系、相辅相成的一项民事法律制度。该制度主要是在美国法中采用的制度，正如美国最高法院曾在一个案件中表示的，该制度已经成为了美国固有的制度。从对惩罚性赔偿制度的历史考证看，该制度最早起源于古巴比伦法律或古希腊、罗马和埃及的法律，其主要功能是惩罚被告、赔偿原告、制裁和遏制不法行为，不仅适用于侵权案件，也适用于合同案件。随着惩罚性赔偿制度的逐步发展，它不仅对英美法国家而且对大陆法国家都产生了影响。[③] 我国从汉代始就已有“加责入官”的制度，至唐、宋形成“倍备”制度，即加倍赔偿，明代则设有倍追钞贯制度，即加倍追罚。尽管这些制度具有强烈的行政惩罚色彩，但以此可见在我国古代就已出现了惩罚性赔偿制度的萌芽。

惩罚性赔偿是要求不法行为人承担超出补偿性赔偿数额的赔偿责任制度，因此，与补偿性赔偿具有密切联系。惩罚性赔偿以补偿性赔偿的存在为前提条件，受害人原则上不能单独请求惩罚性赔偿，许多情况下惩罚性赔偿是在实际损害难以准确确定而通过补偿性赔偿又不足以补偿受害人遭受的损失的情况下适用的。其功能不仅表现为填补受害人的损失，而且主要在于惩罚和制裁严重过错行为，它虽然是以实际损害的发生为适用前提，但不以实际损害为适用的主要条件，而是主要考虑加害人的主观过错程度、动机、赔偿能力等多种因素。因此，惩罚性赔偿以其所具有的赔偿损失、制裁和遏制不法行为等多重功能，不仅为英美法系国家采纳，而且对大陆法系国家的立法和判例也产生了重大影响。如德国出现了惩罚性赔偿的案例，我国则在《消费者权益保护法》第四十九条中首次确立了惩罚性赔偿制度，并在《合同法》第一百一十三条中再一次重申了该项制度。

2. 惩罚性赔偿在合同责任中的适用

惩罚性赔偿制度最初主要适用于侵权案件，后逐渐延伸到合同纠纷。在美国法中，这一制度是被广泛应用于合同纠纷，甚至在许多州，惩罚性赔偿制度主要适用

---

① 王利明：《惩罚性赔偿研究》，载《中国社会科学》2000 年第 4 期。

② 徐爱国：《英美侵权行为法》，法律出版社 1999 年版，第 275 页。

③ 王利明：《违约责任论》，中国政法大学出版社 2003 年修订版，第 568 页。

于合同纠纷。[①] 美国司法部的研究表明，1985 年至 1995 年的 10 年间，惩罚性赔偿在合同领域中的适用是侵权案件的 3 倍。针对我国目前合同责任中能否广泛适用惩罚性赔偿制度，有不同观点。

否定说主张惩罚性赔偿的适用范围应主要适用于侵权责任，在合同责任领域应尽量限制适用。其理由为：（1）违约损害赔偿的主要功能是补偿性，其根本目的是使受害人达到合同在完全履行时的状态，而惩罚性赔偿则是在损害赔偿的基础上再加以惩罚，其功能主要是惩罚和制裁。（2）我国《合同法》在归责原则方面以严格责任为一般原则，以过错责任作为特殊原则。在严格责任原则体系下，重点系强调了违约责任的补偿性。尽管合同责任要考虑过错，但主要不是用来惩罚主观上的严重过错的行为，违约责任也不是针对违约当事人的主观上的严重过错而适用的。违约损害赔偿主要考虑的是违约行为以及违约是否具有正当理由，而不管违约当事人在违约时主观上是故意还是过失，只要无正当理由而不履行合同，都要承担违约责任。违约责任中也没有必要对严重过错行为进行惩罚。（3）违约损害赔偿的范围因仅限于财产损失，同时也有合同作为依据，所以，赔偿数额相对容易确定，一般情况下不需要借助惩罚性赔偿来为受害人提供充足的补救。（4）惩罚性赔偿旨在补偿受害人损失，惩罚过错行为，并不是为了鼓励交易。而合同关系作为一种交易关系，其本质要求当事人在缔约时，对将来可能发生的违约损害赔偿责任有足够的预见性，惩罚性赔偿的发生和数额是当事人无法预见的，因此不利于鼓励交易。

肯定说认为，（1）传统的违约补偿责任是基于民事主体权利义务平等，以及参与市场竞争和利益分配机会大致相当的前提条件而确定的以填补受害人的实际损失为标准的民事制度。但随着社会经济的发展，社会财富逐渐集中到少数人手中，出现了实力雄厚的经济实体，与他人相比永远处于优越的相对人的强者地位，原先假设的社会平衡被破坏。同时格式合同的大量出现，导致实力强大的经济实体往往通过格式合同订入不公平条款，侵害弱势相对人的利益，传统的违约赔偿责任适用的基础受到挑战。（2）传统的违约赔偿是可以填补受害人受到的损失，但补偿只具有事后补救的效果，起不到事先预防的作用。对经济实力强大或者存有恶意的相对人，单纯的补偿不足以遏制再次违约行为的发生，对社会上不特定多数人也不能起到警示作用。（3）从经济分析法学的角度来看，法律行为始终是成本与效益之间的博弈，当做出某种行为所需的成本大于其所预期的收益时，这种行为将受到抑制。因此，当确定的惩罚性赔偿超过因违约所获得的收益时，再次违约在很大程度上将

---

① 王利明：《违约责任论》，中国政法大学出版社 2003 年修订版，第 568 页。

被阻止，从而使法律的权威以及交易秩序和安全得到有力的保护。①

我们认为，根据现行《合同法》的规定，惩罚性赔偿是可以适用于合同领域的纠纷。（1）惩罚性赔偿制度虽是英美法系创设的一项民事制度，但它对大陆法系国家的立法和判例的影响是有目共睹的。1993 年颁布施行的《消费者权益保护法》第四十九条所规定的双倍赔偿就是我国在借鉴英美法国家立法的基础上而确立的一项惩罚性赔偿制度，它开创了我国惩罚性赔偿制度的立法先河，10 年的经验证明，惩罚性赔偿切实地保护了消费者的合法权益，对违法经营行为予以了严厉制裁和遏制。（2）在 1999 年 10 月 1 日起施行的《合同法》第一百一十三条中也明确规定“经营者对消费者提供商品或者服务有欺诈的行为，依照《消费者权益保护法》的规定承担损害赔偿责任”，这就表明了惩罚性赔偿责任已开始进入合同领域的纠纷。（3）从《合同法》第一百一十四条第二款的规定看，法律对当事人在合同中约定的违约金不是过分高于实际损失的情况也予以了认可，而在这高于实际损失的违约金中就包含了对违约方违约行为的惩罚，已突破了传统民法中合同赔偿责任只在填补损失不在惩罚的理念。综上可见，我国立法对惩罚性赔偿责任在合同领域的适用是予以认可的。

当然从《合同法》第一百一十三条规定看，惩罚性赔偿在合同领域的适用是加以严格限制和明确规定的，即它只是适用于经营者对消费者提供商品或者服务有欺诈行为的情形。而对商品房买卖合同能否适用惩罚性赔偿责任则是当前学术界和实务界争论的焦点，也是社会关注的热点问题。对此，在本解释起草过程中也存在分歧。这些争论和分歧主要归结为商品房买卖合同能否适用《消费者权益保护法》第四十九条的规定，由此引发了对商品和消费者的概念、内涵以及双倍赔偿责任的性质等等诸多问题的论证。我们认为，根据现行《合同法》第一百一十三条和《消费者权益保护法》第四十九条规定的惩罚性赔偿原则精神，可以在商品房买卖合同中有条件地严格限制适用。理由：第一，适用的法律依据。已如前述，惩罚性赔偿制度不仅确立在《消费者权益保护法》之中，而且《合同法》也予以了明确，我国法律对惩罚性赔偿适用于合同纠纷不是全面否定的。因此，可以说有充分的法律依据。第二，损害赔偿理论研究成果。从学者的论述中可得见，“惩罚性赔偿制度的产生和发展并没有否认传统的补偿性赔偿制度的合理性，只是在一般损害赔偿制度之外而发展了一种例外的赔偿制度”，② 它以其赔偿、制裁、遏制等多种功能为

① 张驰、韩强：《民法同质补偿原则新思考》，载《法学》2000 年第 3 期。

② 王利明：《违约责任论》，中国政法大学出版社 2003 年修订版，第 578 页。

受害人提供了充分的补救。正如有学者所说，违约行为可能造成非违约方的财产损失以及其他损失。仅仅只是通过补偿性的赔偿，并不能使受害人处履行下的状况，或者使其处于合同订立前的状况。只要通过惩罚性赔偿，才能使非违约方对其所遭受的全部损失能够获得补救，也可以有效地防止违约方从其违约中获得利益。惩罚性赔偿在合同中的适用目的是违约产生了“附带的损害”和“一些不可恢复的损害”，补偿性的赔偿难以提供补救。① 虽然惩罚性赔偿主要适用于侵权责任，但随着社会的发展和理论的深入研究，惩罚性赔偿责任被英美法系国家广泛地适用于合同责任这已是不争的事实。日本的田中英夫、竹内昭夫两教授也主张，迄今为止一直把侵权行为作为专门以损害赔偿为目的的制度来把握，而无视民事责任的制裁功能的做法是错误的，从使民事责任发挥对违法行为的抑制功能的观点出发，强调在美国相当发达的惩罚性损害赔偿制度十分必要。② 即使我国对惩罚性赔偿适用于合同责任采否定观点的学者也不是全面排斥惩罚性赔偿在合同领域予以适用的，而只是认为应尽量限制适用范围。（3）司法实践。从《消费者权益保护法》公布施行的10年历程看，惩罚性赔偿妇孺皆知，并已深入人心。司法实践中，对《商品房销售管理办法》第二十条关于面积误差绝对值超出3%部分的房价款实行双倍返还的惩罚性规定的执行效果也很好。同时，对商品房买卖合同纠纷适用惩罚性赔偿的判例出现，还有经过仲裁而获双倍赔偿的，惩罚性赔偿得到社会的普遍认可。如2002年10月31日的《中国青年报》第2版刊登的《“汤小映案”开“双倍赔偿”先河》一文所载的由成都市仲裁委员会裁决的汤小映诉四川利通实业发展有限公司双倍赔偿案。这都为将惩罚性赔偿责任适用于商品房买卖合同纠纷奠定了良好的社会基础。

从上述三个方面考量，我们认为，对惩罚性赔偿的适用应根据不同情况区别处理，不能一概予以排斥。鉴于《合同法》《消费者权益保护法》已经确立了惩罚性赔偿原则，结合我国民事审判实践和商品房买卖合同纠纷的实际情况，以《合同法》第一百一十三条、《消费者权益保护法》第四十九条规定的惩罚性赔偿原则为依据，本解释明确规定了商品房买卖合同中属于出卖人恶意违约和欺诈，致使买受人无法取得房屋的五种情形可以适用惩罚性赔偿原则。即本解释第八条、第九条中规定的：（1）商品房买卖合同订立后，出卖人未告知买受人又将该房屋抵押给第三人；（2）商品房买卖合同订立后，出卖人又将该房屋出卖给第三人；（3）故意隐

---

① 王利明：《违约责任论》，中国政法大学出版社2003年修订版，第585页。

② 王利明：《违约责任论》，中国政法大学出版社2003年修订版，第573页。

瞒没有取得商品房预售许可证明的事实或者提供虚假商品房预售许可证明；(4) 故意隐瞒所售房屋已经抵押的事实；(5) 故意隐瞒所售房屋已经出卖给第三人或者为拆迁补偿安置房屋的事实。在此五种情形下，买受人除可请求出卖人返还已付购房款及利息、赔偿损失外，并可请求出卖人承担不超过已付购房款一倍的赔偿责任，否则仅仅依靠补偿性的赔偿是无法弥补买受人损失的。因惩罚性赔偿是为制裁违约方而加重其违约责任的一种特别形式，为防止扩大惩罚性赔偿责任的适用范围和避免滥用，本解释采取列举的方式，不仅明确规定了适用惩罚性赔偿的五种具体情形，而且规定必须是在由此五种情形导致商品房买卖合同被确认无效或者被撤销、解除的前提下，买受人才可请求出卖人承担不超过已付购房款一倍的赔偿责任。只有对惩罚性赔偿责任适用的条件、行为类型予以具体明确，才能真正发挥惩罚性赔偿制度的应有功能，有利于准确有效地制裁和遏制欺诈、恶意毁约等摒弃诚实信用原则、严重损害市场交易安全的行为，维护守约方的合法权益，促进社会诚信制度的确立。但这不是对《消费者权益保护法》第四十九条规定的直接适用。

第九条 ［欺诈行为与惩罚性赔偿］

出卖人订立商品房买卖合同时，具有下列情形之一，导致合同无效或者被撤销、解除的，买受人可以请求返还已付购房款及利息、赔偿损失，并可以请求出卖人承担不超过已付购房款一倍的赔偿责任：

（一）故意隐瞒没有取得商品房预售许可证明的事实或者提供虚假商品房预售许可证明；

（二）故意隐瞒所售房屋已经抵押的事实；

（三）故意隐瞒所售房屋已经出卖给第三人或者为拆迁补偿安置房屋的事实。

本条是对出卖人实施欺诈行为，导致合同无效或者被撤销、解除的责任承担问题。

因本条也涉及惩罚性赔偿责任的承担，为正确理解和严格掌握适用惩罚性赔偿责任，依据司法审判实践中存在的因出卖人欺诈引发的大量纠纷案件类型，本条采用列举的方式，将应适用惩罚性赔偿的三种欺诈行为作出明确规定。本解释对出卖人三种欺诈行为的认定，主要是根据《最高人民法院关于贯彻执行〈中华人民共和国民法通则〉若干问题的意见（试行）》第 68 条“一方当事人故意告知对方虚假情况，或者故意隐瞒真实情况，诱使对方当事人作出错误意思表示的，可以认定为欺诈行为”的规定。下面就本条所涉及的问题，作一简述。

一、关于因欺诈订立的合同及其效力问题

所谓欺诈（fraud），是指以使他人陷于错误而为意思表示为目的，故意陈述虚假事实，或者隐瞒真实情况的行为。因欺诈订立的合同，是指当事人一方实施欺诈行为而与对方订立的合同。由于欺诈违背了民法诚实信用的基本原则，破坏了市场交易秩序，并能影响到合同的效力。因此，各国民事立法对欺诈行为均采取否定态度，并对因欺诈订立的合同效力及欺诈行为应承担的责任作了明确规定。现就各国对欺诈的有关规定作一简要介绍，以供评鉴。

（一）大陆法系国家关于欺诈的立法规定

《法国民法典》第1116条第1款规定：“如当事人一方不使用欺骗手段与伎俩，另一方当事人显然不会与之缔结契约，在此程度，欺诈为契约无效之原因。”根据该条规定，欺诈应具备以下条件：（1）欺诈行为的存在。欺诈行为同时包括物质的因素、精神的因素和不公正性。物质因素即行为人阴谋策划，着手实现其欺骗计划。同时，一定条件下，对涉及相对方当事人利益的情况保持沉默，也可构成欺诈，此为消极欺诈。精神因素是指行为人具有欺诈的故意，即有意使用使相对方上当受骗。不公正性是指欺诈因违反了道德的要求，即构成欺诈的谎言必须达到一定严重程度，必须违背了商业习惯。（2）欺诈行为应为一方当事人所实施。根据法国最高法院判例确定的原则，欺诈行为应系直接由一方当事人实施，如欺诈行为系第三人实施，则当事人仅有权请求第三人赔偿损失。当合同当事人一方与第三人恶意串通时，由第三人实施的欺诈行为应导致合同无效。由第三人的欺诈而引起的误解，其性质如属于可导致合同无效的误解范围，合同应归于无效。（3）欺诈行为对合同的订立具有决定性作用。即欺诈对合同订立所起的作用为主要作用而非次要作用。所谓欺诈的决定性特点，指合同一方当事人的误解为欺诈行为所引起，如无欺诈行为，一方当事人就不会订立合同。[①]

对因欺诈订立的合同效力问题，《法国民法典》第1117条规定：“因错误、胁迫或欺诈而订立的契约并非当然无效；此种契约，依本编第5章第7节规定的情形与方式，仅产生请求宣告无效或宣告其应予撤销之诉权。”据此，受欺诈而订立的合同相对无效。当事人可请求确认合同无效，如当事人认为其某种利益系于合同的

---

① 尹田：《法国现代合同法》，法律出版社1995年版，第89～90页。

履行，可不请求确认合同无效而仅请求赔偿损失。此外，由于合同无效而导致受欺诈人的损失，欺诈人应予赔偿。

《德国民法典》第 123 条规定：因被欺诈而做出意思表示的，表意人可以撤销意思表示；欺诈系由第三人所为的，对于另一方所作的意思表示，只有当另一方明知或者可知欺诈事实时，始得撤销。由此可见，德国对因欺诈而订立的合同是作为可撤销合同，与法国欺诈导致合同无效的规定不同。

（二）英美法系国家关于欺诈立法的规定

英美法国家将欺诈称为“欺诈性虚假陈述”“欺骗性的不正确说明”等，是指当事人一方在签订合同之前所作的不真实的陈述，目的是诱使另一方当事人订立合同。在英国，对虚假陈述行为的规范主要是根据《1967 年虚假陈述法》。该法将虚假陈述分为 3 类：一类是欺诈性虚假陈述；一类是疏忽性虚假陈述，一类是完全无意的虚假陈述。根据 3 类行为的主观过错程度，在对合同效力的处理上也有所不同。欺诈性虚假陈述，是指当事人一方在订立合同之前，为吸引对方订立合同而对重要事实所故意作出的不真实的陈述。英国法规定，蒙受欺诈的当事人一方可以请求赔偿损失，并可撤销合同或者拒绝履行其合同义务。疏忽性虚假陈述，是指当事人一方在订立合同之前，应为疏忽的过失而作出了能够吸引对方订立合同的不真实的陈述。对此行为，对方当事人有权请求损害赔偿，并可撤销合同。但法律同时还确认法国或仲裁员有自由裁量权，可以宣布合同仍然存在，同时裁定以损害赔偿代替撤销合同。完全无意的虚假陈述，是指当事人一方为了订立合同，在订立合同之前，既非故意，也没有疏忽，而是完全在无意的情形下所作的不真实的陈述。对受到完全无意的虚假陈述影响的当事人一方也可以撤销合同，但无权主动要求损害赔偿，只能由法官或仲裁员根据具体情况，酌情裁定是否可以以损害赔偿代替撤销合同。对于当事人在签订合同过程中的沉默或者不披露信息，《英国合同法》的基本规则是：沉默一般不构成虚假陈述，但当事人的某种影响到信用的行为却可能构成虚假陈述。

美国法关于虚假陈述的规定同英国法规定基本相似。在美国法院的判决中，虚假陈述大致可分为两种情形：一种是虚假陈述方对被陈述方进行了引诱，这种情形是常见的、典型的情形。其结果是被陈述方有权撤销合同。另一种情形是虚假陈述涉及合同本身是否存在，这种情形仅在极少的情况下发生。美国法院在解决有关虚假陈述的合同争议时，主要考虑的是在保护被虚假陈述方与稳定合同关系之间实现一种平衡；基于维护社会道德和公平正义的需要，必须为被虚假陈述方提供必要的保护，允许其在适当的情况下撤销合同；另一方面，为了使业已订立的合同尽可能地得到履行，又不应当让被虚假陈述方轻易地撤销合同。[①] 美国法规定，只有具备以下4个条件，受欺诈人才能撤销合同：（1）陈述与事实不符；（2）陈述是欺诈性的或者是重大的；（3）被陈述方对陈述产生了信赖；（4）被陈述方的依赖是有正当理由的。[②]

（三）《国际商事合同通则》关于欺诈及合同效力的规定

《国际商事合同通则》第3.8条规定："一方当事人可宣告合同无效，如果其合同的订立是基于对方当事人欺诈性的陈述，包括欺诈性的语言、做法、或依公平交易的合理商业标准该对方当事人对应予披露的情况欺诈性地未予披露。"根据该规定，欺诈行为是指意欲诱导对方犯错误，并因此从对方的损失中获益的行为。欺诈的性质相当严重，足以构成合同无效的条件。默示能够构成欺诈，但仅仅是广告或谈判的"言过其实"，不能构成欺诈。

（四）我国关于欺诈行为和合同效力的规定

我国立法对欺诈的概念没有明确的规定，只是在《民法通则》第五十八条第三款规定：一方以欺诈使对方在违背真实意思的情况下所为的民事行为无效。当前，对欺诈的认定主要是根据《最高人民法院关于贯彻执行〈中华人民共和国民法通则〉若干问题的意见（试行）》第六十八条的规定，即"一方当事人故意告知对方虚假情况，或者故意隐瞒真实情况，诱使对方当事人作出错误意思表示的，可以认定为欺诈行为"。根据《最高人民法院关于贯彻执行〈中华人民共和国民法通则〉若干问题的意见（试行）》规定，一般认为欺诈的构成需具备以下要件：

1. 必须有欺诈的故意。这是认定欺诈的主观要件。所谓欺诈的故意，是指欺诈的一方明知自己告知对方的情况是虚假的且会使对方陷入错误认识，而希望或放任这种结果的发生的心理状态。该故意包括陈述虚假事实的故意，使他人因错误而为意思表示的故意，但不包括有取得财产上的不法利益的故意。因为这里的着眼点主要在于是否妨碍他人自由地为意思表示，只要妨碍了他人自由地为意思表示，不论是否旨在取得财产上的不法利益，都可构成欺诈。[③]

2. 须实施欺诈行为。这是认定欺诈的客观要件。所谓欺诈行为，是指欺诈方将其欺诈故意表示于外部的行为，包括作为和不作为。根据《最高人民法院关于贯彻执行〈中华人民共和国民法通则〉若干问题的意见（试行）》规定，作为的欺诈

---

① 王军：《美国合同法》，中国政法大学出版社1996年版，第173页。

② 吴兴光、龙著华等：《合同法比较研究》，中山大学出版社2002年版，第95~97页。

③ 王家福主编：《民法债权》，法律出版社1991年版，第350页。

表现为故意告知虚假情况或故意隐瞒真实情况使他人作出错误意思表示的行为。故意告知虚假情况也就是虚假陈述，故意隐瞒真实情况是指行为人有义务向他人如实告知某种真实的情况而故意不告知。不作为的欺诈，也即沉默是否构成欺诈，我国法律没有规定。大陆法系认为，只有在法律上、合同上或交易习惯上有说明事实真相的义务时，沉默才属于欺诈行为。英美法系虽然一般允许对事实保持沉默，但同时认为，既然已经开口说明事实，则应将全部事实讲清，否则构成欺诈；即使起初已将全部事实讲清，并且所述情况属实，但以后情况发生了变化，如果对变化了的情况沉默不语，也构成欺诈。我国学术界较为一致的观点认为，可借鉴国外立法的规定，应该有条件地承认沉默可以构成欺诈。但认定沉默是否构成欺诈，关键在于确定一方当事人是否有义务向另一方陈述某种事实真相。一般来说，陈述事实真相的义务来源于法律规定、合同约定或根据诚实信用原则、交易习惯等所产生的义务。在法律规定和合同没有约定的情况下，根据诚实信用原则或交易习惯，当事人一方应负有告知对方当事人事实真相的附随义务。尤其在磋商过程中当事人一方所作的陈述是真实的，但在订立合同时，如该事实已经发生了变化，依据诚实信用原则，当事人一方仍应负有向对方告知变化情况的义务，不能使对方依据过去的事实订立合同。

3. 受欺诈人因欺诈而陷入错误，并基于错误认识而为意思表示。这是认定欺诈的因果关系要件。所谓错误是指对合同内容及其他重要情况的认识缺陷。但受欺诈人的错误认识必须是基于欺诈方提供的虚假情况而作出的，并不是因自己的过失造成，而且欺诈提供的虚假情况需与合同内容有密切联系。否则不构成欺诈。同时，错误的认识必须是进行意思表示的直接动因，才能构成欺诈，即欺诈行为与受欺诈人的不真实意思表示之间具有因果关系。如果受欺诈人虽然陷于错误，但并未因之而为意思表示，就不能认为构成欺诈。

只有同时具备上述三个要件，才能构成欺诈。但对当事人一方在签约时明知自己没有履行能力而仍然与对方当事人订立合同，是否构成欺诈，有不同观点。一种观点认为，我国司法实践中都认为此种情况应作为欺诈处理。另一种观点认为，应区分两种情况处理：（1）当事人在订约后根本不准备履行合同，或者没有为履行合同做任何准备工作，甚至将订立合同作为骗取定金、预付款和货款的手段，此种情况应作为典型的欺诈来处理。（2）在订约时虽无履约能力，但当事人在订约时并没有隐瞒其无实际履约能力的事实或者订约后积极为合同的履行做各种准备，其根据实际情况，可以认定其在履行期限到来时能够履行合同，则不能按欺诈处理。如果将凡是无履约能力的情况都作为欺诈处理，既不符合当事人双方的利益和意志，也不利于鼓励交易。[①] 我们赞同第二种观点。

关于对因欺诈而订立的合同效力认定，即欺诈的法律后果，我国立法曾经历了一个变化过程。欺诈的法律后果，是指受欺诈人因欺诈而作出的错误意思表示在法律上应当产生的后果。这主要涉及对因欺诈而订立的合同是应作为可撤销的合同处理，还是按无效合同处理。依前述，法国法将欺诈作为合同无效的原因之一，《国际商事合同通则》也按无效处理，而德国法则规定，因欺诈而订立的合同为可撤销合同，英美法也认为是可撤销合同。我国的《民法通则》第五十八条第三款规定：一方以欺诈使对方在违背真实意思的情况下所为的民事行为无效。这主要是依据在于：(1) 为了维护社会经济秩序和公共道德。(2) 为了制裁欺诈者，防止欺诈行为的发生，同时将欺诈认定为无效，可以使欺诈的一方承担除民事责任以外的行政责任提供根据。《民法通则》的这一规定是有其特定历史背景的，带有计划经济的痕迹。从各国立法和《合同法》理论看，目前大多数国家均采纳了欺诈行为的撤销主义，我国学术界、实务界也一致认为，因欺诈而订立的合同应为可撤销合同。随后在制定的《合同法》中采纳了这种观点。《合同法》第五十四条第二款规定："一方以欺诈、胁迫的手段或者乘人之危，使对方在违背真实意思的情况下订立的合同，受损害方有权请求人民法院或者仲裁机构变更或者撤销。"但对损害国家利益的欺诈行为仍作为无效处理，《合同法》第五十二条第（一）项规定：一方以欺诈、胁迫的手段订立合同，损害国家利益的为无效合同。《合同法》对欺诈行为效力的区别认定，从保护合同当事人的私权利益方面来说，将请求撤销合同的权利赋予受欺诈人，既能够充分尊重受欺诈当事人的意愿，体现民法的自愿原则，也能促进交易的发展；而从保护公共利益的公权利益方面看，合同的撤销由人民法院或者仲裁机构宣告，体现了国家对合同关系的干预，同时对损害国家利益的欺诈行为认定为无效，也能有效地保障国家和社会的公共利益。

二、适用惩罚性赔偿责任的三种情形

与本解释第八条规定相对应，本条列举了三种可以适用惩罚性赔偿责任的情形。

（一）出卖人故意隐瞒没有取得商品房预售许可证明的事实或者提供虚假商品房预售许可证明的行为

《城市房地产管理法》第四十四条和《城市房地产开发经营管理条例》第二十

① 王利明、崔建远：《合同法新论·总则》，中国政法大学出版社 1996 年版，第 253 页。

三条明确规定，商品房预售必须取得预售许可证明。但在实际生活中，由于我国房地产市场管理机制不完善、市场功能不健全、交易秩序无序化，使得某些房地产开发企业借机违法经营，无证销售的违法行为时有发生，严重损害了广大买受人的合法利益。《城市房地产开发经营管理条例》第二十四、二十五条明确规定：房地产开发企业申请办理商品房预售登记，应当提交下列文件：（1）已交付全部土地使用权出让金，取得土地使用权证书；建设工程规划许可证和施工许可证；按提供的预售商品房计算，投入开发建设的资金达到工程建设总投资的25%以上，并已确定施工进度和竣工交付日期等证明材料；（2）营业执照和资质等级证书；（3）工程施工合同；（4）预售商品房分层平面图；（5）商品房预售方案。房地产开发主管部门同意预售的，应当核发商品房预售许可证明。可见，商品房预售许可证明的取得是商品房预售的必备条件。而无证销售行为往往表现为出卖人在没有取得房地产开发主管部门核发的预售许可证明的情况下，故意隐瞒该事实，甚至提供虚假的预售许可证明，诱使买受人作出错误意思表示与其订立商品房买卖合同，收取购房款或者定金。依据前述对欺诈行为的论述，出卖人的这种行为完全符合欺诈的全部构成要件，属于典型的欺诈行为。

根据《合同法》第五十四条第二款，一方以欺诈手段，使对方在违背真实意思的情况下订立的合同，受损害方有权请求人民法院或者仲裁机构变更或者撤销的规定，买受人可以请求撤销因受欺诈而订立的商品房买卖合同。但由于出卖人故意隐瞒的是没有取得预售许可证明的事实，根据《城市房地产管理法》第四十四条、《城市房地产开发经营管理条例》第二十三条及《合同法》第五十二条的规定，没有取得商品房预售许可证明而订立的商品房买卖合同，又属于违反法律、行政法规的强制性规定的合同，应当认定该商品房买卖合同无效。这时就出现同一商品房买卖合同既属于欺诈行为，具备了可撤销的条件，又具有违反法律、行政法规强制性规定的无效情形，发生了撤销和无效的竞合问题。即对此类合同效力应认定为是可撤销合同，还是无效合同？从法律规范的适用的一般原则上讲，应当以危害性较大的欠缺要件吸收危害性较小的欠缺要件作为标准，来决定该项合同的效力为无效还是可撤销。据此，对出卖人故意隐瞒没有取得商品房预售许可证明的事实或者提供虚假商品房预售许可证明，使买受人陷入错误认识并基于该错误认识与出卖人订立的合同，应当为无效合同，而不应作为可撤销合同处理。

根据《合同法》第五十八条规定，合同无效或者被撤销后，因该合同取得的财产，应当予以返还；有过错的一方应当赔偿对方因此所受到的损失，双方都有过错的，应当各自承担相应的责任。但由于出卖人故意隐瞒没有取得商品房预售许可证明或者提供虚假商品房预售许可证明的行为主观恶意明显，不仅欺诈买受人，损害了广大买受人的合法，而且违反了法律、行政法规的强制性规定。其结果是直接导致买卖合同无效，使得买受人的购买房屋目的落空，严重侵害了买受人的基本生存居住权益。无论从维护买受人的个人利益出发，还是从保护国家利益、维护社会诚信体系目的出发，均应对出卖人的这种主观恶意行为予以严厉制裁。因此，本解释规定，买受人除可请求出卖人承担合同无效的责任外，并可请求出卖人承担已付购房款一倍的赔偿责任。当然，鉴于我国目前房地产市场的客观实际情况，出卖人没有取得预售许可证明即与买受人签订的商品房预售合同并非全部无效，根据本解释第二条规定，如出卖人在起诉前采取补救措施取得预售许可证明的，可以认定商品房预售合同有效。

（二）故意隐瞒所售房屋已经抵押事实的行为

社会实际生活当中，有不少房地产企业为解决资金短缺问题，将其自行开发建设的房屋抵押给银行获得贷款后，在既不通知抵押权人，不告知买受人的情况下，甚至是故意隐瞒该房屋已经登记抵押的事实，又将设定抵押的房屋出卖给买受人的情况，甚至有的房地产企业借房地产管理环节薄弱之机，就同一房屋重复抵押、重复出售，严重损害了广大人民群众的根本利益，导致大量纠纷，扰乱了社会秩序。

《担保法》第四十九条第一款规定："抵押期间，抵押人转让已办理登记的抵押物的，应当通知抵押权人并告知受让人转让物已经抵押的情况；抵押人未通知抵押权人或者未告知受让人的，转让行为无效。"据此，在商品房买卖合同的出卖人出卖已经办理抵押登记的房屋时，应通知抵押权人，告知买受人房屋已经抵押的情况，以便买受人决定其是否购买负担有抵押权的房屋，否则，商品房买卖行为无效。但从《关于适用〈中华人民共和国担保法〉若干问题的解释》第六十七条"抵押权存续期间，抵押人转让抵押物未通知抵押权人或者未告知受让人的，如果抵押物已经登记的，抵押权人仍可以行使抵押权；取得抵押物所有权的受让人，可以代替债务人清偿其全部债务，使抵押权消灭。受让人清偿债务后可以向抵押人追偿。如果抵押物未经登记的，抵押权人不得对抗受让人，因此给抵押权人造成损失的，由抵押人承担赔偿责任"的规定和担保物权的法理看，抵押人转让已办理登记的抵押物的，抵押权人不仅享有对抵押物的物上代位权和追及权，而且买受人也享有对抗追及权的涤除权。同时，抵押权设定后，抵押人的所有权并未丧失，只要不影响抵押权人的优先受偿权，抵押人有权对抵押物进行法律上和事实上的处分。因此，对出卖人未通知抵押权人或者未告知买受人房屋已经抵押的情况而出卖抵押房屋的行为，按无效予以处理似有不妥，我们认为可将其作为可撤销的民事行为处理为宜。理由如下：(1) 根据抵押权的设定、权利内容、性质，抵押权的设定是既不转移抵押物的占有，更不得留抵，它只是对抵押物价款的优先受偿，是一种变价权、价值权，它具有物上代位性、追及效力，抵押权的效力不因抵押物的转让而受影响。(2) 抵押权设定后，抵押物所有权并未发生移转，抵押人仍有权处分抵押物，并不因此构成对抵押权的侵害。(3) 合同自由原则决定了对合同效力的认定应充分尊重当事人的意志，不宜过多干预。因此，对出卖人转让抵押物未通知抵押权人或者未告知买受人房屋已经抵押情况的行为，不宜按无效行为处理，应认定为可撤销的欺诈行为。根据《合同法》第五十四条第二款规定，受欺诈而签订的合同为可撤销的合同。对可撤销合同的效力，可首先按照受欺诈的买受人的意志来认定，若买受人愿意接受已设定抵押的房屋，就应认定买卖行为有效；买受人不愿意接受该房屋的，可向人民法院或者仲裁机构请求撤销。如按无效处理，根据《合同法》规定，无效为当然自始无效，并由人民法院和仲裁机构确认，当事人丧失了选择权，不利于体现合同自由的原则精神，也不利于商品交易关系的发展。而且如按无效处理，其后果只能是返还财产、赔偿损失，使出卖人逃避了违约责任的承担，如按可撤销合同处理，则可由买受人根据其意志选择继续履行合同，请求出卖人承担违约责任，可以更有效地保护买受人的合法权益。司法审判实践中，一些人民法院对此类行为也是按照可撤销合同来认定处理的。如上海市高级人民法院制定的《关于民事案件审理的几点具体意见（沪高法民〔2000〕44号）》对房地产开发经营企业将所开发的房地产抵押后未告知买受人进行出售的行为，认为根据《合同法》第五十四条第二款规定，应属欺诈行为，买受人有权请求人民法院变更或者撤销房地产买卖合同，买受人自知道或者应当知道撤销事由一年内没有行使撤销权的，买卖合同有效。

如前述，出卖人出卖抵押房屋的处分行为虽然不宜按无效处理，而且在买受人尚未请求撤销之前仍为有效，或者在买受人同意继续履行并行使涤除权的情况下可以取得房屋，但在买受人行使涤除权之前，由于该房屋已被设定抵押，因此，房屋所有权始终受到抵押权追及效力的限制。而在实践中，因房屋买卖金额较大，买受人往往也没有足够的财力行使涤除权，所以，买受人对抵押房屋的所有权也自始处于不稳定状态，这对买受人极为不利。再加上房地产开发经营投资数额巨大，商业风险也相应增大，一旦出卖人不按约履行或者无力偿还抵押权人的贷款，抵押权人即可行使抵押权请求折价、变卖抵押房屋而优先受偿，这时买受人的利益将无法得到保护，买卖房屋的目的无法实现。实际生活中，买受人在得知房屋已被设定抵押的情况下，往往只能被动地采取请求撤销合同的方式来维护自身权益，而不是继续履行合同或者行使涤除权。对于绝大多数买受人来讲，房屋是其赖以生存的根本，虽然买受人可以请求撤销合同予以救济，但其订立合同的根本目的也就无法得以实现，严重地损害了买受人基本生存权益。而合同撤销后，出卖人承担的责任也仅仅是返还已收取的购房款和赔偿损失，这远远不能弥补买受人因此所遭受的损害。为制裁和遏制出卖人的这种严重损害买受人基本生存权的欺诈作为，本解释将故意隐瞒所售房屋已经抵押事实而导致合同被撤销的行为，明确规定为可适用惩罚性赔偿责任的一种情形。当然，若出卖人能采取相应的补救措施，如另行为抵押权人的债权提供担保，涂销所售房屋上所设定的抵押权，而使买受人能够取得完全所有权的房屋的，行使撤销权的阻却事由发生，买卖合同应继续履行，买受人请求撤销合同的不予支持。

（三）故意隐瞒所售房屋已经出卖给第三人或者为拆迁补偿安置房屋的事实

该条规定的情形虽也属于一房数卖的行为，但与第八条规定的一房数卖行为的侧重点不同。第八条规定的一房数卖主要解决的是因出卖人将所售房屋又另行出卖，致使第一买受人无法取得房屋的违约行为的责任承担问题。而本条解决的是出卖人在签订商品房买卖合同时，故意隐瞒所售房屋已出售的事实或者所售房屋为拆迁补偿安置房屋的事实，导致第二买受人无法取得房屋，合同目的无法实现的责任承担问题。

如前述，在本条规定的情况下，虽然签订的买卖合同均为有效，但在出卖人将房屋交付给第一买受人时，第二买受人自然无法取得房屋，而拆迁补偿安置协议因具有优先效力，第二买受人的债权无法对抗，于此情形第二买受人更是无法取得房屋。因在本条规定的情形中既存在有出卖人的欺诈行为，也有因出卖人无法履约导致合同目的无法实现的违约行为，所以，对买卖合同的法律后果，买受人可有权选择请求撤销合同或者解除合同。因此，本条在买卖合同的法律后果上明确规定了被撤销或者解除两种情况。只要因出卖人故意隐瞒所售房屋已与他人签订买卖合同或者为拆迁补偿房屋的事实，导致买卖合同被撤销或者解除的，均可适用惩罚性赔偿。

第十条 ［第三人主张商品房买卖合同无效］

买受人以出卖人与第三人恶意串通，另行订立商品房买卖合同并将房屋交付使用，导致其无法取得房屋为由，请求确认出卖人与第三人订立的商品房买卖合同无效的，应予支持。

本条主要规定了因恶意串通导致合同无效的处理。

一、恶意串通的概念

恶意串通概念系从我国《民法通则》的规定而来，该法第五十八条第一款第（四）项规定，恶意串通，损害国家、集体或者第三人利益的民事行为无效。《合同法》第五十二条第一款第（二）项规定，恶意串通，损害国家、集体或者第三人利益的合同无效。但是对于何谓恶意串通，我国法律没有明文规定。我们按照《民法通则》及《合同法》确定的原则，来认识恶意串通的含义。

恶意串通是我国在民事立法中使用的法律术语，在我国民法理论中与恶意串通相对应的民事行为是串通虚假行为。按照我国的民法理论，串通虚假行为是指表意人与相对人串通合谋实施的与其内心意思不一致的法律行为。[①] 例如，某机关的负责人向某设备公司购买电脑器材，价金为10万元，但该负责人要求开11万元的发票，该公司同意并作出上述行为，就是一个串通虚假行为。台湾学者对串通虚假行为的定义为通谋虚伪表示，它是指表意人与相对人通谋而为虚伪的意思表示，其适用对象包括契约、合同行为，及有相对人的单独行为等，无论其为财产上行为（如通谋虚伪买卖不动产，并转移其所有权）或身份行为（如通谋虚伪假离婚），均有适用余地，但对无相关人的单独行为，则不适用之。[②] 德国民法将串通虚假行为定义为虚假行为，德国学者认为在虚假行为中，表意人仅仅是虚假地发出了一项需受领的意思表示，而受领人是同意的。在这里，双方往往不仅对这种保留心照不宣，而且还着意加以约定。从以上各种理论的介绍中可以发现，我国、我国台湾地区及德国民法理论界均认为串通虚假行为为表意人与相对人合谋实施的与其内心表示不一致的民事行为，该行为是一种虚假的意思表示，一般由四要件构成：（1）须有表示行为，表示行为是民事法律行为的一般成立要件，串通虚假行为虽是不真正的民事法律行为，也应具备这个要件。（2）须表示与内心目的不统一，就是行为所表现出来的目的同当事人之间的真实目的不同，如我们上面提到的案例，发票上书写的价款11万元与当事人间真正达成的买卖价款的数额是不一致的。（3）须有虚伪的故意，当事人之间表示行为的目的同其内心目的不统一是处于当事人的故意，而非错误。（4）须其非真意的表示是同相对人的通谋实施的，也就是说相对人真切的了

---

① 张俊浩主编：《民法学原理》，中国政法大学出版社1991年版，第259页。

② 王泽鉴：《民法总则》，中国政法大学出版社2002年版，第360页。

解表意人的真实意思，却配合表意人的虚假行为为民事法律行为，从而体现出通谋的意思。

恶意串通理论上的依据是串通虚假行为理论，但是我们的民事立法发展了串通虚假行为理论，赋予恶意串通更丰富实际的内涵，《民法通则》规定的恶意串通，应理解为表意人与相对人以恶意通谋实施某种行为，损害国家、集体或第三人的利益并从中受益。这一概念与法学理论串通虚假行为的不同之处在于恶意串通行为不仅包括表意人与相对人合谋实施的与其内心真实意思不一致的民事行为，也包括表意人与相对人合谋实施的与其内心真实意思一致的民事行为。而且它通常是表意人与相对人通某实施的与其内心真实意思一致的行为，与内心真实意思不一致的行为为特例，且它以损害国家、集体或者第三人利益为目的。它具有以下特征：（1）当事人双方出于恶意，即明知或者应知某种民事行为将造成国家、集体或者第三人利益的损害，而故意为之。因恶意串通而成立的合同当事人均出于故意，这种故意的本质在于通过损害他人的利益而获取自己的非法利益。当然，因恶意串通而成立的合同不以行为人已经或必然获得非法利益为必要条件。双方当事人或一方当事人不知或不应知道其行为的损害后果，不构成恶意。（2）当事人之间互相串通，都希望通过实施某种行为损害国家、集体或者第三人的利益。共同的目的可以表现为当事人事先达成一致的协议，也可以是一方作出意思表示，而对方或其他当事人明知实施该行为所达到的目的非法，而用默示的方式表示接受。（3）当事人互相配合或者共同实施了该非法行为。它强调的是当事人的实施行为的恶意通谋性。

恶意作为相对于善意的概念，起源于罗马法，但罗马法上没有明确对恶意予以定义，而是将它与善意放在一起出现，通过具体的恶意占有制度得到体现。《牛津法律大词典》载，恶意是用于行为人不诚实的心理状态的一个术语，既其明知缺乏权利或者不相信他的行为具有合法正当的理由，而故意为之。根据《民法通则》的规定，我们司法实践中掌握的恶意为行为人于行为时明知其行为缺乏法律上的根据或行为相对人没有权利，行为可能损害国家、集体或他人利益而为之为恶意。确认行为人行为缺乏法律上的根据或行为相对人没有权利的标准是如果行为人尽一般人具有的起码注意就能够知道即为应当知道。下面这一案例可以帮助加深对恶意串通行为的认识。针棉进出口公司与远东房地产公司、国际信托投资公司商品房预售合同案，1993 年 9 月 18 日，针棉进出口公司与远东房地产公司签订《定购综合楼合同》，约定远东房地产公司将在新华路 232 号建造的综合楼远东花园大厦连同该大厦所占用的 5 亩土地的 50 年使用权一并销售给针棉进出口公司。该大厦建筑面积 15000 平方米，每平方米售价为 3978 元。从 1993 年 9 月 22 日至 1996 年 9 月 16 日，针棉进出口公司按约定分13次共向远东房地产公司付款56957800元，另以远东房地产公司违约为由分4次从应支付的工程款中扣留135万元作为违约金，远东房地产公司对此无异议并开具了收据。1995年3月，远东房地产公司与国际信托投资公司先后签订了8份《抵押贷款合同》，约定国际信托投资公司贷给远东房地产公司4200万元，还款期分别为1995年11月或12月。远东房地产公司将远东花园大厦包括大厦占用的5亩土地的使用权抵押给国际信托投资公司，期限至1996年12月。双方按规定办理了抵押登记。按贷款合同约定，前述贷款应用于远东花园大厦的建设，但远东房地产公司未将该款用于远东花园大厦的建设，贷款期满后未偿还。签订《抵押贷款合同》时，国际信托投资公司的法定代表人由远东房地产公司的法定代表人兼任。在这一案例中，人民法院认定远东房地产公司在与针棉进出口公司签订《定购综合楼合同》，收取针棉公司定购款后，又与国际信托投资公司签订《抵押贷款合同》，在未告知针棉进出口公司或者征得其同意的情况下，将已预售的远东花园大厦及大厦占用的土地使用权抵押给国际投资公司，而国际投资公司的法定代表人与远东房地产公司的法定代表人为同一人，即国际投资公司明知该用于抵押的大厦及土地使用权已经预售转让，仍与远东房地产公司签订抵押合同，显属双方恶意侵害针棉进出口公司的利益的行为，故依照《民法通则》的规定，认定该行为属于恶意串通行为。

依照《民法通则》的规定，本司法解释中引入了恶意串通的概念，将另一买受人明知出卖人的房屋已出卖或者已指定被拆迁人的情况下仍与出卖人另行订立房屋买卖合同的行为确定为恶意串通行为。这条规定加强了对房屋买受人及被拆迁人利益的保护。由于我国尚无物权法，没有在法律上规定预先登记等制度以约束房屋出卖人，在房地产市场，还没有形成良好的、规范的经营体制，出卖人经常以“一房二卖”的方式损害买受人和被拆迁人的利益，而由于缺乏法律上明确的规定，买受人及被拆迁人的利益难以得到保护，故本司法解释中加大了对买受人及被拆迁人的利益保护，将另一买受人明知出卖人“一房二卖”仍与出卖人另行订立房屋买卖合同的行为确认为恶意串通行为。

二、恶意串通合同的效力

对于串通虚假行为，《德国民法典》第117条第1款规定，表意人与另一方通谋而作出虚假的意思表示的，该意思表示无效。我国台湾地区“民法”第87条第1款规定，表意人与相对人同谋而为虚伪意思表示者，其意思表示无效，但不得以其无效对抗善意第三人。上述两部民法典都规定了通谋虚假行为是无效的，但并没有排除无效的例外。台湾学者认为，在当事人之间，表意人与相对人通谋而为虚伪意思表示者，其意思表示于当事人之间无效；这种无效不得对抗善意第三人。所谓善意第三人是指串通虚假行为当事人以外的第三人，就该表示之标的以支付对价方式新取得的财产上权利义务，因串通虚假行为表示无效而必受变动者。不得对抗善意第三人，指善意第三人可以主张串通虚假行为无效，也可以主张其为有效。若主张其有效时，则表意人不得以无效而加以对抗。[①] 如甲有很多债务，为逃避债权人的强制执行，与乙串通，签订虚假的买卖合同，将甲所有的房屋出卖给乙，后乙将房屋又出售给善意丙，并将房屋所有权证办理到丙名下。在这一示例中，丙可以主张甲与乙之间的虚假的买卖合同无效，也可以主张甲与乙之间的虚假买卖合同有效。当丙主张甲与乙之间的买卖合同有效时，甲不能以合同无效来对抗丙。我国理论界对于通谋虚假行为的效力，基本上采纳了台湾学者的理论，我们民事立法中也将恶意串通确定为无效行为，因此达成的合同无效。《民法通则》第五十八条第四款规定，恶意串通，损害国家、集体或者第三人利益的民事行为无效；《合同法》第五十二条规定，恶意串通，损害国家、集体或者第三人利益的合同无效。无效合同具有如下的特征：(1) 违法性。确定合同的无效性的标准，应是合同违反了法律和行政法规的强制性或禁止性规定。对于法律和行政法规的任意性规定，当事人是可以通过协议而加以改变。对于行政规章以及地方性法规等地方性文件，只能作为我们认定合同效力的参考。恶意串通合同因违反《民法通则》及《合同法》的规定，因而无效。(2) 国家干预性。由于无效合同具有违法性，因此对此类合同国家应进行干预，这种干预体现在法院和仲裁机构不待当事人请求合同无效，便可以主动审查合同是否具有无效的因素。如发现合同属于无效合同，便应主动确认合同无效。(3) 不得履行性。不得履行性是指当事人在订立无效合同后，不得依据合同实际履行，也不承担不履行合同的违约责任。这是由无效合同的违法性所决定的，如果无效合同可以履行，则当事人就是在从事违法行为。(4) 无效合同的自始无效性。由于无效合同在本质上违反了法律规定，因此国家不承认此类合同的法律效力。合同一旦确认无效，就产生溯及力，合同自订立时起就不具备法律效力。对于已经履的，应当通过返还财产、赔偿损失等方式使当事人的财产恢复到合同订立之前的状态。

对恶意串通合同无效应理解为恶意串通合同在实施串通行为的当事人之间无效，但这种无效同样不应对抗善意第三人。对于善意且以对价取得恶意串通行为指

---

① 王泽鉴：《民法总则》，中国政法大学出版社 2001 年版，第 363 页。

向标的物的第三人，不应因恶意串通合同无效而利益受损。我们在司法实践中一直是这样掌握的。如我们上面提到的案例，甲为避免债权人的强制执行，将房屋卖与知情人乙，后乙将房屋卖与善意人丙，并将房屋所有权证办到丙名下，这时不能以甲、乙之间恶意串通签订的房屋买卖合同无效进而认定乙与丙之间的房屋买卖合同无效。甲的债权人不能要求丙返还房屋。《民法通则》及《合同法》规定恶意串通行为无效的条件限制是损害国家、集体或者他人利益。恶意串通行为是以损害他人利益为目的的，对于恶意串通行为旨在损害的第三人来讲，恶意串通合同只有损害其利益的情况下为无效，在没有损害其利益的情况下是有效的。

对恶意串通合同无效的确定，涉及的主要问题之一是如何保护因恶意串通行为而利益受损的第三人。这里就涉及法律对利益受损的第三人在实体法上及程序法上的保护。实体法上的保护涉及我们在实体法规定上赋予利益受损的第三人以什么样的权利来保护自己的利益，程序法上的保护涉及利益受损的第三人通过什么程序来行使诉权以保护自己的利益。对于在实体法上的保护，我们首先要看无效行为的后果。法律行为无效时，不发生当事人依该法律行为所予实现的法律效果。① 但是会发生其他法律行为外的效果。例如买卖合同无效时，不发生买卖的效果。但是可能发生依缔约过失发生的损害赔偿的效果。学理上认为无效合同发生以下效果，（1）侵权行为损害赔偿请求权。（2）缔约过失损害赔偿请求权。（3）不当得利请求权。（4）所有物请求返还权。按照我国《民法通则》和《合同法》的规定，合同被确认无效或撤销后将导致合同自始无效，这也就是效力溯及既往的原则。我国《民法通则》第六十一条规定，民事行为被确认为无效或者被撤销后，当事人因该行为取得的财产，应当返还给受损失的一方。有过错的一方应当赔偿对方因此所受的损失，双方都有过错的，应当各自承担相应的责任。双方恶意串通，实施民事行为损害国家的、集体的或者第三人的利益的，应当追缴双方取得的财产，收归国家、集体所有或者返还第三人。《合同法》第五十八条规定，合同无效或者被撤销后，因该合同取得的财产，应当予以返还。不能返还或者没有必要返还的，应当折价补偿。有过错的一方应当赔偿对方因此所受到的损失，双方都有过错的，应当各自承担相应的责任。《合同法》第五十九条规定，当事人恶意串通，损害国家、集体或者第三人利益的，因此取得的财产收归国家所有或者返还集体、第三人。由此可见这两部法律的规定是基本相同的。无效的合同或者被撤销的合同自始没有法律约束力，合同被确认无效或者被撤销后的处理以及负有责任的当事人应承担什么性质的

① 王泽鉴：《民法总则》，中国政法大学出版社 1999 年版，第 480 页。

法律责任，根据我国《民法通则》第六十一条及《合同法》第五十八条、第五十九条的规定，无效合同发生的法律效果是当事人有：(1) 缔约过失损害赔偿请求权(包含不能返还或者没有必要返还时的折价补偿这一特殊方式)；(2) 损害赔偿请求权；(3) 所有物返还请求权。

基于无效合同的后果，对于因串通虚假合同无效损害第三人利益，第三人可以什么为依据提起诉讼问题（串通虚假合同损害的第三人，一般为串通虚假行为当事人一方的债权人，如我们本条解释中的买受人，为便于阐述，我们以下称之为债权人，而将与债务人共同实施串通行为的人称为第三人)，我国台湾地区学者的观点有以下几种：(1) 债权人可以债务人及第三人为共同侵权人，提起请求赔偿，返还原物的侵权诉讼。理由是虚假行为为债务人与第三人共同实施的，双方的共同行为损害了债权人的利益。(2) 债权人代位债务人向第三人提起返还原物的请求权。理由是标的物已经转移到第三人名下，只有第三人才能承担返还原物的责任，因第三人是依无效合同取得财产，故债权人可代位债务人向第三人主张返还原物的请求权。(3) 债权人仅向第三人提起返还原物的侵权诉讼。理由是债务人处分的是自己的财产，对自己财产的处分是自由的，因此不能认定债务人对自己财产的处分是侵害债权人的权利，所以债务人处分财产行为与第三人不构成共同侵权。债务人只能向第三人提起侵权诉讼，请求返还原物。我国学者王利明认为，第三人与债务人恶意串通损害债权人的债权，构成共同侵权，应共同向债权人承担连带责任。也有学者认为，第三人在恶意通谋时是否负侵权责任，关键看债务人所负的是什么责任。如果债务人负的是侵权责任，则第三人也负侵权责任；如果债务人负的是违约责任，则第三人也负违约责任。德国学者的主流观点认为虚假行为损害债权人利益的，债权人可以以共同侵权提起诉讼，因为侵害债权人利益的行为是债务人与第三人共同实施的。在第三人与债务人恶意串通，实施某种行为，债权人的权利不能实现的情形中，债务人的行为实际上也是侵害债权的行为，只是这种侵权行为在一般情况下因其与债权人之间有合同关系，可通过合同责任获得救济，不按侵权对待，而第三人的行为也是侵权行为，两者性质相同，构成共同侵权，承担连带责任。另一种观点认为，如果债务人与第三人恶意串通，加害给付，则债务人的行为构成违约责任与侵权责任的竞合，第三人的行为属于一般侵权，直接侵害债权人的人身或财产。债权人享有选择权，其可以请求债务人承担违约责任，也可以请求债务人和第三人承担连带责任。而另一观点实际上是以债务人为主要责任承担者的责任吸收，但第三人与债权人之间并不存在合同关系，其承担违约责任缺乏法律依据。侵害债权的赔偿范围，应包括财产及财产利益的损失，即债权预期的全部财产利益，迟延履行的违约金及造成的其他财产利益损失等，包括直接损失和间接损失。对于财产的直接损失，如第三人以侵害债权为目的，故意毁坏保管物，应予以全部赔偿，对于侵害债权造成的间接损失也不能忽视，如第三人以侵害债权为目的，故意毁坏租赁物而造成的债权人预期受益的损失，也应赔偿债权人。对于侵害债权造成的精神损害是否属于赔偿范围的问题，现行法律没有明确规定，如果第三人以侵害债权为目的，故意毁坏具有人格象征意义的特定标的物，给债权人造成精神损害的，应予以赔偿。

确定恶意串通合同的无效，我们要解决的问题是应当以及如何才能保护因恶意串通而受到损害的国家、集体或者第三人。《民法通则》及《合同法》规定了恶意串通、损害国家、集体或者第三人利益的民事行为或合同无效，但是没有明确国家、集体或者第三人在因恶意串通行为利益受损的情况下享有的实体上的请求权。我国诉讼法上对第三人诉权的行使也只是原则性的规定。这种请求权表现在诉讼法上就为诉权。民事实体法确定当事人在何种情况下有权提起诉讼，民事诉讼法则确定具备何种条件有权进行诉讼。诉权是当事人请求法院依法保护其民事权益的权利。它包括三个要点：诉权的主体是当事人；诉权主体行使诉权的目的在于请求保护自己的民事权益；法院保护诉权主体民事权益的方式是作出有利于诉权主体的判决。诉权应当是公民、法人和其他组织依法享有的一项基本权利，是人权的重要内容。[①] 诉权的实质是司法保护请求权，他是公民、法人或其他组织当其民事权益受到损害或者与他人发生争议时，请求人民法院予以保护的权利。诉权是为实体权利寻求司法保护的手段，其基础为法定的实体权利。实质是司法保护请求权。根据《合同法》和《民法通则》关于恶意串通损害国家、集体或者第三人利益无效的规定及关于诉权的理论，利益受到损害的第三人可以享有要求人民法院认定恶意串通行为无效的实体上及诉讼上的权利。这是对利益受到损害的当事人诉权的延伸。对实践中发生的恶意串通损害国家、集体或者第三人利益的无效合同行为，第三人和人民检察院可以向人民法院请求确认合同无效，以有效保护国家、集体或者第三人利益。在最高人民法院的一些司法解释中都根据当事人的实体权利，相应扩大或者说延伸了权利受侵害人的诉权。如《最高人民法院关于贯彻执行〈民法通则〉若干问题的意见（试行）》第118条规定，出租人出卖出租房屋，应提前三个月通知承租人，承租人在同等条件下，享有优先购买权；出租人未按此规定出卖房屋的，承租人可以请求人民法院宣告该房屋买卖无效。这是承租人基于优先购买权被侵害

① 江伟、绍明、陈刚：《民事诉权研究》，法律出版社2002年版。

而提起确认他人之间的合同无效的规定，是对承租人诉权的扩大解释。最高人民法院制定的婚姻法司法解释，对请求宣告婚姻无效的主体也包括了婚姻当事人以外的利害关系人。即最高人民法院以司法解释的方式确定了一部分民事利益受损的当事人实体权利及诉权，切实保护其民事利益。

我国房地产市场处于发展阶段，各项规章制度及操作程序不是很规范，又由于我国没有颁布物权法，无法尽可能保护房地产交易中“弱者”利益。本解释参照上述司法解释的规定，确定当事人请求确认之诉，即债权人可以请求确认债务人与第三人签订的合同无效。这主要是为了保护债权人及时取得房屋所有权的权利，是为了遏制房屋出卖人与第三人串通，使债权人无法实现取得房屋所有权的行为。赋予买受人和被拆迁人以出卖人与第三人恶意串通另行订立商品房买卖合同并将房屋交付使用致使其无法取得房屋为由，可以请求确认出卖人与第三人签订的商品房买卖合同无效的权利。而且对这种权利在实体上予以支持。这可切实保护公民的合法权益，遏制恶意串通一房数卖等违反诚实信用原则的不法行为。但根据《民事诉讼法》及《最高人民法院关于民事诉讼证据的若干规定》的规定，买受人要举证证明出卖人与第三人有恶意串通行为。在实践中买受人承担这样的举证责任存在一定难度，因出卖人与第三人的恶意串通行为往往是隐蔽的，对于第三人是否为恶意，取证往往很困难。但是我们审理案件的依据不能脱离开根据举证责任当事人所举证据证明的事实，出卖人与第三人的恶意是我们认定他们恶意串通行为的必要条件。所以，我们在理解掌握本解释条款时，还要以买受人是否有证据证明出卖人与第三人另行签订买卖合同的行为是恶意串通行为为我们认定案件事实的依据。

第十一条 ［*房屋的转移占有及风险转移*］

对房屋的转移占有，视为房屋的交付使用。但当事人另有约定的除外。

房屋毁损、灭失的风险，在交付使用前由出卖人承担，交付使用后由买受人承担；买受人接到出卖人的书面交房通知，无正当理由拒绝接收的，房屋毁损、灭失的风险自书面交房通知确定的交付使用之日起由买受人承担，但法律另有规定或者当事人另有约定的除外。

本条主要规定了房屋的交付使用、风险转移及买受人受领迟延问题。

一、关于对房屋的转移占有视为交付使用问题

占有的概念起源于罗马法，在随后的法律发展中，大陆法系国家均将占有设立为物权法上的制度。但由于各国对占有本质理解的不同，对占有概念含义的确定也不同。故我们理解占有的概念，首先要研究占有的本质。关于占有的本质是权利还是事实，有不同的学说，各国的立法也不尽相同。在罗马法中，不同时代的法学家对占有的本质的认识是不同的。罗马古代的法学家一致认为，占有是事实，但具有一定的法律效果。帝政后期，有的学者主张占有为一种权利，也如物权一样，可以援用救济程序加以保障。[①] 在近代民法中，有占有本质事实说，其学说认为，占有仅系一项事实而非权利，但此项事实在民法上却有一定的效力，受法律保护，具有法律意义。这种保护系对物的事实状态的保护，是否具有法律上的正当权利在所不问。[②] 占有本质权利说认为，一切权利系由法律保护的一定事实关系而发生。占有本身虽系一种事实，但法律予以保护而赋予其一定的效力，使占有人享有由占有所发生的利益，所以应称其为权利，而且这种权利直接行使于物上，与所有权及其他物权均属相同。[③] 占有本质法律关系说认为，占有是某人和物之间针对另一人所形成的关系，是一种法律关系，并非是事实或是权利。由于它是一种法律关系，所以要根据法律规则来解释一系列的事实。[④] 国际上的通说认为占有是一种事实。在我国，存在着事实说与权利说。事实说认为占有是一种事实，由于社会赋予实际占有以法律的规定，实际占有才具有合法占有的性质，即私有财产的性质。[⑤] 它作为一种事实的状态存在着，对物行使一种事实上的管领力。法律对物的事实管领力的保护，不问其是否具有法律上的正当权利。这主要是对非所有权人行使占有而言的，在占有人取得所有权后，这种事实的状态可能会变成一种占有的权能。权利说认为，占有作为所有权的一项权能存在，同使用、处分、收益共同构成所用权的四项权能，是民事权利之一。但是占有作为一项权能存在必须存在一个所有权，在所有权人处占有是一项最基本的权能。然而，占有作为一种权能所有权是可以通过民事法律行为让别人行使的。占有本质事实说是我国法学理论界的通说。按照这种通说，占有具有如下特征：（1）占有以物为客体。这里的物指的是有体物，包括动产

---

① 王利明主编：《中国物权法草案建议稿及说明》，中国法制出版社 2001 年版，第 530 页。
② 谢在全：《民法物权论》（下），中国政法大学出版社 2001 年版，第 481 页。
③ 刘鸿渐：《中国民法物权论》，中国政法大学出版社 2001 年版，第 315 页。
④ 王利明：《物权法论》，法律出版社 1999 年版，第 811 页。
⑤ 《马克思恩格斯全集》（第 1 卷），人民出版社 1956 年版，第 382 页。

和不动产，也包括无形物，例如电力、煤气等无形物。但是作品等无体物虽然是著作权的客体，但却不是这里指称的物，同样对于不因物的占有即可成立的财产权，如地役权等也不能成为占有。(2) 占有是对物有事实的管领力。所谓有事实的管领力，是指对物有实际上的管理力，是人对物有确定、现实的支配状态，并排除他人的干涉。(3) 占有是一种为法律保护的事实。占有的本质虽然是事实而不是一种权利，但这种事实如同权利一样得到法律的保护。通过上面的介绍，不论占有本质权利说还是事实说，都认为占有在法律上应受到的保护是相同的。通过对占有本质的分析，我们得出占有的概念为占有是一种人对物的一种控制与支配状态。它可因享有所有权、他物权、债权或者其他权利而发生，也可因某种缺乏权利依据的行为以及单纯的自然事实而发生。[①] 控制是指物处于占有人的管理或影响之下。支配是指占有人能够对物加以一定的利用。我国法律没有设立专门的占有制度，在我国物权法草案中，学者们一致的观点认为我国物权法应建立完善的占有制度，理由是因为他物权人不享有所有权，在其权利受到侵害的情况下，不能根据所有权，而只能根据合法占有提起诉讼，这是有必要设立对占有的保护制度，从而为他物权人提供更充分的保护。且通过合同上的请求权保护承租人、保管人、借用人等依据合同所享有的占有权是十分必要的，但合同的保护方法受到合同相对性规则的限制，合同债权不能对抗第三人，如合同之外的第三人侵害了合同当事人的占有权，则很难通过合同的方法来保护，因此，必须建立占有制度，这样由于占有产生的占有权可以对抗第三人，在占有受到第三人侵害时占有人可以依据占有权向第三人主张权利。而且我国物权上的一些制度的确定离不开占有制度的建立，如取得时效等。

占有因其状态的不同而有不同的分类，而不同种类的占有产生的法律效果也不同。占有主要有如下的种类：有权占有和无权占有、直接占有和间接占有。(1) 以是否有法律原因为标准将占有分为有权占有和无权占有。具有法律上的原因的占有视为有权占有，该法律上的原因或者根据在学说上称为权源（或本权）。例如，地上权人、承租人、借用人占有标的物乃是基于相应的权利而产生，故称为有权占有。相反，没有法律上的原因行使占有变为无权占有，例如，强盗对赃物的占有就是一种无权占有。区分两者的目的在于两者受法律保护的程度不同，在有权占有，只要占有的权源继续存在，占有人就可以拒绝他人要求交出占有物；在无权占有的情况下，占有人有交出占有物的义务。(2) 以占有人是否直接占有标的物为标准可分为直接占有和间接占有。凡是直接对于物有事实上的管领力者，称为直接占有；

---

① 梁慧星主编:《中国物权法草案建议稿》，社会科学文献出版社 2000 年版，第 787 页。

自己不直接占有某物，而对于直接占有物的人，基于一定的法律关系有请求返还权，因而对其物有间接管领力之占有，称之为间接占有。对于间接占有需要几点说明：①必须对他人所谓的占有享有的返还请求权是基于一定的法律关系，如果缺乏相应的法律关系即使是有返还请求权也不能谓之间接占有。例如，对于被盗的物，所有权人有返还请求权，但缺乏相应的法律关系，不能谓该所有人享有一项间接占有。②间接占有是基于直接占有而产生，间接占有不能独立存在。③这里所指的法律关系是从外观判断的，也就是说，已经成立的法律关系因故终止和无效是不能影响间接占有的存在的。④直接占有人的占有一般是自间接占有人处取得，但并不以此为限，例如占有改变的情形，直接占有人就不是从间接占有人处取得。⑤间接占有不以一层为限，而可以存在多层的情形。

转移占有是指占有人以法律行为将其占有物交付与他人，受让人因此而取得占有。占有人转移占有，自受让人取得事实上物的管领力时完成。① 占有转移具有下列特征：（1）有转让的意思表示。占有的转移必须有让与占有的意思表示，必须依法律行为进行。（2）交付标的物。占有以对物的事实上的管领力为成立要件，所以，占有的转移，除当事人的意思表示外，还必须将占有物交给受让人，才发生效力。如前所述，因为占有仅仅是一种事实的状态，而非一种权利，故在占有转移的情形中，并不一定要使用物权行为理论，这样，无论是动产还是不动产，只要将占有的标的物交付使用既可，而在交付使用标的物时刻起视为占有的转移。由此，即使是在不动产方面也不需要进行登记，但是也应注意到因为没有进行登记所以相应的权利人并未有取得该物的所有权。如是，本条的占有系称一种事实状态的占有。事实上，占有作为一种权能，必须有所有权存在，因此项权能一般对所有权人而言的。本条司法解释规定了一种有权占有的情形，也就是说规定没有登记的情形。在现实生活中，当事人之间虽然订有买卖合同，但没有登记，标的物的所有权当然没有移转，但是买受人通常已经占有了该标的物。对于这种状态正如前面所认为的那样，是买受人基于一定的源权而享有的有权占有，而这个源权是基于当事人之间债的关系来实现的，表现为当事人之间订立的相应的买卖合同。而这种有权占有，买受人可以随时要求出卖人到相应的房屋管理部门进行登记行为。在实践中房屋的转移占有由出卖人向买受人交付房屋钥匙，出售人向买受人发出书面交房通知，买受人在交房通知上签字等几种形式。我们在掌握房屋占有转移时，一般上应将买受人在交房通知上签字及出卖人交付房屋钥匙为转移房屋占有的必要条件。但是由于我

---

① 王利明主编：《中国物权法草案建议稿及说明》，中国法制出版社 2001 年版，第 536 页。

国房地产交易市场各种制度不是很规范及完善，所以，我们在掌握这一问题时，还要看案件的实际情况及当地房地产交易市场的经营惯例。

在本条中，“交付使用”的概念不同于“交付”的概念，交付是物权的理论上物权变动上的概念。在理论上物权不同于债权，是一种绝对权，物权的所有权人可以对抗所有权权利人以外的第三人，所以在物权的转让上除当事人之间具有物权合意外还要求权利人必须进行公示，是为物权的公示原则，而公示在这里就表现为交付。物权合意同交付相结合成为物权行为，是为转移所有权的工具。但是，交付之于动产、不动产的表现方式则并不相同。在动产交付表现为一种现实的给予，一般也称为交付，但这时的交付是在生活的层面使用，不是指物权理论上的交付，其体现为上文所说的现实的给予。在不动产方面，交付仅仅体现为登记，登记是不动产转让时物权行为中交付的唯一表现形式，有鉴于此，也有的学者直接将交付用登记代替，但在理论上没有影响。如果，作为转让所有权的物权行为体现为“物权合意+交付”，交付在动产上体现为现实的给予，不动产上为登记。进而，在不动产的所有权的转移方面，如果没有进行登记，那么物权行为就没有成立，所有权因此也就没有被有效地移转，但此时买受人已经对出卖人的房屋为占有，则只能视为一种事实的占有状态。在法律规定方面，《城市私有房屋管理条例》第六条规定，房屋所有权转移或房屋现状变更时，当事人须到房屋所在的房管机关办理所有权移转或房屋现状变更登记手续。《城市房地产管理法》第三十五条规定，房地产转让、抵押，当事人应当依照本法第五章的规定办理权属登记。是为房产转移公示登记原则的体现。

在关于登记的问题在理论上有不同的做法，各个国家的做法也不太一样。主要有三种理论：对抗主义、生效主义、折中主义。对抗主义是法国和日本的做法，该理论认为登记并不是转让不动产的要件，只是当事人之间意思的结果，当事人之间在转让不动产的时候可以不登记，但是买受人不得对抗善意的第三人，故在法国也就没有物权行为（日本比较特殊。虽然承认物权行为，但采纳的却是对抗主义）；登记主义是德国所创立，所以也称为德国主义，认为除物权合意外登记是不动产转移的要件，其体现为物权行为中的交付，同物权合意共同构成物权行为。如果当事人之间转让不动产没有到有关部门进行登记，这种转让行为就是无效的；折中主义是将德国的登记主义同法国对抗主义相结合，奥地利采纳的是这种理论，其认为，登记是转移所有权的条件，但是并不认为还存在一个物权合意，所以同法国、德国都有差别，其他国家中瑞士采纳此种理论。我国关于物权的理论方面继受的是德国的理论。故采纳的应是德国的登记主义。按照我国《城市房地产管理法》的规定，我国采取的是登记主义，将登记作为物权变动的必要要件。本条解释中将房屋的转移占有视为交付使用，应该在动产交付理论上理解占有转移。制定这一条的原因是我国没有颁布物权法，本条司法解释中将转移占有视为交付使用，这一规定的背景除我们上面讨论的理论上的原因外，实践中的原因是，由于我国没有颁布物权法，没有规范的不动产变动登记制度，这样，在商品房买卖中经常会出现房屋已交付很长时间，但房屋的产权登记没有办理到买受人名下，房屋实际占有与所有权转移登记脱节，这样很难明确责任的承担和风险的承担，如出卖人交付违约，涉及交付违约的起算时间，违约金的计算时间。而且容易给买受人带来利益损失。在商品房买卖合同纠纷中就涉及以何为依据认定上述问题。而对于这些问题，如果我们严格按照物权理论上关于交付的观点，对出售人而言也是不公正的，在这种情况我们本解释将转移占有视为交付使用，赋予其交付的效力，但此种效力因没有登记，并不发生对抗第三人的效力。但是我们的这种做法毕竟同物权上的交付理论不同，为避免造成混乱，本条的司法解释使用的是“交付使用”一词。本条并不是对房屋所有权转移理论的修正。在上面多次提到，所有权的移转须依靠物权行为来实现，而物权行为中交付被特定为登记，否则不能实现所有权移转的效果，这同样体现为《合同法》中，其第一百三十三条规定，标的物的所有权自标的物交付时起转移，但法律另有规定或当事人另有约定的除外。《合同法》此条中的交付实际上是同理论上交付的概念是一致的，只不过没有将其分为动产和不动产，值得注意的是在不动产的转让方面，登记是法定的方式，实际上排除了当事人对不动产交付方式的约定。其后《合同法》第142条规定，标的物毁损、灭失的风险，在标的物交付之前有出卖人承担，交付之后有买受人承担，但法律另有规定或者当事人另有约定的除外。这里的交付的概念应当做同一意义的理解，在不动产中仍视为登记。在房屋买卖的过程中，当事人之间已经登记完毕，即使房屋没有转移占有，也应是为交付完毕，因而买受人取得所有权人的法律地位，相应的风险因此也有所有权人来承担，但是当事人之间对风险的承担另有约定的除外。但是，现实生活中情况纷繁复杂，当事人之间物权合意存在（这个物权合意一般表现为一个合同）但却未为房屋所有权转移登记者，所在多是。而根据物权行为理论所有权理论所有权当然未为转移，但因此滋生相应的风险承担问题，在生活中却并不罕见。在这种情况下，一味地强调风险有所有权人承担难免有失公平，故有立法说明的必要，而本条司法解释对此作出了相应的说明。如是，本条司法解释同《合同法》中的有关规定，并不矛盾也非对其进行修正，两者实际上共同调整民事生活，起着各自的作用。

因为这一现象往往是由于我国没有健全规范的登记制度造成，所以本司法解释中明确规定将房屋占有的转移视为交付使用。然而需要进一步解释的问题是，当事人之间，已经签订了不动产的买卖合同，虽然没有到相应的房产管理部门进行登记，但是对于买受人是一种有权占有。买受人这时可以向出卖人要求为登记行为，以充分所有权。那么，如果在买受人在占有了一段时间后，才为登记行为，而这期间（也就是交付使用到登记者段时间内）出卖人撤销同买受人之间的买卖合同，如何处理？例如，出卖人同买受人之间达成就处于闹市区的房屋转让的合同，买受人已经进行了占有，但是没有进行登记，后来因为此处地价猛涨，出卖人撤销了合同。这时买受人只能对出卖人的这一行为提出相应的有关合同的违约诉讼，要求出卖人承担相应的损失，对于出卖人而言，因为所有权尚未转移，所以在赔偿相应的损失的同时有一项所有物返还请求权。但是，在已经进行登记的情形中则会有不同。这时，因为所有权已经转移，即使是因为错误、情势变更等原因要求撤销合同，出卖人实际上只享有一项不当得利的请求权而非所有权返还请求权，另外，在所有权转移的情形下，实务中一般基本上不会出现合同无效的情形。再一种实务中比较容易出现的就是“一物二卖”的情形，虽然出卖人同买受人之间签订了关于买卖不动产的合同，但是出卖人可能会因为趋利的原因同第三人签订关于同一标的物的买卖合同，并到相应的房屋管理机关进行了登记。那么，这时该不动产的所有权就会转移到第三人的手中。然而，关键的问题实对于第三人而言，“买受人”是一种合法的有权占有，“买受人”的占有是基于其同出卖人之间的买卖合同，所以在这种情况下，已经取得所有权的第三人既不能用自力救济来实现所有权，也不能用公力救济达到目的，因为“买受人”是一种有权的合法的占有。实际上，这里面第三人从出卖人那里得到的权利是有瑕疵的。按照解决的办法在要求出卖人完整第三人的所有权，即出卖人同买受人之间的买卖合同宣告无效和撤销，从而实现标的物的返还请求权。

上面主要是直接占有的情形，间接占有也有说明的必要。对于所有权人来讲直接占有就是其占有的权能，但是，现代的经济生活已经有了很大的变化，所有权已经由过去的重视占有转而只是利用，于是很大程度上所有物并未处于所有权人的直接占有下，所有权人保持的仅仅是一种间接占有的状态，于是在交易的过程中出现了“指示交付”“占有改定”等情形。（所谓的占有改定是指，所有权人同买受人之间达成有关出卖标的物的合同，约定所有权转移给买受人使用，但是标的物仍然由出卖人继续使用；指示交付是指，所有物不在所有权人的直接占有下，也不在买受人的占有下，但是他们达成关于出卖标的物的合同，自此所有权由买受人所有）在实际的生活中，买受人并非全部是为自己使用房屋才为购买，所以也不一定亲自为占有行为。在为自己使用的情况下，占有人也可以委托占有辅助人来行使占有。一般的情形是，买受人直接要求其将房屋交给第三人占有，而这个第三人可能是同买受人有某种法律关系（承租人）也可能是受买受人委托的占有辅助人。此时，虽然买受人没有亲自占有（在有占有辅助人的情形可以认为是一种直接占有），但是可以视为买受人已经有一种间接占有的行为，如是，则可以认为出卖人已经履行了“交付使用”，相应的风险则由买受人（不一定是所有权人）来承担。

二、关于可归责问题

本条解释的第二款规定了房屋毁损、灭失风险的分担问题。理解这一规定，需要我们了解有关风险与不可归责原因的理论。

所谓风险就是指在将来能够使标的物产生不完满状态的一种可能性。这种可能性既可以是一种行为也可以是一种事件，前者例如火山爆发、地震、海啸；后者例如第三人的纵火、故意的侵权。需要说明的是，广义的风险实际上指一切产生不完满状态的可能，就算是所有权人故意的损坏也在范围中，但是一般意义的风险则是指不可归责于双方当事人的事件或行为对标的物产生的影响。在买卖合同中，风险的含义是特定的，它是指标的物的意外损失，即本条所称的毁损、灭失。此外风险一般是对将来的预期，即这种风险的发生还没有开始，否则就不能称之为风险，而且风险的发生造成的结果是不确定的，也就是说在运用了一般的防护手段后损害的结果有发生的可能也有不发生的可能，例如对标的物作了通常的防雨措施，但是还存在着损害的可能（雨大将其淋坏等情况，但平时可能不会发生这种结果）。

风险转移的约定是买卖合同中一个很重要的条款，通过风险承担的条款的约定，在不可归责于当事人之间的原因而造成的货物的毁损，货物的灭失则由承担风险的一方来承担。虽然在现代的经济生活中，保险业已经相当发达。但是，在很多情况下，虽然经过了保险人对所受损失的赔付，却仍有损失存在，这时，风险承担的约定就显示了重要的作用，在国际贸易中体现得尤为明显。世界各国对风险承担主要有两种立法例，一是物权主义，也称所有权主义。它是指在标的物所有权转移于买方之前，标的物的风险由卖方承担，但所有权一经转移于买方，则不论货物是否交付，都应由买方承担风险。[①] 如英国货物买卖法规定，所有权交付前，风险由卖方承担，所有权转移之后，由买方承担。但是，如果由于买卖双方中任何一方的过失，致使交货迟延，则货物的风险应由有过失的一方承担。二是交付主义，它是

---

① 李国光主编：《合同法释解与适用》，新华出版社 2001 年版，第 668 页。

指以物的实际交付时间为标的物风险负担转移的确定标志，而不论标的物所有权是否转移，均由标的物的实际占有者承担风险。这种观点认为，风险转移是很现实的问题，而所有权的转移则是很抽象的，不可捉摸的，甚至是难以确定的问题，因此以所有权转移来确定风险的转让是不可取的。按照我国《合同法》的规定，我国对标的物的风险转移系采用交付主义，即无论买卖合同的标的物所有权是否转移，只要标的物已经交付，即由标的物的占有人承担风险责任。这一规定也是吸收了德国法律规定的精髓。这一规定的出发点是，标的物交付后，买受人对标的物可行使直接占有、管理乃至使用、收益权占有人维护标的物最为方便，并能有效防范风险的发生。相对而言，标的物的所有人没有管理、支配该标的物，难以有效地维护标的物，防范风险的发生。另一方面，交付主义将标的物的风险分配给标的物的占有人，也有利于促使占有人尽自己的最大努力来维护标的物，减少标的物的风险。本条司法解释承继的是《合同法》关于风险转移的规定，但是将实际的交付使用作为风险转移承担的划分依据，而并非以物权法上交付作为风险转移的划分依据。也就是说，以动产交付的方式作为风险承担的标准。这是源于我国目前的情况做出的。现实的情况是，很多买受人同出卖人虽然订立相应的买卖合同，但是没有到相应的房产部门进行所有权的移转登记，而且，这种未登记的状况通常会维持许多年，如果房产没有发生意外的风险、损失，买受人同出卖人之间可以相安无事，但是一旦出现了房屋灭失的情况，不利于安定的局面。而且在这种情况下，买受人虽然未实际取得所有权，却一直以所有权人的身份行使这占有，出卖人同其他人也尊重这种事实的状态，虽然未为所有权的转移登记。如有损毁事件发生，即要求出卖人承担风险，则对于原本的出卖人难言公平，故要求实际的占有利用的买受人承担这种风险，于理、于公平有合，如是，本条解释做这样的规定并非无因。

在生活中，出卖人与买受人之间达成的买卖合同，经过了很长时间后仍然是有效的，只不过当事人之间没有未登记的行为。这种情况，即使是在奉行严格的形式主义的德国也有相应的制度加以纾解，以防止法律的刚性对当事人之间的公平作的伤害，其体现为一种取得时效的制度，即经过一定的时间，为了保证法律的安定性，以及现实生活中的安定性。占有人取得了占有物的所有权。但是我们国家现有的民事立法中没有规定取得时效的制度，发生了纠纷不能运用这个制度来解决，所以我们在解决这个问题中实际上是用法律对当事人之间的意思表示作了解释，即认为当事人之间的真正意思是取得标的物的所有权。如是，当时之间虽没有未登记行为，只要补正即可，以充分物权行为，使买受人取得所有权，从而其自己承担该标的物灭失的风险。在标的物灭失的情形，虽然标的物不存在，不能再为物权行为以转移所有权，但是因为买受人的占有为一种有权占有并实际上行使着所有权人的权利，法律上实际上作了一个拟制，认为这时的占有人是真正的所有人，以达到同取得时效相同的法律效果。而且，在真正的生活中，不排除的情况是，买受人在出卖人不知道必须为登记转让的情形，故意不告知出卖人真实的情形，在发生风险的时候，以推卸自己的责任，那通过本条司法解释的规定，也保护了一部分出卖人的利益，保证现实交易的安定性。有对本解释的有关规定，不应仅仅拘泥于条文的具体规定，而应通过对法律的整个的系统的理解、解释才能够解读其正确的含义。交付使用而不是交付。这一规定的背景是这并不妨碍当事人之间的契约自由，当事人之间的约定可以将风险的一般惯例排除，而约定成为符合当事人之间的意思约定。在此情况下，只要符合真正的意思表示，由出卖人承担，交付之后由买受人承担，但是法律另有约定和当事人另有约定的除外。

理解这一规定，还应了解关于“可归责”概念的使用的问题。“可归责”的概念在不同的国家，内涵不甚一致。在法国，通行的侵权行为理论认为，过失是由两个部分的内容构成的，一是客观的因素即违法，另一个是主观的因素既是可归责。在法国侵权行为法中，可归责被认为是一种来自行为人的歉疚或来自他人的可非难性，是一种道德或心里的事项，属于行为人主观的感受。但是，这种在法国的通说却遭到了学者们的批评，主要的观点是，在一些特殊的侵权行为中，例如危险责任、法人责任与道德、心理同行为人的主观感受没有直接的联系，而且法官在审理案件时，实际上是要求法官判断当事人之间的道德、心理及主观感受，这很难做到准确，进一步，在法国法中侵权行为的构成要件中就没有违法性要件；然而“可归责”的概念在德国同法国则有着不同的意义。在德国法上使用的是“过失”的概念，在理论上使用“可归责”，这样实际上，在德国“过失”同“可归责”就是同一个概念。而“过失”的概念在各国的民法规定中很少有做出明确规定的，一般是借用刑法中的过失的概念，就是应注意、能注意而不注意或预见发生确定不发生。于是，在德国的侵权行为法中，违法性就成为了侵权行为的一个构成要件。而本条司法解释使用的“可归责”究竟在什么范围内使用，我们认为是在与“过失”同意义的情况下使用。我国的侵权行为法理论实际上奉行的是四要件说，即是损害事实、因果关系、过错、违法。在上面的论述中我们对法国和德国的侵权行为理论作了说明和比较，可以得知的是违法要件是德国法特有的构成要件之一（继受德国法的国家基本如此)，并且因此使“过失”的理论内涵同法国“过失”理论内涵有很大不同。纵观我国的侵权行为理论，则“可归责”的使用是同德国法的理论保持一致的。另外需要说明的是在侵权行为法理论中我国使用是“过错”而非“过失”，其意义的外延有所不同，“过错”包括故意和过失；“过失”则不包括故意。但这并不说明，在国外故意的行为就不承担责任或直接依刑法来处罚。在这些国家的理论中认为，既然过失要承担侵权行为法上的责任，何况故意？而我国的理论和规定则规定了明确的标准，同我国的法制观念是相关的。但是这两者虽然表述不同，但所要达到的效果却异曲同工！如是，本条司法解释中的“可归责”就同我国侵权行为法中的“过错”作同一意义的理解。“不可归责”也就是，非由于双方当事人之间的过失或故意而造成的毁损、灭失的情况。

本条解释对不可归责于双方当事人原因造成的毁损、灭失的风险明确规定由占有人承担，根据相反的推论，如果其中一方当事人过错造成相应的风险，应有由过错方承担风险，也就是说如果出卖人过错造成房屋毁损、灭失，在没有登记的情况下承担的是一种损失由其自负的责任，承担的不是一种侵权责任，买受人这时实际上是有了选择权，可以要求出卖人恢复标的物的原状，也可以就此解除与出卖人之间的关于标的物的买卖合同。但是，如果已经进行了登记，所有权已经移转，原出卖人的行为对房屋造成了毁损、灭失。那么对于原出卖人而言只是作为侵权人存在，买受人只得对侵权人提出侵权之诉，这样对于买受人而言，上一种情况对其保护比较周全。

当然上述所有的情况都是在当事人之间没有约定或者约定不明确的情况下所作的分析和讨论。但是当事人之间可以对风险问题做出于各自利益和角度的说明和约定，这样本条的规定就会别排除在外。

三、关于因买受人原因致出卖人交付房屋不能的风险负担问题

第二款规定实际上是对出卖人和买受人各自应承担的风险所作的规定。在买受人方面，所谓的“无正当理由”是同正当理由相对应的。一般情况下有两种情况，买受人可以拒绝接受出卖人的交付使用。分别为不完全给付和迟延给付，下面分别予以说明。

不完全给付是指履行在时间上正确，给付也存在可能，但是债权人（这里是买受人）所收到的并不是依债的关系的内容而确定的，该给付对于债权人而言，价值减损和没有价值。简单地说就是没有根据双方约定的内容来履行。分为瑕疵给付、加害给付两种情况。在不完全给付的要件上主要有以下几点：（1）是对债法上给付义务和附随义务的违反。（2）这种违反的情况不能因为给付不能或是给付迟延而引起，如果是因为这两项的原因引起，则诉诸这两项中具体制度。（3）有相应的损害的发生，这里的损害既包括履行利益的损害以及超出履行利益的损害。（4）须可归

责于债务人（这里就是出卖人），关于可归责的具体含义、理由详见上面的理由。(5) 这里损害的发生同债务人的给付行为是有关联的，就是履行利益的减损是由于债务人的给付行为造成的。(6) 主张不完全给付，债权人本身得遵守合同。瑕疵给付是指，债权人所接受的给付存在不圆满的状态，例如房屋漏雨等情况。在加害给付是指债务人交付的标的物给债权人的人身或财产造成了损害，如房屋所用的涂料含有放射性的成分从而给债权人及其家庭成员造成人身的伤害，或者房屋漏水给债权人的高档家具造成损害等等。但是，在这里需要注意的是，这里的不完全给付在已经登记转移所有权的时候，对于出卖人来说实际上负担的是一种瑕疵的担保责任，在此种情况下，如果是对合同主义务的违反，买受人可以解除合同，但对于附随义务或是从合同义务的违反，一般是要求出卖人对出卖的标的物进行修正，给买受人造成损失的还要承担相应的赔偿责任。在买受人仅仅占有没有进行所有权转移登记的情形，买受人可以拒绝接受，但要及时对出卖人提出异议，而且此时买受人要本着诚实信用的原则对标的物为一定的管理，但此时房屋的损毁、灭失的风险又出卖人承担，而如果这期间，因为房屋的瑕疵给买受人的人身、财产造成损害的。出卖人承担相应的侵权责任。同样，如果出卖人仅仅是合同的附随义务或从合同义务没有履行，买受人并应为拒绝接受，可以要求出卖人补足即可，这是出卖人要承担因此而需要额外支出的费用，当然当事人之间可以对此做不同的约定，法律、法规禁止的除外。

给付迟延。给付迟延又称债务人迟延，指尚为可能之给付，因为可归责于债务人的原因不能给付，债务人迟延是时间上的不完全的给付。它的构成要件是：(1) 要有有效的或法定的债务关系存在。(2) 给付已经届至履行期。在当事人之间确定了履行期限的，债务人自期限届满时起，负迟延责任，这时，债务期限届至时，不待债权人的通知、催告就地履行债务。在未定期限的情况下，债务人得催告债务人履行债务，债务人在合理的期限内没有履行债务的视为迟延。(3) 给付可能、届至、但未被履行。(4) 迟延履行须可归责于债务人的原因。也就是一般情况下，债务人因为故意或过失怠于履行债务，但是系不可归责于债务人的不可抗力除外，不过当事人之间可以约定不可抗力也是给付迟延的原因。(5) 债务人对此迟延未履行的状况没有抗辩权，如果债务人对债权人的请求有抗辩权则债权人的债权可能在一定的期限内或者根本不可能实现，这样对于债务而言就不存在迟延不迟延的状况。(6) 须迟延的状况处于仍然存在的状况。(7) 债权人必须遵守契约。在债务人迟延履行的情况中，债务人取得了一个选择权，即是如果处于迟延状态的债务履行之后对买受人已经没有意义的话，债权人可以解除合同而要求债务人赔偿相应的损失，如果债权人认可继续履行的话，迟延造成的损失债务人也要承担。而且处于迟延状态的情况下，不可抗力的风险由债务人承当。如是，出卖人在迟延履行（迟延交房）的时候，买受人可以提出疑义，从而决定是接受出卖人的履行还是同出卖人结束合同，这个通知要在合理的期间内告知出卖人，这时房屋毁损、灭失的风险由出卖人承担。

本条解释的第二款规定的实际是买受人受领迟延的情形。所谓的受领迟延就是债务人有给付能力，亦愿意给付，却因为债权人的原因不能为给付，以至于给付的效果无法即使发生，或是债权人不为其他协力，致债务人无从给付。其构成要件：(1) 须债务人有给付的义务。(2) 须债务人已经合法给付，这种合法给付的形式可以用现实的形式提出，也可以用言词、书面的形式提出。(3) 债权人未为接受给付，债权人是否过失在所不问，也就是说即使债权人没有过失同样可以构成受领迟延。受领迟延，债务人受到的损失可以要求债权人承担，而且，债务人对债权人无正当理由不受领的可以提存或者抛弃占有，相应的风险由债权人承担。这也是本条解释种规定风险由买受人承担的理论依据。类似的规定在其他法律也有体现。例如《合同法》第一百四十三条规定，由于买受人的原因致使标的物不能按照约定的期限交付的，买受人应当自违反约定之日起承担标的物毁损、灭失的风险。本解释中规定了因买方原因致使交付不能，风险由买方承担，主要是针对一部分买方人无正当理由拒绝接受房屋的实际交付问题。这在我国没有颁布物权法的情况下，对维护房屋买卖交易的安全将起到很大的作用。

第十二条 ［*房屋主体质量不合格*］

因房屋主体结构质量不合格不能交付使用，或者房屋交付使用后，房屋主体结构质量经核验确属不合格，买受人请求解除合同和赔偿损失的，应予支持。

本条是关于商品房质量不合格应如何处理的规定。

随着我国住宅建设和房地产业的迅猛发展，城镇商品住宅的质量诸多问题，已成为社会关注的焦点，商品房质量纠纷问题亦已成为我国消费领域十大投诉之一。由于商品房住宅是使用年限很长的消费品，其质量是否合格就显得尤为重要。我们知道房屋质量与安全问题紧密相关，房屋质量出现问题有可能引发安全事故，由于房屋买卖的特殊性，它不仅要适用《合同法》的有关规定，还要受到一系列不动产相关法律的调整。如《城市房地产管理法》《建筑法》《城市房地产开发经营管理条例》等。本条中所讲的房屋质量问题，其主要就涉及《建筑法》中的很多规定。

在买卖合同中，房屋质量合格交付是出卖人依据法律规定或依据当事人的约定交付标的物的主要义务，该义务是法定义务，是法律直接规定的特别义务，就是说出卖人交付的标的物如果不合格，依照法律规定应承担相应的法律责任。《建筑法》第六十一条规定："建筑工程竣工经验收合格后，方可交付使用；未经验收或者验收不合格的，不得交付使用。"《合同法》第二百七十九条亦作了基本相同的规定。由于房屋建筑是较永久性的建设项目，且建筑质量问题错综复杂，其既可能是勘察、设计方面的原因，亦可能是施工方面的问题。因此国家对建筑质量的有关法律、法规及技术标准、设计文件等均作了明确规定。该规定中所称的竣工验收，是指建筑工程全部建成后为检查工程质量而进行的一项工作程序，也是建设过程中最后一个工序，是全面考核基本建设工作，检查是否合乎设计要求和工程质量的重要环节，是房屋从建设生产转入使用的一个重要的标志，交付使用的房屋必须经过这一环节。

在正常情况下房屋建成后，有关部门应根据《建设项目（工程）竣工验收办法》的规定及工程规模大小，复杂程度等组织验收。不管是新建、扩建、改建项目及技术改造项目一律要经过工程验收后，方可交付使用。按照法律规定，交付竣工验收的建筑工程，必须符合规定的建筑工程质量标准，并具备国家规定的其他竣工条件。根据《建筑法》有关规定竣工交付使用的建设项目必须符合下列要求：（1）完成工程设计和合同中规定的各项工作内容，达到国家规定的竣工条件；（2）工程质量符合国家安全规定的标准，如符合房屋土建工程验收标准、安装工程验收标准等；（3）符合工程建筑设计和工程建设合同约定的内容；（4）有完整的并经有关部门审核的工程建设技术数据及档案图纸材料；（5）有建筑材料、设备、购配件的质量合格证件资料和试验检验报告；（6）有勘察、设计、施工、工程监理等单位分别签署的质量合格或优良等等；（7）有工程施工单位签署的工程质量保修书；（8）已办理工程竣工交付使用的有关手续。工程竣工验收一般可分为初步验收和正式验收两个阶段进行。对大、中型和比较复杂的工程应先进行初验，然后进行全部项目的验收、对较小、简单的建设项目，可以一次进行全部建设工程验收。在验收步骤上，一般分为验收准备、初步验收及正式验收。验收单位要根据工程规模的大小情况，组成验收委员会或验收组。大中型建设工程由国家批准的限额以上利用外资的工程由国家组织委托有关部门组织验收；地方大中小型建设工程由省级主管部门组织验收。其他小型工程由地市级主管部门或建设单位组织验收。建筑工程经验收合格后，方可交付使用，未经验收或者验收不合格的不得交付使用。建筑工程验收合格表明工程是按照工程合同的规定履行了合同义务。可以说没有经过竣工验收的建设工程，是未完成的工作成果，也可以说是未完成的工程，因为没有证明其已经完工的证明。因此交付使用的房屋都必须经过竣工验收这一环节，并且还须验收合格，对不合格的工程不予验收，也不得交付使用。该条中所说的房屋质量不合格，其应包括房屋未经验收和经验收不合格两种情况。另外该条还提到房屋交付使用后，经核验质量确属不合格的情况，这种情况一般是指房屋经验收合格交付使用后，但又经核验确属不合格。该种情况虽然与未经验收和验收不合格情况有所不同，但是对出卖人所交付的房屋和买受人所购置的房屋来说，仍然是质量不合格的房屋，所以该条对经验收合格交付使用，后又经核验确属不合格的，与未经验收交付使用及验收不合格交付使用在处理原则上是一致的。但在审判实践中，对经验收合格，交付使用的房屋，又经核验质量确属不合格的情况，在认定及具体处理中尚有一定难度（该问题将在后面详述）。

关于本条中所称的“房屋主体结构质量不合格”一节，我们认为应作广义理解，作为一个完整的房屋建筑工程，它既应包括房屋地下隐蔽工程的地基部分，也应包括房屋地上工程所涉及的部分。就是说地下与地上部分是不可分割的一个整体，根据建筑法的规定房屋建筑工程应当包括以下内容：房屋的地基基础工程、主体结构工程、屋面防水工程和其他土建工程，以及电气管线、上下水管线的安装工程，供热、供冷系统工程等部分。本条中未将各部分进行详细列举，一是考虑与《城市房地产开发经营管理条例》《商品房销售管理办法》规定中的提法相一致，再就是考虑到《建筑法》中对此亦有具体的规定。所以在适用本条规定时，一定全面理解其涵义。

《建筑法》第六十条第一款规定：“建筑物在合理使用寿命内，必须确保地基基础工程和主体结构质量。”下面介绍一下地基基础工程与主体结构工程。建筑物的地基，是指支承由基础传递的上部结构符载的土体或岩体。为保证建筑工程的安全和正常使用，首先要求地基在荷载作用下不致产生破坏，其次组成地基的地层因某些原因产生的变形不能过大，否则将会使建筑物遭到破坏，无法满足使用要求。建筑物的基础，是指结构所承受的各种作用传递到地基上结构组成部分。它是建筑物的重要组成部分。建筑物的基础可以按照基础埋置深度、建筑材料、基础变形特征和结构形式进行分类。以上可看出，建筑物的地基基础在建筑物整体构造中起到的重要作用。建筑物的主体结构是指在建筑中，由若干构件连接而成的能承受作用的平面或空间体系。主体结构要具备足够的强度、刚度、稳定性，用以承重建筑物上的各种符载，建筑物主体结构可以由一种或者多种材料构成。建筑物的主体工程是建筑物工程的重要组成部分。因此保证建筑物的地基基础工程和主体结构工程的质量是非常重要的，建筑工程的地基基础和主体结构的质量是政府质量监督的重要内容，是建设单位或监理单位检查的重点，为保证建筑工程质量，国家制定了一系列技术标准和管理标准如《建筑工程质量检验评定统一标准》《建筑安装工程施工及验收规范》。

建筑物的地基基础工程和主体结构工程是建筑工程的重要基础和主体，如果一项建筑工程在地基基础工程和主体结构出现质量问题，即使其他部分施工质量再好也难以保证整个建筑工程质量。因此《建筑法》规定，建筑物在合理使用寿命内，必须确保地基基础工程和主体结构的质量。建筑物的合法使用寿命即设计年限，是指建筑物的设计单位按设计的建筑物的地基基础和主体结构形式、施工方式和工艺等技术条件所确定的保证该建筑物正常使用的最低年限。关于“合理使用寿命”问题，目前国家还没有统一的规定，具体各类建设工程的合理使用年限，要根据建筑物的使用功能、所处的自然环境等因素，由有关技术部门作出判断，根据《民用建筑设计通则（试行）》，一般认为按民用建筑的主体结构确定的建筑耐久年限分为四级：一级耐久年限为100年以上，适用于重要的建筑和高层建筑（指10层以上住宅建筑、总高度超过24米的公共建筑及综合性建筑）；二级耐久年限为50～100年，适用于一般建筑；三级耐久年限为25～50年，适用于次要建筑；四级耐久年限为15年以下，适用于临时性建筑，耐久年限即为工程合理使用年限，建设单位如有低于或高于工程合理使用年限要求的，应在合同中予以明确。对地基和主体结构发生质量缺陷，是否在合理使用寿命内引起争议，应首先确定该建筑物的合理使用寿命。已有确定年限的，以该年限为准；无确定年限的由原设计单位或有权确认的部门确定，并按此确定的年限为准。关于屋面防水工程和其他土建工程，以及电气管线、上下水管线的安装工程，供热、供冷系统工程等部分，其主要涉及建筑物质量瑕疵问题，这些问题将在本解释第十三条中详述。地基基础工程和主体结构工程质量问题是直接关系到建筑物是否安全问题，该两项工程是不能存在质量隐患的，如果地基基础工程及主体结构工程质量出现问题，也很难通过修复办法解决。但是如果通过加固等能够修复，且确保建筑物安全的可以修复，其建筑物继续使用，如不能修复建筑物无法使用的，买受人可依法请求有关责任者承担法律责任。下面将对出卖人交付不合格房屋的，买受人可采取的救济措施分别不同的情况提出处理意见，以供参考。

一、实际履行

买受人所购置的房屋如果地基基础工程及主体结构工程质量出现问题，如果通过加固等能够修复，且确保建筑物安全的，买受人可以请求出卖人依照法律规定及合同约定内容履行义务。实际履行也称为具体履行或依约履行。我国合同立法称之为继续履行。实际履行是我国合同履行的一项基本原则，是一方违约以后另一方可以采取的一项主要补救措施。其指一方在不履行合同时，另一方有权要求违约方按合同规定的标的履行合同，而不得以支付违约金和赔偿金的方式代替合同履行。[①]《民法通则》第一百一十一条将实际履行作为违反合同的一种主要补救方法予以规定。《合同法》第一百零七条规定，当事人一方不履行合同义务或者履行合同义务不符合约定的，应当承担继续履行、采取补救措施或者赔偿损失等违约责任。根据相关规定，我们认为，继续履行应具备以下条件：(1) 有违约行为的存在。违约行为的存在是实施实际履行的前提，只要合同在履行过程中不存在不可抗力或其他法定免责事由以及当事人合法约定的免责事由，就应当认为守约方享有进行履行的权利。(2) 要由守约方向法院提出要求违约方继续履行合同之请求。既然认定实际履行是守约方的一种权利，那么它的成立就依赖于守约方对权利的行使。当事人订立合同的目的不是为了在违约之后寻求金钱赔偿，而是意在实现其所期待之利益，当守约方在利益衡量后认为继续履行合同对其更为有利，就可选择实际履行的方式。(3) 合同的标的物一般是无法代替的特定物或无法用金钱衡量其价值的物。(4) 守约方在不违背合同本身的性质和法律的条件下才可选择实际履行。(5) 违约方必须能够继续履行。此条件对实际履行的责任方式十分重要。继续履行要考虑其合理性。如果违约方确无力继续履行或继续履行将会付出更大的代价等，均不宜采取继续履行的方式。

二、解除合同

在房屋出现地基基础工程及主体结构工程质量问题后，其难以通过修复办法解决，买受人可请求解除合同，买受人请求解除的人民法院应予准许。解除合同是指合同有效成立后，因当事人一方的严重违约而使合同关系自始无效或向将来消灭的一种行为。解除合同的概念有广义和狭义之分。广义的合同解除，是指在合同有效成立后，没有履行或没有履行完毕之前，通过当事人双方协议或者通过一方当事人

---

① 王利明：《违约责任论》，中国政法大学出版社 1996 年版，第 361 页。

行使解除权使合同关系提前消灭。狭义的合同解除仅指单方行使解除权解除合同，即当事人一方行使法定或约定的解除权。[①] 合同的解除是对有效合同的解除，合同解除的对象是已经有效成立而尚未履行完毕的合同。解除合同免除了当事人的履约责任。如出卖人根本违约，不交付买卖合同的标的物，或交付的标的物根本不符合合同规定品质，则买受人可不再等待出卖人的交付，但其仍有权利取得损害赔偿。在因买卖合同一方当事人违约而导致合同解除的情况下，不免除违约方承担相应的违约责任，特别不影响受害方要求损害赔偿的权利。解除合同是一种较严厉的措施。一般禁止当事人在没有任何法定或约定根据的情况下任意解除合同。一般情况下，解除合同是以对方根本违约为前提条件的。我国《合同法》第九十三条至九十七条对合同解除的条件、程序、后果作了规定。当事人的合同解除行为分为两种：一是由当事人双方协商一致解除合同；另一种是由享有法定的或约定的解除权的一方作出解除合同的意思表示，这种意思表示不需要征得对方的同意。解除权的行使期限是一种除斥期间，在行使期限内，解除权有效，超过行使期限而不行使解除权，解除权消灭。《合同法》第九十五条对解除权行使期限规定："法律规定或者当事人约定解除行使期限，期限届满当事人不行使的，该权利消灭。法律没有规定或者当事人没有约定解除权行使期限，经对方催告后在合理期限内不行使的，该权利消灭。"所谓"对方催告"，一般是指解除权人向对方以通知的方式告诉解除权人行使解除权。所谓"合理期限"，是指催告解除权人行使解除权要给解除权人以必要的准备时间。关于合同解除的效力在学术上历来有争议，合同解除的效力是指合同解除所产生的法律后果。对此争议的主要问题是合同解除是否发生溯及既往的效力。《合同法》第九十七条规定："合同解除后，尚未履行的，终止履行；已经履行的，根据履行情况和合同性质，当事人可以要求恢复原状、采取其他补救措施，并有权要求赔偿损失。"从这一规定看，其未采取一刀切的做法，它既包括不溯及既往的效力，又包括溯及既往的效力。从不溯及既往的效力来说，合同解除后，尚未履行的合同或者合同中尚未履行的部分，向未来终止履行，而已经履行的部分，可以维持其履行结果不变。合同解除不影响合同中结算和清理条款的效力。结算条款，是当事人双方关于各项经济往来收支的结算办法的约定，当事人在合同中事先约定了具体的结算方式的，应从其约定。清理条款是当事人双方关于解决或处理他们之间债权债务关系的约定。再从溯及既往的效力表现看，合同解除后，对已经履行的部分，当事人可以要求恢复原状和采取其他补救措施，有权要求赔偿损

---

① 徐学鹿主编：《合同法》，人民法院出版社 2001 版，第 211 页。

失。合同的解除与合同无效在实践中容易混淆，两者相同点是：(1) 两者都使合同对当事人失去了约束力；(2) 两者都发生溯及既往的效果。但是两者还是有区别的：(1) 从发生原因看合同无效是指合同根本不符合法律规定的合同有效条件，合同关系不成立；而合同解除是指消灭已经有效成立的合同。(2) 无效合同、特别是故意违反法律和社会公共道德的合同，其当然无效，即使当事人不主张无效，有关国家机关也可主动干预；而合同解除主要适用合同自由原则，即使符合法律规定的解除条件，当事人不行使解除权，国家也不予干涉。(3) 无效合同的确认权归仲裁机构和人民法院，宣告合同无效是国家行为；而合同解除则往往由双方当事人自己决定。(4) 在法律后果上，无效合同是因当事人故意违法等而导致无效的，有的还要追缴当事人所获得的非法财产；而合同解除则不存在追缴财产问题。

三、违约金及损害赔偿

出卖人交付的房屋不合格，买受人不论是请求实际履行还是解除合同，均不影响请求出卖人支付违约金及承担损害赔偿责任。违约金是由合同当事人预先约定的，在违约行为发生后，违约金的支付是独立于履行行为之外的，由违约方向对方当事人支付的一定数量的金钱。其特征是：(1) 违约金的数额或比例是事先约定的；(2) 违约金是在违约行为发生后，对非违约方的一种救济方式。违约行为发生，是违约金条款生效的唯一条件；(3) 违约金的支付独立于履行行为之外，违约金的支付不能代替实际履行，其两者可以合并使用。(4) 违约金既是一种责任形式，同时又是一种独立的债的担保方式。违约金有约定违约金与法定违约金、补偿性违约金与惩罚性违约金。约定违约金是指由合同双方当事人在合同中或在合同成立以后，就违约金的数额或比率，及支付条件等做出预先约定的违约金。根据我国《民法通则》第一百一十二条及《合同法》第一百一十四条的规定，当事人可以在合同中约定一方在违反合同时，向对方支付一定数量的违约金。法定违约金，是指法律预先规定的、并不以当事人的约定而改变的，违约行为发生后由违约方向对方支付一定数额或按某种比率支付的违约金。当事人约定的违约金条款与该规定发生冲突时，约定条款无效。在违约行为发生后，法院或仲裁机构可以直接根据法律的规定，对违约方负担的违约金数额作出判决或裁定。补偿性违约金是对违约损失总额的预先估计，在违约行为发生后，可根据该约定，得到赔偿以弥补实际损失。惩罚性违约金是指由合同当事人约定的或法律直接规定的，由违约方向对方支付一笔金钱，以作为的违约行为的惩戒，从而确保合同履行的违约金。惩罚违约金一般与实际损失并无必然的联系，其数额常常较高。

根据我国《合同法》第一百一十二条规定，实际履行后，还有其他损失的，可以请求赔偿损失；《合同法》第一百一十四条规定，约定的违约金，视为违约的损失赔偿。违约金不能代替实际履行。违约方支付违约金之后，若对方仍要求实际履行的，违约方仍应实际履行合同义务。一方违约导致合同解除的，违约金条款是否有效，我国《合同法》并未规定，但我国《民法通则》第一百一十五条规定："合同变更或解除，不影响当事人要求赔偿损失的权利。"由此可见，因一方过错导致合同被解除的，另一方可以要求对方按事先的约定支付违约金。损害赔偿是指违约方因不履行或不完全履行合同义务而给对方造成损失，依法或根据合同应承担赔偿责任。[①] 它是合同责任中最常见的一种补救方式。从性质上看，违约损害赔偿实际上是法律强制当事人给受害人一笔金钱，目的在于弥补受害人所遭受的损失。违约损害赔偿是一种因债务不履行所发生的债务。损害赔偿的特征是：（1）损害赔偿是因债务人违反合同义务所产生的一种责任。（2）损害赔偿具有补偿性，一般不具有惩罚性。（3）损害赔偿具有一定程度的任意性。根据《合同法》第一百一十四条的规定，当事人可以约定损害赔偿的计算方法，若违约方不愿意承担其应负的赔偿责任，那么受害方可以请求法院强制其承担责任。（4）损害赔偿应以当事人实际遭受的全部损害为原则。损失应是可以确定的，推测和臆想的损失不予赔偿。（5）损害赔偿在本质上是交换关系的反映。违约方造成他人损害，就必须以等量的财产予以赔偿，这是民法之等价交换原则的体现。

损害赔偿的适用，必须符合一定的条件。根据《合同法》的有关精神，损害赔偿的适用要件应为：违约行为、损害事实以及违约行为与损害事实之间有因果关系。损害事实一般认为，损害包括受害人财产上积极损失和可得利益的损失。损害事实以及违约行为与损害事实之间的因果关系，确定因果关系是违约方承担损害赔偿责任的主要依据。由于赔偿直接关系到当事人双方的物质利益分配，体现着违约责任的作用，因此损害赔偿责任的承担应遵守下列规则：（1）完全赔偿原则。损害赔偿旨在补偿受害人因对方违约所遭受的损失，其应包括积极损失和消极损失。当事人在合同适当履行的状态下所能获得的经济利益，不应该因另一方的违约行为而有所减少。《合同法》第一百一十三条就有"损害赔偿应相当于因违约所造成的损失，包括合同履行后可以获得的利益"的内容。（2）应当预见规则。《合同法》第一百一十三条规定了损失赔偿额不得超过违反合同一方订立合同时应当预见的因违反合同可能造成的损失。这说明我国立法在确定损害赔偿的范围上已采取了应当预

① 王利明、崔建远：《合同法新论·总则》，中国政法大学出版社 1996 年版，第 740 页。

见规则。(3) 减轻损失的原则。当事人一方违约后，对方当事人应当采取措施防止损失的扩大，如没有及时采取适当措施而导致损失扩大的，不得就扩大的损失要求赔偿。该项内容《合同法》第一百一十九条有明确规定。(4) 各自负责的规则。《合同法》第一百二十条规定："当事人双方都违反合同的，应当各自承担相应的责任。"(5) 有过失规则。指受害人对损失的发生或扩大有过失时，其应当承担的责任可以从违约方的损害赔偿责任中扣除，直至差额为零。(6) 损益相抵规则，也称损益同销规则。是指受害人基于损失发生的同一赔偿原因获得利益时，其所能请求的实际赔偿额是损失额扣除所获利益后的差额。

损失赔偿额的确定问题既是事实问题也是法律问题，由于可得利益是在已经违约的情况下计算合同在正常履行时的状况，而可得利益确定要具备各种条件，实践中，确定可得利益损失数额的办法一般采取对比法，即依通常方法比照受害人在相同的条件下所获取的利益来确定应赔偿的可得利益损失。关于损失额的计算方法将包括具体的方法与抽象的方法，具体方法旨在恢复权利实际遭受的全部损失。而抽象方法并不注重非违约方的特定损失，而是根据交易的通常情况给予合理的赔偿。关于计算标准时点的问题，是指应依据什么时点的价格为标准计算损害赔偿额。该问题我国法律未有规定，学术界大致有违约发生时、合同解除时、中间最高价格时、提起诉讼时等等。有学者认为应由受害方选择以何种时点为标准来计算损失赔偿额。[①] 因为从违约时起至到最后确定赔偿额这段时间内价格变动的风险，受害人应有权在这一段时间内选择其最有利的时点，来计算损失赔偿额。

四、违约侵权责任

根据《合同法》第一百二十二条"因当事人一方的违约行为，侵害对方人身、财产权益的，受损害方有权选择依照本法要求其承担违约责任或者依照其他法律要求其承担侵权责任"的规定，房屋买卖的买受人，还可以向出卖人提出违约侵权赔偿。《合同法》第一百二十二条规定其实是违约责任与侵权责任竞合的问题。侵权行为责任是不法侵害他人权利所生之责任，违约责任是债务人不履行契约上的义务而生之责任。如果债务人之违约行为同时构成侵权行为之要件时，即发生违约责任与侵权责任之竞合。在责任竞合的情况下，允许受害人就两种请求权作出选择，从而使其损害得以弥补。在处理责任竞合案件还应注意以下问题：(1) 因不法行为造成受害人的人身伤害和精神伤害的，当事人之间即使存在着合同关系，也应按侵权

---

① 韩世远：《违约损害赔偿计算之研究》，载《法学前沿》第2辑，法律出版社1998年版，第153页。

责任而不是以合同责任予以处理。因为合同责任不能对受害人所遭受的人身伤害和精神损害提供补救。(2) 当事人存在合同关系，而不法行为仅造成受害人的财产损失，在此按合同纠纷处理对受害人更为有利。(3) 在责任竞合的情况下，如果当事人事先在合同约定双方仅承担合同责任，不承担侵权责任，原则上应依当事人约定，一方不能行使侵权行为的请求权。但是如果合同关系形成后，一方基于故意和重大过失使另一方遭受人身伤害或死亡，应承担侵权责任。因为当事人约定不得免除其应承担的故意或重大过失的侵权责任，在此情况下受害人享有违约责任的请求权，也享有侵权责任的请求权。

例如，隐蔽工程验收有缺陷，造成业主伤害请求赔偿一案。1999 年北京某房地产开发有限公司承建了一片住宅区，该公司将全部住宅建设工程发包给甲建筑工程公司，双方就工程的施工建设签订了《建设工程承包合同》，合同约定，工程验收依照《建设工程施工合同条件》和《建筑法》的有关规定执行。合同签订后，甲建筑工程公司按照合同约定顺利进场施工，在施工过程中双方都委托监理工程师进行了现场监督。在施工过程中，由于雨季持续的时间超过了正常情况，在一定程度上影响了工程进度，为赶工期，施工单位加班加点，对于隐蔽工程的验收，施工单位按合同约定，提前书面通知了房地产开发公司，由于房地产开发公司的监理人员正忙于其他工程进行质量检查，因此未能按照通知规定的时间进行隐蔽工程的验收。为了不耽误工期，在没有房地产开发公司监理人员在场的情况下，甲方建筑工程公司单方对隐蔽工程进行了验收，并将验收情况记录在案。后开发公司的监理人员回到施工现场，查看了隐蔽验收记录，提出重新剥露、钻孔复验，遭到施工单位的拒绝。施工单位认为其已通知房地产开发公司参加隐蔽工程的验收，该公司未能按时参加验收，导致单方验收的责任是房地产公司造成的；况且重新剥露验收，必然影响工期，难以按期完工。在施工单位的坚持下房地产开发公司没有继续要求重新验收。施工单位按期完成了工程并经验收交付使用。住宅小区交付使用后，地下车库也被购置一空。一日，业主 A 将车开进地下车库时，车胎突然被击穿，并引起大火。为此 A 向法院提起诉讼，要求房地产开发公司赔偿车的损失。本案在审理中，房地产开发公司认为其没有任何过错，并认为造成工程质量缺陷完全是施工单位的责任，遂要求法院追加建筑工程公司为共同被告。庭审中房地产开发公司称：地下电缆断头暴露在空气中的施工责任，首先属于施工质量缺陷，施工质量不合格是造成车辆破坏的本质原因。况且根据《建设工程施工合同条件》关于隐蔽工程验收的规定，尽管单方的验收记录可以有效，但对于建设单位提出重新验收要求时，施工单位应当配合进行重新剥露，如果经重新验收合格的，造成的时间延误和损失，由重新验收单位负责；如果经重新验收不合格的，造成的时间延误可以顺延，对于经济损失不予补偿。尽管房地产开发公司没有参与隐蔽工程的验收，但事后房地产开发公司提出重新验收时，施工单位并没有配合，致使房地产开发公司的复验权被剥夺，因此，施工单位应当对工程缺陷负全部责任。法院认为，根据《建筑法》和《合同法》以及《建设工程施工合同条件》关于隐蔽工程验收的规定，施工单位有权在建设单位不参加隐蔽工程验收的情况下单方面进行验收，但在建设单位要求重新验收的情况下，施工单位没有给予配合，导致质量隐患没有被及时发现。在工程最终验收的工程中，房地产开发公司没有发现地下车库的质量缺陷，本身也负有一定的责任。根据建筑法的规定，施工单位对工程质量负有终身质量保修的责任，因此法院判决房地产开发公司和建筑工程公司对 A 的损失承担共同责任，由建筑公司承担主要责任。① 从上述案例可以看出，当买受人在房屋使用过程中，因房屋质量出现问题，其财产遭受损失时，其责任人应当承担赔偿责任。

第十三条 ［*房屋质量瑕疵*］

因房屋质量问题严重影响正常居住使用，买受人请求解除合同和赔偿损失的，应予支持。

交付使用的房屋存在质量问题，在保修期内，出卖人应当承担修复责任；出卖人拒绝修复或者在合理期限内拖延修复的，买受人可以自行或者委托他人修复。修复费用及修复期间造成的其他损失由出卖人承担。

本条是关于商品房出现质量问题应如何处理问题。

买受人与出卖人签订的房屋买卖合同一般应包含有房屋质量条款。合同成立生效后，买受人有权利取得符合合同规定质量的房屋，出卖人也应保证交付的房屋符合合同中约定的质量要求，出卖人的这一义务，在民法理论上被称为瑕疵担保义务。在各国法律中，一般均规定出卖人依据法律的规定对标的物有瑕疵担保义务。我国《合同法》对此也作出明确规定，对出卖人的瑕疵担保义务也进行了规范。其瑕疵担保义务的基本内容是，出卖人应当保证其对出卖的标的物具有完全的所有权，同时出卖的标的物必须符合法律规定或者合同约定的品质，当出卖人所交付的

---

① 孙镇平：《建设工程合同案件评析》，知识产权出版社 2002 年版，第 374～377 页。

标的物有瑕疵或者不能够完全将所有权转移给买受人时，出卖人应当承担一定的法律责任，这种责任即被称为瑕疵担保责任。该种责任是买卖合同性质所决定的。一般认为瑕疵担保责任，是出卖人一方应承担的法律责任，其基础在于默示的担保契约，即双方当事人在订立合同时，就已经默示约定，双方所交付的物品必须符合合同规定的或法律规定的质量标准，否则就要负法律责任。而且该责任不以当事人有过错为前提，就是说出卖人是否承担瑕疵担保责任，仅以出卖的标的物是否存在瑕疵为条件，而不以出卖人主观有无过错而改变，即使出卖人无过错，只要标的物存有瑕疵，出卖人就应当承担责任。瑕疵担保责任一般包括权利瑕疵担保责任和物的瑕疵担保责任。权利瑕疵担保责任，是指出卖人就标的物的所有权不能完全转移于买受人而应当承担的责任。由于本条所涉及的主要是物的瑕疵担保问题，即担保给付的商品房在价值、效能或品质方面无瑕疵。因此权利瑕疵问题不再赘述。

物的瑕疵担保责任是指出卖人对其标的物的品质上的瑕疵所承担的担保责任。一般认为，物的瑕疵担保责任属于合同不当履行的范畴，即标的物的品质不符合合同约定或法律规定所产生的责任。构成物瑕疵担保责任一般应符合下列条件：（1）物的瑕疵在标的物交付时存在。在买卖合同成立时标的物如存在瑕疵，出卖人可对标的物的瑕疵予以消除，其不发生瑕疵担保责任问题，在标的物交付时出现瑕疵的或确能够证明其交付前就存有瑕疵的，出卖人仍应负瑕疵担保责任。标的物转移时是否存在瑕疵，应由买受人负举证责任。（2）买受人善意并无重大过失。一般来说是指买受人不知标的物有瑕疵，如果买受人已知标的物有瑕疵的，出卖人不负担保责任。另外买受人的不知是由于其重大过失造成的，出卖人也可免除瑕疵担保责任。所谓因重大过失不知，是指买受人依一般人的注意即可知道标的物上存在有瑕疵，却怠于注意而竟然不知道标的物有瑕疵。但出卖人因买受人的重大过失致不知标的物的瑕疵而免除担保责任的，有以下情形的例外：（1）出卖人保证无瑕疵。出卖人于出卖时特别保证标的物无瑕疵的，不论买受人是否知道标的物有瑕疵，也不论买受人购买时在标的物的瑕疵上有无过失，出卖人均应负瑕疵担保责任。（2）出卖人故意不告知标的物的瑕疵。买受人不知标的物有瑕疵，出卖人明知标的物有瑕疵而故意不告知买受人，属于故意隐瞒事实真相的欺诈行为，有悖于诚实信用原则，因而法律应当保护买受人的利益，虽买受人因有重大过失而不知标的物有瑕疵且出卖人也未保证标的物无瑕疵，出卖人仍须负瑕疵担保责任。（3）买受人是在质量异议期间提出标的物有瑕疵。在法定或约定期间内提出瑕疵并通知出卖人。买受人在受领标的物后进行验收是其义务。如果买受人不履行该义务在法定或约定的期限内未提出瑕疵，买受人原则上不得主张物的瑕疵担保责任。对当事人没有约定期间的，买受人应当在发现或应当发现标的物的质量不符合约定的合理期间内通知出卖人。关于质量的瑕疵标准问题应根据《合同法》有关规定原则公平合理的予以认定，该法第六十一条规定：“合同生效后，当事人就质量、价款或者报酬、履行地点等内容没有约定或者约定不明确的，可以协议补充；不能达成补充协议的，按照合同有关条款或者交易习惯确定。”本条中所称不能达成协议的有两种解决办法，一是按照合同有关条款确定。其第六十二条规定：“当事人就有关合同内容约定不明确，依照本法第61条的规定仍不能确定的，适用下列规定：（一）质量要求不明确的，按照国家标准、行业标准履行；没有国家标准、行业标准的，按照通常标准或者符合合同目的的特定标准履行……”实践中对合同约定不明确的内容，一般根据上述规定，均能够得到公平合理的解决。

关于责任的承担方式，《合同法》第一百一十一条规定质量不符合约定的，应当按照当事人的约定承担违约责任。对违约责任没有约定或者约定不明确，依照《合同法》第六十一条的规定仍不能确定的，受损害方根据标的的性质以及损失的大小，可以合理选择要求对方承担修理、更换、重作、退货、减少价款或者报酬等违约责任。《合同法》第一百五十五条规定出卖人交付的标的物不符合质量要求的，买受人可以依照该法第一百一十一条的规定要求承担违约责任。在买卖合同中标的物有质量瑕疵时，合同中有约定的，当事人应当依照约定承担相应责任，对出现的质量问题，受害方可以合理选择对方修理、更换、重作、退货、减少价款或者报酬等，但是受害方在选择上述违约责任的方式时，应当遵循公平原则和诚实信用原则，如果质量上出现的瑕疵很小，经过修理能够达到合同规定要求的，其应当接受修理这种承担责任的方式，而不应坚持要求重作或者退货等。如果合同对质量瑕疵问题没有约定，也可以分别不同情况予以处理。

1. 如对比较明显的或者已知的质量瑕疵的处理。买受人在接受房屋时，一般对其质量进行必要的检验，这也是买受人应该行使的其注意义务，凡是一般验收能够发现的显而易见的瑕疵，就属于明显的瑕疵。对于明显的瑕疵，买受人应该在接受时提出。在取得房屋后买受人发现的这种明显的房屋质量瑕疵的，如没有其他特别的规定，出卖人可以不在负责任，应由买受人负责维修。出卖人已明确告知买受人在订立合同时已知有瑕疵的就可认定为已知的瑕疵，对此出卖人也不再负任何责任，但有特别规定的除外。

2. 对隐蔽质量瑕疵的处理。对采取通常方法一时不易发现，而须经过专门鉴定或在房屋使用过程中才能发现的，买受人及时向出卖人提出的，出卖人应当承担责任。对于质量瑕疵程度较轻的，出卖人应负责维修，或者适当减少房屋价金。对于房屋质量问题较重，甚至不能使用时，买受人可以解除房屋买卖合同，因此给买受人造成的财产及人身损失出卖人应予赔偿。

3. 对隐瞒的质量瑕疵的处理。出卖人已知而故意隐瞒的较严重的房屋质量瑕疵，即为隐瞒的瑕疵。出卖人对隐瞒的质量瑕疵应承担相应的民事责任。我国《合同法》第一百五十条至一百五十五条对瑕疵担保义务作了详细规定。在标的物存在瑕疵时，出卖人负有瑕疵担保义务，买受人享有瑕疵担保请求权。从各国的立法规定看，在出卖人应对标的物的瑕疵负担保责任时，买受人可以请求减少价款或者解除合同，也可要求出卖人进行修理，在特殊情况下，买受人还可以要求出卖人另行交付无瑕疵的物，请求债务不履行的损害赔偿等。对买受人请求减少价款的，价款的减少数额应以标的物的瑕疵状况而定，原则上应为有瑕疵标的物的实价与无瑕疵之物的买价的差额予以确定。对买受人请求解除合同的，解除权的行使须于规定期间内为之，买受人因买卖合同的标的物的主物有瑕疵而解除合同的，解除合同的效力及于从物。但从物有瑕疵的，买受人仅能就从物部分解除合同。因为对主物处分的效力及于从物，而对从物的处分效力不能及于主物。解除合同显失公平时，买受人不得主张解除合同，而只能行使减价请求等。在出卖人应负瑕疵担保责任时，原则上买受人可以选择行使解除权或减价请求权。但为保护双方的利益，法律也对买受人的权利给予一定的限制。一般如标的物瑕疵并不影响其使用，或者标的物在买受人一方尚可使用而退还给出卖人以后不便再出卖，解除合同给出卖人造成的损失较标的物的瑕疵给买受人造成的损失更大时，买受人则不能主张解除合同，其可主张减少价金或行使其他权利。在出卖人应负瑕疵担保责任时，对买受人提出修复请求的，出卖人应对标的物进行修理，除去标的物的瑕疵，使其符合规定的品质。买受人也可以自行修理，其修理费用由出卖人承担。买受人还可请求另行交付无瑕疵之物，出卖的标的物为种类物的，买受人可以请求出卖人另行交付无瑕疵的替代物，出卖人在这种情况下承担的责任也称作更换。一般来说标的物有瑕疵，可以通过更换处理，而且买受人没有非解除合同不可的特殊理由时，买受人不得非主张解除合同不可，否则构成权利滥用。买受人还可请求损害赔偿，当标的物缺乏出卖人所保证的品质或者出卖人故意不告知标的物有瑕疵的，出卖人即构成不适当履行合同及违反合同，出卖人的行为构成违约，因此买受人可以请求债务不履行的损害赔偿。因标的物瑕疵或者缺乏保证品质而使买受人遭受损失的，买受人也可请求侵权损害赔偿。这里所说的损失是指合同以外的损失，即标的物瑕疵而给买受人的人身或财产所造成的损害。如建筑工程合同中承包人交付的工程质量不合格，导致建筑物倒塌，砸死、砸伤人员等所造成的损失等。

本条规定中所称的房屋质量问题应包括哪些范围呢？《建筑法》第六十二条规定："建筑工程实行质量保修制度。建筑工程的保修范围应当包括地基基础工程、主体结构工程、屋面防水工程和其他土建工程，以及电气管线、上下水管线的安装工程，供热、供冷系统工程等项目；保修的期限应当按照保证建筑物合理寿命年限内正常使用，维护使用者合法权益的原则确定，具体的保修范围和最低保修期限由国务院规定。"关于地基基础工程和主体工程质量问题，在本解释的第十二条的理解与适用中已作详述，在此不再涉及。下面就房屋的其他范围进行说明：

1. 关于屋面防水工程。该问题是目前房屋建筑工程中一个突出的问题，对屋顶、墙壁出现漏水以及有防水要求的卫生间、房间和外墙等均存有漏水问题，依照规定责任者应当负责保修。按照建设部 2000 年颁布的《房屋建筑工程质量保修办法》第七条规定，在正常使用下屋面防水工程、有防水要求的卫生间、房间和外墙面的防渗漏，最低保修期限为 5 年。

2. 其他土建工程一般包括地面、楼面工程，门窗工程等。如室内地坪空鼓、开裂、起沙，墙皮、面砖、油漆等饰面脱落，厕所、厨房、盥洗室地面泛水、积水，阳台积水漏水等工程的质量问题。应属建筑工程的质量保修范围，由其责任人负责修复。

3. 电气管线、上下水管线的安装工程，主要指电气的线路、开关、电表的安装，电气照明器具的安装，给水管道、排水管道的安装等。如电线漏电，照明灯具坠落，上下水管道漏水、堵塞等均属安装工程质量问题。电气系统、给排水管道、设备安装最低保修期限为 2 年。（四）供热、供冷系统工程，包括暖气设备、中央空调设备等的安装工程。供热与供冷系统的最低保修期限为 2 个采暖期、供冷期。另外还包括其他项目和合同约定的施工项目。以上质量问题如果是因使用不当或者第三方造成的或不可抗力造成的质量缺陷不包括在内。此外根据建设部 2001 年颁布的《商品房销售管理办法》第三十二条规定："销售商品住宅时，房地产开发企业应当根据《商品住宅实行保证书和住宅使用说明书制度的规定》，向买受人提供《住宅质量保证书》《住宅使用说明书》。"第三十三条规定："房地产开发企业应当对所售商品房承担质量保修责任。当事人应当在合同中就保修范围、保险期限、保修责任等内容做出约定。保修期从交付之日起计算。商品住宅的保修期限不得低于建设工程承包单位向建设单位出具的质量保修书约定保险期的存续期；存续期少于《规定》中确定的最低保修期限的，保修期不得低于《规定》中确定的最低保修期限。非住宅商品房的保修期限不得低于建设工程承包单位向建设单位出具的质量保修书约定保险期的存续期。在保修期限内发生的属于保修范围的质量问题，房地产开发企业应当履行保修义务，并对造成的损失承担赔偿责任。因不可抗力或者使用不当造成的破坏，房地产开发企业不承担责任。”第三十五条规定：“商品房交付使用后，买受人认为主体结构质量不合格的，可以依照有关规定委托工程质量检测机构重新核验，确属主体结构质量不合格的，买受人有权退房；给买受人造成损失的，房地产开发企业应当依法承担赔偿责任。”《合同法》第一百一十三条规定：“当事人一方不履行合同义务或者履行合同义务不符合约定，给对方造成损失的，损失赔偿额应当相当于因违约所造成的损失，包括合同履行后可以获得的利益，但不得超过违反合同一方订立合同时预见到或者应当预见到的因违反合同可能造成的损失。经营者对消费者提供商品或者服务有欺诈行为的，依照《消费者权益保护法》的规定承担损害赔偿责任。”

对交付的房屋出现质量问题的，依据本条规定谈以下处理意见，供参考：

1. 因房屋质量严重影响正常居住使用的，买受人可以请求解除合同和赔偿损失。关于房屋出现质量问题后，买受人可以请求解除合同及赔偿损失问题，在本规定的第 12 条已作了详述，不再赘述。但本条中应注意的是“房屋质量严重影响正常居住使用”问题。如某房地产开发公司按期对房屋验收，交付给业主入住一年后，发现有 18 栋楼墙外墙开裂、女儿墙倒塌、屋内渗水、屋顶遮阳板严重破损，门立柱走形等向开发商反映情况，开发商根据业主的反映对质量问题进行了登记，并对屋顶的遮阳板进行了更换，对墙体裂缝解释说，是墙体的伸缩缝没有按照规范进行处理，但不影响住宅的使用。至于门立柱的走形则是地基正常沉降所引起的，但不会影响居住。但是业主们普遍感到房屋质量可能存在重大的隐患，不能满足结构安全的要求，因此，要求开发商给予退房，为此双方发生争议业主们诉至法院。审理中在法院的主持下，针对房屋是否存在结构安全的问题进行了质量鉴定，经鉴定其结论为：房屋存在严重的质量缺陷，已经严重影响到房屋的结构安全和使用安全，需要通过加固补强的方式解决。开发公司知悉鉴定结论后，提出追加建筑工程公司为本案第三人，法院认为，开发商交付给业主的房屋存在的质量问题，应付完全的责任。第三人在工程施工中偷工减料、以次充好是导致房屋质量缺陷的根本原因，建筑工程公司应当承担相应的法律责任。法院判决，建筑工程公司在原设计单位提出加固补强的方案后，进行补强施工，承担全部的施工费用。从本案我们可以看出，法院根据质量监督单位出具的鉴定结论，认为可以采取加固补强的方式来完成对工程质量缺陷的修复，以最终解决了双方的争端。在确保安全的情况下，采取这样的解决方式即经济，又保持了社会的稳定。因此在处理此类案件中，应注意公平合理的保护双方当事人的合法权益。

2. 房屋交付后，出现质量问题，在未严重影响正常居住使用的情况下，出卖人应承担修复责任。出卖人拒绝修复或者在合理期限内拖延修复的，买受人可自行或者委托他人修复。修复费用及修复期间造成的其他损失等，应由出卖人承担。就交付的房屋质量出现问题。出卖人应承担修复责任是《建筑法》第六十条、《合同法》第一百一十一条、《城市房地产开发经营管理条例》第三十一条、《商品房销售管理办法》第三十三条等所明确规定的义务，对房屋的出卖人来说，修复房屋存在的质量问题是其法定义务。出卖人交付的房屋不符合合同约定的质量要求，但通过修复的方式可以补救的，出卖人应当及时予以修复，以满足买受人的需要，因此增加的费用，应当由出卖人承担。但是当买受人提出质量问题后，出卖人拒绝修复或者在给予一定的修复时间后仍不予修复，在这种情形下，买受人可自行或者委托他人修复，但修复的费用或修复期间所发生的其他费用及造成的损失，如迟延修复的损失等，均应由出卖人承担。

关于房屋交付后，房屋出现质量问题，我们遇到这样一个案例：上海市某房地产开发公司（以下称房地产公司）开发承建的某市虹漕南路99弄55号金桂小区1~6号楼于1996年1月竣工，经检验合格后，于1997年5月23日取得上海市新建住宅交付使用许可证，同年9月10日取得房地产证。1996年7月李某于房地产公司签订了《内销商品房预售合同》，约定李某购买房地产公司的某市虹漕南路99弄55号金桂小区3号23层B室住房一套，建筑面积98.01平方米，总房款44万元，在合同附件中约定，该户为花饰实心进户门。1998年1月双方又签订了《内销商品房出售合同》，该合同明确李某所购上述房屋，建筑面积99.46平方米，总价款442064元，自该物业交接之日起，房地产公司对该物业的建筑结构及主要设备负责保修2年，但因不可抗力所造成的损失及其他非归责于房地产公司的原因造成的损坏，房地产公司不负保修责任，并将原约定的花饰实心进户门变更为花饰进户门。合同签订后，李某按约定给付了房款，房地产公司亦交付了住房钥匙。李某入住后发现房屋墙面、顶板、地面出现贯通裂缝，经与各层业主相互了解，均有出现裂缝的现象。故李某以上述理由及所购住房卧室阳台原设计属开放式，房地产公司不应按封闭式阳台面积计价收款，及对房地产公司在预售合同中承诺进户门为花饰实心门为由，诉至法院。李某起诉称：（1）房屋入住后发现房屋墙面、顶板、地面出现贯通裂缝数米，影响房屋的使用安全及使用寿命，要求房地产公司赔偿经济损失88412元；（2）所购房屋卧室阳台属开放式，应按一般面积计价，房地产公司却按全封闭阳台面积计算收款，要求退还房款8755元；（3）房地产公司承诺进户门为实心花饰门，李某要求补偿进户门调换费用1000元。房地产公司答辩称：（1）

依据房屋质量检测报告结论，李某所购房屋裂缝属非结构性裂缝，不影响业主的安全使用；（2）封闭高层住宅阳台的行为，是依据市建委有关规定而履行的；（3）花饰进户门是依据双方合同约定履行的，李某主张的费用无依据。

法院在审理中根据李某的诉讼请求，委托上海市房屋建筑设计院对当事人所购房屋质量进行检测。结论为：目前该楼发生的裂缝主要是温度裂缝和施工缝处理不当所造成的，属非结构性裂缝，不影响房屋的安全可靠性。据此法院认为，按照法律的有关规定及双方在合同的约定，房地产公司对此应承担相应的民事责任，应由房地产公司采取有效的方法给予修复。房地产公司按有关部门规定将阳台进行封闭，已书面通知了各业主，李某与房地产公司在签订预售合同和出售合同中未对阳台面积有明确约定，且房地产公司与李某签订合同时，李某也未对增加的建筑面积提出异议，故房地产公司按双方约定的房屋面积、价格计算收取房款，并无不当。李某依据出售合同办理了房屋产权证，故李某要求退还房款的请求不予支持。双方在预售合同中约定进户门为实心花饰门，但在出售合同中，双方进一步明确约定为花饰进户门，由于两合同均指同一标的物，新合同优于旧合同，故李某补偿进户门调换费用的诉请，难以支持。法院判决：房地产公司对李某住房的裂缝，按照检测报告建议的方法进行修复；对李某的其余诉请，不予支持。① 该案经法院处理后，使纠纷得以解决。

为了保护购房人的利益，目前建设部正在与中国人民银行联合推出“住宅质量保证保险”，该保险的推出，会使今后购房人再遇到房屋质量问题，可以向汽车消费一样向保险公司索赔。此举对消费者放心购房有深远意义。我国现行的《城市房地产开发经营管理条例》虽然规定了房地产开发企业应当承担保修责任，但目前众多项目公司，一旦开发完毕，公司就予以注销，有些法人变成自然人，不再承担法律责任，所以这一规定就缺乏约束力。事实上，我国的《建设工程质量管理条例》规定的建设工程保修制度，只作用于开发商与施工、勘察、设计等单位之间，一旦住宅在房屋保修期内出现质量问题由于购房人和这些单位之间没有合同关系，不能直接找这些单位进行保修或索赔。关于住宅保证保险在国际上已经是一种成熟的制度。有的称为“潜在缺陷保险”，还有的称“建筑物 10 年期责任保险”等，住宅作为完整的商品是开发商提供给消费者的，从法律关系来看，购房人就质量问题只能追究开发商，根据规定房地产开发企业应当在商品房交付使用时，向购买人提供住宅质量保证书和住宅使用说明书，房地产开发企业应当按照住宅质量保证书的约

---

① 符启林主编：《房地产合同案例评析》，知识产权出版社 2003 年版，第 128 ~ 130 页。

定，承担商品房保修责任。该条例明确规定了开发商首先应当对住宅质量承担保修责任和赔偿责任，如果发生重大的质量事故，作为单个企业，往往缺乏支付能力。因此引入住宅质量保证保险制度后，购房人就可以在购房时同时获得保险公司的保单，发生问题后直接找保险公司理赔。

第十四条　［*房屋面积误差*］

出卖人交付使用的房屋套内建筑面积或者建筑面积与商品房买卖合同约定面积不符，合同有约定的，按照约定处理；合同没有约定或者约定不明确的，按照以下原则处理：

（一）面积误差比绝对值在3%以内（含3%），按照合同约定的价格据实结算，买受人请求解除合同的，不予支持；

（二）面积误差比绝对值超出3%，买受人请求解除合同、返还已付购房款及利息的，应予支持。买受人同意继续履行合同，房屋实际面积大于合同约定面积的，面积误差比在3%以内（含3%）部分的房价款由买受人按照约定的价格补足，面积误差比超出3%部分的房价款由出卖人承担，所有权归买受人；房屋实际面积小于合同约定面积的，面积误差比在3%以内（含3%）部分的房价款及利息由出卖人返还买受人，面积误差比超过3%部分的房价款由出卖人双倍返还买受人。

本条是关于商品房买卖纠纷面积误差处理原则的规定。

一、制定本司法解释的背景

具体分解该条包含两层意思，开发商交付的商品房因面积误差诉至法院的应如何处理，合同有约定的按合同约定；合同没有约定的，以面积误差比绝对值在3%（含3%）以内或以外作为是否支持解除合同及承担不同责任的标准。2001年4月4日，建设部颁布的《商品房销售管理办法》第二十条规定：按套内建筑面积或者建筑面积计价的，当事人应当在合同中载明合同约定面积与产权登记面积发生误差的处理方式。合同未作约定的，按以下原则处理：（1）面积误差比绝对值在3%以内（含3%）的，据实结算房价款；（2）面积误差比绝对值超出3%时，买受人有权退房。买受人退房的，房地产开发企业应当在买受人提出退房之日起30日内将买受人已付房价款退还给买受人，同时支付已付房价款利息。买受人不退房的，产权登记面积大于合同约定面积时，面积误差比在3%以内（含3%）部分由买受人补足；

超出3%部分的房价款由房地产开发企业承担，产权归买受人。产权登记面积小于合同约定面积时，面积误差比绝对值在3%以内（含3%）部分的房价款由房地产开发企业返还买受人；绝对值超出3%部分的房价款由房地产开发企业双倍返还买受人。面积误差比=（产权登记面积－合同约定面积）÷合同约定面积×100%。因本办法第二十四条规定的规划设计变更造成面积差异，当事人不解除合同的，应当签订补充协议。长期以来，开发商销售商品房缺斤少两的现象十分普遍，群众反映强烈，在商品房买卖纠纷的诉讼中所占比例较大，为此建设部作为行业主管部门制订的《商品房销售管理办法》对此作出专条规定。经过两年的实践证明此规定是切实可行的，本司法解释有必要引进了该条内容。按最高法院相关司法解释规定，司法解释可以作为准据法引用，部颁规章在人民法院审判工作可以参考但不宜作为准据法引用，因此法官在民事判决中引用《商品房销售管理办法》作为判令开发商承担面积误差民事责任的依据时，存在法律上的障碍，将其上升为司法解释即解决了这一难题，同时也保证行政权与审判权的有机统一。

2000年9月13日，建设部和国家工商行政管理局印发的《商品房买卖合同示范文本》第五条（面积确认及面积差异处理）约定：根据当事人选择的计价方式，本条规定以（建筑面积）（套内建筑面积）（本条款中均简称面积）为依据进行面积确认及面积差异处理。当事人选择按套计价的，不适用本条约定。合同约定面积与产权登记面积有差异的，以产权登记面积为准。商品房交付后，产权登记面积与合同约定面积发生差异，双方同意按约定的方式进行处理。双方同意按以下原则处理：（1）面积误差比绝对值在3%以内（含3%）的，据实结算房价款；（2）面积误差比绝对值超出3%时，买受人有权退房。买受人退房的，出卖人在买受人提出退房之日起30日内将买受人已付房款退还给买受人，并按约定利率付给利息。买受人不退房的，产权登记面积大于合同约定面积时，面积误差比在3%以内（含3%）部分的房价款由买受人补足；超出3%部分的房价款由出卖人承担，产权归买受人。产权登记面积小于合同约定面积时，面积误差比绝对值在3%以内（含3%）部分的房价款由出卖人返还买受人；绝对值超出3%部分的房价款由出卖人双倍返还买受人。面积误差比=（产权登记面积－合同约定面积）÷合同约定面积×100%。因设计变更造成面积差异，双方不解除合同的，应当签订补充协议。由此可以看出，《商品房买卖合同示范文本》确立的面积误差处理原则与部颁规章《商品房销售管理办法》、本司法解释规定的处理原则基本相同。从示范合同文本、部颁规章、司法解释三个方面形成当事人合同约定与行政部门行使行政管理权、人民法院行使审判权的有机统一，这对规范商品房交易市场，加大保护买房人的合法权益的力度，将起到积极作用。

二、关于如何确认所交付商品房面积

一般讲，应以商品房产权登记面积作为确认交付房屋面积的凭证。《商品房销售管理办法》第二十条对此已有明确规定。什么是产权登记面积呢?《商品房销售管理办法》第四十五条第四款规定：本办法所称产权登记面积，是指房地产行政主管部门确认登记的房屋面积。一般是指房屋产权证上记载的房屋面积。1992 年 4 月 21 日建设部颁布的《关于加强商品房屋产权产籍登记管理的通知》中指出：商品房的购买方必须在购买商品房的 3 个月内（期货交易的在结算之日起的三个月内），持能证明交易行为行为合法性的有效证件到房地产产权管理机关办理产权登记手续，领取产权证书。1994 年 7 月，建设部转发的《广东省城镇房地产登记条例》第八条规定：购买新建商品房屋，在房屋交付使用时，买方凭房屋买卖合同，申请办理确认权属登记，领取房地产证。但是在商品房买卖实务中，上述规定难以做到。如由于开发商未缴清土地出让金、大小市政配套费、其他规费等，不具备领取房地产权证的法定条件，还比如由于政府房地产管理部门的原因，如怠于办理业主所购商品房产权证，工作效率低下，致使业主入住一二年后仍拿不到产权证。如果在此时买受人发现出卖人所交付的房屋面积不符合合同约定，按照合同约定要求退房，就可能造成损失扩大。同时，以产权登记面积作为确定交付商品房面积的依据，缺乏可操作性。买受人买房时有关价款的约定有两种，一是交房时付清全款。二是交纳首付款后余款以按揭贷款方式支付，如买受人入住所购商品房一、二年后才取得房屋产权证，发现面积缩水，再去找开发商时，开发商可能已将楼盘售完而去，买受人主张解除合同退房返款的难度将会很大。如果买受人在签订合同时就决定，不论出卖人所交付的房屋面积发生何种变化，均不准备退房，合同双方可以约定以产权登记面积作为确认所交付的商品房面积的依据。

基于以产权登记面积作为确认交付商品房面积的依据存在上述缺陷，实务中常常以测绘成果表作为计算交付商品房面积的依据。《商品房销售管理办法》第三十四条规定：房地产开发企业应当在商品房交付使用前按项目委托具有房产测绘资格的单位实施测绘，测绘成果报房地产行政主管部门审核后用于权属登记。一些地方性法规对此还作出更为详细的规定，《杭州市城市房地产开发经营管理若干规定》第二十一条规定：房地产开发企业在商品房交付使用前，应当由房地产行政管理部门认可的，具有房产测绘资质的独立测绘中介机构进行商品房的面积测绘；测绘成果表应当标明商品房的建筑面积、套内建筑面积、使用面积和分摊的共有建筑面积。房地产开发企业应当以测绘机构测定的面积作为商品房交付计价的面积，并向购房人提供商品房测绘成果表。房地产行政主管部门应当根据测绘机构测定并经房地产开发企业和购房人共同认定的建筑面积核发商品房房屋所有权证。测绘机构因商品房测绘误差超过国家规定允许技术误差范围，造成购房人或房地产企业损失的，应当承担相应的赔偿责任。《房产测绘管理办法》第十八条规定：房地产行政主管部门只对测绘成果进行形式审查，只要测绘单位操作规范，产权登记证所登记的面积就以测绘成果表所记录的面积为准。此外，该办法第十七条还规定，买受人对测绘单位提供的测绘成果有异议的，可以委托国家认定的房产测绘成果鉴定结构鉴定。在诉讼或仲裁阶段，可以申请人民法院或仲裁机构委托鉴定。从上述规定我们不难看出，测绘成果表是确定商品房产权登记面积的依据，商品房买卖双方也可以约定以测绘成果表作为确定所交付商品房面积的依据。如果测绘成果表上所记录的商品房面积超过合同约定的正常误差范围，买受人可以在收到测绘成果表后作出是否对方的决定，买受人可以在收到测绘成果表后作出是否退房的决定。这种做法符合实际，买受人在交房时间点前后收到测绘成果表时，就可以知道交付房屋面积误差有多大，是否符合合同约定的退房条件，以便作出是否退房的决定。买受人作出退房决定后，开发商也可以及时将买受人所退房屋再次卖出，避免损失扩大。

三、商品房面积差异的处理原则

1. 按套内建筑面积计价的面积差异处理原则。出卖人与买受人签订按套内建筑面积计价的，当套内建筑面积与合同约定不符时，应当按本司法解释确立的一般原则处理。

2. 买受人所购房屋的共摊面积差异的处理原则。分摊的共有建筑面积不能由买受人自己单独使用，但共摊建筑面积的减少将影响买受人的收益，公共设施功能也将受到一定影响，同时也使买受人的产权登记面积减少，损害买受人的投资权益，对此出卖人也应承担相应的违约责任。如双方当事人在商品房买卖合同中对共摊建筑面积有明确约定的，从其约定，未约定的依照本条司法解释规定的原则处理。

3. 按建筑面积计价的商品房面积差异处理原则。《商品房销售管理办法》第二十一条规定：按建筑面积计价的，当事人应当在合同中约定套内建筑面积和分摊的共有建筑面积，并约定建筑面积不变而套内建筑面积发生误差以及建筑面积与套内建筑面积均发生误差时的处理方式。具体讲，包括两层意思：一是商品房买卖合同约定的建筑面积是固定不变的，而套内建筑面积发生误差，包括套内建筑面积增加而分摊的共有建筑面积减少和套内建筑面积减少而分摊的共有建筑面积增加两种情况，前一种情况买受人可提高房屋的实际使用率，可比照本司法解释中交付房屋面积面积小于合同约定面积的规定处理。后一种情况，降低了交付商品房的实际使用率，可比照本司法解释中实际交付房屋面积小于合同约定面积的规定处理。此外，还存在下述几种情况。建筑面积和套内建筑面积均减少，但套内建筑面积的减少幅度（大于或）小于建筑面积减小的幅度。再是建筑面积与套内建筑面积均增加，但套内建筑面积增加的幅度（大于或）小于建筑面积增加的幅度。对上述四种情况也应当以提高或降低房屋实际利用率为标准判断房屋面积比值的提高或降低来决定适用本条司法解释。

4. 因设计变更造成面积差异适用本条规定的原则。在开发商起草的格式合同中，对设计变更而引起的面积误差常约定为：因设计变更而造成面积差异，房价款按实际面积结算。这样约定既不符合规范性文件的要求，也容易损害买受人的利益。《商品房销售管理办法》第二十四条规定：房地产开发企业应当按照批准的规划、设计建设商品房。商品房销售后，房地产开发企业不得擅自变更规划、设计。经规划部门批准的规划变更、设计单位同意的设计变更导致商品房的结构形式、户型、空间尺寸、朝向变化，以及出现合同当事人约定的其他影响商品房质量或者使用功能情形的，房地产开发企业应当在变更确立之日起 10 日内，书面通知买受人。买受人有权在通知到达之日起 15 日内作出是否退房的书面答复。买受人在通知到达之日起 15 日内未作书面答复的，视同接受规划、设计变更以及由此引起的房价款的变更。房地产开发企业未在规定时限内通知买受人的，买受人有权退房；买受人退房的，由房地产开发企业承担违约责任。规划、设计变更常常会引起建筑物的容积率、建筑密度等建筑指标的变化，引起建筑面积变化，还会引起户型、朝向、层高等各种变化，与单一的商品房面积误差有着本质的区别，不宜适用本条司法解释规定的面积误差处理原则处理，双方不解除商品房买卖合同的，应当签订补充协议。建设部、国家工商行政管理局颁布的《商品房买卖合同示范文本》第十条也确认这一原则，该条约定：经规划部门批准的规划变更、设计单位同意的设计变更导致该商品房结构形式、户型、空间尺寸、朝向等因素影响到买受人所购商品房质量或适用功能的，出卖人应当在有关部门批准同意之日起 10 日内，书面通知买受人。买受人有权在通知到达之日起 15 日内作出是否退房地书面答复。买受人在通知到达之日起 15 日内未作出书面答复的，视同接受变更。出卖人未在规定时限内通知买受人的，买受人有权退房。买受人退房的，出卖人须在买受人提出退房要求之日起若干天（当事人约定）内将买受人已付款退还买受人，并按约定标准付给利息。

买受人不退房的，应当与出卖人另行签订补充协议。

四、制定本条司法解释的法理依据

从法律上讲，出卖商品房面积误差属于物的瑕疵，“买卖标的物的瑕疵者，买受人得择一行使解除契约或价金减少请求权，但法院并无为其选择行使之权”。① 出卖人交付的商品房面积与合同约定有差异时，称其为瑕疵给付，因此损害到买受人固有利益时，称其为有益给付。“该固有利益之损系因买受人之疏于防范而发生者，视情形可能构成因果关系中断或与有过失构成因果关系中断者，出卖人不负有该损害赔偿责任；买受人仅与有过失者，法院得减轻赔偿金额，或免除之。称有害给付而引起之损害……”②

本条司法解释规定面积误差比绝对值在3%以内（含3%）的瑕疵给付的，交付的房屋实际面积大于合同约定面积的，按照合同约定的价格补足价款；交付的房屋实际面积小于合同约定面积的价款，由出卖人返还给买受人。这样规定的本质是减少购房的价金。面积误差比绝对值超出3%的，买受人可以请求解除合同，实质规定了解除权行使的条件，即行使解除权的条件比价金减少请求权的条件要严格。之所以这样规定主要是考虑保护房地产业的健康发展，如允许动辄退房就会造成房地产逆向流转的后果，加重开发商责任，造成主观过错与民事责任不对等的后果。出卖人面积误差比超过3%部分的房价款由出卖人双倍返还买受人的规定，实质是出卖人因有害给付而承担的赔偿责任规定，并不是适用《消费者权益保护法》有关双倍返还规定的结果。

第十五条 ［商品房买卖合同解除权的行使和期限］

根据《合同法》第九十四条的规定，出卖人迟延交付房屋或者买受人迟延支付购房款，经催告后在三个月的合理期限内仍未履行，当事人一方请求解除合同的，应予支持，但当事人另有约定的除外。

法律没有规定或者当事人没有约定，经对方当事人催告后，解除权行使的合理期限为三个月。对方当事人没有催告的，解除权应当在解除权发生之日起一年内行使；逾期不行使的，解除权消灭。

---

①② 黄茂荣：《买卖法》，中国政法大学出版社2002年版，第384～385页。

本条是关于合同解除的条件、合同解除权的行使期限及合同解除权消灭的规定。

一、合同解除概念

合同解除概念，在各法系学者间，向有分歧。争议的焦点在于合同解除是否包括协议解除、约定解除。大陆法系学说一般认为协议解除非以解除权存在为必要，协议解除是双方同意的行为，因而不属于合同解除范畴。英美法系的合同解除有广义和狭义两种。其狭义的合同解除相当于大陆法系的合同解除，是指当事人一方违反条件（在英国法上）或重大违约（在美国法上）时，对方当事人行使解除权，使合同关系向将来消灭的现象。英美法系把广义的合同解除称为消灭，它与合同消灭是同义语。这样，合同不仅可以由于违约解除，还可以由于双方协议、履行、合同落空而解除。

协议解除，大陆法系称之为“合意解除”“解除契约”或“反对契约”，是指合同有效成立之后未履行完毕以前，当事人通过协商使合同效力消灭的双方法律行为。约定解除则是当事人按合同约定的解除权解除合同。法定解除则是当事人依照法律规定的解除权而解除合同。从性质上看，协议解除和约定解除均是合同自由原则的体现，而法定解除则体现了法律干预。协议解除和约定解除是意思自治原则的应有之义，当事人有权订立合同，亦有权解除合同。而法定解除的解除权属于形成权，形成权只能由法律明确规定，没有法律明确规定，当事人一方是无权解除合同的。而协议解除、约定解除无须法律明确规定。台湾学者史尚宽先生指出“合同解除，以第二契约解除第一契约，而非依一方意思表示之解除。……所谓合同解除，非真正解除，不适用关于解除之规定。”因此，大陆法系学者将合同解除仅定义为法定解除，是颇有道理的。然而，从效果上看，三种解除皆使合同权利义务消灭，当事人都从合同的束缚中解脱出来。因此，将协议解除和约定解除纳入合同解除概念中并无不可。法定解除是合同解除制度中最核心、最根本的问题，是各国合同制度所必须明确关注的问题。法定解除条件是：（1）存在有效的合同并且尚未完全履行。此点使合同解除同无效合同、效力未定合同区别开来。（2）具备法定解除条件。只有在条件具备时，一方当事人才可行使。（3）有解除行为。解除权是否行使由当事人自行决定，但解除权行使方式必须符合法律规定。这不同于附解除条件合同，解除条件一旦成就，合同自动终止；合同效力向将来消灭。（4）法定解除产生合同消灭的后果。如果合同并不消灭，则可能是合同变更或中止。

二、合同解除与合同终止

在大陆法传统理论中，合同终止与合同解除是并列概念。合同的终止仅指在继续性合同中，一方行使终止权而让合同的效力向将来消灭，结束合同关系。学者认为，大陆法上合同解除与合同终止的主要区别有以下几点：(1) 合同解除使合同关系溯及既往的消灭，合同如同自始未成立。而合同终止使合同关系仅仅向将来消灭。(2) 法定解除权，主要为对债务不履行。反之终止权则是有各种理由。(3) 因解除权之行使，使债权关系溯及的消灭，发生不当得利返还之义务。因终止权之行使，不发生此问题。(4) 解除权不因债权让与或债务承担，移转于受让人或承担人。《合同法》则将合同解除同抵销、提存、免除等一起作为合同终止的原因。(参见《合同法》第九十一条)。可见，合同法中的终止是指合同的消灭，并不是传统意义上的终止。

三、合同法定解除的性质及分类

两大法系及大陆法系内部诸学者对合同解除的性质认识不太一致。在法国，有学者认为“合同的解除实质上是一种合同责任形式”。我国许多学者亦坚持，合同解除“是对违约方的一种惩罚，所以也成为承担违约责任的一种方式”。而英美法及大陆法部分学者认为，合同解除是非违约方在不得已的情况下采取的违约救济措施之一。

欲判断合同解除性质，必先弄清楚违约责任同违约救济的关系。违约救济一词来源于英美法。依《布莱克法律词典》的解释，救济原指实现权利，防止或者补偿权利侵害的手段，以及运用这些手段的权利。美国《统一商法典》第1201条第34项规定，“补救”是指受损方通过法院或不通过法院而取得救助的权利。在英美法中违约责任通常被称为违约补救。我国《合同法》第一百零七条将补救措施视为一种违约责任形式。可见，违约责任同违约补救这两个词并不是相对立的概念，而是等同或包含关系。可见，违约之间的争议实质在于合同解除是否具有惩罚性。我们认为，合同解除的性质应是自救措施。如果把它视为违约责任形式之一，那也是不同于其他违约责任形式。因为：(1) 合同解除并非仅因为违约方的违约所致。不可抗力及委托等特殊合同的解除皆不是违约所致。(2) 违约责任一般不利于违约人，而法定解除并不一定不利于违约人，除不可抗力。就是违约解除恐怕亦是违约方所期望的结果，如违约方明示拒绝履行，恐怕是利用法定解除制度促使非约方解除合同。何况，在委托合同等特殊合同中，解约方往往要承担损害赔偿责任。（3）合同解除实质上只是使合同权利义务关系终止，并不存在有利不利的问题。所谓损害赔偿乃是基于赔偿方的严格责任，而非合同解除本身所致。何况，合同解除并不一定伴随损害赔偿或恢复原状。合同解除之自救性质在于解约方能主动从合同关系中解脱出来，而不必等到合同期限届满时（迟延履行后的宽延期限亦是合同履行期限），再寻求违约责任救济。

法定解除事由可以归为三类：客观原因引起的解除；违约引起的解除；法律规定的其他事由。

（一）因客观原因导致合同目的不能实现的解除

我国《合同法》第九十四条第一项规定，因不可抗力致使不能实现合同目的，当事人可以解除合同。不可抗力造成合同目的无法实现时，坚持合同履行已无可能或无实际意义。因而，不可抗力应作为法定解除事由。不仅不可抗力这一客观原因可引起合同目的无法实现，其他客观原因亦可引起合同目的无法实现。如意外事件、情事变更。

（二）违约解除

违约解除权是法定解除制度中最复杂的解除权。各国立法、判例及学说差别较大，呈现出不同的风貌。

1. 罗马法和《法国民法典》

在罗马法时代，局限于奴隶制简单商品经济的性质与要求，法律十分重视合同的信守；合同解除不被罗马法承认。惟买卖得附加“于一定期间内，不支付价金者，则契约解除”的条款。集罗马法精髓之大成的《法国民法典》，虽然其赖以产生的经济基础与罗马法时代已大不相同，但在合同解除的规定上突破不大，仅法典1184条反映出：双务合同中，在当事人一方不履行合同时，应视为有解除合同的约定（第1款）。但在此情形，合同并不当然解除，债权人解除合同应向法院提出，法院得根据情况给予被告一定期限（第3款）。

如何评价《法国民法典》第1184条关于合同法定解除的一般规定？受罗马法影响，在法国旧法中存在双重理论：一方面，学者将合同的解除建立在与同时履行之抗辩权相同的道德评价上。据此理论，当一方不履行义务时，法官的介入主要是对债务人的行为进行道德评判，即根据债务人的善意或恶意，或责令其确定履行期限，或对其进行制裁。法条第2、3款的规定的特点与此正好近似。另一方面，吸取罗马法的做法，承认在双务合同中，存在一项以一方不履行义务为合同解除原因的“暗示性”条款。据此理论，只要一方不履行义务，合同即自行解除。法条第1款正是反映了这一理论。这两种理论的矛盾在于，解除合同既然是一种“暗示性”条款，则当事人事前也可作相反约定；而依道德评价理论，对债权人来说，解除合同的权利是法律赋予债权人的一种权利，且无权事先放弃该权利。此外，对法典第1184条第1款，法国学者与立法者及法官的观点分歧较大。有些学者认为，法律规定合同因一方不履行义务而解除，主要根据在于当事人的过错。但立法者和法官们却坚持，此时合同解除并非基于当事人的过错，而是由于合同应当达到的经济目的已不能达到，过错只是法官们衡量不履行债务的行为的性质是否严重的因素之一。现代法国的判例表明，只有当一方当事人不履行义务的行为具有严重性时，或仅责令债务人赔偿损失尚不足以制裁其行为时，法官才可判决解除合同。

2.《德国民法典》

与法国不同，《德国民法典》以明确、具体的规定，确立了合同解除制度。其合同法定解除的事由主要有：（1）履行迟延。包括：①合同当事人一方履行迟延时，相对方得定相当期间，催告其履行；于该期间内仍不履行时，相对人可以解除合同（第326条第1款）。②依合同性质或当事人的意思表示，如不于一定时日或一定期间履行，则不能达到合同目的，当事人一方不履行而又经过该时期时，相对方可以不经过催告，而径行解除合同（第326条第2款）；（2）履行不能。因可归责于债务人的事由，债务人履行不能的，债权人可以不经催告而直接解除合同（第325条）。

针对民法典关于合同解除的规定，德国学者及法官们多有议论。首先，尽管《德国民法典》是潘德克吞法学家精心提炼罗马法的结果，由于合同解除制度并未被罗马法承认，因此，德国合同法中的合同解除制度只是吸收1861年的《德国普通商法典》的结果，对致力于罗马法研究的德国学者来说合同解除无疑是“一种新事物”，从而导致“其中一具体规定至今仍十分不明确”，法学家在适用它时总是感到有些困难。其次，以履行迟延、履行不能作为合同法定解除的事由，不能概括合同解除事由的全部。显著的漏洞是预先拒绝履行的情况，既然债务人已背弃了自己所承担的义务，受害方就应当可以通过其他救济措施来尽量减少预期的损害。因此，学者认为《联合国国际货物销售合同公约》第72条关于预期根本违约的适用，是“完全正确的”。相应地，司法裁判中也普遍确认预期拒绝履行与履行不能、履行迟延具有相同的法律后果。第三，对于不完全履行，由于适用瑕疵担保责任不利于对受害方的充分保护，因此，判例及学说也赞成赋予不完全履行如履行不能、履行迟延同样的法律后果。最后，在德国，对于履行迟延的规定，判例及学说认为，

"用这种方法解决合同中违反履行义务所造成的难题，被证明是极其令人满意的"。相反，对履行不能的规定却让人感到十分复杂。尤其是对如何确定"不能"的类型及程度，判例及学说均感为难。为解决这一人为难题，本世纪以来，大陆法已形成相当复杂的关于履行不能的理论。

以履行不能和履行迟延作为合同法定解除理由是履行违反二元理论的必然产物。但实际上，除履行不能及履行迟延外还有诸多新的违约形式，为解决此问题，法院不得不采用"积极违约"（包括拒绝履行、违反随附义务等）理论，以弥补民法典的漏洞。

3. 英美法

在英国，违约在合同法发展的早期被严格区分为违反条件和违反担保，只有在一方违反条件时另一方才可以采取解除合同的救济措施。但区分条款到底是条件还是担保并非易事。法院在处理大量的合同纠纷时发现，一些违约形式不符合所谓"中间条款"。在学术上，对如何划分合同的条件条款与担保条款也是观点不一。一种观点认为应以条款本身的重要性进行区分。条件条款是合同的重要的、基本的、实质性的条款，相反则为担保条款。另一种观点坚持应根据违反义务后果是否给受害人造成履行艰难划分两种条款。这实质上等于以履行艰难的后果作为合同解除的条件。如若如此，无疑严格且不合理地限制了受害人的解除权，因此未被采纳。英国法最终以违约后果为根据来区分不同的条款。即当一方违约后果严重时，另一方可解除合同。

英国法对违约形式的基本划分之所以导致理论及实践上的分歧与困难，首先在于违反条件与违反担保在司法实践中缺乏明确、规范的判断标准。其次是这种"违约二元理论"与德国法中的"履行违反二元论"一样难以概括现实生活中不断出现的新的违约形式，以至于为解决现实问题的需要，法院最终采纳以违约的后果具有严惩性，作为合同解除的事由的理论。

在美国，以后果是否严重为标准，违约被划分为重大违约和轻微违约。当一方违约致使另一方订立合同的主要目的难以实现时，为重大违约。必须指出的是，即使一方行为已构成重大违约，美国法院在许多情况下并不允许受害方直接解除合同，而是要求其给违约方一个自行补救的机会。法院在决定应当给违约方多长时间进行自行补救时，要考虑各种相关因素。重要因素之一是，违约方的拖延将在多大程度上剥夺受害方有权期望从该交易中获得的利益。另一个与之相对的因素是，允许受害方即时解除合同会给违约方造成多大的损失。法院的最终决定应当是权衡这两种因素的结果。无数判例表明，当一方迟延履行时，除非这种履行已与合同的性质及当事人的特别约定相违背，另一方应在给予一方一个合理的宽限期后再行使解除权。当然，并非在所有的违约情况下都应首先给违约方一个自行补救的机会，如违约方没有能力进行补救，不能履行或者不愿意自行补救（明确表示将不履行）时，受害方可即时解除合同。美国是判例法国家，以上只是典型解除合同的情况，对于其他大量的违约行为，是否应当解除合同由法院按照重大违约理论作出判定。美国学者与判例之所以有如此认识，理由在于，当一方违约时，另一方解除合同会使违约方完全丧失对其违约进行自行补救的机会，因而常常导致对违约方严厉惩罚的后果；而避免对违约方施加惩罚是美国法在确定救济手段时的基本政策。同时，学者们还认为，解除合同等于使业已达成的合同中途流产，对社会的发展不利。

在英美，预期违约理论也较成熟。按此理论，在合同履行期到来之前，如一方无正当理由而明确肯定地向另一方表示其将不履行合同，另一方可即时解除合同；或者一方在履行期到来之前有确切的证据证明另一方将不履行合同而又不愿意为此提供保证时，也可以解除合同。该理论在英美得到大多数学者的欢迎，如美国著名合同法学者柯宾认为，针对预期违约提起诉讼是合理的；英国学者猜图指出，其有助于使损失降到最低限度。当然反对者也有，如美国学者威尔顿认为预期的概念是“不合逻辑的”，而且其加重了被告的负担。总之，作为一项制度，预期违约因能起到防止本来可以避免的损害扩大的效果，应当予以肯定。但是，对于默示的预期违约情况，如判断不当，会造成加重或损害一方当事人负担的后果，对之应当严加限制。

4.《联合国国际货物销售合同公约》（以下简称《公约》）与《国际商事合同通则》（以下简称《通则》）的规定

《公约》与《通则》关于法定解除的事由的规定基本相同：（1）因根本违约解除合同；（2）预期违约时解除合同；（3）非定期债务履行迟延时解除合同。所不同的只是在违约的判断标准上。《通则》对何为根本违约以及如何判断根本违约未作规定，相反，《公约》却对此明文规定，尤其对如何判断根本违约，规定了较为严格的主客观标准，即“除非另一方并不预知而且一个同等资格、通情达理的人处于相同情况也没有理由预知会发生这种结果（使另一方当事人蒙受损害）”。一些学者认为，“有时会限制非违约方的权利”。对《公约》的其他规定，批评意见较少。相反，正如前文所述，在受大陆法的较大影响的德国，民法学者对《公约》第72条预期根本违约的规定亦较为推崇。

《公约》及《通则》的规定，应当说与它们适用范围的特殊性有关。为了促进各国、特别是世界贸易的顺畅的发展，使不同法系的营业主体在同一规则之下进行平等的交易，《公约》与《通则》在立法内容与立法技术上不得不折衷、调和两大法系关于同一问题的不同处理办法。在合同解除的事由的规定上，《公约》与《通则》采纳了英美法的重大违约与预期违约制度，同时，对大陆法中的非定期的迟延履行，也明确规定为一种合同解除的事由。其次，顾名思义，《公约》与《通则》的合同缔结者皆为商人，而且大多为从事跨国（地区）交易的大商人，相对于一般民事主体而言，商人的缔约能力、偿债能力及预见市场风险的能力均强。因此《公约》对根本违约严格的主客观标准是合理的。

5.《欧洲合同法原则》（PECL）的规定

在债务人有重大的不履行的场合下，债权人可以使合同终了（9：301 条 1 款）。在履行期前“重大的不履行”的发生已经明白的场合下，债权人也可以使合同终止（9：304 条）。另外，关于履行迟延的场合，即使不相当于“重大的不履行”，债权人也可以指定一个合理长度的履行期间通知对方履行，如果在这个期间内没有履行，可以使合同终了（8：106 条 3 款，9：301 条 2 款）。《欧洲合同法原则》是由欧洲一些学者以个人资格参加的“私人团体”——“欧洲合同法委员会”编制的文件，力求能够总结欧洲立法经验，力求面向 21 世纪。合同解除条文表现了强烈的效率价值取向。解除事由摆脱了个人归责事由这一传统价值取向。但解除事由的高度概括性亦要求理论的深入研究。

6. 我国《合同法》上的违约解除

我国《合同法》就违约解除事由作了以下规定：在履行期限届满之前，当事人一方明确表示或者以自己的行为表明不履行主要债务；当事人一方迟延履行主要债务，经催告后在合理期限内仍未履行；当事人一方迟延履行债务或者有其他违约行为致使不能实现合同目的。上述规定将各种违约形态都包含在内，即预期违约与实际违约；较好地运用了列举与概括方式。除迟延履行外，其他实际违约行为并没详细列举；简洁明了，将违约的着眼点定于不能实现合同目的。以下就《合同法》规定的几条违约解除条款具体加以探讨：

（1）在履行期限届满之前，当事人一方明确表示或者以自己的行为表明不履行主要债务。这种情形在日常生活中称为撕毁合同，大体相当于大陆法上的拒绝履行，英美法所称的提前违约或预期违约。但是，拒绝履行一般是指以明示的方式表示不履行合同，而且一般是在履行期到来以后，所以，这一条文内容更接近于英美法。但与英美法上的提前违约仍有所不同，英美法上的提前违约并不包括履行期到来以后的违约表示。而在履行期届满之前，可以是履行期尚未到来，也可以是履行期到来尚未届满。与英美法相比，《合同法》的规定更为周到。当事人的提前违约须是重大违约，另一方才有权解除合同。具体本条规定来看，表示不履行主要债务为重大违约。主要债务是合同中的主给付义务，即由合同的性质或当事人的特别的约定而确定的义务。如货物买卖合同中交货的基本义务，一般而言，交货时间、数量、地点、品质也可以构成主要债务。这是现代货物买卖合同的基本要求。但一般个人间少量的物品交易，可不必如此严格。这是一个事实问题，而不是法律问题。主要债务并不仅仅是主给付义务，在特定情况下，任一要素或从给付义务均可构成主要债务。如某一履行时间对于债权人有特别意义，则债务人提前表示不按期履行时，债权人可以解除合同。总之，应结合合同目的判断。债务人提前违约后，债权人可以保持合同，亦可以不解除合同。在此期间，若发生不可抗力，提前违约一方可以不承担任何责任。

（2）当事人一方迟延履行主要债务，经催告后在合理期限内仍未履行。这是迟延履行而发生的解除权。条文并没明确规定催告的方式，而法国法要求必须以书面作成，德国法则规定书面方式或口头方式均可。《合同法》没作特别要求，因此书面或口头方式也可被当事人采纳。催告所确定的期限多长为合理，是一个事实问题，应视不同合同而定。在实践中出现的一个问题是催告后经过了一段合理的时间，合同是否就自动解除？《合同法》规定合同解除必须通知对方。债务人仍不履行合同时，债权人可享有解除权，是否解除仍应由债权人自行决定。因此，经过合理期限债务人仍不履行的债权人只有发出解除通知，合同才被解除。债权人若在催告通知时附有约定：债务人经过合同期限仍不履行的，合同自动解除，则这种约定也应视为有效。另外，在合理期限内，债务人以自己行动或明确表示不履行主要债务的，债权人可以提前直接解除合同。

债务人在履行期限到来时，能够履行而没有按期履行债务，则构成迟延履行。债务人在履行期限到来时，未作出履行，债权人是否应经过催告才能构成迟延，大陆法系国家对此作出了不同的规定。《法国民法典》第1129条规定："债务人的迟延责任，经接到催告或其他类似证书而成立，如契约载明无需上述证书而仅有到期不履行事实，债务人即成立迟延责任时，则依契约定。"因此无论合同是否规定期限，都必须经过催告才构成迟延，催告的目的是为了表明债权人要求债务人作出履行。而德国民法典则区分了债务订立履行期限和没有订立履行期限两种情况。对规定了履行期限的债务，则在履行期限届满债务人仍未履行时，不经债权人催告，即构成履行迟延，即所谓"期限代人催告"。如果债务没有规定履行期限，必须经过催告之后，才构成迟延。我国《合同法》第一百一十条第三款规定，不必经过催告，只要债务人违背了履行期限的规定便构成迟延。

然而，并非债务人在履行期限到来后不履行债务，都会使债权人享有自动解除合同的权利。因为合同的解除将导致此书面或口头方式也可被当事人采纳。催告所确定的期限多长为合理，是一个事实问题，应视不同合同而定。在实践中出现的一个问题是催告后经过了一段合理的时间，合同是否就自动解除?《合同法》规定合同解除必须通知对方。债务人仍不履行合同时，债权人可享有解除权，是否解除仍应由债权人自行决定。因此，经过合理期限债务人仍不履行的债权人只有发出解除通知，合同才被解除。债权人若在催告通知时附有约定：债务人经过合同期限仍不履行的，合同自动解除，则这种约定也应视为有效。另外，在合理期限内，债务人以自己行动或明确表示不履行主要债务的，债权人可以提前直接解除合同。

因为合同的解除将导致合同关系的终止，一旦解除将会消灭一项交易，因此解除是一项重要的行为，如果允许债权人在债务人任何迟延履行的情况下都解除合同，必然会导致不应当被解除对合同被解除，造成一些财产的不必要的损失和浪费，而且也会使债权人滥用解除权。因此《合同法》第九十四条要求，除了因迟延履行已构成根本违约的情况以外，只有一方在迟延履行主要债务，经催告后在合理期限内仍未履行，另一方才能解除合同。就此可见，第一，必须是债务人在履行期限到来后未履行主要债务，而不是未履行次要债务。主要债务和次要债务应根据合同的内容来确定。第二，必须经过债权人的催告履行。如未催告则不能随意解除。第三，经催告在合理期限内仍未履行。在催告后，债权人实际上要给予债务人一段合理的宽展期，使债务人继续准备履行。在合理的宽展期到来后，如果债务人仍不履行，则债权人有权解除合同。

本条司法解释没有规定催告的具体方式，主要是因为《合同法》对此没有特别的规定。在司法实践中，不论采用何种催方式，只要当事人能够举证证明已经实施了催告行为，且行为具有合理性和有效性，就应当认定催告行为成立。同时，该司法解释的第 1 款即指明不履行合同的主要义务，是指出卖人迟延交付房屋或者买受人迟延支付购房款。只有在上述情况下，才属于因不履行合同约定的主要义务而行使合同解除权的情形。并规定经催告后在三个月的合理期限内仍未履行，一方当事人请求解除合同，人民法院应予支持。经催告后履行债务的合理期限，这里仅规定的是，在合同没有约定的情况下，合理期限为三个月。但是，当事人对此有约定的，按照约定。合理期限应当规定多长时间，在讨论本条司法解释时曾有几种不同的提法。有一种观点认为，应规定为一个月，这样能够尽快督促违约方履行合同，使因违约行为给守约方造成的损失尽量减少，从而体现出对违约方的制裁，保证合同的正常履行。还有观点认为，可以规定为六个月，因为这样可以给予违约方以必要的准备和补救时间。因为履行合同是双方当事人最完整和真实的缔约目的，只有合同全部履行，才能使缔约目的得以实现，时间规定过短，容易导致因仓促而不足以采取补救措施，致使合同被迫解除。本条解释最终将合理期限规定为三个月。因为房地产买卖合同，具有合同标的较大，履行期间相对较长等特点，不同于其他商品买卖合同。如果催告履行的期限规定过短，对双方当事人来说，都过于苛刻，进而不利于房地产市场的稳定。如果催告履行的期限规定过长，则不利于对守约方的保护，有可能因合同没有及时解除而致使损失扩大。

（3）当事人一方迟延履行债务或者有其他违约行为致使不能实现合同目的。时间一般不具有特定意义。但在有些合同中，债权人享有期限利益。如贺婚花篮一定要在结婚日送到。其他违约行为还包括拒绝履行、不完全履行等。其他违约行为导致合同目的不能实现时，债权人可依据法定解除而解除合同。

（三）法律规定的其他情形

法律所规定的其他情形。主要是指合同分则中的有关解除规定，如分期付款合同的解除，委任合同的解除。另外，总则中的不安抗辩制度中的解除亦属于其他解除情形。

不安抗辩制度系大陆法所有。不安抗辩权行使的前提之一为合同须是双务合同，且只能由先履行人行使。不安抗辩制度为合同履行期届满前出现了令人不安状况提供了法律救济。我国《合同法》在不安情况规定上较传统大陆法有了突破。限于此点不是讨论主题，不在此作详尽说明。不安抗辩权只赋予双务合同中的先履行人。实际上，在同时履行合同中，发生令人不安情况，需要救济，在异时履行中，后履行人在先履行人出现不安情况时亦需要救济。我国《合同法》第六十六条规定："当事人互负债务，没有先后履行顺序的，应当同时履行。一方在对方履行之前有权拒绝其履行要求。一方在对方履行债务不符合约定时，有权拒绝其相应的履行要求。"第六十七条规定，"当事人互负债务有先后履行顺序，先履行一方未履行的，后履行一方有权拒绝其履行要求。先履行一方履行债务不符合约定的，后履行一方有权拒绝其相应的履行要求。"也许有人认为，《合同法》该两条规定的同时履行抗辩权、先履行抗辩权为这两种合同当事人提供了救济，但这两种抗辩权只是暂时抗辩权，债权人只能中止相应履行，债权人仍然受到合同约束。令人不安状况可存在任何双务合同中，不能因履行顺序不同而厚此轻彼。我们认为应规定不安抗辩制度的适用范围，包括同时履行及任何一种异时履行合同。在一定条件下，当事人可以解除合同。

四、合同解除程序

在现代各国立法上，合同解除的方法不尽相同，其一是通过法院裁判解除，即必须经过法院裁判才能解除合同。《法国民法典》第1184条规定，双务合同当事人，一方不履行其债务时，视为有解除条件的规定，但是并不当然解除合同，而是须向法院提出，经过法院裁判确认才能解除合同；其二是解除权人一方以意思表示将合同解除，不需要经过法院裁判，无论约定解除或法定解除，都是由解除权人一方以意思表示就可以解除。《德国民法典》第349条规定，解除合同应向他方当事人以意思表示为主；其三是在一定条件下合同当然而自动地解除，即不以当事人的意思表示为必要，依法律规定合同当然而自动地消灭。英美法对因合同落空而解除等，也采取当然解除方法。根据《欧洲合同法原则》9：304条3款规定，免责性而且是终局性地障碍发生时，债权人不对不履行的债务人发出合同终止的通知。

合同的解除具体应遵循如下程序：

1. 解除权的行使应当符合法律规定的程序，即遵守合同解除对条件。只有在出现了合同规定的条件和法律规定的情况下一方才有权通知对方解除合同，而不必征得对方同意。

2. 解除合同原则上须采用书面的形式通知对方当事人。通知到达对方当事人时生效。当事人在作出解除合同的通知以后，不得随意撤销。对方有异议的，可以请求法院或仲裁机构确认解除合同的效力。

3. 解除权的行使必须及时。因为在一方享有解除权时，该当事人长期不行使解除权，会影响当事人双方权利义务关系的确定。在一方违约导致另一方享有解除权时，权利人可在行使解除权和要求实际履行间作出选择。不管作出何种选择，都应及时确定，不能久拖不决。如果超过一定期限不行使解除权，应视为已丧失解除权。所以在出现了法定的解除情况和约定的解除条件成就以后，一方享有解除权，但该解除权必须在规定的期限内行使。根据《合同法》第九十五条的规定，如果当事人约定了解除权行使的期限，则必须在约定的期限内行使。如果没有约定期限，必须在法律规定的期限内行使。如果法律没有规定或者当事人没有约定解除权行使期限，不享有解除权的一方有权催告享有解除权的一方在合理期限内行使解除权。享有解除权的一方收到催告以后应尽早通知是否解除合同，如果超过合理期限不行使解除权，则解除权消灭，合同关系继续有效。如果当事人对催告的合理期限有异议的，应由法院或者仲裁机构确认。

本条司法解释第二款即是对解除权行使期限的规定。该款规定，法律没有规定或者当事人没有约定解除权行使期限的，经对方当事人催告后，解除权应在解除权发生之日起三个月内行使。对方当事人没有催告的，解除权应当在解除权发生之日起一年内行使，逾期不行使的，解除权消灭。本款中的三个月和一年这两个期间，均属于除斥期间，即为不变期间，不存在期间的终止、中断和延长的情形。但一年的期间设定，是有条件的除斥期间，并不是解除权消灭的绝对期间。也就是说，如果对方当事人在解除权发生之日起的一年内进行催告，仍应再延长三个月，解除权人未行使解除权的，解除权消灭。举例说明，如果对方当事人在解除权发生之日起的第 11 个月时对解除权人进行催告，仍应按该司法解释的规定，解除权行使的期限向后顺延三个月，三个月内解除权人未行使解除权的，解除权归于消灭。因此，只要对方当事人在解除权人行使解除权的一年除斥期间内的何时，催告解除权人行使解除权，解除权消灭的期限就应相应顺延三个月。这一点在实践中应准确掌握。

我国《合同法》第九十六条规定，当事人主张解除合同的，应当通知对方，合同自通知到达对方时解除。对方有异议的，可以请求人民法院或者仲裁机构确认解除合同的效力。法律、行政法规规定解除合同应当办理批准、登记等手续的，依照其规定。根据该规定，一方行使解除权时，应通知对方，对方有异议权。这里的解除权包括法定解除权和约定解除权。根据《国际商事合同通则》第 1.9 条的规定，“通知”包括声明、要求、请求或其他任何意图的表达。通知均采用到达主义，意即通知只有在送达被通知人时才生效。不过，被通知人对合同的解除或解除权的行使有权提出异议。异议提出的方式，应与解除合同的通知相同或相类似。异议并不必然产生其预期效果，解除权人是否撤回解约通知，完全取决于解除权人的行为。为使问题得以彻底地、权威性地解决，解除权人可以请求法院或仲裁机构确认解除合同的效力，即提起确认之诉；对方为到达让解除权人撤回解约通知的目的，也可请求法院或仲裁机构宣告解除合同的行为无效。法律、行政法规规定解除合同应办理特别程序的，须遵守特别程序的规定。这里所指的特别程序，是批准、登记等手续，否则不产生解除合同的效力。常见的标的物比较特殊的合同，如房屋买卖、土地使用权转让等合同，即需到有关部门办理手续。

五、合同法定解除的法律后果

（一）合同法定解除效力

合同解除的直接法律后果是使合同关系消灭，合同不再履行。合同解除后，对于解除以前的债权债务关系应当如何处理，这就涉及了合同是否具有溯及力的问题。如果合同解除具有溯及力，则合同解除前所为的履行部分，就要发生恢复原状的法律后果；如果合同解除不具有溯及力，则合同解除前所为的履行仍然有效存在，当事人无须恢复原状。可见，合同解除是否具有溯及力，是合同解除制度中十分重要的问题。

大陆法国家基本规定合同解除具有溯及力。在大陆法中，合同解除是作为违约制裁的一种制度，为了保护债权人利益，法律肯定合同解除具有溯及力。例如《德国民法典》第346条规定，在解除契约时，当事人双方互负返还其已受领的给付义务。《日本民法典》第545条第1项规定：当事人的一方行使解除权时，各当事人负有使相对人恢复原状的义务，但不得侵害第三人的权利。《意大利民法典》第1958条规定：契约因不履行而解除在当事人之间不具有溯及力。美国法认为解除合同产生恢复原状的效果，这一点接近于大陆法。英国普通法认为，因违约而造成的解除合同，并不使合同自始无效而只是指向将来，即只是解除合同时尚未履行的债务不再履行，已经履行的债务原则上不产生返还问题。但是，英国法在解除合同时，允许当事人提起“按所交价值偿还之诉”，以便收回他所提供的财物或服务的代价。这个问题上，《欧洲合同法原则》（PECL）、《国际商事合同通则》（CISG）规定不尽一致。PECL肯定不溯及性，其第9：305条第1款指出：“合同的终了，使双方当事人从将来的实施履行的义务和领受履行的义务下解放出来。”CISG则肯定溯及性，其7.3.6条第1款规定：“合同解除时，各当事人在返还自己受领的同时，可以请求返还自己给付的财物。在原物返还不可能或不适当时，返还是合理的，应以金钱执行。”

（二）合同法定解除是否具有溯及力所涉及的问题

合同法定解除是否具有溯及力涉及两个问题：一是立法价值取向；二是事实问题，即依合同性质能否恢复原状。

规定法定解除是否具有溯及力的出发点之一，应是看其是否有利于保护非违约方利益。从一定角度看，肯定合同法定解除有溯及力是颇有道理的。理由如下：一是非违约方已作出了履行时，违约方的违约常表现为不履行或不相应履行。规定违约解除有溯及力，将使非违约方取回其已作出的履行，对其显然是有利的。非违约方的履行乃是基于为了获得对方的履行。这亦是双务合同的订立基础。如果知道不能获得违约方的履行，非违约方则不会履行的。因此，当履行意图落空时，应允许非违约方取回履行。二是当合同双方已履行完毕时，如不允许解除具有溯及力，则法定解除制度在此处没有获得现实价值。此时选择违约责任救济或解除救济没有什么差别。三是当违约方已作出了不适当履行，如果允许解除具有溯及力，则不适当履行将重返违约方，有利于保护非违约方利益。因为，不适当履行可能对于非违约方毫无意义，如非违约方接受对其毫无意义的瑕疵的货物。进一步看，合同解除应具有溯及力的理由在于：合同的履行应符合合同目的。发生重大违约时，从合同目的来看，由受领履行方保留履行可能已不符合其订立合同目的。因此，合同解除具有溯及力应是可取的。但是，在一定情况下，合同解除不具有溯及力可能更不利于保护非违约方利益。例如在一方交付货物以后，另一方不按时付款。如果合同解除效力只向未来，则交货方可以在解除合同时追索货款。如果合同解除有溯及力，则交货方解除合同后只能索要货物。针对此种情况持合同解除具有溯及力的学者认为：如果恢复原状对解除权人不利，则解除权人可以不解除合同。其自愿解除行为表明恢复原状对其是有利的。这种观点值得商榷。若合同解除具有溯及力，则合同解除如同合同未成立。除恢复原状，当事人亦从合同解放出来。若合同解除不具有溯及力，当事人则从合同面向将来的拘束力中解放出来。在合同解除具有溯及力时，保留履行利益和获得从合同拘束力中解脱出来的利益，是不能并存的。交货方解除合同表明其愿意从合同拘束力中解脱出来。这并不表明其没有获得已履行的利益的意愿。这实际上是一个鱼和熊掌不可兼得的两难选择，尤其是在交货方亦只有部分交货时。综上所述，合同解除是否应具有溯及力不可一概而论。

合同解除是否具有溯及力不仅涉及当事人利益，亦关系到社会利益。若合同解除有溯及力，则恢复原状需支付费用。这虽由当事人支付，但相对于整个社会则仍是财富浪费。而且亦不利于社会交易秩序稳定。合同解除不具有溯及力，不仅没有以上弊端，而且能保留合同部分履行的利益，这亦符合合同交易目的。有些合同依其性质是不可能恢复原状的，如委任合同、劳务合同等。这些合同一般是继续性合同。

（三）我国《合同法》的规定

我国《合同法》第九十七条规定：“合同解除后，尚未履行的，终止履行；已经履行的，根据履行情况和合同性质，当事人可以要求恢复原状、采取其他补救措施，并有权要求赔偿损失”。可见，该条规定将合同解除的效力分成两块：前者无溯及力，后者有溯及力，并相应的产生不同的财产处理后果。具体来说，有以下三种情形：

1. 合同尚未履行的，终止履行。尚未履行合同的状态与合同订立前的情形并无不同，因而解除合同只需单纯地终止合同的权利义务。但是，当事人是否有权要求赔偿损失，条文并未明确规定。事实上合同尚未履行和合同尚未成立是很不相同的，虽然合同没有实际履行，但很可能已经给对方造成了极大的损失，如履行迟延或提前违约造成的损失。我们认为，出现这一问题，主要是立法者在表达上的疏漏。从我国合同法原理上讲，尚未履行并不影响当事人要求赔偿的权利。

2. 合同已履行的，要求恢复原状。恢复原状是指恢复到订立合同前的状态，是合同解除具有溯及力的标志和后果。这表明和多数国家的合同法一样，承认解除合同可产生溯及既往的效力。不论合同是全部履行还是部分履行，解除权人解除同时，都有可以要求恢复原状。从性质上讲，适用恢复原状的合同应该是非继续性的合同，即履行为一次性行为的合同，如货物买卖合同、赠与合同等。但是，有的合同尽管是一次性的合同，履行后有可能恢复原状，也可能无法恢复原状。此时只能根据情况来确定是否可以恢复原状，如技术秘密转让合同，如果已经将技术秘密披露给对方，则不可能真正地恢复原状，需采用其他的补救措施。

恢复原状一般包括如下内容：返还原物；受领的标的物为金钱的，应同时返还自受领时起的利息；受领的标的物生有孳息的，应一并返还；就应返还之物支出了必要的或有益的费用，如保管费及维修费，可以在对方得到返还时所得利益限度内，请求返还；应返还之物因毁损、灭失或其他原因不能返还的，应按该物的价值以金钱返还。如果该物是种类物，也可以同种类之物返还。

恢复原状对解除权人而言，是一种有力的保护方式。由于我国不承认物权行为，所以一旦其主张恢复原状，对方受领的标的物的所有权就重归于解除权人，他可以基于所有权请求返还，而这一请求权优先于普通债权。当对方的财产不足以清偿多个并存的债权时，解除权人仍可取回自己所给付的物，保全自己的利益。如果不允许恢复原状，合同效力只是向将来消灭，则对方的受领将产生转移所有权的效力，解除权人只能根据不当得利要求返还相应的价款，而这只是一个普通的债权，当对方的财产不足以清偿多个并存的债权时，解除权人将得不到全部的返还。相反，如果是恢复原状，则不论对方获得的给付现在的情形如何，均应按履行时的价值或状态返还。比如，如果解除权人甲以 2 万元的价格向乙出卖价值 3 万元的油画，而解除合同后乙因某种原因不能返还该画，甲可以主张按该画真正所值的 3 万元要求偿还。而如果只是返还不当得利，则只以对方受领的现存利益为限，当对方取得的给付因意外事件减少或不复存在，就不负返还义务。对一次性合同而言，恢复原状既是解除合同的必然结果，也是对解除权人最有利的结果。由于这种情况多属于对方违约，所以其履行对解除权人毫无意义。

3. 合同已履行的，采取其他补救措施。这种情形的发生，可由三个原因引起：一是合同的性质决定了不可能恢复原状，发生将来消灭的效力，解除权人只能采取其他的补救措施；二是合同的履行情况不适合恢复原状；三是当事人对清理问题协商而达成协议，既包括解除合同后达成协议，也包括《合同法》第九十八条的规定，即合同中的结算和清理条款继续有效。

解除继续性的合同是不适合恢复原状的，这类合同的特点是履行不是一次即为完结，而是在一定时间内持续地履行，如租赁合同、雇用合同、保管合同、长期供应合同、技术服务合同等，受领一方所享用的标的物效益，可能是无法返还的，如设备租赁合同，承租人已经对设备加以使用，不可能返还出租时的设备。因此，对继续性合同，合同只是自解除时向将来消灭，即提前终止合同，履行方仍可以请求对方对已受领的利益支付价款，但履行对相对方没有意义的，发生恢复原状的结果。

根据履行的情况不适合恢复原状，可能是从经济上讲恢复原状是不可行的，如建筑工程承包合同，如果承包人已经完成主体工程，但发包人仍以迟延为由解除了合同，此时，如果要求恢复原状，会造成资源的极大浪费，对双方都没有益处，在实践中亦是不可行的。

另外，为了保护交易第三方的利益，某些合同的解除不能有溯及力，如委托合同。如果委托合同的解除溯及到合同成立时，则受托人所进行的代理行为将失去法律依据，第三人将处于极不安全的状态，正常的交易秩序将被破坏。因此，对于涉及善意第三人的合同，一般不应具有溯及力。本条的“采取其他补救措施”，主要是指要求对方付款、减少价款的支付或请求不当得利的返还。如果对方是不完全履行合同，而合同期限尚未到来，解除权人可以解除合同并要求减少价款。如房屋租赁合同约定了一年的租赁期，但因该房屋年久失修，存在较大的危险，而出租人又迟迟不履行维修该房屋的义务，在租赁期届满之前，承租人可以解除合同并要求减价，与房屋的实际租赁价值相当。如果承租人已经预先交纳了一年的租金，则承租人可以在解除合同的同时，请求出租人返还解除日至届满日之间的租金，从性质上讲，这部分租金已属于出租人的不当得利。如果房屋并没有瑕疵，而是承租人迟迟不交纳租金，则在租赁期届满之前，出租人有权解除合同并要求承租人支付租赁期间价款。在上述情况下，如果主张恢复原状，即意味着以金钱偿还受领的利益，其依据只能是不当得利，会增加清理的难度。对这类合同的解除权人而言，如果对方只是拖欠价款，则主张恢复原状往往是不利的，因为他只能要求不当得利的返还，而不能根据合同得到价款，这可能使其得到的返还少于原合同价款，因为市场价可能低于合同价。只有当市场价高于合同价时，主张不当得利才更为有利。

另外，履行如果是可分的，解除权人可以就部分履行行使解除权，如分批交货的合同中对某批货物行使解除权，解除权的效力只及于该批货物，而其他的履行不受影响，解除权人仍可保留其他的受领。但对该批货物而言，解除将产生恢复原状的效力，而不是此处所提到的其他效果。

六、合同解除后的损害赔偿

在解除合同时能否同时请求损害赔偿问题，各国法律的规定有所不同。大多数国家认为这两种措施是可以同时采取的，如《法国民法典》第1184条规定："双务合同一方当事人不履行债务时，债权人可以解除合同并请求损害赔偿"。《日本民法典》第545条亦规定："解除权的行使，不妨碍损害赔偿的请求。"英美法亦认为解约方可以解除合同并请求损害赔偿。德国法却规定，解除合同和损害赔偿是不能就同一债务关系并存的，如果要求解除合同，就不能要求损害赔偿；反之，如果要求损害赔偿，就不能解除合同。德国法的基本逻辑是，既然解除合同将产生恢复原状的后果，等同于合同自始就不存在，那么因合同而产生的损害赔偿就失去了存在基础，所以这两种措施是矛盾的。这种规定离现实太远，反而使合同解除制度大大限制了合同解除功能的应用。实际上，立法者也认识到了这一点，在《德国债务法修正草案》里，已作了修正：第327条第1款规定，"解除之后，债权人可以请求因看不到合同约定的实现使自己产生的损害赔偿。债权人也可以代替该损害的赔偿，请求由于相信合同约定能够实现而使自己产生的损害赔偿。"

债权人不必对不可抗力所造成的损害赔偿。但在违约解除情况下，损害赔偿范围如何确定？有人认为，"损害赔偿除应包括不履行合同义务所致的损害以外，还应包括合同解除以后，因恢复原状而发生的损害赔偿"，"不应该考虑可得利益的赔偿问题。"换言之，这种赔偿只限于信赖利益。亦有人认为，赔偿的范围只包括债权不履行的损失而不包括因合同解除而产生的损害赔偿。亦有人认为，赔偿损失范围原则上包括直接损失和间接损失，此外，违约方还应赔偿对方因返还给付物所支出的必要费用，以及违约方不履行返还给付物给对方造成的损失。我国《民法通则》第一百一十一条规定："当事人一方不履行合同义务或者履行合同义务不符合约定条件的，另一方有权要求履行或者采取补救措施，并有权要求赔偿损失。"第一百一十五条规定："合同的变更或者解除，不影响当事人要求赔偿损失的权利。"可见，我国《民法通则》采取完全赔偿原则。因此，我们认为第二种意见较为可取。除法律另有规定外，赔偿范围应包括：（1）债务不履行的损害赔偿。包括可得利益（履行利益）和信赖利益。（2）因合同解除而产生的损害赔偿，包括：①债权人订立合同所支出的必要费用。②债权人因相信合同能够履行而做准备所支出的必要费用。③债权人因失去他人订立合同的机会所造成的损失。④债权人已经履行合同义务时，债务人因拒不履行返还给付物的义务给债务人造成的损失。⑤债权人已经受领债务的给付物时，因返还该物而支出的必要费用。

七、法定解除权的消灭

法定解除权消灭，是指由于某些法定事由，使当事人一方取得的合同解除权归于消灭。德、日及我国台湾等大陆法系国家和地区的法律对此规定较为详细，而我国《合同法》规定甚少。

（一）设立合同解除权消灭制度的意义

1. 有利于保证交易安全和秩序。解除权属于形成权，仅凭单方意思表示就可发生效力。解除权是有利于保护解除权人利益的，但法定解除权若规定不当，易造成债权人滥用解除权。因此，对解除事由作了严格限制。同理，一旦出现债权人享有法定解除权时，合同的约束力有随时被打破的危险。可以说，在解除权行使前，合同关系处于不确定状态。如果长期不行使，使债务人选择变得相当困难。所以，从兼顾交易安全的角度出发，有必要对解除权的消灭的问题作出规定。

2. 规定解除权消灭制度有利于公正地保护债务人的利益。在债务人重大违约时，解除权成为债权人的自救手段。法律在赋予债权人解除权同时，也寻求利益平衡，也应赋予债务人一定手段，以保护自己的利益。解除权消灭制度就是为促使债权人更好地行使法定解除权，避免解除权的滥用，从这个角度说，这亦是公平原则及诚实信用原则之要求。

（二）大陆法系民法关于合同解除权消灭原因规定

1. 期间届满

这种合同解除权消灭原因的期间，为法律特别规定，属于除斥期间。在除斥期间中，法律对某种权利规定一个不变期间，只要时间届满，不管其他事由如何，该项权利即告消灭。这种规定一般见于特殊合同，如承揽合同。依据《德国民法典》第638条规定，“定作人因瑕疵而享有的解约，六个月不行使而消灭”，《日本民法典》第637条规定，“契约的解除，应自工作标的物交付时起一年内实行”。

2. 催告而未行使

在解除权行使期间上，法律未作明确规定时，债务人可以确定相应期限，催告解除权人在期限内明确答复是否解除合同。如果该期限内债务人未接到解除通知，则债权人解除权消灭（参见《日本民法典》第547条，《德国民法典》第355条）。何谓相当期间，法律将此问题交给了当事人及裁判机构。这是一个事实问题，应视不同情况而定。催告所定期间如果过短，解除权人可以此作为抗辩理由。如果过长，超过常理上的相当期间，则有利于债权人。

如前所述，本条司法解释对催告解除权人行使解除权的期限，作了明确的规定，即经催告后，解除权行使的合理期限为三个月，逾期不行使的，解除权消灭。

3. 受领标的物不能返还

有解除权的人，因可归责于自己的原因致使其所受领的标的物毁损灭失，或其他情形不能返还的，解除权消灭。关于此点德、日及台湾地区法律均有规定（参见《德国民法典》第351条，《日本民法典》第548条，台湾地区“民法”262条）。因此原因解除权的消灭必须满足下列条件：

（1）须受领的标的物由于毁损灭失或其他情形而导致地无法返还。标的物灭失自然谈不上什么返还问题。在受领物毁损情况下，视毁损程度，判断是否能返还。日本民法对此规定为显著的毁损，德国民法以严重的毁损为基础，台湾地区“民法”则仅以返还不能为足。总而言之，就是标的物的毁损使标的物返还没有意义，即相对于标的物交付前的原状，而且难以修复的情况下，解除权人的解除权被排除。如果标的物的毁损可以修复或只是轻微的，解除权人仍可以行使解除权。但是，解除权人有修复或赔偿损害之责任。标的物被依法扣押、拍卖、标的物已依法转让给第三人，或标的物上设定的权利已严重影响返还请求权人使用时，解除权人的解除权亦被排除。

（2）不能返还发生于解除权行使之前。解除权行使之后，受领物发生不能返还情形的，解除权人只负损害赔偿责任。

（3）对于受领物不能返还，债权人具有可归责性。标的物返还不能不可归责于债权人时，解除权人不丧失解除权。《德国民法典》第350条规定，“解除，不因解除权人领受的对象偶然灭失而被排除。”这种情况，包括不可抗力和偶然事件，可归责于解除权人的原因主要包括以下两种情形，一是由于解除权人自己的故意或过失致使受领标的物不能返还；二是须由解除权人负责的他人，如其代理人、雇佣人等人的行为所致。

（4）受领的标的物种类变更

有解除权的人因加工或改造，把受领的标的物改变种类的，解除权消灭。《德国民法典》第352条规定：“有解除权人加工或改造领受物使之变形为其他种类物的场合下，解除被排除。”日本《民法》第548条规定：“解除人……或因加工、改造将其物变为他类物时，其解除权消灭。”台湾地区“民法”第262条规定：“有解除权人，因可归责于自己之事由，致其所受领之给付物有毁损、灭失或其他情形不能返还者，解除权消灭。因加工或改造将所受领之给付物变其种类者，亦同。”在此种情况下，解除权人的解除权消灭需要满足以下几个条件：

①解除权人对受领标的物加工或改造具有可归责性。其代理人或继承人加工或改造标的物时，解除权同样被排除。这里可归责性不是指解除权人有无过失，而是指解除权人对标的物加工或改造负有责任。

②标的物经加工改造后，其变更之程度须是标的物种类之变更。如果未达至种类变更之程度，解除权并不消灭。标的物的部分加工或改造，应视不同情况而定。可分之给付，其一部分因加工或改造不能返还，而不是重要部分的，解除权并不因此而消灭。

③受领标的物之种类变更的发生须发生于解除权生于解除权行使前。解除权行使后，当事人的合同关系已不复存在，因而不发生解除权消灭问题。当然，解除权人对此应负赔偿责任。

3. 我国《合同法》的立法选择

我国《合同法》并没将上述（3）（4）两种情形作为法定解除权消灭原因。只规定期间届满及债务人催告后合理期限内不行使解除权这两种解除权消灭原因是可取的。大陆法系民法关于解除权消灭的规定实际上提出了一个问题，返还不能时怎么办？返还不能时，解除权人应予以价值赔偿。《合同法》第 97 条规定，合同解除后，当事人有权要求赔偿损失。这种赔偿亦应包括受领物价值赔偿。

第十六条 ［违约金数额的调整］

当事人以约定的违约金过高为由请求减少的，应当以违约金超过造成的损失 30% 为标准适当减少；当事人以约定的违约金低于造成的损失为由请求增加的，应当以违约造成的损失确定违约金数额。

本条是关于违约金数额能否进行调整以及如何对违约金数额进行调整的规定。

本条的规定内容实际上包含三层意思：一是当事人没有按照合同约定履行义务或者迟延履行合同义务，构成违约的，应当按照商品房买卖合同约定的违约金数额或者损失赔偿额的计算方法，承担违约责任；二是当事人如果以约定的违约金过分高于因违约造成的损失为由请求减少的，人民法院可以约定的违约金是否超过损失 30% 为标准，予以适当调整；三是当事人以约定的违约金低于因违约造成的损失为由请求增加的，应以损失确定违约金数额。由此可见，本条的规定涉及违约金数额的确定原则、能否对违约金数额进行调整以及以何作为参照标准调整违约金的问题。

一、关于违约金数额的确定原则问题

关于这个问题，虽然解释中最后没有形诸文字，主要是考虑到这层意思在我国《合同法》第114条中规定得比较清楚，一般不会引起误解，可以不再重复。但在本解释定稿之前的历次草稿中都是明确规定的，而且这个问题是本解释中本条立论的前提和基础。因此，在阐述本条精神时有必要就违约金数额的确定原则涉及的有关问题作一简要论述。

违约责任是民事责任的一种，是指合同当事人因过错不履行合同或者履行合同不符合合同约定条件而应当承担的民事责任。违约责任是违约行为在法律上应当承担责任的客观表现，违约行为包括作为和不作为，有根本违约、预期违约、实际违约等多种情形。违约责任是一种财产责任，一般具体表现为支付违约金、赔偿损失、继续履行等。一般认为，违约责任是一种法律制裁措施，其作为财产责任的本质意义主要在于对被违约方的补偿，其次才表现为对违约方的惩罚和制裁。补偿性和惩罚性两者可以同时存在，并非水火不相容。违约责任的产生，以其所依附的合同有效为前提。只有当事人签订的合同为有效，合同在当事人之间才具有相当于法律的效力，合同中所设立的权利和义务受法律保护。当合同未成立、未生效或者被确认无效、撤销等情形出现时，则当事人通过合同约定的权利义务就不为法律保护，当事人无论怎样违反约定，也不构成违约，不需承担违约责任。违约金作为一种重要的民事责任形式，是指当事人根据合同约定当不履行合同或者履行合同不符合合同约定条件时，应给付对方当事人一定数额货币。关于违约金是具有补偿性质、赔偿性质还是担保性质，各国立法例有不同的规定，民法学界也存在不同学说。早在罗马法时代，就将契约当事人约定一方违反契约时向对方支付一定数量的金钱称为违约金契约或罚金契约。1804年《法国民法典》第1226条规定："违约金条款是指，契约的一方当事人为确保履行契约，承诺在契约不履行之场合，支付一定数额的违约金的条款。"将其作为"附违约金条款的债"列入债务的一种。该法第1229条规定："违约金条款是对债权人因主债务不履行所受到的损害赔偿的补偿。不得同时请求履行主债务与违约金，但对单纯债之迟延履行规定的违约金，不在此限。"《德国民法典》第340条规定："（1）如果债务人约定，在其不履行债务时，须支付违约金，债权人可以要求支付违约金代替履行。债权人向债务人声明要求支付违约金的，其履行请求权即告消灭。（2）债权人因不履行而享有损害赔偿请求权时，可以要求以已取得的违约金代替最低数额的损害赔偿。不排除主张其他损害。”“中华民国”时期的民法第250条规定，违约金除当事人另有约定外，视为因不履行而发生损害之赔偿。我国《民法通则》第一百一十二条规定：“当事人一方违反合同的赔偿责任，应当相当于另一方因此所受到的损失。当事人可以在合同中约定，一方违反合同时，向另一方支付一定数额的违约金；也可以在合同中约定对于违反合同而产生的损失赔偿额的计算方法。”我国《合同法》第一百一十四条规定：“当事人可以约定一方违约时应当根据违约情况向对方支付一定数额的违约金，也可以约定因违约产生的损害赔偿的计算方法。”

由此可见，违约金是由当事人协商确定的，是法律确立的合同自由原则或者意思自治原则的具体体现。在市场经济领域，允许当事人自行约定违约金，实际上是尊重合同当事人完全根据自己的真实意思自由约定合同条款的权利，以及一旦发生纠纷时保护自身利益的权利。约定违约金，对于充分发挥合同当事人的主观能动性和自主性，鼓励当事人积极广泛地参与交易活动，意义十分重大。约定违约金存在的价值是巨大的，也是法定违约金所无法替代的。我国《工矿产品购销合同条例》和《农副产品购销合同条例》就曾分别规定了法定违约金的情形。

关于违约金的作用，民法学界历来存在不同观点。一种观点认为，违约金就是债务人不履行债务或者迟延履行债务应当承担的一种违约责任；第二种观点认为，违约金的主要作用在于担保合同的履行；第三种观点认为，违约金主要是一种责任形式，同时也具有担保作用。以法国、德国和日本等国家为代表的大陆法系国家都强调违约金的担保作用，并认为担保债务履行是违约金的主要职能。其理论依据是当事人在约定违约金后，如果自己不愿意承担支付违约金的义务，就必须履行合同。苏联的民法强调违约金的担保作用，认为违约金主要是一种责任形式，而且法律直接规定债务人支付违约金的比例、数额，对违约金主要采取法定形式，允许当事人在合同中自行约定违约金的情况极为少见。大陆法系国家的民法均规定违约金都由当事人在合同中自行约定，约定违约金也是为了担保债务的履行，学界通说认为一般具有担保作用。以美国和英国等为代表的英美法系国家允许当事人在合同中约定赔偿性违约金，确定这种违约金是对违约可能造成损失的合理估计，只是作为赔偿费用。在英美法国家，不承认违约金的惩罚性，如果法院认为当事人在合同中约定的违约金具有惩罚性，则可以否认该约定违约金的效力。我国《民法通则》和《合同法》中规定的违约金是一种责任形式。《民法通则》第一百三十四条规定的违约金，是将其作为第六章第四节承担民事责任的方式之一种而作出规定的。在我国的长期司法实践中，也是将违约金作为一种承担民事责任的方式予以适用的，应用范围十分广泛。值得注意的是，在我国，立法上强调违约金作为民事责任的一种方式，并没有意味着排斥其具有担保性质的作用。实际上，由于违约金具有惩罚性违约金和补偿性违约金两种情况，当事人都预先知晓不履行合同的后果，在许多情况下，当事人为了避免承担违约金责任，而都尽量积极履行合同，从而使得违约金具有了某些担保的作用。不论是约定违约金还是法定违约金，惩罚性违约金还是补偿性违约金，实质上都是为担保主债务的履行而设立的一种从债务，都必须以主债务的存在为前提。在主债务没有被宣布无效或者撤销之前，违约金条款都具有效力，在主债务被免除、解除或者转让等诸多情形下，违约金债务也随之发生变化。可见，任何性质的违约金都不是一种独立的债，不构成独立的债务关系。正因如此，违约金即具有担保的作用。特别是当事人约定的惩罚性违约金一般数额都比较大，而且与违约行为导致的实际损失没有必然的因果关系，也就是说，即使合同一方违约没有造成合同另一方任何损失，也要按照合同的约定承担违约责任。因此这种性质的违约金更有利于督促当事人履行合同义务，从而保障对方当事人合同权利的实现。

违约金作为承担民事责任的方式，是守约方通过合同获得利益的一种重要补救措施。为了充分保障守约人的利益，保障合同的效力和实际履行，法律规定了各种补救措施，如损害赔偿、继续履行等，以适应基于签订和履行合同而存在的不同条件和出现的不同情况，具体违约行为对合同当事人所造成的损失也不尽相同的情形。各种补救措施可以针对不同违约情况及后果产生作用，相互之间不宜替代，也不应该替代。违约金也是法律规定的补救措施中的一种，如果过分强调其作用而忽视其他补救措施的作用，既不利于充分地保护守约方的利益，也不利于有效地维护市场交易秩序。

在司法实践中，应当注意区分违约金与其他几种违约补救方式的性质和作用。

一是违约金与损害赔偿。由于违约金是合同当事人在签订合同时预先约定的，一旦发生纠纷时就不必具体计算损害范围，守约方就可以要求违约方支付违约金。这样可以避免在适用损害赔偿方式时常常遇到的计算损失范围和举证的困难，节省各种成本。一般情况下，约定违约金相当于约定的损害赔偿。如果支付违约金不足以弥补实际损失的，守约方还可以要求赔偿损失。

二是违约金与实际履行。法律上赋予当事人在合同中约定违约金的目的在于，督促当事人履行义务并制裁违约行为。作为守约方得到违约金并没有使其获得订立合同所预期的利益相一致的利益，就是完全取得了足以补偿损失，也没有满足其订立合同的目的，因此在守约方取得违约金后仍然有权要求实际履行，以充分保护自身的利益。支付违约金是独立于合同履行之外的，只要当事人在合同中没有特别约定支付违约金后而免除继续履行合同主债务的义务，则违约方不得以支付违约金替代继续履行。

三是违约金与解除合同。合同的解除是否影响当事人要求支付违约金的权利，我国《合同法》对此没有作出具体规定。我国《民法通则》第一百一十五条规定："合同的变更或者解除，不影响当事人要求赔偿损失的权利。"我国多数民法学者认为，在合同当事人一方违约导致合同解除的情况下，不能免除有过错的一方当事人支付违约金的责任。从这个意义上说，解除合同和支付违约金也是可以并存的，因为违约金作为一种民事责任方式，同时具有以制裁和惩罚违约行为以达到担保合同履行的功能。可见，即使在合同一方当事人违约导致合同解除时，也不能自动免除违约方的违约金责任。当然，如果守约方放弃或者不主张对方承担违约金责任的除外。

二、关于能否对违约金进行调整的问题

对于这个问题，应该说在目前各国立法例和民法学界已普遍形成共识。我国《合同法》第一百一十四条第二款规定："约定的违约金低于造成的损失的，当事人可以请求人民法院或者仲裁机构予以增加；约定的违约金过分高于造成的损失的，当事人可以请求人民法院或者仲裁机构予以适当减少。"从上述规定中可以看出，我国《合同法》对当事人在合同中约定的违约金数额确定的原则界线是，只要当事人约定的违约金数额低于造成的损失，守约方就有权要求调整，至于高于造成的损失的必须是过分高于的约定违约金，才允许当事人请求人民法院或者仲裁机构进行调整，体现出侧重保护守约方的权益。

长期以来，尤其是在以前计划经济时代，我国更多地强调违约金的惩罚性。在后来的立法中承认违约金的补偿性和惩罚性多重属性，以补偿性为主、惩罚性为辅，这样，既维护了守约人的利益，也兼顾了违约人的利益，体现公平原则。从世界各国立法例来看，以美国和英国等国家为代表的英美法系国家民法不承认违约金的惩罚性。按照这些国家的民法规定，当事人可以在合同中约定当事人一方违约时应向对方支付一定数额的金钱，但这些给付的金额必须是真正用于赔偿守约当事人所实际遭受的损失，一旦超出守约当事人的损失，就属于惩罚性违约金。判断当事人约定的违约金到底属于惩罚性违约金还是补偿性违约金，是法庭的职权。在这种情况下，即使当事人在合同中约定是赔偿损失即补偿性违约金，也不能决定合同中

约定的违约金性质。根据法院或者法官对于当事人在合同中约定的违约金条款的意思表示所体现的真实意思的解释，如果表明当事人双方在签订合同前预先充分估计到这种因违约而造成的损失，那么就可以认定这种违约金属于补偿性或者赔偿性违约金，将得到法庭的支持。如果损失难以估计，也并不影响守约方主张这种权利，至于实际损失到底是超过约定违约金金额还是低于违约金金额，也不影响这种性质的认定。与此相反，如果当事人在合同中约定的违约金条款被解释为惩罚性违约金，则这种约定的违约金条款就不被予以采纳，守约方需要提供充分证据证明其受到的实际损失。在英美法系国家，法院或者法官在解释当事人在合同中约定的违约金性质时，一般是采用以下几项原则：一是如果合同中约定的数额过大，按照一般常识即可认为显然超过违约行为所造成的损失，就可以确定是惩罚性违约金；二是如果当事人在合同中对涉及不同违约情形全部约定了一样的违约金额，则也基本上认定为惩罚性违约金，因为不同的违约行为不可能造成一样的损失；三是如果当事人在合同中约定一方超过某一付款期限应额外偿付一笔金额，这也属于惩罚性违约金，因为仅仅是支付上的迟延不可能造成实际的损失。[1]

正是因为我国立法上承认违约金具有补偿性和惩罚性，违约金的基本性质是补偿性，我国《合同法》等相关法律以及司法解释才赋予人民法院或者仲裁机构基于当事人的申请，提高或者降低当事人在合同中约定的违约金，也就是进行调整。从原则上讲，就是变动违约金，使其与守约方所受到的损失大体相当。如果当事人约定的违约金过高时就降低违约金金额，使其首先到达补偿守约方的损失的目的，弱化惩罚性，降低违约方的成本；如果当事人约定的违约金过低时，就提高违约金金额，使其达到补偿守约方损失的目的，达到平衡合同双方当事人的利益，从而最大限度地实现合同的公平和正义。

违约金是一种责任形式，同时也是一种独特的担保方式，虽然属于当事人签订合同的意思自治范围，但也不是绝对的，是要受到一定条件制约和限制的，不能完全由当事人自行约定。因为违约金是当事人双方事先约定的，在签订合同时不可能完全知道将来在合同履行中会出现什么情况，合同能否履行以及履行到什么程度，会不会造成损失以及实际造成多少损失，很可能出现实际造成的损失远远高于因合同不履行或者迟延履行的损失，也可能出现损失大大低于因合同不履行或者迟延履行的损失。如果合同约定的违约金数额大大低于损失，就使得该违约金条款难以起到制裁和惩罚违约行为并补偿守约方的损失的作用；假如当事人约定的违约金数额

---

① 王家福主编：《民法债权》，法律出版社1991年版，第251～252页。

过高，则容易导致受约方获得不当利益，使得违约金条款的约定成为一种变相的赌博，实际上变成鼓励当事人通过这种手段取得财产，妨碍市场正常交易秩序，影响市场经济环境。迄今为止，世界各国立法例都是允许司法机关根据当事人申请，赋予法官对于约定违约金过高的情形予以调整的权力，以体现国家干预原则。如《德国民法典》第343条规定："处罚的违约金过高的，经债务人申请，可以判决减至适当的金额。在对违约金是否适当作判决时，应考虑债权人的一切合法利益，而不只是考虑财产上的利益。已支付违约金的，不得再要求减少。"

因此，在立法上规定允许审判机关和仲裁机构对违约金数额进行调整是有益的。对于一些明显不公平的违约金条款，根据当事人一方的申请，可以由审判机关或者仲裁机构进行调整，但审判机关或者仲裁机构均不得在没有当事人申请的情况下依职权主动进行调整。在进行调整时，还要以公平和诚实信用原则作为依据。当法律没有明确规定禁止当事人设立违约金时，即使当事人的约定改变了法定违约金，遵循约定违约金的效力高于法定违约金效力的基本原则，也应当认定为有效，依照当事人约定的违约金条款进行处理。

三、关于违约金调整标准的问题

如何对当事人约定的过高违约金进行调整，各国民法及相关判例中都没有明确规定幅度，而是赋予法官根据案件的具体情况，区分不同合同的签订以及履行等情况灵活确定调整的尺度。在我国，司法实践中对如何掌握违约金标准以及能否进行调整问题，长期以来存在不同的做法。民法学界对此也有不同的争论。在这次作出本解释之前，最高人民法院在制定的有关司法解释中，对于当事人在合同中约定的违约金过高如何调整违约金问题作出的规定精神基本一致，即以不超过合同未履行的价款为限。从最高人民法院制定的相关司法解释历史沿革来看，基本上是以不超过合同尚未履行的价款为最高限额。1987年7月21日最高人民法院法（经）发〔1987〕20号《关于审理经济合同纠纷案件中具体适用〈经济合同法〉若干问题的解答》第九条规定："为防止当事人滥用自行约定的权利，违约金数额一般不超过合同未履行部分的价金总额为限，对超出部分，不予保护。"该规定虽然是从防止当事人滥用约定权利角度出发作出限制性规定，但作为确定承担违约金的判断标准，其本义是与合同守约方从合同违约的另一方获得的利益只能与正常履行合同时应当得到的利益相一致，不能超出合同利益之外谋求利益。1995年12月27日最高人民法院法发〔1996〕2号《关于审理房地产管理法施行前房地产开发经营案件若干问题的解答》第三十九条规定："合同一方违反合同，应向对方支付违约金。合同对违约金有具体约定的，应按约定的数额支付违约金。约定的违约金数额一般以不超过合同未履行部分的价款总额为限。对违约金无约定或约定不明确的，按没有约定处理。”该司法解释所采用的适用违约金原理也是相同的。由上述司法解释规定看，以当事人在合同中约定违约金数额的按约定支付为一般原则，是一种合同利益，以不超过合同尚未履行的价款总额为限作为特别补充。

在这次起草本解释和征求意见过程中，对于如何调整当事人在商品房买卖合同中约定违约金与守约方损失不一致的情况下违约金数额问题，涉及当事人约定违约金低于造成的损失时，各个方面的意见是一致的，即按照违约金具有补偿性的特点，在当事人提出申请增加时，应当予以调整，在调整时以守约方的损失为限确定违约金数额。但在是以实际损失还是间接损失或者期待利益损失还是信赖利益损失为标准的问题上，意见不尽一致。

损失是指因违约行为等事实导致守约方财产上或者其他权益上的损害和利益的丧失。从损失是否具有财产内容来看，又可分为财产损失和非财产损失两种，前者是指可以用金钱计算的损失，后者是指不能以金钱计算的损失。财产损失还可以分为积极损失和消极损失。积极损失是指因违约行为的发生导致现有财产的直接减少；消极损失是指因违约行为的发生导致权利人失去预期可得利益。按照大陆法系国家的分类，还可以区分直接损失和间接损失，有的国家在实践中经常采用期待利益（亦称履行利益、积极利益）和信赖利益（消极利益）。按照英美国家的分类，还将损失为直接损失、间接损失和附带损失等。在我国立法中没有采用上述具体概念，只是采用了损失的概念。在司法实践中如何确定损失的内涵和外延，显得十分重要。商品房买卖合同中的损失，是指合同当事人违约行为给对方造成的财产上的减少或者权益上的丧失。

在涉及如何调整当事人在商品房买卖合同中约定违约金过分高于违约行为造成的损失问题时，有关立法部门、民法专家和各级人民法院从事民事审判工作的法官在讨论中，存在不同观点。一种观点认为，当事人在商品房买卖合同中约定的违约金数额如果过分高于守约方所受损失的，违约方应承担的违约金数额以不超过合同尚未履行的价款总额为限；第二种观点认为，当事人在商品房买卖合同中约定的违约金数额如果过分高于守约方所受损失的，人民法院按照什么幅度进行调整不作明确规定，由法官根据案件具体情况和当事人履约情况酌定，即认为是法官自由裁量权范畴；第三种观点认为，应当以当事人约定的违约金是否超过造成损失的50%为最高限额；第四种观点认为，应当确定一个幅度作为法官调整违约金过高的标准，即以是否超过造成损失的30%为最高限额。应该说，上述观点都有一定的道理，在本解释中采用任何一种观点都不违背《合同法》的立法精神，也不会与司法实务的惯常做法相差太多，主要是一个司法价值取向的问题。第一种观点是比较传统的观点，此前最高人民法院有关司法解释中均是采取这种规定，多年的司法实践证明，也没有出现大的问题。但在讨论过程中，大家普遍感到，商品房买卖合同标的额一般都比较大，有的高达几百万、几千万，还有的达到几个亿。在许多情况下，商品房买卖合同尚未履行的价款数额很大，如果一味地允许对当事人约定的违约金数额可以在不超过合同尚未履行的价款总额幅度内进行调整，有可能造成当事人之间的利益严重失衡，会过分加重违约方的经济责任，出现不公平的情形，不利于实现公平和正义。因此，有必要对当事人约定违约金过高的数额幅度作一适当的必要的限定。第二种观点主张由法官自由裁量的观点是一种从实际出发，考虑各地经济社会发展不平衡等情况而采取的一种灵活的做法。这种观点的好处在于便于司法实践具体操作，但弊端在于不利于执法的统一，容易导致相同的案件因为审理的法院甚至法官的不同而在结果上相差很大，容易使人对法院审理案件的公正性产生偏差认识。第三种观点主张限额偏高，因为房地产案件标的额一般都比较大，如果以超过守约方损失的50%为最高限额，会不适当地加大当事人的成本负担，有悖《合同法》设立调整违约金制度的初衷，不利于建立公平、正当的经济秩序，故最后没有被本解释采纳。多数人主张按照第四种观点确定违约金约定过分高于违约造成损失的调整标准。第四种观点是在总结多年审判实践经验的基础上，既按照《合同法》第一百一十四条规定的基本精神，又考虑到制裁违约方的违约行为，以违约造成的损失作为参照系来确定一个调整幅度，供人民法院或者仲裁机构在判定违约金标准时使用，以牺牲商品房买卖合同当事人在合同中的意思表示合意来保障社会的公平和正义。

在商品房买卖合同当事人以约定的违约金数额过分高于因违约造成的损失为由请求减少时，人民法院可以约定的违约金数额是否超过损失30%为标准，予以适当调整。就是说，在一般情况下，发生违约行为后，商品房买卖合同当事人因纠纷诉至人民法院的，违约金的责任问题，按照合同中的违约金条款进行处理，如果违约方提出商品房买卖合同中约定的违约金数额太高要求人民法院予以调整的，首先必须确定因违约造成的损失，在确定了损失后，如果违约金的数额超出了损失的30%，则可以认定为过分高于损失，人民法院可以酌情调整到30%以内。具体到每一个案件，因商品房买卖合同当事人基本情况、签订合同以及履行合同过错、实际负担能力等情况的不同，由审理该案件的合议庭或者独任法官灵活掌握和处理。如果商品房买卖合同当事人在合同中约定的违约金数额没有超出守约当事人遭受损失的30%，而只有20%或者10%等，违约方仍然提出申请人民法院降低违约金数额的，则认定为不属于《合同法》第一百一十四条所规定的过分高于因违约造成的损失的情形，而不支持违约方提出的要求人民法院调整违约金的请求。在守约方因违约方的违约行为导致实际损失确定后，如果约定超出守约方遭受的损失的30%的，应当认定为过分高于损失而予以适当调整。在商品房买卖合同中约定了计算损失的方法或者损失好计算的情况下，即以守约方的损失作为参照来判断约定违约金数额是否过分高于损失，是否明显不合理。而当守约方的损失难以或者无法确定时，根据有关法律、行政法规规定，也可以参照违约方因违约行为所获利润情况予以确定。

基于我国《合同法》规定的违约金是以补偿性为基础、以惩罚性为补充、以担保性为实际效果的特点，这次本解释也秉承了《合同法》的立法精神，在条文中明确重申了商品房买卖合同当事人在合同中约定的违约金如果低于守约方因违约方的违约行为所造成的损失，提出证据予以支持的，人民法院经查证属实，应当以守约方遭受的损失作为违约金数额进行确定。在本解释稿征求意见过程中，有观点认为，在当事人约定的违约金低于守约方的损失情形，也以30%作为标准确定人民法院是否根据当事人申请进行调整增加，即如果只是低于损失的20%或者10%而不到30%的，可不予调整。这种观点不符合我国《合同法》第一百一十四条第二款规定的立法精神。根据该款规定，只要约定的违约金低于造成的损失的，当事人可以请求人民法院或者仲裁机构予以增加，法律上并没有限定低于损失的违约金额度。因此，只要约定的违约金低于守约方的损失，哪怕只有一分钱，作为守约方仍然有权申请人民法院或者仲裁机构予以增加调整，这种权利必须予以保护。事实上，违约金具有预备的赔偿金性质，因为它是在违约事实发生之前由商品房买卖合同当事人双方通过合同条款确定的，如果约定的违约金数额不能完全弥补守约方的损失时，还可以适用赔偿金。在此种情况下，既可以由当事人在商品房买卖合同中约定违约金数额不能完全弥补守约方的损失时可以适用赔偿金，也可以由当事人申请人民法院按照违约行为造成的损失，确定合同的违约金。在要求违约方承担约定违约金责任后再承担弥补违约金与损失之间的不足，需要守约方负举证责任加以证明损失的发生确实大于违约金的数额所涵盖的范围。

司法实践中，在确定违约金时，应当注意区分不履行合同的违约金与逾期履行合同的违约金两种情形。不履行合同的违约金，是指当事人没有履行商品房买卖合同中的主要义务而按照约定应当支付的违约金，当事人在约定这种违约金时一般是按照商品房买卖合同标的额即出卖人所销售的房屋价款的一定比例确定的。逾期履行的违约金，是指当事人没有按照约定期限履行商品房买卖合同中的主要义务而按照约定应当支付的违约金，这种违约金是按逾期天数或者迟延交付使用房屋以及迟延支付购房款的时间而应当支付的违约金。对于商品房买卖合同中买受人逾期付款的违约金如何执行的问题，当事人有约定的，按照约定；没有约定的，按照有关司法解释规定的逾期贷款利息计算。逾期履行也是履行，因此，不允许当事人在商品房买卖合同中同时约定不履行违约金和逾期履行违约金两种情形。

对于出卖人和买受人在商品房买卖合同中同时约定了违约金和罚款的情形，如何掌握和判断其效力问题，目前，我国《合同法》中没有明确规定。此种情形是否属于违约金约定数额过高的问题，学术界意见不一。在大量的合同实践中，许多当事人只是约定违约金，不约定罚款；有的当事人既约定违约金又约定罚款；还有的当事人只约定罚款而不约定违约金，经济生活中情况各异。例如，甲公司与乙公司签订一份商品房买卖合同约定，甲公司不履行交付房屋的义务，需支付房屋总价款的15%的违约金，逾期交付房屋的需支付罚款，每逾期一日按每日万分之三计算，便是既约定违约金又约定罚款的实例。这种情况下的逾期罚款实际上是逾期违约金。将逾期罚款视为逾期违约金，在过去的司法解释中可以找到依据。如在最高人民法院1995年12月27日发布自1996年1月1日起施行至今仍然有效的法发〔1996〕2号《关于审理房地产管理法施行前房地产开发经营案件若干问题的解答》第四十二条规定："合同约定了违约金和罚款的，或只约定罚款的，只要其金额不超过未履行部分总额的，可将罚款视为违约金处理。"在司法实践中，在处理涉及罚款和违约金问题时，应当注意，不管是违约金还是罚款，都应当是侧重对守约方所受损失的补偿，罚款约定过高的，也应当如同违约金一样，在当事人提出调整申请时，由人民法院或者仲裁机构进行调整。

第十七条 ［违约金数额的确定］

商品房买卖合同没有约定违约金数额或者损失赔偿额计算方法，违约金数额或者损失赔偿额可以参照以下标准确定：

逾期付款的，按照未付购房款总额，参照中国人民银行规定的金融机构计收逾期贷款利息的标准计算。

逾期交付使用房屋的，按照逾期交付使用房屋期间有关主管部门公布或者有资格的房地产评估机构评定的同地段同类房屋租金标准确定。

本条是关于合同当事人没有约定违约金数额或者损失赔偿额计算方法时应当根据什么标准确定违约金数额或者损失赔偿额的规定。

在签订商品房买卖合同时，绝大多数出卖人和买受人都会在合同中明确约定当事人一方逾期付款或者预期交付使用房屋时，应当承担什么样的违约责任，也就是说，会明确约定逾期履行支付违约金的数额或者赔偿损失的计算方法。但也有一些合同当事人没有在合同中约定上述两种情形的违约责任。在这种情况下，就需要人民法院按照某种标准作为参照系来确定违约方的责任，以弥补守约方的损失。

在阐述本条规定的基本精神之前，有必要对《合同法》第一百一十三条的规定作一简要说明。本条规定的法律依据与《合同法》第一百一十三条第一款的规定以及法理上的可得利益理论有一定的联系，实际上是对守约方依照合同正常履行可得利益丧失的一种补偿或者转换。我国《合同法》第一百一十三条第一款规定："当事人一方不履行合同义务或者履行合同义务不符合约定、给对方造成损失的，损失赔偿额应当相当于因违约所造成的损失，包括合同履行后可以获得的利益，但不得超过违反合同一方订立合同时预见到或者应当预见到的因违反合同可能造成的损失。"从此规定中，我们可以看出，我国《合同法》采纳的是可预见理论和可得利益应当赔偿的原则。所谓可得利益，也称期待利益、预期利益，是指合同当事人在依约履行后可以取得和实现的财产利益。在学术界也有的学者将此种利益解释为预期实现和取得的财产增值利益或者由于违约方的违约而导致守约方丧失的应得收益。一般来说，这种利益具有以下特点：一是未来性。可得利益是一种未来的利益，在合同当事人签订合同时以及违反合同约定行为发生时并不被当事人所实际享有，必须通过合同的实际履行才能得以实现。二是期待性，这种利益是当事人订立合同时所期待通过合同履行所能实现或者得到的利益，是当事人在签订合同时能够合理预见到的利益。三是这种利益具有一定的现实性，不是当事人一拍脑袋主观想象的，即已经具备实现的条件，只要实际履行，当事人就可以获得。[1] 可得利益损失与实际损失没有太大差异，都是守约方所遭受的损失。可得利益不同于间接损失，二者不是同一概念，间接损失是与直接损失相对应，可得利益损失却是与积极损失相对应。有一些间接损失比如因违约方的行为使得合同之外的第三人遭受损失，可以说是现实出现的实际损失，但不是可得利益损失。在可得利益计算方面，根据案件的不同情况，准确认定可得利益损失，是一件很复杂的工作。计算可得利

① 王利明、崔建远：《合同法新论·总则》，中国政法大学出版社 2000 年修订版，第 661 ~ 662 页。

益损失，是在违约方已经违反合同约定的情况下计算商品房买卖合同正常履行情况下守约方所能获得利益的状态。实践中，经常允许采取对比法来确定可得利益损失数额，也就是通常所讲的守约方在相同条件下所获取的利益来确定应当赔偿的可得利益损失。例如，可以按照同类企业同期获得的利润，租赁同类房屋所需要花费的租金等。

外国的立法例中有相似的规定。在德国采用的判例在计算赔偿损失方面有两种理论。第一种理论是差额法。此种观点认为，损害是指损害行为发生后的利益状态和损害行为发生前的利益状态之间的差额。违约方违约时守约方有权获得其应当得到的价值与其应交付的价值之间的差额。第二种理论是交换法。此种观点认为，一方违约时，守约方有权获得他应当得到的全部履行，同时以履行自己的义务为条件。上述两种理论都没有考虑标的物的市场价格问题，都存在缺陷。

当事人在商品房买卖合同中没有约定违约责任，或者虽然约定了违约责任但没有具体约定违约金数额或者损失赔偿额计算方法的，到底如何适用法律问题，是一直困扰司法实际工作者的大难题。这种情况实际上涉及如何理解《合同法》第一百零七条的规定的归责原则等立法精神。有的合同当事人双方在合同中笼统地约定不履行合同义务应当承担违约责任，没有具体约定一旦违约如何承担，在实践中极易引起争议。如果当事人在合同中没有约定违约责任，则争议就更大。对此，一种观点认为，合同是当事人为一定经济目的达成一致的合意，包括所有条款在签约当事人之间具有法律效力，要尊重当事人的真实意思表示，如果没有约定违约条款的，就不应要求当事人承担违约责任；第二种观点认为，当事人在合同中约定不明确的，视为没有约定违约责任，发生纠纷后当事人一方无权提出要求对方承担违约责任请求；第三种观点认为，违约责任是法律规定的，当事人可以约定具体承担违约责任的方式和计算赔偿额的方法，当事人在合同中没有约定违约责任条款不影响守约方提出对方承担违约责任的请求。我国《合同法》第一百零七条规定："当事人一方不履行合同义务或者履行合同义务不符合约定的，应当承担继续履行、采取补救措施或者赔偿损失等违约责任。"从此条中可以看出，《合同法》这一条中所确立的是无过错责任原则，违约行为的构成要件是单一的，只需客观上的违约行为，而无需认定行为人主观上的过错。只要当事人一方存在违约行为，对方就有权要求违约方承担违约责任，不管对方是否有过错，也可以推导出不管合同中是否有约定违约责任或者承担违约责任的方法，均应承担违约责任。

实践中，一般是指两种情况，即一是作为商品房买卖合同买受人的购房方没有按照合同约定支付购房款的，还有一种情况就是作为商品房买卖合同出卖人的开发方没有按照合同约定交付使用房屋。

在合同中没有约定违约金的情况下，认定当事人的损失，可以参照以下标准确定：当买受人不按照商品房买卖合同约定的支付购房款期限支付款项时使得出卖人不能及时得到该笔款项而失去支配使用该笔款项的权益，相当于金融机构没有及时收取该笔贷款的逾期贷款利息；当出卖人不按照商品房买卖合同约定交付适用房屋使得买受人不能及时得到房屋而失去占有、使用、收益的权益，使其失去的是应当收取的同期间地段房屋租金利益或者丧失的该笔损失。

一、关于买受人逾期付款的违约责任问题

商品房买卖合同中约定的买受人支付购房款的方式可能是多种多样的，有的是一次性付清，有的是分几次付清，也有的是采取分期付款的方式多年付清，还有的是采取银行担保贷款的方式付款即“按揭”方式。但无论采取什么方式，都有一个付款期限，只不过每次付款时间有所不同。当买受人没有在合同中约定的期限付清购房款项时，就构成了逾期付款的违约行为，就需要承担逾期付款的违约责任。合同中约定的买受人付款时间如果有顺延的情形，则适用顺延的约定。

买受人逾期付款，按照未付购房款总额，依照中国人民银行规定的逾期贷款利息标准确定。在商品房买卖合同中约定了逾期付款的具体责任的，按照约定处理；没有具体约定标准的，参照什么标准确定买受人的违约责任，法律上没有明确规定。付款义务作为一种金钱给付义务，与中国人民银行规定的金融机构收取贷款有着相似之处，可以参照中国人民银行规定的逾期贷款利息标准确定违约责任的承担。对于此类问题，最高人民法院在以前有关司法解释中对一般合同逾期付款如何确定具体数额标准问题作出过相关规定，有一个历史演变过程。1996 年 5 月 16 日最高人民法院法复（1996）7 号《关于逾期付款违约金应当依据何种标准计算问题的批复》规定，合同当事人没有约定逾期付款违约金标准的，人民法院可以参照中国人民银行规定的金融机构计收逾期贷款利息的标准计算逾期付款违约金，可按万分之五计算。1999 年 2 月 16 日起施行的最高人民法院法释（1999）8 号《关于逾期付款违约金应当按照何种标准计算问题的批复》规定：“对于合同当事人没有约定逾期付款违约金标准的，人民法院可以参照中国人民银行规定的金融机构计收逾期贷款利息的标准计算逾期付款违约金。中国人民银行调整金融机构计收逾期贷款利息的标准时，人民法院可以相应调整逾期付款违约金的计算标准。参照中国人民银行 1996 年 4 月 30 日发布的银发（1996）156 号《关于降低金融机构存贷款利率的通知》的规定，目前，逾期付款违约金标准可以按每日万分之四计算。”2000 年

11月21日起施行的《最高人民法院关于修改〈最高人民法院关于逾期付款违约金应当按照何种标准计算问题的批复〉的批复》规定："将最高人民法院法释（1999）8号批复中参照中国人民银行1996年4月30日发布的银发（1996）156号〈关于降低金融机构存贷款利率的通知〉的规定，目前，逾期付款违约金标准可以按每日万分之四计算的内容删除。"此后中国人民银行公布的逾期贷款利息的标准基本上是确定在每日万分之三左右。由此可见，参照中国人民银行规定的金融机构计收逾期贷款利息的标准计算逾期付款违约金，是经过多年审判实践采取的方法，而且实践证明也是可行的做法，应当在今后的司法解释中予以采用。以什么作为计算利息的基数，也是需要进一步明确的问题。如果买受人已经支付了部分购房款，就应按尚未支付的款项为基数确定按照中国人民银行公布的同期逾期贷款利息标准确定相应的利息。值得注意的是，随着金融机构存、贷款利率的不断变动，根据金融形势的发展，中国人民银行会不定期地发布逾期贷款利息标准，人民法院在审理此类商品房买卖合同纠纷涉及逾期付款问题时，要注意按照中国人民银行最新公布的逾期贷款利息标准确定逾期付款的违约责任标准，以保证公正和公平。

二、关于出卖人逾期交付使用房屋的违约责任问题

出卖人没有在商品房买卖合同约定的交付房屋期限内交付房屋的行为，是逾期履行合同义务的行为。在此类合同中，对于什么时候算是出卖人履行了交付义务，实践中有不同的理解。有的认为是办理了有关入住手续并交了房屋钥匙，便是交付使用；有的认为必须办理了房屋的所有权过户手续才算交付使用。考虑到房屋作为不动产，在交付使用上有其特殊性，这次司法解释中规定对房屋的转移占用，视为房屋的交付使用。这就是说，只要出卖人在商品房买卖合同约定的期限内履行了向买受人"交钥匙"的行为，将房屋转移给买受人占有，就视为出卖人履行了房屋交付使用的义务，反之，就是逾期交付使用房屋，应当承担违约责任。需要注意的是，履行房屋所有权转移义务是不同的。有一种情况应当注意，就是商品房买卖合同当事人在合同中对房屋交付使用或者逾期交付使用房屋的具体内容进行了特别的约定时，则从其约定。比如，合同约定房屋交付使用不仅是转移房屋占有，同时要转移房屋所有权的，则应按照约定来确定逾期交付房屋行为的界限，如果出卖人没有在合同约定的期限内既转移房屋占有又转移房屋所有权的，就是逾期交付使用房屋，应当承担违约责任。

本解释规定，当出卖人不能按照合同约定交付使用房屋的，按逾期交付使用房屋期间有关主管部门公布或者有资格的房地产评估机构评定的买受人所购同地段同

类房屋租金标准确定。

租金标准根据不同的区分，可出现统一租金、协议租金和市场租金。统一租金是指国家或者地方政府有关房地产主管部门在一定时期统一规定的房屋租金指导标准，这一标准受国家政策和房地产市场行情影响会经常处于变化之中。协议租金是指租赁合同双方在平等、自愿基础上协商确定的租金额。市场租金是指在房屋租赁市场形成的租赁关系的租金，其标准随着市场行情的变化而波动。同样面积的房屋，因为所处的区域位置的不同、朝向的不同、周围的环境不同，往往使用价值相差很大，体现在价值上也差别较大。因此，人民法院在审理商品房买卖合同纠纷案件时，涉及确定违约行为应当承担的房屋租金标准时，按照平均价格予以确定，只是相对公平。

目前，不少地方政府房地产主管部门会定期公布商品房或者经济适用住房的指导价，还会公布不同地段和种类房屋租赁价格标准；有的地方政府房地产主管部门没有公布此类房屋租赁价格标准。人民法院在审理此类纠纷案件时，涉及出卖人没有按照商品房买卖合同约定的期限向买受人交付使用房屋的，可以按照《民事诉讼法》的规定，在当事人申请的前提下，委托取得房地产评估资格的评估机构进行评估，确定所购买的房屋在商品房买卖合同约定的出卖人交付使用房屋期间以及所在地段同类房屋租金标准。考虑到每一个地方政府房地产主管部门向社会公布的房屋租金标准会有波动，在确定讼争纠纷涉及的房屋租金标准时，要以合同约定交付使用时的价格作为基准；在逾期交付使用房屋期间租金标准有变动的，按照这一期间的平均租金标准确定买受人应当得到的违约金数额或者损失赔偿额。

由于出卖人未能按照合同约定期限交付使用房屋，使得买受人不能在预先设定的时间使用所购房屋，行使占有、使用、收益、处分的权能，在不能取得自己的房屋情况下，买受人为了解决居住使用问题，就可能要花费一定的费用去承租相同或类似性质的房屋居住，也可能采取其他补救措施来解决居住之需，如向朋友借房，或者住在亲戚朋友家，但不管买受人采取什么方式弥补失去商品房买卖合同约定的利益替代，都不影响买受人提出要求出卖人赔偿损失。出卖人作为守约方在提出赔偿要求时是以合同期待利益作为依据的，也就是说，是基于合同正常履行所应当获得的利益，因此即使买受人没有花费支付租赁费用，出卖人以此作为抗辩其不承担违约责任的，也是不能成立的，人民法院不应支持。

在人民法院委托有资格的房地产评估机构进行评估时，首先要审查该评估机构的资格，一般情况下，各地都有公示，也可以在网上查找和核对。房地产评估，又称房地产估价，是指房地产专业机构的房地产专业估价人员根据估价目的，遵循估价原则，按照估价程序，采用科学的估价方法，结合估价经验，通过对影响房地产价格因素的分析，对房地产最有可能实现的合理价格作出的推测和判断。房地产估价，是受人民法院或者当事人委托，对争议标的价格作出判定的法律行为。之所以要对争议涉及的房屋租金问题进行估价，是因为房地产价格问题是房地产经纪活动的中心，房地产价格的确定十分复杂，普通民众和法官难以凭据自己的水平和经验对该价格作出独立的科学的判断，无法作为认定事实和定案的依据，故需要由专业估价人员进行评估。市场上房地产价格包括房屋租赁的租金价格经常呈现多元化多层次的状态，比较混乱，随意性较大。价格的划分种类繁多，需要根据案件的具体情况，评估出客观真实的与房屋相当的价格。为了规范房地产估价市场，前些年国家有关部门陆续发布了一系列规章，如 1992 年建设部发布《城市房地产市场估价管理暂行办法》，1995 年 3 月建设部和人事部发布了《房地产估价师执业资格制度暂行规定》，进一步规范了我国房地产估价制度。按照有关规定，对房地产进行估价的主要程序是：（1）申请估价。当事人向人民法院申请，人民法院委托评估机构递交估价申请书，估价申请书应当载明当事人的名称、标的物的名称、面积、坐落；申请估价的理由项目和要求等。（2）评估机构受理后，进行现场勘测和综合作业评估专业人员在综合各种因素进行全面分析，作出估价报告。一般来说，估价内容应当包括标的物名称、面积、结构地理位置、环境条件、使用情况、所处区域城市规划及发展前景；房地产市场发展行情；标的物及其附着物质量等级评定；估价的原则、方法、分析过程和估价结果。房地产评估机构评估的房屋租金标准，作为对案件涉及的专门性和技术性问题进行鉴定评估的范畴，属于证据材料的一种，仍然需要在法庭上进行质证、经查证属实后，人民法院才可以作为定案的依据。

第十八条 ［办理房屋权属证书迟延的责任］

由于出卖人的原因，买受人在下列期限届满未能取得房屋权属证书的，除当事人有特殊约定外，出卖人应当承担违约责任。

（一）商品房买卖合同约定的办理房屋所有权登记的期限；

（二）商品房买卖合同的标的物为尚未建成房屋的，自房屋交付使用之日起 90 日；

（三）商品房买卖合同的标的物为已竣工房屋的，自合同订立之日起 90 日。

合同没有约定违约金或者损失数额难以确定的，可以按照已付购房款总额，参照中国人民银行规定的金融机构计收逾期贷款利息的标准计算。

本条是关于办理房屋权属证书迟延的责任的规定。

本条司法解释所依据的法律条款是：《合同法》第一百零七条规定："当事人一方不履行合同义务或者履行合同义务不符合约定的，应当承担继续履行、采取补救措施或者赔偿损失等违约责任。"《城市房地产开发经营管理条例》第三十三条规定："预售商品房购买人应当自商品房交付使用之日起90日内，办理土地使用权变更和房屋所有权登记手续；现售商品房的购买人应当自销售合同签订之日起90日内，办理土地使用权变更和房屋所有权登记手续。房地产开发企业应当协助商品房购买人办理土地使用权变更和房屋所有权登记手续，并提供必要的证明文件。"

不动产权属证书是享有不动产物权的证据。对内容真实、符合法定条件的物权，登记机关在办理登记后，应当给权利人颁发不动产权属证书。一旦发生产权的争议，权属证书可以用来作为确权的证据。不动产权属证书是对财产拥有或交易事实的确认，它原则上是公开的正式的法律文书，可供公众查阅，可起到向世人公开所有权的作用，故其具有直接表明所有权的能力。我国实行土地使用权和房屋所有权登记发证制度。在大多数城市，房地产产权登记实行土地与房屋分别登记制度，即一宗房地产要办理两本产权证书，一本是国有土地使用权证书，一本是房屋所有权证书。也有一些城市制作、颁发统一的房地产权证书。《城市房地产管理法》第六十二条也规定："经省、自治区、直辖市人民政府确定，县级以上地方人民政府由一个部门统一负责房产管理和土地管理工作的，可以制作、颁发统一的房地产证书，依照本法第六十条的规定，将房屋的所有权和该房屋占用范围内土地使用权的确认和变更，分别载入房地产证书。"在国外立法中，对不动产的登记，包括地产与房产，一般均是由一个部门来统一管理。因为房地产分别登记体制，使得土地使用权与房屋所有权的权属分别登记于不同项下，归入不同档案之中，手续繁杂且重复，耗费人力、财力与时间，阻碍了房地产交易的迅捷，同时也妨害了房地产市场经济体制的建立。

房地产产权登记作为现代房地产法律制度的基础，具有三个方面的功能：第一，产权确认功能，是指房地产产权登记具有的确认房地产的权属状态，承认并保护房地产与其权利人之间的法律支配关系的功能。经过登记的房地产权利受法律确认，由国家强制力予以保护，可以对抗权利人以外的任何主体的侵害；第二，公示功能，是指将房地产权利变动的事实向社会公开，用以标示房地产流转的过程和结果。这是为了维护房地产交易安全的需要，一方面可以防止不具有支配权的人进行欺诈，另一方面可以公示房地产已经设立的相关权利，如抵押权，防止以隐瞒权利瑕疵进行交易的情况。在现代的房地产交易中，常常出现真实的权利人与名义上的权利人分离的现象。在房地产交易的合意已达成，但尚未交付或者房地产已交付但未办理必备的登记手续的情况下，真正的权利人与名义上的权利人仍有出现分离的可能性。如果不将房地产权利变动的事实公之于众，使真实的权利人与名义上的权利人合而为一，第三人就可能因不明房地产真实的权利状态与名义上的权利人发生交易关系。在这种情况下，放弃对原权利人的保护或者取消与第三人的交易，都会构成对交易安全的威胁和损害。另外，在房地产上已设定抵押权等物权的场合，房地产的产权人因欠缺公示，可能隐瞒这一事实而转让有瑕疵的产权，这样也会危及房地产的交易安全。有鉴于此，各国法律都非常重视房地产权利变动的公示。就一般社会公众来讲，房地产权属登记因是国家的行政行为，这种权属登记就具有公信力，成为社会公众信赖的基础，一般社会公众就可以根据房地产登记的内容来决定具体房地产交易进行与否以及进行交易的方式。总的来说，就是通过登记将不动产物权的设立、转移、变更的情况向公众予以公开，使公众了解某项不特定的不动产上所形成的物权状态。物权直接反映社会所有制关系，对社会经济关系影响重大，不能允许当事人随意创设物权，满足法律规定的公示方法才能设定物权，这样也可以充分体现物权的法定原则。物权作为一种对物直接支配的权利，具有强烈的排他性，直接关系到第三人的利益和交易安全，不能允许当事人通过合同自由创设物权。第三，管理功能，是指房地产产权登记所具有的实施国家管理意图的功能。主要体现在两个方面：一是产籍管理功能，即通过房地产产权登记建立产籍资料，为房地产的税收、规划提供依据。二是审查监督功能，即通过房地产产权登记的审查程序，对房地产的方位、面积等自然状况及其权属的真实情况进行调查，核实房地产及其权属。同时依据实体法的规定，对房地产权利的设立、变更、终止的合法性进行审查，取缔违反法律、政策和社会公共利益的行为。房地产权属登记的管理功能，是国家干预房地产资源的开发、利用的体现。因房地产尤其是土地的稀缺性，使得国家及其各级机关不得不重视其使用的社会效益，加强房地产资源的规划性，防止房地产资源的滥用和浪费。

在世界各国的立法中，关于房地产登记的效力主要有两种形式的规定：一是成立要件主义；二是对抗要件主义。我国法律规定的是成立要件主义，即房地产权利的转移和设定在登记之前只体现债权的存在，在登记之后才能认为是完成了产权转移或权利的设立。未经登记，房地产交易的权利受让人只能得到债权的保护，而不能得到物权的保护。

商品房买卖法律关系中，买受人在房屋交接后，虽然拥有了房屋的使用权，但房屋的所有权并不随着房屋的交接而转移，出卖人在产权登记以前对房屋仍拥有所有权。如果出卖人此时将已交付的房屋抵押或再次出售，房屋原来的买受人的权益就会受到侵害。因此，买受人在房屋交付后，应立即办理产权登记手续，领取房地产产权证书。

房屋出卖人须交付房屋并保证房屋所有权转移给买受人，这是房屋出卖人最基本的一项义务。因此，房屋出卖人应按合同约定的时间和方法交付房屋。房屋所有权的转移以办完房屋产权变更登记手续的日期为准，房屋的实物交付依合同约定为之。房屋的交付包含实物交付和证件交付。所谓实物交付，是指出卖人将房屋腾空交付买受人占有、使用。所谓证件交付，是指房屋出卖人将房屋产权证（包括房屋所有权证和土地使用权证等）交付买受人，并协助实现房产转移登记。在实务操作中，房屋买卖都是先交付后办理过户手续，而且交付和办理过户手续之间需要一段时间。而买受人不能在规定时间内取得房产权属证书的原因比较复杂，分析起来可能有以下几种原因：

1. 土地使用手续不合法。如在农村集体所有土地上建造的房屋，根据我国现行土地管理法律、法规的规定，农村集体所有的土地在未办理土地征用手续之前，是不能直接进入市场流通的。因城市建设需要利用农村集体土地的，应先办理农用地转用和征地手续，再由有关部门将土地使用权出让或划拨给用地单位或个人。故房地产开发企业在农村集体土地上建造房屋因土地使用手续不合法而无法办理产权证。又如，联建一方提供的土地使用权系划拨土地使用权，其分得的房产往往只能自用，不能直接作为商品房出售，如果按商品房出售的，其买受人无法领取房产权属证书。

2. 房地产开发企业未支付全部土地使用权出让金。支付土地出让金是土地使用权受让人的主要义务，在受让人没有按约履行全部义务前，土地管理部门一般会限制办理土地使用权的变更手续。

3. 房地产开发企业违章建房，比如审批了18层实际却盖了20层，违章的部分就无法办证。

4. 房地产开发企业不能提供规定的资料。如因没有通过综合验收而不能提供综合验收合格的证明。

5. 其他原因。如房地产开发企业没有将代收的公共物业维修基金上缴，没有将抵押权注销等情况，也会影响房屋产权登记手续的办理。

房屋买卖关系是基于买方和卖方之间的关系，而物权变动则是对世效力问题。

同时，一旦不动产已经交付，那么受让人即获得占有使用房屋的权利，但在办理登记之前受让人仍没有法律上的所有权，他不能向世人表明其拥有所占房屋的所有权。也就是说，他不能对房屋进行法律上的处分，因为只有进行法律上处分时才涉及不特定世人的利益或特定第三人的利益，才有必要追问是否有所有权问题。受让人虽然有权占有使用房屋，拥有一种实际的“所有权”，但是他的“所有权”缺少最根本的权利，即处分权。由于不动产的特殊性，物权生效变动不是一个点，而是一个过程。房产权属登记是房产产权管理的主要行政手段，也是依法确认房地产所有权的法定手续。产权登记产生的法律后果是：经审查确认产权后，由房产管理部门发给所有权证，即产权得到法律上的承认；产权登记后，则成为房屋所有权的凭证，产权人依法对其房产行使所有权的各项权能，其他人无权干涉或妨碍。

由于经登记才产生物权变动的效力，登记的迟延毫无疑问会影响不动产受让人权利的实现。为了确保受让人权利早日实现，法律上也有必要将协助受让人办理产权过户登记手续规定为一种法律义务。《瑞士民法典》中就明确规定：在转让人故意拖延或不办理产权登记时，赋予受让人请求法院作出强制卖方协助办理转移登记的权利。合同一方依据合同的约定应当办理登记的申请，乃是一种依据合同应负的义务，而另一方要求其履行登记义务实际上是要求其实际履行合同。如果负有登记义务的一方拒不办理登记手续，应当以构成违约论，另一方有权要求其承担违约责任。

至于什么情况下承担违约责任以及如何承担违约责任，本条司法解释做了明确具体的规定，以便审判实践中有据可循。首先，本条司法解释确定了因出卖人一方原因导致买受人未能办理房屋权属证书，出卖人应承担违约责任的期限。该期限一个是商品房买卖合同约定的期限，另一个就是 90 日内，对于起算时间又分别做了规定：预售商品房的，自房屋交付之日起算；已竣工的房屋，自商品房买卖合同签订之日起算。确定一个合理期限非常必要，要兼顾房屋买卖合同双方的利益，90 日的期限是参照《城市房地产开发经营管理条例》中的有关规定而确定的。其次，本条司法解释对如何承担违约责任作出了详细规定，即当事人双方有约定的，按约定的内容来办；没有约定违约金或损失数额难以确定的，处理的原则就是按照已付购房款总额付息，参照的标准是中国人民银行规定的金融机构计收逾期贷款利息的标准。当然，如果当事人之间有特殊约定，法院在处理时还是要按照当事人的约定内容来办。有这样一个案例，王女士在 2001 年 1 月与某房地产开发公司签订购房合同，约定某房地产开发公司在同年 5 月交房，同时约定如因房地产开发公司的责任造成王女士不能在交房之日起半年内取得房屋产权证书，王女士有权按已付购房款的2%进行索赔。合同签订后，王女士依约支付了购房款，房地产开发公司按期交付了房屋。但直至2002年3月，王女士仍然没有取得产权证书。据调查，王女士不能按期取得产权证书的原因是房地产开发公司迟延提供办证所需的材料。王女士和其他20多位买受人遂一起向人民法院提起诉讼，要求房地产开发公司按购房款的2%支付违约金。法院经审理认为，王女士等人不能按期取得房地产权属证书是由于房地产开发公司的违约行为造成，王女士等人有权要求房地产开发公司支付违约金，故在判决中支持了王女士等人的诉讼请求。

第十九条 ［办理房屋权属证书不能的责任］

商品房买卖合同约定或者《城市房地产开发经营管理条例》第三十三条规定的办理房屋所有权登记的期限届满后超过一年，由于出卖人的原因，导致买受人无法办理房屋所有权登记，买受人请求解除合同和赔偿损失的，应予支持。

本条是关于买受人在什么情况下有权请求解除合同的规定。

合同的解除，是指在合同没有履行或没有完全履行之前，由于实现合同的条件发生变化，致使合同的履行成为不可能或不必要时，合同关系的当事人依据法律规定的条件和程序，提前终止合同协议的行为。合同的解除分为约定解除和法定解除，约定解除是指合同当事人双方在协商一致的基础上，终止合同的权利义务；法定解除是指合同生效后，在没有履行或者未履行完毕前，当事人在法律规定的解除条件出现时，行使解除权而使合同关系消灭。根据《合同法》的有关规定，有下列情形之一的，当事人可以解除合同：因不可抗力致使不能实现合同目的；在履行期限届满之前，当事人一方明确表示或者以自己的行为表明不履行主要债务；当事人一方迟延履行主要债务，经催告后在合理期限内仍未履行；当事人一方迟延履行债务或者有其他违约行为致使不能实现合同目的；法律规定的其他情形。

房屋买卖合同成立后，出卖人应保证及时将所出卖的房屋的所有权转移给买受人。买受人应会同出卖人到房屋管理部门登记，办理过户手续，交纳契税，领取房产证。如果因为出卖人一方的原因（不包括买受人方面的原因），在商品房买卖合同约定或者《城市房地产开发经营管理条例》第三十三条规定的期限届满后一年内，导致买受人仍然无法办理房屋权属证书的，出卖人的严重违约行为影响了买受人订立合同时所期待实现的利益，比如买受人无法将房屋再行转让等，买受人可以请求解除合同以及赔偿损失。这里要注意本条和上一条规定的区别，上一条强调的是由于出卖人的原因，买受人未能取得房屋权属证书。本条则是强调由于出卖人的原因，买受人无法办理房屋权属证书，一个是取得，一个是办理。也就是说，本条的侧重点在于无法办理，比如因土地使用手续不合法导致买受人无法办理房屋权属证书的，买受人的合同目的不能实现时，买受人有权退房，同时还可以要求出卖人赔偿其经济损失。本条司法解释规定的合同解除情形应当属于法定解除的一种，即当事人一方迟延履行债务或者有其他违约行为致使不能实现合同目的的情形。

按照《城市房地产开发经营管理条例》第三十三条的规定，预售商品房的购买人应当自商品房交付之日起 90 日内，现售商品房的购买人应当自销售合同签订之日起 90 日内，办理土地使用权变更和房屋所有权登记手续。根据该条的规定，房地产开发企业履行的是一种协助的义务，即“房地产开发企业应当协助商品房购买人办理土地使用权变更和房屋所有权登记手续，并提供必要的证明文件。”必要的证明文件包括土地使用证明、建设工程规划许可证、综合验收合格证明、房产测绘机构出具的房屋建筑测绘成果报告及房屋分户平面图等。商品房购买人要想顺利办理有关土地使用权变更和房屋所有权登记手续，前提条件是房地产开发企业必须提供完备的证明文件，否则根本无法办理有关手续。

一方违反合同，以致严重影响订立合同所期望的基经济利益，在合同约定的期限没有履行义务，在被允许推迟履行的合理期限内仍未履行，则构成根本违约，另一方可以请求解除合同。在商品房买卖合同约定的期限届满后一年内（合理期限）或者《城市房地产开发经营管理条例》第三十三条规定的期限届满后一年内，完全由于出卖人一方的原因，致使买受人无法办理房屋权属证书的，出卖人一方构成根本违约，买受人有权行使合同解除权，同时有权要求出卖人赔偿损失。

第二十条 ［商品房包销合同的性质］

出卖人与包销人订立商品房包销合同，约定出卖人将其开发建设的房屋交由包销人以出卖人的名义销售的，包销期满未销售的房屋，由包销人按照合同约定的包销价格购买，但当事人另有约定的除外。

本条是关于商品房包销合同的性质的规定。

一、商品房包销的市场成因

房地产开发经营企业开发建设房屋，目的是为了获取最大限度的利润，而实现目的重要方式之一就是通过适当的渠道将房屋销售出去，即所说的房地产营销渠道。

房地产营销渠道，根据其在房地产开发商（出卖人）和买受人之间是否使用中间商而分为不同的结构模式：一是直接营销渠道，即没有中间商介入，由开发商把房地产直接销售给买受人。直接营销渠道是最短的营销渠道，又称为零级营销渠道，据统计，我国目前约有90%的开发商选择直接营销渠道；二是间接营销渠道，即房地产从开发商转移到买受人需要经过中间商环节。一般商品流通的中间商按其是否拥有商品所有权分为经销商和代理商，而在房地产的销售过程中，由于房地产买卖受所有权登记制度所限，且房地产的价值量巨大，产权转移需要一笔高比例税赋，一般的房地产中间商不拥有房地产的所有权，属于房地产代理商。另外一种情况是中间商与开发商签订合同，约定在一定期限内负责销售一定数量的房地产，若未完成销售量，他们必须将差额部分全部买下，这即是我们所要谈的商品房包销。

商品房包销的市场成因，是由于采用代理或中介等销售方式，代理商是从销售额中提取佣金，中介商是从中介行为中获取中介费，因此代理商、中介商的积极性是有限的，即使在一定的时期内不能售完，代理商、中介商也无需承担责任，将代销房屋返还开发商即可。在利润最大化的驱动下，开发商希望能将房屋一次性全部或大部分售出，但房屋作为不动产，实行类似于其他物品的批发是不现实的，一是批发商一下子拿不出那么多的钱款，二是批发商需办理各种契税，难以承受如此巨大的费用。于是符合市场经济运作规律的商品房包销应运而生。

《辞海》对包销的解释是："包销是指一个企业根据一定条件收另一企业的全部或部分产品，是对外贸易经营方式之一。出口商将一种或一类商品在一定时期内对一定地区的出口，交给外国商人承包销售的一种经营方式"。这种包销方式被引入证券发行市场后产生了证券包销，即由证券承销商认购发行公司的全部或部分证券，然后再向社会推销，承销商获取包销中的差价利益，同时承担推销不出去的风险。商品房包销实际上是将上述经营方式移植于房地产市场之中。

商品房包销在台湾、香港地区极为盛行，深受房地产开发商和销售商青睐。20世纪90年代初期，随着商品房市场的进一步开放，商品房包销的销售方式传入大陆（内地），房地产业界率先从实务的角度予以采用。在我国房地产市场尚处于培育、发展阶段，房地产的法律、法规尚不健全的情况下，商品房包销这一新形式的出现，既促进了商品房的销售，也给房地产市场带来了诸多问题，产生了诸多纠纷。在广东、上海、北京等一些经济发达城市，很早就出现了因包销引发的诉讼。

商品房包销市场存在的问题主要表现在：（1）包销行为性质不明。名义上开发商与包销人（包销人）订立的是包销合同，但实际上完成的是一种代销行为，或履行的是买卖合同，还有的是为了融资。（2）包销行为缺乏必要规范。目前，国家对商品房包销缺乏明确的法律规定，实务中完全由当事人自由约定，由于缺乏章程和经验，如果包销合同的双方对包销期限、付款方式、税赋负担、违约责任等事项没有约定或约定不明，很容易在产生纠纷时出现无法可依的情况。（3）包销人的主体资格是否需要限制。对于以上存在的问题，由于法律、行政法规尚无规定，而审判实践中已出现了因包销产生的纠纷案件，因此有必要加以研究，并予以解决。基于此，本解释第一次在法律层面上对商品房包销作了规定，它的意义是重大的。

二、商品房包销的概念及法律特征

在学术界，对于包销的概念有以下不同的表述：

1. 商品房包销是开发商与包销人之间就特定商品房的销售约定结算的基价，包销人在一定的期限内享有某些销售代理权利，并保证在约定的期限届满买入剩余房屋的一种合同。[①]

2. 商品房包销是指开发商与包销人之间就特定商品房的销售进行协商，由包销人以一定的价格条件和付款条件，在规定的期限内向开发商买入全部商品房的一种商业经营行为。[②]

3. 商品房包销是开发商与包销人之间构成的一种特殊的承包销售商品房的行为，是包销人以开发商的名义或同时以自己作为包销人的名义，在约定的包销期限内对外承包销售开发商的一定数量的商品房，并按约定支付包销价款，获取销售差价利益；包销期限届满，由包销人承购未售完的商品房的行为。[③]

商品房包销是一种新型的民事法律行为，是随着房地产市场的发展而产生的一个新的法律概念。本条在研究的过程中，充分吸收了上述几种表述中的合理内容，第一次从法律上对商品房包销的含义给予了界定，无疑对于规范房地产市场的包销行为将具有重要的意义。

根据本条的规定，商品房包销是开发商与包销人之间订立商品房包销合同，约

---

① 李景华：《房屋包销行为探悉》，载《上海审判实践》1999 年第 6 期。

② 王家德：《试论商品房包销行为的若干法律问题》，载《上海审判实践》1998 年第 2 期。

③ 陈福民：《商品房包销行为初探》，载《法学》1999 年第 11 期。

定开发商以包销基价，将其开发建设的已建成并符合出售条件的房屋或者尚未建成但符合预售条件的期房，交由包销人以开发商的名义进行销售，包销期满，对包销人未销售的房屋由包销人按照合同约定的包销价格购买的行为。也就是说，当开发商投资建设的商品房项目符合国家规定的销售条件时，开发商与包销人之间以书面合同的方式确立双方间的房屋包销法律关系，确定包销人包销的价格、付款方式及房屋交付期限等，从而使包销人取得对包销房屋自主定价、独家销售的权利，包销人以开发商的名义进行销售，同时承担在约定期限届满时买入剩余房屋的义务。

根据上述概念，商品房包销的基本法律特征应为：

1. 合作性——商品房包销是开发商与包销人之间进行的一种特殊的承包销售商品房的行为。由于商品房的销售有其主体条件的限制，根据房地产登记与管理的特殊需要，只有开发商有权销售其建设的房屋，故包销人必须以开发商的名义进行销售，并进行相关手续的配合，如签订合同盖章、办理产权手续等。

2. 占有性——包销人对包销的房屋享有销售权，并有权获取包销基价与销售价之间的差价。开发商将自己建设的一定数量的房屋以包销基价交由包销人销售，包销人有权决定房屋的销售价格，以赚取包销基价与房屋销售价之间的差额。包销人对其包销范围内的房屋拥有以确保销售而存在的占有权，开发商因此丧失了将包销房屋自行销售、处分的权利。

3. 风险性——包销期限内，如果包销人未按包销合同的约定将包销的房屋全部售出，剩余的房屋则由包销人按照包销基价承购。由此，开发商与包销人之间由原来的包销关系转化为一种买卖关系。另外，商品房市场的行情随时都会发生变化，除不可抗力外，无论发生什么情况，包销人都应向开发商支付既定的包销价款。

4. 时间性——开发商与包销人之间的包销合同约定有包销期限，即包销人向开发商履行义务的期限是确定的，房屋包销价款的给付不能逾期。同时，包销期满，包销人要将未售出的房屋买进。

商品房包销按不同的标准可以分为不同的种类：

1. 以包销房屋的状况为标准分为现房包销和期房包销：即在包销人与开发商约定的包销期限内，由包销人以开发商的名义与买受人签订商品房销售合同，将已经建成并符合出售条件的房屋出售的为现房包销，将尚未建成但符合预售条件的期房出售的为期房包销。

2. 以包销房屋的范围为标准分为全部包销和部分包销：开发商将开发项目中的所有房屋交由包销人销售的为全部包销，将开发项目中的部分房屋交由包销人销售的为部分包销。

3. 以风险为标准分为风险包销和无风险包销：不论销售情况如何，包销人必须向开发商支付包销价款的为风险包销；包销人根据开发商的定价组织销售，按销售情况向开发商支付包销款的为无风险包销。

三、商品房包销的法律性质

商品房包销作为一种新的经营方式，对其法律性质的认定是法律规范调整的前提。但在学术界和实务界，对其性质的认定存有很大的争论。主要观点包括：

1. 代理说。此说认为，商品房包销是一种代理行为，即开发商将自己建设的商品房的全部或部分转让给包销人独家代理销售，包销人在包销过程中只能以开发商的名义对外销售，只有以开发商名义签订的商品房买卖合同才合法有效，才能保证买受人最终取得商品房的有效证件，同时销售商品房的法律后果由开发商对外负责，因此包销只不过是一种独家代理，只有包销人享有商品房的代理销售权。

代理说中还包含一种观点，即附条件代理行为说：包销人在包销期限届满后，虽然依据其与开发商签订的包销合同必须买入尚未售出的房屋，但购入房屋并非包销人的目的，其目的是在于通过实施销售代理行为赚取差价利益，因此商品房包销实质上是一种附解除条件的代理行为，所附条件为若包销期满仍未全部售出房屋，则由包销人购入剩余的商品房。

2. 买卖说。此说认为，商品房包销是一种买卖行为，即开发商与包销人之间因包销合同的生效而开始履行，双方之间的买卖关系即告成立，包销人因此取得对包销房屋的所有权，从而包销人可以自由定价，并以自己的名义对外销售，包销行为不受开发商意愿的限制。由此，包销行为具有以下特点：（1）包销人对其包销房屋的销售享有自由定价权，也就是说包销人销售包销房屋时的价格既不受开发商与包销人约定的包销价格的限制，也不受国家对房屋中介、代理佣金收费标准的限制。包销人销售房屋价格的确定，不是上述两种价格的简单相加，而是由包销人根据房屋的实际状况及市场行情自主定价，无需遵循开发商的意愿。（2）包销人对其包销房屋销售所得的溢价收入享有自由处分权，也就是说包销人在销售过程中高出其与开发商约定的包销价格的这部分收入，除了包销人依法纳税之外，可由其自行处分，开发商无权染指分享。（3）开发商对于包销人的房屋销售行为不直接承担民事责任，也就是说开发商与包销人之间的销售行为、包销人与买受人之间的买卖行为，实际上是两个不直接相关的民事法律关系，开发商只需对其与包销人之间的包销行为负责，只需按照包销合同的约定履行按时按质交付房屋的义务，无需对包销人与买受人之间的销售行为负责，而包销人则应对其与买受人之间销售合同所作的承诺承担民事法律责任。[①]

买卖说中还包含另一种观点，即附条件买卖行为说：包销合同签订后，包销房屋的最终权利将由包销人处分，同时由包销人承担销售风险。在包销期限内，形式上是包销人以开发商的名义代理销售给买受人，实质上是包销人在为自身利益与买受人进行买卖。因为包销合同中包销价格的确定，实际上已完成了开发商与包销人之间对包销房屋的买卖，只不过限于包销人无直接销售房屋的主体资格，同时由于包销人不愿通过转卖房屋来增加买卖环节，也不愿先期投入全部买房资金先买进再卖出，而是参与到一次房屋买卖中，将开发商的销售权通过包销的形式得到转让，既能减少投入，又能获取包销价与销售价之间的差价利益。因此，商品房包销是一种特殊的附条件的买卖行为，所附条件就是包销行为，如在包销期限内全部售出包销房屋，则包销人与开发商之间仅构成包销中的代理关系，而不发生包销房屋的买卖行为，如在包销期限届满后全部或部分未售出包销房屋，则包销人与开发商之间就所剩的包销房屋发生直接的买卖行为。包销人与开发商之间的包销行为是一种特殊的附条件的买卖行为，其特殊性就在于它同一般的买卖行为不同，它是间接买卖与直接买卖的结合，是代理行为与协助买卖行为的结合。[②]

3. 两合行为说。此说认为，商品房包销行为既不是一种单纯的代理行为，也不是一种单纯的买卖行为，而是一种兼具代理与买卖特征的新型民事法律行为，即从包销合同的内容看，包销合同在不同的阶段表现为不同的性质。在包销期限内，包销人只能以开发商的名义对外销售商品房，商品房买卖合同的出卖人是开发商，包销人以开发商代理人的身份出现，这时开发商与包销人之间存在的是代理销售关系；包销期满，包销人必须按照约定购入尚未售出的商品房，包销人的代销行为结束，买卖合同开始履行，这时开发商与包销人之间存在的是买卖关系。由此，包销行为具有以下特征：（1）包销行为是一种附期限的民事行为。开发商与包销人在包销合同中约定一定的包销期限，一旦期限届满则包销人的代销行为结束，而房屋买卖合同则开始履行。（2）包销行为具有代理性质。包销期限内，包销人不能以自己的含义，而须以开发商的名义对外销售商品房。在此期限内，商品房的出售方是开发商，包销人只能以开发商的代理人身份出现。（3）包销期限届满，包销人必须按照约定价格购入尚未售出的房屋。

---

① 王家德：《试论商品房包销行为的若干法律问题》，载《上海审判实践》1998 年第 2 期。

② 陈福民：《商品房包销行为初探》，载《法学》1999 年第 11 期。

对于以上的各种观点，我们认为均有不当之处。

首先看代理说。根据《民法通则》第六十三条的规定，代理是指代理人在代理权限内，以被代理人的名义为民事法律行为，由此产生的法律后果直接归属于被代理人的法律制度。代理的法律特征为：（1）代理是代理人代被代理人实施民事法律行为，被代理人通过代理人所实施的行为可以在被代理人与第三人之间设立、变更或者终止一定的民事权利义务关系。（2）代理是代理人以被代理人名义实施民事法律行为，因为代理是在被代理人与第三人之间，而不是在代理人与第三人之间设立、变更或者终止某种民事权利义务关系，这就决定了代理人必须以被代理人的名义为民事法律行为，（3）代理是代理人在代理权限范围内实施民事法律行为，超越代理权限实施民事行为属于无权代理。（4）代理所产生的法律后果直接由被代理人承担，因为代理人在代理权限范围内与第三人所为的民事法律行为，等于是被代理人与第三人所为的民事法律行为，其权利、义务和责任的主体当然是被代理人和第三人，而不是代理人和第三人。（5）代理人依自己的代理行为向被代理人收取代理费。

而看包销。第一，包销人包销人品房的目的，是为了赚取包销基价与销售价之间的差额，包销人有权根据市场的情况，对包销房屋的销售自由定价，既不受包销价格的限制，也不受国家对商品房中介、经纪佣金收费标准的限制。当市场情况变化或预测将进一步恶化时，一些包销人为能不被套住，还会以低于包销基价的价格销售，只要保证付给开发商的那部分房价款不少，开发商无权干涉。第二，包销人为销售包销房屋，使包销房屋最大限度地售出和最大限度地获取利益，需制定市场推广、营销计划，制作广告，投入人力推销，并承担费用。这一切，包销人是为了自己的利益，而非开发商的利益。第三，包销人的利益在于获取实际销售价高于与开发商约定的包销基价之间的那部分溢价。第四，包销人对其包销人品房销售所得的溢价收入有权自由处分，除了依法纳税外，开发商无权索取。第五，包销人对包销的房屋要承担风险，对在包销期限内未售出的商品房有义务买入。因此，代理说包括附条件代理说不能对包销合同双方当事人约定的权利义务的性质予以准确界定，因为包销人不仅享有销售差价利益，同时还要承担销售风险。

其次看买卖说。根据《合同法》第一百三十条的规定，买卖是出卖人转移标的物的所有权与买受人，买受人支付价款的行为。买卖行为的法律特征为：（1）买卖合同是约定转移标的物所有权的协议，通过买卖，出卖人将标的物所有权转移给买受人，同时买受人取得标的物所有权。转移标的物所有权是买卖的目的。但在民法理论上，买卖合同有两种含义，一是出卖人转移财产所有权给买受人，买受人向出卖人支付价款的合同，为转移一定实物的财产所有权的合同，即实物买卖；二是出卖人转移其财产权（包括财产所有权，另外还有其他各种财产权）给买受人，买受人向出卖人支付价款的合同，为实物买卖和权利买卖的合体。买卖合同的标的究竟是物的所有权还是财产权，各国立法例不同。我国现行法中，并未把上述财产权作为买卖合同的标的，关于它们的“买卖”另用相应的有名合同予以调整。（2）买受人必须将标的物的价款交付给买受人。买卖合同是以金钱货币为对价的有偿合同，出卖人向买受人转移财产所有权的目的是为了换取买受人的一般等价物即货币，而买受人要取得财产所有权就必须向出卖人支付相应数量的货币。（3）买卖合同是双务合同，合同的双方都享有权利，又互负有义务，且双方权利、义务相互对应、相互制约，一方应履行的义务就是他方所享有的权利。（4）买卖合同是诺成合同，除法律另有规定或当事人另有约定外，自出卖人和买受人达成协议时成立，不以标的物交付为条件。

而看包销。第一，包销人包销人品房的目的，是为了赚取包销基价与销售价之间的差额，而不是为了直接买进开发商的商品房。第二，商品房的买卖是以所有权转移为标志的，包销人对包销房屋进行销售时，并没有取得所有权，所以他要以开发商的名义对外销售，包销人对外联系买家，开发商与买受人订立买卖合同，从法律上讲，买卖关系是在开发商与买受人之间设立的。第三，商品房的每一次买卖都要缴纳各种税费，包销人从开发商那里将商品房买来，再卖给买受人，两次支付这些数额不低的费用，对于包销人来说就失去了包销的意义。第四，我们要谈的是开发商与包销人之间的内部关系，而非开发商和包销人与买受人之间的外部关系，开发商和包销人与买受人之间的关系为买卖关系是毋庸置疑的，而在包销期限内，开发商与包销人之间并不存在买卖关系，因为包销人包销的目的不是取得所有权。包销期限届满，包销人买入剩余房屋是开发商与包销人在包销结束之后按照包销合同的约定，转化为买卖关系，这个买卖关系是以包销房屋没有全部卖出为条件的。也就是说，包销合同中约定了包销人必须买入剩余房屋的义务，随着包销期满、包销人对于剩余房屋的买入，包销关系转化为买卖关系。如果包销人已先期将全部包销款支付开发商，开发商只需将包销人购入的房屋的所有权办理至包销人名下即可；如果包销人剩余部分房屋的包销款尚未支付开发商，则应在付齐包销款后，取得房屋所有权。需要强调的是，开发商买入剩余房屋的价格必须包销基价。综上，买卖说也不能全面概括地对包销行为予以界定，虽然包销期内包销人可以自行确定房屋的价格并获取全部销售差额，但其真正目的并非为了购买开发商的商品房，况且包销人是以开发商的名义出售商品房的。

再看两合行为说。两合行为说将包销行为划分为两个阶段，开发商与包销人在包销期限内为代理关系，包销期满为买卖关系。如前所述，无论是包销期限内包销人以开发商的名义销售商品房，还是包销期满包销人购入商品房，都不完全符合代理和买卖的法律特征，充其量只能说包销具有代理和买卖某些特点。因此，将包销的性质定位于两合行为也是不准确的。

那么，包销到底是一种什么法律性质的行为呢？因目前我国立法对商品房包销没有规定，理论界和实务界对商品房包销行为的性质也尚未定论，为稳妥起见，本解释也没有对商品房包销行为的性质予以归类，只是根据司法实践中的通常做法，将其作为一种无名合同予以规范。根据《合同法》的原理，按照合同的内容或名称是否为法律所明确规定为标准，将合同划分为有名合同和无名合同。有名合同是指法律直接调整并赋予一定名称的合同；无名合同是指法律上没有直接规定名称也未作出特别规定的合同。无名合同都是随着社会经济生活发展的需要而形成的合同，如劳务合同、搬迁合同，包销合同也是如此，所以没有必要将包销合同一定要归属于那一类。对于无名合同应当参照当事人的意思自治和合同目的，适用与该合同相近似的有名合同的法律规定处理，没有近似的有名合同的，根据《合同法》第八条的规定，应用《合同法》的原则和民法原理处理。

本条的最后规定，对包销期满后未销售的房屋，由包销人按包销价格购买，但当事人另有约定的除外。这里的“另有约定”主要是指开发商与包销商在包销合同中明确约定包销期满包销商将剩余房屋退还开发商的情况。这种情况下，包销商没有包销的风险，但包销商仍然是以包销价格得到包销房屋的销售权，仍然可以自主决定对外销售的价格，以最大限度赚取包销基价与销售价之间的差额，只是根据开发商与包销商双方之间的合意，将包销商购入剩余房屋的风险转移，因此这仍然应认定为包销，只是这种转移风险的包销具有了更多代理的性质。在研究的过程中，有观点主张，包销期满，将未销售的房屋返还给开发商的，属于商品房代销行为，这是不当的。商品房代销，代销商不需先行支付房款，也不能自主确定房屋销售的价格，所以代销人赚取的只是代理的佣金，而非房屋的销售差价。包销期满，包销人购入全部剩余商品房，是包销的主要特征之一。如果认定开发商与包销人之间的包销关系成立，即使双方在合同中没有约定对包销人尚未销售的剩余房屋如何处理，或者虽有约定，但约定不明，仍应由包销人购入全部的剩余房屋。

四、包销人的主体资格

对于包销人的主体资格，本解释中没有规定。在研究起草本解释的过程中，对于包销人应否具有某种资格，一直存有争论。一种观点认为，商品房包销是房地产市场发展中的一种新型的经营行为，包销人应具备房地产开发经营资格，这有利于规范房地产市场经营秩序，也有利于保护买受人的合法利益，因此包销人不具备房地产开发经营资格的，包销合同无效。另一种观点认为，在房地产市场发展中，包销作为一种新型的经营方式，对于搞活房地产市场，促进商品房的流通具有重要作用；包销合同只要是开发商与包销人双方的真实意思表示，且不违反国家法律的规定，在国家法律、行政法规对包销没有规定的情况下，不应对包销人的主体资格予以苛求，包销人不具备房地产开发经营资格的，不应影响包销合同的效力。

房地产经营是房地产经济活动中的重要组成部分，它是指房地产企业为实现预期目标，确定实现目标的战略和策略，并有意识、有计划加以实现的经济活动过程。广义的房地产经营存在于整个房地产企业的经济活动之中，是房地产从开发建设到生产竣工，并能顺利进入市场，实现房地产商品价值的重要经济活动；狭义的房地产经营仅指流通环节的营销活动，包销则属于这一环节的方式之一。从房地产经营的角度讲，包销作为房地产营销的一种方式，为规范房地产市场秩序，保障房地产市场的健康发展，防止包销中存在的问题，国家主管部门应对包销作出相应的规范，限定包销人的主体资格，规定凡从事房地产包销的均应具备房地产经营资格，以便于对房地产开发行为和商品房包销行为进行配套管理，防止和遏制包销行为的无序发展。有实务工作者还建议建立商品房包销许可证制度，即由立法机关通过立法明确商品房包销的法律地位，由政府房地产主管部门作为商品房包销许可证的审核发证机关，对开发商与包销人之间的商品房包销合同等手续齐备并符合法律规定的，以向包销人发放商品房包销许可证形式，允许包销人凭许可证销售其包销的商品房，从而使包销人的包销行为和买受人的购房行为得到法律的保护。①

但是，从诉讼的角度讲，在国家法律、行政法规对包销没有规定，尤其是没有禁止性规定的情况下，以包销人不具备房地产经营资格为由，认定包销合同无效，是不当的。包销作为一种新型的房地产经营行为，已在实务中出现，尽管它还存在一些问题，也是难免的，解决这些问题，需要国家的法律、行政法规予以规范。在没有法律、行政法规规定的情况下，纠纷产生，诉讼至法院，如果包销人不具备房地产经营资格，只要包销合同是双方当事人的真实意思表示，合同内容不违反国家法律或社会公共利益，包销合同宜认定为有效。

举案例说明。1994 年 3 月，上海益发房地产发展有限公司（以下简称益发公

---

① 王家德：《试论商品房包销行为的若干法律问题》，载《上海审判实践》1998 年第 2 期。

司）在香港几家报纸上刊登上海市长宁区番禺路118弄至138弄“太子公寓”预售广告，宣称“展期内八折优惠，可代安排银行按揭”。香港房地产商黄国栋在香港看到此广告后，于1994年3月22日与益发公司签订了《太子公寓包销协议书》及附件。协议中约定：益发公司将自己开发经营的上海市长宁区番禺路118弄至138弄太子公寓B座（现为一号楼）32个单位及12个露天车位交由黄国栋包销，总价款为美元7829948元；黄国栋先分四期付清价款的50%，另外50%于房屋交付使用通知书发出后14天内付清；益发公司负责联络安排银行提供不低于楼价50%的抵押贷款予楼宇买受人；黄国栋有权代表益发公司与各买受人签署楼宇认购协议，然后由益发公司及时与每一个单位或车位的买受人办理正式购房手续，签署正式房屋买卖合同；若买受人安排楼宇价款余额经银行贷款，则银行按揭贷款部分直接由银行拨归益发公司开立于银行之账户。协议附件六《付款办法》中还约定：购房人楼价余款50%于房屋交付使用通知书发出后14天内付清或办理银行按揭。协议签订当日，黄国栋即支付了两笔房屋包销款，一笔为港币2199896元，一笔为美元90556.27元。以后又支付了四笔房屋包销款，计港币27359924.25元。1995年3月22日，黄国栋致函益发公司，提出益发公司自协议签订后一直未能履行协议书第4条约定的义务，即负责联络安排提供不低于楼价50%的抵押贷款予楼宇买受人，以致一年来无法将楼宇在市场上出售，从而使包销协议无法履行，因此益发公司应承担违约责任。益发公司则回函认为，协议中第4条之责任是在楼宇交付使用时才需要履行。由于双方各执一词，同年3月29日，黄国栋诉至法院，请求判令益发公司返还已支付的包销款，并赔偿损失。

这是一个典型的包销案例。在该案的审理过程中，对于《包销协议》的效力存有两种意见：一种意见认为，在我国法律、行政法规对包销、按揭无明确规定，特别是无禁止性规定的情况下，益发公司与黄国栋签订的《包销协议》约定太子公寓部分房屋采用包销和按揭的方式进行销售，是双方真实意思的表示，不违反我国法律的基本原则，应认定有效。另一种意见认为，我国法律、法规对包销合同、按揭方式、个人包销人品房虽均无明文规定，但个人从事外销商品房包销业务违反“外销房个人不得销售”之规定，该合同应属无效。终审判决采纳了第一种观点，判决双方的《包销协议》有效，同时终止履行，益发公司返还黄国栋已支付的包销款。

事后，有学者撰文指出，根据1996年建设部发布的《城市房地产中介服务管理规定》第八条规定：“房地产经纪人必须是经过考试、注册并取得《房地产经纪人资格证书》的人员。未取得《房地产经纪人资格证书》的人员不得从事房地产经纪业务。”1995年国家工商行政管理局发布的《经纪人管理办法》也规定经纪人必须取得资格证书。因此，上述《包销协议》应属无效。[①] 我们认为这种观点和理由是不对的，因为这里混淆了商品房包销的概念，商品房包销与商品房中介、经纪是不同的法律制度，国家政府部门从管理的角度至今对商品房包销行为没有规定，用商品房中介、经纪的规定来规范商品房包销行为是不恰当的。

第二十一条　[商品房包销合同的违约责任]

出卖人自行销售已经约定由包销人包销的房屋，包销人请求出卖人赔偿损失的，应予支持，但当事人另有约定的除外。

本条是关于开发商自行销售由包销人包销的房屋，构成违约，如何处理的规定。

如前所述，包销期限内，开发商根据包销合同的约定将一定数量的商品房包销人销售，取得一定的包销价，把销售价与包销价之间的差价利益和风险同时转移给包销人。也就是说，包销人包销人品房是为了赚取包销基价与销售价之间的差额，但由于市场的不确定因素，包销人可能会以低于包销基价的价格将包销房屋售出，也可能在包销期限内不能售出全部包销房屋，而要将剩余房屋买入。包销的这种风险性，决定了包销行为具有独占性和排他性，包销关系一旦成立，所涉包销人品房的销售权就归属包销人所有，这就意味着开发商因此丧失了将包销人品房再自行销售处分的权利，同时也丧失了再行委托他人代理、中介销售的权利和再行转让他人包销的权利。如果开发商在包销期限内，又自行销售、处分已建立包销关系的商品房，属于开发商违约，应由其承担违约责任。

违约责任是指合同当事人不履行合同义务或者履行合同义务不符合合同约定时，依照法律规定或者合同约定所必须承担的法律责任。违约责任是民事责任的一种，其法律特征为：（1）违约责任是在特定的法律关系基础上发生的，也是在特定的当事人之间产生的。（2）违约责任的确定具有一定的任意性，合同当事人双方在协商一致的基础上，可以自行确定违约责任的承担方式和范围，不仅在法律没有规定违约责任的情况下，当事人有权协商确定违约责任，即使法律对此已有规定，当事人也可以在法律允许的范围内选择具体的承担责任的方式或确定具体的承担责任

① 高富平、黄武双：《房地产法新论》，中国法制出版社 2000 年版，第 264 页。

的数额。(3) 违约责任是一种财产责任，是一种具有经济内容的责任，是合同债务的转化形式。违约责任关系实际上是合同关系的替代关系，当合同一方当事人不履行或者不完全履行合同义务时，就应当以经济利益为内容的违约责任加以补救。(4) 违约责任具有补偿性和制裁性。法律规定违约责任的目的之一就是弥补守约方因违约方的违约行为所造成的损害后果，补偿守约方的损失，这种补偿一般通过支付违约金、赔偿金和其他方式得以实现。同时在合同当事人有过错时，违约责任还体现了对违约方的制裁性，这种制裁一般通过支付相当于实际损失数额的赔偿金或者高于或者等于实际损失的数额的违约金得以体现，还可以通过强制实际履行，同时支付违约金或赔偿金来体现。在包销关系中，开发商和包销人无论哪一方违约，都可以依据上述原理，判令其承担违约责任。

违约责任的承担形式，根据《合同法》第一百一十四条至第一百一十九条的规定，有违约金、定金、赔偿金、强制履行及其他补救措施等五种形式。其中，赔偿金责任是一种重要的形式。

违约的赔偿金责任即赔偿损失的责任，是指合同的一方当事人违约，给对方造成财产上的损失时，由违约方赔偿对方实际损失的责任。违约的赔偿损失责任具有如下特征：(1) 违约的赔偿损失是合同违约方违反合同义务所产生的责任形式。违约赔偿损失的前提是当事人之间存在有效的合同关系，并且违约方违反了合同中约定的义务。(2) 违约的赔偿损失具有补偿性。赔偿损失虽然是法律对违约行为人的一种强制和制裁，但其并不具有惩罚性，而完全是等价补偿性的，即是强制违约方给非违约方所受损失的一种补偿。《合同法》第一百一十三条规定当事人违约“给对方造成损失的，损失赔偿额应当相当于因违约所造成的损失，包括合同履行后可以获得的利益，但不得超过违反合同一方订立合同时预见到或者可以预见到的因违反合同可能造成的损失”。可见，法律规定的赔偿损失责任完全是以补偿对方当事人因违约行为而遭受的实际损失为原则的，一般不允许获得超过实际损失的赔偿金。实际损失的范围包括直接损失和可得利益损失。(3) 违约的赔偿损失具有一定的随意性。一般来讲，赔偿损失责任是依照法律规定产生的，不需要双方当事人在合同中约定，但根据《合同法》第一百一十四条的规定，当事人“可以约定因违约产生的损失赔偿额的计算方法”。从理论上讲，请求赔偿损失的权利作为一种债权，权利人有权加以处分，故法律并不禁止合同当事人在合同中约定限制或免除赔偿损失责任的条款。

开发商与包销人建立包销关系后，开发商继续参与包销房屋销售的情况主要有三种：一是帮助型自销，即开发商为了促进投资的及时回收，利用自己的某些优势和营销网络，帮助包销人扩大销售量而自销；二是急需型自销，即应买受人的要求，或因某种特殊的紧急需要，开发商自销；三是嫉妒型自销，即开发商发现包销人售房太容易，得利太快而擅自自销。[①] 前两种情况，如果无碍包销人销售权的行使，不损害包销人的经济利益，经包销人同意，是可以的。对此，开发商与包销人可以在包销合同中约定，也可以另行约定。但如果开发商与包销人之间没有约定或约定不明，开发商擅自销售包销人包销的房屋，以获取利益的，人民法院应认定开发商违约，包销人请求开发商赔偿损失的，应予支持。

对于包销人因开发商自行销售包销房屋而产生的损失都包括哪些，本条没有规定。根据《合同法》第一百一十三条的规定，包销人请求开发商赔偿的损失可以是实际损失，也可以包括可得利益损失。而从实践中看，包销人的损失首先应包括开发商销售房屋超出包销价格的溢价，因为包销人对包销房屋享有专销权，开发商自行将包销房屋售出，使包销人失去售房的机会和获取销售溢价的利益，这部分溢价自应作为包销人的损失由开发商予以赔偿；其次包括可能产生其他损失，如包销人为了使包销房屋全部卖出和卖出更高的价格，往往会对房屋的销售先期进行投入，主要是广告宣传和房屋的装修等，如果开发商自行将包销房屋售出，也应对包销人在房屋上的这些投入作为损失予以赔偿；另外，还应包括包销人的可得利益损失，如包销人已销售的包销房屋的平均价格高于开发商自行销售包销房屋价格的差额部分，及市场同等房屋销售价格高于开发商自行销售包销房屋价格的差额部分，等等。需要强调的是，可得利益损失在审判实践中通常要受到严格的限制，只有具备以下条件才能得到赔偿：必须是当事人已经预见或者应当预见到的利益；必须是真实的、可以得到的利益；必须与违约行为有直接的因果关系；必须科学合理地计算可得利益的损失数额。

在实践中，开发商自行销售包销人包销的房屋，会有不同的价位，应区分不同的情况予以处理：

（1）以高于包销人销售的价格出售：开发商应将销售溢价作为包销人的损失支付包销人，溢价是多少，就应赔偿多少。

（2）以高于包销基价但低于包销人销售的价格出售：由于市场的因素，包销人销售的房屋价格不一定是一样的，可能有高，也可能有低。如果开发商的销售价格在包销人销售的平均价以上（这里指包销基价以上的价格），可以将溢价作为损失赔偿包销人；如果开发商的销售价格低于包销人销售的平均价，应参照包销人已售

---

① 王建领：《商品房风险性包销的运行特征及应注意的问题》，载《中国房地产》2002 年第 9 期。

房屋的平均价格予以赔偿。

（3）以包销基价出售或低于包销基价的价格出售：开发商出于某种原因，将房屋低价出售，严重侵害了包销人的利益，应参照包销人已售房屋的平均价格予以赔偿；如果包销人尚未售出房屋，则应参照市场同等房屋的销售价格，对包销人的损失予以赔偿。

上述处理办法中，参照包销人已售房屋的平均价格和市场同等房屋的销售价格对包销人的损失予以赔偿，是因为开发商将房屋交由包销人销售，其已取得房屋的价款即包销基价，包销人以包销基价以上的价格进行销售，目的在于获取销售价与包销价之间的差额，开发商将包销房屋自行出售，侵害了包销人的合法利益，理应对包销人损失的可能得到的利益进行赔偿。但由于包销人对于每一套房屋的销售价格往往是不确定的，尤其是房屋尚未售出时，将来可能以什么价格售出是不可预知的，然而包销人既然通过包销获取了对房屋的销售权，包销房屋以什么价格售出是包销人自己的事情，即使以低于包销基价出售，其差额部分也是包销人自己承担，开发商无权干涉。而开发商擅自出售已由包销人包销的房屋，则是违反了包销合同的约定，应从公平原则出发，结合实际情况，对包销人的可得利益损失予以合理赔偿。

以上所谈的是当事人违约但合同继续履行的前提下，开发商自行出售已由包销人包销的房屋，开发商应对包销人的损失进行赔偿的情况。当由于开发商违约，导致包销人的合同目的不能实现，包销合同被解除时，包销人也可以请求开发商对其损失进行赔偿。这种情况往往出现在开发商将已由包销人包销的房屋的大部或全部自行销售，致使包销商包销房屋、获取包销差额利益的目的无法实现时，根据《合同法》第九十四条第一款第四项规定："当事人一方迟延履行债务或者有其他违约行为致使不能实现合同目的"，另一方当事人可以解除合同的规定，对包销人请求解除包销合同的，应予支持。同时，包销人还可以根据《合同法》第九十七条合同解除后当事人有权要求赔偿损失的规定，还可以请求开发商赔偿损失。在包销合同解除的前提下，开发商对包销人的损失赔偿原则和内容与前述相同。

当开发商自行出售已由包销人包销的房屋时，包销人可能已将包销款支付开发商，也可能尚未支付。如果包销人已将包销款支付，开发商应将包销款予以返还；尚未支付的，包销人不再予以支付。

举案例说明。1993 年 12 月 1 日，广州东城联合发展有限公司（以下简称东城公司）与广州汇美房地产发展有限公司（以下简称汇美公司）签订《楼宇合作合同》，约定：东城公司将其开发的广州市五羊村商住中心首层及二层与汇美公司合作销售，房屋建筑面积12000平方米，双方同意每平方米定价为港币12800元，该定价以内所产生的一切税项和费用由东城公司负责，该定价以外所产生的一切税项和费用由汇美公司负责，双方关于房价结算的总额为：面积数（以房管部门核实的面积为准）×12800港元/平方米；汇美公司应于协议签订后10天内付给东城公司40%的房款，剩余60%的房款在协议生效后180天内支付；东城公司保证在1994年3月30日前将物业交付给汇美公司使用，并代汇美公司完善该物业分块割让的销售及售后的法律手续；任何一方不能履行合同约定条款，视为违约，应赔偿守约方0.5%的房款，即768000港元。随后，东城公司与汇美公司又先后签订了《楼宇合作补充合同》《销售协议书》《楼宇销售合同（补充合同二）》，对支付售房款、交付房屋等事项进行了约定。1994年1月24日至8月30日，汇美公司先后与广州旺业发展公司（以下简称旺业公司）、中国光大国际信托投资公司广州办事处、广州国际经济信息培训中心、湛江国际信托投资公司、中国工商银行广州市庙前直街支行（以下简称庙前支行）、招商银行广州分行、广州中泰实业总公司等七个购房户签订了七份汇美商业中心（即五羊村商住中心）认购书，将汇美商业中心首层和二层划分为大小不等的七块，出售给上述七个购房户，汇美公司收取七个购房户的购房款港币181978529.08元，从中支付给东城公司房款港币100080482.51元。东城公司按照双方约定，将中国光大国际信托投资公司广州办事处、广州国际经济信息培训中心、湛江匡示信托投资公司、招商银行广州分行、广东中泰实业总公司等五户购房户认购的房产（9568.77平方米）交付使用并完善售后的法律手续。对于旺业公司和庙前支行认购的房产（共1562.08平方米，其中旺业公司以每平方米港币21000元认购868.7平方米，庙前支行以每平方米港币22000元认购693.38平方米），东城公司以汇美公司既没有将售楼款汇入双方共有账户，又没向其交足房款为由，拒绝交付该两户购房户认购的房产，双方为此产生纠纷。在广州市人民政府指派的广州市外商投资服务中心的协调下，1994年12月6日双方签署了《会议纪要》，约定1994年12月15日前，汇美公司向东城公司支付港币2500万元；东城公司在收到上述款项的同时，应加快楼层通水、通电、公摊面积计算分摊，与购房户签订《预售商品房契约》，以保证汇美公司有充足的理由向购房户收齐应付而未付的购房款。该《会议纪要》签订后，汇美公司于12月15日支付了港币2500万元给东城公司，但东城公司仍然拒绝与旺业公司和庙前支行签订《预售商品房契约》，汇美公司遂向广东省高级人民法院提起诉讼，要求确认双方签订的楼宇合作合同及有关补充合同为有效合同，判令东城公司按合同交付汇美商业中心楼宇，否则赔偿汇美公司的经济损失。一审诉讼过程中，旺业公司和庙前支行认购的房产由东城公司售与他人，汇美公司遂增加请求东城公司仅就旺业公司认购房产的价差损失及退款利息予以赔偿。经查，旺业公司认购的房产面积是868.7平方米，价格是每平方米21000元港币，汇美公司从中应得的价差款是7123340元港币。庙前支行认购的房产面积是693.38平方米，价格是每平方米22000元港币，汇美公司从中应得的价差款是6379096元港币。

广东省高级人民法院一审认定，东城公司与汇美公司于1993年12月1日签订的《楼宇合作合同》为房地产包销合同。合同双方意思表示真实，合同内容不违反当时国家有关法律、法规，该合同应依法确认有效，双方随后订立的四份补充合同也应依法确认为有效合同，汇美公司请求确认合同有效的理由充分，予以支持。鉴于东城公司违反《会议纪要》的约定，在收取汇美公司港币2500万元之后，未依约与庙前支行和旺业公司签订《预售商品房契约》，且将该两户认购的房产另行出售，现交付房产已不可能，汇美公司请求东城公司立即交房难予支持，但东城公司应承担违约责任，赔偿汇美公司因此所造成的经济损失。汇美公司向东城公司包销的价格是每平方米港币12800元，汇美公司售与旺业公司的价格是每平方米港币16000元，差价每平方米港币3200元，东城公司应赔偿汇美公司差价损失港币2779840元并计付利息，利息按银行同期同类贷款利率，从1994年12月18日计至还清之日止。汇美公司请求赔偿价差港币7123340元缺乏依据，不予支持。汇美公司请求赔偿未收楼款的损失、二次装修的损失、退回购房款给旺业公司的利息损失问题，因未收楼款可继续向客户收取，二次装修是其作为包销人应尽的义务，收取旺业公司的购房款后，该款所产生的利息也由汇美公司获得，因买卖不成，理当将该利息连本金退还给旺业公司，故此三项赔偿请求理由不充分，均不予采纳。据此判决：（一）汇美公司和东城公司所签订的《楼宇合作合同》《楼宇合作补充合同》《销售协议书》《楼宇销售合同（补充合同二）》《会议纪要》为有效合同；（二）东城公司应当赔偿汇美公司差价损失港币2779840元及利息（按银行同期同类贷款利率，从1994年12月18日计至还清之日止）。

东城公司和汇美公司均不服一审判决，向最高人民法院提起上诉。东城公司上诉称：汇美公司以中介人身份向东城公司套购商品房进行炒卖，牟取非法利益的行为是无效行为，不受法律保护，双方据此签订的《楼宇合作合同》及《楼宇合补充合同》自然也是无效合同；东城公司与汇美公司实际上是销售代理关系，应由汇美公司返还截留的代收购房款24178077.57元港币；原判决赔偿旺业公司认购面积868.7平方米的差价损失事实不清，要求依法改判。汇美公司上诉称：一审判决在赔偿旺业公司认购面积的差价损失计算上违背事实，东城公司不能依约交付的房产是一楼部分，价格是每平方米港币 21000 元，每平方米差价是 8200 元港币，损失数额是 7123340 元港币；东城公司未交楼给庙前支行差价损失是 6379096 元港币，亦应予以赔偿。

最高人民法院二审认定，东城公司与汇美公司于 1993 年 12 月 1 日签订的《楼宇合作合同》，系双方真实意思表示，内容不违反国家有关法律、法规，该合同应依法确认为有效。双方在此后签订的《楼宇合作补充合同》《销售协议书》《楼宇销售合同（补充合同二)》《会议纪要》等均为《楼宇合作合同》的补充合同，亦应依法确认为有效合同。一审判决确认《楼宇合作合同》及有关的补充合同为有效合同，应予维持。东城公司请求确认《楼宇合作合同》及其补充合同为无效合同，由汇美公司返还截留的代收购房款的上诉理由不成立，不予支持。鉴于东城公司违反《会议纪要》的约定，在收取汇美公司港币 2500 万元之后，未依约与庙前支行和旺业公司签订《预售商品房契约》，且将庙前支行和旺业公司认购的房产另行出售，致使上述合同不能继续履行，因此，双方所签的合同应终止履行，并由东城公司承担违约责任，赔偿汇美公司的经济损失。旺业公司认购的房产是汇美商业中心一层商场部分，面积 868. 7 平方米，价格每平方米 21000 元港币，一审判决认定旺业公司认购的价格是每平方米 16000 元港币，与事实不符，依法应予纠正，东城公司应赔偿汇美公司差价损失 7123340 元港币。故判决：东城公司与汇美公司所签订的《楼宇合作合同》《楼宇合作补充合同》《销售协议书》《楼宇销售合同（补充合同二)》《会议纪要》均为有效，合同终止履行；东城公司赔偿汇美公司房屋销售差价损失港币 7123340 元。

上述案例还涉及当事人双方的其他法律关系，这里仅摘取东城公司擅自销售已经包销给汇美公司的房屋，东城公司应将销售溢价作为损失赔偿汇美公司部分，予以说明问题。

在本条的最后，规定“当事人另有约定的除外”，是指开发商与包销人之间就开发商可否销售由包销人包销的房屋的约定。如果开发商自行销售包销人包销的房屋系经包销人同意的，开发商无需承担任何责任。

另外，在包销关系中，还可能存在以下的违约情况：(1) 包销人没有按照包销合同的约定按期向开发商支付包销款；(2) 开发商没有按时向包销人交付包销房屋；(3) 开发商没有按照包销合同的约定为包销人销售房屋提供必要的协助，如未按照包销合同的约定，与包销人联系的买受人订立买卖合同，或未协助买受人办理产权手续等。对于这些违约情况的处理，本解释没有规定，这并不是疏忽，而是可以依据相关的法律规定予以处理。

第二十二条 [包销人在商品房买卖合同中的诉讼地位]

对于买受人因商品房买卖合同与出卖人发生的纠纷，人民法院应当通知包销人参加诉讼；出卖人、包销人和买受人对各自的权利义务有明确约定的，按照约定的内容确定各方的诉讼地位。

本条是关于包销人在因包销引发的商品房买卖合同纠纷中诉讼地位的规定。

在商品房包销中，存在着内部和外部两个方面的三种法律关系。内部关系即开发商与包销人之间的包销关系，如果开发商与包销人之间产生纠纷，可以通过他们之间的包销合同予以调整。外部关系即开发商和包销人与买受人之间的关系，其中包括：(1) 开发商与买受人之间的买卖关系。从商品房的交易看，享有售房主体资格的是商品房的所有人即开发商，虽然由于包销合同的约定，具体出售商品房的行为是由包销人与买受人实际完成的，但从合同关系上看，商品房的买卖双方应为开发商与买受人，这是一种具有法律形式意义的买卖关系。(2) 包销人与买受人之间的法律关系。包销人与买受人之间虽然没有直接的买卖关系，但由于买卖行为是由包销人与开发商共同完成的，即包销人推销房屋、联系买受人，进行的是过程行为，开发商与买受人订立买卖合同，进行的是结果行为，同时包销人将房屋买卖所获得的房屋价款中的包销基价部分支付开发商，剩余的超出包销基价的差额部分留给自己。因此，包销人仍然是买卖合同实际的和重要的参与人，只是包销人的销售行为隐藏在买卖合同的后面而已。

如前所述，商品房买卖由于受到不动产买卖登记制度的特殊限制，包销人销售房屋必须以开发商的名义，也就是说包销人销售包销房屋的买卖合同是在买受人与开发商之间订立的，因此从法律关系上讲，买卖合同的相对人是开发商与买受人，根据合同相对性原理，因买卖合同发生的纠纷，诉讼主体应为买受人与开发商。

在因包销引发的买卖关系中，买受人一般将房款支付给买受人，因此纠纷产生后，买受人往往只将包销人作为被告起诉，这是不当的。因为开发商与买受人之间为直接的合同关系，合同的相对人为开发商而非包销人，收取购房款的权利本属于开发商，包销人收取购房款是开发商基于包销合同而进行的权利转让，当因买卖合同发生纠纷涉讼时，根据合同相对性的原理，应将开发商列为第一被告；同时包销人作为具体为民事行为的人，与案件有直接的利害关系，案件的处理结果往往涉及返还购房价款、赔偿损失等，因而可将包销人作为共同被告。从民事诉讼理论讲，当事人一方或者双方为二人以上，其诉讼标的是共同的或是同一种类的为共同诉讼，共同诉讼人为共同原告和共同被告。共同诉讼中，人民法院必须合并审理并作出同一判决的诉讼为必要共同诉讼，人民法院可以合并审理并经当事人同意的诉讼为普通共同诉讼。在因包销人而产生的买卖纠纷中，开发商作为房屋所有权的权利人，包销人作为相关人，在返还购房款、无效合同、房屋质量、房屋交付及办理产权手续等纠纷中，买受人将开发商和包销人作为共同被告一并起诉，是适当的。在这里，将开发商和包销人作为共同被告，属于普通的共同诉讼，而非必要的共同诉讼。

当然，如果买受人因为买卖合同发生纠纷，只将开发商作为被告提起诉讼，也是允许的，但根据本条的规定，人民法院应当通知包销人参加诉讼。这也是由于包销人在买卖合同中所起的作用决定的。如前所述，因包销产生的商品房买卖合同是一种特殊的买卖合同，买卖行为是由开发商和包销人与买受人共同完成的，且开发商收取包销价款、交付房屋，包销人收取售房款、赚取销售溢价，故买受人因买卖合同与开发商产生纠纷，包销人作为买卖合同的重要的参与者，必须参加到诉讼中来。所以这里使用了“应当”一词。

另外，这里规定“通知”包销人参加诉讼，是将包销人作为无独立请求权的第三人，而非有独立请求权的第三人。从民事诉讼理论上讲，有独立请求权的第三人是指对当事人争议的诉讼标的，主张全部或者部分权利而参加到已经开始的诉讼中来的人。无独立请求权的第三人是指对当事人争议的诉讼标的虽然没有独立的请求权，但案件的处理结果同其有法律上的利害关系，因而参加到已经开始的诉讼中来的人。《民事诉讼法》第五十六条规定：“对当事人双方的诉讼标的，第三人认为有独立请求权的，有权提起诉讼。对当事人双方的诉讼标的，第三人虽然没有独立请求权，但案件处理结果同他有法律上的利害关系，可以申请参加诉讼，或者由人民法院通知他参加诉讼。”这里的“通知”只用在了无独立请求权的第三人身上，由此说人民法院通知包销人参加诉讼，其身份只能是无独立请求权的第三人。

无独立请求权的第三人参加到已经开始的诉讼中来，是因为案件的处理结果与其有法律上的利害关系。所谓法律上的利害关系是指，作为当事人之间争议的法律关系，与第三人参加的另一法律关系有牵连，即与另一法律关系的权利的行使、义务的履行有直接或间接的影响。如果案件的处理结果，本诉中不履行或不适当履行义务的一方当事人应承担某种法律义务或责任，该当事人有权请求第三人承担相应的责任或履行相应的义务。于是，无独立请求权的第三人参加诉讼后，形成了两个法律关系：一是本诉原告和被告之间的法律关系，一是无独立请求权的第三人和他所参加的一方当事人之间的法律关系。这两个法律关系在法律上有着一定的牵连关系，人民法院可以将它们合并在一个诉讼程序里加以解决。在这个诉讼程序里，由于无独立请求权的第三人与一方当事人有法律上的利害关系，如果该当事人胜诉，他就可能在法律上维护了自己的某种权利，如果该当事人败诉，他就可能在法律上负有某种义务，因此他参加诉讼支持一方当事人的主张，反对另一方当事人的主张。但是，无论他参加原告一方，还是参加被告一方进行诉讼，他既不是原告，也不是被告，而是具有独立诉讼地位的一种诉讼参加人。他参加诉讼虽然是维护一方当事人的主张，但在实质上是为了维护自己的民事权益。他与他所参加的一方当事人之间的关系，形式上利益一致，实质上又有潜在的对立性，当他所支持的一方当事人胜诉时是统一的，败诉时往往又是对立的。[①] 在因包销而产生的买卖合同纠纷中，包销人作为无独立请求权的第三人参加诉讼，无论他参加到哪一方，无论他所参加的那一方当事人胜诉还是败诉，都将对包销人与开发商之间的包销关系产生影响，包销人与开发商将根据原诉的判决结果，依据包销合同的约定，调整他们之间的权利义务关系。

本条规定人民法院通知包销人作为无独立请求权的第三人参加诉讼，也是考虑到在买受人因买卖合同纠纷起诉开发商的案件中，包销人没有独立的请求权，即不可能提出诉讼请求和事实、理由，也就是说包销人作为有独立请求权的第三人参加诉讼的情况是不可能发生的。因为买受人因买卖合同起诉开发商，多是因为主张合同无效、返还购房款、延期交付房屋和房屋质量等原因，在这些纠纷中，包销人无自己的权利可以主张。

但是，在因买卖关系而产生的开发商诉买受人的诉讼中，如果是因为买受人延期或不按约定支付购房款而提起诉讼的，包销人可以作为有独立请求权的第三人参加诉讼。因为在包销人已全部向开发商支付包销款的情况下，包销人应获得全部的购房款；在包销人尚未向开发商支付包销款的情况下，购房款中的一部分是开发商依据包销合同应得的包销款额，另一部分是包销人应得的溢价利益。不论哪种情况，包销人都可以作为有独立请求权第三人提出诉讼请求，主张自己的利益。当然，包销人也可以与开发商一起作为共同原告提起诉讼，或者不参加到开发商与买受人的诉讼当中，在开发商取得购房款后，向开发商索取其应得的利益；如果开发商不予支付，包销人可以依据双方之间的包销合同对开发商提起诉讼。

---

① 章武生主编：《民事诉讼法新论》，法律出版社1993年版，第187页。

在买受人因买卖合同与开发商发生的纠纷中，包销人不论是作为共同被告，还是作为无独立请求权的第三人参加诉讼，最终所应承担的是连带责任，还是补充责任？在研究的过程中存有争论。一种观点认为，开发商是买卖合同的签约人，当买受人的合同权利受到侵害时，应首先由开发商承担违约责任，然后开发商再与包销人根据包销合同处理他们之间的关系；当开发商没有责任承担能力或责任承担能力不足时，包销人作为买卖合同的重要参与人，由其承担补充责任。根据民法理论，补充责任是一种附加的责任，指在应承担责任人的财产不足给付时，依法对不足部分承担补充的民事责任。另一种观点认为，对于买受人来说，买卖行为是由包销人与开发商共同完成的，售房利益也由开发商与包销人共同享有，当买受人的合同权利受到侵害，开发商与包销人之间的违约责任没有先后、大小之分，他们应对买受人承担连带责任。本解释最后对此没有规定，但我们倾向于后一种意见。根据民法理论，连带责任是指在共同责任中，每一责任人依照法律规定或者合同约定均应承担全部责任，任一责任人承担全部责任后，其余责任人即可免责，但承担了全部责任的责任人有权请求其余责任人偿付各自应承担的份额。因此，《民法通则》第八十七条规定："债权人或者债务人一方人数为二人以上的，依照法律的规定或者当事人的约定，享有连带权利的每个债权人，都有权要求债务人履行义务；负有连带义务的每个债务人，都负有清偿全部债务的义务，履行了义务的人，有权要求其他负有连带义务的人偿付他应当承担的份额。"连带责任是民事责任中比较严厉的责任，连带责任人不享有先诉抗辩权，也不得就超过自己应承担的部分请求其他责任人给予补偿的权利。承担连带责任必须有法律的直接规定或合同的特别约定，《民法通则》第一百三十条就规定："二人以上共同侵权造成他人损害的，应当承担连带责任。"

举案例说明。金马长城房产建设有限公司（甲方，以下简称金马公司）与其汇国际投资（香港）有限公司（乙方，以下简称其汇公司）于 1993 年 3 月 21 日、6 月 3 日，分别签订了《合作开发北京安慧北里小区阳光广场协议书》（以下简称《合作协议》）和《补充协议》。主要内容为：甲方以其取得的阳光广场项目的经营开发权，与乙方合作开发阳光广场项目；合作方式为甲方将阳光广场项目中的公寓和写字楼部分（面积 96839 平方米）一次性全部售予乙方，乙方自本物业正式动工之日起分七期向甲方支付房款 8600 万美元（总房价款的 65%），其余房款 4700 万美元（占总房价款的 35%）由购房小业主贷款金额中拨付；乙方自履行本协议规定首期付款之日起，便依法取得该物业权益，成为该物业之业主，甲方负责为乙方办理相应权益证明文件和手续；对本物业之销售计划，乙方有最后决定权；甲方同意若乙方自行售出的房屋，小业主得将房款直接汇入乙方指定之账号，但乙方需提供收款证明或清册由甲方办理有关订购手续（如开具订单、签约）；甲方同意在本物业对外广告及宣传资料中将乙方列为“合作发展商”。1993 年 6 月 4 日和 1994 年 8 月 22 日，金马公司做出《声明》，内容为：本公司是北京“阳光广场”项目的发展商，根据与其汇公司的合作协议书，现已将本项目中的公寓及写字楼部分一次性售予其汇公司，此物业的权益归其汇公司所有。1993 年 4 月至 1996 年 7 月，其汇公司按照与金马公司的《合作协议》《补充协议》的约定，分七期向金马公司支付了 8811 万美元（含利息、抵扣款），履行了协议约定的向金马公司支付购房款的义务。

1994 年 12 月 3 日，金马公司、其汇公司在向保利科技有限公司（以下简称保利公司）出示双方《合作协议》《补充协议》后，经三方协商，保利公司与金马公司签订了 0701 号《北京市阳光广场房屋预售合同》（以下简称《0701 号合同》），约定：保利公司一次性付款 2000 万美元购买阳光广场 C 座金丽楼，总面积为 22750 平方米，交房日期为 1996 年 8 月 31 日；如延期交房，保利公司有权选择终止合同，由金马公司退还房款并偿付利息，或继续等待交房，金马公司偿还房屋延期交付期限内保利公司付款之利息（按中国银行固定资产贷款利率计算）。1994 年 12 月 5 日，保利公司、金马公司、其汇公司共同对《0701 号合同》及金马公司的《声明》作了公证，并由北京市公证处出具了公证书。1994 年 12 月 7 日，保利公司按照其汇公司的汇款指令将购房款 2000 万美元一次性打入其汇公司账户。1996 年 8 月 31 日，金马公司未如期交房，保利公司曾多次与其汇公司协商催要房产，并分别于 1999 年 10 月、11 月、12 月致函金马公司，要求交付房产，但金马公司未予回应。1999 年 12 月 21 日，保利公司将金马公司、其汇公司作为共同被告向北京市高级人民法院提起诉讼，请求判令金马公司和其汇公司履行合同义务，交付金丽楼 22750 平方米的房屋；如诉争之标的物部分被出售，就该部分房屋价值判令返还购房款；同时要求金马公司和其汇公司支付违约金。

北京市高级人民法院一审认为：依法成立的合同受法律保护，当事人均应按照合同约定行使权利、履行义务，保利公司与金马公司的《0701 号合同》、金马公司与其汇公司的《合作协议》《补充协议》及金马公司的《声明》，均是当事人的真实意思表示，亦不违反法律规定，应确认合法、有效。金马公司的《声明》及金马公司与其汇公司的《合作协议》《补充协议》公开明确了金马公司与其汇公司的合作关系、合作方式及其汇公司享有的权益，使金马公司与其汇公司共同成为阳光广场项目合作的权利义务人。据此，保利公司向其汇公司支付购房款及催要房屋的行为即为履行与金马公司签订的《0701 号合同》的行为，保利公司依约履行了合同义务，金马公司亦应依合同约定交付房屋。金马公司逾期交房，应承担合同约定的违约责任。其汇公司作为阳光广场项目的合作开发商，对金马公司的违约行为应承担连带责任。保利公司请求金马公司、其汇公司履行合同义务，交付房屋并支付违约金的诉讼请求成立。据此判决：（一）保利公司与金马公司签订的《0701 号合同》有效，继续履行；（二）金马公司于本判决生效后 30 日内将阳光广场 C 座金丽楼 22，750 平方米房产交付保利公司，并办理入住、产权转移等相关手续。逾期不交付，自逾期之日起 30 日内金马公司向保利公司返还相应房款，其汇公司承担连带责任；（三）金马公司于本判决生效后 30 日内给付保利公司违约金（以保利公司已付房款计算自 1996 年 9 月 1 日起至交付房屋或房款付清时止的利息，按中国银行同期固定资产贷款利率计算），其汇公司承担连带责任。

金马公司不服一审判决，向最高人民法院提起上诉称：金马公司与其汇公司是商品房预售合同关系，不是合作开发关系；是其汇公司将金丽楼转售给保利公司并订立房屋买卖合同，保利公司也是向其汇公司履行付款义务，行使催交房屋等权利，金马公司与保利公司订立的房屋预售合同只是以办理房屋产权手续为目的，不是房屋买卖合同的当事人，不应承担任何义务；《0701 号合同》签署至今，其汇公司从未告知金马公司其已收取保利公司的购房款，也从未将收取的 2000 万美元作为购房款列入双方的结算，违反了《补充协议》约定的告知义务。

保利公司辩称：保利公司与金马公司签订的房屋预售合同真实合法有效，金马公司和其汇公司应当共同履行交付阳光广场 C 座金丽楼的合同义务；请求维持一审判决。其汇公司辩称：一审判决认定《0701 号合同》合法有效正确，保利公司和其汇公司均各自按照与金马公司签订的协议，全面、完整地履行了合同义务，保利公司作为善意第三人要求金马公司交付《0701 号合同》约定的物业，有充分的事实和法律依据；一审判决其汇公司对金马公司的违约行为承担连带责任法律依据不足，其汇公司不是阳光广场项目的合作开发商，同时，其汇公司也没有与金马公司共同实施侵害保利公司收房权利的行为，不应对金马公司的违约行为承担连带责任。

最高人民法院经审理认为：依据案件事实，金马公司与其汇公司之间订立的《合作协议》和《补充协议》及金马公司的《声明》均为合法有效，当事人也不持异议。按照金马公司与其汇公司的协议约定，双方之间建立了一种合作关系，即金马公司以其合法取得的阳光广场项目的经营开发权，其汇公司以包销房屋的方式出资，合作开发阳光广场，这就使得金马公司与其汇公司成为阳光广场项目的共同权利义务主体。尽管双方在协议中明确约定金马公司将房屋一次性售予其汇公司，物业权益归属于其汇公司，但从双方约定的权利义务内容看，双方之间实际上是一种包销关系，金马公司将其权益转让给其汇公司，并不是双方合同关系的终结，而是双方在共同开发销售阳光广场过程中的内部分工协作。在对外关系上，双方仍是阳光广场项目的共同当事人。本案中，其汇公司也是在向保利公司出示了其与金马公司的《合作协议》和《补充协议》及《声明》后，经三方协商，由金马公司作为开发商与保利公司签订《0701 号合同》，将金丽楼出售给保利公司的。可见，《0701 号合同》的签订，也是金马公司与其汇公司共同履行《合作协议》约定义务的行为，并经三方协商、公证机关公证，应合法有效。保利公司与金马公司签订房屋预售合同，并向其汇公司交付合同约定的 2000 万美元的购房款，均是三方协商约定的行为。在保利公司向其汇公司支付了 2000 万美元购房款后，便享有向金马公司和其汇公司主张履行交房义务的请求权。而金马公司按照与其汇公司《合作协议》的分工约定，负有向保利公司办理交付金丽楼房屋手续的义务。基于金马公司与其汇公司之间的合作关系和三方的约定，在《0701 号合同》约定的房屋交付期限届满后，保利公司向其汇公司催要房产的行为，应视为向金马公司主张权利的行为。因此，金马公司应承担《0701 号合同》约定的交房义务，对金马公司的违约，其汇公司应承担连带责任。金马公司不得以与其汇公司之间发生的争议对抗善意第三人保利公司。对金马公司因其汇公司违反《合作协议》《补充协议》约定而造成的损失，应根据双方《合作协议》的约定，由仲裁机关另行解决。据此，维持一审判决。

实务中，在一些因包销而发生的买卖合同中，包销人往往会出现在合同中，作为合同的丙方在合同上签字。因受到不动产买卖特殊性的限制（包销人不享有产权），这时的包销人并不是出卖人，也不是共同出卖人，而只是第三者的身份。但是，开发商、买受人、包销人三方会在合同中约定各自的权利、义务，这种约定决定着三方当事人在因买卖合同而产生的纠纷中的诉讼地位，因此，在本条的后半段规定了出卖人（开发商）、包销人和买受人对各自的权利义务有明确约定的，按照约定的内容确定各方的诉讼地位。

在研究本解释的过程中，对于开发商、包销人、买受人另有约定的内容包括什么存有不同的认识。一种意见认为是三方当事人间就包销人要否参加买受人与开发商因买卖合同产生的诉讼的约定，另一种意见认为是就债务承担的约定。从实践中看，当事人在合同中约定的都是实体的权利、义务，几乎没有在合同中约定当纠纷产生时由谁参加诉讼这样的内容，更何况诉讼参加人是由程序法律规定的，而不是由当事人约定的，换言之，当事人的这种约定往往是无效的。另外，债务承担一词在法律规定中尚未出现，同时考虑到当事人在合同中有时不只是约定义务，还一并约定权利，所以使用债务承担一词是不全面的。最后本条定稿为三方当事人对于“各自的权利义务”的约定。

包销人参与到开发商与买受人的买卖合同中，作为合同的一方在合同上签字，对于其享有的权利的约定，主要是收取购房款。本来，在商品房买卖合同中，收取购房款的权利属于开发商，但由于开发商与包销人之间存在的包销合同，包销人可能已经全部或者部分将包销款支付给开发商，开发商便在买卖合同中，经买受人同意，将收取购房款的权利全部或者部分转让给包销人。这体现了《合同法》理论上合同权利转让的原理。

我国《合同法》第七十九条第一款规定：“债权人可以将合同的权利全部或者部分转让给第三人。”所谓合同权利的转让，也称为合同债权转让，是指合同债权人通过协议将债权全部或部分地转让给第三人的行为。其特征在于：（1）合同权利转让不改变合同权利的内容，由债权人将权利转让给第三人。（2）合同权利转让的对象是合同债权。（3）权利的转让既可以是全部的转让，也可以是部分的转让。[①] 合同权利的转让，根据《合同法》第八十条“债权人转让权利的，应当通知债务人。未经通知，该转让对债务人不发生效力”的规定，不需经过债务人的同意，只要通知债权人即可。合同权利转让的法律效力，对内合同权利由让与人转让给受让人，如果是全部转让，则受让人将作为新债权人而成为合同权利的主体，转让人将脱离原合同关系，由受让人取代其地位，如果是部分权利转让，则受让人将加入合同关系，成为债权人；对外债务人不得再向转让人即原债权人履行债务。

包销人参与到开发商与买受人的买卖合同中，作为合同的一方在合同上签字，更多的是三方在合同中约定一旦因买卖合同与买受人发生纠纷，所产生的责任由谁承担问题，是由开发商或者包销人承担，还是由开发商和包销人共同承担。本来，买卖合同的相对人是开发商和买受人，当买受人的合同权利受到侵害时，所产生的责任理应由开发商承担，但如果三方当事人在买卖合同中约定所产生的责任由包销人承担，或者由开发商和包销人共同承担，则应当遵从当事人之间的约定。因为这体现了《合同法》理论上合同义务转移的原理。

合同义务转移即债务承担，是指不改变债的内容，债务人将其负担的债务移转于第三人负担。台湾地区学者史尚宽则认为债务承担谓不失债之同一性而由第三人

---

① 王利明、崔建远：《合同法新论》，中国政法大学出版社2000年版，第412页。

承受或加入债务之契约。[①] 广义的债务承担包括第三人替代债务人承担债务人的地位以及第三人加入债的关系与原债务人共同负担同一内容的债务两种情形。前一种情况称为免责的债务承担，包销人代替开发商承担违约责任，即属于此种；后一种情况称为并存的债务承担，开发商和包销人连带承担违约责任即属于此种。

免责的债务承担，指第三人取代债务人的地位而承担全部债务，使债务人脱离债的关系。由于第三人加入债的关系，原由债务人承担的债务转由第三人承担，第三人成为债务人。如果新债务人不履行或者不适当履行债务，债权人只能向新债务人而不能向原债务人请求履行债务或要求其承担违约责任。免责的债务承担特征为：(1) 须有有效的债务存在，就本不存在的债务订立债务承担合同，不发生债务承担的效力。(2) 免责的债务承担合同的标的应具有可移转性，法律规定不得移转的债务，不得由第三人承担，性质上不可移转的债务、债权人和债务人特别约定不得移转的债务，原则上不得作为债务承担合同的标的。(3) 免责的债务承担须经债权人同意，这是债务承担合同生效的最主要要件，如果未经债权人同意而将债务移转于第三人，该第三人是否有足够的资力和信用履行债务，债权人的利益是否能够实现，往往不能确定。因此，我国《合同法》第八十四条规定："债务人将合同的义务全部或者部分转移给第三人的，应当经债权人同意"。(4) 须有以债务承担为内容的合同，分为第三人与债权人订立债务承担合同和第三人与债务人订立债务承担合同两种情况。前者债务于合同成立时移转于该第三人，后者债务承担合同自债务人与第三人达成关于移转债务于第三人的合意时成立，其效力必须征得债权人的同意。

并存的债务承担又称债务加入，是指原债务人并不脱离债的关系，而由第三人加入债的关系，与债务人共同承担债务。并存的债务承担成立后，第三人因加入债的关系而成为主债务人之一，债务人与第三人成为连带债务人，依连带债务的规定，债权人可径向第三人请求履行全部债务。并存的债务承担特征为：(1) 以原已存在的有效债务为前提，且第三人所承担的债务仅限于原债务范围内，不会因债务的转移而增加或减少。(2) 第三人承担债务原则上不需取得债权人的同意，债务人或者第三人向债权人发出债务承担的通知即可。(3) 第三人加入债的关系后，得以原债务人对抗债权人的事由对抗债权人，但不得以自己与债务人之间的事由作为抗辩理由对抗债权人。(4) 并存的债务承担成立后，债务因原债务人或者第三人的全部清偿而消灭，债务的消灭因第三人的清偿发生时，在第三人与债务人之间可能发

---

① 史尚宽：《债法总论》，中国政法大学出版社2000年版，第740页。

生求偿关系。[①]

事实上，根据本条前半段的规定，买受人将开发商作为被告起诉，人民法院通知包销人作为无独立请求权第三人参加诉讼，开发商和包销人作为买卖合同的共同行为人，由其承担连带责任，所依据的也是债务承担原理。

本条是关于买受人因买卖合同与开发商和包销人发生纠纷后，如何确定开发商与包销人诉讼地位的规定，因此考虑买受人与开发商、包销人在买卖合同中的约定内容，是为了根据其不同的约定，确定各自不同的诉讼地位，而不是对于三方当事人实体权利义务如何认定的规定。但是，三方当事人诉讼地位的确定，来源于当事人间对于各自权利义务的约定，特别是来源于各方当事人对于债务承担的约定。在买卖合同中，开发商、包销人与买受人以下对于合同履行过程中因开发商违约所产生的责任由谁承担的不同约定，会导致当事人不同的诉讼地位：

1. 开发商、包销人与买受人在买卖合同中约定，合同履行过程中如因开发商方面违约，所产生的一切责任由开发商承担，当买受人的合同权利受到侵害时，买受人应将开发商作为被告提起诉讼，同时根据开发商、包销人与买受人的约定，不需通知包销人作为第三人参加诉讼。这不是对本条前半段规定的违反，而是基于三方当事人间的约定，在买卖法律关系中免除了包销人的责任，使其无需参加到买受人与开发商之间的买卖合同纠纷中。但是如果在案件没有进行实体审理前，人民法院已按照本条前半段规定的通知包销人参加诉讼，诉讼仍可在有包销人参加的情况下继续进行，只是根据当事人间的约定，不得判决包销人承担责任。

2. 开发商、包销人与买受人在买卖合同中约定，合同履行过程中如因开发商方面违约，所产生的责任由包销人承担，当买受人的合同权利受到侵害时，买受人提起诉讼会出现两种情况：一是买受人将开发商和包销人作为共同被告；二是买受人只将包销人作为被告提起诉讼。前一种情况是适当的，因为从法律关系上讲，买卖合同的出卖人是开发商，包销人只是共同行为人，当事人可以在合同中约定责任的承担者，但最终责任应由谁承担，需在人民法院实体审理后确定，在案件尚未审理前，根据买受人的请求，可以将开发商与包销人作为共同被告。而第二种情况则是不当的。因为，首先买卖合同中约定权利义务的条款是三方当事人共同订立的，因此约定发生纠纷，根据合同的相对性原理，三方当事人均应参加到诉讼中来；其次包销人承担责任的情况，一是买卖合同被认定无效或解除时，须返还买受人的购房款，一是承担违反买卖合同的违约责任。不论哪种情况，均需在对买卖合同审

---

① 张广兴：《债法总论》，法律出版社 1997 年版，第 249 页。

查、认定的基础上确认，而买卖合同的法律关系是在开发商与买受人之间建立的；第三从法律关系上讲，买卖合同的出卖人是开发商，包销人只是共同行为人，当事人可以在合同中约定责任的承担者，但最终责任应由谁承担，须在实体审理后确定，在案件尚未审理前，在程序上确定各方当事人的诉讼地位，仍宜将开发商作为合同的一方当事人与包销人作为共同被告。因此，如果买受人执意只将包销人作为被告提起诉讼，人民法院应将开发商追加为共同被告。有人主张，出现此种情况，可在立案时对买受人进行必要的释明，买受人执意只将包销人作为被告提起诉讼的，人民法院可不予受理。但这样做，无论是释明，还是不予受理，均无法律依据。在开发商与包销人作为共同被告的情况下，人民法院实体审理时，应根据三方当事人的约定，对买受人合同权利受到的侵害，判决包销人承担相应的责任。当事人间的这种约定，体现了免责的债务承担原理。虽然在此情况下，如果是债务的全部转让，则第三人（包销人）将完全代替债务人（开发商）的地位，但由于因包销产生的买卖合同的特殊性，从诉讼程序讲，开发商的诉讼当事人地位不可替代。

如果开发商、包销人与买受人在买卖合同中约定，买受人将购房款交付包销人，在买受人迟延交付或不按约定交付的情况下，包销人可否单独作为原告对买受人提起诉讼呢？回答是肯定的。因为依据包销合同，包销人已将包销款全部或部分支付开发商，而依据买卖合同，收取购房款本是出卖人即开发商的权利，但根据三方当事人在买卖合同中的约定，开发商将收取购房款的权利全部或部分让于包销人，收取买受人的购房款即变为包销人的权利，当此权利受到侵害时，包销人有权作为买卖合同权利的受让人对买受人提起诉讼。这体现了合同权利转让的原理。虽然在权利部分转让情况下，受让人（包销人）作为第三人加入到原合同关系中，与原债权人（开发商）共享债权，但由于因包销产生的买卖合同的特殊性，如果一定要求开发商作为买卖合同的出卖方单独或者与包销人作为共同原告起诉，在开发商不予配合的情况下，包销人的权利便得不到保护，这样对包销人是极不公平的。

3. 开发商、包销人与买受人在买卖合同中约定，合同履行过程中如因开发商违约，所产生一切责任由开发商和包销人共同承担，当买受人的合同权利受到侵害时，买受人应将开发商和包销人作为共同被告提起诉讼。如果买受人只将开发商作为被告提起诉讼，人民法院应将包销人追加为共同被告。根据三方当事人的约定，对于买受人合同权利受到的侵害，人民法院应判决开发商和包销人承担连带责任。当事人间的这种约定，体现了并存的债务承担原理。

在因包销引发的买卖合同中，还可能产生以下纠纷：

1. 包销合同约定，开发商提供基础材料，包销人负责包销房屋销售的广告策划、宣传，如果包销人夸大宣传，进行欺骗性销售，形成纠纷引起索赔，买受人应将开发商、包销人作为共同被告，包销人因制作虚假广告，承担直接赔偿责任；开发商因有义务对销售广告的内容进行审查与监督而疏于执行，应承担连带赔偿责任。

2. 包销人与买受人草签协议，约定房屋的销售价格，但买受人与开发商订立合同时，由于开发商的失误，以包销价将房屋售出，包销人要求开发商赔偿其溢价损失的，应予支持。

3. 买受人迟延支付购房款，开发商与包销人可单独也可共同向买受人追索。如果开发商单独依据买卖合同向买受人追偿的，应根据包销人向其交付包销款的情况，将售房款的全部或部分支付包销人；开发商怠于履行的，包销人可依据包销合同予以追索。

第二十三条 ［商品房买卖合同的解除权］

商品房买卖合同约定，买受人以担保贷款方式付款，因当事人一方原因未能订立商品房担保贷款合同并导致商品房买卖合同不能继续履行的，对方当事人可以请求解除合同和赔偿损失。因不可归责于当事人双方的事由未能订立商品房担保贷款合同并导致商品房买卖合同不能继续履行的，当事人可以请求解除合同，出卖人应当将收受的购房款本金及其利息或者定金返还买受人。

司法解释自本条以下至第二十七条规定的有关我国目前所谓“按揭”实务当中的若干问题。

对于目前实务中借款人（商品房买卖合同关系中之买受人）与银行签订的贷款合同之称谓，解释中没有使用“按揭”及“抵押”两词的原因是：（1）按揭一词并非法律用语，且从没有被任何法律、行政法规等规范性文件采纳，故本司法解释未予采用。（2）结合借款人与银行之间签订的贷款合同中对双方权利义务的约定以及期房贷款实务来看，流担保约款及借款人享有的回赎权等内容都与抵押制度的特征相异。我国物权立法已经将“让与担保”作为法定担保物权之一种列入草案，考虑到在物权立法出台后与其接轨，本司法解释亦放弃使用抵押一词。（3）无论采取何种称谓，尽管在方式上存在差异但其相同之处在于为银行贷款提供担保，故在现有法律对相关实务未予定性的时候，采用“担保”一词是稳妥的。但是，鉴于按揭一词已被实务普遍接受和使用，并为阐述相关问题方便起见，在理解与适用的论述中仍然沿用该称谓。

一、当前按揭实务的性质

我国内地对按揭一词的接触和了解得助于自五六十年代兴起于香港地区并于90年代初传入我国内地的“楼花按揭”。作为房地产业与金融业的交融产物，楼花按揭目前已经成为当今世界发达市场经济国家和地区广为流行的融资购楼方式。当前，在房地产开发经营较为活跃的大部分地区，按揭所具有的独特功能日见明显，开发商、购房者和银行三方的利益在其中形成了最佳的组合，其作用主要体现在以下几个方面：（1）作为一种融资购楼方式，按揭制度解决了普通购房者资金不足的问题，增强了买房人的支付能力，从而使其对住房的需求成为现实且有效的需求；（2）在期房预售中，按揭使开发商大大受益。在开发项目建设过程中，开发商即可获取预售资金，补足开发资金的匮乏并使两者实现有效率的融通。更为重要的一点是，按揭贷款不仅为开发商发掘和培养了潜力巨大的住房消费市场，而且有助于为开发商在实现开发利润的同时降低市场变化所带来的风险；（3）作为一种贷款方式，银行等金融机构在按揭实务中将房地产开发与销售这两个皆需贷款支持的环节合而为一，降低了贷款成本。同时，随着购房群体的不断扩大及不动产对贷款回收的有力担保，银行所获得的贷款利益无疑是丰厚且有保障的。故，有人将按揭贷款方式的作用归纳为“广集资金、降低风险、刺激消费”。[①] 随着按揭购楼方式在我国房地产市场的广泛运用，实务当中出现了多种利益冲突。人民法院在处理这一类纠纷中摸索了许多有益的经验，但是普遍感到由于缺乏统一的规范调整，在认识上尚无法达到一致。这种不一致亦导致对同类纠纷的裁判出现了“条块分割”的局面，其所造成的后果对于各方当事人的权利保护以及房地产业与相关金融业的健康发展是尤为不利的。因此，对现实当中因按揭实务产生的纠纷至少应在司法解释的层面上予以统一。

按揭系香港人对英美法上一种物的担保方式“Mortgage”[②] 的意译与音译的混合体。作为英美法上物的担保方式之一种，“Mortgage”发端于英国。《布莱克法律辞典》的解释为，按揭是一种通过法律文件确立的为行为义务的履行或金钱债务的

---

① 蔡耀忠：《中国房地产法研究》（第一卷），法律出版社2002年版，第310页。

② 我国大陆及台湾地区一些学者将“Mortgage”译为抵押或抵押权，但我们认为“Mortgage”的内涵很难为现有担保物权种类所涵盖。为便于阐述，如无特别说明，本部分提及的按揭等同于“Mortgage”，将“Mortgagee”与“Mortgagor”名为按揭权人（债权人、银行）与按揭设定人（债务人、借款人）。

清偿提供担保而设定于土地或其他财产之上的权益。普通法上，财产在形式上的确定让与意在担保债务的履行，如让与人在设定让与行为当时即于相对方一致同意该让与，则为无效。按揭将法定权利让与按揭权人（Mortgagee），但应以按揭人（Mortgagor）怠于清偿到期债务或其他义务的履行为前提。[①] 原来意义上的“Mortgage”从法律构成言之，包含三个要素：（1）特定财产的权利转让；（2）债权人在债务人不履行债务时，债权人则确定地取得担保财产的所有权；（3）债务人享有通过履行债务而赎回担保物的权利，同时债权人负有交还财产的义务。[②] 按揭分为普通法上的按揭以及衡平法上的按揭。普通法上的按揭系指，担保物之所有权移转予按揭权人。在债务人不履行债务时，按揭权人可以请求法院取消按揭人的赎回权；衡平法上的按揭则是把担保物的受益权转让给按揭权人。在债务人不履行债务时，按揭权人须给予债务人一定的宽限期，并依取消赎回权之诉取消按揭人的赎回权。无论在哪种按揭之中，按揭人均留有赎回权，担保物通常由按揭人继续占有。按揭制度发展至现代，除了一部分按揭仍采原来的方式设定，即设定按揭时常伴随权利（主要是所有权）的移转，大部分按揭系通过以按揭方式设定的财产负担来设定。有学者认为后一种按揭方式与大陆法系所讲的抵押如出一辙。故，依欧陆大陆法的标准看，英美法系之“Mortgage”制度实际上由按揭（即权利移转）和财产上的负担（即大陆法中的抵押）组成。[③]

香港法律中的按揭与古老的英国法中的“Mortgage"制度可谓一脉相承。具有代表性的观点为：按揭，是属主、业主或归属主将其物业转让给按揭收益人作为还款保证的法律行为效果。经过这样的转让，按揭受益人成为属主、业主或归属主。还款后，按揭受益人将属主权、业主权或归属主权转让于原按揭人。[④] 然而，尽管香港的按揭制度与英国的“Mortgage"制度具有衣钵上的继承性，却仍自成体例。相对于普通法上的按揭及衡平法上的按揭，房地产业在香港分为法定式产业与公义式产业。法定式产业是指为法律上承认之现存的产业，业主对产业的所有权是一种法定产权。而公义式产权则指法律手续不完备或未有的、不存在的产业，如期房（楼花）。公义式产业业主对产业的所有权是一种公义式产权。[⑤] 与此相对应，香港的按揭也分为法定式按揭和公义式按揭。依照香港《物业转易及财产条例》（以下简称《条例》）第44条第1款规定，在该条生效日期后，任何法定产业权的按揭，

① Black's Law Dictionary：WEST PUBLISHING CO. 1991，P. 698.

② Fisher and Lightwood's Law of Mortgage，by E. L. G. Tyler，Butterworths，1977，p. 6，note（m）.

③ 许明月：《抵押权制度研究》，法律出版社1998年版，第52页。

④ 李宗锷：《香港房地产法》，商务印书馆1997年版，第14页。

⑤ 李泽沛：《香港法律大全》，法律出版社1992年版，第327页。

包括法定产业权的第二次或其后按揭，在法律上只可藉明定为法定押记（即抵押，笔者注）的契据作出，即自 1984 年 11 月 1 日起，法定式产业只能办理法定式抵押，从而不再有法定式按揭的存在，只有公义式产业才能办理按揭。条例第 46 条第 1 款规定在该条生效日期前或之后以契据作出的衡平法按揭中之衡平法权益（即公义式业权，笔者注）在符合条例第 14 条（衡平法权益转为法定产业权）的规定成为法定式业权，则就该衡平法权益而以契据作出的任何衡平法按揭，即成为该法定产业权的法定押记。但在香港的房地产法律以及实务之中，并未严格区分按揭与抵押的含义，按揭权人与抵押权人的权利基本相同，故在实务中把两种房地产担保形式统称按揭，在使用之中，一般忽略了设定担保时房地产所有权是否已经被移转。在香港的法律体系下，按揭担保债权的范围不仅包括按揭贷款及其利息、迟延罚息，而且包括房屋买卖合同中规定的应由买受人负担而其未负担，由按揭权人代其履行所支出的一切费用，如手续费、劳务费及买卖成本交易费用等。按揭担保标的物的范围为预售合同中买受人享有的一切权益，包括楼宇取得权、设定保险的利益等。按揭的效力体现在按揭权人与按揭人的权利义务，可从对内与对外两个方面论述。

1. 对内效力

（1）对担保标的物及业权契据的占有。按揭房产的所有权已经转让至银行名下，但只要按揭借款人如期偿还借款，其对按揭房产享有占有权。按揭人虽然享有对按揭房产的占有使用权，但同时也负有保管的义务。如其未经按揭权人同意擅自处分按揭房产或以行为导致楼宇价值减少，按揭权人有权要求其承担损害赔偿责任。另外，未经按揭权人同意，按揭人不得擅自变更或解除房屋买卖合同，不得采取任何可能导致合同无效的行为。与此相对应，按揭权人有权保管有关的业权契据等文件，并同样亦须为妥善管理及保存。否则，在按揭人赎回按揭财产时，其应负赔偿责任。根据条例第 47 条规定，即使按揭契据有相反约定，按揭人在享有按揭财产权益的期间内，有权在任何合理的时间，查阅任何按揭权人管有的契据以及复制该契据。在按揭担保期间，按揭权人仅具有担保权人的资格，其所有权利之行使必须限于担保目的范围内。在其债权未届清偿期，不得将楼宇转让第三人，不得主张按揭人对房产的占有为无权占有。

（2）按揭人对按揭房产享有赎回权。按揭人在如约履行还款责任以后，即享有赎回权。基于其此项赎回权，按揭权人应将设定按揭时转让其名下的按揭房产的所有权转回按揭人名下。另外，即使按揭人迟延还款已构成违约，但其仍在衡平法上享有赎回权。该衡平法上的赎回权系从按揭担保的设定目的出发，如果按揭人在一定期限内还清欠款，他仍能取得法定的赎回权。亦有学者认为按揭人在按揭设定后所享有的赎回权统称衡平法上的赎回权。[①] 当同一按揭人在其不同财产上对同一按揭权人（指现实按揭权人）设定按揭时，如其仅就其中一项财产要求赎回时，按揭权人有权要求按揭人对其他财产一并赎回。此即按揭权人的归并权。按揭权人的归并权应有两项限制：①各份按揭契据至少有一份赋予按揭权人以归并权；②归并的各项按揭均已超过赎还期。

（3）按揭人违约时按揭权人的权利。香港大多数银行均在按揭契据规定的还款日之后给按揭人一个宽限期，通常为6～13天。只有超过该宽限期，银行才开始计算罚息；当按揭人两期未能还款，银行会向按揭人发出警告信催其还款，如未得到还款或答复，银行会委托律师向按揭人发出律师通知函要求其在一个月内还清所有按揭余款；在这一个月内，如果按揭人仍未还清借款，银行可以收回、出售或出租物业或者委任接管人接管物业。收楼后，银行或接管人可以用私人协议、公开拍卖或投标方式将按揭房产售出（公开拍卖方式较为普遍）。[②] 但是银行行使出售按揭财产的权利必须符合条例附表4第11条的规定。与美国各州法律规定的按揭权人享有的止赎权略有不同，香港法律除规定享有止赎权的按揭权人在具有与出售按揭财产情形相同条件时，可以申请止赎令外，还规定只要按揭人以该房地产的价值可能超过其实际拖欠的按揭余款为由提出申请或其他对按揭房产享有某些权益的人提出相应要求，法院就可能下令出售按揭房产来代替止赎程序。如经由以上各种权利的行使仍不足以弥补银行的损失，其得继续向按揭人追讨。

2. 对外效力

（1）按揭权人的权利。在按揭过程中，虽然银行系按揭房产法律上的所有权人且依香港法律，其享有广泛的权利，实务当中却很少出现银行随意处分按揭房产的情况。银行有权以其在按揭合同中享有的贷款债权及按揭人在买卖合同中享有的买方权益另行设立担保。按揭人的债权人无权对按揭房产声请强制执行，在按揭人破产时，按揭权人有权取回按揭房产。开发商破产时买受人（借款人）无权主张所有权保护，其仅可以对按揭房产主张优先权，但偿金应用来偿还其对银行的债务。在对外关系上，根据条例附表4第6、7条的规定，按揭权人得行使关乎按揭土地的任何申索、要求或争议，作出和解、调整、提交仲裁、妥协及安排，并有权以所有权人名义提起、进行及强制执行任何与按揭财产有关的申索、诉讼讼案或法律程

---

① 符启林：《商品房预售法律制度研究》，中国政法大学出版社2002年版，第120～121页。

② 美联物业（集团）公司（香港）：《地产代理全书》，明报出版社有限公司（香港）2002年版，第169～179页。

序，以及就上述程序进行辩护、作出妥协及予以放弃，但行使前亦应符合条例附表4第11条规定的条件。

（2）按揭人的权利。按揭人有权转让所购楼宇（含楼花），但此种转让须经银行同意方可以为之，否则该行为对银行不生效力。按揭人有权以按揭房产再设定担保。但根据条例附表2的B部（g）条规定，按揭人如无银行事先书面同意，不得在该衡平法按揭有效期内的任何时间，就该财产或其任何权益或其衡平法赎回权作出转让、押记、分租或其他方式的处理或处置，或订立任何协议以作出上述处分。根据条例第49条规定有权管有按揭财产或收取租金或收益的按揭人，除非诉因是基于其与任何其他人共同订立的租赁或其他合约的情形，在按揭权人未曾就按揭财产发出拟取得该财产的管有权或拟收取按揭财产的租金及收益的通知的时候，仅有权以自己的名义提起诉讼，以收回上述权益或防止发生与按揭财产有关的任何侵入事件及任何其他错误行为，并有权追讨损害赔偿。①

英美法系中“Mortgage”制度与大陆法系让与担保都渊源于罗马法中的信托担保。就其本义来说，让与担保与罗马法中的信托担保乃属同一概念。两者都是通过权利的移转对债权提供担保，故日本学者将“Mortgage”迳译为让与担保。日本学者对让与担保的定义是：在通过转让可以作为担保标的物的财产权而达成信用授受目的的制度中，授信者具有请求返还融资资本的权利，在受信者未能返还时，得就该标的物优先受偿的一种特殊的物的担保制度。② 综合来看，所谓让与担保，系指债务人或第三人将标的物的权利移转与担保权人，于债务清偿后，标的物应返还与债务人或第三人，债务不履行时，担保权人得就该标的物受偿之非典型担保。③ 让与担保的主要特征是以移转担保标的物的所有权或其他财产性权利为方式，以达成为债权提供担保信用为目的。

按揭实务的性质事关按揭实务中各方权利冲突的处理，学界对此问题尚存在争议，归纳起来有以下几种观点：

1. 不动产抵押说。该说认为，按揭实际上属于不动产抵押。其中的现房按揭与不动产抵押完全一致，自不待言。至于期房，尽管不是实际存在的楼宇，但购买期房事实上会导致获得现房，而且买受人在买期房时已支付了部分房款，它虽具有不确定性，但亦相当于现房的部分价值。此外，期房按揭的目的也是为了担保债务的清偿，担保物的占有及使用仍为按揭借款人所有。按揭权人的权利与抵押权人的

---

① 相关内容参见香港特别行政区《物业转易及财产条例》（Conveyancing and Property Ordinance）。

② ［日］四宫和夫：《让渡担保》，日本评论社昭和47年（1972年）版，第522页。

③ 谢在全：《民法物权论》（下册），中国政法大学出版社1999年版，第896页。

权利亦大体相同。从债务不履行时按揭权人享有的优先受偿权利来看，期房按揭实际上仍属不动产抵押。①

2. 权利抵押说。该说认为按揭与抵押基本相同，但又有不同。应属于权利抵押。主要理由是，期房按揭中的按揭人是以其在预售商品房合同中的全部权益作为抵押，即以其合同权利为抵押担保物而成立的抵押。此种抵押有别于以现存的实物作为抵押标的物的抵押。该说亦称为准抵押说。

3. 权利质押说。该说认为，期房按揭人与银行签订按揭贷款合同时，担保物系尚未存在或正在成长的房屋，因此买受人对担保物所享有的权利并非物权而仅仅是一种债权。买受人为借款提供的担保是其对出卖人享有的合同债权，此种债权符合作为权利质押标的的权利之性质。它属于财产权，具有可转让性且适于设质。②

4. 让与担保说。该说认为香港地区所实行之按揭担保源于英国法中的“Mortgage”制度，相当于大陆法系国家如德国、日本的让与担保。当前的房地产按揭实务与让与担保的运行机制大体相同。具体表现在：

（1）担保物之财产权在形式上已经发生移转。在目前的房地产按揭贷款实务操作中，当按揭标的为期房按揭时，借款人须将《商品房买卖合同》正本交由银行执管；当该房产竣工入住后，借款人委托发展商代向当地房地产产权登记部门申领《房地产权证》并将正本交银行执管。在标的物为现房时，借款人须将《商品房买卖合同》正本及《房地产权证》正本交由银行执管。此外，按揭合同常常约定：在按揭人不能履行还款义务时，银行可以直接取得按揭人在买卖合同中的全部权益以清偿所有欠款。此种条款正是典型的“流担保约款”。此种将《商品房买卖合同》正本及《房地产权证》正本交由银行执管的行为及“流担保约款”，正是银行持有担保物财产权的标志。质言之，房地产按揭是采取移转担保物财产权的法律形式。

（2）按揭人享有赎回权。绝大多数按揭合同规定，在按揭人依约偿还按揭权人的全部借款及其他所有义务后，按揭权人即应解除其在按揭合同中的按揭权益，并将按揭物业的《商品房买卖合同》正本及《房地产权证》正本退还给按揭人。这说明按揭人在清偿债务后享有赎回担保标的物的权利。

（3）担保权的设定需要登记公示。担保标的物为期房的时候，借款人须到当地房产登记部门办理期房按揭登记手续，并加盖期房按揭章。当房产竣工入住后，借

① 程惠英：《房地产开发与交易——房地产法原理与实务》，复旦大学出版社 1997 年版，第 195 页。

② 马原主编：《房地产案件新问题与判解研究》，人民法院出版社 1997 年版，第 6 页。

款买受人委托发展商代向当地房地产产权登记部门申领《房地产权证》，与银行办理房地产抵押登记手续并以银行为第一受偿人。在按揭标的为现房时，借款人亦须到当地房产登记部门办理房地产按揭登记手续，并以银行为第一受偿人。[①] 故，房地产按揭实务与让与担保的制度特征基本相同。

现结合我国当前的按揭实务对以上学界各说做一分析论证。

1. 不动产抵押说。该说的主要理由是：（1）买受人在购买期房时已支付了部分房款，虽具有不确定性，但亦相当于现房的部分价值；（2）担保物的占有使用仍归于按揭人；（3）按揭人在债务不履行时按揭权人享有的仍是优先受偿权。故，以上特征均与不动产抵押相同。

我们认为，在期房买卖中，买受人虽在办理按揭贷款之前即已支付了一定比例的购房款，但并不能说其已经取得了所购房屋的所有权。换言之，买受人此时享有并藉以设定担保的并非现实存在的不动产物权当属无疑，此与不动产抵押显不相同。即使持将期房按揭以抵押制度进行解释的观点，亦承认两者之间在法律关系内容、标的物范围、设定方式、实现方式、标的物风险责任的承担及登记方式等诸多方面存在差异。[②] 结合按揭实务中按揭贷款合同的相关约定来探究银行同意以买受人预售合同中的权利设定担保的原意，结论应当是买受人以转让其在商品房预售合同当中享有的对建成房屋的合同权利给银行，同时保留回赎权以取得按揭贷款。买受人如约履行了还款义务，则享有赎回权。反之，银行将取得设定按揭的买受人在买卖合同项下的合同权利。此点明显与流抵押之禁止原则相违背。换言之，期房按揭与不动产抵押在对债权的担保形式上显有不同。该说以现房按揭与不动产抵押几乎完全相同而概括期房的情形，似有不力。另一方面，期房按揭的实质是以将要或正在建造之物设定抵押，在学理上谓之未来物或将来物抵押。综合我国《担保法》及城市房地产管理法的规定，对未现实存在物能否设定抵押并没有明确肯定。此后，建设部《城市房地产抵押管理办法》第三条及《最高人民法院关于适用〈中华人民共和国担保法〉若干问题的解释》第四十七条对此给予了肯定。我们认为，对将来物能否设定抵押，虽存在许可和不许可两种立法主义，但从发挥物之价值的角度出发，应采许可说为正当无疑。但抵押权作为担保物权具有强大的物权效力，登记公示须为必要。将来物未实际存在，在形态上具有不确定性，故物权法意义上之本登记的设定无从为之。此时若赋予就将来物所设之抵押权以完全的物权效力似

---

① 王闯：《让与担保法律制度研究》，法律出版社2000年版，第448~450页。

② 《担保法司法解释中几个重要问题》，载《判解研究》2001年第1辑，人民法院出版社2001年版，第32~33页。

有不妥。因此，学界多数说认为，以将来物设定抵押权时，设定行为不能立即发生物权效力，仅能在当事人之间发生债的效力。在将来物现实形成后，抵押权物权效力的障碍消除，其效力乃生。[①] 我国台湾地区学者谢在全先生也认为，作为抵押的财产原则上限于已经存在之物，以将来物设立抵押，仅具债的效力。根据《城市房地产抵押管理办法》第三十四条第（二）款规定，以在建工程抵押的，登记机关应当在抵押合同上作记载。而此种“登记”依学界通说并非产生物权公示效力的物权登记。解决这一矛盾的方法有二：（1）明定只有在抵押物实际存在时方生物权效力。如《意大利民法典》第 2823 条规定，仅自未来物存在时起，对该未来物的抵押权登记方为有效。梁慧星先生主编的中国《物权法》草案建议稿即采此例；（2）确立预告登记制度以限制抵押人处分该物，并藉此保全预告登记内容的效力。此预告登记系指对尚未发生物权效力的物权变动，以暂时的处分所为的登记。在类型上属于保全物权的预告登记。但是，不论采顺位溯及抑或效力溯及观点，日后的本登记均属必需。《中华人民共和国民法》（草案）物权编即采此例。换言之，我们应当构建一个科学完整的不动产登记法律体系。上述两者在目前无疑是缺失的。因而，在当前的法律框架下，就将来物设定的抵押仅产生抵押合同的成立。银行与买受人设定按揭的原意绝非满足于一个抵押权尚需等待担保物现实存在时方能产生效力之下的抵押合同的孤立生效。在现房买卖的情况下，不动产抵押说也不是非常全面的。若当事人明确选择抵押担保形式并办理了登记，则以抵押释之即为适当。但是如果当事人一方面选择抵押，另一方面又订有流抵押约款而且其真实意思又恰恰存在于后者的话，仅以抵押说解释就有不足了。造成这一问题的症结在于现有法律为当事人提供的担保物权之选择空间过于狭窄。此外，按揭实务中很重要的一个环节就是按揭人须将有关合同文本及权属凭证交银行收执，亦与不动产抵押相异。不动产抵押的优先受偿效力仅依据抵押登记的作成即可获得保证，抵押权人无需占有抵押人之相关权状。在不动产抵押中，抵押人向抵押权人提交所有权状的目的只在于办理抵押登记之用。抵押权一经登记之作成即生效力。权利凭证仅系证明相关权利的文件，本身不能作为担保，除非抵押权人与抵押人定有保管契约，否则抵押权人占有该权利凭证即为无权占有。从抵押权的设定及目的观之，抵押权人占有该权利凭证亦属不必要。[②] 至于“担保物的不移转占有”和“担保权人享有的仍然是优先受偿权”与抵押相同的问题，我们认为担保物的不移转占有并非抵押制度所独

---

① ［日］柚木馨：《注释民法（9）物权法（4）》，有斐阁昭和 57 年（1982 年）增补再订版，第 20 ~ 21 页。

② 黄茂荣：《民法裁判百选》，中国政法大学出版社 2002 年版，第 395 ~ 396 页。

具，在一些非典型担保物权中亦有不移转担保物的情形。而担保权的设定目的都是为主债务的清偿提供担保，在主债务人不履行债务时，担保权人享有的均为就担保物变价的优先受偿权利。换言之，这是所有担保物权所共同具有的。以上两点的相同不能成为以抵押说解释目前按揭实务性质的依据。在为按揭实务定性的时候，主要应当结合当事人的特约来考察对主债务提供担保的具体方式。

2. 权利抵押说。该说的主要理由是，期房按揭中的按揭人是以其在预售商品房合同中的全部权益作为抵押，即以其合同权利为抵押担保物而成立的抵押。此种抵押有别于以现存的实物作为抵押标的物的抵押。

根据我国《担保法》第三十四条及《城市房地产管理法》第四十七条之规定，权利抵押应为土地使用权等用益物权。结合国外立法例①及权利抵押的学理来看，权利抵押的标的亦应限定在用益物权及用水权、采矿权等准物权。买受人在买卖合同中享有的权利实际上属于一种“所有权的期待权”。有学者认为，诚然取得物权之期待权并非即为物权，但据此而否认期待权不具有其因完成权利而可取得之权利之性质，亦难令人赞同。② 藉此，该期待权似应属于一种准物权。至少可以认为，随着买卖合同的履行推进，出卖人权利的物权性质逐渐减弱，买受人权利的物权性质逐渐增强。但现在的问题是，虽权利抵押系指以所有权以外的不动产物权或准物权为客体而设定的抵押权，③ 但对准物权的范围是否已扩张到此中买受人所享有的权利尚未见先例，更何况买受人此项权利是否确定地属于准物权还有争议。还有一点，根据物权法定原则，抵押权既为担保物权，抵押物的范围亦需法律明定，就此而言在现行法律规定之下也是于法无据的。故，我们认为此说亦不足取。

3. 权利质押说。该说的理由是，期房按揭人（买卖合同之买受人）对担保物所享有的权利并非物权而仅仅是一种债权。买受人为借款提供的担保是其对出卖人享有的合同债权，此种债权符合作为权利质押标的的权利之性质。它属于财产权，具有可转让性且适于设质。

我们认为，此说的弊端在于，如出卖人在房屋竣工并交付予买受人后，买受人所享有的合同债权即归于消灭。银行与按揭借款人之间以此债权为标的物所设定的担保则会形同无物，其贷款债权遂转变为无担保的普通债权。这显然与当时之设定目的相悖。银行如欲固守担保债权人地位，还需与按揭借款人另行设定担保物权。另外，担保按揭贷款合同当中大多存在的“流担保约款”亦与“流质契约”禁止

---

① 如《日本民法典》第 396 条第 2 款规定：地上权及永佃权亦可为抵押权的标的。

② 王泽鉴：《民法学说与判例研究（一）》，中国政法大学出版社 1998 年版，第 153 页。

③ ［日］原田庆吉：《日本民法典的史的素描》，创文社 1954 年版，第 128 页。

原则相悖。有学者认为权利质权的实行方式中除动产质权之方法外，亦得采取另一种方式，即由权利质权人取代出质人地位，向入质权利的义务主体直接行使入质权利，并通过直接行使入质权利使被担保的债权优先受偿。[①] 故，似乎“流质契约”禁止原则在权利质权之实行上已有突破。进而，按揭实务中的“流担保契约”似乎在权利质押说找到了些许依据。我们认为，权利质权之实行，仍然只可释为变价权与优先受偿权两项权能。权利质权的实行方式十分复杂。简言之：在债权质权实行情形，如标的物债权之清偿期先于担保债权时，且给付物为金钱，则质权人得请求出质人之债务人（第三债务人）提存其所清偿之给付物，提存后，质权移存于该金钱之返还请求权上。如给付物为动产，则依上述流程，质权移存于该动产之上变为动产质权。如给付物为不动产，质权人得请求第三债务人将不动产移转登记于出质人名下，并使权利质权转换为不动产抵押权。如标的物债权之清偿期后于担保债权时，于给付物为金钱情形，第三债务人对质权人为清偿，仍需经出质人同意，否则其应予提存。如给付物为动产或不动产，质权人向第三债务人之请求给付仅止于请求给付而已，并不因此取得质物之所有权。在以载明兑现或者提货日期的票据、债券、存单、仓单或提单设质时，亦应将兑现的金钱或提取的货物提存，仅在出质人同意的情况下，方可将兑现的金钱或提取货物的变价清偿所担保债权，等等。由上可知，权利质权的实行方式并未对“流质约款”禁止原则构成冲击。实践当中，确有标准的以权利质押为个人住房借款提供担保的情形存在，但并非普遍。其对整个按揭实务的定性不具有代表性。由此，我们认为，此说在解释按揭实务方面不准确、不全面，人为地将一个统一的按揭行为割裂开来。

综合观之，上述三种观点都存在无法为我国的按揭实务提供全面而一体的合理解释的弊端。另外，实践当中随处可见的“流担保约款”也是以上各种以典型担保物权为我国按揭实务定性的学说所不能回避和无法解决的难题。另外，在以期房设定担保的时候，担保物的价值及物理形态根本无法确定，这也是不动产抵押说和权利抵押说无法解决的困难。

4. 让与担保说。我们认为此说在各说中于我国按揭实务性质的解释层面最具合理性，但亦非完美。在德日等国，对不动产很少采取让与担保形式设定担保，但在日本和台湾地区仍然有为数不少的不动产让与担保得到承认。在我国台湾地区，不动产让与担保中的担保物主要是未保存登记、拟购买的及建造中的不动产和无地

① 李开国：《民法学》（专题讲座），西南政法大学 1995 年版，第 458 ~ 459 页，转引自陈华彬：《物权法原理》，国家行政学院出版社 2000 年版，第 720 页。

上权的建筑物，因为这些不动产之上很难设定抵押权。[①] 由此可知，确立不动产让与担保实为必要。《中华人民共和国民法》（草案）物权编及梁慧星主编的《中国物权法草案建议稿》亦均采纳在制定法中将让与担保确立为担保物权的观点。作为《罗马法》信托行为理论几经后世各种担保物权的更迭替换之后，幸存于世并在实践中发扬光大的非典型担保物权，让与担保的制度特征仍需以“让与”（transfer）及“担保”（security）两者并释之，其中任何一项的缺失都会导致对制度本身的损害。尽管让与担保之法律构成经历了由所有权归属构成至担保权构成的变化，我们也无法得出相反的结论。没有“让与”，则担保权人就无法获得唯让与担保方才具有的独具特色的“担保”。换言之，相对于“担保”而言，“让与”还是该担保制度的特征与灵魂。藉此“让与”才将其与典型担保物权区别开来。正如日本学者高木喜多男所言，以让与担保为代表的非典型担保物权通过直接以财产上的权利让与（主要是所有权）来冲抵（典型担保物权中）被担保债权的担保形式，进而回避了典型担保物权之实行所必然遭遇的公的实行程序的麻烦和费用。[②] 其论述除确定地指出了让与担保作为“权利移转型非典型担保物权”的特质，还揭示了让与担保的功能，即避免了典型担保物权在实行方式上的繁琐及高成本。此外，在拍卖等公的实行程序中，往往会将担保物以低于其实际价值的价格拍出，这也将损害债务人的利益。而在非典型担保物权灵活的实行程序中是可以避免这些弊端。并使其成为非典型担保物权产生的强大动因之一。片面强调让与担保的担保权能将会抹杀其制度特征，并带来矫枉过正的流弊。然而，在现有法律体系内，很难将我国按揭实务中按揭人将权利凭证交予按揭权人管有解释为担保财产权利的让与。这个问题恐怕只有通过在未来的物权法及不动产登记法中对让与担保灵活的设定方式的规定才能解决。

我国内地的按揭实务与英美法系的“Mortgage”、香港地区的按揭制度及德日等国的让与担保制度都存有相异之处。由于法系特征及法文化传统间的差异，加之我国物权立法进程已采将让与担保作为法定担保物权之一种的立场，不宜以英美法系的“Mortgage”、香港地区的按揭制度改造我国目前的按揭实务。治本的方法应当是建立统一的让与担保制度并藉以对实务进行规范和引导。通过不动产登记法的制定将当前按揭实务中将买受人所享有之合同权益及相关权利凭证事先交由银行执管的做法藉灵活的公示方式改造成让与担保中的权利移转，进而赋予按揭银行以让

---

① 方嘉麟：《信托法之理论与实务》，台湾地区月旦出版有限公司1994年版，第81页。

② ［日］高木喜多男：《担保物权法》（新版），有斐阁1993年版，第283页。

与担保权人之地位。在目前让与担保尚无制定法依据的时候，考虑到按揭实务中各方参与人对抵押制度的谙熟和偏好及当前按揭实务与香港地区按揭制度的渊源，本司法解释采取务实的方法论，肯定当前按揭实务操作在担保权设定层面的独立性与合理性，旨为解决按揭实务中的权利冲突提供一定依据。不可否认，此立场具有较浓厚的救急色彩。

本司法解释之所以对现房按揭中的“抵押”予以肯定，原因有二：（1）在现房买卖及虽为期房买卖，但楼宇已经建成，买受人取得房屋所有权证书的时候，买受人一般均与银行办理抵押登记手续，这是无法也无需回避的客观事实；（2）任何民事法律都不应该限制当事人选择权利保护形式的自由，以让与担保还是抵押来对贷款债权提供担保，是当事人意思自治范围内的自由，应尊重其意愿。但是有一个问题应予明确：若当事人在抵押合同中明确选择以抵押方式为债权提供担保，却又借鉴让与担保或按揭制度的某些内容约定在借款人未能清偿债务时，银行将取得抵押物所有权的，因其违反流抵押约款禁止原则而无效。但整个抵押合同并不因此而归于无效，当事人设定担保的意思仍应予以保护，此种保护只应限定在抵押权人享有优先受偿权的范围之内。对实务中贷款合同当事人选择“抵押”作为担保的肯定并不意味着本司法解释在对按揭实务的定性上采取分段而定的立场。由前述可知，从整个按揭实务来看，在未来的《物权法》中以让与担保对其进行一体规范当属最恰当的解决方法。但即便统一《物权法》的规范之下，也不能否定当事人对“抵押”的选择。在私法范畴中，当事人选择权利保护方式的自由不容干涉，尊重当事人对“抵押”的选择是之；而反过来讲，当事人选择“按揭（让与担保）”的自由同样不容干涉。按揭实践当中大量存在的“抵押”担保实际上已经将该部分从“按揭”实务中剥离出去了。

二、商品房按揭贷款合同未能签订并导致商品房买卖合同不能继续履行时当事人请求解除合同和赔偿损失的问题

实践当中，多数商品房买卖合同都会约定，买受人以按揭贷款作为其首付房款之外的剩余房款的支付方式。由以上我国按揭实务中按揭贷款合同的订立流程观之，商品房按揭贷款合同的签订并非完全取决于买受人的还款担保能力。甚至可以说，银行对贷款合同保证人（一般是开发商）的资信状况和保证能力更为关注。如果按揭贷款合同未能签订，结合普通购房者的履行能力，买卖合同的继续履行即成为事实上的不可能。有鉴于此，本条规定赋予当事人请求解除商品房买卖合同的权利。我国《合同法》并未严格区分合同的解除与终止，而是将合同解除规定在

"合同的权利义务终止"一章。所以，我国《合同法》内的解除系指在合同有效成立以后，当解除条件具备时，因当事人一方的意思表示，使合同关系溯及地或指向将来地消灭的行为。合同解除既可以溯及地亦可指向将来地使合同关系归于消灭。对于合同解除与溯及力的关系，一般认为，一时性合同原则上有溯及力，而继续性合同原则上无溯及力。一时性合同是指一次给付便使合同内容实现的合同。继续性合同是指合同的内容非一次的给付即可完结，而是继续地实现的合同。其基本特色系时间因素在债的履行上居于重要的地位，总给付之内容维系于应为给付时间的长度。商品房买卖合同中，出卖人负有交付房屋并移转所有权义务而买受人应一次性或分期支付购房款。但质言之，其均为一时的合同。因为当事人订立的是单一的买卖合同，该合同的总给付自始确定，即便采分期给付的履行方式，时间因素对给付内容和范围并无影响。[①] 由此可知，商品房买卖合同的解除应具有溯及力。所谓回复原状即因应而生。关于回复原状的范围，通说认为应包括：（1）由对方所受领的给付物；（2）如所受领的给付物为金钱，应附加受领时起的利息；（3）受领之给付为物之使用或劳务时，应依照受领时之价额折成金钱；（4）受领物产生的孳息；（5）就返还之物，已经支出必要或有益费用，可于对方受返还时所得利益限度内，请求扣除；（6）应返还之物毁损、灭失，或因其他事由致无法返还时，应偿还其价额。本条所定之合同解除主要应适用其中第（1）（2）（5）项。

关于合同解除与赔偿损失的关系，有不同立法例可供参考：（1）选择主义。于债务不履行时，债权人得就契约解除或请求债务不履行之损害赔偿，择一行使；[②]（2）合同解除与损害赔偿的并存主义。此类立法例又可细分为两种。一为与因合同消灭所生之损害赔偿之并存主义（又称为合同解除与信赖利益的损害赔偿之并存主义），如《瑞士债务法》第109条第2项。即债权人得就合同解除与因合同消灭所生之合同上的消极的损害赔偿合并请求；[③] 二为与债务不履行之损害赔偿的合并存主义。即债权人得在解除合同的同时请求债务不履行的损害赔偿。[④] 我国《民法通则》第一百一十五条及《合同法》第九十七条均规定，合同解除不影响当事人要求赔偿损失的权利，即采纳合同解除与赔偿损失之请求权可以并存的立场。如前所

---

① 王泽鉴：《债法原理》第1册，中国政法大学出版社2001年版，第131～132页。

② 《德国民法典》第325条第1款：一方当事人因可归责于自己的事由，致不能履行双务合同产生的自己应履行的给付的，另一方当事人可以因不履行而要求损害赔偿或者解除合同。

③ 《瑞士联邦债法典》第109条规定：解除合同的一方可以拒绝履行其债务并要求返还其已做出的给付。此外，他可以请求因解除合同所遭受的损害赔偿，但债务人能证明其无过错的除外。

④ 《日本民法典》第545条第3项：解除权的行使，不妨碍损害赔偿的请求。《法国民法典》第1184条：双务契约中，凡当事人一方不履行其义务之情形均视为订有解除条件。……债权人……或者请求解除契约并请求损害赔偿。我国台湾地区"民法"第26条：解除权之行使，不妨碍损害赔偿之请求。

述，如按揭贷款合同未能订立的原因系开发商之原因使银行对其保证能力丧失信心，如开发条件或有关手续上的欠缺，则其对买卖合同之解除应负相应的赔偿责任。此外，在目前的实务中，开发商旨在提升本无力买受人之购买欲望，强化其对买卖合同价金债权的受偿，常为买受人居间介绍金融机构，由甚至在开发商处即可直接取得金融机构之贷款申请表格。也有的开发商以可以办理金融机构之按揭贷款为其广告内容。如果由于其自身原因导致买受人与银行未能签订按揭贷款合同，本司法解释关于销售广告中特定的要约邀请向合同条款转化的规定即得适用。因为能否办理按揭贷款事关买受人有无能力负担房屋价款，其对商品房买卖合同的订立具有决定作用，故上述情形应视为开发商对合同义务的违反。若按揭贷款合同未能订立系由于买受人的还款能力过于恶化而致时，亦同。因此，本条规定如商品房买卖合同约定，买受人以按揭贷款方式付款，因一方当事人原因未能签订商品房按揭贷款合同并导致商品房买卖合同不能继续履行的，对方当事人可以请求解除合同和赔偿损失。由上可知，本条规定主要是考虑到此类合同的特殊性，即实践当中屡屡出现买受人与出卖人签订买卖合同并支付了首期购房款（此时定金已转化为购房款）后，由于某种原因，按揭贷款申请失败，而出卖人却要求买受人继续将购房余款付清，否则其首付款不予退还的情形。故在赋予当事人请求解除合同之权利方面实际上是作了特别处理。对赔偿损失的范围，学界争论较大。我国大陆学者对此问题主要有三种观点：(1) 合同解除时的损害赔偿是指无过错方对所遭受的一切损害均可以请求赔偿，既包括债务不履行的损害赔偿，也包括因回复原状而发生的损害赔偿。(2) 此种赔偿是针对因债务不履行发生的损害，它是在合同解除前因债务不履行而发生的，不论当事人是否解除合同都是存在的。损害赔偿的存在与否不取决于合同是否解除。(3) 对损害赔偿的确定应当作具体分析。如选择损害赔偿或合同解除都足以使合同当事人的权利得到充分保护，没有必要同时采取两种方式。若合同解除后，确因一方过错造成另一方的损害，则有过错方应当向相对方赔偿损害，不能因合同解除而免除其应负的赔偿责任。此赔偿责任除应包括不履行合同义务所致的损害，还应包括合同解除以后，因回复原状而发生的损害赔偿。① 我国台湾地区民法上之解除，依其权威学说认为，除回复原状外，并得请求因债务不履行而发生之损害赔偿。② 理由是，解除权的行使不妨碍损害赔偿之请求，并非积极地认有新赔偿请求权发生，系指因既存的其他原因已发生的赔偿请求权。该请求权不因解除

① 王利明：《违约责任论》，中国政法大学出版社 2003 年修订版，第 725 ~ 727 页。

② 史尚宽：《债法总论》，中国政法大学出版社 2000 年版，第 561 ~ 562 页；黄立：《民法债编总论》，中国政法大学出版社 2002 年版，第 535 页。

权的行使而受到妨碍，乃专指因债务不履行的损害赔偿而言，不包括因合同消灭所生的损害。[①] 亦即，契约解除之效力，并无使债权关系全面消灭之必要，在肯认损害赔偿请求权的范围内，契约之效力不妨视为仍然存续，[②] 故解除后的损害赔偿请求权应为基于债务不履行而生之请求权。通说之外，当然有不同意见存在。有学者认为合同解除对损害赔偿请求之不妨碍并不能当然推出该请求权系基于债务不履行提出。契约的解除系使已经成立的契约溯及既往地归于消灭，即与自始未订立契约相同。原有法律关系应归消灭，因此，双方才负有回复原状义务。原有法律关系既已消灭，何谈债务不履行。所谓债务不履行之损害赔偿系原债务内容的转换而来，其与原债务不失其同一性。故其与契约解除互不相容。债务不履行观点所持之“视为契约效力依然存续”纯属拟制。若承认契约解除与债务不履行之损害赔偿请求权并立存在，不啻于否认契约解除之溯及效力。故应从信赖利益赔偿理论进行解释。该观点进而引例《瑞士债务法》，认为该法第 109 条所定之“因契约消灭所生之损害”即指信赖利益或消极利益损害。债务人只需赔偿债权人因信赖契约有效所受之损害，即以为足。如其准备履行契约所支出之费用、失去其他有利契约之机会等。《瑞士债务法》此项规定即在贯彻契约经解除而溯及地无效的理论。且先前之日本学者及法院判例，虽一致认为“不妨碍损害赔偿之请求”应指债务不履行，但近期以来均一改旧念，转采信赖利益赔偿理论。[③] 我们认为，本条所定合同解除的目的在于溯及地消灭合同之存在，在当事人因合同解除遭受损失时，通过损害赔偿请求权之赋予，使其损失得到弥补。但此种损害赔偿请求权不同于合同未解除时因违约导致的情形。换言之，合同解除已经溯及既往地消灭了合同债务履行的基础，当事人若仍能获得基于债务不履行之损害赔偿请求权无疑将导致合同解除与否在结果上的似无差异。“债务不履行”说中的“视为契约效力依然存续”的拟制不仅过于抽象，在实务中也容易产生迷惑。首先，合同解除后当事人基于“债务不履行”之损害赔偿请求权及于何种范围的界限模糊。其次，合同解除后的基于“债务不履行”之损害赔偿请求权与合同未解除时“债务不履行”之损害赔偿请求权的差别也难以在实践中区分。两者之间的游移不定不仅可能害及相关当事人之利益，而且不利于当事人行使诉权选择权。债务不履行的损害赔偿责任是以合同有效存续及正常履行为前提，合同既已解除，此种责任已失其存在基础。在合同解除系由一方违约而致时，所称的损失并非基于债务不履行。信赖利益损失系指法律行为在外形上虽已成

---

① 王泽鉴：《民法思维与民法实例》，中国政法大学出版社 2002 年版，第 103 页。

② 史尚宽：《债法总论》，中国政法大学出版社 2000 年版，第 562 页。

③ 林诚二：《民法理论与问题研究》，中国政法大学出版社 2000 年版，第 316～321 页。

立，但其实质是为无效，当事人一方出于善意无过失信赖其有效而遭受的损害，在大陆法系中又称为消极利益或消极的契约利益。近代法制确立信赖利益系以维持当事人之间的信赖关系为基础，在义务违反人之行为既不属于侵权行为又不属于债务不履行行为时，承认信赖人得向相对人请求赔偿其因法律行为不成立或无效而产生的消极的契约利益。信赖利益的保护，其宗旨在于对民法中诚实信用原则的维护，以保护交易安全为目的。在确定信赖利益损失的时候，我们往往主要基于当事人缔约上过失责任的认定。而缔约上过失责任发生在合同订立过程中，因一方违反诚实信用原则而致相对方信赖利益损失。在适用范围上，缔约过失责任一般适用于合同未成立、无效或被撤销的情形。但信赖利益的请求权不仅仅涉及缔约过失一种情况，其还包括合同上的请求权。后者主要是指因合同不履行所产生的信赖对方将履行合同而支付的代价或费用等损失。由此可知，信赖利益的赔偿适用于合同的解除、终止、无效及被撤销等全部环节。

对于信赖利益赔偿请求权的性质，学者普遍认为，其并非基于债务不履行与侵权行为之损害赔偿，而是基于法律的直接规定。此外，信赖利益损失必须以违约行为的存在为适用前提。信赖利益的损害赔偿是使受害人处于合同从未订立的状态，而不是使其处于合同得到履行的状态。① 此点与合同解除的目的是一致的。换言之，合同解除后的损害赔偿请求权采纳“信赖利益”说较“债务不履行”说更具逻辑上的合理性。《德国民法典》规定当事人须就合同解除与债务不履行之损害赔偿择一行使，颇具合理性。但该规定似乎排除了对信赖利益的诉权行使，故《瑞士债务法》的立场具有借鉴价值。其以契约解除之损害赔偿为基础，使合同解除与信赖利益赔偿请求并行不悖。信赖利益损失应包括所受损失（积极的损害）及所失利益（消极的损害）。前者例如因订立合同所支出的费用等使现存财产的减少。后者指信赖人应增加而未增加之利益。但对所失利益的范围应予明确，其不应包括基于债务不履行之期待利益，否则将混淆信赖利益与履行利益的界限。其应限定在信赖人基于对合同不解除的信赖而丧失的其他订约机会。鉴于商品房买卖合同因本条原因而致解除时，履行期一般较短，履行程度较浅，加之虑及买受人需承担责任时的财产能力，且此情形之下的合同解除亦非因典型的债务不履行而致，故不宜采纳宽泛的信赖利益损失（所失利益）范围。我们认为，此情形下赔偿损失，以当事人实际受到的损失（所受损害）为基础。细言之，包括对方订立合同所支出的必要费用、无责任方因返还对方已给付物所支出的必要费用及责任方拒绝或迟延返还给付而使对

---

① E. Allan Fansworth: Contracts, p. 482, Brown and Company, 1990.

方蒙受的损失等。可见以上的赔偿范围应当是有所限缩的。如按揭贷款合同之未能订立不可归责于买卖合同双方当事人，如因国家金融政策变化导致发放按揭贷款规模的调整，且亦导致买卖合同不能继续履行的，出卖人应返还买受人已付之购房款本金、利息或定金。因为此时不存在违约的情形，也排除了信赖利益的适用余地。所以仅使其回复到未订立合同时的状态即可。故本条后段规定因不可归责于双方当事人的事由未能签订商品房按揭贷款合同并导致商品房买卖合同不能继续履行的，当事人可以请求解除合同，出卖人应将收取的购房款本金及利息或定金返还给买受人。

实务当中，有的法院将商品房按揭贷款合同的签订与否解释为商品房买卖合同的生效条件。亦有观点建议买受人在订立合同时，应当约定以其获得银行按揭贷款为商品房买卖合同的生效条件。① 我们认为，此观点似有不妥。生效条件在学理上亦称为停止条件，是指限制法律行为效力发生的条件，即法律行为于条件成就时发生效力，于条件不成就时不发生效力。在停止条件成就与否未定期间，虽法律行为的效力发生与否尚在不确定，即悬而未定状态，但当事人仍受其约束，不得单方予以撤回。亦即，发生所谓的法律行为先效力。当事人负有注意义务，使法律行为所企图实现的法律效果在条件成就时得获实现。当事人因条件成就得取得某种权利的先行地位应予以权利化，学说上称为期待权。② 在债权行为时，债权尚未发生效力，从而附条件债权人不得请求债务人履行。此时，商品房买卖合同的法律行为效力虽尚未发生，但于当事人之间仍可能发生给付义务以外的法律效果。在合同生效前，依缔约过失理论，即发生此项义务。我国台湾地区"民法"第 100 条规定，附条件之法律行为当事人，于条件成否未定前，若有损害相对人因条件成就所应得利益之行为时，负有损害赔偿之责任。该责任的基础，即在于违反此义务。③ 前述观点将按揭贷款合同的签订作为买卖合同之生效条件的合理性即在于此，因其可以为效力悬而未决的买卖合同的稳定及相关当事人利益的保护提供一定的基础。但亦如上述，条件之本质之一即其为构成法律行为内容之一部的当事人之意思表示。故，若当事人设定停止条件必须具备明确的意思表示，即使仅有意思而未表示之者，亦不成为合同的停止条件。在商品房买卖合同中若无当事人关此的明确约定时，不应将

---

① 李国光等：《关于适用〈中华人民共和国担保法若干问题的解释〉理解与适用》，吉林人民出版社 2000 年版，第 183～184 页。

② 王泽鉴：《民法总则》（增订版），中国政法大学出版社 2001 年版，第 423～424 页及第 433 页。

③ 陈自强：《民法讲义 1——契约之成立于生效》，法律出版社 2002 年版，第 315～316 页。《日本民法典》第 128 条（对附条件权利侵害的禁止）亦规定：附条件法律行为的各方当事人，于条件成否未定期间，不得侵害相对人的因条件成就而可由该行为产生的利益。

按揭贷款合同的订立解释为买卖合同的生效条件，此其一。第二，条件是当事人用来限制合同法律效力的附属意思表示，它只是合同的附属内容。它同当事人约定的合同主要条款不同。[①] 司法解释本条规定的前提条件是，商品房买卖合同约定买受人以按揭贷款方式付款，亦即表明此内容已经成为买卖合同内容不可或缺的一部分，该内容之上不能设定整个合同的停止条件。第三，一般言之，在合同附有停止条件时，当事人间并不会根据合同的约定为给付履行。其目的在于因合同效力的不确定会给已经之给付徒增风险。而商品房买卖合同订立后，按揭贷款合同签订前（买受人取得按揭贷款），买受人均已经支付了一定比例的购房款，即已有了履行行为。如将买受人以按揭贷款方式付款作为买卖合同的生效条件，如该条件未成就，则买受人对此前的履行仅生不当得利之返还请求权。而目前的按揭实务中，如果将出卖人按照买卖合同的约定收取买受人一定比例购房款的行为释为不当得利显然没有依据。且，银行发放按揭贷款的前提之一就是，买受人已经支付了该笔首付款。根据银行的内部规定，按揭贷款仅可发放至按揭楼宇价值（买卖合同价）的70%－80%。这样一来，将买受人以按揭贷款方式付款作为商品房买卖合同的生效条件就导致了买受人未取得按揭贷款，则出卖人无权收取其首付房款，而买受人如不支付该款，则银行不会发放按揭贷款，银行不发放按揭贷款，则买卖合同确定地不生效的怪圈，实属自扰。第四，依学理观之，当生效条件确定地不成就时，附该条件之法律行为自始不发生效力。依合同未生效时纠纷的处理原则及相关当事人所应负的责任性质及范围观之，对商品房买卖合同纠纷双方的救济亦属不力。综上，我们认为不宜将买受人以按揭贷款方式付款作为商品房买卖合同的生效条件。

那么，将商品房按揭贷款合同的签订与否解释为商品房买卖合同的解除条件如何呢？解除条件是限制合同效力消灭的意思表示或事实。业已发生的法律行为在解除条件不成就时保持其效力，于条件成就时，则失其效力。合同解除与解除条件具有类似之处，但其差异亦很明显。之于此处，主要择其两点阐述：（1）溯及力不同。合同解除效果的溯及力既有溯及既往的也有仅指向将来。而解除条件成就的效力是导致既存法律行为当然且自动地消灭，其效果一般指向将来；（2）当事人偿还义务的基础不同。合同解除后当事人负有的偿还义务基于法律规定的回复原状。关于具有溯及力的合同解除之回复原状义务的性质，郑玉波等学者认为该义务的性质为不当得利，只是两者返还义务的范围不同，不适用一般不当得利的规定，属于不当得利返还义务的特殊形态。我国大陆及台湾地区民法通说认为合同解除后的回复

① 李国光：《中国合同法条文解释》，新华出版社1999年版，第93页。

原状义务不是基于不当得利原则而发生，此项义务乃根据法律的规定，在合同解除时形成的一种新的债的关系。《德国民法典》通说认为解除权的行使，并不使契约溯及地消灭，而是发生一种回复原状的清算了结关系，原契约的基础仍然存在，债之同一性不因而受影响，不生不当得利返还的问题。[①] 而解除条件成就之后，当事人之偿还义务应依不当得利的规定。[②] 若将商品房按揭贷款合同的签订与否解释为商品房买卖合同的解除条件，除了在消灭合同存在效果的溯及力方面对买受人会产生不利，而且依不当得利解决亦有同样的缺陷，理由为：（1）不当得利是指没有法律上的根据取得利益并导致他人受有损害的事实。其性质属于自然事实中的事件，构成债权发生的原因。因此事实的成立，受损害的人对于利益受领人（利得人、受益人）有权请求返还其利益。[③] 解除条件成就之前，合同的效力仍然存在。出卖人依该合同约定收取购房款难谓为“无法律或合同上的原因”。（2）退而言之，若出卖人已经构成不当得利之利得人，亦非出于恶意，应以善意利得人释之。不当得利请求权以利得人返还其所受领利益为目的，并非以对损失人所受损害之填补为目的，因此和损害赔偿请求权不同。区分利得人之善意恶意的实益在于确定其返还义务的范围。学说认为，损失与利益相较，善意利得人以较低者为限度负返还义务，而恶意利得人则反之。大陆法系国家和地区大多数认为，善意利得人仅在现存利益限度内负返还义务。[④] 而回复原状义务的内容是要求相对人“回复原状”。出卖人若被视为受益利得人，则其负返还义务之现存利益的确定亦成疑问。（3）对受有损失者，合同解除后的回复原状及损害赔偿的请求权在利益保护的力度方面较不当得利制度更为有力。本条所定情形若以合同解除解决，当事人可以得到回复原状及损害赔偿的双重救济。于此层面，以不当得利释之明显存在缺陷。因此，除非当事人有明确约定，否则不宜以解除条件来解释按揭贷款合同的签订与否对商品房买卖合同作用。

---

① Lorenz, Allgemeiner Teil, des Schuldrechts, 14, Aufl. 1987. S. P. 404，王泽鉴在其《债法原理》一书中亦认为合同解除后，对双方已经履行的给付而言，合同内容虽有变更，但其债之关系仍然存在，根本不成立不当得利。

② 史尚宽：《债法总论》，中国政法大学出版社 2000 年版，第 528 页。

③ 史尚宽：《债法总论》，中国政法大学出版社 2000 年版，第 71 页。

④ 《日本民法典》第 703 条（善意收益人的返还义务）：无法律上的原因，因他人财产或劳务受利益并使他人受损失者，于该利益存在的限度内，负返还义务。《瑞士债务法》第 64 条（返还的责任）但书之前规定：在返还请求提出之日，取得利益的一方在能够证明其没有受益的限度内可以拒绝返还。《德国民法典》第 818 条（不当得利偿还的范围）第 3 款规定：收益人已不再享受利益的，返还或者偿还利益的义务消灭。我国台湾地区现行“民法”第 182 条（不当得利的返还范围）第 1 款规定：不当得利之受领人不知无法律上之原因，而其所受利益已不存在者，免负返还或偿还价额之责任。我国民事法律中仅最高人民法院关于执行《民法通则》的司法解释第 131 条规定，对返还的不当利益，应当包括原物和原物的孳息。利用不当得利所取得的其他利益，扣除劳务管理费用后，应当予以收缴。

第二十四条 [担保合同的解除权]

因商品房买卖合同被确认无效或者被撤销、解除，致使商品房担保贷款合同的目的无法实现，当事人请求解除商品房担保贷款合同的，应予支持。

本条规定包含两个问题：一是商品房买卖合同与商品房按揭贷款合同的关系；二是商品房买卖合同被确认无效或者被撤销、解除并导致商品房按揭贷款合同目的无法实现的，按揭贷款合同当事人对该合同享有请求解除的权利。

一、商品房买卖合同与商品房按揭贷款合同的关系

应当说，对于两者之间的关系究为何属，目前尚有不同认识。多数意见认为两个合同之间并非主合同与从合同的关系，少数意见则认为两者之间存在着主从关系，亦即，商品房买卖合同为主合同，而按揭贷款合同为从合同。

论及主合同与从合同，实际上也是在讨论主从合同的分类问题。所谓主合同是指无需以其他合同的存在为前提即可独立存在的合同。反之则为从合同。我们对合同依据不同的分类标准可以将其划分成不同的种类，其中，主从合同的分类目的在于认识两个合同之间的附从关系。认识上的明晰不仅有助于合同双方知晓所订合同的属性，而且也有助于人民法院在合同当事人产生纠纷后对不同种类的合同参考不同的规则，从而正确地适用法律。从合同的本质特征就在于其附从性，它不能独立存在，必须以主合同的成立并生效为前提。具体言之，从合同与主合同的依附关系表现为这样几个方面：(1) 从合同在发生上对主合同具有依附性。从合同系以主合同的存在为前提，只有在主合同有效成立的情况下，才能谈到从合同的成立。(2) 从合同在效力上对主合同产生从属性。主合同在被确认无效或者被撤销的情况下，从合同亦将失去效力。但这种从属性仅是从合同向主合同单方向产生的，即主合同可以独立存在，故，在从合同的成立及效力被否定的时候，主合同的效力一般不受影响。但是从合同在效力上又具有一定的独立性，也就是说，从合同可以因为不具有生效要件而单独被宣告无效或被撤销。(3) 从合同的转让必须与主合同保持一致。从合同的存在以主合同为前提，当主合同的权利已经转让的情况下，从合同的权利不得与主合同相分离而单独存在，必须随附主合同发生转让。需要指出的是，这种在转让上的一致性保持并不是绝对的。比如在主债务附有保证的时候，当保证所担保的主债务发生转让的情况下，其所附保证不是当然一并转让，只有获得了保

证人的同意，保证义务才能相应地转让。（4）合同消灭上的从属性。从合同除了因其自身的原因归于消灭以外，一般而言，当主合同因特定原因归于消灭，从合同亦应随之消灭。[①] 对于主合同附有担保合同时，担保合同在消灭上的从属性，理论上有不同的看法。一种观点认为，主合同被解除的，担保人所承担的担保责任也随之免除。另一种观点认为，在主合同解除的情况下，担保人仍应承担担保责任，只要担保人所从属的主合同的债权人的利益没有得到满足，担保人就不能免于担保责任。还有一种观点认为，衡量主合同解除时担保人的担保责任不能撇开债务人所应承担的责任，应当结合债务人的责任来确定担保人的责任。[②] 对于这个问题，《最高人民法院关于适用〈中华人民共和国担保法〉若干问题的解释》第十条的规定是，主合同解除后，担保人对债务人应当承担的民事责任仍应承担担保责任。但是，担保合同另有约定的除外。由是观之，尽管担保人此时承担的担保责任之内容与原来的担保责任已经大不相同，但在该情形下，担保合同在消灭上的从属性是有例外的。然而从一般情况来看，从合同的命运只能惟主合同马首是瞻，被动性尤为明显。只要两个合同之间同时具备了上述四个关系，它们就可称其为主从合同。换言之，衡量商品房买卖合同与商品房担保合同间是否成就了主从关系亦应从这几个角度考察。

我们首先来看发生上的依附性。在商品房买卖合同未有效成立的时候，商品房按揭贷款合同的订立不仅是没有可能的，也是不可思议的。只有买受人购买特定商品房的意思经与出卖人以合同的形式确定以后，买受人才有可能选择以按揭贷款的方式向银行申请办理贷款用以支付其购房余款。即，仅在商品房买卖合同有效成立之后，才有可能存在商品房担保贷款。那么，结论可以归结为：商品房按揭贷款合同在发生上对商品房买卖合同具有一定的依附性。

其次，再从转让方面的从属性作一分析。当买受人在商品房买卖合同中的权利义务发生转让，其在贷款合同中的还款义务也会随之转让至下一手买受人名下。该还款义务仍保留在买受人名下的假设是不合理而且是根本不会存在的。一般来说，以按揭贷款作为支付方式的买受人如欲转让其所购商品房或楼花，应经银行同意，银行在审查了下一手买受人的资信情况，认为其具有还款能力以后，才会予以同意。此项的分析结论是：商品房按揭贷款合同的转让与商品房买卖合同的转让具有从属性。

---

① 王利明：《合同法研究》（第一卷），中国人民大学出版社 2002 年版，第 38～39 页。

② 房绍坤：《担保法司法解释评析》，载 http：//www. civillaw. com. cn/lawfore/content. asp.

第三，效力上的从属性。合同的无效、被撤销应具备法律规定的原因。商品房按揭贷款合同的无效、被撤销亦应如是。当商品房买卖合同因法律规定的原因被宣布无效或者被撤销以后，其后果将会导致按揭贷款的担保物发生变化，但并没有使贷款合同被宣布无效或者被撤销的情形出现。人民法院不得因此而宣布商品房按揭贷款合同无效或者撤销之。该合同是否能够继续存在，依赖于合同双方的意思。如借款人仍具有还款能力，贷款合同仍可能存续。本项比较的结论应该是：商品房按揭贷款合同在效力上对商品房买卖合同不具有从属性。

最后，再看一看消灭上的从属性。商品房买卖合同订立后，买受人支付一定比例的购房款并通过按揭贷款的方式将剩余款项一次性支付给了出卖人，从而完成了己方在商品房买卖合同当中的合同义务。当出卖人将符合合同约定的商品房交付予买受人从而完结其合同项下之义务后，商品房买卖合同因履行完毕而归于消灭，但商品房按揭贷款合同并未消灭。一般言之，该合同会继续存在10年、十几年甚至更长。故，应当说：商品房按揭贷款合同在消灭上与商品房买卖合同不具有从属性。

在我国台湾地区的房屋买卖实务中，买受人（在台湾地区民法中买房人属消费者范畴）向开发商承购预售房屋时，就有关预售房屋买卖价金的支付方式，一般都由开发商提供特定银行与买受人订立消费借贷契约，将贷得款项直接拨付开发商以支付买卖价金。遑论银行要求借款人订立的“不得撤销之拨款委托”中银行之权益是否属于值得保护的正当利益以及是否构成对借款人权益之侵害，可以肯定的是，此时，银行与开发商间具有非常密切的关系。根据德国实务见解，在基础原因关系（如买卖契约）及给付关系（如消费信贷契约）之间，若出卖人与银行存有经济上之同一性，买受人得以其对出卖人可主张之抗辩事由（例如买卖契约因欺诈而被撤销，因买卖之物有瑕疵而被主张解除）对抗银行，此即所谓抗辩之延伸。亦即消费信贷契约与买卖契约在具有经济上同一之目的范围内，两者具有法律上之从属性与相互依存关系。台湾地区1991年1月1日生效之“消费者融资法”即将上述抗辩之延伸原则规定于第9条第3款。德国实务进而认为，如出卖人与贷款银行有长期合作关系，银行经由出卖人介绍或通过出卖人交付贷款申请表格予买受人之情形，或银行将贷款直接拨付出卖人以清偿买卖物价金等情形均被视为具有“经济上同一性”之客观关联因素。此时，在原因关系与给付关系中有一个法律关系不成立或撤销后，当事人得据以解除另一法律关系。抗辩延伸原则亦得适用。银行如以定型化条款排除上述相互依存关系及抗辩延伸效力，则该约款因违背诚信原则而归于无效。[①] 我们认为上述观点对于将我国目前的按揭实务作为一个整体来考虑其间当事人各方之权利义务无疑是很有意义的。但其实际上确立了一种全新的合同间关系类型，就所依据的“经济上同一性”及“抗辩延伸原则”尚有待学理上的研究论证与消化。更为主要的是，现在还没有制定法的依据可供遵照。

大陆法系民法中，有关于合同联立的理论。合同的联立又称契约之联结，是指数个合同不失其个性地相互结合，如机械设备的买卖，附带技术秘密的转让。合同的联立可以分为单纯外观的结合，即各合同没有牵连关系，仅因缔约行为而结合，此种为非典型的合同联立；一方依存的结合，即结合的合同之间有一方的依存关系，如约定买卖马匹，而且租借一星期的马鞍；相互依存的结合，即结合的合同之间有相互的依存关系，如出租酒店而且出卖必要的酒类的情形；择一的结合，即数个合同间，因某个事由的发生，甲合同因此丧失效力而乙合同发生效力，如约定一个月内如成为军人则买马，否则只租马三个月。合同联立是因为交易关系而紧密结合起来的数个合同，但各个合同之间是相互独立的。[②]

通过上述比较分析，结论是明确的，商品房担保贷款合同并不是商品房买卖合同的从合同。那么，它们之间是一种什么关系呢？我们认为：两者之间系具有紧密联系但又相互独立的合同关系。说联系紧密的理由是：（1）买受人办理按揭贷款的目的就是为了解决其购房资金不足的困难，其所贷得款项均支付给出卖人作为购楼款。实践中，在买受人（借款人）与银行（贷款人）签订了商品房按揭贷款合同之后，银行会依照合同约定将贷款直接打给出卖人，买受人不得也无法将该贷款挪作他用；（2）现实中的买受人一般是普通百姓，他们的付款能力，尤其是一次性付款能力较弱。同样，其取得贷款之后的还款能力也很难让银行获得足够的收回贷款的信心。因此，银行在与买受人签订贷款合同的同时都会要求买受人将其所购商品房（含现房及期房）作为担保物为贷款合同提供担保。即此，买卖合同的标的物与贷款合同的担保物就具有了同一性。从二者的相互依存关系来看，与合同联立中相互依存结合的情形相似。至于两个合同之间的相互独立性主要体现在前已述及的效力与消灭之上的非从属性中。

---

① 杨淑文：《新型契约与消费者保护法》，中国政法大学出版社 2002 年版，第 187～211 页。

② 史尚宽：《债法总论》，中国政法大学出版社 2002 年版，第 11 页；王利明：《合同法研究》（第一卷），中国人民大学出版社 2002 年版，第 26 页。

二、在商品房买卖合同被确认无效或者被撤销、解除以后，应否赋予商品房按揭贷款合同的当事人请求解除合同的权利

本条赋予商品房按揭贷款合同的当事人在商品房买卖合同被确认无效或者被撤销、解除以后可以解除贷款合同的前提是该合同之目的无法实现。因此我们需要对合同目的做一考察。合同目的简而言之就是当事人订立合同时所期望之利益。它是当事人订立合同的动因也是其后全部履行合同行为的追求所在。对商品房按揭贷款合同的目的系于何处，存在不同理解。有观点认为，商品房按揭贷款合同质言之仍属于贷款合同。借款人的合同目的就是取得贷款，而贷款人的目的就是放出贷款后，在安全回收贷款的同时获取贷款利益。持上述观点的多为银行等金融机构。基于向买受人倾斜以及两个合同之间相互依存的紧密程度的考虑，本司法解释采纳与上述观点相异的立场，对商品房按揭贷款合同的合同目的作出一种更务实的解释。由前文论述可知，买受人（按揭贷款合同的借款人）与银行签订贷款合同的目的如仅仅解释为取得贷款，即使不能说是不尽正确的，至少也是不全面的。在今后相当长的一段时期内，对于我国大多数买房人来说，买房置业仍可说是事关其一生的大事。他们借得银行贷款的目的就是为了买房，这是单纯而确定的。当商品房买卖合同被确认无效或者被撤销以后，依相应的处理原则，买受人对原来欲购得之房屋将因人民法院的生效民事判决而确定地丧失期待及占有使用。而此时，按揭贷款合同的仍然存续对借款人而言已经毫无疑义。其订立商品房按揭贷款合同时所期望之利益业已不复存在。诚然，任何借款人的借款行为均有其特定的目的，若普遍地认为当该目的无法实现时，就应赋予其解除贷款合同的权利，回答当然是否定的。单纯存在于借款人方面的使用目的通常于贷款合同并无重大意义。但是，根据商品房按揭贷款合同所具有的特殊性，本司法解释在此对合同目的不能实现作出了较灵活的解释。对于银行而言，如果没有藉以提供担保的房产存在，银行也绝不会向买受人发放贷款。虽然其贷款债权曾经同时附有担保标的物的物保与开发商的人保，但是随着人民法院对商品房买卖合同纠纷之生效判决的作出，担保标的物的现实权属状态将确定地发生变化。更为堪忧的是，此种物权变动并非基于担保物权设定人的法律行为而生。亦即阻却了银行担保物权之追及效力的行使。理由是，经由判决发生的物权变动在性质上属于依公法发生[①]之物权变动。因判决这种非法律行为的干预，作为限制性物权的担保物权的追及效力亦会随之灭失其根基。此情形下，担保物系

① 梁慧星：《中国物权法草案建议稿》，社会科学文献出版社 2000 年版，第 188 页。

为法律上的灭失。担保物法律上的灭失仅生担保物权之物上代位效力的问题。这与设定人以法律行为（如买卖）转让担保物所有权而担保物权仍得依追及效力继续存在的情况不同。此时，银行对买受人因买卖合同解除而受出卖人返还之价款只可行使物上代位权。在司法解释讨论过程当中，有观点认为，应区别买卖合同被确认无效、被撤销与被解除的不同环境而确定银行享有的担保物权追及效力存在与否。在买卖合同被解除的情形，因合同在被解除之前是有效的，故买受人设定担保物权的行为亦为有效。尽管合同后被解除，但如担保物权已经登记，则出卖人因合同解除而复受原商品房买卖合同项下的标的物或者权利之返还时即应一并承受于其上业已成立的负担，即此时担保物权之追及效力仍然存在适用的余地。唯如此，方能有力地保护依法设立的担保物权及物权登记的效力。不能不承认，担保物权追及效力的问题比较复杂，但无论从何种观点，也是有悖于银行当初订立商品房按揭贷款合同时对于顺利收贷的期望。因此，司法解释本条赋予商品房按揭贷款合同的当事人以请求解除贷款合同的权利。与此同时，司法解释并不认为该“目的不能实现”的原因在于当事人一方的违约行为。当然，银行可以综合考虑如何充分利用开发商的保证责任[①]以衡量请求解除贷款合同的利弊来决定此权利的行使与否及如何行使。银行发放按揭贷款属于经营行为，获利的幸运并非总能伴随其左右，风险是不能不有所虑及的。即便如此，银行对其利益圆满仍有可资选择的救济途径。

关于按揭贷款合同解除之效果是否具有溯及力的问题。按揭贷款合同属于借贷合同，我国台湾地区学者亦名其为有偿之金钱消费借贷合同。依梅仲协的观点，消费借贷系指借用人应以与其所受领之金钱或其他代替物种类、品质、数量相同之物，返还与贷予人。在台湾地区“民法”中，消费借贷以无偿为原则，但亦得约定有利息或其他报偿，[②] 所谓有偿的消费借贷即是之。由此可知，消费借贷的成立要件有三：（1）标的物须为金钱或其他代替物；（2）借用人须受标的物之交付；（3）须借用人标的物之所有权或其他处分权而负有以种类、品质、数量相同之物为返还债务。金钱消费借贷的成立，不必以货币之现实授受为必要。罗马法及普通法均肯认消费借贷为要物契约，以贷予物之交付为成立要件之一，依其理论，贷予物未为交付之前之消费借贷契约仅具有预约之性质。依德国民法通说，消费借贷无必要视为要物契约。《德国民法典》第67条第1款有关“受领贷予物”之规定，仅在说明贷予物于交付后，借用人方负有返还之义务。在台湾地区的学说当中对此亦有争

---

① 实践当中，按揭担保借款合同会约定开发商为借款人承担阶段性保证、全程保证及承担借款人不履行债务时的回购责任等。

② 梅仲协：《民法要义》，中国政法大学出版社1998年版，第389～391页。

论。郑玉波及邱聪智先生在其所著之债法各论中即提到有以之为要物契约，有以之为非严格的、固有的要物契约或次类型之要物契约或要物性之缓和。甚至主张应认许“诺成的消费信贷”，要物契约之概念应予摒除。关于消费借贷契约之要物性是否应予缓和或摒除，学界多数意见持肯定态度。依现代经济交往的便利角度来看，应肯认诺成的消费借贷契约之有效性。没有异议的是，对贷予物的交付形式应当进行灵活解释。在消费借贷的成立方式上，如我国台湾地区“民法”第477条、《日本民法典》第588条及《德国民法典》第67条第2款均规定，非因消费借贷而负给付金钱或其他替代物之义务时，亦即因其他原因对金钱或其他替代物负有债务时亦可，如当事人相约以该金钱或其他物为消费借贷标的物，则消费借贷视为成立。[①]论及此节的目的在于说明，按揭贷款合同的履行中，银行虽未将贷款直接交付予借款人，但依其指令将该贷款划入开发商帐内，虽然买受人未曾接受贷款之现实交付，亦已成就银行贷款对借款人的付出。借贷合同属于继续性合同，[②] 原则上不具有解除效果上的溯及力。我国《合同法》第九十七条亦已作出明定，合同解除后，可根据合同的履行情况和合同性质解决解除之上的溯及力问题。但按揭贷款合同又不同于典型的继续性合同。在不动产租赁合同中，合同订立的目的在于发挥租赁物的使用效能，合同双方的总给付量自始并不确定，而有赖于合同之持续履行。在合同解除时，基于已经使用部分而为之给付无需也不适于回复原状。商品房按揭贷款合同中，银行付出之贷款均为一次性给付，该给付自始即以确定。而借款人之债务履行虽表现为一定时段内的继续性给付，但其总给付量亦为自始确定。故按揭贷款合同在一时性特征方面与前述的分期付款卖房合同具有相同之处。当按揭贷款合同解除后，应赋予当事人回复原状之请求权。但是此种回复原状亦不同于通常的双向返还。我们一般所说的回复原状主要针对双方对待给付物系不同种类，如买卖合同中表现为买卖标的物与货币。而按揭贷款合同中双方给付均为货币，属同一种类，机械地采用双向返还并无实益。此间的回复原状应扣减借款人已偿还之部分，而存在于银行未受返还的部分。另一种观点认为，这种区分实际意义不大，按揭贷款合同解除后，银行未受返还的部分可以基于损害赔偿进行救济。我们认为，虽然在客观效果上两种观点并无大的差异，但予以明晰的意义还是存在的。关于回复原状义务与保证责任的关系，亦即保证人责任是否及于回复原状，史尚宽先生认为因契约解除所生的回复原状义务，与契约上之债务无同一性，又非主债务之从债务，不应

---

① 亦有学者将上述规定情形称为准消费借贷，参见史尚宽：《债法各论》，中国政法大学出版社2000年版，第276页。

② 李国光：《中国合同法条文释义》，新华出版社1999年版，第221页。

包括在保证债务范围之内。[①] 本条所定之合同的解除溯及于合同成立时消灭其效力，即，按揭贷款合同因解除如同自始不存在，从而未履行之债务归于消灭，既已给付者，发生回复原状请求权。在买受人因按揭贷款合同所负之主债务已经消灭的时候，若将其回复原状义务排除于出卖人之保证责任范围之外，显然不合于当事人订立保证之原意。就保证合同当事人的原意及其间的利益衡量角度观之，肯定的回答应视为符合通常当事人的意思。[②] 只要主债权人的利益未受满足保证人的责任即不应免除。我们也可以在《最高人民法院关于适用〈中华人民共和国担保法〉若干问题的解释》第十条中找到依据。该条规定的担保人在主合同解除后仍应承担担保责任的债务人应当承担的民事责任，其实就是指债务人回复原状义务及其他损害赔偿责任。因为其主债务已因合同解除而归于消灭。那么，银行在合同解除之前基于该合同业已收取的那部分贷款利息应如何处理呢？本条所涉之合同解除系因合同目的无法实现，其原因并非源于当事人的合同义务不履行，加之赋予商品房按揭贷款合同之解除以溯及效力，故以合同未订立时的状态为回复原状的界限即为合理。此时，银行已经获得的按揭贷款利息（在按揭还款的初期，利息占每笔还款数额的比例要高于后期还款）显然不符合该界限之要求。借款人负担其占用款项期间之正常贷款利息即可。

如银行要求解除按揭贷款合同，有一个问题亦需讨论。即该损害赔偿的范围。由前面论述得知，损害赔偿请求权不因合同解除权的行使而受影响。按揭贷款合同的解除当然会使银行丧失通过该合同的正常履行而获得的利息。银行此时的利息损失即属于其期得利益损失。依台湾学者曾世雄的分类，其应归为“依通常情形可得预期之利益”。[③] 此利益损失应否涵盖于合同解除后的损害赔偿呢？应当看到在合同解除系由违约而产生的情况下，单纯从违约的角度看，确实应该存在违约的损害赔偿问题，但从法律上看，合同的解除不应超出合同解除效力所应达到的范围，合同解除的效力是使合同恢复到合同订立前的状态，而可得利益只有在合同完全履行时才有可能产生。既然当事人选择了合同解除，就说明当事人不愿意继续履行合同，非违约方就不应该得到在合同完全履行时才应得到的利益，亦即不应该考虑可得利益的损失问题，至于对违约方的制裁功能，在合同解除后的损害赔偿足以保护守约方的利益，制裁违约方，合同解除本身就是对违约方的制裁，因为是否解除合同是非违约方的权利，所以其行使解除权的时候，解除的后果只能是对违约方不

① 史尚宽：《债法各论》，中国政法大学出版社2000年版，第902页。
② 王泽鉴：《法律思维与民法实例（请求权基础理论）》，中国政法大学出版社2001年版，第103页。
③ 曾世雄：《损害赔偿法原理》，中国政法大学出版社2001年版，第158～159页。

利。故，对可得利益的赔偿不应包括在合同解除产生的损害赔偿范围之内，否则，将会使非违约方得到不应得到的利益。[1] 从我国《合同法》关于违约责任的规定来看，违约责任兼具补偿性及惩罚性，但这种惩罚性不能扩大到在合同解除时也可以对违约方苛以就对方在合同经过完全履行后将能获得的利益进行赔偿。若银行基于本条赋予的“合同目的不能实现”行使解除权或基于商品房买卖合同因当事人请求确认无效或撤销、解除而进入诉讼之后，买受人一般均会停止偿还其所负按揭贷款债务的情况而依据《合同法》第九十四条第三项在借款人迟延履行主要债务，经催告后行使解除权，其上述可得利益则不应得到保护。即便从前述合同解除与信赖利益之损害赔偿请求权可以并存的立场出发，该利息损失亦不应涵盖于所失利益之中。因为此所失利益主要指因信赖合同不解除而丧失其他的订约机会所受的损失。银行持有的货币为数额巨大的种类物，绝非其贷予此借款人之款项一部。故该按揭贷款合同的解除并不妨碍银行与其他借款人订立合同。否则势必导致将履行利益损失带入合同解除后的损害赔偿范围之中。亦需说明的是，信赖利益损失的赔偿以不法行为存在为前提，而本条规定的本意并不认为解除权人的对方就合同解除具有过错。如借款人请求解除按揭贷款合同，由于该合同之解除亦并非基于银行的违约行为，故其须向银行支付的正常的贷款利息可以视为商品房买卖合同被确认无效、撤销或解除而导致的损失。对此，买受人可以衡量合同被确认无效、撤销或解除的原因及两个合同纠纷的诉讼情况，决定是否向出卖人方主张损害赔偿。

事实上，唯一的问题是，根据我国《合同法》第九十四条第一、四项之规定：论及合同目的不能实现而导致合同解除的原因只有两个，即不可抗力和当事人一方迟延履行债务或者有其他违约行为。但本条所涉合同目的不能实现的原因，似不在法律明定范围之内。另外，依民法原理，合同解除的权利应当掌控在非违约方手中，本条同时赋予当事人以按揭贷款合同的解除权，亦似乎有违法理。然一如前述，基于此类合同的特殊性考虑，有必要在此对该情形作适当扩充。另外，如前所述，银行此时对其权利的保护享有充分的选择余地。实践当中，按揭贷款合同通常会约定，如果借款人迟延履行按期还款义务，在一定期限内，经银行催收，仍未履行，则借款人将丧失其期限利益。银行得就全部按揭贷款要求借款人为一次性偿还，学界亦称之为合同的加速履行。于此情形下，银行的可得利益当然就会通过债务不履行之损害赔偿得到保护。当然，此可得利益的获得有时仅仅存在于诉讼的层面之上。如银行之按揭贷款能否回收尚存疑问的情况下，仍期望获得可得利益只会

---

① 王利明、崔建远：《合同法新论·总则》(修订版)，中国政法大学出版社 2000 年版，第 469 ~ 470 页。

导致诉讼成本的扩大。

本条规定在商品房买卖合同被确认无效或者被撤销、解除以后，致使商品房按揭贷款合同的合同目的无法实现的，当事人可以请求解除合同，旨在赋予按揭借款合同当事人请求解除合同之权利的规定旨在为其提供充分的诉权选择权，因为，此处合同目的之能否实现，其衡量标准系由按揭贷款合同当事人依自己意思决定。

第二十五条 [担保贷款合同与商品房买卖合同的合并审理]

以担保贷款为付款方式的商品房买卖合同的当事人一方请求确认商品房买卖合同无效或者撤销、解除合同的，如果担保权人作为有独立请求权第三人提出诉讼请求，应当与商品房担保贷款合同纠纷合并审理；未提出诉讼请求的，仅处理商品房买卖合同纠纷。担保权人就商品房担保贷款合同纠纷另行起诉的，可以与商品房买卖合同纠纷合并审理。

商品房买卖合同被确认无效或者被撤销、解除后，商品房担保贷款合同也被解除的，出卖人应当将收受的购房贷款和购房款的本金及利息分别返还担保权人和买受人。

本条主要解决按揭银行进入商品房买卖合同纠纷诉讼的诉讼地位问题。

当商品房买卖合同当事人一方向人民法院诉请确认商品房买卖合同无效或者要求撤销、解除买卖合同时，对于按揭银行的诉讼地位如何看待，应甄别不同情况区别确定。

根据《城市房地产管理法》第四十四条第三款及《城市商品房预售管理办法》第十一条之规定，开发商对商品房预售所得的预售款项应本着专款专用的原则用于所开发项目的工程建设。为督促开发商将预售款项专项使用，实践中大多要求开发商在银行开立预售款项专用账户。如《广东省商品房预售管理条例》规定，开发商使用商品房预售款项时，开户行应根据房地产交易登记部门的核准同意，方能支付预售款项。在目前的商品房预售实践中，开发商基本上选择有固定办理其开发项目按揭贷款业务的银行作为预售专款的开户行。若开户行怠于行使对预售款项的监管义务，随意划拨并导致开发商将预售款挪作他用，致使项目烂尾，则有可能作为无独立请求权第三人参加买受人与出卖人的本诉之中。[①] 对此，司法实践中并无争议。此种情形亦非本条意欲解决的问题。

一、银行是否属于无独立请求权第三人

目前争议较多的是银行仅以按揭权人之身份参加诉讼时的诉讼地位。可以肯定的是，将银行作为无独立请求权第三人是不正确的。我国《民事诉讼法》将无独立请求权第三人定义为：虽然对本诉双方的诉讼标的没有独立的请求权，但案件处理的结果与其有法律上的利害关系，可以申请参加或者由人民法院通知参加诉讼的人，并将其规定在“当事人”一节中。然而，同时又规定只有被人民法院判决承担民事责任的无独立请求权第三人，方才享有当事人的诉讼权利及义务。

民诉法学界普遍认为，我国的“无独立请求权第三人”制度尚存在一定缺陷。首先，民诉法对无独立请求权第三人在诉讼中之法律地位的规定存在矛盾：若其不具有当事人的法律地位，则判决其承担民事责任没有依据；如反之，则其又不享有当事人意义层面上的诉讼权利与义务（尽管《最高人民法院关于适用〈中华人民共和国民事诉讼法〉若干问题的意见》第六十六条规定，在诉讼中无独立请求权第三人有当事人的权利义务，虽较民诉法已有进步，却仍通过但书对其诉讼权利及义务进行了限制，因而又是不完全的）。在只有残缺不全的诉讼法上的权利义务的情况下，判决无独立请求权第三人承担民事责任同样失之公允。造成这一尴尬境地的原因是制度本身在设计上疏于周延。对于我国无独立请求权第三人制度的重构，民诉法学界已作了较为充分的探讨。比较一致的观点是以对第三人的程序保障和诉讼经济的双重目的为基础，采准独立参加人和辅助参加人（又称为准独立参加的第三人和辅助参加的第三人）替换现行的无独立请求权第三人，以期为诉讼参加人提供更多的程序选择权。赋予无独立请求权第三人以诉讼主体资格当无异议，既此，依据处分原则，准独立参加人的诉讼参加应通过本诉当事人的引入，在具体方式上应为提起诉讼。对法院在其认为必要时，基于解决全部争议的目的，依职权吸纳任何第三人参加诉讼也不能绝对予以摒弃，但应从严把握。对辅助参加人，可以在已经系属的诉讼中通知其参加诉讼，当然，其主动申请及经由当事人告知亦为适当。

在《民事诉讼法》未作修订之前，无独立请求权第三人对已经系属诉讼的双方当事人的诉讼标的不能提出独立的诉讼请求，总是辅助当事人一方并依其诉讼立场为出发点提供证据，进行防御。他只能依附于当事人一方并与其保持利益上的一致，其

---

① 陈吉生：《商品房按揭合同纠纷案件的审理》，载《人民司法》2003 年第 1 期。

申请参加或者被人民法院通知参加诉讼的目的仅是支持和帮助一方去反对另外一方。银行不论加入出卖人与买受人因商品房买卖合同而起的诉讼与否，其目的只有一个，即只关心其按揭贷款债权的优先实现。这一诉讼目的本身与出卖人及买受人在商品房买卖合同纠纷中的诉讼利益均相去甚远。正是因为诉讼目的的迥然不同，银行不会依附于当事人一方并与其保持利益上的一致，即支持和帮助一方去反对另外一方。进而，所谓辅助当事人一方并依其诉讼立场为出发点提供证据，进行防御等标准的“无独立请求权第三人”的诉讼行为只能成为无源之水。次而言之，我国《民事诉讼法》中的无独立请求权第三人仅在人民法院判决其承担民事责任的情况下才享有上诉权。而无论商品房买卖合同纠纷本身的诉讼结果为何，银行均不会去承担民事责任。如此以观，银行怀有区别于商品房买卖合同双方当事人的诉讼利益却以无独立请求权第三人之身份参加一个根本不会使自己承担民事责任，同时自己也当然无法在将来享有上诉权的他人已经系属的诉讼，于其利益言之，实属无益。

我们再从学界改造无独立请求权第三人制度的角度对银行的诉讼地位作一分析。首先看一下准独立参加人。对于与已经系属的诉讼所应具有的法律上的利害关系，学界存有争议。一种观点认为此利害关系系指第三人与当事人一方的法律关系同本诉当事人之间的法律关系有着义务上的牵连，一旦一方当事人败诉，败诉方就有权要求第三人承担义务。因此，第三人参加本诉的依据主要在于他的义务和责任，并把无独立请求权第三人限定为义务参加的情形。[①] 另有学者借鉴美国的权利参加和义务参加制度认为准独立参加人与已经系属的诉讼所应具有的法律上的利害关系在实践中应当有三种形式：义务性关系、权利性关系及权利义务性关系。[②] 我们认为上列两种观点均有失偏颇，此利害关系似仅应从义务性关系和权利义务性关系两者释之。《美国联邦民事诉讼规则》第 24 条规定的权利参加制度的目的是许可权利人作为原告参加诉讼。与其相对的是该规则第 14 条规定的第三当事人的诉讼参加程序。我们所说的准独立参加人主要借鉴的也正是上述的第 14 条。该条规定原告和被告都可以将第三人引进业已系属的诉讼。于途径言之，本诉被告基于本诉原告所诉请其应负担的责任和义务而以对第三人诉讼中的原告身份向对其负有责任或义务的第三人提起诉讼。从诉的合并出发，将第三人引入本诉。当本诉的被告对原告提出反诉的情况下，本诉之原告也可以基于同理提起第三人诉讼。无论依何种方式加入本诉，第三人均享有普通法中完全意义上的当事人地位。详言之，第三人

① 江伟、单国军：《论民事诉讼中无独立请求权第三人的确定》，载《中国人民大学学报》1997 年第 2 期。

② 陈彬：《对无独立请求权的第三人参加诉讼若干问题的探讨》，载《法律科学》1989 年第 4 期。

可以在第三人诉讼中对原告的诉讼请求提出防御，提出反诉，或者对其他第三人诉讼中的被告提出交互诉讼。笔者所谓“权利义务性关系”即产生于此。实际上，质以言之，其不过属于“义务性关系”的变种而已。但是，假使单以“义务性关系”概之，不利于对准独立参加人的诉讼权利内涵的把握。虽然准独立参加人具有完全意义上的当事人地位，但由于其参加诉讼的被动性，即第三人诉讼对本诉的依附性，使得其与真正含义上的独立参加人尚有一定差距。那么，可以得出的另外一个结论是，应排除准独立参加人主动向本诉原告或被告起诉而与本诉合并的方式（详见下述）。由此可知，银行在商品房买卖合同法律关系当中，对出卖人与买受人均不负义务，因而无从经由本诉当事人双方的控诉进入该诉讼。故银行的诉讼地位不宜以准独立参加人的身份进行解释。

再看辅助参加人。在德日《民事诉讼法》中有所谓辅助参加人的制度，又称“从参加人”。辅助参加人在本诉当事人已经系属的诉讼中辅助被参加人进行诉讼，如提供证据，收集诉讼资料等。其可以支持被参加人为一切诉讼行为，但其主张和抗辩不得与被参加人的诉讼行为相抵触。在忠实于被参加人的前提之下，辅助参加人与其被参加人基本享有相同的诉讼权利，且法院不得判决其承担民事责任。如果人民法院在这种第三人参加本诉伊始就不打算让其承担责任，而仅仅是为了使本案情况让该第三人知悉，以便让其同一方当事人（主要是被告）一起抗辩和反驳原告的请求，就可以在诉讼中通知其参加。这种情况下，由人民法院通知其参加诉讼并不会对辅助参加人的权利直接产生不利影响，因为法院不得判决其承担责任。使其参加诉讼的目的是要使本诉讼已经发生的情况为辅助参加人知悉，并且在被辅助参加诉讼的主当事人向其提出独立的诉讼请求时，该辅助参加人不得对本诉主当事人主张本诉判决对其无约束力，但主当事人仍可以以本诉判决对抗辅助参加人的请求，亦即，其受该判决既判力的拘束。若立法明定不得判决辅助参加人承担责任，则让其辅助参加的作用在于产生“参加的效力”。故有学者论断，辅助参加人才是标准的、名符其实的“无独立请求权第三人”。[①] 与前述理由基本相同，对银行的诉讼地位仍不可以此释之。

二、以有独立请求权第三人看待银行的诉讼地位问题

依《民事诉讼法》第五十六条第一款之规定，对当事人双方的诉讼标的，第三人认为有独立请求权的，有权提起诉讼。由此得出的结论是，有独立请求权第三人

---

① 江伟:《民事诉讼法学原理》，中国人民大学出版社 1999 年版，第 438 ~439 页。

参加本诉，应当具备以下三个条件：(1) 本诉正在进行。本诉尚未开始，就谈不到参加诉讼的问题。只有本诉业已进行，第三人才能参加诉讼；(2) 对本诉双方当事人的诉讼标的的全部或部分具有独立的实体权利；(3) 须以本诉的双方当事人为共同被告。第三人参加诉讼必须以本诉双方当事人为被告，自己则处于原告的地位，享有原告的诉讼权利，负担原告的诉讼义务。如只以一方当事人为被告，而与另一方当事人利益一致的，则非有独立请求权的第三人。[①] 对于有独立请求权第三人所享有的独立请求权，目前的理解似乎尚存在一定问题。作为诉权概念的核心，有独立请求权第三人所享有的独立请求权应解释为诉讼法上的请求权。尽管学界同样认为有独立请求权第三人所基于的独立请求权应待案件审理后方能确定，但我国的有独立请求权第三人制度在审查第三人是否具有这一地位的时候，仍然过于偏重实体权利的存在与否。在诉讼法上，亦应赋予具有一定诉讼法含义上的案外人以有独立请求权第三人身份加入本诉。当然，两诉之间应具备充分的联结关系。从我国《民事诉讼法》理论对当事人所作的定义的演变过程可以清晰地看出，当事人概念中的实体内涵成份正在逐步减少。近来，又有学者从扩张司法保障私权的功能、提升程序自主性的角度出发，提出程序性当事人即当事人的观点。[②] 在程序性当事人的观念之下，适格当事人将因此被更多地赋予程序上的意义，所关注的内容亦将从注重实体的“实体适格”转向“程序适格”。[③] 这种转变与美国《民事诉讼法》当中诉讼程序完全由当事人主观上的权利主张启动的观念已有了较大幅度的接近。这种进步当然不会仅仅停滞在对“当事人”的孤立理解上。

《美国联邦民事诉讼规则》第 24 条规定的权利参加制度的范围较为宽泛。其在许可第三人作为原告参加诉讼的同时，亦许可适用于共同诉讼和代表人诉讼。毫无疑问，其规定对我们具有借鉴意义。根据该条规定，申请人（有独立请求权第三人）主张的权利与本诉的诉讼标的或标的物有关，并且本诉的判决结果对其权益保护有实质上的侵害或阻碍，除非其利益已由本诉的当事人给予充分代表，法院可以裁定许可其任意参加到本诉中来。日本《民事诉讼法》第 47 条第 1 款规定，主张由于诉讼结果而使其权利受到损害的第三人，或者主张诉讼标的的全部或一部分属于自己权利的第三人，可以作为当事人将该诉讼的双方当事人或者一方当事人作为对方当事人参加该诉讼。有观点认为，日本《民事诉讼法》中规定的独立当事人参加制度在实质上并不属于“主参加”，真正的主参加乃规定在该法第 52 条的共同诉

① 章武生：《民事诉讼法新论》，法律出版社 1993 年版，第 185 ~ 186 页。
② 肖建华：《寻求独立的诉讼主体地位——当事人概念的再认识》，载《现代法学》2000 年第 4 期。
③ 常怡：《比较民事诉讼法》，中国政法大学出版社 2002 年版，第 36 页。

讼参加之中。我们认为，该条规定系指对于当事人一方和第三人必须合一确定诉讼标的的情形，与我国所谓的有独立请求权第三人的本质尚存差异。[①] 根据《法国民事诉讼法》第325条规定，第三人参加诉讼须与本诉所具有的足够联系为第三人与案件有利害关系。在其民事诉讼实务当中，不仅允许仅有正当利益的第三人参加诉讼，而且，对于此正当利益的解释十分宽泛，包括从属性的利益，甚至道德上的利益亦可。[②] 由以上各国立法例观之，结论似乎可以确定为，我国的有独立请求权第三人制度对有独立请求权第三人的范围限制过多、过严，往往不利于诉讼经济原则的贯彻及节省并充分利用现有的司法资源。主要体现在两个方面：（1）必须要求同时以本诉的双方当事人为被告；（2）必须要求对本诉当事人争议的诉讼标的具有独立的请求权。一些民事诉讼理论著述在论及有独立请求权第三人的时候，大都列举在实践当中很少出现的双方就皆无权主张所有权而有独立请求权第三人才享有所有权的标的物进行争议的案例，进而论证有独立请求权第三人须应对本诉双方当事人所争议的诉讼标的具有独立的请求权，其说服力似乎并非很强，代表性不足。我们认为，只要该第三人与本诉当中的双方当事人争议的诉讼标的享有相对的诉的利益，亦即英美法民事诉讼理论中与其相类似的诉讼资格概念，即可肯认其具有独立请求权。也正是从这个角度出发，应适当扩充有独立请求权第三人的范围，同时，正所谓此涨彼消，有独立请求权第三人的范围扩大以后，上述准独立参加人的范围即应相应限缩。在以义务性关系及权利义务性关系为实践形态的情况下，恐怕主动参加到本诉中去的准独立参加人就几乎不会存在了。

有独立请求权第三人参加诉讼制度属于诉的合并，其与共同诉讼的界限必须明确。根据通说，两者的区别主要存在于以下几个方面：（1）争议的诉讼标的不同。必要的共同诉讼人争议的诉讼标的是共同的；而第三人提起的诉讼，其诉讼标的与本诉的诉讼标的是根本不同的。该第三人与本诉中的任何一方当事人均不具有共同的诉讼权利与义务；（2）争议的主体对象不同。必要的共同诉讼人只能同另一方当事人发生争议，共同诉讼人之间没有诉讼争议。第三人提起的诉讼与本诉的合并中，各方之间均存争议，即使第三人与其中一方没有争议，他们之间也不具有共同的诉讼目的；（3）诉讼地位不同。必要的共同诉讼人既可能处于原告的地位，也可能处于被告的地位。第三人则只能处于原告的地位；（4）当事人诉讼行为的效力不同。必要的共同诉讼人的其中一人之诉讼行为如经全体同意，对共同诉讼人全体发

---

① 日本新《民事诉讼法典》第52条（共同诉讼参加）第1款规定：对于当事人的一方和第三人必须合一确定诉讼标的时，该第三人可以作为共同诉讼人参加该诉讼。

② 肖建华：《当事人问题研析》，中国法制出版社2001年版，第235页。

生效力。而此种情形，在第三人参加诉讼中则不会出现；（5）参加诉讼的方式不同。必要的共同诉讼属不可分，故对必要的共同诉讼人，如其未参加诉讼，人民法院则应依职权追加其参加诉讼。于第三人参加诉讼的途径而言，不存在该参加方式。因其属于可分，故第三人可以在本诉发生后，直接起诉参加本诉，亦可在本诉终结后提起诉讼。[①] 在普通的共同诉讼中，虽然各共同诉讼人之间的关系在牵连性上较必要的共同诉讼相对为弱，且各自保持了相对的独立性，但其相互之间的牵连性同样较为明显。如，共同诉讼人中之一人的行为于其他共同诉讼人有利时，其效力及于其他人；其中一人提出的证据可以为其他共同诉讼人所共享等。

由以上论述可知，在买受人与出卖人的商品房买卖合同纠纷中，无论商品房买卖合同被确认无效或者被撤销、解除，银行按揭贷款担保之标的物的归属及内容均会发生变化。而担保物的变化无疑会影响到银行按揭贷款债权的顺利及优先实现，另外，按揭借款人在此时一般已经停止履行按揭贷款合同约定的按期还款义务。虽然银行对商品房买卖合同纠纷双方争议的诉讼标的不具有实体法上的请求权，但是我们可以确认其对商品房买卖合同纠纷诉讼具有了诉的利益。如银行未参加该诉讼，在商品房买卖合同被确认无效或被撤销、解除的情况下，依据相应的处理原则，银行应将其所收取的购房按揭贷款返还给买受人，这极有可能会在一定程度上增加银行收回贷款的风险。亦即，该诉讼的判决结果将有可能对银行的权益保护造成实质性的损害。因此双方争议的标的物就与银行主张的权利具有了法律上的利害关系。银行参加诉讼可能会选择要求解除与买受人（按揭借款人）订立的商品房担保贷款合同，也可能同时视具体情况要求贷款保证人（出卖人）承担保证责任。这样就会以买受人和出卖人的一方或双方为被告。当以按揭贷款为付款方式的商品房买卖合同的一方当事人请求确认商品房买卖合同无效或者撤销、解除合同时，必然对银行贷款回收产生影响。前述的“独立性”也必然要求银行只能以有独立请求权第三人的身份参加到买受人与出卖人间的诉讼中去。亦即，银行进入商品房买卖合同纠纷中应具有有独立请求权第三人的身份。在银行带着自己的诉讼请求进入了商品房买卖合同纠纷诉讼以后，人民法院即应将两个诉一并审理。本条第1款前段的规定正是基于此种考虑，以期在适当的框架中在一个诉讼过程中尽量解决更多的纠纷。在我国民事诉讼立法尚未作出修订的情况下，依诉的合并理论对银行的诉讼地位进行解释，亦为可行。基于上述考虑，本司法解释在本条规定的情形中，赋予银行以有独立请求权第三人的地位。

---

① 江伟：《民事诉讼法学原理》，中国人民大学出版社1999年版，第429~430页。

基于有独立请求权第三人具有当事人诉讼地位这一前提，即应赋予银行充分的行使诉权的自主性。换言之，当事人是否选择诉的合并，应当从其意愿。这从诉讼法中的当事人处分原则和司法被动性的原则中，亦可找到答案。有独立请求权第三人参加诉讼的发生有两种：（1）在本诉开始后，以诉的方式直接进入；（2）另行起诉。在第一种情形，如银行未以有独立请求权第三人身份进入商品房买卖合同纠纷诉讼，人民法院仅应处理商品房买卖合同纠纷，自不待言。银行依商品房担保贷款合同纠纷进行另诉的，人民法院可以依据诉的合并及具体的诉讼情形，决定将其与商品房买卖合同纠纷合并审理。

本条第二款规定商品房买卖合同被确认无效或者被撤销、解除后，商品房按揭贷款合同也被解除的，出卖人应将收取的购房贷款和购房款的本金及利息分别返还给银行和买受人。有观点认为其原因是：一方面，买受人向出卖人支付的购房款包括两部分，一部分是自有资金，另一部分是贷款资金。就支付的自有资金来说，买受人是真正的权利享有者；就交付的贷款资金而言，买受人不是真正的权利享有人，仅是名义上的权利享有人。而按揭银行才是真正的权利享有人。按揭银行所提供所谓贷款对买受人来说，是买受人对按揭银行所负的债务。因此，买受人的债务人（出卖人）向买受人的债权人履行债务，具有消灭买受人对其债权人负有的债务的积极意义，从债务的消灭来说是允许的。另一方面，按揭贷款购房，由于物的担保的性质，设定于特定物上的担保，事实上是由开发商设定和承担责任的。试想，在解除商品房买卖合同后，买受人根本不可能最终取得房屋所有权，出卖人将会继续管领建成和未建成的房屋，买受人何来担保物呢？只有物的担保效力依然存在，才可能有效地保护和实现按揭银行的权利，这正是按揭贷款购房方式设计的主要目的。因此，因出卖人的原因导致商品房买卖合同及按揭贷款合同解除的，且出卖人已经实际占有贷款的，由出卖人承担返还贷款的责任，是按揭贷款购房方式的特定要求决定的，是合理的。[①] 我们认为，以上观点值得商榷。货币的所有权与现实占有合而为一。出卖人取得买受人所负的购房款及贷款资金的占有即成为资金的所有人。此处不会发生返还请求权与占有回复请求权的问题，仅能基于合同关系提出相应的请求，亦即，该请求权仍应限于债权的范围之内。按揭银行支付给出卖人的贷款资金虽在形式上为贷款银行直接划付给出卖人，但系按照买受人的指令。尽管此指令不甚明显，然而银行与出卖人之间没有任何交易关系，其以自己名义向出卖人

---

① 最高人民法院中国应用法学研究所：《人民法院案例选（民事卷）》上，中国法制出版社2000年版，第310～311页。

付款解释不通。该付款自法律层面言之，仍为买受人所付。基于前述，买受人对其已支付的购房款、银行对其按照买受人指令划付给出卖人的按揭贷款均已不再享有所有权。银行此时所享有的有独立请求权第三人地位并非系基于其对按揭贷款享有所有权人的权利，而是如前所述的理由。本条之所以规定商品房买卖合同被确认无效或者被撤销、解除后，商品房按揭贷款合同也被解除的，出卖人应将收取的购房贷款和购房款的本金及利息分别返还给银行和买受人主要是基于充分发挥诉讼资源解决纠纷的功能，避免当事人的诉累，并在此基础上保护当事人的权利。故，上述观点的结论是正确的。

第二十六条 [出卖人可以成为担保贷款合同纠纷的诉讼参加人]

买受人未按照商品房担保贷款合同的约定偿还贷款，亦未与担保权人办理商品房抵押登记手续，担保权人起诉买受人，请求处分商品房买卖合同项下买受人合同权利的，应当通知出卖人参加诉讼；担保权人同时起诉出卖人时，如果出卖人为商品房担保贷款合同提供保证的，应当列为共同被告。

本条和第二十七条旨在解决按揭贷款合同之借款人怠于履行还款义务时，银行权利的行使及开发商的诉讼地位。

本条规定系针对买受人在未与银行办理抵押权登记手续之前怠于履行还款义务的情形。由以上关于按揭实务之法律性质的论述可知，由于我国民法当中没有衡平法意义上公义式产权的概念以资使用，故买受人此时享有的仍属基于买卖合同项下的合同权益，只不过此权利至少与普通债权相异。然而借鉴让与担保标的物的适用范围言之，此权益虽受合同相对性限制，但因其具有相对独立性，且依法可以转让及变价，故得设定担保。所以，该担保设定的合理性应予肯认。但质言之，此时担保物的所有权或适法处分权仍在出卖人名下，尽管该权利同样受到买卖合同的限制。买受人若于此时怠于履行还款义务，银行可以基于按揭贷款合同对担保物为买卖合同项下的商品房及一切与商品房有关之权益的约定，请求处分买受人享有的商品房买卖合同项下的权益。实务当中的按揭贷款合同大部分将借款合同及担保合同合并，担保内容体现为其中的担保条款。合同约定的借款人怠于履行还款义务后的责任承担，一般都需要开发商的配合，且开发商对此皆为允诺。如，按揭合同常常约定：在按揭人不能履行还款义务时，银行可以直接取得按揭人在买卖合同中的全部权益以清偿所有欠款。因担保物的所有权或适法处分权仍在出卖人名下，故该案件的处理结果与其有法律上的利害关系，亦即，此时，开发商属于无独立请求权第三人。由是，本条前段规定，买受人未按商品房担保贷款合同的约定偿还贷款，亦未与银行办理商品房抵押登记手续，银行请求处分商品房买卖合同项下买受人合同权利的，人民法院应通知出卖人参加诉讼。如果出卖人已将商品房的所有权移转与买受人，则商品房之所有权已归属于买受人，那么，人民法院就不应将出卖人以无独立请求权第三人通知参加诉讼。学界有观点认为，如不将按揭实务一体以让与担保制度解决，则会导致自买受人办理完毕房产权属证明至抵押权登记的期间内，银行之贷款担保出现真空。若抵押人（买受人）将房产另行设立抵押，则银行权益必受其害。我们认为，该观点在对按揭实务一体定性的层面具有积极意义，但此种担心或可能性仅在理论上方可出现，因为实务中，买受人均委托出卖人代为办理房地产权属证明，无论是出于交易习惯及开发商与银行的合作要求，抑或为其自身权益的考虑，出卖人均会将相关凭证交予银行管有。按揭贷款合同亦有此约定。买受人只在全部清偿按揭贷款后方能取回该权属证明，而抵押权登记的办理，必须提交房地产权属证明，否则无法办理，故其根本无法另行设立抵押权。

本条后段规定：银行同时起诉出卖人，如出卖人为商品房担保贷款合同提供保证的，应列为共同被告。这里涉及的实际上也是开发商对银行的保证责任问题。

在实务当中，银行主要选择开发商作为按揭贷款的保证人，系基于以下的考虑：(1) 开发商实际是按揭贷款的最大受益者。因为按揭贷款制度扩大了购房者群体，为开发商开辟了潜在的住房消费市场，并且按揭贷款可以使开发商在房屋未建成之前便一次性获得房款，为其后的项目开发注入大量的资金。既然开发商从按揭贷款中获益如此丰厚，其理应担任按揭借款人的保证人；(2) 房屋能否建成，建成的房屋能否获得权属证明，全部由开发商掌控。房屋未建成或虽建成但未合格以致无法办理抵押登记的风险应当由能够控制该风险的开发商承担；(3) 选择开发商作为保证人的另一个好处是，一个房地产项目会指向为数众多的购房人，如果每一个购房人都寻找自己的保证人将使银行不胜其烦。实务中，银行只需审查开发商一个保证人的担保资格即可，从而提高了贷款效率，降低了贷款成本。贷款成本的降低反过来对借款人亦为有利。[①] 因为银行贷款成本的增加，均会通过提高贷款利率转嫁给借款人；(4) 在银行决定为某一开发商所开发之项目办理按揭贷款业务前，均会与该开发商签订合作协议。其中让开发商成为购房人之贷款保证人是一项重要内容。

---

① 符启林：《商品房预售法律制度研究》，中国政法大学出版社 2002 年版，第 137 页。

开发商对银行承担的保证责任的形式和方式，可能会体现在一个单独的保证合同内，也可能体现在按揭贷款合同的保证条款之中。债权的担保分为物的担保与人的担保（亦称为物上担保与对人担保），开发商所提供的保证属于人的担保。保证合同是指保证人和债权人约定，当债务人不履行债务时，保证人按照约定履行债务或承担责任的合同。依性质言之，保证具有附从性，亦即保证债务以主债务的存在或将来可能存在为前提，因主债务消灭而消灭。其范围及强度不能超过主债务，亦不能与主债务相分离而移转。该附从性可归纳为成立上、范围上、移转上及消灭上四个方面。保证具有相对的独立性。保证债务虽然附从于主债务，但并非其一部分，在附从范围内具有独立性。保证债务有其独立的变更、消灭原因，且关于保证合同所发生的抗辩权，保证人得独立行使。保证人还享有债务人之抗辩权，即使债务人放弃对债权人的抗辩权，保证人仍得独立行使之。另如上文关于主从合同的论述，在保证所担保的主债务发生转让的情况下，其所附保证不是当然一并转让，只有获得了保证人的同意，保证义务才能相应地转让。保证亦具有补充性。保证债务以补充性为原则。即在主债务人不履行债务时保证人方负保证责任。但债权人主张之主债务人不履行的事实仅为单纯的未受履行的事实。基于该补充性，如非连带保证，保证人享有检索抗辩权。由上可知，保证合同属于单务无偿合同，与确立主债务的合同相较，其为从合同。关于保证责任的形式，一般分为代为履行和赔偿损失。所谓代为履行是指保证人以与主债务人相同的形式来履行保证责任。赔偿损失则指保证人不能或不需履行与主债务人相同的义务而以赔偿的形式承担保证责任。在按揭贷款合同的情形，这两种形式往往很难区分，因其载体均为金钱。但两者的相异之处是存在的。实践中，银行有时会要求开发商在贷款合同约定的情形出现时，按买卖合同原价回购该房产，偿付借款人所欠的全部债务，亦即，所谓的回购责任。质言之，此回购责任仍属于代为履行。关于保证期间，开发商负保证责任的期间，一般是自借款合同生效之日起至购房人取得房屋所有权证明，办妥抵押权登记，并将《房屋他项权证》及其他相关资料、凭证等交予银行保管之日止。[①] 此即所谓阶段性保证责任。实践当中亦有银行要求开发商承担自借款合同生效之日起直至按揭借款人全部还清按揭贷款时止的保证责任，亦即全程保证责任。全程保证责任多产生在按揭实务兴起的初期，因市场经济体制极不成熟，市场信用不高，加之买受人购买力与现今不可同日而语，故银行为求得贷款安全，才要求开发商承担该种保证责任。但目前，此情形已经并不普遍了。关于保证范围，一般包括按揭贷款

---

① 中国农业银行《个人住房按揭合同》范本第11条“保证担保人的义务”之内容。

本金及利息（包括罚息），借款人应支付的违约金、损害赔偿金和银行实现贷款债权而发生的实际费用。关于保证责任的方式，实务中银行要求开发商承担的均为连带保证责任。如果借款人未能按照按揭贷款合同约定偿还贷款本息及相关费用，银行有权要求开发商连带清偿全部债务。除连带保证之外，保证责任的方式尚有一般保证，两者最本质的区别即在于，一般保证人享有检索抗辩权。所谓检索抗辩权是指保证人在债权人未就主债务人的财产强制执行而无效果之前，可以拒绝债权人要求其履行的权利，其性质为延期履行的抗辩权。债权人要求一般保证人履行保证责任的条件是：（1）主合同纠纷业经审判或仲裁；（2）对主债务人的财产已经强制执行而仍未或清偿。由此可知，一般保证对债权人言之，不似连带保证那样能为其债权提供强有力的担保。是故，银行不会选择之。连带保证责任中，保证人与债务人处于同一顺序，只要债务人不履行其债务，债权人可以要求其中任何一人首先履行债务。正是基于开发商所提供的保证均为连带保证，所以本司法解释根据《最高人民法院关于适用〈中华人民共和国民事诉讼法〉若干问题的意见》第五十三条关于“债权人向主债务人及保证人一并主张权利的，人民法院应当将两者列为共同被告”的规定，在本条后段即依其所定。关于保证债务的范围，各国立法例不尽相同。我国《担保法》第二十一条规定，保证担保的范围包括主债权及利息、违约金、损害赔偿金和实现债权的费用。当事人对保证担保的范围没有约定或者约定不明确的，保证人应当对全部债务承担责任。《日本民法典》第447条所定之范围是，包含有关主债务的利息、违约金、损害赔偿及其他所有从主债务者。保证人可以只就其保证债务，约定违约金及损害赔偿的数额。第448条规定，保证人的负担，就债务的标的或样态较主债务为重时，缩减至主债务的限度。《法国民法典》第2016条规定，对主债务的无限制的保证，及于该主债务的所有附带债务，其中包括最初的诉讼费用以及向保证人通知之后发生的一切费用。该法典第2013条同时规定保证责任不得超过主债务的范围，亦不得以更重的负担条件约定之，超过主债务范围的保证或者以更重的负担条件约定的保证并非无效，仅仅可以按主债务的限度减少。《德国民法典》第767条规定，保证人的义务以主债务的现状为标准。特别是在主债务因主债务人的过失或者迟延而变更时，亦适用之。保证人的义务不因主债务人在其承担标准后所采取的法律行为而扩大；保证人对于主债务人应偿还债权人的预告解约通知费用及权利追诉费用，亦负保证责任。我国台湾地区现行“民法”第740条规定，保证债务，除契约另有订定外，包含主债务之利息、违约金、损害赔偿及其他从属于主债务之负担。通过对上述各国及台湾地区立法例的比较，可以看出其大致分为两种立场。法国、日本、我国台湾地区及我国《担保法》的规定属于一类。德国民法的立场则略有不同。当事人未定保证范围时，德国民法认为，依据保证责任的随附性，保证债务的范围虽随附于主债务之变更及扩张，但此种扩张应以主债务本身所发生者为限。例如因给付不能或迟延所生之损害赔偿。由主债务独立产生之债务，纵使属于主债务之从债务，亦不当然为保证债务范围所及。而依法国民法之见解，保证债务不仅仅保证主债务及其本身之扩展，而且应当肯认当事人有保证其他一切主债务之从债权的意思。详言之，除主债务外，保证责任的范围为：（1）利息。法定利息及迟延利息属于主债务的扩张，当然应归入保证责任范围。对于约定利息，德国民法同时认为，其产生于独立契约，仅在保证人知道该债务存在且未为保留或反对时，承担保证责任。有台湾学者认为，除当事人另有约定，保证责任当然包括主债务之利息，纵使保证人不知主债务之附利息，尚应解释为主债务之担保。但在保证成立后，债权人与主债务人以特约对保证债务附加利息，保证人未予同意的，自然不负其责。日本学者认为，保证人对超过利息制限法所定之利息，与主债务人同样不负履行之责。（2）违约金。日本民法及我国台湾地区民法均认为，不论该违约金的性质为损害赔偿额之预定抑或为违约惩罚，除有排除约定，均包含于保证债务之内。瑞士民法则有不同，除当事人明确约定，违约金不涵盖于保证责任。我国民法采纳前一观点。（3）损害赔偿。此项下应包括因给付不能所生之代替原债务之损害赔偿、合同解除后之损害赔偿以及基于债务不履行所生之损害赔偿。（4）其他从属于主债务之负担。对此范围的确定，应以当事人之意思而定。亦即，需为保证成立时即以成立或可预想之从属负担。从我国《担保法》的规定来看，仅包括实现债权的费用。

关于开发商为借款人所提供之保证行为的效力，争论颇多。一种观点认为开发商为买受人（按揭贷款借款人）提供的保证应为无效。其理由是：我国《公司法》第六十条第三款规定，董事、经理不得以公司资产为本公司的股东或者其他个人债务提供担保。《公司法》该条款的规定属于禁止性条款，民事合同如违反法律禁止性规定的应为无效。《最高人民法院关于适用〈中华人民共和国担保法〉若干问题的解释》第四条亦规定，董事、经理违反《公司法》第六十条的规定，以公司资产为本公司的股东或者其他个人债务提供担保的，担保合同无效。我们认为对上列规定的绝对理解值得商榷。理由是：（1）从《公司法》该条规定的目的和原意来看，是为了保护公司利益免受损害，如就公司财产对外进行担保的情形不加限制，势必损害公司利益。作为市场经济最为重要的参与主体，公司的财产及经营利益若得不到保护，最终受到损害的将是整个市场经济的有效率运行。但该条的禁止性规定旨在保护公司本身的利益，在禁止性条款的位阶上尚无法与害及国家及社会公共利益之禁止性条款同日而语。对其之理解不能从后者的立场出发。银行发放按揭贷款予买受人的前提之一，亦为最重要的前提，就是开发商同意为借款人提供保证。如无此保证，银行恐难将贷款贷予买受人，若是这样，开发商的开发利润将可能无从谈起。另外，银行在确定与开发商建立此种业务合作关系时均会通过事先的合作协议明定。退而言之，在买受人取得房屋所有权之后，银行的贷款又可获得物保，实际上开发商的保证责任一般不会对其造成风险。即使有些许风险，相对于其从按揭贷款制度所受之利益，亦不足道。从另一角度讲，如果将开发商为买受人提供的保证归为无效，沉淀在按揭房产中的庞大的银行资金将面临空前的回收风险，这无疑会害及经济的发展。将此类保证合同视为无效的后果之二是，银行将拒绝为买受人提供按揭贷款，开发商所开发的楼盘就不得不面对有供无求的局面，最终受到损害的恐怕必然包括其自身之利益。由此可知，开发商为买受人提供保证不会损害其利益。从我国目前的按揭实务观之，按揭贷款的最大受益者可以说也是开发商（上已论及，于此不赘）。如果开发商所为之对外担保不仅对公司利益无害，反而有利时，应认定该担保有效。从公司利益出发考虑问题的角度，是值得借鉴的，至少没有将公司对外担保的路堵死。[①]（2）从《公司法》之体例观之，该法自第五十九条至第六十三条，规定的都是关于董事、经理以及监事的职责，因此《公司法》第六十条第三款亦应理解为系约束董事、经理个人的职权滥用。亦即，并非对公司法人对外担保的禁止性规定。（3）随着传统公司法理论中的“越权禁止”原则的渐失辉煌，公司的法人权利能力获得了解放。其可以从事一切合法的经营行为。公司的担保权能是现代公司权利能力体系中不可或缺的组成部分，当然也包括对外提供担保。（4）从其他国家和地区立法例及公司法法理观之，美国公司法对公司的担保权能有着最为宽松的规定，无论是仅具示范功能的《商业公司示范法》还是已被若干州采用的《统一有限责任公司法》以及各州制定的公司法律，皆普遍赋予公司对外担保的权利能力。我国澳门、台湾两地区虽都有关于公司不得为他人提供担保的法律规定，但从其规定之灵活之处来看，澳门商法典允许董事会仅凭书面的理由声明，即可避开不得为他人提供担保的禁止性规定，而台湾地区公司法则允许除了依照法律之外还可依照公司章程的规定排除公司不得为保证人的法律障碍。实务上，一般公司的章程内往往定有此“标准条款”，即规定公司得对外保证，且其行使亦无任何限制。[②]（5）根据《日本商法典》第188条第2款第8项及第262条之规定，

① 吴庆宝：《商事审判热点难点研究》，人民法院出版社2002年版，第251页。

② 转引自《公司可以为其股东提供担保——兼谈对公司法第60条第3款的思考》，载http//：www. Zg / home/index. jsp。

日本的公司中设有表见代表董事制度。附有社长、副社长、专务董事、常务董事及其他被认为有代表公司权限名称的董事所实施的行为，即使其无代表公司的权限，公司亦应对第三人负责任。表见代表董事的姓名及住所应于公司的设立登记明定。表见代表董事的行为在满足以下要件时，公司即应承担责任：①该董事使用的称呼是代表公司权限的称呼（存在这样的外观）；②公司赋予董事使用表见代表董事的称呼（董事未经公司批准擅自使用称呼的除外，但如果公司知情而默认时仍视为是公司赋予的）；③第三人为善意（信赖外观，判例认为第三人有严重过失同于恶意，公司可以免除责任——最高裁判所 1977 年 10 月 14 日民集 31. 6. 825，百选）。表见代表董事制度的目的是为了保护交易安全，但不能适用于与公司交易无关系的不法行为或诉讼行为。可以说，其保护的范围比表见代理更为宽松。[①] 由此可知，依公司法法理，公司可以为与其有交易关系的他人（含自然人）提供担保。买受人取得按揭贷款之目的是为了履行其与开发商之间订立的商品房买卖合同，故买受人属于与开发商“有交易关系的他人”范畴。（6）退而言之，大陆法系学说多数认为董事、经理与公司的关系应以委任说为宜，实际上属于民法中的代理。开发商为买受人所提供之保证若确系董事、经理超越职责权限所为。根据《民法通则》四十六条第一款及第六十七条的规定，如董事、经理超越权限对买受人以公司资产提供保证，公司法人在知道其以公司名义实施该行为而不作否认表示的，视为同意。抑或，若我们将《公司法》第六十条第三款看作绝对的禁止性规定，那么公司法人即应知道该董事、经理的行为违法，如其不表示反对，即应与该董事、经理共负连带责任。因该不表示亦为默认。实践当中，开发商决不会对该保证行为予以否定，理由一如前述。由此可以得出结论，即使依另一种意见理解开发商保证行为的效力，开发商亦不能免除责任。

第二十七条 ［出卖人不应成为担保贷款合同纠纷的当事人］

买受人未按照商品房担保贷款合同的约定偿还贷款，但是已经取得房屋权属证书并与担保权人办理了商品房抵押登记手续，抵押权人请求买受人偿还贷款或者就抵押的房屋优先受偿的，不应当追加出卖人为当事人，但出卖人提供保证的除外。

本条规定的是买受人在取得房屋权属证书并与银行办理商品房抵押登记手续后

---

① ［日］末永敏和：《现代日本公司法》，金洪玉译，人民法院出版社 2000 年版，第 144 ~ 145 页。

不履行按揭贷款合同中之还款义务时，银行的权利行使及开发商的诉讼地位。

于此情形中，银行当然可以依据按揭贷款合同之约定请求买受人偿还贷款，并因抵押权的登记设定而享有抵押权人就抵押房产优先受偿的权利，对此当无疑问。开发商此时的诉讼地位实际上维系于其所应承担的保证责任。

如果保证合同（或保证条款）明确约定，开发商仅在自贷款合同签订之日起至买受人取得房产权属证明，办妥抵押登记并将有关凭证交银行收执之日止，对买受人所欠银行债务承担保证责任，亦即前述之阶段性保证时，开发商之保证责任因保证期间经过而免除。此时，人民法院不应追加开发商为共同被告。如保证合同或条款约定保证人仅于一定期间内为主债务人提供保证的，若债权人在该期间内对于保证人不为审判上的请求，保证人免其责任。以下几点应予注意：（1）须保证附有期间。基于意思自治及合同自由原则，当事人可以约定保证期间。此保证期间即为开发商承担保证责任之期间。在此期间内，开发商就买受人对银行负有的债务为其保证范围。按揭贷款以按期偿还为表征（一般为每月偿还一定数额之款项），在保证期间内，如买受人未履行按期还款义务，则银行会依据保证条款要求开发商就买受人所欠全部贷款本息、逾期罚息及其他相关费用承担保证责任。那么，《最高人民法院关于适用〈中华人民共和国担保法〉若干问题的解释》第三十二条第一款关于保证合同约定的保证期间早于或者等于主债务履行期限的，视为没有约定，保证期间为主债务履行期限届满之日起六个月的规定应当如何理解呢？该规定的理由是，若当事人在保证合同中约定的保证期间早于主债务履行期限时，因主债务人尚没有义务即时履行债务，对保证人的责任自然不能发生现实履行的效力，保证人完全可以以此为由进行抗辩，拒绝债权人的履行要求。此时当事人约定的保证期间使保证人的保证责任形同虚设，也与当事人设立保证之初的本意相悖，应当认定无效，等同于当事人对保证期间没有约定。[①] 通说认为，保证期间是保证人承担保证责任的时间界限，即保证责任的起讫期间。债权人逾保证期间而不向保证人行使保证债权的请求权的，保证人不承担保证责任。保证期间构成债权人请求保证人承担保证责任的权利，即保证债权请求权消灭的法理事实。[②] 对于保证期间的性质，有三种理解：①诉讼时效说。该说认为，《担保法》第二十五条第二款规定，债权人

---

① 李国光等：《关于适用〈中华人民共和国担保法〉若干问题的解释理解与适用》，吉林人民出版社 2000 年版，第 145～146 页。

② 邹海林：《论保证责任期间——我国司法实务和立法的不同立场》，载《民商法论丛》第 14 卷，法律出版社 2000 年版，第 150 页。

提起诉讼或者申请仲裁的，保证期间适用诉讼时效中断的规定。藉此，其立法原意应以诉讼时效解释保证期间；②除斥期间说。该说认为，《最高人民法院关于适用〈中华人民共和国担保法〉若干问题的解释》第三十一条规定，保证期间不因任何是由发生中断、中止、延长的法律后果。此规定明显赋予了保证期间以除斥期间的性质。保证责任异于一般的民事责任，在保证法律关系中，保证人通常所承担的是一种单务的、无偿的为他人承担的法律责任，并无要求对方对待给付的权利。因此，为平衡债权人与保证人的利益，有必要设定一个不变期间对保证期间加以限制，防止保证人无限期地承担保证责任。以上两说均认为其起算点应自主债务履行期限届满之日计；③保证合同所附停止条件成就与否的期间说。该说认为，保证合同属于附条件的合同。保证人就保证合同负有的保证义务并非自合同成立时起即应履行。主债务之不履行发生，并且债权人在保证期间内向保证人提出权利请求的，债权人方能请求保证人承担保证责任。由此可知，保证期间实际上是保证合同所附停止条件成就与否的期间。至于此期间的起算点应区分一般保证与连带保证的情形。前者中保证人行使先诉抗辩权的，保证期间自依法就债务人财产进行的强制执行程序终结之日起算。后者中，自主债务履行期限届满之日起计。保证人放弃或者依法不得行使先诉抗辩权的，保证期间同于连带保证。[①] 三种观点虽有上列种种的不同，但在以下两个方面是相同的：①保证人对被保证人所负主债务之履行提供保证；②保证期间至少应自主债务履行期限届满时起算。我们认为，我们一般所说的保证合同都是以担保主债务的履行为目的，基于该目的而产生的对保证期间的上述各种理解无疑在其相同之处具有合理性。但保证合同属于民事合同，应当充分发挥和保护当事人的意思自治来灵活地确认保证期间。私法中的意思自治，亦即，契约自由虽然不是绝对的，但实定法对其的限制也不能喧宾夺主，动辄加以干预。易言之，仅应从立法政策、契约原意及法律之外的伦理标准确定是否对其进行限制。银行与开发商合意为按揭贷款合同中借款人提供阶段性保证时，当然明知在借款人与其办理完毕抵押登记并收执相关凭证时，借款人毫无疑问尚未履行全部的还款责任。之所以订立阶段性保证合同（条款），其目的及原因即在于阶段性保证届止时即是其债权获得借款人之物的抵押担保之时。换言之，银行与开发商订立阶段性担保的原意就是让开发商为借款人在该“阶段”内的还款义务之履行提供保证。在按揭贷款实务中，债务人负有的并非一次性还款义务，其以按月还款直至彻底还清为

---

① 李富莹：《标准期间若干问题研究》，载《判解研究》2002 年第 2 辑，人民法院出版社 2002 年版，第 40～42页。

债务履行方式。主债务的履行期间一般会达到10年甚至更长。在保证期间内，债务人亦非不负履行义务，其义务体现在每月偿还一定的款项，若其怠于履行，即生债务不履行的情形发生。债务人怠于履行按月还款义务至一定程度时，开发商将就其剩余全部债权请求开发商承担保证责任。故此阶段性保证期间约定之本意就是为银行获得安全的物保的等待过程提供保证。一旦物保设定得成，该阶段性保证的任务即告完成。银行之所应将保证期间界定在至买受人取得房产权属证明，办妥抵押登记并将有关凭证交银行收执之日止，是因为此时银行的债权已经确定地获得物保。亦即，该保证期间的确定已经充分考虑了其贷款回收的安全。按揭贷款的偿还期一般为十几、二十年甚至更长，强制要求开发商承担如此长之保证责任并不具有令人信服的合理性。由前述可知，银行也是按揭贷款制度的受益者之一，通过按揭贷款银行获得了大大高于普通贷款利率的利息。银行与开发商对阶段性保证的约定系其自愿订定，也可能基于对双方合作中利益均衡的慎重考量。《担保法》第二十五、二十六条在区分一般保证和连带保证的前提下，均规定在当事人未约定保证期间的情况下，该期间从主债务履行期限届满之日起六个月。其逻辑前提当然应该是，当事人如有明确约定自应从其约定。这种约定是当事人充分协商的结果，也并未损害国家及社会利益。综上，对此“阶段性保证”中当事人的契约自由的保护，与立法政策的考虑不相违背，与契约原意、当事人的利益平衡及伦理标准亦无相去之处，故实无干涉的必要。此外，通过对此间“主债务”的灵活解释亦可得出上述结论。当然，此种解释不能随意，应结合当事人的订约原意。（2）期限如非以数字表示，则应须确定。如无法确定视为未约定保证期间。而阶段性表征的保证期间从文义理解上是确定的。（3）债权人须未为审判上的请求。审判上的请求是指要求保证人承担保证责任的给付之诉的提起或与其有同一效力的行为。（4）如债权人在保证期间内对保证人作出审判上的请求，即使保证期间在该程序继续期间内经过，亦不生保证责任免除之效果。①

本条但书所指系开发商与银行定有全程保证的情形。基于当事人的意思自由，对此约定亦无干预必要。若买受人在已取得房屋权属证书并与银行办理商品房抵押登记手续后未按商品房抵押（按揭）贷款合同的约定偿还贷款，开发商仍负有保证责任。故银行请求买受人偿还贷款或就抵押的房屋优先受偿时，人民法院应追加开发商为共同被告。此时，银行之贷款债权同时存在物的担保与人的担保，两者之关系亦应予明确。《担保法》第二十八条第一款规定，同一债权既有保证又有物的担

---

① 相关内容参阅史尚宽：《债法各论》，中国政法大学出版社2000年版，第936～937页。

保的，保证人对物的担保以外的债权承担保证责任。按揭贷款的物保系借款人自己提供，作为主债务人，理应先以该物满足银行之债权。此时保证人仅是代替其承担责任。实务中如此处理的另一个好处是，可以避免日后的求偿诉讼。但这并不说明开发商所承担的连带保证责任藉此转化为一般保证，其不得主张检索抗辩权。如物的担保合同被确认无效或被撤销，银行将无法就担保物优先受偿。亦因物的担保不复存在，开发商就物的担保之外的债权所负之保证责任遂无从谈起，开发商原则上应负保证责任。但若银行对该合同的被确认无效、被撤销具有过错，开发商的保证责任似应有所减轻。在担保物因不可抗力灭失的情形，如已经就该物设定保险，则保险赔偿金为担保物灭失之代位物，亦应先以该代位物满足银行债权。基于同理，如担保物之灭失没有代位物，开发商就应承担全部的责任。

第二十八条 ［有关本司法解释施行的规定］

本解释自2003年6月1日起施行。

《中华人民共和国城市房地产管理法》施行后订立的商品房买卖合同发生的纠纷案件，本解释公布施行后尚在一审、二审阶段的，适用本解释。

《中华人民共和国城市房地产管理法》施行后订立的商品房买卖合同发生的纠纷案件，在本解释公布施行前已经终审，当事人申请再审或者按照审判监督程序决定再审的，不适用本解释。

《中华人民共和国城市房地产管理法》施行前发生的商品房买卖行为，适用当时的法律、法规和《最高人民法院〈关于审理房地产管理法施行前房地产开发经营案件若干问题的解答〉》。

本条是对司法解释的施行时间及有关案件如何适用的解释。

法律在颁布后存在一个新法与旧法如何协调的问题，即所谓法的时间效力问题。由于司法解释是对法律适用的解释，直接影响到当事人的权利和义务，当然也存在新的司法解释与法律和已有司法解释的协调问题。商品房买卖合同的司法解释也不例外。本解释在发布施行后，就适用的时间效力上存在两方面的问题需要解决，一是针对《城市房地产管理法》施行以前的商品房买卖行为发生的纠纷，应如何适用法律的问题；二是针对《城市房地产管理法》施行以后订立的商品房买卖合同发生纠纷，如何适用本解释的问题。本条规定主要解决的是人民法院在审理上述两类商品房买卖合同纠纷案件如何适用本解释及相关法律、司法解释的问题，本条主要明确了以下四个问题：

一、施行的时间

本条第一款规定，本解释自2003年6月1日起施行，一部法律或司法解释出台后，什么时间开始施行，通常会根据不同情况而做出不同的规定，有的规定自公布之日起施行，有的规定公布以后何时施行。本款规定本司法解释从2003年6月1日起施行。所谓施行即从6月1日开始，人民法院审理因商品房买卖合同发生的纠纷时，原则上应当执行本司法解释的规定。作出这种规定的原因，主要是考虑到使人们对新出台的司法解释有一个熟悉和了解和过程，为日后更好的施行奠定基础，同时也有利于各级人民法院作好必要的准备。

二、应当适用本解释的规定

本条第二款规定，《城市房地产管理法》施行后订立的商品房买卖合同发生的纠纷案件，在本解释公布施行后尚在一审或二审阶段的，适用本解释。本款规定主要是明确，凡是在2003年6月1日尚未审结的《城市房地产管理法》施行以后订立的商品房买卖合同而发生的纠纷案件，应当适用本司法解释的规定处理，但是在审判实践中二审人民法院可以区分以下三种情况作出不同的处理：（1）对2003年6月1日以后，受理的《城市房地产管理法》施行后订立的商品房买卖合同发生的纠纷案件，应当适用《城市房地产管理法》和本司法解释的相关规定处理。（2）对2003年6月1日以前，受理的《城市房地产管理法》施行后订立的商品房买卖合同发生的纠纷案件，一审已经审结，但是未适用本司法解释处理的，只要在本解释施行以后二审人民法院尚未宣判的，亦应当适用本司法解释的规定处理。（3）对2003年6月1日以前，受理的《城市房地产管理法》施行后订立的商品房买卖合同发生的纠纷案件，一审在本解释施行以前已经审结，二审适用本司法解释的规定处理时，如果依据本司法解释需要改判的，可以按照以下原则处理：①如果事实清楚，根据本司法解释没有需要进一步查实的情况，无需当事人就相关的问题重新举证或提供新的证据，不会影响当事人诉讼权利的，二审法院可以直接改判；②如果适用本司法解释，相关事实需进一步查证，或者当事人应就相关的问题重新举证或提供新的证据，而且事实的查明和新证据的提供对案件的判决结果有重大影响的，为最大限度保护当事人的合法权益，二审人民法院可以在查明事实的基础上予以改判或者发回原审人民法院重新审判。

三、再审案件不适用本解释

本条第三款规定,《城市房地产管理法》施行后订立的商品房买卖合同发生的纠纷案件，在本解释公布施行前已经终审，当事人申请再审或者按照审判监督程序决定再审的，不适用本解释。因此，凡是本解释公布施行前已经终审的案件，如果当事人申请再审或者按审判监督程序决定再审的，都不能适用本解释的规定处理。人民法院在处理此类再审案件应当注意以下两个问题，一是对商品房买卖行为发生在1995年《城市房地产管理法》施行以前，已经终审的案件再审的，应当适用《城市房地产管理法》施行以前的法律、法规和1995年《最高人民法院关于审理房地产管理法施行前房地产开发经营案件若干问题的解答》的规定处理；二是对订立商品房买卖合同的行为发生在1995年《城市房地产管理法》施行以后，本司法解释公布之前已经终审的案件申请再审或按审判监督程序决定再审的，应适用《城市房地产管理法》施行至本解释公布施行之日2003年6月1日之间的法律和司法解释，而不适用本司法解释。

四、有的尚未终审的案件也不适用本解释

本解释第四款规定对于《城市房地产管理法》施行前发生的商品房买卖行为，应适用当时的法律、法规和《最高人民法院关于审理房地产管理法施行前房地产开发经营案件若干问题的解答》。这一款规定主要是明确因《城市房地产管理法》施行以前发生的商品房买卖行为而发生的纠纷，不论是处于一审，还是处于二审诉讼阶段，只要尚未终审的，都不能适用本解释的规定处理，而应当适用行为发生时的法律、法规和1995年《最高人民法院关于审理房地产管理法施行前房地产开发经营案件若干问题的解答》的规定处理，不能适用《城市房地产管理法》，也不能适用本司法解释。本解释采用了以《城市房地产管理法》的施行时间为分界点，区分法律适用的方法。本解释是以商品房买卖行为发生的时间作为确定法律适用的标准，而不是以商品房买卖纠纷的发生时间作为确定法律适用的标准。更确切地说即使商品房买卖纠纷发生在《城市房地产管理法》施行以后，但商品房买卖行为发生在《城市房地产管理法》施行以前，也不适用本解释的规定。

第三部分　房屋租赁合同

最高人民法院
关于审理城镇房屋租赁合同纠纷案件具体应用法律若干问题的解释

法释〔2009〕11号

（2009年6月22日最高人民法院审判委员会第1469次会议通过
2009年7月30日最高人民法院公告公布　自2009年9月1日起施行）

为正确审理城镇房屋租赁合同纠纷案件，依法保护当事人的合法权益，根据《中华人民共和国民法通则》《中华人民共和国物权法》《中华人民共和国合同法》等法律规定，结合民事审判实践，制定本解释。

第一条　本解释所称城镇房屋，是指城市、镇规划区内的房屋。

乡、村庄规划区内的房屋租赁合同纠纷案件，可以参照本解释处理。但法律另有规定的，适用其规定。

当事人依照国家福利政策租赁公有住房、廉租住房、经济适用住房产生的纠纷案件，不适用本解释。

第二条　出租人就未取得建设工程规划许可证或者未按照建设工程规划许可证的规定建设的房屋，与承租人订立的租赁合同无效。但在一审法庭辩论终结前取得建设工程规划许可证或者经主管部门批准建设的，人民法院应当认定有效。

第三条　出租人就未经批准或者未按照批准内容建设的临时建筑，与承租人订立的租赁合同无效。但在一审法庭辩论终结前经主管部门批准建设的，人民法院应当认定有效。

租赁期限超过临时建筑的使用期限，超过部分无效。但在一审法庭辩论终结前经主管部门批准延长使用期限的，人民法院应当认定延长使用期限内的租赁期间有效。

第四条　当事人以房屋租赁合同未按照法律、行政法规规定办理登记备案手续为由，请求确认合同无效的，人民法院不予支持。

当事人约定以办理登记备案手续为房屋租赁合同生效条件的，从其约定。但当事人一方已经履行主要义务，对方接受的除外。

第五条 房屋租赁合同无效，当事人请求参照合同约定的租金标准支付房屋占有使用费的，人民法院一般应予支持。

当事人请求赔偿因合同无效受到的损失，人民法院依照合同法的有关规定和本司法解释第九条、第十三条、第十四条的规定处理。

第六条 出租人就同一房屋订立数份租赁合同，在合同均有效的情况下，承租人均主张履行合同的，人民法院按照下列顺序确定履行合同的承租人：

（一）已经合法占有租赁房屋的；

（二）已经办理登记备案手续的；

（三）合同成立在先的。

不能取得租赁房屋的承租人请求解除合同、赔偿损失的，依照合同法的有关规定处理。

第七条 承租人擅自变动房屋建筑主体和承重结构或者扩建，在出租人要求的合理期限内仍不予恢复原状，出租人请求解除合同并要求赔偿损失的，人民法院依照合同法第二百一十九条的规定处理。

第八条 因下列情形之一，导致租赁房屋无法使用，承租人请求解除合同的，人民法院应予支持：

（一）租赁房屋被司法机关或者行政机关依法查封的；

（二）租赁房屋权属有争议的；

（三）租赁房屋具有违反法律、行政法规关于房屋使用条件强制性规定情况的。

第九条 承租人经出租人同意装饰装修，租赁合同无效时，未形成附合的装饰装修物，出租人同意利用的，可折价归出租人所有；不同意利用的，可由承租人拆除。因拆除造成房屋毁损的，承租人应当恢复原状。

已形成附合的装饰装修物，出租人同意利用的，可折价归出租人所有；不同意利用的，由双方各自按照导致合同无效的过错分担现值损失。

第十条 承租人经出租人同意装饰装修，租赁期间届满或者合同解除时，除当事人另有约定外，未形成附合的装饰装修物，可由承租人拆除。因拆除造成房屋毁损的，承租人应当恢复原状。

第十一条 承租人经出租人同意装饰装修，合同解除时，双方对已形成附合的装饰装修物的处理没有约定的，人民法院按照下列情形分别处理：

（一）因出租人违约导致合同解除，承租人请求出租人赔偿剩余租赁期内装饰装修残值损失的，应予支持；

（二）因承租人违约导致合同解除，承租人请求出租人赔偿剩余租赁期内装饰装修残值损失的，不予支持。但出租人同意利用的，应在利用价值范围内予以适当补偿；

（三）因双方违约导致合同解除，剩余租赁期内的装饰装修残值损失，由双方根据各自的过错承担相应的责任；

（四）因不可归责于双方的事由导致合同解除的，剩余租赁期内的装饰装修残值损失，由双方按照公平原则分担。法律另有规定的，适用其规定。

第十二条 承租人经出租人同意装饰装修，租赁期间届满时，承租人请求出租人补偿附合装饰装修费用的，不予支持。但当事人另有约定的除外。

第十三条 承租人未经出租人同意装饰装修或者扩建发生的费用，由承租人负担。出租人请求承租人恢复原状或者赔偿损失的，人民法院应予支持。

第十四条 承租人经出租人同意扩建，但双方对扩建费用的处理没有约定的，人民法院按照下列情形分别处理：

（一）办理合法建设手续的，扩建造价费用由出租人负担；

（二）未办理合法建设手续的，扩建造价费用由双方按照过错分担。

第十五条 承租人经出租人同意将租赁房屋转租给第三人时，转租期限超过承租人剩余租赁期限的，人民法院应当认定超过部分的约定无效。但出租人与承租人另有约定的除外。

第十六条 出租人知道或者应当知道承租人转租，但在六个月内未提出异议，其以承租人未经同意为由请求解除合同或者认定转租合同无效的，人民法院不予支持。

因租赁合同产生的纠纷案件，人民法院可以通知次承租人作为第三人参加诉讼。

第十七条 因承租人拖欠租金，出租人请求解除合同时，次承租人请求代承租人支付欠付的租金和违约金以抗辩出租人合同解除权的，人民法院应予支持。但转租合同无效的除外。

次承租人代为支付的租金和违约金超出其应付的租金数额，可以折抵租金或者向承租人追偿。

第十八条 房屋租赁合同无效、履行期限届满或者解除，出租人请求负有腾房义务的次承租人支付逾期腾房占有使用费的，人民法院应予支持。

第十九条 承租人租赁房屋用于以个体工商户或者个人合伙方式从事经营活动，承租人在租赁期间死亡、宣告失踪或者宣告死亡，其共同经营人或者其他合伙人请求按照原租赁合同租赁该房屋的，人民法院应予支持。

第二十条 租赁房屋在租赁期间发生所有权变动，承租人请求房屋受让人继续履行原租赁合同的，人民法院应予支持。但租赁房屋具有下列情形或者当事人另有约定的除外：

（一）房屋在出租前已设立抵押权，因抵押权人实现抵押权发生所有权变动的；

（二）房屋在出租前已被人民法院依法查封的。

第二十一条 出租人出卖租赁房屋未在合理期限内通知承租人或者存在其他侵害承租人优先购买权情形，承租人请求出租人承担赔偿责任的，人民法院应予支持。但请求确认出租人与第三人签订的房屋买卖合同无效的，人民法院不予支持。

第二十二条 出租人与抵押权人协议折价、变卖租赁房屋偿还债务，应当在合理期限内通知承租人。承租人请求以同等条件优先购买房屋的，人民法院应予支持。

第二十三条 出租人委托拍卖人拍卖租赁房屋，应当在拍卖 5 日前通知承租人。承租人未参加拍卖的，人民法院应当认定承租人放弃优先购买权。

第二十四条 具有下列情形之一，承租人主张优先购买房屋的，人民法院不予支持：

（一）房屋共有人行使优先购买权的；

（二）出租人将房屋出卖给近亲属，包括配偶、父母、子女、兄弟姐妹、祖父母、外祖父母、孙子女、外孙子女的；

（三）出租人履行通知义务后，承租人在十五日内未明确表示购买的；

（四）第三人善意购买租赁房屋并已经办理登记手续的。

第二十五条 本解释施行前已经终审，本解释施行后当事人申请再审或者按照审判监督程序决定再审的案件，不适用本解释。

《〈最高人民法院关于审理城镇房屋租赁合同纠纷案件具体应用法律若干问题的解释〉理解与适用》*

第一条［司法解释的适用范围］

本解释所称城镇房屋，是指城市、镇规划区内的房屋。

乡、村庄规划区内的房屋租赁合同纠纷案件，可以参照本解释处理。但法律另有规定的，适用其规定。

当事人依照国家福利政策租赁公有住房、廉租住房、经济适用住房产生的纠纷案件，不适用本解释。

条文主旨

本条是关于司法解释适用范围的规定。具体解释了哪些房屋租赁合同纠纷适用本解释，还对司法解释调整对象“城镇房屋”的范围作出了规定。

背景依据

一、起草本条的背景情况

本解释是调整城镇房屋租赁合同纠纷案件的司法解释，首先要明确的就是司法解释适用范围，本条作为本解释的第一条开宗明义地规定了适用范围，简洁清晰，一目了然，为了解后续条文内容打下了基础。本解释的名称是《最高人民法院关于审理城镇房屋租赁合同纠纷案件具体应用法律若干问题的解释》，显而易见，“城镇房屋”四个字是关键词，讲的是司法解释的调整范围。作为司法解释释义，首先应当搞明白的就是“城镇房屋”概念的内涵和外延。哪些房屋租赁纠纷案件属于司法

---

* 最高人民法院民事审判第一庭编著，人民法院出版社2009年版，撰稿人（以撰写条文先后为序）：冯小光、宋春雨、姚宝华、王友祥、肖峰、王毓莹、陈朝仑、关丽、贾劲松。

解释调整对象，适用本解释；哪些案件可以参考适用司法解释；哪些案件不属于本解释适用范围，属于本条要解决的问题。只有搞懂本条内容，我们才可能了解司法解释全貌，把握本解释的要义。

房屋租赁纠纷案件是人民法院受理民事案件数量较多的案件类型之一。随着经济发展、社会进步，城乡人员流动更加频繁，进城务工、上学、经商的人员愈来愈多，他们都需要居住，租房成为首选的居住方式，特别是进城上学、务工、经商等需要在城市长期居住的人员，常常是先租住房屋到经济条件许可时再买房。因为房屋租赁市场活跃，租住房屋的基数增大，租赁期间因各种原因发生经济纠纷的概率增加，诉讼到法院的纠纷案件数量也呈上升趋势。人民法院在长期审理此类纠纷案件中积累了丰富的审判实践经验，积累、沉淀了许多行之有效的经验和做法，公正、平稳地审结了大量案件，社会效果较好，为人民法院赢得好评。这些成熟经验、好做法亟待总结、提炼、升华，成为指导地方各级人民法院办案的“指挥棒”，成为交流成熟经验的重要平台，制定司法解释非常必要。同时，房屋租赁市场也出现了诸多新情况、新问题，像以预租为表现形式的合作建房，违章建筑房屋的出租问题，优先购买权的性质及法律后果，转租合同的效力，等等，这些问题在审判实践中见仁见智，裁判结论不一，急需统一思想，统一执法标准、尺度。要达到这些目标，制定司法解释成为首选方案，作为一种具有法律效力的规范性文件，本身具有强制力，最高人民法院、地方法院和当事人都必须严格遵从，认真执行。在具有强制力的司法解释指导下，实现“同案同判”的法律效果成为现实，最终达到统一执法标准的目的。在这一背景下，最高人民法院于2006年立项启动本解释的起草工作。

本条规定了司法解释的适用范围，即城市规划区、镇规划区（城镇）范围内的房屋租赁合同纠纷案件适用本解释；承租人因依照国家福利政策承租的公有住房、廉租住房和经济适用住房产生的纠纷案件不适用本解释；乡规划区、村庄规划区范围内的房屋租赁合同纠纷案件可以参照本解释规定。

二、起草过程中的相关意见和建议

本解释在起草过程中，以各种方式征求了有关有权单位和社会各界意见。征求意见稿对本条的表述为“本解释所称的城镇房屋，是指按照《城乡规划法》的规定，属于城镇体系规划、城市规划、镇规划范围内的房屋。双方当事人约定出租人将上述房屋交付承租人使用、收益，承租人支付租金的合同纠纷案件适用本解释。承租人依照国家福利政策支付租金的合同纠纷案件适用本解释。承租人依照国家福利政策承租的公有住房和经济适用住房产生的纠纷案件不适用本解释，但承租人转租上述房屋产生的纠纷案件适用本解释。”

讨论中，有关部门和社会各界就本条提出了许多有价值的修改意见，对最终形成本条文起到了至关重要的作用。包括：

建议一：（1）删去“城镇体系规划”的表述方式，理由为“城镇体系规划”是在区域范围内协调各城镇发展的宏观战略规划，不应作为区分城镇房屋和农村房屋的法律依据；（2）按照国家福利政策，承租廉租住房与承租公有住房一样，都是具有一定的福利性和保障性特点，因此发生的房屋租赁关系，不属于完全的民事法律关系，因此产生的合同纠纷案件不应当适用本解释；（3）按照国务院有关规定和有关部门规章，公有住房、廉租住房和经济适用住房不允许转租，相关转租纠纷也不宜适用本解释；（4）对于依照有关法律和政策取得完全产权的公有住房和经济适用住房，房屋所有人有权出租，相关纠纷应当适用本解释。

建议二：删去本条第一款中的“城镇体系规划”，“城镇体系规划”是在区域范围内协调各城镇发展的宏观战略规划，不作为房屋建造是否合法的依据。建议将本条第二款修改为“承租人依照国家福利政策承租的公有住房，以及依照国家住房保障性政策承租的廉租住房、经济适用住房产生的纠纷不适用本解释”。理由：依照国家福利政策承租的公有住房，以及依照住房保障政策承租的廉租住房、经济适用住房，是政府给予特殊人群的福利和社会保障，根据相关政策，这些房屋不宜进行转租，因其承租和转租产生的争议不宜适用本解释的规定。

建议三：调整本条第一款和第二款顺序。（1）表述为“本解释所称的城镇房屋，是指城镇体系规划、城市规划、镇规划范围内的房屋。出租人将上述房屋交付承租人使用、收益，承租人支付租金的合同纠纷案件适用本解释。”（2）转租公有住房产生的纠纷，应当直接适用本解释的规定，似不是参照适用，因为标的物性质属于本解释直接规范的范畴。（3）第三款规定的“乡规划、村规划范围内的房屋租赁合同纠纷案件”，参照适用本解释规定的范围作出限定，因为本解释征求意见稿的其他条文也应当与本条保持协调，不适用乡规划、村规划范围内的房屋。

建议四：将适用范围界定为“人民法院审理以城镇房屋为租赁物的租赁合同的订立、履行、变更等发生纠纷的案件。”理由：（1）《合同法》和《城市房地产管理法》对租赁合同和房屋租赁合同进行了定义性规定，本解释应当突出的不是交付租赁物、给付租金的房屋租赁合同定义性特点，而应当强调解决特定租赁物所产生的租赁合同纠纷案件的法律适用问题。（2）关于排除适用范围问题，一般提到国家福利政策承租的公有住房，通常理解为住房制度改革前的福利分房，目前对于属于特殊租赁房的应当包括以前的福利分房形成的承租关系和廉租住房，主要靠国家政策进行规范和调整。建议明确排除在本解释的适用范围外。

上述意见、建议从不同角度讲，都是有重要价值的，值得认真研究。本条最终确定下来也是吸收了上述意见、建议，综合了不同的意见、建议，体现了制定司法解释民主过程，为以后正确适用解释打下了坚实基础。

三、制定本条的依据

（一）标的物合法是房屋租赁合同有效的前提

什么是房屋租赁合同呢？《城市房地产管理法》第五十二条规定：房屋租赁，是指房屋所有人作为出租人将其房屋出租给承租人使用，由承租人向出租人支付租金的行为。《合同法》第二百一十二条规定：租赁合同是出租人将租赁物交付承租人使用、收益，承租人支付租金的合同。第二百一十三条规定：租赁合同的内容包括租赁物的名称、数量、用途、租赁期限、租金及其支付期限和方式、租赁物维修等条款。《城市房屋租赁管理条例》第九条规定，房屋租赁，当事人应当签订书面租赁合同。租赁合同应当具备以下条款：（1）当事人姓名或者名称及住所；（2）房屋的坐落、面积、装修及设施状况；（3）租赁用途；（4）租赁期限；（5）租金及交付方式；（6）房屋修缮责任；（7）转租的约定；（8）变更和解除合同的条件；（9）当事人约定的其他条款。房屋租赁合同是租赁合同中的一种表现形式，是其中适用范围最广、数量最大的租赁合同类型。

本条第一款对租赁合同标的物——租赁物的合法性提出了要求。首先，本条规定的租赁房屋是指城市、镇规划区内的房屋。这一提法的出处在哪儿呢？《城乡规划法》第二条第二款规定：本法所称的城乡规划，包括城镇体系规划、城市规划、镇规划、乡规划和村庄规划。第三条第一款规定：城市和镇应当依照本法制定城市规划和镇规划。城市、镇规划区内的建设活动应当符合规划要求。上述法律规定，对租赁物提出了合法性要求，建筑物符合规划要求的本质就是要排除违章建筑。上述规定还表明，本解释只调整城镇房屋租赁合同纠纷案件，不调整乡、村规划范围内的房屋租赁合同纠纷案件。城镇房屋就是指《城乡规划法》规定的城市、镇规划区内的房屋，这一表述排除了违章建筑作为本解释调整的有效租赁合同标的物的可能性，意味着有效的租赁合同的标的物是合法建造的。《城市房地产管理法》第五十五条规定，住宅用房的租赁，应当执行国家和房屋所在城市人民政府规定的租赁政策。租用房屋从事生产、经营活动的，由租赁双方协商议定租金和其他租赁条款。房屋租赁合同是否有效，首先要考证按照法律规定，标的物本身是否准许租赁，成为租赁标的物，只有就合法的租赁标的物签订的租赁合同才有效。标的物是否合法，应当按《城市房地产管理法》的规定，“执行国家和房屋所在城市人民政府规定的租赁政策”。据此，部颁规章、地方性法规及国家有关部委颁布实施的房屋租赁政策也是认定标的物是否合法的法律渊源。

何种情况下，房屋租赁合同标的物为违章建筑呢?《城乡规划法》第六十四条规定：未取得建设工程规划许可证或者未按照建设工程规划许可证的规定进行建设的，由县级以上地方人民政府城乡规划主管部门责令停止建设。原建设部部长就此部法律草案向全国人大常委会所做的说明中表示：“实践中对违章建筑的处理一直是规划管理中的老大难问题，为了有效地遏制违章建筑的建设，使违法者无利可图，草案规定：未取得建设工程规划许可证或者未按照建设工程规划许可证的规定进行建设的（即违章建筑）”，由城乡规划主管部门予以违法者以行政处罚。《城乡规划法》第六十六条规定：“建设单位或者个人有下列行为之一的，由所在地城市、县人民政府城乡规划主管部门责令限期拆除，可以并处临时建设工程造价一倍以下的罚款：（一）未经批准进行临时建设的；（二）未按照批准内容进行临时建设的；（三）临时建筑物、构筑物超过批准期限不拆除的。”按照上述法律规定，“未经批准进行临时建设的”，“未按照批准内容进行临时建设的”，“临时建筑物、构筑物超过批准期限不拆除的”的建筑物、构筑物，都属于违法建筑物。

（二）本解释只调整城市规划区、镇规划区范围内的房屋

按照《城乡规划法》有关规划区域的规定，现有房屋可分为城市规划区、镇规划区、乡规划区、村庄规划区，城市规划区、镇规划区范围内的房屋统称为城镇房屋。城镇房屋建设规模大，用地性质和房屋类别不同，用途广泛。其开发、建设、交付使用受到《城市房地产管理法》《城乡规划法》《建筑法》《消防法》等法律、行政法规的强制性规范调整。如《建筑法》规定，限额以上的工程应当按照国家有关规定向工程所在地县级以上人民政府建设行政主管部门申领施工许可证。按照《消防法》的规定，该类工程属于按照国家工程建筑消防标准需要进行消防设计的建筑工程。法律、行政法规规定，上述工程未经竣工验收或者经验收不合格的，不得交付使用。村乡房屋（乡规划区、村庄规划区内的房屋）因建设规模小，房屋用途主要为村民居住用房，达不到适用上述法律、行政法规强制性规范的标准和要求，在房屋建设、使用条件上的强制性规定较少。同时，由于城镇房屋和乡村房屋租赁经营活跃程度不同，租赁纠纷产生的原因也有很大不同。从纠纷案件数量和法律适用角度上看，乡村房屋租赁合同纠纷案件数量少于城镇，法律适应难度相对不

大。审判实践中依照法律规定的不同和城镇、村乡房屋租赁市场的现实差异，对城镇房屋租赁合同纠纷案件和乡村房屋租赁合同纠纷案件适用不同的法律标准和裁判规则。基于上述情况，本解释只调整城镇房屋租赁合同纠纷案件。

（三）乡、村规划区内的房屋租赁纠纷案件，可以参照本解释

乡、村规划区内的房屋占地性质为农村集体所有制土地，所建房屋归集体所有制成员——村民所有，受乡、村规划调整，与城镇规划区内的房屋在性质上、法律适用上存在很大差异。从法律体系上看，乡村规划区内的房屋出租、转让的法律规范与城镇规划区内房屋租赁、转让的法律规范存在性质上的差异，是城乡二元体制在房地产市场法律适用上的体现，是两个相对独立的法律体系。从转让、租赁两层法律关系看，国家对房地产转让规制得更严，法律制度对此作出的限制更多，像规范性意见规定不允许城市居民购买村民住房，已经购买的，房屋买卖合同无效；租赁市场则不然，公民租住村民房产的，并不改变房屋的集体所有制性质，原则上应当认定合同有效。现实生活中，农村集体所有制土地上建造的房屋出租给城市居民的现象比比皆是，并不因为出租房屋的行为而改变集体所有制土地的性质，而且极大地活跃了城乡房屋租赁市场，为居民和进城人员提供了便利，且现行法律、行政法规也没有强制性效力性规定，对此，我们认为应当认定此类房屋租赁合同有效。

随着城市化和城乡一体化进程的快速推进，一部分经济比较发达的乡村房屋建设规模扩大，使用性能多样化，与城镇规划区内的房屋建设规模并无差别，甚至超出部分城镇规划区内建设的房屋规模。一些城镇规划区周边的乡村与城市已经融为一体，边缘、界限并不清晰，“城中村”大量存在，城市居民与失地村民混居在一起，已经融为一体，在房屋租赁法律适用和交易规则上不应当存在很大差异。为满足这部分乡村房屋租赁合同纠纷案件审判实践的实际需求，本条第二款规定：当事人租赁乡、村庄规划区内的房屋产生的纠纷案件，可以参照本解释处理。但法律另有规定的，适用其规定。

（四）依照国家福利政策承租的廉租住房、经济适用房和公有住房，具有政府福利性、保障性，其租赁关系不属于完全的民事法律关系，因此引发的合同纠纷案件，不宜适用本解释

因军产房租赁产生的纠纷，原则上适用本解释。具体分析如下：

1. 关于公房租赁

公房租赁是指公房所有人或者管理人以出租人身份，将国家或者集体组织所有

的房屋出租给承租人使用、收益，由出租人支付资金的民事法律行为。[①]

公房租赁与私房租赁存在以下几个方面的差别：第一，公房租赁出租的是国有或者集体所有的房产，而私房租赁的出租房屋属于私人所有，所有权主体是公民个人。第二，公房租赁必须订立书面合同，多是格式合同；私房租赁多是按照建设部制式合同签约，也有不少是口头约定。第三，公房租赁的租金价格很低，带有福利色彩；私房租赁多是当事人随行就市，自主议定价格。第四，公房租赁期限长，如果承租人在租期内死亡，共同居住两年以上的家庭成员可以继续租住；私房租赁按照当事人在合同中作出的约定或由当事人自主协商决定。

按照原建设部颁布的《城市公有住房管理规定》的规定，租赁公房应当遵守以下规则：第一，按照房屋所在地人民政府制定的标准缴纳租金；第二，经营性房屋的租赁，由租赁双方协商议定租赁价格；第三，拖欠租金的，出租人收取滞纳金；第四，出租公有住房及附属设施的自然损坏或其他属于出租人修缮范围的，出租人应当负责修复，承租人发现房屋损坏，应当及时报修，出租人应当在规定期限内修复。因承租人过错造成房屋及其附属设施损坏的，由承租人修复或者赔偿。出租经营性房屋的修缮责任，由租赁双方在协议中议定。

按照法律规定和公房租赁政策，符合下列条件的公房可以对外租赁：第一，已经取得房屋所有权证；对于未取得房屋所有权证，但取得合法权属证明文件的，也可以出租。第二，不是法律、行政法规规定的不能上市出租的已购公房。第三，所有权共有的房屋，其他共有人同意出租。第四，已设定抵押权的房屋，已经取得抵押权人同意。经公房所有人或者管理人同意，公民个人可以将公房出租。公民、法人或者其他组织对享有所有权的房屋和国家授权经营和管理的房屋可以依法出租。公房所有权单位或者经营管理单位可以按照规定或者协议分享转租公房的利益，且承租人同意，也可以依据《城市房屋租赁管理办法》规定将房屋转租。

下列公有房屋不能出租：（1）以低于城镇住房制度改革政策规定的价格购买并且没有按照规定补足房屋价款的；（2）已经被列入拆迁范围并已冻结户口的；（3）擅自改变房屋使用性质的；（4）法律、法规以及原建设部，当地市、县人民政府规定的其他不得出租的情形。

上述规定及观点表明，公房租赁中行政色彩和福利因素很重，能否出租很大程度上受制于政策要求或者政府规定，当事人不能完全自主决定是否出租以及租金数额等合同范畴内事项，属于当事人有权议定的空间不大，不是完全的平等主体之间

① 梅新和、高娃：《房屋租赁操作实务》，法律出版社2007年版，第174页。

的民事权益关系，因此发生的纠纷也不是完全意义上的平等主体之间的民事权益纠纷案件。

2. 关于廉租房租赁

按照原建设部发布的《城镇廉租住房管理办法》规定，廉租房是指政府和单位在住房领域实施社会保障职能，向具有城镇常住居民户口的最低收入家庭提供的租金相对低廉的普通住房。城镇廉租房制度是政府为建立和完善住房保障体系，解决城镇最低收入家庭住房困难问题而采取的社会保障性房屋租赁方式。国家在土地使用、租金标准、收取税费等方面给予廉租住房建设以最大限度的优惠：用地实行行政划拨；在行政事业性收费等方面予以优惠；地方政府购买旧有住房作为廉租房以及实物配租的廉租房租金收入按照规定给予税收优惠。按照《城镇廉租房住房租金管理办法》规定，廉租房实行政府定价。租金标准原则上由房屋维修费和管理费两项因素构成，与城镇最低收入家庭的经济承受能力相适应。房屋维修费是指维持廉租住房在预定使用期限内正常使用所必需的修理、养护等费用。房屋管理费是指实施廉租房管理所需的人员、办公等正常开支费用。

在承租期间，如果承租人的家庭人均收入超过当地廉租房政策确定的收入标准，或者承租人的家庭人均现住房面积超过当地廉租住房政策确定的面积标准，或者承租人的家庭成员之间丧失法定的赡养、扶养或者抚养关系，或者不符合当地租赁住房政策规定的其他标准的，承租人的家庭应当按照《廉租住房租赁合同》约定，腾退廉租住房。如果继续租住的，按照商品房住房的市场租金补足租金超额，不再享有最低租房的补贴和优惠待遇。按照《城镇廉租住房管理办法》第九条规定，承租廉租房的家庭，不得将承租的廉租房转租。违反规定转租的，由房屋所在地房地产行政主管部门收回转租的房屋，并处以 1 万元以上 3 万元以下的罚款。

上述规定表明，廉租住房属于典型的政府优惠住房，不是典型的平等主体之间的民事法律关系，因此发生的纠纷，以行政部门出面解决为宜，人民法院作为民事案件审理存在一定难度。

3. 关于经济适用住房租赁

经济适用住房，是指政府提供优惠政策，限定建设标准、供应对象和销售价格，具有保障性质的政策性商品住房。具有以下几个特点：第一，建设用地以行政划拨方式供应。经济适用住房建设和经营中的行政事业性收费，减半征收；经济适用性住房项目小区外基础设施建设费用，由政府负担；第二，严格控制在中、小套型；第三，用于出租的经济适用住房，租金标准由有定价权的价格主管部门会同经济适用住房主管部门在综合考虑建设成本、管理成本和不高于 3% 利润的基础上确定。

按照《经济适用住房管理办法》第二十条规定，符合下列条件的家庭可以申请承租经济适用住房一套：（1）在当地城镇户口（含符合当地安置条件的军人）或市、县人民政府确定的供应对象；（2）无房或者现住房面积低于市、县人民政府规定标准的住房困难家庭；（3）家庭收入符合市、县人民政府划定的收入线标准；（4）市、县人民政府规定的其他条件。享受承租经济适用住房的条件及面积标准由市、县人民政府根据当地商品住房价格、居民家庭可支配收入、居住水平和家庭人口结构等因素规定并向社会公布。

上述规定可以看出，经济适用住房的租赁是国家保障性质的政策性商品住房，是典型的福利住房，与随行就市的房屋租赁行为有很大差别，不属于本解释调整范围。

4. 关于军产房的租赁

按照《中国人民解放军房地产管理条例》规定，军产房主要是指由军队管理、使用的土地、房屋及附属设施、设备，以及林木等。军队房地产在保障战备和部队住用并保守军事秘密的前提下，可以对空余房地产依法进行开发经营活动。

军队房地产开发经营的主要方式包括：（1）利用空余房屋或者场地租赁；（2）办理空余房屋出售；（3）军用土地有偿转让、合作经营；（4）与地方换建及合资建房；（5）开办经济实体。军队房地产开发经营必须严格履行报批手续，办理登记注册，按规定征收房地产使用费。军队房地产出租活动必须严格按照国家和军队有关法规执行。军队房地产开发经营必须严格履行报批手续，办理登记注册，按规定征收房地产使用费。房地产开发经营项目的收益分配，按中国人民解放军总后勤部有关规定执行。对房地产承租人必须实行严格审查制度，不得租赁给既无法人地位，又无经济保障的人员和民间组织。在税收管理方面，规范性文件规定："自2004年8月1日起，对军队空余房产租赁收入暂免征收营业税、房产税；此前已征税不予退还，未征税款不得再补征。暂免征收营业税、房产税的军队空余房产，在出租时必须取得并悬挂《军队房地产租赁许可证》，以备查验。"①

从上述规定和观点可以看出，军产房租赁基本上属于完全的市场行为，并不存在政府补贴的福利和社会保障性内容。军产房的相关规定，主要是规制部队内部的出租行为，对军队内部房地产管理产生约束力；而对于已经签订租赁合同的承租人而言，只要合同有效，就应当全面实际履行，并无特别之处。我们认为，因军产房

① 梅新和、高娃：《房屋租赁操作实务》，法律出版社2007年版，第193页。

发生的房屋租赁合同纠纷案件应当适用本解释规定。

条文理解

对本条的理解，应当把握如下几个方面：

一、在适用本解释时，在适用司法解释规定的层次上区分为适用、参照、不适用三个层次

本条是本解释的第一条，开宗明义阐明了司法解释的适用范围。既然是司法解释，就说明它是对法律规范在审判实践中的法律适用所作出的解释，首先要说明本解释解释的是哪些法律，解释的内容是什么"适用范围如何"等。本条的主要功能就是明确上述问题，解答这些问题。本条限定了本解释全篇的适用范围，对全篇产生影响，是后续条文的基础。

本解释规定的房屋租赁合同纠纷案件的适用范围包括三个层次：城市、镇规划区内的房屋租赁合同纠纷案件适用本解释；乡、村规划区内的房屋租赁合同纠纷案件，可以参照本解释规定；公有住房、廉租住房、经济适用住房不是平等主体之间的民事法律关系，具有社会福利、社会保障特点，不适用本解释。据此，本解释只是调整平等主体之间的城镇房屋租赁合同纠纷案件，主要适用因签订市场化的房屋租赁合同引发的纠纷案件。在人民法院审判实践中，这部分案件数量最多，适用法律难度最大，适用本解释审理好这部分案件，应当说，就基本解决了房屋租赁合同纠纷案件的法律适用问题，也就实现了制定司法解释统一执法标准，规范房屋租赁市场的立法目的。

确定上述法律规范适用标准的三个层次的划分依据主要是《城乡规划法》。城乡规划是政府指导和调控城乡建设和发展的基本手段之一，也是政府履行经济调节、市场监管、社会管理和公共服务职责的重要依据。现行调整规划的准据法主要是《城乡规划法》和《村庄集镇规划建设管理条例》。原来建立在城乡二元结构上的规划管理体制，以及就城市论城市、就乡村论乡村的规划制定与实施模式，已经不能适应现实需要。"城乡规划应当是城镇体系规划、城市规划、镇规划、乡规划和村规划组成的一个规划体系，调整的是城市、镇、村庄等居民点以及居民点之间的相互关系，不是覆盖全部国土面积。"① 应当说，尽管城乡规划是一个统一协调的规划体系，但城乡二元化的规划体制痕迹仍然存在，且痕迹很重。本解释只是调

---

① 原建设部部长汪光泰：《关于〈中华人民共和国城乡规划法（草案）〉的说明》。

整城乡规划中的城市规划、镇规划中的房屋租赁合同纠纷案件，而乡规划、村规划上因房屋租赁发生的纠纷案件，则可以参照本解释。本解释贯彻了《城乡规划法》确立的规划体系原则，兼顾了城乡规划二元化的历史成因和客观现实，也顾及了城乡规划一体化的发展趋势，最终确认了适用、参照、不适用的三个法律适用层次，形成了科学、有序的法律适用体系。

二、本解释确定的调整对象与《合同法》规定的调整对象一致

本解释是调整房屋租赁合同关系的司法解释，租赁合同属《合同法》分则第十三章“租赁合同”一章的组成部分，受《合同法》调整。《合同法》第二条第一款规定，本法所称的合同是平等主体的自然人、法人、其他组织之间设立、变更、终止民事权利义务关系的协议。第三条规定：合同当事人的法律地位平等，一方不得将自己的意志强加给另一方。第四条规定：当事人依法享有自愿订立合同的权利，任何单位和个人不得非法干预。第七条规定，当事人订立、履行合同，应当遵守法律、行政法规，尊重社会公德，不得扰乱社会经济秩序，损害社会公共利益。由此可见，平等、自愿、合法为《合同法》基本原则，租赁合同是《合同法》分则第十三章内容，也应当严格遵循这些原则。

本条第三款规定：当事人依照国家福利政策租赁公有住房，依照住房保障政策租赁廉租住房、经济适用住房产生的纠纷案件，不适用本解释。这说明什么呢？公有住房、廉租住房、经济适用住房等类型的房屋在不同程度上带有福利性，后两种还属于社会保障性住房，前一种房屋属于原有计划经济体制下单位分配的福利房。凡是福利房、保障房租赁活动都是受到国家法律、行政法规、部颁规章、地方性法规等规范性文件的规制，并不是谁想租房就能租的，承租人的资格是受到严格限制的，只有符合法律、政策规定的条件的公民才能与规范性文件规定的国家或者特定出租人签订房屋租赁合同，成为承租人。出租人的资格是受政府文件约束的，出租人取得合同当事人地位及其租赁行为都受到政府文件调整，出租人不得将福利随意让渡给他人，只能与政府认可的、具备签约资格的承租人签约，不能随行就市自主选定承租人，不能体现合同法中当事人签约自由、自愿的原则。政府代表国家是保障房、福利房的投资人，在租赁合同中居于主导、支配地位，是规则的制定者、执行者。租赁合同当事人很大程度上受制于政府，接受政府监督指导，出租人与承租人地位不平等，不属于平等主体之间的民事权利义务关系。据此，合同当事人签订上述三种房屋租赁合同，不能体现意思表示自由、自愿，当事人地位平等的合同法基本原则，与人民法院受理的平等主体间的民事权益争议案件的条件不一致，不受

本解释调整。但是，上述说法并不意味着所有的上述三种纠纷案件都不属于人民法院案件受理范围。本文只是表达不受本解释调整，至于能否作为民事案件审理，需要甄别案件具体情况后，按照《民事诉讼法》第一百零八条规定审查，对于符合案件受理条件的，依法受理；不符合条件的，予以驳回。

本条第二款规定：当事人租赁乡、村庄规划区内的房屋产生的纠纷案件，可以参照本解释处理。但法律另有规定的，适用其规定。乡村规划区内建造的房产多是农村集体财产，属于农村集体组织或者村民个人所有。农村集体所有制和城市全民所有制是计划经济体制下，城乡二元化的体现，农村集体所有制的所有权由全体村民享有，重大事项按照民主议定程序决策，集体成员享有的财产权利交易范围受到一定限制，与自由处分的财产物权之间存在一定差异。仅就房屋租赁法律关系而言，在乡、村规划区内建造房屋的租赁行为与城、镇规划区内的房屋租赁行为，在实务上没有太大差异，都是租房收租，现行的规范性文件中大多也没有区分城乡房屋租赁之间的差异，但在法律规范层面上还是存在着一定差异的。《合同法》第一百一十二条规定：租赁合同是出租人将租赁物交付承租人使用、收益，承租人支付租金的合同。《上海市房屋租赁管理条例》《天津市房屋租赁管理条例》《南宁市房屋租赁管理条例》《广州市房屋租赁管理条例》等城市制定的管理条例，在适用范围上均表述为“本市行政区域内的房屋租赁及其管理适用本条例”，并不区分是城市还是乡村。上述法律规定没有区分法律调整对象是城市房屋或者乡村房屋。国务院颁布实施的《城市私有房屋管理条例》第二条第一款规定：本条例适用于直辖市、市、镇和未设镇建制的县城、工矿区内的一切私有房屋。建设部发布的《城市房屋租赁管理条例》第一条规定：为加强城市房屋租赁管理，维护房地产市场秩序，保障房屋租赁当事人的合法权益，根据《城市房地产管理法》，制定本办法。第二条规定：本办法适用于直辖市、市、建制镇的房屋租赁。显而易见，上述行政法规、部颁规章调整的是城市房屋租赁关系，不包括乡村的房屋租赁关系。上述规范性文件的规定表明，城乡二元化的趋势正在淡化，但痕迹仍在，有时表现得还很重。应当相信，随着《合同法》理念的贯彻，城乡房屋租赁合同法律适用一体化的趋势必然会深入人心，成为立法、执法的主流观点，成为学术通说。但目前距离目标还有很长的路要走，人民法院作为实务部门，还应当尊重历史形成的城乡二元体制的社会现实，承认城乡房屋租赁合同纠纷案件存在法律上、市场交易上的现实差异，与经济发展同步循序渐进地实现城乡房屋租赁合同纠纷案件法律适用一体化，最终由本解释规定的“参照”统一转化为“适用”。故，本解释在本条文中表述为“租赁乡、村庄规划区内的房屋产生的纠纷案件，可以参照本解释”，是兼顾了历史与现实，选择了面对社会现实的务实态度，切实有效地解决审判实践问题的实际问题。

审判实务

在审判实务中，有如下问题值得注意：

一、审判实践中，应当注意对于“城中村”产生的房屋租赁合同纠纷案件原则上适用本解释

随着城乡一体化进程加快，城乡边缘不再清晰，在城乡结合部地区再很难区分城乡界限，有些“城中村”尽管土地性质属农村集体所有制土地，但已完全被城市包围。在城市中居住着许多失地农民，在农村集体所有制的土地上也生存着许多城市居民，在许多城乡结合部难以区分是城市土地，还是集体土地，城乡界限模糊。

审判实践中应当注意，是否适用本解释的决定性因素在于租赁房屋占有土地的规划性质，即占地规划是城镇规划，还是乡村规划，不是以租赁合同纠纷案件当事人是城市居民还是农民的身份决定法律适用标准，也不是租赁房屋占地性质是国有土地还是集体所有制土地决定的。多数情况下，城镇规划区、乡村规划区的范围与国有土地、集体土地的范围的划分标准是一致的，重合的，但个别情况下也会存在差异，像北京市在四环以内早已进入北京市城市总体规划范围，但二环、三环、四环许多地方还散落着很多的集体所有制土地，尽管早已经进入了城市规划区范围内，但至今仍未被政府征用转性为国有土地。在这些土地上发生的房屋租赁合同纠纷案件应当适用本解释，不能因为土地未被征用转化为国有土地而否定此幅土地受城镇规划调整的现实。对于城镇规划区、乡村规划区交界处，集体土地、国有土地交界处，难以区分讼争租赁房屋规划区的，原则上按照城镇规划区建造的房屋对待，适用本解释。

二、福利房屋和城市保障性住房，在福利和保障性因素消失后，也属于本解释调整范围

以廉租房为例，以下情况导致福利房转性为普通住房，福利性和保障性因素消失，适用本解释条件成就。第一种情况，按照《廉租住房租赁合同》规定，出现不再符合廉租住房条件的家庭，应当腾退廉租住房。如果需要继续租住的，承租人应当按照商品住房的市场租金补交租金差额，不再享有最低租房补贴和优惠待遇。第

二种情况，根据《城镇最低收入家庭廉租住房申请、审核及退出管理办法》规定，享受廉租住房保障的家庭有下列情况之一的，由房地产主管部门作出取消保障资格的决定，收回承租的廉租住房，或者停止发放租赁补贴，或者停止租金核减：（1）未如实申报家庭收入、家庭人口及住房情况；（2）家庭人均收入连续1年以上超出当地廉租住房政策确定的收入标准；（3）因家庭人数减少或者住房面积增加，人均住房面积超出当地廉租住房政策确定的住房标准的；（4）擅自改变房屋用途的；（5）将承租的廉租住房转借、转租的；（6）连续6个月以上未在廉租住房内居住的。出现上述情况后，房地产主管部门作出取消保障资格决定，并在5日内通知当事人，说明理由。享受实务配租的当事人家庭应当将承租的廉租住房退回。逾期不退的，房地产行政管理部门依法向人民法院申请强制执行。出现上述两种情况时，经济适用住房的福利和保障性因素消失，转化为普通住房，适用本解释的条件成就。

公有住房、经济适用住房也是如此，像通过房改，将低租福利性的公有住房转化为按照成本价、市场价购买的商品房，因此类商品房租赁发生的纠纷案件，应当适用本解释。按照《经济适用住房管理条例》规定，在特定条件下，经济适用住房也存在变性问题，变化后的福利房转化为普通商品房，因此产生的房屋租赁纠纷也应当适用本解释。

第二条 [违法建筑物租赁合同无效]

出租人就未取得建设工程规划许可证或者未按照建设工程规划许可证的规定建设的房屋，与承租人订立的租赁合同无效。但在一审法庭辩论终结前取得建设工程规划许可证或者经主管部门批准建设的，人民法院应当认定有效。

条文主旨

本条是关于就违法建筑签订的房屋租赁合同应当认定无效的规定。

背景依据

一、起草本条的背景情况

本条规定以违法建筑物为标的物订立的房屋租赁合同无效。本解释出台前，法院系统内部对于就违法建筑物签订的房屋租赁合同是否有效，存在不同看法，审判实践中的做法也不尽相同。具体讲，一种观点认为，尽管建筑物属于违法建筑，但建筑物本身具有价值，可以利用。在人民政府行政主管部门尚未作出行政处罚决定，决定对违法建筑予以拆除前，属于保留使用阶段。在此阶段，违法建筑物实际占有人与承租人签订的房屋租赁合同有效。另一种观点认为，违法建筑的表现形式多种多样，情况复杂。主要包括：一是在城市居民聚居区内，由于历史上的原因，群众住房紧张。为缓解住房紧张局面，许多群众在合法建筑物的房前屋后又私自搭建了厨房、储物间、居住用房等违章建筑，甚至一些违章建筑已经存在了50年～60年，公众对此认可，政府主管部门也不会主动予以拆除，只是在确定拆迁补偿标准时与合法建筑有所区别。人民法院在审判实践中，对于在街道、胡同、里弄内由于历史原因形成的违章建筑的出租问题，常常采取宽容务实的现实态度，多数案件认定房屋租赁合同有效。二是在城乡结合部，住地居民或村民在空闲土地上私搭滥建了不少违法房屋，其中大部分出租给进城务工的低收入人群。对于这部分新生的违章建筑，常常成为城市管理的重点区域，成为政府城管部门治理城市面貌的重点整治对象，迟早被拆除成为此类房屋的宿命。对于因租赁此类房屋引发的纠纷案件，人民法院常常采取从严把握的态度，一般认定房屋租赁合同无效。三是一些建筑物整体上讲属于合法建筑，但在违法建筑物存续期由于业主的逐利行为及其他种种原因，合法建筑物被私自改建、扩建，且已经远远超出了原有的合法建筑物的四至，成为合法建筑与违法建筑的混合体。对于以此类建筑作为标的物的房屋租赁合同而言，承租人很难鉴别自己承租部分的房产是合法建筑，还是违法建筑；有时承租房屋中既包括了合法部分，也包括了违法部分；甚至有时根据讼争房屋权证，也很难判断租赁房屋属合法建筑或违法建筑。人民法院审理此类纠纷，在对租赁标的物的合法性尚不能确定前，人民法院应当在审理时通过分析判断当事人提供的证据作出判断；不能作出判断的，应当依职权调查向规划管理部门调查取证，请有权部门作出判断。法院再根据有权部门作出的决定，作出租赁合同是否有效的判断。四是临时建筑物未办理审批手续或者超过临时建筑的使用期限的，按照本司法解释第三条的释义内容办理。

总之，社会生活是复杂的，体现在甄别租赁建筑物的合法性与违法性上更是如此。在法律规定不明确、不具体的情况下，人民法院就违法建筑订立的租赁合同是否有效问题上，出现了不同意见、不同做法。体现在个案处理上，出现了执法标准不统一、执法尺度不一致的现象，“同案异判”的现象普遍存在。房屋租赁合同当事人很难根据“同案异判”的裁判结果，指引自己的前期民事行为方式，树立正确的理念和做法，作出正确、理性的判断。为了统一执法思想，统一执法尺度，实现“同案同判”，本解释对这一在法院系统普遍存在的执法难点作出解释性规定，明确了执法标准，对规范房屋租赁市场，统一执法标准起到了司法解释应尽的职责。

二、起草过程中的相关意见和建议

本条在征求社会各界意见阶段的稿件中表述为：出租人就未取得或者违反建设工程规划许可证建设的房屋与承租人签订租赁合同，在一审法院辩论终结前取得建设工程规划许可证或者有批准权的行政部门同意建设的，当事人请求按照无效合同处理的，人民法院不予支持。

意见一建议修改为：出租人就未取得或者违反有关审批手续建设的房屋与承租人签订的合同，在一审法院辩论终结前取得有关审批手续或者经整改符合有关审批手续建设要求的，当事人请求按照无效合同处理的，人民法院不予支持。主要理由：一是《城市规划法》施行前，对城镇房屋建设没有关于建设工程规划许可证的要求，相关房屋承租合同不应因未取得建设工程规划许可证而被认定为无效。二是根据《城乡规划法》和原《城市规划法》的有关规定，城镇房屋建设需要依法办理“一书两证”等有关审批手续。因此，只以是否取得或者符合建设工程规划许可证作为认定房屋建设是否具备合法审批手续的标准，是不全面的。

意见二建议，将“建设工程规划许可证”修改为“合法审批手续”。理由为：建设工程规划许可证是随原《城市规划法》实施后才出台的，在此之前建造的合法房屋并不一定有建设工程规划许可证。

意见三建议，以未取得建设工程规划许可证作为认定合同无效的条件是否合适。建设工程规划许可审批系建筑行政上的手续，在大陆法系的国家和地区的民法理论中并非取得所有权或者处分权的法定依据，在我国台湾地区法律规定，违章建筑由建造人原始取得所有权，且就违章建筑所为买卖等债权行为系有效行为，只是不能办理产权登记移转所有权；我国《物权法》第三十条虽从正面规定了“合法建造”自事实行为成就时发生效力，但是并不能因此得出违法建造一定不能产生物权的取得效力，对违法建造的房屋设立负担行为（债权行为）的效力也并非当然予以否定。且《城乡规划法》第六十四条也只规定未取得建设工程规划许可证或者未按照建设工程规划许可证的规定进行建设的行政行为，结合《城乡规划法》第六十四条的规定来看，未取得建设工程规划许可证建造的房屋，如果不是被限期拆除或者其他导致房屋灭失或者建造人无法处分其建造物、租赁合同标的物的情况，则建造人对于自建房屋享有一定事实上的处分权，只是不能办理房屋产权登记也就不能办理房屋租赁合同登记备案手续而已，而根据本解释的其他条文规定，未办理登记备案手续并非认定合同无效的事由。从房屋租赁合同促进物的有效利用的角度考虑，似不宜一概认定此类合同无效，是否可以考虑作为有效合同处理，但赋予承租人解除权。

意见四建议，对合同无效采取列举式作出规定，以达到系统的、明了的、实用的操作目的。建议修改为，下列租赁合同应当依法认定无效：（1）出租人不是房屋使用权人，且未经房屋使用权人授权或者追认；（2）出租的房屋属于依法不得出租或者不得使用的房屋，包括未取得建设工程规划许可证及建设批准手续建造的房屋，未经验收合格的房屋，未取得全部产权的经济适用住房等；（3）其他依法应当认定合同无效的情形。主要依据：（1）合同法关于无处分权的规定；（2）根据《城乡规划法》和《建筑法》规定，未办理规划、建设手续的房屋属于违法建筑，未经验收合格的房屋不得交付使用。对经济适用住房，如果在本解释中没有排除在外，倾向在本条中作出无效规定。因为经济适用住房属于保障性房屋范围，按照国家政策和《经济适用住房管理办法》规定，未取得完全产权的经济适用住房不得出租。虽然该规定没有上升为法律，但《城市房地产管理法》明确规定住宅用房的租赁政策，故倾向于将仍然处于有限产权的经济适用住房出租行为规定为无效；否则，会扰乱国家的住房政策和秩序。

在本解释征求各方面意见阶段中还有很多的不同意见，这些意见都很有价值，最终形成本条意见就是在综合考虑各方意见基础上作出的，在制定司法解释中既体现了司法民主精神，也为各级人民法院以后适用本解释打下坚实基础；同时，了解这些宝贵意见，对于我们准确理解司法解释也是至关重要的。当然，本条规定在审判实践中适用的效果如何，还有待实践的检验。

三、制定本条的依据

（一）关于违法建筑的认定及处理

本条是有关规定租赁合同效力的内容。本条规定合同无效的根本原因在于标的物缺陷，影响合同效力的根本原因在于“未取得建设工程规划许可证或者未按照建设工程规划许可证的规定建设的房屋”，即标的物本身存在瑕疵，且该缺陷直接对合同效力产生影响，直接导致房屋租赁有效或者无效。本条规定的标的物缺陷就是指标的物是违法建筑，因此租赁合同无效；标的物缺陷补正后，成为合法建筑，则房屋租赁合同有效。

什么是违法建筑，或者说是违章建筑呢？违法建筑是指未取得建设工程规划许可证或者未按照建设工程规划许可证规定内容建设的房屋及建筑物为违法建筑。原建设部部长汪光焘在《关于〈中华人民共和国城乡规划法（草案）〉的说明》中将违法建筑表述为“未取得建设工程规划许可证或者未按照建设工程规划许可证的规定进行建设”的行为为“违章建筑”。《城市房屋拆迁管理条例》第二十二条第二款规定：拆除违章建筑和超过批准期限的临时建筑，不予补偿；拆除未超过批准期限的临时建筑，应当给予适当补偿。在此，标的物违法的建筑物表述为违章建筑。建设部发布的《城市房屋租赁管理办法》第六条规定：有下列情形之一的房屋不得出租：（五）属于违法建筑的；……《上海市房屋租赁管理条例》第八条规定：有下列情形之一的房屋不得出租：（一）未依法登记取得房地产证书或者无其他合法权属证明的。《上海市房地产资源局关于贯彻执行〈上海市房屋租赁管理条例〉的意见（二）》第四条第（四）部分规定：单位建造的构筑物、地下建筑物，持有建设工程规划许可证、建设工程施工许可证和竣工验收合格证明。第（五）部分规定：单位建造的临时建筑，持有临时使用土地批准文件、临时建设工程规划许可证和临时建设工程施工许可证。《广州市房屋租赁管理规定》第九条第（五）项规定：具有下列情形之一的房产，不得出租：……（五）属于违法建筑的……从上述规定看出，多数地方性法规和其他规范性意见将违反有关规划法律、行政法规、其他规范性意见的行为表述为违法建筑。至此，在法律、法规、部门规章、地方性法规等规范性文件中，对于违反规划法律的建筑物分别表述为违章建筑和违法建筑，本解释采纳了第二种表述方式，表述为违法建筑。

违法建筑主要包括哪些情形呢？《城乡规划法》第四十条第一款规定：在城市、镇规划区内进行建筑物、构筑物、道路、管线和其他工程建设的，建设单位或者个人应当向城市、县人民政府城乡规划主管部门或者省、自治区、直辖市人民政府确定的镇人民政府申请办理建设工程规划许可证。第四十一条第一款、第二款规定：在乡、村庄规划区内进行乡镇企业、乡村公共设施和公益事业建设的，建设单位或者个人应当向乡、镇人民政府提出申请，由乡、镇人民政府报城市、县人民政府城乡规划主管部门核发乡村建设规划许可证。在乡、村规划区内使用原有宅基地进行农村村民住宅建设的规划管理办法，由省、自治区、直辖市制定。第四十四条第一款、第二款规定：在城市、镇规划区内进行临时建设的，应当经城市、县人民政府城乡规划主管部门批准。临时建设影响近期建设规划或者控制性详细规划的实施以及交通、市容、安全等的，不得批准。临时建筑应当在批准的使用期限内自行拆除。第六十六条规定：建设单位或者个人有下列行为之一的，由所在地城市、县人民政府城乡规划主管部门责令限期拆除，可以并处临时建设工程造价一倍以下的罚款：（1）未经批准进行临时建设的；（2）未按照批准内容进行临时建设的；（3）临时建筑物、构筑物超过批准期限不拆除的。

上述规定表明，违法建筑除了包括违反城乡规划规定的建筑物、构筑物外，还应当包括违反临时建筑管理规定的临时建筑。从狭义角度讲，违法建筑主要是指城镇内的违法建筑；广义讲，违法建筑还应当包括乡村建筑。从立法本意讲，只要违反城乡规划法律规定，未取得城乡规划许可证，不论租赁房屋在乡村或城镇都属于违法建筑，因为乡村建筑与城镇建筑一样都受到《城乡规划法》调整。总之，按照《城乡规划法》规定，未取得规划许可证的城乡建筑和违反临时建筑管理规定的临时建筑，都属于违法建筑。

规范性文件对违法建筑的行政处罚措施包括哪些呢？《城乡规划法》从法律责任的角度，强化了对违法建筑的处罚力度。《城乡规划法》第六十四条规定：未取得建设工程规划许可证或者未按照建设工程规划许可证的规定进行建设的，由县级以上地方人民政府城乡规划主管部门责令停止建设；尚可采取改正措施消除对规划实施的影响的，限期改正，处建设工程造价5%以上10%以下的处罚；无法采取改正措施消除影响的，限期拆除，不能拆除的，没收实物或者违法收入，可以并处建设工程造价10%以下的罚款。第六十五条规定：在乡、村庄规划区内未依法取得乡村建设规划许可证或者未按照乡村建设规划许可证的规定进行建设的，由乡、镇人民政府责令停止建设、限期改正；逾期不改正的，可以拆除。《城乡规划法》强化了对违章建筑的处罚力度，使得违法者无利可图。应当说，《城乡规划法》的立法意图是明确的，对违法处罚力度也是足够大的，但现实生活中，违法建筑比比皆是，形成原因十分复杂，很多涉及群众利益，不宜急于求成，不能在短时间内通过拆除方式对违法建筑予以根治，通过行政管理和审判活动完成根治违法建筑的任务任重而道远。

（二）认定以就违法建筑订立的租赁合同无效

一般讲，以违法建筑签订的租赁合同应当无效，但在一定条件下无效合同可以转化为有效。在实现合同效力转化之前，合同效力属于效力待定状态。

1. 租赁合同标的物违法与租赁合同效力之间的关系。《合同法》第五十二条规定："有下列情形之一的，合同无效：……（五）违反法律、行政法规的强制性规定……"无效合同的特征很多，但违法性是本质特征。所谓违法性是指违反了法律或者行政法规的强制性规定以及社会公共利益。其内涵包括：第一，无效合同是指违反了法律、行政法规的强制性规定，一般讲，不包括地方性法规、部门规章。

"至于行政法规以及地方性法规等地方性文件，能否作为合同无效的判断标准，值得研究。我们认为，这些规定可以作为判断合同无效的参考依据，但不应作为判断合同无效的唯一依据。特别是对于那些不合理的，甚至与法律、行政法规的规定明显冲突的地方性法规或规章，显然不应该作为判定合同无效的依据。"① 第二，违反了法律、行政性法规的强制性规定而导致合同无效，而不是指违反了任意性规定。对于任意性规范，属于当事人约定可以改变的规范。像当事人在 2008 年签订的建设工程施工合同，约定适用 2006 年定额标准结算工程款，纠纷涉诉后，一方当事人主张适用 2006 定额进行工程价款结算的约定无效，法院不应当予以支持。主要是因为定额规范作为工程结算标准，属于任意性规范，不是强制性规范，当事人在合同中可以选择适用，不具有强制适用效力，并不因为没有适用当年的工程结算标准结算工程价款，而否定合同效力。第三，违法性还包括违反了社会公共利益。像经营黄色网站签订的合同当然无效。

2. 未取得建设工程规划许可证或者未按照建设工程规划许可证的规定建设的房屋，即违章建筑的违法性体现在哪呢？首先，违法建筑违反了《城乡规划法》规定。其次，法条对此作出的规定是强制性的规定，是有关合同效力性的规定。据此，应当认定就违法建筑签订的租赁合同无效。《最高人民法院关于适用〈中华人民共和国合同法〉若干问题的解释（二）》第十四条规定：合同法第五十二条第（五）项规定的"强制性规定"，是指效力性强制性规定。何为"效力性强制性规定"？法学家王利明教授认为，有关法律的禁止性规定有必要在法律上区分为取缔规范和效力规范。具体讲，可以采用以下标准：第一，法律法规明确规定违反禁止性规定将导致合同无效或者不成立，该规定属于效力规范。第二，法律法规虽没有明确规定违反禁止性规定将导致合同无效或者不成立的，但违反该规定以后若使合同继续有效将损害国家利益和社会公共利益，也应当认为该规范属于效力规范。第三，法律法规虽没有明确规定违反禁止性规定将导致合同无效或者不成立的，违反该规定以后若使合同有效并不损害国家利益，而只是损害当事人的利益，此种情况下该规范就不应属于效力规范，而是取缔规范。② "对于如何识别效力性规定，应当采用正反两个标准。在肯定性识别标准上，首先的判断标准是该强制性规定是否明确了违反的后果是合同无效，如果规定了违反的后果是导致合同无效，该规定属于效力性强制性规定。其次，法律、行政法规虽然没有规定违反将导致合同无效

① 王利明：《合同法研究》（第一卷），中国人民大学出版社 2002 年版，第 629 页。
② 王利明：《合同法研究》（第一卷），中国人民大学出版社 2002 年版，第 659 页。

的，但违反该规定如使合同继续有效将损害国家利益和社会公共利益的，也应当认定该规定是效力性强制性规定。”[①] 按照上述标准比对，《城乡规划法》规定，政府应当对违法建筑停止建设、限期改正、处以罚款、没收实物或者违法所得。上述处罚属于行政处罚，并不是直接对合同效力作出的直接的否定性评价，不属于学者描述的直接的效力性强制性规范；但结合法条的其他条文规定，国家对违法建筑持否定性评价，且违法建筑损害了国家利益，规避了国家对规划体系、建筑产品质量、房地产交易市场等系列行为的监管，使得违法建筑在现行体制以外生存，直接危及社会的公共安全，直接危及人民群众的生命财产安全。故，违法建筑直接损害国家和社会公共利益，并不是在当事人私权范畴内就能解决的问题，人民法院作为公权力的行使者，应当旗帜鲜明地认定就违法建筑物订立的房屋租赁合同无效。

（三）违法建筑合法后，应当认定租赁合同有效

本条规定：出租人在一审法庭辩论终结前取得建设工程规划许可证或者主管部门批准建设的，人民法院应当认定租赁合同有效。此款规定意味着什么呢？应当讲，这意味着无效合同在一定条件下转化为有效合同。最高人民法院有关民事审判工作的诸多司法解释都有关于合同效力转化的规定。像《最高人民法院关于审理涉及国有土地使用权合同纠纷案件适用法律问题的解释》规定，从事房地产开发经营的企业不具备房地产开发经营资质，在起诉前取得相应资质的，人民法院可以认定合同有效。一般讲，司法解释有关合同效力转化的截止时间多数规定在一审法庭辩论终结前，个别规定在一审起诉前。规定在一审法庭辩论终结前具有程序意义，一是一审法庭辩论终结前多是当事人提交证据的截止时间，此前提交证据符合证据规则；二是一审庭后提交或者二审提交，增加另一方当事人讼累，也使得合同效力处于不确定状态。

本条规定在法理上讲，是效力待定还是效力转化呢？本条规定，出租人在一审法庭辩论终结前取得建设工程规划许可证或者主管部门批准建设的，人民法院应当认定租赁合同有效。此种情况属于合同效力待定，还是合同效力转化呢？法学家王利明教授认为，效力待定合同是指合同成立后，是否已经发生效力尚不能确定，有待于其他行为或者事实使之确定的合同。效力待定合同包括三类，即限制民事行为能力人订立的合同、无权代理人因无权代理而订立的合同、无权处分人因无权处分而订立的合同。严格讲，效力待定概念只适用于后两种情况。[②] “合同效力未定，

① 最高人民法院研究室编著：《最高人民法院关于合同法司法解释（二）理解与适用》，人民法院出版社2009年版，第112页。

② 王利明：《合同法研究》（第一卷），中国人民大学出版社2002年版，第541页。

或称‘未决的不生效’，指起初未生效力，因为它在法律行为本身之外还欠缺某种生效条件，一旦该要件具备了，它就可以成效。当然，此处所说的这种未定状态，是指事后该生效要件是否成就尚不清楚的情形，而非指既已清楚其生效只是在时间上推迟了的情形。”[①] 效力待定合同的效力处于有效和无效的中间状态，效力不确定，但是效力待定并不是因为违反国家法律、行政法规的强制性规定或者违背社会公序良俗而使得合同效力待定，“效力待定的合同，并不违反法律、行政法规的强制性规定，也未违反社会公共利益，有挽救的余地，在挽救后有效”[②]。国家法律没有必要行使国家干预权促使合同无效，促使合同确定下来的权利人是合同当事人和享有真正民事实体权利的合同相对人以外的权利人，体现了意思自治和合同自由。促使合同效力确定下来的因素是事件和行为。按照学者通说，典型的效力待定合同包括限制民事行为能力人订立的合同（《合同法》第四十七条）、无权代理订立的合同（《合同法》第四十八条）、无权处分订立的合同（《合同法》第五十一条）；有学者认为，无权处分订立的合同是债权行为、负担行为，不属于效力待定的合同；还有学者认为，效力待定的合同，仅指无权处分行为。按照上述标准，就标的物——违法建筑物签订的租赁合同无效是因为违法；转化为有效，也是因为补办手续，标的物合法，而促使合同转化为有效。显然，本条有关合同效力转化的规定与上述学术观点通说不符，似不宜认定为效力待定的合同范畴。

下面再探讨一下无效合同以及无效合同的效力转化问题。无效合同是指合同已经成立，但因其内容违反了法律、行政法规的强制性规定或社会公共利益而导致合同无效。无效合同是合同吗？一种观点认为，无效合同是合同。无效合同是合同当事人经过协商达成的合意，他们已就相关权利义务分配达成了一致，合同已经成立，只是因为违反法律、行政法规强制性规定或者社会公共利益而不具备合同有效要件而已。故，无效合同是合同，且合同已经成立，只是不发生法律效力而已。另一种观点认为，无效合同具有违法性，不属于合同范畴。无效合同不能达到合同当事人追求的预期效果，对合同当事人不产生约束力，不能受到法律的承认和保护，可能还要受到法律制裁。所以，无效合同不是合同。多数人认为，无效合同是合同，笔者同意此种观点。理由是，民事行为与民事法律行为都是民事行为，不能因为民事行为存在违法性而否定其民事行为的性质；同样，民事合同无效不能否定其合同性质。违法性是无效合同的本质特征，无效合同是因为其内容违法而导致无

---

① 韩世远：《合同法总论》（第二版），法律出版社 2008 年版，第 177 页。

② 谢怀栻：《合同法原理》，法律出版社 2000 年版，第 99 页。

效的。

如果无效合同中的违法内容被删除，违法的标的物合法化，违法内容经修订后瑕疵消失等，无效合同内容已经全部合法了，该无效合同是否能够转化为有效合同呢？答案是肯定的。我们认为，无效合同首先是合同，才存在转化为有效合同问题。无效合同违法情节消失后，合同无效理由不存在了，国家也就再没有理由干预，合同中剩余内容就是在当事人意思自治范畴内达成的共识，再没有理由认定这部分内容无效了，此时，无效合同转化为有效，应当得到全面实际履行。法学家王利明老师认为，“对于无效合同而言，尽管当事人不能实际履行无效合同，但当事人可以依据法律的规定，对无效合同予以修正，删去违法的合同条款，使合同的内容完全合法。如果经过修正使合同在内容上已符合法律的规定，则该合同已转化为有效合同。”①

综合本条内容分析，出租人未取得建设工程规划许可证或者未按照建设工程规划许可证的规定建设房屋，有两种不同情形的违法表现形式：一种情况是未取得政府许可，另一种情况是未按照政府许可内容履行，统言之，是因合同标的物或行为违法而导致合同无效的。该条规定“但是在一审法庭辩论终结前（出租人）取得建设工程规划许可证或者主管部门批准建设的，人民法院应当认定有效。”“取得建设工程规划许可证或者主管部门批准建设”，意味着人民政府批准了，违法建筑转化为合法建筑，导致合同无效的违法因素消失，再没有理由认定无效了，此时无效合同转化为有效。

条文理解

对本条的理解，应当把握如下几个方面：

一、认定违法租赁合同无效，体现严肃执法，有利于维护城镇建设规划秩序

城乡规划是政府指导和调控城乡建设和发展的基本手段之一，也是政府履行经济调节、市场监管、社会管理和公共服务职责的重要依据。房屋租赁合同标的物违法的本质是违反《城乡规划法》规定，破坏了城镇规划秩序，规避了政府对城镇规划监管，扰乱了国家行政管理秩序，国家应当对此持否定性评价。依照《城乡规划法》规定，禁止房屋建设者未取得建设工程规划许可证或者未按照建设工程规划许可证的规定进行建设，相关规章将上述建筑物表述为违法建筑物。对违法建筑物租

① 王利明：《合同法研究》（第一卷），中国人民大学出版社2002年版，第631页。

赁合同效力，起草解释中形成两种观点：第一种观点认为，合同应当有效。房屋建设者违反《城乡规划法》等公法的规定，引起的法律后果是接受相关行政部门的处罚，其私法行为效力不受违反公法影响。依照《物权法》规定和物权设立理论，建设者对违法建筑物取得使用权。因建设行为的违法性不能办理该类房屋的产权登记，但这仅影响物权的变动，不影响所有者对违法建筑物的占有。房屋租赁合同以转移房屋使用权为目的，不涉及物权的变动，应认定有效。第二种观点认为，合同应当无效。依照《民法通则》第七十二条和《物权法》第三十条的规定，违法建造不是所有权设立的法律事实，不能依法设立所有权，违法建筑因此成为法律规定禁止流通物，不能进入市场进行处分收益。相关的法律基于此种原则对违法建筑予以规定，如《城市房屋拆迁管理条例》第二十二条规定：拆迁人拆除违章建筑和超过批准期限的临时建筑，不予补偿；拆除未超过批准期限的临时建筑，应当给予适当补偿。《建筑法》等法律规定该类房屋不能交付使用，而《房屋租赁管理办法》等部颁规章规定禁止违法建筑出租。故本解释采纳了第二种意见。考虑到法律并未禁止建筑物在建设阶段补办相关建设手续，违法建筑在建设中取得建设工程规划许可证或者有权行政机关经处理，批准建设者继续进行建设，转变为合法建筑的实际情况，规定“一审法庭辩论终结前取得建设工程规划许可证或者有批准权的行政机关批准建设的，可以认定有效”。总之，从上述起草过程的观点分析，本解释最终确定租赁合同无效是综合考量了法律规定、法理和维护政府行政管理秩序、经济社会秩序。

二、认定合同在违法情节消失后转化为有效，有利于促进交易

订立合同的目的在于交易，合同违法导致交易不成，应当说，这不是订约当事人订立合同时所追求的预期效果，是国家公权力干预的结果。违法情节消失后，就应当恢复到合同当事人订立合同追求目标的本意上来，有效履行就应当成为必然趋势。创设合同效力转化的理论以及依此理论作出的审判（包括仲裁）实践，就是为了鼓励交易，促成经济活动顺向流转，避免造成逆向流转，形成无效返还的法律后果。鼓励交易就是为了避免造成社会财富的损失和浪费，鼓励交易是提高效率、增进社会财富积累的手段，这不仅因为通过交易才能满足不同的交易主体对不同的使用价值的追求，满足不同生产者与消费者对价值的共同追求，而且因为交易才能实现资源的优化配置，保障资源的有效利用。鼓励交易是合同法的立法目标，是合同法追求的价值取向，是该部法律应有的品格。法律是上层建筑，受经济基础制约，为经济基础服务是法律，特别是调整经济关系的法律规范的应有之义。交易量大意

味着繁荣，交易质量高意味着效益，交易是经济繁荣发展的前提和基础。人民法院执法的价值取向是为经济社会服务，尽可能促使合同有效，促进交易，是人民法院作为司法机关的本质所在，是执法行为的应有之意。交易需要秩序，维护交易秩序也是人民法院的法定职责，秩序是在诚信基础上树立的，人民法院应当维护诚信的交易秩序也是在维护民法的核心价值理念。交易蕴含着平等、自愿；交易是在平等、自愿基础上进行的，鼓励交易就是保障合同当事人地位平等，意思表示自愿。

本条规定房屋租赁合同标的物违法合同就无效，意味着国家不允许合同当事人履行内容违法的合同。否则，就是纵容租赁合同当事人从事违法行为。针对违法标的物，国家干预的方式就是认定合同无效，不准许当事人交易。在违法情节消失后，国家干预的理由消失了，此时，国家再阻止当事人交易就没有依据了。最高人民法院制定本解释时采纳了认定合同转化为有效的观点，鼓励交易的价值判断是其中重要的理由。

审判实务

在审判实务中，有如下问题值得注意：

一、“一审法庭辩论终结前”，不包括二审、再审程序中发回到一审法院审理阶段

最高人民法院有很多司法解释规定，因为欠缺某些要件而合同无效，在一审法庭辩论终结前，补办相关手续，违法因素消失后，人民法院可以裁判认定合同有效。《最高人民法院关于适用〈中华人民共和国合同法〉若干问题的解释（一）》第九条规定：依照合同法第四十四条第二款的规定，法律、行政法规规定合同应当办理批准手续，或者办理批准、登记等手续才生效，在一审法庭辩论终结前当事人仍未办理批准手续的，或者仍未办理批准、登记等手续的，人民法院应当认定该合同未生效；法律、行政法规规定合同应当办理登记手续，但未规定登记后生效的，当事人未办理登记手续不影响合同的效力，合同标的物所有权及其他物权不能转移。《合同法》第四十四条第二款规定：法律、行政法规规定应当办理批准、登记等手续生效的，依照其规定。据此，按照最高人民法院有关《合同法》的司法解释的规定，“一审法庭辩论终结前”是当事人补正效力的最后时点，不应当包括二审、再审发回指定一审法院重审的情形。合同无效应当是自始无效，一般而言，不存在转化为有效问题。对于房地产案件而言，许多开发经营行为是要式法律行为，须经人民政府有权部门审批后才能进行下一步开发行为，行政审批行为常常是民事行为

的前提和基础，前置的开发审批程序属于行政权行使的领域，与人民法院司法权无涉，人民法院审判权无权改变或者变更行政机关的行政决定。针对许多民事案件而言，行政机关的行政决定是认定民事合同效力的前提和基础，民事合同效力取决于行政审批行为，能批下来的，合同有效，否则无效。像立项、规划、建设用地、建设工程、土地出让、房屋预销等开发环节都需要经过有批准权的政府部门审查批准后才能进行下一个环节的开发行为，才能促使开发行为合法化，在合同关系上表现为合同有效。否则，合同无效。正因为如此，房地产开发经营合同的效力常常与人民政府的行政审批行为相关联，审查批准的，合同有效；未经审批或者未获批准的，合同无效。在此种情况下，政府能否批准，能否取得相关权证，成为司法机关或者仲裁机构认定房地产合同有效或无效的决定性因素，这并不是其他民事合同普遍具有的常态，而是房地产案件的特性。

二、“经有批准权的行政机关准予建设的”的表现形式

取得建设工程规划许可证是显而易见的，不需要对此作出解释，有批准权的人民政府准予建设的情形是什么呢？审判实践中，政府对规划审批的表现形式主要是建设工程规划许可证，有此证就证明政府批准了，司法部门无需再审核其他内容；没有此证，多数情况下证明未经政府审批或者政府没有批准，政府以批文形式确认“准予建设”的情形很少见，这正是行政机关依法行政的规范性办件的结果；但个别特殊情况下，以批文形式批准“准予建设”的情形也是存在的，像《城乡规划法》颁布实施前，未实行建筑工程规划许可证制度，实行有权政府部门规划审批制度；建筑物为合法建造，但权利人对合法建造的建筑物改扩建，形成新的建筑物，是否合法？有待权力部门甄别审批，在权力部门作出最终认定前，改扩建后的建筑物准许先行使用；有权部门已将讼争房屋定性违法建筑，政府已作出处罚决定，且按照政府规划，讼争房屋于近期拆迁，政府主管部门出文准许讼争房屋保留使用。

“有批准权”是按照行政机关审批权限划分的，是规范性文件规定的国家机关分权的结果。在《土地管理法》等管理法体系中，出现过类似的表述，属行政法范畴。我们知道，《土地管理法》《城市房地产管理法》《矿产资源管理法》等法律规范，在法理分类上属于经济法范畴，既包括调整平等主体之间的民事权利关系，也包括管理人与行政相对人之间的行政管理关系，还包括行政机关分权的行政关系，从整体功能上讲，是为了规制市场服务的。

三、已经被人民法院或者仲裁机构认定为无效的，不能转化为有效

因租赁合同标的物违法，违法原因消失后，转化为有效合同的前提是合同效力尚未被司法机关或者仲裁机构确定。如果法定机构已经对合同效力作出认定，即认定标的物违法的租赁合同无效，在此种情况下，不能因为取得规划权证或者有权机关批准而再次转为有效合同。原因很简单，因为有关部门作出的认定已经发生法律效力，不能逆转，当事人对人民法院或者仲裁机构有关合同效力的认定不服的，只能向人民法院申请撤销仲裁决定或者按照再审程序向上一级人民法院申请再审，此时，不存在合同效力转换的问题。

第三条 ［违法临时建筑物租赁合同无效］

出租人就未经批准或者未按照批准内容建设的临时建筑，与承租人订立的租赁合同无效。但在一审法庭辩论终结前经主管部门批准建设的，人民法院应当认定有效。

租赁期限超过临时建筑的使用期限，超过部分无效。但在一审法庭辩论终结前经主管部门批准延长使用期限的，人民法院应当认定延长使用期限内的租赁期间有效。

条文主旨

本条是关于租赁合同标的物为临时建筑，因违反法律的效力性、强制性规定而应当认定无效的情形。

背景依据

一、起草本条的背景情况

现实生活中，在城市的很多地方都存在着各种各样的临时建筑，特别是在大中城市临时建筑更多。像城市人行横道上设立的报刊亭；不符合城市整体规划，但现实生活迫切需要，在不影响城市整体规划的前提下，建设的临时建筑物，像停车场等；与地铁、高速公路等基础设施建设相配套的工棚及其他附属设施；不符合规划要求，暂时保留使用，随时可能被拆除的建筑物。近年来，随着城市发展进程加

快，新开工的建设项目增多，附属配套的临时建筑物必然也随之增加。就临时建筑物的用途而言，有的是用于公益建设项目，像救急、抢险、市政基础设施建设等建设项目；有的是用于商业目的，像夜市搭建的避雨棚、临时停车场、售楼处等均属于用于商业目的的临时建筑物。审判实践中，对于临时建筑物能否作为租赁合同标的物？如出租，租赁合同的效力如何？临时建筑的使用期限届满后，使用人不拆除或者不按临时建设工程规划许可证记载的用途利用，与承租人签订的房屋租赁合同是否有效，等等，这些问题在审判实践中，都存在着不同的观点和做法，与上一条一样，都需要统一和规范。

二、起草中的相关意见和建议

在本解释起草过程中，有关单位提出，对于超过临时建筑使用期限或者超出临时建筑占用土地使用权受让期限的房屋租赁合同无效，但经批准延长建筑物或者土地使用期限的，可以认定有效。

三、制定本条的依据

什么是临时建筑呢？临时建筑是指在城市、镇规划区内，根据形势的客观需要，经建设行政主管部门审核批准后，在核定的临时建设工程规划许可证记载的使用期限、范围、用途内，建造的供临时使用的建筑物。临时建筑的主要法律特征包括：第一，权利人有权在临时建设工程规划许可证记载的使用期限内利用临时建筑物；第二，在临时建设工程规划许可证取得的使用期限届满前，权利人应当自行拆除临时建筑物；第三，权利人应当按照临时建设工程规划许可证记载的临时建筑物的使用用途，利用临时建筑物。

《城乡规划法》第四十四条规定：在城市、镇规划区内进行临时建设的，应当经城市、县人民政府城乡规划主管部门批准。临时建设影响近期建设规划或者控制性详细规划的实施以及交通、市容、安全等的，不得批准。临时建设应当在批准的使用期限内自行拆除。临时建设和临时用地规划管理的具体办法，由省、自治区、直辖市人民政府制定。第六十六条规定：建设单位或者个人有下列行为之一的，由所在地城市、县人民政府城乡规划主管部门责令限期拆除，可以并处临时建设工程造价一倍以下的罚款：（1）未经批准进行临时建设的；（2）未按照批准内容进行临时建设的；（3）临时建筑物、构筑物超过批准期限不拆除的。《城市房屋拆迁管理条例》第二十二条规定：拆迁人应当依照本条例规定，对拆迁人给予补偿。拆除违章建筑和超过批准期限的临时建筑，不予补偿；拆除未超过批准期限的临时建筑，应当给予适当补偿。《城乡规划法》从正反两个方面规制了占有人利用临时建筑的行为。按照《城乡规划法》第六十六条规定，未经批准进行临时建设的、未按照批准内容进行临时建设的、临时建筑物或构筑物超过批准期限不拆除的，上述三种情况为违反规划法律规定的违法行为。

从影响租赁合同效力角度看，上述三种情形与本解释第二条规定的“未取得建设工程规划许可证或者未按照建设工程规划许可证规定建设的房屋”，在性质上是一样的，都属于标的物违法。比较《城乡规划法》第六十六条规定与本解释第二条规定的情形，可以看出二者规定的内容也是一致的。“未经批准进行临时建设的”，从规划审批缺陷的表现形式看，就是出租人未取得临时建设工程规划许可证；与本解释第二条规定的“出租人未取得建设工程规划许可证”的内涵是一致的，建设临时建筑物的“批准内容”主要是记载在临时建设工程规划许可证中，个别情况下也有政府出具批文予以批准的情形，未取得建设工程规划许可证与临时建筑未经政府主管部门批准建设二者是一样的。临时建筑属于建筑物中的一种形态，是一种特殊的形态，租赁合同中的建筑物应当包含了临时建筑，从逻辑关系上讲，临时建筑物与建筑物的关系为种属关系。从上述比对结果看，本条规定与本解释第二条规定的内容和精神都是一致的，之所以将临时建筑物单列出来作为一个独立的条文予以规定，意义在于临时建筑数量大、有特性，有单独列条规定的价值和意义。本条规定的租赁合同效力转化内容，在原理上也与本解释第二条规定的内容相同。按照本条规定，“一审法庭辩论终结前经主管部门批准建设的”或者“经批准延长使用期限的”的情形，即与本解释第二条规定的“经有批准权的行政机关准予建设”的内容是一致的，都是经人民政府有权部门批准同意后即实现合同效力补正，使无效的房屋租赁合同转化为有效，即可以补正就临时建筑物签订的房屋租赁合同效力，使其转化为有效合同。

上面讲本条规定与第二条规定内容一致，出自同一个法律逻辑关系，理念和原理相同，既然是两个独立的条文，他们之间的差异体现在哪儿呢？本条规定内容是本解释第二条规定的一种特例，是一般与特殊的关系，临时建筑相对于建筑物这个大概念而言，是一种特例。既然是特例，特别之处在哪儿呢？特别之处就是临时建筑物的使用用途特定，使用期限不固定（与正常建筑物相比较使用期限短或者未定使用期限，可能随时被拆除）。本条规定的租赁合同标的物违法的违法情节较本解释第二条规定的违法情节内容具体、明确、详尽，包括“未经批准或者未按照批准内容建设的临时建筑”“当事人约定的租赁期限超过临时建筑的使用期限”两种情形。

综上，经比对本条规定与本解释第二条规定可以看出，二者适用法律的理念、精神、原则一致，有关本解释第二条的释义内容也适用于本条规定。

条文理解

对本条内容的理解，详见第二条释义内容。

审判实务

在审判实务中，有以下问题值得我们注意，在审判实践中应当把握好：从个案的实际情况出发，准确把握临时建筑出租合同的效力。本条规定“当事人约定的租赁期限超过临时建筑的使用期限，超过部分无效”。从法理上讲，此规定内容是有关认定合同部分有效、部分无效的相关规定。在审判实践中，对于如何正确理解、准确适用本条规定，应当把握本条规定内容的要义，考量个案的实际情况，从平衡利益、鼓励交易、社会效果等因素综合考量案件的实际裁判效果。

具体讲，《合同法》第五十六条规定：合同部分无效，不影响其他部分效力的，其他部分仍然有效。此规定为合同部分有效、部分无效的法律规定。依据现行法律规定，适用本条规定，一般应当具备以下几个要件：第一，部分有效、部分无效的内容应当是在一个合同中，在不同的合同中是分别有效或者分别无效，是分别履行，而不是部分有效、部分无效；第二，合同部分无效后并不影响合同其他内容的履行，不影响合同履行的整体效果，即合同具有可分性。如果合同内容是不可分开的，是一份须整体履行才能实现合同目的的合同，拆分就必然影响合同效果，甚至导致合同实际履行没有任何意义，即属于不可分的合同。第三，合同被认定为部分有效、部分无效后，有效部分应当能够得到全面、实际、独立的履行，即不依靠无效部分内容也能够单独独立履行，且能够实现合同目的；反之，如果部分有效合同中的有效部分的实际履行，达不到实际效果，不能实现合同目的，人民法院应当认定全部合同无效。

即使有效部分能够独立实际履行，可以实现合同目的，但剩余部分的合同内容在被人民法院认定无效后，有效部分的实际履行效果必然会与合同订约效果相比发生减损，会降低合同预期履行目标。对于因为部分合同内容无效而导致履行期间缩减，履行合同有效部分内容效益降低，前期投入和管理费用损失等实际发生的损失，应当按照导致合同无效的过错大小由合同当事人分担。像临时建筑物的使用期限为1年，当事人就此临时建筑物订立了3年租期的租赁合同。按照本条规定，应当认定头 1 年租期内的租赁合同有效，超出规定使用期限的后两年的租赁合同无效。承租人在签约时很难预料 3 年期的租赁合同可能被法院或者仲裁机构认定为 1 年有效，2 年无效。按照一般人的思维，承租人可能针对租赁房屋的 3 年租期进行装修，准备生活用品，安排生活情节。但后两年被有权机构认定为租赁合同无效，必然会造成损失，可能还很大，对于这些损失应当由谁承担？这是审判实践中亟待解决的问题。一般讲，法院审理此类案件时，应当注意首先区分在哪些租赁时段内的合同有效，哪些无效；认定合同租期内的租赁合同能否单独履行，如可以，则属于可分合同。其次，还应当根据租赁用房的不同使用用途，评估认定合同有效履行的实际效果，对已经履行或不能履行的无效租赁合同造成的损失作出认定，为最终作出裁判打下基础。

对于被认定租赁合同无效后的实际损失认定，应当根据租赁房屋的不同类型实事求是地予以认定。以租赁经营用房的损失为例，承租人在出租房屋内从事餐饮、酒店、娱乐、商业等经营活动，部分租期内的租赁合同被认定为无效的，计算损失时，应当考虑经营投入、购置设备、经营利润等方面的损失，对上述损失难以计付的，可以委托有资质的中介机构予以评估，还可以比照城市同地段的拆迁补偿标准予以计付。对于装饰装修损失的计算，应当按照本解释第十条至第十三条的规定处理。对此，租赁合同无效期间的损失责任的分担，一般讲，出租方应当承担主要责任，承租人承担次要责任。对于人民法院认定部分租期内的租赁合同无效的，应当在裁判主文中给承租人留出再行安置、找房另住的时间，且预留的找房时间不能过短，否则可能造成承租人被扫地出门，居无定所。只有这样，才能保障人民群众的切身利益，实现每个公民都能安居乐业。

第四条 ［登记备案与房屋租赁合同的效力］

当事人以房屋租赁合同未按照法律、行政法规规定办理登记备案手续为由，请求确认合同无效的，人民法院不予支持。

当事人约定以办理登记备案手续为房屋租赁合同生效条件的，从其约定。但当事人一方已经履行主要义务，对方接受的除外。

条文主旨

本条是关于房屋租赁合同的登记备案手续对合同效力影响的规定。

背景依据

根据1994年公布、1995年1月1日起施行的《城市房地产管理法》第五十三条的规定，“房屋租赁，出租人和承租人应当签订书面租赁合同，约定租赁期限、租赁用途、租赁价格、修缮责任等条款，以及双方的其他权利和义务，并向房产管理部门登记备案。”虽然2007年全国人大常委会对《城市房地产管理法》作出修改，但除增加了国家为公共利益可以对土地和房屋进行征收的规定外，有关房屋租赁的规定只是条文序号上发生变化，仍然保留原有的内容。在《城市房地产管理法》施行后，建设部根据该法律的规定，在1995年4月28日公布了《城市房屋租赁管理办法》，在第十三条明确规定了“房屋租赁实行登记备案制度。签订、变更、终止租赁合同的，当事人应当向房屋所在地直辖市、市、县人民政府房地产管理部门登记备案”。根据1999年公布施行的《合同法》第五十二条的规定，违反法律、行政法规的强制性规定的，合同无效。由此，当事人订立的房屋租赁合同，未依照《城市房地产管理法》的规定向城市房地产管理部门办理登记备案手续的，是否属于《合同法》第五十二条规定的“违反法律、行政法规的强制性规定”的情形，存在争论。有一种观点认为，房屋租赁合同的出租人是否领取《房屋租赁证》和是否履行房屋租赁登记备案手续是房屋租赁合同生效的形式要件，未满足这种形式要件的，如果出租人在合同履行期间和诉讼期间内完善了形式要件的，可以认定合同有效，否则应当认定租赁合同无效。① 在审判实践中，以出租人未依照《城市房地产管理法》的规定办理登记备案手续为由，认定房屋租赁合同因违反法律的强制性规定而无效的判决也时有出现。

有关合同效力问题，《合同法》第四十四条规定：“依法成立的合同，自成立时生效。法律、行政法规规定应当办理批准、登记等手续生效的，依照其规定。”《最高人民法院关于适用〈中华人民共和国合同法〉若干问题的解释（一）》第九条亦规定：“依照合同法第四十四条第二款的规定，法律、行政法规规定合同应当办理批准手续，或者办理批准、登记等手续才生效，在一审法庭辩论终结前当事人仍未办理批准手续的，或者仍未办理批准、登记等手续的，人民法院应当认定该合同未生效；法律、行政法规规定合同应当办理登记手续，但未规定登记后生效的，当事人未办理登记手续不影响合同的效力，合同标的物所有权及其他物权不能转移。”上述规定表明，登记备案对合同效力的影响，应当以法律和行政法规将登记

① 杨立：《对确认房屋租赁合同效力的思考》，载《中国房地产》2001年第7期。

作为合同的生效条件为前提，法律和行政法规未规定登记后生效的，当事人未办理登记手续不影响合同效力。《最高人民法院关于适用〈中华人民共和国合同法〉若干问题的解释（二）》第十四条也规定："合同法第五十二条第（五）项规定的'强制性规定'，是指效力性强制性规定。"而《城市房地产管理法》中有关房屋租赁合同登记备案的内容，并没有登记后合同才能生效的规定，该条规定并不属于效力性强制性规定而仅属于管理性规范，不能作为房屋租赁合同的生效要件。

本司法解释明确规定："当事人以房屋租赁合同未办理登记备案手续为由，请求确认合同无效的，人民法院不予支持"，以此解决审判实践中存在的裁判不统一的问题，澄清关于将登记备案作为房屋租赁合同生效要件的错误认识。同时，本司法解释在本条第二款遵循对当事人合同自由和意思表示予以充分尊重的原则，规定了"当事人约定以办理登记备案手续为房屋租赁合同生效条件的，从其约定。"对于当事人虽然约定了以办理登记备案手续为合同生效条件，但并未履行该项约定，而又存在一方履行了合同主要义务且对方接受的情况下，当事人已履行合同主要义务的行为，变更了以办理登记备案手续为合同生效条件的合同约定，登记备案手续的办理也不能作为合同生效的条件考虑。

条文理解

一、合同效力问题是合同法的核心问题

合同效力决定着合同当事人权利义务的有效性，它是合同能否顺利履行的基础，决定着当事人能否实现基于合同而生的法律救济。然而，尽管合同效力是法律界耳熟能详的名词，但有关合同效力的概念确是十分复杂而充满歧义的。早在罗马法上，合同效力的概念即作为债的效力的形式出现，包括在债的关系可能导致的法律后果的债的效力的含义之中。[①] 在现代各国立法层面上，大陆法系各国的立法均会对合同效力作出规定，如《法国民法典》第1134条第1款规定："依法成立的契约，对缔结该契约的人，有相当于法律之效力"；《意大利民法典》第1372条第1款规定："契约在当事人之间具有法律强制力"。英美法中对"合同的效力"这一概念没有具体的界定，只是通过其衡平法及判例确认合同及于当事人的效力以及强调对违约的救济，即合同可以约束当事人及可以通过法院获得强制执行的效果。[②]

---

① 黄风：《罗马私法导论》，中国政法大学出版社2003年版，第254～255页。

② 王军：《美国合同法》，中国政法大学出版社1996年版，第70页。

我国《合同法》第八条亦规定“依法成立的合同，对当事人具有法律约束力。当事人应当按照约定履行自己的义务，不得擅自变更或者解除合同。依法成立的合同，受法律保护。”总体而言，各国立法上对于合同效力都没有给出明确的定义，有关合同效力概念如何来界定，主要依赖于学者的解释。

1. 合同效力是指合同行为的效力

合同行为作为法律行为，是法律关系变动的原因之一，只有依法有效成立的债权合同，才能在当事人之间形成合同之债的法律关系。有关合同效力，学界大致存在三种观点。第一种观点认为，合同的效力、合同的法律效力、合同的拘束力、合同的法律约束力是同一个概念的不同表述而已，均是指“有效合同的生效状态”。①“合同的效力等同于合同的法律效力，是指法律赋予依法成立的合同具有拘束当事人各方乃至第三人的强制力。”② 类似的界定还有“所谓合同的生效，是指已经成立的合同在当事人之间产生了一定的法律拘束力，也就是通常所说的（合同的）法律效力。从权利方面来说，合同权利依法受到法律保护……从义务方面来说，合同义务具有法律的强制性，违反它应当承担违约责任。”③“鉴于合同只是具有法律所赋予的约束力，合同的效力就是所谓的（合同）的法律约束力。”④ 第二种认为，合同生效只是合同成立后的法律效力情形之一，“合同的效力，又称合同的法律效力，它是指已成立的合同将对合同当事人乃至第三人产生的法律后果，或者说是法律拘束力。这种法律后果是立法者意志对当事人合意评价的结果。当法律对当事人合意予以肯定性评价时，发生当事人预期的法律后果，即合同生效；当法律对当事人合意给予全然否定性评价时，则发生绝对无效的后果；当法律对当事人合意给予相对否定性评价时，发生合同可撤销或效力未定的后果。”⑤ 第三种观点认为，合同效力可以界定为广义和狭义两种含义。广义的合同效力，指合同的约束力，它存在于合同自成立至终止的全过程，合同的有效与无效系指此意。狭义的合同效力，指合同约定的权利义务之发生或消灭，它存在于合同自生效至失效的全过程。⑥ 依照我国《合同法》的规定，合同的效力体现为已经成立的合同所产生的法律约束力。易言之，是指已经成立的合同在当事人之间所产生的法律上的影响。这种法律上的影响是法律对于当事人之间已经成立的合同进行评价的结果，因此，这种影响

---

① 张家勇：《未生效合同辨析》，载梁慧星主编：《民商法论丛》第20卷，中国法制出版社2001年版，第387页。
② 崔建远：《合同法》，法律出版社1999年版，第42页。
③ 王利明、房绍坤、王轶：《合同法》，中国人民大学出版社2002年版，第121页。
④ 王利明、崔建远：《合同法新论·总则》，中国政法大学出版社1996年版，第182页。
⑤ 陈小君：《合同法学》，中国政法大学出版社1999年版，第66页。
⑥ 《合同法教程》，中国人民公安大学出版社1999年版，第82页。

既包括法律对于合同行为的积极评价所产生的正面结果，也包括法律对于合同行为的消极评价所产生的负面影响。因此，合同效力不能等同于合同生效，合同效力也不仅仅在有效成立的合同上发生效果。无效合同所产生的法律后果也在一定程度上体现了合同的法律效力。因此，合同效力应当从广义上进行理解，更能够符合合同法的逻辑。

2. 合同效力，在法律上来源于合同法等国家法律的赋予，也由此获得国家强制力的保障

尽管合同效力以当事人的意思表示为其基本的效力依据，但归根结底体现的是国家法律对于作为民事法律行为的合同行为的评价。违反国家利益和违背社会公共利益等严重违反合同生效要件的合同成立后，当事人也不得自行毁约，只有经法院或仲裁机构确认后，才宣布自始无效。国家不但不赋予其履行效力，而且否认其成立效力，当事人不必履行，也不必信守。① 而尽管国家法律是合同效力的根源，但合同行为终究以当事人意思自治为基础，合同效力实质上是当事人意思表示与法律对于当事人意思表示认可的结合。即合同效力以当事人意思表示为基础，以法律评价为形式。合同的效力在很大程度上表现为当事人之间一种合意之债。从反映的意志上看，是法律评价当事人各方合意的表现，是国家意志的反映；同时，也是当事人各方为满足其需要而寻求的法律依据，是将自己的意志上升为约束有关人员的强制性规定。在这种当事人各方的合意与国家意志有机统一的状态中，最大限度地体现当事人的要求，保护当事人的合法权益。然而，合同的效力更多地表现为法律对当事人意思的肯定和纠正。并非所有当事人的意思均能产生效力。当事人之间的合同若违反法律的强制性规定，法院则可宣告合同无效；当事人一方若不愿履行合同时，另一方当事人即可以依法律按法定程序要求对方强制履行。

3. 合同的效力并不是说合同具有与法律相同的效力，只不过是说合同具有法律赋予的拘束力，合同的法律约束力是合同效力的下位概念

合同的拘束力主要指对合同双方当事人产生的拘束力，即合同的对内效力；而合同的效力则包含较广，除了合同的拘束力外，还包括合同的对抗效力，所以，合同的效力是上位概念，而合同的拘束力是下位概念。《合同法》中关于“依法成立的合同，对当事人具有法律约束力”的规定，是指合同的拘束力；而《民法通则》第八十五条规定的“依法成立的合同受法律保护”应该是指合同的效力，而不限于

① 程国彬：《合同效力内涵与效力基础》，载《鞍山科技大学学报》2006年第4期。

拘束力。[①] 合同产生于当事人之间的合意，而非法定的立法机关制定的具有国家意志的法律。这主要体现在立法机关制定的法律追求的是国家的公共利益，是为了达到社会稳定、和谐的目标；而当事人订立合同主要是为了追求个人的利益。所以合同的效力只及于当事人及特定的第三人，并不像法律一样，大多数对不特定的人都产生效力。合同是因当事人合意而产生的，但它也必须符合法律的相关规定。当且仅当它处在法律规定以及符合惯例和公平、诚实信用等原则下产生时，它才能成立并生效，才能达到当事人想要达到的效果。合同作为当事人意志的体现在某些情况下可能与国家立法机关制定的法律有冲突。这时，国家制定的法律就要对合同进行必要的规制，这是国家对合同的主动干预。这样，法律效力就必然高于合同的效力，否则就无法进行规制。在司法实践中，法院对合同关系的必要干预是存在的，也是必须的。如果将合同效力等同于法律效力，必然使这种干预没有了强制力，也就达不到干预的效果。[②]

4. 由于合同具有相对性，因此，合同效力主要体现为其内部效力，即合同仅能约束其当事人的效力，这是合同效力的法律约束力属性的体现也就是罗马法中所称的“法锁”

随着社会和经济的日渐发展，社会关系之间现出极大的关联性，合同的相对性已渐次突破，逐渐表现出对第三人的效力。这就是合同效力的对抗力属性的表现。也即，合同效力可以根据其发生于当事人之间的效力还是对第三人的效力进行区分。对于当事人之间的关系而言，合同效力体现为法律约束力。早在罗马法上，契约的效力及于当事人双方，这是由契约的性质所决定的。在现代的合同法中，合同经当事人的意思表示一致并符合法律的相关规定即告成立，符合法定生效要件合同即告生效。由此在当事人之间产生合同之债，当事人负有依合同约定全面履行合同的义务。并且，无合同约定或法定事由，不得擅自变更、解除合同，更不得擅自转让合同的权利或义务。合同也是处理当事人纠纷的依据。当事人的合同权利受法律保护，当这种权利受到侵害时，权利人可以请求法院给予保护。任何违反合同义务的当事人，均应承担违约责任。这种基于合同相对性而产生的效力，仅在当事人之间发挥作用。合同效力的另一种形式体现为合同对第三人的效力即对抗力。在罗马帝国末期，查士丁尼大帝时期，法律为了适应社会的进步和经济的发展，规定死因赠与契约和为继承人利益的契约有效。罗马法的这一规定对现代大陆法系的合同法

---

① 李戈：《合同效力三题》，载《中共山西省委党校学报》2002 年第 6 期。
② 张莹：《合同效力的含义》，载《法制与社会》2007 年第 2 期。

产生了重大影响。法国法上关于承认消费者可享有"直接诉权"，赋予消费者对与其无合同关系的生产者、经销者的诉权的规定，以及德国法承认了"附保护第三人作用的契约"以加强对消费者的保护的法律制度，都是源自于罗马法上合同对于当事人效力制度的影响。在我国，合同对于当事人的效力在学理上，从消极方面说，任何第三人都负有不得侵害合同债权的义务；从积极方面说，合同可以为第三人设定债权，如赠与等。不仅如此，在立法层面上，我国《合同法》第七十三条规定："因债务人怠于行使其到期债权，对债权人造成损害的，债权人可以向人民法院请求以自己的名义代位行使债务人的债权，但该债权专属于债务人自身的除外。代位权的行使范围以债权人的债权为限。债权人行使代位权的必要费用，由债务人负担。"第七十四条规定："因债务人放弃其到期债权或者无偿转让财产，对债权人造成损害的，债权人可以请求人民法院撤销债务人的行为。债务人以明显不合理的低价转让财产，对债权人造成损害，并且受让人知道该情形的，债权人也可以请求人民法院撤销债务人的行为。撤销权的行使范围以债权人的债权为限。债权人行使撤销权的必要费用，由债务人负担。"这两个关于代位权和撤销权的规定，是合同效力对当事人延伸的立法上的体现。

二、我国合同制度发展历程

从新中国成立后我国合同制度的发展历史来看，我国的合同效力制度发生了明显的变化，总的趋势是，意思自治原则越来越发挥出实际效能，公序良俗原则越来越定位合理，鼓励交易原则越来越落到实处，无效的范围逐渐缩小，效力形式越来越多样化，富有弹性，有效、无效、可撤销、效力待定、未生效并存的模式渐趋完善。[①]

在新中国刚刚成立的国民经济恢复时期、向社会主义过渡时期，及其后奉行粮食统购统销体制的时期，为了稳定社会经济秩序，保障生产和满足人民生活的基本需要，也为了巩固政权，政府对我国经济至少是在重要的经济领域实行管制。这反映在合同效力制度上是合同无效的范围比较宽泛。在我国施行对外开放、对内搞活的经济体制改革的早期，即经济体制由计划经济体制向市场经济体制的过渡时期，我国合同法对于合同效力采取二分法：要么有效，要么无效。有效的合同，进入履行阶段，当然允许当事人协议变更或者解除，债务人不履行的，产生违约责任；无效的合同，从订立的时候起就没有法律约束力。在《经济合同法》中，经济合同无

---

① 崔建远：《我国合同效力制度的演变》，载《河南政法管理干部学院学报》2007 年第 2 期。

效的原因相当宽泛，包括违反法律和国家政策、计划的合同，采取欺诈、胁迫等手段所签订的合同，代理人超越代理权限签订的合同或以被代理人的名义同自己或者同自己所代理的其他人签订的合同，违反国家利益或社会公共利益的合同所签订的经济合同应视为无效合同。《工矿产品购销合同条例》《农副产品购销合同条例》《建设工程勘察设计合同条例》《建筑安装工程承包合同条例》《加工承揽合同条例》和《借款合同条例》等行政法规，《仓储保管合同实施细则》等行政规章，作为《经济合同法》的实施细则，都忠实地贯彻了《经济合同法》在合同效力方面的精神。《涉外经济合同法》考虑到国际贸易的惯例、国际统一合同法文件的精神及具体规定、国际贸易的客观需要，除未将违反国家政策计划的合同以及代理人超越代理权限签订的合同或以被代理人的名义同自己或者同自己所代理的其他人签订的合同，作为无效处理之外，延续了《经济合同法》奉行的合同有效和合同无效二分的架构。而《技术合同法》也基本延续了《经济合同法》的思路和架构。随着我国改革开放的不断深入，立法者和司法实务工作者逐渐认识到，合同无效过于泛滥，增加社会成本，造成社会财富的浪费，不利于促进交易。因此，民事立法对于合同无效的范围也不断进行调整，缩小合同无效制度的适用范围，从有效、无效的二分结构逐步调整为有效、无效、可撤销和效力待定的模式，并且在这种模式不断进化和调整的过程中，不断完善合同效力制度，历经合同有效、无效、可撤销、效力待定和未生效并存的合同效力模式的发展变化，合同无效制度的适用范围逐步缩小，对于合同主体资质要求逐步放宽，违反强制性规范对于合同效力的影响逐步减轻，承认合同相对无效的情形，对合同的形式要件的要求进一步宽松，登记和审批不再作为合同的要件。①

三、房屋租赁合同的等级备案制度

我国对于房屋租赁合同采取等级备案制度的做法由来已久。早在 1983 年国务院颁布的《城市私有房屋管理条例》就有房屋租赁合同登记备案的规定，之后许多省市都制定了该条例的实施细则、实施办法等，明确规定了城市私有房屋租赁合同必须到房屋所在地房管机关登记或备案。1994 年制定并经 2007 年修正的《城市房地产管理法》第五十四条规定：房屋租赁合同签订后应向房产管理部门登记备案。1995 年建设部制定的《城市房屋租赁管理办法》第十三条、第十四条明确规定：房屋租赁实行登记备案制度。签订、变更、终止房屋租赁合同，租赁当事人应当在

① 崔建远：《我国合同效力制度的演变》，载《河南政法管理干部学院学报》2007 年第 2 期。

租赁合同签订后30日内向房屋所在地房地产管理部门办理登记备案手续。从上述法律行政法规和部门规章的内容来看，所谓的房屋租赁登记备案制度是指房屋出租人在房屋租赁合同签订后向国家有关部门办理登记手续的制度。房屋租赁合同签订后，房屋出租人应该到房地产管理部门办理登记备案手续，由房地产管理部门审查合格后发放《房屋租赁证》。房地产管理部门对符合租赁登记条件的予以登记，发给《房屋租赁证》。《房屋租赁证》是房屋租赁行为合法有效的凭证，也是租赁登记备案制度的法律体现。

房屋租赁登记备案制度是随着我国商品经济的发展和房地产业的进步而逐步建立起来的。随着我国改革开放的发展和深化，房屋租赁市场日益活跃，市场秩序出现了一系列问题。其一，不具备出租条件的房屋被出租、转租，引发诸多矛盾纠纷和社会问题。房屋在出租时权属不清，承租人无从了解房屋的权属状况和真正的权利人，导致大量的所谓二房东擅自将房屋转租、转借、转让，出现混乱的群租、滥租现象，由此导致房屋损坏、小区秩序混乱、公共设施折旧加快等问题。更有甚者出租方本身就是房屋的租客，假借房主把房屋租赁给第三方骗取第三方钱财甚至将房屋倒卖，然后逃之夭夭，给租赁当事人带来巨大的经济损失。一些被司法机关和行政机关查封的房屋、所有权行使受到限制的房屋、违章建筑或者存在建筑质量的房屋被出租转租不仅严重影响市场秩序，也对人民群众的生命财产安全构成威胁。其二，房屋租赁市场税费流失严重。由于房屋租赁需缴纳房产税费，有些房屋租赁当事人为偷逃房产租赁税费私下交易，变相出租、转租，使税务工作者无法查清房屋租赁状况，致使房屋租赁市场税收流失严重。其三，一些出租房屋成为藏污纳垢的窝点，严重影响社会治安。特别是一些不法人员利用出租屋进行违法犯罪活动，周围的邻居对这些居住在出租屋的人员了解甚少，为有些犯罪行为提供了便利条件，使出租屋成为窝赃、销赃、窝藏犯罪分子、赌博、卖淫嫖娼、诈骗钱财的场所，也为公安机关的侦破工作带来难度。此外，在流动人口和暂住人口的管理中，因无法确定租赁当事人的身份而使管理工作陷入盲目被动的局面。为解决房地产市场中出现的问题，规范房屋租赁市场秩序，立法者试图通过房屋租赁的登记备案制度，由房屋租赁主管部门审查被租赁房屋的权属状况、房屋租赁当事人真实详细的身份，避免承租人由于房屋权属争议等问题遭受损失；通过房屋租赁登记备案建立起完整动态的房屋租赁档案体系，加强流动人口的管理，实现社会治安的稳定；以房屋租赁备案登记作为房屋租赁税费的收缴提供依据，建立房屋租赁长效管理机制，制作统一的簿、证，完善租赁信息底册台账等管理档案资料，从源头进行控管，切实堵塞房屋租赁税收漏洞。[①] 房屋租赁登记备案制度的建立，其实质是房地产管理部门对出租方与承租方已签订的房屋租赁合同是否体现自愿、平等、互利和诚实信用、协商一致的原则，是否明确租赁双方的权利义务的具体审查，是对房屋租赁合同合法性的事后确认。房地产管理部门通过登记备案对房屋租赁实行监督管理，打击租赁市场的违法现象。[②]

由于《城市房地产管理法》和建设部《城市房屋租赁管理办法》所确立了房屋租赁登记备案制度，在一些地方的司法实践中出现合同一方当事人以房屋租赁合同未经有关部门登记备案为由，提出租赁合同无效的诉讼请求；一些房屋租赁管理部门以房屋租赁合同未经登记备案是无效合同为由，劝说当事人办理登记备案手续的情况。针对这一问题，存在两种截然不同的观点。一种观点认为，房屋租赁合同未办理登记备案手续的，一律认定合同无效。持这种观点的人认为，现行《城市房地产管理法》第五十四条明确规定："房屋租赁，出租人和承租人应当签订书面租赁合同，约定租赁期限、租赁用途、租赁价格、修缮责任等条款，以及双方的其他权利和义务，并向房产管理部门登记备案。"而1995年建设部制定的《城市房屋租赁管理办法》更明确规定，房屋租赁实行登记备案制度。签订、变更、终止租赁合同的，当事人应当向房屋所在地市、县人民政府房地产管理部门登记备案。房屋租赁申请经直辖市、市、县人民政府房地产管理部门审查合格后，颁发《房屋租赁证》。县人民政府所在地以外的建制镇的房屋租赁申请，可由直辖市、市、县人民政府房地产管理部门委托的机构审查，并颁发《房屋租赁证》。《城市房地产管理法》有关房屋租赁登记备案的规定，是法律的强制性规定，《城市房屋租赁管理办法》是这种强制性规定的具体化适用。因此，可以认为，我国房屋租赁是实行要件主义，即房屋租赁合同必须登记备案才能产生法律效力；或者说，房屋租赁合同没有办理登记备案手续，租赁合同就没有法律效力。[③] 另一种观点认为，房屋租赁合同未办理登记备案手续不影响合同的效力。尽管《城市房地产管理法》以及《城市房屋租赁管理办法》都规定了房屋租赁当事人双方应到房地产登记机构办理房屋租赁合同登记备案手续，但均未明确规定房屋租赁合同须经核准登记才发生法律效力。从登记机关对合同的审查来看，主要是审查合同的主、客体是否合法，合同内容是否合法，是否按规定缴纳了税费等，因此，登记备案是行政机关的事后审查行

---

① 苏桂秀、岂巍：《浅析房屋登记备案制度的重要性》，载《辽宁行政学院学报》2008 年第 3 期。

② 江汝南、徐步明：《论登记备案制度对房屋租赁合同效力的影响》，载《安徽纺织职业技术学院学报》2003 年第 1 期。

③ 李朝晖：《论房屋租赁合同登记备案制度的立法价值目标》，载《广西社会科学》2008 年第 2 期。

为，其本身不是合同生效的要件。而且《最高人民法院关于适用〈中华人民共和国合同法〉若干问题的解释（一）》第九条也规定：法律、行政法规规定合同应当办理登记手续，但未规定登记后生效的，当事人未办理登记手续不影响合同的效力。该解释第四条规定，合同法实施以后，人民法院确认合同无效，应当以全国人大及其常委会制定的法律和国务院制定的行政法规为依据，不得以地方性法规、行政规章为依据。因此，建设部《城市房屋租赁管理办法》的规定在司法实践中不能作为确认房屋租赁合同效力的依据。房屋租赁合同是否生效（具有法律效力），取决于合同当事人意思表示是否真实，合同订立的程序是否合法，以及合同的内容是否违反法律、行政法规和社会公共利益。房屋租赁合同登记备案是房屋使用权有效转移的要件，而不是房屋租赁合同生效的要件。因此，房屋租赁合同未办理登记备案手续不影响合同的效力。①

房屋租赁合同的登记备案是否应当作为合同有效的要件，应当根据合同法的规定，结合登记备案制度的性质和我国合同法律制度对于合同无效的发展趋势等因素进行综合分析。本司法解释对于房屋租赁合同未办理登记备案手续不影响合同效力的规定，正是这种综合考量的结果。

其一，根据《合同法》第四十四条的规定，“依法成立的合同，自成立时生效。法律、行政法规规定应当办理批准、登记等手续生效的，依照其规定。”《合同法》的这一规定意味着，合同自成立起生效是合同生效的一般原则，法律和行政法规规定办理审批和登记手续后生效的，属于法律规定的特别情形。《最高人民法院关于适用〈中华人民共和国合同法〉若干问题的解释（一）》对于合同需依照法律、行政法规规定办理批准、登记等手续生效的情形，作较为宽松的理解，针对“法律、行政法规规定合同应当办理批准手续，或者办理批准、登记等手续才生效”的情形，采取合同相对无效的立场，将人民法院认定合同无效的条件放宽到“在一审法庭辩论终结前当事人仍未办理批准手续的，或者仍未办理批准、登记等手续的”；对于“法律、行政法规规定合同应当办理登记手续，但未规定登记后生效的”的情形，规定当事人未办理登记手续不影响合同的效力，只是发生合同标的物所有权及其他物权不能转移的效果。根据《最高人民法院关于适用〈中华人民共和国合同法〉若干问题的解释（一）》第四条的规定，“合同法实施以后，人民法院确认合同无效，应当以全国人大及其常委会制定的法律和国务院制定的行政法规为依据，不得以地方性法规、行政规章为依据。”《城市房屋租赁管理办法》作为建

① 李朝晖：《论房屋租赁合同登记备案制度的立法价值目标》，载《广西社会科学》2008 年第 2 期。

设部发布的部门规章，不能作为确认合同效力的依据。而《城市房地产管理法》第五十四条虽然有关于房屋租赁合同应当办理登记备案手续的规定，但并未将办理登记备案生效明确规定为合同生效的条件。房屋租赁合同当事人办理登记备案后，取得《房屋租赁证》，这种《房屋租赁证》其效力仅限于证明作用，即以承租房屋进行生产经营的，《房屋租赁证》作为其经营场所合法的凭证；如果租赁房屋用于居住的，《房屋租赁证》可作为公安部门办理暂住证登记的依据之一。而不按时申报、领取《房产租赁证》的，也只是面临“责令限期补办手续，并可处以罚款”的行政处罚，而并不涉及合同效力的负面法律评价。因此，当事人仅就房屋租赁合同办理登记备案手续而主张合同无效的，不符合合同法的本意，不应得到支持。

其二，根据《合同法》第五十二条的规定，违反法律、行政法规的强制性规定的，应当认定合同无效。持未办理房屋租赁合同登记备案手续导致合同无效的观点，多以此为依据，认为《城市房地产管理法》第五十四条的规定为强制性规定，未办理合同的登记备案手续违反该强制性规定，因此合同应当无效。《合同法》关于合同因违反法律、行政法规的强制性规定而无效的规定，实质是以一种概括性的抽象规范，打开了国家公权力干预当事人私法自治的通道。如果不对这种概括性规范进行必要的甄别，势必导致大量公法规范进入当事人私法自治领域，从而轻易否定合同效力，影响私法秩序的安定。

我国学者对于法律规范的分类，通常采取强制性规范和任意性规范的二分法。凡是关系国家一般利益、社会秩序、市场秩序、市场交易安全及直接关系第三人利益事项，法律设强制性规定，以排斥当事人意思自由，此即所谓强制性规范；凡是关系当事人自己利益的事项，法律设任意性规定，允许当事人依意思自治原则协商决定，此即所谓任意性规范。而强制性规范和任意性规范的区分，也一般以法律条文中是否存在“禁止”“不得”“应当”“必须”的表述为标准。然而，这种对于法律规范的分类以及分类标准过于简单，且其是否具有科学性也是很值得商榷的。特别是法律和行政法规中存在这种表述的条文过于庞大，以此为确认合同无效的标准，势必导致大量合同无效，从而严重影响私法秩序的稳定和交易安全。而事实上，强制性规范也存在层次性的划分。强行法规可分为强制规定与禁止规定两种。强制规定者，指命令当事人就为一定行为之法律规定。禁止规定者，指命令当事人不得为一定行为之法律规定。而禁止规定可再分为取缔规定及效力规定，前者仅系取缔违法之行为，对违法者加以制裁，以禁遏其行为，并不否认其行为私法上的效力，禁止性规定与强制性规定是不一样的。有关违反法律强制性规定导致法律行为无效的观点，多数国家的法律均作为一般性的规则予以承认。但对于何为导致法律行为无效的强制性法律规定，则大多建立在对法律规范细致分类的基础上。如《德国民法典》第134条的违法行为所违反的法律规范，可以区分为四种情况：（1）超完全法律，违反时行为无效且受刑事制裁；（2）完全法律，违反时无效；（3）次完全法律，违反时仅行为人受刑事制裁，行为效力不受影响；（4）不完全法律，违反时不受任何制裁。[①] 只有违反超完全法律和完全法律的行为才是无效的民事行为，违反次完全法律和不完全法律不会产生法律行为无效的后果。因此，对法律规范进行分类，特别是对强制性规范进行必要的分类，是平衡国家干预和维护私法自治的有效途径。

关于法律规范的分类及标准问题，我国学者也进行了有益的探索。在这方面比较突出且有代表性的是王轶教授的观点。王轶教授在讨论物权法的规范配置问题时，不再局限于以往的任意性规范和强制性规范的传统规范类型区分，而是将物权法规范划分为任意性规范、倡导性规范、授权第三人规范、强行性规范、混合性规范和纯粹裁判规范与裁判规范。在论及物权法规范中的强行性规范时，将强行性规范定义为“不得通过当事人的约定排除其适用的法律规范”。而法律上的强行性规范依据其功能的不同，又可以区分为强制性规范和禁止性规范。强制性规范是要求当事人必须采用特定行为模式的强行性规范，而禁止性规范是禁止当事人采用特定行为模式的强行性规范。《合同法》第五十二条第（五）项中的强制性规定，即为禁止性规范。禁止性规范根据功能不同，又可以进一步区分为效力性禁止性规范和管理性（或取缔性）禁止性规范。违反效力性禁止性规范的交易行为绝对无效；而违反管理性禁止性规范的交易行为，通常则不影响该行为的效力。关于效力性禁止性规范和管理性禁止性规范的区分，王轶教授主张采取形式的区分方法和实质的区分方法。所谓形式区分方法，是指某项禁止性规范如果在形式上属于“禁止任何人、在任何时间、在任何地点，以任何方式从事某类交易行为”，该项禁止性规范即属于效力性禁止性规范；某项禁止性规范如果在形式上属于“禁止特定人；或者禁止在特定时间，或者禁止在特定地点，或者禁止以特定方式从事某类交易行为”，该项禁止性规范即属于管理性禁止性规范。在这种区分方法之下，效力性禁止性规范，禁止的是交易行为本身，其目的在于禁绝此类交易行为的存在；管理性禁止性规范，并非禁止某种类型的交易行为，即某种类型的交易行为仍属法律所允许，但禁止当事人在未取得交易资格或禁止当事人在某一时间、某一地点以某种方式从事此类交易行为。所谓实质的区分方法，是指运用文意解释、体系解释、历史解释及

① ［德］卡尔·拉伦茨：《德国民法通论》，王晓华、邵建东等译，法律出版社2003年版，第588页。

目的解释方法，尤其是运用后两种解释方法，以确定禁止性规范的规范目的。如果某项禁止性规范的规范目的在于直接维护或保护国家利益或社会公共利益，该项禁止性规范即属于效力性禁止性规范。如果某项禁止性规范的规范目的在于直接维护特定的管理秩序，并不直接涉及国家利益或社会公共利益的维护或保护，该项禁止性规范即属于管理性禁止性规范。“形式的区分方法，仅在人们享有较高价值共识时方有用武之地。在这种意义上，实质的区分方法在价值取向多元的背景下更为有效和关键。但正如公共利益的最终决定需要交由立法机关和司法机关作出判断一样，效力性和管理性禁止性规范的区分，也应照此办理。”①

尽管这种对于法律规范的法律方法和标准不尽完美，在操作上仍然有令人困惑和值得商榷之处，但他无疑是对建立我国法律规范分类体系的有益探索。在《最高人民法院关于适用〈中华人民共和国合同法〉若干问题的解释（二)》第十四条中，有关“合同法第五十二条第（五）项规定的‘强制性规定’，是指效力性强制性规定”的规定，显然受到这种观点一定程度上的影响。就房屋租赁合同登记备案问题而言，《城市房地产管理法》第五十四条的规定，属于管理性的禁止性规范而非属于合同法司法解释上的效力性强制性规定，因此，并不属于《合同法》第五十二条第（五）项所指的法律和行政法规的强制性规定，因此，当事人未将房屋租赁合同办理登记备案手续的，不影响合同的效力。

本条司法解释的第二款规定了登记备案手续对合同效力影响的另一种情况及其例外情形。这一款包括两个方面的内容：其一，是关于未办理登记备案手续导致合同未生效的情形的规定。即如果当事人将办理房屋租赁合同的登记备案手续作为合同生效条件而在合同中进行明确约定的，由于登记备案手续已经基于当事人的约定而成为合同生效条件，未办理相关手续的行为未满足合同约定的生效条件，其合同处于未生效的状态。这种规定，体现了对当事人私法自治原则和缔约自由的尊重。依据私法自治原则，法律行为可以附加条件，以决定效力的发生与否。所谓附条件的法律行为，是指当事人以将来客观上不确定事实的发生或者不发生作为附款，决定其法律行为效力发生或者终止的法律行为。② 对于附条件的法律行为，其效力取决于条件的成就与否。而所附条件可以分为附停止条件和附解除条件。附停止条件，在我国法律制度中被称为附生效条件，即以条件成就发生法律行为效力；附解除条件，是以条件成就使法律行为失去效力。《民法通则》第六十二条规定：“民

① 王轶：《论物权法的规范配置》，载《中国法学》2007 年第 6 期

② 龙卫球：《民法总论》，中国法制出版社 2001 年版，第 603 页。

事法律行为可以附条件，附条件的民事法律行为在符合所附条件时生效。”《合同法》第四十五条第一款亦规定：“当事人对合同的效力可以约定附条件。附生效条件的合同，自条件成就时生效。附解除条件的合同，自条件成就时失效”。本条司法解释第二款承认当事人以房屋租赁合同登记备案作为生效条件的，人民法院予以尊重，其法律依据即在于此。其二，是关于租赁合同未办理登记备案手续而导致合同未生效情形的例外规定。即当事人虽然未依合同约定办理登记备案手续，但当事人一方履行了合同主要义务，对方接受的，房屋租赁合同发生法律效力。根据《合同法》第三十六条、第三十七条关于合同成立的规定，当事人一方已经履行主要义务，对方接受的，视为当事人之间以履行行为就合同内容协商一致，因此合同成立。而《合同法》第七十七条第一款亦规定：“当事人协商一致，可以变更合同。”从上述内容可知，有关合同变更条件中的当事人协商一致，可以根据当事人的履行行为进行判断。房屋租赁合同的当事人虽然没有办理作为合同约定的生效条件的登记备案手续，但只要当事人一方已经履行了如支付租金或者将房屋转移占有等主要合同义务，对方予以接受的，即应当视为当事人之间以行为变更了合同约定的生效条件。在这种情况下，房屋租赁合同发生法律效力。

审判实务

在民事审判实践中，不因房屋租赁合同未办理登记备案手续而认定合同无效，是大多数人民法院所采取的做法。在适用本条司法解释第一款的过程中，基本不至于发生歧义。惟所需要注意的问题是：本条司法解释第二款与第一款的规定所针对的情形不同，相应的法律效果也不同。第一款针对当事人未办理《城市房地产管理法》所规定的登记备案手续对合同效力的影响，其法律效果是不因此影响合同效力，即解决合同是否有效的问题。第二款针对的是当事人将房屋租赁合同效力中登记备案作为合同生效条件时对合同效力的影响，其法律效果是合同是否生效的问题。第二款并非是第一款规定的例外情形，二者是对房屋租赁合同不同效力状态的规定。在审判实践中应注意区分二者，以免发生裁判适用法律不当的情形。

第五条 ［无效合同的处理］

房屋租赁合同无效，当事人请求参照合同约定的租金标准支付房屋占有使用费的，人民法院一般应予支持。

当事人请求赔偿因合同无效受到的损失，人民法院依照合同法的有关规定和本司法解释第九条、第十三条、第十四条的规定处理。

条文主旨

本条是关于房屋租赁合同被人民法院宣告无效后如何进行处理的原则规定。

背景依据

根据《合同法》第五十八条的规定，“合同无效或者被撤销后，因该合同取得的财产，应当予以返还；不能返还或者没有必要返还的，应当折价补偿。有过错的一方应当赔偿对方因此所受到的损失，双方都有过错的，应当各自承担相应的责任。”这是合同法总则对于无效合同的处理所作的原则性规定。房屋租赁合同如果存在《合同法》第五十二条所规定的情形之一的，即存在一方以欺诈、胁迫的手段订立合同，损害国家利益，或者当事人恶意串通，损害国家、集体或者第三人利益，或者以合法形式掩盖非法目的，或者损害社会公共利益，或者违反法律、行政法规的强制性规定的情形，租赁合同应当被确认无效。此外，根据《民法通则》第五十八条的规定，无民事行为能力人订立的房屋租赁合同，或者限制民事行为能力人依法不能独立订立的房屋租赁合同，也应当认定为无效合同。对于无效房屋租赁合同的处理亦应当遵循《合同法》第五十八条的处理原则，这一点当无疑义。

返还财产和赔偿损失，是《合同法》规定的无效合同处理的基本原则。然而，作为一种具体的合同类型，房屋租赁合同在被确认或者宣告无效后，在适用《合同法》原则时，存在操作上或者技术上的特殊性。这体现在两个方面：其一，房屋租赁合同被宣告无效后，承租人当然应当将房屋返还给出租人，但其是否应当支付占有使用房屋期间的使用费？如果应当支付使用费，使用费又应当以何种标准计算？其二，房屋租赁合同被宣告无效后，有关损失如何体现？这两个方面的问题也是无效房屋租赁合同处理上容易发生争议的问题。

在本司法解释起草的过程中，对于无效房屋租赁合同的处理，主要在涉及承租人是否应当支付房屋使用费问题上，存在争议。一种观点认为，根据《合同法》的规定，无效合同自始没有法律约束力，法律禁止无效合同的履行。如果人民法院一方面认定房屋租赁合同无效，另一方面却判令承租人支付房屋使用费，则在事实上认可并支持了无效合同的履行，不符合法律对于无效合同法律效力的规定，也不符合无效合同的处理原则。另一种观点认为，依照无效合同返还财产、赔偿损失的处理原则，房屋租赁合同被宣告无效后，承租人应当返还根据无效合同所取得的财产，这种财产的范围既应当包括有形的财产即房屋，也应当包括承租人实际占有房屋期间在事实上所获得的利益。由于承租人基于占有房屋所获得的利益并非有形财产，无法现实返还，而只能以折价方式进行补偿。支付房屋使用费正是这种折价补偿的方式的体现。本司法解释根据《合同法》的原则，结合审判实践经验，采纳了第二种观点。这也是民事审判实践中的主流观点。

无效房屋租赁合同承租人的房屋使用费应当如何计算，也是审判实践中存在争议的问题。各地各级人民法院的做法不尽相同，有参照合同约定的租金标准酌情支付的情形，也有比照企业固定资产折旧率并结合承租人占用的时间进行计算的情况。本司法解释采取参照租赁合同约定的租金标准计算房屋使用费的做法，主要是考虑当事人在房屋租赁合同中约定的租金标准，是双方当事人协商一致的结果，一般也与合同订立时的市场行情相符，以此作为房屋使用费计算的参照标准，易于被合同双方当事人接受。而且，房屋租赁合同中约定的租金标准简单明确，便于人民法院在裁判时适用，有利于提高案件的审理效率，及时化解矛盾纠纷，有效地避免采取评估等方式确定房屋使用费时，增加当事人诉讼成本和浪费人民法院审判资源的弊端。同时，考虑到完全依照房屋租赁合同约定的租金标准计算承租人的房屋使用费，可能会在某些情况下与其占有房屋获得的利益不符，从而可能出现显失公平的情况，本司法解释采取“参照”和“人民法院可予支持”的表述，将自由裁量权赋予审理案件的法官根据具体情况进行酌定。

在房屋租赁合同订立后，承租人对所租赁的房屋进行装修或者扩建的情形普遍存在，在房屋租赁合同被人民法院宣告无效后，有关损失赔偿也大多包含基于房屋装饰装修或者房屋改扩建所产生的损失。对这类损失赔偿的处理，在实践中也是比较容易产生争议的问题。本司法解释在第九条规定了房屋租赁合同无效情况下装饰装修物如何处理的原则，在第十三条规定了承租人未经出租人同意对房屋进行装饰装修或者扩建的处理原则，在第十四条规定了承租人经出租人同意对房屋进行扩建而产生的费用如何分担的原则，这些规定都可以作为房屋租赁合同无效时有关损失赔偿的处理依据。对于本司法解释没有明确规定的内容，依照《合同法》的有关规定确定损失赔偿的项目和数额。

条文理解

合同的效力是指合同的法律效力，即合同所具有的法律约束力。这种法律约束力是指对合同当事人的约束力及在法律上的强制力，即法律以其强制力迫使合同当事人必须按照相互之间的约定完成一定的行为。① 根据《合同法》第三章关于“合同的效力”的规定，合同的效力可以区分为合同有效、合同未生效、合同效力待定、合同可撤销和合同无效等多种形态。由此，无效合同应指当事人之间所订立的欠缺生效要件而在法律上自始不发生法律约束力的合同。这种不发生法律约束力，是指合同当事人之间约定的内容没有法律约束力，即不能产生合同当事人所预期的民事权利义务关系，但并不排斥或者否认其他法律效力，合同无效仍然会引起相应的法律后果。这种法律后果就是《合同法》第五十八条所规定的合同无效或者被撤销后所发生的返还财产和赔偿损失的民事责任。在房屋租赁合同因生效要件欠缺而被人民法院宣告无效后，有关合同无效的法律后果亦应遵循这一原则来进行处理。

一、房屋租赁合同无效后的返还财产问题

（一）合同无效返还财产的请求权基础

返还财产是合同当事人在合同被确认为无效或者被撤销以后，对已经交付给对方的财产，享有返还财产的请求权，对方当事人对于已经接受的财产负有返还的义务。返还财产作为无效合同的一个最基本的后果，适用的是恢复原状原则，并且返还财产旨在使双方的财产关系恢复到合同订立前的状况，它不是违反合同义务所产生的法律后果，也不是法律对当事人主观状态予以否定性评价的表现。因此，返还财产不适用过错责任原则，不论接受财产的一方是否具有过错，都应当负有返还财产的义务。②

合同无效后，交付财产的合同当事人可以依据返还财产请求权主张相对方返还财产。然而这种返还财产请求权的基础是什么，学者之间存在所有物返还请求权与不当得利请求权的争论。

1. 所有物返还请求权的观点

所有物返还请求权又称所有物回复请求权，“是指所有人对于无权占有或侵夺其所有物者，得请求返还的权利”。所有物返还请求权作为物权请求权的一种，与所有物妨害排除请求权和所有物妨害预防请求权一道，构成所有权的物权请求权的完整形态，共同作为所有人维持其所有权圆满状态的基本手段，使所有人凭借这种物权请求权充分实现对其所有物的物权法保护。所有物返还请求权的主体，通常为失去对物占有的所有人。但这种所有物返还请求权在性质上，并非专属权，依照一

---

① 颜军：《浅说合同的有效和无效》，载《法制与社会》2008 年第 4 期。

② 最高人民法院经济审判庭编：《合同法解释与适用》（上册），新华出版社 1999 年版，第 245 页。

般社会观念能够视为所有人的人，如所有人的代理人、代位权人、破产管理人以及遗产管理人等，都可以行使所有物返还请求权。所有物返还请求权的相对人，是占有标的物的人，即在所有人请求返还时已经没有合法依据而占有标的物的人。所有物返还请求权的效力，体现为请求人与相对人之间的权利义务关系，这种请求权的内容则体现为请求相对人返还原物，即对所有物的转移占有或者交付，是占有的返还而非所有的返还。因此，在返还的方法上，是占有的转移而非所有权的转移。①

合同被宣告无效后，由于合同无效具有自始无效的溯及力，建立在原合同的债权债务关系归于消灭，原来基于合同所发生的物权变动或者占有的移转丧失存在的基础，不能发生物权变动或者占有移转的法律效果。在这种情况下，必然要求回复至合同订立前的事实状态。此时，交付财产的当事人所主张的返还财产就是返还原物，其请求权的基础在性质上属基于物权所产生的物上请求权，即所有物返还请求权。只有在原物已灭失而导致返还不能时，所有人的请求权才转化为不当得利请求权或损害赔偿请求权。

2. 不当得利请求权的观点

不当得利是债的发生原因之一，是指没有合法根据而取得利益，致他人受有损失的事实。不当得利可以因人的行为引起，也可以因自然事实而发生。不当得利在性质上是一种法律事实，能够引起债的发生，而造成不当得利事实的原因并不限于人的行为，即使基于人的行为发生，也不考虑行为人的行为能力，因此，确切地说，不当得利属于事实中的事件。民法上规定不当得利制度的目的仅在于消除这种无法律原因而取得利益从而致他人受有损害的当事人之间利益不当变动的状态，而非对某人或者其行为的非难。不当得利制度是对社会的实质正义追求的结果，它以当事人之间利益变动是否符合公平正义作为判断法律是否应当予以保护和维持的标准。如果某项利益变动有违社会公平正义，即赋予该项利益变动中受损人不当得利请求权，并使其中的受益人负担返还不当得利的义务，使当事人之间的利益恢复实质上的平衡，从而使法律制度符合社会一般道德观念。② 因此，各国普遍在民法中对不当得利作出规定。如《瑞士债务法》第62条规定："不当由他人之财产受有利益者，应返还其利益，有效之原因不存在、不实现或其后消灭时、其受有对价者亦负有返还之义务。"我国《民法通则》第九十二条规定："没有合法根据，取得不当利益，造成他人损失的，应当将取得的不当利益返还受损失的人。"

---

① 陈华彬：《物权法原理》，国家行政学院出版社1998年版，第225页。

② 张广兴：《债法总论》，法律出版社1997年版，第87页。

不当得利中受益人所取得的不当利益是指财产上的利益，这种财产上的利益不限于金钱或者物的形态，但应当具有可以计算的经济价值或者可以通过比照得出其所具有的经济价值。财产利益既可以体现为现有的财产或者利益的增加即财产或者利益的积极增加，也可以体现为财产或者利益本应减少而未减少即财产或者利益的消极增加。取得财产权或者其他财产利益、财产权的扩张或者增强效力、所有权或者其他权利上负担消灭都可以归于财产或者利益积极增加的范畴，债务消灭或缩小、本应设定的权利负担未设定、劳动的使用或物的使用则属于财产或者利益的消极增加。

就无效合同而言，合同当事人之间依据该合同进行给付或者财产利益移转时对合同效力无争议，且均是建立在当事人对于合同有效的信赖基础上，双方对于财产权利或者利益的转移形成合意。在其后合同被确认无效时，一方当事人继续保有其利益从有根据变为无根据，因此，应当依照不当得利行使财产返还请求权。

我国民法理论传统上认为，所有权返还请求权与不当得利返还请求权，不得并立；在受损人能够基于所有权请求返还其利益时，原则上不成立不当得利。不当得利制度的基本价值标准在于，不当得利返还请求权构成所有权返还请求权不能的补充救济，不当得利制度居于附属地位。[①] 然而，合同成立并已履行之后被确认为无效，当事人依何种请求权请求返还财产，不仅直接涉及案由确定：审判所依据的原则以及法律适用等具体问题，而且与当事人实体权利能否实现及实现程度密切相关。这种传统观点是否符合《民法通则》《合同法》的立法本义，是否有利于合同当事人权益的保护，还需要进行分析。

就这两种请求权的性质而言，两者是彼此独立的请求权类型。所有物返还请求权为物上请求汉，而不当得利返还请求权为债权请求权。物上请求权是物权受到侵害或可能受到侵害时法律赋予物权人自我保护的一种手段，与债权请求权不同，不适用消灭时效的规定，且与债权请求权相比有优先的效力。从返还财产的范围来看，所有物返还请求权返还的对象仅限于原物，返还的目的是使所有人恢复其对原物的占有。而不当得利请求权，返还的不当利益应当包括原物和原物所生的孳息，以及利用不当得利所取得的其他利益。此外，所有物返还请求权，请求权人无须证明对方是否具有过错。无论是否具有过错，只要原物存在，都应当返还；原物不存在，则应负赔偿责任。而不当得利返还请求权，返还财产的范围根据善意或恶意来确定。对于不知无法律上的原因而取得利益的为善意受益人，其返还的范围仅限于

---

① 王家福主编：《中国民法学·民法债权》，法律出版社 1991 年版，第 575 页。

现存的财产，所受利益不存在的，无论其不存在的原因如何，均免负返还义务。而明知无法律上的原因而取得利益的恶意受益人，其返还的范围包括受领时所得利益，受领利益的利息，若受领利益不存在，不论其原因如何，恶意受益人均应偿还其价额而不得主张免责。[①]

所有物返还请求权和不当得利请求权，二者在作为无效合同财产返还的权利基础时，利弊互现。所有物返还请求权作为物上请求权，具有优先于债权请求权的效力，有利于将财产移转出去的当事人取回财产，维护其物的完整性。但在不存在物的交付，而是体现为财产性利益的移转时，所有物返还请求权则难以发挥作用。与此相对，不当得利请求权虽不具有物上请求权的优先效力，但其返还财产的范围广于所有物返还请求权，不仅包括原物（财产性利益）和孳息，还及于受益人因原物（或财产性利益）所取得之其他利益。合同无效后财产返还的请求权基础，事实上是体现为一种所有物返还请求权和不当得利返还请求权竞合的状态。所有物返还请求权和不当得利返还请求权在性质上彼此独立，不相关联，其各自成立的基础、法律构成要件和适用均不同，一种请求权的存在，并不对另一种请求权的存在产生影响和作用，两者在事实上可以发生竞合。而且允许请求权人据其需要选择适用对自己有利的请求权基础，有助于为财产流转关系提供更为周密的调节手段，更充分地实现民法维护公平正义这一根本理念。当事人可依具体案由和自身需要，本着公平、效率与维护诉讼经济的考虑，选择最为有利的一种请求权作为主张返还的依据。[②]

（二）房屋租赁合同无效后的财产返还

根据《合同法》第五十八条的规定，合同无效或者被撤销后，因该合同取得的财产，应当予以返还；不能返还或者没有必要返还的，应当折价补偿。就房屋租赁合同而言，在合同被人民法院宣告无效后，返还财产的法律后果体现在两个方面：一方面承租人依据房屋租赁合同取得的对房屋的占有，没有合法根据，其应当将房屋移转占有给出租人；另一方面，承租人在占有使用出租人房屋期间，事实上获得了财产性利益，这种财产性利益也应当属于返还财产的范围。从返还财产的请求权基础的角度来看，在请求人的立场上，对于实物形态的财产如房屋，以所有物返还请求权为权利基础提出主张更为有利，而对于财产性利益，则以不当得利返还请求权更为妥当。

---

① 欧阳经宇：《民法债编通则实用》，台湾地区汉林出版社1977版，第70页。

② 段宝玫：《无效合同财产返还的请求权基础》，载《上海商业职业技术学院学报》2003年第2期。

在房屋租赁合同无效的场合，承租人返还租赁房屋不会出现异议，但对于承租人就其占有使用租赁房屋期间的财产利益的返还以何种方式体现，则存在争议。

在民事审判实践中，房屋租赁合同被宣告无效后，人民法院一般就承租人在占有使用房屋期间财产性利益的返还，以判决承租人参照合同中约定的租金标准支付房屋使用费的方式体现。有人对于这种做法提出质疑，认为这种处理方式没有真正体现无效合同"自始至终没有法律效力，不能产生当事人根据合同预期的法律后果"的本质特征，也没有遵守"将当事人双方的财产关系恢复到签订合同时的原有状态"的处理原则。就返还财产而言，由于承租人对房屋在占有期间的使用，房屋在客观上存在损耗和折旧，承租人应当向出租人返还其对房屋已经进行的"使用"，即采取某种办法进行经济上的补偿。为此，最合理又合法的处理方式是，由承租人将房屋退还出租人后，对房屋的折旧和损耗部分进行补偿，出租人将承租人已经交纳的租金退还承租方，还未收取的租金不再收取。至于如何就租赁房屋的损耗和折旧进行补偿，既合情合理又实际可行的办法是比照企业固定资产折旧费的计算方式来进行补偿。由于出租人对其所有的房屋的投资额为已知数，房屋使用期限也得到确认（即房屋的折旧率为已知），那么单位时间内房屋的折旧费用金额可以计算出来。承租方应当补偿的费用就可以根据其使用时间的长短和已知的单位时间房屋折旧费用得到最后的确定。[①]

本司法解释显然没有采纳这种观点，而是延续了审判实践中所普遍接受且一贯坚持的无效房屋租赁合同处理的方式。其原因在于，首先，采取前述单位时间房屋折旧率与使用时间相结合计算的方法，其所隐含的请求权基础是所有物返还请求，因此，这种观点以恢复物的原状为基本目标，通过对出租人使用房屋而对房屋产生的折旧的计算，来在价值上恢复租赁房屋在移转占有前的状态。然而，如前所述，以恢复原状为基本要求的所有物返还请求权，作为合同无效时财产返还的请求权基础，在财产体现为实物或者权利时能够体现最大效益，在财产体现为财产性利益时，以不当得利请求权为基础主张财产返还，更有利于当事人权利的保护。在这种竞合的请求权基础中，人民法院应当尊重当事人的选择，并考虑对当事人最有利的方式作为裁判的基础。这种采取支付房屋折旧费用的方法，对于返还财产的请求权基础理解不当，也不利于当事人权利的保护。其次，这种方法在民事审判实践中，会增加案件处理的难度。如何计算房屋的折旧属于专业性的技术问题。对于这样的问题，人民法院无法直接作出判断，而只能委托专业机构通过鉴定程序解决。这无

---

① 罗中：《无效房屋租赁合同的法律处理》，载《天津政法管理干部学院学报》2000 年第 1 期。

疑增加了当事人的诉讼成本，还会延长案件审理时间。且鉴定本身具有复杂性和不确定性，以此种方法处理，不利于及时、有效地解决纠纷。再次，参照合同约定的租金标准给付房屋使用费并不违反无效合同的法律性质和处理原则，且经过实践长期检验是一种简单易行的方法。承租人返还其占有使用房屋期间所获得的财产性利益，应当符合房屋占有使用费用的市场价值。参照双方约定的租金标准，符合当事人在订立合同时对使用房屋所需支付的对价的预期，也会最大程度地与市场行情相契合。这种方法经过长时间民事审判实践的检验，简便易行，既便于人民法院审判人员掌握和运用，也能够使诉讼当事人对于案件的结果有清楚地预期，能够节省审判资源和提高诉讼效益。当然，参照合同约定的租金标准，并不是完全依照该标准进行裁判。本司法解释在这一问题上赋予审理案件的法官以自由裁量权，由审理案件的法官根据案件具体情况，酌情进行处理。合同约定的租金标准只是裁量的依据之一，并非不可动摇，存在如约定租金标准明显高于市场价值的情况，法官当然可以裁量酌减。

二、房屋租赁合同无效后的赔偿损失问题

（一）合同无效损失赔偿的性质

合同被确认无效后，当事人之间的合同关系已不复存在，当事人所负的赔偿责任显然并非基于合同而产生的，受害人所提出的损失赔偿也非基于合同上的权利。合同无效后的赔偿损失究竟属于何种性质，学理上存在争论。大陆法系国家和地区的判例和学说对这一问题大致存在两种有代表性的观点。一种观点为侵权行为说。这种观点认为，合同无效的损失赔偿请求权属于侵权法上的请求权。由于合同无效所产生的损失，除法定情形外，属于侵权行为法所调整的范围，应当依据侵权责任的构成要件和赔偿原则进行判断和处理。另一种观点是缔约过失说。这种观点认为，因合同无效或被撤销后而产生的损失赔偿是基于缔约上的过失责任。合同被确认无效，是指其不发生履行的效力，而非不发生任何法律效力。当事人由于自己过失致使合同无效的，应当对信赖其合同为有效成立的相对人，赔偿这种基于信赖而产生的损害。①

侵权责任和缔约过失责任尽管都以损失赔偿为内容，以过失为要件，但二者之间的区别是十分明显的。对于合同无效的损失赔偿性质的不同认识，决定着损失赔偿的范围和原则，因此，对于侵权责任和缔约过失责任进行适当的区分也是十分必

① 雷裕春:《无效合同之损害赔偿研究》，载《经济与社会发展》2008 年第 4 期。

要的。概括地讲，侵权责任与缔约过失责任主要有以下差别：

1. 侵权责任与缔约过失责任的基本前提不同

缔约过失责任的产生具有两个前提条件：一是缔约双方为了缔结合同而开始多方面的接触，即双方已形成了一种实际接触和磋商的关系；二是这种接触使当事人形成了一种特殊的联系，缔约当事人之间形成了导致诚实信用义务产生的信赖关系。而侵权责任则不需要这个前提，侵权责任的发生也并不需要当事人之间存在任何关系。按耶林的观点，“侵权行为法仅宜适用于尚未因频繁社会接触而结合之当事人间所生的摩擦冲突”[①] 的场合。缔约当事人依诚实信用原则所应尽的义务与特殊侵权行为中的特殊注意义务也不相同。特殊侵权行为中的特殊注意义务所指向的对象是不特定的，具有普遍性；而缔约责任制度中，注意义务所指向的对象是特定的，是对方当事人。侵权行为法中的特殊注意义务的内容具有确定性，也就是说，行为人所尽的义务是具体而明确的，是不变的。但缔约责任制度中，当事人的注意义务的内容是不确定的，是变化的，其注意义务随缔约行为进行的程度而变化。一般说来，随着缔约当事人接触程度的加深，其注意义务的程度会逐步加深。

2. 缔约责任和侵权责任所违反的义务性质不同

缔约过失行为违背了建立在诚实信用原则基础之上的积极注意义务。按照耶林的观点，“从事契约缔结的人，是从契约交易外的消极义务范畴进入契约上的积极义务范畴，其因此而承担的首要义务，系于缔约时一善尽必要的注意。”[②] 耶林提到的积极义务、消极义务明确区分了缔约过错行为和侵权行为。缔约过错行为违背了积极义务，而侵权行为违背了消极义务。在缔约过程中，当事人由于频繁接触而产生了一种特殊的信赖关系，这种信赖关系要求当事人必须依诚实信用原则履行积极的注意义务。侵权行为只是违反了法律要求每个民事主体对他人应负的一般性义务，即任何人不得侵害他人的物权、人身权和知识产权等民事权利的消极义务。

3. 侵权责任与缔约过失责任的归责原则和责任范围也不相同

缔约过失责任的归责原则是过错责任原则，而侵权责任是以过错责任原则（包括过错推定原则）、无过错责任原则、公平责任原则等作为归责原则。缔约责任的赔偿范围原则上是信赖利益的损失。对信赖利益的保护，旨在使受害人因信赖合同有效成立而支付的费用，费用得到返还或赔偿，从而使当事人处于合同未订立之前的状态；而侵权责任则是以实际损失为基本的赔偿范围。

---

① 王泽鉴：《民法学说与判例研究》第4册，中国政法大学出版社1998年版，第10~11页。

② 王泽鉴：《民法学说与判例研究》第1册，中国政法大学出版社1998年版，第88~89页。

大陆法国家和地区的判例和学说，通说主张缔约过失为合同无效损失赔偿的性质。这也是我国学术界的普遍认识。这种认识是建立在对合同无效的损失赔偿进行客观分析的基础上。首先，合同无效所造成的损失，是基于合同双方当事人在由磋商进入缔结合同过程中的过失行为造成的。一方当事人基于对他方的信赖进行的准备工作、支付相应费用，在合同被确认无效后，作为该方当事人所受损失是由于缔约过程中的过失行为造成的，其基于缔约过失责任提出赔偿请求，符合事物发展的客观过程。其次，基于侵权责任这种损害赔偿的，赔偿的范围限于实际利益的损失，而合同有效履行能够获得的预期利益将无法获得救济。基于缔约过失责任能够获得最大限度的利益保障。

（二）合同无效损失赔偿的对象和范围

1. 赔偿对象

如前所述，合同无效的损失赔偿在性质上是缔约过失赔偿，适用缔约过失责任的原则和方法，因此，在损失赔偿的对象上，指向的是信赖利益损失。

大陆法系国家和地区将合同法上的利益区分为信赖利益和履行利益。所谓信赖利益，史尚宽先生认为，信赖利益，即信无效之法律行为有效所受之损害①；梅仲协先生认为，消极利益云者一，当事人因法律行为失效而蒙受之损害也②；林诚二先生认为，信赖利益赔偿者，乃法律行为外形上虽成立，但实质上无效，当事人之一方，因善意无过失信其有效致受损害之赔偿也③。上述对于信赖利益概念的表述大同小异。正如王泽鉴先生所言，在德国法中，信赖利益指当事人相信法律行为有效成立，而因某种事实之发生，该法律行为不成立或无效而生之损失，又称为消极利益之损害④。在德国法中，信赖利益是与履行利益相对的概念。所谓履行利益，是指法律行为（尤其是契约）有效成立，但因债务不履行而生的损失，又称为积极利益的损害。⑤ 易言之，在法律行为有效成立时，债权人就债务履行可以获得的利益，因债务人不履行其债务，致有效成立的法律行为之效力未获实现所生的损害，称为积极行为上的利益或积极契约上的利益。⑥ 信赖利益和履行利益的相对立性体现在，如果以合同缔结时为准，信赖利益的损害赔偿是使权利人回复到未信赖法律行为（尤其是合同）成立或生效时的状态，是一种“回复原状”的保护，保护向

---

① 史尚宽：《债法总论》，中国政法大学出版社 2000 年版，第 278 页。

② 梅仲协：《民法要义》，中国政法大学出版社 1998 年版，第 112 页。

③ 林诚二：《民法上信赖利益损害赔偿研究》，载台湾地区《法学丛刊》第 69 期。

④ 王泽鉴：《民法学说与判例研究》第 5 册，中国政法大学出版社 1998 年版，第 212 页。

⑤ 王泽鉴：《民法学说与判例研究》，中国政法大学出版社 1998 年版。

⑥ 史尚宽：《债法总论》，中国政法大学出版社 2000 年版。

既往作出；履行利益的损害赔偿是赔偿义务人在经济上应使权利人处于法律行为（尤指合同）如同被履行时的状态，是一种向将来的保护。后者（履行利益）着眼于损害原因事实，表现出的方法是由损害原因事实根据因果关系加以确定；前者（信赖利益）乃是着眼于应回复到什么样的财产状态。区别保护信赖利益与履行利益的关键在于法律行为是否有效成立，如果有效成立，则可以请求履行利益的保护，否则即请求保护信赖利益。

英美合同法上的利益有三种，即期待利益、信赖利益和返还利益。期待利益指当事人依合同规定有权期望通过合同的履行而实现的权益，包括当事人在合同得到正常履行时本来可以获得的利润。信赖利益，指一方当事人基于对另一方允诺的信赖而改变了自己的经济地位，当另一方违背其诺言时，为使信赖方恢复到原有的经济地位而赋予该方的权益。简言之，即对由于信赖允诺而遭受的损失，要求保护的请求权。返还利益，即要求对方返还已给他的得益的请求权。① 相比较而言，大陆法系国家和地区的信赖利益概念与英美法系国家相当，救济的结果是使当事人达到未曾信赖缔约行为的状态。而大陆法系国家和地区关于履行利益的概念则与英美法系国家期待利益的概念相当，其救济的结果是使当事人达到合同完全履行时的状态。

可见，履行利益（期待利益）的赔偿是以合同有效、合同义务存在为前提的，而缔约过失责任一般发生在合同不成立、无效、被撤销等场合，当事人当然不能请求履行利益之赔偿。缔约过失责任所保护的只是原告的消极利益，也就是说，使原告重新回到缔约谈判开始之前的情势之中，因此赔偿范围仅限于信赖利益。

2. 损失赔偿的范围

信赖利益的构成应当具备三个条件，即双方为缔约进行合理的接触，当事人一方因对方的行为产生信赖，一方由于信赖而支出一定的成本。信赖利益的损害指被害人既存财产减少而受之损失。这种损失可分为直接损失和间接损失。直接损失主要包括两个方面：一是用于缔约的合理费用；二是准备履约所支出的合理费用。间接损失是指如果在缔约过程中，受害人必将获得各种机会，而在行为人的过错导致合同不能成立的情况下，使这些机会丧失。简言之，即丧失与第三人另订立合同的机会所产生的损失。但是鉴于间接损失较难确定，因此，只有在具备两个条件时才能要求赔偿间接损失：一是缔约当事人在订立合同的过程中故意实施违背诚实信用原则、违反法律的行为；二是与第三人另订立合同的可得利益在缔约过失发生时就

---

① 斯晓健：《论合同无效之损害赔偿》，载《技术经济与管理研究》2007 年第 4 期。

已具备现实的成就条件，仅仅因为过错方的缔约过失才导致利益的丧失。大陆法系国家一般规定，信赖利益的赔偿在原则上不能超出履行利益。也即在合同被确认无效或撤销以后，受害人所应获得的信赖利益的赔偿数额不应该超过有效且得到实际履行的情况下所应获得的全部利益。

（三）房屋租赁合同无效所产生的损失赔偿的内容

本条司法解释第二款规定了房屋租赁合同无效后，当事人主张赔偿损失的处理原则。依据《合同法》第五十八条的规定，合同无效后的损失赔偿以过错为归责原则，即“有过错的一方赔偿对方因此所受到的损失，双方都有过错的，应当各自承担相应的责任”。合同无效后损失赔偿的性质为缔约过失责任，因此，在原则上，房屋租赁合同无效的损失赔偿亦应当遵循缔约过失责任的一般规则处理损失赔偿的问题。这也是本司法解释中“依照合同法的有关规定处理”的题中应有之义。

除此之外，房屋租赁合同也存在一些较之其他合同相比的特殊之处。其中比较突出的就是承租人在大多情况下取得房屋的占有之后，会对房屋进行必要的装饰装修或者改扩建。为此，本司法解释在第九条、第十三条和第十四条针对不同情况分别作出规定。就装饰装修而言，存在两种应分别处理的不同情况。其一，在承租人经出租人同意对房屋的装饰装修，而装饰装修物未附合于房屋的，依据返还财产的原则，由承租人拆除装饰装修物，但不得因拆除行为而造成房屋的毁损。否则，应当恢复房屋原状或者原有的价值状态。其二，是对于形成附合的装饰装修物，如果出租人同意利用的，可以折价归其所有，所折价款返还给承租人；如果出租人不同意利用，则只能对装饰装修物进行拆除，由此发生的装饰装修物的价值损失，应当由双方按照过错比例承担责任。在这两种情况下，只有在出租人不同意利用附合物的情况下，才发生损失赔偿的问题。对于承租人未经出租人同意的装饰装修或者扩建，在合同无效后，承租人不得向出租人主张有关费用的返还。不仅如此，未经权利人同意对他人不动产所为的改动，实质上是对他人物权的侵害，出租人当然可以主张承租人恢复原状和赔偿由此造成的损失。但这种损失赔偿实质上是侵权损害赔偿的范畴，而非缔约过失责任的赔偿。对于承租人经出租人同意的扩建房屋的情形，在合同无效场合，区分情况处理。如果办理了合法的建设手续，出租人的房屋因此而增加价值，依据合同无效的返还财产原则，这种财产的增值应当返还给承租人，即由出租人负担扩建房屋的费用。如果房屋扩建未办理合法建设手续，由于扩建是在承租人同意之下进行的，有关扩建的造价费用由双方按照过错比例负担。这种情况应属于缔约过失赔偿的范畴。

审判实务

在民事审判实践中，适用本条司法解释时需要注意的是，对于第一款的适用，不能机械掌握，应当根据案件的具体情况，将合同中约定的租金标准作为一项考量因素，以此为参照尺度进行自由裁量。而不宜简单地根据无效合同中的租金标准进行裁判。否则，可能会出现无效合同事实上按照合同有效情形处理的矛盾，违背合同无效的法律意义和处理原则。而且，裁判支付房屋使用费，也应注意是以当事人主张为前提，在当事人未主张房屋使用费的情况下，人民法院不能作出裁判，以免发生无请求裁判的程序违法的情况。

第六条 ［一房数租的处理原则］

出租人就同一房屋订立数份租赁合同，在合同均有效的情况下，承租人均主张履行合同的，人民法院按照下列顺序确定履行合同的承租人：

（一）已经合法占有租赁房屋的；

（二）已经办理登记备案手续的；

（三）合同成立在先的。

不能取得租赁房屋的承租人请求解除合同、赔偿损失的，依照合同法的有关规定处理。

条文主旨

本条规定了一房数租的处理原则。

背景依据

一、起草本条的背景情况

住房问题关系到百姓的安居乐业，关系到社会公平与和谐。自 1998 年我国实行住房改革以来，房地产业已经成长为拉动中国经济增长的龙头产业。房地产商品的不可替代性使人们过分追求房子的质量和数量，导致住房价格和面积一升再升，已经大大超出普通百姓的承受能力，到 2008 年更是达到历史最高价位。在这种情况下，越来越多的人选择租赁房屋以满足居住或经营，从而也越来越印证了，随着现代市场经济的发展，房屋租赁市场的日益发达是历史的必然。[①] 因为，房屋租赁市场的存在与发展，首先在很大程度上跟大量中低收入家庭无法承受购房经济负担、必须租房密切相关；其次是城市中总还存在一部分流动人口或暂住人口，他们不愿买房，宁可租房。当前，我国仍处在市场经济发展初期，由于城市化进程的加快，大量人口涌入城市，使城市房屋租赁市场异常火暴，随之也带来一系列的问题，“一房数租”就是其中主要问题之一。近几年住房价格的不断走高，使得房屋租金的价格随之水涨船高。特别是在 2006 到 2008 年三年间，大中城市的房价每天都在上涨，房屋租金的价格也几乎时时在发生变化。由于房屋租赁市场是出租方市场，承租人处于弱势地位，出租人为了获取更多租金，又与其他承租人签订了房屋租赁合同。这样导致同一出租房屋上有两个以上有效的房屋租赁合同，在承租人均主张履行合同情形下诉到法院。此时，人民法院需要确定支持哪位承租人履行合同的主张，本司法解释第六条正是为了解决上述问题。

当然，“一房数租”不是普遍存在，但实践中此类纠纷亦时有发生。当前，主要有两种表现形式，第一种表现在一般租赁合同中，因为大多数情况下，房屋租赁合同的签订与实际交付占有房屋间隔一段时间，在此间隔时间内，同地段房屋租金水平大幅上涨，使得出租人为了获取更多租金，不惜违反诚实信用原则，又与他人订立更高租金的租赁合同。第二种体现在商品房预租合同纠纷中。预租合同是指房地产开发商就尚未建成的商品房与承租人签订的房屋租赁合同。一般情况下，商品房的开发建设都有一定周期，在此期间，租金水平可能发生较大变化，开发商为了获取更多租金，又与他人订立了商品房预租合同。基于以上两种原因发生的纠纷诉至法院后，在承租人均主张履行合同时，人民法院必须确立一系列的规则以确定究竟由谁来实际承租房屋。

我们认为，“一房数租”问题的出现，主要有以下两方面的原因：第一，出租人不讲诚信，为了获取更大利益与租金，这是一房数租的根本原因。第二，我国当前房屋租赁市场十分火暴，但却极不规范。我国当前对房屋租赁市场的法制建设和管理，主要集中在租赁合同效力、双方当事人的权利义务和通过租赁合同实现人员管理方面。对于租金问题没有过多涉及，目前租赁市场较成熟的国家，对于租金都制定有比较完备的管理规范，如德国是通过定期发布一定范围一定地段的租金指导

---

① 当前在德国、法国、日本、韩国等发达国家，住房市场一个最大的特点是，在整个住房市场中，租赁市场比重与住房销售市场的比重基本持平，各占一半。在德国，租赁市场的比重更是大于住房销售市场，目前其自有住房率仅为42%，租赁住房率为58%。其房屋租赁市场发达可见一斑。纪尽善：《德国房屋租赁的市场化演进》，载《中国经济周刊》2007 年第 13 期。

价，来指导租赁合同双方来签订租赁合同的。[①] 美国的房屋租金管理法律也很发达，除了有租赁期间租金数额固定不变的固定租赁外，还有累进租赁、重估租赁、百分率租赁、指数租赁等依一定标准可变动的租金支付形式。[②] 我国当前还是主要以固定租赁为主，对于租金的管理，强调出租人与承租人双方的意思自治，管理机构未做过多干涉，任由当事人双方和市场调节。因此，管理调控上的缺失可以说是“一房数租”的外在原因。

当前，国家对租金的管理指导还没有达到应有水平，出现“一房数租”的情况也就不可避免，对于这样的纠纷，人民法院必须予以解决，从而也就要求人民法院必须确定相应的规则，而对于该规则的确立，实务和理论界争议很大。我们在起草本司法解释的过程中，向全国各高级人民法院发函，收集审判实践中涉及房屋租赁纠纷案件的热点、难点问题。综合各高级人民法院上报的材料，有相当一部分意见和建议是针对如何处理“一房数租”问题的。正确确立“一房数租”的处理原则，不但对审判实践意义重大，而且还可能对理论问题产生重大影响。

严格从理论意义上来讲，出租人就同一房屋订立两份以上租赁合同，合同均有效时，根据债权平等性原则，这几份租赁合同应是完全平等的，不应有先后之分，不应有高低之分，几份合同的承租人都有权要求出租人履行合同。但客观事实是，租赁标的物只有一个，实际上最终只能有一份合同得到实际履行。根据合同法传统理论和意思自治原则，应探寻出租人的真实意思表示，由出租人来选择一份租赁合同实际履行，其他未得到履行的有效合同承租人，只能请求解除合同，并要求出租人赔偿损失。但是一直以来审判实践中，并不是如此处理“一房数租”问题的，人民法院以出租人违反诚实信用原则而否认其选择履行其中之一合同的权利，大多参照一定的标准来确定履行其中一份合同。有的法院认为办理登记备案手续的优先，有的认为在先支付租金的优先，有的认为已经占有租赁房屋的优先，有的认为合同成立在先的优先。而对于以上四种情况之间的顺序，各地法院把握的标准又各不相

---

① 纪尽善：《德国房屋租赁的市场化演进》，载《中国经济周刊》2007 年第 13 期。

② 在美国，累进租赁是指租金从租赁初期的固定数额，按照规定每隔一段时间逐步按比例增加的租赁。此种形式可以减少房东遭受通货膨胀的风险，也可用于预期收益能力增强的新商行或不动产，但很少用于租期超过 10 年的租赁。重估租赁与累进租赁相似，但其月租金的上涨幅度由不动产的重估价值决定。此种形式经常用于整幢房屋的长期出租。百分率租赁是指按租赁财产收益的一定百分比计算租金的商用不动产租赁。这一固定百分率通常与每层最低租金相结合。此种形式常适用于购物中心，特别是大型商业街。例如，一家商业街中的玩具商店可能按每月 1500 美元的基本租金再加上毛销售额减去 5 万美元后的 2% 来支付租金，如果该商店 12 月份的销售额只有 2500 美元，则只需支付 1500 美元的基本租金。指数租赁是指租金随物价指数变动而调整的租赁，此种方式可以减少房东遭受通货膨胀及商品价格飞速变化的风险。黄炜炜：《美国房屋租赁市场简介》，载《中国房地信息》2007 年第 9 期。

同。为了完善法律统一适用制度，规范审判人员自由裁量权行使，迫切需要由最高人民法院通过司法解释对“一房数租”的处理原则作出明确规定。

二、起草过程中的相关意见和建议

在本条的起草过程中，对于“一房数租”的处理原则主要有以下几种意见。

（一）依法办理登记备案手续的承租人优先；转移占有房屋的承租人次之；已经支付租金的承租人再次之；生效在先合同的承租人最次之

该意见的理由是：虽然办理登记备案手续不影响租赁合同的效力，但是登记备案意义重大。我国《城市房地产管理法》和《城市房屋租赁管理办法》均明确规定，房屋租赁应办理登记备案手续。登记备案的立法目的在于对城市流动人口的管理和不动产占有与使用权转移的公示，因此在制定司法解释时应尊重立法的目的选择，从鼓励租赁合同的当事人主动办理登记备案手续的角度出发，将依法办理登记备案手续的租赁合同作为第一顺位履行。占有房屋是履行租赁合同的重要表现形式，表明租赁合同已经开始得到实际有效履行，因此，其应作为第二顺位。支付租金也是合同已经开始履行的标志，其作为转移占有之后的第三顺位比较合理。在几份合同均未实际履行的情况下，应本着尊重事实态度，优先保护生效在先的合同。

（二）转移占有房屋的承租人优先；依法办理登记备案手续的承租人次之；已经支付租金的承租人再次之；生效在先合同的承租人最次之

该意见与第一种意见的区别仅在于转移占有和依法办理登记备案手续之间哪一种情况应是第一顺位。该种观点认为，既然大家公认办理登记备案手续不影响租赁合同的效力，加之实践中办理登记备案手续并不是普遍现象，过分强调登记备案并无多大必要。占有作为准物权，已被我国《物权法》加以确认，根据物权行为的相关理论确定合法占有租赁房屋的承租人为第一顺位合同履行主体，法律和法理依据更为充分。另一方面，如果租赁房屋已经转移占有，表明出租人已经履行合同的主要义务，合同已经得到有效履行，而且有的承租人已经对房屋进行了装饰装修，此时仅仅因为未办理登记备案手续，而让位于已经办理登记备案手续的承租人，可能在实践中会有麻烦。特别是如果已经占有租赁房屋的承租人坚持不腾退房屋，到了执行阶段法院很难处理。因此，不论从理论构建，还是从具体适用的角度出发，都不应确定登记备案手续的承租人为第一顺位履行主体，而是应认可转移占有房屋承租人第一顺位地位。

（三）依法办理登记备案手续的承租人优先；转移占有房屋的承租人次之；生效在先合同的承租人最次之

该意见与第一种意见相似，唯一区别是不承认已经支付租金的承租人的优先地位。该意见从司法实践的角度出发，认为登记备案和转移占有都是一定的公示方法，产生一定的公信力，租金的支付纯属出租人和承租人之间的双方行为，没有一个具体的公示判断标准，很容易做假。出租人与多方签订租赁合同已经违反了一次诚实信用原则，人民法院通过司法解释确认已经支付租金承租人的优先履行地位，无异于诱使出租人再次违反诚实信用原则，与其中一个合同的承租人串通，制造租金已经支付的事实或假象，而对于这种情况，人民法院在司法实践中根本无法查证。如果司法解释照此出台，必然遭受非议。因此，建议对已经支付租金承租人的优先履行地位不予考虑。持该观点的主要是在基层一线从事民事审判的法官。

（四）本司法解释对“一房数租”问题不应作出规定

上述三种意见都是具体的操作规则，无论哪一种规则，都是与传统的民法理论相冲突的。严格从理论意义上来讲，出租人就同一房屋订立两份以上租赁合同，合同均有效时，根据债权平等性原则，这几份租赁合同应是完全平等的，不应有先后之分，不应有高低之分，不存在谁优先的问题，几份合同的承租人都有权要求出租人履行合同。但客观事实是，租赁标的物只有一个，实际上最终只能有一份合同得到履行。根据合同法传统理论和意思自治原则，应寻求出租人的真实意思表示，由出租人来选择一份租赁合同履行，其他未得到履行的有效合同承租人，只能请求解除合同，并要求出租人承担违约责任、赔偿损失。如果人民法院因出租人违反诚实信用原则而否认其选择履行权，参照有无备案、是否转移占有、是否生效在先来确定履行哪一份合同。似乎有强制缔约、强迫履行之嫌。为了不与现有理论造成冲突，建议本司法解释对“一房数租”问题暂不作规定。

三、制定本条的过程及依据

“一房数租”问题不仅涉及债权行为的理解还涉及对物权行为的理解，最终还涉及现有的法学理论与客观实践如何衔接统一的问题。“一房数租”贯穿了租赁合同订立到履行的全部过程，对它的研究意义重大，争议也甚大，所以从起草之初到最后定稿，本条的变化也最大。

在司法解释起草初期，对本条的草拟稿是：“出租人就同一处房屋与不同相对人订立的两个以上的租赁合同均有效，承租人均主张履行合同的，按照下列情形分别处理：第一种意见是，(1) 承租人实际占有租赁房屋的，取得承租房屋使用权。(2) 房屋未转移占有，已经支付租赁费用的承租人，取得承租房屋使用权。(3) 合同未履行，已经依法办理登记手续的承租人，取得承租房屋使用权。(4) 合同未履行的，亦未依法办理登记手续，生效在先合同的承租人取得承租房屋使用权。未取得出租房屋使用权的承租人，可以要求出租人承担违约责任。第二种意见是，(1) 承租人已经依法办理登记手续的，取得承租房屋使用权；(2) 未依法办理登记手续，生效在先合同的承租人取得承租房屋使用权。(3) 未依法办理登记手续，承租人实际占有租赁房屋的，取得承租房屋使用权。(4) 房屋未转移占有，已经支付租赁费用的承租人，取得承租房屋使用权。未取得出租房屋使用权的承租人，可以要求出租人承担违约责任。”显然，起草之初，两种意见截然不同，第一种意见的主要从尊重事实和有利于司法实践具体操作认定的角度出发，并未过多考虑法理依据问题；第二种意见则争取与合同法相关理论及相关法律法规保持一致。当然这个“一致”，只能是争取一致，因为表面看来制定该条本身就与债权的平等性原则有某种矛盾。

本司法解释第三稿中对本条的表述是：“出租人就同一处房屋签订两份以上租赁合同，各承租人均主张履行合同的，按照下列顺序取得承租房屋使用权：（一）实际占有租赁房屋的承租人；（二）房屋未转移占有，依法办理登记备案手续的承租人；（三）房屋未转移占有，亦未依法办理登记备案手续的，已支付租金的承租人；（四）租赁合同未实际履行，生效在先合同的承租人。未取得承租房屋使用权的承租人，请求解除租赁合同并由出租人承担违约责任的，应予支持。”这一稿明显采纳了司法解释初稿中的第一种意见，已经更多地考虑从有利于司法实践具体操作认定的角度解决这一问题。对第一种意见的采纳，也意味着最高人民法院在这一问题上采实用主义。法律法规司法解释的制定固然要考虑与法理及传统理论的一致，但是也不能完全受既有理论的束缚，理论来源于实践，反过来指导实践，随着实践的发展，既有理论也应该与之相适应。因此，尽管制定本条解释可能带来争议，但因实践的需要，维持社会诚信这一最高准则的需要，我们必须制定出一个可操作标准以合理公正地解决此类纠纷。

在这之后的修改和征求意见中，最高人民法院内部相关部门和个人提出，应提升登记备案的效力，最好把依法办理登记备案手续的承租人作为第一顺位履行主体。起草小组采纳这一意见，在第一次征求下级法院和专家学者意见的征求意见稿中，将本条修改为：“出租人就同一房屋订立两份以上租赁合同，各承租人均主张履行合同的，按照下列顺序取得房屋租赁权：（一）依法办理登记备案手续的承租人；（二）占有租赁房屋的承租人；（三）最先支付租金的承租人；（四）生效在先合同的承租人。未取得承租房屋使用权的承租人，请求解除租赁合同并由出租人承担违约责任的，应予支持。"

从第一次征求意见反馈情况来看，大家纷纷对登记备案承租人作为第一顺位履行主体提出异议，认为不但理论和法律依据不足，而且不利于审判实践具体操作。另一方面，大多数地方法院对支付租金承租人的优先履行地位提出质疑，认为在实践中无法操作，而且极易诱发出租人与承租人恶意串通之道德风险。起草小组最终采纳此两条意见，将第二次对外征求意见稿中的本条表述为："出租人就同一房屋订立两份以上租赁合同，在合同均有效情况下，承租人主张履行合同的，人民法院按照下列顺序确定履行合同的承租人：（一）已经合法占有租赁房屋的；（二）已经办理登记备案手续的；（三）合同生效在先的。不能履行合同的承租人请求解除合同、赔偿损失的，依照合同法的有关规定处理。"

随后的意见反馈及几次征求意见座谈会讨论中，大家对合法占有租赁房屋的承租人作为第一顺位履行主体，已经办理登记备案手续的承租人作为第二顺位履行主体已基本达成一致。但开始对第三顺位之合同生效在先的承租人提出异议。认为应表述为"合同生效在先的"，还是表述为"合同成立在先的"，值得推敲。显然，合同生效时间和合同成立时间大多数情况下是一致的，但也存在两时间不一致的情况。根据《合同法》第四十四条第二款，法律、行政法规规定应当办理批准、登记手续生效的，应自办理批准、登记手续之日起生效。根据《合同法》第四十五条第一款，附生效条件的合同，自条件成就时生效。因此，合同成立时间可能早于合同生效时间，司法解释应考虑到合同生效和成立之间的这一区别，宜采纳"合同成立在先的"之表述，从而也使得诚实信用原则得到有效维护。起草小组最终采纳了"合同成立在先的"之表述，也就有了本司法解释现在的表述。

条文理解

本条规定了一房数租的处理原则。我们认为，对本条的理解，应当从以下几个方面把握：

一、关于本条适用的前提

适用本条的前提是："出租人就同一房屋订立两份以上租赁合同，并且合同均有效。"根据法律法规及本司法解释的规定，合同无效的，该无效合同的承租人当然无权请求履行合同。因此，人民法院在处理此类纠纷时，一定要首先对租赁合同的效力作出审查。

二、对“已经合法占有租赁房屋的”如何理解

本条将已经合法占有租赁房屋的承租人作为第一顺位履行主体，对于该项的理解重点在于“合法占有”。

占有是物权法的重要制度之一，占有是人对物有事实上的管领力的一种状态，是占有人对不动产或者动产的事实上的控制与支配。[①] 通说认为，占有是一种事实状态。我国《物权法》对占有的性质没有作出明确的规定，但将占有作为单独一编规定，并且只规定“占有”，没有用“占有权”表述，表明我国立法已经明确认可占有是一种事实状态，而非一种权利。[②]

依据占有是否具有法律的根据或原因，占有可以分为合法占有和非法占有。合法占有又称有权占有、正权占有或有权源占有，主要指基于合同等债权关系产生的占有，如根据租赁、运输或者保管合同，承租人、承运人或者保管人对租赁物、托运物或寄存物发生的占有。非法占有指占有人对不动产或者动产的占有无正当法律关系，或者原法律关系被撤销或无效时占有人对占有物的占有，包括误将他人之物认为己有或者租赁、借用他人之物到期不还等。根据非法占有人的主观状态，非法占有又可分为善意占有和恶意占有。

结合以上论述，具体到本条第一项中的“合法占有”，应是指基于有效租赁合同关系下的占有。该占有是出租人与承租人双方履行租赁合同的结果，除此之外均不是本项所指的“合法占有”。实践中，即使承租人已经与出租签订有效的租赁合同，在双方未开始履行时，承租人通过强占、欺骗等其他非法手段占有租赁房屋的，均不能认定为“合法占有”。对于此类非法占有租赁房屋的情况，出租人可以根据《物权法》第二百四十五条占有保护的规定，提起占有返还之诉，如果因此遭受损害，可以请求非法占有租赁房屋的承租人赔偿损失。

三、对“已经办理登记备案手续的”如何理解

要想正确理解该项，必须首先明确登记备案的性质和效力。房屋为重要不动产，各国立法对房屋租赁都有特别规定。在立法上对租赁权予以特别保护。这是由于房屋租赁权在性质上仍属债权，而债的特点之一是效力的相对性，不具有排他

---

① 胡康生主编：《中华人民共和国物权法释义》，法律出版社2007年版，第512页。

② 唐德华主编：《物权法解析与适用》，中国民主法制出版社2007年版，第236页。

性。在租赁关系中，由于出租人可以随时处分财产，租赁关系会随之消灭，从而使得承租人对租赁物的使用处于极不稳定的状态。租赁权自罗马法以来即被认为是债权，从而租赁物的所有者变更时，承租人不得以租赁权与新所有者对抗，学说上称之为“买卖破除租赁”。为强化租赁权的保护，普鲁士法率先规定，不动产租赁亦得因登记而有对抗力，买卖不破租赁。此后各国都确立了“买卖不破租赁”原则。《最高人民法院关于贯彻执行〈中华人民共和国民法通则〉若干问题的意见（试行)》第119条规定，私有房屋在租赁期内，因买卖、赠与或者继承发生房屋产权转移的，原租赁合同对承租人和新房主继续有效。《合同法》第二百二十九条规定：租赁物在租赁期间发生所有权变动的，不影响租赁合同的效力。都是这一原则的体现。比较各国民法的相关规定，由于日本民法原则上采用买卖破除租赁主义，故为保护承租人的利益，《日本民法典》第605条规定，已登记之不动产租赁，对于尔后取得物权之第三人亦生效力。《瑞士债务法》规定：租赁经登记时亦有对抗力。均将登记作为保护承租人对抗力的一种规定，体现了买卖不破租赁原则。法国民法规定：租赁契约以公证书或以有确定日期之证书者，原则上有对抗力。我国台湾地区“民法”也规定：租约之订立变更、终止或换约，应由出租人会同承租人申请登记，然此亦非效力发生之要件。不动产登记条例规定，经登记之租赁对于以后取得物权之人亦生效力。就法理而言，租赁关系中出租人对于承租人不负登记义务，之所以规定租赁登记，系借此加强承租人的地位，使房屋租赁权具有对抗力。即房屋租赁关系存续期间，承租人对于取得租赁物的所有权或其他物权的人也可主张其租赁权。但由于租赁关系为债权关系，这种对抗力并不包含对抗一般人的效力，换言之，租赁合同为诺成合同，因当事人意思表示一致而成立，故出租人可以就同一标的物与二人以上分别订立租赁合同，前一承租人不得以其租赁权对抗后一租赁权而请求确认后一租赁合同无效。可见，房屋租赁登记是现代立法为了保障租赁债权的稳定性，保护承租人的利益，赋予国家有关部门对房屋租赁行为实施的一种管理职能，其目的在于加强租赁权的对抗力，其旨意与买卖不破租赁无异，有别于物权法中物权变动的登记制度。[①] 也就是说，房屋租赁登记备案实质上是国家有关部门对房屋租赁行为实施的一种管理职能，效力上具有对抗第三人的效力，是为保护租赁关系的稳定，各国通行的做法并没有将登记作为生效要件，通俗地说登记是为了“备案”而不是为了“生效”。

---

① 王者洁：《对现行房屋租赁登记备案制度的法律思考》，载《天津市政法干部管理学院学报》2004年第4期。

那么，当前我国房屋租赁合同登记备案的性质和效力如何呢，由于我国一直实行房屋租赁合同登记备案制度，在不少地方的司法实践中都出现过合同一方当事人以房屋租赁合同未经有关部门登记备案为由，提出租赁合同无效的诉讼请求；或者房屋租赁管理部门以房屋租赁合同未经登记备案是无效合同为由，劝说当事人办理登记备案手续的情况。针对这一法律问题，法学界出现了两种截然不同的观点。

一种观点认为，房屋租赁合同未办理登记备案手续就没有法律效力。这种观点认为，1994 年全国人大常委会通过的《城市房地产管理法》第五十三条规定："房屋租赁，出租人和承租人应当签订书面租赁合同，约定租赁期限、租赁用途、租赁价格、修缮责任等条款，以及双方的其他权利和义务，并向房产管理部门登记备案。"1995 年建设部制定的《城市房屋租赁管理办法》更明确规定："房屋租赁实行登记备案制度。签订、变更、终止租赁合同的，当事人应当向房屋所在地市、县人民政府房地产管理部门登记备案。""房屋租赁申请经直辖市、市、县人民政府房地产管理部门审查合格后，颁发《房屋租赁证》。县人民政府所在地以外的建制镇的房屋租赁申请，可由直辖市、市、县人民政府房地产管理部门委托的机构审查，并颁发《房屋租赁证》。""《房屋租赁证》是租赁行为合法有效的凭证。"因此可以认为，我国房屋租赁是实行要件主义，即房屋租赁合同必须登记备案才能产生法律效力；或者说，房屋租赁合同没有办理登记备案手续，租赁合同就没有法律效力[①]。

另一种观点认为，房屋租赁合同未办理登记备案手续不影响合同的效力。认为，尽管《城市房地产管理法》以及《城市房屋租赁管理办法》都规定了房屋租赁当事人双方应到房地产登记机构办理房屋租赁合同登记备案手续，但均未明确规定房屋租赁合同须经核准登记才发生法律效力。从登记机关对合同的审查来看，主要是审查合同的主、客体是否合法，合同内容是否合法，是否按规定缴纳了税费等，因此，登记备案是行政机关的事后审查行为，其本身不是合同生效的要件。而且《最高人民法院关于适用〈中华人民共和国合同法〉若干问题的解释（一）》第九条也规定："法律、行政法规规定合同应当办理登记手续，但未规定登记后生效的，当事人未办理登记手续不影响合同的效力。"该解释第四条规定："合同法实施以后，人民法院确认合同无效，应当以全国人大及其常委会制定的法律和国务院制定的行政法规为依据，不得以地方性法规、行政规章为依据。"因此，建设部《城

---

① 朱建军：《谈未办理房屋租赁合同登记备案手续的房屋租赁合同的法律效力》。载 http：//www. dalian-lvshi. com/ zulin/ zulin2/ 200702/ 880. html，2009 年 7 月 6 日。

市房屋租赁管理办法》的规定在司法中不能作为确认房屋租赁合同效力的依据。房屋租赁合同是否生效，取决于合同当事人意思表示是否真实，合同订立的程序是否合法，以及合同的内容是否违反法律、法规和社会公共利益。房屋租赁合同登记备案是房屋使用权有效转移的要件，而不是房屋租赁合同生效的要件。上述规定表明，房屋租赁合同未办理登记备案手续不影响合同的效力。

在司法实践中，近几年大多数地方法院均判决未办理登记备案手续的房屋租赁合同为有效合同。而大多数地方的房屋租赁主管部门，即负责房屋租赁合同登记备案的部门也表示房屋租赁合同是否登记备案与房屋租赁合同的效力无关。特别是《行政许可法》出台以后，大多数地方废除了房屋租赁许可制度，在地方法规层面上也明确了房屋租赁合同是否登记备案与房屋租赁合同生效与否无关。

基于此，本司法解释采登记备案不影响租赁合同效力的观点，并在第四条明确规定："当事人以房屋租赁合同未按照法律、行政法规定办理登记备案手续为由，请求确认合同无效的，人民法院不予支持。当事人约定以办理登记备案手续为房屋租赁合同生效条件的，从其约定，但当事人一方已经履行合同主要义务，对方接受的除外。"从而从司法解释的角度平息了理论和实务界对登记效力的不同认识。

既然房屋租赁合同是否登记备案与其是否生效无关，那么，这一登记备案行为又有何意义？我们认为房屋租赁备案制度意义重大。体现在以下两个方面：

一是实现城市流动人口管理。尽管不断有来自作为合同当事人的出租人和承租人对房屋租赁合同登记备案制度的质疑，近年来，我国却有越来越多的城市通过地方法规或地方政府规章明确房屋租赁合同的登记备案制度。有人认为，之所以这么多地方实行房屋租赁合同登记备案制度主要是为了收费和收税，增加财政收入。但我们认为，这种看法有些片面。不可否认，各地政府面对日益增长的房屋租赁市场，都有规范和管理的要求，对房屋租赁收费和征税只是其中的一个方面，而试图通过登记备案掌握出租屋信息和实行相关社会管理是更为重要的方面。随着各大中城市流动人口的日益增多，出租屋作为绝大多数流动人口的栖身之所，各地政府都意识到要管理好流动人口首先要管理好出租屋，并以房屋租赁合同登记备案和出租屋流动人口登记为突破口，试图找到管理好流动人口的新途径。通过房屋租赁合同登记备案可以掌握出租屋数量，并以此为突破口进行流动人口信息采集和人口管理，因此，许多地方还专门设立了统一负责出租屋和流动人口管理的机构，如北京市的流动人口和出租屋管理委员会、深圳市出租屋综合管理办公室等，深圳市等地方甚至将房屋租赁管理部门设在综治办下面，通过房屋租赁合同登记备案掌握出租屋情况，以此为基础登记出租屋流动人口。在当前流动人口管理缺乏抓手的情况下，收到良好效果，应予坚持。

二是一定程度上体现了不动产占有与使用权转移的公示功能。当前，登记备案虽然不是法律规定的公示行为，但当事人可以查阅，客观上起到公示的效果。该项功能长期不为人们重视，实际上登记备案一定程度上起到了不动产占有和使用权转移的公示公信作用，因此，实行这一制度对于维护房地产的交易安全有重要的保障作用。租赁合同签订后，对该房屋设定新权利或进行所有权转移时，第三人能够清楚了解该租赁合同的存在及具体内容，从而达到保护承租人和善意第三人合法权益的目的，确保房地产市场交易的安全。

因此，为配合行政机关对房屋租赁市场的管理和社会治安的维护，同时考虑登记备案虽然不是法律规定的公示行为，但当事人可以查阅，客观上起到公示的效果，本司法解释确定已经办理登记备案手续的承租人为第二顺位合同履行主体。应该说，该条规定很好地体现了司法解释与行政管理的相互衔接，一定会起到鼓励登记，维护诚信的作用。

四、对“合同成立在先”如何理解

对于既没有实际合法占有房屋，也没有登记备案的情况下，如何确定履行主体，最终本司法解释依据诚实信用原则，确定合同订立在先的承租人为第三顺位合同履行主体。

“合同成立在先”指“合同成立时间在先”。这就不可避免的涉及“合同成立时间”的判断问题。合同成立是指当事人通过要约和承诺方式对合同的内容达成合意。一般认为，合同成立是合同订立的结果，即双方当事人完成合意的客观状态。合同是否成立意味着合同在客观上是否存在。[①] 根据《合同法》第二十五条，承诺生效时合同成立。这是一般原则，但是对于当事人采用书面合同书形式订立合同的，根据《合同法》第三十二条，自双方当事人签字或者盖章时合同成立。因此，判断本条所指的合同成立时间应是指双方当事人签字或者盖章的时间，更严格说，是当事人中最后签字盖章的时间。

理解本项时，还应注意“合同成立”与“合同生效”的区别。两者的区别主要体现在：（1）合同的成立是指合同订立过程的完成，也即主体对合同的基本内容达成一致意见。合同的生效则指依法成立的合同为使其具有法律所赋予的约束力而产生的效力。合同的成立与否属于事实判断问题，其着眼点在于判断合同是否存

① 尹飞：《合同成立与生效区分的再探讨》，载《法学家》2003 年第 3 期。

在，而合同的有效与否则是法律价值判断问题，其着眼点在于判断合同是否符合法律的精神和规定，能否发生法律上的效力。（2）合同的成立适用意思自治原则，当事人有从事合同行为的意志自由，可以自由地选择合同的相对人、订立的形式和合同的内容，依其自由意志创设权利义务关系。只要具备意思表示这一基本事实，合同即告成立。而合同的生效必须在国家的干预下，依法判断合同是否合乎法律，只有合法的合同才能有效。（3）一般认为，合同的一般成立要件只需意思表示一致即可。而合同的生效就是指符合了法定生效要件，受到法律的保护，并能够产生合同当事人所预期的法律后果。因此，合同的生效要件就是法律判断的标准问题。主要有以下要件：①主体合格；②意思表示真实；③行为不违反法律及社会公共利益；④形式合法。（4）合同的成立是合同生效的逻辑前提，合同只有在成立后才谈得上进一步衡量其是否有效的问题。考察合同的生效，首先就必须考察该合同是否成立。合同虽已成立，但是否生效有待于进一步的判断。（5）合同不具备成立要件，产生的是不成立的后果。合同不具备生效要件，则产生无效等后果。合同如果缺乏某些条款或形式欠缺而不成立，当事人可以通过补正或者实际履行使合同成立。如果当事人没有采取补正措施，有过失的一方当事人则应根据缔约过失责任制度，赔偿另一方当事人所遭受的信赖利益损失，表现在当事人之间产生民事赔偿责任。对于已成立但未生效的合同而言，无效标志着合同自始没有法律上的约束力，当事人必须停止履行，由于国家的干预，有过失一方不仅应承担民事责任，而且还可能承担行政责任或刑事责任。如果当事人恶意串通，损害国家、集体或者第三人利益的，因此取得的财产收归国家所有或者返还集体、第三人。（6）合同的成立与否在某些情况下可以适用合同的解释方法使之成立，而对合同的效力而言，则不存在适用合同解释方法以使无效的合同转化为有效的可能性。在判断合同是否成立时，法院为避免当事人订立合同的努力全部落空，在符合当事人真实意思的前提下，可以通过合同解释的方法来弥补合同成立中的部分缺陷。这是从鼓励当事人积极从事交易，减少合同的交易成本角度考虑的。合同的生效与否是国家法律评价的结果，反映的是国家对合同的干预，是一种国家强制力的体现。因此，不能通过合同解释的方法使本属无效的合同成为有效合同。

本项规定集中体现了诚实信用原则，目的在于维护房屋租赁市场的正常交易秩序。诚实信用原则是民法的帝王条款，被奉为现在民法的“最高指导原则”。《民法通则》第四条规定，民事活动应当遵循公平、诚实信用的原则。《合同法》第六条规定：“当事人在行使权利、履行义务时，应当遵循诚实信用的原则。”公平、诚实信用原则都是市民社会生活中的道德规范，它要求人们在进行民事活动时应有良好的主观心理状态，一切民事法律关系，均应依正义衡平的理念加以调整，从而达到平衡市民社会成员间利益关系，实现市民社会安全价值的目的。台湾地区学者史尚宽从司法程序的角度分析了诚实信用原则。他认为，一切法律关系都应根据它们的具体情况按照正义衡平的原则进行调整，从而达到它们具体的社会公正。[①] 在司法实践中，诚实信用原则体现了对契约自由原则的限制，人民法院“能够据以排除当事人的意思自治，而直接调整当事人之间的权利义务关系”。[②] 因此，在制定司法解释时，我们从诚实信用原则出发，保护最先订立合同的承租人的利益，进而达到维护房屋租赁市场交易稳定，鼓励诚信的目的。

五、未得到履行的有效合同承租人可以主张解除合同并要求出租人承担赔偿责任

显然，在同时存在几份有效租赁合同的情况下，最终只能有一份合同得到履行。其他未得到履行的有效合同承租人权利如何保护，也是审判实践中必须解决的问题。根据《合同法》第九十四条第（四）项，合同目的无法实现，当事人可以解除合同。因此，在无法取得租赁房屋的情况下，本司法解释赋予承租人法定解除权。租赁合同无法继续履行并最终解除是出租人违约的结果，根据《合同法》第一百一十三条，承租人在解除合同的同时可以要求出租人承担违约责任，赔偿所受损失。

审判实务

在审判实务中对本条的把握，有以下几个方面的问题需要注意：

一、关于当事人的诉讼地位

在审判实践中，处理“一房数租”问题，必然涉及当事人的诉讼地位问题。我们认为，当涉及这类案件时，应视情况确定当事人的诉讼地位。

1. 对于多份租赁合同的承租人均起诉出租人，要求履行合同的人民法院应合并审理

多份租赁合同的承租人各自起诉出租人，要求履行合同，因为各自基于独立的租赁合同提起诉讼，所以均是独立之诉，为了审理的便利，也为了防止出现相互矛盾的判决结果，人民法院应当合并审理。

---

① 史尚宽：《民法总论》，中国政法大学出版社2000年版，第35页。

② 张素华：《诚实信用原则对契约自由原则的限制》，载《法学杂志》1999年第4期。

2. 对于一份租赁合同的承租人起诉出租人，而出租人以还与其他人签订了房屋租赁合同为由相抗辩的，人民法院可以追加其他房屋租赁合同的承租人为第三人参加诉讼

例如，已经办理登记备案手续的承租人起诉出租人要求履行合同，出租人主张已经将房屋出租给第三方，并已经将房屋交付给第三方占有使用。则人民法院应追加该第三方参加诉讼。

二、承租人与出租人恶意串通，签订房屋租赁合同并抢先交付承租人占有或办理登记备案手续的如何处理

本司法解释公布实施后，可能出现如下情况：（1）如几个租赁合同的出租人均未合法占有出租房屋，也未办理登记备案，在进入诉讼程序后，合同成立在后的一方承租人与出租人恶意串通，将房屋交付给该承租人使用，或者办理登记备案手续，此时根据《民法通则》第五十八条第（四）项，该交付使用和登记备案的民事行为无效。人民法院仍应按照“合同成立在先”标准确定租赁合同履行主体。（2）在进入诉讼前，承租人与出租人恶意串通，签订房屋租赁合同并抢先交付承租人占有或办理登记备案手续，以排除其他承租人的合同履行权。这种情况下，其他承租人可以提起诉讼，要求人民法院判决出租人通过恶意串通与一方承租人签订的房屋租赁合同无效，交付承租人占有房屋或办理登记备案手续的行为无效。这样可以切实保护公民的合法权益，遏制恶意串通等违反诚实信用原则的不法行为。

当然，根据《民事诉讼法》及《最高人民法院关于民事诉讼证据的若干规定》，要其他承租人举证证明出租人与一方承租人有恶意串通行为，实践中存在一定难度，因出租人与承租人的恶意串通行为一般十分隐蔽，取证往往十分困难。但我们审理案件的依据不能脱离举证责任当事人所举证据证明的事实，出租人与承租人的恶意是人民法院认定其恶意串通行为的必要条件。因此，在处理此类案件时，一定要以其他承租人是否有证据证明出租人与一方承租人有恶意串通行为作为我们认定案件事实的依据。

第七条 ［出租人的合同解除权］

承租人擅自变动房屋建筑主体和承重结构或者扩建，在出租人要求的合理期限内仍不予恢复原状，出租人请求解除合同并要求赔偿损失的，人民法院依照合同法第二百一十九条的规定处理。

条文主旨

本条规定了承租人未经出租人同意变动房屋建筑主体和承重结构或者扩建时，出租人的合同解除权。

背景依据

一、起草本条的背景情况

当前，规范租赁合同关系主要依照我国《合同法》第十三章租赁合同和建设部1995年4月颁发的《城市房屋租赁管理办法》。出租人的合同解除权是房屋租赁关系的重要方面，但合同法及《城市房屋租赁管理办法》对这一问题的规定过于原则，导致审判实务中对房屋租赁合同出租人合同解除权的把握不统一，迫切需要司法解释予以明确。

在审判实践中，除了《合同法》第九十四条至第九十七条关于合同解除一般原则之外，处理房屋租赁关系下的出租人解除权问题，主要依照《合同法》第二百一十九条、第二百二十四条第二款、第二百二十七条、第二百三十二条及《城市房屋租赁管理办法》第十二条之规定。

其中，《合同法》第二百二十四条第二款规定的是承租人未经出租人同意转租时出租人的解除权，但是对于出租人解除权行使方式、时间限制、承租人转租合同的效力均未作规定，为了解决这一问题，本司法解释在第十四条对此进行了规定，在此不予赘述。

《合同法》第二百三十二条规定当事人对租赁期限没有约定或者约定不明时，当事人双方有合同解除权。此种情况下，视为不定期租赁，实践中一般当事人对此均无议，发生纠纷诉到法院的情况更是少之又少，所以没有通过司法解释进一步规范的必要。

《合同法》第二百一十九条规定了出租人在承租人不依约定方法或者租赁物的性质使用租赁物，致使租赁物受到损失时的合同解除权。理解这一条有两个重点。一个重点是承租人未合理利用租赁物。“未合理利用”分为两种情况：第一种情况是承租人未按照约定方法使用租赁物，即承租人违约使用租赁物，此种情况不难判断；第二种情况是承租人未按照租赁物的性质使用租赁物，何为“租赁物的性质”实践中很难判断，在房屋租赁关系下，何为“租赁房屋的性质”同样没有统一的判断标准，住宅和经营性用房其性质是否有所不同，也不明确。另一个重点是“致使租赁物受到损失”应如何理解。显然出租人本条下的合同解除权，不但要满足承租人未按照约定的方法或者租赁物的性质使用租赁物之条件，还必须使租赁物受到损失。也就是说，即使承租人未按照约定的方法或者租赁物的性质使用租赁物，如果没有使租赁物受到损失，出租人也不能行使合同解除权。租赁物受到损失的判断标准如何认定又是司法实践中的难题，是租赁物受到任何损失，不管损失大小出租人都可以行使合同解除权，还是必须承租人的行为给租赁物造成的损失，有可能或业已使租赁物丧失其使用价值时，方可行使合同解除权。因此，对于损失的标准，有必要通过司法解释予以明确。

《合同法》第二百二十七条是关于承租人逾期不支付租金时，出租人的合同解除权。支付租金是承租人最重要的一项合同义务，或者说是合同的主要义务，租金是承租人使用收益租赁物的对价，是出租人的合同主要目的所在。根据该条规定，出租人没有正当理由，未支付租金或者延迟支付租金的，出租人可以要求承租人在合理期限内支付。此期限为宽限期，在宽限期内，承租人仍不支付的，出租人才可以解除合同。法律之所以作此规定，是为了维护租赁关系的稳定。但当涉及房屋租赁时，当事人往往对该“合理期限”产生争议，出租人认为已经给足了合理期限，因承租人仍不支付租金故合同已经解除，而承租人认为出租人所给宽限期限不是合理期限，请求法院判令合同未解除。在各地调研过程中，各级法院纷纷要求司法解释对此宽限期限予以明确，增加司法实践的可操作性。

正是基于对《合同法》第二百一十九条和二百二十七条适用上存在的问题，司法解释才确定把租赁房屋损失的认定标准和租金支付宽限期限作为研究的重点，以明确出租人行使合同解除权的标准。

二、起草过程中的相关意见和建议

在司法解释的起草过程中，关于出租人行使解除权标准的争论可谓甚嚣尘上，此条亦数易其稿，本司法解释共修改了十稿，该条在吸收各方意见的基础上，基本上每次都有所变化，当然中间也有所反复。下面结合该条文在起草过程的变化，对相关意见和建议予以介绍。

在司法解释起草之初，对出租人的单方合同解除权问题在第七条作出一个全面的规定：“承租人有下列情形之一，出租人请求解除租赁合同的，应予支持：（一）未按照合同约定的方法或房屋性质使用租赁房屋，或未经出租人同意擅自拆改房屋结构，在出租人要求的合理期限内仍不予纠正或恢复原状的；（二）未依约支付租金，经出租人催告后，在三十日内仍未支付的。”

其后在对司法解释初稿的讨论过程中，大家提出了如下意见：第一，未按照合同约定的方法或房屋性质使用租赁房屋，在出租人要求的合理期限内仍不予纠正或恢复原状的情况下，出租人若要行使合同解除权，根据《合同法》第二百一十九条还必须加上一个前提，使房屋遭受损害，如果没有致使房屋受到损失，出租人无权要求承租人纠正或恢复原状，更无权解除合同。同意“未经出租人同意擅自拆改房屋结构，在出租人要求的合理期限内仍不予纠正或恢复原状的”的写法，因为“擅自拆改房屋结构”必然给房屋造成损失，此时出租人行使解除权是可以的。第二，第七条第（二）项中“在三十日内仍未支付的”，“三十日”是否科学值得商榷。因为房屋租赁有短期、中期和长期租赁之分，从房屋用途上有住宅用房和经营性用房之分，住宅用房的租赁一般是短期或中期租赁，经营性用房大多是中长期租赁，因此，有必要对催告期从房屋用途上加以区分。另外，30天的期限是不是太短了点，为了维护租赁关系的稳定，是否期限应放宽一些。因此，在吸收以上意见的基础上，对司法解释初稿进行了修改，形成了第一次征求意见稿的第六条。该条规定：“承租人有下列情形之一，出租人请求解除租赁合同的，应予支持：（一）未按照合同约定的方法或房屋性质使用租赁房屋，或未经出租人同意擅自拆改房屋结构，致使房屋受到损失，在出租人要求的合理期限内仍不予纠正或恢复原状的；（二）住宅用房承租人累计三个月未支付租金，经出租人催告后，在十五日内仍未支付的；（三）经营用房承租人累计六个月未支付租金，经出租人催告后，在一个月内仍未支付的。上述第二项、第三项规定情形，合同另有约定的除外。”

第一次征求意见稿主要面对最高人民法院内部，对于出租人的合同解除权，各部门主要提出了如下意见：第一，征求意见稿第六条第一项其实有两种情况：一是承租人未按照合同约定的方法或房屋性质使用租赁房屋，致使房屋受到损失，在出租人要求的合理期限内仍不予纠正或恢复原状的，出租人有权解除合同。二是承租人或未经出租人同意擅自拆改房屋结构，在出租人要求的合理期限内仍不予纠正或恢复原状的，出租人可以解除合同。显然，第一种情况与《合同法》第二百一十九条的规定是基本一致的，既然与立法重复，就没有必要了，建议删去此种情形。第二，“拆改房屋结构”是否应区分不同情形，因为房屋结构有承重结构和非承重结构之分，一般说来，装饰装修过程中，是允许对非承重结构进行改变的，这种拆改也不会对房屋造成实质性损害，因此，是否根据《建设工程质量管理条例》中禁止房屋建筑使用或者在装修过程中，擅自变动房屋建筑主体和承重结构的规定，赋予出租人在承租人未经同意变动房屋建筑主体和承重结构时享有合同解除权。第三，房屋租赁情况千差万别，租金支付形式和期限也各不相同，承租人不履行义务的行为体现为到期不支付租金，因而从违约形态的角度看，属迟延履行，规定具体的宽限期限有利于司法实践具体操作，但可能对承租人不公平，此问题最好仍交由人民法院自由裁量。另外，其他国家和地区的立法，为保护承租人的利益，常就不动产的租赁，对出租人在承租人未支付租金时的合同解除权通过其他方式加以限制，如我国台湾地区“民法”第440条第2项规定：“租赁物为房屋者，迟付租金之总额，非达两期之租额，不得依前项之规定，终止契约。”德国民法亦有类似规定，但都没有从催告缴纳的具体期限上加以规定。因此，建议对于未支付租金的合同解除权不再作进一步的规定，仍援引《合同法》第二百二十七条之规定，对于宽限期在实践中由法官自由裁量。我们对这一意见进行了认真研究，觉得无论如何规定这一具体的宽限期限都不科学，适用起来都会有漏洞。因此，最后决定对未支付租金的合同解除权不再作出规定。对该条文修改后，形成了面向各级法院、专家学者和相关部门单位的正式征求意见稿第七条，即：“承租人未经出租人同意变动房屋建筑主体或承重结构，在出租人要求的合理期限内仍不予恢复原状，出租人请求解除合同的，人民法院应予支持。”

在本条征求各级法院、专家学者和相关部门单位的意见的反馈来看，对该条文本身已无争议，但不少法官和学者提出，实践中对于承租人擅自扩建房屋的情况应予以规定。擅自扩建，因未经出租人同意并办理相关建设批准手续，扩建后的建筑物属于违法建筑，亦必然造成房屋损害，此时也应赋予出租人的合同解除权。我们在认真讨论的基础上最终吸收该观点，形成了司法解释的最终稿，即“承租人未经出租人同意变动房屋建筑主体和承重结构或者扩建，在出租人要求的合理期限内仍不予恢复原状，出租人请求解除合同的，人民法院应予支持。”

三、制定本条的依据

合同的解除是合同终止的事由之一，是指在合同有效成立后，在一定的条件下通过当事人的单方行为或者双方合意终止合同效力或者溯及地消灭合同效力的行为。[①] 合同的解除通常具有下列特点：（1）合同的解除发生于合同成立之后、履行完毕之前。虽然当事人应当按照合同享受权利和承担义务，使合同的目的得到正常实现，但由于种种原因，合同得不到正常履行在所难免，应当允许当事人通过合同解除的方式提前终止合同关系，以适应形势变化的需要。（2）合同的解除必须具有

① 黄超：《试论合同解除权的行使》，载《云南法学》2004年第6期。

解除的事由，合同解除的事由既有当事人意定的事由，又有法定的事由；既有单方解除的事由，又有双方协商解除的事由。(3) 合同的解除必须通过解除行为而实现，按照当事人约定或者法律规定，当事人一方享有解除权的，可以通过其单方行使解除权而解除；需由当事人双方协商解除合同的，当事人以协议的方式解除合同；当事人对解除合同达不成协议的，也可以通过法院或者仲裁机构的裁决解除合同。(4) 合同的解除产生终止合同的效力并溯及地消灭合同。

合同的解除有协议解除、约定解除和法定解除三种形式。其中协议解除又称双方解除，由于实质上是双方当事人以一个新合同解除了旧合同，因此，双方当事人就解除旧合同达成合意时便达到了解除原合同的效果而无需采取其他方式。对此，一般情况下不会形成诉讼，除非由于一方的意思表示不真实而由其提出的撤销合同之诉，该诉在性质上属形成之诉，与合同解除无直接关系。因此，在实践中相关的纠纷案例并不多见。约定解除和法定解除均属于单方解除范畴。约定解除是指双方当事人通过约定的方式解除合同，根据约定的条件不同，又可以分为以下两种情况：第一，附解除条件的解除。《合同法》第四十五条第一款规定："当事人对合同的效力可以约定附条件。附生效条件的合同，自条件成就时生效，附解除条件的合同，自条件成就时失效"。第二，约定解除权的解除。合同法第九十三条第二款规定："当事人可以约定一方解除合同的条件。解除合同的条件成就时，解除权人可以解除合同。"法定解除，符合法律规定的解除条件而解除的合同就是法定解除。其特点是由法律直接规定解除的条件，它和约定解除最大的不同在于法定解除权成就时，当事人可以直接行使解除权，不必征得对方同意，通知对方即可。关于房屋租赁合同当事人的解除权，对当事人双方利益影响甚大，实践中争议较大，重点也在房屋租赁合同的法定解除上。因此，本司法解释重点解决出租人的法定解除权问题。

关于房屋租赁合同的法定解除，在制定该条司法解释时，我们参考了相关立法例。关于出租人的合同解除权，《德国民法典》有较为详细的规定，其在第 550 条规定，承租人违反合同约定使用租赁物，并且不顾出租人的劝阻继续如此使用的，出租人可以提起停止行为之诉。同时在第 553 条规定，承租人或者从承租人处取得租赁物的人，不顾出租人的劝阻，继续违反合同约定使用租赁物，严重损害出租人权利，尤其是放任第三人为无权让与的使用，或者因承租人怠于应尽的注意义务，致严重危害租赁物的，出租人可以不遵守预告解约通知期限终止租赁关系。显然，《德国民法典》第 553 条规定与我国合同法二百一十九条规定基本一致。另外，《德国民法典》是从物权保护的角度出发，依第 550 条赋予出租人停止侵害的请求权，较我国对出租人的保护更为充分。《法国民法典》第1729条规定，如承租人将租赁物用于租约规定目的以外的其他用途，或者给出租人造成损失，出租人得视情形，请求解除租约。此规定对出租人解除权的限制更小一些，只要承租人将租赁物用于约定以外的用途，或者给出租人造成损失，出租人可以视情况决定是否行使解除权。与我国合同法强调必须造成租赁物损失的解除标准有所不同。要在司法解释中制定出租人解除权的具体规则，必须明确当前我国法律关于法定解除权的前提条件。

对合同法定解除权产生的条件和情形，我国《合同法》第六十九条、第九十四条有明确规定。我国《合同法》第六十九条、第九十四条具体列举了合同法定解除的六种情形，这六种情形归纳起来不外乎两个方面：一个方面是因不可抗力产生法定解除权。这是《合同法》第九十四条第一款第（一）项的规定；另一个方面是因一方的违约而产生法定解除权。这六种情形是：第一，《合同法》第六十九条虽然不是直接规定合同解除的，而是规定合同履行的不安抗辩权，但行使不安抗辩权的一方不足以保护自己的利益时，守约方固守合同对守约方极不公平，因此，法律允许行使不安抗辩的一方可以采取进一步的行动，即解除合同。第二，《合同法》第九十四条第一款第（一）项规定："因不可抗力致使不能实现合同目的，当事人可以解除合同"，由于不可抗力指的是不能预见、不能避免并不能克服的客观情况，如自然灾害、政府行为和社会异常事件，因此，我国学者对不可抗力产生合同解除权几乎没有异议。第三，《合同法》第九十四条第一款第（二）（三）（四）项分别规定了违约的三种情形，即拒绝履行、迟延履行和根本违约，但违约能否就产生合同的法定解除权，学者对此有不同的认识。有学者认为只要一方违约另一方即可取得合同的法定解除权；也有学者认为只有根本违约才能产生合同的解除权，因为根本违约是一种严重影响合同一方当事人利益的行为，因此，守约方有权解除合同顺理成章。学者对此问题分歧的缘由在于学者们对我国《合同法》第九十四条第一款第（二）（三）（四）项规定的不同理解。我们不同意"因违约而产生法定解除权"的观点，因为拒绝履行、迟延履行等违约行为未必产生合同的法定解除权，《合同法》第九十四条第一款第（二）（三）项规定的拒绝履行或迟延履行都必须是拒绝履行主要债务或迟延履行主要债务，即他们的行为构成严重违约行为。因此，有学者把《合同法》第九十四条第一款第（二）（三）（四）项概括为"因违约而产生法定解除权"是不正确的。我们也不同意只有根本违约才能产生合同的解除权的观点，该观点不符合我国《合同法》第九十四条的规定。我国《合同法》第九十四条第一款只有第（四）项要求合同的一方当事人违约构成根本违约才可以主张解除合同，其他各项并没有要求违约必须达到根本违约的程度。我们认为我国合同法强调的是违约必须达到一定的程度才能解除合同，即严重违约形成合同法定解除权。正是基于此，我们将本条司法解释界定为承租人严重违约形态下出租人的合同解除权。承租人未经出租人同意变动房屋建筑主体和承重结构或者扩建，不但会给出租人物权利益造成重大损害，而且根据《合同法》第二百一十九条的规定，显然又是严重违约行为，因此，本条从物权保护和承租人严重违约的角度，依照法律规定精神赋予出租人合同解除权。

关于出租人此种情况下的解除权，《城市房屋租赁管理办法》第二十三条规定："承租人应当爱护并合理使用所承租的房屋及附属设施，不得擅自拆改、扩建或增添。确需变动的，必须征得出租人的同意，并签订书面合同。因承租人过错造成房屋损坏的，由承租人负责修复或者赔偿。"第二十四条规定："承租人有下列行为之一的，出租人有权终止合同，收回房屋，因此而造成损失的，由承租人赔偿：（一）将承租的房屋擅自转租的；（二）将承租的房屋擅自转让、转借他人或擅自调换使用的；（三）将承租的房屋擅自拆改结构或改变用途的；（四）拖欠租金累计六个月以上的；（五）公有住宅用房无正当理由闲置六个月以上的；（六）利用承租房屋进行违法活动的；（七）故意损坏承租房屋的；（八）法律、法规规定其他可收回的。"《城市房屋租赁管理办法》虽然是部门规章，但该两条规定的内容是值得借鉴和认可的，因此，我们在起草本条时将其作为重要参考。

条文理解

对本条的理解，应当把握以下几个方面：

一、适用本条时应明确的前提

本条文规定了出租人的解除权，但我们必须明确，该条款只是出租人有解除权的情形之一，该条文没有涵盖出租人法定解除权的所有情形，根据合同法、本司法解释及相关法律法规的规定，还存在出租人享有合同解除权的其他情形。在下文的【审判实务】一节，将对出租人有合同解除权的情形一一列举。

二、关于"房屋建筑主体和承重结构"的理解

房屋建筑主体和承重结构是指在建筑中，由若干构件连接而成的能承受作用的

平面或空间体系。[①] 主体和承重结构要具备足够的强度、刚度、稳定性，用以承重建筑物上的各种荷载，建筑物主体和承重结构可以由一种或者多种材料构成。建筑物主体和承重结构是建筑物工程重要部分，因此保证建筑物的主体结构工程质量是非常重要的，在建筑物合理使用寿命内，必须确保主体结构的质量，不得擅自变动房屋建筑主体和承重结构，否则可能对人身和财产安全构成威胁。因此，《建设工程质量管理条例》第十五条第二款规定："房屋建筑使用者在装修过程中，不得擅自变动房屋建筑主体和承重结构。"该款是专门对房屋使用者在装修过程中行为禁止性规定。房屋建筑使用者，这里当然也包括房屋承租人，在进行装修过程中，承租人不得擅自变动房屋建筑主体和承重结构，如拆除隔墙，窗洞改门洞等，都是不允许的，至于哪些部位是承重结构，以及装修中应注意的其他事项，在房地产开发企业提供给用户的《住宅使用说明书》中作了说明。当然，承租人租赁房屋后，为满足使用功能和美观的需要，对房屋进行必要的装修作业是可以的。但该装修仅限于一般的装修工程，只是对小型、轻型材料、构件和非承重结构进行拆除和安装，不得涉及建筑主体和承重结构的变动。为了制裁房屋使用者擅自变动房屋建筑主体和承重结构的行为，《建设工程质量管理条例》第六十九条规定："房屋建筑使用者在装修过程中擅自变动房屋建筑主体和承重结构的，责令改正，处5万元以上10万元以下的罚款。"

另一方面，承租人擅自变动房屋建筑主体和承重结构，必然对房屋造成严重损害，同时也严重损害房屋价值，侵害出租人重大物权利益。

本司法解释正是从以上两个角度考虑，赋予出租人擅自变更主体和承重结构时出租人有合同解除权。

三、关于对"扩建"的理解

所谓扩建，是指在原有基础上加以扩充的建设项目；包括扩大原有产品生产能力、增加新的产品生产能力以及为取得新的效益和使用功能而新建主要生产场所或工程的建设活动；对于建筑工程，扩建主要是指在原有基础上加高加层（需重新建造基础的工程属于新建项目）。在城市规划区内扩建建筑物，必须首先向房产管理部门提出申请，在获得扩建批准文件后，再持有关批准文件向城市规划行政主管部门提出申请，由城市规划行政主管部门根据城市规划设计要求，核发工程规划许可

---

① 最高人民法院民事审判第一庭编：《最高人民法院建设工程施工合同司法解释的理解与适用》，人民法院出版社2004年版，第133页。

证。建设单位和个人只有在取得建设工程和其他有关批准文件后，方可申请办理开工手续。因此，未经出租人同意并办理相关建设批准手续的扩建，扩建后的必然是违章建筑,[①] 亦必然给出租人的房屋造成损害。《合同法》第二百一十九条规定："承租人未按照约定的方法或者租赁物的性质使用租赁物，致使租赁物受到损失的，出租人可以解除合同并要求赔偿损失。"上述法律从保护出租人重大物权利益角度，赋予出租人在房屋价值、受到损害情况下享有合同解除权。本条规定承租人擅自扩建的情形亦属于严重损害房屋价值，侵害出租人重大物权利益情形，依照法律规定精神可赋予出租人合同解除权。

四、关于对"合理期限内仍不予恢复原状"的理解

出租人作为房屋所有权人，当房屋因承租人擅自改变主体和承重结构或扩建受到损害时，根据《物权法》，出租人有权要求承租人恢复原状。我们应当注意到，承租人对租赁房屋造成损害，出租人基于物权保护原则随时有权要求承租人恢复原状，不受合理期限的限制。但是当出租人行使解除权时，必须首先在"合理期限"内要求出租人恢复原状，出租人在此合同期限内不予恢复的，出租人方可行使解除权。

审判实务

房屋租赁市场中，承租人普遍对租赁房屋进行装修，擅自变动房屋建筑主体和承重结构或者扩建的情况增多，导致此类纠纷数量增加。在审判实务中对本条的把握，有以下几个方面的问题需要注意：

一、关于出租人法定解除权的类型化

正如上文我们提到的一样，本条只是出租人有权解除租赁合同的情形之一，根据法律、法规及相关司法解释的规定，还有其他出租人享有合同解除权的情形。为了在审判实践中的具体运用，我们通过归纳，将出租人拥有法定解除权的情形予以类型化，供大家参考：

1. 因不可抗力而解除

《合同法》第九十四条第（一）项因不可抗力致使不能实现合同目的，当事人

---

① 关于违章建筑的认定标准参见本解释第二条的理解与适用。

可以解除合同；《城市房屋租赁管理办法》第十二条第（二）项规定，因不可抗力致使合同不能继续履行的，当事人可以解除合同。因此，出租人可以以不可抗力为由解除合同。

2. 承租人擅自变动房屋建筑主体和承重结构或者扩建而解除

这是本条的规定，在此不予赘述。

3. 承租人未经出租人同意转租而解除

依据是《合同法》第二百二十四条和本司法解释第十四条之规定，具体请参考本司法解释第十四条的理解与适用。

4. 承租人未付或迟付租金而解除

根据《合同法》第二百二十七条，承租人无正当理由未支付租金或迟延支付租金的，出租人可以要求承租人在合同期限内支付。承租人逾期支付的，出租人可以解除合同。

5. 承租人未按照租赁房屋的性质使用租赁房屋，并造成房屋损失而解除

根据《合同法》第二百一十九条，承租人未按照约定的方法或者租赁物的性质使用租赁物，致使租赁物受到损失的，出租人可以解除合同并要求赔偿损失。上文提到的第二种情形，即本司法解释第七条也属于该种类型，但是承租人未按照租赁房屋的性质使用租赁房屋，并造成房屋损失，不只有承租人擅自变更主体和承重结构或者扩建一种情况，还包括其他情形。如承租人利用租赁房屋进行非法活动，危害公共利益，也属于未按照租赁物的性质使用租赁房屋的情况；根据《最高人民法院关于审理建筑物区分所有权纠纷案件具体应用法律若干问题的解释》第十条，承租人未经出租人和其他有利害关系的业主同意，不得擅自将租赁的住宅变为经营性用房。此种情形下，出租人也可以依据《合同法》第二百一十九条解除租赁合同。

6. 对于不定期租赁出租人随时可以解除

根据《合同法》第二百三十二条之规定："当事人对租赁期限没有约定或者约定不明确，依照本法第六十一条规定仍不能确定的，视为不定期租赁。当事人可以随时解除合同，但出租人解除合同应当在合理期限之前通知承租人。"此处的"随时"，依照史尚宽先生的观点，并非毫无限制，仍应遵循诚实信用原则，自起租时经过相当期间，方可终止。[1] 实践中，"合理期限"应当根据具体情况确定。

---

① 史尚宽：《债法各论》，中国政法大学出版社2000年版，第233页。

二、出租人解除权的行使方式

实践中出租人行使解除权的方式有两种：

一种是出租人直接通知承租人解除合同。解除权是形成权，在此种情形下，通知到达出租人即产生合同解除的法律效果。如果出租人有异议，可以向法院提起诉讼，请求确认合同解除无效。该诉讼性质上属确认之诉，法院审理此类诉讼应围绕解除权人是否享有单方解除权，及行使的程序是否适当，如通过审理查明“解除权人”享有解除权并依法定程序正确行使单方解除权，则可判决解除权人行使解除权适当、合同已解除，否则应判决合同未被依法解除仍由双方当事人继续履行。在这里有一点一定要注意，如果法院通过判决确认了解除合同有效，合同解除的时间仍是出租人的通知到达承租人的时间，而不是法院判决的时间。

另一种是出租人向法院提起诉讼，请求解除与承租人之间的租赁合同。此时法院属于判决解除合同。法院判决解除与法院判决确认解除合同的法理基础不同，前者由法院直接解除有效的合同，这是法院行使裁判权的表现，除非法律明确的限制，在民事诉讼中法院有权依当事人的请求作变更，而后者是法院对已经解除的合同判断是否有效的确认。在实践中，有解除权的当事人通知对方解除合同后，对是否通知了对方，要从证据角度予以证明存在着一定障碍，往往需要对方的配合才能保全通知的证据；并且通知对方后，对方一般均会提出异议，使合同解除的效力待定；而且合同解除后的责任确定需要得到对方的认可与履行。基于上述原因，除非在解除方占有上述相关方面优势的情况下，一般来说，解除方都要通过诉讼方式来最终达到解除合同的目的。但是，法院行使国家裁判权，判决解除合同的前提是当事人的变更之诉（即解除合同之诉），而非确认之诉。

三、出租人通知承租人解除合同的具体情形

根据本条的规定，承租人未经出租人同意变动房屋建筑主体和承重结构或者扩建时，出租人无权直接通知承租人解除合同，只能要求承租人在合理期限内恢复原状，承租人在该合理期限内仍不予恢复原状的，出租人才可以行使解除权。实践中又有两种具体表现形式：第一种是，承租人未经出租人同意变动房屋建筑主体和承重结构或者扩建，出租人告知承租人必须在一定期限内恢复原状，承租人在此合理期限内不予恢复的，出租人通知承租人解除合同；第二种是，出租人向承租人发出通知，要求其在一定期限内恢复原状，并在通知中载明，如果不在此期限内恢复原

状，超过此期限，合同自动解除。对于第一种情形，认可其通知解除效力应该没有问题。对于第二种情形，可能会存有争议。有的观点可能认为，过了合理期限，出租人必须再行通知才能解除合同，而不能在给予修复期限时一并提出。我们认为，对出租人不能过于苛刻，只要出租人给予了承租人恢复原状的合理期限就可以了，出租人有权选择到期后再通知合同解除，也有权选择在要求承租人恢复原状时，一并将不予恢复而解除的意思表示传达给出租人，只要出租人知悉该意思表示，如仍不按期恢复原状，则自期满之日合同应自然解除。因此，我们认为，这两种具体形式都是可以的。

第八条 ［承租人的合同解除权］

因下列情形之一，导致租赁房屋无法使用，承租人请求解除合同的，人民法院应予支持：

（一）租赁房屋被司法机关或者行政机关依法查封的；

（二）租赁房屋权属有争议的；

（三）租赁房屋具有违反法律、行政法规关于房屋使用条件强制性规定情况的。

条文主旨

本条规定了承租人享有合同解除权的三种具体情形。

背景依据

一、起草本条的背景情况

依照《合同法》第九十四条的规定，当事人享有法定解除权的主要判断标准是合同目的无法实现。对于承租人来说，其合同目的是能够依照租赁合同的有效约定或依房屋的性质正常使用租赁房屋，承租人租赁合同目的的实现有赖于出租人主要义务的履行。但是承租人不能实现合同目的的具体判断标准是什么，相对应的出租人未履行主要义务的标准又是什么，根据仅有的法律规定可能无从判断，或者说没有统一的判断标准。目前我国《合同法》第二百一十六条规定了出租人的主要义务，即出租人应当按照约定将租赁物交付承租人，并在租赁期间保持租赁物符合约定的用途。这一条文规定了出租人主要义务的两个方面：第一，出租人必须将租赁物按约定交付给承租人；第二，其有义务在租赁期间保持租赁物符合约定的用途，而且该第二项义务贯穿整个租赁期间。那么出租人不履行该项主要义务的主要表现形式是什么，达到何种程度承租人有权解除租赁合同。我国合同法只规定了一种具体情形，即《合同法》第二百三十一条后半部分："因租赁物或者部分或者全部毁损、灭失，致使合同目的不能实现的，承租人可以解除合同。"是否还有其他情形，承租人可以解除合同，当然有，如出租人拒不交付房屋、房屋被查封或者权属有争议，这些情形都有可能导致承租人无法使用房屋，不能实现合同目的而主张解除合同。在审判实践中，审判人员遇到以上列举的几种情况时，只能适用《合同法》第九十四条，以承租人不能正常使用租赁房屋合同目的不能实现，确认承租人的合同解除权。但是也出现了以法律法规没有明确的规定为由，否认承租人合同解除权的情况。这是由于合同法及《城市房屋租赁管理办法》对这些问题的规定过于原则，导致审判实务中遇到上述情况时对房屋租赁合同承租人合同解除权标准的把握不统一，因此，迫切需要司法解释予以明确。我们遵循法律规定本意，列举了几种导致合同目的无法实现的具体情形，在这些情形下，承租人享有合同解除权。

二、起草过程中的相关意见和建议

在司法解释的起草过程中，关于承租人的合同解除权应如何规定，争论很大，几乎每次讨论或征求意见后都会有所变化。下面结合该条文在起草过程的变化，对相关意见和建议予以介绍。

在司法解释初稿中，对承租人的合同解除权作了如下表述："承租人在下列情形下请求解除租赁合同的，应予支持：（一）出租房屋属于违法建筑的；（二）出租房屋被司法机关和行政机关依法裁定、决定查封或者以其他形式限制房地产权利的；（三）出租房屋权属有争议的；（四）出租人未按照合同约定交付出租房屋，经承租人催告后，在一个月内仍未交付的；（五）出租人交付的房屋不符合约定的使用条件，无法按约定用途使用的。"

初稿的规定比较全面，意在全面解决承租人的合同解除权问题。但在其后对司法解释初稿的讨论过程中，不少同志对该条提出不同甚至反对意见。主要集中在以下两个方面：第一，根据《合同法》第九十四条关于合同解除的规定第（三）项："当事人一方迟延履行主要债务，经催告后在合理期限内仍未履行；"第（四）项："当事人一方迟延履行主要债务或者有其他违约行为致使不能实现合同目的"及《合同法》第二百一十五条前半部分："出租人应当按照约定将租赁物交付承租人"，承租人有权在经催告后解除租赁合同。但是催告限定为一个月，则非常不妥。

比如，当事人签订了一个为期两个月的房屋租赁合同，约定合同签订次日，出租人应将房屋交付给该承租人使用。因为该房屋处于凉爽的海边，承租人订立该合同的目的在于在此两个月期间利用该租赁房屋避暑度假。如果出租人不依约按时交付房屋时，还要求承租人给出租人一个月的履行期限，一个月后出租人不交付房屋再行使解除权，一个月后夏天都快过完了，这显然极不合理。房屋租赁合同期限有长有短，应根据租赁合同的性质及期限长短确定承租人催告的合理期限，在此合理期限内出租人不按期交付房屋的，承租人有权解除合同。因此，对于出租人不按期交付房屋的情况，应规定承租人可以催告出租人在合理期限内履行交付义务，承租人在此合同期限内不交付房屋的，出租人有权解除合同。当然，作此规定，也意味着该规定与《合同法》第九十四条第（三）（四）项本质上没有区别，实践中完全可以援引该两项确定出租人的解除权，因此，有没有必要规定该种情况下承租人的解除权，值得商榷。第二个，除了出租人不交付房屋之外，出租人交付的房屋不符合约定的使用条件，无法按约定用途使用的；或者情况发生变化已经无法正常使用房屋，都是承租人合同目的无法实现的根本表现。不管基于何种原因，承租人无法按照约定或正常使用租赁房屋，其都应有权解除合同。该项应是承租人解除合同的前提条件，而司法解释初稿却将其规定为解除权产生的情形之一，显然逻辑上存在错误，建议予以修改。

根据大家的意见和建议，我们对司法解释初稿进行了修改，并形成了第一次征求意见稿。修改后表述为："有下列情形之一，承租人请求解除租赁合同的，应予支持：（一）出租房屋属于违法建筑的；（二）出租房屋被司法机关或行政机关依法裁定、决定查封，致使承租人无法使用的；（三）出租房屋权属有争议，承租人依法不能使用的；（四）未按照合同约定期限交付房屋，承租人催告后，经营用房在两个月内仍未交付的；居住用房在十五日内仍未交付的。"

第一次征求意见主要面对最高人民法院内部各相关职能部门。综合各部门的意见，主要体现在以下两个方面：第一，根据《城市规划法》和《房地产管理法》违法建筑不得居住使用或使用，因违法建筑是出租人出租未取得建设工程规划许可证或者违反建设工程规划许可证许可情况下建造的，有可能对生命财产造成损害，还有可能危及公共利益，连居住使用都不行，更何况出租。而且《城市房屋租赁管理办法》第六条也明确禁止违法建筑物出租。出租违法建筑的合同应认定为无效，双方当事人都有权提起无效之诉，人民法院也可以依职权宣布该出租合同无效。第二，该条第（四）项对承租人催告解除的期限根据房屋的性质进行了区分，居住用房是十五天，经营性用房三个月。作此规定仍有不合理之处，居住用房的合同租赁期限不一定短，经营性用房的租赁期限也不一定长，怎能分为两类一刀切呢，建议此项不要再规定了，对合理期限，在审判实践中由法官自由裁量更好一些。

对于反馈意见，我们进行了认真研究，最后决定不再规定出租人不交付房屋，承租人催告解除一项，仍由《合同法》第九十四条和第二百一十五条规范。同时，将违法建筑和违法临时建筑之租赁合同认定为无效合同，另列条文加以规范。这样便形成了二次征求意见稿，表述为："具有下列情形之一，导致承租房屋无法使用，承租人请求解除租赁合同的，人民法院应予支持：（一）被司法机关或行政机关依法裁定、决定查封的；（二）权属有争议的。"我们将此稿作为正式征求意见稿，征求了人大法工委、国务院法制办、建设部、地方各级法院以及专家和学者意见。

从此次正式征求意见的反馈情况来看，对于该条本身已无大的争议。但不少法院和专家学者提出，不符合《建筑法》《消防法》等法律关于房屋使用条件的强制性规定的房屋也是禁止出租的，此类房屋出租的情形也应予以规定。但对于不符合《建筑法》《消防法》等法律关于房屋使用条件的强制性规定的房屋出租的，该租赁合同究竟是无效合同还是可解除合同，有不同意见。第一种意见认为，《建筑法》和《消防法》等法律禁止不符合使用条件的房屋交付使用，以该类房屋为标的物的租赁合同应当认定无效；第二种意见认为，此类房屋权属清晰，法律并未禁止房屋建设者取得房屋所有权。从所有权的权能看，房屋所有人可出租此类房屋。违反法律的强制性规定，影响房屋的交付使用，但不影响房屋所有者签订的租赁合同的效力。在此情形下，依照《合同法》第九十四条的规定，赋予承租人合同解除权，以保护承租人利益。

我们经研究，认为对此类情况予以规范很有必要，最终采纳了第二种意见，形成了最终的解释稿。即："具有下列情形之一，导致租赁房屋无法使用，承租人请求解除合同的，应予支持：（一）司法机关或者行政机关依法查封的；（二）权属有争议的；（三）不符合《中华人民共和国建筑法》《中华人民共和国消防法》等法律关于房屋使用条件的强制性规定的。"

三、制定本条的依据

（一）参考立法例

租赁合同是各国民法的重要规定之一，承租人的合同解除权在大陆法系国家均有明确规定，因此，承租人的合同解除权在参考立法例上确有参照可资。其大体上可分为两类：

1. 没有直接规定承租人的合同解除权，只是规定了出租人的主要义务，当出租人违反该主要义务时，出租人享有当然的解除权

《德国民法典》第535条第1项规定："出租人必须将租赁物以适合于合同的使用状态交给承租人，并使租赁物在使用租赁期间保持这一状态。出租人必须承当存在于租赁物上的负担。"《最新阿根廷民法典》第1514条规定："出租人应连同合同成立之时附属的一切从物而向承租人移交租赁物，租赁物须处于完好的修缮状态，以符合约定用途，但当事人约定按所处于的状态移交者除外。对于租赁物已毁损的建筑物，如果未要求修缮即行占有，则推定有此项约定存在。"第1515条规定："出租人移交租赁物后，有义务在整个租赁期间维持其良好状态，并保证承租人的和平享用，出租人为此应实施一切租赁目的所必需的行为，并不对承租人的享有加以阻止、限制或妨碍。"美国《最新路易斯安那民法典》第2682条规定："出租人应：（1）向承租人交付出租物；（2）维护租赁物使其状态符合出租目的；（3）在租赁期间内保护承租人的和平占有。"第2719条规定："如租赁合同的一方未履行其在租赁合同中或本编所规定的义务，则另一方可根据'约定之债或合同'编的规定取得解除权。"

2. 直接规定了承租人的合同解除权

比如，《意大利民法典》第1578条规定："如果租赁物在交付时有瑕疵致使使用功能明显降低时，承租人得请求解除契约或降低租金，但是该瑕疵承租人知道或应当知道的除外。"《俄罗斯民法典》就住房租赁作出专门规定，其中就承租人的合同解除权在第687条有明确规定："住房不再适宜居住，以及处于事故状态；或者住房法规定的其他情况，住房租赁合同可以根据合同任何一方当事人的请求以诉讼程序而解除。"

（二）相关法理

关于合同的法定解除权，当前不论大陆法系国家还是英美法系国家均将根本违约或者严重违约作为法定解除的判断标准。根本违约或严重违约主要从两个方面加以判断：

1. 违约后果的严重性

不管大陆法系、英美法系，都一致要求构成根本违约的违约行为，其违约后果必须达到一定的严重程度。关于根本违约的构成要件，英国合同法经历了一个从违反的合同条款的性质（是条件还是担保）为依据，到以违约行为的客观后果为依据来确认是否构成根本违约的历史进程。英美法院的司法实践表明，构成根本违约所需要的违约后果的严重程度，就是违约已实质上剥夺无辜方当事人意图从合同获得

的利益，或者说，违约已经涉及合同的实质。在大陆法系，各国关于构成根本违约所需的违约后果的严重程度的规定，相对比较零乱。在法国，只有违约足够严重，受害人才有权要求解除合同。一般认为，如果债务人未履行其基本义务，即可认为违约性质严重。在德国，如果违约人的违约行为使得受害方已无法获得订立合同所期待得到的利益，受害方即有权解除合同。在意大利，当事人一方以对方违约为由要求解除合同，同样必须符合违约具有严重性这一前提。虽然法、德、意等国的上述规定在表述上存在一定的差异，但事实上，这种差异更多的是形式上的差异，而不是实质上的差异，各国的规定之间并不存在根本性的差别。即使与英美等国的规定相比，也是如此，特别是德国法的规定，更是与英美法极为相似。

2. 违约后果的可预见性

在英美合同法中，违约责任的承担采取严格责任原则，违约即有责任，并不问其是否有过错。合同当事人能否预见其违约将给对方造成损害本身并不是构成违约的必要条件，而只是确定损害赔偿范围的一个标准。在大陆法系的国家，违约后果的可预见性通常是一般违约的构成要件，而不仅仅是根本违约的构成要件。如《德国民法典》第276条虽规定债务人必须对故意的和过失的不当行为负责，即对任何形式的过错负责，但是对于纯属意外事件违反履行义务，债务人不承担责任。也就是说，债务人承担责任的条件是，违反履行义务必须是由债务人的行为引起的，而其行为必须具有过失性。在意大利，根据《意大利民法典》的规定，如果债务人不能证明债的不履行或者迟延履行是因不可归责于他的给付不能所导致，则未正确履行应当给付义务的债务人要承担损害赔偿责任；如果不履行或者迟延履行并不取决于债务人的欺诈，则赔偿将限定于债发生时可预见的损失。

总的来说，根本违约将合同后果与合同目的实现结合起来，以此作为确定违约严重性的依据，从而为确定解除合同的要件，限定法定解除权的行使奠定了基础，意义重大。

（三）法律依据

本条解释的主要法律依据是合同法及有关法律、法规规定。《合同法》第九十四条规定：“有下列情形之一的，当事人可以解除合同：（一）因不可抗力致使不能实现合同目的；（二）在履行期限届满之前，当事人一方明确表示或者以自己的行为表明不履行主要债务；（三）当事人一方迟延履行主要债务，经催告后在合理期限内仍未履行；（四）当事人一方迟延履行债务或者有其他违约行为致使不能实现合同目的；（五）法律规定的其他情形。”《合同法》第二百一十六条规定：“出租人应当按照约定将租赁物交付承租人，并在租赁期间保持租赁物符合约定的用途。"《建筑法》第六十一条第二款规定："建筑工程竣工经验收合格后，方可交付使用；未经验收或者验收不合格的不得交付使用"。《消防法》第十三条第二款规定："依法应当进行消防验收的建设工程，未经消防验收或者消防验收不合格的，禁止投入使用；其他建设工程经依法抽查不合格的，应当停止使用。"第十五条规定："公众聚集场所在投入使用、营业前，建设单位或者使用单位应当向场所所在地的县级以上地方人民政府公安机关消防机构申请消防安全检查。公安机关消防机构应当自受理申请之日起十个工作日内，根据消防技术标准和管理规定，对该场所进行消防安全检查。未经消防安全检查或者经检查不符合消防安全要求的，不得投入使用、营业。"

另外，《城市房屋租赁管理办法》第六条规定："有下列情形之一的房屋不得出租：（一）未依法取得房屋所有权证的；（二）司法机关和行政机关依法裁定、决定查封或者以其他形式限制房地产权利的；（三）共有房屋未取得共有人同意的；（四）权属有争议的；（五）属于违法建筑的；（六）不符合安全标准的；（七）已抵押，未经抵押权人同意的；（八）不符合公安、环保、卫生等主管部门有关规定的；（九）有关法律、法规规定禁止出租的其他情形。"同时第十二条还规定："有下列情形之一的，房屋租赁当事人可以变更或者解除租赁合同：（一）符合法律规定或者合同约定可以变更或解除合同条款的；（二）因不可抗力致使合同不能继续履行的；（三）当事人协商一致的。"《城市房屋租赁管理办法》虽是部门规章，但以上条文部分内容与立法精神和法理是完全一致的，因此，我们起草本条时将其作为重要参考。

条文理解

对本条的理解，应当重点把握以下两个方面：

一、本条项下承租人行使合同解除权的必要前提

在出现租赁房屋被司法机关或者行政机关依法查封、权属有争议，或者不符合《建筑法》《消防法》等法律关于房屋使用条件的强制性规定任何一种情形时，承租人的合同解除权不是任意的，还必须有一个必要前提，即该情形的出现导致"租赁房屋无法使用的"。根据《合同法》第二百一十九条，"无法使用"指无法按照租赁房屋的约定用途使用，或者无法按照租赁房屋的性质使用。比如，虽然房屋权属现在有争议，针对该房屋的诉讼仍在进行，但还未影响到承租人对房屋的正常使用，承租人不得以此主张解除合同。又如，有的租赁房屋被司法机关或者行政机关

依法查封，但该查封只是禁止该租赁房屋转让，并不禁止对该房屋的正常利用，因此，在暂时不影响承租人正常使用的情况下，承租人也无权主张解除合同。

二、如何理解“司法机关或者行政机关依法查封”

查封是指行政机关或司法机关强制封存当事人的财产，限制其处分的一种执行措施。[①] 以司法机关的查封为例，在我国民事执行实务中有俗称的“活查封”和“死查封”之分。“死查封”是指被执行人在财产被查封后不仅其处分权受到限制，而且丧失了使用、管理权，只有妥善保管的义务。而“活查封”则相反，被执行人在财产被查封后，仍享有对该财产的使用、管理和收益权。我们在这里讨论的查封对象是房屋，那么对于何种情况下，被执行人才能继续对房屋享有使用、收益权呢？这完全依靠执行法官的自由决断，并无统一规定。我国台湾地区的“强制执行法”为此规定：“已查封之不动产，执行法院允许债务人于必要范围内管理或使用。”对于动产虽未设特别规定，但根据该地“司法院”第1299号解释，认定在不违背查封之目的的范围内，可以管理使用。另一个值得争论的问题是房屋的使用管理权是否包括出租之权利？我们认为，对于查封时未出租的房屋，若行使出租权通常会影响被查封房屋的拍卖及成交，为了保证执行的效果，被执行人一般不得擅自行使或出租。但是对于查封前已经出租的房屋，“活查封”情况下，承租人的租赁权不受影响，有权继续使用，因为根据“买卖不破租赁”原则，即使被查封的房屋被拍卖，仍不影响承租人的租赁权。

在涉及行政机关的查封问题时，一定要注意区分“先行登记保存”“查封”和“扣押”三种情况。目前，在行政执法实践中，常发现有执法文书混淆使用“先行登记保存”“查封”和“扣押”的现象，混淆了先行登记保存和查封、扣押的概念和使用，认为就地保存就是查封，异地保存就是扣押；有的将查封与扣押完全等同一并使用。实际上，三者是有区别的。“先行登记保存”是行政机关收集证据的一种方式，是指行政机关执法人员在执行公务进行监督检查时，在证据可能灭失或以后难以取得的情况下，对相关物品和其他相关资料予以清点并登记造册的一种证据保全措施，可以原地保存，也可以异地保存。“查封”是针对有证据证明可能危害人体健康的物品采取的强制措施，或是指行政机关对行政相对人的财产贴上封条就地封存，查封期间限制财产权的使用，被查封人不得处分其财产。“扣押”是行政机关将行政相对人的有关财产置于自己的控制之下，限制行政相对人对其财产的继

---

① 徐燕华：《民事执行中查封之效力》，载《上海政法干部管理学院学报》2001年第3期。

续占有和处分的一种强制措施。①

审判实务

在审判实务中对本条的把握，有以下几个方面的问题需要注意：

一、关于承租人法定解除权的类型化

正如我们在本司法解释第七条的理解与适用中提到了出租人的法定解除权之类型化一样，承租人法定解除权也不仅有本条所列的三种情形，还有其他情形的存在，为了方便审判实践之应用，我们也对承租人法定解除权的类型予以归纳整理：

1. 因不可抗力而解除

《合同法》第九十四条第（一）项规定：因不可抗力致使不能实现合同目的，当事人可以解除合同；《城市房屋租赁管理办法》第十二条第（二）项规定：因不可抗力致使合同不能继续履行的，当事人可以解除合同。因此，承租人可以以不可抗力为由解除合同。

2. 出租人拒不交付租赁房屋而解除

根据《合同法》第二百一十六条的规定，出租人应当按照约定将租赁物交付承租人。如果出租人不按照约定交付房屋，经承租人催告在合理期限内仍拒不交付房屋的，承租人可以依据《合同法》第九十四条第（三）项之规定行使合同解除权。

3. 因租赁房屋部分或全部毁损、灭失而解除

根据《合同法》二百三十一条之规定，因不可归责于承租人的事由致使租赁物部分或全部毁损、灭失的，承租人可以要求减少租金或者不支付租金；因租赁物部分或全部毁损、灭失，致使合同目的不能实现的，承租人可以解除合同。该条规定是租赁物发生意外风险时的处理，当意外风险导致合同目的不能实现时，承租人拥有当然的解除权。

4. 对于不定期租赁承租人随时可以解除合同

根据《合同法》第二百三十二条之规定，当事人对租赁期限没有约定或者约定不明确，依照本法第六十一条规定仍不能确定的，视为不定期租赁。当事人可以随时解除合同，但出租人解除合同应当在合理期限之前通知承租人。这里需注意，对于不定期租赁承租人和出租人都有随时解除权，但承租人和出租人随时解除权是有区别的，承租人向出租人发出合同解除通知，合同解除随即生效，出租人解除合同

① 李文霄：《在运用先行登记保存与查封、扣押时须注意的问题》，载《综合来源》2007 年第 8 期。

时必须在合理期限前通知承租人，经过该合理期限合同才能解除。

5. 租赁房屋危及承租人安全或健康时的随时解除权

《合同法》第二百三十三条规定：租赁物危及承租人安全或健康的，即使承租人订立合同时明知该租赁物质量不合格，承租人仍然可以随时解除合同。法律之所以作此规定，是从保障人的生命安全这一最高利益出发，不问承租人有无过错，只要存在租赁物危及人身安全的情况，便赋予其合同解除权。这也是各国的通例。[①]

6. 司法机关或者行政机关依法查封租赁房屋导致承租人不能使用而解除

本司法解释第八条规定的第一种情形。

7. 权属有争议导致承租人不能使用而解除

本司法解释第八条规定的第二种情形。

8. 不符合《建筑法》《消防法》等法律关于房屋使用条件的强制性规定并导致承租人不能使用而解除

本司法解释第八条规定的第三种情形。

9. 一房数租之有效合同不能实际履行而解除

根据本司法解释第七条最后一款，虽然房屋租赁合同有效，但不能取得租赁房屋的承租人请求解除合同、赔偿损失的，依照合同法的有关规定处理。上文已有说明，在此不予赘述。

二、出租人依据本条请求解除房屋租赁合同的处理

在司法解释的起草过程中，也有极少数意见提出，本条规定的三种情形，应属于出租人和承租人均可以请求解除租赁合同的情形。我们也充分考虑了这一意见。但实践中，出现了本条的三种情形时，如果承租人不要求解除合同，继续向出租人交付租金，鲜有出租人要求解除合同的情况。我们制定本条的重点在于保护承租人此三种情况下的解除权，因此，没有表述为当事人有合同解除权。但实践中也不能绝对排除此三种情形下，出租人因某种原因要求解除合同。比如，不符合《建筑法》《消防法》等法律关于房屋使用条件的强制性规定的房屋投入使用是要被行政处罚的，不排除出租人为了免受处罚而要求解除合同的情况，此种出租人通过解除合同自我纠正的情形，法院还是认可其解除权为妥。因此，根据，司法解释的精神，如果出租人依据本条请求解除房屋租赁合同的，人民法院根据具体情况是可以

① 《意大利民法典》第1580条规定，如果租赁物或者租赁物的主要部分之瑕疵使承租人或其家庭或其雇员面临着严重危险，则尽管此瑕疵已被告知，尽管已约定免责，但承租人依然得解除契约。《德国民法典》第544条也规定了承租人可以因有害于健康而不遵守期限通知解约。

支持的。

三、导致租赁房屋被查封损害赔偿责任的承担

实践中，租赁房屋被行政机关或司法机关查封，可能由于出租人的原因，也可能是由于承租人的原因。如果由于出租人的原因，承租人在要求解除的合同的同时可以要求出租人赔偿损失；如果是由于承租人的原因被查封，出租人因此而遭受损失的，出租人除了可以提起反诉要求承租人赔偿损失以外，也可以另行提起诉讼要求承租人赔偿损失。因此，不同当事人的原因导致房屋被查封，实际处理结果是不一样，实践中应尤其重视。

四、应注意权属有争议时租赁合同效力的认定

实践中，承租人因权属有争议而请求解除合同时，如何认定租赁合同的效力，是实践中必须注意的问题。当租赁房屋权属有争议时，意味着出租人有可能不是房屋的真正所有权人，如果出租人最后被确认为房屋的所有权人，则房屋租赁合同有效，如果出租人最后被确认不是房屋的所有权人，则因其无权处分该房屋，导致房屋租赁合同无效。因此，在房屋确权之前，该租赁合同应是效力待定合同。

在租赁合同效力待定的情况下，对承租人要求解除合同案件的处理会出现以下两种情况：

1. 虽然租赁合同效力待定，但因权属有争议已经导致承租人无法使用房屋，不能实现合同目的，因此，法院不用等待租赁房屋的权属确定，即可径行判决解除合同或确认合同解除。

2. 虽然权属有争议，但并未影响到承租人对房屋的使用，法院不应确认承租人的解除权，但此时也不宜直接作出判决，而应等待房屋确权的结果。如果出租人被确认为房屋的所有权人，法院则应判决合同不予解除；如果出租人没有被确认为房屋的所有权人，则法院应认定该房屋租赁合同无效。

第九条 ［合同无效时经同意的装饰装修物的处理］

承租人经出租人同意装饰装修，租赁合同无效时，未形成附合的装饰装修物，出租人同意利用的，可折价归出租人所有；不同意利用的，可由承租人拆除。因拆除造成房屋毁损的，承租人应当恢复原状。

已形成附合的装饰装修物，出租人同意利用的，可折价归出租人所有；不同意利用的，由双方各自按照导致合同无效的过错分担现值损失。

条文主旨

本条是关于租赁合同无效时，经出租人同意的装饰装修物处理的规定。

背景依据

（一）制定本条的背景情况

在司法实践中，由于缺乏法律的明确规定，各地法院对如何处理无效房屋租赁合同涉及的装饰装修物纠纷，标准不同，差别较大。有的法院对于无效房屋租赁合同的装饰装修物纠纷处理比照有效的房屋租赁合同处理：当事人对装饰装修物的归属及补偿等问题有约定的，按约定处理；没有约定的，如果该装饰装修物能够拆除的，由承租人拆除；装饰装修物不能拆除的，可以直接裁判装饰装修物折价归出租人所有。有的法院对无效房屋租赁合同装饰装修物处理以承租人是否取得出租人同意装饰装修为标准：经出租人同意的，装饰装修物能拆除的，由承租人拆除，不能拆除的，由出租人和承租人按过错承担装饰装修物的残值损失；未经出租人同意的装饰装修，如果能够拆除的，由承租人自行拆除，如果不能拆除的，出租人一般情况下，不用补偿，但是如果该装饰装修物对于出租人确有再利用价值的，可酌情由出租人予以补偿。还有的法院对无效房屋租赁合同装饰装修物处理以该装饰装修物对于出租人客观上是否具有利用价值为标准。对于不能拆除的装饰装修物，凡是客观上对于出租人具有利用价值的，均由出租人酌情折价补偿给承租人。因为，承租人因房屋租赁合同无效将租赁房屋返还给出租人时，承租人对租赁房屋的装饰装修无论是否取得出租人同意，如果该装饰装修在客观上对于出租人具有利用价值，出租人都因此而获得利益，所以出租人应当对承租人予以补偿。司法实践中的处理不一致，既影响了此类案件的裁判效果，也不利于保护出租人和承租人双方的权益。需要在法律上对无效房屋租赁合同的装饰装修处理作出明确规定。

（二）制定本条的相关争论

在本条制定过程中，关于无效房屋租赁合同的装饰装修处理，对不构成附合的可拆除的装饰装修物，由承租人拆除，意见基本一致。但是对于已构成附合的不能拆除的装饰装修物，如何处理则有不同意见：有的主张应主要考虑该装饰装修是否经出租人同意为标准，经过出租人同意的装饰装修，构成附合的，即由出租人和承租人按无效合同的过错分担装饰装修损失。有的主张应主要考虑装饰装修物是否对出租人有利用价值，只要附合装饰装修物对出租人有利用价值，即应由出租人在可利用价值范围内对承租人予以补偿。有的主张应主要考虑出租人是否同意利用装饰装修，对于附合装饰装修物，出租人同意利用的，由出租人对承租人予以适当补偿，出租人不同意利用的，由出租人和承租人按照无效合同的过错分担装饰装修损失。可见，对于无效房屋租赁合同中，附合装饰装修物的处理，认识上存在较大分歧。

（三）制定本条的依据

1. 相关法理

在理论上，房屋租赁合同的装饰装修问题属于物权法中的添附理论范畴。物权法中所谓的添附，是指不同所有人的物结合在一起而形成不可分离的物或具有新物性质的物。它是动产所有权取得、丧失的原因。添附包括附合、混合与加工，其中附合、混合为物与物的结合，加工为劳动力与他人的物的结合。附合是添附中最主要的一种形式，是指所有人不同的两个或两个以上的有形物相结合，而交易上认为一物。附合分为动产与不动产的附合、动产与动产的附合两种情况：（1）动产与不动产的附合，又称不动产附合，是指动产与他人的不动产相结合，成为不动产的重要部分，因而发生动产所有权变动的法律事实。其主要特征是动产与不动产结合后，动产成为不动产的重要部分，非毁损或变更其性质而不能分离。例如，对租赁房屋铺设地板砖、吊设天花板、墙壁粉刷油漆；租赁房屋作为酒店或者商场所安装的空调管道、照明设施等。判断动产是否因附合而成为不动产的重要部分，一般应考虑其继续性与固定性的程度，按照物理和社会经济观念来确定。一般情况下，动产与不动产结合后，如有继续性和固定性的，非毁损不能分离或者分离需花费巨大，该动产即被认为已丧失独立性，而成为不动产的重要部分。动产与不动产的附合发生物权法上和债权法上的双重法律效果。从物权法的效果来看，包括两个方面：一是动产所有权的灭失，由于在附合以后，动产成为不动产的重要部分，因而动产的所有人不能就附合在不动产之上的动产主张自己的物权。在发生附合之后，动产的所有权被不动产所有权所吸纳，附合也构成动产所有权灭失的一个原因。例如，承租人用于装饰装修的材料包括砖瓦、木板、油漆、空调管道、照明设施等皆附合于房屋之中，承租人在房屋租赁合同终止或者解除、撤销后，不能对用于装饰装修的物主张所有权。二是不动产所有人即时取得动产的所有权，该所有权的取得直接来源于法律的规定，不以原动产所有权人的意志为转移，体现了添附制度的强行性，在学理上将其视为所有权的原始取得。例如，上述房屋租赁合同终止或者解除、撤销后，出租人作为出租房屋的所有人即同时取得附合于房屋的装饰装修物的所有权。现在世界上各个国家和地区对附合物的所有权归属在法律上都认为由不动产吸附动产，即不动产所有人取得动产的所有权。例如，《日本民法典》第242条〔不动产附合〕规定：不动产所有人取得作为其不动产的从属而附合的物的所有权。我国台湾地区“民法”第811条〔不动产上之附合〕规定：动产因附合而成为不动产之重要成分者，不动产所有人取得动产所有权。从债权法的效果来看，动产所有权发生消灭，动产所有权人有权基于不当得利而请求返还添附物的价值。法律规定添附物为不动产所有人所有，通常基于效率、物的利用等方面的考虑，但不动产所有人取得所有权并非不付出任何代价而获取利益。动产所有人也不能无端地丧失利益。因附合丧失权利的动产所有人有权基于不当得利请求取得添附物所有权的人返还不当得利。《德国民法典》第951条即规定了因附合而丧失权利的人，可以根据关于返还不当得利的规定，向因权利变更而受利益的人要求赔偿。(2) 动产与动产的附合，又称动产附合，是指不同所有人的动产，互相结合，非毁损不能分离或分离需费过巨，而发生动产所有权变动的法律事实。动产与动产附合构成新物，学说又称“合成物”。关于合成物所有权的归属问题，目前世界各国和地区存在三种立法体例：一是以共有为原则，单独所有为补充，如《德国民法典》《瑞士民法典》；二是以单独所有为原则，共有为补充，如《日本民法典》；三是只规定由主物所有人取得，如《法国民法典》。我国《物权法》没有规定添附制度。

添附制度是大陆法系国家物权法规定的取得财产权的重要的方法和制度。添附制度作为取得所有权的方法，是罗马法以来世界各国和地区物权法所公认的原则。它对于增进财富，提高效率，促进物尽其用，减少交易成本具有重要的作用。

2. 法律依据

《合同法》第五十六条规定：“无效的合同或者被撤销的合同自始没有法律约束力。合同部分无效，不影响其他部分效力的，其他部分仍然有效”。第五十八条规定：“合同无效或者被撤销后，因该合同取得的财产，应当予以返还；不能返还或者没有必要返还的，应当折价补偿。有过错的一方应当赔偿对方因此所受到的损失，双方都有过错的，应当各自承担相应的责任。”《民法通则》第六十一条规定：“民事行为被确认为无效或者被撤销后，当事人因该行为取得的财产，应当返还给受损失的一方。有过错的一方应当赔偿对方因此所受的损失，双方都有过错的，应当各自承担相应的责任。”我国法律上述关于无效合同的法律效果和处理原则，当然适用于无效的房屋租赁合同。《最高人民法院关于贯彻执行〈中华人民共和国民法通则〉若干问题的意见（试行）》第86条规定：“非财产所有人在使用他人的财产增添附属物，财产所有人同意增添，并就财产返还时附属物如何处理有约定的，按约定办理；没有约定又协商不成，能够拆除的，可以责令拆除；不能拆除的，也可以折价归财产所有权人，造成财产所有权人损失的，应当负责赔偿。”该条司法解释没有区分民事行为的法律效力，但其对房屋租赁合同无效时装饰装修的处理同样具有参考适用价值。

房屋租赁合同无效，自不发生当事人关于租赁房屋约定之法律效果，即在房屋租赁合同无效的情形下，出租人和承租人关于租赁房屋所约定的内容均无效。因此，在房屋租赁合同无效时，承租人将租赁房屋返还给出租人，对于租赁房屋的装饰装修物，能够拆除的，由承租人拆除，但拆除后应将租赁房屋恢复原状；不能拆除的，则应区别情况，由出租人折价补偿或者由出租人和承租人按过错，各自承担相应的责任。

条文理解

适用本条解释应具备两个前提：其一是房屋租赁合同无效；其二是装饰装修经出租人同意。准确理解本条解释含义，应当把握以下几点：

一、关于房屋租赁合同装饰装修范围

何谓房屋租赁活动中的装饰装修、装饰装修物分别包括哪些方面？我国现有法律并无明确规定。通常房屋租赁活动中的装饰装修至少应包括两大方面，即一般的装饰装修物和增设他物。从建设部发布的《建筑装饰装修管理规定》第二条第二款规定：“本规定所称的建筑装饰装修，是指为使建筑物、构筑物内、外空间达到一定的环境质量要求，使用装饰装修材料，对建筑物、构筑物外表和内部进行修饰处理的工程建筑活动”来看，装饰装修应是指安装、修饰在建筑物或构筑物上的装饰装修材料，它不包括在原建筑物上的改建物，也不应包括增设在建筑物或构筑物上的空调、电梯、水电、消防等设施或设备等增设物。虽然该规定已废止，但对于我们理解一般意义上的装饰装修仍有借鉴意义。建设部《住宅室内装饰装修管理办法》第二条第二款对装饰装修含义作了类似规定。从建设部发布的《城市房屋租赁管理办法》第二十三条“承租人应当爱护并合理使用所承租的房屋及设施，不得擅自拆改或增添”规定来看，增设物应主要是指改建物或增设他物。从《合同法》第二百二十三条“承租人经出租人同意，可以对租赁物改善或增设他物”的规定来看，《合同法》将“增设物”，与改善租赁物的“装饰装修物”并称，《合同法》规定的“增设物”既包括在原建筑物上的改建物，也包括增设在建筑物或构筑物上的空调、电梯、水电、消防设施或设备等增设物。在司法实践中，因房屋租赁合同无效引起的装饰装修纠纷不仅包括铺设地板砖、吊设天花板、墙壁粉刷油漆等一般意义上的装饰装修，而且包括大量的承租人在租赁房屋安装空调、电梯、水电、消防设施设备等增设物。在房屋租赁合同中，承租人为了改善房屋使用功能，满足其使用需求，一般在租赁房屋后都要进行改建或者增设他物。从实践角度看，应当将这些改建物或增设的他物连同一般装饰装修物一起，作为房屋的添附物处理。因此，房屋租赁合同中承租人对房屋的装饰装修既包括一般意义上的装饰装修，也包括改建和增设他物。

本条解释将租赁房屋的装饰装修物和改建、增设他物统称为“装饰装修物”，并不包括扩建。

二、关于租赁房屋的附合装饰装修物的认定

在房屋租赁合同纠纷中所涉及的装饰装修物，主要是指动产和不动产的附合。按照装饰装修物与租赁房屋的结合程度有可分离（未形成附合）和不可分离（形成附合）两种形态。装饰装修物已与房屋结合在一起非毁损不可分离或者分离需花费巨大，可以认定形成附合；装饰装修物与房屋未完全结合尚未达到不可分离状态，则不能认定形成附合。如何判断装饰装修物与租赁房屋是否结合在一起而不能分离，则应按照附合规则，考虑其继续性与固定性的程度，依物理和社会经济观念来确定。一般情况下，装饰装修物与租赁房屋，已形成继续性和固定性的，非毁损不能分离或分离需花费巨大，则可以认定该装饰装修物与租赁房屋形成附合。例如承租人在租赁房屋中铺设地板砖、吊设天花板、墙壁粉刷油漆等已与房屋结合，非毁损不能分离；而承租人在租赁房屋安装空调、电梯、太阳能热水器、抽油烟机等未与房屋完全结合在一起，可以与房屋分离。在房屋租赁合同中，将装饰装修物按照其与房屋的结合程度划分为附合的装饰装修物和未形成附合的装饰装修物的法律意义在于：依照添附理论，对于未形成附合的装饰装修物，不能产生所有权变动的法律后果，其所有权仍属于承租人。在房屋租赁合同无效或者撤销时，承租人有权拆除取回这些设施，出租人主张留用的，应当支付相应的对价，承租人拆除装饰装修物，造成房屋损坏的应恢复原状；对于附合的装饰装修物，为保证充分地实现物的使用价值和效用，在房屋租赁合同无效或者撤销时，出租人取得装饰装修物的所有权。与此同时，承租人不能继续享用该装饰装修而受到损失。由于出租人取得该附合的装饰装修物的所有权缺少法律或合同依据，符合不当得利的构成，所以出租

人应当对承租人进行相应的经济补偿。[①] 所谓不当得利，是指没有合法根据取得利益，并给他人造成损失。不当得利一般构成要件为：（1）一方获得利益；（2）他方受有损失；（3）利益和损失之间有因果关系；（4）没有合法根据。在房屋租赁合同中，出租人在合同解除或被撤销后，取得附合的装饰装修物所有权，通常是基于物的利用考量，并无合同和法律依据，因而符合不当得利要件。

运用添附理论，处理房屋租赁合同的装饰装修问题，对于未形成附合的装饰装修物的处理，较容易理解，实践中也较容易掌握，即未形成附合的装饰装修物的所有权还是属于承租人，房屋租赁合同撤销或解除时，仍由承租人拆除取回，出租人想要留用，应当支付相应的对价，承租人拆除装饰装修物，造成房屋损坏的应恢复原状。但是，对于附合的装饰装修物，在房屋租赁合同无效或者被撤销、解除后，能否按照添附理论，一概由出租人取得所有权，并基于不当得利，对承租人予以补偿，在理论和实践中均存在争论。我们认为，对于附合的装饰装修物的处理，必须考虑租赁房屋的装饰装修的特殊性，不能简单照搬添附理论。因为按照添附理论，在房屋租赁合同无效或者被撤销的情形下，承租人将房屋返还给出租人，出租人收回房屋同时取得附合于房屋的装饰装修物的所有权并对承租人予以补偿的法理基础是出租人取得装饰装修物而获取利益，即出租人基于不当得利而对承租人予以补偿。但问题是，在房屋租赁合同中，出租人取得附合于房屋的装饰装修物所有权却并不一定都能获取利益。因为对租赁的房屋进行装饰装修，具有很强的主观性。承租人对房屋的装饰装修不仅与承租人对房屋的用途和功能相关，更与承租人个人审美情趣和爱好相关。承租人对房屋的装饰装修更加体现承租人个人对房屋的主观需求，是为了方便其经营和生活，或者为了提高租赁房屋的使用价值，改善房屋的使用功能，或者服务于自己的特定目的。承租人进行装饰装修时，是不会为出租人多加考虑的。所以，当承租人审美情趣、爱好及对房屋的用途与出租人不一致时，出租人不会因取得该装饰装修物而获取利益，有时反而可能成为一种损害。在此情形下，一概确定由出租人取得附合装饰装修物对承租人予以折价补偿，缺乏不当得利的前提和基础。在房屋租赁合同无效或者撤销时，如果出租人因附合的装饰装修不

---

① 有观点认为应依据无因管理说。无因管理是指没有法定或约定的义务，为避免他人利益受损失，自愿管理他人事务或为他人提供服务的行为。无因管理的构成需具备以下要件：（1）管理他人事务；（2）管理人有管理意思；（3）没有法定或约定义务。我们认为此处不能采用无因管理说的主要原因在于，就承租人通过装饰装修对房屋进行改善或增设他物而言，系发生在租赁期间或租赁之前，承租人装饰装修的根本目的还是为了在租赁期间提高房屋的使用价值，从而实现自己的特定使用、收益目的，因而，尽管承租人对房屋进行了装饰装修，并为此支付了费用，但直接受益的人首先是他自己，而不是别人。换言之，承租人是服务于自身更好地使用和收益房屋的目的，才对房屋进行装饰装修，他是在对自己的事务进行管理，并非管理他人的事务。可见，此种情形不符合无因管理的构成要件。

符合其审美情趣和个人需求，而拒绝接受装饰装修物，则不能强行其接受装饰装修物，否则即构成“强迫得利”，而法律不承认所谓的“强迫得利”。基于上述原因，本条司法解释根据房屋租赁合同中装饰装修的特殊性，规定以出租人是否同意利用作为出租人是否因承租人的装饰装修获取利益的判断标准。在出租人同意利用的情形下，说明该装饰装修符合出租人的审美情趣和使用要求，对出租人仍具使用价值，由出租人基于不当得利，对承租人的装饰装修予以折价补偿；在出租人不同意利用的情形下，装饰装修物的现值作为无效合同的损失，由出租人和承租人按照无效合同的过错分担。

三、关于经出租人同意装饰装修问题

《合同法》第二百二十三条的规定：“承租人经出租人同意，可以对租赁物进行改善或者增设他物。承租人未经出租人同意，对租赁物进行改善或者增设他物的，出租人可以要求承租人恢复原状或者赔偿损失。”在房屋租赁合同中，承租人对租赁房屋的装饰装修按其性质可分为两类：一是经出租人明示同意或出租人未明示同意，但知道后未表示反对，且符合租赁合同约定用途而为的装饰装修，属善意添附；二种是未经出租人同意或虽经出租人同意但超出合同约定用途的合理范围擅自进行的装饰装修，属恶意添附。在无效的房屋租赁合同中，同样存在上述两种情形。因此，处理无效房屋租赁合同的装饰装修纠纷，应注意加以区分上述两种情况。

（一）经出租人同意的装饰装修物的处理

对无效的房屋租赁合同的装饰装修物的处理须以经出租人同意的装饰装修即善意添附为前提条件。因此，本条司法解释专门规定在房屋租赁合同无效时，经出租人同意的装饰装修的处理原则。“经出租人同意”的装饰装修是适用本条司法解释规定处理因房屋租赁合同无效而引起的装饰装修纠纷的前提条件。“经出租人同意”的装饰装修，既包括签订租赁合同时，出租人明示同意承租人装饰装修，也包括签订和履行租赁合同中，出租人默示同意承租人装饰装修，即出租人知道承租人对房屋装饰装修未明确表示反对。在一般情况下，承租人租赁房屋都要按照其个人的使用目的和审美情趣进行装饰装修，以改善房屋的使用功能，使之更加符合承租人的使用要求。因此，我们认为，“经出租人同意”装饰装修并不要求一定是在签订房屋租赁合同时，出租人明确的书面同意或者口头同意。凡是在房屋租赁合同被确认为无效前，出租人知道或者应当知道承租人对房屋进行装饰装修而没有明示反对的，均应视为经出租人同意。判断出租人在确认房屋租赁合同无效之前，知道或者应当知道承租人对房屋进行的装饰装修，应结合租赁房屋的状况、用途等案件的具体情况进行。例如，承租人租赁房屋属于毛坯房用于自住，承租人要对租赁房屋进行装饰装修后才能入住；或者承租人租赁房屋用于经营商场、宾馆或者酒楼，一般都要按照不同的使用用途和目的，对房屋进行装饰装修，包括铺设地板、粉刷墙壁和适当改建、安装空调、电梯、热水器、水电管道及消防设施设备等才能用于经营活动。发生纠纷时，出租人不能以承租人未经其同意进行装饰装修抗辩。因为，出租人知道承租人若不进行必要的装饰装修，完全不能按照上述目的使用房屋，不能实现租赁合同的目的。这种情况下，可以认定出租人知道或者应当知道承租人的装饰装修行为。

只有经出租人同意的装饰装修物，在房屋租赁合同无效时，才能依据本条司法解释的规定，按照该装饰装修物是否与房屋形成附合，分别作出处理：

一是未形成附合的装饰装修物其所有权属于承租人，原则上可由承租人拆除取回。因拆除造成租赁房屋毁损的，承租人应当恢复原状。但是，如果出租人同意继续使用的，也可由出租人折价补偿给承租人后，由出租人取得未形成附合的装饰装修物的所有权而继续使用该装饰装修物。这里应明确本条司法解释规定“未形成附合的装饰装修物出租人同意利用的，可折价归出租人所有”的适用前提，必须是出租人和承租人就未形成附合的装饰装修物由出租人继续使用协商一致，由出租人对承租人予以补偿的数额。如果出租人同意利用未形成附合的装饰装修物，但出租人和承租人未能就补偿数额达成一致，则不能适用上述规定。也就是说，如果出租人只是单方面同意利用，但未与承租人就未形成附合的装饰装修物补偿数额协商一致，法院不能将未形成附合的装饰装修物折价归出租人所有。因为，在房屋租赁合同无效或者履行期限届满解除时，未形成附合的装饰装修物的所有权仍然属于承租人所有。此时，若出租人在房屋租赁合同解除后，想要继续使用未形成附合的装饰装修物，只有在出租人与承租人就该未形成附合的装饰装修物的补偿价格协商一致，并由出租人对承租人作出补偿后，出租人才能取得该未形成附合的装饰装修物的所有权，继续使用。如果在只有出租人同意利用而未与承租人就补偿价格达成一致的情形下，将未形成附合的装饰装修物折价归出租人所有，就等于“强买”，违反了等价自愿的民法基本原则，是法律所不允许的。

在理解本条司法解释时还需要注意的另一个问题是，在未形成附合的装饰装修物由承租人拆除的过程中，因拆除造成房屋毁损的，承租人负责恢复原状的情形下，若房屋租赁合同无效完全是出租人单方面过错造成的，并不影响承租人请求出租人赔偿损失的权利。

二是附合的装饰装修物，出租人同意利用的，可折价归出租人所有；不同意利用的，由双方当事人按照无效合同的过错分担现值损失。

在房屋租赁合同被确认无效后，附合的装饰装修物，由于不能与租赁房屋分离或者虽可分离但需花费巨大，为充分发挥物的使用价值和效用，只能由出租人取得附合的装饰装修物所有权，而不允许承租人拆除。但是，出租人此时取得附合的装饰装修物的所有权，并不一定要给予承租人补偿。正如对本条司法解释前面的论述，根据房屋租赁合同中装饰装修的特殊性，我们认为，应以出租人是否同意利用作为判断出租人是否因取得承租人的装饰装修而获取利益的标准：在出租人同意利用的情形下，说明该装饰装修符合出租人的审美情趣和使用要求，对出租人仍具使用价值，出租人因此而获取利益，由出租人基于不当得利，对承租人的装饰装修予以折价补偿；在出租人不同意利用的情形下，表明该装饰装修对出租人没有利用价值，出租人并不会因取得该装饰装修而获取利益，装饰装饰物的现值作为无效合同的损失，由出租人和承租人按照无效合同的过错分担。正是基于上述考量，本条司法解释第二款规定：形成附合的装饰装修物，只有出租人同意利用的，才能折价归出租人所有；出租人不同意利用的，则只能由出租人和承租人按过错分担无效合同损失。

在出租人同意利用的情形下，附合的装饰装修物折价归出租人所有，此时折价的范围仅限于租赁合同无效时装饰装修尚存在的价值即现存价值为限，而不能以承租人支出的数额为准。承租人虽然进行了装饰装修，改善了房屋使用功能而使其使用价值增加，但在承租人使用房屋时，该利益并不为出租人所享有，只有在房屋租赁合同无效解除时现存价值才能为出租人享有，才属于出租人取得的利益。因此，折价的范围确定不能以承租人实际支出的数额为准。

在出租人不同意利用的情形下，对于附合的装饰装修物，则只能按房屋租赁合同无效时尚存在的价值即现存价值作为无效合同的损失，由出租人和承租人按照各自过错承担。

（二）未经出租人同意的装饰装修物处理

添附人在没有取得财产所有权人同意的情况下，擅自对租赁财产所进行的添附行为，属恶意添附。根据物权法的规定，财产所有权人依法对自己的财产享有占有、使用、收益和处分的权利，非财产所有人只有在取得所有权人的同意之后，才能在他人的财产上从事添附行为，否则属于民事侵权行为。

在房屋租赁活动中，承租人在未经出租人同意的情况下，擅自对房屋进行装饰装修，为恶意装修。承租人依据房屋租赁合同所取得的房屋租赁权本质上属于民法中的债权，承租人对于租赁的房屋只有使用权。如果承租人未取得出租人同意，擅自在租赁房屋上进行装饰装修，改变了租赁房屋的形态，因而构成了对房屋所有权人的侵害，依法应当承当侵权责任。有学者认为，即使在恶意装修的情况下，承租人的行为客观上使出租人的房屋因装饰装修而增值，是使承租人受益，因而不构成侵权。我们认为，装饰装修通常是在主观上与个人的审美观和偏好有关，具有很强的主观性，在客观上与承租人租赁房屋的用途相关。出租人是否因承租人的装饰装修而增值获利缺乏判断标准，很难确定。我们认为，承租人未经出租人同意进行装饰装修的，即应认定构成侵权，承担侵权赔偿责任。在承租人恶意添附构成侵权的情况下，承租人不得要求出租人就其装饰装修的投入进行补偿。因为在这种情况下，承租人的装修投入应当作为其损失，在其主观上存在过错的情形下，应由其自行承担。在承租人侵权的情况下，也不能适用公平原则要求出租人补偿承租人损失，在一方当事人有过错的情况下，并无公平原则可适用。在承租人构成侵权的情况下，出租人不仅不补偿承租人的装修投入损失，还有权基于房屋所有权主张排除妨害，并要求有过错的承租人承担恢复原状的拆除费用，并就装饰装修中的其他损失请求损害赔偿。有一种观点认为，按照添附理论，在发生附合的情况下，拆除装修以及恢复原状都是不允许的，如果允许出租人请求恢复原状，该请求与添附制度是矛盾的。我们认为这并不矛盾。因为，添附与侵权解决的是两个不同的法律问题。添附解决的是所有权的归属问题，作为一种专门用于解决物的有效利用的法律制度，添附独有的价值在于促进物的有效利用，在发生添附的情况下，要恢复原状往往事实上已不可能，继续维持该添附物有利于维护经济价值，避免财产的浪费。因此，在确定权属时，法律不允许破坏物的一体性而强行将添附物拆除，并以物归原主的方式来明确物的所有权。而在侵权制度中，将添附物拆除并非为了解决所有权的归属问题，也并非为了物归原主，而是为了解决侵权责任的承担，为了消除对所有人的损害。即使添附物被拆除，承租人也不得对该物主张所有权。

在房屋租赁活动中，房屋承租人只取得承租房屋的使用权，在未取得所有权人同意的情况下进行装修或增设，实质上已侵犯了房屋所有人的所有权，当房屋租赁合同无效或者终止时，承租人返还房屋，原则上应对承租房屋恢复原状，造成出租人损失的还应负赔偿责任。《合同法》第二百二十三条规定："未经同意的，出租人可以要求承租人恢复原状或赔偿损失。"《最高人民法院关于贯彻执行〈中华人民共和国民法通则〉若干问题的意见（试行）》第 86 条规定："没有约定又协商不成，能够拆除的，可以责令拆除。"建设部《城市房屋租赁管理办法》第二十三条规定："因承租人过错造成房屋损坏的，由承租人负责修复或赔偿。"上述规定是恶意添附适用侵权责任原则的主要依据。

因此，对于恶意添附的侵权行为，无论是房屋租赁合同是否有效，原则上均不应予以折价补偿。承租人在未取得房屋所有权人同意的情况下，私自进行的装饰装修，装饰装修损失由其自行承担。同时因其行为侵害了出租人对其房屋的所有权，造成了损坏房屋完整性的后果，出租人还可循侵权赔偿原则要求其承担恢复原状和赔偿损失的责任。

四、关于装饰装修物现值损失问题

本条司法解释第二款规定对于附合的装饰装修物，出租人不同意利用的，由出租人和承租人按照无效合同的过错分担现值损失。因此，正确理解本条含义，还必须了解什么是装饰装修物现值损失、为什么在房屋租赁合同无效时，应按现值分担损失。

所谓装饰装修物的现值损失，是指附合装饰装修物在房屋租赁合同被确认无效时尚存在的实际价值。确定装饰装修现值损失不需考虑租赁期限的长短，只应考虑承租人在房屋租赁合同无效时，对该装饰装修的实际使用时间，即按照承租人已使用的时间予以折旧，而不能考虑按照租赁期限进行分摊。一般而言，在房屋租赁合同被确认为无效时，承租人对租赁房屋的装饰装修已实际使用一定的时间，故无论是折价补偿或按过错分担损失，均应按装饰装修折旧后的现存价值确定。如果该装饰装修未经过利用贬损，则相当于装饰装修价。

之所以在房屋租赁合同无效时，出租人和承租人应按装饰装修现值损失分担，是因为在房屋租赁合同无效的情况下，出租人和承租人关于租赁房屋的约定全部无效，其中包括租赁期限。因而不能按照原约定的租赁期限分摊装饰装修费用，同时，在确认房屋租赁合同无效时，承租人可能已实际使用了租赁房屋，因而也不能按照承租人实际投入的装饰装修费用确定合同无效时装饰装修价值。基于上述考量，我们认为，在房屋租赁合同被确认无效或者撤销时，无论是折价补偿还是分担损失，都应按承租人使用时间折旧后装饰装修尚存的实际价值确定。

司法实践中，对于附合的装饰装修物价值的认定，常用的方法有：（1）费用支出法，即承租人装饰装修实际支付的费用；（2）支出费用年度分摊法，即根据合同约定的租期，将支出费用平均分摊，计算纠纷发生时至租期届满间的剩余价值；（3）现存价值法，即对纠纷发生时现存装饰装修物进行工程造价鉴定。我们认为，在处理无效的房屋租赁合同引起的装饰装修纠纷时，采取第一种方法，以承租人实际支付的装饰装修费用，确定附合装饰装修物价值，没有考虑无效房屋租赁合同中，承租人实际使用时间，对于出租人有失公允；采取第二种方法，以出租人和承租人约定的租赁期限分摊装饰装修费用，没有考虑无效房屋租赁合同中，出租人和承租人约定的租赁期限也是无效的情况，以租赁期限分摊装饰装修费用对承租人则不公平；而采取第三种方法，以房屋租赁合同无效时，装饰装修物的实际价值确定。该方法较容易掌握，对于出租人和承租人双方也是公平的。实践中，确定无效房屋租赁合同附合的装饰装修物现存价值，一般采用鉴定方法。因此本条司法解释规定对于构成附合的装饰装修物，出租人不同意利用的，由出租人和承租人按照无效合同的过错分担现值损失。

审判实务

在司法实践中，使用本条司法解释处理无效房屋租赁合同引起的装饰装修纠纷，应注意下面几个问题：

一、房屋租赁合同被依法确认无效，至于合同无效之原因及其情形在所不问

合同效力属于人民法院主动审查的范围，同时合同效力认定直接影响到案件的实体处理。因此，不管当事人的诉讼请求是否提出确认合同效力，人民法院均应主动审查。

无效合同是指不具有法律约束力和不发生履行效力的合同。根据《合同法》第五十二条规定，合同无效事由主要有五项，分别是：（1）一方以欺诈、胁迫方式订立的合同，损害国家利益的；（2）恶意串通，损害国家、集体或者第三人利益；（3）以合法形式掩盖非法目的；（4）损害社会公共利益；（5）违反法律、行政法规的强制性规定。依据该规定，我们认为，适用法律确认房屋租赁合同无效时应慎重，确认房屋租赁合同无效应限于以上五种情形。

在确认房屋租赁合同时，一般不要轻易确认房屋租赁合同无效，尤其是对于一些部委的行政规章和地方性法规规定，更是应严格适用。如建设部颁发的《城市房屋租赁管理办法》，着重于从管理出租房屋本身的角度出发，第六条规定："有下列情形之一的房屋不得出租：（1）未依法取得房屋所有权证的；（2）司法机关和行政机关依法裁定、决定查封或者以其他形式限制房地产权利的；（3）共有房屋未取得共有人同意的；（4）权属有争议的；（5）属于违法建筑的；（6）不符合安全标准的；（7）已抵押，未经抵押权人同意的；（8）不符合公安、环保、卫生等主管

部门有关规定的；（9）有关法律、法规规定禁止出租的其他情形。”该条款能否作为认定房屋租赁合同无效的依据？我们认为，根据《最高人民法院关于适用〈中华人民共和国合同法〉若干问题的解释（一）》第四条规定：“合同法实施以后，人民法院确认合同无效，应当以全国人大及其常委会制定的法律和国务院制定的行政法规为依据，不得以地方性法规、行政规章为依据。”因为《城市房屋租赁管理办法》是建设部发布的行政规章，根据上述规定，不应作为认定合同效力的依据。

从鼓励交易、促进效率、增长社会财富、保护当事人的合法利益的宗旨和目的出发，合同法对无效合同作了严格限定，增加了效力待定合同和可撤销、可变更合同等合同情形，尽可能促成合同有效。因此，在合同效力认定问题上，应采取从宽把握原则，即不轻易认定合同无效。审判实践中要领会和贯彻这一立法精神。在审查租赁合同效力方面，应以《合同法》为确认房屋租赁合同效力的基本依据，对与《合同法》不一致的行政规章、地方性法规不能作为认定合同效力的依据，并且要充分尊重当事人的意思表示。

《合同法》第五十四条规定：“下列合同，当事人一方有权请求人民法院或者仲裁机构变更或者撤销：（一）因重大误解订立的；（二）在订立合同时显失公平的。一方以欺诈、胁迫的手段或者乘人之危，使对方在违背真实意思的情况下订立的合同，受损害方有权请求人民法院或者仲裁机构变更或者撤销。当事人请求变更的，人民法院或者仲裁机构不得撤销。”第五十五条规定：“有下列情形之一的，撤销权消灭：（一）具有撤销权的当事人自知道或者应当知道撤销事由之日起一年内没有行使撤销权；（二）具有撤销权的当事人知道撤销事由后明确表示或者以自己的行为放弃撤销权。”司法实践中还应注意把握：（1）一方以欺诈、胁迫的手段或乘人之危使对方在违背真实意思的情况下订立的租赁合同并非当然无效，与因重大误解订立的、订立时显失公平的合同均属可变更或可撤销的合同，依当事人意思表示确定合同有效与否。（2）限制民事行为能力人、无权处分人、无权代理人订立的房屋租赁合同属于效力待定的房屋合同，经追认或无处分权人取得处分权后，即为有效。

二、正确认定造成房屋租赁合同无效的过错责任，公平分担损失

在房屋租赁合同无效时，对于未形成附合的装饰装修物，由承租人拆除，因拆除造成房屋毁损的，由承租人恢复原状；对于附合装饰装修物，如出租人同意利用的，可折价归出租人所有，如出租人不同意利用的，由双方当事人按照过错分担现值损失。这实际体现了过错责任与公平原则相结合。司法实践中，处理无效房屋租

赁合同涉及的装饰装修纠纷，应根据在正常情况下出租人的需要程度和可利用价值，结合过错责任原则，分别不同情况，公平合理地进行处理：

1. 属出租人过错的，由出租人补偿承租人的装饰装修损失。对于未形成附合的装饰装修物，该损失包括装饰装修物折旧费用、拆除费用、恢复原状费用及承租人因租赁合同无效而受到的其他损失；对于附合装饰装修物，该损失是租赁合同无效时装饰装修尚存在价值，即现值。

2. 属于承租人过错的，由承租人自行承担装饰装修损失，并由承租人赔偿出租人因租赁合同无效受到的其他损失。但是，对于形成附合的装饰装修，承租人同意利用的，由出租人对承租人予以适当补偿。根据当事人意思自治原则，法律不予干涉。这里所说出租人同意利用，指出租人同意利用附合的装饰装修物。

3. 属双方共同过错的，应由双方当事人按过错责任分担装饰装修现值损失。

三、应注意房屋租赁合同效力确认之诉与装饰装修物损失赔偿给付之诉的协调

（一）当事人仅提起要求确认房屋租赁合同无效的确认之诉时，不能直接对装饰装修物进行处理

在实践中，如出租人提起要求确认房屋租赁合同无效的确认之诉，而承租人就租赁合同的效力进行答辩，认为房屋租赁合同有效，要求出租人继续履行合同，不会要求对装饰装修物的损失进行赔偿。此时，人民法院如对纠纷调解不成，根据民事诉讼法不告不理原则，不应对装饰装修物的损失补偿问题进行处理。但是，如人民法院经审查确认房屋租赁合同无效，则应根据《最高人民法院关于民事诉讼证据的若干规定》第三十五条的规定，当事人主张的法律关系的性质与人民法院根据案件事实作出的认定不一致的，可由一审法院行使释明权，告知当事人变更诉讼请求。因此，人民法院审理查明房屋租赁合同无效的，可行使释明权，以引导当事人正确行使诉讼权利。如承租人坚持不变更诉讼请求，不要求出租人折价补偿其装饰装修物损失或者分担损失的，人民法院可以直接裁判房屋租赁合同无效，并告之当事人对于装饰装修物损失折价补偿或赔偿问题另循合法途径解决。

（二）当事人在请求确认房屋租赁合同无效的同时主张对装饰装修物进行补偿的处理

这主要发生在承租人反诉请求确认房屋租赁合同无效的同时主张对装饰装修物进行补偿。在这种情形下，人民法院应依据本条司法解释的规定进行审理。例如，

滨海公司诉智达公司房屋租赁合同纠纷案。2002 年 8 月 25 日，滨海公司与智达公司签订《房屋租赁协议书》，主要内容为：滨海公司出租成大广场西座地上第一、二、三层和地下一层给智达公司使用，出租物业基本用途为餐饮、娱乐等项目，总计出租物业建筑面积为 1450 平方米；自 2002 年 9 月 1 日至 2003 年 3 月 31 日止，智达公司可以进驻现场进行局部改造和精装修，并进行设备调试及试营业；自 2003 年 4 月 1 日起计算租期，交纳租金；租赁期为 11 年，即从 2003 年 4 月 1 日起至 2014 年 3 月 31 日止；每年租金 227 万元，每年 4 月 1 日前和 10 月 1 日前各支付一次，每次预付金额为当年租金总额的 50%；如不能按期支付租金，拖欠期内每日加收欠交租金万分之五的滞纳金；智达公司在办理有关经营管理、装修改造、广告宣传等手续时，滨海公司应给予必要的协助，出具相关的证明和文件；滨海公司与智达公司均不能无故解除本协议；如确有必要解除合同，必须提前 90 日通知对方，除按当年实际使用租赁物业情况结算租金外，违约方要以当年租金总额的两倍作为违约金赔付守约方。2002 年 9 月 2 日，滨海公司将未经消防验收的租赁物交付智达公司。智达公司对其承租的成大广场西座地上第一、二、三层和地下一层进行了装修，并于 2002 年 11 月 27 日，获得“北京智达三晋酒楼有限责任公司”（以下简称三晋酒楼）的企业名称预先核准，进行了设备添置、人员培训，办理了卫生防疫等手续。在承租期间，智达公司没有取得营业执照即进行了试营业。2004 年 7 月 23 日，工商宣武分局向李某（系三晋酒楼工作人员）出具工商处罚决定：责令立即停止非法的经营活动，并罚款 2000 元。而智达公司支付了定金 50 万元后，未支付租金。2005 年 3 月，滨海公司起诉至人民法院，请求解除双方签订的《房屋租赁协议书》，智达公司将其承租并已装修的房屋无偿返还，给付房屋租金 794.5 万元、滞纳金 1966387 元（暂计至 2005 年 2 月 1 日，自逾期之日起至实际给付之日止）及违约金 454 万元，由智达公司承担诉讼费。智达公司反诉请求确认双方签订的《房屋租赁协议书》无效，驳回滨海公司的诉讼请求，判令滨海公司补偿智达公司经济损失 17404972.11 元（实际投入 6204972.11 元，双倍租金 454 万元，三年预期利润 666 万元），由滨海公司负担诉讼费。在诉讼中，经智达公司申请，原审法院委托了某价格评估公司，对三晋酒楼装饰装修工程的价格进行评估，结论为：2002 年 4 月 15 日的市场价格为 351.28 万元。人民法院经审理认为，滨海公司将房屋出租给智达公司时，没有办理消防验收手续。依据《合同法》的规定，违反法律强制性规定的合同无效，滨海公司与智达公司签订的《租赁合同》，违反了《建筑法》和《消防法》的强制性规定，应认定为无效。但智达公司已实际占有和使用了滨海公司的房屋，因此，应当支付相应的费用，具体数额可按《租赁合同》中租金的计算方式确定。关于智达公司主张的直接损失和间接损失，房屋装修和设备安装部分的费用，可以按评估价值予以认定。因合同无效，双方均具有过错，遂判决：一、双方签订的《房屋租赁协议书》无效；二、智达公司将其承租并已经装修的房屋于判决生效后三十日内腾空并移交给滨海公司；三、滨海公司于判决生效后十日内给付智达公司房屋装修补偿一百万元；四、驳回滨海公司的其他诉讼请求；五、驳回智达公司的其他反诉请求。我们认为法院的判决即体现了本条规定的宗旨。

第十条 ［合同履行期间届满或者解除时未形成附合的装饰装修物的处理］

承租人经出租人同意装饰装修，租赁期间届满或者合同解除时，除当事人另有约定外，未形成附合的装饰装修物，可由承租人拆除。因拆除造成房屋毁损的，承租人应当恢复原状。

条文主旨

本条规定了合同有效但终止履行时未构成附合的装饰装修物的处理原则。

背景依据

近些年来，随着房地产市场的旺盛，房价的不断攀升，人口流动的频繁，进一步加剧了房屋租赁市场的繁荣。随着人们对生活质量要求越来越高，对房屋装饰装修也越来越多，越来越豪华，特别是从事商业经营的酒楼、商场、发廊等，为了给顾客提供一个良好、舒适的服务环境，往往对承租房屋进行大规模的装修及增加服务设备。然而，由于当事人在订立房屋租赁合同时对装饰装修物的处理约定不明或未作约定，加之相关的法律、法规对此缺乏明确、具体的规定，一旦发生纠纷，法院处理起来难度很大，处理结果也不尽相同。

就未构成附合的装修物而言，在房屋租赁合同有效但终止履行时，应当适用何种规则？合同期满终止和提前解除对未形成附合的装修物的处理有无影响？承租人要求拆除而出租人不同意拆除该如何处理？承租人因拆除装修物而造成房屋毁损，出租人要求承租人恢复原状，而承租人拒绝恢复，应如何处理？能否直接判决承租人赔偿损失？等等。正是这些棘手却又是实践中亟待解决的问题，催生了本条司法解释的制定。

在本司法解释征求意见的过程中，对于本条的规定基本没有反对意见，唯一不同意见是对有关条文表述上的差别。原来征求意见中对本条表述为："房屋租赁合同有效但终止履行时……”而本条最终确定为“承租人经出租人同意装饰装修，租赁期间届满或者合同解除时……”尽管两者表述不同，但实际上所表达的含义却是一样的，只不过是立法技术和手段有所不同而已。因为装饰装修在不同情况下的处理原则不同，应当分别不同情况予以解决。本司法解释第九条对无效合同下经出租人同意装饰装修产生费用的处理作出了具体规定，而本条主要解决的是在合同有效但终止履行的前提下，未构成附合的装饰装修物的处理原则。本司法解释的最后定稿之所以采用了“承租人经出租人同意装饰装修，租赁期间届满或者合同解除时”的表述，是为了将合同无效的情形排除在外，以示与第九条有所区别。但如果采用“房屋租赁合同有效但终止履行时……”的叙语，姑且不论其语意是否清晰、严谨，却有可能将导致合同终止履行的其他情形纳入进来。因此，在最后定稿时，采用了较为更清晰的表述，即“承租人经出租人同意装饰装修，租赁期间届满或者合同解除时……”这里还需注意，本条解决的是合同有效但未构成附合的装饰装修物的处理，而本司法解释第十一条解决的是合同有效时构成附合的装饰装修费用的处理，实践中不要将二者混淆。

条文理解

对于在房屋租赁合同有效但终止履行时，未形成附合的装饰装修物应当如何处理，本条司法解释列出了三项内容：一是可由承租人拆除；二是当事人双方另有约定的，从其约定；三是因拆除造成房屋毁损的，承租人应当恢复原状。以下详述之。

一、适用本条的前提条件

适用本条的前提条件是，承租人经出租人同意装饰装修，租赁期间届满或者合同解除时，装饰装修物未形成附合。具体而言，包括以下三个方面：

（一）承租人经出租人同意装饰装修

如果承租人未经出租人同意装饰装修，不管装饰装修物是否形成附合，均不适用本条，而应适用第十三条的规定。此外，如何认定承租人经出租人同意装饰装修，在第九条中已有论及，此处不再赘述。

（二）租赁期间届满或者合同解除

适用本条的第二个前提条件为租赁期间届满或者合同解除，这两种情形都将产生房屋租赁合同相对终止的法律后果，同时也意味着对房屋租赁合同的效力作出了肯定的评价。房屋租赁合同有效，是指承租人与出租人之间签订的房屋租赁合同不违背法律与行政法规的强制性规定，意思表示真实，对双方当事人产生法律拘束力的权利义务关系协议。无效的房屋租赁合同则不适用本条规定。当有效的房屋租赁合同终期届至直接导致合同履行的相对终止，双方当事人通过清偿权利义务以达到合同绝对终止的目的。需要注意的是，不定期的房屋租赁合同不会产生租赁期间届满的问题，因为其不存在约定的期限，如需终止不定期房屋租赁合同，也只能由当事人一方或双方解除合同。

如果租赁合同期限并未届满，但出现了法定或约定情事，而由当事人双方或其中一方解除合同，租赁合同也因此而终止，此即为合同的解除。合同的解除分为广义和狭义两种。广义的合同解除包括单方解除和双方解除，而狭义的合同解除仅指单方解除。双方解除是当事人双方为了消灭原有的合同而订立新合同即解除合同，单方解除是指当事人一方通过行使法定解除权或约定解除权而使合同的效力溯及既往地消灭的意思表示。在房屋租赁合同中，当事人既可以双方解除合同，也可以单方解除合同，合同解除后，有关未形成附合的装饰装修物的归属与处理，则适用本条规定。

实践中，出租人主张解除房屋租赁合同的，主要存在于以下情形：（1）承租人未按照约定的方法或租赁物的性质使用、收益租赁物，致使租赁物受到损失的，出租人可以解除合同并请求赔偿损失。（2）承租人未经出租人同意转租房屋的，出租人可以解除合同。（3）承租人无正当理由未支付或迟延支付租金的，出租人可以要求承租人在合理期限内支付，承租人逾期不支付的，出租人可以解除合同。[①]

实践中，承租人主张解除房屋租赁合同的，主要存在于以下情形：（1）租赁物危及承租人的安全或者健康的，即使承租人订立合同时明知该租赁物质量不合格，承租人仍然可以随时解除合同。但是，承租人既然明知租赁物存在有危及安全或健康的瑕疵，仍执意租赁该物的，虽然可以允许其解除合同，但在解除合同以前如发生因租赁物的危险所致损害时，承租人不能对此不承担任何责任，因为承租人明知这种危险性的存在仍要租赁该物，应认为主观上对损害的发生也有过错，因此，对损害也应承担相应的责任。（2）承租人在租赁期间死亡，其生前的共同居住人有权继续原租赁合同，亦可解除合同。[②]（3）因第三人对租赁物主张权利，以致承租人

---

① 不过定出合理期限不是出租人主张解除合同的必要前提，因法律规定是用“可以”表述的，说明出租人对此有选择权，因此也可以不定出期限而直接要求承租人支付。而且这种解除对出租人一方而言，是一种权利，出租人既可以解除也可以不解除，承租人无权干涉和主张。

② 《合同法》第二百三十四条规定：“承租人在房屋租赁期间死亡的，与其生前共同居住的人可以按照原租赁合同租赁该房屋。”

无法对标的物使用、收益，行使租赁权的，按照《合同法》第二百二十八条的规定，承租人在此情况下可减少或不支付租金，同样，承租人也可解除合同。当然，房屋租赁合同可否解除，关键并不在于是否存在第三人主张权利的情形发生，而在于这种主张是否确实已经使承租人不能对租赁物使用、收益，导致合同的目的无法实现。如果出现这种结果的，承租人当然可以解除房屋租赁合同。

应当明确的是，如果房屋租赁合同因租赁物灭失、毁损而解除，则不属于本条讨论范畴。

（三）装饰装修物未形成附合

如前所述，装饰装修物已与房屋结合在一起非毁损不可分离，则可以认定装饰装修物与房屋之间构成附合；如果装饰装修物与房屋未完全结合或者尚未达到不可分离状态，则不能认定构成附合。在房屋租赁合同期满或者合同解除的情况下，如果双方当事人对装饰装修物的归属没有约定，又因该装饰装修物未与租赁房屋形成附合而不适用添附规则，此时的装饰装修物的所有权仍然为投资购买该装饰装修物的承租人所有。

二、对未构成附合的装饰装修物的处理原则

（一）承租人可以拆除未构成附合的装饰装修物

因房屋租赁合同期满或者因上述情形导致房屋租赁合同解除时，与租赁房屋可分离的、未形成附合的装饰装修物，依照前述所有权归属原则，承租人可以拆除取回。在适用这一处理原则时，应当注意以下两点：

1. 未形成附合的装饰装修物由承租人拆除取回不以出租人同意为必要条件

这是因为，未形成附合的装饰装修物，其所有权仍然归承租人所有，承租人当然可以行使所有权，将装饰装修物拆除取回。这里有个问题，即，如果承租人在装饰装修房屋时未经出租人同意，在租赁期间届满或者合同解除时，承租人是否有权拆除？我们认为，此时承租人仍有权取回未形成附合的该装饰装修物，这对出租人并没有造成任何不良影响。当然，在拆除装饰装修物时，承租人必须尽到完全注意义务，不得对房屋造成毁损，一旦因拆除造成了房屋毁损，则承租人应当承担赔偿损失的责任。

2. 承租人对装饰装修物是否拆除取回具有选择权，而不是必须拆除

如果承租人选择不拆除装饰装修物，而向出租人要求补偿装饰装修费用的，一般不予支持，除非出租人同意补偿。特别是在承租人未经出租人同意装饰装修的情

况下，不仅出租人可以不予补偿承租人装饰装修费，相反，还有权请求承租人拆除装饰装修物并恢复原状。

（二）当事人对未形成附合的装饰装修物另有约定的，应当依照意思自治原则从其约定

无论是传统私法还是现代私法，意思自治原则一直是各国私法制度（尤其是合同法）赖以建立的最重要的一块基石，被奉为神圣不可动摇的法律准则。民事法律的特点之一就是具有一定程度的任意性，这种任意性是意思自治原则在民事法律关系中的具体表现。民法属于私法范畴，是调整平等主体之间的财产关系和人身关系的法律。主体所享有的平等性和自愿处理财产的权利必然要求民事主体在民事活动中能够充分、真实地表达自己的意愿，独立自主地支配和维护自己的合法权益。法律应该为民事主体的民事活动留下广阔的自主空间，将国家对经济活动、民事活动的干预限制在合理的范围内，尽量减少对当事人从事合法民事行为所施加的限制。市场经济条件下尽可能地赋予当事人行为自由是市场经济和意思自治的共同要求。

房屋租赁合同作为合同的一种，在处理合同权利义务关系时，同样应当贯彻意思自治原则，从而使当事人对依其自我意志作出的选择负责。意思自治在房屋租赁合同中，不仅体现在可以自主选择合同相对方、协商确定租赁期限、租金及交付方式、违约责任等，还体现在对装饰装修的处理上。这不仅有利于减少交易成本，节约交易时间，而且还有利于维护法律关系的稳定性和民事纠纷的解决。

但是，在房屋租赁合同中，意思自治也不是绝对的、任意的、不受限制的，而是相对的、有条件的，有其特定的适用范围。首先，房屋租赁合同的主体应当符合法定条件，并不是所有的民事主体都可以意思自治，只有符合法定条件，即具备相应的民事行为能力的民事主体，才能自由签订房屋租赁合同。其次，房屋租赁合同的目的必须是正当、合法的，否则就不为法律所认可，就是无效的。例如，如果签订房屋租赁合同的目的是为用作赌场或开设妓院使用，则该房屋租赁合同无效。再次，房屋租赁合同的履行必须在法律和社会公序良俗允许的范围内运用才被允许，如果因履行合同造成对国家、社会或他人的损害，则合同当事人要承担相应的法律后果。最后，房屋租赁合同终止时对权利义务的处分受到限制。无论是承租人还是出租人，在处分自己权利时必须是自愿的，且不损及他人合法权利与利益。

综上，在房屋租赁合同中，对未形成附合的装饰装修物的归属，应当按照意思自治的原则，尊重当事人的约定，只要该约定没有损害他人利益。当事人可以在签订租赁合同时约定未形成附合的装饰装修物的归属或处理方式，并将其作为租赁合同的必备条款，也可以在事后就装饰装修物的归属进行特别约定，订立补充协议。

另外，当事人就装饰装修物归属的约定，与承租人装饰装修房屋是否经过出租人同意无关，也与合同解除的原因无关，对于可拆除的装饰装修物，只要当事人之间就其归属问题达成了处理协议，且该处理协议不违背法律、行政法规的强制性规定的，就应当遵从该协议，法院不应当过多干涉。[①] 只有当事人双方对装饰装修物没有约定或者虽有约定但约定不明时，法院才适当介入当事人的纠纷，依照一定的规则去解决双方的争议。

（三）因拆除装饰装修物造成房屋毁损的，承租人应当恢复原状

前文已述，在房屋租赁合同履行期满或者解除时，承租人有权拆除未形成附合的装饰装修物；但是，承租人拆除装饰装修物的行为应以未对房屋造成毁损为前提。也就是说，承租人拆除装饰装修物时，应当尽注意义务，尽量维持房屋的完整性，如拆除确实对房屋的破坏不可避免，承租人应当恢复原状，这是承租人应当承担的民事责任。

恢复原状在我国不同的法律语境中具有不同的含义。综合起来，主要包含以下几个方面：一是权利人的有体物被侵权行为人不法侵害的情况下，将该物修复如初，如《民法通则》第一百一十七条第二款、第一百三十四条第一款；《合同法》第二百二十三条第二款。论其性质，为损害赔偿的一种表现形式，属于侵权责任的一种方式。一旦构成损害赔偿，受害人就有权请求责任人予以赔偿，责任人就有义务满足受害人的该项请求，从而在双方之间形成债权债务关系。从这个层面上观察，此类损害赔偿关系属于债的范畴。二是在合同解除的情况下，恢复原状与不当得利返还、损害赔偿相并列，如《合同法》第九十七条。此时的恢复原状系合同解除的效力表现，是一种合同义务的承担，而非侵权责任。

本条规定的恢复原状是指上述第一种情况，是指承租人在拆除装饰装修物时造成房屋毁损的，应当将房屋进行修复，以恢复到房屋原来的状态。

审判实务

审判实务中，对本条解释的适用有下面几个问题值得注意：

---

① 实际上，在对附属物的处理上，我国已有的司法解释也贯彻了意思自治原则。《最高人民法院关于贯彻执行〈中华人民共和国民法通则〉若干问题的意见（试行）》第86条规定："非产权人在使用他人的财产时增添附属物，财产所有人同意增添，并就财产返还时附属物如何处理有约定的，按约定办理；没有约定又协商不成，能够拆除的，可以责令拆除；不能拆除的，也可以折价归财产所有人；造成财产所有人损失的，应当负赔偿责任。"

一、如何理解恢复原状中的“原状”

司法实践中对于恢复原状中的“原状”理解有分歧，一种观点认为，恢复原状就是恢复到装饰装修之前的房屋完好状态；另一观点认为，应当恢复到签订租赁合同之前的房屋状态。我们认为，对于恢复原状应当区分不同情况具体分析。

如果合同期满终止，此时装饰装修物因承租人拆除而毁坏，则承租人应当将毁损部分修复至符合按照约定或者租赁物的性质使用后的状态。依据为《合同法》第二百三十五条规定：“租赁期间届满，承租人应当返还租赁物。返还的租赁物应当符合按照约定或者租赁物的性质使用后的状态。”因为租赁合同的目的，是以承租人使用、收益租赁物为内容，在承租人依约定的方法或根据租赁物的性质所确定的方法使用、收益租赁物过程中，难免会使租赁物发生变更或者损耗，此时若要恢复到签订租赁合同之前的状态则不现实。至于如何把握“符合按照约定或者租赁物的性质使用后的状态”，则应由法官在具体案件中综合考量。

如果合同解除，承租人因拆除装饰装修物而毁损房屋需要恢复原状的，则应当恢复至安装装饰装修物之前。虽然在合同解除之前承租人可能已经使用房屋了，也会产生一定的自然损耗，但鉴于合同解除的情况比较复杂，解除时间不易把握，为便于操作，因此将房屋恢复至装饰装修之前比较合理。毕竟，有些承租人并非在签订租赁合同伊始就对房屋予以装饰装修，有可能使用一段时间后再行装饰装修，如果此种情况也要求恢复至签订租赁合同之时，也有失公允。

二、承租人因拆除装修物造成房屋毁损，出租人不要求恢复原状而要求赔偿损失的如何处理

本条司法解释规定承租人因拆除装修物而造成房屋毁损的，承租人应当恢复原状；对于是否需要赔偿损失，则没有提及。如果出租人不要求承租人就毁坏的房屋予以恢复原状或者根本就不相信承租人能够将房屋恢复原状，而执意要求承租人赔偿损失，由其自己去修复，一般情况下应当支持。这是因为，承租人损坏房屋已构成对出租人的侵权，根据《民法通则》第一百三十四条第一款的规定，承担民事责任的方式主要有十项，其中第（五）项是恢复原状，第（七）项是赔偿损失，二者为并列关系。因此，当出租人要求承租人赔偿其因房屋受损的损失时，也是承租人承担责任的一种方式，并无不妥。特别是在未经出租人同意的情况下的装饰装修，根据《合同法》第二百二十三条规定，出租人可以要求承租人恢复原状或赔偿

损失。可见，出租人不要求承租人恢复原状而要求赔偿损失也是有法律依据的。对于赔偿数额的认定，应当由当事人双方进行协商，如果协商不成，则应通过法院委托评估的方式予以确定。当然，如果出租人既要求承租人恢复原状又要求赔偿损失，则不予支持。

第十一条 [合同解除时形成附合的装饰装修物的处理]

承租人经出租人同意装饰装修，合同解除时，双方对已形成附合的装饰装修物的处理没有约定的，人民法院按照下列情形分别处理：

（一）因出租人违约导致合同解除，承租人请求出租人赔偿剩余租赁期内装饰装修残值损失的，应予支持；

（二）因承租人违约导致合同解除，承租人请求出租人赔偿剩余租赁期内装饰装修残值损失的，不予支持。但出租人同意利用的，应在利用价值范围内予以适当补偿；

（三）因双方违约导致合同解除，剩余租赁期内的装饰装修残值损失，由双方根据各自的过错承担相应的责任；

（四）因不可归责于双方的事由导致合同解除的，剩余租赁期内的装饰装修残值损失，由双方按照公平原则分担。法律另有规定的，适用其规定。

条文主旨

本条规定了房屋租赁合同解除时附合装饰装修费用的处理原则，主要从违约责任角度确定附合装饰装修费用的承担主体。

背景依据

对于房屋租赁合同解除时，构成附合的装饰装修物如何处理问题，我国现行法律没有作出规定。在司法实践中，处理此类问题的主要依据是《最高人民法院关于贯彻执行〈中华人民共和国民法通则〉若干问题的意见（试行）》第86条“非产权人在使用他人的财产时增添附属物，财产所有人同意增添，并就财产返还时附属物如何处理有约定的，按约定办理；没有约定又协商不成，能够拆除的，可以责令拆除；不能拆除的，也可以折价归财产所有人；造成财产所有人损失的，应当负赔偿责任”以及《合同法》第二百二十三条“承租人经出租人同意，可以对租赁物进行改善或者增设他物。承租人未经出租人同意，对租赁物进行改善或者增设他物的，出租人可以要求承租人恢复原状或者赔偿损失”的规定。

随着社会经济发展，人民生活水平的提高，在房屋租赁中，对房屋装饰装修要求越来越高，装饰装修价值越来越大，在房屋租赁合同解除时，关于租赁房屋的装饰装修物的纠纷也越来越多。按照装饰装修物与房屋的结合程度，可以将装饰装修物分为附合的装饰装修物（已与房屋结合在一起，非毁损不能分离或分离花费巨大）和非附合的装饰装修物（未与房屋完全结合，可分离）。在司法实践中，由于缺乏明确规定，各地对于房屋租赁合同解除时，装饰装修物的处理千差万别。有的法院处理时，不区分装饰装修是否构成附合；有的法院则不管出租人是否同意利用装饰装修，等等。针对实践中混乱不一的做法，为保证法律统一实施，平等保护当事人利益，本条司法解释专门规定了经出租人同意的情况下，构成附合的装饰装修物的处理。

条文理解

适用本条司法解释要具备两个前提，其一是承租人所做附合的装饰装修经出租人同意；其二是房屋租赁合同解除时出租人和承租人没有约定如何处理附合的装饰装修物。准确理解本条解释的含义应把握以下几方面：

一、如何理解剩余租赁期内装饰装修残值

在本条司法解释的四项规定中，均涉及了“剩余租赁期内装饰装修残值”，因此，理解“剩余租赁期内装饰装修残值”的含义，对于正确适用本条司法解释的规定具有重要意义。

本条司法解释规定的“剩余租赁期内装饰装修残值”是指在房屋租赁合同履行期限届满前解除合同，附合的装饰装修物在剩余的租赁期限内尚存在的价值。

在一般情况下，承租人对于租赁房屋进行装饰装修，不仅会考虑租赁房屋的用途和其个人需求，而且会主要考虑租赁期限的长短，即承租人会根据其对房屋的租赁期限对所租赁的房屋进行适当装饰装修。对于租赁期限较长的房屋，承租人可能会投入较大的装饰装修费用，而对于租赁期限较短的房屋，承租人可能只做一般的装饰装修或者不做装饰装修。构成附合的装饰装修物价值体现在租赁房屋之中，承租人对租赁房屋的使用即同时享用了附合的装饰装修物的价值。因此，一般而言，承租人在房屋租赁合同约定的租赁期限履行完毕后，完全使用了租赁房屋，也就同时完全享用了附合的装饰装修物的价值。当房屋租赁合同履行期限届满以后，附合的装饰装修物价值对于承租人来说，已经在租赁期限内使用完毕，即房屋租赁合同

期限届满后，附合的装饰装修物对于承租人已完全丧失了使用价值。因此，在房屋租赁合同履行期限届满时，出租人不用对附合的装饰装修予以补偿，但是，出租人自愿补偿的，另当别论。这里需要指出的是，房屋租赁合同期限届满，附合的装饰装修物价值为零是对于承租人而言，但对于附合的装饰装修物本身而言，可能仍具一定价值，只是在房屋租赁合同期满处理时作为零价值，出租人不需对承租人作出补偿。这样处理的目的在于促进节约，避免浪费，防止承租人借口豪华装饰装修而要求出租人给予补偿。如果承租人不顾租赁期限，一味追求豪华，进行所谓“奢侈”装饰装修，在租赁合同履行期限届满时，借口“奢侈”装饰装修仍有较大价值，而请求出租人予以补偿，应不予支持。

但是，在房屋租赁合同履行期限届满前，出租人和承租人解除房屋租赁合同时，由于房屋租赁合同履行期限未满，承租人对其按原约定履行期限投资的附合于房屋的装饰装修物的价值并未完全享用，即在剩余租赁期内附合的装饰装修物还存在一定的价值。如何界定和处理剩余租赁期内附合的装饰装修物的价值，是本条司法解释规定的宗旨。

本条司法解释将出租人和承租人在房屋租赁合同履行期限届满前解除合同，剩余租赁期内附合的装饰装修物的价值称为剩余租赁期内装饰装修残值。

如何确定剩余租赁期内附合的装饰装修价值？我们认为，基于上述关于承租人在房屋租赁合同约定的租赁期限履行完毕后，完全使用了租赁房屋，也就同时完全享用了附合的装饰装修物的价值，当房屋租赁合同履行期限届满以后，附合的装饰装修物价值承租人已经在租赁期限内使用完毕，承租人不能再请求出租人给予补偿的观点，承租人按照租赁期限享用附合的装饰装修物的价值，就应当在租赁期内分摊装饰装修的费用。因此，确定剩余租赁期内附合的装饰装修价值应根据房屋租赁合同约定租赁期限，将装饰装修费用平均分摊，计算房屋租赁合同解除时剩余租赁期内附合的装饰装修价值。这样对于出租人和承租人双方都较为公平。在司法实践中，出租人和承租人往往对于承租人附合的装饰装修投资数额无法达成一致，人民法院应当委托专门鉴定机构对承租人用于附合的装饰装修费用作出鉴定。

二、如何处理剩余租赁期内装饰装修残值

关于如何处理剩余租赁期内装饰装修残值问题，本条司法解释根据房屋租赁合同解除的四种情形分别作出了规定。

（一）因出租人违约导致房屋租赁合同解除时，剩余租赁期内装饰装修残值的处理

《合同法》第一百零七条规定："当事人一方不履行合同义务或者履行合同义务不符合约定的，应当承担继续履行，采取补救措施或者赔偿损失等违约责任。"此条确定了我国合同法上的违约责任。违约责任，是指合同当事人因违反生效合同约定的义务而应承担的法律后果或者说是民事法律责任。违约责任制度是合同法中一项极其重要的制度。在发生违约时，通过追究违约方的违约责任，使守约方的损失得到补偿，使违约方受到相应的制裁，从而保护合同当事人的合法权益，维护社会经济秩序。违约责任具有以下特点：（1）违约责任是合同当事人违反合同义务所产生的责任，这包含两层含义：①违约责任产生的基础是当事人之间存在有效的合同关系，若当事人之间不存在合法有效的合同关系，则无违约责任；②违约责任是以违反合同义务为前提，没有违反合同义务的行为不承担违约责任。（2）违约责任具有相对性。违约责任的相对性，是指违约责任只能在特定的当事人之间产生，合同关系以外的第三人，不负违约责任。（3）违约责任具有补偿性，违约责任主要是一种财产责任，违约责任的主要目的在于补偿合同当事人因违约行为所遭受的损失。合同法所确认的违约责任内容即继续履行合同、采取补救措施、赔偿经济损失，都体现补偿性。（4）违约责任可约定性，根据合同自愿原则合同当事人可以在合同中约定承担违约责任的方式、违约金的数额等。

按照《合同法》关于违约责任的规定，出租人违约导致房屋租赁合同解除，致使承租人无法按照租赁合同约定的租赁期限使用房屋，也就不能完全享用附合的装饰装修价值。因此，对于承租人无法享用的剩余租赁期内附合的装饰装修价值，出租人应当承担违约责任，予以赔偿。

这里需要注意的是，出租人违约并不必然导致租赁合同解除，只有出租人的违约行为符合合同约定的解除的条件或者出租人的违约行为符合《合同法》第九十四条规定的法定情形，才能解除合同。

出租人因违约导致租赁合同解除，除了承担赔偿承租人剩余租赁期内装饰装修残值外，如给承租人造成其他损失的，还应承担其他违约责任。

（二）因承租人违约导致房屋租赁合同解除时，剩余租赁期内装饰装修残值的处理

1. 因承租人违约致使合同解除，承租人的损失由其自行承担

根据《合同法》第一百零七条规定，承租人违约同样应承担违约责任。在房屋

租赁合同履行期限届满前，因承租人的违约行为导致房屋租赁合同解除，承租人未能按照合同约定的履行期限使用租赁房屋，也就不能完全享用附合的装饰装修价值。但这种情况是承租人自身违约行为造成的，对不能完全享用的附合的装饰装修价值的损失只能由承租人自行承担，出租人作为守约方，没有义务对承租人的损失负责。因此，因承租人违约行为导致房屋租赁合同解除，承租人请求出租人赔偿剩余租赁期内装饰装修残值的，不应予以支持。如果承租人违约导致房屋租赁合同解除，承租人请求出租人赔偿剩余租赁期内装饰装修残值得到支持，就等于违约行为受到保护，守约行为受到制裁，与《合同法》第一百零七条规定违约责任相悖。本条司法解释依据《合同法》第一百零七条规定的违约责任原则，规定承租人违约导致租赁合同解除，由承租人自行承担租赁期内装饰装修价值的损失。还必须注意的是，这种情况下，如果承租人的行为给出租人造成了损失，还应当赔偿出租人的损失。

2. 出租人同意利用装饰装修的，予以适当补偿

承租人虽然因自身过错而不能继续享受剩余租赁期的装修利益，责任自负。但是，并不排除在承租人违约导致房屋租赁合同解除的情况下，出租人与承租人经协商达成一致后，由出租人对承租人予以适当的补偿。本条同时又规定，出租人同意利用承租人装饰装修的，应当在其利用装饰装修物的价值范围内给予承租人以适当补偿。这体现了民法中当事人意思自治原则。也就是说，在承租人违约导致合同解除的情况下，承租人能否获得补偿的主动权完全交于守约方出租人行使，因此，本条司法解释规定在承租人违约导致房屋租赁合同解除，出租人是否给予承租人补偿，取决于出租人是否同意利用，即出租人同意利用的，给予补偿，出租人不同意利用的，不予补偿。这里应注意“在利用价值范围内”的界定，在承租人违约导致房屋租赁合同解除后，出租人同意利用原装饰装修，其补偿原则是适当补偿。这里所说的适当补偿，是指在出租人可“在利用价值范围内”。如何界定出租人“在利用价值范围内”予以补偿。我们认为，应考虑房屋租赁合同解除时剩余的租赁期限，参照上述关于剩余租赁期内装饰装修残值标准予以确定。

（三）因当事人双方违约导致房屋租赁合同解除时，剩余租赁期内装饰装修残值的处理

《合同法》第一百二十条规定：“当事人双方都违反合同的，应当各自承担相应的责任。”违约责任一般是由合同一方来承担，但在双方共同违约的情况下，双方都应承担违约责任，《合同法》第一百二十条就规定了双方违约时的处理。此外，《民法通则》第一百一十三条也同样规定：“当事人双方都违反了合同的，应当分

别承担各自应负的民事责任。”在理论上，根据承担违约责任者是一方还是双方，违约责任可以分为单方责任和混合责任。单方责任，即违约方向守约方承担的违约责任。混合责任，是当事人双方均违反合同，应各自承担相应的责任。单方责任可以是过错责任，也可以是无过错责任，而混合责任只能是过错责任，混合责任根据双方当事人各自的过错程度确定，最终表现为过错程度轻的违约方责任的减轻。

所谓双方违约，是指合同双方当事人分别违背了自己的合同义务。一般认为，双方违约有如下构成要件：第一，双方当事人依据法律和合同规定，必须履行一定的义务。可见双方违约通常适用于双务合同，如房屋租赁合同。对于单务合同来说，仅仅只有一方当事人负有义务，因此，一般不会出现双方违约的问题。第二，当事人双方而不是一方违背了其负有的合同义务。也就是说，双方当事人都分别的违反了合同规定，如果仅有一方违反合同义务，只构成一方违约。第三，双方当事人违背了合同规定的义务。如果仅仅只是违反了法律义务，可能构成双方过错，但不一定构成双方违约。如一方违约后，另一方违反了法律规定的减轻损失的义务，造成损失的扩大。从狭义的违约概念出发，这主要是一个过错问题，由此将导致双方的责任被减轻或免除，但不能认为是双方违约。第四，双方均无正当理由，如果一方行使同时履行抗辩权或不安抗辩权，则不能认为是双方违约。如果当事人就对方违约后，采取适当的自我补救措施，如在出租人拒收租金时，将租金提存等，不能认为是违约。

实践中，产生双方违约的原因主要有以下几种：第一，在双务合同中，双方所负的债务并不都具有牵连性和对价性，它们所负的各项债务有些是相互牵连的，但也有一些双方各自负有合同义务，是彼此独立的。如果他们各自违反这些相互独立的义务，既不能适用同时履行抗辩，也不能适用不安抗辩权，因此，将产生双方违约问题。如在房屋租赁合同中，出租人交付的房屋不符合约定的环境要求，而承租人也没有依照约定征得出租人同意即将房屋转租，双方违反的义务并不具有牵连性，因而构成双方违约。第二，双方均作出了履行，但履行都不符合合同的规定。如出租人依据合同向承租人交付房屋钥匙，承租人也向出租人支付了租金。但出租人交付钥匙的时间与合同约定的不符，承租人支付的租金也违背了合同约定。第三，一方作出履行不符合合同的约定，另一方接受迟延，则双方均违反了合同约定。第四，一方作出的履行不符合合同的约定，而另一方违反了合同约定的不得妨碍对方履行的义务，因而构成双方违约。法律确认双方违约的目的在于要求法官根据双方违约的事实，确定双方各自所应负的责任，这也是符合我国立法关于过错责任的要求。

当房屋租赁合同因承租人与出租人双方违约行为而导致解除时，承租人和出租人应当分别承担违约责任，即出租人和承租人分别按照过各自的过错和违约程度承担相应的违约责任。在出租人和承租人双方违约导致合同解除情况下，如何确定出租人和承租人各自分担的责任，按照本条司法解释规定，应注意把握两个方面：其一是房屋租赁合同解除后，剩余租赁期内装饰装修价值损失；其二是对该剩余租赁期内价值损失的分担。关于因出租人和承租人双方违约导致合同解除，剩余租赁期内装饰装修价值损失问题，我们认为，不能简单按照上述剩余租赁期内装饰装修残值确定。因为在出租人和承租人双方违约导致合同解除的情形下，出租人和承租人均存在违约行为。而租赁合同的解除后，附合于房屋的装饰装修连同房屋一起返还给了出租人，客观上出租人取得附合的装饰装修而获得利益，承租人则不能再利用附合的装饰装修而受到损失。但是，如本司法解释第九条所述，出租人获得该装饰装修并一定获得利益，只有出租人同意利用的部分，才能确定为出租人获得利益。因此，在出租人和承租人双方违约导致合同解除时，应根据出租人是否同意利用，分别确定解除合同剩余租赁期内装饰装修价值。出租人同意利用的，剩余租赁期内装饰装修价值应为剩余租赁期内装饰装修残值减去出租人同意补偿的部分；出租人不同意利用的，剩余租赁期内装饰装修价值就是剩余租赁期内装饰装修残值。关于如何分担该剩余租赁期内价值损失的问题，我们认为，应分别出租人是否同意利用的不同情况，对于出租人同意利用的，将剩余租赁期内装饰装修残值减去出租人同意补偿的部分的剩余价值，由出租人和承租人根据各自过错予以分担；对于出租人不同意利用的，则按剩余租赁期内装饰装修残值，由出租人与承租人按各自过错予以分担。

司法实践中，确定出租人和承租人分担责任时，应当根据双方当事人的违约行为的性质、违约事实、违约原因、主观心态等情节，综合认定双方的过错大小确定，尽可能做到准确、公平、合理。

在处理因出租人和承租人双方均违约导致房屋租赁合同解除的纠纷时，还应当将正当的同时履行抗辩权、不安抗辩权、自我救助等行为从违约中分离出来，而这些恰恰正是对双方违约的适用限制。

（四）因不可归责于当事人双方的原因导致房屋租赁合同解除时，剩余租赁期内装饰装修残值的处理

我国民法中的归责原则有三：一是过错责任原则；二是无过错责任原则；三是公平责任原则。此项主要是涉及公平责任原则。所谓公平责任原则，是指当事人都无过错，在损害事实已经发生又不能适用无过错责任原则的情况下，以公平考虑作

为价值判断标准，根据实际情况和可能，由双方当事人公平地分担损失的归责原则。在日常生活中，有些案件无论适用无过错归责还是过错归责都不能达到令双方当事人满意的公平结果，如果让无任何过错的受害人承担全部损失，无论从法理还是从社会常情上都不易被理解和接受，规定公平责任原则旨在平衡当事人之间的利益，以免利益失衡，公平原则是对合同平等原则及合同自由原则的有益补充。合同平等指的是机会平等、程序平等，或法律地位上的平等，它不关涉合同权利义务的具体内容；合同自由原则也旨在促进当事人的自由选择，凸显主体自由精神，但这些原则如被推向极端，则会走向其反面。真正地实现合同平等与合同自由，仅仅靠这两个原则本身贯行是不切实际的，必须有另外一个原则，以冲淡这两个原则本身的流弊，同时又保持他们的绩效，合同公平原则即为其中之一。

我国民事司法实践中，公平责任原则通常用在当事人对于损害的发生都不应承担民事责任时，依据公平原则由当事人分担责任。公平责任原则是一个独立的归责原则。它不是从行为人的心理状态出发，即不以行为人主观过错人确定其赔偿责任，而是依据社会主义道德的公平观念和人们共同生活规则的要求。公平责任原则并不否定过错责任原则，而是以公平作为归责的价值判断标准，在适用过错责任原则将导致不公平的情况下确定损害的分担问题，以弥补过错责任适用的不足，应当是独立于过错责任原则之外的归责原则。同时，无过错责任原则只适用于特殊侵权案件，且只由一方当事人承担责任，不由双方当事人分担，这也与公平责任原则的适用范围和责任承担方式大不相同。《民法通则》第一百三十二条规定："当事人对造成损害都没有过错的，可以根据实际情况，由当事人分担民事责任。"这是公平责任原则在立法上的体现。

司法实践中，不可归责于当事人双方的原因主要是但不限于不可抗力。根据我国《民法通则》第一百五十三条和《合同法》第一百一十七条规定，不可抗力，是指不能预见、不能避免并不能克服的客观情况。不可抗力既包括某些自然灾害，如水灾、火灾、冰雪灾害、地震等，也包括某些社会事件，如战争、政变、政府行为等。在房屋租赁合同中，如地震致出租房屋倒塌，出租人和承租人双方对于标的物的毁损均无过失，但由于租赁物的毁损、灭失，使得订立房屋租赁合同的目的已经不可能实现，因此，双方当事人均可以主张解除合同。

因不可归责于出租人和承租人双方的原因而导致合同解除，对于合同解除后剩余租赁期内装饰装修价值的损失，按公平责任原则，由出租人和承租人共同分担。

理解本条规定的含义，还应注意本条司法解释规定的"法律另有规定的，适用其规定"。在适用公平责任分担责任时，如果法律另有规定，必须按其规定处理。

审判实务

在司法实践中，还应注意装饰装修与维修的区别的。在房屋租赁合同中，承租人为了改善房屋的使用功能，一般情况下都要对房屋进行装饰装修，对租赁房屋的装饰装修既是承租人权利，也是承租人义务。除非房屋租赁合同另有约定，出租人没有对租赁房屋装饰装修的义务。但是，对租赁房屋的维修却是出租人法定义务。在房屋租赁期间，房屋往往因多种原因有所损耗，需要对房屋进行必要的维修，以保证承租人对房屋的使用、收益。根据《合同法》第二百二十条规定，除当事人明确约定由承租人负责房屋的维修外，出租人应当履行房屋的维修义务。同时，为了避免出租人不履行或拖延履行租赁房屋的维修义务，法律赋予了承租人的维修请求权和自行维修权。《合同法》第二百二十一条规定："承租人在租赁物需要维修时可以要求出租人在合理期限内维修。出租人未履行维修义务的，承租人可以自行维修，维修费用由出租人负担。因维修租赁物影响承租人使用的，应当相应减少租金或者延长租期。"在出租人不履行维修义务的情况下，承租人为了正常有效地使用、收益租赁物，实现租赁目的，有权对租赁物自行维修。当然，承租人的自行维修行为，是法律赋予承租人的一种附条件的权利，而且维修费用也不用其负担，应当由未尽维修义务的出租人来负担并不得拒绝。此外，出租人维修房屋或者承租人自行维修房屋，从而影响承租人使用收益的，承租人可以请求减少租金或者相应地延长租赁期限。

第十二条 ［租赁期间届满时附合装饰装修物的处理］

承租人经出租人同意装饰装修，租赁期间届满时，承租人请求出租人补偿附合装饰装修费用的，不予支持。但当事人另有约定的除外。

条文主旨

本条是对房屋租赁合同履行期间届满情形下，装饰装修费用处理问题的解释性规定。

背景依据

一、起草本条的背景情况

一般认为，在民事法律框架内，财产的归属和流转分别由物权法和债权法调整。尽管两者调整对象不一，但基于民事法律关系的日益复杂性，两者调整对象出现交叉的现象越来越普遍。也即，在规范某些特殊的法律关系方面，既存在债权法的适用空间，也包含着物权法调整的余地。这其中，房屋租赁法律关系就是典型例证之一。房屋租赁法律关系形式上虽以合同之债表现出来，但在合同履行过程中涉及的有关房屋的争议又往往需要运用物权法基本原理加以公平解决。这其中比较常见的就是房屋租赁合同中有关装饰装修物处理的争议。显然，房屋租赁合同中，如果承租人对所租赁的房屋进行装饰装修，一方面可能对出租人的房屋所有权造成侵害；另一方面也可能因装饰装修物在租赁房屋上的固定，而产生不动产的添附问题。因此，在解决这类纠纷的问题上，必须综合运用债权和物权等相关法理。前面我们已经用几个司法解释条文分别对经出租人同意装饰装修后的租赁合同无效、租赁合同违约解除等几类情形中有关装饰装修物的处理作了解释性规定。这些主要还只是在合同无效、合同解除导致合同无法按约定履行完毕这两大前提下进行的讨论。但现实生活中，房屋租赁合同无效或因解除无法按约定履行完毕毕竟还只是少数现象。大多数情形下，房屋租赁合同都会因履行期间届满而终止。此时，有关装饰装修物的缮后处理引发的争议就可能产生。尽管1999年10月1日施行的《合同法》已在第十三章“租赁合同”中用25个条文对租赁合同的一般性适用作了整体规定，但基于法律固有的滞后性和不周延性，已颁行近十年的《合同法》对调整租赁合同尤其是房屋租赁合同中经出租人同意进行的装饰装修产生的法律关系，却只有一个条款[①]作了规定，从该条款可知，《合同法》只规定承租人经出租人同意可以对所租赁的房屋进行装饰装修，但对房屋租赁合同履行届满后的装饰装修物的处理并未作出直接规定。

这种具体法律规范的缺位现象使得在司法实践中，法官只能基于自身对该条文的理解，依据不同法理依据对装饰装修费用的负担在出租人或承租人之间分配。无疑，法官个人法律素养的差异将可能会导致司法裁判结果不确定性地增加，影响到司法裁判尺度的统一。由此可见，如何正确理解适用《合同法》第二百二十三条第

---

① 《合同法》第二百二十三条第一款：“承租人经出租人同意，可以对租赁物进行改善或者增设他物。”

一款的规定处理装饰装修纠纷也是在审理房屋租赁合同案件的司法实践中面临的难点问题之一。为回应实践中日益增多的对房屋租赁合同履行期间届满后的装饰装修物如何处理的司法需求，本司法解释特以专门条文对《合同法》第二百二十三条第一款进行了解释性规定。

二、起草过程中的相关意见和建议

在本条规定起草过程中，对合同履行期间届满的装饰装修物的处理主要有如下意见：

1. 合同履行期间届满，承租人要求出租人对装饰装修费用进行补偿的，人民法院不予支持。但装饰装修按照房屋约定用途进行，且装饰装修物价值较大，对出租人确有利用价值的，出租人应对承租人的损失予以适当补偿。

该意见的主要理由：首先，一般情形下，房屋租赁合同履行期间届满，装饰装修物经损耗后的残值已趋近于零，承租人已无要求补偿的请求权基础；其次，承租人对租赁房屋所进行的装饰装修只是从其自身的使用目的出发，并非为满足出租人对租赁房屋将来利用的需要。该装饰装修甚至还可能导致出租人将来使用或再出租房屋的不便；其三，如果承租人对房屋的装饰装修按房屋约定用途进行，则一般不会贬损房屋将来的利用价值，在此基础上，如果房屋租赁合同履行期间届满后，现存的装饰装修物价值较大，对出租人确有利用价值的，为避免一方得利，另一方受损，从平衡双方利益出发，应规定出租人对承租人的损失予以适当补偿。

2. 合同履行期间届满，承租人要求出租人对装饰装修费用进行补偿的，人民法院不予支持。但装饰装修按照房屋约定用途进行，且装饰装修物价值较大，对出租人同意利用的，应在可利用范围内予以适当补偿。

该意见的主要理由：首先，将“装饰装修物对出租人确有利用价值的”，修改为“对出租人同意利用的”可以防止“确有利用价值”的片面客观化。事实上，装饰装修对出租房屋有无利用价值，不能按一般人的判断标准，只能以出租人实际需求为判断标准。同样的装饰装修，对不同的出租人的效用可能完全不同。比如，商场风格的房屋装饰装修未必就能适用于出租人将房屋出租作为酒吧使用。其次，将“出租人应对承租人的损失予以适当补偿”修改为“应在可利用范围内予以适当补偿”，可以使“适当补偿”标准进一步客观化。将出租人对承租人的补偿限制在出租人可利用价值范围之内，可以避免补偿标准的随意扩大或缩小，也有利于防止出租人因承租人的装饰装修而承担不必要的负担。

3. 合同履行期间届满，装饰装修物可以取回的，由承租人取回；不能取回的，租赁双方对房屋装饰装修物的处理有约定的按约定。没有约定的，在合同履行期间届满后，原则上按不当得利处理，由出租人酌情给予承租人补偿。

该意见的主要理由：首先，应按是否可从租赁房屋上将装饰装修物完好拆除为标准，将其分为可拆除装饰装修物和不可拆除装饰装修物两类。其中，可拆除的装饰装修物所有权属于承租人，房屋租赁合同履行期间届满后，承租人可在不对出租人的房屋造成损害的前提下，基于物权的占有、使用权能，将该装饰装修物从所租赁的房屋上拆除后取回；其次，当该装饰装修物为不可拆除物时，如果双方对此有约定，应尊重当事人的意思自治；再次，如果双方对此没有约定，那么由于该装饰装修物不能取回，已经成为承租人的损失。而出租人得到该装饰装修物，也并无法律或约定原因，故原则上可按不当得利处理。最后，由于该装饰装修物的市场评估价值可能对出租人并非具有完全效用，故在出租人给予承租人补偿的问题上，加上“酌情”二字，赋予法官一定的自由裁量权。

4. 合同履行期间届满，装饰装修物可以取回的，由承租人取回，不能取回的，租赁双方对房屋装饰装修物的处理有约定的按约定，没有约定的，出租人有权要求承租人恢复原状或在向承租人支付相应补偿的基础上，取得装饰装修物。

该意见的主要理由：首先，装饰装修物可以取回的理由请参见上文第三种意见的理由部分，在此不再赘述；其次，规定“出租人有权要求承租人恢复原状”是基于装饰装修物经过租赁期间的使用，已无价值或其价值对出租人并无益处的考量。当装饰装修物造成出租房屋的出租价值贬损时，承租人有义务拆除所租赁房屋的装饰装修物，将房屋恢复原状后，交还给出租人。再次，之所以规定“出租人可在向承租人支付相应补偿的基础上，取得装饰装修物”，主要是从物权法上的添附制度推导得出的结论。房屋的装饰装修物原本是区分于房屋这一不动产的动产，因承租人对租赁房屋的装饰装修行为而添附于房屋这一不动产之上，是典型的动产与不动产之间的附合。从明晰产权，提高物的利用效率出发，应根据物权法有关添附制度的基本原理，确认房屋的出租人可以取得该装饰装修物的所有权。与此同时，从民法公平原则出发，装饰装修物的损失应由出租人相应补偿给承租人。

三、制定本条的依据

房屋租赁合同届满后，如何处理经出租人同意进行的装饰装修形成的装饰装修物问题，从法律角度而言，本质上是如何协调物权法上的添附和债权法上的不当得利之债之间的关系。申言之，从物权法角度而言，房屋租赁合同届满后的装饰装修物如已形成附合，则可以按动产附合于不动产房屋，适用添附原则，由不动产的所有人取得该动产所有权。也即当出租人为房屋的所有权人时可以取得承租人的装饰装修物的所有权。而从债权法的角度来看，房屋租赁合同届满后，如出租人基于添附原则，取得了装饰装修物的所有权，则可能会使承租人因此而蒙受不利，故从学理上有观点认为此时可成立不当得利之债。承租人可以不当得利为由，请求出租人对其损失予以补偿，从而实现两者间利益的平衡。那么承租人是否能按非给付不当得利请求出租人支付相应装饰装修费用呢？对此，各国基于各自国情及立法传统而态度不一。我们在起草本司法解释条文进行调研的过程中也收集到两种截然相反的意见。大多数意见认为，承租人支付装饰装修费用仅为自身利用之目的，主观上并无使出租人受益之目的，而且从日常生活经验及行业惯例可知，装饰装修费用已在租赁期间内消耗殆尽，客观上也并未让出租人因此受益。故装饰装修费用应由承租人自行负担；少数意见认为，承租人有权依据不当得利规则向出租人要求补偿。经对上述意见反复研究，我们最终在广泛调研基础上，综合诚实信用原则、行业惯例等诸多因素后认为多数意见更为合理，并以本条将之确定下来。

四、国内外立法的有关规定

为回应现实对添附制度的迫切需求，各国立法也对添附制度作了相应规定，兹将主要国家对添附制度的有关立法作一比较分析如下。

（一）德国的有关立法

《德国民法典》在第三编“物权法”第三章“所有权”第三节“动产所有权的取得和丧失”中对添附进行了规定。第 946 条规定：“动产附合于土地而成为土地的重要成分的，土地所有权及于该动产。”第 951 条规定：“（1）因第 946 条至 950 条的规定而丧失权利的人，可以依照关于返还不当得利的规定，向因发生权利变更而受利益的人请求金钱补偿，但不得请求恢复原状。（2）关于因侵权行为而发生的损害赔偿义务的规定，以及关于费用偿还和设备取走权的规定，不受影响。在第 946 条、第 947 条的情况下，即使附合非由主物的占有人所引起，也准许依照关于占有人对所有人的取走权的规定而取走。”

另在该法第一编“总则”中对添附中有关“物的重要成分”作了明确规定。第 93 条规定：“物的重要成分”凡物的成分，不毁坏或在本质上改变其中任何一个成分就不能互相分离的（重要成分），不得为特别权利的客体。第 94 条规定：“土地或建筑物的重要成分”。（1）定着于土地和地面的物特别是建筑物，以及与地面连在一起的土地出产物，属于土地的重要成分。种子在播种时，植物在栽种时，分别成为土地的重要成分。（2）为建造建筑物而加进去的物，属于建筑物的重要成分。①

由上可知，在《德国民法典》第 946 条中对动产附合在不动产上构成不动产重要组成部分时，强制规定动产所有权归不动产所有权人。也即动产的原所有权人无权请求将动产取回或拆除。为了便于理解，该法还在第 93、94 条用列举方式对“土地或建筑物的重要成分”的认定作了基本规定。至于因适用添附制度对动产所有人可能产生的损失则通过第 951 条规定以不当得利方式加以补偿。

（二）法国的有关立法

《法国民法典》第二卷“财产以及所有权的各种变更”第二编“所有权”第 546 条规定：“无论是动产还是不动产，一物之所有权对该物所生之一切以及与该物因自然地或人工地附着结合的一切，均产生权利。此种权利称为添附权。”第 551 条规定：“ 与一物结合并与之结成一体的一切，按照以下所定规则，属于所有权人。”第 552 条规定：“土地所有权包括地上所有权与地下所有权。土地所有权人得于地上进行其认为合适的任何栽种与建筑，但‘役权或地役权’编所规定的例外不在此限。土地所有权人得于地下进行其认为合适的任何建筑和发掘，并从此种发掘中得到土地可提供的所有产物；但应当遵守有关矿产的法律与条例以及有关治安之法律和条例规定的变更限制。”第 553 条规定：“地上或地下的任何建筑、栽种物与工程，均推定是由土地所有权人以其费用所为并属于所有权人，但如有相反证据，不在此限；且不妨碍第三人因时效已经取得或可以取得他人建筑物的地下通道的所有权或该建筑之其他任何部分的所有权。”第 555 条规定：“第三人使用属于自己的材料在他人土地上进行的建筑、栽种或工程，土地所有权人有权：或者保留此种建筑、栽种物或工程的所有权，或者强制第三人拆除之，但本条第 4 款之规定保留适用。如土地所有权人要求拆除建筑、工程或铲除栽种物，费用由该第三人负担，第三人不得请求任何补偿；与此同时，第三人还得就土地所有人可能受到的损失被判处损害赔偿。如土地所有人宁愿保留已经进行的建筑、栽种或工程的所有权，应由其选择，向第三人偿还：或者相当于土地所增价值的款项，或者按支付之日计算的材料的成本费用与劳动力费用。计算时，应当考虑到建筑物、栽种物与工程的现状。如地上的建筑、栽种物或工程是由第三人善意而为，因而不会受到返还果实（孳息）之处罚时，虽然该第三人的所有权被追夺，土地所有人仍不得要求拆除此种建筑与工程或者铲除已进行的栽种，但可以选择向该第三人偿还前款所指的

① 陈卫佐译注 ：《德国民法典》（第 2 版），法律出版社 2006 年版。

这种或那种费用。”[①]

由上可知，根据《法国民法典》第546条、第551条，原则上土地所有权人可以取得附合在其上的动产的所有权。只不过在是否允许他人拆除的问题上则有特殊规定如下：对第三人善意使用属于自己的材料在他人土地上进行的建筑、栽种或工程，则根据该法第555条第4款之规定，“虽然该第三人的所有权被追夺，土地所有人仍不得要求拆除此种建筑与工程或者铲除已进行的栽种，但可以选择向该第三人偿还的费用如下：相当于土地所增价值的款项，或者按支付之日计算的材料的成本费用与劳动力费用。计算时，应当考虑到建筑物、栽种物与工程的现状。”由上可知，在承租人善意也即经过出租人同意的情形下，出租人不得要求承租人拆除装饰装修物。

以上虽是对土地等不动产附合问题的一般性规定，但法国最高法院第三民事庭于1970年4月16日作出的裁判中则认为，订立长期租约，其特点是，承租人仅向出租人交纳很低的“使用费”，作为补偿回报，在该租约到期时，出租人即成为承租人于租约期间所进行的建筑的所有权人且不给予任何补偿。这种情况不适用第555条之规定。可见，法国最高法院对房屋租赁合同期间内，承租人进行的建筑的所有权并非适用该法第555条，而是由出租人取得该建筑的所有权并不给予承租人任何补偿。约30年后，法国最高法院的态度发生了变化。法国最高法院第三民事庭，于1999年11月10日作出的裁判中认为，所有权人与承租人之间的关系适用第555条之规定。如不存在决定承租人所实现的工程最后如何处理的协议，仅仅是出租人准许实施工程，并不足以排除第555条的适用。

（三）俄罗斯的有关立法

《俄罗斯联邦民法典》对租赁中出现的添附问题在其第三十四章“租赁”和第三十五章“住房租赁”中作了系统规定。第623条规定：“1. 如果租赁合同没有不同规定，承租人对租赁财产进行的可以分离的改善，归承租人所有。2. 如果承租人以自己的资金并征得出租人的同意对财产进行了改善，而该改善的分离将损害出租财产时，承租人有权在合同终止后要求赔偿这些改善的价值，但租赁合同有不同规定的除外。3. 如果承租人未征得出租人的同意而对出租财产进行了不可分离的改善，则无权要求赔偿改善的价值，但法律有不同规定的除外。4. 对租赁财产的改善，不论可分离的，还是不可分离的，如果是以财产的折旧提成费而进行的，则

① 罗结珍译：《法国民法典》（上册），法律出版社2005年版。

均归出租人所有。”①

由上可知,《俄罗斯联邦民法典》对租赁中出现的经出租人同意的添附,同样按添附是否损害出租财产作了不同规定:第一,对添附物可与租赁财产分离且不会造成租赁财产损坏时,添附物的所有权归承租人;第二,对添附物与租赁财产分离将造成租赁财产损坏时,承租人有权在合同终止后要求赔偿这些改善的价值,但租赁合同有不同规定的除外。

(四)我国立法的相关规定

就在他人之物上附合动产是否构成添附问题,我国立法没有系统规定。只在《物权法》第十二章“建设用地使用权”第一百四十二条规定:“建设用地使用权人建造的建筑物、构筑物及其附属设施的所有权属于建设用地使用权人,但有相反证据证明的除外。”该规定只是间接规定了附合在土地这一不动产上的建筑相关设施所有权原则上归土地使用权人,除非有相反证明。但能否将该条扩大解释为一切附合在不动产上的动产所有权均归不动产所有人,尚有疑问。

条文理解

对本条的理解,应着重把握以下几个方面:

一、如何理解本条中的“经出租人同意装饰装修”

根据《合同法》第二百二十三条第一款:“承租人经出租人同意,可以对租赁物进行改善或者增设他物。”可知,承租人要对所租赁的房屋进行装饰装修,必须经过出租人同意。之所以作出如此规定,主要是由房屋租赁合同的法律属性决定的。在房屋租赁合同中,承租人虽基于租赁合同取得了房屋的使用权,但自始至终并未取得该房屋的所有权,也即所租赁房屋的所有权人一直为出租人。承租人如要对属于出租人所有的房屋进行装饰装修,则必须事先经出租人同意。否则,该装饰装修行为有可能造成对房屋的价值贬损,以至侵害出租人的财产权。鉴于此处所言之侵权行为认定及其法律后果具有同一性,并不受制于租赁合同是否有效、是否解除或履行期间届满,故我们在本司法解释中以第十三条对未经出租人同意的装饰装修的处理作了统一规定。也即,本条适用范围只包括经出租人同意装饰装修情形。相应地,厘清何谓“经出租人同意”对正确理解并适用本条尤为重要。就此,我们

---

① 黄道秀译:《俄罗斯联邦民法典(2006年)》,北京大学出版社2007年版。

认为要重点把握以下几点：

（一）如何认定出租人是否作出同意的意思表示

法律框架内的同意即为意思表示。所谓意思表示是指表意人向他人发出的表示，据此向他人表明，根据其意思某项特定的法律后果应该发生效力。[①] 反映到日常生活中，出租人同意承租人对出租房屋进行装饰装修的意思表示可有书面、口头、电话等多种同意的表现形式。对此，承租人只要在诉讼中能举证加以证明即可。但值得注意的是，现实生活中也存在很多房屋租赁合同签订时极不规范，很多合同条款都未明确，需要在合同履行过程中，通过双方当事人进一步协商而成。在出租人是否同意房屋装饰装修问题上也存在类似情况。经常出现的情形是，承租人在房屋租赁合同履行过程中，为自身需要向出租人征求对房屋进行装饰装修的同意。但出租人基于各种原因，并未对此明确表态。根据《最高人民法院贯彻执行〈中华人民共和国民法通则〉若干问题的意见（试行）》第66条，"一方当事人向对方当事人提出民事权利的要求，对方未用语言或者文字明确表示意见，但其行为表明已接受的，可以认定为默示。不作为的默示只有在法律有规定或者当事人双方有约定的情况下，才可以视为意思表示"之规定，如果出租人虽未对装饰装修事宜明确表示意见，但其行为已经表明其已同意装饰装修的，则可直接认定出租人对装饰装修已经默示同意。至于出租人的同意是事先同意抑或事后追认同意则在所不问。对此，试举两则典型情形加以说明：一是，出租人虽未明确表态，但有证据证明其曾前往装饰装修现场了解情况，并发表如何装饰装修的意见，事后对此也未提出反对意见；二是，出租人虽未明确表态，但根据双方约定房屋出租用途及所出租房屋的现状，可推知承租人必然要进行装修才能达到租赁目的。例如，租赁毛坯房开酒店、宾馆，出租人应该知道必定要装修，所以应推定出租人已经默示同意装修。反之，如果出租人知道承租人有装饰装修行为后，未明确表示意见且无任何行为足以表明其已接受的，则不得认为出租人已经默示表示同意。

（二）如何正确理解"同意"的意思表示范围

在出租人作出同意承租人进行装饰装修的意思表示前提下，仍有以下两点需要进一步明确：第一，出租人对承租人装饰装修的概括性同意是否包括对承租人任意装饰装修行为的授权。现实中，经常会出现出租人同意承租人对出租房屋进行装修但未明确说明允许装饰装修的范围和程度。一旦事后因装饰装修事项发生纠纷，则双方往往会就同意装饰装修的范围和程度各执一词。对此，我们认为，应以房屋类

① 卡尔·拉伦茨：《德国民法通论》（下册），王晓晔等译，法律出版社2003年版，第451页。

型作为主要判断标准，并结合租赁合同中双方约定的出租房屋用途、出租人作出同意意思表示时的装饰装修进展情况等诸多因素综合加以判断同意的范围。一般而言，房屋按用途可分为住宅用房屋、工业用房屋和商业用房屋等类别。如果双方未对装饰装修的工艺方法、装饰装修的面积等事先作出明确约定，则一般应认为出租人对装饰装修的同意应仅限于出租房屋的通常用途可能涉及的范围。如果出租人对承租人的装饰装修是实行事后同意，则还应综合出租人作出同意意思表示时承租人装饰装修的进展情况加以把握。这是因为。此时承租人期望的装饰装修范围和程度可能已通过现场陈列等方式为出租人所知晓，出租人在明知其装饰装修可能的后果情形下，仍作出同意其装饰装修的意思表示。故可考虑认定其已对承租人的装饰装修范围加以确认。第二，承租人在租赁期间内对租赁房屋多次进行装饰装修是否每次均要经出租人同意。现实装饰装修纠纷中经常出现的情况是承租人经出租人同意进行装饰装修后，又因房屋使用目的的改变，未经出租人同意再次进行装饰装修。此时，出租人能否主张其再次装饰装修未经其同意而主张要求恢复原状或赔偿损失？对此，我们认为，除非双方当事人对此另有约定，否则，出租人对承租人装饰装修的同意一般应该被看作是一种租赁合同期限内的概括性、持续性授权。其理由在于，其一，这是由房屋装饰装修的特点决定。房屋装饰装修的时间一般较长，其间经常可能出现装修装饰的返工、重作甚至装饰装饰风格的整体改变。因此，现实中有时很难区分是两次装饰装修还是一次装饰装修的延续；其二，从日常生活经验而言，既然出租人同意承租人进行装饰装修，也就意味着允许承租人基于装饰装修需要而对出租房屋进行处分。这种处分的可能后果，并不因装修装饰的次数多少而有实质区别。其三，在房屋租赁合同的很多情形中，虽然双方都未用条款明示，但从承租人缔约目的、支付的租金对价以及出租房屋的现状均可推知，对出租房屋在合同约定的房屋用途范围内进行多次装饰装修本身就是合同的默示条款；其四，对于合同履行期间较长的房屋租赁合同而言，出租人的概括同意也会给承租人合理预期，使其有理由相信约定范围内的多次装饰装修本身也在出租人概括同意的辐射范围之内。否则，出租人完全可以通过特别声明要求承租人对每一次装饰装修事先都应经其同意。这里还应注意的是，对“经出租人同意”中的“同意”二字解释不能无限扩大。这是因为对当事人意思表示的解释必须斟酌交易习惯，探究当事人的真意，而不得拘泥于词句的字面意义。也即这里的“同意”一般只能按日常生活经验理解，限定在出租房屋的通常用途可能涉及的范围。如果没有特别明示，一般不能理解为同意承租人对所租赁房屋进行改变房屋建筑主体、承重结构的装饰装修。否则，只能依据本司法解释中有关出租人的合同解除权部分的规定处理。

二、如何理解"承租人请求出租人补偿附合装饰装修费用的，不予支持"

从前文介绍的《德国民法典》第946条及第951条规定可知，德国立法支持动产失权人向附合该动产的不动产所有权人以不当得利为由主张补偿。其立法宗旨当为平衡两者间的利益关系。该立法思维也被日本等传统大陆法系国家民法所沿袭。[①]为此，在本条司法解释起草过程中，曾有观点认为，承租人对由其出资并已与租赁房屋形成附合的装饰装修物，应参照上述德国、日本等国的立法明确承租人与出租人之间构成法定不当得利之债。对此，我们几经斟酌后认为，房屋租赁合同中的装饰装修物的处理，有其特殊性，不能机械适用不当得利之债解决该问题。因此，本条文最后并未采用上述立法模式，而是规定承租人不可向出租人要求补偿装饰装修费用。

（一）不当得利之债的基本法理阐释

《民法通则》第九十二条规定："没有合法根据，取得不当利益，造成他人损失的，应当将取得的不当利益返还受损失的人。"对该条的学理解释，通说认为应属传统债法上的不当得利之债。传统民法上，将不当得利与合同、无因管理、侵权行为等并列为债的四大发生原因。一般而论，不当得利请求权是因"无法律上之原因而受利益，致他人受损害"的事实（事件）而发生，至于造成该事实的原因是因自然人行为抑或自然事件所导致则在所不问。即便是基于人的行为而产生的，也不以当事人具有行为能力为前提。例如未成年人或禁治产人均可因其得利无法律上原因，而可成立不当得利。从历史渊源而言，不当得利请求权是由罗马法演化而来。大陆法系的主要国家很早就对其进行立法规定并加以研究。按一方受益致使另一方受损是否有法律上的原因，学界对不当得利的分类向来有统一说和非统一说两种对立的观点。统一说认为一切不当得利的基础，应有其统一的概念，因而所谓无法律上的原因，亦应有其统一的意义，得对任何情形的不当得利作统一的说明。而非统一说则认为各种不当得利各有其基础，不能求其统一，因而对于不当得利的构成要件亦难为统一的说明，而应就各种不当得利分别判断。以非统一说为基础，学者王

---

① 参见《日本民法》：

第242条 【不动产的附合】

不动产的所有人，取得作为其不动产之从的附合物的所有权。但是，不妨碍他人因权原而使其物附属的权利。

第248条 因适用前六条规定而受损失者，可以依第七百零三条及第七百零四条的规定，请求偿金。

第703条 【善意受益人的返还义务】

无法律上的原因，因他人财产或劳务利益并使他人受损失者，于该利益存在的限度内，负返还义务。

泽鉴将不当得利类型化为给付不当得利和非给付不当得利。给付不当得利系基于受损人的给付，其目的在于矫正给付当事人之间欠缺给付目的（自始欠缺目的、目的不达、目的消灭）的财货变动；而非给付不当得利系基于行为（受益人、受损人、第三人的行为）、法律规定或事件。就其内容言，更可分为侵害他人权益不当得利，支出费用偿还不当得利，及求偿不当得利。[①] 学理而言，非给付不当得利请求权的成立要件：第一，基于非给付原因而受利益；第二，致使他人因此受有损害；第三，无法律上的原因。对照非给付不当得利请求权的成立要件，显然，他人动产添附于不动产之上，经常会使动产所有人产生非给付型不当得利请求权。其理由在于：首先，不动产所有人通过添附取得了所添附之动产所有权，从而获得了利益；其次，原动产所有权人因此失去动产所有权，受有财产损害；再次，不动产所有人取得该动产时并无法定或约定之原因。

（二）租赁合同中承租人不得主张不当得利请求出租人补偿已形成附合的装饰装修费用

尽管如上文所述，动产附合于不动产时，动产原所有人可以不当得利为由向不动产所有权人主张补偿，但我们认为，房屋租赁合同中涉及的装饰装修不符合非给付型不当得利的构成要件。其理由如下：

首先，虽然承租人在所租赁的房屋上进行装饰装修，客观上形成了装饰装修物与房屋的添附，但该添附物未必使出租人因此受益。这是因为装饰装修是否对出租人有价值，主要取决于两点：一是，出租人对房屋的将来使用性质。显然，房屋租赁合同期间届满前，承租人对所租赁房屋的装饰装修只是为便利于实现自己的租赁目的，并无增加出租人将来出租房屋价值之目的。因此，其装饰装修的风格很难说会有助于提升出租人对房屋的将来的使用价值，甚至还可能因此而降低出租人将来的房屋收益水平。二是，装饰装修物的残值。根据行业惯例和交易习惯，装饰装修物的折旧率为每年20%左右。即经过承租人的长时间使用，房屋装饰装修物的价值均已磨损、老化或落后，租赁合同期满后，很难说该物对出租人将来使用房屋还有积极意义上的功效。

其次，承租人也并非因此而一定受损。任何投资皆有风险。理性的承租人在对租赁房屋进行装饰装修时，自然也考虑过装饰装修物将来的处理问题。根据诚实信用原则，承租人既然在明知该装饰装修物将来很难拆回，无法收回残值的情况下，仍愿意进行装饰装修，可见其已将该费用作为实现租赁合同目的的必要成本在合同

---

① 王泽鉴：《债法原理（二）不当得利》，中国政法大学出版社2002年版，第24~31页。

期内分摊完毕。否则，其必定会事先对合同期满后的装饰装修费用承担问题与出租人进行特别约定。

最后，退一步而言，即便事实上出租人取得装饰装修物所有权使承租人受损，该取得行为也有法律上的给付原因。在基于给付以外事由而受益之情形，是否有法律上之原因，通常虽以受领人是否有取得此项权益之权利为断，唯受益系直接基于法律之规定者，则应以法律是否有使受益人实质终局地取得该利益为判断标准。[①] 如果是想让受益人最终得到该利益，以维持该财产现有状态为目的时，则不成立不当得利。显然，在租赁合同纠纷中，双方当事人在合同中并未明确装饰装修物的最终归属。因此，如何判断该物的归属，应结合《合同法》第六十一条“合同生效后，当事人就质量、价款或者报酬、履行地点等内容没有约定或者约定不明确的，可以协议补充；不能达成补充协议的，按照合同有关条款或者交易习惯确定”的规定来判断。从房屋租赁的交易惯例、承租人对租赁房屋的最终收益和装饰装修物的有效利用等诸多方面来考虑，应可推定双方已就合同履行期间届满后该物归出租人所有达成了默示的约定。因此，可根据该法条认定出租人取得装饰装修物的所有权具备法律上的根据。

审判实务

在审判实务中，有以下问题值得注意：

一、承租人可在不损害出租人合法权益的前提下拆除并取回未形成附合的装饰装修物

一般而言，房屋的装饰装修物按是否可事后拆除分为两类：（1）可拆除的装饰装修物，例如：窗帘、灯具、壁橱等；（2）不可拆除的装饰装修物，例如：墙漆、地板、内部格局等；对上述不可拆除的装饰装修物我们一般可适用动产附合于不动产的添附原则，由出租人取得该装饰装修物所有权。所谓添附，是指原本归属于不同所有人的物因某种原因结合在一起，从而形成彼此不可分离的物或具有前所未有特性的新物。从其概念可知，添附制度的核心是使两个分属于不同所有人的物归属于同一人所有。从添附的学理分类来看，添附者，为附合、混合及加工三者在学术上之总称。因附合、混合为物与物之结合，加工为工作与物之结合，均有添加结合之关系，且俱为动产所有权得丧之共同原因，并有共通之效力，故通说均将三者总

---

① 王泽鉴：《民法学说与判例研究（第四册）》，中国政法大学出版社2005年版，第203页。

称为添附，而予以合并说明。[①] 这里所言之附合又可往下细分为动产附合和不动产附合两种。不动产附合一般是指动产与他人不动产紧密结合为一体，事实上成为不动产的重要组成部分，而丧失其独立属性。不动产附合的构成要件主要有三：一是必须动产附着于不动产之上，即被附着者为不动产；二是动产已成为不动产的重要组成部分。所谓重要组成部分，可理解为："二物的结合具有持续性，非经毁损或变更其固有性质而不能分离。"这里所言"结合具有持续性"，是说明该动产的附合，必须维持相当长时间而非临时附合于不动产。例如安装在房屋内的煤气管道等。而"非经毁损或变更其固有性质而不能分离。"一般则指该动产附合于不动产后，很难将之再与不动产分离，即便能加以分离也将破坏动产的原有经济价值或使用属性。例如在不动产上粉刷之油漆等。三是动产与不动产附合前分属不同人所有。如果动产和不动产均属于同一人所有则不可能出现不动产所有人添附取得他人动产的问题。

由上可知，添附理论的目的，一是为解决一物分属不同所有人不利于所有权稳定的情况，二是为了充分地实现物的使用价值和经济价值。因而在现代法制之下，法律通常规定由一人取得添附物的所有权，而不必恢复原状，使添附物能成为社会经济财富而继续存在，当事人之间纵有恢复原状的特约，也应理解为违背公共秩序而无效。[②] 因此，作为大陆法系国家物权立法普遍规定了所有权取得制度，添附对于明晰所有权归属，提高物的经济价值，降低交易费用具有重要作用

将添附引入房屋租赁合同期间届满后的装饰装修物归属纠纷中可知，承租人经出租人同意，用自有材料对租赁房屋进行装饰装修形成的装饰装修物如果已成为房屋的重要组成部分，无法完好拆除，则从学理而言，可适用动产附合于不动产的添附规则，由不动产所有人也即出租人取得该装饰装修物的所有权。

但对于可完好拆除的装饰装修物，因其并未与房屋形成添附关系，故出租人并不能取得该物之所有权。也即，该可拆除装饰装修物的所有权仍属于承租人，承租人有权在不损坏房屋的前提下，从租赁房屋取回该装饰装修物。这一点也为国外立法所确定，如《意大利民法典》。该法以装饰装修物是否能拆除为区分标准，作了不同规定。相关具体条文如下：

第 1592 条规定：" 除法律或者惯例的特殊规定外，承租人对租赁物所进行的改良没有求偿权（975、985、1150）。但是如果出租人同意的，出租人应当在改良

---

① 谢在全：《民法物权论》，中国政法大学出版社 1999 年版，第 254 页。

② 梁慧星主编：《中国物权法研究》（上），法律出版社 1998 年版，第 532 ~ 533 页。

费用额与返还时的有效价值之间选择金额较低的一项给予偿付。”

第1593条规定：“在租赁物上实施添附的承租人（975、986、1150），在不损害租赁物的条件下，有权于租赁终止时将其拆除，但是所有权人愿意保留该添附物的情况除外。在该情况下，出租人应当就改良费用与返还时添附物的价值之间选择金额较低的一项交付给承租人。

添附物不能无损地被分离开并构成改良部分的，应当遵循第1592条的规定。”①

由上条文可知，《意大利民法典》对是否允许将租赁物上的添附物拆除根据添附物拆除可能造成的后果作了不同规定：

第一，拆除添附物不会损害租赁物本身的价值的情况。根据该法第1593条可知，如果拆除添附物不会损害租赁物本身的价值，则原则上允许承租人于租赁终止时将其拆除，但承租人的拆除权应受到所有权人（一般为出租人）保留权的限制。

第二，添附物不能无损地被分离开并构成改良部分的情况。根据该法第1593条第2款可知，此种情形下应按第1592条处理。也即，除法律或者惯例的特殊规定外，承租人对租赁物所进行的添附费用没有求偿权。但是如果出租人同意的，出租人应当在添附物价值与返还时的有效价值之间选择金额较低的一项给予偿付。也即，对形成添附的装饰装修物承租人没有费用求偿权，除非是出租人自愿支付该费用。

综上所述，承租人对可拆除的装饰装修物仍保有所有权，有权从租赁房屋上将其拆除取回。对此，出租人不得以添附取得所有权作为抗辩理由。但承租人在拆除该物时，不得造成房屋的任何毁损。否则，出租人可以侵权为由，依据本司法解释第九条之规定要求承租人承担相应责任。

二、出租人对已经形成附合的装饰装修物无权要求承租人恢复原状或赔偿损失

司法实践中，经常会出现出租人提出主张，要求承租人恢复原状或赔偿损失以抗辩承租人有关补偿装饰装修费用的情形。对出租人的上述主张，我们认为不应支持。其理由在于：

首先，承租人的装饰装修是经出租人同意而为，不构成承租人对出租人房屋的侵权。尽管装饰装修物可能会对出租人对房屋的将来财产权的行使可能造成诸多限制，但这种对财产权的限制是经出租人同意而为，应被看作出租人对自己财产的一

---

① 费安玲等译：《意大利民法典》（2004年），中国政法大学出版社2004年版。

种处分方式。也即承租人对房屋的装饰装修行为不具有可归责性。进而，承租人的行为因不具备侵权行为的主观构成要件，而不能认定为侵权行为，自然出租人不能以侵权为由要求承租人承担恢复原状或赔偿损失的责任。

其次，承租人没有义务将装饰装修物恢复原状。前文已述，租赁合同期间届满，出租人根据添附基本原则取得了附合的装饰装修物的所有权。既然该物的所有权人为出租人，那么对该物如何处分，均应由出租人决定，他人不得干涉。在双方事先没有约定的情形下，出租人也无权要求他人替其拆除已为其所有的装饰装修物。

再次，从比较法的角度看，在事先经出租人同意的情形下，出租人无权要求承租人拆除该装饰装修物的观点，也为很多国家立法所采纳。例如，《法国民法典》第555条规定："第三人使用属于自己的材料在他人土地上进行的建筑、栽种或工程，土地所有权人有权：或者保留此种建筑、栽种物或工程的所有权，或者强制第三人拆除之，但本条第4款之规定保留适用。如土地所有权人要求拆除建筑、工程或铲除栽种物，费用由该第三人负担，第三人不得请求任何补偿；与此同时，第三人还得就土地所有人可能受到的损失被判处损害赔偿。如土地所有人宁愿保留已经进行的建筑、栽种或工程的所有权，应由其选择，向第三人偿还：或者相当于土地所增价值的款项，或者按支付之日计算的材料的成本费用与劳动力费用。计算时，应当考虑到建筑物、栽种物与工程的现状。如地上的建筑、栽种物或工程是由第三人善意而为，因而不会受到返还果实（孳息）之处罚时，虽然该第三人的所有权被追夺，土地所有人仍不得要求拆除此种建筑与工程或者铲除已进行的栽种，但可以选择向该第三人偿还前款所指的这种或那种费用。"① 同样的立法也在《意大利民法典》中可以看到。②

类似条文还有《最高人民法院关于贯彻执行〈中华人民共和国民法通则〉若干问题的意见（试行）》第86条的规定。该条具体内容为："非产权人在使用他人的财产上增添附属物，财产所有人同意增添，并就财产返还时附属物如何处理有约定的，按约定办理；没有约定又协商不成，能够拆除的，可以责令拆除；不能拆除

① 罗结珍译:《法国民法典》(上册)，法律出版社2005年版。

② 《意大利民法典》第936条规定："土地所有人有权保留第三人用自己的材料修建的建筑物、种植的作物或建造的其他工作物，也有权要求第三人清除上述物体。

土地所有人愿意保留上述物体的，可以支付材料费和人工费，也可以支付土地的增值额。

土地所有人提出拆除要求的，拆除的费用应当由建造者承担。建造者还应当被责令赔偿损失。

土地所有人知道并且没有提出异议的，或者第三人是善意完成工作物的，土地所有人不得要求第三人清除建筑物、种植物或者其他工作物。

自土地所有人知道材料混合之日起超过6个月的，不得再提起拆除请求。"

的，也可以折价归财产所有人，造成财产所有人损失的，应当负赔偿责任。”分析该条文可知，在财产所有人同意增添的前提下，就该附属物的处理，实行约定优先原则。在没有约定又协商不成的情况下，对可以拆除的附属物，财产所有人可以要求拆除。这里的“可以拆除”中的“可以”一般理解为拆除既不会导致附属物的经济价值贬损也不会造成主物的价值贬损。反之，所谓“不可以拆除”，是指已经形成附合的附属物从物的有效利用出发，不加以拆除而由财产所有人折价取得其所有权。

第十三条　[承租人擅自装饰装修、扩建费用的处理]

承租人未经出租人同意装饰装修或者扩建发生的费用，由承租人负担。出租人请求承租人恢复原状或者赔偿损失的，人民法院应予支持。

条文主旨

本条是对房屋租赁合同中承租人未经出租人同意进行装饰装修或者扩建发生费用的处理问题的解释性规定。

背景依据

一、起草本条的背景情况

在房屋租赁合同纠纷案件中，经常会涉及装饰装修物如何处理的问题。前面我们已经分别按合同无效、违约解除、合意解除以及合同履行期间届满等不同情形分别讨论了装饰装修物的处理方式。但上述讨论都局限于一个大的前提，也即承租人进行装饰装修，事先取得了出租人的同意。进而，承租人在合理范围内进行的装饰装修、扩建虽然可能会给租赁房屋造成客观损害，但因承租人的行为符合出租人的意愿，故其主观上不存在故意或过失，不符合侵权构成要件，不构成侵权。除此之外，现实中广泛存在着的另一种情形却是承租人进行装饰装修、扩建的行为并未取得出租人同意。对此情形，理论和实务界主流观点都认为构成侵犯出租人的房屋财产权。但在装饰装修、扩建费用的具体承担上，则有不同观点。鉴于日常房屋租赁合同中，承租人未经出租人同意进行装饰装修、扩建的情况具有一定普遍性，我们在起草本司法解释过程中，特意就此问题进行了专门调研，在征求的意见中，大致分为三类：一是既然承租人在装饰装修、扩建的问题上存在主观过错，承租人应对其损失自担责任；二是出租人应分担一部分费用；三是基于物的有效利用考量，不应一概让承租人恢复原状等。由此可见，如何正确理解适用《合同法》第二百二十三条第二款的规定处理装饰装修、扩建纠纷在司法实践中存在较大分歧，这无疑影响了司法裁判权的统一和权威。因此，本司法解释特以专门条文对《合同法》第二百二十三条第二款进行了解释性规定，以期达到减少分歧、统一裁判尺度、便于操作之效果。

二、起草过程中的相关意见和建议

在本条规定起草过程中，对合同履行期间届满的装饰装修物的处理主要有如下意见：

1. 承租人未经出租人同意，对租赁房屋进行装饰装修、扩建，应对由此给出租人造成的损失承担赔偿责任。但出租人如在明知该装饰装修、扩建行为后，仍不采取适当措施制止该装饰装修、扩建行为的，不得对该扩大部分损失，要求赔偿。

该意见的主要理由：首先，承租人未经出租人同意的装饰装修、扩建行为，不属于房屋租赁的正常使用范围，违反了双方房屋租赁合同的约定。因此，承租人应就该违约行为造成的损失向出租人承担赔偿责任。其次，《合同法》第一百一十九条规定："当事人一方违约后，对方应当采取适当措施防止损失的扩大；没有采取适当措施致使损失扩大的，不得就扩大的损失要求赔偿。当事人因防止损失扩大而支出的合理费用，由违约方承担。"由该规定可知，根据诚实信用原则，出租人在知道承租人有违约行为后，应通过当场制止、解除合同收回房屋等措施防止装饰装修、扩建行为对房屋造成进一步损坏。否则，出租人无权就因此而扩大的损失要求承租人承担赔偿责任。

2. 承租人未经出租人同意，对租赁房屋进行装饰装修、扩建的行为造成出租人房屋损害的，出租人有权要求承租人恢复原状或赔偿损失。但承租人的上述行为致使租赁房屋无法恢复原状时，出租人只能要求赔偿损失。

该意见的主要理由：首先，承租人未经出租人同意的装饰装修、扩建行为是对出租人房屋财产权的侵害。为此，承租人应对出租人承担恢复原状或赔偿损失等侵权责任。其次，装饰装修、扩建导致的装饰装修物、扩建结果有可能事实上无法完好拆除。此时，从物的有效利用、恢复原状的可行性等角度考虑，不宜一概让承租人承担恢复原状的责任。因为在此情形中，即便不恢复原状，出租人也可以通过要求赔偿损失的方式，补偿其因被侵权造成的损失。

3. 承租人未经出租人同意，对租赁房屋进行装饰装修、扩建的行为造成出租人房屋损害的，按以下方式处理：

（1）租赁合同无效的，未形成附合的装饰装修物、扩建物，可由承租人拆除；因拆除造成房屋毁损的，承租人应当恢复原状；形成附合的装饰装修物、扩建物的现值由双方当事人按过错分担。

（2）租赁合同解除时，分两种情形处理：一是因承租人违约导致合同解除，出租人有权要求承租人恢复原状或赔偿损失；二是因出租人违约导致合同解除的，出租人因其违约行为也应承担部分责任。

（3）租赁合同履行期间届满时，出租人有权要求承租人返还其因装饰装修、扩建行为所受利益。

该意见的主要理由：首先，承租人不经出租人同意进行装饰装修、扩建是否构成违约，取决于合同是否有效。如租赁合同是无效合同，则该行为只能被认定为侵权，不可以违约主张赔偿。合同无效的侵权责任承担，从平衡双方利益出发应区分装饰装修物是否可拆除进行处理。其次，在租赁合同解除情形中，如因出租人违约解除合同，则在损失赔偿问题上，应考虑过错因素，在双方之间进行责任分担。再次，租赁合同履行期间届满时，承租人已因其装饰装修、扩建获取收益，出租人可因此要求返还不当得利。

三、制定本条的依据

根据《合同法》第二百一十二条“租赁合同是出租人将租赁物交付承租人使用、收益，承租人支付租金的合同”可知，在房屋租赁合同中，承租人有权以支付租金为对价，获得对租赁房屋的使用、收益权。显然，承租人通过合同得到的对房屋一定期限的使用、收益权并非所有权。故承租人对该租赁房屋并无自由处分的权利。这里的使用、收益一般解释为按合同约定用途进行使用、收益，如无合同特别约定，则根据诚实信用原则，承租人应根据房屋自身属性，按其一般用途进行使用、收益。如果房屋租赁合同签订后，承租人未经出租人同意，即在该租赁房屋上进行装饰装修、扩建的行为，一般应被认为违反了合同的约定，构成违约行为，应承担继续履行、采取补救措施或者赔偿损失等违约责任。与此同时，承租人的上述行为，也可能同时构成了对出租人房屋所有权的侵犯。此时将出现承租人的违约行为同时构成侵权行为的情形，即发生民法上最常见的违约责任和侵权责任的竞合。对此，我国立法承认存在该竞合，并以《合同法》第一百二十二条“因当事人一方的违约行为，侵害对方人身、财产权益的，受损害方有权选择依照本法要求其承担违约责任或者依照其他法律要求其承担侵权责任”之规定，明确受损害方有权在侵权责任和违约责任中任选其一向对方提出主张。具体到房屋租赁合同中，当承租方的装饰装修、扩建行为造成出租人的房屋损害时，出租方不管基于何种请求权基础均可向承租人要求其承担恢复原状、赔偿损失等民事责任。至于承租人有关装饰装修费用、扩建费用的支出，是因其违约或侵权行为所导致。承租人对该费用的支出行为属于违法行为，不具备向出租人请求的法律根据。进而，该费用应由承租人自行负担。基于上述考虑，我们在综合分析各种意见后，最终确定了本条文的内容。

四、国内外立法的有关规定

针对在租赁房屋上的装饰装修、扩建问题，各国立法也作了相应规定，试举主要国家相关立法以供参考：

（一）法国法的相关规定

《法国民法典》第二卷“财产以及所有权的各种变更”第二编“所有权”第546条规定：“无论是动产还是不动产，一物之所有权对该物所生之一切以及与该物因自然地或人工地附着结合的一切，均产生权利。此种权利称为添附权。”第551条规定：“与一物结合并与之结成一体的一切，按照以下所定规则，属于所有权人。”第555条规定：“第三人使用属于自己的材料在他人土地上进行的建筑、栽种或工程，土地所有权人有权：或者保留此种建筑、栽种物或工程的所有权，或者强制第三人拆除之，但本条第4款之规定保留适用。如土地所有权人要求拆除建筑、工程或铲除栽种物，费用由该第三人负担，第三人不得请求任何补偿；与此同时，第三人还得就土地所有人可能受到的损失被判处损害赔偿。如土地所有人宁愿保留已经进行的建筑、栽种或工程的所有权，应由其选择，向第三人偿还：或者相当于土地所增价值的款项，或者按支付之日计算的材料的成本费用与劳动力费用。计算时，应当考虑到建筑物、栽种物与工程的现状。如地上的建筑、栽种物或工程是由第三人善意而为，因而不会受到返还果实（孳息）之处罚时，虽然该第三人的所有权被追夺，土地所有人仍不得要求拆除此种建筑与工程或者铲除已进行的栽种，但可以选择向该第三人偿还前款所指的这种或那种费用。”①

由上可知，根据《法国民法典》第546条、第555条可知，不管附合人是否善意，土地所有权人可以取得附合在其上的动产的所有权。如果土地所有人不想获得

---

① 罗结珍译：《法国民法典》（上册），法律出版社2005年版。

该动产所有权，则有权要求第三人拆除，费用由该第三人负担，第三人不得请求任何补偿；与此同时，第三人还得就土地所有人可能受到的损失被判处损害赔偿。

（二）俄罗斯法的相关规定

《俄罗斯联邦民法典》第623条规定：“1. 如果租赁合同没有不同规定，承租人对租赁财产进行的可以分离的改善，归承租人所有……。3. 如果承租人未征得出租人的同意而对出租财产进行了不可分离的改善，则无权要求赔偿改善的价值，但法律有不同规定的除外。4. 对租赁财产的改善，不论可分离的，还是不可分离的，如果是以财产的折旧提成费而进行的，则均归出租人所有。”①

可见，《俄罗斯联邦民法典》对租赁中出现的承租人未征得出租人的同意而对出租财产改善作了两种规定：一是进行了不可分离的改善，承租人无权要求赔偿改善的价值；二是进行了可分离的改善，则分离的改善物归承租人所有。以上两种情况均可通过合同约定排除适用。

（三）日本法的相关规定

《日本民法典》在第二编第三章有关“所有权的取得”和有关“不当得利”的章节中作了规定。第242条规定：“【不动产的附合】不动产的所有人，取得作为其不动产之从的附合物的所有权。但是，不妨碍他人因权原而使其物附属的权利。”第247条规定：“【添附的效果】（一）依前五条规定，物的所有权消灭时，于该物上存在的其他权利亦消灭。（二）前款物的所有人，成为合成物、混合物或加工物的单独所有人时，前款的权利，以后存在于合成物、混合物或加工物上；其人成为共有人时，则存在于其应有部分上。”第248条规定：“因适用前六条规定而受损失者，可以依第703条及第704条的规定，请求偿金。”第703条规定：“【善意受益人的返还义务】无法律上的原因，因他人财产或劳务利益并使他人受损失者，于该利益存在的限度内，负返还义务。”第704条规定：“【恶意受益人的返还义务】恶意的受益人，应返还其所受利益并附加利益。如尚有损害，则负赔偿责任。”第708条规定：“【不法原因给付】因不法原因实行给付者，不得请求返还。但是，不法原因仅存在于受益人一方时，不在此限。”②

由上可见，《日本民法典》通过添附制度和不当得利制度相互衔接的方式，构建添附人与被添附人因添附行为产生的一系列法律关系。其中第242条、第248条明确规定了动产归被添附的所有权人，但动产原所有人可主张请求不当得利之返

① 黄道秀译：《俄罗斯联邦民法典》（2006年版），北京大学出版社2007年版。

② 《日本民法典》，王书江译，中国法制出版社2000年版。

还。其中为限制动产所有人的恶意添附，在第 708 条则明确规定了违法进行添附的，不得请求返还添附物。由此可知，恶意添附人在日本并不能主张不当得利要求返还添附的费用。

条文理解

本条司法解释之前的四个条文分别规范了承租人在经出租人同意进行装饰装修的前提下，合同无效、合同解除、合同终止履行等几种合同形态中的装饰装修物的处理方式。虽然本条只原则规定了承租人未经出租人同意进行装饰装修、扩建的法律后果，但结合前述四条进行体系解释可知，本法条就其适用范围而言，应涵括了合同无效、被撤销、解除、合同履行期间届满等多种可能纠纷类型。下面将就如何理解本条在合同无效、被撤销、合同解除、合同履行期间届满等情形下的适用作一分析：

一、如何理解本条在房屋租赁合同无效、被撤销情形中的适用

所谓合同无效，一般是指当事人双方签订的合同因欠缺生效要件，而不被法律按双方合意内容赋予效力。一般而言，根据《合同法》第五十二条房屋租赁合同无效的原因主要有：首先，一方以欺诈、胁迫的手段订立房屋租赁合同，损害国家利益。比如，在国有房屋租赁合同中，承租人以欺诈、胁迫的方式签订合同以达到不按市场价缴纳租金的目的。其次，出租人、承租人恶意串通，损害国家、集体或第三人利益。在该情形下，双方当事人主观上具有恶意串通的意图，客观上是为以合同方式损害国家、集体或第三人利益。比如，承租人在明知出租人对租赁房屋没有出租权的情况下，仍与其签订租赁合同损害真正房屋权利人的权利。再次，当事人以房屋租赁这一合法形式掩盖非法目的的行为。例如，当事人双方约定明为房屋租赁，实为以出租房屋出资进行非法经营的；最后，租赁合同损害社会公共利益的。

所谓合同被撤销，是指合同一方在符合法定撤销情形时，通过行使撤销权，使合同效力溯及既往地归于消灭。我国《合同法》第五十四条将合同可撤销的原因确定为：（1）因重大误解订立的；（2）在订立合同时显失公平的；（3）一方以欺诈、胁迫的手段或者乘人之危，使对方在违背真实意思的情况下订立的合同。对应该法条，在房屋租赁合同纠纷中，如果因上述法定原因导致合同被撤销，其法律效果与合同无效一致。

虽然合同因法律的否定性评价而无效，但并非意味着不产生任何效力；合同无效后仍会产生赔偿损失等法律效果。对合同无效后的法律效果，我国《合同法》第

五十八条规定："合同无效或者被撤销后，因该合同取得的财产，应当予以返还；不能返还或者没有必要返还的，应当折价补偿。有过错的一方应当赔偿对方因此所受到的损失，双方都有过错的，应当各自承担相应的责任。"由该条可知，在我国目前尚未明确承认物权行为独立性的情况下，返还财产请求权的性质属于物权性质的物上请求权。只有在原物不存在的情形下，才转变为债权性质的不当得利返还。这里的返还财产是以恢复原状为原则，以损害赔偿为例外。恢复原状，是指恢复到当事人签约前的财产状况；这里的不能返还，包括事实上不能返还和法律上不能返还两种情况。事实上不能返还，比如，原物已经灭失或毁损严重无法修复。法律上不能返还则是指给付的财产已被他人善意取得等。而没有必要返还，则是指根据实际情况，双方当事人合意认为不需要返还原物的情况。具体到房屋租赁合同中，当合同无效或被撤销时，出租人有权依据该条要求承租人将房屋返还。也即要求承租人将房屋恢复原状。这意味着承租人有义务将装饰装修物、扩建物拆除后返还房屋给出租人。至于在拆除过程中给出租人造成损失，自应承担相应的侵权赔偿责任。根据过失自担原则，承租人因未经出租人同意进行装饰装修及扩建，存在主观上的过错，应自行负担装饰装修、扩建费用及相关拆除费用。这里要注意的是，实践中，有人认为承租人未经出租人同意实施上述行为，存在过错，故出租人可依据《合同法》第58条后半段"有过错的一方应当赔偿对方因此所受到的损失，双方都有过错的，应当各自承担相应的责任"的规定，请求承租人承担损失赔偿责任。我们认为该理解有误，该条的损害赔偿责任在性质上属于缔约过失责任，而承租人未经同意的装饰装修行为不属于缔约中存在的过失行为，也不是导致合同无效的原因。另外，在合同无效情形下，出租人也不得以违约之诉，要求承租人承担赔偿损失等违约责任。这是因为合同既已无效，自不存在出租人以装饰装修、扩建行为违反合同约定为由，要求承租人承担损失赔偿责任的请求权基础。此时，已不存在违约责任和侵权责任的竞合问题。出租人只能选择通过侵权之债向承租人提出损害赔偿主张。

二、如何理解本条在房屋租赁合同解除情形中的适用

合同解除，一般是指合同成立生效后，一方或双方当事人为使合同关系终止而为意思表示，使未履行部分不必继续履行，已履行的部分依具体情形进行清算的制度。依是否以双方意思表示为必要可分为单方解除和双方合意解除两大类。单方解除是指无需合同双方达成合意，依一方当事人意思表示即解除合同的情形。双方合意解除则是指合同双方当事人就解除合同相关事项达成合意而导致的合同解除。而

如按单方解除的原因是否法定又可将其细分为约定解除和法定解除两类。约定解除是基于当事人事先约定的解除条件成立，而由一方当事人行使解除权而导致合同的解除。法定解除则是符合法定的解除原因（具体原因参见《合同法》第九十四条），而由一方当事人行使解除权所导致的合同解除。虽然合同解除有不同类型，但我国《合同法》第九十七条却对合同解除的法律后果有统一规定："合同解除后，尚未履行的，终止履行；已经履行的，根据履行情况和合同性质，当事人可以要求恢复原状、采取其他补救措施，并有权要求赔偿损失。"这里所言之恢复原状、采取其他补救措施，分别是指实物形态的恢复原状和价值形态的恢复原状。鉴于我国目前并未明确承认物权行为无因性和独立性，故实物形态的恢复原状，应是指合同解除后的所有物的返还义务，而非债权性质的不当得利的返还义务。只有在原物已经灭失或毁损严重的情形下才转化为价值形态的恢复原状，也即本条所言之采取其他补救措施。可见，解除场合的"恢复原状"只是回归到合同签订前的财产状态，并没有涉及合同当事人的履行利益。出于对解除权人合法权益的保护，法条中还规定了当事人"有权要求赔偿损失"。很明显，合同解除场合的损害赔偿，依然是因违约而发生的损害的赔偿，以履行利益（包括合同履行后可以获得的利益）为主，在不发生重复填补问题的前提下，也可以包括其他损害的赔偿（信赖利益、固有利益）。[①] 对此，出租人能否依据该条请求承租人恢复原状或赔偿损失，实务中存有争议。有观点认为应区分不同解除原因而定。在因不可抗力致使不能实现合同目的而导致租赁合同解除的情形中，双方当事人均无导致合同解除的违约行为，故出租人无权适用本条追究承租人的赔偿责任。

对此观点，我们不敢苟同。事实上，承租人未经同意的装饰装修、扩建行为，虽非导致合同解除的根本原因，但无疑该行为已经构成违约，出租人仍可适用《合同法》第九十七条要求其恢复原状、赔偿损失。也即该条所指恢复原状、赔偿损失并非单指导致合同解除的违约行为，还应包括合同履行中，导致另一方固有利益损失的违约行为。值得注意的是，在出租人违约导致的合同解除中，虽然承租人未经出租人同意的装饰装修、扩建行为构成违约，但出租人也存在违约，而且其违约直接导致合同解除。相较而言，出租人的违约行为更为严重。由此，即便出租人依据《合同法》第97条向承租人主张恢复原状、赔偿损失，后者也可以双方均有违约行为为由作为减轻赔偿责任的抗辩。这也符合《合同法》第120条"当事人双方都违反合同的，应当各自承担相应的责任"的规定。至于承租人违约导致合同解除情

① 韩世远：《合同法总论》（第二版），法律出版社2008年版，第480页。

形，则出租人不仅可依据本条司法解释，要求承租人恢复原状或者赔偿损失，也可同时要求适用《合同法》第九十七条赔偿因合同解除带来的履行利益和信赖利益的损失。最后，在双方合意解除情形中，如双方对合同解除后装饰装修、扩建费用的承担有约定的，自可通过约定排除本条的适用。如果没有约定时，根据民事权利放弃不得推定的基本法理，出租人仍可基于《合同法》第97条之规定，要求承租人承担恢复原状、赔偿损失的责任。由上观之，在房屋租赁合同解除情形下，对未经同意的装饰装修、扩建费用的处理，原则上亦可参照违约之债进行处理。进而，在适用本条司法解释时应结合《合同法》第97条之规定，注意区分当事人的具体请求权基础，从而作出正确裁判。

三、如何理解本条在合同履行期间届满时的适用

所谓合同履行期间届满，是指双方约定的合同存续期间，因时间的经过而到期。一般而言，合同履行期间届满，意味着双方权利义务的终止。由此产生的法律后果应结合合同的特性确定。从租赁合同的目的为使用收益租赁物而非转让其所有权的基本特性可知，承租人负有到期向出租人返还租赁物的义务。故此，我国《合同法》第二百三十五条明确规定："租赁期间届满，承租人应当返还租赁物。返还的租赁物应当符合按照约定或者租赁物的性质使用后的状态。"在承租人未经出租人同意，对租赁房屋进行装饰装修、扩建后，该租赁房屋已与双方约定或按租赁房屋的性质使用后的状态不一致。显然，这已与租赁合同本身的目的相违背。因此，如有他物附着而妨碍标的物的通常的使用收益时，作为返还义务的内容，必须撤走后恢复原状。[①] 也即，承租人有义务将租赁房屋恢复到按租赁房屋的性质使用后的状态之后再返还给出租人，如果承租人不履行其义务，出租人可根据本条司法解释要求其恢复原状、赔偿损失。值得注意的是，司法实务中，还有观点认为，从公平原则出发，要求出租人就装饰装修、扩建中的有用部分对承租人进行适当补偿。我们认为，此举不妥。理由有二：一是所谓有用部分，判断标准不一，对他人而言有益，并不必然对出租人的使用有益。二是，公平原则一般适用于双方均无过错之情形。承租人未经出租人同意进行装饰装修、扩建的行为中只存在承租人的单方过错。因此，并不符合公平原则有关双方均无过错的前提，故不能适用公平原则要求出租人进行适当补偿。

---

① ［日］我妻荣：《债权各论》（中卷一），中国法制出版社2008年版，第230页。

审判实务

在审判实务中，有如下问题值得注意：

一、出租人除可以违约为由请求承租人恢复原状或者赔偿损失外，还可以侵权为由提出与违约同样的请求

简言之，所谓侵权责任，是指不法损害他人权益，依法应对该损害承担赔偿责任的行为。而违约责任，则是合同当事人实施的违反合同约定义务的行为。两者概念虽有不同，但在房屋租赁法律关系中，可能存在交集。前文已述，在合同解除、合同履行期间届满等合同状态中，如承租人未经出租人同意对租赁房屋进行装饰装修、扩建都可能构成违约行为，出租人对此都可主张其承担恢复原状、赔偿损失等违约责任。但从另一方面而言，承租人未经出租人同意进行上述行为，如造成出租人的房屋损害则根据《民法通则》第106条第2款的规定，同时构成侵权。由此，出租人的同一行为，既构成违约又符合侵权行为的要件时，即发生违约责任与侵权责任的竞合。虽然两者可以在特定情形下发生竞合，但两者仍有较大区别。主要表现在如下方面：首先，在归责原则方面，违约责任一般实行严格责任原则。绝大部分情形下，违约责任的成立，不需要违约人具有过错。只要没有法定免责事由，违约人都要承担相应责任。而侵权责任除少数实行无过错责任情形之外，一般实行过错责任原则。过错责任原则是一种主观归责原则，它以行为人的主观心理状态作为确定和追究责任的依据。即“有过错方有责任”，“无过错即无责任”，而过错总是表现为行为人主观上的故意或过失两种情形。[①] 其次，在举证责任方面，在违约责任承担上，非违约方只需证明有违约行为即可，至于是否具备法定免责事由则只能作为抗辩事由由违约方提出。而在侵权责任的承担上，如属过错责任，则要求受损人就侵权人具有过错承担举证责任。至于过错推定原则、无过错责任原则只属侵权责任的例外情形。再次，损害赔偿的目的和范围方面，从损害赔偿的目的而言，侵权赔偿责任的目的是使受害人重新恢复到侵权行为没有发生时其应当处于的状态。进一步而言，通过侵权责任，受害人能够得到的赔偿仅限于弥补其现有利益被侵害的那部分。违约赔偿责任的目的是要使得受害人能够处于合同已得到良好履行后其本会处于的状态，即违约责任是对受害人预期利益的补救。所以，有人就说：“合

---

① 张新宝：《侵权责任法原理》，中国人民大学出版社2005年版，第31页。

同法是一个保护预期的制度，侵权法则是保护现状的制度。”① 责任目的不同，赔偿范围有异。根据《合同法》第一百一十三条可知，如合同一方有违约行为造成对方损失，则其损失赔偿额应相当于因违约所造成的损失，包括合同履行后可以获得的利益，但不可超过违约方订立合同时可以或应当预见到的违约可能造成的损失。而《民法通则》第一百一十七条和第一百一十九条可推知，侵权责任赔偿范围原则上包括直接损失和间接损失，但不能适用合同法上的可预见规则。最后，在责任方式方面，根据《民法通则》第一百一十七条至第一百二十一条的规定，侵权责任既包括财产责任，如赔偿损失，也包括非财产责任，如消除影响、恢复名誉、赔礼道歉等。而根据《合同法》第七章内容可知，违约责任主要是财产责任，包括继续履行、采取补救措施、赔偿损失和减少价款等。由上不同可见，虽然违约责任与侵权责任竞合时，都可以赔偿损失为责任方式，但两者间的诸多差异决定了选择的请求权基础不同，则可能产生不同的法律效果。但无论如何，债权人都不能双重请求，只能任选其一，以防其通过双重索赔获得不当得利。这一点也为我国《合同法》第一百二十二条所确认。② 在房屋租赁合同纠纷中，如因装饰装修、扩建产生请求权竞合时，根据意思自治原则，也应允许当事人自行权衡利弊，选择违约损害赔偿请求权或侵权损害赔偿请求权作为适用本条的请求权基础。而且，为充分保护债权人合法权益，应允许其在特定情形下，变更其请求权。故债权人依据《合同法》第一百二十二条的规定向人民法院起诉时作出选择后，在一审开庭前又变更诉讼请求的，人民法院应当准许。③

二、恢复原状、赔偿损失等责任方式在具体案件中应区分不同情形适用

在司法实务中，当承租人未经出租人同意对租赁房屋进行装饰装修、扩建时，当事人双方基于各种考虑，往往会在诉讼中就恢复原状、赔偿损失的适用存在较大争议。因此，正确理解并适用本条所规定的“恢复原状、赔偿损失”对定分止争、案结事了可谓意义重大。为此，我们将结合承租人未经出租人同意引起的装饰装修、扩建纠纷中几种常见情形，就如何适用本条中责任承担方式作一陈述：

第一，出租人不能引用本条主张恢复原状又要求承租人赔偿损失。在装饰装

---

① 程啸：《侵权行为法总论》，中国人民大学出版社 2008 年版，第 49 页。

② 《合同法》第一百二十二条：“因当事人一方的违约行为，侵害对方人身、财产权益的，受损害方有权选择依照本法要求其承担违约责任或者依照其他法律要求其承担侵权责任。”

③ 《最高人民法院关于适用〈中华人民共和国合同法〉若干问题的解释（一）》第三十条规定：“债权人依照合同法第一百二十二条的规定向人民法院起诉时作出选择后，在一审开庭以前又变更诉讼请求的，人民法院应当准许。对方当事人提出管辖权异议，经审查异议成立的，人民法院应当驳回起诉。”

修、扩建纠纷中，经常出现出租人同时向承租人主张恢复原状和赔偿损失情形，例如：承租人张某为所办公司经营需要，未经房屋所有权人李某同意，将从后者处所租赁房屋进行装饰装修。合同履行期间届满，张某将租赁房屋返还给李某后，李某向法院起诉要求张某恢复原状并赔偿因恢复原状导致房屋未出租的租金损失。对此，我们认为，不能直接适用本条支持李某的主张。其理由在于：首先，从文意解释而言，本条中的“恢复原状或者赔偿损失”是选择结构。也即法院只能支持上述两者之一的请求；其次，从责任承担方式的适用情形而言，“恢复原状”针对的情形是能够通过拆除租赁房屋上的装饰装修、扩建材料，从而使房屋恢复原有用途的情形；而“赔偿损失”则是作为“恢复原状”不能时的一种替代责任承担方式。其所解决的是恢复房屋原状已无可能或出租人自行负担恢复原状费用的损失。两者的适用都是为了填补出租人房屋的损失，故不能重复适用。再次，从前后司法解释条文的体系解释而言，本条的调整对象仅针对出租人因装饰装修、扩建给房屋自身造成损失的情形，不适宜将其扩大解释为与装饰装修、扩建相关的一切损失。由此，李某的租金损失并不属于装饰装修导致的房屋损失范畴，故排除引用该条对之进行处理。

第二，出租人不能主张违约金后又要求适用本条主张恢复原状或赔偿损失。现实中，房屋租赁合同中经常有“未经出租人同意，承租人不得对房屋进行装饰装修、改建，如违反要支付若干违约金”之类的约定。当承租人违反上述约定时，出租人在请求支付违约金的同时，还可能会依据本条要求承租人承担恢复原状或赔偿损失的责任。例如，出租人甲与承租人乙签订房屋租赁合同，其中约定：“如乙未经甲同意对房屋进行装修，则应支付甲违约金 10 万元。”随后，甲以乙违反该约定为由，要求其支付违约金的同时依据本条请求恢复原状、赔偿损失。甲的主张能否得到支持？对此，我们认为，甲请求适用本条欠妥。其理由在于：首先，违约金一般是当事人双方预先估计的损害赔偿总额，又叫损害赔偿额的预先锁定。违约方支付违约金就相当于恢复原状的替代。如果支持其违约金请求的同时，还支持其恢复原状的请求，则可能构成双重履行，不当加重承租人负担。其次，出租人选择请求支付违约金即意味着其选择违约损害赔偿请求权，根据违约责任与侵权责任竞合基本理论和我国《合同法》第一百二十二条的规定可知，此时，甲已不能同时再请求乙承担侵权责任。再次，即便双方事先约定的违约金不足以补偿装饰装修、扩建造成的损失，甲也可根据《合同法》第 114 条第 2 款“约定的违约金低于造成的损失的，当事人可以请求人民法院或者仲裁机构予以增加；约定的违约金过分高于造成的损失的，当事人可以请求人民法院或者仲裁机构予以适当减少”的规定请求人民法院予以增加。另根据《最高人民法院关于适用〈中华人民共和国合同法〉若干问题的解释（二）》第二十八条“当事人依照合同法第一百一十四条第二款的规定，请求人民法院增加违约金的，增加后的违约金数额以不超过实际损失额为限。增加违约金以后，当事人又请求对方赔偿损失的，人民法院不予支持”的规定亦知，当事人已无适用本条另行请求赔偿损失之可能。

第三，出租人不得以不当得利作为适用本条请求赔偿损失的依据。从日常生活经验可知，一般而言，承租人对租赁房屋进行装饰装修、扩建后，将比之前在利用房屋上取得更多收益。由此，出租人能否以自己因房屋装饰装修、扩建受损，而承租人受益为由，引用本条向承租人主张不当得利呢？例如，甲与乙签订房屋租赁合同，约定甲将房屋租赁给乙开一小吃店，合同签订后不久，乙因小吃店生意不好，遂未经甲同意进行精致装修，结果装修后生意大好，营业利润比之前高出一倍。现甲知情后，向法院主张乙之受益，是因其房屋被装修所导致，故请求乙将多出的利润作为不当得利返还。本案例中甲所主张的不当得利返还是指学理上所言之权益侵害之不当得利。按权益归属说的理论，权益侵害不当得利的基本构成要件为：(1)因侵害他人权益而受益。(2)致他人受损害。(3)无法律上原因。本案例中，甲能否主张不当得利的关键在于两点：一是，乙增加的利润是否因其装饰装修行为所致。二是，该增加的利润与甲的权益是否具有同一性。这里的同一性指一方所受利益与他方通过其权益行使亦可取得的利益一致。

就第一点而言，乙增加的利润固然与其装饰装修行为有直接关联，但鉴于商业经营本身的不可预期性，很难说乙增加的利润全因装饰装修所致。就第二点而言，甲因乙的装饰装修行为确实导致了其房屋权益损害。但该权益是指甲的固有财产权益的贬损，而非通过装饰装修而产生的房屋增值，更非将该装饰装修房屋用于营业所能产生的利润。事实上，甲在将房屋出租给乙后，已无通过装饰装修进行营业的自主权。换言之，乙因装饰装修取得的营业利润与甲在装饰装修中的权益损失并无一致性。从以上两点可知，出租人一般不能以承租人因装饰装修侵害其权益为由主张以不当得利作为适用本条请求赔偿损失的依据。

三、未经出租人同意的装饰装修、扩建形成的装饰装修物、扩建物的处理

实践中，经常还会涉及的一个问题是关于装饰装修物、扩建物的归属问题。一般而言，承租人经出租人同意的装饰装修、扩建如果不易拆除或拆除不经济即构成动产与不动产的附合。对此，可依据民法中的添附制度由不动产所有人取得该动产

的所有权。但在未经出租人同意的装饰装修、扩建情形下，是否按添附制度处理则有疑义。从添附的适用对象而言，在添附的情况下，由于财产密切结合在一起，使附合的财产分离在事实上不可能或者很困难，因此有必要运用添附规则确认添附物的归属，使添附物在形态上继续存在。[①] 可见，添附制度是一种所有权取得方法。其特有的价值就在于促进物的有效利用，提高物的利用效率，避免物的损失浪费。可见，在添附的价值取向中，不管租赁房屋的装饰装修、扩建是否经出租人同意，如对已经附合在房屋的装饰装修、扩建物进行强行拆除都会造成财产的损害，不如直接规定由一方享有所有权以发挥物的最大效益。而从侵权行为的角度而言，未经出租人同意的装饰装修、扩建，无疑可能会造成出租人房屋的损害，从而构成对房屋的侵权。此时，可能会出现既要确认财产权的归属，又要保护被侵害的权利的两难局面。

具体而言，实践中主要表现为两种情况：一是，只构成侵权，不构成添附的情形。这是指虽然装饰装修、扩建对房屋造成了损害，但装饰装修物、扩建物可以被完好拆除且不会造成毁损的情形。此时装饰物、扩建物虽已对出租人房屋造成损害，但该物能够被拆除且不会导致其经济价值的贬损，故该物一般不构成与不动产房屋的附合，不属于添附情形，其所有权仍归承租人。承租人可以取回该物。不过，行使取回权者，应回复租赁物之原状，未回复者，出租人得阻止取回，二者之间，宜解释为具有类似同时履行抗辩之关系。[②] 对此，我国台湾地区“民法典”第四百三十一条（有益费用之偿还及工作物之取回）也有类似规定：“承租人就租赁物支出有益费用，因有增加该物之价值者，如出租人知其情事而不为反对之表示，于租赁关系终止时，应偿还其费用。但以其现存之增价额为限。承租人就租赁物所增设之工作物，得取回之。但应回复租赁屋之原状。”当然，这并不意味着承租人可以豁免其侵权行为所应承担的民事责任。二是，既构成侵权又符合添附要件的情形。这是指装饰装修、扩建既对房屋造成了损害，又不能被完好拆除或拆除成本高昂的情形。此时，应细分两种情形讨论：第一，出租人愿意接受该装饰装修物、扩建物的，自应由其基于添附获得该物所有权；第二，出租人不愿意接受该装饰装修物、扩建物的，则按侵权处理，出租人有权依据本条要求承租人恢复原状或赔偿损失。此时，已无添附制度适用之可能。例如，未经他人同意进行错误的装修，因装修发生的添附，尽管在客观上有可能使房屋的价值增值，但因为通常装修是与个人

---

① 温世扬等：《物权法通论》，人民法院出版社 2005 年版，第 329 页。

② 邱聪智：《新订债法各论》（上），中国人民大学出版社 2006 年版，第 242 页。

审美情趣和偏好相关联的，具有很强的主观性，如果房屋所有人有足够的理由认为装修的结果完全违背其意愿，完全不符合其审美情趣和个人要求，甚至成为一种损害，在此情况下，所有权人基于其房屋所有权主张排除妨害，要求存在过错的添附人拆除其装修材料，将其房屋恢复原状，并非没有道理。① 对此，国外立法也有类似规定。例如，《法国民法典》第 555 条第 1 款规定："第三人使用属于自己的材料在他人土地上进行的建筑、栽种或工程，土地所有权人有权：或者保留此种建筑、栽种物或工程的所有权，或者强制第三人拆除之，但本条第 4 款之规定保留适用。"

从上述两种细分情形，还可能引出一个问题：出租人因添附取得装饰装修物、扩建物的所有权后，承租人能否主张不当得利返还。对此，我们认为不构成不当得利。其理由在于：首先，装饰装修、扩建通常是与个人审美情趣和偏好相关的，具有很强的主观性，对承租人有益的装饰装修、扩建未必对出租人有益；其次，按行业惯例，装饰装修、扩建物的价值在租赁合同期间内一般都已消耗完毕，其剩余物基本已无价值可言。再次，承租人未经出租人同意装饰装修、扩建说明其有主观恶意，构成侵权。根据恶意当事人不受法律保护之原则，承租人也不得主张不当得利返还。也正是基于此点，本条明确规定："承租人未经出租人同意装饰装修或者扩建发生的费用，由承租人负担"，从而间接排除了承租人主张不当得利的适用。

第十四条 [*房屋扩建费用的处理*]

承租人经出租人同意扩建，但双方对扩建费用的处理没有约定的，人民法院按照下列情形分别处理：

（一）办理合法建设手续的，扩建造价费用由出租人负担；

（二）未办理合法建设手续的，扩建造价费用由双方按照过错分担。

条文主旨

本条是对承租人经出租人同意扩建的情形下，房屋租赁合同无效或合意解除时，如何处理扩建费用作出的解释性规定。

---

① 王利明：《添附制度若干问题探讨》，载《法学评论》2006 年第 1 期。

背景依据

一、起草本条的背景情况

随着城市化进程的日益加快，房屋租赁的形式、目的出现日益多样化的趋势。房屋承租人为实现自身租赁目的的需要可能会对租赁房屋进行扩建，由此引发出租人与承租人之间的纠纷。这种纠纷往往表现为两种形式：一是当事人就扩建费用承担问题单独起诉；二是当事人在装饰装修费用承担中列入了扩建费用一并起诉。对于房屋扩建的性质，实践中看法不一，有的认为房屋扩建与房屋装饰装修一样，属于民法上的添附行为，扩建形成的有用物应由房屋所有人取得所有权。承租人因此支付的费用应按不当得利原则由受益人返还给承租人。还有的认为扩建行为应区分有无合法建设手续处理，如果办理了合法建设手续，则该扩建形成的建筑物所有权最终将归所有权人，如果扩建未办理合法建设手续则意味着该扩建将被拆除，由此产生的费用则应区分合同双方当事人有无过错进行处理。事实上，租赁房屋扩建行为的法律处理也是一个物权法和债权法交织的复杂问题。在物权法的范畴，扩建涉及物权法上的所有权取得、所有权完全行使等诸多问题，而在债权法领域，则因扩建费用的支出，又可能涉及不当得利返还的问题。如果再加上房屋租赁合同无效、解除与未取得合法建设手续的扩建行为本身的错综关系，所有这些都会使租赁房屋扩建纠纷的法律处理变得异常复杂，也使得各地法院对有关扩建的费用承担出现上述认定不一致的现象。因此，为统一各地法院对此类问题的裁判尺度，我们在广泛调研的基础上，出台了本条司法解释。

二、起草过程中的相关意见和建议

在本条规定起草过程中，对合同履行期间届满的装饰装修物的处理主要有如下意见：

1. 房屋租赁合同履行期间届满或合同解除后，承租人要求出租人对扩建费用进行补偿的，人民法院不予支持。但对合同解除后的房屋扩建费用，如该房屋扩建行为对出租人确有利用价值的，出租人应对承租人的费用予以适当补偿。

该意见的主要理由：首先，一般而言，承租人作为理性经济人，其已将租赁房屋的扩建费用作为成本均衡摊销到合同履行期间内，并为此获取了扩建带来的额外收益。故合同履行期间届满，承租人已无权要求扩建费用，其次，如房屋租赁合同因故解除，这说明承租人将扩建费用作为成本摊销到合同原定履行期间届满的预期并未实现，存有损失，而出租人因此又有收益。故承租人可以不当得利为由，请求出租人支付适当补偿。

2. 房租租赁合同无效或解除后，承租人的扩建办理了合法建设手续的，扩建费用由出租人承担；未办理合法建设手续的，扩建费用由承租人承担。

该意见的主要理由：首先，承租人的扩建办理了合法建设手续，意味着出租人作为所有权人必将因最终取得该扩建物的所有权而受益，而承租人则因扩建支出相关费用而受损。故承租人可以不当得利为由请求出租人支付扩建费用；其次，当该扩建因未办理合法建设手续被最终依法拆除时，则出租人不会因该扩建而事实上受益。故此时不成立不当得利，无须向承租人支付相关扩建费用。

3. 房租租赁合同履行期间届满或合同解除后，承租人主张因房屋扩建产生的增值的，不予支持。出租人主张因房屋扩建造成房屋损失的，不予支持。

该意见的主要理由是：首先，承租人是为实现自身租赁目的而扩建，其本意并非增加出租人房屋的价值。主观上并无使他人受益之目的，客观上，扩建后房屋的增值是房屋土地使用权、房屋自身、房屋扩建部分等诸多因素共同作用的结果。事实上，我们也很难厘清上述因素各自导致房屋增值的比例；其次，如果房屋因扩建造成贬损，出租人也不得以侵权为由要求承租人赔偿因此造成的损失。这是因为，该房屋扩建行为事先取得了出租人同意，实质上是出租人对自身财产的处分行为，不构成侵权行为。由此带来的损失理应由其自行承担。除非是承租人超出了出租人同意的范畴进行扩建。

三、制定本条的依据

虽然司法实践中就房屋扩建费用的承担、扩建导致房屋增值部分的归属等问题理解不一，但多数意见都认为，承租人经出租人同意在其房屋上进行扩建的行为，本质上仍属于在他人财产上进行添附的行为。依据动产附合于不动产的基本法理可知，该行为一方面导致承租人相关扩建费用的支出，造成其损失；另一方面则使出租人取得扩建物的所有权而受有利益。比照不当得利要件可知，出租人的受益行为一般可构成不当得利。但值得注意的是，这里的添附与一般装饰装修形成的添附有所不同。房屋的扩建牵涉到相邻人乃至社会公共利益，必须经过有关部门的审批，方为合法。而判断合法与否的主要标志就是相关建设手续是否办理齐备。如果该扩建行为不能取得合法建设手续，即意味着该扩建建筑为非法建筑，面临被拆除的风险。此时，出租人也会因扩建物的拆除而无法受益。也即，该种情形不符合不当得利的构成要件，承租人一般不能主张不当得利要求返还扩建费用。不过，现实生活中也存在扩建物无法取得合法建设手续是因出租人、承租人双方均有过错导致的情形。对此，如果片面强调出租人因扩建物被拆除而未受益，不构成不当得利，则难免会造成对承租人事实上的不公。另一方面，扩建后的房屋一般都会增值（注：这与房屋装饰装修有所不同，装饰装修一般为易耗品，在合同期满后，其价值基本消耗完毕，不存在使房屋增值的问题）。但增值部分是否均由出租人取得，也应区分扩建是否有合法建设手续而定。如果扩建物因非法被拆除，自无增值部分可言。反言之，即便扩建物取得合法手续，是否就能直接推出扩建后的房屋增值均由扩建行为所致，应归承租人所有，也值得推敲。由上可知，房屋扩建问题与房屋装饰装修问题既有相同之处也有明显区别。为统一裁判尺度，我们以动产附合不动产的添附基本法理、不当得利制度、过错责任原则等为法理依据，最终确定了本条文的内容。

四、国内外立法的有关规定

针对在租赁房屋上的扩建问题，各国立法也作了相应规定，试举部分主要国家相关立法以供参考：

（一）意大利相关立法

第1592条【改良】除法律或者惯例的特殊规定外，承租人对租赁物所进行的改良没有求偿权（第975、985、1150条）。但是如果出租人同意的，出租人应当在改良费用额与返还时的有效价值之间选择金额较低的一项给予偿付。第1593条【添附物】在租赁物上实施添附的承租人（第975、986、1150条），在不损害租赁物的条件下，有权于租赁终止时将其拆除，但是所有权人愿意保留该添附物的情况除外。在该情况下，出租人应当就改良费用与返还时添附物的价值之间选择金额的较低的一项交付给承租人。添附物不能无损地被分离开并构成改良部分的，应当遵循第1592条的规定。①

（二）瑞士相关立法

第671条（1）在自己或他人的土地上使用他人或自己的材料进行建筑，其材料为土地的组成部分。（2）未经材料所有人同意而使用其材料时，材料所有人有权请求土地所有人负担费用使材料分离并交回。但以无不合理的损害为限。（3）基于

① 费安玲等译：《意大利民法典》（2004年），中国政法大学出版社2004年版。

前款的同样前提条件，未经土地所有人同意而使用其土地的，亦得请求建筑人负担费用，以分离并取走材料。第 672 条（1）材料与土地不能分离时，土地所有人应为材料的使用支付合理的补偿金。（2）土地所有人为恶意的建筑人时，法官得命令全部赔偿。（3）材料所有人为恶意的建筑人时，法院得就其建筑物对土地所有人所具有的最低价额判定赔偿。①

（三）我国相关立法

《物权法》第一百四十二条："建设用地使用权人建造的建筑物、构筑物及其附属设施的所有权属于建设用地使用权人，但有相反证据证明的除外。"可知，关于添附制度，我国法律层面虽未有明确规定，但这并不妨碍我们以之原理解决现实生活中的法律纠纷。

《最高人民法院关于贯彻执行〈中华人民共和国民法通则〉若干问题的意见（试行）》第八十六条："非产权人在使用他人的财产上增添附属物，财产所有人同意增添，并就财产返还时附属物如何处理有约定的，按约定办理；没有约定又协商不成，能够拆除的，可以责令拆除；不能拆除的，也可以折价归财产所有人，造成财产所有人损失的，应当负赔偿责任。"

条文理解

本条文的规范对象是扩建造价费用的承担问题。在具体适用本条文过程中，应当着重把握如下方面：

一、如何理解本条中"扩建"和"合法建设手续"

在适用本条文时，正确界定条文中有关"扩建""合法建设手续"等关键词是在具体案件中理解并适用本条文的前提。为此，有必要对上述关键词作一厘定：

首先，如何正确理解"扩建"。所谓扩建，是指在原有产品基础上加以扩充的建设项目。对于房屋而言，其扩建主要是指在原有房屋基础上加高加层，增加其使用面积。对扩建定义的理解可通过比较相关概念而深化：第一，扩建与新建。扩建一般应限制在利用原有房屋基础工程的范围内。从外观形式而言，也即限制在原有房屋规划范围内的土地使用权上。与之相对应，需要重新建造基础工程的房屋建设项目一般不属于扩建而属于新建；第二，扩建与改建。所谓房屋改建，是指不增加

① 殷生根、王燕译：《瑞士民法典》，中国政法大学出版社 1999 年版。

房屋已有体量，在原有基础上，为改善房屋使用功能、改变其使用目的，对原有房屋进行改造的建设项目。另外，企业为了平衡生产能力，增加一些附属、辅助车间或非生产性工程，也属于改建。与房屋改建是在保持原有使用面积的基础上，改善房屋使用功能或使用目的有所不同的是，扩建一般只是单纯增加房屋的使用面积。第三，扩建与装饰装修。房屋装饰装修可细分为两个概念：装饰和装修。装饰是指对建筑物的表面进行包装处理，以提高生活环境的质量和突出家庭的个性，一般是以粉刷、裱糊、贴挂等手段完成。装修也称装潢，一般是指对建筑结构进行的拆、改、换、造等项目的施工。包括：地板、墙面、吊顶等。拆：是对给日常生活造成不便的部分，如不必要的门、非承重的隔断墙等进行拆除。改：是对门、隔断、电路、上下水管等的位置进行移动和改换。换：是对原有的门窗、卫浴设施、厨房设备等进行更换。造：是在结构上营造永久性的造型，如顶部吊顶、做灯池等。总体而言，装修装饰是不可分的。这是因为在装修时一定要考虑到装饰材料的款式、色彩的搭配；在装饰时，其风格也应吻合装修后的格局。日常生活中所言之装修经常包含着装饰，装饰也涉及装修，两者不好截然分开，所以一般对之统一称为装饰装修。显然，装饰装修与改建类似，都不会增加房屋的有效使用面积，这一点与房屋扩建存在明显区别。故我们在本司法解释中将装饰装修与扩建区分开来分别作了规定。

其次，如何正确理解“合法建设手续”。《建筑法》第二条第二款规定：“本法所称建筑活动，是指各类房屋建筑及其附属设施的建造和与其配套的线路、管道、设备的安装活动。”将之与扩建的定义比较可知，房屋扩建行为本质上属于房屋建筑活动。应接受建筑、规划等相关法律的规范调整。根据《建筑法》《消防法》《建筑工程质量管理条例》等法律法规可知，一项房屋建筑工程从立项到竣工完工验收合格投入使用，应经过相关部门审核，取得《工程竣工验收报告》《消防工程验收合格证》《建设工程规划验收合格证》《建设工程规划许可证》《人防工程验收合格证》《城建档案馆报送意见》《竣工验收备案证》《白蚁验收备案证》《单项工程竣工验收证》等诸多证件。上述证件中绝大部分是对房屋建筑工程质量达标的证明，而非房屋建筑行为是否合法的判断依据。房屋的扩建行为本身是否合法，取决于该扩建行为是否符合城市规划要求。根据《城乡规划法》第四十条第一款“在城市、镇规划区内进行建筑物、构筑物、道路、管线和其他工程建设的，建设单位或者个人应当向城市、县人民政府城乡规划主管部门或者省、自治区、直辖市人民政府确定的镇人民政府申请办理建设工程规划许可证”的规定可知，扩建行为是以取得建设工程规划许可证作为其已办理合法建设手续的标志。所以，本条规定的

"办理合法建设手续"，应是指取得建设工程规划许可证。

二、如何理解"办理合法建设手续的，扩建造价费用由出租人负担"

承租人对租赁房屋的扩建，通常是通过在所租赁房屋的基础上增加建筑物的形式进行。这在法律上一般被认为属于动产附合于不动产的添附。对此，从物的有效利用和明晰产权出发，学理上一般实行动产形成附合后，其所有权归不动产所有人的基本原则。另一方面，为平衡双方利益关系，立法往往都规定动产所有人因为其失去动产受到的损失，则可通过不当得利制度请求不动产所有人补偿。对此，大陆法系国家大多做了类似规定。① 关于添附和不当得利的基本理论，我们已在本司法解释第十二条有详细论述。故在此不再赘述，这里要讨论的主要有两点：一是为什么本司法解释第十二条规定承租人请求出租人补偿装饰装修费用的，不予支持，而在本条扩建中却可得到支持；二是为什么本条第一项要在适用添附的问题上加上一个"办理合法建设手续的"前提条件。

就第一点而言，我们认为本条和司法解释第十二条虽然都是规定动产因附合于不动产而使动产归属于不动产所有人，从而使原所有人丧失所有权，但两者的性质仍有不同：

首先，承租人将装饰装修材料添附在租赁房屋上是为实现自己的使用目的，一般而言，理性的承租人在装饰装修前已将该费用在租赁合同有效期内进行均衡分摊。合同履行期间届满，装饰装修作为房屋租赁的必要成本摊销完毕本属其合理预期。此时，其已无损失可言自无适用不当得利加以保护的必要。而本条中的扩建造价费用负担问题，则适用于合同无效或有效但终止履行时情形。在该两种情形，合同都未如期履行完毕。即，承租人对扩建造价费用的摊销预期因合同未按期履行完毕而无法实现。与此同时，出租人则因添附取得了该扩建物的所有权。显然，这符合不当得利的构成要件。故承租人对其支出的扩建造价费用损失有权要求出租人负担。

其次，从行业惯例而言，装饰装修物的固有属性决定了其将在长时间的使用后因折旧而几无残值。此时，对装饰装修物的残值，出租人并未真正因获得残值而得利。故也无适用不当得利的余地。反观扩建物的属性可知，扩建物一般是通过加高、加层等建筑方式形成。其添附方法与新建建筑基本类似，非但不会因租赁合同履行完毕而贬损严重，反而可能会导致房屋的增值。正是基于以上两点，本司法解

---

① 参见《德国民法典》第946条、第951条；《日本民法典》第242条、第248条、第703条等。

释分别对装饰装修形成的添附和扩建形成的添附情形下，承租人是否可请求出租人负担相关费用作出了不同规定。

就第二点而言，传统民法一般认为，只要动产附合不动产的行为，经过不动产所有人同意，则可构成添附。也即添附规则的适用并未对添附行为本身的合法性作出要求。但在本条第一项却特别约定，只有办理合法建设手续的，承租人才可要求出租人负担扩建造价费用。之所以作出与民法添附制度不一致的规定，是基于以下几点考虑：首先，房屋扩建行为本质上而言是建筑行为，根据建筑相关法律规定，从事房屋建筑行为事先必须符合城乡规划要求。一般意义上的城乡规划，包括城镇体系规划、城市规划、镇规划、乡规划和村庄规划。城乡规划调整的不是人的行为，而是土地以及土地上空间的利用方式。相应地，《城乡规划法》也正是通过对空间资源的分配、空间权利行使的规范来实现其立法目的。空间是人类生存和发展所必需的资源，作为一种稀缺性资源，空间在不同主体之间进行分配的法律表现形式就是权利的再分配，这种权利的再分配往往通过当事人约定或法律基于公共利益需要的强制规定而实现。而空间权利的行使则涉及的是空间权利明确后的权利行使问题，不同权利人在公共空间内使用不同的区域，如何保证整体空间利益的最大化则是制定规划的目的所在。规划通过设定行为规范，实现对权利行使的干预，只是这种干预不直接针对某一特定权利主体，而是与具体的地块以及地块的上下空间联系在一起。不管是什么性质的权利主体，只要使用到特定地块的上下空间，就必须接受《城乡规划法》的调整。具体到房屋扩建方面则表现为，承租人对房屋的扩建，不论是纵向的加高加层抑或横向的增建，都必然要突破原有规划设定的空间范围，从而可能危害到他人乃至公共利益。因此，为避免整体空间利益最大化这个公共利益因扩建行为受损，《城乡规划法》明确规定扩建必须事先经规划部门评估核准后方能实施。也即扩建取得规划许可证后，方可办理合法建设手续。否则，该扩建行为所形成的建筑物将被认定为非法建筑，面临被拆除的危险。其次，扩建行为办理了合法建设手续，说明符合相关法律规定，其最终扩建物也因此受到法律保护。鉴于扩建都在房屋所有人（出租人）的房屋上进行，根据动产依附于不动产的原则，扩建后房屋的所有权仍归出租人，也即承租人的扩建物都归出租人所有。此时，出租人因得到该扩建物的所有权而受益。该受益明显不符合房屋租赁合同性质特征。因此，出租人应基于不当得利支付给承租人房屋扩建的造价费用。

三、如何理解“未办理合法建设手续，扩建造价费用由双方按照过错承担”

实务中，承租人的扩建行为从施工到最后完成投入使用，经常需要一个较长的时间过程。在此期间，为确保扩建行为的合法性、扩建物质量达到安全使用的相关标准，立法规定了一系列的审批、验收程序。完成这些审批、验收程序虽是建设单位的法定义务，但也有赖于承建人的密切配合。即，一方面，出租人作为房屋所有权人，是法定的相关建设手续办理人；另一方面，承租人作为承建方，掌握大量的设计、施工等建筑资料，没有其配合提供相关资料，出租人将无法办理上述建设手续。可见，只有双方互相配合、共同行动，才能顺利完成相关审批、验收程序，从而最终使扩建物能被合法投入使用。由于扩建行为本身的复杂性、专业性，出租人、承租人在办理相关手续时的配合经常会出现错位现象，从而导致双方在办理合法建设手续问题上产生如下争议：首先，扩建行为取得合法建设手续的标志是否为建设工程验收合格已取得《工程竣工验收报告》《竣工验收备案证》。实践中，经常出现的情形是承租人的扩建行为，因种种原因并未取得上述证件。此时，双方当事人经常在未取得上述证件的原因上纠缠，互相推卸责任。出租人也往往以扩建部分未经验收，质量不合格为由，主张不承担扩建的相关费用。对此，我们认为出租人的抗辩不成立。这是因为：根据《建筑法》第六十一条“交付竣工验收的建筑工程，必须符合规定的建筑工程质量标准，有完整的工程技术经济资料和经签署的工程保修书，并具备国家规定的其他竣工条件。建筑工程竣工经验收合格后，方可交付使用；未经验收或者验收不合格的，不得交付使用”的规定可知，建筑工程的竣工验收，是指在建筑工程已按照设计要求完成全部施工任务，准备交付给建设单位投入使用时，由建设单位或有关主管部门依照国家关于建筑工程竣工验收制度的规定，对该项工程是否合乎设计要求和工程质量标准所进行的检查、考核工作。建筑工程的竣工验收是项目建设全过程的最后一道程序，是对工程质量实施控制的最后一个重要环节。工程竣工验收工作，由建设单位负责组织实施。工程质量监督机构受建设行政主管部门委托，对工程竣工验收实施监督。其程序大致为：（1）工程完工后，施工单位向建设单位提交工程竣工报告，申请工程竣工验收。实行监理的工程，工程竣工报告须经总监理工程师签署意见。（2）建设单位收到工程竣工报告后，对符合竣工验收要求的工程，组织勘察、设计、施工、监理等单位和其他有关方面的专家组成验收组，制定验收方案。（3）建设单位应当在工程验收若干个工作日前将验收的时间、地点及验收组名单书面通知负责监督该工程的工程质量监督机构。(4) 建设单位应在合同约定的时间内组织工程竣工验收。建设单位组织工程验收合格后，还应根据原建设部《房屋建筑工程和市政基础设施工程竣工验收备案管理暂行办法》进行竣工验收合格备案。一般只有经建设部门进行工程竣工验收备案后，房屋质量合格才具有终极意义。[①] 综上，建设单位是否取得《工程竣工验收报告》《竣工验收备案证》只是表明该建设工程已经符合法定的质量合格要求，达到交付使用的标准。反过来，如果没有进行竣工验收、备案，也只能说明该扩建部分不能交付使用，但并不是非法建筑，不会被拆除，出租人仍可获得该扩建部分的所有权。出租人一般也可以通过事后整改达到验收标准，从而最终将该扩建部分投入使用。退一步而言，即便该扩建无法通过整改达到验收标准，此时，相关扩建费用仍应由出租人承担。这是因为，承租人进行扩建事先已经出租人同意，这应被认为是出租人同意他人对其财产的处分。故出租人应对其行为后果自担其责任。因此，本条所言未办理合法建设手续并非指未取得验收合格报告并向有关部门备案。其次，事实上，本条规定的未取得合法建设手续是指未取得《建设工程规划许可证》。该证是城市规划行政主管部门依法核发的，确认有关建设工程符合城市规划要求的法律凭证。主要包括如下内容：(1) 许可证编号；(2) 发证机关名称和发证日期；(3) 用地单位；(4) 用地项目名称、位置、宗地号以及子项目名称、建筑性质、栋数、层数、结构类型；(5) 计容积率面积及各分类面积；(6) 附件包括总平面图、各层建筑平面图、各向立面图和剖面图。对比扩建部门性质可知，城市规划部门对扩建部分的审批主要集中在上述第 (4) (5) (6) 三项。如果该扩建部分不符

---

① 参见《房屋建筑工程和市政基础设施工程竣工验收备案管理暂行办法》

第四条 建设单位应当自工程竣工验收合格之日起 15 日内，依照本办法规定，向工程所在地的县级以上地方人民政府建设行政主管部门（以下简称备案机关）备案。

第五条 建设单位办理工程竣工验收备案应当提交下列文件：

一、工程竣工验收备案表；

二、工程竣工验收报告。竣工验收报告应当包括工程报建日期，施工许可证号，施工图设计文件审查意见，勘察、设计、施工、工程监理等单位分别签署的质量合格文件及验收人员签署的竣工验收原始文件，市政基础设施的有关质量检测和功能性试验资料以及备案机关认为需要提供的有关资料；

三、法律、行政法规规定应当由规划、公安消防、环保等部门出具的认可文件或者准许使用文件；

四、施工单位签署的工程质量保修书；

五、法规、规章规定必须提供的其他文件。

商品住宅还应当提交《住宅质量保证书》和《住宅使用说明书》。

第六条 备案机关收到建设单位报送的竣工验收备案文件，验证文件齐全后，应当在工程竣工验收备案表上签署文件收讫。

工程竣工验收备案表一式二份，一份由建设单位保存，一份留备案机关存档。

第七条 工程质量监督机构应当在工程竣工验收之日起 5 日内，向备案机关提交工程质量监督报告。

第八条 备案机关发现建设单位在竣工验收过程中有违反国家有关建设工程质量管理规定行为的，应当在收讫竣工验收备案文件 15 日内，责令停止使用，重新组织竣工验收。

合规划条件，则不能取得相应的规划证，也即该扩建部分不能开始施工或即便施工也可能会面临被拆除的危险。如果该扩建部分会被拆除，出租人将无法基于动产附合于不动产的添附原则取得该动产的所有权。此时，出租人已无法获得扩建部分的价值。既然出租人未因承租人的扩建受益，那么承租人自然无权基于不当得利要求出租人支付相关扩建费用。再次，本条并未规定，扩建未取得合法建设手续时，出租人一概不负担扩建费用，而是规定未办理合法建设手续，扩建造价费用由当事人按照过错承担。之所以这样规定，这是因为：一般而言，办理合法建设手续需要出租人和承租人的互相配合。根据《城乡规划法》第四十条第二款的规定，“申请办理建设工程规划许可证，应当提交使用土地的有关证明文件、建设工程设计方案等材料。需要建设单位编制修建性详细规划的建设项目，还应当提交修建性详细规划。对符合控制性详细规划和规划条件的，由城市、县人民政府城乡规划主管部门或者省、自治区、直辖市人民政府确定的镇人民政府核发建设工程规划许可证。”可知，申请办理《建设工程规划许可证》的主体只能是建设单位，即房屋的出租人。而具体扩建方案的制定和实施则由承租人负责。这意味着扩建部分未取得《建设工程规划许可证》既有可能是出租人拖延提出申请或出租房屋、土地的证明材料不齐备导致，也不排除承租人的扩建工程设计方案、扩建面积等不符合规划条件的因素存在。由此细化，现实情况中，扩建部分未取得《建设工程规划许可证》的原因可能有出租人过错、承租人过错、出租人和承租人均有过错以及双方均无过错等多种情形。根据《民法通则》第六章“民事责任”的相关规定，对应上述不同原因，扩建费用承担应按根据过错情况按下列原则处理：第一，在单纯出租人存在过错情形，承租人的扩建费用损失应类比本条第一项由有过错的出租人承担；第二，在单纯承租人存在过错情形，其扩建费用损失由其自担；第三，在双方均有过错情形，则扩建费用损失由出租人、承租人按照过错承担；第四，在双方均无过错情形，则按公平原则，由出租人、承租人分担。鉴于实务中最常见的情形是，对未办理合法建设手续，双方当事人均有程度不一的主观过错程度存在，所以我们特在本条就此作出了规定。

审判实务

在审判实务中，有如下问题值得注意：

一、租赁合同期间届满和租赁合同解除时的扩建费用的处理

分析本条语义可知，本条适用的合同类型并未有所限定，也即合同无效、合同

解除等都可适用。但鉴于合同解除类型的多样性，我们对合同解除特别是法定解除时的扩建费用承担应作细化处理。根据合同法基本理论可知，合同解除大致分为两类：约定解除和法定解除。首先，就约定解除而言，从我国《合同法》第九十三条“当事人协商一致，可以解除合同。当事人可以约定一方解除合同的条件。解除合同的条件成就时，解除权人可以解除合同”的规定可知，约定解除合同还可细分为两大类情形：（1）协商解除。指合同生效后，未履行或未完全履行之前，当事人以解除合同为目的，经协商一致，订立一个解除原来合同的协议以代替原来合同的解除。比如，甲公司向乙公司订购了一批彩电，后来，由于出现金融危机，彩电市场不景气，甲公司不再需要订购的彩电，于是与乙公司协商一致解除合同。协商解除是双方的法律行为，应当遵循合同订立的程序，即双方当事人应当对解除合同意思表示一致，协议未达成之前，原合同仍然有效。如果协商解除违反了法律规定的合同有效成立的条件，比如，损害了国家利益和社会公共利益，解除合同的协议不能发生法律效力，原有的合同仍要履行。（2）约定解除权指当事人在合同中约定，合同履行过程中出现某种情况，当事人一方或者双方有解除合同的权利。比如甲乙双方签订了房屋租赁合同，出租人甲与承租人乙约定：出租房屋的设施出现故障，出租人不予以维修的，承租人有权解除合同。解除权可以在订立合同约定，也可以在履行合同的过程中约定，可以约定一方享有解除合同的权利，也可以约定双方享有解除合同的权利，当解除合同的条件出现时，享有解除权的当事人可以行使解除权解除合同，而不必再与对方当事人协商。解除权的约定也是一种合同，行使约定的解除权应当以该合同为基础。协商解除和约定解除权两者的主要区别为协商解除是当事人双方根据已经发生的情况，达成解除原合同的协议；而约定解除权是约定将来发生某种情况时，一方或双方享有解除权。法定解除指合同生效后，未履行或未履行完毕前，当事人在法定的解除条件出现时，行使解除权使合同关系消灭。《合同法》第九十四条对法定解除条件作了规定。① 法定解除与约定解除既有联系又有区别。两者联系表现为：约定解除可以对法定解除作补充，比如约定违反合同中的任何一项规定，不论程度如何，均可解除合同。而区别则表现为，法定解除是法律直接规定解除条件，当该条件具备时，解除权人可直接行使解除权，将合同解除；

① 《合同法》第九十四条　有下列情形之一的，当事人可以解除合同：
（一）因不可抗力致使不能实现合同目的；
（二）在履行期限届满之前，当事人一方明确表示或者以自己的行为表明不履行主要债务；
（三）当事人一方迟延履行主要债务，经催告后在合理期限内仍未履行；
（四）当事人一方迟延履行债务或者有其他违约行为致使不能实现合同目的；
（五）法律规定的其他情形。

而约定解除是双方的法律行为，一方的行为不能导致合同解除。显然，法定解除与约定解除在概念和适用对象上存有不同。对房屋租赁合同法定解除后，有关扩建费用的承担，我们认为可参照本司法解释第十一条有关装饰装修的规定处理。具体而言，分下列几种情形讨论：第一，因出租人违约导致合同解除情形。此时，如果该扩建部分办理合法建设手续的，扩建部分最终将归出租人所有。出租人因房屋增值享有收益，本就应支付对价，更何况合同被解除是因为其违约所导致。故由其负担扩建费用，理所应当。如果未办理合法建设手续，则情况较复杂。当未办理合法建设手续的原因亦是出租人单方过错所导致，则由出租人承担扩建费用自无异议。当未办理合法建设手续的原因是因承租人单方过错所致或其有部分过错时，则当承租人主张出租人承担扩建费用时，出租人可以承租人有过错为由进行相应抗辩。至于出租人的违约行为则可通过《合同法》第九十七条进行处理。第二，因承租人违约导致合同解除情形。此时，如果该扩建部分办理合法建设手续的，则出租人仍应基于受益而负担相关扩建费用，但出租人可以承租人违约为由，请求减少扩建费用的负担；如果该扩建部分未办理合法建设手续的，则出租人可以承租人违约、自己并无受益等为由，主张不承担相关扩建费用。第三，因当事人双方违约导致合同解除情形，根据《合同法》第一百二十条“当事人双方都违反合同的，应当各自承担相应的责任”的规定可知，如果该扩建部分已经办理合法建设手续的，出租人仍应承担相关扩建费用，但可主张承租方有违约行为为由主张适当减少费用的负担。如果该扩建部分未办理合法建设手续的，扩建费用仍应首先在双方当事人之间按过错承担。但此时，应在具体费用负担比例上，适当考虑双方的违约程度。第四，因不可归责于当事人双方的原因导致合同解除情形。在本情形中，双方当事人对租赁合同的解除均无违约行为，不存在违约责任影响扩建费用承担的问题，故可考虑适用本法条解决扩建费用的承担问题。另外值得注意的是，在合同履行期间届满，当事人均无违约行为时，亦是依照本条规定进行处理。

二、如何确定扩建造价费用的计算标准

明确扩建造价费用的承担者后，另一个实践中存在较大争议的问题即是如何计算扩建造价费用。扩建造价费用计算的常用的方法主要有：(1) 支出费用年度分摊法。是指将支出费用在合同约定的租赁期限内平均分摊，然后只计算纠纷产生到租赁合同届满期间的剩余价值作为扩建费用。(2) 工程造价费用支出法。也即以扩建时，承租人实际支付的工程造价费用作为扩建费用。(3) 现存价值审计鉴定法。即对纠纷发生时的扩建物价值进行工程造价审计鉴定，然后得出扩建费用。关于第一

种方法，因为扩建物自身物理属性在租赁期间一般并无太大损耗，故其价值非但未有减少而且反过来可能增加房屋价值。故按该方法计算将过分保护出租人利益，从而会导致对承租人的不公。关于第二种方法，该方法以扩建时的工程全部造价支出费用作为计算扩建费用依据，所谓工程全部造价，由建筑工程费、设备购置费、安装工程费、其他工程费用等四个部分组成。该方法虽简便易行，但该计价未考虑租赁合同期满后，扩建部分的实际价值。事实上，承租人为自己目的而进行扩建，其对扩建部分已通过租赁合同期间内的使用而享有收益。如合同期满后，仍允许其以扩建时实际支出费用要求出租人承担，则未免对出租人有失公允。关于第三种方法，该方法因便于操作而成为目前审判实践中最常用的方法。所谓现存鉴定价值，是指通过审计对现存扩建部分根据市场价格及折旧等因素得出的实物固定价值。一般而言，扩建部分的现存价值小于扩建时的价值。但考虑到建设工程的造价随市场行情变动较大，故现存价值亦有可能高于扩建时的价值。此时，如果允许承租人以现存价值作为要求出租人承担扩建费用的依据则会造成双方利益的不平衡。可见，上述方法都各有其利弊。基于平衡双方当事人利益，便于司法实务操作的考量，我们在扩建造价费用的计算方法上，最后采用了第二种方法：工程造价费用支出法。

第十五条 [超过承租人剩余租赁期限的转租期间无效]

承租人经出租人同意将租赁房屋转租给第三人时，转租期限超过承租人剩余租赁期限的，人民法院应当认定超过部分的约定无效。但出租人与承租人另有约定的除外。

条文主旨

本条是对超过承租人剩余租赁期限的转租期间效力的规定。

背景依据

一、起草本条的背景情况

随着房地产市场的发展，房屋租赁经营方式日益普遍，房屋租赁合同纠纷案件日益增多，转租问题是审理房屋租赁案件的难点与热点问题，亟需出台司法解释以统一法律适用，保护当事人的合法权益。

本解释列入司法解释制定规划后，最高人民法院向全国各高级人民法院发函，收集审判实践中涉及房屋租赁案件的热点与难点问题。综合各高级人民法院上报的材料，有相当一部分意见与建议是针对房屋转租的。这从司法解释的条文中也可以反映出来，司法解释共25条，转租就占据了4条。转租问题的法律关系相对比较复杂。转租是指承租人在承租他人之物后作为出租人，将租赁物出租给次承租人，承租人与次承租人形成新的租赁关系，但承租人仍然依据其与出租人的租赁合同承担相应的权利义务。其基本特征可以概括为：（1）出租人与承租人之间的法律关系不因转租行为而发生任何变化；（2）承租人将租赁物出租给次承租人的目的是为了取得经济利益，如果将租赁物无偿供第三人使用则不是转租。可以看出转租涉及出租人与承租人、承租人与次承租人之间的关系，有时还会涉及出租人与次承租人的关系。转租涉及的法律问题也比较多，比如承租人未经出租人同意将房屋转租是否构成侵权、是否构成不当得利等学理上的争议都比较大，这些问题交织在一起，更是加大了司法实践中处理转租案件的难度。

市场经济的最大特点是使物流转起来，并且不断加大流转的速度，以使得物尽其用。转租问题是司法实践中经常会遇到的问题。《合同法》第二百二十四条第一款规定："承租人经出租人同意，可以将租赁物转租给第三人，承租人转租的，承租人与出租人之间的租赁合同继续有效，第三人对租赁物造成损失的，承租人应当赔偿损失。"合同法一方面从物尽其用的角度出发，态度是支持转租；但另一方面对于超过承租人剩余租赁期限的转租期限的效力问题并没有作出规定，这造成大量的转租合同纠纷在审判实践中的做法并不统一的情况，其后果就是严重损害了《合同法》的统一实施。关于超过承租人剩余租赁期限的转租期间的效力问题，司法实践与理论界中均存在不同看法。转租性质上属租赁契约，适用民法上有关租赁合同之规定，租赁权作为一种债权，依契约自由原则，可弥补物权法定主义的缺陷。租赁具有重要的社会价值，可充分发挥物的效用。租赁权之承租人无需取得物之所有权，仅以较小代价即可取得标的物的使用及收益，出租人亦可收取租金。转租系以原租赁合同为基础，承租人与第三人再订立租赁协议，将租赁物转由第三人独立使用收益的行为。转租中使用收益，系以原租赁权范围为限，但经出租人同意的除外。对于转租期限，我国法律未作特别规定，转租是以原租赁关系为基础，具有附属性，故转租期限不应长于原租赁所余的期限，在这点上大抵学说上不存在争议。存在争议比较大的是承租人超过剩余租赁期限将房屋转租的后果。有主张该行为有效的，有主张该行为无效的，也有主张该行为属于无权处分，效力未定的。到底哪种学说更为准确，更利于解决实践中发生的法律问题呢？有待探讨。

经出租人承诺，承租人与第三人即次承租人之间依合同法有关条款订立的转租合同具有法律效力。三者之间呈现不同的关系，由于转租问题相对比较复杂，涉及两个租赁合同，即房屋租赁合同与房屋转租合同；三个法律关系，即出租人与承租人、承租人与次承租人、出租人与次承租人之间的关系；四个法律适用难题，即本司法解释所涉及的四个问题。因此有必要对于转租问题作一个系统的研究，理清出租人、承租人与次承租人之间的关系。

（一）出租人、承租人与次承租人之间的关系

1. 承租人与次承租人的关系。二者由转租合同产生的权利义务关系，适用合同法中有关租赁关系的规定，但次承租人是否有权对租赁物再转租。从理论上看，依照契约自由及转租的法理，应予肯定。另外，承租人是否依转租合同对租赁物负有修缮义务？相对次承租人而言，承租人处于“出租人”的地位，按法理应承担租赁物的修缮义务。但因次承租人使用收益租赁物的程度与范围均不得逾越承租人的租赁权，而出租人对租赁物的修缮义务并未免除，故承租人修缮义务实际上转嫁于出租人，此修缮义务以合乎租赁物的使用收益状态即可。如果出租人未在法定期限内履行租赁物的修缮义务，次承租人无权直接要求出租人履行，但可请求承租人进行修缮，承租人不得拒绝，其履行后，可向出租人追偿。

2. 承租人与出租人的关系。转租后，原租赁合同继续有效，承租人与出租人的关系不受影响。承租人未给付租金或有其他违约行为时，出租人可解除与承租人订立的租赁合同，无须通知次承租人，也无须对次承租人为终止之意思表示。原租赁合同终止时，出租人可基于物权追及效力对次承租人直接请求返还租赁物。对于承租人因转租而未占有租赁物的情况，出租人不能基于物权直接请求其返还，因为承租人现实上不占有该物，不能成为物上请求权的相对人。但出租人可基于合同上的权利（债权）请求承租人返还租赁物，并将实际占有租赁物的次承租人列为第三人，以主张其权利。因出租人或承租人之过错致租赁合同解除，租赁物被出租人收回，造成次承租人损害的，次承租人可依转租合同要求承租人赔偿，承租人赔偿后，认为系出租人过错造成的，可向出租人追偿。

对于因次承租人之事由对租赁物所产生的损害，承租人是否承担赔偿责任？在原租赁关系中，承租人负契约上善良管理人的保管义务，出租人可依债权向承租人请求损害赔偿，承租人赔偿损失后，可以转租人身份依转租合同向次承租人求偿。但承租人与次承租人承担的并非连带责任，而是基于两个不同法律关系产生的责任。同样，对于次承租人因保管不善致租赁物毁损、灭失的，或未经出租人同意，对租赁物进行改善、添附的或次承租人违约损害出租人利益的，承租人应依原租赁

合同先行承担民事责任，后再依转租合同向次承租人追偿。当转租合同终止而原租赁合同仍然有效，次承租人不返还租赁物致承租人租赁权受损时，出租人负有排除妨害的义务，可据物权追及力要求次承租人返还租赁物。承租人为维护与出租人的租赁关系，也可代位行使出租人的物上请求权，并可依与次承租人订立的租赁契约要求其返还租赁物。

3. 出租人与次承租人的关系。转租之承诺，导致转租合同成立。但出租人与次承租人之间并不产生契约上关系，根据转租的性质，除有债务承担或其他特约外，基于转租并不当然发生出租人与次承租人间的直接权利义务关系，如次承租人已尽通知、保管义务，则等于承租人尽其义务，可使承租人免其责任。次承租人对出租人并无交付租金之义务，出租人也无权请求次承租人给付租金。但因承租人不履行租金给付义务，将导致出租人终止原租赁合同，使次承租人利益遭受重大危险时，为保护其利益，次承租人应有权代位清偿租金，以保证合同存续。在租赁关系存续期间，因出租人与次承租人不存在直接权利义务关系，出租人欲出卖租赁物时，即使承租人放弃优先购买权，次承租人仍不享有该项权利。租赁期间，出租人将租赁物出卖给他人，依“买卖不破租赁”原则，原租赁关系对所有权人继续有效，则转租协议亦为有效。①

（二）转租与租赁权让与

无论是学理上，还是司法实践中，有人经常将转租与租赁权的让与混为一谈，虽然两者之间存在着许多共性，但将两者混淆，会影响我们对于行为效力的判断。因此，有必要将两者厘清。

1. 租赁权的性质：租赁在性质上是一种合同，租赁权由合同产生。“租赁是一方出租某物供他方使用，他方给付租金的双方民事法律行为，因而属于合同，并且是定型化的合同类型之一。”根据合同约定，承租人才获得租赁权，租赁权在性质上应当是债权。租赁权在民法沿革上从来不是一种物权。民法物权理论有所谓“物权法定”的基本原则，如非法律明文规定，任何权利都不能成为物权。这一原则多年来物权的外延扩展非常缓慢，由于通过立法程序创设新权利非常困难，租赁权很难成为新的物权。

租赁并不一定意味着对物的直接支配，如转租赁。只要出租人事先或事后同意，承租人就可以转租租赁物，一旦承租人转租租赁物，他就不再直接支配标的物，租赁权也就失去了成为物权的最基本条件。换言之，租赁可能直接支配物，也

---

① 陈英容：《转租制度之探讨》，载《福建政法管理干部学报》第 2001－1 期。

可能不直接支配物。在出租人依约定履行交付租赁物的义务后，承租人取得对租赁物使用收益的权利以及为使用收益所必要的占有权利，此种使用、收益权以及必要的占有权，即所谓租赁权。也有学者认为，租赁权系指“承租人基于租赁契约，对于出租人所有一切权利之总称”。关于租赁权的性质，通说认为是一种物权化的债权。之所以说租赁权已物权化，有种种理由，概括而言，大致有以下几方面：首先，承租人对租赁物有使用和收益权以及必要的占有权，受占有之保护；其次，现代民法确立了“买卖不破租赁”的原则，在承租人受租赁物交付后，取得对抗第三人的权利，使租赁合同对租赁物的受让人继续存在；再次，承租人对于侵害租赁权的行为，有排除妨害和损害赔偿请求权；最后，租赁权还具有永续性，即不动产一经出租和交付与承租人，非有法定之客观正当事由，出租人不得收回。此外，租赁权之物权化，还体现在租赁物之受让人对租赁物上已设定负担的继受，以及承租人交付之押租金的对抗力等方面。

然而，无论租赁权如何物权化，性质上仍为债权。其原因在于：首先，租赁是一种继续性的合同，出租人在整个租赁期间均须承担特定的义务，如容忍承租人对租赁物的占有、使用和收益，就租赁物的瑕疵承担担保责任等。概言之，出租人须保障承租人使用、收益之实现。其次，承租人虽有使用和收益之权，但这些权利仅能对出租人主张，出租人以外的第三人对承租人不负任何义务，足见其权利义务之相对性，符合债权债务关系之特征。再次，承租人虽可占有、使用和收益租赁物，但该种占有、使用和收益的权利并不具有对租赁物的支配性，租赁权仅是因承租人的请求权的实现而反射地产生的一系列权利的总称，出租人的义务与承租人的权利同时存在，出租人不仅要消极地不妨碍承租人的使用收益，而且要履行积极行为保障承租人权利的实现，包括租赁期间对租赁物承担瑕疵担保责任，即承租人对租赁物的使用收益权实际上是在出租人履行特定的容忍和保障义务时所取得的一种实际利益，加上承租人对出租人的请求权之总和。对此，《合同法》第二百一十六条作了规定，可见我国法律规定的租赁权是一种债权。

2. 转租与租赁权让与。为更好地阐明转租的性质，有必要将其与租赁权转让加以区分。首先，在转租情况下，承租人与出租人原有租赁合同继续有效，租赁权仍属于承租人，承租人亦不脱离原租赁关系，只是承租人对租赁物再设定新的租赁权，次承租人直接与承租人发生关系。而租赁权的转让，承租人完全脱离原租赁关系，使受让人继受其地位，以继续原租赁关系。转租为设定的取得，让与为转移的取得，二者性质不同。其次，二者法律后果不同，次承租人与承租人直接发生关系，次承租人对承租人有请求交付合乎使用收益目的的租赁物及对租赁物修缮的权利，而受让人无此权利。再次，一般情况下，转租为分期给付租金，而让与则一次性给付价款。最后，让与是处分租赁物的全部，转租可以是全部或部分。可见，转租并不适用民法关于债权让与的规定。

二、起草过程中的相关意见与建议

第一种意见认为，如果承租人将房屋转租，且转租期间超过承租人从出租人处获得的租赁期间，该行为无效。理由在于：转租本身就是对于出租人利益的一种侵害，每个人的谨慎程度是不一样的。出租人将房屋交给承租人一方面固然是为了获取租金，但另一方面也是出于对承租人的信任。现实生活中大凡低于市场价达成租赁合同的双方均为熟人、朋友、同事之间。虽然房屋租赁合同中未明确双方合同成立的前提是基于彼此的信任关系，但无论如何，对于处分自己不动产的出租人来说，承租人的人品还是在其考虑之内的，而转租无疑是对于这种信任关系的破坏，其严重损害了出租人的利益。因此对于转租应当从严把握，如果承租人与次承租人订立的房屋租赁合同的期间超过了出租人与承租人订立的房屋租赁合同的期间应当认定该转租合同无效。承租人超过从出租人处获得的租赁期限而将房屋转租，因原租赁合同约定的履行期限届满，承租人转租房屋无疑符合无权处分的特征。这属于承租人对他人的财产的处置，又缺乏权源，构成对真正权利人侵害。属于侵权行为，出租人可以向承租人提起侵权之诉，也可以解除合同，当然可以主张承租人超过剩余租赁期限将房屋转租的行为无效。另外，从转租的性质来看，其亦属于租赁契约，适用民法上有关租赁合同之规定，租赁权作为一种债权，依契约自由原则，可弥补物权法定主义的缺陷。租赁具有重要的社会价值，可充分发挥物的效用。租赁权之承租人无需取得物之所有权，仅以较小代价即可取得标的物的使用及收益，出租人亦可收取租金。转租系以原租赁合同为基础，承租人与第三人再订立租赁协议，将租赁物转由第三人独立使用收益的行为，但转租毕竟是对原所有人利益的损害。转租中使用收益，系以原租赁权范围为限，这一范围当然也包括期限范围。对于转租期限，我国法律未作特别规定，转租是以原租赁关系为基础，具有附属性，因此，转租人超过剩余租赁期限将房屋转租，该行为无效。

第二种意见认为，应当依法认定超过承租人剩余租赁期限的转租期间无效。《合同法》第二百二十四条第一款规定："承租人经出租人同意，可以将租赁物转租给第三人。承租人转租的，承租人与出租人之间的租赁合同继续有效，第三人对租赁物造成损失的，承租人应当赔偿损失。"依照上述法律规定，承租人转租，是将其依据房屋租赁合同享有的租赁期内的房屋占有、使用权转租给第三人，转租合同的生效和履行依赖于租赁合同的生效和履行。如转租合同约定的租赁期限超出承租人剩余租赁期限，因租赁合同约定的履行期限届满，承租人转租房屋属于无权处分，应当依法认定超出部分无效。认定全部无效，不符合逻辑，承租人未超过剩余租赁期限的部分为有效，超过剩余租赁期限的为无效。这种相对比较合理，因为，在剩余租赁期限部分内，承租人对于房屋是有处分权的，这种处分当然也包括出租行为，一概认定无效等于否认了承租人在合法租赁期的处分权。

第三种意见认为，超过承租人剩余租赁期限的转租行为属于效力待定行为。依照《合同法》第二百二十四条第一款的规定，承租人转租，是将其依据房屋租赁合同享有的租赁期间内的房屋占有、使用权转租给第三人，转租合同的生效与履行依赖于租赁合同的生效与履行。如转租合同约定的期限超出承租人剩余租赁期限，因租赁合同约定的履行期限届满，承租人转租房屋超过原租赁合同的期限属于无权处分行为，依照《合同法》第五十一条的规定，“无处分权的人处分他人财产，经权利人追认或者无处分权的人订立合同后取得处分权的，该合同有效。”依据该条规定，承租人超过剩余租赁期限的转租行为属于效力待定行为，如果得到出租人的追认并不损害任何人的利益，应为有效。反之，若得不到出租人的追认则为无效。无权处分行为与当然无效的行为的本质区别在于，无权处分行为并不是当然无效的，只要符合法律规定的条件就可以发生法律规定的效力。根据《合同法》第五十一条的规定，无权处分发生效力，必须要经过本人追认或行为人事后取得处分权。具体来说：一是无权处分行为经过权利人追认可以生效。法律上之所以确认无权处分行为必须经权利人追认才能生效，其主要原因在于无权处分行为本质上是在没有获得他人授权的情况下来处分他人的财产。因此，构成了对权利人权利的侵害。法律允许权利人进行追认，从而充分尊重了权利人的意志和利益，如果权利人认为无权处分行为对其有利，可以对无权处分行为作出追认，如果认为该行为对其不利，便可以拒绝追认。在权利人追认之前，因无权处分而订立的合同属于效力待定的合同，相对人可以终止履行义务，也有权撤销该合同。在追认以后，此种效力待定的合同将得到补正，因此，合同将溯及既往地产生效力，任何一方当然有权请求另一方履行义务。二是无权处分人事后取得处分权，也可导致无权处分行为有效。例如，处分人与真正的权利人之间已达成了出卖房屋的协议，即承租人购买了出租人的房屋或承租人与出租人续约，所续约的期限长于转租的期限。从法律上看，无权处分行为的本质特征在于，处分人无权处分他人财产，从而侵害了权利人的财产权利。一旦处分人事后取得了财产权利，便可以消除无权处分的状态和导致合同无效的原因。处分人事后取得处分权，将导致无权处分行为转化为有权行为。①

第四种意见认为，承租人超过承租人剩余租赁期限的转租为有效。其依据在于，如果认定该合同无效，对于善意的次承租人是不公平的。因为房屋租赁并不要求出租人享有所有权，虽然出租房屋绝大多数情形是房屋所有权人，但是市场经济要求经济高速运转，从而要求物的高速流转的特点决定了出租人完全可以不是所有人。而且从法理上考察，也可以得出房屋租赁的权源来自合法占有的结论。房屋租赁的权源问题也恰是长期困扰审判人员的根本问题，也正是这个问题使得许多房屋纠纷案件难以作出合乎逻辑和合乎实际情况的判决。比如按揭房出租，因没有完全取得产权，是否就认为出租行为无效呢？还如大量存在的“二房东”现象，是否“二房东”与他人签订的租赁合同都无效呢？显然，这些出租行为认为无效，极不利于经济的发展，也会导致房屋资源的闲置和浪费。这与社会主义立法的目的和法律应适应事物发展规律的原则是相左的。从物权的角度来分析，所有权人出让占有权是很常见的，合法占有权人在所有权人允许的范围内享受收益权，理应恰当，否则光“占有”有何经济价值呢？房屋的合法占有人出租房屋正是这种情况。物权的另一种形式，即他物权人实际上就是物的实际占有者，同时，其又享有所有权人的诸如出租等的许多权利。如国有企业的承包经营权，现实生活中也存在着大量的国有企业将厂房出租的情形，因此，只要承租人合法占有所租的房屋，其就有权将房屋出租。对于善意的次承租人来讲，其无法判断出租人是否有权出租房屋，更无法判断该房屋是否超出了租赁期限，如果认定承租人超期出租无效，必然会给次承租人带来损失。次承租人往往在房屋上投入了大量的装修，对于商铺来说，次承租人损失的不仅仅是装修投入，更为重要的是其在固定的经营场所内培养了固定的消费群体，而这些顾客的忠诚度都很高。如果承租人换址经营，将会蒙受巨大损失。而由于认定承租人与次承租人之间的超期转租合同无效，次承租人追究承租人的违约责任也丧失了依据，这对善意的次承租人来讲是极不公平的。转租合同是负担行为，而非处分行为，因此，应当认定承租人的超期转租行为有效，出租人的损失可以由其向承租人主张。

可见，对于承租人超期出租的行为，理论界争议很大。承租人超过剩余租赁期限而将房屋转租给次承租人，可能损害出租人的利益。承租人没有获得授权且又无处分权的情况下对他人财产所做的一种处置，所以可以认为是法律上的处分。承租人是以自己的名义实施处分行为，即承租人不是以出租人的代理人的名义实施的处

---

① 王利明：《论无权处分》，载《中国法学》第2001年第3期。

分行为，也不是以出租人辅助债务履行人的身份从事的处分行为。正是因为行为人是以自己的名义从事的处分行为，因此，转租合同的当事人是承租人和次承租人，真正的权利人即出租人并不是转租合同的当事人，即使出租人事后追认了该转租行为，也不会发生合同主体的变更。向次承租人履行合同义务的主体仍然是承租人。此时情况比较复杂，既涉及出租人与承租人的关系，也涉及承租人与次承租人的关系。既涉及此种超期行为是否符合出租人的意志和利益、是否构成对出租人的权利侵害等问题。同时，由于该超期转租行为包括了承租人与次承租人之间所订立的合同。因此，也涉及对善意的次承租人的利益如何保护，如何维持交易的安全与秩序的问题。[①] 所有这些情况都是超期转租中所应当解决的问题。这就体现了订立司法解释时的价值取向问题，是更侧重保护出租人的利益，还是更侧重保护次承租人的利益。是更注重财产静的安全，还是更注重财产动的流转的问题。从本司法解释表述的内容来看，在承租人超过剩余租赁期限将房屋转租的问题上，似乎更注重维护出租人的利益。司法解释开宗明义地要求转租合同约定的租赁期限应当在承租人的剩余租赁期限内，并且基本态度是超出承租人剩余租赁期限的部分的约定无效。比较注重保护出租人的利益，为平衡次承租人的利益，作了个但书规定，即出租人与承租人另有约定的除外。司法解释的内容基本上平衡了出租人与次承租人的利益，更注重于维护财产的静的安全。基本上采纳了第二种意见。将承租人超过租赁期限转租的行为的效力定为无效与我国《合同法》第五十一条无权处分的规定并不矛盾。我国并不存在处分行为与负担行为的划分，处分行为的意义及其与负担行为的分界是德国民法的产物。在德国民法上，负担行为是指使一个人相对于另一个人（或另若干人）承担为或不为一定行为义务的法律行为，负担行为的首要任务是确立某种给付义务，即产生某种债权债务关系，义务人（债务人）对另一方（债权人），应当根据其所承担的义务来从事行为，特别是必须履行向债权人承诺提供的给付。同时，债权人因此有权请求获得给付。处分行为与负担行为相对应，是指产生下列效果的法律行为，即立即转移权利、权利内容的改变或缩小、在权利上设定物权负担或者使权利消灭，包括物权行为和准物权行为。处分行为直接作用于某项现存的权利，权利转移、变更、消灭以及物上负担的产生，本身就是处分行为的目的和效力的内容，处分行为的生效与权利的转移、变更、消灭等效力的发生，本为同一事物，即使在一个纯粹的思想实验室里，也无法将两者区分开来。因此，与负

① 王利明：《无权处分的若干问题》，载王利明主编，程啸、尹飞副主编：《民商法研习丛书——民商事理论争议问题——无权处分》，中国人民大学出版社 2003 年版，第 53 页。

担行为不同，一项生效的处分行为，不产生后续的履行义务的问题。按照民法本身的逻辑要求，对法律行为的标的物拥有处分权，仅仅是处分行为有效的必备条件，而与负担行为无关。处分行为直接引起权利的转移、变更或消灭，而负担行为仅仅是使债权人获得一项由债务人向其履行给付的担保，债务人不履行债务时，应对债权人承担责任。该负担行为若以处分某种权利为其给付内容，即债务人向债权人承担一项将某项权利处分给债权人的义务，而债务人对此权利无处分权时，行为的生效并不会对真正权利人产生危害，故负担行为不必以负担人享有标的物的处分权为必要，其中以出卖他人之物的合同为典型。但是我国民法不承认物权行为与债权行为之区分，故不存在物权行为或准物权行为意义上的处分行为，《合同法》第五十一条已规定了“处分”的概念。依最高人民法院有关司法解释以及多数学者了解，我国民法的“处分”行为，应与德国民法上的“处分行为”有别，其中应包括买卖、互易、赠与等引起债权债务关系发生的行为。该类法律行为的特点是，其首先发生法律行为当事人之间的给付请求权和给付义务，并在一定条件具备时，相应地产生权利的转移、变更、消灭等效力。

租赁合同的生效，首先引起租赁双方当事人之间的债权债务关系，承租人有权请求出租人交付租赁物，以及在租赁期间对租赁物的瑕疵承担担保责任；出租人有权请求承租人支付租金。其次，依据租赁合同，出租人将租赁物交付给承租人占有、使用和收益，承租人对出租人的债权，成为其对租赁物占有、使用和收益的权源。在租赁合同有效期间，出租人非因法定情事，不得要求承租人返还租赁物。但租赁合同的目的并不是使承租人取得对租赁物的某种独立的支配权，而是使出租人担保承租人的使用、收益，因此，租赁合同或出租行为不是法律上的处分行为，出租人并不需对租赁物有处分权，更不需对租赁物有所有权，关于无权处分行为须经权利人追认才有效的规定，不适用于转租合同。

出租人依据出租合同，将租赁物交付给承租人的行为，是否为处分行为。依学者见解，出租人将租赁物交付承租人，旨在履行租赁合同之义务，亦非属于处分行为。依笔者观点，尽管出租人将租赁物交付给承租人后，承租人取得对租赁物的占有，但这种占有仅仅为一种事实而非权利，其对租赁物并无支配性，其表现就在于，承租人对租赁物之占有，对于出租人的支配权并无任何限制，出租人在租赁期间不得请求返还租赁物，并非因其支配权受到限制，而系因其承担债务，应加区别。出租人交付租赁物与承租人的行为，既非处分，则与处分权无关。正因如此，我国合同法第二百一十二条规定的租赁合同定义中，并未规定出租人对租赁物必须有所有权或处分权。

可见，对于承租人超过剩余租赁期限而将房屋转租这一问题，由于我国不存在德国法上处分行为与负担行为的分界，因此，认为该转租合同有效的观点是站不住脚的。同时，该行为也不能套用无权处分的规定，因此，认为该转租合同是效力待定合同的观点也并不准确。占主流的观点是认为，该转租合同超过约定租赁期限的无效，但主要原因是认为转租合同类似于一种依附于出租人与承租人订立的合同的从合同。这种观点也不准确。要正确认识转租的法律效果，首先就要理清转租与租赁合同之间的关系。就转租须以租赁合同为前提而言，二者非常类似主从合同关系。在主从合同关系中，主合同是指能够独立存在，不以其他合同的存在为前提的合同；从合同是指不具有独立性，而是以其他合同的存在为前提的合同，又称为附属合同。两个合同之间是否具有主从关系，应从如下六个方面加以分析：（1）发生上的依附性，即从合同以主合同的存在为前提；（2）效力上的从属性，主合同不能成立，从合同就不能有效成立；主合同被宣告无效或被撤销，从合同也将失去效力；（3）转让的从属性，主合同转让，从合同不能单独存在；主合同的权利转让，从合同的权利必须依附于主合同而发生转让；（4）消灭上的从属性，主合同消灭，从合同亦应当随之终止；（5）法律利益的从属性，即从合同的存在目的是为了保障主合同当事人的法律利益。就当事人角度分析，有的从合同当事人与主合同当事人完全相同，如独立的定金合同，有的从合同当事人则为主合同当事人之一与第三人，如保证合同。无论何种情形，从合同均服务于主合同债权人的法律利益；（6）如果从合同在主合同当事人与第三人之间成立，则从合同之标的物须有别于主合同之标的物。以第三人向借款合同之借款人提供抵押担保为例，主合同之标的物为一定数目之金钱，而抵押合同之标的物则为第三人提供的抵押物。但是转租合同不是租赁合同的从合同，原因是：虽然转租在发生上、效力上、转让上、消灭上均受到租赁合同的限制，即转租的生效要件之一是租赁合同的有效存在，但就转租合同内容而言，转租人与次承租人均具有独立于租赁合同的法律利益，转租人为了获取租金，次承租人则为了获得租赁物的使用、收益之权，不符合主从合同的要求。另就标的物而言，转租的标的物系租赁合同的标的物或其一部分，具有同一性，亦不符合主从合同的要求。但是，不可否认的是，租赁合同与转租具有密切的关联，转租人亦为租赁合同的承租人，两个合同的标的物相同，均为出租人的所有物。出租人虽非转租的当事人，但基于租赁物之所有人及租赁合同之出租人身份，可在不同程度上对转租行为施加影响。之所以有人将出租合同与转租合同之间的关系混同于主合同与从合同之间的关系，主要原因在于出租合同与转租合同之间关系密切，转租合同在一定意义上也具有附属性。从这种意义上讲，转租合同的期限不应长于出租人与承租人订立的租赁合同的期限。承租人将房屋转租，依据的恰恰是其与出租人订立的房屋出租合同，其权源也是依据该房屋出租合同享有的对房屋租赁期内的占有和使用权。因此，转租合同具有一定的依附性。如果转租合同约定的租赁期限超出了承租人的剩余租赁期限，而租赁合同约定的履行期限又届满，承租人就丧失了对于该房屋进行处分的合法权源，当然该行为应归于无效。但是同时也应考虑到当事人的意思自治，如果出租人与承租人在订立合同时就约定，承租人可以将房屋超过剩余租赁期限进行出租，每个人的谨慎程度是不一样的，知识经验也存在差异。有的出租人宁可选择较低的价格，也愿意将房屋出租给熟人，比较注重彼此之间的信赖关系，而有的出租人对此并不看重，更看重于房屋的高效利用，或出于时间成本的考虑，更愿意将房屋交给具备专业知识的房屋中介机构来打理，承租人转租的期限并不在其考虑之内，此时应当尊重当事人的意思自治，而不应将这种超过剩余租赁期限的转租行为认定为无效。

另外，从实证法上考察，本司法解释规定的内容也与建设部 1995 年 4 月 28 日发布的《城市房屋租赁管理办法》的规定相吻合。该办法第二十九条规定："转租合同的终止日期不得超过原租赁合同规定的终止日期，但出租人与转租双方协商约定的除外。"第三十一条规定："转租期间，原租赁合同变更、解除或者终止，转租合同也随之相应的变更、解除或者终止。"

条文理解

对本条的理解，应当把握以下几个方面：

一、对于租期如何理解

租期是由双方当事人协商确定的合同重要条件之一。通常，土地、房屋、建筑物等不动产的租期具有长期性的特点。依照《合同法》第二百一十四条的规定，租赁合同期满，可以续订，但房屋租赁合同约定的租赁期限，不得超过 20 年，超过的部分，即使有约定，该超期约定也无效。双方在合同中未约定租期的，为不定期租赁。对于不定期租赁，任何一方当事人都有权依照自己的意思随时解除合同，但在解除合同之前，应预先通知对方，给其必要的准备时间。对于不定期租赁合同，不存在剩余租赁期限的问题，承租人当然可以转租。

房屋租赁合同签订的形式对于租赁期间也有影响。房屋租赁合同的期限为 6 个月以上的，应订立书面合同；未采用书面合同的租赁，视为不定期租赁。

二、转租是否包括群租行为

群租的情况比较复杂。近期，我国一些大中城市的政府部门针对租房领域，相继开展了大规模整治“群租”的活动，引发了社会各界的众多反响与讨论，群租目前仅限于生活现实，尚未上升到法律层面，因而何谓群租，尚无法律界定，学界也鲜有探讨。有人认为群租是指“出租人将房屋分别向两个以上承租人出租或者承租人将承租房屋部分或者全部再转租给两个以上新承租人的行为。”英国2004年通过的《住房法案》则将群租定义为：至少三人居住，房客必须分属至少三个家庭，如果房屋所有者也居住在该屋，他和他的家人不计算在内，所有房客共用厨房、浴室和厕所。群租是将一个居住单位的住宅出租给分属于不同家庭的两人以上的行为。目前，我国没有法律对群租问题进行规定，仅上海市《关于加强居住房屋租赁管理的若干规定（试行）》对群租问题进行了规定：居住房屋应当以原规划设计的房间为最小出租单位，不分门进出的客厅、厨房间、卫生间等均不得单独出租；一间房间只能出租给一个家庭或一个自然人，出租给家庭的，家庭人均承租的居住面积不得低于5平方米，居住房屋不得分割搭建若干小间，按间或按床位出（转）租。尽管立法上的权限值得质疑，但令人可喜的是，上述规定一方面认可了群租，另一方面也从保护承租者的角度对群租行为进行了适当规范。群租可分为自主房屋群租和他主房屋群租，房屋的所有权人与群租的承租人或第一手承租人之间的租赁关系、第一手承租人和群租的次承租人们之间的转租关系，现实生活中，由于出租人寻找众多的租户比较困难，绝大多少情况，都是由房主将房屋出租给中介，或者是专门靠群租谋生的“二房东”，再由他们将房屋转租给租户。所以一般来讲，绝大多数群租行为都是转租行为。但是自主房屋群租并不是转租行为。群租也应受到我国民法和租赁合同的约束，我国法律允许当事人对是否可以转租自由约定，但对具体转租行为的约束就不太详尽。我们可以比照《德国民法典》第549条的做法，当承租人向第三人让与使用权的时候，如果存在着与第三人本身有关的重大原因，或者住房居住的人数过多等情况时，出租人哪怕已经承诺允许转租，也可以享有拒绝权而不构成违约。当然，我国法律对此不规定不等于租赁合同中也不能加以约定，即双方当事人可以定一份详尽的租赁合同限制群租。通过对群租行为的简要分析，我们可以看到群租行为与转租行为有交叉，也有重合。自主群租，即所有人将房屋出租给多个承租人的行为，并不能称其为转租，他主群租，这也是群租的主要形态，一般表现为房屋中介与“二房东”将房屋出租给多个承租人，这也适用本司法解释有关“转租”的规定。

三、转租是否包括再转租行为

出租人将房屋出租给承租人，承租人将房屋转租给次承租人，次承租人将房屋再转租，这一行为在现实生活中比较普遍，也就是我们所称的“二房东”“三房东”乃至“四房东”“五房东”。由于市场经济的发展，物也在高速流转，炒房是购买房屋的所有权牟利，而现今也催生了一些靠转租生活的“二房东”“三房东”。以北京的什刹海地区为例，许多商铺的现有承租人并不清楚房屋的所有人是谁，也不清楚房屋的最初承租人是谁，一般其房屋都是几易其手，其只知道他的上一手房东，有些房屋的出租价格被炒得已经严重偏离市场价格。这种再转租行为是否是司法解释所称的“转租”，是否与“转租”适用一样的法律呢？有人认为，再转租严重损害了房屋出租人的利益，因为出租人对于越是后手的次承租人其控制也越松散，甚至后手的次承租人会脱离出租人的控制，如果其对于房屋不当使用，出租人会鞭长莫及。因此，应对再转租行为加以严格限制，即便放开转租，也只能放开到二手转租。我们认为，市场经济的最大特点就是经济的高速运转，与之相对应的必然是物的快速流转，多手转租，可以使得租赁物，物尽其用，禁止多手转租缺乏法律依据。再转租行为完全符合转租的法律特征，法律也并未对这种行为有禁止性规定，因此，再转租也适用本司法解释有关转租的规定。

审判实践

审判实践中应重点把握以下几个问题。下面将通过几个小案例，阐述几个重点问题。

一、但书条款中出租人与承租人的约定是否以书面为限

房主甲将房屋出租给中介乙，房屋出租合同中明确约定，租期为一年。出租时，中介乙询问甲，是否可以房屋转租，甲同意。中介乙问如果有合适的房主，可否将房子多租几年，甲也口头答应。后中介乙将房屋转租给丙，租期为两年。经过一年后，房屋租金上涨，甲主张，乙超过剩余租赁期限出租房屋的行为无效是否应当得到支持？这就涉及一个问题，但书条款中出租人与承租人的约定是否以书面为限，口头的约定能否会产生与书面约定一样的效力？答案是否定的。理由在于：一方面，口头约定比较难举证，从形式上效力要弱于书面的效力。过于完全强调口头约定与书面合同的约定往往会造成司法资源的浪费，法院在查清这一问题上要牵扯

许多精力，赋予书面约定的效力优于口头约定的效力，也会督促当事人在处分自己的权利时，有个更审慎的态度。在处分不动产方面，法律一般要求比较严格的形式，在房屋租赁合同中体现得比较明显，比如前述关于房屋租赁期限的约定。另一方面，在于此种情况下，应更注重出租人利益的保护。因为转租本身就破坏了出租人与承租人之间的信赖关系，所以不宜承认出租人与承租人的口头约定。

二、承租人嗣后取得了房屋的所有权，承租人的超期转租行为是否仍为无效

房主甲将房屋出租给乙，两人签订房屋租赁合同，合同中约定租期为一年，乙随即又将房屋转租给丙，房屋租期为两年，在房屋租赁合同履行快一年的时候，房主甲将房屋卖给了承租人乙，并办理了房屋过户手续。现实生活中经常会出现承租人购买出租人房屋的情形，尤其是关于承租人优先购买权的规定使得这种情形的出现变得更加普遍，此时是否仍要困守承租人将房屋超过剩余租赁期限，超过部分无效的规定呢？答案当然是否定的。原因在于乙是房屋的所有权人，有权对于房屋进行包括租赁在内的处分，虽然乙在将房屋转租给丙的时候，存在着权利瑕疵，但是由于乙嗣后取得了房屋的所有权，无疑已经补正了该瑕疵，因此乙的行为是有效的。

三、承租人超过剩余租赁期限将房屋转租，如果嗣后取得了出租人的认可，该转租行为是否仍为无效

房主甲的房屋始终不好出租，甲将房屋出租给乙，双方签订房屋租赁合同，合同约定租赁期限为一年，合同中也明确约定，乙可以将房屋转租，但对于转租期限租赁合同并没有明确的约定。乙将房屋转租给丙，租期为五年。后房主甲得知此事，由于其一直苦于该房屋不好出租，所以欣然同意。此时是否仍要困守承租人将房屋超过剩余租赁期限，超过部分无效的规定呢？答案当然是否定的。此种情况与我们上述的第二种情形相类似。虽然乙在将房屋转租给丙的时候，存在着权利瑕疵，但是由于乙嗣后取得了房主甲的同意，无疑已经补正了该瑕疵，此种情况下，应当视为本司法解释规定的但书情形，即出租人与承租人另有约定，只不过此时的约定是嗣后的约定而已。因此，乙的行为是有效的。

四、承租人与出租人续约，将原租赁期延长，该转租行为是否仍为无效

房主甲将房屋出租给乙，双方签订房屋租赁合同，合同约定租赁期限为一年，合同中也明确约定，乙可以将房屋转租，但对于转租期限，租赁合同并没有明确的约定。乙随即将房屋转租给丙，租期为两年。在甲与乙房屋租赁合同即将到期的时候，乙又与甲续签了两年合同，此时，也不能困守超过剩余租赁期限无效的规定。此种情形与出租人嗣后认可转租超期的行为以及承租人取得出租房屋所有权的行为相类似，虽然乙在转租房屋的时候存在瑕疵，但是乙通过与房主甲续约的行为，补正了其在转租房屋时存在的权利瑕疵。因此，此种情况也应当视为出租人与承租人另有约定，承租人可以超过剩余租赁期限将房屋转租的情形。

第十六条　[出租人同意转租的推定]

出租人知道或者应当知道承租人转租，但在六个月内未提出异议，其以承租人未经同意为由请求解除合同或者认定转租合同无效的，人民法院不予支持。

因租赁合同产生的纠纷案件，人民法院可以通知次承租人作为第三人参加诉讼。

条文主旨

本条规定的是出租人同意转租的推定和次承租人的诉讼地位。

背景依据

一、起草的背景

（一）制定该条的背景

在当今经济快速发展，经济节奏明显加快的时代，随着市场经济的日益发展，房地产市场的日益繁荣，租赁纠纷已经成为重要纠纷类型，但目前的审判实践对于相关问题的看法，却又往往大相径庭。转租，作为一种配置资源，提高资源利用效率的行为，普遍而频繁地出现在经济生活当中。无论是经过出租人同意还是未经出租人同意的转租，都将产生三方当事人：出租人、承租人、次承租人。租赁关系也

只存在于出租人与承租人之间以及承租人与次承租人之间，一般认为出租人与次承租人之间并无合同关系，根据合同相对性的原则，出租人不得要求次承租人履行租金支付义务，有关违约损害赔偿也仅得向承租人主张。一般情况下，经过出租人同意的转租法律后果比较简单，处理起来也相对容易，而在未经同意转租的情形下，则容易产生争议，法律关系相对比较复杂，实践中对这类纠纷也比较难以处理。

我国现行法律中，对转租行为的关注明显不足，主要的法律依据体现于《合同法》第二百二十四条。该条规定："承租人经出租人同意，可以将租赁物转租给第三人。承租人转租的，承租人与出租人之间的租赁合同继续有效，第三人对租赁物造成损失的，承租人应当赔偿损失。承租人未经出租人同意转租的，出租人可以解除合同。"该条对转租行为法律效力的规定过于原则，缺乏可操作性，在学界和司法实务中不可避免地引起各种困惑和争议。一种观点认为，出租人将房屋出租给承租人，承租人取得了对于房屋进行处分的合法权源，当然也包括出租行为在内，承租人当然可以将房屋转租，这也是其对于房屋使用的重要方式之一。另一种观点认为，承租人将房屋转租，破坏了原有的出租人与承租人的信任关系，该转租行为若未经过出租人同意，应归于无效。司法解释的起草过程中，对于未经出租人同意的转租行为的效力争议也很大，司法解释对此也几易其稿，这也从一个侧面反映了在该问题上的巨大争议与分歧。

（二）司法解释稿的更迭

对于"转租"的规定，是司法解释中分歧最大，讨论最充分，变化也最多的内容，司法解释对此问题多次进行修改，修改的过程也是我们不断修正认识的过程。司法解释初稿修改后，第二稿对于"转租"这一问题，有三种不同意见。第一种意见：出租人主张承租人未经其同意签订转租合同无效的，人民法院不予支持。第二种意见：承租人未经出租人同意签订的转租合同，在起诉前经出租人追认，合同应当认定有效。第三种意见：承租人未经出租人同意签订的转租合同无效。第三稿主要采纳了第二稿的第二种意见，修改为："未经出租人同意签订的转租合同，在起诉前经出租人追认，当事人请求确认转租合同无效的，不予支持。"第四稿鉴于争议比较大，仍然列了两种意见：一种意见为第三稿中表述的内容，另一种意见为："当事人以转租合同未经出租人同意为由，请求确认无效的，不予支持。"第五稿修改为："承租人未经出租人同意签订的转租合同，起诉前经出租人追认，当事人请求确认转租合同无效的，不予支持。"第六稿设定了三个月的异议期，规定："出租人明知承租人转租，但在三个月内未提出异议的，出租人请求认定承租人签订的转租合同无效的，不予支持。"第七稿增加了解除合同的规定，表述为："出租人知道或者应当知道承租人转租，但在三个月内未提出异议，出租人以承租人未经其同意为由请求解除租赁合同或认定承租人签订的转租合同无效的，人民法院不予支持。”第八稿沿袭了第七稿的规定。第九稿增加了次承租人诉讼地位的规定，并将异议期增加为六个月，该稿表述为“出租人知道承租人转租，但在六个月内未提出异议，其以承租人未经同意为由请求解除合同或者认定承租人签订的转租合同无效的，人民法院不予支持。”同时，增加一款，“因房屋租赁合同产生的纠纷案件，人民法院可通知次承租人以第三人身份参加诉讼。”

通过对司法解释稿的历次更迭的分析，可以看出司法解释对于转租的规定日趋完善，从原来仅局限于实体上的规定，到最终确认次承租人的程序上的诉讼地位。从原来对于转租绝对无效的规定，到给予一定的缓冲，即六个月的异议期，出租人不提异议，推定为其同意出租。在房屋租赁司法解释的起草过程中，对此问题讨论中主要有两种不同观点：一种观点认为，所有权权能包括占有、使用、收益、处分权。承租人未经出租人同意签订转租合同，将房屋交付次承租人使用，实际上行使了承租房屋的处分权，必然损害所有权的权益。按照无权处分原则，应当认定未经出租人同意的转租合同无效；另一种观点认为，是否经出租人同意不影响转租合同的效力。房屋租赁合同的内容是出租人将租赁物交由承租人占有、使用，承租人支付相应的租金。该类合同属于确立债权债务关系的合同，而不是以产生物权变动效果为目的的合同。承租人将依照合同取得的对租赁物的占有、使用权转移给次承租人享有，并不构成对租赁物的处分。依照《合同法》第二百二十四条第二款的规定，对承租人未经出租人同意转租的，出租人的救济途径是可以解除原租赁合同，而非宣告转租合同无效。从实际效果看，认定未经出租人同意的转租合同有效，在出租人主张租赁合同解除情形下，承租人对出租人和次承租人均应承担违约责任，更有利于惩罚承租人违背诚实信用的行为，保护次承租人利益。专委会经讨论研究，采纳了第一种意见。

二、司法实践中的分歧

从实证法上考察，建设部在 1995 年 4 月 28 日发布的《城市房屋租赁管理办法》对于转租问题有明确的规定，该管理办法第二十八条规定：“房屋转租，应当订立转租合同。转租合同必须经原出租人书面同意，并按照本办法的规定办理登记备案手续。”该办法第三十二条同时规定：“未征得出租人同意和未办理登记备案，擅自转租房屋的，其租赁行为无效，没收其非法所得，并可处以罚款。”从其条文规定的内容看，未经出租人同意的转租，无疑是无效合同，但是司法实践中的认识也不尽一致。有的认为合同法修订后，一个最大的变化就是尽量减少合同的无效，建设部发布的这一管理办法，从位阶上看，仅为部门规章，且其意图是对房屋租赁过程的行政管理，并不能影响双方当事人民事合同的效力，对于擅自转租的由行政管理部门没收其所得缺乏合理的依据。且房屋租赁管理办法出台时是 1995 年，距今也已有 15 年之遥，现在市场经济已经充分发展，当时的规定已经不能够适应现在的经济形势。

司法实践中对于未经出租人同意的转租合同的效力，态度也不尽一致。绝大多数法院都认为，此种合同为无效合同。也有个别法院认为，此种情况，不应当认定转租合同无效。以经济比较发达的上海为例，《上海市高级人民法院关于印发〈关于处理房屋租赁纠纷若干法律适用问题的解答（一）〉的通知》中对此问题作了明确的答复与规定：第四条问：未经出租人同意的房屋转租合同是否有效？回答是：在没有其他无效原因存在的情况下，未经出租人同意的房屋转租合同有效。租赁合同属于确立债权、债务关系的合同，而不是以产生物权变动效果为目的的合同。出租人对租赁物是否享有所有权、处分权，不是租赁合同必须考虑的内容。租赁合同的内容是出租人将租赁物交由承租人占有、使用，承租人支付相应的租金。承租人将依照合同取得的对租赁物的占有、使用权转移给次承租人享有，并不构成对租赁物的处分。《合同法》第二百二十四条第二款规定："承租人未经出租人同意转租的，出租人可以解除合同。"可见，对于承租人未经出租人同意转租的，合同法给出租人设定的救济途径是可以解除原租赁合同，而非宣告合同无效。江苏省关于房屋租赁的调研报告中对于未经出租人同意的承租人的转租行为，也认为其有效。其理由是："租赁只是将租赁物的占有、使用、收益的状态交由承租人享有，对出租人的所有权产生一定的限制，但并没有使其权利状态发生变化，转租的情况下，也只是租赁物的占有、使用、收益的进一步转移，对出租人的所有权并不产生任何影响，因此，转租并不是对租赁物的处分。王泽鉴先生也认为，租赁合同属于债权行为（又称负担行为），其与处分行为是两个不同的概念，不以负担义务者对标的物有处分权为必要。只要当事人具有行为能力、意思表示真实、标的确定、可能、适法及正当，租赁合同即可生效。[①] 出租人是否同意所影响的是其与承租人之间的权利义务关系，与转租合同的效力无关。且《合同法》规定，承租人未经出租人同意转租的，出租人可以解除合同。从该条规定看，并没有无效的立法意旨，而是授予出租人选择权，其可以不行使解除权而不收回房屋，也可以解除与承租人之间的租

---

① 王泽鉴：《民法学说与判例研究》（5），中国政法大学出版社 1998 年版，第 75 页。

赁合同，同时行使物权请求权要求收回房屋。”[①] 但绝大多数法院，都认为未经出租人同意的转租行为，该行为严重损害了出租人的利益，应当归于无效。司法实践中对于转租合同的法律适用出现了不一致，这导致同案不同判的后果，损害了司法的权威，同时也妨碍了《合同法》的统一适用。《江苏省高级人民法院关于审理城镇房屋租赁合同纠纷案件若干问题的意见》第十五条规定：“出租人以承租人未经其同意转租为由，要求确认承租人与次承租人之间的房屋租赁合同无效的，人民法院不予支持。出租人以承租人未经其同意转租为由，要求解除与承租人之间的房屋租赁合同的，人民法院应予支持。因租赁合同解除造成次承租人损失，次承租人要求承租人赔偿的，人民法院应予支持，但次承租人知道或者应当知道承租人未经出租人同意转租的除外。”第十六条规定：“未经出租人同意，承租人将其承租的房屋部分转租他人的，出租人要求解除与承租人的房屋租赁合同的，人民法院应予支持。”第十七条规定：“出租人知道或者应当知道承租人转租租赁房屋，但未及时提出异议的，视为同意转租。”可见，江苏省高级人民法院的基本态度是出租人对于转租不提异议的推定为出租人同意转租，和本解释不同的是其未规定异议的期间。同时，对于出租人以承租人未经其同意转租为由，要求确认承租人与次承租人之间的房屋租赁合同无效的，其态度是不予支持。上海与江苏对于转租问题上更倾向于保护次承租人的利益，这与其市场经济高度发达的经济背景不无关系。因为，市场经济更注重维护财产的动的安全，鼓励物的高速流转。但是，这并不具有普遍意义，在我国绝大多数地区对于转租的态度是更注重维护出租人的利益，也即更注重财产的静的安全。司法实践中，不同地区对同一问题法律适用上的差异，妨碍了《合同法》的统一适用。

三、学理上的分歧

（一）各国及地区民法在转租行为效力上主要的立法模式

在讨论《合同法》在转租行为效力上的立法模式之前，有必要先归纳一下各国及地区民法的立法模式。各国及地区民法对转租行为效力的规定大体有如下三种立法模式。

1. 限制主义立法模式

即承租人转租须经出租人同意，非经同意不得转租。采该模式的理由是，租赁物的所有权不属于承租人，承租人无权处分租赁物。由于无权处分行为是一种效力

---

① 摘自《江苏省关于房屋租赁问题的调研报告》。

待定的民事行为，其效力不稳定，如允许承租人自由转租，既不利于保护出租人利益，也不利于保护次承租人的利益。采该立法模式的国家主要如德国、日本等国。如《德国民法典》第549条第1项规定："承租人非经出租人允许，不得将该租赁物转让于第三人使用，特别是不得将该租赁物转租于他人。"《日本民法典》第612条规定："承租人未经出租人同意，不得将其权利出让或将其租用物转租。"此种立法模式的理由是承租人虽占有租赁物，但并不对其享有物权，其对租赁物为使用、收益的权利仍为债权。如承租人将租赁物转租他人，则次承租人之租赁权未有充分之权源支持，无从对抗出租人之所有权。

2. 自由主义立法模式

即除出租人与承租人之间有不准转租的特别约定外，承租人可以自由转租，而无须征得出租人同意。该立法模式的理由是，租赁合同并不以转移标的物的所有权为内容，也并不以出租人对租赁物享有所有权为必要，因此承租人可以自由转租。采该立法模式的国家主要是法国。该国《民法典》第1717条规定："承租人有转租的权利，甚至有将其租约让与他人的权利，但如租约本身禁止其享有此种权利时，不在此限。"此种立法模式的理由是租赁合同不以出租人对租赁物享有所有权为生效要件，不产生所有权转移的法律后果，承租人将其对租赁物的使用、收益权授予他人，并未损及出租人的所有权，却可使租赁物获得充分的利用。

3. 区别主义立法模式

即不一概规定非经同意不得转租或无须同意即可转租，而是区分动产租赁和不动产租赁。对动产租赁适用限制主义，不允许自由转租；对不动产租赁则适用自由主义，允许承租人自由转租。理由是：动产的流动性强，如允许自由转租，一旦落入第三人之手，出租人无法对其了解和控制，出租人承担的风险因此大大升高。而不动产是不能移动的，出租人对次承租人使用不动产的情况进行监督比较便利。因此，不动产的转租无须出租人的同意。采该模式的国家或地区主要如意大利、我国台湾地区等。意大利及我国台湾地区是这一立法模式的典型代表。意大利民法典第1594条规定："除有相反约款，承租人有将承租物转让他人的转租权，但是未经出租人的同意不得转卖契约。涉及动产的，转租应当由出租人授权或者与惯例相符。"我国台湾地区"民法典"第443条规定："承租人非经出租人承诺，不得将租赁物转租于他人。但租赁物为房屋者，除有反对之约定外，承租人得将其一部分，转租于他人。承租人违反前项规定，将租赁物转租于他人者，出租人得终止契约。"

从上述立法模式的分析和比较上可以看出，虽然对于转租问题存在着三种立法模式，但对于房屋租赁这种不动产租赁而言，其是两种态度：即一种是承认未经出租人同意的转租有效，以自由主义立法模式为代表，一种是认为未经出租人同意的转租无效，以限制主义立法模式和区别主义立法模式为代表，因为区别主义立法模式在不动产的租赁上，也是鲜明地主张未经出租人同意的转租无效。

（二）《合同法》在转租行为效力上的立法模式考察

我国在转租行为效力的立法模式考察上，采用何种立法模式呢？值得我们细究。我国《合同法》第二百二十四条规定：“承租人经出租人同意，可以将租赁物转租给第三人。”“承租人未经出租人同意转租的，出租人可以解除合同。”从该条规定的字面含义上看，《合同法》在转租行为效力上确立的似乎是限制主义的立法模式，因为出租人可以转租的条件是须有出租人的同意，而且，在未经出租人同意转租时，出租人享有对原租赁合同的解除权。可见，《合同法》对转租行为明显有限制的意思。但是，我国《合同法》在这一立场上又没有采典型的限制主义模式的国家那么彻底。从前述《德国民法典》和《日本民法典》对于转租的规定来看，德国民法和日本民法在是否允许自由转租的问题上都是直接采用禁止性的规范，态度鲜明地规定：非经出租人同意，“不得”转租。而考察我国《合同法》第二百二十四条的规定，该条在立法技术上却没有采用禁止性规范，而是采用赋权规范的形式。一是赋予承租人在出租人同意出租的情况下，“可以”转租；二是赋予出租人在承租人未经同意擅自转租情况下有权解除原租赁合同的权利。第二百二十四条在立法上采用这种赋权规范的形式，似乎暗含有鼓励和引导转租的意思。另一方面，第二百二十四条并没有明确规定只有出租人同意，承租人才可以转租，也就是说没有明确地将出租人的同意规定为承租人转租的必要条件，也没有明确规定非经出租人同意的转租合同是无效合同。立法者也未在该条直接规定“出租人解除合同的，转租合同无效”。在出租人解除合同的情况下，转租合同不一定必然无效呢？似乎可以看出，《合同法》在采限制主义模式时又持有保留态度。综上，我们认为，我国《合同法》在是否允许自由转租的问题上虽然基本上采限制主义的立法模式，但这种模式同时又是一种不彻底的限制主义模式。《合同法》第二百二十四条规定了承租人转租未经出租人同意的，出租人享有对原租赁合同的解除权。但同时，该条对转租合同的效力却未作出明确的规定，导致理论和实践中对转租合同的效力产生了种种争议。

（三）我国学界的学说

1. 有效说：未经出租人同意的转租导致物权行为的无效，而作为债权行为的转租合同仍然是有效的。其背后的理念则是尊重当事人意思自治，尊重契约的精神。理由在于租赁合同属于确立债权、债务关系的合同，而不是以产生物权变动效果为目的的合同。即订立租赁合同的行为不是处分行为，而是负担行为。“负担行为者，使发生给付义务之法律行为也，又称债务行为或债权行为。与之应严予区别者，系直接引起权利变动之处分行为（物权行为及准物权行为）。”“租赁契约及买卖契约均属负担行为。”“由于租赁本质上只是出租人与承租人之间的债权行为，租赁契约不过使‘出租人’负有以物供承租人使用收益的‘负担’而已，并不涉及‘物’的‘处分’，故纵使出租人非所有人而无处分权，契约仍然可以生效。”[①] 因此，出租人对租赁物是否享有所有权，不是租赁合同必须考虑的内容。正如我国台湾地区学者黄茂荣所说：“租赁是一种债务契约，仅具有使出租人与承租人互相依该契约负给付及保护的义务。此即债务行为之效力在主体上的相对性。基于该性质，纵使双方以他人之物为租赁物缔结租赁契约，该契约与他人之物的买卖同其道理，并不因此而无效。”[②] 史尚宽先生也早在其《债法各论》中指出，他人之物也不妨作为租赁之标的，只是此时出租人对于承租人负有使其就标的物可以使用收益的债务。所有权属于出租人之事，原则上并非重要。除非合同以之为条件以外，承租人不得以错误认识为由主张撤销。[③] 因此，前述任何一种情形，导致其认为合同无效的原因，都是出租人对于租赁物没有所有权或者处分权。但这些恰恰都不是作为债务合同的租赁合同所必须考虑的。

租赁合同的内容是出租人将租赁物交由承租人使用、收益，承租人支付相应的租金。根据民法“自己对自己行为负责”的基本原则，提供无瑕疵的租赁物，是出租人考虑的问题，而不是承租人需要考虑的问题。以自己无权出租的他人之物出租的，租赁合同也可有效，但由于合同不能履行，出租人应当负债务不履行责任。这也属于出租人的权利瑕疵担保问题。[④] 而合同无效意味着承租人不能基于有效合同向出租人主张违约责任。但如果是因为出租人的过错，没有提供无瑕疵的租赁物，却要以宣告合同无效的方式，要求承租人承担由转租人过错造成的不利后果，显然违背了“自己对自己行为负责”的原则，对承租人很不公平。

既然保证租赁物不存在瑕疵的责任在于承租人，则出租人只要满足了合同约定

---

① 苏永钦：《走入新世纪的私法自治》，中国政法大学出版社2002年版，第344页。

② 黄茂荣：《债法各论》（第一册），中国政法大学出版社2004年版，第15页。但应当注意的是，租赁合同既然不是处分行为，则无适用无权处分规则的可能与必要。只是在台湾地区立法和实践中，无权处分行为的结果也并不导致合同无效，而是合同仍然有效，但对履行问题则依据合同约定处理。因此，就台湾地区而言，租赁合同与无权处分合同的处理形式是相同的。该学者此处只是借无权处分的情形以说明在租赁合同情况下，也应当坚持合同有效的正当性。

③ 史尚宽：《债法各论》，中国政法大学出版社2000年版，第160～161页。

④ 郭明瑞、王轶：《合同法新论——分则》，中国政法大学出版社1997年版，第104页。

的使承租人使用、收益房屋的权利，说明出租人提供的租赁物就是无瑕疵的。在这种情况下，承租人也不能以出租人权利瑕疵为理由主张合同无效（当然可否以转租人擅自转租可能导致合同无法履行提出不安抗辩，是另外一个问题）。这样的话，对转租合同双方的权利、义务配置也就更加平衡。从目前我国的法律规定的解释来看，也不是认定这些租赁物存在权利瑕疵的租赁合同无效，而是认定合同有效。比如我国《合同法》第二百二十八条第一款规定："因第三人主张权利，致使承租人不能对租赁物使用、收益的，承租人可以要求减少租金或者不支付租金。"如果出租人以承租人未经其同意擅自转租为由解除合同等，此时出租人相对于次承租人来说，就是主张权利的第三人。而减少租金的权利必然是基于有效合同产生的抗辩权。因为存在无权出租等情形而认定租赁合同无效的，则次承租人享有的只能是基于合同无效而产生的缔约过失责任，而不能主张包括减少租金等在内的违约责任。由此可见，从《合同法》的立法精神进行演绎推理，也只能得出在这些情况下，租赁合同仍然是有效合同的结论。

至于无权出租或者转租的情况下，出租人与原权利人的关系，无论出租人的行为对于原权利人构成侵权还是违约，原权利人都可以向其主张。认定租赁合同有效，与原权利人主张权利之间，并不存在任何矛盾和冲突。二者属于基于不同基础而产生的不同法律关系，不能混为一谈。在认定租赁合同有效的基础上，从承租人的角度看，他既可以在原权利人主张权利而导致出租人根本无法继续履行合同时主张解除合同，进而要求出租人承担合同解除后的损害赔偿责任，也可以在不解除合同的情况下要求其承担违约责任。另外，原权利人也可以基于所有权向出租人或承租人主张返还租赁物，出租人因所有权人主张返还而不能继续向承租人提供租赁物的，应当向承租人承担履行不能的违约责任。

2. 效力待定说：也有学者认为，承租人未经出租人同意而将租赁物非法转租给他人，也构成无权处分。因为，对于转租而言，虽然承租人擅自转让的只是占有权、使用权，不是转让他人的财产，但承租人擅自将其占有权、使用权转让他人，实际上是非法处分他人财产所有权权能的行为。[①]《合同法》第二百二十四条并未明令禁止擅自转租行为，因此，难以认定此种行为具有违法性。擅自转租产生何种法律效果，将直接影响当事人的利益。德国法将财产行为分为负担行为与处分行为，前提指使一方相对于另一方承担为或不为一定行为义务的民事法律行为，即产生某种债务关系；后者指直接使财产权利变更或者消灭的民事法律行为。"处分即

① 王利明：《合同法新问题研究》，中国社会科学出版社 2003 年版，第 272 页。

为权利的转让、权利的消灭，在权利上设定负担或变更权利的内容。”有效的处分行为应当以处分人享有处分权为前提，即在处分行为生效时，处分人有权处分其财产。处分行为包括物权行为和准物权行为，前者如所有权的转移、抵押权的设定；后者如债务免除行为或债权让与行为。没有处分权而处分权利标的的行为即为无权处分，属于效力未定行为。依此法律思维方法，租赁合同是负担行为，而非处分行为，即使出租人无所有权，亦不影响租赁合同的效力。因此，擅自转租并无法律效力的瑕疵。不过，由于此种转租未得到出租人的同意，故次承租人不得以其租赁权对抗出租人。此种情况下，转租合同的效力处于不确定的状态，如果出租人对于承租人的转租行为予以追认，或者承租人嗣后取得了对于房屋的处分权，比如承租人购得了所租房屋的所有权。这时，承租人的转租行为取得了合法的权源，补正了其未经出租人同意的权利瑕疵，且该转租行为并未损害任何人的利益，应当认为该转租有效；反之，如果承租人嗣后并未补正其处分上的权利瑕疵，即也并未获得出租人的嗣后认可，则该转租行为无效。

3. 无效说：无效说不赞同认为承租人在未经出租人同意的情况下转租是无权处分的观点。主要理由是：其一，“处分行为”是民法的一个基本概念，通常与负担行为相对而言，是指直接使某种权利发生、变更或消灭的法律行为，包括物权行为和准物权行为。有学者将处分行为的涵义归纳为三种：一种是广义的处分，包括事实上的处分和法律上的处分；一种是狭义的处分，即仅指法律上的处分；还有一种是最狭义的概念，指与负担行为相对应的物权行为和准物权行为。我们认为，如果将设定租赁权的行为视为一种处分行为，从逻辑上勉强能说得过去，因为对租赁物的占有肯定是对所有权的一种限制，正如在物上设定抵押权也是对所有权的限制一样。但若认为设定租赁权的行为是处分行为，又与立法不承认租赁权为物权在逻辑上产生矛盾。从最狭义的处分行为概念的角度讲，无权处分仅针对物权行为而言，不涉及负担行为。惟我国学界通说及立法均未承认租赁权是物权，而认为是债权。因此，转租行为作为在租赁物上设定租赁权的一种行为，在我国目前立法现状的条件下是否属于处分行为本身就值得商榷。其二，姑且抛开转租行为是否是处分行为不论，承租人转租租赁物的行为也不是无权行为。道理如前所述是很显然的。租赁权的权源是合法占有而非所有权，因此，承租人通过转租在租赁物上再次设定租赁权的行为就是有权行为。当然，承租人所设定的租赁权的内容不应超过原租赁合同约定内容的范围，否则，超出的部分当然属于无权的部分而应归于无效。例如，承租人不能超过原租赁合同租期转租，否则超期部分无效。再有，承租人不能改变原租赁合同约定的用途转租，否则无效等，应当将未经出租人同意的转租行为归于无效。无效说是把关注的重点和利益保护的重心放在出租人的身上，担心如允许自由转租，则由于多次转租，容易导致对租赁物的损毁，从而不利于保护交易安全。转租未经出租人同意，必然损害出租人的利益，因此应确认其无效。租赁关系毕竟涉及租赁物的使用和收益，不同的承租人，其行为习惯和谨慎程度等有所不同，出租人将财产出租给特定的承租人，系基于一定的人身信任而为。转租对出租人的损害，是指承租人交付租赁物而使次承租人得以对租赁物使用收益的事实，系违背出租人的意志，在客观上对租赁物也有造成不测损害之可能性。同时，还有人认为，承租人转租的租金通常高于原租金，如允许自由转租，则容易侵害出租人的租金收益。

综合上述学说，可以看到对于转租合同效力认定的分歧的根源在于是否承认德国法上处分行为与负担行为的划分，是否将未经出租人同意的转租行为定性为无权处分。由于我国不承认德国法上处分行为与负担行为的划分，对于无权处分中的处分概念的理解也众说纷纭，因此，未经出租人同意的承租人的转租行为，不宜简单套用德国法上的规定，也不宜直接套用无权处分的规定。法学研究与法学理论是为社会生活服务的，说到底是为了解决现实生活中发生的问题，我们不能为抽象的法律概念所困，否则就是本末倒置。在转租问题上，我们应当跳出抽象的法律概念，应当直接考察社会现实情况，来考量究竟如何规定，更能促进经济的发展和为现实生活服务，这体现了我们的价值取向。即更注重财产静的安全还是更注重财产动的安全，是更维护出租人的利益还是更注重保护转租人的利益。如何规定，才能更好地平衡三者之间的利益，才更公平合理。

首先，市场经济的高速发展伴随而来的必定是物的快速流转，转租提高了物的利用率，应当予以支持与鼓励，这是一个基本态度。担心多次转租容易导致租赁物损害是没有道理的，因为不管有没有转租，实际使用同一租赁物的都只能有一人，并没有增加租赁物使用的负担。如果说只是换个人使用租赁物就一定大大增加租赁物损毁的风险，那完全是一种主观的想象。而对于转租损害出租人租金收益的理由则更是站不住脚。众所周知，“经济人”的目标就是追求利润最大化。在自由市场经济环境下，出租人在选择承租人时，必定是在租金标准最理想的时候才把租赁物出租。也就是说，出租人出租时的租金标准已经反映了出租当时租赁物的使用价值和出租人的经营能力。因此，就算转租租金高于原租金，该高出的部分也是对承租人承担市场风险的回报，完全没有损害到出租人的租金收益。既然转租并未明显增加出租人风险，又没有损害出租人的租金收益，那么，承租人在法理上有没有权可以转租租赁物呢？对该问题的理解，关键在于如何界定租赁权的权源。在我国，立法也长期将房屋租赁权的权源限于所有权，例如我国《城市房地产管理法》第五十二条规定："房屋租赁，是指房屋所有权人作为出租人将其房屋出租给承租人使用，由承租人向出租人支付租金的行为。"但也有学者认识到，租赁权的权源是合法占有而非所有权。"租赁关系体现的是占有的转移：一方让渡其占有获得租金收益，另一方则通过支付租金取得占有以使用受益。单就租赁的法律关系而言，各方均不与所有权发生直接必然的联系，具有房屋所有权的出租人与通过其他方式合法获得占有权的出租人之间并无不同。"我们同意这一观点。租赁权的实质是让渡对物的占有、使用和收益的权利，而不是让渡所有权。很显然，只要对租赁物享有合法占有和使用权的人，都可能让渡其占有和使用权，即将物出租，而非以享有租赁物的所有权为必要。承租人基于租赁合同取得了对租赁物的合法占有，其当然有权转租租赁物。而且，从另一角度看，所有权人出租租赁物而获得收益时，即已在其所有权上设定了占有的负担，即使其后承租人将物转租，也只是在租赁物上发生占有人的变更，并没有增加所有权的负担。因此，从法理上讲，承租人享有转租权是自然不成问题的。

再从现实需要方面看，资源的自由流动有利于实现资源的最优配置，允许承租人自由转租无疑有利于促进租赁物的最优使用。转租行为在客观上的大量存在则正好印证了这种现实需要。根据经验，承租人转租情形不外乎有二：或者是因种种原因无法继续经营下去，或者是因第三人有更好的经营行业或经营方法而可以获得更高的收益。不管在何种情形之下，承租人将租赁物转租出去都要比由承租人继续占有使用要产生更高的效益。另一方面，对于出租人收取租金的权利来讲，由效益更高的第三人经营租赁物显然要比继续由承租人使用要更有保障。试想一个经营不善或者效益相对较低的承租人和一个经营良好或者效益更高的承租人比较，哪一个对出租人租金收入的实现更有保障呢？显然后者更有保障。限制转租并没有很大的现实意义，相反违反了经济发展的内在需要，不利于促进交易，提高资源的利用效率，不利于保护转租关系各方当事人的权益。

因此，为提高房屋的利用率，应当支持转租行为，对于未经出租人同意的转租由于其损害了出租人的利益，破坏了出租人与承租人的现有的信任关系，原则上将此种行为认定为无效。但对于出租人明知或应当知道承租人将房屋转租，却长期不表态反对，次承租人也已将房屋装修，此时，出租人又出来主张未经其同意转租，转租无效的这种怠于行使权利甚至有的是不诚信行为，司法解释给予了否定的态度，认为此种情况下视为出租人的同意。

条文理解

一、条文的内容理解

本条分两款规定了三方面内容：一是出租人知道或者应当知道承租人转租，但在6个月内未提出异议，视为同意承租人转租；二是承租人未经出租人同意签订的转租合同无效；三是在房屋租赁合同纠纷案件中，次承租人可作为第三人参加诉讼。

1. 出租人同意转租的推定。《合同法》第二百二十四条第二款规定：“承租人未经出租人同意转租的，出租人可以解除合同。”为督促当事人及时保护合法权益，维护交易的稳定性，本条第一款将出租人知道或者应当知道承租人转租，但在6个月内未提出异议的，推定为出租人同意转租。

2. 未经出租人同意的转租合同的效力。未经出租人同意的转租破坏了原有的出租人与承租人的信任关系，减弱了出租人对于出租房屋的控制，因此，原则上承租人未经出租人同意其转租行为无效。

3. 关于次承租人的诉讼地位。在房屋租赁合同被解除或者被认定无效情形下，都涉及房屋的返还问题，此时，案件的处理结果必然与次承租人具有法律上的利害关系。当次承租人实际对租赁房屋装饰装修或者扩建，则次承租人对诉讼标的享有独立的请求权。本条依照《民事诉讼法》第五十六条规定，在房屋租赁合同纠纷案件中，次承租人具有第三人诉讼地位。至于次承租人是具有独立请求权的第三人还是无独立请求权的第三人，由受诉人民法院根据案件的具体情况确定。

司法解释之所以作出这样的规定，是因为一味强调未经过出租人同意的转租行为无效，不利于维护交易安全。限制自由转租，固然可以很好地维护出租人的利益，但是其弊端也显而易见，这会导致在未经出租人同意承租人转租的场合，租赁各方的法律关系处于极不稳定的状态，难以对自己的民事行为作出恰当的预期。这种情况极不利于交易的安全，当然就会阻碍交易的发展。在这种情况下，租赁各方的前途和命运都悬于出租人之手，出租人单方操控解除合同或不解除合同的利器，对承租人和善意的次承租人均甚为不利。实践中，由于《合同法》第二百二十四条对转租合同效力没有作出直接具体的规定，导致不少承租人和次承租人（即“二房东”和“三房东”）动辄主张转租合同无效而引起纠纷。为适应经济社会发展的内在要求，理顺法律制度内在的逻辑关系，平衡各方当事人的权利义务，本司法解释，一方面，为维护出租人的利益，将未经出租人同意的转租行为规定为无效；另一方面，未保护善意的次承租人的利益，而给了出租人六个月的异议期，如果出租人知道或应当知道承租人将房屋转租，而又未提异议，就推定出租人同意承租人转租。司法解释的这种规定，较好地平衡了出租人、承租人与次承租人的利益。

二、条文理解的重点

（一）对于“六个月”的理解

6个月的异议期的规定，目的是为了平衡出租人与次承租人的利益，规定得期限太长，不利于稳定现有的转租关系和维护次承租人的利益，规定得过短，也不利于出租人利益的保护，司法解释的前几稿将异议的期限规定为3个月，后讨论中认为3个月的期限不利于对出租人的保护，故延长至6个月。

关于6个月的性质。这6个月应当理解为除斥期间，不适用诉讼时效关于中断与中止、延长的规定。这6个月是出租人行使合同解除权和主张合同无效的权利期间，因此，将其定位于除斥期间更为准确。

（二）次承租人诉讼地位的理解

出租人未经承租人同意而将房屋转租，从合同的相对性来看，完全形成两个互相独立的合同，即出租合同与转租合同。出租人与承租人之间并不发生直接的联系，但是，由于出租人的出租房屋行为与承租人的转租房屋行为处分的是同一标的物，因此，两者之间难免互相影响。故本条依照《民事诉讼法》第五十六条，规定在房屋租赁合同纠纷案件中，次承租人具有第三人诉讼地位。因租赁合同解除而产生的纠纷，如果出租人未将次承租人作为被告的，考虑到判决生效后的执行问题以及保护次承租人利益的需要，原则上应追加次承租人作为第三人参与诉讼。如果次承租人人数过多，且各方的也不同，则不宜追加次承租人为第三人，可根据情况需要，由当事人另行诉讼。

需要注意的是人民法院是要根据案件的具体情况，通知次承租人作为第三人参加诉讼，是“可以”，而不是“应当”。

另需要指出的是：本条规定的也仅是出租人与承租人的原租赁合同发生争议时次承租人的诉讼地位问题，转租合同中承租人与次承租人就转租合同发生争议时，是否将出租人列为第三人呢？即承租人与次承租人就合同效力或合同解除产生争议的，是否需要追加出租人为合同当事人。此种情况下，一种观点认为承租人与次承租人的关系，与出租人与承租人的关系是两个法律关系，不应当在一个案件中审理；一种观点认为应当追加出租人为第三人，或通知出租人对租赁合同是否解除作出意思表示，然后决定本案的审理。我们认为，承租人与次承租人之间的租赁纠纷与前一租赁合同是两个法律关系，如果在案件审理过程中追加出租人为第三人或通知出租人表达意见的话，势必造成讼累，不利于案件的审理。所以，不需要追加出租人为第三人或通知承租人。但是，承租人有证据证明出租人已通知解除租赁合同的，在案件审理过程中应当作为一个事实予以考虑；或出租人已另案诉讼要求与承租人解除租赁合同的，应当等待另案的处理结果。

另外，次承租人要求承租人解除合同并赔偿装修等添附损失的，属于合同当事人之间的纠纷，一般无须追加出租人为案件的第三人。

审判实践

审判实践中以下几个问题是转租中处理的重点与难点问题，值得我们注意。

一、关于承租人擅自转租，出租人行使解除权对转租合同是否有影响的问题

未经出租人同意的转租，尽管转租合同的效力不受影响，但是该转租行为毕竟是违背出租人的意志，违反法律规定的行为，因此，法律也赋予出租人在这种情况下解除合同的权利。《合同法》第二百二十四条第二款规定，承租人未经出租人同意将租赁物转租的，出租人可以解除合同。根据该条规定，未经出租人同意转租的，出租人可以解除其与承租人之间的租赁合同，也可以不解除。出租人不解除的，转租关系仍然存续，不会受到影响，而如果出租人行使解除权，一方面，其可以依据物权请求权要求返还租赁物；另一方面，由于合同的解除，承租人丧失租赁权，转租合同也就因其赖以存在的基础不复存在而不得不终止。此时，对于次承租人而言，由于其与出租人之间并无直接的租赁关系，自然不得请求出租人承担违约责任。而对与其存在租赁关系的承租人能否请求损害赔偿，则要看其是否为善意。如果次承租人为善意，即在其与承租人订立合同之时不知道也不应当知道承租人未经出租人同意转租，为保护善意第三人的利益，应由承租人承担相应的赔偿责任；如果次承租人为恶意，即在其与承租人订立合同之时知道或应当知道承租人未取得出租人的同意，那么这种风险在其订立合同时是可以预见的，此时自无要求承租人承担赔偿责任之理。

二、关于承租人自行转租，是否构成侵权行为的问题

许多法院在审理此类案件时，都认为承租人在未征得出租人同意的情况下，将

他人之物擅自转租，侵犯了出租人的所有权，从而将这些案件作为侵权案件处理。王泽鉴先生也认为，当出租人为租赁物的所有权人时，承租人的转租构成对出租人所有权的侵犯。我们认为，这种观点并不完全正确。当出租人为租赁物的所有权人时，其将租赁物出租是以收取租金为对价而将租赁物交与他人占有、使用，收益权转由次承租人行使，自己收取租金的行为。两者在性质上是一样的，转租合同中的权利义务内容并不突破租赁合同约定的范围。因此，认为转租侵害了出租人的所有权，依据略显不足。当然，如果在转租过程中，因次承租人或其他人的行为造成租赁物的破坏的，应当构成对出租人所有权的侵害，应承担相应的侵权责任。

三、关于承租人未经出租人同意，而将房屋转租，其向次承租人收取租金是否构成不当得利的问题

这一点在理论上颇有争议。有学者认为，因承租人无权通过转租而获取利益，因而对于承租人获得的在扣除租金后剩下的部分，可作为不当得利向出租人返还。也有学者认为不构成不当得利。我们认为，所谓不当得利，是指没有法律或合同依据而使他人受损，自己获益的行为。在转租中，承租人向次承租人收取租金是否使出租人利益受损呢？答案是否定的。因为，既然出租人与承租人之间存在合法的租赁关系，出租人也已以租金为对价将租赁物交于他人占有、使用、收益，其收益已经确定而不能再对租赁物进行使用、收益，而至于承租人向次承租人收取的租金，只是其使用、收益的变相形式而言，无论其收取多少，出租人的租金并不因此而受到损害，因此，不能因为承租人因转租而获益就认为损害了出租人的利益。至于对次承租人而言，承租人向其收取租金有合同依据，自然不存在使其受损的情形。因此，承租人收取租金并非没有法律依据，同时又不存在损害他人利益的情形，与不当得利的构成相去甚远。

第十七条 ［次承租人的代偿请求权］

因承租人拖欠租金，出租人请求解除合同时，次承租人请求代承租人支付欠付的租金和违约金以抗辩出租人合同解除权的，人民法院应予支持。但转租合同无效的除外。

次承租人代为支付的租金和违约金超出其应付的租金数额，可以折抵租金或者向承租人追偿。

条文主旨

本条主要规定的是次承租人的代偿请求权。

背景依据

一、起草本条的背景情况

现实生活中，租赁关系是一个非常重要的法律关系，由于租赁权在法律体系中具有准物权性质，法律对此非常关注。一般的租赁关系仅涉及出租人与承租人，但一旦涉及承租人将租赁标的再转租时，法律关系则相对较为复杂。当出租人与承租人解除租赁合同，次承租人的权利如何维护，其承租权是否还存在，成为法律实践中的难题。

转租在现实生活中广泛存在，目前许多办公楼、店铺甚至居民住宅以转租的形式进行使用。办公楼和店铺往往涉及价格高昂的装修费用、广告费用和其他费用，如果出租人解除合同，则次承租人将面临巨大损失，而住宅则涉及人民群众的日常生活，即便是承租人违约，出租人解除合同收回房屋以后，如何善后也是一个十分棘手的问题。在次承租人没有任何过错的情况下，尤其是承租人拖欠的租金金额小于解除合同给次承租人造成的损失时，片面保护出租人利益无疑很不可取。转承租人的损失只能向承租人追讨，但承租人既然拖欠租金，足见其支付能力存在很大的问题，这种索赔将面临着极大的风险。另外，在次承租人已依照合同的约定履行了合同的义务，在其完全没有过错的情况下允许出租人收回房屋，将使次承租人的法律地位处于极不稳定的状态。次承租人无法控制前手承租人的行为，也无法预见前手承租人可能的违约，无法预测自己的合同地位。趋利避害是人的本能，此种情况下，次承租人必然会以降低投入，包括对租金的投入和使用房屋的投入（装修、广告等）以减少可能的损失，这最终对出租人也没有任何好处。现实生活中存在的这一尴尬难题，亟需相对比较合理的法律规定来破解。

本司法解释针对房屋租赁司法实践中的难题，规定了次承租人的代偿请求权，以化解次承租人的弱势地位和转租合同的不稳定状态。出租人的法定解除权的设置主要在于维护出租人在租赁合同中的重大利益，这些利益主要包括租金的收取以及租赁物在价值和使用价值上的合理维持。《合同法》第二十二条规定承租人无正当理由不支付或迟延支付租金的，出租人经催告可以解除，其与承租人的租赁合同，依据合同相对性原则，次承租人不负有代付租金义务。其即便能代付租金，也不能对抗出租人的合同解除权。为维护次承租人的利益，我国台湾地区“民法典”第311条有次承租人为第三人代承租人清偿租金的规定。从常理上看，出租人因承租人不能支付租金而行使解除权，不能说与次承租人没有利害关系。因此，有必要规定次承租人的代偿请求权。按照民法理论，除根据债的性质，必须债务人亲自履行，或者债权人与债务人事先约定必须由债务人亲自履行外，第三人可以为清偿人。因依债务本旨提出给付者，债务人既未因此而受不利益，债权人亦可满足其希望。第三人代债务人清偿，并未加重债权人的负担，债权人无正当理由不得拒绝。从实际效果来考虑，第三人清偿在大陆法系国家也都得到普遍承认。从目的解释的角度考虑，第三人清偿并无损害他人利益之处，且与我国合同法规定的基本原则不相违背。如果出租人依据《合同法》第二百二十七条规定行使解除权，而次承租人完全具备支付租金的能力，由次承租人代承租人支付租金，丝毫不影响出租人的租金利益。同时，次承租人的权益也可以得到保障。经出租人同意的转租合同，如因承租人拖欠租金，出租人要求解除合同，次承租人享有代偿请求权，该代偿请求权可以对抗出租人的合同解除权。次承租人代为支付的租金和违约金超出其应付的租金数额，可以折抵租金或者向承租人追偿。正是基于司法实践中大量出现的出租人主张行使合同解除权，而次承租人无能为力的情况，本司法解释赋予了次承租人代承租人清偿的权利，并使其产生对抗出租人合同解除权的法律效果。但是由于本条的规定突破了合同的相对性原则，使得次承租人能直接与出租人发生联系，因此，在讨论中针对该条的争论也相对比较大。

二、制定本条的依据

司法解释中关于次承租人代偿请求权的确突破了合同的相对性理论，这种对传统理论的重大突破有无法理依据和价值基础，有待我们探讨。

（一）合同的相对性理论与次承租人的微弱地位

依据合同的相对性理论，出租人与承租人的房屋租赁合同和承租人与次承租人的房屋转租合同，两者是完全独立的两个合同。既然是合同，就要恪守合同的相对性原则。次承租人与出租人之间并不发生直接关系，次承租人的任何主张当然不能对抗出租人。从转租的法律关系上和合同的相对性上来理解，次承租人的地位是很微弱的。从出租人、承租人与次承租人的关系进行考察，并不能得出次承租人的代为清偿的权利能够对抗出租人的法定解除权的结论。

转租是指承租人在承租他人之物后作为出租人，将租赁物出租给次承租人，承租人与次承租人形成新的租赁关系，但承租人仍然依据其与出租人的租赁合同承担相应的权利义务。

1. 转租合同中出租人、承租人与次承租人关系的考察

（1）出租人和承租人之间的法律关系。出租人与承租人之间的租赁关系不因转租而受到影响。当承租人不支付租金时，出租人可直接向承租人行使解除权，承租人不得以次承租人未向其支付租金作为对抗出租人的租金支付请求权或解除权；当租赁合同终止时，承租人应当向出租人返还租赁物，承租人不得以次承租人尚未向其返还租赁物为由拒绝出租人的返还请求；当租赁合同终止时，出租人可以基于所有权人要求次承租人返还租赁物，这时承租人是否负有返还租赁物的义务呢？“由于承租人并未现实占有租赁物，不能成为所有物返还请求权的相对人，因此出租人不得对承租人主张基于所有权的返还请求权”，但基于合同约定的义务，合同终止后返还租赁物是其基本义务之一，如果承租人不返还租赁物，则是违约的表现，换言之，出租人可以基于合同义务要求承租人返还租赁物。所以合同终止后，出租人可以选择以所有权人或合同中的出租人来行使其收回租赁物的权利，选择的请求权基础不同，则其请求的对象亦不同。次承租人造成租赁物损害的，一些法规规定承租人和次承租人共同承担连带责任，但我国《合同法》第二百二十四条规定：“承租人转租的，承租人与出租人之间的租赁合同继续有效，第三人对租赁物造成损害的，承租人应当赔偿损失。”依据该条规定的内容，合同法也是严格依据合同的相对性原理来处理次承租人对租赁物的损害问题，并未要求承租人、次承租人之间存在连带责任的问题。

（2）承租人与次承租人之间的法律关系。由于该转租，经过出租人的同意，因此，其转租关系具备合法性，双方之间的租赁合同关系与一般的租赁关系没有区别。但由于双方租赁合同是以承租人有承租权为基础，转租合同的租赁期限不得超过出租人与承租人之间租赁合同的期限。在承租人的租赁权消灭后，次承租人不能向承租人主张继续履行合同义务，而只能请求违约责任和赔偿损失。承租人与次承租之间的关系转租在法律性质上仍然属于租赁，因此，承租人与次承租人之间的法律关系与普通租赁并无二致。不过，如果原租赁合同与转租合同同时终止，次承租人将标的物返还出租人时，则免除其对承租人的返还义务。在法律适用上，《合同法》第十三章“租赁合同”的规定同样适用于转租行为。

（3）出租人与次承租人之间的法律关系。依据《合同法》的有关规定，出租人同意承租人转租不影响双方之间的租赁合同，出租人不得因转租而行使解除租赁

合同的效果，在出租人与承租人的租赁合同合法存续期间，出租人与次承租人之间并没有直接的法律关系，次承租人对租赁物造成的损害是由承租人向出租人承担责任。①

出租人与承租人之间的合同不受转租行为影响，即出租人、承租人之间的承租合同及承租人、次承租人之间的转租合同是两个独立的合同，从合同的相对性出发，出租人的解除权行使不应受到次承租人的约束。

2. 租赁合同的相对性对于次承租人的影响

租赁权为基于租赁合同而生之合同债权。债权具有相对性是债法的基本特征，也是民法意思自治、契约自由的逻辑结果。它使得合同以外的第三人不得被强制履行合同约定的义务，也不得强制要求合同的缔约方履行非合同义务。出租人与承租人订立了租赁合同，承租人与次承租人订立了转租合同，两份合同相互独立，出租人与次承租人间并无合同法上的权利义务关系。大陆法系国家中对承租人转租采取限制主义的如德国、日本、我国台湾地区的“民法典”以及我国大陆合同法，其之所以强调转租需经出租人同意，乃是出于保护承租人利益的考虑。出租人的同意并不使其增加合同法上的义务，原租赁合同不受影响，而仅使得次承租人对租赁物的占有成为有权占有。合法转租合同得以履行的基础乃在于承租人租赁权的保持，如果该租赁权因为租赁合同的终止、解除、撤销、无效而丧失，转租合同将无从履行；出租人可依所有物返还请求权要求次承租人返还租赁物，而无过错的次承租人只能向承租人主张债务不履行的违约责任。这样的制度设计在逻辑上顺理成章，然而却使得无过错的次承租人之利益欠缺保障，尤其是房屋租赁这样涉及次承租人安身立命的重大利益的情形，更有必要予以检讨。固守合同的相对性原则使得次承租人始终处于提心吊胆的境地，其转租合同能否得到履行始终是一个悬而未决的未知数。在合法转租的情形下，出租人尽管同意但并不受转租合同的约束，次承租人利益的保障维系于转租人的稳定性，这对善意的次承租人不利。

（二）出租人的强势地位与次承租人的弱势地位

在转租关系上，出租人处于相对比较强势的地位，而次承租人则处于相对比较弱势的地位。一般来讲，各国法律均规定了较为周到的保护出租人利益的方法。依照德国民法、日本民法以及我国台湾地区“民法典”的规定，承租人未经出租人同意而转租财产的，出租人有权收回租赁物。至于出租人在何种条件下可以收回租赁物，德国民法、日本民法和我国台湾地区“民法”制度有所不同。依日本判例和德

① 陈英容：《转租制度之探讨》，载《福建政法管理干部学报》2001 年第 1 期。

国民法学说，出租人不需解除租赁关系，即可直接请求次承租人排除妨碍。此外，《日本民法典》第613条第1项还规定：经出租人承诺的转租，出租人有权直接请求次承租人支付租金，并且次承租人不得以其已向承租人支付租金为由对抗出租人。而我国台湾地区“民法典”第443条第2款则规定：承租人擅自将租赁物转租的，出租人必须先解除租赁契约，才可向次承租人请求返还。我国《合同法》第二百二十四条第二款的规定，与我国台湾地区“民法”规定的含义是相同的。可见，法律已经为出租人提供了足够的保护手段。

出租人行使形成权终止租赁合同主要为行使法定解除权和撤销权。其中，又以行使法定解除权最为主要。出租人法定解除权的设置主要在于维护出租人在租赁合同中的重大利益，这些利益如果不能得到保障，那么出租人的合同目的便不能实现。此重大利益之一为租金收取，重大利益之二为租赁物在价值和使用价值上的合理维持。与之对应，我国《合同法》第二百二十七条规定了承租人无正当理由未支付或者迟延支付租金，经出租人催告合理期限，仍未按期支付时，出租人可以解除合同；第二百一十九条规定了承租人未按照约定方法或者租赁物的性质使用租赁物，致使租赁物受到损失时出租人可以解除租赁合同。

而和出租人相对比较周到的法律保护手段相比，次承租人的地位则显得比较弱势。在市场经济高速发展的今天，房屋转租比较普遍，有的房屋甚至被转租了二手、三手乃至多手，次承租人与出租人不发生直接联系，甚至并不知晓谁是最初的出租人。次承租人为房屋投入了大量的装修费用与广告费用，尤其是对于商铺来讲，经过长期的经营，其已经形成相对比较稳定的客源，但是如果次承租人的任意一个前手，没有对出租人足额支付租金，则依据我国《合同法》的有关规定，出租人可以将合同解除，从而使得转租合同也无法继续履行下去。次承租人并不能够控制其前手的行为，对于守约的无任何过错的次承租人来说，将替不守约的承租人付出惨痛的代价。其地位比较被动，其转租合同的效力完全取决于出租人是否解除合同，这无疑不利于维护转租合同的稳定。可见，囿于合同的相对性理论，次承租人始终处于弱势的地位，因为其抗辩只能针对合同的相对人即承租人，而不能对抗转租合同以外的第三人，当然也不能对抗出租人。这对于善意的无过错的次承租人是很不公平的，因此，有必要对于传统的合同的相对性理论加以突破。

(三) 租赁权的物权化与次承租人弱势地位的修正

租赁权的物权化理论能够突破租赁合同的相对性，赋予租赁权以对世性，从而使次承租人与出租人之间直接取得联系，从而破解了次承租人的困境。法律和学说理论视为社会生活服务的，两者之间的关系决不能本末倒置，即不能使社会生活困于法律逻辑。“租赁权的物权化”理论即是法学理论对社会生活的让步与妥协，其较好地解决了相对处于弱势的承租人与次承租面临的难题，其理论也已经相对比较完备和成熟。租赁关系的稳定性很大程度上取决于租赁权的稳定性，如果使租赁权物权化，则赋予了租赁权很强的对世效力，有对抗房屋所有人甚至出租人的效力，则次承租人微弱地位的问题将迎刃而解。“买卖不破租赁”与“承租人的优先购买权”制度均是租赁权物权化的集中体现，其根本目的与次承租人的清偿请求权有异曲同工之处，从后果看，这几项制度均突破了合同的相对性，其主旨都在于维护租赁关系的稳定性。我们有必要对于租赁权的物权化理论作一个系统的考察。

1. 房屋租赁权的性质

房屋租赁权是承租人依据其与出租人签订的租赁合同在租赁期内对租赁物进行使用收益的权利。现代法所称的“买卖不破租赁”是房屋租赁权法律效力的重要体现，从而使房屋租赁权具有了对抗第三人的效力，正因为如此，人们对房屋租赁权的性质产生了争论。关于房屋租赁权的性质大体存在三种学说：

第一种学说：债权说，认为承租人对租赁物的使用收益从属于租赁权的权能，并非是对租赁物直接支配的一种独立权利，房屋租赁权为债权而非物权，故房屋租赁权不应具有对抗第三人的效力。

第二种学说：物权说，认为房屋租赁权是基于占有租赁物（房屋）而为使用收益，本质上是对物的支配，属于物权的范畴。值得注意的是，有学者认为“但凡传统民法理论所称的债权物权化（包括租赁权），其实质应把这种权利定性为物权（占有权）”，但这种对物权的定义及分类进行了重构，此处的物权与传统意义上的物权不是一回事。

第三种学说：租赁权之物权化说，认为房屋租赁权本质上为债权，但基于保护承租人之需要，而强化其效力，使其具有在一定条件下对抗第三人的物权化色彩。关于房屋租赁权的性质，我国大多数民法学者持第三种观点，只是在各自的表述上有所差异。

我们赞同第三种学说。房屋租赁权尽管出现物权化的趋势，但从一般意义上而言，其仍为债权，理由如下：物权是物权人对标的物的管领支配权，权利人可自由处分该物权，但房屋租赁权人不能自由处分其权利，转租必须要经过出租人许可；其次，立法及法学理论均认为租赁权本质上为债权，我国民事法律在《合同法》中对租赁权作出规制即是例证，有关法学理论在对物权进行分类时，亦未将租赁权划入为某种物权；最后，房屋租赁权出现物权化的趋势，最主要的原因是立法政策衡量各方利益的结果，认为承租人为经济或社会上的弱者，立法给予其物权化效力的特殊保护，故不能因为房屋租赁权出现了物权化的趋势，而否认房屋租赁权的债权本质。诚如尹田所言："法律确认某项权利是否为物权，并非单纯依据该项权利的内容是否为对物的直接支配，而在于其一定时期的法律政策，兼言之，如果一项权利未被法律明定为物权，则即使该项权利表面上完全符合物权的法律特征，或者其显得好像完全符合物权的定义，其也非为物权，租赁权即为典型的例子。"故房屋租赁权本质上为债权，只是在特定条件下，立法基于某种政策的考量赋予其特定的物权效力。

2. 房屋租赁权物权化设计的理论依据

债权为请求权、对人权，物权为支配权、对世权。房屋租赁关系本质上为债权契约关系。依债的相对性原理，债权在债权人和债务人之间产生效力，除非法律另有规定或当事人另有约定外，债权人只能向债务人请求给付，债务人也只能向债权人作出给付，债的关系以外的第三人不能向债的关系人主张债权，故债权属于仅可对抗特定人的权利，具有相对性。① 具体到租赁关系，基于租赁契约产生的权利、义务关系仅在出租人与承租人之间产生法律效力，当出租人将租赁物出卖给买受人时，买受人取代出租人成为新的所有权人，这时在租赁物上并存内容冲突的物权和债权。依传统民法原理，因此时物权具有优先于债权的效力，承租人作为债权人不具有对抗买受人作为所有权人的效力，即"买卖破除债权"。罗马法将承租人的租赁权列入"债权"，将租赁权仅仅视为承租人对出租人行为之请求权，以行为基础之意思为对象而赋予其法规范上的效力，否认租赁权具有对抗出租人以外第三人的效力。有趣的是，日耳曼法将租赁权列入"物权"的范畴，认为事物的外观决定权利的性格，租赁权在外观上具备承租人对租赁物占有支配的特征。因此，将租赁权列入物权的范畴，承认其具有对抗第三人的效力，体现了罗马法与日耳曼法在法律构成上的差异。

所谓"债权物权化"，指使相对性的债权如同物权一样亦具有对抗一般人的效力，其中一个重要的情形表现在租赁权的物权化——"买卖不破租赁"上。"买卖不破租赁"是指，租赁权（债权）对于第三人亦生效力，当租赁物的所有权移转于第三人时，受让的第三人即当然承受出租人地位，而行使或负担租赁契约所生之权利、义务，受让的第三人对于承租人无权主张无权占有，而请求返还原物，此"买卖不破租赁"原则，实为保护承租人稳定租赁关系而创设。

传统买卖不破租赁制度的民法原理在于，出租人将租赁标的物交付给承租人

---

① 史尚宽：《债法各论》，中国政法大学出版社2000年版，第160～161页。

后，双方形成租赁关系，后出租人将标的物出卖于第三人（买受人），并完成产权过户手续，此时买受人取得标的物的所有权。而按传统理论，承租人的租赁权之所以能够对抗买受人的所有权，是因为承租人占有标的物战胜登记之所有权人，即占有强化了债权的效力，债权与占有配合，形成能够对抗登记所有人的力量。也就是说，债权与占有配合，能够彰显承租人对租赁物使用收益的事实，这种表征是承租人的租赁权能够对抗第三买受人所有权的合理内涵所在，即承租人基于租赁权对租赁物进行临时使用收益，如果该外在表征不存在，承租人因缺乏对租赁物使用收益的事实，法律无给予其特殊保护的必要。该制度形成的背景是：从近代以来，随着工业化、城市化的迅猛发展，大批人口涌入城市，房地产价格日益提高，大量无产者成为承租人，必须通过租用他人的房屋以维持生计，该群体是社会的弱者、经济上的弱者，为稳定社会经济秩序，立法者认为有必要对其予以特别保护。可见，立法者将承租人高度抽象化为一类人，并判断该类人在社会上处于弱者地位，通过“租赁权的物权化”制度来保护他们的利益。

台湾地区学者苏永钦认为，买卖不破租赁制度的理论基础是：“民法赋予债权性质的租赁权一定的物权效力，是公权力对人民自治的一种干预，对于原本存在相对效力的双方当事人，给予其中一方超过合意的法律效力，但又不是真正的物权，其背后政策的假设是承租人须为经济弱者，另一个原因则是，在物权法定主义下尚不承认合意设定的物权性质的此类使用权。”

综上，我们以为，租赁权物权化制度的理论基础在于，市民社会生活中有一部分人需要通过租赁他人房屋来维持生活或实现一定的经济目的，而承租人与出租人及买受人相比，为社会或经济上的弱者，既然是弱者，有必要在立法政策上给予物权化对世效力之保护，否则其生存利益将受到严重威胁；另一方面，由于承租人对租赁物进行直接支配，为稳定社会经济关系，有必要对租赁权的对外效力作出有对抗第三人的物权化设计。这样，债权呈现出了物权化趋势，传统债权与物权泾渭分明的二元理论出现了例外，有学者将其称为债权领地向物权领域的扩张。[①] 英美法系国家将租赁权列入财产法的范畴，直接赋予其排他效力。但大陆法系国家立法例无将租赁权列入物权编的做法，依据物权法定原则，租赁权显然不能认为是物权，同时，民法理论也普遍认为租赁权在本质上为债权。为保护作为弱者的承租人，大陆法系国家大多承认买卖不破租赁，这使得租赁权不因租赁物所有人的变更而受影响，成立在先的租赁仅可以对抗新所有人，从而具有“属物性”，这也就是所谓的

---

① 祝建军：《房屋租赁权物权化研究》，载《法律适用》2006 年第 2 期。

租赁权"物权化"。物权之于债权最大的区别在于物权为对世权，具有排他性，可以对抗不特定的第三人。这一特性使租赁权具有很强的稳定性，有利于承租人获得持续、安全的保障。但是，租赁权毕竟是基于租赁合同而生的债权，其基于立法者政策性考虑的"物权化"只能是有限的。比如与用益物权相比较，用益物权人对物的利用方法在法律规定的范围内一般不受限制，并且用益物权可以自由转让，即便在设定该物权时有特别约定也仅具有合同法上的效力而不能对抗善意第三人；而承租人不经出租人同意不得对租赁物进行改变或者增设他物，并且，承租人转租、转让租赁权依法需要得到出租人同意，否则出租人可以行使法定解除权。最为重要的是，承租人依然要受到租赁合同的严格约束，其租赁权可因为租赁合同的终止、撤销、解除、无效而丧失，租赁权只能对抗第三人而不能在合同的范畴外对抗出租人。

3. 租赁权的物权化与次承租人利益的保护

就转租合同而言，出租人虽然同意，但不受其约束，次租赁权不能对抗出租人。这与近代民法之租赁权"物权化"趋势相违背。要使租赁权具有更强的对抗性，必须进一步加强承租人在租赁合同中的地位。

现代民法的重要发展趋向之一便是合同法中社会因素的加强。社会原则要求法律给予那些依赖于订立合同，但由于经济实力弱或缺乏经验而无法以特有方式充分地维护自身利益的人提供法律保护。二战以后，为解决众多难民的住房问题，西方国家普遍改革住房租赁法律，加大对承租人利益的保护力度。一方面，限制出租人提高租金；另一方面，限制出租人终止租赁合同权利，出租人只有在具备特定理由的前提下才能解除租赁合同；同时，承租人死亡后其同住的近亲属可以继受承租人的权利。在出租人和承租人合同权利义务的平衡上，承租人占有一定的优势，这使得租赁权的稳定性更加增强，从另一个角度加强了"物权化"的趋势。不过，即便如此，承租人仍然必须遵守租赁合同的约定，出租人在合同法上的权利只是受到一定的削弱，只要诚实信用地行使这些权利，依然受到保障。[①] 租赁权之"物权化"，本质上并未动摇其作为租赁合同债权的相对性。对出租人而言，租赁权只能是相对权。在某种时候，赋予租赁权以对世性也并未动摇传统民法理论上的债权与物权的划分，而是立法者在立法政策上倾向于弱者的一种选择而已。

所谓转租，学者表述为："是指承租人不退出租赁关系，而将租赁物转租给次承租人使用收益。"然我们认为，转租合同的标的，其表象为承租之物，其实质应

---

① 王利明：《合同法新问题研究》，中国社会科学出版社 2003 年版，第 272 页。

当为租赁权：系承租人将其在一定期限内使用、收益租赁物的权利又租赁给了次承租人。在此，为论述的便利，将次承租人在转租合同中的权利称为次租赁权，以在称谓上有别于承租人的租赁权。次租赁权之"物权化"，主要表现为转租人合意转让租赁权于他人时，不影响次承租人的权利。另外，还包括对转租人在转租合同中权利的合理限制。但是，如果转租人的租赁权本身因为法定原因而无效、被撤销、终止，导致消亡，则次承租人的次租赁权也应当随之消亡。次租赁权的稳定性很大程度上是建立在转租人租赁权的稳定性的基础上的，而转租人租赁权的稳定性是建立在租赁权"物权化"以及现代民法限制出租人权利、保障承租人利益的基础上的。综上，如果转租人与出租人合意终止租赁契约，那么可以解释为转租人将租赁权合意转让给了出租人，次承租人次租赁权不受影响，次承租人可以继续按转租合同的约定占有、使用租赁物，只不过由出租人承担原转租人的地位。

为维护次承租人的合法权益，平衡出租人、承租人与次承租人的关系，法律突破了合同相对性的局限，赋予租赁权以对世性，使得次承租人能够直接对抗转租合同之外的出租人，这也是租赁权物权化的一种体现。其主要表现为：次承租人的代位清偿权对于出租人解除权的限制以及次承租人的异议权对于出租人解除权的限制。

（1）次承租人代位清偿权对出租人解除权的限制

为维护次承租人的利益，我国台湾地区"民法典"赋予次承租人以代偿请求权，我国大陆地区对此可以充分借鉴与吸收。我国台湾地区"民法典"第311条有关于次承租人代承租人支付租金与违约金的规定，其适用于债的第三人清偿的有关制度。该理论基础在于："次承租人，因承租人不能支付租金出租人得终止契约之点，不能不谓其有利害关系，故应解释于此范围内，次承租人有代偿请求权。按民法有关债的基本理论，除根据债之性质，必须债务人亲自为履行，或者债权人与债务人事先约定必须由债务人亲自履行外，第三人可以为清偿人。盖第三人依债务之本旨，提出给付者，债务人既未因此而受不利益，债权人亦可籍此满足其希望。故第三人为清偿时，无须得债务人或债权人之同意。唯在债务人有异议时，债权人得拒绝清偿。但第三人就债之履行，有利害关系者，债权人不得拒绝。"在租赁合同中，依据合同的相对性，次承租人本没有向转租合同之外的出租人支付租金和违约金的义务，但次承租人代位向出租人偿付租金和违约金，以维护自己承租利益的稳定性，对出租人和转租人均无不利影响，而且完全符合民法保护作为弱者的承租人利益之价值取向，并且可以防止出租人与转租人间的恶意串通。因此，对于次承租人的代偿请求权出租人无正当理由无权加以拒绝。同时，次承租人一旦提出代为清偿，就可以暂时阻滞出租人解约，次承租人实际为清偿后，出租人此项解除权则归于消灭。我们认为，次承租人之代偿请求权应当被赋予某种形成权的效力。对于代偿请求权的行使，应当赋予程序保障和期间规制，从而平衡出租人和次承租人的利益。一方面，出租人在行使解除权之前，必须对次承租人履行告知义务；另一方面，次承租人必须在合理期间内决定是否行使代偿权，超出该合理期间，则代偿权丧失。否则，出租人的地位也将限于悬而未决的不稳定状态。另外，次承租人向出租人偿付租金后，在该数额内对于转租人享有代位求偿权，此代位求偿权可以抵消相应的对转租人的租金债务。这样一来，就较为周到地保护了次承租人的利益，稳定了转租关系。

我国《合同法》在“合同的权利义务终止”一章中，于第九十一条第一款规定了“债务已经按约定履行”，对于第三人是否可以代位履行合同义务、代位履行的法律效果等未有明文规定。我国《民法通则》对此也无规定。我们认为，“债务已经按约履行”可以包含由第三人按约履行的含义，日常生活的实践也告诉我们，第三人偿付金钱债务后，债权人便不再向债务人主张债权的情况非常普遍，得到习惯的认同。再者，从比较法解释的角度而言，第三人清偿在主要大陆法系国家都得到承认；从目的解释的角度而言，第三人清偿并无损害他人利益之处，相反还有利于债权人实现债权。因此，可以认为，我国合同法中包含了第三人代位履行合同义务的制度。由次承租人代承租人履行租赁合同义务，有利于保护次承租人的利益，于我国合同法中的合同履行原则也不悖。

（2）次承租人异议权的保障对出租人解除权的限制

在经出租人同意的转租情形下，租赁物的实际占有使用人为次承租人，由次承租人向承租人支付租金，如果出租人认为因催收租金影响租赁合同目的的实现而依据《合同法》第二百二十七条要求解除租赁合同，我们认为，应当赋予次承租人以异议权，但在出租人与承租人的合同之诉中，如何赋予，则只能通过完善第三人诉讼制度的方法予以解决。如果出租人依据《合同法》第二百二十七条之规定行使解除权，而次承租人完全具备支付租金的能力，那么，由次承租人代承租人为支付，丝毫不影响出租人的租金收取利益，同时，次承租人的权益也可得以保障。问题在于，次承租人代偿租金的依据何在，其通过代偿租金维护自身权益的行为应当得到何种程度的保障？

根据我国学者对《合同法》转租条款的权威解释，出租人与承租人间的租赁合同不受转租的影响，出租人只能向承租人主张收取租金，次承租人并不承担向出租人支付租金的义务。这种理解较为严格地遵循了合同相对性原则，与德国、我国台湾地区的解释一脉相承。如果出租人认为次承租人构成了对租赁物的不当使用，致使租赁物受到损失，而转租人应当对此负责，故根据我国《合同法》第二百一十九条的规定，要求解除租赁合同，那么次承租人的合法利益应当如何保障？次承租人是实际占有使用租赁物的主体，其是否构成不当使用租赁物，并且达到一定的程度，致使物之所有人的利益受到较为严重损害，其应当有异议的权利。然而，次承租人又并非租赁合同的主体，在租赁合同之违约诉讼中，其并无当然的诉讼主体地位。

在传统民法理论的框架内推论，次承租人异议权的保障是微弱的。出租人行使此项形成权，并不需要通过形成诉讼的方式进行，而只需单方意思表示便可解除租赁合同。当然，这一点仅仅适用于行使形成权本身，而不适用于行使形成权行为产生的请求权，因此，请求权的实现必须通过司法途径。在出租人解除租赁合同的情况下，如果其要求承租人归还租赁物，那么还得行使请求权。如果通过诉讼的方式，首先必须对出租人是否满足了行使解除权的法定条件进行考察。对此，转租人可以行使形成抗辩权，以次承租人的使用系在租赁合同约定的合理使用范围内，对出租人不构成不当侵害等理由进行抗辩。转租人也可以在出租人起诉之前，主动以诉讼的方式行使这种形成抗辩权，此种情形下，这种权利可称之为形成抗辩诉权。问题的关键在于，如果转租人行使此项抗辩权不力，以致法院认定出租人解除权的行使合法有据，那么对次承租人的利益大为不利。到时，出租人以所有物返还请求权要求次承租人返还租赁物，次承租人的占有已成为无权占有，即便其举出证据对自己的合法使用加以证明，也不能对抗出租人。因此，妥当的做法是在出租人与转租人的诉讼中保障次承租人的诉讼主体资格，使其直接行使异议权以对抗出租人的解除权。

我们认为，可以针对出租人诉讼请求的不同区别对待。如果出租人请求解除租赁合同，由次承租人直接归还租赁物，那么可以将转租人和次承租人作为共同被告。如果出租人请求解除合同，由转租人归还租赁物，那么法院应当依据当事人的申请，或者依据职权，从诉讼经济和次承租人利益的合理保障角度，将次承租人追加为第三人，确保其异议权得到充分地行使。①

综上，租赁权的物权化理论突破了合同的相对性原则，打通了承租人与出租人之间的通道，使得次承租人获得了能够对抗出租人的合同解除权的代偿请求权，维护了租赁关系的稳定性，具有合理的价值基础。这体现了立法者的价值选择，这与

① 王秋良、蔡东辉：《合法转租之次承租人利益保护的问题》，载《政治与法律》2003年第6期。

一个国家经济发展水平密切相关。不同国家具有不同的经济发展情况，即便同一国家在不同的经济发展时期对于转租问题的态度也会有所不同。简而言之，立法者一直试图在财产的动的安全与静的安全之间寻找最佳的切合点，在出租人、承租人与次承租人之间的利益取舍中寻找平衡，租赁权的物权化充分体现了这一点。次承租人的代偿请求权反映了对于市场经济社会对于财产高速运转以使得物尽其用的客观要求。从财产的动的安全与转租合同的稳定性出发，赋予租赁权以物权效力，能较好地维护次承租人的利益，从而促进交易的效率与安全。

条文理解

对本条的理解，应当把握如下几个方面：

（一）条文规定的主要内容

本条规定了次承租人的代偿请求权，包括两方面内容：一是次承租人的代偿请求权可以对抗出租人的合同解除权；二是次承租人在代偿后，可以折抵租金或者向出租人追偿。

依照《合同法》第二百二十七条的规定，承租人无正当理由不支付或迟延支付租金的，出租人经催告后可以解除合同。但上述合同解除后，转租合同必然无法履行，无过错的次承租人利益难以得到保护，这一问题在审判实践中较为突出。为解决这一问题，本条规定因承租人拖欠租金产生的纠纷，次承租人可以代偿请求权抗辩出租人合同解除权。理由是，按照民法理论，除根据债的性质，必须债务人亲自履行，或者债权人与债务人事先约定必须由债务人亲自履行外，第三人可以为清偿人。依据合同相对性原则，次承租人在房屋租赁合同关系中为第三人。合同法对出租人法定解除权的设置主要为维护出租人在租赁合同中的重大利益，包括租金的收取，租赁物在价值和使用价值上的合理维持。次承租人代承租人偿付租金，出租人可满足其租金利益，承租人亦未因此而受到损失。本条规定的目的在于稳定交易关系，维护财产动的安全，保护无过错次承租人利益，符合《合同法》有关第三人清偿的规定原则。

（二）对于条文中几个重点问题的把握

1. 但书条款中转租无效的情形的理解

这里转租无效的情形比较广泛，既包括合同法对于无效规定的情形，如转租合同恶意串通损害了国家、集体或者第三人的利益；以合法形式掩盖非法目的；损害了社会公共利益等，也包括法律对于转租合同的特殊要求，如转租合同未经过出租人的同意或者转租合同不符合国家的相关规定，比如廉租房，国家的政策是禁止承租人转租。在转租合同无效的情况下，由于国家对于该转租合同持的是否定性态度，因此，对于次承租人的利益也得不到有效的保护，其自然也不能够获得与有效转租合同中一样的地位，即其不能取得对抗出租人解除权的效力。

2. 出租人解除权的理解

出租人解除权的理解仅限于出租人解除其与承租人订立的房屋租赁合同，但不得解除承租人与次承租人之间的合同，是基于合同相对性的原理，出租人仅能解除与承租人之间的合同。

转租人与次承租人之间的转租关系在法律性质上仍然属于租赁，因此，转租人与次承租人之间的法律关系与普通租赁并无二致。不过，如果原租赁合同与转租合同同时终止，次承租人将标的物返还出租人时，则免除其对转租人的返还义务。在法律适用上，《合同法》第十三章“租赁合同”的规定同样适用于转租行为。

3. 次承租人代付租金与违约金后对承租人的权利

次承租人代承租人支付租金与违约金后，对承租人享有两种权利。依据合同的相对性原理，按照合同约定支付租金的义务主体是承租人，如果承租人未按时支付租金，支付违约金的主体也是承租人。次承租人对于出租人本无此义务，为维护转租合同的稳定性，司法解释赋予次承租人的代偿请求权。但次承租人代为清偿的行为并不是无偿的。次承租人作为第三人清偿可以取得两项权利：一个为其对于承租人的追偿权，一个为对于其支付的租金和违约金可以和转租合同中其应支付的租金相折抵。次承租人可以选择行使。从实务来讲，一般次承租人选择后者的可能性比较大。因为承租人拖欠租金，其支付能力本身就值得怀疑，而次承租人将其代承租人支付的租金和违约金直接抵消其转租合同的租金，对其来讲更为便捷和切合实际。

审判实务

在审判实务中，对本条的把握，有以下几个方面的问题需要注意：

一、关于出租人解除房屋租赁合同而致次承租人不能继续使用租赁物的损失，应由谁承担违约责任的问题

由于出租人并未直接与次承租人形成租赁关系，根据合同相对性原则的要求，次承租人只能向转租人主张违约责任或损害赔偿责任，而不能直接要求出租人承担责任。

二、关于出租人同意的转租合同，如因转租人拖欠出租人的租金，出租人要求解除的，而次承租人要求继续履行转租合同的，是两个租赁合同同时解除，还是判明次承租人直接与出租人建立租赁关系的问题

一种观点认为，次承租人无过错且要求继续租赁，而出租人行使合同解除权的，在做出租人与次承租人建立租赁关系的调解工作无效的情况下，只能两个租赁合同同时解除。对两个合同解除的后果，原则上都应予以处理，但当行使释明权后，相关当事人既不主张也不举证的，对后一个租赁合同解除的后果可不予处理。对于解除两个租赁合同的后果处理，除明确由次承租人返还出租人租赁的房屋外，对违约责任及装潢损失的赔偿，则应根据两个租赁合同中的约定处理。

另一种观点认为，对转租中，因承租人拖欠租金，次承租人无过错且要求继续租赁的，从保护次承租人的利益出发，可以直接判明次承租人直接与出租人建立租赁关系。

我们认为，租赁合同因承租人未依约给付租金而致合同被解除的，则转租合同将因此而处于履行不能状态。但原租赁合同与转租合同毕竟是两个互相独立的合同，原出租人并非转租合同的当事人，不能强迫他继续履行转租合同的义务。因此，除非出租人与次承租人就继续履行合同达成一致意见。否则，次承租人要求继续履行合同的主张人民法院不能支持。

三、关于租赁合同解除而产生的纠纷，次承租人作为案件的第三人，要求合同的承租人或出租人承担违约责任及赔偿装潢损失的，是否属反诉、是否应收诉讼费的问题

次承租人作为案件的第三人，一般情况下属于无独立请求权的第三人，不具有诉讼被告的地位，因此，无论其提出什么主张，都不能构成反诉。但出于解决纠纷的考虑，如果次承租人提出此类主张的，可以在其另行提起诉讼后，将该诉讼与原租赁合同解除纠纷合并审理。同时，另行诉讼属于新的诉讼，人民法院应当收取诉讼费用。

四、关于因承租人违约行为导致出租人解除租赁合同，那么出租人应当以谁为被告要求返还租赁物的问题

出租人依照与承租人之间的合同，享有要求其返还租赁物的权利。出租人与承租人之间合同的解除，必然导致次承租人不享有以租赁权对抗出租人物的请求权的权利。因此，出租人也可以依照物的请求权要求次承租人返还租赁物。

第十八条 ［次承租人逾期腾房的处理］

房屋租赁合同无效、履行期限届满或者解除，出租人请求负有腾房义务的次承租人支付逾期腾房占有使用费的，人民法院应予支持。

条文主旨

本条是关于房屋租赁合同无效、履行期限届满或者解除的情形下，承租人应将房屋返还出租人，实际占有房屋的次承租人负有腾房义务并支付逾期腾房占有使用费的规定。

背景依据

租赁合同终止后，次承租人因此负有退房义务。在征求意见的过程中，对本条司法解释的内容，法学理论上的争议并不大，主要是审判实务中有的同志对法律理解的切入点有所不同，导致在适用法律的标准上也不统一，因此需要以司法解释的形式再予以明确。

有观点认为，次承租人逾期腾房的，出租人可以要求其按照租赁合同约定的租金、转租的租金或者市场租金的标准，支付房屋占用费。但应当给予一定的合理的腾房期限。出租人默示的，可认为是不定期租赁。有观点直接就主张，如果继续履行得到默示同意，虽未直接形成新的租赁关系，但可以认为二者是过去合同的继续。对出租人向次承租人主张该项权利，要求继续按原合同租金标准支付的，其是否是依据租赁合同？这一点大家确有不同的认识。因为出租人和次承租人之间无直接的房屋租赁合同关系，并不涉及合同的相对性问题。还有在实践中应按哪种标准支付占用费的问题处理尺度也不一致。如果按照出租人与承租人之间的房屋租赁合同确定的租赁价格，一般是低于承租人与次承租人之间的房屋租赁合同确定的租赁价格。

《合同法》第二百三十六条规定：租赁期间届满，承租人继续使用租赁物，出租人没有提出异议的，原租赁合同继续有效，但租赁期限为不定期。这一条通常被理解为是关于租赁期间默示更新的规定。租赁双方当事人更新期限续订合同有两种方式：约定更新和法定更新。约定更新又称明示更新，是指合同当事人于租赁期间届满后另订一个合同，约定延长租赁期限。法定更新又称默示更新，是指租赁期间届满后，合同当事人以其行为表明其租赁关系继续存在。根据该条规定，租赁期间届满，承租人仍继续对租赁物使用收益，出租人亦不反对；承租人继续支付租金，而出租人也接受了。其要件可以分解为：（1）租赁期限已经届满；（2）承租人继续使用租赁物，也就是承租人通过其行为表明承租人仍然愿意继续原租赁合同；（3）出租人没有提出异议，也就是出租人也以其行为表明出租人有意继续原租赁合同。承租人继续使用租赁物的行为和出租人没有提出异议的行为可以推定双方有继续租赁关系的意向，租赁期限视为更新。但在这种情况下，当事人之间的定期租赁更改为不定期租赁，任何一方当事人均可以随时解除合同。

对上述情况出现时，我们的倾向性意见是，并不能直接按原来的合同标准。原来的房屋合同已履行完毕的情况下，承租人与次承租人未达成新的合意时，并未在他们之间当然形成新的合同。以租赁合同中是否约定租赁期限为标准，租赁可分为定期租赁和不定期租赁。定期租赁合同的当事人在合同中约定了租赁期限，合同于租赁期间届满即告终止。但是当事人于合同约定的期间届满时也可以续订合同。续订合同又称为期限更新，它不同于一般合同中履行期限的变更。前者是两个合同关系，后者只是一个合同关系。租赁合同期限更新只能发生于租赁期限届满之时。而出租人对自己权利的怠于行使，也负有相应的责任，所以也不能直接参照承租人与次承租人之间合同的价格标准，因为没有合同依据。非法占用期间的不当得利，在出租人不能举证证明次承租人获得了更大的不当利益时，以当时当地的房屋租赁市场价格比较公平。

条文理解

对本条文的理解，应当着重把握以下几个方面：一是如何理解房屋租赁合同无效、履行期限届满或者解除的法律后果；二是如何理解出租人向次承租人主张承担腾房义务并承担责任的法律依据；三是次承租人因其逾期腾房行为所应承担的法律责任。我们对本条内容总的看法是，房屋租赁合同因合同无效、履行期限届满或者解除终止履行后，承租人应将房屋返还出租人，实际占有房屋的次承租人负有腾房义务。该次承租人逾期腾房的，构成不当得利，次承租人应当支付房屋使用费。对于房屋使用费的标准，可由受诉人民法院确定。

一、对房屋租赁合同无效、履行期限届满或者解除的情形分析

房屋租赁合同无效、履行期限届满或者解除的情形，均导致房屋租赁合同履行

的终止。但是，在合同履行终止的不同情形下，房屋租赁合同的当事人各自所应承担的权利或义务是不同的，有必要对此逐一进行分析。

在本条司法解释前面有关对房屋租赁过程中构成附和的装饰装修物的处理的几条规定，分别对房屋租赁合同无效、合同终止履行以及合同解除时的情况作了解释。因此，在这个司法解释的整体体系中，有将合同终止履行与合同解除相并列的现象。从《合同法》的规定来看，"终止履行"的表述仅仅出现了一次，即该法第九十七条的内容：合同解除后，尚未履行的，终止履行；已经履行的，根据履行情况和合同性质，当事人可以要求恢复原状、采取其他补救措施，并有权要求赔偿损失。这里的"终止履行"的文义，应当是指"在合同解除后，尚未履行部分不再履行"。可见，本条司法解释规定的"终止履行"并非是从合同解除后的法律后果的含义上使用该术语的。如果将"终止履行"中的履行剥离开，仅考察终止一词，则会发现，《合同法》中所讲的终止主要体现在第六章。《合同法》第六章的标题为"合同的权利义务终止"，在此标题之下，终止的事项包括：履行、解除、抵销、提存、免除、混同以及其他情形。① 所以，司法解释将终止与解除并列规定，在解释上只能认为解除是终止的一种具体原因。否则，从逻辑上就违反了合同法的规定，易造成概念的混淆。

重要的是，虽然在字面上，合同法没有区分继续性合同与一时性合同解除的不同。但是，并不意味着合同法对两种合同采取了相同的处理方法。根据《合同法》第九十七条的规定，租赁合同解除后，对于已经履行的部分，"根据履行情况和合同性质，当事人可以要求恢复原状、采取其他补救措施，并有权要求赔偿损失。"这里的"根据履行情况和合同性质"来行使不同的请求权就说明，在解释上，对我国的合同解除是否具有溯及力的问题要区分合同性质分别判断，在一时性合同场合，解除具有溯及力，在继续性合同场合，解除没有溯及力，仅仅向将来发生效力。由于租赁合同为继续性合同，在合同解除之后，租金虽有返还可能，但承租人的使用、收益却不可能返还，因此，租赁合同的解除只能向将来发生，而不能溯及既往。也就是讲，租赁合同关系解除，过去的合同关系并不受影响，解除后的合同关系消灭。

需要注意的是，在德国及我国台湾地区，对于我国《合同法》上的继续性合同

---

① 根据《合同法》第九十一条，我们认为，替代性违约责任的承担也会导致合同权利义务的终止。其原因在于，从合同法理论来看，合同约定的义务为第一次义务，在第一次义务违反的情况下，该义务转化为第二次义务，即违约责任。换言之，替代性违约责任是原合同义务的变形。因此，在违约人实际承担违约责任后，也将导致权利义务的终止。

关系的解除，称为“终止”。例如，台湾地区“民法典”第424条规定：“租赁物为房屋或其他供居住之处所者，如有瑕疵，危及承租人或其同居人之安全或健康时，承租人虽于订约时已知其瑕疵，或已抛弃其终止契约之权利，仍得终止契约。”[①] 终止权是一项形成权，其功能在于使继续性合同关系向将来消灭。[②] 由此可见，终止着重强调合同关系向未来消灭的效果。而《合同法》则是在合同权利义务消灭的意义上使用的终止，而把德国法、我国台湾地区“民法”上的终止称为解除，从而终止成为解除的上位概念。两相比较即可发现，在我国合同法意义上，解除是我国台湾地区和德国法上的“解除”和“终止”的上位概念，如果司法解释把解除和终止并列，确实容易引起歧义。

如果终止履行指的是当事人不再履行的这样一种事实状态，则“终止履行”在司法解释中就会出现概念不清晰的情况。如司法解释中规定“房屋租赁合同有效但终止履行时”，这里首先强调了“合同有效”，说明这里的不再履行不是指合同无效导致的不再履行，同时又由于规定几种解除的情况，从其规定来看应当是指《合同法》第九十四条规定的法定解除的情况，即违约解除和不可抗力解除。比如合同解除的情形，就包括合同一方要求解除、双方当事人协商一致解除合同、法院判决解除。由此，终止履行在这里只能是一种原因，期间届满是终止履行的一种原因，双方协商解除或约定解除权的解除也是终止履行的原因。[③] 所以，为避免引起歧义，本条对合同终止履行后次承租人逾期腾房的义务所作规定的条件，未用“终止履行”，而是界定区分为无效、履行期限届满或者解除，即包括合同无效后的终止履行、履行期限届满和因合同解除导致的终止履行。

二、如何理解出租人与“负有腾房义务的次承租人”之间的法律关系

本条司法解释适用的前提是在房屋租赁合同已终止履行的结果下，对负有腾房义务的次承租人逾期腾房时的处理。至于房屋租赁合同已终止履行的原因，应归责于出租人或者承租人或者次承租人，以及由此所判定各自所应享有的权利或者承担

---

① 《合同法》第二百三十三条规定：“租赁物危及承租人的安全或者健康的，即使承租人订立合同时明知该租赁物质量不合格，承租人仍然可以随时解除合同。”其目的与功能与我国台湾地区“民法典”第424条相同，但用语不一。可见，在德国及我国台湾地区，终止合同与解除合同具有不同的含义。

② 王泽鉴：《债法原理》（第一册），中国政法大学出版社2001年版，第134页。林诚二教授认为，原则上，继续性契约仅有终止，不生解除问题，但有两种情形（法律规定——如租赁、承揽、继续性给付尚未履行），例外得解除者外，其余情形，仅有终止而无解除。参见林诚二：《民法债编总论——体系化解说》，中国人民大学出版社2003年版，第453页。

③ 《合同法》第九十三条规定：当事人协商一致，可以解除合同。当事人可以约定一方解除合同的条件。解除合同的条件成就时，解除权人可以解除合同。

的权利义务是什么的情形，均不是直接适用本条司法解释的前提条件。比如在因承租人拖欠租金产生的纠纷中，次承租人因代承租人支付拖欠的租金和违约金，应当享有对出租人合同解除权的抗辩权的问题，这些是对房屋租赁合同终止履行之前，房屋租赁合同应当继续履行还是应当终止履行问题的讨论，不是我们确定次承租人在本条司法解释中所负担法律义务的语境。

我们可以简单来描述出租人与次承租人之间在法律上的关系：出租人与承租人之间的租赁合同无效、履行期限届满或者解除的，出租人作为所有权人，可以直接基于《物权法》第三十四条的规定向次承租人主张返还租赁物。次承租人返还租赁物而丧失占有的，可以基于转租事实向承租人主张相应的责任。关于次承租人在房屋租赁法律关系的诉讼地位也可以看出这一点。在房屋租赁合同履行期限届满、合同被认定无效或者合同被解除的情形下，都会涉及房屋的返还问题。此时，案件的处理结果必然与次承租人具有法律上的利害关系，比如当次承租人实际对租赁房屋进行了装饰装修或者扩建时，无论次承租人对有关装饰装修或者扩建的损失的主张能否得到支持，但依照《民事诉讼法》第五十六条的规定，次承租人在此纠纷中具有第三人的诉讼地位应当享有请求权，有权提出赔偿损失的主张。所以我们讲，从法条文义解释看，并不能理解为本条就是关于次承租人在租赁期间届满时直接返还租赁物的义务的规定。其核心是，出租人向次承租人主张返还房屋，不是基于房屋租赁合同，而是直接基于其具备的所有权。

三、次承租人因其逾期腾房行为所应承担的法律责任

《合同法》第二百三十五条规定：租赁期间届满，承租人应当返还租赁物。返还的租赁物应当符合按照约定或者租赁物的性质使用后的状态。这个责任也规范在作为出租人时的承租人（有时也被称为转租人）与次承租人之间的权利义务。承租人与次承租人之间实际是形成了新的租赁合同关系。

承租人应在租赁期间届满时向出租人返还租赁物，这是租赁合同中承租人的一项基本义务。只要租赁物存在，承租人就应该返还租赁物，如果租赁物由于非可归责于承租人的原因灭失的，承租人没有返还的义务。次承租人应于房屋租赁关系终止时向承租人返还租赁房屋，再由承租人向出租人返还租赁房屋。次承租人并不承担向出租人直接返还租赁房屋的义务，但是由于房屋租赁关系的存在是承租人占有、使用（包括转租）租赁房屋的合法依据，也是次承租人占有、使用租赁房屋的合法依据。就是说，如果房屋租赁关系终止，则承租人占有租赁房屋的合法依据就不存在，所以承租人应当在租赁关系终止时返还租赁房屋。次承租人在房屋租赁关

系终止时，即不再拥有占有、使用租赁房屋的合法依据，形成了对出租人所有的租赁房屋的无权占有。

如上所述，对次承租人返还租赁房屋的状态要求，与对承租人的义务要求是一致的。次承租人返还的租赁物也应当符合按照约定或者租赁物的性质使用后的状态。在过去《合同法》起草过程中的几个征求意见稿中，都是表述为要求承租人返还的租赁物应当符合原状。但是后来考虑到承租人以对租赁物进行使用收益为订立租赁合同的目的，承租人依照约定的方法或者根据租赁物的性质所确定的方法使用收益租赁物的过程中，难免会使租赁物发生变更或者损耗，在这种情况下仍然要求承租人返还原物，不仅在事实上不可能而且对于承租人而言也是不公平的。所以，只要承租人返还的租赁物符合按照约定或者租赁物的性质使用后的状态即可。租赁期间届满，承租人应当及时向出租人返还租赁物。租赁合同期间届满，租赁双方的权利义务关系即告结束，承租人没有权利再继续占有使用租赁物，故应及时返还租赁物。承租人不及时返还租赁物，应当承担违约责任。出租人既可以基于租赁关系要求承租人返还，也可以基于所有权要求承租人返还，因为租赁关系终止后，承租人已没有占有租赁物的合法依据。承租人不仅应当支付逾期返还租赁物的租金，偿还违约金或赔偿损失，还应承担租赁物逾期返还期间意外灭失的风险。根据《物权法》第二百四十二条之规定，属于无权占有。

从国外的立法例看，次承租人支付占用费也是符合社会经济发展需要的。如2003年修订后的《日本民法典》第395条规定了缓期交付制度，该条第1款规定，即便租赁权设立并登记于抵押权后，不能对抗抵押权人，但只要建筑物的承租人在拍卖程序开始前已经对建筑物进行使用、收益，则在拍卖买受人买取该物起6个月内，可暂缓搬离并将建筑物交付给买受人。若系从强制管理或担保不动产收益执行管理人处取得租赁权，尽管该租赁成立于拍卖程序开始后，承租人也享有在前述6个月内缓期交出租赁物的权利。重要的是，即使在延缓交付的6个月内，承租人也已不再对居住的建筑物享有租赁权。因此，在该期间内使用建筑物的承租人，应对买受人负担不当得利返还义务。《日本民法典》第395条第2款规定，买受人有权要求承租人支付“使用建筑物的对价”，该对价通常相当于建筑物的租金。如果承租人不支付该对价达1个月以上，且在买受人催告后的期间内仍不支付的，则其失去缓期交付利益，买受人可即时要求承租人搬离并交出建筑物。

审判实务

结合在起草过程讨论中遇到的一些案件的情况，我们认为，审判实践中适用本条司法解释应注意把握以下两个问题：

一是关于租赁期限没有约定或者约定不明确，但合同已经终止履行时的情况。根据《合同法》第二百三十二条的规定，当事人对租赁期限没有约定或者约定不明确，依照《合同法》第六十一条的规定仍不能确定的，视为不定期租赁。当事人可以随时解除合同，但出租人解除合同应当在合理期限之前通知承租人。对房屋的不定期租赁合同，由于租赁期并不确定，当事人在租赁关系存续期间随时可以作出解除租赁的行为。定期租赁合同的当事人在合同中约定了租赁期限，合同于约定的租赁期限届满时终止。未约定期限或者约定期限不明确的合同具有一定的不确定性，在履行时有一定困难，容易造成纠纷。《合同法》第六十一条规定：合同生效后，当事人就质量、价款或者报酬、履行地点等内容没有约定或者约定不明确的，可以协议补充；不能达成补充协议的，按照合同有关条款或者交易习惯确定。也就是讲，在不定期的房屋租赁合同，首先要由出租人和承租人就租赁期限进行补充协议，如果能够达成协议，合同即按照补充协议的期限履行。仍不能达成补充协议的，则依照合同有关条款确定租赁期限，如果还不能确定，就要依照交易习惯加以确定。依照上述要求仍然不能确定租赁期限的，就视为不定期租赁。在不定期的房屋租赁合同终止履行时，如果出租人准备解除合同，出租人应该在合理期限之前通知承租人。之所以规定出租人在合理期限之前要通知承租人，是因为要给承租人一段准备的时间，以便对即将丧失租赁物的占有使用做好准备。

二是在审判实务中，对以行使代位权来解释的情形。在房屋租赁合同有效，承租人不向次承租人主张权利，对出租人造成损害时，出租人才可主张其以自己的名义代位行使承租人对次承租人的债权。有人主张是由出租人行使代位权。《合同法》第七十三条规定的表述是："因债务人怠于行使其到期债权，对债权人造成损害的，债权人可以向人民法院请求以自己的名义代位行使债务人的债权，但该债权专属于债务人自身的除外。"在这种情形下，是不是行使代位权可以争论，但以此主张可能更有利于权利的保护。

此外，还需要注意，以下关于对承租人的要求也可适用于次承租人：（1）出租人返还租赁物的义务为基于租赁合同所生的义务，因而即使是出租人在租赁关系终止后，将租赁物的所有权让与他人，也可以请求返还。（2）返还的期限，定期租赁应当自租赁期限届满时返还租赁物，不定期租赁应当自通知终止租赁关系时进行返还。

通过对一则案例的简单分析以对本条司法解释再作出更直观的认识：原告甲是某大厦的房屋产权所有权人。1995 年 3 月 15 日，原告甲将该大厦整栋租给乙公司，并同意其分租转租，由其对该大厦经营管理，租期 15 年。乙公司于 1996 年 8 月将该大厦中的1300平方米转租给被告甲，租期8年，整个租期租金800万元，被告丙在签订合同后当天就按约付清了8年的租金。到2002年后期，乙公司因经营不善，无力支付原告甲租金，遂与原告甲协商，解除了该大厦的租赁合同。原告甲和乙公司随即联合以书面及告示的形式，通知该大厦各租户：该大厦由原告甲收回自行经营。乙公司在办完解除该大厦的租赁合同关系以后就人去楼空了。被告丙收到通知后，认为其租赁场地是原告甲同意转租的，也早已付清了租赁期内的租金，现租赁期未满，不同意支付租金，更不同意撤离。在协商不下的情况下，原告甲以侵权为由，向法院起诉被告丙，要求被告丙支付自乙公司拖欠的租金及原告甲通知解除合同之后从2003年12月起至起诉时的租金共70万元，并收回房屋。争议焦点：原告甲是否有权直接向被告丙追讨租金、收回房屋？原告甲认为，其与承租人乙公司解除了租赁合同后，作为次承租人的被告丙，也失去了合法租赁的基础，经原告甲通知后仍不搬迁，构成侵权，应支付相当于租金的房屋占用费，原告甲收回房屋是合理合法的。被告丙认为，被告丙承租的房屋，是原告甲同意乙公司转租的，被告丙已付清了租赁期内的租金，故无须再另行支付，而有权使用房屋到租赁期满。原告甲应向承租人乙公司追讨租金。

对本案的分析：（1）原告甲是该大厦的所有权人，在该大厦租赁合同中，明确允许乙公司分租转租，故本案可认定为合法租赁。（2）对于原告甲请求的租金可以分两部分分析。①原乙公司拖欠的租金至解除合同前的租金应否由被告丙来付？出租人与承租人乙公司的租赁合同是原有的租赁关系，乙公司与被告丙的租赁合同是转租关系，二者是两种不同的法律关系。虽然被告丙的租赁是经过原告甲同意的，但原告甲与被告丙不存在直接的租赁关系。因此，原告甲直接向被告丙要求支付租金是没有法律依据的，更何况被告甲早已将租金支付给承租人乙公司。②乙公司与原告甲终止租赁合同后，被告丙应否付租金？由于转租是以承租人租赁权的存在为基础的，当承租人与出租人的租赁关系归于消灭时，承租人的转租关系也归于消灭，次承租人继续主张租赁权利就没有了依据。此时，次承租人继续占据租赁房屋就构成了侵权，故应当支付房屋使用费，原告甲的这部分请求是有道理的。（3）如上所述，自承租人合法终止租赁关系时，租赁权归于消灭。租赁关系终止后，次承租人不得直接向出租人主张租赁权。被告丙已交清了全部的租金给承租人乙公司又未享受完全的租赁权，这一现状是由于乙公司提前解除该大厦的租赁合同而造成的。因此，被告丙只能向承租人请求赔偿，出租人甲与承租人乙终止租赁合同后，有权依其所有权直接向次承租人丙收回房屋，故原告甲请求收回房屋的请求，应该得到支持。

第十九条 [房屋租赁合同的概括继受]

承租人租赁房屋用于以个体工商户或者个人合伙方式从事经营活动，承租人在租赁期间死亡、宣告失踪或者宣告死亡，其共同经营人或者其他合伙人请求按照原租赁合同租赁该房屋的，人民法院应予支持。

条文主旨

本条是对《合同法》第二百三十四条的进一步解释，规定了个体工商户的共同经营人或者个人合伙的其他合伙人在特定条件下对房屋租赁合同的概括继受。

背景依据

在房屋租赁合同的有效期间内，如果承租人死亡或者失踪，对该房屋租赁合同应当如何处理，这是实践中经常会遇到的问题。现在从以下几方面来研究本条司法解释制定的背景：

一、对《合同法》第二百三十四条规定的内容存在不同认识，导致理论上的认识迥异

《合同法》第二百三十四条规定："承租人在房屋租赁期间死亡的，与其生前共同居住的人可以按照原租赁合同租赁房屋。"对该法条规定的内容，在理论上和司法实践中主要有以下几种解释：

第一种解释：本法条是关于房屋承租人死亡时的法律后果的规定，考虑了承租人死亡后与其生前共同居住的其他人的居住利益。该观点认为，作为生活资料的房屋出租与一般财产租赁有所不同。因为作为生活资料，房屋是满足公民"住"这一基本生活需要的物质条件，从而住房租赁成为解决公民居住条件的重要法律手段。"住"一般是以户为单位的，所以承租人为一人，也会有其他共同居住人的居住利益。在住房租赁中，承租人取得的只是房屋使用权，原则上其承租权不得继承。承租人死亡后，生前未与其共同生活的亲属或者法定继承人，如果确需继续租用住房的，享有优先承租权，可以与出租人另行签订房屋租赁合同。承租人死亡后，生前与承租人共同居住的人可以继续租赁原住房，但应与出租人办理续租手续，变更承租人，无共同居住之人或者原共同居住之人另有住房不符合继续租赁条件时，租赁

关系终止。[1]

第二种解释：本法条是房屋租赁权的有条件继承。该观点认为，债务人履行一定的行为让债权人获益，这种获益对于债权人来说，是一种有利的利益，可以视同其为财产。除法律有规定或当事人有约定以及由于合同性质而不得继承外，自然人享有的任何债权可以被继承。继承人享有对租赁合同的继承权，同住家庭成员属于继承人的按照继承的规定处理，如果不属于继承人的，则可以给予继续共同居住的权利。为了保护承租人的共同居住人的利益，法律需要对相对是弱者的一方给予特殊保护和照顾，允许承租人的共同居住人可以按照原租赁合同继续租赁该房屋，这种情况下租赁权是可以继承的。如果租赁房屋的目的不是居住，而是开店做生意等，就不符合对承租人的共同居住人照顾的法律精神，这时的租赁权不能继承。[2]

第三种解释：本法条是附保护第三人作用合同，应当保护与租赁房屋利益密切相关人的权益。该观点认为，加强对同住人保护的必要性，是根据诚实信用原则以及租赁合同性质而产生的，保护承租人的同住人是租赁合同的一项附随义务。对承租人的同住人的保护义务涉及附保护第三人作用合同制度。合同上的注意、保护义务，不仅对合同相对人存在，而且也应延伸扩张到与相对人有特定关系的第三人。在房屋租赁合同中，与承租人共同居住的人并不是该租赁合同的当事人，出租人对其不负有给付义务，仅负有一定的注意及保护义务，该同住人除债务人违反此项义务（附随义务）时得依合同原则请求赔偿外，并无合同上的给付请求权。出租人对同住人基于合同承担损害赔偿责任的原因，首先，出租人应能认识到合同相对人对同住人的安全具有如同对自己安全一样的信赖。日常生活中，同住人与承租人具有十分密切的特殊关系，债务人基于合同对债权人负有注意、保护等附随义务时，显然应当注意到同住人的存在。出租人对与承租人关系密切的同住人，自然也应当负注意、保护等附随义务，出租人违反合同义务，不仅会给承租人造成损害，而且会及于同住人。其次，基于合同之诉提起损害赔偿，更有利于对同住人利益的保护，仅依侵权之诉起诉，对同住人保护不够周全。[3]

第四种解释：本法条是租赁合同的法定让与。该观点认为，房屋的租赁有其特殊之处，在大多数情况下，是由多个具有一定亲属或其他社会关系的人，一同租赁房屋并共同居住。但在签订租赁合同时，往往是由其中一人出面，与出租人签订合

---

① 全国人大法工委研究室编：《合同法释义》，人民法院出版社 1999 年版，第 343、344 页。

② 郭卫华主编：《新合同法全方位解疑》，人民法院出版社 1999 年版，第 796 ~ 799 页。

③ 房屋租赁纠纷：《承租人的同住人利益保护纠纷的处理》，转引自业主房产法网，http：//www. yezhu. info/22w. html，2007 年 12 月 10 日。

同。一方虽然出面承租的人多为个人，且是以个人名义承租，但其本意是供家庭共同生活居住使用，此时的承租人应视为整个家庭。在租赁期内，每个家庭成员都应享有对承租房屋的使用权，承租人死亡的，并不影响房屋租赁合同的效力，死者其他家庭成员仍可继续使用承租的房屋至租期届满为至，出租房屋的人不得以承租人已死亡为由解除或变更房屋租赁合同，剥夺死者其他家庭成员的承租权。为便利承租人共同居住人的生活，《合同法》设该专门条文认可特定情形下租赁权的法定让与。就法律性质而言，租赁权的让与为租赁债权的转让。在当事人各方的法律关系上，在承租人让与租赁权时，承租人退出租赁关系，被让与的第三人成为租赁合同的当事人。租赁权的让与中，受让人承受出让人的地位。就租赁权的让与，《合同法》并未专设条文，但并非是合同债权的让与，而是包括支付租金义务等多项合同义务在内的一种法律地位的转让，应根据合同债务的转让的规定来确定，即应当经债权人同意。①

此外，在对本条司法解释的讨论过程中，还有人从第三人代为清偿的角度上论述《合同法》第二百三十四条的立法依据。该观点认为，承租人的共同居住人一般是承租人的家庭成员或者是继承人，从合同代理或从继承的角度看他们是承租人的法定的清偿义务人，依法承担义务同时享有相应的权利。就债的履行，在不损害债权人利益的前提下，有利害关系的第三人代为清偿后，为代位债权人。代位债权人在其可以求偿的范围内，行使债权人所享有的一切权利。

正是基于以上对《合同法》第二百三十四条规定的种种不同认识，在司法实践中对相关问题的处理依据随之不同，法律适用的标准也不尽一致。比如，对“共同居住的人”的范围的认识存有诸多争议，对“共同居住”如何理解？“共同居住”的主体范围有无限制？“共同居住”行为是否可以包含居住与经营？是否应当计算实际“共同居住”生活的时间？“共同居住的人”是否包含户籍因素？该规定在不发生承租人死亡的情况下是否适用？“按照原租赁合同租赁房屋”应当适用合同债权转移、合同义务转移还是合同权利义务的概括转移的原则？等等，不一而足。加之在房屋租赁、房屋拆迁等行政执法的不同领域内对“共同居住的人”的认定也存在着相当大的差别，都给我们的司法实践带来了很多难题，也经常使相关案件的审理陷入争议之中。

---

① 李国光主编：《合同法释解与适用（下册）》，新华出版社1999年版，第1077～1084页、第1108、1109页。

二、《合同法》第二百三十四条规定的前提条件不周延，需要司法解释予以补充明确

从该法条所规定“承租人在房屋租赁期间死亡的”这一法定前提条件看，其设定条件涵盖的内容存在不足。主要是：在民法意义上，“死亡”既有自然死亡，也有法律上拟制的“死亡”——宣告死亡。该法条对宣告失踪、宣告死亡的情形未予充分考虑，使相对人的权利不易受到及时全面的保护。自然人离开其住所或者居所，或者因灾难事故、战争等下落不明达到一定期间，就存在民法意义上的失踪或死亡的问题。失踪人长期下落不明会导致与其有关的财产关系和人身关系的不稳定，不仅涉及失踪人自身的财产利益保护，而且涉及失踪人的利害关系人的财产利益与人身利益的保护。从我国《民法通则》规定宣告失踪、宣告死亡制度的目的考虑，某些民事合同的当事人确实杳无音信的，应该允许其利害关系人根据实际情况依法向法院申请宣告其失踪或者宣告其死亡，以终止与其有关的民事法律关系的不稳定状态，保护其利害关系人的利益并维护社会经济秩序的正常运转。以《民法通则》的制度设计和司法实践来看，自然人被宣告失踪后，其权利能力并不丧失，只是其权利义务由财产管理人代为行使和履行。宣告死亡、自然死亡以及宣告失踪的法律后果在失踪或死亡人的财产管理上多有相似之处，但宣告失踪的后果主要涉及失踪人的财产管理；宣告死亡则不仅涉及失踪人的财产管理，还涉及失踪人权利能力即人格的消灭。在出现上述情况下，要注意避免承租人与其同住的其他人员或者和某一利害关系人，恶意串通以损害其他利害关系人利益的情形。

三、现行法律、行政法规以及部门规章、地方性法规条例对“共同居住人”条件的理解不一致，导致实务中的适用标准不统一

《城市房地产管理法》第五十五条规定：住宅用房的租赁，应当执行国家和房屋所在城市人民政府规定的租赁政策。租用房屋从事生产、经营活动的，由租赁双方协商议定租金和其他租赁条款。我们认为，该条规范带有授权性，应当理解为住宅用房的租赁要求执行国家和房屋所在城市人民政府规定的租赁政策。至于是否应当将房屋作为生活资料限定在生活领域，而不是作为生产资料进行租赁经营的问题，国务院有关部门规章、地方性法规和条例对共同居住人续租房屋的条件更是作了大相径庭的规定，由此也出现了十分不同的认识。如 1995 年 4 月 28 日建设部发布的《城市房屋租赁管理办法》第十一条规定：出租人在租赁期限内死亡的，其继

承人应当继续履行原租赁合同。住宅用房承租人在租赁期限内死亡的，其共同居住两年以上的家庭成员可以继续承租。又如，《上海市房屋租赁条例》以及相关的《关于贯彻实施〈上海市房屋租赁条例〉的意见》，对公有居住房屋的“共同居住人”限定为公有居住房屋的承租人死亡或者变更租赁关系时，在该承租房屋处实际居住生活一年以上而且本市无其他住房或者虽有其他住房但居住困难的人。而《北京市公有住宅租赁合同》中则规定：租赁期限内，承租方外迁或死亡，承租方同一户籍共同居住两年以上又无其他住房的家庭成员愿意继续履行原合同，其他家庭成员又无异议的，可以办理更名手续。虽然公有住宅不是本司法解释所要调整的范围，但是地方政府的房屋租赁政策的确体现了这样的价值和导向，就是限定租赁房屋中“共同居住人”的利益保护范围。

其实，在《合同法》第二百三十四条规定之前，最高人民法院已经结合审判实践以司法解释的形式规定了对承租人的共同居住人的权利保护，即见于《最高人民法院关于贯彻执行〈中华人民共和国民法通则〉若干问题的意见（试行）》第119条的规定：承租户以一人名义承租私有房屋，在租赁期内，承租人死亡，该户共同居住人要求按原租约履行的，应当准许。只不过，该司法解释中使用了“承租户”“该户共同居住人”的概念。

四、本条司法解释起草制定过程中的主要意见

相比于《合同法》第二百三十四条的内容而言，本条司法解释规定中引起最大争议的问题：一是是否扩大了“共同居住人”的范围，二是是否将法律规定的“居住”的适用范围从生活性居住扩大到了经营性居住。

对《合同法》第二百三十四条以及该条司法解释此次规定的“可以按照原租赁合同租赁房屋”的含义，讨论中的观点与上述几种不同解释的意见比较接近。但比较集中的是两种观点：一是认为这是一种租赁权的承继，二是认为这是一种合同权利义务的概括继受。这在起草的文稿中也曾经得以体现，原来一直就将本条司法解释作为“租赁权的承继”的内容。至于认为这是租赁权的继承的观点还是占少数的。而在此种情况下的租赁权的承继，实际上是合同双方按照合同的约定在继续履行合同，而不是遗产的继承。当然，租赁权的承继的概念绝非租赁权的继承，这个意义容易理解，毋庸再论。只不过，如果从把房屋租赁的经营性利益当作财产权益来对待的角度考虑，那种认为本条司法解释制定的理由之一就是对租赁合同中财产性利益的承继的看法也并非没有道理。后在研究讨论过程中，大多数意见认为，以“租赁合同的概括继受”来高度概括和理解本条司法解释更为妥当，其中主要是采

纳了田士永教授为代表的学者建议。理由主要在于：租赁权并无准确含义，实际乃是租赁合同所生的债的关系。[①] 法律虽然也使用“承继”的概念，[②] 但法人发生变更后新主体对原来主体的权利的承担，个体工商户与个人合伙人的情形，显然并不相同。传统民法学中有“概括继受”[③]、“包括继受”[④]、“概括取得”[⑤] 等词，表示概括继受权利义务的情形，可以用于此处。

征求意见的过程中，有人认为，把租赁权的承继问题局限于经营性用房的范围显得过于狭窄，而且“共同经营人”的界定范围应当扩大到承租人的继承人。我们认为，对于共同居住的法定条件，《合同法》第二百三十四条已经表述，本条司法解释只是在该法律规定的基础上作出了对“共同经营”的解释。共同经营，在民法概念中、尤其在个人合伙的概念中已经是个专有的法律用语，有其习惯的特定解释，也比较好理解，因此，对此不再作过多更改。至于承租人的继承人，基于上述对《合同法》第二百三十四条的不同解释，也必然会分别从不同的角度和立场产生出对本条司法解释调整范围的不同认识。应当说，以上解释理由各有其内在逻辑，但都不够全面和准确。总之，在征求意见过程中相对集中的意见是本条司法解释应根据现实社会经济关系发展的实际需要，适当扩大“与承租人生前共同居住的人”的主体范围，不宜将“共同居住”的意义局限于生活居住的领域，应将其扩展在有条件的经营性居住的领域。应当可以看到，《合同法》实施 10 年来，我国的社会经济生活条件以及人们的生产和消费观念与过去相比都发生了巨大的变化。正如德国著名法学家卡尔·拉伦兹所言，法律之所以应该是制度实在，是以它的安定性和普遍性为理由的……现代法学的课题不在其他，而在法学方法：寻找使价值判断客观化的方法，以保证法的普遍性和法的安定性在切合时代使命的目标下得以客观地向前地实践[⑥]

过去通常认为，《合同法》第二百三十四条的立法目的仅仅在于保护承租人生活居住的权利，从租赁权法定让与的角度作出该法律规定，已经是对合同相对性的

---

① 朱庆育：《“买卖不破租赁”的正当性》，载《中德私法研究》总第 1 卷，北京大学出版社 2006 年版，第 34 页以下。

② 例如，《公司法》第一百条规定：“有限责任公司依法变更为股份有限公司的，原有限责任公司的债权、债务由变更后的股份有限公司承继。”第一百八十四条第四款规定：“公司合并时，合并各方的债权、债务，应当由合并后存续的公司或者新设的公司承继。”《劳动合同法》第三十四条规定：“用人单位发生合并或者分立等情况，原劳动合同继续有效，劳动合同由承继其权利和义务的用人单位继续履行。”《信托法》第四十条第三款规定：“原受托人处理信托事务的权利和义务，由新受托人承继。”

③ 梅仲协：《民法要义》，中国政法大学出版社 1998 年版，第 43 页。

④ 史尚宽：《民法总论》，中国政法大学出版社 2000 年版，第 298 ~ 299 页。

⑤ 王泽鉴：《民法总则》，中国政法大学出版社 2001 年版，第 239 页。

⑥ 龙卫球：《评价法学的现代轨迹——评拉伦茨〈法学方法论〉》，载《法律评论》2001 年第 2 期。

突破。但是，在理论和实务中越来越发现，《合同法》第二百三十四条的规定，无论是在法律内涵的精准性还是具体规则适用的灵活性与合理性上，都存在一些欠缺。上述几种观点对《合同法》第二百三十四条认识的出发点和角度虽不尽相同，但有关立法重点保护承租人权益的立场是一致的。房屋租赁合同以房屋为租赁物，房屋作为重要的不动产，涉及当事人的利益非常重大。所以，本条司法解释要对房屋租赁的承租人的范围和租赁房屋的使用范围作出特殊的规定。

条文理解

对本条文的理解，应当着重把握以下几个方面：

一、本条司法解释适用的范围仅限于个体工商户或者个人合伙

对个体工商户或者个人合伙从事经营的利益保护问题，有人主张，结合《合同法》第二百三十四条中“共同居住人”的权利义务考虑，如果仅仅理解为保护共同居住的人的“住”的权利，而同时与“住”或经营相关的利益、特别是经营性利益（比如个体工商户或个人合伙将所租赁房屋作为经营且自住的场所）是否可以从继承的角度来考虑。但我们认为，对于经营性租房而言，承继租赁权利同时还有租赁义务的共同经营人或者其他合伙人也不是依照继承法的规定继续履行原租赁合同的。承租人死亡，是房屋租赁关系终止的原因之一，但《合同法》第二百三十四条考虑了与承租人生前共同居住人的利益，使共同居住人“可以按照原租赁合同租赁该房屋”。即使出现这种情况，也并不是所谓承租权或使用权的继承，而是法律强行规定使然，且法律上考虑的是“共同居住人”的利益，而不是“继承人”的利益。承租人在房屋租赁期间死亡的，租赁上的权利义务并不依继承关系转移为其继承人继承。如果与承租人生前共同经营的人或者其他合伙人不要求继续租赁的，出租人如何处置其出租的房屋就不受约束，共同经营人或者其他合伙人要求继续租赁的，出租人不能予以拒绝。共同经营人或者其他合伙人在此享有的是司法解释确定的权利，不是继承所得的权利。共同居住人继续租赁，发生合同主体的变更，共同居住人承担租赁合同上的权利义务。个体工商户或者个人合伙，在本条司法解释中的权利义务。本条司法解释规定即是基于个体工商户、个人合伙的独特特性，参照《合同法》第二百三十四条中“共同居住人”的权利义务来考虑的。

如果把个人合伙或个体工商户看做一个具体单位的话，出租人与承租人之间的房屋租赁合同设定的权利义务，应该约束全体合伙人或个体工商户，因为是出租人作为名义上的签约人，代表的是这个具体单位，而不是个人合伙或个体工商户之外

的第三人。个体工商户、个人合伙在面对现实社会生活、现实切身利益的时候，常常产生诸多的无奈。在债务的承担上，个体工商户以户为单位、个人合伙比一般企业更具有信用，因为无限连带责任是一种对合伙人来讲风险性更高的责任。由于这种无限责任是一种连带责任，实际上在个人合伙中，投资者承担的风险很大，因为它不仅仅要对经营责任自负，而且还要对他所信赖的合作伙伴的行为担保，当其他合伙人无力清偿合伙企业债务时，其首先要负担这个债务。因此，个人合伙中，在契约未约定或约定不明的情况下，虽有可能出现出资归合伙人个人所有、合伙人按份共有、合伙人共同共有等多种不同结果，但是由于个人合伙的简单性、暂时性和一定比例的非营利性，这些财产归属状态并不影响个人合伙对作为合同相对人的出租方的利益，反而基于无限连带责任的约束一般不会造成交易的安全问题，有利于出租方利益的保护。给个人合伙更大的自由发展空间，而注重便捷交易、保障安全，也可以更好地从根本上保护个人的财产权利。

《民法通则》规定我国的民事主体为两大类，即一类为自然人，一类为法人，自然人包括公民、农村承包经营户、个体工商户和个人合伙，个人合伙被包含在自然人当中，仅仅被视为自然人的一种特殊形式。个体工商户、个人合伙在民事基本法立法中的法律地位与公民（自然人）的位序是基本同等的。根据《民法通则》第二十六条对个体工商户的定义，即公民在法律允许的范围内，依法经核准登记，从事工商业经营的，为个体工商户。个体工商户可以起字号。《民法通则》第三十条则规定了个人合伙的定义，即个人合伙是指两个以上公民按照协议，各自提供资金、实物、技术等，合伙经营、共同劳动。《民法通则》将个体工商户和农村承包经营户一起规定为第二章“公民（自然人)”中的第四节、而个人合伙则规定在第二章“公民（自然人)”中的第五节。可见，《民法通则》在立法上将个体工商户、个人合伙仅仅是界定为公民个人之间从事商业活动的一种形式。个体工商户、个人合伙的组成基础是公民，如个人合伙又称“人合”，即单个公民的联合。

从个体工商户、个人合伙的财产利用和承担法律责任的方式来看，也与公民个人财产的利用和承担法律责任的方式相一致，最主要的是体现在无限连带责任的承担上，更是以个体的信用直接面对债权人交易利益的保护。如《民法通则》没有直接规定合伙的财产归合伙共有，而是在第三十二条规定为：合伙人投入的财产，由合伙人统一管理和使用；合伙经营积累的财产，归合伙人共有。该条规定主要是为了避免将共有误解为公有，影响人们投资经营合伙的积极性。但规定合伙人投入的财产由合伙人统一管理和使用，实际效果和共有没有根本的区别。又如，根据《担保法》第七条、《民法通则》第九条、第二十六条、第二十七条、第三十三条等规定，作为保证合同主体的公民，既可以是自然人，也可以是作为特殊的公民主体的个体工商户、个人合伙。个体工商户无论是以其字号还是以业主的名义作为保证人，其承担保证责任的财产范围，均应按《民法通则》第二十九条的规定执行，即个人经营的，以个人财产承担；家庭经营的，以家庭财产承担；个人财产与家庭财产无法划分的，视为以家庭财产承担。个人合伙作为保证人，经全体合伙人同意以合伙组织名义或字号保证的，按《民法通则》第三十五条的规定，即以合伙共有及合伙人各自所有的财产承担保证责任；个别或部分合伙人未经征得其他合伙人同意，而以合伙组织的名义或字号保证的，按《民法通则》第三十四条之规定，先以合伙人共有及合伙人各自所有的财产承担保证责任，再由同意保证的合伙人赔偿其他合伙人因此而造成的财产损失；个别或部分合伙人未以合伙组织的名义或字号为他人提供保证的，应视为保证人个人保证或共同保证，以保证人的个人财产或家庭财产承担保证责任或连带保证责任。个体工商户、个人合伙在房屋租赁合同中，如果欠付租金，对房屋使用的租赁权利和租赁义务，符合权利义务相一致的基本原则。个体工商户、个人合伙在我国的社会经济结构中有着独特的优点和不可替代性，在国家法律法规许可的范围内最大限度地为个体工商户、个人合伙的发展创造宽松环境，有利于满足现实交易活动的实际需要，有助于鼓励个体经济的发展和促进对私有财产的全面保护。

合伙建立于合伙人互相了解、互相信任的基础上，合伙带有一定人身性质的信任关系，是合伙作为自然人的联合体本质特征的体现。在罗马法上，合伙被认为是合意契约的一种，当代大陆法系国家和地区的民法典[①]对个人合伙的定义，也是从债的角度进行的，[②] 强调个人合伙是一种契约关系。个人合伙不同于传统民法理论中的公民和法人，它在我国经济生活中处于一种比较特殊的地位。不保护在特定条件下实际作为承租人的个人合伙的利益，不致力于个人合伙的权益保护和责任承担，当然也就不利于保护作为合同相对人的出租人的利益，更不利于鼓励和引导发挥个人合伙对整个社会经济发展的促进作用。法律的公平往往意味着对弱势一方的保护，意味着对个体的倾斜。构建社会主义和谐社会，强调以人为本，对个体的地位、个体的权利的尊重越来越受到人们的重视。在我国实行社会主义市场经济、法

---

① 如《德国民法典》第705条规定："根据合伙合同，各合伙人互相负有以合同规定的方式促进达到共同的目的，特别是提供约定的出资义务。"《法国民法典》第1832条规定："公司（合伙），为二人或数人依据一项契约约定，将其财产或技艺用于共同事业，以期分享由此产生的利益及自经营所得经济利益而设立。"《日本民法典》第667条第1款规定："合伙契约，因各当事人约定出资经营共同事业而生效。"台湾地区"民法典"第667条第1款规定："称合伙者，谓两人以上互约出资以经营共同事业之契约。"

② 詹森林：《民法概要》，台湾地区五南图书出版公司2000年版，第459～460页。

制逐步健全的今天，个体在现实生活中还受着种种束缚，还应当受到从法律层面上的保护与解放，对个体工商户、个人合伙的权利保障在一定意义上可以反映我国法治的水平。

事实上，我国现行的立法和司法实践是承认个体工商户、个人合伙的独立民事主体地位的。我国在立法上有条件地把个人合伙当作一种民事主体，如《民法通则》第三十三条规定："个人合伙可以起字号，依法核准登记，在核准登记的经营范围内从事经营。"《最高人民法院关于贯彻执行〈中华人民共和国民法通则〉若干问题的意见（试行）》第45条规定："起字号的个人合伙，在民事诉讼中，应当以依法核准登记的字号为诉讼当事人，并由合伙负责人为诉讼代表人。合伙负责人的诉讼行为，对全体合伙人发生法律效力。"允许合伙起字号，就是承认合伙对外以一个整体与第三人发生法律关系，即以自己的名义参与经济活动，对外承担民事责任，且可以以独立的主体身份纳税、起诉，成为纳税主体和诉讼主体。合伙财产、合伙字号、合伙负责人等，是合伙登记的前提条件。合伙一经登记，这些条件实质上已经具备，且登记的公示、公信的效力是最强的，对于赋予已经登记的合伙以民事主体资格，能够保证交易的相对安全。

在讨论中还有人提出，经营性用房的权利主体范围是否应当再扩大到法人，比如在法人破产的情形下，如何来承继原来房屋租赁合同的权利义务。我们认为，房屋租赁合同约定的条件千差万别，遇到具体案件应当具体分析处理。本条司法解释的规定仅仅是针对《合同法》第二百三十四条，根据租赁合同的性质、特殊主体的法定让与情形作了解释性规定，适用范围不宜随意扩大。

二、对租赁合同的概括继受的理解

一般认为，合同权利和义务的概括转让和继受，是指由原合同当事人一方将其债权债务一并移转给第三人，由第三人概括地继受这些债权债务。合同的概括继受，是合同权利和义务概括转让的结果。这种概括转让不是单纯的移转债权或债务，而是概括地移转全部债权债务给第三人。合同权利义务的概括转让和继受，可以因当事人之间约定而发生，也可以根据法律的直接规定而产生，即通常包括两种情形：一是合同转移，二是企业的合并分立。前者是出于当事人的合意，后者则基于法定，如《民法通则》第四十四条规定："企业法人分立、合并，它的权利义务由变更后的法人享有或承担。"

合同权利义务的概括转让与继受，与房屋转租合同的当事人权利义务是截然不同的。合同权利义务的概括转让与继受是在房屋租赁合同签订之后，承租人经出租人的同意，将承租人的权利义务全部转让给第三人，使承租人不再成为合同当事人，而由第三人取代承租人在原合同中的地位。这实际上可理解为是合同内容不变，仅仅是合同主体的变更。该第三人承担承租人所负的全部债务，同时享有承租人的全部权利。合同权利义务的概括转让是要出让全部权利义务，且由于概括移转权利义务，包括了义务的移转，所以必须取得合同另一方的同意。在取得另一方同意之后，承担人将完全代替原合同当事人一方的地位，原合同当事人的一方完全退出合同关系。因此，在合同概括转让和继受发生后，原合同关系消灭，产生的是第三人与原合同一方当事人之间的新的合同关系。然而，在房屋转租合同中，是在未终止出租人和承租人所订立合同的情况下，承租人经出租人同意与第三人（次承租人）订立转租合同，事实上存在着当事人不同的两个合同关系。

从合同法理论上讲，承租人这一自然人个体的死亡，直接导致承租人作为合同一方当事人的主体的消灭，原来的租赁合同是应当终止的。假如从特殊的角度考虑，将承租人这个自然人看作是一个实际的代表人，可以代表与其具有特殊关系的、一起共同生活居住的家庭成员或者一起共同经营的以“户”存在的个体工商户、个人合伙，那么，基于该承租人与租赁合同的概括继受人的特定关系，我们倒是可以理解，该租赁合同的概括继受实际是对原合同的继续履行，而不是建立了“第三人”意义上的新的合同关系。但是如上述所论，本条司法解释的依据，从租赁合同权利义务承接的实际变化考虑，与合同的概括继受的条件和后果更接近，最后考虑还是给其赋予法定（司法解释）的前提，在理论上更容易解释一些。因此，我们更倾向于上述对《合同法》第二百三十四条的第四种解释的观点和依据。在个体工商户或者个人合伙进行经营情形下，往往以个体工商户中的一名成员，或者个人合伙中的一名合伙人名义签订租赁合同，租赁的房屋作为个体工商户或者个人合伙的经营场所。当签订租赁合同的个体工商户成员或者个人合伙中的合伙人死亡时，从便利个体工商户其他成员继续经营及个人合伙的持续经营，应当从新的视角来解释《合同法》第二百三十四条的规定，允许个体工商户的共同经营人或者其他合伙人享有房屋租赁合同的概括继受权利。

三、本条司法解释的制定是对《合同法》第二百三十四条的进一步解释

我们认为，本条司法解释的制定是对《合同法》第二百三十四条的进一步解释。鉴于此，对本条司法解释的理解和适用应结合对《合同法》第二百三十四条的理解从以下几点全面考虑：

1.《合同法》第二百三十四条的立法用意首先是出于对与承租人生前共同居住

的人的居住权利的保护。通常情况下，由于租赁关系涉及租赁物的使用和收益，不同的承租人因其行为习惯和谨慎程度等有所不同，可能会在违背出租人基于一定的人身信任而出租房屋的意愿。但是，只有在出租人与承租人作了只将房屋出租给承租人个人（作为自然人的个体）、不得给其他任何人共同居住或者不得用于经营的特别约定时，才能排除“共同居住人”的适用。但这已不是《合同法》第二百三十四条与本条司法解释适用的有关具体情形了。

2.《合同法》第二百三十四条侧重于保护与承租人生前共同居住的人的居住权利，同时，也是在维护稳定的租赁关系和市场秩序，通过利益平衡的制度设计来最终保护出租人和承租人双方的利益。租赁权的性质，本质上是债权。订立房屋租赁合同的目的，是使出租人获得房屋出租的对价，承租人获得对房屋的使用权益。一般来说，在租赁合同的履行过程中，承租人死亡的，租赁合同应当终止。但是，在房屋租赁合同中，由于与承租人共同居住的多是其亲属，且具有共同生活关系，因此，法律规定承租人在房屋租赁期间死亡的，与其生前共同居住的人可以按照原租赁合同租赁该房屋，直至房屋租赁合同期限届满。一般的房屋租赁合同，从其合同性质来讲，本质上并不属于与当事人人身不可分离、带有极强人身属性的合同类型。当然，房屋租赁合同的当事人作出有关要求特定人身条件的约定应当除外。与承租人生前共同居住的人继续履行该房屋租赁合同并不损害出租人的利益，反而会使出租方基于原先稳定的租赁关系获得相应的收益。如果终止合同，可能会对出租人造成较大的经济损失。因为，承租人基于租赁合同关系取得所承租的房屋的一定期限间的占有、使用权，同时，这也是出租人行使收益权、处分权的结果。建立在用益基础上的租赁关系，并不具有双向让渡所有权的性质，出租人的目的在于获得租金，并不丧失其财产所有权，承租人取得房屋的使用功能，并不取得房屋的所有权。承租人承租房屋的目的，乃是为了自住或者用以经营或者自住并用以经营，用以经营则具有财产性权益的属性，承租人死亡后，其合同上的权利义务可以被承继。上述理由，同样在本条司法解释中得以体现。

3.《合同法》第二百三十四条立法文义上并没有限制到与承租人生前共同居住的人必须是承租人的家庭成员。因此，司法解释可以将其解释为是与该承租人有密切关系、具有共同居住利益的人或者是特殊的主体。

4. 从《合同法》第二百三十四条的表述来看，法条的适用确定了“与其生前共同居住的人”的主体范围，但对于该民事主体的权利义务并没有作出具体的限定，只是表达了“可以按照原租赁合同租赁房屋”的权利。这同时也为对法律的解释扩展了适应社会生活发展和需要的空间，或者讲扩展了人的发展和需要的空间，因为法律规范的制定往往是滞后于社会生活的变化的。共同居住的人的居住权利是其一项基本的生活权利，是为居住而经营，还是为经营而居住，或者是二者兼具?对于社会生活组成的基本单位——自然人、自然人的组合（包括家庭、个人合伙，或不限于此）而言，人的个体生活权利与作为个体的生产经营活动利益的关系经常是密不可分、相辅相成的，甚至是互为因果。按照该条的规定“承租人在房屋租赁期间死亡的，与其生前共同居住的人可以按照原租赁合同租赁该房屋”，从文义解释来讲，“可以”是民法意义上的一种选择性权利，意味着“也可以不”，即能够得出“与其生前共同居住的人也可以不租赁该房屋”的结论。换个角度来讲，房屋租赁合同终止的法定事由是承租人在房屋租赁期间死亡的情形，因而合同是否终止并不取决于出租人，而是取决于与死亡的承租人生前共同居住的人。这种权利的让与确实应当理解为是一种法定的让与。因此，在原承租人死亡的情况下，与其生前共同居住的人要求解除（终止）房屋租赁合同，或者不同意终止房屋租赁合同、要求在原租赁合同范围内以承租人的身份承担相应的权利义务的，有充分的法律依据。

5.《合同法》第二百三十四条被理解为法定的让与，从合同的概括继受角度来认识更为符合法理。民事法律关系一方当事人的死亡，属民事主体的消灭，承租人的死亡是民事法律关系终止的理由，但在以经营为目的租赁中，以谁的名义作为承租人去和出租人签订房屋租赁合同，往往只是履行手续而已。在作为签合同的“承租人员”的死亡并不当然终止其法律关系，在有人承担该法律关系的权利义务时，该法律关系可持续维持。房屋租赁合同的权利义务在承租人死亡这一法定前提条件下，的确不同于一般的合同权利义务转移，因为承租人死亡，实际上意味着原房屋租赁合同的终止，既然“合同终止”，就不存在合同权利义务的转移问题，因为承租人已经不可能再有“民事主体”的意识，来主动或被动地对待该合同了。所以，只有从法定让与的角度来认识。由于事实上存在着新的承租人员（区别与作为合同主体的“承租人”）的变更，对原房屋租赁合同的概括继受，本来应当是形成新的房屋租赁合同，这种语境下，视继受人即新的承租人员与承租人为同一“人”，要确定其概括继受和履行的还是同一个合同，只能予以法定，才不存在“债权人同意”的问题。从上述第四种对《合同法》第二百三十四条解释可以看出，租赁权的让与并不是合同债权的转让，而应按照合同债务的转让的规定，《合同法》第二百三十四条作为法定让与，其法定特殊情形作为“应当经债权人同意”的例外。从合同权利义务的概括继受的理论及该房屋租赁权让与的法律后果来考虑，以司法解释确定一种法定让与，按照合同权利义务的概括继受的视角，可能更容易从法理和逻辑上得到相对合理的解释。

6. 关于本条司法解释的直接法律依据。如上所述,《合同法》第二百三十四条的规定,从文义上理解可以适当扩大其内涵。比如可以主张继续租赁的是“与承租人生前共同居住的人”,在过去一般认为是“与承租人生前长期共同居住的家庭成员”,但现在着重从自然人、个体工商户、个人合伙在法律上的权利与责任的共性加以考虑,将“共同居住的人”的范围解释为包括在个体工商户、个人合伙中的“承租人的共同经营人或其他合伙人”,对于共同居住的家庭成员以法律的直接文义理解即可涵盖,在此不再讨论。而“共同居住”本来也是法律应有之义,本条司法解释不仅已涵盖“共同居住”,且在此强调的语义是“共同经营”。随着经济社会的发展,房屋租赁已不限于“居住的需求”,有的是为了经营、生产等其他需要使用房屋的目的,而《合同法》第二百三十四条保护“共同居住人”的“居住需求”的问题也要被赋予新的理解。因此,依据立法者的同一利益衡量的标准,应当认真考察与死亡的承租人生前共同经营的人或者其他合伙人是否有与“与死亡的承租人生前共同居住的人”相类似的利益需要加以特别的保护。严格来讲,我国民法中并未建立居住权制度的体系,在《物权法》制定过程中,曾出现过有关涉及居住权制度的方案,但最终还是未能确立。从民法的视角来看,公民的居住权利有着其特殊的意义。对于房屋租赁的司法实践而言,法定居住权局限于家庭成员之间相互享有,居住权人一般只能在自己或家庭生活需要的限度内使用他人住房。法定居住权有利于维护社会的基本生活秩序,但是合意意定居住权则为实现当事人的财产自由提供了新的途径。

审判实务

审判实践中,适用本条司法解释还应注意以下具体问题:

1. 对个人、个体工商户或个人合伙以自己的名义直接与出租方签订的合同,无论约定是将该房屋用于居住,还是用于经营,应按照合同约定内容执行就是,其他不属于本条司法解释适用所要解决的情况,故无须赘述。但是,原租赁合同签订的承租人只是以个人名义签订,这就需要在案件审理过程中进一步查清相关事实,对共同居住的个人、个体工商户或个人合伙作为承租方的真实意思予以判断。具体对个人合伙的认定上,首先是依据合伙协议,因为合伙协议是合伙成立的前提和基础,而且也是合伙人权利义务的依据。但是《民法通则》并未明确规定个人合伙协议是书面协议还是口头协议,因此,在审查合伙时并不要求有书面协议。个人合伙之所以合伙,就是因为入伙的人之间存在密切的关系或利益,在成立合伙时往往只凭“君子协定”，并不签订书面协议。《最高人民法院关于贯彻执行〈中华人民共和国民法通则〉若干问题的意见（试行）》第50条规定：“当事人之间没有书面合伙协议，又未经工商行政管理部门核准登记，但具备合伙的其他条件，又有两个以上无利害关系人证明有口头合伙协议的，人民法院可以认定合伙关系。”因此，虽然没有订立书面的合伙协议，但客观上共同出资、共同参与劳动、共担经营风险、共同分配利益，实际上已经形成事实上的合伙关系，应当认定为合伙。另外，如果明确约定了只能将该房屋用于居住，不能用于经营，本条司法解释将不能在此情形下适用。共同居住的个人、个体工商户或个人合伙将房屋用于经营的，属于违反合同约定，承租人在租赁期间死亡、宣告失踪或者宣告死亡，其共同经营人或者其他合伙人请求按照原租赁合同租赁房屋的，人民法院不能支持。

2. 本条司法解释规定的情形，与一般意义上的共同租赁有所不同，一般共同租赁尽管也是由多人共同租赁房屋，共同居住，但是每个人都独立地与出租人订立房屋租赁合同，存在有多个租赁合同。本条司法解释遇到的情形，常常在出租人与承租人之间存在一个租赁合同，且只能看到承租人的名义。

第二十条 ［“所有权变动不破租赁”及适用的例外情形］

租赁房屋在租赁期间发生所有权变动，承租人请求房屋受让人继续履行原租赁合同的，人民法院应予支持。但租赁房屋具有下列情形或者当事人另有约定的除外：

（一）房屋在出租前已设立抵押权，因抵押权人实现抵押权发生所有权变动的；

（二）房屋在出租前已被人民法院依法查封的。

条文主旨

本条是关于租赁房屋在租赁期间发生所有权变动的情形下，房屋租赁合同的对抗效力的规定。

背景依据

一、“所有权变动不破租赁”的规定和历史背景

《合同法》第二百二十九条规定：“租赁物在租赁期间发生所有权变动的，不

影响租赁合同的效力。”通常理解，该法条规定的是租赁物在租赁期间，对租赁物受让人产生法律约束力，租赁物受让人应当继续履行原租赁合同，即“所有权变动不破租赁”原则，一般情况下也习惯地称为“买卖不破租赁”原则。有学者从立法技术上分析认为，该条文的重点在于揭示租赁合同对第三人的对抗性和承租人对新的所有人的对抗性，所以应将其解释为确立了“买卖不破租赁”规则。从法理、实际生活需求、立法政策以及解释论方面来分析，“买卖不破租赁”规则可适用于不动产租赁。《合同法》之所以只规定“租赁合同不受影响”，而不规定租赁物在权利归属变动后“不受影响的租赁合同的效力在何者之间维持”，就是在于重申租赁合同不因租赁物权利归属的变动而变动其效力，承租人其后可以继续依租赁合同占有租赁物，并以此有权占有来对抗租赁物新权利人的返还原物请求权，以维持其对租赁物的支配、使用、收益状态，并实现法律关系的简约化 。①

严格来讲，“买卖不破租赁”只是习惯的表述，其仅就买卖关系而论是不全面的，应当还包括互易、赠与、公共征收、强制执行等其他所有权变动的模式，而且不同的变动模式的法律效果不同。“买卖不破租赁”所要表达的租赁权的对抗力，被学界通说认为是民法体系中债权物权化的典型代表。此外还有“所有权让与不破租赁”等提法，如我国台湾地区“民法”第425条“纵将其所有权让与第三人”、《德国民法典》第566条“被出租人让与给第三人”以及《法国民法典》第1743条“出卖人出卖租赁物”等表述都不尽相同。《合同法》第二百二十九条在文字表述上使用了“租赁物在租赁期间发生所有权变动”，从文义上首先应理解为“所有权变动不破租赁”，但是把“租赁期间所有权变动”作为“所有权变动不破租赁”原则的适用要件，则显得过于原则，以致实践中也因为不同的认识而产生不同的处理结果。在文义上看，租赁权似乎只能对抗所有权的变动，不能对抗其他影响所有权行使的情形，所以其调整的范围并不十分周延。比如，出租人在租赁房屋上设定抵押权时，租赁合同对承租人是否继续有效，仅适用该条规定就难以得出明确的解释。由于《合同法》第二百二十九条的内容对租赁权的对抗力规定得比较原则，对该法条的适用范围、租赁物所有权变动的情形、对租赁权对抗力的限制、租赁权对抗力发生的时间和法律后果等问题也未能够明确表达，导致在我国的法学理论以及立法上的认识不尽一致，因此有必要深入地予以探讨。

“所有权变动不破租赁”原则的确立经历了长期的发展过程。租赁合同本为债权合同，其债权性决定了仅能在当事人之间发生相对效力，而无对抗第三人的对世

① 徐澜波：《“买卖不破租赁”规则的立法技术分析》，载《法学》2008年第3期。

效力，但如为纯粹的债权行为，基于“债之关系的相对性”，承租人对于出租人固然享有租赁合同上的种种债权，但在出租人将其租赁物的所有权转让与第三人时，因第三人可以剥夺承租人的占有和用益，其债权的实现就会丧失。承租人固然可以向出租人请求债务不履行的损害赔偿，但其使用收益权已经落空。罗马法上即采此原则，将租赁权列入债权否认对第三人的对抗力。[①] 1887 年德国民法第一次草案仍采此原则。草案公布后耶林和基尔克提出了尖锐的批评，耶林首次提出应予以承租人占有权，即相当于今天的租赁权的对抗力，接着基尔克从租赁关系的实质构造入手，将租赁权从本质上变为物权。正是由于两人的努力，德国学术界开始重视租赁权的对抗力及继续性，并最终使《德国民法典》开创了租赁权对抗力制度的先河。[②] 故按照通说，所有权让与不破租赁原则是起始于 1900 年的德国民法典，后被各国立法所借鉴，成为民法的基本原则和立法通例的。一般来讲，在不动产租赁中，无论租赁的目的是为了居住还是为了经营，因承租方本身不享有相应的不动产，相对于出租方而言，其在经济上往往处于劣势地位，衡量两者利益，法律倾向于保护承租人的生存权。正如王泽鉴先生所述：“居住为人生之基本需要，物价高昂，购买不易，承租人多属经济上之弱者，使有特别保护之必要。”可见，罗马法以来认为基于债权的相对性和物权的优先性，租赁权不能对抗第三人，承租人只能基于租赁关系向出租人主张权利的“所有权变动击破租赁”原则，已随着社会经济的发展，对物权的认识经历了从重视物的所有权归属到重视物的利用的过程，过去相对轻视承租人的使用权、收益权的观点也有所改变。租赁权开始被赋予了可以对抗第三人的效力，从而逐步确立了“所有权变动不破租赁”的原则。随着近现代民法对弱势群体权利保护的关注和交易秩序的稳定以及对整体社会利益的平衡，避免租赁物所有权人因过多地追求自己的利益，比较随意地解除租赁合同、让与租赁物所有权，致使租赁关系不易稳定、承租人利益得不到保护的情形。所有权让与不破租赁原则本质上是承租权物权化的一种表现。所谓“租赁权之物权化”，“依债之关系相对性的理论及物权优先性原则，买卖（所有权之移转）本来应破租赁，第

---

① 刘德宽：《民法诸问题与新展望》，中国政法大学出版社 2002 年版，第 134 页。

② 《德国民法典》第 571 条第 1 款规定：“出租人的土地在交付于承租人之后，又出租让与第三人时，受让人代替出租人取得其在所有期间因租赁关系所产生的权利义务”。德国民法学家一般并不认为这是租赁权的“物权化”，而只是认为租赁权有类似于物权的地位，因为依物权法定原则，法律未认可为物权的，不能是物权，而且租赁权的基础是典型的债权关系，即租赁关系，而非物权关系。参见孙宪忠：《德国当代物权法》，法律出版社 1996 年版，第 35 页。

425 条明定[①]所有权变动不破租赁，使租赁权具有特殊性，其法律性质在理论上如何构成，学说上甚有重大争论。通说以租赁权物权化（债权物权化）称之，旨在表明租赁权系属债权，而非物权，但具有物权之对抗力，使承租人对于取得租赁物所有权或其他物权之人，亦得主张租赁权之继续存在。”[②]

二、对《合同法》第二百二十九条“所有权变动不破租赁”的不同认识和法律适用的争议

（一）关于所有权变动不破租赁对租赁合同效力的影响

租赁物权利归属在租赁期间发生变动后，租赁合同的效力如何，也就是它的法律效果是指整个租赁合同关系的法定转承，还是承租人对租赁物之占有和请求权的维持，这是《合同法》第二百二十九条在法律适用中的核心问题，也是司法解释所要明确的问题，存在不同的观点。

第一种观点认为，租赁物所有权在租赁期间发生变动后，租赁合同的效力是在承租人与买受人之间得以维持。这是因为买受人与承租人之间本无合同关系，欲使其双方之间维持出租人与承租人之间的租赁关系，必须在其之间创设合同意思，又因为双方在此类买卖和租赁活动中并无意思协商，故“就受让人与承租人之间关系而言，租赁合同对受让人继续存在，即受让人取代了原出租人，而与原承租人继续发生租赁关系，租赁合同转而存在于受让人与承租人之间。此为一种法定债的转移。”[③]

第二种观点认为，将承租人与租赁物新的权利人之间的关系设定为“法定债的转移”“法定契约承担”，让买受人取代原出租人地位，成为原租赁合同的一方当事人，按照租赁合同和法律规定承受出租人的权利和义务，进而达到“出租人不得在租赁期内请求返还租赁物”，以及租赁物权利归属变动后承租人对租赁物的继续占有、使用与收益之目的的途径，与合同法的立法原意和法理不符。理由在于，合同法规定“租赁物在租赁期间所有权发生变动的，不影响租赁合同的效力”，并不像我国台湾地区“民法”和《德国民法典》那样确定了法定“租赁契约承担”（债的法定转移）制度。《最高人民法院关于贯彻执行〈中华人民共和国民法通则〉若

---

① 指我国台湾地区“民法”第 425 条，即“出租人于租赁物交付后，承租人占有中，纵将其所有权让与第三人，其租赁契约，对于受让人仍继续存在。前项规定，于未经公证之不动产租赁契约，其期限逾五年或未定期者，不适用之。”

② 王泽鉴：《民法学说与判例研究·第六册》，中国政法大学出版社 1998 年版，第 187 页。

③ 马俊驹、余延满：《民法原论》，法律出版社 2005 年版，第 690 ~ 691 页。

干问题的意见（试行）》第 119 条第 2 款的规定中具有租赁合同法定转移的含义，但是《合同法》表述为“不影响租赁合同的效力”并不采用“债的法定转移”。在大陆法的物权与债权两分法的体系下，比“债的法定转移”更为便捷、合理的途径是承租人对租赁物合法占有制度。而且，法定债的转移是将整个租赁合同关系移转给买受人，不仅将连带引起承租人与买受人之间的利益权衡问题，如租押金、租赁期限、损害赔偿债权如何行使等，还会使承租人与买受人同样面对变更合同当事人后的不确定因素，双方面临的履约风险大增。这种法定债的转移规则，只有在对承租人的特殊情形的特殊保护中才体现出应有的解释价值。[①] 这种债的法定转移不仅无需租赁物新权利人与承租人之间的合意，而且为保证承租人的实际利益，在租赁物新的权利人对承租人不履行义务时，原出租人须对损害承担无先诉抗辩权之保证人责任，原出租人并未彻底从租赁关系中摆脱出来。另外，在保全承租人继续租赁的需要和保证承租人对租赁物的实际租赁控制和使用的同时，仍然需要出租人的介入与配合。这样，只解决了承租人向租赁物新的权利人请求排除返还租赁物的直接保护问题，而没有彻底解决法律关系的简约化问题。

还有的观点基于对《物权法》的理解对第二种观点补充认为，我国《合同法》之所以只规定“租赁合同不受影响”，是由于《物权法》第二百四十三条规定被占有物之权利人请求返还原物的权利是针对无权占有的占有人的，租赁物在租赁期间权利归属发生变动的，对《合同法》关于“不影响租赁合同的效力”的规定是承租人占有租赁物的合法原因、占有权得以维持。因此，租赁物在租赁期间权利归属发生变动的，承租人对租赁物的占有性质仍为有权占有，从而承租人得以对抗租赁物新的权利人的返还原物请求权。就是在于重申租赁合同不因租赁物权利归属的变动而变动其效力，这样就使承租人在租赁物权利归属变动后可以继续依租赁合同占有租赁物，并以这样的有权占有来对抗租赁物新权利人的返还原物请求权，从而保护承租人对租赁物的支配、使用、收益状态的维持。虽然我国《物权法》第二百四十三条规定“不动产或者动产被占有人占有的，权利人可以请求返还原物及其孳息”，但是，“一般而言，有权占有不仅受占有制度保护，还受物权、债权等制度保护，而无权占有仅作为一种事实状态受占有制度的适当保护，无权占有人在本权人请求返还原物时，原则上负有返还义务。”[②]应当按照“租赁合同不受影响——维持承租人对租赁物的有权占有——对抗第三人（租赁物新的权利人）请求返还原物”

---

① 该观点在本条司法解释理解适用的第十九条中有较详尽阐述。

② 吴道霞编著：《物权法比较研究》，中国人民公安大学出版社 2004 年版，第 255 页；王泽鉴：《民法概要》，中国政法大学出版社 2003 年版，第 579 页。

规则来实现“买卖不破租赁”，更有利于平衡租赁物新权利人与承租人之间的利益。“占有”既是“买卖不破租赁”的生效要件，也是衡量承租人是否失去对抗“租赁物新权利人请求返还原物”的要件。“买卖不破租赁，系以承租人受让租赁物的占有为要件，租赁权因占有而强化，具有对抗第三人的效力。”[①] 既保护了承租人的实际租赁需求和对租赁物的实际控制与使用，也平衡了租赁物新权利人的利益。如果按照“法定债权转移”规则，则原租赁合同约定的期限未到，或约定的终止条件或者事由没有出现，租赁物新的权利人就不得向承租人请求返还租赁物。这样对租赁物新的权利人不公平，也不符合“买卖不破租赁”所确立的“实际占有、现实租赁”规则。

两种大的观点各有依据，且各有利弊。但我们倾向于认为第二种观点更贴近审判实践。从纠纷处理的角度来把握，《合同法》第二百二十九条的本意，是要通过维持原租赁合同的效力来保证承租人对租赁物的实际租赁控制和使用。通过租赁合同效力的维持来保证承租人对租赁物实际占有的合法性具有重要作用和意义，其在实现保护承租人的实际租赁需求、实现对物的价值的充分利用、促进物的流转等目的方面，比通过以维持承租人、出租人之间的租赁合同关系得以实现上述目的，具有简捷和直接的优势。这种观点，在房屋租赁登记并不完备的实践中，对解释和处理租赁房屋的合同履行期间可能更妥当一些。

（二）起草制定过程中还涉及的其他争议

比如，租赁合同登记或出租人事先告知买受人是否是所有权变动不破租赁原则适用的先决条件也存在争议。我国台湾地区“民法”对未经登记且期限超过五年或不定期的租赁合同，不适用所有权变动不破租赁原则。我国《合同法》对所有权变动不破租赁原则的规定适用范围更为广泛，既适用于不动产，也适用于动产，适用的条件较为笼统，并没有对所有权变动不破租赁原则作出明确的规定，既未要求租赁物必须已实际交付，也未要求租赁合同必须登记才能适用。这样的规定，虽然可最大限度地保护承租人，但缺乏对善意物权人和债权人的有效保护。从我国其他相关的法律法规中却可以看出某种所有权变动不破租赁原则适用条件的端倪。比如《城市房地产管理法》第五十四条规定：“房屋租赁，出租人和承租人应当签订书面租赁合同，约定租赁期限、租赁用途、租赁价格、修缮责任等条款，以及双方的其他权利和义务，并向房产管理部门登记备案。”《城市房屋租赁管理办法》第十三条和十四条也规定：“房屋租赁实行登记备案制度。签订、变更、终止租赁合同

① 王泽鉴：《民法学说与判例研究》（第六册），中国政法大学出版社 1998 年版，第 211 页。

的，当事人应当向房屋所在地直辖市、市、县人民政府房地产管理部门登记备案；房屋租赁当事人应当在租赁合同签订后30日内，持本办法第十五条规定的文件到直辖市、市、县人民政府房地产管理部门办理登记备案手续。”从这些相关的法律法规还有部门规章中，我们可以发现，立法者在对所有权变动不破租赁原则的适用条件问题上，既没有完全肯定所有权变动不破租赁原则，也没有确立登记对抗原则，而是将二者综合起来，采取了登记备案的做法。其立法初衷可能是希望既可以能够通过登记备案让租赁合同达到公示的目的，又可以以此保障承租人的权利。但在实践中由于登记备案制没有强制性，绝大多数租赁合同并未经过登记便生效，从而致使租赁权未经公示，便具有相应的效力，最终导致该租赁权可以对抗善意物权人的所有权，从而带来对善意物权人的所有权保护不力的问题，这不仅与公平合理的原则相悖，而且与立法者的初衷背道而驰。而对于目前的审判实践的应用，对法律不宜作扩大的解释，所以从租赁合同的履行期间的角度考虑，倒是有充分道理且可以有效理解和避免现行法律上的障碍。租赁合同登记在法律上没有规定为所有权变动不破租赁原则适用的先决条件，但如果合同约定了所有权变动不破租赁条款且该条款的内容已由租赁物原所有权人以适当方式告知租赁物的新所有权人的，原租赁合同继续有效是比较容易认定的。对此，本条司法解释都没有再专门作出规定。

就出租人与租赁物的法律关系来讲，实践中出现的情况较为复杂，大致有出租人是租赁物的所有人，出租人是租赁物的共有人，出租人是租赁物的借用人，出租人是受租赁物所有人的委托而出租等情形；就出租人与租赁物的让与的法律关系来讲，大致有出租人为租赁物的所有人而让与，出租人虽非租赁物的所有人但经所有人同意而让与或出租人让与后取得所有权，出租人非租赁物的所有人而在租赁期间由所有人让与等情形；就租赁物所有权变动的原因来讲，有买卖、赠与、继承、公用征收、强制执行等原因产生的变动，因此，还涉及租赁物所有权的原始取得与继受取得的问题，而“出租人将租赁物之所有权让与第三人，系指第三人依物权行为继受取得租赁物之所有权，不包括原始取得之情形。”① 所以，“租赁物在租赁期间发生所有权变动”的原因复杂，每一个原因所导致的法律后果不一样，究竟租赁物的所有权变动的对抗力是什么样的范围，在何种情形下才具有对抗力，需要具体问题具体分析。

还有就是在租赁房屋抵押权与租赁权发生冲突时是否适用“所有权变动不破租赁”的争论。有的观点认为，《合同法》第二百二十九条规定的“所有权变动”，

① 王泽鉴：《民法学说与判例研究》（第六册），中国政法大学出版社1998年版，第200页。

包含了因拍卖而发生的所有权变动，因为从所有权变动的原因来分，应当包含当事人因合同等法律行为引起的物权变动，也包括因强制执行、强制征用、法院判决、继承、新建等行为引起的物权变动，不论是因何种原因发生的物权变动，都属于所有权变动，都应当直接适用该条款。对此，我国台湾地区“民法”和德国民法均有可借鉴之处。如我国台湾地区“民法”第426条规定：“出租人就租赁物设定物权，致妨碍承租人之使用收益者，准用前条之规定。”《德国民法典》第567条规定：出租的住房在交给承租人之后，被出租人以第三人的权利设定负担，并且因该项权利的行使，承租人在符合合同规定的使用上受到限制的，第三人即对承租人负有不行使该权利的义务，但以该项权利的行使会妨碍符合合同规定的使用为限。关于法院拍卖等强制执行措施对房屋租赁权的影响以及有关本条司法解释适用的情形，在下面部分再作重点解释。

总之，由于涉及《合同法》《担保法》《物权法》以及最高人民法院诸多司法解释内容的协调和具体的适用，对立法、司法实践和法理上的不同认识，本条司法解释必须作出回答。

条文理解

从本条司法解释规定的内容来看，主要包含了以下两个方面的含义：（1）以“所有权变动不破租赁”为一般原则。（2）规定了“所有权变动不破租赁”适用的两类例外情形：其一是两类法定除外条件，即包括“房屋在出租前已设立抵押权，因抵押权人实现抵押权发生所有权变动的”和“房屋在出租前已被人民法院依法查封的”；其二是当事人约定的除外条件。

一、以“所有权变动不破租赁”为一般原则

以“所有权变动不破租赁”为一般原则，即如无法定或约定的除外情形，租赁房屋在租赁期间发生所有权变动，租赁合同对受让人具有法律拘束力，承租人请求房屋受让人继续履行原租赁合同的，人民法院应予支持。这实际上是“所有权变动不破租赁”适用的直接法律效果。这种效果，也有人理解为是租赁合同权利义务的法定转让，出租人退出租赁合同关系，房屋的受让人被加入租赁合同而成为新的出租人，使原房屋租赁合同在该受让人与承租人之间继续发生效力。对房屋租赁来讲，房屋租赁合同在租赁期间，对房屋受让人产生法律约束力，房屋受让人应当继续履行原房屋租赁合同。

在实际生活中，租赁房屋的受让人的主要目的是要取得租赁房屋，在“买卖不

破租赁”规则下并不会影响其对该房屋的所有权。如果受让人的主要目的不仅是要取得租赁物的所有权，同时，还要立即对该房屋进行占有和使用，那么，受让人完全可以放弃对该租赁房屋的受让而选择其他的房屋。对租赁权的理解上，还要肯定租赁权本质上仍然是相对权，属于合同债权，是发生在相对人之间的权利，原则上不具有对世性，所以对于“不破租赁”的法律效果和适用要有全面的认识。例如，承租人在其承租的财产受到侵害后，只能基于债权而不能基于物权向他人提出请求。当然，租赁权也可以基于占有制度而受到物权法的保护，承租人往往基于对租赁物的合法占有而行使权利，但这并不意味着租赁权本身就是物权。尤其是在租赁物交付之前，承租人所享有的仅是请求交付租赁物的权利。

二、“所有权变动不破租赁”适用的两类法定除外条件

从立法目的来看，“所有权变动不破租赁”的规定既是要保护出租人对其物的处分的自由和利益，也要保护承租人对承租物的实际利用的自由和利益。所以，无论法律也好、司法解释也好，必须在维护公平交易秩序、保护弱势一方的规则下，有效地平衡租赁物出租人、租赁物承租人和租赁物买受人（或他物权人）之间的合法权益，以实现实质意义的平等保护。

（一）房屋在出租前已设立抵押权，因抵押权人实现抵押权发生所有权变动的情形

抵押期间，抵押人将抵押物出租时，在同一标的物上就同时存在抵押权与租赁权。抵押权注重的是抵押物的交换价值，而租赁权注重的是抵押物的使用价值，故两者可以并存于同一抵押物之上。抵押权成立在先，因而具有优先的效力，此后成立的租赁权不得损害抵押权。抵押权的设定在后，不影响成立在前的租赁合同的效力。抵押权并不以占有租赁物为条件，因此，其设定一般不会妨碍承租人行使租赁权。由于房屋租赁并不移转房屋的所有权，只是出让房屋的占有使用收益来获得对价，所以出租方仍然可以基于对房屋的所有权设定他物权取得收益，比如通过设定抵押为他人担保或取得贷款等等。如果租赁合同的租赁期限短于抵押所担保债务的履行期限，租赁合同不会影响抵押权的实现，就不会发生抵押权与租赁权冲突。如果租赁合同的租赁期限长于抵押所担保债务的履行期限，就可能发生抵押权与租赁权冲突。在租赁房屋上设定抵押权会限制承租人租赁权的行使，指的不是抵押权的设定，而是指抵押权利的实现会与承租人行使租赁权产生直接的冲突，但仅仅依据《合同法》第二百二十九条的规定，确实看不到租赁合同的对抗效力。

出租人可以将出租的房屋进行抵押，租赁不影响抵押权人实现其优先受偿权。同时，抵押权的实现亦不影响租赁合同的继续履行，也就是说，租赁合同的效力及于买受人。租赁关系直接针对的是房屋使用、收益的权利，而抵押权针对的是房屋的交换价值，二者并无本质冲突，出租人可以对房屋行使充分的处分权。抵押权人对已出租的房屋同意抵押的，该风险由其自行承担，抵押权人不能以该权利对抗承租权。抵押权实现后，也不影响租赁合同的履行。但是，抵押权设立在先时，抵押权实现发生所有权的变动后，受让人不受租赁合同的约束，即先抵押后出租不适用买卖不破租赁原则。因为，抵押权与出租权是房屋所有权人的权利，房屋所有权人将已抵押房屋出租的，租赁合同有效，但租赁权不能对抗抵押权。后成立的承租权对先设立的抵押权无对抗力，抵押权人实现权利时可以不考虑租赁事实的存在，租赁关系对于受让人无约束力。出租人与承租人之间的租赁合同有效，由于抵押权人行使抵押权致使承租人不能行使承租权的，承租人可以据此主张违约请求权，但是双方当事人有约定的除外。一般认为，抵押权人只能在不妨碍承租人行使房屋租赁权的范围内行使其抵押权。所有权尚不能对抗租赁合同的效力，而作为他物权的抵押权更不应当在所有权的对抗力之上。法律对于租赁权和抵押权的关系的调整，实际上就是对二者之间相互对抗效力的要求，法律上是以租赁权或抵押权两种权利设定的先后顺序来决定它们之间的效力的。《最高人民法院关于贯彻执行〈中华人民共和国民法通则〉若干问题的意见（试行）》第 119 条第 2 款规定："私有房屋在租赁期内，因买卖、赠与或者继承发生房屋产权转移的，原租赁合同对承租人和新房主继续有效。"《担保法》第四十八条规定，抵押人将已经出租的财产抵押的，应当书面告知承租人，原租赁合同继续有效。可以认为，先设定的租赁合同可以对抗后设立的抵押权。即使抵押权人为了实现抵押权，对抵押的房屋进行强制拍卖，租赁关系仍能够对抗买受人，即为"拍卖不能击破租赁"原则。《物权法》第一百九十条规定："订立抵押合同前抵押财产已出租的，原租赁关系不受该抵押权的影响。抵押权设立后抵押财产出租的，该租赁关系不得对抗已登记的抵押权。"依照上述法律规定，抵押已出租的房屋，抵押权人行使抵押权时，承租人依据房屋租赁合同享有的权利，包括"所有权变动不破租赁"原则的适用，不受抵押权的影响；而在出租抵押房屋场合，抵押权人行使抵押权时，承租人依据房屋租赁合同享有的权利不能对抗抵押权人，承租人不能以"所有权变动不破租赁"对抗抵押权人。《关于适用〈中华人民共和国担保法〉若干问题的解释》第六十五条规定：抵押人将已抵押的财产出租的，抵押权实现后，租赁合同对受让人不具有约束力。第六十六条第一款规定：抵押人将已抵押的财产出租的，抵押权实现后，租赁合同对受让人不具有约束力。第二款规定：抵押人将已抵押的财产出租时，如果抵押人未书面告知承租人该财产已抵押的，抵押人对出租抵押物造成承租人的损失承担赔偿责任；如果抵押人已书面告知承租人该财产已抵押的，抵押权实现造成承租人的损失，由承租人自己承担。《关于适用〈中华人民共和国担保法〉若干问题的解释》第六十五条对抵押权实现后租赁合同的效力作了规定，从中可看出设定在先的抵押权具有对抗设定在后的租赁权的效力。上述司法解释与《物权法》上述法律规定的应有之义也是相符合的。因此，本条司法解释依照法律规定的原意，规定"先抵押后出租"为所有权变动不破租赁原则适用的例外情形。

结合对《物权法》第一百九十条的含义来认识"出租前已设立抵押权，因抵押权人实现抵押权发生所有权变动的"条文内容的意义，会更容易理解。《物权法》第一百九十条规定了在同一财产上抵押权和租赁权并存时，二者的关系应根据二者设定的先后，具有不同的对抗效力。

（二）房屋出租前已被人民法院依法查封的情形

查封是人民法院依法采取的财产保全措施，其目的是在判决执行前限制查封物不动产的流转或使用，以便人民法院在被执行的当事人不执行判决确定的债务时，对查封标的物予以强制执行。即依法拍卖、变卖查封标的物，以其价款清偿被执行人应当履行的债务。出于这个原因，被人民法院依法查封后出租的房屋，其所有权变动不受租赁关系的限制。

关键在于如何认识强制拍卖与"买卖不破租赁"的关系。《合同法》规定的"买卖不破租赁"，是当事人之间的一种基于意思自治的民事行为，与强制拍卖不同。强制拍卖中，被拍卖的标的物被法院查封或冻结，被执行人已丧失了处分权能，法院基于法律赋予的职权强行对该标的物予以处置变现，在强制拍卖中并不能体现拍卖标的物原所有权人的意思表示。在人民法院对被执行人的责任财产采取拍卖、变卖措施时，执行标的物上经常会存在抵押权、租赁权等负担，此类物上负担在拍卖后，是否仍能有效存在于拍卖物之上，既关系抵押权人、承租人的利益，也关系到拍定人的利益。人民法院实施查封措施之前设定或发生的租赁房屋抵押权在处理方式上不同于采取查封措施之后发生的租赁房屋抵押权。由于查封是基于国家的公权力对被执行人的财产采取的强制性执行措施，具有对世的效力。对不动产或者登记的动产，法院在查封时不仅张贴封条、公告，还通知登记机关协助办理查封登记手续，具备了相当强的公示性。《城市房地产管理法》第三十七条第二项的规定："司法机关和行政机关依法裁定，决定查封或者以其他形式限制房地产权利的不得转让"，对于租赁房屋被强制执行而拍卖的，同样可以适用。《最高人民法院关于人民法院民事执行中查封、扣押、冻结财产的规定》第二十六条规定：“被执行人就已经查封、扣押、冻结的财产所作的移转、设定权利负担或者其他有碍执行的行为，不得对抗申请执行人。”这意味着被执行人在已查封的财产上设定抵押权对于申请执行人是无效的。因此，法院对实施查封措施之前租赁房屋设定抵押权的处理，是问题的关键。其中的重要理由就是：私法上意思自治的行为引起的所有权变动适用所有权变动不破租赁原则，基于公法上的国家强制力引起的所有权变动的行为应区别对待。这些行为可以分为两类：一类是基于私法上的行为，即基于原所有权人的意思自治、自愿的行为（如买卖、赠与）而产生的所有权变动；另一类是基于公法上的国家强制力的行为，并非原所有权人的非自愿行为，如强制拍卖。在适用所有权变动不破租赁原则时，应就所有权变动的不同原因加以区别对待。基于原所有权人的自愿行为产生的所有权变动的，适用所有权变动不破租赁原则。《最高人民法院关于贯彻执行〈中华人民共和国民法通则〉若干问题的意见（试行）》第119条规定：“私有房屋在租赁期间，因买卖、赠与或者继承发生房屋产权转移的，原租赁合同对承租人和新房主继续有效。”从法理上讲，基于国家强制力的行为产生的所有权变动不应当适用所有权变动不破租赁原则。因为《合同法》调整的是平等民事主体之间的财产关系和人身关系，还有《合同法》本身的调整的范围也非常明确，其调整的是平等主体的自然人、法人、其他组织之间设立、变更、终止民事权利义务的关系，即合同关系，也就是说《合同法》调整的是平等主体之间的协议行为，而协议行为是私法上的意思自治行为，而非公法上的强制行为，对于不能体现意思自治的公法上的强制行为，如强制拍卖，当然不应该适用所有权变动不破租赁原则。

一般理解为，在我国的司法实践中，对于强制拍卖引起的所有权变动仍然适用了所有权变动不破租赁原则，但是这种适用是有限制的。《最高人民法院关于民事执行中拍卖、变卖财产的规定》第三十一条第一款规定：拍卖财产上原有的担保物权及其他优先受偿权，因拍卖而消灭，拍卖所得价款，应当优先清偿担保物权人及其他优先受偿权人的债权，但当事人另有约定的除外。第二款规定：拍卖财产上原有的租赁权及其他用益物权，不因拍卖而消灭，但该权利继续存在于拍卖财产上，对在先的担保物权或者其他优先受偿权的实现有影响的，人民法院应当依法将其除去后进行拍卖。该条中“拍卖财产上原有的租赁权及其他用益物权，不因拍卖而消灭”，是说拍卖引起所有权发生变动，不影响原租赁权及其他用益物权的效力。但在该规定中又规定了例外情形，即如果上述权利继续存在于拍卖的财产上，对在先设定的担保物权或其他优先受偿权的实现有影响的，应当依法将其除去后进行拍卖。该条规定的意思是，如果在拍卖财产上设定的租赁权在先，设定的抵押权在后，依物权优先的原则，租赁权应当优先予以保护，拍卖后，租赁权应由买受人继续承受；相反，如果抵押权设定在先，租赁权设定在后，同样依据物权优先原则，设定在后的租赁权不能影响设定在先的抵押权的实现，如果租赁权继续存在于拍卖财产上，会导致拍卖的价款过低，影响抵押权实现，执行法院应当将该租赁权取消，然后再进行拍卖。此外，从《最高人民法院关于人民法院民事执行中查封、扣押、冻结的财产规定》第二十六条“财产执行人就已经查封、扣押、冻结的财产所作的移转、设定权利负担或者其他有碍执行的行为，不得对抗申请执行人”的规定中可以看出，在所有权人对财产享有的所有权能受到人民法院强制措施的限制时，所设定的租赁权在所有权变动时不再适用所有权变动不破租赁原则。当然，为保护善意第三人的利益，该条司法解释第三款又规定：人民法院的查封、扣押、冻结没有公示的，其效力不得对抗第三人。就是说，如果查封、扣押、冻结没有公示，或查封、扣押、冻结在后，而租赁权设定在先的，可以适用所有权变动不破租赁原则。人民法院对被执行人财产进行查封、冻结时，如果被查封、冻结的财产上尚未设定租赁权，而是在查封、冻结之后，被执行人才设定的租赁权的情形，应另当别论。查封、冻结的实质在于禁止或者限制被执行人处分其特定财产，直接影响被执行人对该财产的占有、使用和收益。被执行人的财产被查封、扣押、冻结后，其处分权已经受到了禁止或限制，如果仍然在该财产上进行移转、设定权利负担等行为，则妨碍了人民法院对该财产进行强制执行，因此，人民法院可依申请执行人的请求，直接对该财产进行执行。如果要进行拍卖，则被执行人在查封财产上设定的租赁权，将不受法律保护。而查封不动产的公示方法，主要是通知有关登记机关办理登记手续，同时在该不动产上张贴封条或者公告。因此，如果租赁权设定在先，法院查封、冻结在后，那么，该租赁权仍然应当受到法律保护，可以适用“买卖不破租赁”的原则。如果法院已经查封、冻结，且查封、冻结进行了登记及张贴公告、封条等公示，在之后被执行人又在该财产上设定了租赁权，则属于在该财产上设定了权利负担，如果该租赁权的存在影响到了拍卖活动的进行，会导致拍卖价款过低或者拍卖无法成交，则人民法院可以应申请执行人的请求，将该租赁权除去，然后委托拍卖。

我国台湾地区的法院判决也对两者关系有所解析，认为“抵押权人于抵押权设定后，与第三人订立租约，致影响于抵押权者，对于抵押权人虽不生效，但执行法院尚不依声请或依职权认为有除去该影响抵押权之租赁关系之必要，而为有租赁关系存在之不动产拍卖，并于拍卖公告载明有租赁关系之事实，则该租赁关系非但未被除去，且已成为买卖（拍卖）契约内容之一部。无论应买人投标买得或由债权人承受，依继受取得之法理，其租赁关系对应买人或承受人当然继续存在”。可见，后成立的租赁关系影响抵押权时，租赁关系原则上对抵押权人不生效力。后成立的租赁关系对先设立的抵押权无对抗效力，抵押权人在实现权利时，能以房屋并无租赁关系存在（即无权利瑕疵）变卖、拍卖而获得清偿，租赁关系对于受让人亦无约束力。

三、关于当事人约定作为所有权变动不破租赁的除外条件

房屋的所有权变动不破租赁是承租人依《合同法》第二百二十九条享有的法定权利。至于该权利是否行使，可由承租人自由处分。如果承租人与承租人约定，租赁房屋在租赁期间发生所有权变动时，其自愿放弃要求租赁房屋的受让人继续履行租赁合同的权利，则应从其约定。如果在租赁合同签订时作此约定，将此视为一个附条件的房屋租赁合同也未尝不可，承租人基于对自己房屋所有权利益及出租利益的考虑，可以考虑在何种情形下，其放弃要求租赁房屋的受让人继续履行租赁合同的权利。比如承租人享受相对低廉的房租或者与出租人有其他利益关系的情形，承租人在承租房屋时基于房屋所有权变动的预期判断等等，都有可能使承租人在权衡利弊得失之后作出相应的选择。这个自愿选择放弃权利的时间可以在承租时约定，也可以在履行过程中，租赁房屋所有权变动时发生，前提是承租人自愿接受该条件。这与出租人与承租人约定，承租人有租赁合同中规定的不当行为或者符合特定情形时，出租人可以解除合同也是相同的道理。所以，只要双方达成合意，租赁房屋在租赁期间发生所有权变动，承租人自愿放弃要求租赁房屋的受让人继续履行租赁合同的权利时，不适用所有权变动不破租赁原则。比如，承租人在租赁合同规定了所有权变动破除租赁的条款，如规定了承租人使用租赁房屋的过程中损坏房屋严重、不按规定用途使用、从事违法活动或者未经出租人擅自转租时出租人可以解除合同的条款。同时，约定如果承租人有符合上述解除合同条件的行为，出租人让与房屋所有权不受影响，那么，承租人就不能再以“所有权变动不破租赁”来对抗该租赁房屋的买受人。

审判实务

审判实践中，适用本条司法解释应着重把握以下几个问题：

一是注意租赁期间的认识和把握。在司法实践中处理租赁房屋的受让人与承租人之间因租期内租赁物所有权变动而引发的纠纷时，应将出租人未交付租赁物以及

承租人未占有租赁物的情形排除在《合同法》第二百二十九条的适用范围之外，以尽可能地保障交易安全。

二是在出租人未向承租人告知房屋已经抵押的情况下，因抵押权实现导致利益受到侵害的承租人应当如何维护自己的权益的问题。在保护承租人利益的同时，也必须关注对买受人利益的保护。《合同法》第二百二十八条规定："因第三人主张权利，致使承租人不能对租赁物使用、收益的，承租人可以要求减少租金或者不支付租金。"在租赁合同当中，出租人应当承担对租赁物权利瑕疵担保义务，即出租人应当保证不因第三人主张对租赁物享有权利，而导致承租人不能对租赁物使用、收益的义务。出租人违反租赁物权利瑕疵担保义务的，应当承担违约责任，承租人可以解除合同，要求减少租金或者不支付租金。但是，如果承租人订立合同时明知租赁物具有权利瑕疵而仍愿意承租房屋，表明其自愿承担风险，因此，出租人不承担权利瑕疵担保义务。当租赁合同未予登记（不是生效要件，但是判断是否构成善意的重要条件），或者买受人不知道系争房屋租赁事实且支付相应对价，就是买受人已经善意取得租赁房屋的所有权，相应的法律后果不能由买受人承担。承租人也不能以"所有权变动不破租赁"为由，对抗买受人对房屋处分的权利，不能要求房屋租赁合同继续履行。同时，出卖人未向买受人告知租赁事实，导致承租人不能主张"所有权变动不破租赁"而合同不能继续履行的，应当认定出租人违约，承租人可以向出租人主张相应的违约责任。

三是需要注意承租人的优先购买权不受抵押权存在的影响。也就是讲，即使租赁关系成立在后，租赁合同关系在出租人与承租人之间还是存在的，承租人对该租赁房屋仍享有优先购买权。《最高人民法院关于贯彻执行〈中华人民共和国民法通则〉若干问题的意见（试行）》第118条规定："承租人在同等条件下，享有优先购买权；出租人未按此规定出卖房屋的，承租人可以请求人民法院宣告该房屋买卖无效。"可见，优先购买权是以存在租赁关系为条件的，即只要租赁合同关系存在，优先购买权就存在。承租人始终享有优先购买权有其法理基础，即抵押权是一种担保物权，其本质是为了实现债权，只要抵押权人从抵押物上获得相当的补偿即可。所以，不管租赁关系设立的先后，承租人都享有优先购买权。

四是审判实践中对租赁房屋进行拍卖处分时，关于房屋上抵押权、租赁权负担的协调处理。查封之前，在执行标的物的租赁房屋上已有抵押权的权利人，其权利并不受法院查封的影响。对执行标的物进行拍卖处分时，关于拍卖物上负担的处理，还有两种对立的观点：一是认为拍卖物上的负担继续存在，由拍定人承受，不因拍卖而消灭。二是认为拍卖物上的负担因拍卖而归于消灭，拍定人取得无任何负担的拍卖物。在第一种主张之下，抵押权人的权利得到了周全的保护，不受法院拍卖的影响。但不足是拍定人取得的所有权是受限的，如不能对拍卖物使用收益，或者将来面临抵押权人实现抵押权的情形等。该主张有利于抵押权人，但对于拍定人处于不利地位，难以激发其积极性，有碍于法院拍卖的进行。第二种主张的情形，物上负担因拍定而全部消灭，拍定人获得完整的所有权。但不足是抵押权人丧失了期限利益，被迫提前接受清偿或补偿，且要承担拍卖价金不足时无法全部满足被担保的债权的危险。为了避免上述两种主张的不足，该关于拍卖的司法解释规定，只有当拍卖价金于清偿或补偿先顺位的优先权及各种执行费用后还有剩余的，才能实施强制拍卖，以事先排除那些可能无益的执行拍卖，提高实效性。解决拍卖物上负担的处理，应当考虑执行拍卖的公信力和实效性，合理协调拍定人与拍卖物上他物权人、租赁权人之间的利益冲突。因此，在具体的处理上，首先要区分抵押权与租赁权这两种不同的物上负担形态。一方面，要拍卖的房屋是优先受偿的价值保障，法院的强制拍卖只是提前实现了作为债权人的抵押权人的优先受偿权。因此，上述关于拍卖的司法解释规定，拍卖财产上原有的担保物权及其他优先受偿权，因拍卖而消灭，拍卖所得价款，应当优先清偿担保物权人及其他优先受偿权人的债权，但当事人另有约定的除外。另一方面，拍卖的房屋上原有的租赁权的实现是以权利人占有、使用拍卖的房屋为前提的，不因拍卖而消灭，因此租赁权奉行随物走的原则，随法院拍卖程序的结束而转由拍定人承担。除非该权利继续存在于拍卖房屋上，对在先的抵押权或者其他优先受偿权的实现有影响的，人民法院应当依法将其除去后进行拍卖。当租赁房屋出现抵押在先、租赁在后的情形，人民法院拍卖时，可以直接适用《关于适用〈中华人民共和国担保法〉若干问题的解释》第六十六条的规定，即“抵押人将已抵押的财产出租的，抵押权实现后，租赁合同对受让人不具有约束力”，以排除抵押物上的租赁权。

第二十一条　［侵害承租人优先购买权的损害赔偿责任］

出租人出卖租赁房屋未在合理期限内通知承租人或者存在其他侵害承租人优先购买权情形，承租人请求出租人承担赔偿责任的，人民法院应予支持。但请求确认出租人与第三人签订的房屋买卖合同无效的，人民法院不予支持。

条文主旨

本条规定了承租人优先购买权受侵害时享有的赔偿请求权。

背景依据

一、起草本条的背景情况

承租人优先购买权是当今世界各国普遍确立的一项民事法律制度。国务院于1983年颁布的《城市私有房屋管理条例》（已失效）第十一条规定：房屋所有人出卖租出房屋，须提前三个月通知承租人。在同等条件下，承租人有优先购买权。1987年1月1日起施行的《最高人民法院关于贯彻执行〈中华人民共和国民法通则〉若干问题的意见（试行）》第118条规定：出租人出卖出租房屋，应提前三个月通知承租人，承租人在同等条件下，享有优先购买权；出租人未按此规定出卖房屋的，承租人可以请求人民法院宣告该房屋买卖无效。1999年10月1日起施行的《合同法》第二百三十条规定：出租人出卖租赁房屋的，应当在出卖之前的合理期限内通知承租人，承租人享有以同等条件优先购买的权利。《合同法》正式在法律层面上确定了房屋承租人的优先购买权，但该条较之以往的法律规定并未有所进步，对于该项权利的法律性质、实现程序及救济方法等均没有明确界定。因此，法学界对承租人的优先购买权的法律性质等方面的问题众说纷纭，莫衷一是。由于立法过于粗陋，实践中大量存在出租人违背诚实信用原则，毫不顾及承租人利益，擅自出卖租赁物，而承租人明明享有法定权利，却不知如何合法、简便地实现自己的优先购买权，当他最终实现了自己的优先购买权时，往往已经付出了大量的人力、物力，收益与成本相比往往得不偿失，承租人往往对该项权利望而却步，使一项法定权利成为“镜中花、水中月”，法制的不成熟与不完备降低了法律的社会功能。改革开放后我国经济迅猛发展，推动房屋租赁市场日益活跃。经营用房租赁在房屋租赁中所占的比例快速攀升。在租赁房屋用于居住的场合，由于承租人在经济上的弱势地位，其更多关注对房屋居住的延续，而不是对房屋所有权的取得。而在租赁房屋用于经营的场合，取得房屋的所有权往往成为承租人关注的焦点。唯现代经营理念多考虑经营的诚信和品牌的建立，追求持续长远经营和良好效益的获取。承租人基于多年经营努力，已经在固定区域形成自己的经营品牌，房屋作为承租人的经营场所，为广大客户所周知，形成了“隐性”广告，成为其经营中的重要考虑因素，并成为其获取经营利润的重要因素。此时，承租人关注于房屋所有权的取得已无法避免。而承租人优先购买权法律制度规定本身的缺陷，造成承租人该项权利的行使充满障碍，导致优先购买权纠纷日益增多，成为房地产纠纷案件中大幅增长的案件类型之一。人民法院面临在承租人优先购买权纠纷案件中如何适用法律的问题，因对房屋承租人优先购买权的性质、法律效力、行使条件、权利保护的范围等产生不同的认识，导致同类案件在不同法院处理结果迥异，形成法律适用上“各自为战”的局面。出于统一法律适用的迫切需求，本司法解释起草过程中，理论界及审判实务界普遍要求对承租人优先购买权的法律适用问题作出规定。为满足审判实践的需求，指导人民法院在承租人优先购买权纠纷案件审判中具体应用法律，经过充分的调研工作，本司法解释对承租人优先购买权问题作出了四条规定，以期弥补现有法律有关承租人优先购买权制度的立法缺陷，缓解司法实践中的种种矛盾，最大效益地发挥这项法律制度的社会功能。本条对《最高人民法院关于贯彻执行〈中华人民共和国民法通则〉若干问题的意见（试行）》第118条废止后，承租人优先购买权受侵害时损害赔偿请求权的行使进行了规定，以指导上述司法解释条款废止后，审判实践对承租人优先购买权的保护问题。

二、起草过程中相关的意见和建议

司法解释起草过程中，对承租人优先购买权如何规定主要有以下三种意见：

第一种意见认为，应当通过司法解释规定对承租人优先购买权进行严格的限制，目的是废除或者架空承租人优先购买权制度。理由：一是，承租人优先购买权立法目的确立所依据的基础已经发生重大变化。从世界各国设立承租人优先购买权的立法目的看，均是在承租人处于较弱势的经济地位，而房屋资源有限，出于保障弱势承租人居住权的角度，从立法政策上考量，赋予其对租赁房屋优先购买的权利。我国法律对承租人优先购买权的规定亦出于此方面的考虑。新中国成立后，人民群众整体生活水平不高，房屋是一种价格很高的消费品，能够买得起房屋的是少数，多数居民为了自住，大量采用租赁方式。承租人优先购买权就是这种社会经济生活条件的客观反映。通过确立承租人的优先购买权，可以防止因产权关系过大变动而影响广大人民群众的工作和生活，从而确实保障有关承租人生存利益的居住权。目前，社会条件已经发生了深刻变化，过去立法目的确立所依据的基础已经荡然无存。由于社会秩序逐渐趋向稳定，同时市场经济又日益繁荣，房屋的自由流动就好像一般商品那样容易，“居者有其屋”的民法保障制度逐渐被日益细化的社会保障制度所直接取代，此时，承租人优先购买权追求的生存和安全价值，对基本社会秩序的维护，均已不复存在。该制度的继续存在便显得“画蛇添足”。二是，该项制度侵害出租人和善意第三人的合法权益。优先购买权剥夺了出租人对交易对象的选择权，尽管其物质利益未受到较大伤害，但其精神利益却被剥夺。基于优先购买权的规定，虽然出租人不喜欢承租人，但不得不把房屋卖给他，承租人无疑是借助优先购买权制度强买强卖，损害出租人作为所有人的所有者权益。从《合同法》对承租人优先购买权的规定看，并无保护善意第三人的规定，这背离《物权法》规定的善意取得制度。如顾及承租人的优先购买权，必然在一定程度上阻碍市场效率机制的发挥，在一定程度上也破坏了交易安全。无论怎样构建承租人行使优先购买权的合理模式，都无法克服阻碍商品流通、侵害出租人和第三人利益、额外优惠承租人、出租人与第三人勾结使优先保护承租人的规定流为具文等弊端。因此，应当废除此项制度。

第二种意见认为，承租人优先购买在性质上是缔约请求权，系债权，不具有对抗第三人的效力。在承租人优先购买权受侵害情形下，承租人只能请求出租人承担侵权赔偿责任，无权请求确认出租人与第三人签订的买卖合同无效。理由在于，依照《物权法》确定的"物权法定原则"，在法律未规定承租人的优先购买权为物权情形下，该权利应确定为债权。《合同法》第二百三十条规定的承租人优先购买权应理解为优先缔约请求权，即承租人请求出租人与自己订立买卖合同的权利。请求权的特征在于，权利人欲享受权利标的之利益时，须有相对人的协力方能实现，并不得直接支配权利客体之人。《最高人民法院关于贯彻执行〈中华人民共和国民法通则〉若干问题的意见（试行）》第118条规定："出租人出卖出租房屋，应提前三个月通知承租人，承租人在同等条件下，享有优先购买权；出租人未按此规定出卖房屋的，承租人可以请求人民法院宣告该房屋买卖无效。"上述规定不能提供合同无效的理由。而且，依无效论处理，既与民法上不得干涉他人事务的原则相违背，又不利于保护买卖关系中各方的利益，具体表现在：优先购买权人不能依出卖人与第三人间买卖合同所确定的条件取得标的物，因为"如该合同因违法而归于无效或被撤销，则依此确定的'同等条件'自应随之失去效力"，优先购买权人形成合同的事实基础当然已不复存在，将优先购买权人的权利主张演化为消灭交易，恰与权利人行使权利的目的相悖，易助长出卖人的不诚信行为——嗣后以打消出卖意愿和"同等条件"失效为由拒绝优先购买权人的缔约请求；不利于保护第三人的利益，因为合同被宣告无效后，第三人只得向出卖人主张缔约过失责任，使各方的法律关系处于不稳定的状态，日后难免再生纠纷。且上述司法解释规定与物权法规定冲突，最高人民法院于2008年12月18日公布的《关于废止2007年底以前发布的有关司法解释（第七批）的决定》中，废止了该条规定。故本司法解释应当还原承租人优先购买权的权利属性，并在此基础上确定对承租人优先购买权的保护。

第三种意见认为，从完整保护承租人优先购买权角度，承租人优先购买权在性质上应定义为形成权，并依照形成权的属性要求，在承租人主张优先购买权场合，判令承租人与出租人成立买卖合同。理由是：法学界对于承租人的优先购买权属于形成权已经形成主流观点，且从法律规定的文义来看，合同法将承租人优先购买权表述为“以同等条件优先购买的权利”，这一权利应当从文义上理解为“优先买到”的权利，即最终取得租赁物所有权的权利。审判实践中仅依照《最高人民法院关于贯彻执行〈中华人民共和国民法通则〉若干问题的意见（试行）》第118条规定支持承租人认定合同无效的主张，但对于合同无效后承租人是否可以依照同等条件与出租人签订买卖合同并无表态，造成并没有购买意愿的承租人利用司法解释规定恶意行使无效主张权，损害交易安全。而在承租人有意愿以同等条件优先购买情形下，出租人则以各种理由拒绝与其签约，承租人优先购买权并未得到完整的保护，使这一制度的社会功能丧失。基于法律对承租人优先购买权制度设置不完善，审判实践中已有在认定出租人与第三人签订的合同无效基础上，判令承租人与出租人依照出租人与第三人约定的买卖合同主要条款形成买卖合同关系。如《上海市高级人民法院关于处理房屋租赁纠纷若干法律适用问题的解答（二）》第二十条中认为，承租人在诉讼过程中仅主张确认买卖合同无效，而未要求行使优先购买权，经法院释明后不变更诉讼请求的，对其诉讼请求不予支持。理由是：优先购买权作为法律赋予承租人的一项权利，其目的在于保证承租人可以相对优先地取得租赁物的所有权。为此，法律允许承租人申请宣告恶意订立的买卖合同无效，以实现这个目的。也就是说申请宣告无效等都是手段，而不是目的。而法律规定保护的是承租人实现优先购买的目的。在当事人不主张购买的情况下，就说明他没有实现这个目的意思。因此，也就没有继续加以保护的必要。故承租人不主张优先购买权，而仅要求确认合同无效的，不应支持。而一些法院在具体案例中，亦采用了上述观点。司法解释应当立足于立法原意，并总结审判实践经验，对承租人优先购买的保护作出周延规定。

三、制定本条的依据

（一）遵循立法原意精神是司法解释权行使的基本原则

根据1981年6月10日通过的《全国人民代表大会常务委员会关于加强法律解释工作的决议》和《人民法院组织法》等规定，司法解释权是指最高人民法院根据宪法和法律规定对于在审判案件过程中如何具体运用法律、法令的问题，通过决定、批复、答复、复函等形式解释的权力。[①] 上述决议规定："凡属于法院审判工作中具体应用法律、法令的问题，由最高人民法院进行解释。"《人民法院组织法》第三十二条规定：最高人民法院对于在审判过程中如何具体应用法律、法令的问题，进行解释。上述规定表明，司法解释在性质上属于法定解释，又称正式解释，属于法学解释的范畴。依照法学解释的基本要求，司法解释应通过对立法原义和法律精神的把握，以求阐释法律文本的涵义，在实践中准确适用法律。指导审判机关适用法律解决具体案件，是司法解释最基本的目标，也是其得以存在的正当性基础。"法律必须简洁"的法彦说明法律的规定内容本质上具有相当的概括性、相当的抽象性，立法用语上肯定多处存在不能明确体现立法意图的地方。同时，社会实践的运动变化和立法技术的有限，使法律既适应实践要求又保持相对稳定的任务必然由司法解释来完成。最忠实地揭示法律意旨与最有效地实现法律意旨二者的统一协调，是司法解释追求的终极目标。司法解释的基本原则及目的要求，解释不能背离立法原意精神，废止法律规定。从法学解释的原则看，我国台湾地区学者有观点认为，"恶法亦法"。法律之善或恶，法官为一司法者，并非立法者，不得借口法律为一"恶法"，而拒绝适用。如果法官动辄以此为理由，拒绝适用法律，将使人民法律生活之安定破坏无疑，甚而侵及立法权，与法治主义之精神有违。在"恶法"的恶性程度，人民尤可忍受，尚未与争议矛盾至极端，则法官应当运用法律解释方法加以梳解，使之符合法的目的性。如果法的恶性程度已恶于无法，运用法律解释的方法无法使其符合社会要求，此时就是恶法非法。[②] 法律制定的目的，乃在督促人类朝着"人类本质存在"之"共通善"或"正义"而发展。[③] 从承租人优先购买权的立法目的及实践看，断不能得出该权利之存在已违背社会要求，不论如何解释，均不能弥补其存在对社会秩序的侵害性。追本溯源，优先购买权制度是世界各国普遍采用的一种制度，历久而弥坚、愈千年而不衰，其强大的生命力表明了该制度的合理性。制度规定本身的缺陷，可以通过法律解释的方法予以弥补，并不会妨碍制度本身存在的立法价值。就承租人优先购买权制度而言，它具有如下的价值：

1. 符合我国的传统习惯。我国财产所有权方面的先买权制度，可以追溯到封建社会。以亲、邻优先权为核心的中国古代不动产优先购买权，史记记载起始于中唐，于宋、元形成制度，至明、清则融于交易习惯和家法族规。比如宋朝《刑统》

---

① 参见《司法解释权的立法意义》，www. peixun. yn. gov. cn/qjjcynew/43291181271 …… 31K，2009 年 7 月 15 日浏览。

② 杨仁寿：《法学方法论》，中国政法大学出版社 2004 年版，第 14 页。

③ 杨仁寿：《法学方法论》，中国政法大学出版社 2004 年版，第 15 页。

记载：应典卖倚当物业，先问房亲；房亲不要，次问亲邻。这种先买权制度在当时是出于维护封建家族宗法制度的需要，与维护乡党利益、处理相邻关系及其赋役征收的法例和习惯等因素有关。新中国成立以后，1950 年就承认承租人的优先购买权，1963 年又明确了典当房屋中承租人的优先购买权。[①] 从某种意义上讲，承租人的优先购买权承袭了传统文化，并非从法律逻辑中直接推出，是一种习惯的沉淀。

2. 秩序价值。承租人优先购买权设立目的是稳定房屋使用关系，彰显房屋利用效益。房屋租赁合同依法签订后，承租人基于占有使用（主要是居住）租赁房屋这一事实，必然会围绕该房屋在社会上形成诸如生产、生活中许多方面的特定联系。因此，当出租人要出卖该房屋时理应首先满足承租人购买的特殊要求。这无疑对方便人们的生产生活和建立房屋的正常买卖流通秩序等有着重要的积极意义。

3. 效率价值。“保障财产所有权各种权能的统一，使标的物所有权与使用权集于一人。”承租人通过行使优先购买权获得租赁房屋的所有权，比原来租赁房屋所有权与使用权分别由不同的人行使来得更有效率。

4. 是我国现阶段社会经济生活条件的客观需要。确认优先购买权的目的在于维护社会经济关系的稳定，有利于社会经济的发展，而不是维护家族利益。民法的这一价值选择维护了既存的财产占有关系，在现实中也会降低社会交易成本，减少纠纷发生的可能性。如果承租人行使了优先购买权，与出租人订立了买卖合同，那么不但可以减少标的物的一次交付，而且租赁合同自然终止，承租人与出租人之间的权利义务一并消失，承租人的身份自然演变成了买受人，在出租人对租赁物的所有权消灭的同时，承租人取得了租赁物的所有权，对标的物继续占有、使用和收益，而出卖人也取得了对价。[②] 从世界各国的立法例来看，承租人优先购买权是一种非常传统的民事权利，废止是不现实的，也是不符合道德伦常的。既然不能废止，当然要有确保它能够得以实现的制度保障。

“法律不仅是一个规则体系，而且也是一个制度体系。法律制度直接体现了法律原则的精神内核、法律所追求的价值目标以及社会的现实需求，并由此而成为相应规则产生和变更的依据……制度之完善绝非朝夕蹴就，亦非立法者单纯的天才设计所能造成。制度必须根植于实践、具有应然和实然的正当性，才可能具有旺盛的生命力。”[③] 本司法解释严守司法解释的立法原则，从法律应当给人们提供一个可

---

① 蔡福华：《民事优先权研究》，人民法院出版社 2000 年版，第 32 页。

② 潘申明：《论房屋承租人优先购买权的实现》，载 www. civillaw. com. cn/article/default. asp? id = 10434，2009 年 7 月 15 日最后浏览。

③ 李晓英、王宏：《关于法定优先购买权的几个问题》，载《行政与法》第 2006 年第 8 期。

预见的规范、促进安全交易，维护法制的统一的角度，对房屋承租人优先购买权的法律规定进行了解释梳理。

（二）有关承租人优先购买权性质的理论

法学界对承租人优先购买权的性质一直争论不休，目前，民法学界的争论主要集中在三种学说上：第一种学说为请求权说，即认为房屋承租人在出租人出卖房屋时享有以与第三人同等的条件请求购买房屋的权利。第二种学说为形成权说，即认为房屋承租人在出租人出卖房屋时享有以与第三人同等的条件购买房屋的权利。第三种学说为物权说。

1. 请求权说

该说认为，优先购买权是权利人请求出卖人与自己订立买卖合同的权利。所谓请求权，系指权利人要求他人为特定行为（作为或不作为）的权利，是必须要借助于相对人的意思才可以实现权利目的的权利。请求权的特征在于，权利人欲享受权利标的之利益时，须有相对人的协力方能实现，并不得直接支配权利客体之人。① 债权为典型的请求权。依上述理论，优先购买权的实现须依赖出卖人的协助。

2. 形成权说

形成权说中又有附条件形成权说和形成权说两种观点。附条件形成权说认为，优先购买权人得依一方之意思，形成以义务人（出卖人）出卖与第三人同等条件为内容之契约，无须义务人之承诺。惟此项形成权附有停止条件，须俟义务人出卖标的物于第三人时，始得行使。附条件形成权说为德国学界之通说，且为我国台湾地区的学者和司法实践所接受和采纳。② 形成权说认为，优先购买权的内涵与形成权一致。形成权，系指依权利人一方之意思表示，即可使权利或法律关系发生、变更或消灭的一种权利。在出卖人未尽通知义务而与第三人订立标的物买卖合同的场合，如优先购买权人于知悉合同内容后亦愿买受，其主张优先购买的条件——出卖人“出卖”和“同等条件”均已具备。此时，依优先购买权的立法目的及权利保护的经济原则判断，法律对出卖人课以依前述之同等条件向优先购买权人移转标的物所有权的义务，当无疑问。优先购买权的特性与形成权相符。不可单独让与性和无被侵害性是形成权的两个主要特性。由于优先购买权是出于保护特定法律关系中特定人的利益或特定社会利益的需要而设，故它是一种附从性的权利，不得与其基础法律关系相分离而单独转让。另一方面，在“出卖”和“同等条件”确定之后，

---

① 李晓英、王宏：《关于法定优先购买权的几个问题》，载《行政与法》第2006年第8期。

② 王泽鉴：《民法学说与判例研究》（第一册），中国政法大学出版社2005年版，第184页。

优先购买权一经行使即可生效（新的买卖合同产生），他人没有干预的机会，故也无被侵害的可能。优先购买权的作用亦与形成权无异。形成权必须经过主张，始得在当事人间创设法律关系，并因而于当事人间发生请求权，再根据请求权而实现权利人之权利，形成权本身并不具备实现权利之功能。优先购买权的作用在于，当一定条件具备时，使某种既有的法律关系发生有利于权利人的变化——形成买卖合同，未必能够带来独立的、实体性的利益——取得物权。虽然优先购买权行使的结果通常可使权利人获得标的物，但此种结果系由买卖合同而来，而非出自于优先购买权本身。

3. 物权说

该学说包括两种观点：一是准物权说。该说认为，承租人优先购买权是准物权，法律赋予其优先效力和追及效力体现出其具有物权的某种属性，准用于《物权法》规定的财产权。[①] 二是物权说。该说认为承租人优先购买权具有如下特征：（1）依法律规定而产生的优先购买权是法律对特定人的保护。（2）优先购买权具有对抗第三人的效力。依法律规定，当第三人在侵害优先购买权人优先权的情况下购买标的物，优先购买权人有权请求人民法院确认该买卖关系无效，并要求在同等条件下将标的物出卖给自己。（3）明确优先购买权为一种物权，有利于对优先购买权人利益的保护，防止出卖人与第三人串通侵害优先购买权人优先购买的权利。[②] 以上观点的核心都在于，法定优先购买权应定性为物权，否则难以解释该项权利的效力，也难以实现立法目的。

准确认定承租人优先购买权的性质，是本司法解释遵循法律规定精神，正确采用法律解释方法，构建承租人优先购买权制度首要解决的问题。合同法第二百三十条赋予承租人在同等条件下享有优先购买的权力，这一权力被定义为优先购买权。通说认为，承租人优先购买权是指承租人在出租人出卖所租赁房屋时，同等条件下有优先于第三人购买所承租房屋的权利。依照上述定义，我们认为，将该权利认定为形成权或者物权均有不当。

如果将承租人优先购买权定义为物权，则存在以下障碍：

1. 从权利效果来推导权利性质，违反法的逻辑推断规则。优先购买权，是法律为保障特别买受人买得某种确定的物品而设定的权利，其优先效力来自于法律的特别规定，因而与物权的优先效力有别。而经过预告登记的债权可以取得对抗第三

---

① 胡仕浩：《房屋承租人优先购买权的效力》，载《民事审判前沿》第二期，人民法院出版社 2014 年版，第 159 页。

② 陈亚东：《论优先购买权》，载《上海政法管理干部学院学报》2005 年第 3 期。

对旅客或者托运人的要约进行承诺，从而既使其丧失了缔约自由，也使其丧失了选择相对人的自由。根据违反强制缔约义务的后果的不同，强制缔约可以被区分为直接的强制缔约与间接的强制缔约两个基本类型。对直接的强制缔约而言，当负有缔约义务的一方不接受他方的要约时，要约人得诉请公权力介入，强制受要约人为承诺的意思表示。承租人的先买权可以划入直接的强制缔约之中。因此，依照附强制缔约义务的请求权说，将承租人的优先购买权视为直接强制缔约的一种，在出租人违反此义务将租赁物出卖给第三人的情形中，承租人可以诉请公权力介入，强迫出租人对其作出承诺的意思表示。从功能上看，请求权旨在实现请求权人的利益，使当事人取得物权或者其他支配性的权利或者利益。请求权在性质上属于手段性的权利，但如果法律规定请求权的相对人负有不得拒绝的义务，该请求权就具有了一定的终局性和目的性。就承租人的先买权而言，将其性质定为附强制缔约义务的请求权，就直接能使承租人取得租赁物买受人的地位，使法律关系的稳定性增强，而且也符合维护物的使用和归属相统一的目标。

其他国家和地区有关于优先购买权的规定，可以提供参考。根据2002年1月1日起施行的《德国债法现代化法》修订的《德国民法典》第464条之“先买权的行使”规定：（1）行使先买权，以向义务人发出意思表示为之。该意思表示不需要具备对买卖合同规定的形式。（2）一旦行使先买权，先买权利人与义务人之间的买卖，即以义务人与第三人之间约定的条款成立。在我国台湾地区，“土地法”第104条规定：“基地出卖时，地上权人、典权人或承租人有依同样条件优先购买之权。房屋出卖时，基地所有权人有依同样条件优先购买之权。其顺序以登记之先后定之。前项优先购买权人，于接到出卖通知后十日内不表示者，其优先权视为放弃。出卖人未通知优先购买权人而与第三人订立买卖契约者，其契约不得对抗优先购买权人。”1999年修正的台湾地区“民法典”债编分别对租地建屋时承租人的优先购买权及耕地承租人的优先购买权作出了明文规定，台湾地区“民法”第426条之二规定：“租用基地建筑房屋，出租人出卖基地时，承租人有依同样条件优先承买之权。承租人出卖房屋时，基地所有人有依同样条件优先承买之权。前项情形，出卖人应将出卖条件以书面通知优先承买权人。优先承买权人于通知到达后十日内未以书面表示承买者，视为放弃。出卖人未以书面通知优先承买权人而为所有权之移转登记者，不得对抗优先承买权人。”第460条之一规定：“耕作地出租人出卖或出典耕作地时，承租人有依同样条件优先承买或承典之权。第四百二十六条之二第二项及第三项之规定，于前项承买或承典准用之”，从而在其民事基本法中实现了对承租人优先购买权的规制。

（三）有关出租人与第三人成立的买卖合同效力的理论

在出卖人未尽通知义务而与第三人订立买卖合同的场合，优先购买权人一经行使权利，即可与出卖人形成买卖合同关系。于此，成立了两个受让条件相同的买卖合同。此时，形成的合同有效，应无异议；出卖人与第三人间合同的效力如何，关乎第三人的保护，亦应重视。关于出卖人与第三人间合同的效力，学界目前主要有三种观点：

1. 无效论。《最高人民法院关于贯彻执行〈中华人民共和国民法通则〉若干问题的意见（试行）》第 118 条规定："出租人出卖出租房屋，应提前二个月通知承租人，承租人在同等条件下，享有优先购买权；出租人未按此规定出卖房屋的，承租人可以请求人民法院宣告该房屋买卖无效。"我们认为，承租人优先购买权为债权，并不能取得物权对抗第三人的效力，因此，承租人主张出租人与第三人签订的买卖合同无效，便缺乏法律依据。基于这一考虑，最高人民法院于 2008 年 12 月 18 日公布的《关于废止 2007 年底以前发布的有关司法解释（第七批）的决定》中，废止了该条司法解释规定。

2. 可撤销论。该观点认为，出卖人如未尽通知义务而为出卖，该程序上的缺陷并不影响出卖人的实体权利，否定该买卖合同的效力既违背经济与效率原则，又可能因优先购买权人事后表示放弃权利而变得无意义，故该合同属于可撤销的合同。可撤销论肯定了该买卖合同的有效性，却不能提供撤销合同的法定事由，缺乏法理基础。

3. 效力待定论。认为在优先购买权人未放弃权利的情况下，出卖人擅自出卖标的物，与欠缺处分权而为的民事行为类似，应类推适用民法有关无权处分行为的规定，认定该买卖合同效力待定。我们知道，效力待定的民事行为仅适用于民事行为能力有欠缺或者无权处分的场合，优先购买权也不是对出卖人所有权的限制，故效力待定论不可取。①

我们认为，上述三种观点均有不当之处，在认定出卖人与第三人买卖合同的效力时，应在坚持合同相对性原则基础上，结合承租人优先购买权的性质来考量。根据合同的相对性原则，合同只在合同当事人之间成立和生效，非合同当事人的行为一般不应影响合同的效力。因此，不论第三人是否已受让标的物，其与出卖人之间成立的买卖合同的效力都不应因优先购买权的行使而受影响，除非双方以优先购买权的不行使作为合同的停止条件或以优先购买权的行使作为合同的解除条件。承租

---

① 李晓英 、王宏：《关于法定优先购买权的几个问题》，载《行政与法》2006 年第 8 期。

人优先购买权是一种强制缔约请求权，当承租人主张行使优先购买权时，其与出租人之间形成买卖合同关系。如果出租人与第三人间的买卖合同已实际得到履行，优先购买权人可依据优先购买权的保护，主张优先保护履行其与出租人形成的买卖合同，第三人因优先购买权之行使无法取得标的物之所有权，其可依买卖合同要求出卖人承担违约责任或者赔偿责任。

综上，我们认为，就出卖人与第三人订立的买卖合同而言，只要双方买卖的意思表示真实，且无虚高定价排除优先购买权人行使权利的恶意，就应认定为有效。

条文理解

对本条的理解，应当把握以下几个方面：

一、出租人出售房屋的认定标准

按照我国《合同法》第一百三十条的规定，买卖合同是出卖人转移标的物的所有权于买受人，买受人支付价款的合同。依此规定，房屋承租人优先购买权只在租赁房屋作为买卖合同法律关系的标的物时发生，在赠与、互易以及因公用征收等法律关系中则不得行使，亦不能主张优先购买权的损害赔偿请求权。赠与为无偿法律行为，并不具有买卖合同等价有偿的特征；互易作为古老的以物易物方式在现代的延续，虽法律允许准用买卖的规定，但其与买卖仍有较大的不同。互易侧重特定物之交换，而买卖合同的双方当事人注重利益的交换，不能将互易认定为出售房屋的情形。因公用目的而为的征收、征用等，为依照公法手段实现租赁房屋的物权变动，亦不应属于买卖的范畴。

二、合理期限的认定

本条规定："出租人出卖租赁房屋在合理期限内未履行通知义务"为侵害承租人优先购买权情形之一。按照《城市私有房屋管理条例》和《最高人民法院关于贯彻执行〈中华人民共和国民法通则〉若干问题的意见（试行）》规定，合理期限为出租人出卖前"三个月"。上述行政法规失效，司法解释条款被废止后，合理期限的认定应当结合本司法解释第二十四条第（三）项的规定予以认定。依照该条款规定，出租人履行通知义务后，承租人在 15 日内未明确表示购买，视为放弃优先购买权。该条款对出租人履行通知义务后，承租人主张优先购买权的期限进行了规定。从规定的期限可以推断出，出租人在出卖房屋前 15 日通知承租人，即符合上述条款确定的承租人行使权利的期限，应当为出租人履行通知义务的合理期限。

三、保护善意第三人并不排除承租人损害赔偿请求权的行使

本解释第二十四条规定：具有下列情形之一，承租人主张优先购买房屋的，人民法院不予支持：(1) 房屋共有人行使优先购买权；(2) 出租人将房屋出卖给近亲属，包括配偶、父母、子女、兄弟姐妹、祖父母、外祖父母、孙子女、外孙子女；(3) 出租人履行通知义务后，承租人在15日内未明确表示购买；(4) 第三人善意购买租赁房屋并已经办理登记手续。在上述情形中，第 (1) (2) 项情形属于优于承租人优先购买权予以保护的权利，在此场合，不存在承租人优先购买权行使问题，亦不会存在损害承租人优先购买权情形，此时，承租人不得主张优先购买权损害赔偿请求权。第 (3) 项属于承租人放弃优先购买权情形，亦无优先购买权损害赔偿请求权的存在。第 (4) 项是基于物权法确定的善意取得制度作出的规定，旨在保护善意第三人的利益，维护交易稳定。但如果房屋出售时出租人未履行通知义务或者具有其他损害承租人优先购买权情形，将房屋出售给善意第三人，出租人仍应基于其侵权行为对承租人承担损害赔偿责任。

四、承租人为损害赔偿请求权的主体

关于房屋优先购买权主体的争议，多发生在房屋转租的场合。有学者认为，承租人和次承租人都享有优先购买权，因为他们均属于该房屋的承租人。我们认为，房屋优先购买权的主体应为承租人而非次承租人。房屋优先购买权由承租人行使，已成各国立法通例。对承租人的理解，从文义解释上，应理解为租赁合同关系中出租人的对方当事人。租赁合同和转租合同虽是两个紧密相连的合同，但在租赁合同中，次承租人不是合同当事人，其地位不是出租人的承租人，因此，次承租人不享有租赁房屋的优先购买权。从国外立法看，优先购买权是承租人的专属权，不能转让，如《德国民法典》第514条规定："除另有其他规定外，先买权不得转让，亦不得移转于先买权的继承人。"《瑞士民法典》第681条第3款规定："法定先买权既不能继承，亦不能转让。"

审判实务

承租人优先购买权问题一直是争议不休的问题，本条司法解释制定时，出于遵循立法原意，成熟一部分发布一部分，力求稳妥的角度，对承租人优先购买权受侵

害时赔偿请求权的行使进行了规定。从准确实施该条款规定的角度，有必要对审判实践中面临的问题作一探讨。

一、承租人优先购买权受侵害时是否只能主张损害赔偿请求权

优先购买权是法律规定的特定权利，该权利受到侵害时，损害赔偿请求权是承租人享有的权利之一。依照权利处分原则，承租人可以单就损害提出赔偿请求，在此情形下，应当尊重承租人对权利主张的处分，支持其该项请求。因此，本司法解释规定，出租人侵害承租人优先购买权时，承租人请求出租人承担赔偿责任的，人民法院应予支持。该规定并没有就承租人在优先购买权受侵害时，主张因权利侵害产生的其他请求权，人民法院是否支持的问题。即损害赔偿请求权并非优先购买权受侵害时承租人享有的唯一权利，本司法解释也未将其作为承租人唯一的权利予以保护。

我们认为，从优先购买权的性质来看，它属于强制缔约请求权。在承租人优先购买权受侵害场合，其可以请求公权力介入，主张依照同等条件与出租人签订买卖合同。对于上述观点理论界和审判实务界争议颇多，并未统一观点。对于优先购买权受侵害，承租人如何主张权利，主要有两种观点：一种观点认为，优先购买权的行使是以取得租赁物的所有权为目的的，因此，在出租人出卖房屋时，承租人都可以要求按照与第三人的同等条件与出租人成立买卖合同。第二种观点认为，优先购买权仅是一种缔约请求权，具有物权的一些表征，但其不是物权，不具有对抗第三人的权利，因此，其仅能主张出租人与第三人签订的合同无效，而不能主张与出租人直接缔结合同关系。审判实践中，人民法院根据《最高人民法院关于贯彻执行〈中华人民共和国民法通则〉若干问题的意见（试行）》第118条的规定，多采用上述第二种观点处理承租人优先购买权纠纷案件。房屋买卖合同被宣告无效，但是没有判决出租人按同等（价格）条件出售房屋，由于诉后矛盾激化，出租人不再出售房屋，等待租期届满后解除租赁合同再行将房屋卖给他人，使承租人的优先购买权名存实亡，导致权利的不能实现。而有些承租人并无购买房屋的意图，仅是利用优先购买权制度恶意行使认定合同无效的请求权。在合同被认定无效后，其并不主张购买房屋，影响交易稳定，损害出租人利益。且从目前我们掌握的情况看，在《最高人民法院关于贯彻执行〈中华人民共和国民法通则〉若干问题的意见（试行）》第118条被废止后，承租人优先购买权纠纷案件的法律适用成为人民法院面临的难点问题，有些法院仍然坚守固有的处理方法，认定出租人与第三人签订的买卖合同无效，有些法院则在认定无效的基础上判定承租人与第三人缔结合同关系，

有些法院在研究探讨其他的解决途径。为了澄清认识，本条司法解释明确规定不支持承租人请求认定合同无效的主张。对人民法院是否可以判令承租人与出租人形成买卖合同关系，未予直接规定，但从本解释第二十二条、第二十三条规定含义看，司法解释采用了肯定的观点。但为避免承租人不具备购房能力或者没有购房意图滥用权利，支持承租人行使优先购买权时应赋予其一定的义务，如承租人主张与承租人成立买卖合同的，应当交付一定数额的定金或者提供担保，以使出租人信任其履行能力。对于出租人与第三人约定分期付款，世界各国通行观点是该项约定具有与特定对象的依附性，出卖人对第三人的信赖，也构成出卖房屋合同的一个条件，承租人行使优先购买权时相应地也应当提供相同条件。优先购买权人除非为出卖人提供了充分而适当的担保，否则不得请求分期付款。

二、不予支持合同无效的主张是否表明支持合同的履行

依照本条司法解释规定，承租人请求确认出租人与第三人签订的房屋买卖合同无效的，人民法院不予支持。该规定是否可理解为出租人与第三人签订的合同有效，保护其履行。我们在前文已经说明，这一规定是为了澄清《最高人民法院关于贯彻执行〈中华人民共和国民法通则〉若干问题的意见（试行）》第 118 条被废止后的认识问题。笔者亦在前文已经阐明观点，认为出租人与第三人签订的合同效力应当依照合同法有关合同效力的规定判断，在合同不具备无效情形下，应当认定有效。从合同法规定看，买卖合同中购买人取得购买物的所有权系基于合同的履行，是履行合同的效果。承租人行使优先购买权主张与出租人成立买卖合同后，基于优先购买权的设置目的考虑，应当优先保护承租人履行合同，取得房屋所有权。第三人无法继续履行合同，取得房屋所有权，可以主张出租人承担违约责任。承租人与出租人成立合同关系后，该合同与出租人同第三人签订的合同产生的权利均为债权，在两个权利相同情形下，优先保护承租人合同的履行，似有缺乏法理依据的嫌疑。但该处理符合优先购买权的立法意旨，在法律规定上难言无据。因此，笔者倾向采用。

如果出卖人允许第三人分期付款至于其他交易条件，如是现金支付还是转账支付，只要没有从根本上影响到出卖人的利益，出卖人不能以此作为同等条件限制优先购买权人。

第二十二条 ［租赁房屋抵押权人实现抵押权时承租人优先购买权的保护］

出租人与抵押权人协议折价、变卖租赁房屋偿还债务，应当在合理期限内通知承租人。承租人请求以同等条件优先购买房屋的，人民法院应予支持。

条文主旨

本条规定了抵押权人采用折价、变卖租赁房屋方式实现抵押权时承租人优先购买权的保护。

背景依据

一、起草本条的背景情况

当今社会，人民的物质生活水平得到不断提高，然房产对人们而言仍属于稀缺资源，因此，通过何种手段或方式使房产“物尽其用”以实现其最大利用价值，是人们关注之焦点。基于此，同一房产存在数人不同的权利成为必然。房屋租赁合同以转移房屋使用权为目的，不涉及物权的变动，抵押权追求的是抵押物的交换价值，不要求转移抵押物的占有，因此，作为把握物之交换价值的抵押权完全可能与把握物的使用价值的租赁权并存于同一物上，而共存权利的冲突也就在所难免。实践中，出租人在出租房屋前或者出租房屋后将房屋抵押的情形并不鲜见。在抵押权人实现抵押权前，租赁权消灭场合，不会出现抵押权与租赁权及承租人优先购买权的冲突问题。但当抵押权人实现抵押权时，租赁权仍然存在，租赁物上亦存在承租人的优先购买权，此时，就可能发生抵押权与租赁权、承租人优先购买权的冲突与协调问题。《物权法》第一百九十条规定：订立抵押合同前抵押财产已出租的，原租赁关系不受该抵押权的影响。抵押权设立后抵押财产出租的，该租赁关系不得对抗已登记的抵押权。《关于适用〈中华人民共和国担保法〉若干问题的解释》第六十五条规定：抵押人将已出租的财产抵押的，抵押权实现后，租赁合同在有效期内对抵押物的受让人继续有效。第六十六条规定：抵押人将已抵押的财产出租的，抵押权实现后，租赁合同对受让人不具有约束力。抵押人将已抵押的财产出租时，如果抵押人未书面告知承租人该财产已抵押的，抵押人对出租抵押物造成承租人的损失承担赔偿责任；如果抵押人已书面告知承租人该财产已抵押的，抵押权实现造成承租人的损失，由承租人自己承担。本司法解释遵循《物权法》规定精神，在第二十条规定：租赁房屋在租赁期间发生所有权变动，承租人请求房屋受让人继续履行原租赁合同的，人民法院应予支持。但租赁房屋具有下列情形和当事人另有约定的除外：（1）出租前已设立抵押权，因抵押权人实现抵押权发生所有权变动的；（2）出租前已被人民法院依法查封的。上述法律和司法解释对抵押权实现时如何与租赁权进行协调进行了规定。租赁合同的存在是承租人优先购买权产生的基础事实，因而，在谈到抵押权与租赁权冲突协调的问题时，必然要谈到抵押权与承租人优先购买权的协调问题。因缺乏法律和司法解释明确规定，抵押权人实现抵押权时如何依法保护承租人的优先购买权，一直是审判实践研讨的热点问题。在本条解释起草过程中，因研讨意见不统一，曾先后三次按照不同观点进行修改，最后形成了本条规定内容。

二、起草过程中相关意见和建议

《物权法》第一百九十五条规定：债务人不履行到期债务或者发生当事人约定的实现抵押权的情形，抵押权人可以与抵押人协议以抵押财产折价或者以拍卖、变卖该抵押财产所得的价款优先受偿。《担保法》第五十三条规定：债务履行期届满抵押权人未受清偿的，可以与抵押人协议以抵押物折价或者以拍卖、变卖该抵押物所得的价款受偿；协议不成的，抵押权人可以向人民法院提起诉讼。依照上述法律规定，折价、拍卖、变卖抵押物是抵押权人实现抵押权的三种主要方法。依照《拍卖法》的规定，拍卖有特定的法定程序要求。因此，本司法解释第二十三条对拍卖程序中承租人优先购买权的保护进行了规定，在此不予赘述。对于抵押权人以折价、变卖方式实现抵押权时，如何保护承租人优先购买权，解释起草过程中主要有三种意见：

第一种意见认为，在抵押权人实现抵押权时，承租人优先购买权不具有对抗效力，此时应当排除承租人优先购买权的行使。有如下两种不同理由：第一种理由，依照《合同法》第二百三十条规定，承租人优先购买权行使的前提条件是出租人出卖租赁房屋，承租人在同等情况下享有优先购买的权利。但租赁房屋抵押权人通过折价、拍卖、变卖房屋实现债权的行为，并非出租人出卖房屋，承租人在此种情形下，不享有优先购买权。第二种理由，抵押权是物权，而承租人的优先购买权是从性质上主要为债权的租赁权中产生出来的，依照同一物上物权优先债权的民法原则，抵押权效力应当优先。在抵押权人行使抵押权场合，承租人优先购买权不具有对抗效力。

第二种意见认为，抵押权人采用折价、变卖方式实现抵押权时，是否应当保护承租人的优先购买权，要按照抵押权与租赁权设立的时间先后进行区分。依照《物权法》和担保法司法解释的规定，抵押权设立在租赁权之前的，租赁权及从租赁权中产生的优先购买权均不具有对抗抵押权的效力，此时，不应保护承租人的优先购买权；抵押权设立在租赁权之后的，租赁权和承租人优先购买权具有对抗抵押权的效力，应当优先抵押权予以保护。根据上述观点，司法解释起草稿中曾规定：已登记的抵押权设立在前，抵押权人实现抵押权时，承租人主张行使优先购买权的，人民法院不予支持。

第三种意见认为，从权力的设置目的看，抵押权是从抵押物的交换价值优先受偿的权力，优先购买权是优先购买租赁房屋的权力，两种权利并不冲突，即使在抵押权人采用折价、变卖房屋方式实现抵押权场合，抵押权人的目的仍然是从抵押物的交换价值中优先受偿，不会变化为享有抵押权的处分权或者取得抵押权的所有权，不会与承租人支付对价优先购买房屋的权利发生冲突。不论抵押权设立在租赁权前或者后，在抵押权人实现抵押权时，均应保护承租人的优先购买权。

三、制定本条的依据

（一）承租人的优先购买权是否属于租赁权

租赁，是指一方将特定物交于他方使用收益，他方支付租金并与租赁关系终止后返还租赁物的契约。租赁权，是指承租人通过租赁合同取得的对租赁物排他性地占有、使用和收益的权利。[①] 承租人优先购买权是指作为承租人的公民、法人或其他组织在租赁合同有效期内，在出租人出卖租赁物时，依照法律规定享有的在同等条件下优先于其他购买人购买租赁物的权利。[②] 从上述概念看，租赁权的取得依附于租赁合同的有效成立。而承租人优先购买权的产生也是以租赁合同的有效成立作为基础。因此，有观点认为承租人优先购买权来源于租赁权，没有租赁权就没有优先购买权，租赁权有时还包括一定的处分。[③] 上述观点在权利范围上，将承租人优先购买权与租赁权确定为“子属”关系。理论界与实务界并不乏持此种观点者，认

---

① 董学立：《论租赁权的性质》，载中国民商法律网 http：//www. civillaw. com. cn/Article/default. asp? id =21966，2009 年 7 月 16 日最后浏览。

② 刘京柱：《房屋买卖中承租人的优先购买权问题》，载 http：//china. findlaw. cn/fangdichan/fangdichanlunwen/hchtflw/2353. html，2009 年 7 月 16 日最后浏览。

③ 最高人民法院物权法研究小组：《〈中华人民共和国物权法〉条文理解与适用》，人民法院出版社 2007 年版，第 570 页。

为依照《物权法》第一百九十条规定，在先设定抵押而后出租财产的场合，除非抵押权人同意租赁权的存在，否则租赁权将不能存在，自然无法产生优先购买权。笔者对此不敢苟同。不可否认，租赁权来源于租赁合同，并通过债权合同取得，承租人优先购买权的设立亦要求存在有效成立的租赁合同。从此点来讲，租赁合同的有效成立对租赁权和优先购买权的设立意义重大。但从上述两种权利的产生分析，租赁合同对两种权利的意义并不相同。对于租赁权来说，租赁合同是权利产生的来源，其依附于租赁合同并产生于租赁合同，而承租人优先购买权的权利则来源于法律的特别规定，并非来源于租赁合同，租赁合同仅是该权利产生的基础事实。从权利内容看，租赁权是承租人在租赁期内对租赁物享有的排他性的占有、使用、收益的权利。承租人优先购买权则是在出租人出卖租赁房屋时，同等条件下优先他人购买权的权利。这主要涉及的是买卖的问题，而不是租赁合同所产生的权利义务范畴。租赁权的行使与承租人优先购买权的行使条件亦不相同。承租人优先购买权在出租人出卖租赁房屋时即可行使，并以同等条件为权利行使的必要要件。租赁权则强调在租赁期间内行使，在出租人出卖租赁房屋场合，租赁权对抗买受人并非以同等条件为要件，而是根据导致租赁房屋权属变动的权利属性来进行安排。如按照《物权法》第一百九十条规定，租赁权能否对抗买受人要看抵押权设立在租赁权前后的时间。抵押权设立后抵押财产出租的，该租赁关系不得对抗已登记的抵押权，解决的是承租人在租赁期间，遇到抵押权人行使抵押权，出租人出卖抵押物后，承租人享有的租赁权是否能对抗新的所有权人问题。而优先购买权解决的是优先购买房屋的问题，只要出租人在租赁期间出卖租赁房屋，承租人即可行使优先购买权。因此，将承租人优先购买权确定为租赁权是不适当的。这两种权利是各具功能，互相独立的。

（二）抵押权与承租人的优先购买权是否冲突

抵押权首先是担保物权，是以确保债务清偿为目的的物权，以物的交换价值为内容，不是利用标的物本身的权利，而是专以取得标的物的交换价值为内容的权利，所以，标的物本身虽然已经毁损、灭失，而代替该标的物的交换价值仍存在的话，该权利即移转到该代替物上。租赁权，是以支配物的使用价值为内容，买受人发现标的物之上设有租赁关系时，迫于“买卖不破租赁”的压力，一般都不会以未设定租赁关系时的价款来购买该物。尤其当租金定得较低，又不能调整租金，或者抵押人预先收取了全部租金，或者买受人需要购买该物自用而又不能解除租赁合同时，则租赁关系的存在必然会成为买受人购买该物的障碍。商品是使用价值与交换价值的统一体。使用价值是交换价值的物质承担者，没有使用价值就不能形成价值。从政治经济学的角度而言，商品价值的大小取决于生产商品时所耗费的劳动时间，但没有使用价值或使用价值较小的商品，很难想象它会存在着多大的价值。因此，从某一程度而言，使用价值大小影响着交换价值的大小。也就是说，“买卖不破租赁”原则可能导致无人应买抵押物或仅愿以低廉的价格受让抵押物。因此，正因为租赁权的存在确实对抵押权的实现存在着妨碍，两种权利存在冲突，各国法律基本上都以权利设立之先后确定权利效力之优劣：若租赁权设立在先，则该租赁权原则上不受后设定的抵押权的影响；若抵押权设立在先，则后设定的租赁权原则上不能妨碍该抵押权的效力。我国台湾地区“民法”第866条规定：“不动产所有人设定抵押权后，于同一不动产上得设立地上权及其他权利（包括租赁权），但其抵押权不因此而受影响。”所谓抵押权“不因此而受影响”者，系指抵押人设定租赁权或其他权利时，若影响抵押权所支配之抵押物交换价值，则对于抵押权人不发生效力。具体而言，抵押人在设立抵押权后，就同一不动产设立租赁权或其他权利，影响抵押物之交换价值，抵押物价值因而减少，导致拍卖所得之价款，不足以清偿所担保之债权时，抵押权人可请求实行抵押权之法院除去该项权利，实行法院也可依职权除去该项权利，最终使抵押物以无负担的方式拍卖，拍卖的买受人取得无负担的所有权。反之，若抵押人所设定的租赁权等用益权利，并不影响抵押物之价值，即抵押物上纵有该权利负担，拍卖所得价款仍足以清偿抵押担保的债权时，则该项负担继续存在于抵押物之上，并不伴随抵押权的实行而消灭，拍卖买受人取得的，系有负担的不动产。①

上述分析表明，抵押权实现时可能会与租赁权冲突。但抵押权与承租人优先购买权并无冲突的可能性。从法理上讲，承租人的优先购买权是在同等条件下进行的，并不影响抵押权人实现债权，抵押权人的抵押权是价值权，不是支配权，法律赋予抵押权人的是从抵押物的交换价值中优先受偿的权利，而不是任意处分抵押物的权利。因此，只要承租人的出价与第三人（包括抵押权人）出价相同，抵押权人只能从抵押物的交换价值中优先受偿，而不能直接取得抵押物。法律保护了优先购买权从根本上也没有影响到抵押权人的利益。反过来，否认承租人的优先购买权，可能导致抵押权人滥用权利，把抵押物出售给自己选择的第三人，损害承租人的利益。从法律依据看，相关法律规定确定了合法承租人在出租人出卖房屋时，在同等条件下即享有优先购买权。而法律并没有规定，所出卖的房屋在设定抵押权时，承

---

① 佚名：《抵押权与租赁权的冲突与协调》，载 http：//news. 9ask. cn/falvlunwen/mflw/wqflw/200907/200948_ 4. html，2009年7月16日最后浏览。

租人丧失优先购买权。《物权法》第一百九十五条及《关于适用〈中华人民共和国担保法〉若干问题的解释》第六十六条，只是规定了租赁权与抵押权的对抗效力。优先购买权不同于租赁权，不能依照上述法律和司法解释规定，确定其于抵押权的对抗效力。抵押权与承租人优先购买权基于法律设置目的的不同，不会产生冲突，无需讨论优先保护何种权利的问题。

（三）折价、变卖是否属于出租人出卖房屋的方式

折价，是指债务履行期届满后，抵押权人与抵押人协商订立债权人取得抵押物所有权的协议以实现抵押权的方法，性质上属于代物清偿，即以转移抵押物所有权的形式代替债务的清偿。① 受担保债权在协议抵偿的金额范围内消灭，抵押权人对抵押人的抵押权也因此而消灭，但折价协议只能在债务履行期届满时达成。若抵押权人在订立抵押合同时或债务履行期届满前，与抵押人约定债务人不履行到期债务时抵押财产归债权人所有，此种约定无效。这就是所谓的“流质条款”，为大多数国家所禁止。《担保法》《物权法》亦将此种约定规定为无效。以折价方式实现抵押权，对抵押物价额的确定应当参照市场价格，且以无害于其他抵押权人的利益为要件。否则，不得以协议折价方式实现抵押权。协议损害其他债权人利益的，其他债权人可以在知道或者应当知道撤销事由之日起一年内请求人民法院撤销该协议。

变卖，是指以拍卖以外的方式将抵押物出卖的形式。变卖不具有拍卖所具有的公开、公正、竞价的优点，但却简便易行，省时省力，目前在各地拍卖机构不普遍、拍卖程序及制度不健全的情况下，变卖仍然是担保债权实现的重要方式之一。在我国，以变卖的方式实现抵押权的方法有两种：一是抵押权人与抵押人协议变卖。二是在法院强制实现抵押权时，如果无法以拍卖的方式对抵押物变价，则由法院主持对抵押物进行变卖。以当事人协议变卖方式实现抵押权的，对抵押物价额的确定亦应参照市场价格，也不得损害其他债权人的利益。协议损害其他债权人利益的，其他债权人亦可行使撤销权。对于折价、变卖是否属于出租人出售房屋，实践中有不同的看法。有观点认为，变卖属于出租人出售行为，但折价是抵押人（出租人）以物抵债，由抵押权人取得房屋的所有权，以消灭债权。该种行为不应认定为抵押人（出租人）出售抵押物。我们认为，不论是变卖还是折价，都是参照市场价格实现抵押物的交换价值，以消灭债权。折价受偿是以物抵债，但仍然不能改变抵押权人是通过抵押物的交换价值获得清偿，只不过买受人是抵押权人而非第三人。

---

① 吴兴琦：《试论抵押权的实现》，载 http：//www. chinacourt. org/html/article/200811/13/330276. shtml，2009 年 7 月 15 日最后浏览。

既然折价、变卖属于出租人出售房屋的行为，不管买受人是抵押权人还是其他人，承租人均享有同等条件下的优先购买权。抵押权人如想取得抵押物，也只有在承租人放弃优先购买权的情况下才能取得。《城市房地产抵押管理办法》表明了这样的观点，该办法第四十二条规定："抵押权人处分抵押房地产时，应当事先书面通知抵押人；抵押房地产为共有或者出租的，还应当同时书面通知共有人或承租人；在同等条件下，共有或承租人依法享有优先购买权。"综上所述，出租人出卖出租房屋，在没有共有人主张权利的情况下，承租人在有效租赁期限内享有同等条件下的优先购买权。

条文理解

一、抵押权设立时间并非承租人优先购买权保护考虑的因素

前文分析阐明，不论抵押权设立在租赁合同成立前或后，承租人行使优先购买权均不会与抵押人实现抵押权发生冲突，在抵押权人实现抵押权时保护承租人的优先购买权，更符合《合同法》设立优先购买权的立法本意。掌握本条规定时，无需考虑抵押权与租赁权设立先后的问题。只要出租人与抵押权人协议折价、变卖房屋清偿债务，承租人便可以折价、变卖的同等条件优先购买房屋。

二、出租人应当按照《合同法》规定履行通知义务

《城市房地产抵押管理办法》第四十二条规定：抵押权人处分抵押房地产时，应当事先书面通知抵押人；抵押房地产为共有或者出租的，还应当同时书面通知共有人或承租人；在同等条件下，共有人或承租人依法享有优先购买权。有观点认为，依照上述管理办法规定，抵押房屋处分时，通知承租人的义务主体为抵押权人而非出租人。笔者不赞同上述观点。该管理办法第四十条规定：有下列情况之一的，抵押权人有权要求处分抵押的房地产：（1）债务履行期满，抵押权人未受清偿的，债务人又未能与抵押权人达成延期履行协议的；（2）抵押人死亡、或者被宣告死亡而无人代为履行到期债务的；或者抵押人的合法继承人，受遗赠人拒绝履行到期债务的；（3）抵押人被依法宣告解散或者破产的；（4）抵押人违反本办法的有关规定，擅自处分抵押房地产的；（5）抵押合同约定的其他情况。上述规定表明抵押权人只有在规定的五种情形下，方具有要求处分抵押物的权利，而不是处分抵押物的权利。该管理办法第四十一条规定：有本办法第四十条规定情况之一的，经抵

押当事人协商可以通过拍卖等合法方式处分抵押房地产。协议不成的，抵押权人可以向人民法院提起诉讼。依照该条规定，抵押权人是通过与抵押人协商方法处分抵押物，本质上仍然是抵押人处分抵押物。依照合同相对性原则，出售房屋通知义务的承担者为出租人，在抵押人处分抵押房地产时，其通知义务可以看做代出租人履行义务，不会因此将出租人承担的义务变更为抵押权人承担。

三、同等条件为承租人行使优先购买权的必要条件

在抵押当事人依照《物权法》第一百九十五条和《担保法》第五十三条的规定与抵押权人协议折价、变卖租赁房屋偿还债务时，抵押物价款的确定应参照市场价格，且不得损害其他债权人的利益为基本原则。实践中，市场价格是一种普遍平均价格，显示的仅是同等地段相同性质房屋的普遍价格。抵押房屋由于建筑结构、布局、装饰装修、朝向等方面的因素，可能在交换价值上与市场价格存在差距。这样，就可能发生抵押房屋在折价时高于市场价格的情况。而承租人优先购买权的行使以同等条件为要件，抵押房屋折价价值的高低，直接关涉承租人利益。如下面案例：孙某与赵某曾于1994年9月8日订立了一份房屋租赁合同，合同规定孙某将其三间平房租给赵某，租期二年，每月租金600元。合同订立后，孙某因经商缺钱，遂以其三间平房作抵押向李某借款10万元，双方于同年10月20日订立了书面合同，合同中规定："如果甲方（孙某）一年后不能还清欠款，则将三间房屋作价转让给乙方（李某）。"1995年11月初，孙某因经商亏本，无力偿还欠款，遂与李某协商订立了一份书面合同，合同中规定：双方同意根据抵押合同的规定，将该房屋作价10万元转让给李某以冲抵全部债务，并订于12月初办理产权登记。同年11月20日，李某正式通知赵某，房屋产权已经作价转让，李某自己要搬进来住，希望赵某在12月底以前搬出。赵某提出孙某将该房屋设定抵押时并未通知他，该抵押行为是无效的，尤其是房屋租赁合同并未到期，李某无权解除租赁合同。双方因不能达成协议，赵某遂于1996年2月25日在法院起诉，请求确认孙某与李某之间的抵押合同和买卖合同无效，并要求以8万元的市价优先购买该房屋。[①] 上述案例中，赵某就对房屋折价的价格过高提出异议，并要求以低于折价价格购买房屋。赵某的这一请求是否应当得到支持，首先要看买卖合同是否有效。如果买卖合同无效，孙某和李某确定的房屋折价价格及孙某出售房屋行为均丧失效力，房屋恢复原

---

① 王利明：《抵押权与租赁权的关系》，载 http：//www. civillaw. com. cn/article/default. asp? id = 19350，2009年7月14日最后浏览。

状，不存在承租人优先购买权的行使问题。如果买卖合同有效，方具有讨论赵某优先购买请求是否应得到支持问题。从抵押权和租赁权不同的权利内容分析，抵押人未通知承租人，一般不会给承租人造成损害，因此不能据此而影响抵押的效力。所以，赵某提出因孙某将房屋抵押给李某时未通知他，因此抵押无效的观点，不能成立。抵押合同约定“将三间房屋作价转让给乙方（李某）”，实际上是对抵押权的实现方式的约定，并不是对房屋权属归属的约定，不能认定为流质契约，因而是有效的。在债务清偿期到来后，孙某无力还债，孙某与李某协商，双方同意根据抵押合同的规定，将该房屋作价 10 万元转让给李某以冲抵全部债务。是在考虑抵押物价值的情况下，使抵押物的所有权归属于李某。抵押权只是一种价值权、变价权、优先受偿权，而并不是优先获得抵押物的所有权的权利。在出卖已出租并已设定抵押的房屋时，抵押权人并不能主张优先购买，而只有承租人才能主张优先购买的权利。故上述案例中，李某不能以自己享有抵押权，或以其与孙某之间的抵押合同为依据，而要求获得已出租给赵某的房屋的所有权，而只有赵某才能主张优先购买。由于孙某与李某协商将房屋已作价 10 万元转让给李某，实际上是指李某愿以 10 万元的价款购买该房屋，赵某如果要主张优先购买，也必须以 10 万元的价格购买。赵某认为，孙某与李某高估了房屋的价格，他只能以 8 万元的市价购买该房屋，这显然与李某并非处于同等条件之下，因而赵某并不符合优先购买权的条件，因此，该房屋仍应以 10 万元价格转让给李某。上述案例分析表明，同等条件的确定要依照买受的第三人与出租人确定的房屋价格，该价格体现的是第三人与出租人的意思表示。承租人主张优先购买权，只能按照第三人与出租人确定的同等条件，承租人对该条件不具有异议权和抗辩权，这是由物权制度决定的。承租人的优先购买权约束的只是出租人缔约相对人的选择权，而并非约束出租人对房屋处分权。房屋出卖价格的确定是出租人行使的处分权，承租人不能依据优先购买权对此进行抗辩。如抵押权人出价高于承租人而承租人又不愿意以抵押权人的价格购买该物时，只能说明承租人放弃了优先购买权。

审判实践

审判实践中适用本条要注意抵押权人与出租人的协议行为是否为合法行为。

本条规定的“出租人与抵押权人协议折价、变卖租赁房屋偿还债务”，是指出租人与抵押权人依照《物权法》第一百九十五条、《担保法》第五十三条规定协议折价、变卖抵押物以实现抵押权的行为。依照上述法律规定，抵押权人与出租人协商对抵押物进行折价、变卖，要符合下列条件：（1）存在有效的抵押权。抵押权的实现应以抵押权存在为前提，当事人只有享有抵押权时，才可以实现抵押权。其次，抵押权必须合法有效。抵押权是对物的价值的支配权，如果不能合法存在，则不享有支配权，也就谈不上优先受偿了。（2）债权已届清偿期而未受清偿。抵押权的目的在于担保债权受偿。若债权人的债权未届清偿期而允许抵押权人行使抵押权，将损害债务人依法应当享有的期限利益。因此，抵押权人行使抵押权以债权已届清偿期而未受清偿为要件。但对于未届清偿期的债权，若因法定原因或者约定原因，使债务人丧失期限利益时，债权人得即时请求债务人履行债务。债权受抵押担保，因债务人丧失期限利益，债权人因此亦可行使抵押权。因法定原因债务人丧失期限利益的情形有两种：一是债务未届履行期，但债务人宣告破产的，此时，债务人依法丧失了期限利益，未届期的债权视为已届清偿期，抵押权人得提前行使抵押权。《企业破产法》第四十六条规定：未到期的债权，在破产申请受理时视为到期。附利息的债权自破产申请受理时起停止计息。该法第四十七条又规定：附条件、附期限的债权和诉讼、仲裁未决的债权，债权人可以申报。此种情形，国外立法例亦有规定，如《法国民法典》第 118 条规定："如债务人破产，或债务人因其行为减少依契约对债权人所提供的担保时，债务人不得要求期限的利益。"[①] 二是担保法解释第七十条规定：抵押人的行为足以使抵押物价值减少的，抵押权人请求抵押人恢复原状或提供担保遭到拒绝时，抵押权人可以请求债务人履行债务，也可以请求提前行使抵押权。对此，许多国家在立法上均予明文规定。例如，《日本民法典》第 137 条规定："于下列各项情形，债务人不得主张期限利益：（1）债务人受破产时；（2）债务人毁灭或减少担保物时；（3）债务人负提供担保义务而不予提供时。"[②] 另外，在预期违约的情形下，"因债务人的债务也确定地于履行期限届满后不能清偿，抵押权人也可实现抵押权。"因约定原因债务人丧失期限利益，虽债务未届履行期，抵押权人得实现抵押权。我国《物权法》第一百九十五条规定：债务人不履行到期债务或者发生当事人约定的实现抵押权的情形，抵押权人可以与抵押人协议以抵押财产折价或者以拍卖、变卖该抵押财产所得的价款优先受偿。"发生当事人约定的实现抵押权的情形"是《物权法》新增加的规定，《物权法》之所以将当事人约定的情形作为实现抵押权的事由，是为了对抵押人的某些行为进行约束，以更好地保护抵押权人的权益。比如在浮动抵押的情形下，如果只允许抵押权人在债务人到期不履行债务时才能实现抵押权，可能会由于抵押人在经营过程中的

---

① 梁慧星主编：《中国物权法研究（下）》，法律出版社 1998 年版，第 873 页。
② 梁慧星主编：《中国物权法研究（下）》，法律出版社 1998 年版，第 873 页。

非正常经营行为或者恶意的行为，甚至是正常经营行为，造成抵押权实现时抵押财产大量减少，无法对抵押权人的债权起到担保作用，从而损害抵押权人的利益。(3) 债务人不履行债务。倘债务已届履行期，但债务人履行债务，债权人的债权受清偿，抵押权即消灭，自无抵押权实现。(4) 债务的未清偿不是因为债权人的原因所造成的。债务不履行的原因是多方面的，有不可抗力的原因；有债权人的原因；有债务人的原因。“只有在因债务人方面的原因未清偿债务时，抵押权人才可以实现抵押权；如因其他原因致使债务不履行的，抵押权人不能实现抵押权。”①

如果抵押权人与出租人有关折价、变卖房屋协议无效，承租人未购买房屋前，因折价、变卖房屋的协议无效，合同确定的折价、变卖价款无效，房屋要恢复原有状态，出租人出卖房屋行为不具有效力，承租人优先购买权因缺乏行使的必要条件，不能予以保护。在前述情形下，如果承租人行使优先购买权，购买房屋后，承租人买卖合同与折价、变卖协议系不同的合同，为不同的法律关系，仅承租人购买房屋协议中价格条款与折价、变卖的协议价格等内容相同，此情形下，承租人购买协议依照《合同法》规定确定效力，相关的同等条件内容双方可以协商确定或者按照另行协商后的价格确定。

第二十三条 ［租赁房屋拍卖时优先购买权的保护］

出租人委托拍卖人拍卖租赁房屋，应当在拍卖5日前通知承租人。承租人未参加拍卖的，人民法院应当认定承租人放弃优先购买权。

条文主旨

本条规定了拍卖程序中承租人优先购买权的保护。

背景依据

一、问题的提出

承认并保护承租人的优先购买权，乃是我国的一贯政策。之所以如此，恐怕主要出于以下考虑：一是维护和稳定承租人对租赁房屋的现实利用关系，尽量使房屋

① 王利明主编：《中国民法案例与学理研究物权篇》，法律出版社1998年版，第209页。

的所有人和利用人合二为一，减少承租人寻找房屋和搬迁的麻烦，从而降低交易成本，提高房屋的利用效率；二是在现代社会中，租赁他人房屋用于居住或经商者日众，承租人相对于房屋所有人而言，已经形成一个较为庞大的社会弱势群体，法律赋予承租人以优先购买权，也是出于保护这一弱势群体的政策考虑。因此，我国现行法承认并保护承租人的优先购买权，是有其正当的利益考量的。

不过，应当看到，在法律法规中确认承租人的优先购买权，既涉及对出租人房屋所有权的限制和承租人的保护问题，也关系到与出租人进行房屋买卖的第三人的交易安全。对于这三方面的关系，如果处理不当，就可能或者使出租人的房屋所有权受到过分限制，或者使承租人的优先购买权无法真正实现，或者是损害第三人的交易安全。由于我国《合同法》第二百三十条对承租人优先购买权的规定过于简单，同时，在不少行政法规乃至地方性法规和规章中，对该问题也有一些不尽相同的规定，所以，如何运用民法解释学的方法 ，对这些规定进行法律解释和漏洞补充的工作，以便将关于承租人优先购买权的规则加以具体化，妥善协调各种规定之间的冲突，就显得十分必要。有鉴于此，本条在规定拍卖中如何保护承租人优先购买权的问题，从《合同法》第二百三十条的规定出发，适当结合相关行政法规、地方性法规和规章的规定及学理学说，来展开这方面的讨论。

房屋所有权人转让已出租房屋时，承租人在租赁期内具有优先购买权。但是通过拍卖程序公开转让时，就出现了承租人的优先购买权与拍卖中“价高者得”的拍卖原则的矛盾。一味强调优先购买权利而否定拍卖这种具有特殊程序价值买卖的做法是错误的，应当分不同情况，尽量衡平房屋所有权人、房屋承租人、竞价者以及拍卖机构的合法利益。众所周知，拍卖是一种“价高者得”的公开竞价程序，但我国现行的《拍卖法》及行业规则中，对承租人参与竞价、行使优先购买权问题并没有具体规定。当正处于租赁期间的房屋被拍卖时，价高者得的拍卖原则与承租人于同等条件下享有的优先购买权就出现了冲突，这一拍卖基本原则将无法贯彻。因此，如何在实务中既能使拍卖正常进行，又能保护承租人的优先购买权这一正当权利，是一个很值得研究的问题。

房屋承租人的优先购买权是指在房屋租赁关系中，承租人按照法律规定所享有的、在出租人将租赁房屋出卖于第三人时，承租人得以同等条件优先于他人而购买的权利。承租人的优先购买权最初由国务院于 1983 年 12 月发布的《城市私有房屋管理条例》第十一条确立，该条规定：“房屋所有人出卖租出房屋，需提前三个月通知承租人。在同等条件下，承租人有优先购买权。”此项规定虽是适用于城市私有房屋买卖关系的，但其确定的原则，也是应当适用于其他出租房屋买卖关系的。

我国《民法通则》并没有规定房屋承租人的优先购买权制度，但《最高人民法院关于贯彻执行〈中华人民共和国民法通则〉若干问题的意见（试行）》第118条作了普遍适用的规定："出租人出卖出租房屋，应提前3个月通知承租人；承租人在同等条件下，享有优先购买权。出租人未按此规定出卖房屋的，承租人可以请求人民法院宣告该房屋买卖无效。"（该规定已经被废止）《合同法》第二百三十条最终以立法的形式对承租人的优先购买权明确作出规定："出租人出卖租赁房屋的，应当在出卖之前的合理期限内通知承租人，承租人享有以同等条件优先购买的权利。"

二、拍卖的基本理论及与承租人行使优先购买权的冲突

所谓拍卖，是指以公开竞价的形式，将特定物品或者财产权利转让给最高应价者的买卖方式。拍卖作为一种特殊的买卖，其特性主要包含三个方面的内容：首先，拍卖是一种通过中介服务性质的交易方式，由专门资质中介机构拍卖公司与委托方签订委托拍卖合同、与最高竞价者签订成交确认书及其发布拍卖公告连接委托方和竞买方，并负责操作整个拍卖活动。其次，拍卖是在同一时间、地点通过公开竞价，实现价高者得的过程。再次，拍卖是受法律规制的活动，《拍卖法》规定了委托方、拍卖方、竞买方各项权利和义务及拍卖程序，保障竞价中价高者得原则的实现。从以上内容可以看出，《拍卖法》有力地保障了竞买者有平等参与竞买机会和平等参与资格，保障拍卖结果归价高者得权利。

承租人行使优先购买权存在与拍卖这种特殊的交易方式相矛盾的地方。由拍卖程序成交的合同作为一种特殊的买卖合同，槌落之刻意味着成交，因此，其合同的性质是一种诺成性合同。在确认承租人的优先购买权的前提下，如果承租人不参加拍卖，拍卖师在宣布成交后还必须询问承租人是否行使优先购买权，愿意以与最高竞价者相同价格买下房屋标的物，如果愿意则最高竞价者必须再次出价的话，则拍卖师的槌落成交的标志便形同虚设，拍卖就不成为拍卖；而如果承租人参加拍卖，宣布承租人与最高竞价者出价相同时房屋由承租人购得的话，无疑影响了拍卖程序的公正，摧毁了拍卖行为价高者得的基础准则，使其他竞买人失去了参加竞买的意义，实质是剥夺了所有权人以拍卖方式处理标的物的权利。因此，无论承租人是否参与拍卖程序，其结果都置拍卖规则于一个很尴尬的境地，如何调和两者的冲突变得非常重要。

出租人以拍卖方式出售租赁房屋时，承租人是否可主张优先购买权，讨论中有两种意见：一种意见认为，拍卖是出租人出售租赁房屋的一种方式，将该种出售方式排除在承租人优先购买权保护范围外，与《合同法》规定不符。相关司法解释有

关强制执行程序中保护优先购买权的规定，可以吸收借鉴。《最高人民法院关于人民法院民事执行中拍卖、变卖财产的规定》第十四条规定：人民法院应当在拍卖5日前以书面或者其他能够确认收悉的适当方式，通知当事人和已知的担保物权人、优先购买权人或者其他优先权人于拍卖日到场。优先购买权人经通知未到场的，视为放弃优先购买权。第十六条规定：拍卖过程中，有最高应价时，优先购买权人可以表示以该最高价买受，如无更高应价，则拍归优先购买权人；如有更高应价，而优先购买权人不作表示的，则拍归该应价最高的竞买人。顺序相同的多个优先购买权人同时表示买受的，以抽签方式决定买受人。另一种意见认为，依照《拍卖法》的规定，拍卖作为买卖的一种方式，设有特别程序规定，并以“价高者得”为原则。拍卖程序中，不会出现两个竞买人以相同的报价而分别成交的情况。在拍卖时，如果他人拍卖成交后再允许承租人行使优先购买权，则必然破坏《拍卖法》规定的特定拍卖，与“价高者得”的立法原则不符。遵循法律规定原则，在拍卖场合，承租人不应就承租房屋主张同等条件下的优先购买权，而应依照《拍卖法》的规定，竞拍承租房屋。经研究，多数观点认为，拍卖过程中，有最高应价时，承租人可以表示以该最高价购买，如无更高应价，承租人享有以该最高价优先购买的权利；如有更高应价，承租人不作表示的，人民法院应当认定承租人放弃优先购买权。但上述意见没有形成完全的统一认识，故本解释对此未作进一步的具体规定。

拍卖的过程，是作为一般的买卖关系加入了特殊的方式，因此，使得在附有房屋优先购买权的房屋在拍卖过程涉及多方的利益，这包括：房屋所有权人、竞买人、优先购买权人甚至拍卖机构的利益。这四方利益在同一个法律程序中很难同时加以保护和平衡。

承租人优先购买权具有物权性质，是一种准物权，即准用于物权法规定的财产权，先买权的优先效力和追及效力就是体现，可以对抗第三人。从近代世界各国的立法趋势来看，租赁权已呈现出物权化的趋势，即通说所谓的“租赁权的物权化”。由于租赁权的物权性，基于租赁权而产生的承租人的优先购买权也自然应具有物权性质。承租人的优先购买权虽然不能直接对租赁物享有权利，但它能直接对抗第三人，且承租人只要在同等条件下就能依自己的行为使权利发生变动，这明显区别于设立、变更或消灭必须由双方当事人的意思表示来完成的债权。明确承租人的优先购买权是一种准物权，可以有效地防止出租人与第三人串通而以协议的形式任意更改法定优先购买权的规定，侵害承租人的权利，以更好地保护承租人的合法权益。另有学者认为，承租人优先购买权是一项物权，是给出租人增加的合法负担。该观点目前未得到大多数人的认可，因为租赁权尽管出现物权化的趋向，但一般而言，其性质仍为债权。我国现行民事立法赋予租赁权具有对抗第三人的物权效力，但是现行民事立法并没有确认租赁权为物权，仍然把它视为债权。租赁权的物权化应有一定的边界，否则不但有违物权化的初衷，而且会导致法律体系的紊乱。此外，承租人优先购买权是形成权，即承租人可以主张依据出租人与第三人达成的买卖条件建立自己与出租人之间的买卖关系。优先购买权的权利属性为形成权，其实质系对出租人选择房屋买卖合同对方当事人自由的限制。所谓形成权，是指由法律赋予的权利人仅凭自己的单方行为即可使法律关系发生、变更或消灭的权利。形成权的主要功能，在于权利人凭单方意思表示可以产生、变更、消灭民事权利义务关系。由于承租人一旦行使优先购买权，即可依法排除出租人将租赁物出卖给他人的可能，而在其与出租人之间形成买卖租赁物的权利义务关系。因此，承租人的优先购买权是一种形成权。承租人仅凭自己的单方意思，即可与出租人形成以出租人与第三人同等条件为内容的买卖合同，无须出租人承诺。又由于承租人的优先购买权以同等条件为前提，因此，其又是一种“附条件”的形成权，但这里所谓的“附条件”是法律明确规定的，不是双方当事人约定的事项，因而也就不是真正意义上的“附条件”，故此，也有学者认为，承租人优先购买权是附条件形成权的说法。再者，承租人优先购买权是一种期待权。承租人优先购买权并不是承租人在任何时候都能享有的一种现实权利。承租人的优先购买权发生于出租人转让租赁物所有权之时，在此之前，承租人的优先购买权只是一种期待权。承租人的优先购买权同时还是一种专属权。由于承租人的优先购买权是根据法律规定而产生的，这种权利仅属于承租人本人，故不能转让和继承。

三、国外、我国台湾地区相关的立法例及理论争议

国外关于在拍卖程序中，承租人优先购买权的行使问题，大致有两种不同的立法模式：一是否定说，即否定在拍卖过程中存在优先购买权利，如《德国民法典》第512条规定：“以强制执行方式或破产管理人所为之出卖，不得行使优先购买权。”二是肯定说，即承认拍卖程序中优先购买权的存在，如《法国民法典》第815－15条规定：“如共有人中的一人将其在共有财产中或其中一处或数处的全部或部分权利拍卖时……每个共有人得在自拍卖时起算起一个月的期限内，通过法院档案报关书记处或向公证人声明取代买主。”《瑞士民法典》第681条规定：在拍卖的情况下，权利人仍然可以行使优先购买权。

我国台湾地区的“法律”规定房屋拍卖时，承租人享有优先购买权，其“土地法”第104条规定：“房屋出卖时基地所有权人有依同样条件优先购买之权。

……执行法院应于拍定后通知基地所有权人，基地所有人接到通知后十日内可主张优先购买……”台湾地区学者杨与龄教授认为：“强制拍卖，亦为买卖之一种，自不影响优先承买权人之权利……故不动产经拍定或交债权人承受时，执行法院知有优先承受权利人者，得依法通知其于法定期限内表示愿否优先承受。无法定期限者，则应在执行法院所定期限内行使优先承买权。优先承买人于接到通知后，逾期未表示者，其优先权视为放弃，执行法院得交由拍定人承买。”

我国学者对拍卖中承租人的优先购买权大致有三种观点：一种观点认为在以拍卖形式出卖标的物的场合，不存在优先购买权。主要理由是，由于拍卖作为一种特殊的买卖方式，是以“价高者得”为原则，并无“同等条件”可言。在拍卖场合，优先购买权应该不得行使。但为保护承租人利益，出租人应将拍卖的有关情况及时通报承租人，以便其决定是否参加竞买。另一种观点认为，因为标的物的拍卖，而使优先购买权归于消灭。王泽鉴先生也认为在这种情形下，优先购买权的行使是被排斥的，他的理由是：“在强制拍卖之情形，优先购买权若亦得行使，应买之人势必锐减，买价难免偏低。”第三种观点是，认为在拍卖程序中存在优先购买权利，因为拍卖不过是买卖的一种特殊形式而已，其最终还是要签订买卖合同的，自然不能否认房屋承租人的优先购买权，而且设计出种种行使优先购买权的形式。

拍卖合同作为一种特殊的买卖合同，是以槌落为成交标志的诺成性合同。拍卖既然以“价高者得”为原则，当然不会存在两个竞买人以相同的价格而分别成交的现象。如果承租人参加拍卖竞价，那么优先购买权人与其他购买人势必处于相同的购买地位，无“优先”可言。若保护其优先购买权，在承租人与最高应价者出价相同时房屋标的物由承租人依优先购买权而购得的情况下，其他竞买人也没有参加竞买的必要了。则竞买人定会感觉显失公平而人数锐减，卖价可能会偏低，以致侵害房屋所有人以拍卖方式处理标的物的法定权利。同时也影响了拍卖行为的公信力，违背了拍卖行为价高者得的基本原则，导致拍卖程序的不公正。如果承租人不愿意参加拍卖，就视为自动放弃了优先购买权。如果在确认承租人的优先购买权的前提下，承租人不参加拍卖，拍卖师在宣布成交后还必须询问承租人是否行使优先购买权，若承租人愿意在同等价格条件下购买房屋标的物，则最高应价者必须再次以更高的价格出价时，那么拍卖师的槌落成交即成为一种虚设，拍卖也就失去了其存在的现实意义。由此可见，“优先”与“竞价”之间难以在拍卖场上得到一致。

《拍卖法》第五十一条规定：“竞买人的最高应价经拍卖师落槌或者以其他公开表示卖定的方式确认后，拍卖成交。”拍卖法所要保护的是价高者得的拍卖原则及房屋产权人的利益，它充分尊重房屋产权人的出卖意愿，赋予其在一定范围内的选择受让人的权利。

房屋承租人的优先购买权源于民法上的物权优先效力。作为物权对于债权优先效力的一种例外情况，承租人优先购买权所要保护的是稳定的财产租赁关系及承租人对租赁物的使用权和收益权，维护财产的静态交易安全。法律作为利益分配的调节器，当房屋进入拍卖程序与承租人优先购买权的行使发生冲突时，应坚持“两利相权取其重”的价值取向进行平衡，确定以拍卖方式出卖的房屋也要保护承租人的优先购买权。第一，从权利义务上看，承租人对于租赁房屋有使用权和收益权，承租人与租赁房屋形成了一定的依赖关系，在租赁期间可能会对房屋进行整理和修缮，以更利于居住或经商。承租人在租赁期间对租赁房屋要尽一定的关注和维护义务，因此，根据权利与义务相一致的原则，在租赁房屋被拍卖时承租人应享有优先购买权。第二，从法律效力上看，承租人的优先购买权是从租赁权中派生出的一项权利，它是基于承租人对租赁物的租赁而对承租人租赁权的一种法律保护。目前各国法律对租赁权的保护已呈物权化趋势，按照民法的一般规则，对物权的保护应优先于对债权的保护。当物权与债权并存时，物权具有优先于债权的效力。因此，为使承租人不因租赁房屋产权转让而丧失租赁权，保障权利人优先取得物的所有权，在房屋拍卖中有保护承租人优先购买权的必要。第三，从立法目的上看，承租人的优先购买权是为了稳定租赁关系，使承租人不因租赁物产权的转移丧失租赁权而设立的，这与民法中“买卖不破除租赁”的规则是一致的。我国《合同法》也确立了优先购买权的制度。拍卖是一种特殊的销售方式，它不是以时间先后决定，它的主动权在价格上。但是拍卖也只是一种销售方式，它不应抵消优先购买权。按照我国现行法律法规的发展趋势，承租人的优先购买权在房屋拍卖中更应得到有效的保护的。第四，从一般情理上看，拍卖法侧重保护房屋产权人的利益，通过拍卖谁的价格高谁就中标，于是产权人与价高者签订房屋买卖合同，以符合产权人欲出卖房屋的意愿。而现实生活中公有房屋、商业用房的承租人人数通常较多，承租人的优先购买权在拍卖中若不予以保护，将损害大多数人的法定权益。况且为房屋产权人最大利益的实现，而剥夺了承租人的法定优先购买权，于情于理都说不通。产权人的利益具有个性，而承租人的法定权利则具有社会性及公共性。这种为保护一种合法权利而牺牲另一种更大更多数人的合法权利，付出的代价是否合算，也是有悖于立法优先购买权的原则。

四、如何在拍卖中保护承租人的优先购买权

法院拍卖程序中，承租人的优先购买权的保护，目前主要有“跟价法”和

"询价法"。

1. "跟价法"。"跟价法"是指由法院通知优先购买权人直接参与竞买，优先购买权人和竞买人一起竞价，实行价高者得。这种做法将优先购买权人视同一般的竞买人。因此，优先购买权人要行使和实现其优先购买权，必须同其他竞买人一样，按照拍卖公告的要求，进行竞买登记，交纳拍卖保证金，举牌竞买。我国司法实践中采取的是"跟价法"。《最高人民法院关于人民法院民事执行中拍卖、变卖财产的规定》第十六条第一款规定："拍卖过程中，有最高应价时，优先购买权人可以表示以该最高价买受，如无更高应价，则拍归优先购买权人；如有更高应价，而优先购买权人不作表示的，则拍归该应价最高的竞买人。"

2. "询价法"。"询价法"是指由法院通知优先购买权人到拍卖现场，但不直接参与竞价，待经过竞价产生最高应价者后，由拍卖师询问优先购买权人是否愿意购买。如果其不愿购买，则拍卖标的即由最高应价者购得。如果其愿意购买，则拍卖师询问最高应价者是否愿意再加价，如果其不愿加价，则拍卖物由优先购买权人购得，如果其表示愿意，则在加价后再询问优先购买权人。如此反复，直至其中一人退出，拍卖才成交。我国台湾地区基本上采纳了"询价法"，不同之处在于，不再询问最高应价者是否愿意再加价，只要承租人表示愿意购买，拍卖标的即归承租人购得，否则，归最高应价者。

条文理解

对本条的理解应当注意以下几个方面问题：

一、保护承租人在拍卖中享有的优先购买权是不是等同于一定程度的强制缔约

强制缔约，又称为强制契约、契约强制、契约缔结之强制或强制性合同，是指个人或企业负有应相对人之请求，与其订立合同的义务，即对相对人之要约，非有正当理由不得拒绝承诺。在合同自由原则之下，当事人既享有决定合同内容、形式等自由，也享有缔约自由以及选择相对人的自由，即当事人可以依其自主意思决定是否订约以及与谁订约。但是，在强制缔约制度中，由于受要约人负有强制缔约义务，必须作出承诺，因此，其缔约自由受到了相当的限制。而且，当特定要约人发出要约以后，受要约人无正当理由不得拒绝与之订约，因此，其选择相对人的自由也受到限制，如承运人必须对旅客或者托运人的要约进行承诺，从而既使其丧失了缔约自由，也使其丧失了选择相对人的自由。根据违反强制缔约义务的后果的不

同，强制缔约可以被区分为直接的强制缔约与间接的强制缔约两个基本类型。对直接的强制缔约而言，当负有缔约义务的一方不接受他方的要约时，要约人得诉请公权力介入，强制受要约人为承诺的意思表示。承租人的先买权可以划入直接的强制缔约之中。因此，依照附强制缔约义务的请求权说，将承租人的优先购买权视为直接强制缔约的一种，在出租人违反此义务将租赁物出卖给第三人的情形中，承租人可以诉请公权力介入，强迫出租人对其作出承诺的意思表示。之所以采纳附强制缔约义务的请求权说，而不采纳形成权说，主要是基于以下几个方面的理由：

首先，从功能上看，请求权旨在实现请求权人的利益，使当事人取得物权或者其他支配性的权利或者利益。请求权在性质上属于手段性的权利，但如果法律规定请求权的相对人负有不得拒绝的义务，该请求权就具有了一定的终局性和目的性。就承租人的先买权而言，将其性质定为附强制缔约义务的请求权，就直接能使承租人取得租赁物买受人的地位，使法律关系的稳定性增强，而且也符合维护物的使用和归属相统一的目标。本来，请求权与形成权之间的差别较为明显，但是一旦请求权附以强制缔约义务，其与形成权之间的界限就变得非常模糊，因为，请求权与形成权的一个主要区别就在于义务人能否对权利人进行抗辩上，而一个义务人不能对之作出抗辩的请求权与形成权在效力上并无差别。也就是说，采纳附强制缔约义务的请求权说，完全可以如同采纳形成说那样，实践对承租人利益的较为周全的保护，因此，形成权说并不是不能被附强制缔约义务的请求权说所取代。

其次，虽然采纳形成权说与采纳附强制缔约义务的请求权说在效力上差别不大，但后说更有助于保护出租人的利益，实践先买权的立法目的。在出租人擅自将租赁物出卖给第三人时承租人可获得的救济方面，采附强制缔约义务的请求权说较形成权说对承租人要更为有利。对形成权能否成为侵权行为客体的问题，在理论上尚未形成一致意见，如有观点认为，形成权无对立的义务存在，因此不得单独转让，也无被侵害的可能。并且从权利的行使上来看，由于形成权只能因一方的意思表示即可使法律关系发生变更，如就合同的法定解除权而言，解除权人尚未行使权利时，由于其可以因解除事由的出现而解除合同，主动权完全由权利人掌握，因此，不可能存在被侵害的问题。另外，法定代理人的追认权、抵销权、行纪人的介入权以及身份法上的离婚请求权、婚生子女否认权等均是如此。而如果承租人的先买权也采此种观点，使其不具侵害性，从而不能成为侵权行为的客体的话，那么在出租人将租赁物出卖给第三人时，承租人就无法实现其先买权。虽然理论上也有观点在不具侵害性的问题上将承租人列为形成权体系的一个例外，主张其也可依照侵权行为法得到保护，但这已经与形成权的一个重要特征“不能作为侵权行为的客体”相违背。因此，与其勉强地将承租人的先买权划入形成权的范畴，不如将其视为附强制缔约义务的请求权，这不仅有助于维护承租人的利益，而且也有助于维护权利体系内容的统一性。

二、根据本条规定的内容，应明确拍卖情形下承租人优先购买权的保护途径

在拍卖程序中，对优先购买权是否应予保护的选择在实质上是一种价值上的取舍或者平衡，即在立法政策上是取拍卖之价值舍优先购买权之价值，还是取优先购买权之价值舍强制拍卖之价值，或者平衡和协调两者之间的价值。对此，在拍卖程序中仍需对优先购买权予以保护，这主要是因为：

第一，由于优先购买权在效力上的特殊性，对之进行的保护在包括拍卖的执行程序中亦需加以贯彻，从而使设立该项制度的价值得以实现。

第二，拍卖在性质上是一种对财产进行强制处分的公法行为，[①] 其与民法意义上拍卖的私权性是有所区别的，对之进行的程序设计也因之不必完全囿于民法意义上的拍卖规则，在政策考量的基础上作出一定的改变也应该是允许的。

第三，关于拍卖的公信力，拍卖的公信力产生于拍卖标的物拍定后，因此，在拍定前或者是拍卖前告知拍卖标的物上的优先购买权负担以及对之适用的规则，那么并不能得出在公示下对优先购买权的保护危及了拍卖的交易安全和导致法院的拍卖不具有公信力。

第四，保护优先购买权可能减损拍卖标的物的价值与拍卖追求拍卖标的物价值的最大化和最大限度地维护债务人和债权人双方的利益[②]之间在一定程度上的确存在着难以调和的矛盾。但是，既然是价值的权衡与取舍，难免应该“两害相权取其轻”，价值的减损只能是潜在的、可能的和一定范围内的——害轻，而不予保护优先购买权则是显性的、肯定的和完全的——害重。

关于拍卖情形下优先购买权保护时间上的选择。拍卖情形下优先购买权保护时间上的选择涉及的问题是，对于优先购买权的保护是在拍卖之前由优先购买权人根

---

① “拍卖系执行法院将依法查封之债务人财产，依本法所定拍卖程序，将其出卖与拍定人，以收取价金之公法行为。”参见陈荣宗：《强制执行法》，台湾地区三民书局 1999 年版，第 392 页。

② 谭秋桂：《民事执行原理研究》，中国法制出版社 2001 年版，第 239 页。

据拍卖底价决定是否行使优先购买权,[①] 还是待拍卖标的物拍定后，由优先购买权人在一定时期内决定是否行使权利，抑或在拍卖的现场由优先购买权人对最高应价决定是否行使权利继而将标的物拍给优先购买权人或者最高应价者。[②] 法国强制执行制度在处理“先购权附带事件”时，由优先购买权人在拍卖后一定时期内通过声明宣告的方法以取代在拍卖中取得财产的人,[③] 此种属拍定后再行使优先购买权。[④] 我国台湾地区有学者认为，依据“强制执行法”第102条的规定，通知优先购买权人参加拍卖不仅有告知拍卖事实，期其自由参加应买之意，且有通知优先购买的意思,[⑤] 此种属拍定时即行使优先购买权。在拍卖之前尚未形成可供比较的“同等条件”之前无所谓优先购买权的行使,[⑥] 因而该种方案也是不足取的。[⑦] 就拍定后和拍定时而言，从维护拍卖公信力和法院公权力权威的角度考虑，应该在拍定时即由优先购买权人决定是否行使权利，如其表示承受，则将标的物拍定给优先购买权人，如其表示行使优先购买权，则将标的物拍定给应价最高者，此后优先购买权人不得再行主张行使优先购买权。在这种思路下，优先购买权人除了享有在最高应价后可以表示优先购买权而外，其身份与其他竞卖人一样，要履行与其他竞卖人同样的义务，如交纳拍卖保证金等。[⑧]

为了保护优先购买权，同时又不至于优先购买权人滥用权利，在拍卖情形下对优先购买权的保护可以考虑作如下处理：

---

① 有学者认为，拍卖应当以优先购买权人承诺的出价为拍卖底价，若拍卖时无人应拍，则优先购买权人应当以该底价购买该拍卖标的物，若有人应价，优先购买权人则丧失优先购买权。优先购买权人亦可参加拍卖，但其只享有与其他竞买人相同的权利，不再享有优先购买权。参见徐文杰：《房屋拍卖如何保护承租人的优先购买权》，载《法制日报》2003年5月14日。

② 有学者即认为，对于拍卖程序中优先购买权的保护既可以在拍卖时，也可以在拍卖前或者拍卖后，具体如何操作由执行法院选择。具体而言，拍卖时，可以由优先购买权人以最高应价买受标的物；拍卖后，可以征求优先购买权人是否以最高应价买受标的物；拍卖前，可以询问优先购买权人的最高出价，并以最高出价为起价进行拍卖，如无更高出价则由优先购买权人买受。参见黄金龙：《强制执行中第三人权益保护的程序与实体问题》，载《执行工作指导》（总第1辑），人民法院出版社2004年版，第97页。

③ [法] 让·文森、雅克·普雷沃：《法国民事执行程序法要义——强制执行途径与分配程序》，罗结珍译，中国法制出版社2002年版，第302～303页。

④ 我国台湾地区有学者对“土地法”第104条承租人于房屋或者基地的优先购买权亦采此种观点。参见耿云卿：《强制执行法释义》（上册），台湾地区黎明文化事业公司1979年版，第206页。

⑤ 陈荣宗：《强制执行法》，台湾地区三民书局1999年版，第432～433页。

⑥ 吴鹤亭：《强制执行法实用》，第335页，转引自陈荣宗：《强制执行法》，台湾地区三民书局1999年版，第432页。

⑦ 在股权转让中，“同等条件”不是由保留优先购买权的股东与出让方或法院确定的，而是由出让方与第三方确定的，当股东未放弃优先购买权时，只有在以拍卖方式确定“同等条件”之后，优先购买权的股东才可决定是否行使优先购买权。参见王欣新、赵芬萍：《再谈有限责任公司股权转让法律问题》，载《人民法院报》2002年7月19日。

⑧ 《关于执行中评估、拍卖、变卖若干问题的规定》（征求意见稿），载《人民法院报》2004年1月15日。

1. 在拍卖前通知优先购买权人和告知其他参加竞拍的人。对于明知在被拍卖房屋上有优先购买权负担且可以送达通知的，应当在第一次拍卖之前通知优先购买权人，限定其在一定时期内作出是否参加拍卖并在可能的情况下行使优先购买权，优先购买权人明确放弃或者逾期未作表示的，不再予以保护；对于在被执行人特定财产上是否有优先购买权负担不明或者无法通知的，则可在拍卖公告前以公告的方式通知相关权利人在一定时期内向执行机构申报权利，逾期未申报的视为放弃权利。对于拍卖标的物上有优先购买权负担的，还应当在拍卖公告中予以说明，并告知优先购买权人在同等条件下有优先购买的权利。

本条规定：出租人以拍卖方式出卖房屋时，出租人或者拍卖人应当在拍卖5日前通知承租人。承租人未参加拍卖的，人民法院应当认定承租人放弃优先购买权。该条规定明确了拍卖行为的告知义务人及告知的期限，并明确了告知后出生的相应法律后果。首先，拍卖的告知义务人应当为出租人或者拍卖人。之所以作出该种规定，主要是出于对承租人的保护。如果仅仅规定为出租人或者仅仅规定为拍卖人，都是对告知义务主体的限制和范围的缩小，甚至会出现在怠于履行告知行为时，直接导致对承租人优先购买权的侵害或者导致拍卖行为归于无效，进而造成买卖行为混乱的局面和结果的发生。再者，该条规定了告知的期限，即应当在拍卖5日前进行告知。该期限的确定与本解释第二十四条规定的，出租人履行通知义务后，承租人在15日内未明确表示购买的规定有所不同。本条规定是对房屋进行出卖的告知，而后者是出租人已经确定了出卖租赁房屋，并已经确定出卖价款等事项的通知。故本条规定的期限不应长于第二十四条的规定，但在具体指明期限时，采纳了5日的方案，这样既能提高拍卖行为及早进行的效率，也能给予承租人以合理期限的必要准备。

2. 在拍卖公告中明细拍卖规则。于此，最为紧要的规则是是否允许最高应价者在优先购买权人表示愿意购买的情况下出更高的价格。为了实现拍卖标的物价值的最大化，应当允许最高应价者在优先购买权人表示购买的情况下出更高的价格，此后再由优先购买权人决定是否行使优先购买的权利，依此类推。准此规则，对于以投标方式竞价的，同样允许在开标后出价最高者在优先购买权人愿意以该价格购买的情况下出更高的价格。

在制定本解释的讨论中，主流观点认为，拍卖过程中，有最高应价时，承租人可以表示以该最高价购买，如无更高应价，承租人享有以该最高价优先购买的权利；如有更高应价，承租人不作表示的，人民法院应当认定承租人放弃优先购买权。

审判实务

司法实践中，关于拍卖租赁房屋而引发纠纷的案例较多，以下面的案例来引发审判实务中应注意的做法。

自然人甲承租乙公司1200平方米，租赁期自2003年10月至2004年11月。2004年3月，乙公司决定出售该房屋，于2004年3月5日通知甲该房屋通过拍卖进行出卖。甲随即主张行使优先购买权。2004年3月29日，该租赁房屋进入拍卖程序。甲以竞买人的身份参加了拍卖活动。拍卖前，甲告诉拍卖行自己是承租人，有优先购买权。竞买人丙报出1102万元时，没有其他竞买人竞买，拍卖师落槌。此时，甲高声叫道："这个价格我要购买!"但拍卖行认为，甲的主张不能接受，应认定丙是房屋买受人，并在拍卖后与丙签订了确认书。丙支付购房定金80万元。甲认为乙公司和拍卖行侵犯了他的优先购买权，诉至法院。

上述纠纷的产生，提示了法院在委托拍卖或者处理因拍卖而出现优先购买权纠纷时中，具体实施或者审查行为效力及对优先购买权的保护应遵循如下程序：

1. 拍卖通知。有通知义务的当事人是否在拍卖5日前以书面或者其他能够确认收悉的适当方式，通知优先购买权人于拍卖日到场。由于优先购买权人须以竞买人身份行使优先购买权，所以拍卖通知中要载明拍卖的时间、地点、拍卖原因、拍卖保证金数额、交纳拍卖款的期限等内容，以便于优先购买权人决定是否参与竞买。对于尚未知悉的优先购买权人，应当在拍卖公告中一并告知优先购买权人参与竞买的权利，以及不登记竞买将丧失其优先购买权的法律后果。鉴于《最高人民法院关于贯彻执行〈中华人民共和国民法通则〉若干问题的意见（试行）》第118条关于"出租人出卖出租房屋，应提前三个月通知承租人。承租人在同等条件下，享有优先购买权；出租人未按此规定出卖房屋的，承租人可以请求人民法院宣告该房屋买卖无效"已经废止，所以根据《合同法》第二百三十条的规定，仅要求在出卖前合理期限内通知优先购买权人。应当指出，在拍卖程序中，通知的合理期限已经为本条规定确定为提前5日前，但这里所指的5日，是指承租人提前5日收到该拍卖通知。根据通知适用到达主义的法理原则，无论通知义务人何时、以何种方式发出通知，必须保证承租人在拍卖行为开始的5日前收到该通知，否则，应认定通知行为无效。

2. 既然通过拍卖的方式处分房屋，就应当根据《拍卖法》的相关规定进行拍卖程序。拍卖须经过竞买登记、交纳竞买保证金、拍卖日到场等程序。优先购买权人须按照拍卖通知或者拍卖公告的要求，与其他竞买人一样进行竞买登记、交纳竞买保证金，在拍卖日到场参加竞拍。未按规定登记竞买、交纳竞买保证金的，视为放弃优先购买权。另外，优先购买权人经通知未到场的，视为放弃优先购买权。

3. 举牌应价。拍卖中出现了最高应价时，承租人可以表示以该最高价购买，如无更高应价，承租人享有以该最高价优先购买的权利；如有更高应价，承租人不作表示的，应当认定承租人放弃优先购买权。如果承租人在出现最高应价时未作出以该价格购买的意思表示，则拍卖房屋由最高应价人购买。如果有更高应价时，承租人应与更高应价者继续竞买，直至出现新的最高应价为止。

据此，依照本条规定及上述原则，该案例中，应认定甲的优先购买权应当得到保护，丙买受租赁房屋的行为无效。

第二十四条 [承租人行使优先购买权的例外情形]

具有下列情形之一，承租人主张优先购买权的，人民法院不予支持：

（一）房屋共有人行使优先购买权的；

（二）出租人将房屋出卖给近亲属，包括配偶、父母、子女、兄弟姐妹、祖父母、外祖父母、孙子女、外孙子女的；

（三）出租人履行通知义务后，承租人在15日内未明确表示购买的；

（四）第三人善意购买租赁房屋并已经办理登记手续的。

条文主旨

本条规定了承租人优先购买权行使的四种例外情形，即具有该四种情形之一的，承租人对租赁房屋没有优先购买权。

背景依据

根据该条的规定，分别就该四种情况进行分析如下：

一、房屋共有人行使优先购买权的

共有人优先购买权产生于共有人所有权关系之中，具有物权性质，而承租人优先购买权是基于租赁关系，是债权。从物权优于债权的理论，共有人的优先购买权要优于承租人的优先购买权。从法律效果看，法律设定共有人具有优先购买权，宗旨是维护共有关系的稳定性，从义务与权利相一致的原则，共有人优先购买权也应优先。

《民法通则》第七十八条第三款规定："按份共有财产的每个共有人有权要求将自己的份额分出或者转让。但在出售时，其他共有人在同等条件下，有优先购买的权利。"《最高人民法院关于贯彻执行〈中华人民共和国民法通则〉若干问题的意见（试行)》第九十二条也规定："共同共有财产分割后，一个或者数个原共有人出卖自己分得的财产时，如果出卖的财产与其他原共有人分得的财产属于一个整体或者配套使用，其他原共有人主张优先购买权的，应当予以支持。"根据这两条规定，房屋的按份共有人和属于一个整体的房屋原共有人对于房屋显然也享有优先购买权。如此一来，在房屋共有人将其已经出租的房屋出售时，就会发生承租人优先购买权与共有人优先购买权的冲突。

从解释论的角度来看，《民法通则》和《合同法》等法律对此问题并没有规定具体的解决办法。不过，在我国的地方性法规和规章中，倒是有不少明文规定，房屋共有人应当优先于承租人行使优先购买权。在这些省市，处理共有人和承租人之间的优先购买权冲突时，自可依据其规定处理。然而，在缺乏此类规定的大多数省市，就需要通过理论解释确立相应的解决办法。

在理论上，我国台湾地区有学者认为，依利用权优于所有权的精神，共有人的优先购买权不应优先于其他类型的优先购买权，包括承租人的优先购买权。我国大陆也有人主张，应当使承租人优先于共有人行使优先购买权。但大陆民法学界的主流观点认为，由于共有人的优先购买权是基于物权产生的，而承租人的优先购买权则是基于租赁权这一债权产生的，所以按照"物权优先于债权"的规则，共有人应优先于承租人行使优先购买权。在我国制定物权法的过程中，由梁慧星先生和王利明先生分别主持起草的物权法草案建议稿，在规定物权的优先效力时也认为，按照"物权优先于债权"的规则，应当得出共有人优先于承租人行使优先购买权的结论。本解释采用了物权优于债权的原则，确立了共有人优先权优于承租人优先权的原则。

首先，共有人的优先购买权是否确系基于物权关系而产生，因我国向来缺乏立法理由书制度，所以从有关立法资料中，难以证明这一判断的正确性。不过，从比较法的角度来看，《澳门民法典》明文确立了共有人的优先购买权（第1308条规定：任何共有人向第三人出卖其份额或以份额作代物清偿的，其他共同权利人享有优先权，且优先于其他法定优先权人）。在《法国民法典》制定之时，并没有规定共有人的优先购买权，直到1976年修改该法典时，才予以承认（第815-14条）。在德国、瑞士、意大利和日本的民法典中，并无共有人优先购买权之规定。在我国台湾地区，其“民法典”也未规定这一制度；后来修正“土地法”时，才在该法中增加规定了土地共有人的优先购买权。这些情况说明，一个国家或地区的立法者有无必要规定共有人优先购买权，纯属立法政策问题，与物权并无任何关系。其次，根据我国《合同法》第二百三十条的规定，并非一切租赁关系中的承租人都可享有优先购买权，只有房屋租赁合同中的房屋承租人才能够享有这一权利。因此，承租人的优先购买权也应当是一国立法政策选择的结果，与租赁权这一债权并无必然联系。再次，退而言之，即使承认共有人的优先购买权是基于物权、承租人的优先购买权是基于债权产生的，但因基于物权产生的优先购买权未必就是物权，基于债权产生的优先购买权也不等于就是债权，所以，试图用“物权优先于债权”的理论来解决共有人和承租人之间的优先购买权冲突，未免有偷换概念之嫌。最后，按照我国台湾地区的学者和司法实务界的见解，台湾地区“土地法”第 34 条规定的土地共有人的优先购买权仅有债权的效力，而该法第 104 条规定的地上权人、典权人或承租人的优先购买权则具有物权的效力，故在共有人与地上权人、典权人或承租人的优先购买权发生冲突时，后者较前者更具有优先性。虽然台湾地区民法学界的通说承认物权具有优先于债权的效力，但是似乎并无学者认为这种做法违反了“物权优先于债权”的理论。可见，由于立法者考虑的利益取向、价值判断以及实际立法选择的不同，也可能发生承租人优先于共有人而行使优先购买权的结果。

当承租人优先购买权与共有人优先购买权并存发生冲突时，应当保护哪一个权利人的优先购买权？在我国学者中，存在以下几种观点：

第一种观点认为，按份共有人优先购买权与承租人优先购买权不可能并存，在按份共有人转让其份额时，只能由其他按份共有人行使优先购买权，在出租人转让租赁物时，只有承租人才能行使优先购买权。因为按份共有人优先购买权的客体是共有权的份额，而不是共有物，承租人优先购买权的客体是具体的物，份额与实物非属同一，故这两种优先购买权无法并存发生冲突。这两种优先购买权的客体（一个是份额，一个是房屋）完全不同，不会发生权利的竞合，更谈不上谁更优先的问题。

第二种观点认为，要确定这两种优先购买权的效力，必须从基础关系着手分析，共有人优先购买权是基于共有关系而产生，而承租人的优先购买权是基于租赁合同这一债权关系而产生。按照物权优于债权的原理，共有人的优先购买权应优先于承租人优先购买权。从时间上来看，共有关系发生在先，租赁关系发生在后，即使租赁权物权化以后，发生在先的物权也应优先于发生在后的物权。由于买卖不破租赁原则的确立，承租人已受到充分的保护，没有必要使承租人优先购买权优先于共有人的优先购买权，让共有人的优先购买权优先，能简化或消除共有关系，有利于稳定财产关系。王泽鉴先生也认为："所有权之关系为恒久之关系，租赁、地上权或典权之设定，多受有期间之限制，为简化土地之物权关系，发挥土地之用益价值，明定共有人享有较优先之优先承购权在立法论上似值考虑。"这是我国民法界通说。在我国制定物权法的过程中，由梁慧星先生和王利明先生分别主持起草的物权法草案建议稿，在规定物权的优先效力时，起草者也认为，按照"物权优先于债权"的规则，应当得出共有人优先于承租人行使优先购买权的结论。

第三种观点认为，讨论权利并存之处理，只能从该权利性质比较得出，不能从该权利所产生之基础关系推出，共有人优先购买权与承租人优先购买权均为物权性权利。在两者并存情况下，宜根据先设物权优于后设物权的原理，先产生的优先购买权优于后产生的优先购买权实现。然而该优先购买权到底是物权性权利还是债权性权利，理论界有分歧，立法与司法上有不同的规定，不具有普适性。

第四种观点认为，在我国，原有的《最高人民法院关于贯彻执行〈中华人民共和国民法通则〉若干问题的意见（试行）》第 118 条规定："出租人未按此规定出卖房屋的，承租人可以请求人民法院宣告该房屋买卖无效。"由此可知，承租人的优先购买权可以对抗第三人，具有物权的效力。《最高人民法院关于贯彻执行〈中华人民共和国民法通则〉若干问题的意见（试行）》第 89 条规定："部分共有人擅自处分共有财产的，一般认定无效。但第三人善意、有偿取得该项财产的，应当维护第三人的合法权益。对其他共有人的损失，由擅自处分共有财产的人赔偿。"所以共有人的优先购买权仅系共有人之间的权利义务关系，不能对抗第三人，只有债权之效力。因此，依据物权的效力优先于债权的效力，承租人优先购买权优先于共有人的优先购买权。此种观点为我国台湾地区司法实务界通说。我国学术界也有人持有此种观点，持这种观点的学者认为，当代物权法已从所有权中心转变，只有加强对利用权能的保护，使利用权能优于单纯的所有权能，才能充分发挥物的经济效用，实现社会资源的优化配置和充分利用。

以上四种观点均持之有故，言之有理。但都值得商榷，承租人的优先购买权和共有人的优先购买权都是法律赋予的合法权利，但在两种法律权利发生冲突时，应当保护哪一个人的优先购买权，我国多数学者赞同共有人优先于承租人行使优先购买权，本条解释即采用了这种观点。

法律作为利益分配的调节器，当承租人的优先购买权与共有人的优先购买权发生冲突，应坚持"两利相权取其重"的价值取向进行平衡，确定共有人的优先购买权优先于承租人的优先购买权。首先，从成本和效益角度进行衡量，共有人与承租人的优先购买权赋予是有差别的。对共有人而言，优先购买权的存在所获得的效益是共有物的完整、稳定的占有和共有物的充分利用，为此支付的代价是第三人同等条件下购买机会的丧失，以及第三人交易风险的承担。而承租人优先购买权所获得的效益仅是租赁物占有的持续，以及承租人对租赁物可能的继续利用，而为此支付的代价却是出租人处分权的限制、第三人机会的丧失和交易风险的承担。很显然，对共有人优先购买权而言，它存在所获得的效益大于成本，而对承租人优先购买权而言，则其对交易秩序的干预所造成的负面影响大于其所获得的收益。实际上，即使承租人在租赁期间形成了对租赁物的依赖，这种依赖与第三人对租赁物的依赖无异，由于缺少一种物的占有连续性的存在基础，因而并不能构成优先购买权存在的强有力的理由。其次，从优先购买权设立目的看，共有人的优先购买权是共有权中包含的权利，是为了保护共有人的财产而设立的。而承租人的优先购买权虽然有保护承租人生存条件的目的，但这是建立在所有权人向另外他人出售房屋前提下的。财产所有权人并无保障他人人身、财产权益的积极义务，所以法律不能要求所有权人为他人的人身、财产权益承担义务，因为保障所有权的最根本目的也是为了保障所有权人生存条件，而且设立承租人优先购买权的这种目的可以通过“买卖不破租赁”的原则来实现。《合同法》第二百二十九条规定：“租赁物在租赁期间发生所有权变动的，不影响租赁合同的效力。”因此，即使承租人不享有优先购买权，其租赁权仍然能够得到保护。最后，从实际情况来看，房屋通常在结构上是相连的，是不易分割的一个整体，让其他共有人享有优先购买权，有利于对房屋进行管理、修缮、使用，也方便群众生活，有利于消除矛盾，符合情理。反之，如果使承租人优先购买共有的房屋，那么承租人和原共有人很可能分割房屋以明确权利归属，双方对不易分割的部分又必然形成新的共有关系。在这种复杂的区别所有和共有的情况下，势必容易引起矛盾和纠纷。所以从法律效力上、立法目的和社会效果上看，共有人的优先购买权应当优先于承租人的优先购买权。

二、出租人将房屋出卖给近亲属的情形

在借鉴国外相关立法的基础上，如出租人将住房出卖给其家庭成员或家属的，则承租人不得行使优先购买权。按照《德国民法典》第 570b 条之（1）的规定，如果出租人将住房出卖给其家庭成员或者家属的，则承租人不得行使优先购买权。此做法可借鉴，因家庭成员之间的房屋买卖，不免具有浓厚的人身色彩，与纯粹的买卖关系终究有所不同。我国《合同法》虽无类似规定，但在司法解释中可做一些尝试性规定，有利于促进家庭和睦和社会稳定。

我国是世界上最古老的国家之一，有自己独特的文化传统和文化背景。中国封建社会，以家族为基础，以农业生产为重心，民性淳朴，安土重迁，对祖先产业倍加珍视，世代保存，以纪念祖上创业之艰辛和保持门地之声光，若无故变卖祖先产业，不仅为乡族所不齿，视为不孝，也被社会所轻视，认为是败家之举。所以，即便是经济窘迫，或特殊情况而不得不出卖家产时，也必须以近亲先承买。唐律户婚中规定：身丧户绝者，所有部曲、客女、奴婢、店宅、资产，并令近亲转易货卖。唐会要也规定：天下诸郡逃户，有田宅釆产业，妄被人破除，并缘缺负租庸先已诸邻买卖，及其归后，无所依投。宋承唐制：应典卖倚当物业，先问房亲，房亲不要，次问四邻。明朝法律对亲属优先购买权也有规定：应向所亲邻者，止是问本宗有服纪亲之有买至者，准令；四邻所致，有本宗缌麻以上亲者，以账取问，否则即违法。清末，自第一次大清民律草案以来，出于摒除家族本位，与倡导司法自治原则，以及社会经济发展之考虑，对亲属优先购买权不予规定。但是，立法上不予规定亲属优先购买权或四邻优先购买权，在习惯法及判例上，如不违背公共秩序或善良风俗，都给予承认有效。

实际上该条的规定，还结合了法律关于继承的相关规定。《继承法》确认的继承人的范围，依照法定顺位，与本条规定的近亲属也是一致的。出卖人基于将来财产继承的需要，向法定继承人出卖该财产的，享有优先购买权的人不得行使这个权利。被继承人和法定继承人之间总是具有特定的身份关系，这种身份关系，是民法所保护的人身关系。特定的财产在具有特定的身份关系的亲属之间转移，一般是考虑到今后的继承问题。这就是说，优先购买权对于财产的继承如果有对抗性，则应当在这种财产转移关系中能够行使；如果不能对抗继承关系，那就不能对抗这种买卖关系。从优先购买权的基本性质上看，它不具有对抗继承效力，而只是对抗买卖关系效力。因此，具有一定继承因素的被继承人将财产出卖给法定继承人的买卖关系，优先购买权不发生效力，不能对抗这种买卖关系，这是对优先购买权的一个限制。

三、出租人履行告知义务后，承租人在15日内未明确表示愿意购买的

本项是对《合同法》第二百三十条规定的进一步细化。该条规定："出租人出卖租赁房屋的，应当在出卖之前的合理期限内通知承租人，承租人享有以同等条件优先购买的权利。"依照上述法律规定，承租人在出租人出卖租赁房屋时，享有同等条件下优先购买的权利，此时，出租人负有通知义务。从权利义务对等的角度分析，承租人在合理期限内行使优先购买权，亦应为承租人优先购买权的内容。如果

承租人不及时行使优先购买权，将导致出租人所有者权益受到损害。在房屋交易市场价格波动加大的情况下，这种损害更为明显。因此，本项将承租人接到通知后15日，作为行使优先购买权的合理期限，逾期视为承租人放弃优先购买权。

我国法律关于优先购买权行使的条件，从原有的《最高人民法院关于贯彻执行〈中华人民共和国民法通则〉若干问题的意见（试行）》第118条、《合同法》第二百三十条可分析出规定了如下内容：（1）出租人的告知义务；（2）消灭时限。原《最高人民法院关于贯彻执行〈中华人民共和国民法通则〉若干问题的意见（试行）》第118条规定出租人出卖出租房屋，应提前3个月通知承租人，而《合同法》规定，出租人出卖租赁房屋的，应当在出卖之前的合理期限内通知承租人。由于《最高人民法院关于贯彻执行〈中华人民共和国民法通则〉若干问题的意见（试行）》的该条规定已经废止，故出租人应按照《合同法》的规定，在出卖之前的合理期限内通知承租人即可。但关于该“合理期限”如何确定，争论意见较大。

有学者认为，具体应分为如下情况区别对待：

第一，出卖人按照法律规定通知优先购买权人的，做出行使优先权决定的期间为：不动产15日，动产10日。超过这个期间的，优先购买权消灭，出卖人与第三人的买卖关系生效。当事人可以约定具体的期限，但不得低于法定的期限。

第二，出卖人没有按照规定通知优先购买权人的，权利人行使优先购买权的期间为3个月。这个期间是从优先购买权人知道或应当知道出卖人与第三人之间缔结买卖关系之日起计算。超过这个期间的，优先购买权消灭，出卖人与第三人的买卖关系生效。

承租人必须在一定期限内行使优先购买权，这是行使优先购买权的时效条件。优先购买权作为一种期待权，必须在一定期限内行使，否则要产生相应的法律后果。规定了优先购买权制度的国家和地区，大多数都规定了优先购买权应在一定期限内行使。比如，《德国民法典》第510条第2款规定：“对于土地，先买权只能在收到通知后两个月的期间届满前行使，对于其他标的物，先买权只能在收到通知后一周的期间届满前行使。指定行使期间的，指定期间取代法定期间。”《瑞士民法典》第681a条第2款规定：“先买权人欲行使先买权的，须在知悉契约的缔结和内容之日起的三个月内行使该权利。新所有人在不动产登记簿上的登记已逾两年的，先买权不得再行使。”我国台湾地区“土地法”第104条规定基地出卖时，地上权人、典权人或承租人先买权行使期限为接到通知后10日内，10日内不表示者，其先买权视为放弃。《法国民法典》第815－14条规定最为复杂。首先，共有人要以司法公文书将其拟让与的财产的价格及条件，拟受让此财产的第三人的姓名、住所与职业通知其他共有人。第二，任何共有人，均可在收到此项通知之日起 1 个月内，以司法公文书通知出让人之日起 2 个月内行使先买权……第四，过此期限，出让人予以催告，于发出催告后 15 日仍无效果，则先买权人之声明无效，且出卖人可以向先买权人提出损害赔偿请求。

我国现行立法对承租人优先购买权的行使虽然有所规定，但规定很不完善，也很简单和原则。除上述提及的《最高人民法院关于贯彻执行〈中华人民共和国民法通则〉若干问题的意见（试行）》及《合同法》的规定外，国务院《城市私有房屋管理条例》第十一条规定："房屋所有人出卖租出房屋，须提前三个月通知承租人，在同等条件下，承租人有优先购买权。"就审判实践所反映出的问题看，现行行政法规和司法解释规定的优先购买权的行使期限过长。在市场经济社会，效率是当事人交易追求的一个重要目标，如果严格依照上述规定，出卖人在 3 个月前应通知承租人，那么出租人至少坐等 3 个月，最终的结果极有可能是出租人坐失商机。可见，出租人提前 3 个月通知承租人这一规定与日益快捷的不动产交易实际情况相违背，应当适当缩短。所以我国学者在起草物权法时建议将不动产先买权的行使期限定为收到出卖人通知后 15 日，动产先买权的行使期限为 10 日。

关于国外的一些立法例，在规定具体期限上也有不同。法国民法规定，自收到出卖人通知之日起 1 个月内行使。德国民法规定：土地的先买权在收到通知后 2 个月内行使，其他标的物的先买权在收到通知后 1 个星期内行使。瑞士民法规定：先买权人知悉出卖人与第三人契约的缔结和内容之日起 3 个月内行使。我们认为，先买权的行使期限，既不能过长，又不能太短。期限过长，商机稍纵即逝，不利于保护出卖人的利益。期限过短，会使先买权人缺乏必要的考虑和准备时间。在权衡利弊，并结合我国实际情况，本条作出了上述规定。

至于承租人接到通知后作出答复的期限，按照一些地方的规定，承租人应当在接到通知后的 30 日内作出书面答复，逾期不回复的，视为放弃优先购买权。不过，《合同法》和大多数地方性法规以及规章对此并无明确规定。鉴于上述行政法规、司法解释和不少地方性法规及规章都要求出租人须提前 3 个月通知承租人，承租人也应当在接到通知后的 3 个月内作出书面答复，否则视为放弃优先购买权。但是，从订立司法解释的角度来说，由于当今中国社会的交易活动十分活跃，市场行情变动很快，房屋租赁及房屋销售的行为及价格时常发生较大变动，要求出租人提前 3 个月通知承租人，或者要求承租人在接到通知后的 3 个月内予以答复，时间显然过长，从确立交易规则的角度讲，为保护交易安全及交易的快捷性，该期限应予缩短。

此外，对承租人的优先购买权也应适当加以限制，为了平衡房屋出租人、承租人双方的利益，从社会总体效益考虑，该项权利也应加以适当限制。法律制度与经济效益的内在逻辑，在于法律制度应有利于有效地利用资源。一方面，法律应为有效地利用资源提供便利；另一方面，法律应能够引导或促使人们按照最有效的方式使用资源。随着我国市场经济的飞速发展，房屋的价格在较短时间内可能会有大幅变化。当出租人与第三人之间合同订立时应是承租人行使优先购买权的时点，而3个月内，如果承租人一直不声明放弃权利，出租人在此期间仍然不能出售房屋，否则便构成对优先购买期待权期间的侵害。但事实上，3个月内房价若大起大落，出租人如不能抓住稍纵即逝的商机，就会侵害其追求利益最大化的要求，不能使房屋资源得到有效合理的配置。

四、购买房屋的第三人出于善意并已办理登记手续的

善意取得制度是《物权法》中一项十分重要的制度，它对于保护善意第三人的利益，维护交易安全，促进商品流通，增长社会物质财富，有着特殊的重要意义。2007年10月1日实施的《物权法》，重新规定了善意取得制度，力图让善意取得在保护善意取得财产的受让人的合法利益，维护交易活动的动态安全方面起到更大的作用。

我国现行《物权法》，借鉴了世界各国民事立法的经验，确定动产善意取得制度，同时，也根据我国立法和司法实践基础及不动产登记制度的现状。

善意取得制度，是指无权处分他人财产的占有人，将财产转让给第三人后，如果第三人取得该财产时为善意，则可依法取得该财产的所有权。该财产的原所有人此时不得要求第三人返还财产，而只能请求转让人（即占有人）赔偿损失。从本质上看，善意取得制度是以牺牲承租人的购买意志为代价，换取了交易安全，因为，该规定具有以下必要性：

第一，保护交易安全，提高交易效率。在市场经济条件下，若没有善意取得制度维持现成的财产占有关系，则任何一个进入市场进行交易的民事主体，在购买财产或取得财产上设定的权利时，都需要对财产的来源情况进行详尽确实的调查，以排除转让人无权处分的可能。假若在购得财产后还要时时提防会有人行使所有物的返还请求权，这势必滞缓交易进程，影响社会经济效益。反证推知，善意取得制度不可或缺。

第二，促进商品流通，实现物尽其用。在市场经济条件下，产品成为商品被夜以继日地大量生产，我们生产生活中的大量物品都可以从市场上获取其替代品。物

之脱离原权利人流转至善意第三人，从某种程度上讲，第三人更需要此物，更能充分利用此物。在这一背景下，与其保护静的安全以牺牲业已形成的稳定的社会秩序为代价来保护原权利人的利益，不如保护动的安全，使善意受让人取得物的所有权或其他权利，继续其对物的利用而由原权利人向无权处分人主张不当得利返还或民事责任的承担，从而补救其损失更为妥当。

第三，彰显诚实信用和公平的原则精神。顾名思义，善意取得制度只保护交易中善意当事人的利益，对恶意当事人的利益则不予承认，拒绝保护，同时，也增强了原权利人的责任感。因为在非法转让关系中，原所有人在交付财产之前对占有人的品行考察不够，交付财产后对占有人行使占有权的行为监督不力，或对财产保护不当，才使占有人非法转让财产的目的得以实现。原权利人完全有可能采取各种有效措施来防止对物的无权处分，因而他应当对其能够控制的风险承担责任。

当然，保护善意第三人并非绝对有损原权利人的利益。在原权利人发觉其物已被无权处分人转让之前，或在其向善意受让人主张返还请求权之前，物已灭失，而且一旦物品系不可抗力灭失的，以保护静的安全为前提，物的风险仍由原权利人负担，此时与保护动的安全相比，反而对其不利。善意取得制度恰好平衡了原权利人和善意受让人的利益，信守了公平的观念。

《物权法》第一百零六条规定了善意取得制度，即受让人以财产所有权转移为目的，善意、对价受让且占有该财产，即使出让人无转移所有权的权利，受让人仍取得其所有权。根据“举重以明轻”的民法解释原则，在第三人善意购买出租房屋，并办理登记手续情形下，可对抗承租人优先购买权的行使。

其一，在房屋租赁合同办理了登记备案手续的场合，因承租人的优先购买权具有对抗第三人的效力，所以一方面，承租人可以根据《合同法》的相关规定，请求人民法院宣告出租人与第三人之间的房屋买卖合同无效，如果已经办理了房屋过户登记手续的，并得请求涂销出卖人与第三人之间的所有权移转登记；另一方面，承租人可将其愿意以“同等条件”行使优先购买权的意思表示以书面形式通知出租人，由此即在出租人与承租人之间成立以“同等条件”为内容的买卖合同，承租人因此取得请求出租人向其转移房屋所有权的债权。嗣后如果出租人拒绝履行该买卖合同，承租人并得请求法院强制执行。有学者认为，基于对出卖财产占有、使用的事实，优先购买权人即可通过行使权利而取得出卖财产的所有权。这一观点值得商榷，因为优先购买权人行使其权利的结果，只不过是与出卖人之间成立一个买卖合同而已，只有该买卖合同履行之后，优先购买权人才能获得出卖财产的所有权。在司法实践中，有些法院仅仅通过宣告出租人与第三人的房屋买卖合同无效的方式来确认承租人享有优先购买权，对于承租人行使优先购买权的要求则视而不见，或者对承租人提出的确认与出租人以“同等条件”成立买卖合同的请求不予支持，这显然无法有效地保护承租人行使优先购买权的行为，应予改正。

其二，如果房屋租赁合同未办理登记备案手续，则承租人的优先购买权就不具有对抗第三人的效力，承租人无权请求宣告出租人与第三人之间的买卖合同无效，此时即因第三人是否取得房屋所有权而对承租人产生不同的影响。在第三人通过办理过户登记手续而取得房屋所有权的情况下，因出租人已经丧失了房屋所有权，按照《合同法》第一百三十二条第一款的规定：“出卖的标的物，应当属于出卖人所有或者出卖人有权处分。”所以，承租人就无法再通过行使优先购买权而与出租人之间成立买卖合同。此时承租人只能请求出租人承担损害赔偿责任，其依据是出租人违反通知义务，侵害承租人的优先购买权这一形成权。在第三人尚未取得房屋所有权的情况下，因出租人仍然享有房屋所有权，所以，承租人可以通过行使优先购买权而与出租人之间成立以“同等条件”为内容的买卖合同，其结果是，在出租人与第三人、出租人与承租人之间形成房屋的双重买卖关系。此时，按照处理双重买卖的一般规则，应当由先办理完过户登记手续的买方取得房屋所有权，至于未能取得房屋所有权的另一个买方，只能追究出卖人的违约责任。

优先购买权与善意取得制度冲突的解决，即先买权能否对抗善意第三人。关于先买权是否可以对抗善意第三人，立法上有不同的规定，学者有不同的意见。从大陆法系各国民法来看，没有明确规定先买权可以对抗善意第三人，但普遍规定若出卖人或第三人侵害了先买权人的先买权，先买权人可以诉诸法律，请求法院撤销出卖人与第三人的买卖行为，即先买权不仅有对抗出卖人而且有对抗第三人的效力（包括有对抗善意第三人的效力）。其理由是法定先买权本身具有预告登记的效力，法律规定的权利已向世人昭示权利的存在，具有推定权利正确性的效力，任何第三人受让权利的行为都被认为是恶意的，第三人取得权利的前提基础条件不存在，因而，不能适用善意取得制度，即先买权可以对抗善意第三人。

善意取得制度是《物权法》上的一项制度。不论是各国民法典还是学者的著作，都是将善意取得放在物权编中加以规定或探讨。另外，债权不具有排他效力，不能对抗第三人，因而善意取得制度的前提条件不存在，而物权是排他性权利，可以对抗第三人。法律规定善意取得制度，其实是对物权排他性权利的一种限制，这种限制的目的在于保护善意第三人的利益，维护交易的安全或正常的经济秩序。

条文理解

由于本条有四项关于承租人优先购买权行使的别除情况，所以，以下从该四个方面问题分别阐述。

一、共有人的优先购买权与承租人的优先购买权的冲突解决

首先，分析以下共有人享有优先购买权的存在原因：

（1）有利于稳定共有关系，防止因外人的介入而使共有人内部关系趋于复杂，减少共有人之间的纠纷，维护财产秩序。（2）有利于有效配置资源，提高对物的利用效率。如王泽鉴先生认为，共有人优先承购权，其立法目的重在防止土地之细分，并兼及消除共有关系而使地尽其利。减少纠纷，促进对不动产的有效利用，也是物权法的追求。（3）考虑到社会秩序和社会利益，共有人优先购买权与我国古代的近邻先买权表现出的精神是一致的，有其历史渊源。（4）赋予共有人优先购买权也是国际上通行的做法，如《德国民法典》中的先买权、《法国民法典》第815—14条、《瑞士民法典》第681、682条、《俄罗斯民法典》第250条，以及我国台湾地区“土地法”第34条的规定。鉴于以上理由，我国明确规定了财产共有人的优先购买权。

其次，分析以下承租人优先购买权存在的原因：

（1）赋予承租人优先购买权是为稳定租赁关系，以达到保护承租人稳定利用租赁物的目的。不动产的租赁对于承租人的正常生产和生活具有很重要的影响，因此，租赁权的物权化可以有效保护承租人的利益，使承租人不因不动产的出卖而遭不利。（2）社会上存在大量的租赁关系，租赁者为了更好地进行经营活动，往往投入了大量的资金到租赁物中，如果赋予承租人优先购买权，有利于鼓励租赁者加大投入，促进经济发展。（3）在国际上，也有较多国家赋予承租人优先购买权，如《德国民法典》中的承租人先买权、《越南社会主义共和国民法典》中的房屋承租人的先买权，我国台湾地区在“土地法”第34条、第104条、第107条、第124条以及耕地三七五减租条例第15条中，也分别规定了承租人优先购买权和基地承租人优先购买权。所以，我国也规定了承租人优先购买权。

在上述两种权利发生冲突时的比较与选择，我国的共有人优先购买权的适用范围包括动产和不动产，但关于承租人优先购买权的规定针对的是房屋买卖，因而，共有人、承租人优先购买权并存也只能发生在房屋买卖中。两者并存，权衡如下：

（1）从基础权利的性质来看，共有人优先购买权来源于物权性的共有关系，承

租人优先购买权来源于债权性的租赁合同，根据物权优于债权原理，共有人优先购买权优先于承租人优先购买权。

（2）承租人优先权存在的基础值得怀疑。赋予承租人优先购买权是为稳定一种以债权为纽带所形成的有期限的物的利用关系，以达到保护承租人稳定利用租赁物的目的。但是，这个目的完全可以通过“买卖不破租赁”规则实现。建立承租人优先购买权是在资源稀缺时代考虑到承租人对租赁物的依赖，在资源丰富、高度市场化的今天，承租人的此项优先权就不是那么重要了。

（3）从房屋的实际利用来看，房屋通常是一个不易分割的整体，在结构上是一间或几间，或配套使用。在出售共有部分时，让其他共有人享有优先购买权，有利于对整个房屋进行修缮、管理、使用以及行使所有人的其他所有权权能，同时也有利于方便生活，避免纠纷，稳定社会秩序。

（4）从成本和效益角度进行衡量，共有人与承租人的优先购买权赋予也是有差别的。对共有人而言，优先购买权的存在所获得的效益是共有物的完整、稳定的占有和共有物的充分利用，为此支付的代价是第三人同等条件下购买机会的丧失，以及第三人交易风险的承担。而承租人优先购买权所获得的效益仅是租赁物占有的持续，以及承租人对租赁物可能的继续利用，而为此支付的代价却是出租人处分权的限制、第三人机会的丧失和交易风险的承担。很显然，对共有人优先购买权而言，它存在所获得的效益大于成本，而对承租人优先购买权而言，则其对交易秩序的干预所造成的负面影响大于其所获得的收益。从这个角度上讲，共有人优先购买权效率更高。

（5）认为承租人优先权一般是将租赁权物权化，进而主张承租人优先购买权优先。对此，从时间上看，共有关系发生在先，租赁关系发生在后，即便租赁权物权化，发生在先的也应该优先于发生在后的物权。而且，较承租人的占有、使用权能，其他共有人的权能更广泛，因而从两者享有所有权权能大小角度，承租人优先权也不能优于共有人优先购买权。

综上所述，共有人优先购买权优先于承租人优先购买权

二、基于亲属权而产生的先买权与承租人优先购买权的冲突的解决。

出租人向与其有法律上身份关系的第三人出卖特定财产的，承租人不得行使优先购买权。出租人与第三人之间具有法律上的身份关系，如继承关系、近亲属关系、扶养关系等，出租人将租赁物出卖给该第三人会有自身的利益或情感因素掺杂其中，这种买卖带有浓厚的身份属性，它有别于普通的买卖。所以，在这种情况

下，承租人不能行使优先购买权。

亲属是基于婚姻、血缘和法律拟制而形成的社会关系。我国法律所调整的亲属关系包括夫妻、父母、子女、兄弟姊妹、祖父母和外祖父母、孙子女和外孙子女、儿媳和公婆、女婿和岳父母，以及其他三代以内的旁系血亲，如伯、叔、姑、舅、姨、侄子女、甥子女、堂兄弟姊妹、表兄弟姊妹等。亲属不等于家庭成员，有亲属关系的人可能分属于多个不同的家庭；家庭成员并不绝对有亲属关系。亲属，是基于婚姻、血缘和法律拟制而产生的特定人与特定人之间身份称谓的总称。它也体现为具有特定称谓的亲属间的一种社会关系，是市民社会中最基本的一类社会关系，具有广泛的法律意义。根据最高人民法院的司法解释规定，近亲属包括：配偶、父母、子女、兄弟姐妹、祖父母、外祖父母、孙子女、外孙子女。该规定在《最高人民法院关于贯彻执行〈中华人民共和国民法通则〉若干问题的意见（试行）》第12条中予以了明确，规定的内容为《民法通则》中规定的近亲属，包括配偶、父母、子女、兄弟姐妹、祖父母、外祖父母、孙子女、外孙子女。

审判实践中常常碰到的另一个问题是，出租人与第三人基于亲属关系或其他特殊关系，以低于市价出卖房屋，而离开此种关系，出租人则不愿出售。这种亲属关系或其他特殊亲密关系是否属于同等条件的范围，承租人能否要求行使优先购买权。对此问题，我们认为，出租人基于亲属关系或其他特殊亲密关系而转让房屋的，在性质上具有浓厚的人身色彩，其转让对象也具有特殊性，不同于一般的市场交易行为——对象为不特定的第三人，因此，与纯粹的买卖关系有所不同。另外，这种亲属关系或其他特殊亲密关系也非金钱所能衡量，承租人也不得要求以价金代替，此时，承租人不得主张行使优先购买权。

亲属权是指父母与成年子女、祖父母与孙子女外祖父母和外孙子女以及兄弟姐妹之间的身份权。亲属权是具有一定的亲属关系（自然的亲属关系与拟制的亲属关系）的人相互之间享有的权利。亲属权是以由亲属关系而得享有的利益为内容，以具有亲属关系的人为客体的。亲属权是具有一定的亲属关系的人相互之间享有的权利。亲属权是以由亲属关系而得享有的利益为内容，以具有亲属关系的人为客体的。鉴于亲属，尤其是近亲属之间具有紧密的人身联系，相互之间具有身份关系，因此，法律应当倡导和保护这种关系的稳定性及利益的共享性，在进行经济活动中，不能等同于一般的民事主体之间的简单的经济关系，故本条将承租人的优先购买权排除在外，有利于保护近亲属的合法权利，避免更多、更深层的纠纷发生。

三、出租人的通知义务、通知的合理期限及出租人表示购买房屋意愿的时间限制

出租人在标的物房屋要出卖给第三人时，应把买卖的内容通知优先购买权人。优先购买权人必须在接到通知之日起法定期限内作出是否购买的意思表示。出卖人不通知优先购买权人而把房屋直接卖给第三人，优先购买权人可以请求法院宣告该买卖无效。优先购买权人在接到出卖人通知后，在法定时间没有作出购买的意思表示，视为放弃优先购买权。

1. 出租方的通知义务与承租人优先购买权的行使 。出租方的通知义务是承租人行使优先购买权的基础，出租方出卖租赁房屋的应在一定的合理期限内通知承租方。现行合同法虽然规定应在合理期限内通知承租方，但未说明合理的期限的具体时间。出租方的通知义务是法定的义务，但本条没有就通知的期间进行规定，因为该期间不宜规定过死，实践中的情况千差万别，难以强求为 3 个月或者是其他确定的期间。但该期间的合理范围应当认为是承租合同未履行的剩余期间内，原则上在出租人出卖房屋一个月之前。因为合同到期，承租人便无优先购买权；而出卖行为开始之前，在时间较短的范围内通知承租人，对承租人作出是否购买的决定过于仓促，有失对承租人的公允。此外，通知的内容一般应为以何种价格出卖房屋以及交款方式。在承租人承诺前一般不得变更房价。出租方必须谨慎履行通知义务，否则有可能导致其房屋处分行为无效。

2. 承租人接到出租人通知后，依照本条的规定，应在 15 日内作出购买或者不购买的明确意思表示。如愿购买即按照要求交付房款，或与房主进一步协商并订立合同。很多国家的相关法律规定优先权应在一定期限内行使，逾期不行使，视为放弃，传统民法将此行使期限称为“先买权时效期限”。由于当今社会交易日益活跃，市场行情变动很快，规定过长的期限，如 3 个月的期限未免过长。因此，制定本条解释时，考虑到只要期限足以让承租人有合理时间考虑是否先行购买即可，否则不利于保护出租人的利益，故确定为 15 日。

对于承租人放弃行使优先权的处理。放弃的形式有两种：明示和默示。明示表现为出租人向承租人作出出卖房屋的意思表示后，或者承租人知道房屋出卖事实的，承租人明确表示不予购买；默示可以表现为出租人向承租人作出出卖房屋的意思表示后，承租人在规定的期限内没有买受租赁房屋的意思表示，则构成法律意义上的放弃，从而产生丧失优先购买权的法律后果。

承租人若在合理期限内未接到通知，或者在 15 日内表示购买租赁房屋而出租

人出卖了租赁房屋的，承租人有权提出优先购买的诉讼，请求确认房屋买卖合同为无效，并以相同的条件优先购买该房屋。

四、第三人善意合法占有对承租人优先权的限制

关于善意取得存在的理论基础，多数学者提出了不同的看法，大致有以下几种观点：（1）取得时效说。时效制度，以时间及时间之经过为其构成要件，而善意取得制度则与时间及时间之经过没有联系，所以，时效制度与善意取得制度是两种各自独立的制度。（2）权利外形说。占有人应推定其为法律上的所有者，故受让人有信赖之基础。（3）法律赋权说。善意取得是由于法律赋予占有人处分他人所有权的权能。（4）占有效力说。善意取得系由于受让人受让占有后，占有之效力使然。大多数学者认为善意取得制度的理论基础是法律上承认占有公信力的逻辑结果，即赞成权利外形说。

如何判断第三人是善意的，应区别对待：一是第三人知道其他人享有先买权，但并不知道出卖人出卖租赁房屋时未尊重其他人的先买权，或者第三人不知道其他人享有先买权而出卖人出卖租赁房屋时未尊重其他人先买权的，这种情况不能认为第三人是善意的。因为善意是指不知道或不应当知道的情形，如果第三人知道其他人拥有先买权，则应当了解出卖人出卖财产时是否尊重了其他人的先买权，但第三人没有了解而受让先买权标的物的，这表明其主观上非善意或有过失，违反了交易时作为一个合理商人所应具有的注意义务，因而不能适用善意取得。同时，法律明确规定的先买权第三人应当知道而不知道其他人享有先买权的，也不能认为是善意的。二是第三人不知道也没有应当知道其他人享有先买权的情形，则应认定第三人是善意的。这里需要第三人指明自己已经尽到了足够的注意和审查义务，并且在购买租赁房屋后，办理了房屋的登记变更手续。由于善意是一个人的主观心理状态，不显于外部也不为外人所探知，因此，确定受让人是否为善意，应考虑当事人从事交易时的客观情况。实际操作中可根据受让财产的性质、有偿或无偿、价格的高低、让与人的状况以及受让人的经验等去判断让与人主观方面是否为善意。与此同时，还要求作为买受人的第三人必须以合理的价格购买租赁房屋，而不是仅仅要求交易具有有偿性。善意取得的成立，须以有被保护的交易行为的合理的客观存在为前提。

按照传统民法理论，善意取得制度适用的是动产，不动产采取的是登记公示制度，不适用善意取得制度。但是，《物权法》第一百零六条规定："无处分权人将不动产或者动产转让给受让人的，所有权人有权追回；除法律另有规定外，符合下

列情形的，受让人取得该不动产或者动产的所有权：（一）受让人受让该不动产或者动产时是善意的；（二）以合理的价格有偿转让；（三）转让的不动产或者动产依照法律规定应当登记的已经登记，不需要登记的已经交付给受让人。受让人依照前款规定取得不动产或者动产的所有权的，原所有权人有权向无处分权人请求赔偿损失。当事人善意取得其他物权的，参照前两款规定。”由此可见，善意取得制度不仅适用于动产，也适用于不动产。

审判实务

本条规定从文字的理解上，于司法实践中不会产生过多的异议，但在审理具体案件中遇到的一些细节问题，还应加以注意。

关于房屋共有人行使优先购买权的问题。审判实践中应注意，共有权是物权的属性，而承租权虽然具有物权的色彩，甚至于有学者认为属于准物权，但其本质应为基于租赁合同而产生的债权。根据物权优先于债权的基本理论，共有人的优先购买权在权利顺位上高于承租人的优先购买权。同时，这里所说的共有包括共同共有和按份共有，没有将两种共有的形式区别对待。但是在司法实践中，人民法院审理案件时要审查共有人的购买房屋之意思表示是否真实，如果仅仅是为了排斥承租人的优先购买权，而假意由共有人作出购买房屋的表示，实际是与出卖人串通，并意欲将租赁房屋卖予其他人，共有人并没有真实的购买行为，则不能适用本条规定而否定承租人的优先购买权。而且，本条没有具体规定共有的份额对共有人优先购买权的限制，即无论行使优先购买权的共有人占共有房屋的份额是多少，只要其要求购买共有房屋，即具有法定的优先权。这主要是出于对物权的绝对保护和对物的最合理经济的利用，维护物权的稳定性。当然，如果实践中出现特殊案例，则该问题可以进一步研究规定。

关于对亲属权的保护。首先，本条只规定了出租人近亲属享有优于承租人购买租赁房屋的权利，没有扩大到所有直系、旁系亲属和姻亲。因此，在审判实践中不能随意扩大对近亲属的理解。虽然，实际的社会生活中，有些朋友与出租人的感情关系甚至超过了近亲属，或者有些人与出租人之间具有特殊的其他社会关系或者利益关系，但不能依据本条规定，排斥承租人的优先购买权。其次，人民法院在审理案件时，要在形式上对近亲属购买租赁房屋的真实性和合法性进行必要的审查，以确定近亲属购买租赁房屋的法律事实是否确凿，避免借用近亲属名义假意签订买卖合同而侵害承租人优先购买权的现象发生。

关于出租人履行通知义务和承租人意见的回复。本条没有规定出租人履行通知义务的期限，审判实践中应当按照《合同法》的相关规定确定通知的合理期限。同时要求通知具备有效性，即通知是否到达承租人。要审查出租人通知义务履行的是否适当，并要确信通知已经为承租人收悉或者应当收悉。此外，承租人收到通知后，应当在15日内作出答复。该15日的期间属于不变期间，不得进行变更。承租人的答复必须是明示的，如果未予答复，不构成默示的认可或者不认可，而应视为放弃行使优先购买权。

关于第三人善意取得的问题。在司法实践中应当审查善意取得的事实是否真实存在，并且要求第三人已经依法办理了房产登记手续，房屋所有权已经依法转移。上述两个条件需要同时具备，缺一不可。本条没有进一步规定出于出租人的过错，在第三人善意占有并办理房屋登记手续，导致承租人丧失优先购买权的法律后果，但司法实践中，如果承租人基于出租人的过错提出赔偿之诉，人民法院应当受理，如果经审理确认出租人的过错成立，应当判令其向承租人赔偿损失。

第二十五条 ［其他规定］

本解释施行前已经终审，本解释施行后当事人申请再审或者按照审判监督程序决定再审的案件，不适用本解释。

条文主旨

本条是对本解释施行时间和溯及力问题的规定。

背景依据

法律的公布及法律的施行都是属于实施法律的程序，但不能把公布和施行混同起来。任何法律都有生效时间，法律的生效日期即法律的时间效力，即指法律执行或者实施的时间，这关系到公民、法人从何时起按照法律的规定享有自己的权利并履行自己的义务。因此，正确理解法律生效日期的意义对正确适用法律而言非常重要。

无论是法律、行政法规或者司法解释，都会存在颁布后何时生效、对生效之前的行为是否适用、新法与旧法如何协调的问题，这就是法的时间效力问题。关于法律、法规的生效时间，我国《立法法》并未作出明确规定，在实践上采取两种做法：一种是自公布之日起生效。这主要适用于该法律、法规所调整的现实问题比较急切、内容也比较成熟、马上施行相对妥当的情形。一种则是大多数法律、行政法规的做法，即颁布之日不施行，而是规定一个明确的日期或者一定的期限，在该日期到来或者期限届满之日起施行。主要目的是为了给相关部门、行为人一定的时间来了解、熟悉法律的内容，达到更好地实施效果的目的。就司法解释而言，虽然其内容主要是对法律适用中的具体问题作出的解释，但是也将直接影响到当事人的权利和义务。因此，司法解释的实施时间，根据各个司法解释的不同特点，也分别采取上述两种做法。前者如《最高人民法院关于适用〈中华人民共和国婚姻法〉若干问题的解释（一）》，该司法解释即是从公布之日起施行。后者如《最高人民法院关于审理商品房买卖合同纠纷案件适用法律若干问题的解释》，该司法解释施行的时间与公布的时间即存在一定的间隔，确定一个具体的日期为施行时间。

关于法律、法规的溯及力问题，又称法律溯及既往的效力，是指新法取代旧法生效后，是否可以适用于其生效前发生的事件和行为；如果可以适用，该法律即有溯及力，如果不能适用，则该法律没有溯及力。关于法律的溯及力，现代国家一般采取的原则是：首先，法律不溯及既往。因为，国家不能用现在生效的法律去规范其生效前的行为和事件，更不能由于人们过去进行了某种当时合法而新法生效后是违法的行为，以新法去进行追究和处罚。法律不溯及既往，是法治原则的体现，更是保护人权的需要。在此前提下，作为对该原则的补充，许多国家在法律上还规定可以有条件地适用于既往行为，即“有利追溯”原则。

就我国的现行法而言，关于法律不溯及既往原则的例外首先体现在《立法法》第八条的规定：“法律、行政法规、地方性法规、自治条例和单行条例、规章不溯及既往，但为了更好地保护公民、法人和其他组织的权利和利益而作的特别规定除外。”所以，《立法法》关于法律的溯及力问题，原则上不溯及既往，但是存在例外。

同时，由于不同法律领域的法律调整对象不同调整手段不同，权利保护的方式也有区别，法治原则在各个部门法也有不同的体现。因此，法的溯及力原则的例外也应当根据各个部分法领域来分别处理。有一种观点即认为，在民事法律领域，由于法律调整的是平等主体之间财产或人身关系，主体均为私权利主体，例外追溯应表现为“对当事人都有利或至少对无过错方及弱势一方有利”。有学者认为，我国民法上有利追溯表现为，如果先前的某种行为或关系在行为时并不符合当时的法律规定，但依现行法律则是合法的，并且对相关各方都有利，就应当依新法律承认其合法性并予以保护。[1] 实际上，《最高人民法院关于适用〈中华人民共和国合同法〉若干问题的解释（一）》第三条规定：人民法院确认合同效力时，对合同法实施以前成立的合同，适用当时的法律合同无效而适用合同法合同有效的，则适用合同法。该条对法律适用问题的司法解释即采纳了上述结论。

法律溯及力与法律生效时间相关。由于法律是指导人们行为的标准，只有公布的法律才有可能成为约束人们行为的准则，所以法律不溯及既往的原则是绝大多数国家所遵循的法律程序技术原则。其基本涵义是，一部新法实施后，对新法实施之前人们的行为判断不得适用新法，而只能沿用旧法。该原则的出发点在于维护法的稳定性和可预见性。我国法律于一般情况下采用“法不溯及既往”的原则。司法解释也应当坚持这样的原则，遇有特殊的例外情形，才可以规定承认其溯及力。

本条司法解释基于上述理论和实践，对两个问题作出了规定：一是本司法解释的实施时间，二是本司法解释的溯及力问题。

条文理解

关于本条的理解与适用，重点需关注如下几个问题：

一、本司法解释的施行时间

本条没有规定本解释的施行时间，但并不意味着施行时间不明确。根据最高人民法院办公厅2007年8月23日《关于规范司法解释施行日期有关问题的通知》（法办〔2007〕396号）的规定，司法解释对施行日期没有特别要求的，条文中不再规定自公布之日起施行的条款，施行时间一律以发布司法解释的最高人民法院公告中明确的日期为准。上述规定意为，本司法解释自公布之日起施行。在本司法解释起草的过程中，关于本司法解释实施的时间，存在两种意见：一种意见认为，一方面，房屋租赁纠纷属于传统的民事案件，并且此类纠纷案件数量较大，各级人民法院均有大量的司法实践活动，审判法官积累了很多宝贵的经验；另一方面，当事人对房屋租赁的行为也非常了解，对租赁行为的相关规定及交易惯例也较为熟悉，本司法解释只是对实践中有争议的一些问题进行规范，对此当事人及审判法官都有思想上的准备，因此，本解释自公布之日起施行，不存在太大的障碍。第二种意见认为，尽管上述理由具有一定的道理，但本司法解释毕竟规定的都是实践中存在一

---

[1] 朱力宇、孙晓红：《论法的溯及力的若干问题——关于法律不溯及既往的争议、实践、反思与主张》，载《河南省政法管理干部学院学报》2008年第1期。

定争议的问题，且有些内容是比较新的规定，如关于承租人优先购买权的规定，必将对各地的审判实践产生一定的影响。为使此种影响降低到一定程度，且为下一步的审判工作打好基础，在实施之前，应当给人民法院系统一定的学习、宣传时间，同时，也使人民法院审判物业服务纠纷案件做好必要的准备。本解释最终采纳了第一种意见。

二、本司法解释的溯及力问题

司法解释作为准据法，它的溯及力要遵循法的溯及力原则。对于司法解释在司法解释在适用的时候，是否有向前追溯的法律效力，即能否用刚刚生效的司法解释，去约束和改变人民法院既往已经处理过或者尚未处理完毕的案件，实践中一直存在不同的认识。一种观点认为，司法解释是对现行立法的解释，故应当从公布之日起，对于人民法院尚未审结的一、二审相关案件均应适用。这种对司法解释施行前人民法院已经受理、司法解释施行时仍未审结的案件加以适用司法解释的主张，实际上赋予了司法解释一定的溯及力。最高人民法院以往颁布的司法解释中，就有赋予司法解释一定溯及力的做法。这一做法容易导致案件审判上的混乱。当事人诉讼到人民法院时，司法解释尚未颁布施行，当事人基于司法解释颁布之前的法律和司法解释的规定确定诉讼请求及抗辩理由。司法解释颁布后，有可能当事人依据原来的法律及司法解释规定，可以获得支持的诉讼请求，按照新施行的司法解释的规定则不会获得支持，导致当事人对起诉或者上诉时不知道的行为规范负责。这样的结果，一方面不符合归责的基本理论，另一方面影响案件审判的社会效果。另一种观点认为，司法解释虽然在理论上是对既有法律的解释，但我国的司法解释在一定程度上起着补充立法空白，甚至创新规则的作用。按照法不溯及既往的原则，司法解释只能适用于发布施行后起诉到人民法院的案件。只要案件的受理于司法解释生效施行之前的，到司法解释施行时，该案件是处于一审阶段还是二审阶段，都不能适用该司法解释。该意见在实施的过程中，更易于被社会各界理解和接受，利于人民法院通过对司法解释的适用，使案件审判到达较好的社会效果。本司法解释参考了上述观点，但没有进行机械地照搬，而是在本条规定：在本解释实施前终审，本解释实施后提起再审程序的案件不适用本司法解释外，其他案件都应适用本解释。

审判实务

依照特别法优于普通法、新法优于旧法等解决法律适用及效力问题的法理依据，同一机构就相同问题于不同时期作出的规定，应当以制定在后的规定为准，结合前文所述理由，在审判实践中应当注意以下问题：

1. 本解释施行前的行为引起的纠纷，在本解释实施之后提起诉讼的，应当适用本司法解释。

2. 本解释施行前提起的诉讼，本解释施行后案件尚在诉讼系属中，无论处于一审还是二审程序，应当适用本司法解释。

3. 本解释施行前已经终审的案件，在本解释施行前提起再审程序，且于本解释实施时仍在审理中的，应当适用本司法解释。

4. 本解释施行前已经终审，本解释施行后当事人申请再审或者按照审判监督程序决定再审的案件，不适用本解释。